Nowakowski

# Książę
# Nocy

NAJLEPSZE
OPOWIADANIA

# Marek Nowakowski

# *Książę Nocy*

## NAJLEPSZE OPOWIADANIA

Projekt graficzny: Andrzej Barecki
Opieka redakcyjna: Katarzyna Wójcik
Korekta: Jolanta Spodar
Zdjęcie na obwolucie: Czesław Czapliński
Zdjęcie na okładce: Andrzej Barecki
Autorzy i źródła zdjęć: Rafał Guz/FORUM, archiwum rodzinne
ISBN 978-83-244-0510-7
Wydawnictwo Iskry
al. Wyzwolenia 18, 00-570 Warszawa
tel. (22) 827-94-15
iskry@iskry.com.pl
www.iskry.com.pl

# Majstersztyki Marka Nowakowskiego

Był mistrzem krótkich form prozatorskich. Jego opowiadania to himalaje literatury polskiej drugiej połowy XX i początków XXI wieku, a takie ich zbiory z lat siedemdziesiątych jak *Gdzie jest droga na Walne, Książę Nocy* czy minipowieść *Wesele raz jeszcze* to ich korona. Pisał Marek Nowakowski o tych, o których inni autorzy ani się nie zająknęli, w związku z czym, nieco ironicznie, określano go jako piewcę marginesu społecznego, co było dużym uproszczeniem. Zresztą to nieprawda. Penetrował pisarsko środowisko przestępcze, owszem, ale najogólniej rzecz ujmując, interesowali go ludzie i rzeczywistość, w jakiej przyszło im funkcjonować.

Odsłonił świat, wcześniej pozostający poza zainteresowaniami peerelowskiej literatury. Na światło dzienne wydobył to wszystko, co działo się w zaułkach ulic mających złą sławę, w kamienicach, w których na listach lokatorów próżno było szukać przodowników walki i pracy, ba, niepodobna było nawet znaleźć takiej listy. Pisarza w równym stopniu interesowali złodzieje i paserzy, lumpy czy pracownicy szarej strefy, dorabiający gdzieś u „prywaciarzy", osobnicy z mianem pasożytów społecznych, drobni geszefciarze. Ale fascynowali go również ludzie sukcesu. Często łączyła ich niechęć, a nierzadko nienawiść i pogarda do systemu, który miał nas uszczęśliwić, a przyniósł same nieszczęścia. W wolnej od komunizmu Polsce zmieniło się wiele, pod wieloma względami – wszystko, ale nieszczęścia pozostały. Marek Nowakowski widział je, rejestrował, pokazywał. Tak postrzegał swoją rolę społeczną.

W jego książkach, i to od samego początku, często pojawiali się, na przykład, starzy ludzie. W bezwzględnym świecie przedstawianym przez pisarza nie żyło im się lekko. Na umierającego pasera Kiciuchę czyhał już pazerny Wazelina, by przejąć po nim wszystko, wraz z kobietą. Podobne problemy mieli inni bohaterowie opowiadań z tomu *Ten stary złodziej* (1958): Trzyczwartak z Kaczorem czy Tapeta z Ząbkiem. Ale przecież ten ostatni zawaha się przed skrzywdzeniem starego wspólnika, przez pamięć, że był on kiedyś charakterny.

Bo w tamtym dawnym świecie – przywoływanym przez pisarza – choć, co prawda, „wilki podchodziły ze wszystkich stron", obowiązywały jeszcze jakieś zasady. Oczywiście, łamane, nie zawsze jednak i nie przez wszystkich. Był to inny świat, z korzeniami w epoce przedwojennej. Świat, gdzie starość równała się mądrości, podziwiano dawne zasługi, a do nestorów chodziło się po radę i wsparcie, którego – w miarę możliwości – nie odmawiali. W tamtym świecie dziecko upodobniało się do dorosłych, gdy dziś przeciwnie, starcy wbijają swe pomarszczone członki w młodzieżowe ubranka. Emeryci mają siedzieć w domu przed telewizorem, wzruszać się serialami, oddawać rentę dzieciom, a jeszcze lepiej wnukom, i jak najmniej się odzywać. A do knajp nie zaglądać, bo psują estetykę wnętrz.

Z czasem obraz tej starości u Nowakowskiego będzie coraz bardziej ponury, by w *Stygmatykach* (2005) spowić się w smugę cienia najczarniejszą z czarnych. Ale to nic, sympatia pisarza będzie zawsze po stronie tych niezaradnych, jakże często niedołężnych ludzi, ba, nawet wraków ludzkich, budzących może politowanie, ale nigdy wzgardę. „Ze starowinami mam ciągłe konszachty" – przyznawał w opowiadaniu *Popapraniec* z *Silnej gorączki* (1963).

Z upływem lat inaczej również będzie postrzegać Marek Nowakowski swoich rówieśników i siebie samego. Na jednym z ostatnich spotkań pokazał mi stare zdjęcie, które – jak mi się zdaje – wylądowało na obwolucie *Dziennika podróży w przeszłość* (2014). Komentował je słowami w rodzaju „Gdzie są chłopcy z tamtych lat", każąc mi podziwiać muskulaturę rozebranego do połowy chłopaka, którego ledwie widziałem na fotografii marnej jakości. Rozemocjonowany opowiadał, jaki to z tego faceta był kozak. Wydawało mi się, że dziś byle dresiarz po obowiązkowym stażu w siłowni robi większe wrażenie, ale zachowałem tę refleksję dla siebie. Marek był wierny przeszłości.

## WYCHOWANI W NIEWOLI…

Przynależał do swojej generacji, tych młodszych braci Kolumbów, pokolenia zarażonego przez komunę i – jak

powiadał Rysiek Urzędnik z *Wesela raz jeszcze* (1974)
– „przetrąconego w krzyżach". Czytaliśmy w *Weselu*…:
„– O wstańcie, wy wszystkie upiory przeszłości! – zawołał z błazeńską emfazą – słodkie śpiewaczki, Carmen Moreno, Elizabeth Charles, Jenny Johnson, tajemnicze pedały, Hanusze i inni, Burmajstry i Paramanowy, tu leży ręka,
tu leży głowa, dajcie mi młotek…, młotkarze i stopkarze,
zetwuemowcy i harcerze, Bohuny, Młoty i Wiry, wstańcie,
wy słodkie upiory, o, pokaż się, ty ślepcu niezmienny,
grzebienie, grzebienie, i ty, bohaterze na dwóch kulach,
dostałem ja od ciebie kiedyś po grzbiecie, oj, dostałem,
niech wyszczerzy swoje kły Tito, brytan łańcuchowy imperializmu, no, równaj, baczność! i toporem niech potrząśnie krwawy kat… – urwał, zakrztusił się".

„Jacy my wtedy właściwie byliśmy? – zastanawiał się pisarz po latach w opowiadaniu *Amazonka* z tomu *Grisza, ja
tiebie skażu…* (1986). – Wychowani w niewoli. Okupacja
hitlerowska to dzieciństwo, dalszy jego ciąg i młodość
w latach powojennych. Te lata podobne jednak w pewien
sposób do czasu poprzedniego, mimo entuzjazmu odbu-
dowy, powrotu ojczystego języka i władzy mówiącej tym
samym językiem przecież. Niejeden z naszych najbliższych, ojciec, wujek, starszy brat, stawał się ofiarą represji,
w czymś zakazanym brał udział, jakaś zła przeszłość ciąży-
ła na jego barkach. Jedni przytaili się, ukrywali się lub próbowali znaleźć sobie neutralne miejsce w nowym porządku. Zmieniali osobowość, wyrzekali się poprzedniego
życia, pragnąc zdobyć łaskę i zaufanie władzy. Różne też
panowały poglądy na temat nastałego ładu. Jedni mówili

o przeczekaniu, widzieli wojnę w najbliższej przyszłości. Inni popadali w pesymizm i obwieszczali nieuchronną zagładę świata. To wszystko działo się wokół nas. My, młodzi, w sposób naturalny przyzwyczailiśmy się do nowego porządku, innego nie znaliśmy przecież, przemoc towarzyszyła nam od czasu okupacji i jej trwałość nie budziła w nas zaskoczenia. Tę dawną przedwojenną Polskę znaliśmy tylko z opowieści rodziców. Innego uczono nas rodowodu, innych mieliśmy bohaterów. Wszędzie z plakatów i portretów, w szkolnych kląsach, świetlicach i uniwersyteckich aulach, z frontonów gmachów państwowych, transparentów w pochodach i na wiecach, zewsząd spoglądał na nas ojcowskim okiem Wielki Nauczyciel, wąsaty ojciec narodów. Nasiąkaliśmy nową mową książek, gazet i radia. Niektórzy z nas zaczynali brać w tym czynny udział, młoda energia domagała się ujścia, wyżywali się w organizacjach i akcjach, chłonęli marksistowską religię i doznawali odurzającego smaku władzy, wywyższenia, szansy dla ambicji. Inni natomiast woleli rewiry zakazane, jazz, amerykańskie ciuchy, harcerstwo. Inni jeszcze istnieli jak w próżni, ani tu, ani tam. Byli też tacy jak glina, bezwolni, oni dawali się urabiać.

Niektórych życie publiczne w ogóle nie interesowało. Instynktownie traktowali cały ten dopust jako oczywistość ludzkiego bytowania na ziemi. Niejednego ratował wybujały, młodzieńczy indywidualizm, próby wydeptywania własnych, osobnych ścieżek.

Ja dla przykładu w pojedynkę zmagałem się z Bogiem, rodziną, tradycją. Szukałem po omacku ujścia dla swoich nieokreślonych marzeń, męczyłem się z plugawą i tak rozkoszną hydrą erotyzmu. A byli jeszcze pośród nas tacy jak Romek K., koleżanka Woroniewicz. Oni przybyli z zapadłych wiosek, robotniczej biedy, nosili brzemię ciężkiego dzieciństwa, krzywd swoich rodziców z dawnego świata przed pożogą, cały ten rachunek złej pamięci. Marek W., zwany Francuzem, wywodził się z rodziny o tradycjach komunistycznej walki z wyzyskiem. Oni czuli się posiadaczami prawdy, recepty na przyszłość. Ta władza dała im przecież studia, stypendia, otworzyła jasną perspektywę. Byli jej głęboko oddani, osiągnęli bowiem rzeczywisty awans i mieli poczucie uzyskanej sprawiedliwości.

Tyle o nas bardzo młodych w tamtych, zamierzchłych czasach".

## STEMPEL „DRUGIEGO MARKA"

Marek Nowakowski urodził się 2 kwietnia 1935 roku. W zasadzie do początku lat sześćdziesiątych mieszkał z rodzicami w podwarszawskich Włochach. Uczył się w podstawówce, której kierownikiem był jego ojciec – Antoni Nowakowski (nauczycielką była również matka pisarza, Stanisława z Jabłońskich). Miał starszą siostrę Ewę. Do szkoły średniej uczęszczał też we Włochach, tam również w 1953 roku zdał maturę. Wcześniej przerywał edukację, pracując na lotnisku Okęcie w strukturach Związku Młodzieży Polskiej. Trafił też w tym czasie do więzienia z powodów z polityką niemających nic wspólnego, po maturze podjął studia prawnicze na Uniwersytecie Warszawskim, uzyskując absolutorium w roku 1958. Pracy magisterskiej nie napisał jednak, poświęcając się odtąd wyłącznie pisarstwu. Nastąpiła też wówczas zasadnicza zmiana w jego życiu osobistym, ożenił się bowiem z Jolantą Zabarnik, w przyszłości znaną mecenas. Proza Marka karmić się będzie przez lata jej adwokacką praktyką, a począwszy od lat 80. J., lub po prostu Jola, regularnie pojawia się na kartach opowiadań pisarza.

Zadebiutuje w 1957 roku, w tygodniku *Nowa Kultura* – opowiadaniem *Kwadratowy*. Znajdzie się ono w wydanej w roku następnym, nakładem Czytelnika, pierwszej książce Nowakowskiego: *Ten stary złodziej*. Autor tego klasycznego dziś zbioru opowiadań miał wtedy – o czym nie zawsze się pamięta – 22 lata. Zaledwie.

*Ten stary złodziej* przyjęty został przez czytelników więcej niż przychylnie; przez krytykę również, ta jednak ułatwiła sobie zadanie, zaliczając Nowakowskiego do grona „hłaskoidów" i opatrując go etykietą następcy (a co za tym idzie – epigona) autora *Pierwszego kroku w chmurach*. Uwierał pisarza ten naprędce przystawiony stempel, który zresztą przysporzył mu kłopotów wydawniczych przy edycji drugiej jego książki, *Benka Kwiaciarza* (1961). Ten zbiór opowiadań gotowy był bowiem do edycji już dwa lata wcześniej, ale druk został wstrzymany po tym, gdy Marek Hłasko pozostał na Zachodzie, gdzie wystąpił o azyl polityczny. Władze, nie mogąc ukarać krnąbrnego pisarza, postanowiły zdyscyplinować „drugiego Marka". Mniej więcej w tym samym czasie osobą młodego prozaika zainteresowała się także Służba Bezpieczeństwa. Gdy odmówił podjęcia się roli „konsultanta", czy raczej informatora SB, odegrano się na nim w typowy dla policji politycznej sposób, wstrzymując wydanie paszportu na wyjazd na sympozjum literackie do Austrii. Za granicę wyjedzie Nowakowski pierwszy raz w 1964 roku i będzie to podróż egzotyczna – rejs statkiem handlowym „Bydgoszcz" do Afryki Zachodniej, w trakcie którego współpracował z ekipą przygotowującą film podróżniczy. Okaże się nim *Cała naprzód* wyreżyserowana przez Stanisława Lenartowicza. Trzy lata później Polska Żegluga Morska w nagrodę za *Marynarską balladę* (1966) wyśle go jeszcze w kolejny egzotyczny rejs, do Zatoki Bengalskiej.

Nie znaczyło to, że skończyły się paszportowe kłopoty pisarza. Nie pozbędzie się ich do końca istnienia PRL. Nauczy się jednak lawirować. Gdy w 1968 roku, po wydaniu jego książki w RFN, nie otrzyma zezwolenia na wyjazd na Zachód, co poza wszystkim innym utrudni odebranie przyznanej mu wtedy nagrody Fundacji Kościelskich, postara się o stypendium na pobyt w Jugosławii i z Belgradu wyśle do Paryża, do Jerzego Giedroycia maszynopis zatytułowany *Jak zazdroszczę Cyganom*. A na tym mu wówczas zależało najbardziej.

Do Maisons-Laffitte dotrze zresztą w końcu osobiście i to już rok później, w maju 1969 roku. Esbecja próbowała go „zmiękczyć" przed wyjazdem – bez skutku. W rezultacie z rezygnacją zapisano w aktach: „Z uwagi

Marek Nowakowski z mamą

Jola i Marek

na negatywną postawę M. Nowakowskiego zrezygnowano z dalszych rozmów".

## POD LUPĄ SB

Koniec ery Gomułki oczyścił atmosferę w kulturze polskiej, spowodował też względną liberalizację polityki prowadzonej przez władze wobec środowisk twórczych. To dzięki temu mógł Marek Nowakowski pojechać w 1972 roku do Stanów Zjednoczonych, na stypendium International Writing Program w Iowa City. Pomogły tu rekomendacje otrzymane przez autora *Tego starego złodzieja* od Artura Międzyrzeckiego i Zygmunta Hertza, swojego wsparcia udzielił także, zachęcony do tego przez Giedroycia, Czesław Miłosz. Ale to właśnie na początku lat siedemdziesiątych, znaczonym ważnymi dokonaniami twórczymi Marka – m.in. tomami opowiadań *Mizerykordia* (1971) i *Śmierć żółwia* (1973), a spuentowanym jednym z najdoskonalszych jego zbiorów, wydanym w 1974 roku pod tytułem *Gdzie jest droga na Walne*, intensyfikacji uległy antysystemowe działania pisarza. W 1971 roku złożył swój podpis pod listem skierowanym do ministra sprawiedliwości z protestem przeciw wyrokom wydanym w procesie tzw. Ruchu (przypomnę, że na 7 lat więzienia skazani zostali wtedy Andrzej Czuma i Stefan Niesiołowski). Dwa lata później był sygnatariuszem kolejnego listu, przeciw dyskryminowaniu i cenzurowaniu utworów niektórych członków Związku Literatów Polskich, przede wszystkim Ryszarda Przybylskiego. W 1974 roku zaś podpisał, wysoce niepoprawną politycznie, rezolucję „w sprawie uzyskania prawa dla Polonii radzieckiej". Tego już było dla komuny za wiele, natychmiast też nie tylko zablokowano mu wyjazdy „do krajów kapitalistycznych", ale i zatrzymano wydanie *Wesela raz jeszcze*, wydrukowanego w 1974 roku w Iwaszkiewiczowskiej *Twórczości*, tyle że w książce opublikowanej oficjalnie dopiero w roku 1982. Cenzura też zatrzymywała jego teksty pisane dla *Tygodnika Powszechnego*.

Rok 1976 spowodował bardzo wyraźną polaryzację stanowisk stron społecznego konfliktu mającego miejsce w PRL. Po podpisaniu przez Nowakowskiego Memoriału 101, kolejnego, ważnego protestu – przeciw planowanym zmianom w Konstytucji PRL i jego zaangażowaniu w działania biorące w obronę spacyfikowanych robotników strajkujących w Radomiu i Ursusie przeciwko podwyżkom cen, został on wzięty pod lupę przez SB, inwigilowany na każdym kroku, podsłuchiwany, osaczany przez niezliczonych agentów i współpracowników policji politycznej. Klimat, w jakim żył pisarz, odda później w kilku książkach, m.in. w *Kryptonimie „Nowy". Tajemnicach mojej esbeckiej teczki* (2007), ale i w świetnym tytułowym opowiadaniu tomu *Grisza, ja tiebie skażu….*

Kolejne wydarzenia następowały błyskawicznie, historia działa się wówczas „tu i teraz". W 1977 roku współtworzy Nowakowski pierwsze niezależne pismo literackie *Zapis* i publikuje w nim, pod nazwiskiem, nie posługując się kryptonimem. Jedno ze swoich najistotniejszych opowiadań czy raczej mikropowieść *Książę Nocy* publikuje jednak w 1978 roku legalnie, w Państwowym Instytucie Wydawniczym w tomie oprócz tytułowego *Księcia…* zawierającym również *Stypę* i *Hades*.

Po Sierpniu'80 zaangażuje się w działalność odnowionego, pod przewodnictwem nowego prezesa Jana Józefa Szczepańskiego, Związku Literatów Polskich. M.in. współtworzy Komisję Współpracy ZLP z NSZZ „Solidarność", choć członkiem tej ostatniej nie zostaje. Nie pierwszy raz dystansuje się od polityki, ta jednak nie pozwala mu zapomnieć o sobie.

Na stan wojenny zareaguje utworami zatytułowanymi pierwotnie *Zapiski na gorąco*, a opublikowanymi (pod nazwiskiem!) w podziemnym *Tygodniku Mazowsze*. To one złożą się na sławny *Raport o stanie wojennym* (w dwóch częściach opublikowanych w podziemiu w roku 1982 i 1983), a w konsekwencji spowodują uwięzienie pisarza w marcu 1984 roku. Postawione mu zostają zarzuty publikowania oszczerczych tekstów na temat ustroju i organów władzy oraz działania w porozumieniu z wrogimi wobec PRL ośrodkami propagandowo-dywersyjnymi.

Na początku lat 90. w wywiadzie, jaki z nim przeprowadziłem, wspominał z nutą czarnego humoru: „– Kiedy po zakończeniu śledztwa czytałem tomy akt, które miały być podstawą sprawy sądowej, stwierdziłem, że jestem na topie. Resort, na przykład, dokonał licznych ekspertyz, przez biegłych tłumaczy, celem sprawdzenia zgodności tekstu *Raportu o stanie wojennym* z jego dziesięcioma czy jedenastoma przekładami. Do każdej ekspertyzy dołączono kosztorys. Z szacunkiem stwierdziłem, że nie żałowano na mnie pieniędzy. A ile kosztowała praca tych wszystkich cichobiegaczy, którzy chodzili za mną, za żoną, przesłuchiwali moich znajomych, niektórych szantażowali..."

Ze Służbą Bezpieczeństwa miał na pieńku już wcześniej: „– Jadąc w swą pierwszą zagraniczną podróż, pożyczyłem walizkę od Ludwika Zimerera, wspaniałego człowieka, korespondenta radia RFN w Polsce, największego kolekcjonera sztuki ludowej w Europie Środkowej. Nie podobało się to moim rozmówcom z SB. Kiedy zorientowali się, że nie mogą liczyć na moją współpracę, usłyszałem: – To nie mógł pan tej walizki pożyczyć od Polaka, tylko od Niemca!

Po Marcu '68 próbowano znów brać mnie pod włos jako tzw. prawdziwego Polaka. Nie powiem, bym w pełni był wtedy świadomy rozgrywek na górze partyjnej, dochodzenia do głosu szowinistów i innych mętów. Zawsze jednak pomagała mi intuicja. Jest widać w człowieku coś zakodowane, co pozwala, kiedy trzeba, powiedzieć – nie; wyczuć to, co jest ohydne i grząskie".

Po fali protestów przeciw szykanom spotykającym pisarza tylko za to, że uprawiał swój zawód, obejmie go amnestia z 22 lipca 1984 roku. Postępowanie karne umorzone zostanie jednak dopiero w III Rzeczypospolitej w wyniku rewizji nadzwyczajnej zakończonej w maju 1992 roku, która zarzuty wobec Marka Nowakowskiego uzna za to, czym były w istocie, a mianowicie za przejawy represji politycznej.

## ODPOWIEDZIALNOŚĆ ZA SŁOWA I CZYNY

Jedną z pierwszych książek napisanych przez Nowakowskiego w III RP były *Strzały w motelu George* (1997), przyjęte bez entuzjazmu, choć dziś widać jak na dłoni, że autor bezbłędnie wyczuł nastrój nadchodzących czasów. Powstawała polska mafia, rodziła się też polska klasa średnia, a temu zjawisku poświęcił pisarz inną książkę, mikropowieść *Homo polonicus* (1992), w której stworzył postać iście archetypowego beneficjenta III RP, Stasia Bombiaka, biznesmena, któremu słoma wystaje z butów. Przestrzeń, w której się osobnik ten porusza, autor detalicznie opisał następnie w zbiorze czterdziestu sześciu miniatur prozatorskich *Prawo prerii* (1999), ukazujących panoramę Polski jako jednego wielkiego bazaru.

Równocześnie coraz głębiej zanurzał się Nowakowski w przeszłości. To wtedy powstał bardzo cenny cykl *Powidoków* (wydawanych od 1995 roku), obrazów Warszawy, której już nie było. Współczesność stolicy pokazywał w *Opowiadaniach ulicznych* (2002), jej dzień wczorajszy w *Powidokach* właśnie, na podstawie których powstał zresztą 9-odcinkowy serial telewizyjny, z Markiem w głównej roli warszawskiego cicerone. W roli tej czuł się coraz lepiej. „Miasto, czyli świat" pisał, a to miasto znał jak własną kieszeń. Nic dziwnego, że pomagał w promocji Orkiestry Staśka Wielanka czy Szwagierkolaski, choć nie był specjalnym admiratorem Grzesiuka ani „warsiawskiego" folkloru. Ale to była jednak jakaś część jego świata, o którym ani nie chciał, ani nie potrafił zapomnieć.

Był aktywny na różnych polach, m.in. mocno zaangażował się w tworzenie Nagrody Literackiej im. Józefa Mackiewicza. Przewodniczył jej kapitule, zależało mu, by wyróżnienie to zyskało jak najwyższą rangę. W tekstach publicystycznych i wywiadach, których udzielał, zabierając głos w sprawach publicznych, wielokrotnie ostro występował przeciw okrągłostołowej taktyce obozu „Solidarności". Piętnował postkomunistów i liberałów, ale to nie przynależność partyjna decydowała o tym, kogo cenił, a kto był mu wrogi, obcy czy obojętny. Ponieważ brał pełną odpowiedzialność za swoje słowa i czyny, domagał się tego i od innych. Choć, z drugiej strony, postawa Katona była mu z gruntu obca.

Konsekwentnie potępiał postępowanie władz rosyjskich wobec Czeczenów. Dla niego byli oni zawsze dumnymi góralami Kaukazu, a nie żadnymi terrorystami. Rosja natomiast, ta Rosja bliska jego sercu, była Rosją Gogola i Bunina, bo cała reszta, z którą od wieków mamy do czynienia, to jedna i ta sama dzicz mongolska.

Wolna ojczyzna nie stała się dla niego Polską jego marzeń, choć pewnie mogła. Mało kto był tak predestynowany do zajęcia w III RP wysokiego stanowiska, do czerpania profitów ze swej wcześniejszej działalności jak Marek. Nie chciał, pazerność na dobra doczesne była mu z gruntu obca, zaś zaszczyty... Tych mu raczej szczędzono. Ale też nie wypinał piersi po ordery, jakie powinien otrzymać choćby za walkę z komuną. Z politycznym kombatanctwem nie obnosił się. To zupełnie nie było w jego stylu.

A czy na czymś Markowi Nowakowskiemu zależało?
Pewnie, jak każdemu człowiekowi pióra, na pisarskiej
sławie. Tej zaznał w stopniu ograniczonym raczej.

## GŁĘBOKI URAZ I JESZCZE GŁĘBSZY GNIEW

Kolejne, wydawane przez niego tomy odnotowywano,
recenzowano albo i nie. Chwalili go krytycy uznawani
za prawicowych, ci z drugiej strony wytykali autorowi
*Fortuny liliputa* (1996) rzekome anachronizmy, Salon coraz częściej wzgardliwie milczał, czym – sądzę –
przejmował się najmniej, bo przecież znał go doskonale. I przejrzał ten Salon na wylot. W *Piórze* (2012) opowiedział historię, którą już wcześniej przetwarzał literac-
ko, nie tak szczegółowo jednak. Zdarzenie miało miejsce
na przyjęciu w mieszkaniu Julii Hartwig i Artura Międzyrzeckiego przy Sadowej. Powodem była wizyta
w Warszawie redaktora francuskiego *Temps Moderne*.
Polsko-francuski charakter spotkania podkreślał udział
w nim Kazimierza Brandysa (z żoną) i jego tłumaczki,
Francuzki Anny Posner. Obecni byli jeszcze Ewa Fiszer,
Julian Stryjkowski, ktoś tam jeszcze. „Mówiono – wspominał Marek – o ostatnich nowościach wydawnictwa
Gallimarda, nagrodach Goncourtów, sztukach teatral-
nych Sartre'a, Anouilha, prozie Aragona, poezji Eluarda,
malarstwie Buffeta. No i zrobił się Paryż! Kazimierz
Brandys najbardziej paryski. Dowcipny, błyskotliwy, prezentował świetny kunszt konwersacji. Mówił po francu-

sku prawie tak biegle jak goście z Paryża. A z okien był widok na brzydką, syfiastą Marszałkowską. (…) Piją sobie z ust. Ci durnie z Zachodu, zainfekowani komunizmem. Ta gruba, ciężka Anna Posner pewnie należy do KPF. Dlaczego nie? Udawany Salon. Udawana swoboda. Kazimierz Brandys przekładany, wydaje go Gallimard. Cenią go, pisze tak lekko, finezyjnie. Takie krągłe frazy, esprit iście paryski. Rue de Seine, mówili, jakaś ciekawa wystawa. Coś się we mnie zakotłowało. Panu Bogu świeczkę i diabłu ogarek! Gdzie ja, do kurwy nędzy, jestem! Nie byłem z nimi. Zapragnąłem zaznaczyć swoją odrębność. Wtedy to zacząłem robić szkarady". O tych „szkaradach" rozpisywać się nie będę. Kto nie wie w czym rzecz, niech sięgnie do książki.

Coraz bardziej dystansował się Nowakowski od luminarzy środowiska pisarskiego. Autorami związanymi z PZPR jawnie gardził, jeśli zaś chodzi o „dobre towarzystwo", o stalinowców, którzy w ciągu jednego dnia przepoczwarzyli się w opozycję, to nie potrafił wybaczyć im ani tej nagłej wolty, ani – tym bardziej – gorliwego uczestnictwa w „hańbie domowej". Niechęć do tej formacji pozostała mu na dłużej, choć przecież takie, na przykład, *Strzały w motelu „George"* swój pierwodruk miały jeszcze w *Gazecie Wyborczej*.

Na szczęście, nie opuszczała Nowakowskiego pisarska wena. W nawiązujących tematycznie do *Powidoków* tomach *Nekropolis* (2005, 2008) opowiedział już nie o dawnej Warszawie, ale o Warszawie umarłej, o Warszawie, której nie ma. Hojną ręką ofiarował też czytelnikom swoje autobiograficzne książki: *Pióro* i *Dziennik podróży w przeszłość*. I – najważniejsze – zbiór opowiadań *Czarna i Mała* (2010), z jakże innym od całej reszty *Piorunkiem*, smutną opowieścią o prowadzonym na spęd źrebaku, ale i o radości życia, i o… miłości – choćby i do zwierząt. Warto też jeszcze przypomnieć obraz postpegeerowskiej rzeczywistości, jaki stworzył Nowakowski w *Psich Głowach* (2008).

## MITOMANI POGRĄŻENI W FIKCJI

Przypomina mi się jakaś wspólna z Markiem przechadzka po śródmiejskich zakamarkach Wspólnej, Hożej, Emilii Plater. Wchodziliśmy do co drugiego sklepu, warsztatu, pracowni. Wszędzie witano go z honorami, znano go tam i szanowano. Był pisarzem tych prywaciarzy, jak z dezaprobatą nazywano ich w PRL. Tak jak większość z nich też był rękodzielnikiem, tyle że robiącym w specyficznym tworzywie – słowie.

Marek trochę zaciemniał swój pisarski wizerunek, sprowadzając swych bohaterów do wspólnego mianownika. Mieli być nimi, jakoby, ci wszyscy, którzy ustawiali się wobec komuny na kontrze. Mogli to być prywatni przedsiębiorcy, walczący z idiotycznymi przepisami gospodarki nakazowo-rozdzielczej, rozmaite „farmazony" i „rajskie ptaki", zbuntowani, długowłosi młodzieńcy, a i starzy wyrokowcy. Nie bardzo mi się ta, nazbyt dowolna, systematyka podobała. I przy okazji promocji wydanej w 1998 roku *Redy* (w twórczości Nowakowskiego można wyróżnić niewielki, ale znaczący nurt morski) powiedziałem pisarzowi, że mam do niego pretensję o to, iż swoimi książkami zmitologizował tych wszystkich „Kwadratowych", wytatuowanych git-ludzi o ćwierćmózgach wyżartych autowidolem. W istocie nie byli ani w części tak ciekawi, jak w opowiadaniach Marka, ani niezłomni, ani solidarni. Ot, zazwyczaj drobne złodziejaszki, alfonsi, prymitywni włamywacze odliczający dni od jednej odsiadki do drugiej. Tymczasem pisarz cytował piosenkę: „Jam złodziej, czarodziej, przede mną wielki, otwarty jest świat" i już mieliśmy powiew romantyki, której tak naprawdę nie uświadczyło się w życiu tych ludzi ani na jotę. Nie zapomnę serdecznego śmiechu żony pisarza, Joli Nowakowskiej, którym skwitowała moje wywody. Środowisko przestępcze znała przecież aż za dobrze i świetnie wiedziała, gdzie kończyła się prawda o „księciach nocy", a zaczynała pisarska kreacja Marka.

A tytułowy bohater *Księcia Nocy* pojawiał się u Nowakowskiego i w innych opowiadaniach, np. w *Jednym dniu w Europie* z tomu *Dwa dni z Aniołem* (1984), skąd pochodzi ten dialog:

– Był kiedyś w moim życiu pewien idol. Książę Nocy. Wolny człowiek. Tak on siebie nazywał.

– Znałem tego farmazona – brutalnie zabrzmiał głos Kiciusia. – Umarł niedawno. Skretyniały nędzarz i alkoholik. Z ulicy zabrali go do szpitala i tam się rozsypał.

– Ci wolni ludzie – Malarz drobnymi łyczkami wysączył wódkę – mitomani pogrążeni w fikcji.

Bez mitów nie ma jednak wielkiej literatury; to one ją stwarzają.

## W PISARSKIM MOZOLE

Zmarł Marek Nowakowski 16 maja 2014 roku, pochowany został na Cmentarzu Wojskowym na Powązkach. W opowiadaniu *Mój Przyjaciel Pisarz* z tomu *Portret artysty z czasu dojrzałości* (1987) tak pisał o swoim dojrzewaniu twórczym: „Wiedziałem, że sztuka to nie żadna lekkość i bajeczna kraina uniesień, ale ciężka harówa, gdzie najważniejsza jest uczciwość wobec siebie i mozolne przedzieranie się przez gąszcz kłamliwych słów w poszukiwaniu tego jednego jedynego, które przylega do rzeczy jak skóra do ciała".

I takie słowa znajdował. „Na Annopolu doliniarze powiadają: «Wspólnik jest jak brat»" – zdanie to, otwierające tom *Ten stary złodziej*, przeczytałem pierwszy raz pół wieku temu, a mógłbym je powtórzyć obudzony w środku nocy. Podobnie jak podsumowanie życia bohatera innego opowiadania z tego zbioru – *Kwadratowego*: „To był największy połykacz". I dziesiątki innych.

Był pisarzem niezwykle wyczulonym na głos ulicy. Zawsze pisał dla tutejszego czytelnika, dla swojaka. W okresie pomarcowym zdarzało mu się publikować w Paryżu u Jerzego Giedroycia, ale to dopiero w latach stanu wojennego stał się częstym autorem Instytutu Literackiego. Wcześniej podpisywał się tam pseudonimem – Seweryn Kwarc. Nie dlatego, że brakowało mu odwagi – tej nie zbywało mu nigdy, ale niecierpliwie czekał na moment, kiedy będzie mógł z powrotem oficjalnie drukować swoje książki. Doskonale wiedział bowiem, gdzie ma swoich odbiorców i pod jakimi warszawskimi adresami ich znajdzie. Drugi obieg, którego był – jakkolwiek by to zabrzmiało dziwnie – gwiazdą, nie gwarantował mu dostępu do tych wszystkich, na których mu zależało.

Do mistrzostwa swoich opowiadań doszedł nie dzięki poszukiwaniom formalnym i eksperymentom językowym. „Nie próbował – jak konstatował Jan Walc – dokonać zasadniczego przełomu w sztuce prozatorskiej, wymyślić nowego kierunku, stworzyć własnego, wymyślonego świata. Tym wszystkim zajmuje się zupełnie chyba wystarczająca ilościowo grupa jego kolegów". Przez lata z uporem godnym lepszej sprawy wpisywano go w mały realizm, nie dostrzegając tego, że nawet najbardziej naturalistyczne obrazy Nowakowskiego były zawsze literacką reakcją na rzeczywistość, a nie reporterskim odzwierciedleniem faktów. Gdybym w jednym zdaniu musiał określić to, czym się zajmował w swojej twórczości, powiedziałbym, że nieprzerwanie snuł swoją prawdziwą opowieść o prawdzie.

Taki był ten „Pojedynek", jak sam o sobie powiadał. Marek Nowakowski, pisarz osobny, pisarz doskonały.

Krzysztof Masłoń

# Drewniaki... albo dziewczyna kapusia

– To był kiedyś dobry urke – powiedział niższy z mężczyzn – i charakterny, jak mało kto.

– Uhm... – mruknął chudy o twarzy małej i trójkątnej; suwał dłonią po lepkiej ceracie.

Knajpa już pustoszała. Barmanka spoglądała nieprzyjaźnie. Chudy wysączył chciwie odrobinę piwa.

– Ostatnio – odezwał się, nie przestając poruszać dłonią – siedziałem z nim pod jedną celą... on ciągle biegał z językiem do naczelnika. Wspólników sypał. Była z niego straszna kurwa – zakończył i ścisnął dłoń.

– Straszna... – powtórzył niższy przeciągle.

Z zewnątrz ktoś walnął w drzwi. Brzęknęły przejmująco szyby.

– Psiakrew – mruknęła barmanka.

– A dziewczynę ma dobrą – szepnął chudy, obgryzając uporczywie paznokcie. Dłoń miał szeroką, białą, z niebieskimi, grubo węźlejącymi żyłami.

Niski przeciągnął się leniwie. Wzięli czapki i wyszli na ulicę. Chłodny wiatr bił w twarze. Przechodniów było niewielu, wszyscy w płaszczach z podniesionymi kołnierzami. Mały pociągnął kumpla za rękaw. Przystanęli.

– Tyle go znałem – mruknął – i nigdy bym nie przypuszczał.

Chudy twarz miał teraz zaciętą, błyszczącą ślisko światłem pobliskiej latarni.

– Należy mu się – powiedział głucho – należy.

Szli, milcząc. Niski nadążał z trudem, gdyż chudy wyciągał porządnie nogi. Na rogu krzątały się już dziwki. Chodziły pojedynczo lub po dwie. Mężczyzn prosiły o ogień, zagadywały przymilnie. Stróż w bramie owinął się szczelnie baranim kożuchem, wysunął nogi i zapatrzył się gdzieś ponad domy. Ci dwaj rozglądali się uważnie. Niski pozdrowił jedną z dziwek, krzywą i pryszczatą.

– Jeszcze jej nie ma – odezwał się chudy.

Ten niższy pokiwał głową.

– Ona wychodzi później – mruknął.

– Może w ogóle nie przyjdzie? – zatroskał się chudy.
– Może już czeka na niego?...

Niższy z mężczyzn oparł się o ścianę. Był jeszcze niestary, ale pomarszczony i łysawy. Spojrzenie miał przygaszone, wypełzłe.

– Kupę czasu – rzekł wreszcie – nie widziałem go... kupę, będzie ze trzy lata. Ostatnim wyrokiem... – urwał i podniósł się na palcach. Chudy spojrzał za nim. Dziewczyna, na którą czekali, stała na przystanku, kołysząc niedbale torebką. Jej włosy były bardzo jasne i długie. Facet z teczką spoglądał na nią ciekawie. Postąpił krok naprzód i utknął niezdecydowanie.

– Już przyszła – szepnął mały.

– I od razu – zauważył jego kumpel – ma klienta. Dobrego frajera – dodał – widać, że panisko. Zarobi – zaszeptał jakby do siebie – kupi mu wódy, wszystkiego... – Potarł twarz, która stała się gorąca.

Dziewczyna roześmiała się głośno i odrzuciła daleko na jezdnię niedopałek. Stanęła pod latarnią. Zauważyła tych dwóch. Przywitali się w milczeniu. Chudy przygryzł wargi i opuścił wzrok. Prawie dotykały go jej piersi, wysokie i pełne, obciśnięte jaskrawym sweterkiem.

– Widzieliście Sztajera? – głos dziewczyny dźwięczał nieco chrapliwie. – Spił się i bije frajerów. Szczęścia szuka. – Śmiech wyżłobił dołeczki w policzkach.

Czuli zapach ostrych perfum.

Niższego ujęła pod brodę.

– Smutni – zauważyła – niedoprawieni. – Poszperała w lakierowanej torebce. – Macie – rzekła wesoło – na ćwiartkę.

„Zadowolona" – pomyślał chudy – „bo wie, że on"... – Odsunął rękę dziewczyny.

– Twój chłop – warknął – będzie tutaj dziś przed północą.

Spoważniała i skinęła głową. Była to ładna i młoda dziwka.

– Przed północą – powtórzył mały.

Ten drugi podrzucał na dłoni pudełko z papierosami.

– Twój chłop – powiedział, marszcząc dziwnie twarz – to... – urwał i schował pudełko do kieszeni – to wielka kurwa...

Patrzyła nań wyczekująco.

– Kapuś – dodał.

Mały uśmiechnął się wstydliwie.

– Pojedziem po niego na dworzec – rzekł chudy.

Uniosła wysoko brwi.

– Razem – wyjaśnił mały – przecież to stary nasz kumpel. – Splunął i długo rozcierał butem ślinę.

Chudy przypatrywał się dziewczynie spod przymrużonych powiek. „Twarz okrągła, świeża" – zdziwił się. – „Nie wygląda na dziwkę". Zderzył się z jej wzrokiem odległym i czystym. Teraz spojrzenie utkwił w chodniku. „Dziwka" – bezgłośnie powtarzał – „dziwka...".

Mały znowu zmarszczył się wstydliwie.

– Jak możesz – powiedział łagodnie – pracować na takiego łachudrę. Jak możesz?

– I to jeszcze tak... – wyrzucił z siebie chudy.

Jej twarz nie zmieniła wyrazu. Pewna i otwarta.

– Kiedy siedziałem z nim – mruknął chudy – to prawie co tydzień dostawał od ciebie forsę... myślisz, że dziękował? Klął, że mało...

– Więcej nie mogłam – wtrąciła gwałtownie – niewielu teraz porządnych klientów.

– Głupiaś – syknął chudy – zupełnie głupiaś! Takiemu nygusowi – powiedział głucho. – No, ale on dziś wraca, nareszcie wraca – dodał mściwie.

– Weźmiem taryfę – rzekł niski – i podskoczymy razem.

Cofnęła się o krok i opuściła głowę, gładząc torebkę.

– Jasne, że razem – rzekł chudy. Głos jego był ostry, nieprzyjemny, chusteczką ocierał twarz.

Zatrzymali małego, odrapanego opla.

– Wschodni – rzucił chudy.

Taksówka, parskając i dygocąc, ruszyła naprzód. Wcisnęli się w siedzenie. Chwilami ich twarze ukazywały się dokładnie w świetle mijanych latarń. Ten mały trącił swego kumpla w plecy i wskazał na dziewczynę skuloną, zmartwiałą. Chudy przeklął szeptem. „Myśli...” – był pewien, że o nim myśli. Taksówka zatrzymała się gwałtownie, wytrącając ich z odrętwienia.

W brudnej poczekalni dworcowej żółte, mdlące światło ukazywało zmęczone i senne twarze ludzi. Wiejskie baby, obłożone tobołkami, dzieci skulone w pokraczne kłębki, chrapania cienkie i długie... drażniący poświst zakatarzonego opoja. Środkiem przechadzał się wyprostowany, o chmurnej twarzy milicjant. Przy bufecie zarośnięty włóczęga prawił coś pijanym, plączącym się głosem. Zatrzymali się pod oknem, z którego widać było czarne płaszczyzny peronów. Z dala dochodził zdarty głos megafonu.

– Już niedługo – zauważył niski.

Dziewczyna rozpłaszczyła twarz na szybie.

Chudy uśmiechnął się krzywo. „Fajna dziwka – pomyślał – fajna”. Mały wskazał ukradkiem jej pełny, zgrabny zadek. Zmarszczył obleśnie twarz. Chudy przełknął głośno ślinę. Od wyjścia z więzienia nie miał jeszcze żadnej dziewczyny.

– Słuchaj – zaczął chrapliwie – po co ci to wszystko?

Zwróciła doń twarz.

– Po co ci – powtórzył – taki chłop? Zarobić, nie zarobi. Nie umie. Tylko chla i przecież ciągle cię tłucze.

Wydęła usta.

– Wiem, wiem – rzekł gwałtownie – ile już razy chodziłaś z podbitymi ślepiami. – Oddychał nierówno. – I niszczysz się – dodał zmęczonym głosem – ciągle na rogu... to zdrowie odbiera... A on – splunął – jeszcze kręcił z innymi dziwkami. Całą stajnię miał...

Dziewczyna zacisnęła usta.

– Tak – powiedziała cicho – bić, to on porządnie bił. – Poczęła kiwać głową, jakby skandując przypominające się przeżycia. – Jak tylko miał to zrobić, zaraz zapalał papierosa – mówiła. – Walił cichcem i włosy mu zawsze spadały na oczy. Długie nosił – dodała wyjaśniająco. Jej twarz złagodniała, wzrok skrył się pod opuszczonymi powiekami.

Chudy mocno zacisnął garść. „Głupia kurwa – żuł ze złością – głupia...".

– Tak, tak – westchnęła.

Mały poruszył znacząco ramionami. Jego chudy kumpel gniótł ze złością papierosa, wreszcie przełamał go i odrzucił.

– Ostatnio – odezwała się dziewczyna – przed samą wpadką też dał mi wycisk. Niekiepski. – Podniosła wzrok na tych dwóch. Zobaczyła wymiętą twarz niskiego i złą, pełną zaciętości chudego. – Ale z tym już będzie koniec – dodała pospiesznie – nie dam się...

Chudy uśmiechnął się smutno.

– Koniec – powiedział przeciągle. – To zależy od niego. A później znajdzie inną, co lepiej trafia, wtedy kopnie ciebie.

Nie odpowiedziała, lecz twarz jej mówiła, że nie wierzy w to.

– Dziewczynę taką jak ty – mówił dalej chudy – inny by na rękach nosił... nie puszczałby na ulicę... Ubrać jak lalkę i chodzić na roboty chce się wtedy... bo wiadomo, dla kogo się trafia. – Spoglądał na nią zachłannie.

– Pewnie – wtrącił mały, poziewając.

– Musisz skończyć z tym – rzekł głucho chudy. – Koniecznie.

Uważnie patrzyła w ciemność za oknem. Milicjant zmierzył ich długim spojrzeniem. Mały wtulił głowę w ramiona i poruszył się niepewnie.

– Bo on – kończył chudy – nie umie cię uszanować.

Odwróciła się od okna. Teraz jej twarz wyrażała trudny, bolesny prawie namysł.

– Taki chłop jak on – mówił szybko z nadzieją w głosie chudy – co to za chłop...

Przerwała, wyciągając rękę. Przypatrywała mu się kpiąco.

– Wcale nie byle jaki – rzekła głośno. – Gust to ja mam. Jest przystojny – uśmiechnęła się łagodnie. – Ma takie cygańskie oczy – szepnęła – takie, że aż... – przeciągnęła się rozkosznie.

– Musi mieć dobrego zaganiacza – wtrącił mały – bo go tak wspominasz.

Chudy przygryzł wargi.

– I włosy – mówiła miękko – długie, falujące... A na szyi czarny pieprzyk... mało który chłop ma taki pieprzyk... Tak, tak – dodała, zobaczywszy kpiącą gębę małego – wielu już znałam i żaden… W ogóle… – zakończyła gwałtownie.

Przyjrzała się teraz chudemu o małej trójkątnej twarzy, jakby porównując. Przykulił się trochę pod jej chłodnym i dokładnym spojrzeniem. Ten mały zachichotał. Babina śpiąca obok na drewnianych skrzynkach jęknęła rzewnie przez sen. Pan w pumpach oparł brodę o laskę.

Chudy poruszył się niecierpliwie.

– Niby nie jesteś trąba – podjął znowu – chodzisz do miasta… a tak oślepłaś. Przecież on tylko leci na twoją forsę. – Wczepił się palcami w parapet. – I listy od innej dostawał – rzekł niedbale – a jak jej odpisywał…

Twarz dziewczyny skurczyła się.

– Jak? – spytała.

– Ano – odparł chudy – tak jak się pisze babie, która mocno w łeb wlazła.

– Nie powinnaś tak za nim obstawać – wtrącił stanowczo mały. – Z innym lepiej byś wygrała – dodał, spoglądając znacząco na swego chudego kumpla.

Zamyśliła się, bębniąc palcami w szybę.

– Niekiepska – szepnął mały, a po chwili mlasnął śmiesznie, chudy przytaknął skwapliwie i przymrużył oczy.

Podeszli do drzwi. Za parę minut powinien nadejść pociąg z Siedlec. Tym pociągiem przyjeżdżał on, jej chłop.

– Pamiętaj – szepnął do niej chudy – nie odzywaj się do tego ciapciaka, ja z nim załatwię.

– Nic, ani słowa – przyłączył się mały.

Nie odpowiedziała, tylko nieznacznie pokiwała głową. Z torebki wyjęła szminkę i podmalowała usta, uważnie przeglądając się w lusterku.

„Dla niego" – pomyślał ze złością chudy.

Z głośnika rozległy się bełkotliwe, zlewające się słowa.

Ten kapuś szedł szybkim krokiem, wysunąwszy do przodu głowę. Kołysał się w ramionach. Ubranie na nim wisiało, wymięte i obszarpane. Minął budkę biletera i dopiero wtedy dostrzegł ich. Zatrzymał się i rozchylił usta. Dziewczyna wpatrywała się weń z łapczywą dokładnością. Włosy krótkie, bez połysku, twarz blada, lecz ta sama, dobrze jej znana, z lekkim, drwiącym grymasem. Usta zacisnął w wąską upartą linię. Postąpił krok, jakby chcąc ich minąć. Przesunął dłonią po krótkich sterczących włosach.

– Przyszłaś – mruknął. Jego wzrok ślizgał się po twarzach tych dwóch, którzy tkwili nieruchomo. – Przyszłaś – powtórzył i wyciągnął do niej rękę.

Długo zapalała papierosa.

Gwizdnął leciutko.

– Nie chcesz! – rzekł, nie przestając spoglądać na tamtych. Rękę wsunął za marynarkę.

„Nadrabia miną" – pomyślała dziewczyna. Widziała, jak krzywił się złośliwie. Znała te jego miny dobrze. Podciągnął opadające, dziurawe na kolanach spodnie.

Chudy chrząknął wymownie.

– Przyszliśmy – rzekł ochryple – przywitać...

– Tak, tak – powiedział piskliwie ten mały.

Kapuś milczał, omijając ich spojrzeniem. Zgarbił się trochę. Dziewczyna zdusiła w palcach papierosa. Wyszli. Ci dwaj po bokach kapusia i jasnowłosa dziewczyna parę kroków za nimi. Po ciężkiej, pełnej zaduchu atmosferze poczekalni ogarnęło ich rześkie, nieco wilgotne powietrze jesiennej nocy. Chudy odetchnął głęboko, zatrzymał się nieznacznie i mocno ścisnął łokieć dziewczyny. Na kozłach dorożek drzemali woźnice. Niebo wisiało ciężkie, skołtunione. Gdzieś wzbił się przenikliwy gwizd. Ich buty stukały głucho. Kapuś szedł niedbale, rozbujanym krokiem. „Tak zawsze chodzi" – pomyślała dziewczyna. On zaś obejrzał się na nią. Parsknął gardłowym śmiechem.

– Głupia suka – mruknął półgłosem. Znów zaśmiał się.

Drgnęła, lecz szybko opanowała się. „Podskakuje – myślała łagodnie – jak zwykle podskakuje… udaje kozaka". Szli teraz wzdłuż płotu. Chudy jeszcze raz chwycił rękę dziewczyny, zakaszlał znacząco i machnął krótkim ciosem z boku. Głowa kapusia odskoczyła jak piłka. Mały szczeknął nieprzyjemnym śmiechem i odsunął się ostrożnie.

„Teraz – uznał chudy – walnę łbem i wezmę pod obcasy". Złapał kapusia za klapy i… nagle otrzymał od tyłu mocne, krótkie uderzenie w ciemię. Zachwiał się i opuścił ręce. W głowie zawirowało.

Gdy otworzył oczy, kapuś już był daleko. Jego sylwetka rozpływała się w ciemności. Mały próbował gonić go niezgrabnie, ale wkrótce przestał, dysząc i przeklinając. Dziewczyna stała na jednej nodze, niezdarnie utrzymując równowagę, i wkładała but.

– Ty… ty… – chudy szukał z wściekłością słowa. Potarł obolałą głowę.

– Klops – posłyszał zadyszany głos małego kumpla – ona jest strasznie za nim.

Chudy dostrzegł jej twarz spokojną, nieprzeniknioną, zdawało mu się, że z leciutkim uśmieszkiem.

– Puścił krew – powiedziała cicho – nie mogłam patrzeć i…

Przerwał jej.

– Buty to masz niezgorsze – powiedział już spokojnie i jeszcze raz potarł głowę. Syknął.

– Drewniaki – wyjaśniła krótko dziewczyna.

„Charakterna – pomyślał z uznaniem chudy – charakterna, jak mało kto…".

1958

# Kwadratowy

Po ostatnim jego wyczynie miasteczko wrzało. Kradzież była odważna. Wagon z cyną stojący na stacji rozpruty i wyczyszczony do cna. Matki mówiły jedynakom późno wracającym do domu:

– Doigrasz się, doigrasz, jak ten Kwadratowy!

W ciemnych bramach, w poczekalni przy wódce rozprawiano o nim. Znało go przecież całe miasteczko, rósł w nim od pętaka. Stary Józef, żywa kronika tej dziury, za kieliszek czystej prawił, plącząc się, długie o nim historie. Wynikało, że Kwadratowy od najmłodszych lat już był taki arcyurke.

Miasteczko znajduje się pod Warszawą, jest nieduże, z brukowanym nierówno rynkiem. Na prawo od rynku mieszka Stefaniakowa, matka Kwadratowego.

Gdy szła do kościoła, zerkano na nią ciekawie, przecie Kwadratowy władował się na kilka lat. Wysoka, siwa. Trzymała się prosto. Ubrana na ciemno. „Widzisz – szeptał pętak Rysio do przyjaciela – to jego matka…". – Patrzyłeś na nią i widziałeś przyczajonego w ciemną noc Kwadratowego. – Wywala piekielnie szeleszczące rulony blachy. Majaczą wspólnicy. Ktoś pstryka ostrzegawczo.

Oj, Kwadratowy, gadka o tobie rośnie. Nic w niej z ciebie, jesteś już mitem. Jedynie matka odkrywa bliższym kawałek tego płaszcza mitów. – Nie biłam, powiada, a bić trzeba było, brakowało silnej ręki. Bez ojca chował się. – Wzdycha i kroi słoninę. Szoruje podłogę i znajduje pod szafą stare Jurkowe buty. Powykrzywiane i wytarte zamsze. Ciska z pasją w kąt. Po namyśle podnosi, czyści i ustawia w skrzynce. – Zmądrzeje, zmądrzeje – brzęczą słowa sąsiadek. – Pożycz no, Stefaniakowa, ździebko cukru.

Dzwonią w kościele na szóstą. Zmrok osiada w kątach. Gdzieś śpiewają. U niej cicho, strasznie cicho. On tylko śpiewał. Zastanawia się właściwie po raz pierwszy, czemu nazywają go Kwadratowym. Już wie. Lubił mówić: – Bo jak cię na kwadratowo... – Była to groźba, pochwała i jeszcze coś – określenie wszystkiego. Nawet milicjantowi na ostatek powiedział: – Jeszcze zrobię was... – namyślił się i dodał – na kwadratowo.

Z tym „na kwadratowo" znalazł się za bramą więzienia. Wcale nie bujda, że klucz w bramie zgrzyta przeraźliwie smutno, inaczej niż w innych zamkach. Kwadratowy szedł, kołysząc się, z wysuniętą po cwaniacku głową. Chłop barczysty, w czerwonej koszulce. Wpuszczający strażnik przymrużył wyblakłe oko i mruknął:

– Wpadłeś, bratku.

Każdemu to mówił.

Ściany wąskiego korytarza w budynku administracji poznaczone były mnóstwem napisów. Przy wejściu uderzał w oczy napis: „Żegnaj WOLNOŚĆ". Dalej: „Wkito-

wałem się na piątaka". Zaś przy drzwiach z tabliczką nr 5
słabo widoczny i zatarty napis: „Zakapowała mnie stara kurwa, Zośka". – W pokoju nr 5 Kwadratowy oddał
siedzącej przy biurku dziewczynie zegarek, portfel i kilka drobiazgów. Próbował zagadać do niej, lecz była
obojętna, poza tym piegowata i brzydka. Zapalił papierosa. Z zadowoleniem pomyślał, że nie każda stara potrafi dać w taką drogę trzysta fajek. Tylko jego... Prze-
brano go w magazynie, chłodnej, przypominającej
stodołę budzie. Zastukał drewniakami. Skóra pachniała
kwaśno. Czuł na ciele chłód krochmalonej koszuli. Przy
bielonej świniarni jakiś łysy zakpił zeń:
– Na mleko zapisz się... Prosto od krowy. – Łysy wykrzywił gębę. Kwadratowy jeszcze za węgłem słyszał: –
A nie zapomnij!
Wąsaty inspekcyjny prowadził go długim, geome-
trycznie załamującym się korytarzem. Czysta podłoga
błyszczała jak asfalt. Przed wielką kratą, dzielącą korytarz na oddziały, więzień w kraciastym swetrze uczynił
tajemniczy i szybki gest. W jego oczach błyszczała chciwość palacza. Kwadratowy rzucił kilkanaście papierosów. Posłyszał szept tamtego.
– Zupę masz u mnie z tłuszczykiem. Zawsze, jak
w banku...
Więc był to kalifaktor. Klawisz z miną buchaltera
wpisał go do księgi oddziału. Potem zacmokał obwisły-
mi wargami.
– W taką pogodę, w taką pogodę. – Spojrzał w okno.
Musnął go słoneczny promień. Przeciągnął się. Wes-

tchnąwszy ciężko, podniósł się z ławki. Otworzył drzwi celi pod numerem 110.

Było tam pięciu mężczyzn. Wszyscy ostrzyżeni. Najniższy z nich, krostowaty, rzekł:

– Za coś wpadł?

Patrzyli na niego z ciekawością. Kwadratowy oparł się o stół i przygładził włosy. Mruknął:

– Nie skaczcie!

Zamienili spojrzenia.

– Znamy takich – powiedział któryś. – Dawaj szlugi!

Patrzyli na niego z ciekawością.

Kwadratowy położył na stole poduszkę, obok niej koc i miskę. Rozstawiwszy nogi, powtórzył:

– Nie skaczcie. – Był barczysty o wydatnych szczękach – to wstrzymywało. Krostowaty odezwał się łagodniej:

– Skąd jesteś?

Kwadratowy usiadł na ławce, która zakołysała się. Wyciągnął papierosy. Poczęstował wszystkich. Palili, wpatrując się w strużki dymu. Czekali, co teraz powie, zaś on począł mówić, wolno, z namysłem oglądając swe brązowe ręce.

– Nie jestem frajerem. Nazywają mnie Kwadratowy. Siedziałem już…

Krostowaty wymienił kilka znanych w Polsce więzień. Pytał podstępnie, jak tam, a tu – wreszcie:

– Kolę znasz?

Kwadratowy znał…

– Charakterny, jak mało kto – westchnął jeden, zwany Grubasem.

Wyszli parami na podwórze wśród burych murów. Drewniaki wzbijały kurz. Szli miarowo, zaś Kwadratowy przypominał sobie wieś i kierat. Tak samo w kółko. Był pewien, że chłopcy spod celi już nie przyczepią się. Zadzierał głowę, wpatrując się w górę.

Niektórzy grypsowali pod oknami. Pilnujący ich klawisz zdawał się nie słyszeć rozmów. Pocierał nieogoloną brodę, spoglądał na noski swych butów, wyczyszczonych dokładnie i popękanych. Spojrzawszy na zegarek, zawołał przeciągle:

– Koniec spaceru!

Wypolerowane przez wiele tysięcy drewniaków schody. Kraty podnoszące się gościnnie. Znów chłodny jak grób korytarz. Klawisz z oddziału wrzeszczał:

– Grypsy?!… Ja ciebie…

Zagłuszyli ten wrzask drewniakami. Ktoś krzyknął, patrząc w okno:

– Majtki na wolności! – dodał: – babskie! – Potem suchy spragniony śmiech. Patrzyli, zbiwszy się w gromadkę, na biały blok naprzeciw. Coś różowego.

– Włazić, włazić! – pokrzykiwał oddziałowy. Zamykając drzwi, powiedział surowo: – Siedzieć spokojnie, bo inaczej raport.

Grubas z Powązek uśmiechnął się przymilnie.

– Przez baby, panie kierowniku, wszystko przez baby.

Ten klawisz uważał, że u kobiet ma powodzenie. Już za drzwiami pokiwał wyrozumiale głową.

Podnieceni spacerem, przemierzali celę. Krostowaty wpatrywał się w okno. Niebo było ładne, niebieskie.

– Nad Wisłą teraz Meksyk – powiedział wspólnik Grubasa, wyjmując z szafki pajdę chleba. Lepił zeń okrągłe pecyny i zjadał z apetytem. Przy popękanym piecu rozprawiano o jutrzejszej łaźni. Krostowaty zapraszał do domina. Spoglądał na Kwadratowego. Postukując kostkami, pogrążyli się w długiej grze. Domino było specjalnością celowego. Grał chytrze, z rozmysłem.

Szybko zrobiło się ciemno. Sylwetki ludzi, łóżka – wszystko zszarzało. Ziewali, wyczekując na światło i apel. W żółtym świetle cela wyglądała jak kolejowy klozet. Na suficie rysował się wilgotny zaciek zadziwiającego kształtu. Leżąc na łóżku, Kwadratowy uprzytomnił sobie, że właśnie nad nim znajduje się ten zaciek. Wsłuchiwali się w stłumione głosy, dobiegające z cel czworokątem opasujących podwórze. Jakaś kobieta śpiewała piosenkę. Pozostałe głosy umilkły. Ładnie, melancholijnie. Rozległo się przekleństwo, potem krzyk męski ochrypły:

– Wyłącz się, stara!…

Następnego ranka szykowano się na spacer do łaźni. Krostowaty długo oglądał swą twarz w ułomku lustra. Badawczo wyszczerzył zęby. Grubas z Powązek podśpiewywał wesoło. W kuchni, obok której miano przechodzić, pracowała jego kobieta. Wszyscy patrzyli z zazdrością na włosy Kwadratowego: Długie, lśniące, nieruszone zerówką więziennego fryzjera. Było oczywiste, że on zbierze najwięcej babskich uśmiechów. Czarniawy doliniarz z Annopola uśmiechał się złośliwie. Przemierzał szybkim krokiem przestrzeń od kibla do stołu. Wreszcie zatrzymał się i zapytał:

– To dziś w nocy każdy śpi ze swoją… ręką? – zaśmiał się, lecz jakoś blado.

Krostowaty, którego nazywano też Pestką, szeptał:

– Boi się o swoją kobitę, dostał gryps, że puściła się z innym.

Grubas zacierał ręce.

Niestety, wbrew przewidywaniom, spacer do łaźni wypadł źle. „Chiński Ptak", złośliwy przewodnik, pozamykał baby. Nie zobaczono nawet jednej. Wrócili wymyci, poczerwieniali i wściekli. Nawet ten czarny z Annopola sposępniał.

– Kobity, kobity – pocieszał Kwadratowy – wyjdziecie, co noc będzie inna. – Wtedy zastanowił się, czemu powiedział „wyjdziecie". Przecież Hanka czeka. Na pewno nie puszcza się. Chłopiec o wielkich z lekka zamglonych oczach szorował kibel. Porysowana blacha nabierała połysku, w którego odbiciu majaczyły powykrzywiane kontury twarzy. Krostowaty Zenek uśmiechał się.

– Gramy w dupnika – przerwał ciszę.

Chłopiec czyszczący kibel zgarbił się. Kwadratowy zobaczył w jego oczach strach.

– Kładź się! – wrzasnął wspólnik Grubasa.

Nieszczęśliwy w miłości mieszkaniec Annopola dodał:

– Przez rączki polubisz nas… a rączki mamy niekiepskie, no nie?

Chłopak bardzo powoli podszedł do ławki. Okryto mu ręcznikiem oczy. Jego schylone plecy drżały, były chude, przez bluzę odznaczały się ostro łopatki.

Kwadratowy odrzucił wypalonego do połowy papierosa. „Jest ich czterech – myślał – ale chyba pękną". Cicho i nakazująco powiedział:

– Bić można, ale czy zawsze tylko w jedną dupę? Może w twoją? – zapytał wspólnika Grubasa z Powązek – no i moją – złagodził. Stał, niedbale wsunąwszy ręce za pas.

Grubas poczerwieniał, jego wspólnik postąpił krok naprzód. Krostowaty Zenek rozładował napięcie.

– Niby można – mówił – ale on ma takie oczy... – szukał określenia – kapusia, prawiczka...

– Nie – przerwał Grubas – ma oczy baby, której zrobiłeś dzieciaka.

Zaśmieli się wszyscy.

Chłopiec o wielkich oczach powrócił do kibla.

„Nie lubią mnie, ale boją się" – pomyślał Kwadratowy i usiadł na ławce. Krostowaty Zenek przyłożył ucho do drzwi.

– Batory – powiedział. – Batory jedzie. – Tak zwano kotły z obiadem. – Na pierwszym oddziale Batory!

Dopiero po długiej chwili usłyszeli wszyscy brzęk kotłów i głosy fajfusów. Grubas, odznaczający się doskonałym węchem, zaopiniował krótko:

– Grochówka.

I dobrze poznał.

Zupę rozlewał fajfus w kraciastym swetrze. Kwadratowy otrzymał miskę z gęstwą grochu i kartofli, a na okrasę kilka wielkich i nieświeżych skwarek. Z fajfusem wymienił porozumiewawcze mrugnięcie. Jadł bez apetytu,

wpatrując się w usta Zenka, który pochłaniał zupę żarłocznie i szybko. Mlaskali. Czoło tego z Annopola pokryło się kropelkami potu. Na koniec Grubas krzyknął:
– Za amnestię! – i beknął potężnie.

Krostowaty wyciągnął spod siennika domino. Zaprosił Grubasa. Grając, śmieli się z czegoś. Przy piecu doliniarz cerował skarpety. Używał do tego wielkiej igły, sporządzonej z aluminiowego drutu. Nagle Zenek przerwał grę. Uczynił tajemniczą minę.

– Jutro dorsz – mlasnął wargami i powtórzył: – dorsz z tranikiem. – Co tydzień każda cela otrzymywała miskę gotowanych dorszy.

Czarny przestał szyć. Zamyślił się. Grubas począł mówić o restauracji, w której podawano wspaniałe befsztyki. Domino już nie szło. Krostowaty Zenek przypomniał sobie dziewczynę, która lubiła tylko cytrynowe lody.

– Po całym mieście szukaliśmy – wyjaśnił – charakterna była.

W sąsiedniej celi ktoś zaśpiewał fałszywie: – „Na wolności ja stworzę ci raj"…

„Barany, barany" – myślał Kwadratowy. Myśl przyszła mimowolnie. Dobrze nie potrafił wyjaśnić sobie, o kim myślał. Siedział na łóżku, wpatrzony w kawałek ogrodu z pomidorami i kąt przesłonięty bujnym listowiem kasztana. „Tam za liśćmi – zastanowił się – chodzą ludzie". – Po raz trzeci, trzeci już raz siedzi i o tym myśli. „Kiedyś – przypomniał sobie – widziałem dziewczynę, była jesień… kasztan już goły… Wyraźnie dziewczynę. Szła bardzo szybko…".

– Nie pękaj! – ktoś uderzył go w ramię. – Na długo się władowałeś? – głos zdaje się należał do Zenka.

– Nie o to chodzi – mruknął niechętnie Kwadratowy, nie odwracając się. Wiatr przyniósł szmer kasztanowych liści. Był pewien, że nie o to chodzi.

Wieczorem rozpoczęła działać „poczta". Z odległego okna słychać było głos Szkatuły. Szukał wspólnika. Leszek Kulas drwił z jakiejś dziwki. Ponury Puszek prosił o fajki... „Ze dwie chociaż!" – chrypiał.

Krostowaty szybko odwrócił się od okna.

– Pytają o ciebie – powiedział, patrząc na Kwadratowego.

Kwadratowy wzruszył ramionami.

– Powiedz, że jutro...

Okrzyk „Atanda!" przerwał pocztę. Po dachu chodził inspekcyjny. Kwadratowy naliczył w prostokącie okienka osiem gwiazd. Noc była rześka z chłodnym powiewem wiatru. Leżał z otwartymi oczyma i po raz któryś liczył gwiazdy. Przeciągnął się. Gryzący koc drażnił ciało, więc zsunął go nogą. Z dołu posłyszał stłumiony szept:

– Śpisz?

Zobaczył chłopca o wielkich oczach. W tę księżycową noc jego oczy błyszczały wilgotnie.

– Ładna noc – powiedział Kwadratowy.

Chłopiec przywarł do łóżka. Chwycił róg koca i szarpał gwałtownie.

– Połóż się – poradził małemu Kwadratowy – jutro dadzą dorsza. – Zaśmiał się. – Dam ci swoją porcję.

– Ja już nie mogę – rwał słowa mały – naprawdę!

„Wierzy we mnie" – pomyślał Kwadratowy. Poczuł się głupio.

Starając się nie spoglądać w jego wielkie oczy, okręcił się kocem, ziewnął sztucznie i mruknął:

– Kładź się spać.

Sam też starał się zasnąć. Myśląc o małym, który nie spał na pewno, zapadł niespodzianie w sen.

Zdawało mu się, że sen trwał krótko, prawie błyskawicznie. Obudził się szarym rankiem. Parę łóżek dalej spał Zenek obnażony do pasa. Na piersi miał wytatuowany piracki bryg, kołyszący się na zębatych falach. „Trzeci dzień" – pomyślał Kwadratowy. Gdzieś słychać słaby zgrzyt klucza. Otwierają kratę. Zdrzemnął się. Poderwał go przeciągły głos z korytarza.

– Apel!

Zerwali się z łóżek, trzymając opadające gacie. Na półce nad stołem widać ustawione równo łyżki. Rozjaśnił je nikły promień z trudem włażący z brudnego nieba. Grubas począł wykonywać jakąś swoistą gimnastykę poranną. Usiłował wygiąć się w trudnym dla swego ciała mostku.

Kwadratowy, wpatrując się w pokraczną pozycję Grubasa znów pomyślał o łyżkach. Wtedy zrozumiał, dlaczego interesują go łyżki. Postanowił, że to wszystko zacznie się dziś wieczorem. Wzrokiem pieścił już dwie łyżki najbardziej błyszczące, ładne. „Starzy połykacze – przypomniał sposób – chwytają w dwa palce… i szybkim ruchem do ust". – Łykali z wysoko podniesioną głową, przypominając gęsi, którym wepchnięto za duże kluski. Grubas nadal torturował swe ciało mostkiem. Nogi rozłożył niczym grube konary, a owłosiona pierś poruszała się w zmęczonym oddechu. Kwadratowy po raz pierwszy tutaj śmiał się długo, wpatrzony w nogi jak konary i rybio otwarte, łapiące powietrze usta Grubasa.

Wieczorem Kwadratowy z dwoma trzonkami w brzuchu położył się u drzwi. Walił drewniakami. Przybiegli klawisze. Ciszę korytarza rozdarł dzwonek alarmowy. Przyniesiono nosze. Klawisz, ten sam, który wpisał go do księgi oddziału, teraz pocierał kark. Kwadratowy z trudem zaciskał szczęki, by nie parsknąć śmiechem. Klawisz miał wielkie obwisłe wargi.

Gdy wynoszono go, Czarny z Annopola powiedział:
– Zaczął walczyć.

Krostowaty pofałdował jakimś trudnym namysłem czoło, gładząc czarne kostki domina.

– Został jego dorsz – mruknął żarłoczny wspólnik Grubasa.

Więc podzielili się. Chłopiec z wielkimi oczyma długo wpatrywał się w drzwi. W judaszu ukazała się twarz kalifaktora. Szeptał coś. Zrozumieli, że Kwadratowy jest już w szpitalu.

Naczelny lekarz, otyły mężczyzna, ugniatając brzuch przyniesionego z trzeciego oddziału więźnia, zaklął ze złością.

– Głupiec, głupiec!... Najgorsze, że ten sport jest popularny – mówił do lekarza-więźnia, który pokiwał z uszanowaniem głową.

Umieszczono Kwadratowego w szpitalnej celi. Łóżka były biało lakierowane. Jasna zieleń ścian cieszyła oczy, przypominając lato. Leżał tam mężczyzna tytułujący się „majorem", milczący Władeczek i sapiący przedsiębiorca. Przedsiębiorca ożywił się na widok nowego chorego. Począł opowiadać o skomplikowanych częściach maszyn do pisania, za które go właśnie wsadzono. Władeczek przyglądał się z surowym uporem Kwadratowemu. Przedsiębiorca długo i dokładnie opowiadał swoją historię, lecz Kwadratowy nie słuchał. Czuł kłujący ból w żołądku. Ból ten odtąd nie ustępował. Karmili go kaszką i mlekiem. Naczelny lekarz przychodził często. Stanąwszy przy łóżku, drwił:

– Wyjmiemy żelastwo, panie bratku, i znów... – czynił wymowny gest – fiut, pod celę.

Czwartej nocy Kwadratowy ściągnął łyżeczkę z szafki sąsiada. Połknął, wytrzeszczywszy oczy. Ocierając spocone czoło, próbował zaśmiać się. „Gówno wrócę". – Postanowił nie wracać. Przeleżał do rana, zaciskając palce na żelaznych prętach łóżka. Dzień odsłonił jego bladą, skurczoną bólem twarz. Major szepnął:

– Męczą ludzi, och, jak strasznie męczą...

Minęło kilka dni. Dni te przepełniał ból i wolno toczące się myśli. Leniwie zastanawiał się nad hałasem z korytarza, dziwił go śmiech sąsiadów. Wodził wzrokiem za ręką Władeczka, monotonnie bębniącą w blat stolika. Dźwięk ten podobał mu się bardzo. Podawane sobie mleko wypluwał z dziwną sobie satysfakcją na podłogę. Potem widział schylony kark posługacza. Gdy przyszedł prokurator, Kwadratowy nie podniósł głowy. Obserwował nadal podłogę przy drzwiach. Dostrzegał tam wklęsłość niewielką i dziwaczną. Z daleka dochodził głos prokuratora, który zharmonizował się z rytmicznym uciskiem żołądka. Było mu obojętne, czego chce ten wygolony mężczyzna z wolności. Major, chrząkając, mówił o złym jedzeniu i swojej niewinności. Władeczek wyrzekł wtedy jedno z nielicznych używanych przez siebie słów:

– Pierdoła.

„Już go nie ma" – uświadomił sobie Kwadratowy, nie podnosząc wzroku z podłogi. W celi panowała cisza. Po chwili zobaczył nad sobą surową twarz Władeczka:

– Walcz, może przyspieszą sprawę, może dadzą wariackie papiery... Walcz.

Powoli poruszył ręką. Władeczek zrozumiał ten gest, gdyż przestał mówić. W poobiedniej ciszy najlepiej rozwijały się myśli.

Znalazł sposób na zdobycie mosiężnego pręcika.

Po pręciku dni zlewały się z nocami. Nadchodziły sny dziwaczne i nużące. Budził się spocony. Drzemiąc, snuł dalej senne historie... Kiedyś przyszła matka, podparła się pod boki i powiada: „Wszystkie łyżki wyjadłeś". Jej twarz była pełna wyrzutu. Mówiła jeszcze, że nowych nie kupi. Obudził się zmieszany. Zamknąwszy oczy, przeszukiwał domowy kredens. Posrebrzane łyżki, ślubny komplet, jeszcze inne... Pewnego popołudnia odwiedził go chłopiec z wielkimi oczyma. Pytał natarczywie: „Co robić?". Zwierzył się, że zabrał mu Hankę. Niemal groźnie powtórzył pytanie: „Co robić?". Wtedy Kwadratowy począł gwałtownie odpędzać złych sennych natrętów. – Bił pięściami w ścianę. Gdy otworzył oczy, nad łóżkiem stał Władeczek. Twarz miał trójkątną, zarośniętą pod oczy, okolone dziwną krętaniną zmarszczek. Usta otwierał kącikiem, mówił:

– Zaciśnij zęby, to pomaga.

Potem otworzył usta szeroko:

– Już przyszli po ciebie. – Potarł policzki.

Kwadratowy słyszał chrzęst jego zarostu, w chrzęst wdarł się miękki gumowy dźwięk operacyjnego wózka.

Operacja przeszła jak sen. Próbował odróżnić ból wyrządzony przyrządami chirurga. Nie potrafił. Lekarz, więzień, zapisał w karcie: „Dwadzieścia pięć dekagramów ciał obcych". – Brzęknęły łyżki i pręty wrzucone do blaszanego naczynia.

„To moje" – pomyślał Kwadratowy i znów zapadł w ciemność.

Otworzył oczy już w swojej celi. Napotkał wzrok Władeczka, który gwizdał jakąś znajomą melodię. W drzwiach stał posługacz Kubuś Stopkarz. Wpatrywali się weń. Znużyły go ich nieruchome twarze, więc przymknął powieki. Słyszał głosy rozmawiających. Kubusia ochrypły, wstrętny należał do Majora. Szept – to na pewno Władeczek.

– Ma krew – Kubuś zniżył głos – złodziejską krew...

Brzmiało to jak gryps z pierwszego wyroku. Złodzieje z karnej celi pisali: „Kwadratowy! Ty masz złodziejską krew... Przyślij parę fajek" – wtedy był dumny, teraz głos Kubusia przypominał brzęczenie much. Przed kolacją – drzemiąc – posłyszał szczęk kotłów; przyszedł naczelnik. Do celi wlazł z rozmachem. Buty miał podkute.

– Co za porządki? – warknął na progu, spoglądając na porozrzucane koce. Zbliżył się do łóżka Kwadratowego. – Długo tak możecie? – zapytał. Żółty pas ciasno opinał mundur. – Jak nieboszczyk... – dodał i z nagłym zainteresowaniem począł oglądać swój rękaw.

Kwadratowy palcami u nogi wczepił się w kołdrę. Zsunął ją łatwo, pokazując zaróżowiony krwią bandaż na brzuchu.

– Mało, to jeszcze mało – powiedział. Wydawało mu się, że bardzo głośno powiedział. Naczelnik obmacywał skrupulatnie sprzączkę pasa. Powiódł wzrokiem po łóżkach. Władeczek, Major i Przedsiębiorca jak na komendę przymknęli oczy. Naczelnik, wychodząc, zostawił drzwi uchylone i zajrzał jeszcze do wnętrza. Potem jego głos zadudnił na korytarzu:

– Korytarzowi!... – huczał ze złością. Komuś tłumaczył: – To złodziej? Głupek, nie złodziej! Oni walczą, a ten?!... kończy się.

Odpowiedź Kwadratowego padła w ciszę przerywaną astmatycznym oddechem Majora.

– Nikt jeszcze tak nie walczył – z trudem wydobywał z siebie słowa, bólem odczuwając każdą wypowiedzianą sylabę. Odwrócił się do ściany. Były to jego ostatnie słowa w tej celi.

Znowu ciemność i tchórzliwe uczucie, że gdzieś gubi się. Z ciemności wydostał się na parę godzin. Wszyscy

już spali. Z trudem wydobył hak okienny. Pamiętał o nim
od trzech dni, odkąd go obluzował. Połykanie nie szło mu
łatwo. Hak był wykrzywiony i zimny. Teraz z hakiem
w brzuchu prawie ciągle był nieprzytomny. W chwilach
świadomości czuł obce ręce na ciele, widział jakieś twarze
i słyszał szmer, niekiedy wzrastający nasileniem. Szmer
urywał się. Znów otworzył oczy. Znajdował się wśród
szarych nagich ścian. Przez głowę przeleciało zrozumienie – „Izolatka". Z okna dochodził hałas. Słyszał słowa:
„Ustawiać się!"… „No, jak tam wy?…".

To mówił klawisz. „Kierowniczku kochany… przecież
mentolowe, jak pragnę szczęścia". – Podnoszą papierosy.
„Psiakrew, powiedziałem…" – znów klawisz. – „Poga-
nia" – myślał Kwadratowy.

Głosy stopiły się. Już nie mógł rozróżnić ani słowa.
„Izolatka to koniec". – Chciał zastanowić się dalej, lecz
nos zaswędział wściekle. Próbował poruszyć ręką. Jednak ręka była bardzo ciężka i jakby niezależna od tego, co
postanowił. „Nos swędzi, więc wódka lub kłótnia. – Pokręcił przecząco głową. – Na wolności, zaś tu oznacza na
pewno coś innego". – Spostrzeżenie to uznał za wnikliwe
i dowcipne. Otworzył usta i zaśmiał się bezgłośnie.

Ostatniej nocy Kwadratowy był cichy i przytomny.
Przy łóżku czuwał Kubuś, którego cień znaczył nieruchomo ścianę. Kubuś asystował przy wielu rozstaniach
i był ciekawy, jak ten skończy. Chude palce Kwadratowego bębniły w poręcz łóżka cicho, prawie niesłyszalnie. Czynność tę wykonywał już od godziny, jednostaj-
nie, prawie mechanicznie.

„Jak długo tak może?" – zastanawiał się Kubuś. Zapalając papierosa, dostrzegł, że oczy chorego śledzą każdy jego ruch. Poczuł się nieswojo i sparzył sobie wskazujący palec. „Szkoda chłopa" – pomyślał, śliniąc piekący palec. Jeszcze teraz, patrząc na wychudzone ciało chorego, odczuwało się dawną krzepę. „Wykończył się" – uznał Kubuś. Zauważył ładną wiśniową lufkę na stoliku obok łóżka. Była to lufka Kwadratowego, przysłał mu ją Dziobus z pojedynki. Ładna lufka. Kubuś opuścił głowę. Ogarniała go senność. Wtedy posłyszał szmer. Ujrzał w nikłym świetle lampki poruszające się wargi Kwadratowego. Szmer wzmocnił się. Kwadratowy mówił z trudem, jednak wyraźnie:

– Rozumiesz, te haki, dużo haków. Wpierw się prostuje, bo zgięte, nie przejdą. Czyści się z brudu, rdzy... Trzeba higienicznie. Wyprostowane łykasz... o tak! – próbował unieść się, lecz tylko stęknął. – To cię tuczy. Jak wiesz, tuczyłem się hakami. Drą ci kałdun, skowyczysz, odsapniesz i połykasz następne. Czasem na deser wtrząchniesz łyżeczkę. Przechodzi leciutko. – Zmęczył się, błyszczące gorączką oczy utkwił w twarzy Kubusia. Kubuś, śledząc żyły grubiejące na swej dłoni, uznał, że powinien powiedzieć coś, wydało mu się, że pocieszyć.

– Jesteś kozak, cała ciurma trzęsie się o tobie. Nic tylko Kwadratowy i Kwadratowy... Opowiem matce, jaki byłeś... – zmieszał się i urwał. Czemu mówi mu o śmierci. Kwadratowy poruszył lekko głową.

– Matce?... Ona nie lubi takiego kozakowania.

– To dziewczynie – rzekł Kubuś.

– Po co? – Kwadratowy przymknął oczy. Kubuś posłyszał znów jego głos. Liczył: – Raz, dwa. – Naliczył do kilkunastu i nagle zaśmiał się.

„Bredzi" – pomyślał Kubuś.

– Liczyłem – szepnął Kwadratowy – haki, łyżki…

„Jakoś dziwnie ten chłop umiera – zdziwił się Kubuś. – Inni chcą chwycić jeszcze w garść życie, a ten…".

Później było długie milczenie. Kubusiowi znów sennie poczęła opadać głowa. Słyszał odległe bicie zegara w szpitalnej dyżurce. Uderzeń było kilkanaście. Dwunasta. Chrapnął. Prawdopodobnie zmożyłby go sen, gdyby nie skrzypienie sprężyn w łóżku chorego, zrazu ciche, potem natarczywe i nieznośne. Podniósł powieki. Wzrok Kwadratowego wydał mu się błagalny i rozpaczliwy. „Rozkleja się" – pomyślał. Cmoknął współczująco i powiedział:

– Wyliżesz się, wyliżesz… nie tacy.

Kwadratowy skrzywił się. Grymas był pogardliwy.

– Stopkarz – szepnął – Stopkarz, ale frajer.

Kubuś poczuł się urażony. „Frajer?!…". Nie nazwano go nigdy frajerem. Pochylił się nad łóżkiem, poprawiając spadającą kołdrę. Poczuł na policzku gorący oddech. Wraz z tym oddechem posłyszał szept:

– Przeliczyłem się…

Kubuś zmarszczył czoło, lecz nie był pewien, czy choremu chodziło o połknięte żelastwo, czy o coś innego. Sprawa jednak była poważna, gdyż twarz Kwadratowego wyrażała prawie bolesny namysł. Jego dłoń muskała kołdrę.

– Piękna – powiedział.

Kubuś znów nie zrozumiał.

– A teraz wyjdź – głos tego połykacza był rozkazujący.

Kubuś, wychodząc, zabrał tę ładną wiśniową lufkę.
Za drzwiami splunął i dokładnie butem roztarł ślinę.

– Piękna – powiedział przeciągle.

Nad ranem był koniec. Ciało zmarłego okryto prześcieradłem i włożono ostrożnie na nosze. Siwy posługacz
wyszorował podłogę. Zapach w izolatce panował ostry
i nieprzyjemny. Kubuś, skończywszy zamiatanie korytarza, zatarł ręce. Do południa miał czas wolny. Zapalił papierosa i osadził go w wiśniowej lufce. „Tak – zamyślił się
– był chłop... nie ma". – Westchnął i przesunął ręką po
głowie okrytej krótkim szorstkim włosem. Wszedł do sali, w której dawniej leżał Kwadratowy. Trzy pary oczu
wlepiło się weń. Opierając się o futrynę, oznajmił krótko:

– Wykitował. – I puścił cienką strużkę dymu przez
nos.

– Szkoda chłopa – westchnął Major.

– To był największy połykacz – powiedział ktoś, zdaje się Władeczek.

1958

# Trzyczwartak

Barak zbity niedbale z rdzawych desek. Tutaj właśnie, na uboczu, znalazł bezpieczną metę. Nikt się do niego nie czepiał ani nie zaglądał ciekawie w gębę. W budzie mieszkali sami swojacy. Z okna widać było łąkę, a dalej glinianki z wiecznym rechotem żab. Dopiero za gliniankami rozciągało się miasteczko. Gdy przyszedł tu, od razu poczuł się spokojnie, trochę jedynie zmieszała go bystrooka starucha siedząca na schodkach.

Przykulona wodziła za nim upartym wzrokiem, a nawet, widział to dobrze, mrużyła gały chytrze i jakby domyślnie.

Powiedział Trzyczwartakowi, ten zaś parsknął śmiechem.

– Babka! – W uśmiechu gubiły mu się oczy. – Ona nawet wnuków nie poznaje! – Wskazał za płot: bawili się trzej chłopcy. Często starucha wyciągała dłoń i zapytywała któregoś z nich:

– Czyj jesteś?… Wnuk?… Mój?… – Wątpiła zaniepokojona. Ale szybko powracała do zwykłego wysiadywania na schodkach.

Trzyczwartak klepnął go w plecy i dodał:

– A tyś myślał... Stara – wyjaśnił – znaczy się matka Franka Kwasiarza... A Franek... nie ma bardziej charakternego chłopa niż on...

Zresztą zobaczył go zaraz. Zarośnięty, milczek... Podjechał pod budę platformą na gumowych kołach. Obiad zjadł spiesznie i podciął chude boki kudłatych koników. Ten się nie liczył, nic go nie obchodziło – taki był z natury, zaś jego kobita, jeszcze młoda i niebrzydka, już od świtu nuciła modne piosenki.

– Możesz podskoczyć do niej – Trzyczwartak ściszył głos do tajemniczego szeptu. – Lubi te rzeczy... a chłopa ma kiepskiego.

Przed wejściem do wnętrza długo jeszcze rozmawiali. Trzyczwartak wspominał to i owo, a na ostatek wskazał na wychodek.

– Z tym trochę gorzej – rzekł – czasem w dupę wieje... A tak w ogóle niezgorzej... Do dzieciaków przyzwyczaisz się...

Miał czarniawą dziewczynkę i sześciomiesięcznego brzdąca. Gdy tylko znaleźli się w mieszkaniu, dziewczynce Kaczor od razu przypadł do gustu. Zaciągnęła go w kąt za szafę i pokazała swoje skarby: gałgankową lalkę bez nogi, misia ze szklanymi oczyma i kolorowe łaszki. Pochwalił to wszystko, a mała spoglądała nań surowo ze stateczną dumą.

– Pewnie – pisnęła – ładne...

Rozejrzał się po izbie. Na ścianach wśród zmroku rząd obrazów. Święci, święte i czerwony dziwny kaganek. Kobieta Trzyczwartaka lubiła tylko takie obrazy.

Była wsiowa, lecz w ich męskich sprawach rozpoznawała się dobrze. Teraz wygniatała w niecce kluski… przestała, otarła o fartuch ręce i mruknęła:

– Na wystawce? – Kaczor przytaknął.

Trzyczwartak podsunął fotel z wyłażącym gdzieniegdzie włosiem. Przedstawił swojej babie, mówiąc:

– Moja… a to kumpel z odsiadki i wspólnik.

Kaczor pocałował ją w szorstki wierzch dłoni. Była bosa w przykrótkiej kiecce. Nogi białe ze śladami po krostach. Czarniawa dziewczynka usiadła naprzeciw. Trzyczwartak napełnił szklanki.

– I coś na ząb, Iruś! – powiedział, spoglądając na swoją.

Irka też piła z nimi, długimi łykami, bez skrzywienia, jak chłop. Trzyczwartak zerkał na nią z zastanowieniem. Tarł rudawe kudły.

„Ona tu rządzi" – pomyślał Kaczor.

Irka zapaliła papierosa. W izbie było cicho, tylko Trzyczwartak oddychał chrapliwie. Kaczor pochylił się nad wózkiem. Dzieciak spał. Twarz miał maleńką i czerwoną, w kąciku ust ściskał gumowy smoczek.

– Udany – powiedział Kaczor – udany… – cmoknął jak na psiaka.

– Nie ostatni – przytaknął Trzyczwartak i uśmiechnął się radośnie.

Irka wypuszczała cienkie strużki dymu i przez chwilę śledziła je, zadzierając głowę.

„Wszystko zależy od niej" – zatroskał się Kaczor. Pogładził metalową rączkę wózka. Dokładnie widział jej twarz. Nieszczególna. Przy oczach i nosie pomarszczona drobno. Tylko włosy były ładne, gęste i falujące.

Trzyczwartak zaszurał butami, potem znieruchomiał pochylony nad stołem.

– Z pierwszego wyroku kumpel – odezwał się niewyraźnie. – Wszystkim się dzieliliśmy... nawet pajdką... – Zamyślił się. Podniósł głos: – I trzy miesiące razem pod karną celą... – Zaniósł się długim dławiącym kaszlem.

– Ciszej – mruknęła Irka. Patrzyła w okno. Profil był zły. Nos z siodłem i obwisła warga.

Kaczor wyciągnięty wygodnie w fotelu ziewnął ukradkiem. Trzyczwartak wygładził starannie obrus. Podszedł do okna i nachylił się nad kobietą.

– On jest kozak – głos zniżył do szmeru – wielki kozak. Złote ręce...

Jej profil znaczył się nieruchomo. Trzyczwartak też zapatrzył się w okno.

Kaczor drgnął silnie, gdy posłyszał głos Irki.

– Duży ma klops... – zastanowiła się – ...ten wspólnik?

Trzyczwartak chciał odpowiedzieć, lecz Kaczor poruszył niecierpliwie ręką i uniósł się nieco w fotelu.

– Spinałem zegarek – powiedział. – Złapali... ale pękłem...

– Więc z dowodem – rzekła Irka. Rozsunęła bufiastą firankę.

Trzyczwartak zmarszczył twarz i wykonał za jej plecami krótki, dziwaczny ruch ręką. Dzieciak chlipnął przez sen. Czarniawa dziewczynka też spała, wtuliwszy twarz w poduszkę. Ze stacji dobiegł przenikliwy poświst lokomotywy. Irka odwróciła się od okna.

– Micha, opierunek, kima – szponiasto rozstawiła palce, nagle ścisnęła je w pięść. – A najważniejsze to ryzyko…

– On jest kozak – głupio wtrącił Trzyczwartak – duży kozak…

Trzask potartej zapałki. Płomyk przebił na chwilę zmrok i pokazał zaciśnięte usta kobiety.

„Twarda" – pomyślał Kaczor. Zaniepokoił się trochę.

– W mieście zarabiam nieźle – rzekł łagodnie – umiem. On – wskazał na Trzyczwartaka – nie bajeruje… Dam półtora patyka… – Przymknął oczy. „Zgodzi się… czy nie – obracał leniwie tę myśl – zgodzi się… czy nie…". Szurgot odsuwanego krzesła. Łokciami wsparł się w poręcze fotela.

– Dobra – powiedziała Irka.

Teraz otworzył oczy. Widział majaczącą zza szyby kępę drzew.

Irka zapaliła lampkę i zakrzątnęła się przy kuchni. Zgrzytały zsuwane fajerki.

– Mądra baba – zaszeptał Trzyczwartak – mądra… lepszej nie znajdę. – Szturchnął Kaczora w plecy. – I jak jeszcze mądra – mówił z zadowoleniem. Irka podeszła do stołu. Urwał spłoszony.

Kaczor uśmiechnął się szeroko. Uśmiechu tego nikt nie zobaczył.

Z sionki wytaszczyli wypchany słomą siennik.

– Wyśpisz się – zachwalał Trzyczwartak – jak król…

Irka zdmuchnęła lampkę. Przez głowę ściągała sukienkę. Znaczyła się biało w ciemności mieszkania. W łóżku poszeptywała z Trzyczwartakiem.

„Przelicza – myślał Kaczor – przelicza, ile wyciśnie ze mnie… cwaniara". Przewrócił się na posłaniu. Szeleściła słoma. Zapadł w półsen. Niespodziewanie ocknął go szmer. Ktoś chodził po izbie. Uniósł się na łokciach.

– Pić się chce – był to głos Irki.

\* \* \*

Zbudził się wcześnie. Irka szykowała śniadanie. Rozczochrana, ledwo przykryta kusym szlafrokiem, dmuchała w tlący się ogień. Strzelały iskierki. Szlafrok rozsuwał się, wysoko pokazując nogi. Kaczor spoglądał ostrożnie spod przymrużonych powiek. Stanęła blisko. Zobaczył białe ciało z gęsią od chłodu skórą.

Czarniawa dziewczynka piła pospiesznie kawę. Do tornistra wpychała zeszyty.

– O nim – Irka wskazała na Kaczora – ani słowa.

Mała przytknęła palec do ust. Skrzywiła się domyślnie.

Trzyczwartak spał z rozrzuconymi nad głową rękoma. Oddychał chrapliwie. Kaczor ogolił się w szczerbatym lusterku. Włosy miał dość długie. Przegarnął w nich palcami.

– Nikt nie pozna, że po więzieniu – usłyszał za plecami głos Irki.

Uśmiechnął się niewyraźnie. Stanęła przy nim i uważnie obejrzała jego spodnie.

– Zdejmij – burknęła – wygniecione.

Ściągnął wstydliwie, nogi okrył kożuchem. Pośliniła żelazko. Zaskwierczało. Prasowała, przykładając mokrą szmatkę.

– Kanty jak brzytew – rzekł z uznaniem.

Wzruszyła ramionami. Poczęła kroić chleb. Na rękach miękko występowały mięśnie. Przylepił twarz do szyby. Dzień był pogodny. Na stacji, nieźle stąd widocznej, ludzie wyglądali jak małe i śmieszne kukiełki.

– Nie oglądaj się – powiedziała Irka. Wciągała pończochy. Dzieciak rozwrzeszczał się nagle. Na głowie sterczały mu rzadkie, miękkie jak puch włosy. Jego wrzask wibrował przenikliwie w mieszkaniu. Szczerwieniał, pomarszczył się i grzebał pieluszki krzywymi nożynami. Trzyczwartak obudził się i przez chwilę śmiesznie mrugał oczyma. Drapał włochatą pierś.

Żona Franka Kwasiarza rozwieszała na akacjach bieliznę, a starucha, jak zwykle, kołysała się na schodkach. Gdzieś zaryczała krowa.

„Jak na wsi – pomyślał Kaczor – nudno… dobrze…".

Czas płynął leniwie, rzadko się odzywali. Pod wieczór przyjechał brat Irki z żoną.

– Chamy – zdążył objaśnić Trzyczwartak – bo moja… rozumiesz… wsiowa.

Brat Władek skrzypiał błyszczącymi oficerkami, gębę miał ospowatą. Żona mała i brzuchata. Na Kaczora spoglądała z zaciekawieniem. Brzydka. Rozmawiali krzykliwie i z uniżeniem. Brat Władek zapraszał do siebie.

– Będzie odpust – zachwalał – huczny… he, he.

Bratowa szperała po kątach. Podziwiała babskie łachy i orzechową szafę.

– To na kostium – wyjaśniała niedbale Irka – a meble kupimy zimą... pod kolor szafy. – W jej głosie dźwięczała duma.

Bratowa spoglądała zawistnie. Władek opychał się pieczenią. Kaczor ziewał w dłoń. Był najedzony i senny. Krewniacy opuścili mieszkanie późnym wieczorem. Trzyczwartak z Irką poszli ich odprowadzić. Głosy i śmiech brzuchatej zgasły w ciemności.

Kaczor stał na schodkach. Wokoło szmery, dalekie nawoływania. Bardzo ciepło. Niebo z gwiazdami. Westchnął i zacisnął szczęki. Zachciało mu się dziewczyny. Tamci wracali już. Rozmawiali głośno. Szli ścieżką. Rozróżniał dokładnie głosy i słowa.

– Więc weź się w końcu – to mówiła Irka.

– Dobra, dobra – głos pojednawczy, stłumiony należał do Trzyczwartaka. – Zresztą Kaczor!... On zawsze... jak bank. – Niepewny śmiech.

Kaczor zaklął półgłosem.

– A ty? – głos Irki zawisł groźnie – tylko żreć i migdalić się!

„Dziś mu nie da..." – Kaczor skrzywił się posępnie i wszedł do baraku.

*  *  *

Do miasta wyjeżdżali codziennie. Rozstawali się na Śródmieściu. Trzyczwartak trzymał tramwaje i najchętniej brał się za portfele. Zegarków spinać nie umiał, bo rękę miał, tak powiadali, ciężką jak odważnik. Natomiast Kaczor, opanowany i zręczny, zawsze wracał z fantami. Oczy Irki pobłyskiwały, kiedy pokazywał zdobycz.

– Doxa – wyjaśniał od niechcenia – przejdzie za półtora... a to...

Trzyczwartak siedział chmurny, gładził obrus, niekiedy chował pod stół dłonie. Irka kłóciła się z nim często. Poszturchiwali się w łóżku. Kaczor nasłuchiwał ze złośliwym zadowoleniem. Bielała pościel. Słychać było ciężki z pokasływaniem oddech.

– Baran! – mówiła wrzaskliwie Irka – baran! – powtarzała kilka razy.

Któregoś dnia poszturchiwania i złe szepty trwały dłużej niż zazwyczaj, już przeciągały się głęboko w noc. Kaczor nasłuchiwał, wetknąwszy twarz w poduszkę. Skrzypnęło przeraźliwie łóżko. Trzyczwartak poderwał się, odrzucając na podłogę kołdrę. Stanął pośrodku izby. Zaklął wymyślnie, pięścią uderzył w stół – coś na nim zachybotało. Znieruchomiał i powoli, jakby przypominając, mówił:

– A ty, co jesteś?... – Wysunął do przodu głowę. W ciemności wyglądał złowieszczo. – Brzydka – zamachnął się ręką – flak pomarszczony, ścierwo... – Chrypiąc, dodał: – Niejedną lepszą mógłbym... – Urwał i bezradnie zwiesił głowę. Irka zachichotała, a jej chłop z powrotem ułożył starannie kołdrę i wrócił do łóżka.

„Zna go" – stwierdził Kaczor. Przywarł do ściany. Próbował zasnąć. Nie mógł. Więc leżał z otwartymi oczyma i przypominał sobie twarz Irki. Nos siodłowaty. Obwisła warga. Dużo zmarszczek.

„Brzydkie ścierwo" – upewnił się, złożywszy to w kupę.

Z ich łóżka ruchliwie znaczył się ognik papierosa.

„Brzydka – powtarzał Kaczor – brzydka...". – Długo jeszcze myślał o tym i owym, nim wreszcie zasnął.

∗ ∗ ∗

Szykował się śpiesznie. Było późno. Obnażony do pasa, przeciągnął się kilka razy. Wyglądał sprężyście i po męsku. Krzepki, o oliwkowej cerze. Gdy podniósł rękę, na kluskowatym mięśniu przedramienia poruszał się wytatuowany kowboj w rozłożystym kapeluszu.

– Ładny rysunek – stwierdziła rzeczowo Irka. – Dobrze kłuty.

Trzyczwartak też spojrzał i poruszył się niecierpliwie. Zadarł koszulę, obnażając brzuch.

– A to – poklepał się – kiepskie?... Piękna robota – cmoknął. – Jojnego robota. – Żaglowiec, kłuty wyraźnie grubą krechą, opierał się na zębatych falach. Wyżej kontury wyspy z palmami.

– Też niezłe – zgodziła się Irka.

– Pewnie – przytaknął Kaczor. Poczuł się nieswojo, gdyż Irka mierzyła go przenikliwie, twarz ledwie musnęła spojrzeniem, jakby to było coś martwego, wzrok zatrzymała na piersiach. Szybko wciągnął koszulę. Niezgrabnie zapinał rękawy.

– Tatuaże – mruknął, opuszczając wzrok – to frajerska rzecz... najłatwiej wtedy wpaść. – Irka ścieliła łóżko.

Widział kusy, rozchylony szlafrok, a dalej kawałek nogi. Pobiegł na stację.

„Jak zwykle – myślał – mam z rana nogę… na apetyt". Skrzywił twarz. Znał już te nogi doskonale. Niezgorsze, trochę za grube w łydce.

∗ ∗ ∗

Perony Śródmieścia. Drzwi otworzyły się z przeciągłym sykiem. Za budką biletera chwiała się różnobarwna czapa balonów. Spod niej wylatywał niezmordowany głos:

– Po pięć, po pięć! Balony… Piszczałki!

Mężczyźni, w czapkach nasuniętych nisko, sprzedawali owoce. Pryszczaty mrugnął przyjaźnie do Kaczora. Ten nie dostrzegł go, szedł krawężnikiem ulicy, spoglądając na przystanki. Ludzie wracali z pracy.

„A ja – uśmiechnął się – do pracy" – przesuwał uważnym spojrzeniem po zmęczonych gromadkach. Długimi sznurami tkwili przy autobusowych tabliczkach.

Kaczor wypatrzył ciasno zatłoczoną wysepkę przystanku. Ludzie wyciągali szyje, próbując odczytać numery zbliżających się wozów. Stanął wśród nich z rękoma wsuniętymi do kieszeni, niepozorny i zwykły. W sobie czuł napięcie podskakujące do gardła. To przychodziło zawsze przed doliną – później mijało bez śladu. Tramwaj zahamował ostro. Tłum obległ pomosty. Wysiadający złorzeczyli. Komuś nadepnięto na nogę. Obok tyczkowaty drab przysiadł kopnięty w kostkę. Brązowa teczka utkwiła w gęstwie poplątanych rąk.

Kaczor wśliznął się do wnętrza. Był niewysoki, okrywały go zewsząd plecy ludzi. Ręce delikatnie i czule obmacywały zgrubienia kieszeni. Manewrował nimi leciutko, nieodczuwalnie. Oczy z pozoru obojętne i przygaszone wystrzelały niekiedy kłującym spojrzeniem na przegub czyjejś ręki. W pobliżu błyszczał niklowy zegarek. Kłąb ludzi parł na rękę z zegarkiem, która drżała, silnie wczepiona w poręcz. Kaczor przycisnął tego z zegarkiem. Przed sobą miał czerwoną szyję i równo przycięte włosy. Szorstki samodział tarł twarz. Najmniejszym palcem rozluźnił pasek. Poszło bez oporu. Skóra była sztywna, wytłaczana w drobniutkie prążki. Przeczekał chwilę i rozsunął bardziej. Pociągnął. Zegarek jak wyłuskany groch zsunął się na podstawioną dłoń. Skierował się do wyjścia.

Powtarzał ochryple:

– Przepraszam… przepraszam.

Wyskoczył. Przesunął dłonią po gorącej, spotniałej nieco twarzy. W kieszeni gładził palcami śliski metal. Potrącał przechodniów. Zatrzymał zieloną taksówkę.

– Ząbkowska… bazar – rzucił szoferowi.

Z przeciwnej strony, dysząc ciężko, dobiegła elegancka pani.

– Za późno – powiedział szoferak.

Kaczor rozsiadł się wygodnie. Czuł zmęczenie. Szofer zerknął w lusterko i zagadał wesoło:

– Spieszyła się królowa… – Zachichotał. – Dziś – zwierzył się – nie lubię bab… nie mogę.

Kaczor przymknął oczy.

– W nocy – słyszał głos szofera – trafiłem taką jedną. Wcale nie kurwa – zaznaczył z naciskiem.

Kaczor poczęstował papierosem.

– I z nią – zwierzał się szoferak – na tylnym siedzeniu... – urwał i wyminął gwałtownie przywalistą ciężarówkę. Śmiech jego pełen był sytości i zadowolenia. Twarz miał cwaniakowatą i promieniste zmarszczki wokół oczu. – A dlaczego jej się tak zachciało?... Chyba... tylko tak sobie. Bo i forsę miała. Nic nie wzięła. A może – zaniepokoił się – poczęstowała tryperkiem?

– Może – przytaknął Kaczor.

Taksówka zatrzymała się za rogiem. Już bazar. Wysiadł. Przez bramę przelewał się zaaferowany tłum. Przekupki potrząsały naręczami starych ubrań. Dziadyga, tkwiący nieruchomo przy wejściu, wykonywał krótkie, tajemne ruchy ręką.

– Uniwersalne!... – potężnym głosem przebijał wrzawę – uniwersalne!... uniwersalne! – wyglądał jak senator. Czoło miał duże, pokryte kropelkami potu.

Paser Karaś kłócił się z cherlawym obszarpańcem.

– Za taką chałę – warczał Karaś – pięćset... za taką... – Nagle z rozmachem przybili sobie dłonie na blat.

Baba w frędzlastej chuście krzyknęła piskliwie:

– Uważajta! – wskazała na blaszane bańki. Z baniek wydobywała się para i zapach flaków.

Kaczor brnął naprzód. Wreszcie przy budce z rowerowymi gratami dostrzegł Kulasa. Górował nad wszystkimi. Wielkie beznogie chłopisko. Zegarek przeszedł z ręki do ręki bez targu. Kaczor przeliczył czerwone papierki. Kulas począł wzdychać, przełykał głośno ślinę i miarowo skrzypiał drewnianą nogą.

– Zaprawimy? – uśmiechnął się Kaczor.

Kulas pokiwał skwapliwie głową.

Za parkanem przy cegłach zebrała się już nielicha kupa ludzi. Po dwóch, trzech otaczali stoliczki z cegieł, łykali sprawnie, zagryzali byle czym i krzywili gęby. Oni też odbili flaszkę. Kulas pociągnął pierwszy. Wśród jasnego zarostu skakała mu wydatna grdyka. Znaczyli palcem na szkle i pili w milczeniu.

– Jak tam u ciebie… Kaczorek? – zagadał Kulas.

– Leci – bąknął Kaczor – leci pomału.

– A kręcisz z jakąś? – dopytywał Kulas. Nie czekał na odpowiedź. – Bo ja kręcę – oświadczył. Spochmurniał nieco. Bez apetytu żuł salceson. – Ładna – powiedział – i frajerzyca… z MHD. Tylko… – urwał. Długo obmacywał kieszenie – twarda sztuka. Niełatwa. A ty? – Teraz z górnej kieszonki wydobył lufkę i osadził w niej papierosa. – A ty – powtórzył – kręcisz?… Dobra sztuka? – Ożywił się. Chciwie zaciągnął się dymem.

– Niezła – odpowiedział Kaczor. Uśmiechnął się nieznacznie. „Irka – myślał sobie – Trzyczwartaka Irka".

Kulawy paser sztywno wyciągnął drewnianą nogę. Zapatrzył się w odrapaną, z małymi okienkami ścianę przeciwległej kamienicy. Zza parkanu przebijał bazarowy gwar, trochę już słabnący. W pobliżu przysiadł Cygan w gabardynie. Gładził błyszczące, mokre włosy. Przez dziurę w płocie przecisnęła się ruda, malowana dziewczyna. Cygan wyszczerzył zęby; dziewczyna usiadła obok niego. Ktoś pozdrawiał donośnie sąsiednią gromadkę.

– Kilo… – ucieszył się Kulas – przyszedł Kilo. – Zawołał go.

„Kilo wariackich papierów" był chudziutki i łysawy.

– Sie masz? – rozpogodził się Kulas.

– Jestem pusty – Kilo żałośnie poruszył szczęką – cholernie pusty… ani feniga… – Zerknął na butelkę, potem zapatrzył się w rudą dziewczynę.

„Dlaczego wołają na niego Kilo?" – zastanowił się Kaczor. Przypomniał. Siedział w Tworkach. Dostał wariackie papiery.

Podali mu butelkę. Podziękował.

– Od rana nic – wyjaśnił, chuchając w garść – nawet kropelki.

Zaprawił się łapczywie. Ci z Annopola załatwiali następnego litra. Najstarszy z nich, Geno, zapiał ochryple:

– „Na wolności ja stworzę ci raj"…

Przerwali mu. Plączący się głos:

– I stworzyłeś?… Do gęby nie masz co włożyć…

Geno zacisnął pięści, jednak szybko zwisł po pijacku i zapłakał.

– To mówisz – rzekł głośno Kulas – że charakterna ta twoja i niczegowata… – Z dziwną skwapliwością wpatrzył się w Kaczora.

Kaczor wyprostował się dumnie i opowiedział o nogach Irki. Kilo przykucnął, podparł kułakiem brodę. Zasłuchał się. Znowu spojrzał na rudą, którą właśnie mocno przyciskał Cygan.

– I ta niezła – powiedział półgłosem. Patrzał zawistnie.

– A moja – odezwał się Kaczor – fajna... Tylko... – zatroskał się trochę – nos ma kiepski... siodłowaty... Nie lubię takich – skrzywił się z wyraźną niechęcią.

– E tam – zbagatelizował Kilo. – Nos... nie takie... – mruknął i ukosem łypnął na rudą.

Tak gadając, wypili chyba ze cztery ćwiartki. Pociemniało porządnie, bazar opustoszał. Przez parkan i bramę przychodzili na placyk coraz to inni chłopcy z miasta. Znalazł się też Trzyczwartak.

– Odważnik! – zarechotał Kulas – odważnik!

Trzyczwartak oparł się o płot. Butem trącił butelkę. Zgrzytliwie potoczyła się po żwirze. Kilo cmoknął do rudej. Dziewczyna wypięła pierś i powiedziała obelżywie:

– Łysy... pusty... a podskakuje.

Cygan zamachał pojednawczo ręką. Kilo przykulił się i zmarkotniał. Nagle poruszył się gwałtownie.

– Przecież – powiedział z nadzieją – miałaby ze mną dobrze... uszanowanie. Wieczorem z nią ćwiarteczkę. Tango *Złamane życie* – westchnął i pogrążył się w medytacji.

– Menda! Menda! – krzyknęła nie wiadomo na kogo dziewczyna.

– Spróbuję – szepnął Kilo. Podszedł do Cygana.

– Kiepski dzień – powiedział Trzyczwartak. – Zabrałem tylko jedną skórę... i była pusta. – Zwiesił głowę. Poplątane kudły sterczały mu jak diable rogi.

– Baba objedzie – roześmiał się Kaczor.

Trzyczwartak nie odpowiedział.

„Naprawdę chłop to on jest trzyczwarty – pomyślał Kaczor – trzyczwarty".

Kulas wstał. Znaczył się przed nimi masywną bryłą. Zadarli głowy. Otrzepywał troskliwie spodnie. Zakołysał się.

– Muszę załatwić – powiedział niewyraźnie. – Załatwię...

– Co? – nie zrozumiał Kaczor.

– Ją – mruknął Kulas – tę swoją... – Klął zdławionym szeptem.

– Pewnie – zgodził się Kaczor – ubrałeś ją... I dotąd – próbował dojrzeć twarz Kulasa – wszystko za frajer.

Kulas pokuśtykał. Rozsunął deski i począł przeciskać się na drugą stronę. Przełaził niezgrabnie, oburącz podnosząc drewnianą nogę.

– I nic nie było w tej skórze? – zainteresował się Kaczor. – Nic?

– Nic – odrzekł głucho Trzyczwartak. – Słabo idzie – westchnął. Schylił się i podniósł butelkę. Delikatnie obracał ją w palcach.

– Ty – Kaczor zastanawiał się – nie umiesz zarobić...

Szkło butelki błyszczało ostro w świetle bazarowej latarni.

– Umiem – zaprzeczył z uporem Trzyczwartak – ale nie o to chodzi... – Odrzucił flaszkę za parkan.

Rozległ się brzęk tłuczonego szkła. Zaraz przybiegło stamtąd przeciągłe przekleństwo.

– Nie pękam – mówił Trzyczwartak – ale – odwrócił głowę – ale – szepnął jakby wstydliwie – nie chciałbym wpaść...

– Ano – mruknął Kaczor – ano... kobita, dzieci, zawsze to żal... Takim jak ty – radził kpiąco – najlepiej trafić parę złotych bez wpadki... przy pewnej robocie. – Uśmiechnął się bezgłośnie. – Przy kamieniu... na budowie... Tak, tak, akurat dla ciebie... – Klepnął go po ramieniu.

Trzyczwartak drgnął silnie i jeszcze bardziej pochylił się.

– Kobita, dzieci – ciągnął Kaczor jakby do siebie. – A dzieci masz ładne... Tylko ta Cyganeczka – przysunął się do Trzyczwartaka – jakby nie twoja... niepodobna. A ładna.

Trzyczwartak przesunął dłonią po twarzy.

– Niepodobna – powiedział. Błyszczały mu oczy. – Niepodobna – powtórzył.

Kaczora ogarnął jego gorący oddech. Trzyczwartak odjął od twarzy dłoń. Przez zaciśnięte zęby wyrzucał pojedyncze, niezrozumiałe słowa. Wyliczał coś na palcach. – Sześć – podniósł głos – sześć. – Znieruchomiał.

Pod parkanem kłócili się zaciekle, już brali się za klapy...

– Łbem go! – poradził Kaczor.

– Późno – Trzyczwartak ociężale uniósł głowę – przelecę się jeszcze...

Zniknął w granatowym już teraz wnętrzu bramy.

Kaczor na metę wracał sam. Od stacji iść musiał niedługi kawałek. Ciemno, jedynie latarnia z peronu rzucała słaby ogon światła. Domy nad glinkami czerniały mocniej od nocy. Na progu zatrzymał się gwałtownie. W uchylonych drzwiach zobaczył Irkę.

– Ostatni pociąg – szepnęła, tłumiąc ziewnięcie. – A gdzie on?

Wzruszył ramionami.

Przeciągnęła się i rozziewała głośno. Wtedy chwycił ją za rękę. „Zaraz – pomyślał – walnie w gębę... na pewno". Przymknął oczy i oczekiwał. Przyciągnął do siebie. Nie broniła się. Przywarł do niej.

– Coś ty?!... – usłyszał głos Irki. Roześmiała się.

Pociągnął na łóżko.

– Ciszej – wykrztusiła i odepchnęła jego rozpaloną twarz. – Drzwi – rzekła urywanym półgłosem – drzwi zamknij na haczyk...

Przez chwilę drżącymi rękoma mocował się z haczykiem. Usiadł na brzegu łóżka i zrzucił buty. Poszło mu z nią łatwo. Chciała. Potem, gdy już poczuł zmęczenie, odwrócił się na bok. Kołdra okrywała go gorącym ciężarem. Zsunął ją na podłogę. Irka leżała z podkurczonymi nogami. Poklepał po gładkich plecach.

– Papierosa – powiedziała niewyraźnie.

Przypalając, przyjrzał się jej twarzy. Taka sama jak zawsze. Może trochę chmurniejsza, z obwisłą wargą.

– Masz dobre ciało – mruknął leniwie. Ułożył się wygodnie. Ogarniała senność.

Trąciła go z lekka.

– Wyłaź już – rzekła – starczy. – Jej oczy błyszczały nad nim. – Wyłaź! – powtórzyła ostro.

Więc położył się na sienniku przy szafie. Kożuch gryzł ciało. Z łóżka dostrzegał w migotliwym świetle z zewnątrz mroczny zarys twarzy kobiety. Wpatrywał się chciwie.

– Mógłbym żyć z tobą – powiedział – tylko z tobą. – Ziewnął. Czekał niecierpliwie na odpowiedź.

– A ja… – usłyszał wreszcie głos Irki – nie!

– Coś taka ważna? – rozzłościł się. – Przecież – szepnął z chichotem – miałem, jak chciałem.

– To ja chciałam – wtrąciła spokojnie Irka. – Ja – rzekła dobitnie. Zachłannie dopalała papierosa.

Poruszył się hałaśliwie. Znowu zapragnął wrócić do niej.

– Teraz śpij – poradziła – bo już późno, śpij. – Szczelnie owinęła się kołdrą.

Od okna szedł strumień świeżego powietrza.

„Dziwna zdzira – pomyślał – dziwna". Kłaki kożucha drażniły brzuch. Były szorstkie i gryzące jak robactwo.

– Ten kożuch – rzekł w ciemność. – Ten kożuch! – powtórzył. Uniósł się na łokciach i już nic nie powiedział. Kobieta spała z wtuloną w kołdrę głową. Ułożył się na bok i utkwił wzrok w oknie.

* * *

O świcie wrócił Trzyczwartak. Na progu rozejrzał się, zatrzymał wzrok na Kaczorze, który mocno zacisnął powieki. Irka wyciągnęła ręce, otrząsając się ze snu. Pod pachami znaczyły się rude kępki włosów.

– Barłożyłeś – powiedziała, nakładając szlafrok.

Trzyczwartak spoglądał na nią ciężko.

– Chlałeś. – Irka zaciekle drapała łydkę. – Pijanico – mruknęła.

Trzyczwartak począł rozbierać się, rozpiął kołnierzyk koszuli, bety rozrzucał dookoła krzesła, a buty cisnął z rozmachem w kąt. Irka uśmiechnęła się, on zaś utkwił w niej mętnawe, w kącikach przekrwione oczy. Wkrótce zachrapał.

Kaczor złożył swe posłanie i szelmowsko skrzywił twarz do Irki. Pozostała obojętna, milcząca. Skręcała zwinnie pasemka swych falujących włosów w ciężką koronę. Kaczor stanął za nią. Patrzył na palce kobiety poruszające się we włosach.

– No i jak!? – powiedział zaczepnie, gdy skończyła czesanie.

Wzruszyła ramionami.

Począł przeglądać stary, z powyginanymi rogami kalendarz. Irka tłukła kartofle. Na izbę buchała para. Przed barakiem na schodach widać było nieruchomą, jakby zastygłą postać staruchy.

Koło południa Irka zbudziła swego chłopa. Był opuchnięty, spoglądał spode łba. Przejrzał się w lustrze, począł przycinać wąsiki.

– Te wąsiki – burknęła Irka – wyglądają strasznie wrednie… porutnie – dodała.

– Czego? – stęknął Trzyczwartak.

– Wąsiki – wyjaśnił usłużnie Kaczor.

Trzyczwartak pogładził je z namysłem, przysunął do gęby lusterko, zadarł nos, wydął usta – obejrzał dokładnie. Westchnął. Dopiero po obiedzie zabrał się do golenia. Szło mu ciężko, sykał, pozacinał się, lecz wyskrobał wąsiki starannie.

– Goło – uśmiechnął się niepewnie. – Głupio.

– Odkąd pamiętam – odezwał się Kaczor – zawsze miałeś wąsiki, zawsze.

Trzyczwartak gładził ostrożnie gołe, zaczerwienione miejsce po wąsach. Irka zmywała statki.

* * *

I dalej jeździli do miasta. Wiodło im się rozmaicie, Trzyczwartakowi przeważnie źle.

Irka miała twarz chmurną, rzadko spoglądała na męża, a Cyganeczka dopominała się o nową lalkę.

– Kupię ci – obiecał Kaczor. – Ja ci kupię.

Mała uśmiechnęła się ufnie.

Trzyczwartak jadł wtedy zupę, przegarnął łyżką, zostawił ją sterczącą w gęstwie i począł z uwagą oglądać swe dłonie. Grube, czerwone i szerokie. Rozstawił twarde palce i uderzył nimi w stół. Dłoń nabrzmiała, grubo węźlały żyły...

* * *

Wczesny jeszcze wieczór. Kaczor szedł wielkimi krokami. Myślał o Irce. Przyspieszył kroku, jakby chciał zostawić po drodze te uparcie obłażące łeb myśli.

Trzyczwartaka w domu nie było, Cyganeczka spała, a bachor w łóżku w ogóle się nie liczył. Usiadł obok Irki. Zerknął w rozchylenie szlafroka i bardzo zachciało mu się tej baby. Chwyciła jego głodny, mętniejący już wzrok. Odsunęła się szybko.

– Dziś nie – powiedziała nieprzyjaźnie.

Wyciągnął rękę. Odepchnęła go.

– Nie chcę – ucięła krótko. Siedziała oparta plecami o szafę. Ćmiła papierosa.

Naftowa lampka oświetlała wnętrze. Kaczor wyczekiwał. Jej cień występował pokracznie na ścianie. I znowu powiedziała z uporem:

– Nie chcę.

Próbował zaśmiać się. Dalej odsunęła krzesło. Ogarnęła go złość.

– Co tak chowasz? – rzekł mściwie – co? Co tam masz? – powiedział po namyśle. Patrzył na kobietę, owiniętą szlafrokiem, z rękoma złożonymi na podołku. Niewyraźnie pokazywał się jej profil.

– Co tam masz? – powtórzył. – Same ramki!

– Odwal się – mruknęła.

Zagwizdał usłyszaną gdzieś melodię. W małej izbie panowało ciężkie milczenie. Dzieliło ich ledwie parę metrów – to jeszcze bardziej drażniło. Nawet zdawać się mogło, że ciepło, które ogarnia twarz Kaczora – to jej oddech. Wyszedł, głośno zatrzaskując drzwi. Zadygotały szyby. Błądził przed barakiem,

Słoneczniki nisko zwieszały łby. Ścięty dach wychodka rysował się na lewo od łopianów. W trawie coś kwiliło cichutko. Księżyc blado zalewał przestrzeń wokoło. Gdzieś w pobliżu posłyszał kroki. Szelest odsuwanych krzaków. Usunął się za płot. Nadchodził Trzyczwartak. Z daleka poznał go po chodzie kołyszącym, szeroko rozstawionym. Usiedli na schodkach. Z łąki przybiegł babski pisk i śmiech, chyba męski.

– Macają się – stwierdził Trzyczwartak.

Od ziemi pełzał po nogach przenikliwy chłód. Trzyczwartak skulił się i zadygotał.

– Trafiłeś coś? – zapytał.

Kaczor pokazał fant. Był to zegarek niezłej marki. Trzyczwartak podniósł się powolnie i jeszcze wyraźniej zadygotał.

– Pójdziem – bąknął – spać.

W sieni Kaczor zagrodził mu drogę. Przez ciemność zielonymi kropelkami fosforu błyszczała tarcza zegarka.

– Masz – szepnął Kaczor – bierz! – Wetknął mu do kieszeni. – Powiesz swojej, że trafiłeś… A ładna to sztuka – dodał.

Trzyczwartak oddychał nierówno.

– No… właź. – Kaczor pchnął go z lekka. – Przecież jesteś wspólnik i kumpel.

Otworzył skrzypiące cienko drzwi.

\* \* \*

Zapadł brzydki zmierzch. Wiało, zacinał deszcz, a nad domami zalegało grube, brudne niebo. Ludzie przesuwali się spiesznie z podniesionymi kołnierzami. Kaczor z Trzyczwartakiem zaszli do baru „Pod Bombą". Byli zmęczeni i głodni. Latali dziś cały dzień o pustym żołądku. U drzwi zatrzymali się i otrząsnęli z czapek wodę. We wnętrzu mnóstwo ludzi i gęste, poczerniałe od dymu powietrze. Majaczyły znajome, poczerwieniałe gęby. Przy oknie zebrali się alfonsiacy z Chmielnej. Najgłośniej rozprawiał wśród nich Władek zwany Wampirem. Nawet teraz, po ostatnim, długim wyroku, nie stracił nic z dawnej pewności i siły. Może wychudł tylko i przygarbił się trochę. Siwy, ostrzyżony krótko, ulubieniec najcwańszych dziwek spod „Merkurego". „Wampirek" – jak powiadała Zośka, ostatnia jego kochanica.

– Siedziałem z nim – mruknął Kaczor.

Z trudem znaleźli sobie miejsce pod pochyłym lustrem. Zabrali się łapczywie do golonki, która jest specjalnością tej knajpy. Niekiedy, podnosząc wzrok, widzieli w odbiciu lustra zamazane, spłaszczone twarze. Wampir odetchnął głęboko, usadowił się wygodniej na parapecie i zaczął śpiewać. Zrazu cicho, potem mocno i ochryple.

„Wrócę i ucałuję twoje ręce…".

Śpiew ten wybijał się teraz nad wrzawę.

„Wrócę, położyć muszę kres twej męce…" – ktoś podchwycił, przyłączając się zdartym tenorkiem.

Trzyczwartak grzebał widelcem w kapuście i uważnie oglądał poznaczoną świńskimi kłakami golonkę.

– Dobra piosenka – rzekł mrukliwie – dobra. – Zasłuchał się. Próbował powiedzieć coś jeszcze, lecz zapchawszy tłustym mięsiwem gębę, tylko zabełkotał śmiesznie.

– Niezła – zgodził się Kaczor.

Coraz to więcej plączących się głosów ciągnęło tę starą, smutną, złodziejską pieśń.

– Ciszej, panowie! Ciszej! – wesoła barmanka przyoblekła na twarz surową minę.

Z kuchni wyjrzała trójkątna i szpetna twarz szefowej.

Esy sposępniał i wychylił łapczywie ostatek wódki z kufla.

– Ucałuję twoje ręce… – mruknął. – Czyje?! Pytam się, czyje ręce!?… – wrzasnął. Spojrzał z niechęcią na usłużne, wlepione weń oczy Mańki, głupawej i wysłużonej dziewczyny.

Dwóch młodziaków gadało z ożywieniem o jakiejś Baśce.

– Równiaczka – dowodził pierwszy. Drugi tylko spluwał znacząco.

W ten gwar i śpiew wszedł on… Zgarbiony, oberwany. Włosy miał rzadkie, pozlepiane.

Od razu dostrzegł go Kola. Szepnął. Piosenka wygasła nagle. Cisza zdziwiła barmankę. Odstawiła butelkę i wyciągnęła szyję. Pokazywali palcami.

On stanął w kącie i próbował wcisnąć się między bufet a czyjeś plecy. Szybko uczyniło się wokoło niego puste miejsce. Znieruchomiał i tylko strzelał na boki krótkimi spojrzeniami. Wampir z namysłem tarł brodę. Wszyscy patrzyli nań, uważali, że właśnie on powinien zacząć wszystko. Słychać było brzęk naczyń w kuchni.

– Kapuś! – rzekł donośnie Wampir. Zastanowił się. – Kapusta przychodzi tutaj? – Wysoko podniósł brwi, potem splunął hałaśliwie.

Teraz mały człowieczek poruszył się niespokojnie. Wzrok miał śliski ze strachu.

– Sprzedał wspólników i przychodzi tutaj?!… – rzucił w wyczekującą ciszę Wampir. – Przychodzi tutaj?!… – wyciągnął zagadkowo. Ponuro zarechotał. – Dał im chleba na trojaka… a sam obskakuje golonkę. – Patrzył z uwagą gdzieś ponad małym kapusiem w brudną ścianę z napisem: „Na wynos wódki nie sprzedajemy".

Ktoś uniósł talerz z resztkami tartego grochu. Machnął. Żółta masa oblepiła twarz małego, który skulił się szczurzo i zasłonił rękoma.

– Kapuś… – Wampir postąpił naprzód. – Kapuś tu być nie może…

Trzyczwartak odłożył widelec, chwilę obracał w palcach nóż, wreszcie oparł go o talerz.

– Ja tam – mruknął – w to się nie wtrącam. – Począł dłubać zapałką w zębach. Nie patrzył w kąt. Niespodziewanie mały kapuś śmignął prosto w drzwi. Zadygotały szyby.

– Szkoda – stęknął Wygibus – trzeba było dołożyć…

– Panowie – powiedziała wesoła barmanka – ja nie pozwalam! – Szybko jednak na jej policzkach pokazały się dołeczki. Widać przypomniała sobie tłuczony groch na gębie małego kapusia.

– On kapował – surowo wyjaśnił jej Wampir – strasznie kapował.

– Jo, jo – przytaknął któryś – to był duży łachudra…

Barmanka wzruszyła ramionami.

Trzyczwartak pokroił golonkę na drobne kawałki, już podnosił do ust przygotowaną porcję – nagle opuścił widelec.

– A bo to wiadomo – powiedział jakby do siebie – ...trudno o tym wiedzieć... Trudno. – Rozkaszlał się.

– Głupiś – rzekł Kaczor.

Trzyczwartak uniósł znad talerza głowę i spojrzał nań uważnie. Znowu spuścił głowę.

– Ma się rozumieć – dodał spiesznie – ja też bym takiego... chyba że... – rozciągnął to słowo... Machnął ręką. – Ale co ty tam wiesz – mruknął. Ponury i ciężki wzrok utkwił w Kaczorze.

Ten zmieszał się trochę i zamówił jeszcze dwie duże wódki.

Wypili i zaraz wyszli.

Nad drzwiami baru żółto połyskiwała kula. Zza szyb przezierały zamazane kontury postaci. Uliczka była czarna i pusta.

– Poczekaj – Trzyczwartak zatrzymał się gwałtownie przy bramie. Rozdygotanymi palcami przetrząsał kieszenie. – Zapałki – bąknął. Zaraz przestał szukać, ale wciąż stał niespokojny i dygocący.

– Chodź – zniecierpliwił się Kaczor – ostatni pociąg...

Trzyczwartak rozpiął teraz marynarkę, jednak szybko począł zapinać ją z powrotem.

– Pojadę sam – wybąkał po chwili, mocując się z ostatnim guzikiem.

– Jak to? – nie zrozumiał Kaczor. Wytrzeszczył oczy.

Trzyczwartak odwrócił głowę i zapatrzył się w migotliwe okna baru.

– Nie możesz mieszkać u mnie. – Zwrócił doń twarz z rozbieganymi oczyma. – Nie możesz... – powtórzył z mocą. – Ja bym nie wytrzymał – dodał głucho.

„Czyżby wiedział?" – zastanowił się Kaczor. Głośno powiedział:

– Tak wspólnika… w nocy… na bruku…?

Trzyczwartak przysunął się doń, zadarł głowę i wykrztusił:

– Masz… bij!

Kaczor odepchnął go silnie.

– To ja lecę – mruknął Trzyczwartak – bo późno… – odwrócił się, lecz nie poszedł. – Jak chcesz – szepnął ochryple – to jeszcze dzisiaj… tylko dzisiaj… ale to ostatni raz, jutro już nie. – Wyglądał żałośnie i głupio.

„Cholera – pomyślał Kaczor. – W nocy, na ulicy… tylko dworzec…".

– Jedź sam – warknął – zostanę.

Głucho zastukotały kroki Trzyczwartego. Przed rogiem odwrócił się jeszcze.

– Sikor oddam – dobiegły do Kaczora jego słowa – oddam i nie myśl, że ja…

Zniknął za rogiem.

Kaczor stał z głową wysuniętą do przodu. Zagwizdał cienko i przeciągle. Wzdrygnął się.

Noc była chłodna, jesienna.

Z dala przed wystawą majaczyła sylwetka stróża, na wprost zaś biły w oczy wysokie, okrągłe światła pałacowych reflektorów.

1958

# Umierający paser

Od piecyka rozchodziło się duszne ciepło. Było cicho. Tylko za przepierzeniem rozlegał się szczęk zmywanych naczyń.

Kołysali się przy pustej już półlitrówce. Wazelina spoglądał niekiedy na szarą, prawie przezroczystą twarz pasera. Nie była ta sama co przed dwoma laty. Oczy wpadły głęboko i straciły blask, zaś kości policzkowe sterczały ostro. „Kiciucha kończy się" – pomyślał. Paser, zwany Kiciuchą, dostrzegł badawczy wzrok dawnego kumpla. Poruszył się niecierpliwie. Zastukał paluchami w butelkę.

– Długo nie przychodziłeś – powiedział skrzypiąco.

Wazelinę ogarniała senność. Z trudem uniósł ciężkie powieki.

– Byłem w drodze – mruknął.

Od sygnetu, który nosił na ostatnim palcu, szedł na izbę wytarty, nikły blask.

Paser wstał powolnie. Był to wielki chłop, przygarbiony, sięgał prawie pod sufit. Garnitur wisiał na nim jak na szczudle, pełen fałd i załamań.

– Gites materiał – rzekł z uznaniem Wazelina. Ostrożnie dotknął rękawa.

– Setka – wymamrotał paser. Zakaszlał charkotliwie, splunął w chusteczkę. – Kiepsko pluję – powiedział, oglądając uważnie. Uśmiechnął się niewyraźnie.

Wazelina zapatrzył się w okno. Na ulicy zabłysły pierwsze latarnie. Wyglądały jak żółte kule wśród dziennego jeszcze światła. Domy znaczyły się zwęglonym konturem.

– Późno… – szepnął i przeciągnął się. Zapiął marynarkę.

Za przepierzeniem niski kobiecy głos zanucił jakąś piosenkę.

– *Cicha woda* – stwierdził Wazelina – stare to… – Wstał. Choć był niemały, jednak paserowi dostawał ledwie do ucha.

Pomacał w kieszeni pieniądze. Zaszeleściły. „Mało” – pomyślał. Zadarł głowę, szukając oczu pasera Kiciuchy…

– Długo nie przychodziłem – zaczął wolno – to prawda, ale już wyciskasz mnie jak frajera… – Podszedł do przepierzenia. Dopiero teraz zobaczył, że była to zasłona z kolorowego materiału, obciągnięta górą i u dołu drutem. Przeciągnął dłonią. Zafalowało. – Co ty dajesz? – rzekł. – Za taki fant patyka…? Cyganie lepiej płacą. – Spojrzał na pasera, lecz w półmroku dostrzegł tylko jego ostry, skrzywiony profil. – Mógłbym – zniżył nieco głos – znaleźć innego. Zapłaciłby więcej…

Paser wyprostował się sztywno. Teraz był naprawdę olbrzymem. Znów zaniósł się kaszlem. Oddychał nierówno i świszcząco.

– Chytryś – mówił Wazelina – chytryś jak nie kumpel. A przecież jesteś już na dogorywku!... – zdziwił się. Zmierzył go zimno, z zaciekawieniem.

Paser poruszył niecierpliwie ręką. Zacisnął palce na krawędzi stołu. Wygładził obrus, przestawił butelkę.

– Nie o to chodzi – odezwał się. Zaklął i skrzywił twarz. – Zresztą teraz taka cena – dodał. Głos jego brzmiał twardo i uparcie.

„Wszarz..." – pomyślał obojętnie Wazelina. Wzruszył nieznacznie ramionami.

– Wiem dobrze – posłyszał głos pasera – że moje miechy to szajs...

Wazelina spojrzał ukradkiem na jego twarz. Była pofałdowana, z kropelkami potu. „Chyba ma rację – zamyślił się – niedługo wyciągnie kopyta...". Głośno zaś powiedział:

– Ech, może tak źle nie jest, podleczysz się... – Potarł palcami o spodnie. Sygnet zabłyszczał silniej.

Rozległo się pukanie. Umówione, bo trzy razy.

– Klient – mruknął paser Kiciucha. Otworzył drzwi.

Wszedł sinawy chłop, o małych rozbieganych oczach. Uśmiechnął się do butelki, obok położył czapkę. Mocno uścisnął im dłonie. Poczęstował papierosami. Siadł na brzeżku krzesła, podwijając nogi w wojskowych, podbitych gwoździami butach. Pogrzebał w kieszeniach. Wyciągnął płaski złoty zegarek.

– Ładna sztuka – pochwalił Wazelina – ładna...

– Przejdzie? – zapytał sinawy.

Paser odstawił szklanki. Zdmuchnął ze stołu okruchy.

– Zależy – rzekł – za ile.

Targowali się długo. Ten sinawy wstawał dwa razy i żegnał się stanowczo. Zawracał od drzwi. Przeklinał wymyślnie. Deptał niedopałki. Paser był nieprzenikniony i spokojny.

„Cwaniak – chichotał Wazelina – duży cwaniak…". Śledził palce Kiciuchy wolno obliczające papierki. Paznokcie miał szerokie, wypukłe. Ten sinawy również przeliczył, popatrzył na nich nieprzyjaźnie i schował pieniądze, zgniótłszy je w garści. Wcisnął głęboko czapkę, obejrzał się w lustrze. Przy drzwiach zamruczał niezrozumiale. Długo trzeszczały schody, gdyż schodził powoli i z rozmachem.

– Załatwiłeś lepiej niż mnie – powiedział Wazelina.

Paser Kiciucha zdjął wieczko i oglądał mechanizm zegarka. Dmuchał weń. Z rozchylonymi ustami wsłuchiwał się w słabiutkie cykanie.

– Pójdę już – Wazelina przeciągnął się.

– Zostań – mruknął paser, owijając w szmatkę zegarek – zjemy kolację. – Szarpnął zasłoną.

Zza przepierzenia wyszła kobieta. W gęstniejącej ciemności twarz widać było niewyraźnie. Rozstawiła talerze. Z szafy wyciągnęła butelkę. Odbiła pewnym, wymierzonym uderzeniem w dno.

„Upasła się" – Wazelina przygryzł wargi. Przesunął wzrok niżej. – „Nigdy – uśmiechnął się lekko – nie miała takiej dupy". – Przypomniał sobie jej twarz. Pamiętał z ulicy. Wtedy była to dziwka chuda i łasa na forsę. Teraz wyglądała jak pani. Ważna. Kroiła chleb. Patrzyła na niego obojętnie. Aż poczerwieniał. Przecież znali się dobrze. Zostawiła ich samych.

Paser zapalił lampkę. Rzucała skąpy blask na stół. Na ścianach pełzały cienie, a w kątach, dalej, zalegał gęsty jak kożuch zmrok. Paser żuł kiełbasę. Pociągnął tęgi łyk wódki.

– I chlać nie mogę – rzekł. – Nie mam smaku... W ogóle... – Jego cień jak ptak poruszył się na ścianie.

– W ogóle – podjął zagadkowo Wazelina – dużo się u ciebie zmieniło... kobitę masz... Bo ja – zaśmiał się nieszczerze – chodzę jeszcze po prośbie...

– Znasz moją? – przerwał paser Kiciucha. Jego twarz poznaczył niepokój. Pionowe głębokie zmarszczki żłobiły się między brwiami.

– Mało to kobiet znam – powiedział obojętnie Wazelina. Bawił się śliską i lepką skórką po salcesonie. – Tak – umknął przed spojrzeniem pasera – i twoją znam... Dawniej – odrzucił skórkę – zawsze miała popodbijane gały. Ciągle częstowała chłopaków tryperkiem. Prawie każdy miał do niej żal... – Uśmiechnął się szczęśliwie do tych wspomnień.

– Dmuchałeś ją? – zapytał paser. Popił trochę wódki. Pochylił się nad talerzem.

Wazelina zaśmiał się bezgłośnie.

– Zresztą – wymamrotał paser – to nieważne. – Miał załzawione, w blasku lampki jakby szklane oczy.

„Kiepskie ma szczęście" – pomyślał Wazelina.

– Z twoją forsą – powiedział – złapać można inną... lepszą babę.

Paser zacisnął usta w wąską i prostą linię.

– Bo to warto – wycedził po chwili. – Kiedyś – pochylił się na krześle – też miałem lepsze dziwki. – Jego twarz kryła się teraz w cieniu ręki.

– Ona – wtrącił Wazelina – ona ma dobrze u ciebie. Trafiła jak mało kto… Ale – zakończył stanowczo – zawsze to dziwka. – Zamrugał oczyma. „Przecież – pomyślał – nie moja sprawa".

Paser podkręcił knot. Zajaśniało ostrym blaskiem. Światło łamało się w zielonkawym szkle butelki. Wazelina dłubał zapałką w zębach. Z rozdziawioną szeroko gębą wyglądał głupawo i śmiesznie.

Za przepierzeniem szmer… szelesty.

– Rozbiera się – bąknął paser.

– Czy aby dobra w łóżku? – zapytał Wazelina. Uważnie łamał zapałkę na drobne kawałeczki.

Paser nie odzywał się, lecz coś go męczyło, bo westchnął ciężko.

– Mówisz – podniósł głowę i podparł łokciami – że znasz ją dobrze… – Rozgarnął palcami włosy. Na skroniach było już dużo siwych. – Czy ona z kimś wtedy…? – zapytał. Patrzył uważnie na Wazelinę.

– Bo to z jednym kręciła – odparł tamten. – Lubiła chłopów.

– A czy – zająknął się paser – z kimś zachodziła?

– Co? – nie zrozumiał Wazelina.

– Czy nikt – spokojnie pytał paser – nie zmachał jej brzucha…?

Wazelina uniósł wysoko brwi, podrapał się po policzku.

– Nie wiem – rzekł. – Zresztą – dodał – to była cwaniara. Znała się.

Paser przechylił się nad stołem i przykręcił knot. W izbie zapanował mrok. Ich twarze były niewidoczne, tylko oczy świeciły się lekko.

– Chcę – rzekł paser Kiciucha – mieć z nią dzieciaka... syna. – Odstawił talerz. – Już podbiłem – dodał – mówi, że czuje to... Czy baba może to wyczuć? – Spojrzenie miał teraz uporczywe, nieruchome. – Czy może? – Przysunął się tak blisko, że Wazelinę ogarnął jego gorący, z poświstem oddech.

– Bo ja wiem – mruknął Wazelina.

– Żeby to było pewne – powiedział cicho paser Kiciucha. Odwrócił głowę i popluł w chusteczkę. – Mówi, że na pewno zaszła. – Podsunął słoik z musztardą. – Bierz – bąknął – bez tego za tłuste.

– Wierz dziwkom... – rzekł Wazelina. Nadział widelcem boczek i posmarował musztardą. – Wierz – powtórzył – a trafisz na cmentarz... – „Głupi – pomyślał – w sercowych sprawach zupełnie głupi”. – Jadł, mlaskając. Połykał wielkie kęsy chleba.

– Dobre żarcie – pochwalił – świeże. Ty też jedz – poradził – na miechy nie ma jak tłuste żarcie.

Paser ukrył twarz w kościstych i długich palcach. Włosy spadały jasnymi kosmykami na dłonie.

Wazelina odłożył widelec. Wytarł usta.

– Nie przejmuj się – powiedział miękko – po brzuchu rozpoznasz. To szybko rośnie. – Chciał dodać, że tego chyba doczeka jeszcze, lecz ugryzł się w język.

Do drzwi podszedł cicho, na palcach. W korytarzu uczesał się starannie, układając nad czołem ładną falę.

W parę dni później Wazelina spotkał na bazarze kobietę pasera. W nowej pelisie. Podciągnął spodnie i gwizdnął przeciągle.

– Ho, ho – mruknął – wyglądasz jak artycha...

– Z nim gorzej – powiedziała.

Zaszli za budkę. Przepędził drzemiącego Adolfa Jąkałę i usiedli na skrzynce.

„Zdrowa" – pomyślał. Ścisnął ją mocno za łokieć.

– Odczep się – warknęła. Poruszyła się niecierpliwie. Skrzynka zachybotała.

– Mądralinko – syknął złowrogo – nie podskakuj.

Złagodniała. Naprężona ręka zwisła miękko.

„Mam u niej fory..." – tego był pewien. W ogóle babom mógł się podobać. Barczysty, z upartą gębą... i śmiały. Teraz oglądał ją uważnie.

– Kiedyś byłaś krostowata – uśmiechnął się – i całować nie było gdzie... a teraz... – jego głos zabrzmiał szczerym podziwem.

– Przestałbyś – szepnęła. Skrzywiła się niepewnie.

– Dobra, dobra – mruknął. Ujął ją pod rękę. – Zobaczym... co z nim.

Wyszli z bazaru. Jąkała pokrzykiwał za nimi.

Wazelina stawiał wielkie kroki. Nadążała z trudem, postukując drewniakami. Przed domem przystanęli. Rozejrzał się. Widok wokoło ponury. Wszędzie gruzy, tylko kilka ocalałych kamienic. Usypiska porośnięte szarą od kurzu trawą. Dalej sterczały wieże kościoła na Dzielnej. Między wieżami widział jej profil.

– Podobno będziecie mieli dzieciaka? – zapytał ostrożnie.

Poruszyła ramionami.

– Skąd – powiedziała. Grzebała w torebce.

Rozchylił gapiowato usta.

– On prawie wcale nie może... – Spuściła oczy. Przypudrowała się w lusterku. – Tylko tak mu gadam – wyznała. – Ostatnio nawet – zniżyła głos – wstawiłam bajer, że byłam u lekarza. Uwierzył – dodała.

– Taki bajer – skrzywił się pogardliwie Wazelina – to na Grójec... Ja bym... – popatrzył na nią zuchwale. Zastanowił się nad czymś, trąc brodę. – Ale – rzekł po namyśle – trzeba tak gadać. On długo nie pociągnie... – Potem zerknął na nią badawczo. Szturchnął ją w brzuch. – Powinnaś – mruknął – włożyć tam poduszkę. Niechby przed śmiercią ucieszył się... – Zacichotali. Nagle spoważniała.

– Uważaj – szepnęła. Na pierwszym piętrze ktoś rozpłaszczył na szybie twarz. Wywinęła wargi. Podmalowała się. Zauważył zęby popsute i rzadkie.

Weszli na schody. Pachniało wilgocią i gotowaną bielizną. Przyparł ją do ściany.

– Pobrudzisz – szepnęła. Odsunął się, zaplatając ręce na brzuch. Przed drzwiami nasłuchiwali. Cisza...

Paser zdawał się nie widzieć wchodzących, leżał spokojnie z podkurczonymi nogami, w białej, wykrochmalonej pościeli.

Kobieta odmierzyła do łyżki lekarstwo. Z wysuniętym językiem liczyła wolno spadające z butelki krople. Podała choremu. Trzymał chwilę w drżących palcach, wreszcie wylał z rozmachem na podłogę.

– Po co? – stęknął. Próbował uśmiechnąć się.

Zaklęła. Weszła za przepierzenie.

Wazelina usiadł na niskim stołku pod ścianą. Wyciągnął nogi. Było cicho. Niekiedy tylko zaskrzypiały sprężyny łóżka. Twarz pasera Kiciuchy błyszczała. Prawie zlewała się z pościelą, tak była blada.

– Śpisz? – Wazelina przerwał ciężką ciszę.

Chory poruszył przecząco głową. Sięgnął po szklankę.

– Jednak – powiedział z niespodziewaną mocą – zaszła. – Odpoczął. Zadzwonił zębami o szkło… – Była u lekarza. Na pewno zaszła… Zresztą to widać – dodał. Wpatrzył się przenikliwie w Wazelinę, który poruszył się hałaśliwie na stołku.

– Niewygodny – bąknął. Wstał.

Wzrok pasera Kiciuchy wlepił się weń.

– Tak – powiedział przeciągle Wazelina – chyba zaszła. Odznacza się… – Przełknął głośno ślinę. – Widać.

Paser przymknął oczy. Twarz wykrzywił grymas zmęczenia. Wazelina rozglądał się uważnie. Zauważył obraz nad łóżkiem.

– Ładnie namalowane – szepnął. Był to burakowego koloru zachód słońca. – Chyba drogie… – Przesunął dłonią po płótnie. – Z bliska kiepskie – powiedział. Podszedł do okna. Obgryzał paznokcie. Liczył przechodniów na ulicy... Sześciu. Zza węgła wychodził jeszcze jeden. Siódmy... Ucieszył się.

– Tak – usłyszał niewyraźnie głos pasera – porządnie widać, że zaszła.

Przytaknął.

– Nie lubię – powiedział – kobiet z brzuchami. – Z uwagą obserwował tego siódmego. Był to chudy chłopina. Kuśtykał... – Brzydną – dodał.

Kobieta ostrożnie weszła do pokoju. Poprawiła kołdrę. Poważna. Tłusta. Uda odznaczały się pod spódnicą.

„Spragniona" – pomyślał Wazelina, przymykając oczy. Potem gdy już jej nie było, powiedział spiesznie:

– Tak, na pewno zaszła. Brzuch już pakowny. – Wykrzywił gębę.

Paser, zwany Kiciuchą, zacisnął dłoń na krawędzi łóżka. Palce miał długie i żółte od tytoniu. Delikatnie, niebieskim deseniem pokazywały się żyły. Wazelina uniósł swą dłoń. Była gruba, czerwona i szeroka. Coś jak zrozumienie pokazało się na jego twarzy.

Nagle paser rozprostował palce.

– Kawał czasu wyżyją – powiedział – ona i dzieciak. – Mówił bełkotliwie, mocując się z każdym słowem. Jego twarz stała się pewna i uroczysta. – Trochę – ciągnął – zaoszczędziłem... – Rozkaszlał się. Skrzypiało w piersiach. Kącikami ust spływała ślina.

Wazelina odsunął się nieznacznie od łóżka. „Jeszcze opluje" – pomyślał. Spojrzał na kobietę, która teraz wyglądała zza zasłony. Była rozczochrana, w kusym szlafroku. Mrugnął do niej. „Zdzira" – pomyślał. Poruszył śmiesznie wargami. Podsunął choremu wodę.

Twarz pasera oblazły rumieńce, duże i purpurowe. Gorączkował. Kobieta zmieniała kompresy. Wtykała w spieczone usta lekarstwa. Kiciucha bezsilnie poruszył ręką. Uciekał z głową.

– Kapryśny – mruknął Wazelina.

Trącił ją w obnażone ramię. W uśmiechu wilczo wyszczerzył zęby. Koło południa przyszedł ten sinawy złodziej. Coś przyniósł.

– Nie da rady – szepnął Wazelina. Uczynił wymowny gest. Ten sinawy popatrzył na łóżko i zachmurzył się.

– A może ona – mruknął, wskazując na kobietę – kupi...

– Głupiś – warknął Wazelina.

Stała u wezgłowia. Widział ją profilem. Brzuch miała zwykły, babski. Wiadomo – lekko wypukły. „Przerobiliśmy pasera" – pomyślał Wazelina.

Paser Kiciucha próbował teraz dźwignąć się z posłania. Zdziwili się. Z natężeniem popatrzył na swoją babę. Wazelinie wydało się, że oczy jego pełne są zadowolenia. Przytaknął głową temu spojrzeniu. Było mu trochę głupio, więc poklepał się po kolanach. Sinawy złodziej zbierał się do wyjścia. Nacisnął czapkę, ucałował w rękę kobietę. Wtedy właśnie z łóżka dobiegł szmer... szmer wzmógł się.

– Puszcza farbę – rzekł ten sinawy złodziej.

Podbiegli tam. Paser Kiciucha zacharczał i rybio otworzył usta. Krew rzuciła się strugą. Wyprostował się, poruszył niecierpliwie ręką. Oczy wytrzeszczył. Były wielkie, straszliwe... Znieruchomiał.

Kołdra zsunęła się, odkrywając patykowate i owłosione nogi.

– Wykorkował – mruknął ten sinawy złodziej. Zafrasował się. Zerknął na kobietę i spiesznie ściągnął czapkę. Zaś ona płakała, rozmazując ręką łzy.

Wazelina odetchnął głęboko.

– Nie becz – rzekł ze złością. – Przecież zostawił ci wszystkiego... – dodał.

Odjęła dłoń od twarzy.

– Papierosa – wykrztusiła.

Ten sinawy podał jej sporta.

Wazelina podszedł do łóżka i poprawił kołdrę.

1958

# Benek Kwiaciarz

Tej nowej z przeciwka umarł chłop. Stało się to tak nagle, że przez chwilę jeszcze nie wierzyła. Wyglądał, jakby przysnął mocno. Tylko oklapł na twarzy trochę za bardzo.

Poleciała do sąsiadów.

Obejrzeli. Ktoś ujął bezwładną rękę.

– Zimna – powiedział. Zaświecili latarką w oczy, próbowali też lusterkiem.

– Wykitował! Musowo, że wykitował... – upierał się na korytarzu zaprawiony krawiec Skarbeńko. – Czuję to. – Pociągnął nosem i zatoczył się na ścianę.

Jeszcze raz błysnęli latarką w ściągniętą twarz mężczyzny. Rudy westchnął ciężko. Ta nowa naciągnęła kołdrę na głowę nieboszczyka. Milczała. Tylko najbliżej stojący widzieli, jak poruszała ustami bardzo leciutko.

Krawiec Skarbeńko przysnął nad śmierdzącym zlewem w korytarzu. Kopnięto go w kostkę. Zajęczał cienko. Dzieci, piszcząc, skryły się po kątach.

– Ho, ho – dziwiono się na podwórzu. – Musieli być bardzo ze sobą.

– Niestary był mężczyzna – wtrąciła żona krawca. – Ledwie po czterdziestce. – Przypomniała sobie o swoim.

Szybko wbiegła na trzeszczące schody. Hałas wypełnił korytarz. Ciągnęła go z trudem, zwisał ciężko na poręczy.

– Bardzo byli ze sobą, nieboszczyk i ona! – zarechotał furman Satynowski. – Bardzo! – Zmrużył znacząco oko.

– Przestałbyś! – wrzasnęła jego kobieta.

Wasiakowa splunęła kilkakroć. Tylko Czesiek Rekin zadzierał głowę, obojętny, wsunąwszy ręce do kieszeni.

– Piękne niebo – powiedział półgłosem, skrzywił się leciutko – dużo gwiazd. – Kiwnął do Benka Kwiaciarza, który uśmiechnął się nijako i wdeptał w ziemię niedopałek papierosa. Kobiety z podwórza przestały gadać, wpatrzyły się w okno mieszkania tej nowej. Migotało tam nikłe, żółte światło, snuły się cienie. Najęte baby obmywały nieboszczyka.

Ludzie rozeszli się ociężale. Zasnęła kamienica.

✳ ✳ ✳

Podjechał karawan. Motor zakaszlał, mocno zaleciało benzyną.

– Coś tam w środku… – Sinawy szofer pokręcił głową. Wsłuchał się w dychawiczne odgłosy silnika. – Nawala – mruknął z posępną miną – nawala.

Dzieci ostrożnie obmacywały koła. Na schodach czekali już krewni tej nowej. Elegancko ubrany garbus o szczurzej twarzy i gruba kobieta. Nowa pokazała się w sieni. Wzięli ją pod ręce.

– To chyba z jego strony – zaszeptała żona krawca. – Tak jakby podobni. – Przypatrywała się garbusowi dokładnie. Przymknęła oczy, porównując.

Tragarze, przeskakując po trzy schodki, wbiegli do mieszkania, ułożyli trumnę na pasach. W drzwiach tłoczyli się ludzie.

– Uwaga! Uwaga! – pokrzykiwał tragarz w okrągłej czapce.

Schody były strome, na półpiętrze trumna zawadziła o poręcz, zachybotała na pasach. Rozszedł się ostry trupi smród.

– Takie to życie – westchnął Skarbeńko i obrócił w palcach pilśniowy kapelusz.

Ta nowa ukryła twarz w dłoniach.

– Młody był chłop. I jak wyglądał... Samo zdrowie – szepnęła któraś z kobiet, przeżegnawszy się zręcznie.

– Paskudne sprawy. – Skarbeńko poruszył gwałtownie kapeluszem. Był niezaprawiony i trzęsła mu się pomarszczona szyja. Benek Kwiaciarz splunął i wyszedł na podwórze. Łapał zachłannie powietrze; zapalił papierosa, ale długo jeszcze czuł ten smród.

Zaterkotał motor. Strzeliło coś w środku. Terkot urwał się, nagle spotężniał.

– Złapał! – ucieszył się sinawy szofer. – Trzeba umieć go podejść – zwrócił uradowaną twarz do tragarzy, którzy siedzieli po bokach trumny, szeroko rozstawiwszy nogi.

Wóz-karawan wyjechał z podwórza i kołysząc się, nabrał biegu. Wzbił się kurz, który skrył dzieci pędzące za samochodem. Stary wyliniały pies, Dziadek, wygiął grzbiet i szczeknął krótko.

– Pojechali na warszawski cmentarz – powiedziała Wasiakowa. – Podobno mają tam swoją parcelę. – Ubrana była w czarną, trochę wytartą na przodzie, aksamitną sukienkę.

Skarbeńko przejrzał się w szybie, starannie wyklepał kapelusz i westchnął urywanie. Dostrzegł Benka Kwiaciarza, wciągnął policzki i mrugnął doń.

– Ćwiarteczka? – uchylił kapelusza. – Ćwiarteczka akurat na zaprawkę?

– Trzeba poszukać frajera – warknął Kwiaciarz, wielkie, zarośnięte, brudne chłopisko. – Poszukaj... niech postawi, ale nie ja. – Pochylił się, spojrzał chmurnie na Skarbeńkę.

– Drobiazg – odparł statecznie krawiec. Oczy zmrużył, znów wydął policzki. Tajemniczo poprawił coś pod marynarką, zarysował się wypukły owalny kształt – pewnie flaszka.

Benek Kwiaciarz wzruszył ramionami. Nie lubił pić z krawcem. Rozejrzał się wokoło. Podwórze opustoszało. Splunął, czuł jeszcze ten trupi zapach po nieboszczyku. Cicho, wysoko unosząc nogi, zaszedł psa Dziadka od tyłu i przydeptał mu ogon. Kundel zaskowyczał i uciekł, szorując brzuchem ziemię.

– Złapał bieg – powiedział Kwiaciarz i nie oglądając się, wyszedł przed bramę.

Naprzeciw, w budce kolejki WKD-owskiej, kasjer Zygmunt wychylał się z okienka – drobił chleb gołębiom. Szyny błyszczały sino.

Gorąc. Benek rozluźnił kołnierzyk, zapragnął napić się piwa. Poszedł do kiosku.

\* \* \*

Wrócił dziś Kwiaciarz wcześniej z roboty. Na podwórzu kamienicy nie było nikogo. Zapalił papierosa, zastanawiając się, gdzie iść. Postanowił wybrać się na glinki. Lubił patrzeć na rybaków, tkwiących nieruchomo nad zielonkawą wodą. Zdusił o ścianę papierosa, dym nie smakował w to gorące, duszne popołudnie.

Ciężko stąpał, wzbijając kurz na ceglastej drodze.

– Żydu! Żydu! – posłyszał wołanie zza szkoły.

Obejrzał się. Olek Nawiślak, stryjeczny brat, zamachał ręką. Przywitali się. Nawiślak też był czarny, ale nie taki żydowaty, jak Benek, może dlatego, że z mniejszym zarostem, a i golił się zawsze starannie. Zagadkowo skrzywił teraz twarz, badawczo spojrzał na Kwiaciarza.

– Pusty jestem – mruknął Benek. – Przed wypłatą… ani feniga.

Olek Nawiślak nie przestawał uśmiechać się zagadkowo.

– Na ten flakon zawsze mam – wycedził wreszcie.

– Można u Paciorka. – Kwiaciarz nieufnie spoglądał na brata.

Nawiślak pociągnął go za sobą.

Na prawo, za ceglastą drogą, była budowa. Tam w stróżówce u kolejarskiego emeryta Paciorka zawsze można dostać flaszkę. Nawiślak zabębnił palcami w szybę. Chrapanie ustało. Paciorek wysadził siwą, skołtunioną głowę i przetarł oczy. Poszperał w kącie budy, brzęknęły kubełki.

– Pijta – kolejarz wręczył im flaszkę – zaprawiajta. – Nałożył okulary i przeliczył papierki. – Porwane – zrzędził – trzeba podkleić. – Zatrzasnął drzwi.

Szli, rozgarniając łopiany. Trawa za płotem wybujała wysoko, wyraźnie znaczyły się wygniecione miejsca. Usiedli pod akacją.

Benek Kwiaciarz ponuro zerknął na stryjecznego brata. Zazdrościł mu trochę... Przystojniak. Wygolony. W garniturku.

– A kobita nie zrobi ci jakiegoś tararamu? – zagadnął.

– Kobita. – Nawiślak podciągnął nogawki, odsłonił kolorowe w paski skarpetki. – Trzeba umieć babę wychować – rzekł z lekkim, drwiącym uśmieszkiem. – Nauczysz się... – Odbił flaszkę.

Zrobili z cegieł stoliczek. Benek Kwiaciarz wyciągnął się na ziemi i zmrużywszy oczy, spoglądał w jasne niebo. Z budowy dochodziły pokrzykiwania murarzy, na głównej ulicy zadudniły pod kolejką szyny.

– Niejedną flaszkę mogę jeszcze zrobić – posłyszał głos Nawiślaka. – I balecisko jakieś trzeba urządzić.

Benek Kwiaciarz podparł się łokciami i wpatrzył w brata.

– Mam metę u kumpla – mówił Nawiślak. – Za gorzałkę odstąpi cały pokój.

– Balecisko – powtórzył z zastanowieniem Kwiaciarz.

– Tylko – rzekł Nawiślak – chata jest. Sztuki jakieś dobrać. Ale pewne. Żeby niedługo – pogładził się po gładko wygolonych policzkach. – Mojej powiedziałem, że idę na trzecią zmianę. Cała noc – szepnął przeciągle. – Dziwki jak laleczki – trącił Kwiaciarza w pierś i odrzucił za siebie pustą flaszkę. Szkło rozprysło się z brzękiem.

– Mam. – Benek wstał gwałtownie. – Mam takie sztuki…

✳ ✳ ✳

Było ciemno. Przed domkiem nad gliniankami słoneczniki kołysały się ciężko. Załomotali w ścianę.

– Znajomoszczanka – szepnął Benek. – Lubi tę robotę. A ma też siostrę… młodszą.

– To ja z nią. – Nawiślakowi zaświeciły się oczy. Przywarli do ściany. Cisza. Kwiaciarz walnął pięścią. Drzwi zatrzeszczały sucho.

– Ale buda. – Nawiślak kopnął w próg. – Niedługo się rozleci.

We wnętrzu coś zakwiliło.

– Ma dzieciaka – chrypnął Kwiaciarz. Przygryzł wargę i wsłuchał się w szelesty dochodzące z budy.

– Nie chce wpuścić – ziewnął Nawiślak.

Wtedy drzwi otworzyły się gwałtownie. Czarna postać zamajaczyła w szparze. Kwiaciarz jęknął boleśnie. Czymś twardym dostał w czoło. Zatoczył się. Uderzenia spadały na tył głowy, plecy. Rzucił się do ucieczki. Ostre trzciny smagały twarz. Nawiślak, chichocząc, pobiegł za nim. Wrzask z budki ścigał ich daleko.

– Kurewski syn! Do matki z dzieckiem! Kurewski syn! – kobiecy, cienki głos niepokoił ciszę.

Przykucnęli nad błyszczącą, granatową wodą.

– Ona – szepnął Benek Kwiaciarz i wsłuchał się w ten wrzask.

Zaraz też zabrzmiał męski, niewyraźny.

Kwiaciarz czubkami palców przesunął po głowie, jęknął. Dłoń była mokra.

– Ma frajera. – Podniósł do oczu dłoń, ale w ciemności nie mógł nic dostrzec.

– I pewnie cham, bo bije młotkiem. – Nawiślak przeciągnął się i zaśmiał urywanie.

W fabrycznym bloku zabłysło kilka światełek.

– Pobudziła – zaszeptał Nawiślak.

– Młotkiem?! – zastanowił się Benek Kwiaciarz. Wysunął przed siebie rękę, oświetlił ją teraz biały księżycowy blask. Krew. Ogarnęła go złość, oburącz począł szarpać twarde, mocno wrośnięte w brzeg trzciny. Potoczył się po stromym brzegu. Nawiślak śmiał się cienko, dłonią osłaniając usta.

– Nie mam fartu – zaskowyczał Kwiaciarz – wcale!

Olek podał mu rękę, wyciągnął na górę.

Chwilę stali przygarbieni. Przed sobą widzieli chwiejne łby słoneczników.

– Ty to masz fart! – wykrztusił Kwiaciarz. Bolały go skronie, w ustach czuł kwaśną gorycz po wódce.

– Masz słabą głowę, zaprawiłeś za dużo. – Nawiślak podniósł kołnierz i wydobył papierosy. Długo szukali zapałek.

\* \* \*

Ta nowa z naprzeciwka nie mogła się uspokoić po stracie swojego chłopa. Wystawała w bramie, spacerowała po podwórku wzdłuż ścian, dzieci sypały w nią piachem. Zaciskała dłoń na trzepaku i powtarzała przerażonym szeptem:

– Nie ma, nie ma… – Czasem dodawała: – Wicusia.

– Wincenty mu było – wyjaśniała kobietom Wasiakowa. Zapamiętała dobrze to imię z żałobnej blachy na trumnie.

Przygrzewało mocno. Baby rozeszły się do mieszkań. Nowa zadarła głowę i szeroko rozwartymi oczyma patrzyła w żółtą, oślepiającą kulę słońca. Skarbeńko uchylił drzwi pracowni i podparłszy brodę, zacmokał wymownie. Benek Kwiaciarz też wodził za nią zmęczonym, złym spojrzeniem. Wygolił się dziś starannie, na policzki i czoło nalepił różowe plastry. Przed wyjściem rozgarnął włosy, obejrzał w lusterku wierzch głowy, wreszcie odrzucił je w kąt. Rozleciało się z hałasem. Matka pozbierała ułamki szkła, próbowała złożyć i przylepić na deskę. Nie mogła. Nic nie powiedziała. Kwiaciarz zjadł obiad i wyszedł przed kamienicę.

– Nie ma… – posłyszał za plecami głos tej nowej.

– Dostała zajoba – mruknął. Odwrócił się.

Gładziła sztachety parkanu, oczy miała przymknięte. Maryśka z sutereny usiadła na schodkach, podwinęła szlafrok – odsłoniły się suche nogi z ciemnymi śladami po wrzodach. Nowa znów zaszeptała coś monotonnie.

– Co? Co? – zapytała Maryśka.

– Nic – rzekł Kwiaciarz, roześmiał się głośno, zadrgały mu nozdrza. – Tylko ten pan Wincenty – zaczął uroczyście – on musiał być w pręcie cięty... Ten pan Wincenty – powtórzył grubo. Podszedł do tej nowej z przeciwka.

Baba Satynowskiego otarła umączone ręce w fartuch, usiadła na parapecie.

– Poeta! – parsknęła półgębkiem.

Maryśka przymilnie wyciągnęła trójkątną twarz do Kwiaciarza. Zmierzył ją niechętnym spojrzeniem.

– Paskudne kurwiszcze. – Odwrócił się plecami.

– W pręcie, powiadasz? – zamruczał głupi Japa. Podrapał psa Dziadka po oklapłych uszach. – Cięty czy wcięty? – zastanawiał się szeptem.

Ta nowa podeszła do nich, oczy miała przymglone.

– O tak, tak – powiedziała smutno. Była porządnie głuchawa.

Teraz śmieli się już wszyscy. Kobiety wyglądały z okien.

– To był kochanek – uznała Maryśka. – Tylko kochanka się tak pamięta. – Dziwacznie skurczyła wargi.

– Chiba – mruczał głupi Japa. – Chiba... musiał być bardzo jej podchadziaszczy... Chiba.

\* \* \*

– Wstawaj! Późno! – Matka pociągnęła Kwiaciarza za ramię. Poczęła szarpać za bezwładnie opadającą na podłogę rękę.

Bełkotał gniewnie, nie otwierając oczu. Wreszcie zerwał się ogłupiony snem.

– Łeb – zajęczał, dotykając czoła – łeb. – Przetarł oczy. Zanurzył twarz w kuble. Zimna woda trochę otrzeźwiła go. Obejrzał twarz w szkle świętego obrazka nad łóżkiem. Mętnie zapatrzył się w okno. Dzień wstawał czysty, z błękitnym niebem.

– Ale masz gębę… jak zbój – matka podsunęła mu garnek ze zsiadłym mlekiem.

– Niedługo się zagoi – odpowiedział. Pił łapczywie. Siedziała naprzeciw.

– Pijanico – jej głos brzmiał surowo. Gdy wychodził, chrząknęła znacząco. – Dziś sobota. – Pogroziła pięścią. – Sobota! Pamiętaj! – Myślała o wypłacie.

Matka Kwiaciarza zasłała łóżko, wyklepała poduszkę. Nad kilimkiem wisiała oprawiona w złocone ramki fotografia ponurego mężczyzny z szeroko rozsiadłym nad wargą wąsem. Przechyliła się. Łokciem wytarła kurz ze złoconej, karbowanej ramki. Otworzyła okno. Benek dużymi krokami mijał kiosk z piwem. – Podobny – szepnęła. Jej stary tak samo chodził zawsze. I tak samo trudno go było zbudzić po wódce. – Pijusy – powiedziała miękko. Zdjęła ze stołu obrus. Wytrzepała nad zlewem i złożyła w równy prostokąt.

\* \* \*

Duży czerwony szyld kwiaciarni bił w oczy zaraz za komisariatem. Z bliska odczytywało się przekrzywione nieco litery napisu: „Specjalność – wiązanki ślubne i wieńce". Był to nieduży, wpadnięty w ziemię, murowany budyneczek. Za płotem rozpościerały się równe, jakby wyznaczone linią, kwiatowe zagony, dalej pobłyskiwały inspekty.

Tutaj pracował Benek Kwiaciarz.

Szef palcami muskał nastroszone róże, złożył spory pęk i postawił w wazonie na wystawie.

– Te dziś po dziesięć. – Odsunął się nieco i przyjrzał baniastym naczyniom z towarem.

Benek spryskał wodą przywiędłe peonie, dołożył kilka pąków i umieścił w tyle za różami. Szef rozkaszlał się astmatycznie, wybałuszył zaczerwienione oczy.

– A w ten... – wykrztusił – ładuj białe. – Złożył ręce na kolanach i przymknął oczy, twarz miał zmęczoną, poszarzałą.

„Też zaprawił" – uznał z zadowoleniem Benek. Przysiadł na skrzynce. Milcząco spoglądał na drzwi. Przez matową szybę niewyraźnym konturem występowały domy nad stawem, przechodnie przesuwali się dziwacznymi smugami. Szef splunął, przygarbił się i zdeptał papierosa.

– Nie smakuje – mruknął.

„Gryzie go – Kwiaciarz zerknął na starego z ukosa – gryzie...".

Fajowaty nos szefa obwisał śmiesznie, blizna na policzku rysowała się białą strzępiastą linią. Benek chytrze, prawie niedostrzegalnie, skrzywił twarz.

– Nie warto – szepnął miękko.

Szef poruszył się niespokojnie, zachybotała skrzynka.

– Co? – warknął ze złością. – Pytam się... co nie warto?

– Ona – Benek Kwiaciarz szybko umknął ze spojrzeniem. Dłonią dotknął chłodnej szyby. Spojrzał w wystawę – w połowie jej wysokości kończyło się matowe szkło, wyżej było zwykłe, popstrzone przez muchy. Widział za glinkami gęste czuby parkowych drzew. Sznur towarowych wagonów mijał przejazd.

Szef szarpnął kołnierzyk koszuli, wyglądał tak, jakby łapał powietrze, poszperał w kieszeniach.

– Masz – wetknął Benkowi dwudziestozłotowy banknot – skocz. Przynieś... cwaniaczka. Umiesz postarać się o ćwiartkę. – Pogroził mu pięścią, ale bez złości. Monotonnie kołysał się na skrzynce. Wysunął nogi, zawiązał troki kalesonów.

– Wywłoka – stęknął, wstając z siedzenia. Niecierpliwie wyczekiwał Benka.

Wrócił z ćwiartką i kawałkiem kiszki na zagrychę. Pociągnęli po zdrowym łyku. Stary kwiaciarz odetchnął głęboko, oczy mu pojaśniały.

– Dobre – powiedział – pomaga... Wypij od razu, no, trach – radził Benkowi. Łapczywie palił papierosa. – I dym już smakuje – ucieszył się. Przymknął oczy i znów, widać było wyraźnie, spochmurniał.

„To ci cholerstwo – Benek wysączył resztkę wódki.
– Gryzie go jeszcze... To ci... Przecież...". – Przypomniał sobie twarz baby starego. Ani ładna. Chuda. I taka bladź! Zsunął dwie skrzynki i usiadł wygodnie. Zrobiło mu się ciepło w żołądku i głowa przestała boleć. Muchy szeleściły na szybach, z kranu kropelkami sączyła się woda. Ziewali raz po raz. Dopiero pierwszy klient, woźny z pobliskiej szkoły, wyrwał ich z odrętwienia.

*  *  *

Benek Kwiaciarz spotkał Todka na stacji. Wypili po piwie i oparli się o barierkę. Ludzie długim korowodem schodzili z peronu. Na przejeździe zastrachany węglarski koń wierzgnął nogami, zatrzeszczał dyszel, z wozu czarną strużką sypał się miał. Furman klął przenikliwie i okładał kijem ostry zad szkapiny.

– Zaląkł się – mruknął Benek.
Słyszeli chrapliwe poświstywanie konia.
– Satynowskiego chabeta. Wsiowa. – Todek starannie przyczesał włosy, ułożył z nich na tyle głowy dwa śmieszne skrzydełka. Zwrócili spojrzenie na zielony kiosk. Zebrała się tam grupka mężczyzn. Zdmuchiwali z kufi pianę. Pijany węglarz potoczył się na ścianę, czapka zakryła mu oczy, niezdarnie wyciągnął ręce.

– Dojrzewa – powiedział ponuro Todek. Spoglądał uważnie. – Tak jak ja wczoraj. W tym samym miejscu. Całą noc. Cholernie zimno. – Wzdrygnął się. – Też od piwa początek.

Węglarz miękko podwinął nogi i opadł na ziemię.

– Zasnął. – Todek pokiwał głową. – Jak ja wczoraj.

– I ja też kiedyś tutaj – roześmiał się Kwiaciarz. – Niefartowne miejsce.

Ludzie pod kioskiem ciasną gromadką napierali do okienka, grzebali po kieszeniach i odginając najmniejszy palec ujmowali w dłoń porterowe butelki.

– Miałem ładne parę złotych. Ładne – mruknął Todek. – A rano!? – Złe bruzdy wyrosły mu koło ust. – Nic!

Główną ulicą przejechały trzy błyszczące lakierem stary. Pędziły hałaśliwie. Odprowadzili je wzrokiem do zakrętu.

– Nowe – rzekł Kwiaciarz. – Niedotarte.

– Możliwe wozy – przytaknął Todek. Podniósł się na dłoniach i usiadł okrakiem na barierce. – A za te ładne parę złotych, co miałem – kołysał się niezgrabnie, opuścił głowę, aż krew spłynęła mu do twarzy – można by w porządnej knajpie z muzyką. Jakaś laleczka… Warto by mądrzej – westchnął.

– Warto – przyznał Kwiaciarz – za te parę złotych. Ale jak?

Przeszedł milicjant. Służbowo, z paskiem pod brodą. Przy kiosku zapanowało ożywienie. Mężczyźni ujęli pod pachy obwisającego węglarza, ułożyli go między beczkami.

Władek milicjant szedł niedbale, drobnym, spacerowym kroczkiem. Na tych spod kiosku zerknął krótko, ale uważnie.

– Ten Władek to wielki nygus, wielki. – Kwiaciarz splunął z pogardą.

– Wszyscy są dobrzy – powiedział zagadkowo Todek. Zeskoczył na ziemię. – Zmęczyłem się, trzeba wypić. – Wyciągnął garść z banknotem. – Mam dziesięć. Ty dziesięć i flakon. Taki już jestem – wykrzywił twarz w bladym uśmiechu. – Jedna ćwierć, druga i abarotno. A inne chłopaki – wygładził papierek, złożył w kwadrat – są mądrzejsze. Taki Andrzej Magister. Te to umieją żyć. Laluńki se z miasta sprowadzają. Umieją.

Benek Kwiaciarz palcem namacał w kieszeni najdrobniejsze papierki. „Na co ma widzieć więcej – pomyślał. – Jak zobaczy, to nic tylko zrób drugą ćwiartkę i zrób…".

– Chyba skoczym na stację – uznał Todek. – Bliżej. Więc poszli do monopolowego na stację.

– A jak on, ten Andrzej? – zapytał Kwiaciarz.

– On! – Todek aż przystanął. – Kozak. Umie żyć. Jakie dziwki. I forsy dużo nie wyda. Mądrala. Żadna go nie rozpruje. I wcale nie taki przystojniak. Tylko ma podejście. – Cmoknął zawistnie.

– Ma fart – burknął Benek. – Fart. Bo jak się nie ma fartu, to nic nie wyjdzie.

– Jeszcze jaki. – Todek wszedł na schodki sklepu, wyjął grzebień i przyczesał swe rzadkie, jakby mokre włosy. Uważnie sprawdził pieniądze.

\* \* \*

Z tymi dwiema bandoskami od Millera umówił się Olek Nawiślak.

W sezonie do roboty w polu przyjechało tych dziewczyn chyba ze czterdzieści. Czasem w świąteczne dni wychodziły na miasto gromadkami, po cztery, pięć. „Zdrowe, sama rzepa", jak mówił Todek. Chichotały, okrywając dłonią usta, i bardzo spoglądały za chłopakami.

Nawiślak o zmierzchu zaszedł pod okna Kwiaciarza i gwizdnął przenikliwie. Pociągnął Benka przed bramę.

– Wybrałem dobry towarek – powiedział. – Tylko trzeba ostro. Koniecznie ostro. Takie wsiowe inaczej nie uważają. A dobre. Najlepsze.

Kupili u Piegowatej Jadźki butelkę owocowego wina i paczkę herbatników. Poszli torem kolejki. Za ruinami piekarni zaczynały się pola. Za Gęsim Stawkiem wyraźnie widać było krzyż przy szczęśliwickiej drodze.

– Tam mają czekać – objaśnił Nawiślak.

Zmierzch zgęstniał niespodzianie, pola zszarzały, a miasteczko za ich plecami występowało teraz zamazaną plamą domostw i drzew. Już z daleka zobaczyli dziewczyny idące naprzeciwko. Zobaczywszy ich, zawróciły. Dogonili i zastąpili im drogę. Szepcząc, przysiadły w rowie. Były młode, może siedemnastoletnie, o jasnych połamanych karbówkami włosach. Usiedli po bokach. Olek Nawiślak rozpakował herbatniki, poczęstował, wybił o ziemię korek z butelki. Wzbraniały się od picia, wreszcie starsza pociągnęła niezły łyk.

– Ładnie ciągniesz. – Nawiślak poklepał ją po udzie.

Spojrzały po sobie i zaśmiały się krótko.

Teraz już parami poszli w stronę fortu. Czarne oczy strzelnic zwiększały się z każdym krokiem. Od śmieci zalegających na zboczach szły w górę smużki dymu, zalatywało kwaśnym smrodem palonej starzyzny i rozmaitego paskudztwa. Przechodzili przez leszczynowe zarośla, gałęzie uderzały w twarz. Olek, który szedł pierwszy, uczynił za plecami krótki znaczący ruch ręką i pociągnął swoją do przykrytej krzewami kotlinki.

– A my usiądziem tu – rzekł Benek Kwiaciarz.

Przysiedli pod betonowym słupkiem. Od razu spróbował przycisnąć się do jej miękkiego, dużego ciała, ale szturchnęła go w bok i mruknęła coś niechętnie.

„Zimna chamica" – pomyślał Kwiaciarz. W ciemności widział tylko niewyraźny zarys jej twarzy, siedziała przykulona, z rękoma założonymi na kolanach. Stamtąd, gdzie był Nawiślak z tą drugą, dochodziły zdławione szepty, trzask gałązki i znów leciutki, radosny chichot.

Dziewczyna uniosła się trochę, patrzyła w krzaki.

– Dobrali się – powiedziała śpiewnie. Coś jak zawiść zabrzmiało w tym głosie.

Wtedy Kwiaciarz złapał ją wpół, łagodnie pogładził po szerokich plecach. Przysunął twarz do policzka dziewczyny, włosy łaskotały go w nos. Naprężyła mięśnie i odsunęła w bok głowę.

– Nie chcę – wykrztusiła – nie chcę.

Benek Kwiaciarz przywarł silniej, spoconą dłonią walnął ją w plecy.

– Nie skacz! Nie skacz! – przygiął do ziemi za kark.

Sapała urywanie.

– Ważniaczka – zabełkotał i pchnął łokciem…

Nastała długa, z nieznośnym potrzaskiwaniem leszczynowych gałązek, cisza.

Wstała pierwsza, obciągnęła sukienkę i przygładziła włosy.

– I, zachciało ci się!

W blasku zapałki usta Kwiaciarza skurczył śmiech.

Na ścieżce spotkali się z Nawiślakiem. Dziewczyny szły przodem. Przy obejściu Millera pożegnali je.

– Wpadniem niedługo – obiecał Nawiślak.

Dziewczyny ostrożnie odemknęły furtkę. Zazgrzytały zawiasy. Przed gankiem szczęknął łańcuch, zaskomlał pies.

Postali chwilę na drodze. Domy miasteczka wystąpiły przed nimi niekształtną czarną masą na tle nieba. Widzieli tylko jedno światełko połyskujące nieruchliwie.

– No i jak? – zapytał Benek.

– Jak?! – roześmiał się Nawiślak. – Sposobem. Trzeba tylko coś obiecać. Takie chamki strasznie są na to łase... Powiedziałem, że będziem chodzić razem, to, śmo, owo... A potem już mogłem, co chciałem.

– Moja była gorsza – głos Benka Kwiaciarza zabrzmiał głucho – zrobiłem ją siłowym numerem. Po krzyżu dołożyłem i pękła.

– Siłowy. To nie ma przyjemności. Najlepiej sposobem – skrzywił się Nawiślak. W świetle latarni z budowy obejrzał dokładnie ubranie, wygładził koszulę i chusteczką przetarł buty. Rozstali się.

– Moja może podskakiwać – wyjaśnił – rozumiesz, późno już.

Benek spoglądał na czarną, szybko znikającą sylwetkę stryjecznego brata. Zamamrotał niezrozumiale.

* * *

Rankiem na podwórzu kamienicy rozległ się przenikliwy wrzask.

– To Rudy ze swoją – mruknęła matka Kwiaciarza, spojrzawszy w okno.

Benek zbiegł na dół. Pod śmietnikiem stały już kobiety z suteren. Wasiakowa odepchnęła je i jak przed słońcem osłoniła oczy. Rudy szarpał swoją, pochyliwszy nisko krwawo błyszczącą głowę. Z trzaskiem odlatywały guziki. Bluzka zsunęła się z ramion, ukazując żółtawą z niebieskimi żyłkami pierś. Kobieta wczepiła palce w poprzeczkę trzepaka. Kopnął parę razy.

– Ja ci! – mamrotał – ja ci!…

– Zbytnik – westchnął furman Satynowski. – Załatwia ją po swojemu. Załatwia – ziewnął szeroko i usiadł na schodkach.

– Łobuzisko! – gniewnie syknęła Maryśka.

– Łobuz to nosi na wierzchu – powiedział furman.

Znów wzbił się krzyk kobiety Rudego, jeszcze cieńszy, bardziej przenikliwy.

– Ale ma głos, ho, ho… – uznał ktoś z podziwem.

Z kolejkowego przystanku podchodzili ludzie. Wysoki z teczką scerwieniał z oburzenia. Pod starannie wygoloną skórą zadrgały szczęki.

– Bestialstwo! – Machnął teczką. – Bestialstwo, proszę…

Kobieta Rudego wlepiła weń piękne, załzawione oczy.

– Frajer! – wrzasnęła nienawistnie. – Frajer!

Rudy przestał tłuc. Groźnie przybliżył się do tego z teczką.

– Pilnuj swojej – na czoło opadły mu kosmyki włosów. – Pilnuj swojej kochanicy...

– Żeby ją czasem słoń... – krzyknął ktoś z boku.

Ten z teczką drobnym krokiem cofnął się za plecy ludzi.

– On, panie dziejku, tak ją tego... wychowawczo – Skarbeńko chwycił go za guzik marynarki. – Żeby wiedziała.

Furman Satynowski wybuchnął donośnym śmiechem. Rudy machnął kobietę dłonią na płask po szyi.

– Rozpieprzę! – głos mu opadł, przeszedł w chrypliwy skowyt – rozpieprzę!... wszystko!

– Rudziuniu – furman wstał ze schodków, poklepał go delikatnie po plecach – Rudziuniu... starczy – zaszeptał w ucho.

Ci z bazaru, Czesiek Rekin i ten jego Brzydal, spoglądali na to wszystko z pobłażliwą wzgardą. Rekin językiem przesunął w kącik ust papierosa, siny wałeczek popiołu osypał mu klapę. Brzydal ziewał raz po raz. Wasiakowa spojrzała nań nieprzyjaźnie.

– Świntuchy – warknęła.

– Szanowna pani – Brzydal skłonił się niedbale – ile to już razy mówiłem, że wszystko rzecz gustu. Gustu! – podkreślił.

– A w ogóle – dodał Rekin – tę babę to ja usadzę. – Postąpił krok.

Wasiakowa schowała się do bramy. Benek Kwiaciarz parsknął stłumionym śmiechem.

– Aleś babę wystraszył – powiedział.

Rekin zmrużył przyjaźnie oczy.

– Zapalisz? – Wyciągnął amerykany.

Rudy ze swoją kobitą wyszli na ulicę. Na przystanku z łoskotem przyhamowała niebiesko-żółta kolejka.

\* \* \*

Był to późny wieczór. Ostatnich zalanych gości „Zdroju" kelner Racyjka ujął mocno za kołnierze i wywalił na schodki. Opadli w trawę, bełkocząc i przeklinając. Kwiaciarz i Todek postali chwilę na przejeździe, nie chciało im się wracać do domu. Przystanęli pod słupem. Spoglądali w opustoszałe ulice. Tylko w budce dróżnika słabo majaczyło światło, dochodziły stamtąd ochrypłe głosy.

– Zaprawiają – westchnął Todek.

Gdzieś w oddali między rzędami kasztanów zarysowało się kilka niewielkich jak kukiełki ludzkich postaci. Zniknęły w ciemności. Todek szczęknął zębami, podniósł kołnierz. Wraz z lekkim wiatrem ogarniał chłód.

Ten mały człowieczek w naciągniętej na oczy cyklistówce podszedł do nich bezszelestnie, przytrzymując się parkanu. Dopiero gdy kichnął, szybko obrócili głowy.

Stał przy nich z wyciągniętą ręką, coś w niej pobłyskiwało sinawo.

– Spluwa! – Kwiaciarz szeroko otworzył oczy. – Spluwa? – wymamrotał.

– Ręce do góry! – wrzasnął ten mały – do góry! – Zadygotał nerwowo i spryskał ich śliną.

– Tylko bez plucia. Nieładnie – obojętnie powiedział Todek.

Kwiaciarz podniósł w górę ramiona. A Todek skurczył się jakby i rzucił w bok krótkie, uważne spojrzenie. Było pusto i cicho. Wrzask w dróżniczej budce też wygasł nagle.

– Szybko! – mały wysunął dłoń ze spluwą.

Dostrzegli jego twarz pomarszczoną, starawą, z zadartym nosem. „Strzeli!" – przeleciało przez głowę Kwiaciarzowi. Spojrzał zdziwiony na Todka, który leniwie uniósł łokcie.

– O, tak – ucieszył się mały – tak, tak. – Przestąpił z nogi na nogę, stal pistoletu błysnęła mocniej.

Ręce Todka opadły na plecy małego, nastąpiło to w ułamku sekundy. Człowieczek zawirował w powietrzu, pistolet zatoczył łuk i stuknął głucho o kamienie. Todek przytrzymał go za klapy i trzepnął po pomarszczonej twarzy.

– Więc tak?… Łajno, łajno – zapiszczał mały.

Dostał kopniaka, upadł na brzuch.

Todek podniósł pistolet, obejrzał – zgrzytnął zamek.

– Pusty… – mruknął. Odrzucił spluwę pod płot.

Zdziwili się. Mały człowieczek poruszył stopami, twarz ukrył w łokciu.

– Łajno – załkał. Coś jeszcze stęknął.

Dołożyli parę obcasów. Przycichł. Szybko weszli w wąską uliczkę prowadzącą do kamienicy. Za chwilę posłyszeli wołanie i tupot kroków. Kroki narastały niepokojąco.

– Goni? – zdziwił się Todek.

Przystanęli za drzewem. Mały przeleciał obok nich z wysuniętą do przodu spluwą. Spoglądali za nim. Wreszcie rozpłynął się u końca widzenia.

– Wariat – z zastanowieniem mruknął Todek. – Wariat.

– Wariat – powtórzył Kwiaciarz. – Na pewno wariat. „Ale skąd miał spluwę?" – zastanowił się.

– Jakiś dziwny, bo i wódki nie było czuć – odezwał się Kwiaciarz.

– Wszarz – Todek machnął ręką.

Zadyszani przystanęli w ciasnej, pełnej stęchłego zaduchu sieni kamienicy.

Przechodzili przez gęsty ogród Milewskich, nocna wilgoć osiadała na twarzy, gałęzie szeleściły tajemniczo.

– A Magister znów jedną taką z miasta sprowadził – odezwał się nagle Todek. – Artycha! – Zaklął.

\* \* \*

Kwiaciarz długo marudził przy goleniu. Przeglądał żyletki, ścinał włoski na przegubie dłoni. Dokładnie namydlał twarz. Odłożył pędzel i wyjrzał przez okno. Czapa mydlin ściekała soplami po szyi. Przysiadł na parapecie. Dzień był niedzielny. Ludzie grupkami podążali do kościoła. Przez lufcik dolatywały śmiechy, skrzyp butów.

– Marudzisz – powiedziała matka. Spoglądała na niego z wyrzutem.

Powrócił do golenia. Maszynka brała zarost miękko, bez zacinania. Wydął czyste policzki. Znów wychylił głowę z lufcika. Kilka dziewczyn szło spacerkiem od przystanku. Rozglądały się leniwie. Niska ze słonecznikiem w dłoni spojrzała w górę, wyglądało na to, że patrzy w jego okno. Odsunął krzesełko. Gdy po chwili wyjrzał, ulica była pusta, jakby wymieciona. Tylko pies, Dziadek, obwąchiwał płot; wywiesił jęzor i uwalił się pod akacją.

– Mógłbyś wyjść – matka utkwiła w nim surowe spojrzenie – a nie tak sterczeć jak... – bezgłośnie poruszyła cienkimi wargami. Też była ubrana niedzielnie w ciemną trochę zapyloną sukienkę. – Do kościoła albo gdzie – mruknęła. – Dzień ładny.

– Można – przytaknął Kwiaciarz.

Wyszedł, narzuciwszy na ramiona marynarkę. Na schodkach zapalił papierosa. Ta nowa z przeciwka pochylała się nad Dziadkiem. Gładziła go po skołtunionych, pełnych łopianowych rzepów kudłach. Dziadek zmrużył czerwone oczy i przesunął po ziemi grubym ogonem. Za śmietnikiem stłumiony pisk. Dzieci ostrożnie wysunęły głowy.

– Pan Wincenty w pręcie cięty! – wrzasnęły zgodnie. – Pan Wincenty... – najgłośniej krzyczał chłopak furmanów, który wlazł na klapę śmietnika.

„Spodobało im się... spodobało" – ucieszył się Kwiaciarz.

Ta nowa schowała się w bramę.

Kwiaciarz złożył na ramieniu marynarkę i usiadł na ławce. Monotonnie poruszał nogami. Ogarniało go gorące, duszne powietrze. Rozluźnił koszulę, goràc piekł twarz, przez zmrużone oczy prześwitywała słoneczna czerwień. Z pierwszego piętra wyjrzała matka. Spoglądała w dół – na samodziałową kraciastą czapkę i jego długie, wolno stukające o bruk nogi. Zatrzasnęła lufcik. Wtedy Benek Kwiaciarz, osłaniając dłonią oczy, spojrzał w górę, ale nic nie zobaczył.

∗ ∗ ∗

Zapukał leciutko. Cisza. Stuknął głośniej.

– Włazić! Włazić! – usłyszał męski głos.

W długim korytarzu panował półmrok, przez kuchenne drzwi płynęło trochę dziennego światła. Andrzej Magister był w piżamie, rozdeptane bambosze zsuwały mu się ze stóp.

– A, a – mruknął uprzejmie – kwiatki dla mnie.

– Zamówione – rzekł Benek. – Tylko trzeba zaraz w wodę – dodał.

– Wiem, wiem. – Magister zamyślił się, potarł nieogolone policzki. Wziął bukiet i szerzej otworzył drzwi kuchni. Smuga jasności oświetliła go dokładnie. Był niewysoki, z wypukłym brzuchem, nabrzmiałą twarzą. Z czoła opadał kosmyk posiwiałych, błyszczących włosów.

„Taki wielki kozak – z niedowierzaniem pomyślał Kwiaciarz – taki... – Przyjrzał mu się uważnie, dłonie wsunął za pasek. – A kwiaty ładne... białe róże, goździki, trochę asparagusa – powiedział niewyraźnie.

Magister zachichotał, klepnął Benka po ramieniu.

– Kwiaty! Nic po nich – mówił. – Ale dobra, dobra. Najważniejsze, że przyszedłeś – skrzywił twarz w mnóstwo zmarszczek, w których pobłyskiwał zarost. – My przecież niejedną już wódkę razem. – Wciągnął brzuch, zapiął piżamę. Wyglądał teraz inaczej niż na początku, jakby okazalej. Podniósł się na palcach i pogładził lakierowane drzwi pokoju. – Mam tu jedną taką – zaszeptał. – Niezgorsza. Z miasta. I ty, Beniu, możesz z nią… Bardzo lubi to wszystko. Już po wódce. A nawet gdyby ci się stawiała, to możesz parę razy po schabach. Nikogo nie ma. A niezgorsza.

– Z miasta? – zastanowił się Kwiaciarz.

Andrzej Magister przyświadczył z dziwacznym uśmieszkiem i popchnął go do pokoju. Kwiaciarz pośliznął się na błyszczącej posadzce.

Dziewczyna z miasta leżała na tapczanie. Zauważył jej palce, lekko uderzające w klawisze radia. Było mroczno, na ścianie błyszczało coś złotawo.

– Kolega, specjalista od kwiatów – przedstawił Andrzej Magister.

Benek skłonił się niezgrabnie. Dziewczyna poruszyła dłonią.

Widział jej profil. Ładna. Wzrok przeniósł na ścianę. Teraz rozróżniał kontury obrazów. Ramy przebijały przez mrok wytartym, złotym blaskiem. Brzęknęło szkło. Magister napełnił kieliszki. Wypili – dopiero wtedy zwróciła twarz do Benka.

„Jakby z filmu" – pomyślał Kwiaciarz. Podobną twarz widział już na okładce tygodnika. Dużo włosów na ramionach. Tam na okładce też. – „Artycha" – Nieznacznie wytarł dłonie o spodnie. – „Artycha".

Magister trącił go w łokieć i wyszedł z pokoju. Zapanowała cisza. Uporczywie wpatrywał się w butelkę, na dnie było trochę wódki, setka, nie więcej.

– Wyszedł – powiedziała dziewczyna, głos miała cienki, wysoki. Podkurczyła nogi. – Tłusty. Obrzydliwy. Fałdy – szepnęła jakby do siebie. – Prawda? – zwróciła nań spojrzenie. – Kolega? – zapytała i nie czekając na odpowiedź, przekręciła gałkę radia.

Chrypliwa muzyka napełniła pokój. Benek Kwiaciarz wychylił wódkę z butelki. Wierzchem dłoni otarł usta.

– Wyszedł, wyszedł – śpiewnie powtarzała dziewczyna. Uniosła się na łokciach, szlafrok odkrył nogi. Lekko dotknęła opuszczonej głowy Benka. Ruszył się gwałtownie, potrącił stolik.

– Kiepsko cię widać – powiedziała. – Tak tu ciemno.

Muzyka zabrzmiała ostatnim, długim akordem. Teraz obcy, donośny głos.

– Pokaż się – dziewczyna przechyliła się do niego.

„Oni robią ze mnie barana. Na pewno. Ten nygus i ta jego...". – Poczuł rosnącą złość. Wstał, przeszedł ostrożnie po śliskiej posadzce i nie patrząc na tapczan, otworzył drzwi. Jej głos zginął w chrypliwym radiowym hałasie. Przesunął dłonią po twarzy. Przeszukał kieszenie.

Nie znalazł papierosa. Z kuchni doszedł kaszel, potem miękki szelest bamboszów.

Andrzej Magister ubrany, wygolony, gładził krawat w szafirowe paski.

– I co? – zapytał.

– Papierosa – bąknął Kwiaciarz.

Magister poczęstował.

– Załatwiłeś? – przysunął się doń blisko i zadarł głowę. – Bo mnie się nie chciało – rzekł. – Nie w moim typie. – Urwał, oczy zrobiły mu się okrągłe.

– Nygusie! – wykrztusił Kwiaciarz, chwycił go za krawat, ściągnął mocno – nygusie! – Potrząsnął jak kukłą.

Magister prychnął śmiesznie, zamrugał powiekami. Kwiaciarz opuścił ręce.

– Ciebie i tę twoją szmatę… – Splunął. Twarz miał szarą, zmęczoną. Magister cofał się tyłem, pogubił bambosze. W pokoju zadźwięczał śpiew, ale już nie radiowy.

„Ona" – pomyślał Kwiaciarz. Ociężale wyszedł z mieszkania.

Andrzej Magister poprawił krawat, gwizdnął leciutko i nałożył łańcuch na drzwi.

Kwiaciarz przystanął pod płotem.

„Ma fart – poruszył ciężko ręką – ma…". Spojrzał w zasłonięte storą okna. Westchnął i odszedł szybko, po drodze przeliczył dwuzłotówki – starczy mu na setę.

∗ ∗ ∗

Czarnowłosa dziewczyna od paru dni pracowała u rzeźnika.

Benek Kwiaciarz zobaczył ją przechodzącą koło sklepu. Pokazała się w szybie. Niczegowata, tylko jakby dumna jakaś. Ominęła go obojętnym spojrzeniem. Podpatrywał ją nieznacznie. Porządnie niczegowata. Potarł szyję. Ktoś walnął go nagle w plecy. Odwrócił się sczerwieniały i zły. Rzeźnik Sieradzan, stary kumpel nieboszczyka ojca, krzywił twarz w chytrym uśmiechu.

– Nowa – powiedział. – I niezła.

– Możliwa – przytaknął Kwiaciarz.

– Dobra. Zobacz, jaka fajna. – Sieradzan cmoknął i wskazał na sklep.

Widać ją było dokładnie. Z haka ściągała długi wianek kiełbasy.

– Ninka. I na robocie się zna – rzeźnik uważnie obserwował jej ruchy. – A wiesz ty, Beniu… powiada ona, ta Ninka, że nie ma co robić wieczorem. Nudno jej! Taka dziewucha! – klepnął się po udach i natrętnie przechylił do Kwiaciarza. – To już chyba z naszych chłopaków są trąby – ciągnął. – Bo mnie jeszcze, jak jestem przy niej…

– Trąby nie trąby – odpowiedział Kwiaciarz – tylko nie ma podejścia.

Sieradzan wytarł hałaśliwie nos. Otworzył drzwi sklepu i wrzasnął:

– Ninka! Ninka!

Kwiaciarz zaklął, przygładził włosy.

– Masz sposób – powiedział rzeźnik i przytrzymał go za ramię.

Czarnowłosa Ninka wyszła przed sklep.

– Chłopak stąd. – Sieradzan przymrużył oko. – Wysoki, kwiaciarz, umie zarobić, a i też...

– Daj pan spokój – powiedział Benek. W dłoniach obracał samodziałową czapkę.

Ninka rozjaśniła twarz w zalotnym uśmiechu.

\* \* \*

Ta nowa z przeciwka siedziała na ławce. Maryśka spojrzała na nią przyjaźnie, pociągnęła nosem.

– Ciężko żyć, ciężko – zagadała.

– Taki był zdrów. – Nowa uniosła smutną twarz. – Taki... I nie ma go już.

Maryśka podwinęła sukienkę i przysiadła obok.

– Też znałam jednego takiego... – Zamyśliła się. – Mydlarz. Zdrowy był, wypić lubił, pożartować, i zjeść mógł. I zrobiło mu się coś w środku. – Przymknęła oczy, cień jakiś wystąpił na jej brzydkiej twarzy. – Fajny był – szepnęła. – I jak się czuł!

– On też – oczy tej nowej zabłysły ożywieniem.

– Pewnie rak – powiedziała Maryśka. – Wszystko rak.

Krawiec Skarbeńko stanął w drzwiach pracowni, ale zaraz szybko cofnął głowę.

– Dziwna jakaś – mruknął do żony. – Wzdycha! Jakby coś tego – wskazującym palcem stuknął w czoło. – Był chłop. Nie ma chłopa. – Rozłożył ręce. – I powinna od początku się urządzić. A nie tak. Nie ostatnia przecież. Trochę głuchawa. To może i lepiej.

Jego pomarszczona kobieta uniosła żelazko, poślinionym palcem dotknęła od spodu. Zaskwierczało.

– Wystarczy – powiedziała. – Możesz prasować.

– A Zygmunt, fryzjer – Skarbeńko ostrożnie zsunął okulary na koniec nosa. – Zgląda za nią ten Zygmunt. Ciągle. Głupia baba! – Na desce rozłożył granatowe z trójkątną łatą na tyle spodnie. Przesunął żelazkiem. Znieruchomiał. Ciekawe, co z tego wyjdzie – zaszeptał. – Zygmunt porządnie leci na nią.

– Uważaj – mruknęła żona. – Spalisz.

\* \* \*

W rzeźniczym sklepie przyjmowali towar. Dwaj w pasiastych fartuchach wyciągali z samochodu skrzynki. Błyszczała w nich czerwona tłusta kiełbasa. Sieradzan rozparty na ladzie obliczał coś w ceratowym zeszycie, wpychał do ust ołówek, przymknął oczy. Czarna Ninka rozwieszała kiełbasy na białych, kafelkowych ścianach.

Kwiaciarz odgarnął trzciny, rozłożył marynarkę. Z tego brzegu stawu sklep było widać wyraźnie. Za cyplem przykucnął nad wodą ospowaty Borek. Zanęcił ryby kartoflem i patrzył czujnie na spławiki. Kącikiem oka zobaczył Kwiaciarza, pozdrowił ręką i krzyknął:

– Nowe wędki! Bambusowe! Zobacz! Tylko ryby kiepsko biorą! Jeszcze nic od południa! – Borek podciągnął na maszynce trochę żyłki, czerwony spławik podpłynął do brzegu.

– Bo brudna woda – powiedział Kwiaciarz. – Ja już sprzedałem swoje kije.

Borek uniósł wędkę. Szarpnął.

– Brała. Ale uciekła cwaniara – rzekł ponuro.

Zapadał zmierzch. Trzciny szemrały i sylwetki rybaków zacierały się w szarości. Kwiaciarz przed sobą miał drzwi rzeźniczego sklepu. Już zamykali. Sieradzan rozsunął kraty, w poprzek nałożył żelazną sztabę.

Czarna Ninka szła powoli wzdłuż stawu. Kwiaciarz dołem, pochylony w trzcinach, nadążał za nią. Ospowaty Borek odprowadził go zdziwionym spojrzeniem. Benek pod barakiem straży pożarnej wspiął się wyżej. Zastąpił drogę dziewczynie. Przywitali się.

– Dziś dłużej trochę. Przywieźli towar – powiedziała.

– Ja też – wtrącił Kwiaciarz. – Parę wieńców było na jutro. Pilne zamówienie.

– Taka robota to chyba niezła – zainteresowała się. – Lubię kwiaty.

– Niezła – potwierdził. – I popłatna. Mało jest teraz od tego fachowców... A ja od dwunastu lat – dodał z dumą.

– Długo. – Dziewczyna przeczesała włosy, palcem rozdzielała nad czołem rzadką, śmieszną grzywkę. – Ja tam nie lubię swojej przy mięsie – zwierzyła się. – W lato śmierdzi paskudnie. I palce się świecą.

Szli spacerkiem. Od parku ogarniał przyjemny zapach wiosennego kwiecia.

– Pachnie. Fajnie pachnie. – Czarna Ninka pociągnęła nosem.

– Można przez park – rzekł Kwiaciarz.

Znaleźli się w ciemnej alei z listowiem nisko ponad głowami. U góry krakały wrony, ich gniazda gęsto oblepiały czubki parkowych drzew. Przy płocie widać było drewnianą podłogę i podwyższenie dla orkiestry.

– Dechy. – Czarna Ninka przystanęła. – Tańczą.

– Ostatnio rzadko, bo rozrabiają – objaśnił Kwiaciarz.

– Ładnie tutaj. Warto odpocząć – powiedziała dziewczyna.

Siedli na ostatniej ławce.

„Sama chce" – uznał z radością Benek i zacisnął dłoń na oparciu.

Rozejrzał się. Pusto. Tylko za pałacykiem ruchliwe ogniki papierosów. „Najlepiej od razu" – postanowił. Wysunął rękę, szukając jej twarzy. Nim jednak dotknął, odsunęła się na kraniec ławki.

– Coś ty sobie myślał? – powiedziała spokojnie.

Wyciągnął chusteczkę, długo wycierał nos.

– Szybkiś! – trąciła go w plecy.

Otworzył pudełko sportów, ale nie zapaliwszy, położył na ławce. Teraz ostrożnie ujął dziewczynę za rękę. Przechylił się, podkurczając nogi. Ławka zakołysała się trochę.

– Tylko nie w usta – niewyraźnie posłyszał jej głos. – Już – odepchnęła go łokciem – już… Ale zarost to masz – powiedziała z podziwem. Pogładziła po brodzie. – Twardy.

„Mądralka. Nie chce od razu" – Kwiaciarz namacał paczkę z papierosami, wyciągnął jednego.

– Szybko rośnie – rzekł mrukliwie. – A nie zawsze jest czas ogolić się.

– Pewnie – przytaknęła Ninka.

* * *

Stasiek Marynarz wysunął głowę i postąpił krok do białowłosego Zanorzyka.

– Spodnie! – syknął. – Gdzie spodnie? Gdzie? – Marynarz zacisnął pięść, sczerwieniała skóra na kostce.

Zanorzyk przywarł do muru, rzucił wzrokiem na boki.

– Ty, ty – wolno powtarzał Marynarz.

Nagle w ręku błysnęła mu brzytwa. Rzucił się do przodu.

Zatoczył się na ścianę. Wtedy Zanorzyk uskoczył i długimi susami wybiegł na podwórze. Zaraz z bramy wyjrzała jakaś przysadzista baba i wrzasnęła cienko. Wasiakowa. Wysypali się mężczyźni. Furman Satynowski, Jelonkoszczaki, Benek Kwiaciarz. Chwycili z tyłu Marynarza.

– Opanuj się! Opanuj… jak pragnę Boga! – prosił furman.

Marynarz zwarł szczęki, kropelkami wystąpił na nich pot.

– Zarżnę! – wykrztusił – zarżnę!

Wykręcili mu ramiona, brzytwa wypadła. Satynowski podniósł ją, złożył i ostrożnie wsunął do kieszeni. Marynarz zwisł im bezwładnie na rękach, rozchylił usta.

– Już mu przeszło – szepnął Benek Kwiaciarz.

Puścili. Zamrugał powiekami. Zanorzyk przykucnął za śmietnikiem. Ostrożnie wysuwał głowę. Furman Satynowski machnął doń ręką.

– Tego skurwegosyna – powiedział zmęczonym głosem Marynarz – tego… – Dopytywali ciekawie. Stanęli plecami do śmietnika.

Zanorzyk przeczołgał się w koniec podwórza. Znikł za płotem.

Była to paskudna, frajerska sprawa. Marynarz wyszedł przed paroma dniami z odsiadki. Z kopalni. Miał parę złotych. Chciał ubrać się trochę. Dał Zanorzykowi sześć stów na spodnie. Zanorzyk pojechał do miasta. Miał metę na piękne, modne spodnie. Nie było go kilka dni. Wrócił zaprawiony porządnie. Bez spodni.

– I złapało mnie to, co zawsze. Byłbym zarżnął skurwegosyna – rzekł na ostatek Marynarz.

Przytaknęli. Znali to dobrze. Robiło się wtedy Marynarzowi biało przed oczyma i na nic nie zważał.

– Wyskoczyliśmy na czas – powiedział Kwiaciarz.

– A on… – rozmyślał furman Satynowski – nic, tylko u kochanicy był.

– Choćby i tak… wyrok z tego duży, a i żal psiego syna – wtrącił najmłodszy z Jelonkoszczaków.

– Forsę odda. Musi oddać – rzekł Kwiaciarz.

– Byłby wyrok – powtarzał półgłosem krawiec Skarbeńko – duży wyrok. – Westchnął śmiesznie i ze strachem spojrzał na Marynarza.

Czesiek Rekin zapalił amerykana. Wonny dym przyjemnie ogarnął nozdrza, wzbijał się delikatną, niebieskawą chmurką.

– Daj zajarzyć – mruknął Marynarz.

Rekin podsunął mu uprzejmie papierosy.

– Pal – częstował. – To pomaga.

Benek Kwiaciarz poprawił czapkę.

– Lecę – machnął ręką chłopakom.

Najmłodszy z Jelonkoszczaków podbiegł do niego.

– Beniu – tajemniczo zniżył głos, spojrzał za siebie – potrzebna mi wiązanka. Tylko żeby piękna była. Żenię się – oznajmił. Był mały i spoglądając na Benka, wysoko zadzierał głowę. – Koniecznie, za parę dni. Stawiam większą wódkę – rzekł radośnie. – Tylko żeby piękna była. Bo rozumiesz, niech wiedzą – przymrużył oko, zatarł dłonie.

✶ ✶ ✶

– Z niej jest niekiepska sztuka – zaczął Nawiślak – widziałem, widziałem. – Spojrzał na chłopaków.

Furman i Marynarz uśmiechali się nieznacznie. Tylko Todek pozostał obojętny, nachmurzony.

– Niekiepska. – Nawiślak zmarszczył czoło i przymknął oczy. – Tak, tak – powtarzał, jakby przypominając sobie.

Benek Kwiaciarz chciał odejść, ale Nawiślak przytrzymał go za rękaw.

– Mój gust, czarne piórka, dobra w zadku.

– Możliwa – Kwiaciarz rozpogodził nieco twarz.

– Gites, gites pakulszczanka – wtrącił Marynarz. – Widzieliśmy.

– Ona nie jest stąd. – Kwiaciarz obracał w palcach swą samodziałową, kraciastą czapkę. – Dopiero parę dni tutaj. Chcę z nią kręcić. Pasuje mi – zwrócił się do Nawiślaka.

– Pewnie, z taką można zakręcić. Tylko mądrze. – Nawiślak uważnie przesuwał dłonią po wygolonym policzku. – Ja bym wziął ją na gorzałkę, potem podlał winkiem i poszłoby już łatwo.

– Można – burknął niechętnie Kwiaciarz. – Rozmaicie można – dodał. Wepchnął w czapkę wyłażące papiery, nacisnął ją na głowę.

– Każdą trzeba szybko załatwić – powiedział stanowczo Nawiślak. – Ja też swoją od razu. Tak najlepiej. I jaka z niej teraz kobita. Nie skacze. Szanuje.

– Tylko tak – przytaknął Satynowski.

– Można – zgodził się Kwiaciarz. – Na razie – machnął na pożegnanie ręką i wyszedł z bramy.

– Trzeba od razu – posłyszał za plecami głos stryjecznego brata – bo niby z tobą chodzi, a z innym… takie one są.

Rozległ się chichoczący śmiech. Nawet Todek rozjaśnił twarz.

* * *

Kwiaciarz przystanął przed sklepem. Sieradzan otworzył drzwi.

– Należy mi się ćwiartka – powiedział wesoło. – Zblatowałem was.

– E tam – zmieszał się Benek – ćwiartkę można zawsze wypić…

Czarna Ninka zdjęła fartuch i przywitała się z nim.

– Nie przeszkadzam – rzeźnik wypchnął dziewczynę i zatrzasnął drzwi.

Usiedli nad glinianką. Za groblą Borek nęcił ryby kartoflem. Ugniatał małe kulki i rzucał na wodę.

– Ja bym tak nie mogła – powiedziała Ninka – siedzieć, siedzieć i ciągle patrzeć w wodę.

– Ja też – przytaknął Kwiaciarz.

Z przeciwległego brzegu ktoś skoczył w wodę. Pokazały się białe bryzgi.

– Delfinem zasuwa – szepnął Kwiaciarz.

Pływak zbliżył się do grobli. Borek wrzasnął nań ze złością. Pływak oddalił się, rozgarniając wodę ostrymi wyrzutami ramion.

– Płoszył mu ryby – objaśnił Kwiaciarz.

Ninka od rzeźnika przypatrzyła mu się uważnie – ostry profil, szczęki zarastały gęstą, czarną szczeciną.

Kwiaciarz owinął na dłoni suchą trzcinę. Szarpnął. Trzymała się mocno. Sczerwieniał i przechyliwszy się do tyłu, pociągnął. Ustąpiła; łamał na małe kawałki.

– Jak chcesz… – rzucał w wodę te kawałki, pokazały się koła na spokojnej, gładkiej powierzchni. Przymknął oczy. – Jak chcesz – powtórzył niewyraźnie – to możemy chodzić ze sobą.

Ninka od rzeźnika znów przyjrzała mu się dokładnie. Obciągnęła na kolanach sukienkę.

– Dlaczego nie – odpowiedziała.

\* \* \*

Szef przypatrywał się wystawie.

– Same pąki. – Był zadowolony. – Dobrze wygląda.

Zza przepierzenia dochodziło pogwizdywanie. Benek Kwiaciarz szykował wiązankę dla najmłodszego z Jelonkoszczaków. Szef odchylił zasłonę.

– Ładnie wychodzi – pochwalił. – Akurat dla kumpla.

– Udało się – przyznał Benek.

Poprawił zieleń w wiązance, mocniej podwiązał drutem.

– Tobie też przydałaby się baba – rzekł szef.

– Kobita!? – w oczach Kwiaciarza błysnęło niedowierzanie. – A sam pan wiesz najlepiej, ile mogą krwi napsuć. – Usiadł w kucki, zapalił papierosa. Ta pańska – ściszył głos – przecież łachudrowata porządnie była.

– Łachudrowata, nie łachudrowata – szef przykucnął obok niego. – To nic. I tak... zresztą... – urwał i posmutniał.

Benek ostrożnie powiesił na ścianie tę ślubną wiązankę dla najmłodszego z Jelonkoszczaków.

– Zawsze to dla kumpla – rzekł. – Musi dobrze wyglądać.

\* \* \*

Przez lufcik dolatywał głos matki:

– Obrzydliwość!

Kwiaciarz wysunął głowę. Zobaczył Wasiakową. Odstawiła kubełek z wodą, pociągnęła matkę za rękę.

Skarbeńko kołysał się w drzwiach, coś pokrzykiwał do kobiet. Pies Dziadek podniósł łeb i szczeknął krótko.

W samym kącie podwórza żona Rudego trzepała kołdrę. Pochyliła się nisko. Wiatr podniósł sukienkę, odsłonił nogi.

„Niezła" – przypatrzył się Kwiaciarz.

Ukazał się Rudy. Odsunął swoją i sam zabrał się do trzepania. Machał wściekle. Wzbijał kurz.

„Ten Rudy to nawet nieźle ze swoją". – Benek gwizdnął po gołębiarsku na palcach.

Rudy obejrzał się i pogroził mu z uśmiechem.

Z pracowni Skarbeńka dochodziło monotonne terkotanie Singera. Kwiaciarz zawiązał krawat, obejrzał się w lustrze, lekko przekrzywił czapkę.

Ubrał się świątecznie w tenisowy garnitur i wiśniowe buty z potrójnym szyciem.

– Tabaka – szepnął, zawiązując sznurowadła – tabaka. – Rozmyślał o Nawiślaku.

„Wielki spec. A swoją kobitę ma brzydką… Przecież – uznał – lepiej nie brać się do baby nachalnie, tylko poczekać… A później – uśmiechnął się miękko – będzie tego jak miodu…". Całkiem wyraźnie widział czarną Ninkę od rzeźnika. Przeszedł się kilka razy w poprzek pokoju. Buty były trochę przyciasne, uwierały w palcach. Na razie – postanowił – wcale nie będę na to leciał…".

Na schodach minął się z matką.

– Do miasta skoczę – krzyknął już z dołu – kupić jakiś ciuch! Bo stare już wszystko…

Matka na progu pokiwała głową.

\* \* \*

Przez chwilę nie wierzono. Ze wszystkich okien wychyliły się głowy.

– On!? Kwiaciarz!? Benek!? – powtarzano w zadziwieniu.

– Bujda! – rozległ się czyjś ochrypły głos.

– Tak. Wpadł. Jak pragnę Boga – gorączkowo mówił najmłodszy z Jelonkoszczaków. – Trup na miejscu. Widziałem.

Wyległa cała kamienica. I pies Dziadek, poszczekując, pobiegł za nimi. Pędzili ścieżką wzdłuż toru, minęli obejście Millera. Mężczyźni pierwsi znaleźli się na miejscu. Nie skłamał najmłodszy z Jelonkoszczaków. Przy telegraficznym słupie zobaczyli ciało Kwiaciarza. Przykryty był papierowym workiem po cemencie. Szerokimi plamami zakrzepła krew. Dobrze widać było świąteczne, z potrójnym szyciem, buty.

– Jego buty – mruknął ktoś.

Satynowski ostrożnie uniósł rąbek papierowego worka.

– Paskudnie wygląda – westchnął. Nasunął papier na twarz Kwiaciarza. Z wagonów stojącej WKD-owskiej kolejki wysiadali ludzie. Mały w konduktorskim mundurze powiedział ostrym głosem:

– Wracał z miasta zaprawiony porządnie. Zasnął na schodkach i wypadł.

– W takim biegu – odezwał się Todek. – W takim biegu…

– I paczkę jakąś miał – przypomniał sobie konduktor. Wrócił do wagonu, ukazał się po chwili z zawiniątkiem pod pachą.

– Trza by ciotce. – Nawiślak wyciągnął rękę. – Oddam.

– Jak przyjdzie, to się odda – konduktor poruszył przecząco głową.

Wkrótce nadbiegły kobiety. Pierwsza Wasiakowa. Ostrożnie zerknęła na trupa, przymknęła oczy. Matka Kwiaciarza przecisnęła się między ludźmi. Konduktor wetknął jej w rękę zawiniątko po zmarłym. Stała z nisko opuszczoną głową. Milczała. Spoglądano na nią ciekawie. Ustały szepty.

Zawarczał motocykl. Przyhamował ostro. Wzbił się tuman ceglastego kurzu. Przyjechali milicjanci. Ten w konduktorskim mundurze podbiegł do nich, gestykulował z ożywieniem.

Matka Kwiaciarza dziwacznie wysunęła rękę, trzymała ją nieruchomo przed sobą. Kobiety westchnęły znacząco.

– No, no, Nawiślakowa. – Wasiakowa trąciła ją lekko w plecy. – Starczy już. Trzeba przygotować wszystko – powiedziała grubym głosem – oporządzić go jakoś, Panie, świeć nad jego duszą…

Matka Kwiaciarza uniosła głowę, twarz miała małą, pomarszczoną i bardzo cienkie usta. Wasiakowa ujęła ją mocno pod rękę, tak przeszły między ludźmi. Oglądano się za nimi. Zniknęły za zakrętem ceglastej drogi.

Ta nowa z przeciwka zakryła oczy.

– Młody – szepnęła – taki młody.

– Za dużo zaprawiał – posłyszała miękki głos za plecami. Obejrzała się. Fryzjer Zygmunt wysunął przymilnie szczękę, obciągnął marynarkę. – Bardzo pani współczuję – powiedział. Przysunął się do niej.

Uśmiechnęła się blado.

– Za dużo, za dużo – przytaknął Skarbeńko i rzucił niespokojne spojrzenie na trupa.

– Rozejść się! – zabrzmiał surowy głos Władka milicjanta. – Rozejść… Nie ma na co patrzeć.

– Pójdziem – rzekł Nawiślak. Z zainteresowaniem spojrzał na tę nową z przeciwka.

– Lubiłem go – Czesiek Rekin wyciągnął amerykany. Zapalili i poszli gromadką. Marynarz, Todek, Rekin, furman Satynowski i Nawiślak Olek. Jeszcze tylko Maryśka pochyliła się nad trupem.

– Przystojny był – chusteczką przetarła oczy. – Taki murzynowaty, żydowaty, trochę jakby Mulat…

Władek milicjant pokiwał głową. Wiatr szeleścił papierowym workiem okrywającym ciało Benka Kwiaciarza, odsłonił kawałek ucha ze strużką czarnej, zakrzepłej krwi.

\* \* \*

Po pogrzebie Nawiślak Olek zaprosił wszystkich do „Zdroju". Zgodzili się chętnie. Dzień przecież był chłodny z dokuczliwym wiatrem. Zmroziło ich porządnie. Tylko czarna Ninka wzbraniała się trochę.

– Nie mam czasu – szepnęła. – A i nie znam nikogo. Nawiślak ujął ją za łokieć i otworzył drzwi „Zdroju".

Rozsiedli się w pierwszej izbie. Było tu cicho i ciemno, trochę dziennego światła sączyło się przez zabite dyktą okno. Nie było nikogo, tylko Wujcio, skulony nad pustą ćwiartką, powtarzał coś bełkotliwie. Furman z Marynarzem wypchnęli go za drzwi. Opierał się trochę w progu, ale zaraz przysiadł na stopniach.

Basia, kelnerka, parsknęła piskliwym śmiechem.

– Fajnie – Nawiślak rozejrzał się wokoło – fajnie…

Kulawy harmonista przerwał drzemkę, szybko uniósł harmonię i przesunął kciukami po klawiszach. Popłynął długi, żałosny ton.

– Nie graj! – krzyknął Nawiślak. – Zaraz dostaniesz zaprawić, ale nie graj. Pochowaliśmy dziś Benka. – Czarna Ninka westchnęła ciężko. Kulawy harmonista przymrużył oczy.

– Znałem, znałem – powiedział płaczliwie. Podsunął im swoją szklaneczkę i szepnął jakby do siebie: – Przychodził tutaj często.

Basia, kelnerka, przyniosła wódkę, śledziowe sałatki i piwo. Z zaciekawieniem przyjrzała się czarnej Nince; zwróciła spojrzenie na Nawiślaka i lekko poruszyła głową. Nawiślak przysunął swoje krzesełko do czarnej Ninki. Od początku już spodobała mu się ta dziewczyna. „Niezgorsza" – zatarł dłonie. Pochwalił gust Benka Kwiaciarza.

Pierwsze wódki wypili w milczeniu. Ninka wymawiała się od picia.

– Trzeba do końca. Wódki nie można zostawiać – powtarzał Nawiślak.

Chłopaki z kamienicy przytaknęli z powagą. Wiedzieli, o co mu chodzi. Todek poszperał w kieszeni, pod stołem przeliczył papierki.

– Stawiam następnego – oznajmił burkliwie.

Marynarz i furman Satynowski dołożyli się do tego następnego litra.

– Dla pani kolorowa – zażądał Nawiślak.

Basia, kelnerka, przyniosła ratafię. Czarna Ninka z torebki wyjęła lusterko, z uwagą obejrzała policzki, przypudrowała nos.

– Już czerwienieję – powiedziała. – Za dużo. Nie lubię tak ciągnąć, bo zaraz robię się czerwona. – Jednak wypiła.

„Aby podlać trochę gorzały – uznał Nawiślak – a później…". Oczy mu zabłysły cygańsko, delikatnie pogładził ją po dłoni. Cofnęła rękę. Todek zachichotał złośliwie. Nawiślak przysunął się jeszcze bliżej i szeptał z ożywieniem. Wpatrzył się w karczek dziewczyny, widoczny w wycięciu sukienki, i pasemko czarnych, falistych włosów.

Przy stole rozprawiano głośno. Pochlali się już wszyscy porządnie. Nawiślak ocierał spoconą twarz, chciwie palił papierosy i mówił do Ninki nieustannie.

Nagle zauważył, że dziewczyna nie słucha go wcale, zapatrzona przed siebie. Zmarszczył czoło, odsunął się z krzesełkiem. Naprzeciw dziewczyny siedział Todek i też patrzył na nią. Nawiślak zacisnął palce na krawędzi stołu. Ogarnęła go złość. Ninka nie spuszczała spojrzenia z Todka, a nawet uśmiechała się nieznacznie. Nawiślak pochylił głowę. Pod stołem dojrzał nogę Todka wysuniętą daleko. Przygniatał łydkę dziewczyny. Nie drgnęła nawet. Todkowi żyły grubo wylazły na czoło, uniósł kieliszek i coś powiedział do niej, przekrzykując wrzawę. Poprawiła włosy, palcem rozdzieliła na czole rzadką, śmieszną grzywkę i też podniosła swój kieliszek.

Nawiślak zgrzytnął zębami, chciał kopnąć Todka w ten nowy, błyszczący but. Ale tylko skrzywił usta dziwacznie, jakby ze smutkiem. „Lepszy ode mnie, lepszy" – pomyślał. Zaraz też twarz mu się rozpogodziła. „Widać lubi ona bykowatych – uznał – przecież Benek też był taki". Przechylił się po pijacku, obwisły mu usta, włosy kosmykami dotykały stołu. Z tej sennej drętwoty wyrwał go donośny głos Todka. W zdziwieniu zamrugał powiekami.

– „Hankę"! – krzyczał Todek do harmonisty. – Wal „Hankę"! „Hankę"...

Kulawy poderwał się, nałożył szybko pasy i przesunął dłonią po klawiszach. Popłynęły dźwięki tej smutnej pieśni o miłości.

„...Hanko, twe ciało słodko pręży się, wygina... Hanko, niechaj przeminie ból i gniew..." – zanucił Todek, twarz miał głupawą i łapczywie patrzył na czarną Ninkę. – To moja piosenka – łokciem podparł brodę i uśmiechał się radośnie. – Moja. Piękna!

– Ładna – przyświadczyła Ninka. – Bardzo ładna.

Todek rozchylił usta.

„Lepszy ode mnie" – jeszcze raz pomyślał Nawiślak i uniósł szklaneczkę.

– Pijmy – powiedział.

1961

# Chłop, który zmarniał

Mówiąc uczciwie, to już od dawna na niego czekano. Był przecież z Powiśla, a w dodatku chłop charakterny i duży fachowiec. Tak więc jego nieobecność odczuwali wszyscy tutaj. Lubiono go i szanowano. Nawet najstarsi stąd mówili, że tacy, jak on, zdarzają się tylko raz na jakiś czas.

– Tak, tak… – pogadywali, ćmiąc papierosiska. Pamięcią sięgali aż przed pierwszą światową i tam dopiero znajdowali podobnych do niego.

Ale i jemu powinęła się noga. Władował się paskudnie. Płynęły miesiące, zbijały się w lata, a on wciąż siedział.

Na Powiślu powyrastało już niemało nowych złodziejaszków, starsi zaś po kilkakroć wpadali do „puszki" i wychodzili z niej, na ulicach pojawiły się nieznane kurewki. Wiele więc się zmieniło. Wybuchały też nowe afery. Żadna jednak nie była na miarę jego wyczynów, po prostu do tego trzeba artysty. Jego dawni wspólnicy wzruszali ramionami, krzywili gęby i mruczeli:

– Ładny skok, wiadomo, że ładny… ale… – Przerywali i cmokali znacząco.

Rozumiano ich – nie takie roboty z nim bywały. Znowu gdy ktoś pękał w robocie lub ją paskudził, mówiono tylko:

– Ho, ho, gdyby był on!

Taki popapraniec czerwieniał wtedy i brał te kpinki porządnie do serca.

Na małych uliczkach: Zagórnej, Szarej, Dobrej, jak dawniej, zbierali się przy bramach mężczyźni, popijali porter mieszany z wódką, gawędzili o udanych i nieudanych robotach, czasem wybuchała kłótnia: tłukli się łbami lub brali pod obcasy.

Kobiety wyglądały z okien, wybiegały ze studziennych podwórek. Niejedna pomyślała sobie, że jednak jak był stary Wrotek, bo starym go nazywano, nie wiedzieć skąd, to nikt, tak jak on, nie potrafił rozdzielić bijących się albo pogodzić ich.

Jedno słóweczko wystarczało.

– Swojacy! – powiadał. Słowu temu różne odcienie nadawał – od syczącej pogardy do dumy wysokiej.

Rozchodzili się przeciwnicy, mamląc w zębach przekleństwa.

Co bystrzejszy zauważył też, że od czasu, gdy Wrotek wpadł, wiele się zmieniło tutaj na gorsze. Wspólnicy sypali się, robili przewalanki – i tak też bywało, a kapusie chodzili bezpiecznie i nikt im nie dawał wycisku. Wszyscy starsi stąd, a więc Tadek Goryl, Wygibus Lolo, Belka, Karaluch i inni uważali, że coś się popsuło.

Zastanawiali się, fałdując czoła.

– No jasne – dochodzili do wniosku. – Po prostu brakowało starego Wrotka „Wampira". A zawsze przecież musi być ktoś taki, w kogo wierzą wszyscy i naśladują.

„Wampirem" go zwano, bo rudy był, wampirowaty z gęby... Zachodzili po takich smętnych rozważaniach do jego kochanicy, Mańki Zając. Dopytywali o niego. Patrzyli na tę babę z szacunkiem. Rosła, szeroka w biodrach, o śniadej cerze. Trzymała się ładnie i młodo. Głos miała niski, groźny i tłuc też potrafiła, po męsku. Jego kobita. Dbał niegdyś o nią. Chodziła ubrana jak dama, pachnąca najdroższymi perfumami. Niejedna z bab zazdrościła tej Mańce Zając. Przecież kiedyś też łaziła na róg jak inne, dopóki nie wpadła w oko Wrotkowi, znaczy się „Wampirowi". Wziął ją na metę pewnego wiosennego wieczoru, takiego kiedy nawet najtwardszy chłop wzdycha za babskim ciałem. Popili porządnie, przespali się razem. Mogła to być zwykła noc, nieraz już brali ją swojacy do łóżka. Uważała więc, że rankiem będzie koniec z tym wszystkim. A prawdę mówiąc, spodobał się jej ten chłop czterdziestoletni, o rudych, twardych, mocno zbitych włosach.

Jednak o świcie Wrotek ujął ją lekko pod brodę. Uśmiechnął się surowo i powiedział:

– Jak chcesz, to zostań.

Wytrzeszczyła ślepia w radości i zdziwieniu. Została.

Dobrze żyli sobie, innych kobiet nie uważał i każdy męski głód gasił u niej. Niekiedy wytłukł ją porządnie, gały popodbijał, lecz żalu za to nie miała. Nawet lubiła spoglądać przez łzy na tego wielkiego chłopa, który klął wymyślnie i zgarniał ją za kłaki, włócząc po podłodze.

Gdy wpadł, posmutniała, pisywała doń koślawym pismem listy, zaczynała od „Skarbeczku mój jedyny". Wyczekiwała.

– Wrotkowa baba – mówiono o niej w tamtych czasach.

Opowiadała dokładnie kumplom o miejscach jego więziennego pobytu. Pierwsze były więc Strzelce Opolskie.

– Izolatki – wyjaśniała pochmurnie.

Kiwali współczująco głowami, „izolatki", znali to dobrze – asfaltowa podłoga, mroczna cisza i surowi, pedantyczni klawisze.

– Ale co to dla niego – pocieszali – przeżyje, przeżyje! – Widzieli doskonale tego chłopa rosłego w ciemnej pojedynce. Lata rozbuchanym krokiem i dogryza paznokcie.

Jej oczy ożywiały się, jakiś ciepły, głęboki blask w nich drgał. Wpatrywała się w okno.

– Co to dla niego... – powtarzała po chwili przeciągliwie.

Potem Sztum, Rawicz... i od jesieni, tej deszczowej ubiegłego roku, przestali zachodzić do Mańki, a na jej widok spluwali z pogardą.

Szła, kołysząc się wdzięcznie, duża w zadku, ciągle młoda, sucza jej mać. Starannie rozcierali butami ślinę. Zgrzytał piach. Puściła mu się, żeby jeszcze po cichu, zrozumieliby na pewno – wiadomo, że trudno wytrzymać babie w samotności. Niejeden z nich, jego kumplów, dogodziłby jej, trochę z namiętności do niej i z życzliwości dla niego, Wrotka „Wampira". Ale ona, bladź postajemska, puściła się na całego. Zapomniała o wszystkim. Przypadł jej do gustu Szkatuła Kazek, czarnooki alfonsiak. Przyciskała się do niego, łasiła jak kocica. A on spoglądał wokół dumnie, z niedbale przylepionym do wargi papierosem. Syty, pewny siebie i baby swojej. Łazili zawsze razem, nawet gdy wychodziła na ulicę – on czekał w bramie. Cień długi, z pozoru bezkształtny, i jarzący się ognik papierosa. Obstawiał ją, żył z jej trafunków.

– Frajerskim kitem karmiony! – ciskano weń jak kamieniem.

Szczerzył we wrednym uśmiechu żółtawe, rzadkie zęby i nic się nie przejmował.

Tadek Goryl, ten szpetny z wyglądu, co to na niejedną robotę z Wrotkiem chodził, próbował przemówić Kazkowi do rozsądku.

– Wpadłeś na minę – tłumaczył – powiadam ci… na minę, przecież on flaki ci wypruje!

– Dobra, dobra – rechotał Szkatuła Kazek. I obmacał ją, tę Mańkę, spragnionym, wilgotnym spojrzeniem.

Goryl pomarszczył w zdziwieniu swą fałdowatą z krostami gębę. Wyglądał wtedy poczwarnie i głupawo, nos świecił mu się tłusto, obwisły i wygięty jak faja. Nagle westchnął i przymrużył oko.

„Ostrzegałem – pomyślał. – Charakternie ostrzegałem. Zawsze to chłopak z Powiśla". Odszedł zamyślony uroczyście.

Ona zaś przywarła do Kazka szczelnie, jakby im nocy nie starczało. Całowali się długo.

Podpatrzył ich Mietek z Zagórnej, przygryzł wargi i postanowił krótko: „Kiedyś taka łasa, to i ja se ulżę!".

Odtąd zglądał za nią z ogniem w środku. Zaszedł wreszcie tę Mańkę po ciemaku w wiklinach nad Wisłą. Prała bieliznę. Spróbował przewrócić, przygotował się już zawczasu, lecz ta wywłoka dała mu w gębę na płask tak mocno, że zachwiał się, i zwiała.

Postał chwilę, gęba piekła, zapalił papierosa.

– Ty szmato! – chrypnął na ostatek w zawiesistą czerń nocy.

Tajemniczo szemrały trzciny, od wody szedł chłodny powiew.

\* \* \*

Zrozumiano powszechnie, że nic tu nie pomoże tłumaczenie – będzie dintojra. Tak. Na pewno dintojra. Inaczej stać się nie może, gdyż Wrotek ma złodziejską, a nie zwykłą krew. Zapadnie noc, jak przed wojną, blada, z poszczerbionym księżycem, przepaścisty wąwóz ulicy, błysk kosy, potem krótki, rozpaczliwy krzyk i wyprute, spływające posoką flaki. Najstarszy z urków Czerniakowa, zramolały Kundziel, zwany Dziadkiem, zwijał w trąbkę ucho i łowił rozmowy przy odrapanym gołębniku.

Odległa młodość wypełzała na pomarszczone oblicze tego starucha, ożywiała załzawione oczy.

– Jak za cara! – mruczał. – Jak za cara!

Wspominał karmańszczyków, złowrogie porachunki na Mostowej, przy zbiegu tej uliczki z Rybakami. Głos miał nikły, porwany, ale w takich chwilach dźwięczał on mocniej. – Czarna Mańka, zapomniane meliny, i krew, dużo złodziejskiej, zapalnej krwi... Ten Wrotek, tak jak tamci, dawno pogrzebani, towarzysze jego młodości.

Dziadek dreptał na obiad pełen nadziei i wspomnień.

Cała paka stąd wciąż jeszcze rozprawiała przy gołębniku. Zasychało w gardle, biegali do monopolowego. Oznaczali palcem na butelce swoje działki i wypijali zachłannie za pomyślność tych wielu spraw, które Wrotek będzie musiał rozstrzygnąć. Zmierzchało. Cień biegł od odrapanych kamienic. W bramach gęstniała smrodliwa czerń. Na balkonach kołysały się płachty suszonej bielizny. Tu i tam babskie głosy przenikały ciszę. Na rogach ulic sylwetki mężczyzn skrywał wieczór. Szepty stłumione leciały od tych gromadek.

– Lewarek – brzmią pojedyncze, dziwaczne słowa. – Tylko lewarek! Bez zeksu... Na parasol.

Znów rozprują gdzieś spółdzielnię, wykotłują mieszkanie obrosłego w dobytek faceta lub... Noc pełna niepokoju. Nie wszystkie matki i żony zasną twardo. Będą czekać na swoich. Twarze wlepione w szyby, oczy zapatrzone w migotliwe światełka miasta. Ranek przyjdzie szczęśliwy lub z płaczem.

– Położył się mój – powie któraś z kobiet żałośliwie.

– Klops – przytakną obojętnie mężczyźni. I złożą się na butelkę.

\* \* \*

Wieść o nim, która przyszła ostatnio, była pewna i radosna. Odsiadywał już ogon swego wyroku. W Siedlcach. Na dniach miał wyjść na wolność. Z nowiną przybył do nich złodziej niemłody i znany.

– Razem pod jedną celą – powiedział.

Ciekawi byli, jak tam mu się siedzi.

– Ano, ano – mruknął, i nic nie dodał.

Nie dopytywali, bo i po co! Gdy wróci, sam im powie. Ten chłop postał jeszcze chwilkę i wskoczył w tramwaj skręcający w Książęcą. Zgrabnie wsunął się na pomost, zniknął wśród ludzi. Doliniarz.

Spozierali za odjeżdżającym tramwajem.

„Jego fach – zapewne pomyśleli zgodnie – kieszeń, to śliski chleb".

Z mydlarni wyszedł Ojczenasz. Szedł chyłkiem pod murem. Za kapotą tulił denatur.

– Najlepsze – powiadali zawsze. – I najtańsze na pragnienie.

Uśmiechnęli się doń przyjaźnie. Lolo Wygibus potarł zarośnięte policzki.

– Wyjdziem po niego – rzekł.

– Pewnie – zgodził się cherlawy Karaluch. – Tylko trza z flaszką. – Zamyślił się.

Szykowali się na jego przyjazd uroczyście, tak jak wypada przywitać starego, cenionego wspólnika. O zmierzchu wszyscy na Powiślu wiedzieli już o jego bliskim powrocie. Przy gołębniku długo o tym gadano.

– W Odessie, a było to za Mikołaja… – zaczął Dziadek, ale postawili mu piwo i zaraz zapomniał… Winerki gruchały, namiętnie dopominając się o groch, ale Gaduła też się zasłuchał z rozdziawioną gębą. Ściemniło się już porządnie, a oni wciąż siedzieli na skrzynkach. Wilczo błyszczały oczy.

– To ci heca! – zacierał ręce Synek. – To ci heca!

Strofowali go wyrozumiale. Był z nich najmłodszy. Ale wszyscy ciekawi byli, co stanie się z Mańką i Szkatułą Kazkiem. Rzadko ich teraz widziano na tej ulicy.

– A w ogóle… – Dziadek ocknął się niespodziewanie – czasy były kiedyś i lepsze, i gorsze. Na ten przykład, trypra nie tak łatwo leczono…

Zaśmiali się, postawili mu jeszcze jedno jasne.

– Heca – powtarzał Synek.

– Żadna tam heca – rzekł wreszcie Karaluch. – Załatwi się z nimi, jak trzeba. – Wykonał szeroki, kosiarski ruch ręką. Inni przytaknęli z powagą.

∗ ∗ ∗

Przed południem wybrali się całą paką na pociąg. Był Balon, ten ze szramą, młody, a już siwy, Zakapior, Goryl, Lolo i Karaluch. Sami starzy kumple.

– Cztery lata – odezwał się Karaluch – cztery lata. – Głos jego brzmiał rozciągliwie, jakby obejmując miniony szmat czasu. Poruszył bezgłośnie wargami.

Spoglądali nań z uznaniem, boć przecież najlepszym był Wrotka kumplem.

Zatrzymali się przed wystawą. Kupili świeżutką, różową szynkę i ogórków do tego kilka.

Kobiety wychylały się z okien.

– Poszli po niego… – gadały. – Po niego! – W zastanowieniu wycierały w fartuchy dłonie.

Przed dworcem przystanęli. Czekali, spacerując wzdłuż płotu. Chodzili milczący, poważni. Śledzili z powagą przyjeżdżające pociągi.

Głos z megafonu oznajmił przybycie pociągu z Siedlec. Karaluch przysłonił dłonią oczy. Mały Lolo podniósł się na palcach. Wpierw pokazały się babiny z tobołkami, roześmiani wojskowi, bileter pokrzykiwał za kimś. Wreszcie… poznali go z daleka. To był Wrotek zwany Wampirem. Szeroko stawiał nogi. W pomiętym ubraniu, spodnie obszarpane. Nie dostrzegł ich, gdyż głowę trzymał nisko. Karaluch zaszedł z boku i walnął go z rozmachem w plecy.

Drgnął, zgarbił się jeszcze bardziej i dopiero po chwili podniósł głowę.

– Sie masz! – wykrzykiwali radośnie. – Sie masz! – Potrząsali mocno jego dłonią.

Coś jak namysł pofałdowało twarz Wrotka. Pozostał z półotwartymi ustami. Patrzyli bacznie na gębę, była ta sama, tylko jakaś zatarta, mglista. Bruzdy ryły ją głęboko i przybyła też obwisłość przedtem obca tej surowej twarzy. Rude, krwawo dawniej błyszczące włosy zrzedły teraz i straciły na połysku. Przeczesywał je rozstawionymi szeroko palcami.

– Gites, gites… – cmokali.

– Czekaliśmy na ciebie – dorzucił Wygibus.

Wrotek pokiwał tylko głową, mruknął coś, ale nie zrozumieli. Rozglądał się ukradkiem, mrużył oczy.

„Pewnie zmęczony – zafrasował się Karaluch. – Droga przecież daleka i ciurma ciężka".

Idąc, dostrzegli trójkątny placyk, cichy, zawalony stosami desek i cegieł. Tam się rozsiedli. Odbili flaszkę. Pił pierwszy. Zakrztusił się i wytrzeszczył oczy. Pokiwali wyrozumiale głowami. Tyle czasu to i niezwyczajny. Szynkę jadł łapczywie, mlaskając. Podtykali, sami pili pod papierosa. Dawno nie jadł czegoś takiego. Znali tę chciwość. Sok z ogórka ściekał mu po brodzie. Ożywił się nieco, pochwalił zakąskę, jednak oczy ciągle były przygaszone, wodniste.

Zjadłszy, nisko pochylił głowę, ręce splótł na kolanach i milczał. Zmieszali się trochę. Zakapior pochrząkiwał zakłopotany. Karaluch gładził pustą już butelkę.

– Wszystkie chłopaki… – Lolo Wygibus przerwał ciężkie milczenie. – Wszystkie chłopaki – powtórzył – czekają na ciebie… Bo z tobą… – Urwał i zapatrzył się w wysoki stos cegieł.

Wrotek nawet nie uniósł głowy. Nagle, jakby budząc się, wymamrotał śpiesznie:

– Tak, tak. – Wśród rudych kłaków gdzieniegdzie pokazywały się siwe, a na skroniach nawet znaczyły się całe pasemka.

– Zmarniały trochę – uznał Karaluch.

Podczas tej pierwszej rozmowy nic mu o Mańce Zając nie powiedzieli.

Karaluch znacząco przytknął palec do ust i mrugnął do kumplów. Uśmiechnęli się ze zrozumieniem. Wymęczony, po co o tym gadać. Na „kimę" zaprosił go Karaluch.

– Możesz parę tygodni – powiedział stanowczo. – Dam radę...

Jego kobita skrzywiła się niechętnie, jednak zobaczywszy minę Karalucha, zasznurowała usta.

– Kumpel... – warknął. – Nie ma gdzie... A u nas kąt się znajdzie.

Zrobili mu posłanie. Karaluch wytaszczył pierzynę.

– Żeby miękko – mruczał łagodnie. Usłał sam, przyklepując starannie.

Wrotek tkwił przy oknie. „Przypomina – pomyślał Karaluch. – Znajome kąty przypomina...". Wstrzymał oddech, spoglądając na swego kumpla. Potem trącił go z lekka.

– Może wyjdziem trochę – odezwał się niepewnie. – Do znajomków. Czekają.

Lecz stary Wrotek, zwany Wampirem, nie chciał. Adelka parsknęła złośliwie.

Karaluch dopiero po kilku minutach posłyszał cichy, chropawy głos kumpla.

– Można kiedy indziej...

Pokiwał zgodnie głową.

Jednak Wrotek i później też nie kwapił się do wyjścia. Wylegiwał się na wyrku długo w dzień, a wieczorem zwykle przylepiał twarz do szyby. Był niemowny, cichy i jakby zastrachany. Jadł natomiast za dwóch i przy żarciu wyraźnie widać było, że to cieszy go najwięcej. Oczy pobłyskiwały, mlaskał i broda ociekała mu tłuszczem. Karaluch, umykając przed spojrzeniem swej baby, podsuwał kumplowi kopiaste porcje.

– Żarłoczny – dziwił się trochę. – A przecież nigdy nie był na to łasy...

Baba sarkała, patrząc ukosem na zapchaną gębę Wrotka.

– Wie, co dobre – syczała. – Najlepsze opycha...

Szturchał ją w plecy Karaluch.

– Nie podskakuj – mówił groźnie. – Podreperować się musi – dodawał. – Wyskoczymy razem w miasto, a wtedy! – Uśmiechał się przymilnie. Jednak jej twarz pozostawała nieprzyjazna i zła.

Po jedzeniu siadywał Wrotek przy oknie, podkulał nogi i tak zamierał na całe godziny, nieruchomy, wielki w mroku kształt. Ręce kładł pod brodę, czasem, ale rzadko, wzdychał dziwacznie.

Karaluch zapalał papierosa. Zbierał myśli. Próbował zagadać, lecz jakoś mieszała go, widoczna teraz profilem, twarz wspólnika.

„Dziwna – zastanawiał się. – Dziwna...". Drażniły go wtedy hałaśliwe odgłosy dobiegające z kuchni. Klął Adelę szeptem.

Balon, Lolo Wygibus, Goryl, cała zgraja – czekali na jego o Wrotku zdanie.

– Co z nim? – pytali raz po raz.

– Nic – warczał krótko.

Dziwili się, bo to nie leżało w Wampira zwyczajach.

– Nic! – powtarzali głupawo – nic!

– O nią nie nagabywał? – odezwał się Wygibus.

– Ani słowa... siedzi, żre, przewraca się na posłaniu, a o swoją kochanicę nie zapyta nawet jednym słowem.

– Gryzie go to na pewno – uznał Zakapior.

Postanowili opowiedzieć mu o wszystkim. Kupili flaszkę, coś na ząb i zeszli się do Karalucha. Wrotek siedział akurat przy lusterku, obmacując gębę. Wypili kolejkę. Karaluch przełknął głośno ślinę i zaczął opowiadać. Spoglądali na Wrotka uważnie. Lusterko przykrył wierzchem dłoni.

– I jego wina też niemała – dorzucił na ostatek Karaluch. – Bo przecież gdy chłop nie chce...

Cisza... Tylko Balon sapał jak zwykle po wypiciu.

– Jego! – powtórzył jak echo Wrotek – jego!

Zdziwienie zabrzmiało w tym głosie. Wytrzeszczyli ślepia.

– Jasne – powiedział Balon. – Jego, znaczy się, Szkatuły Kazka!

Wrotek starannie obdzierał ze skóry kiełbasę. Popatrzył na nich niepewnie i bąknął:

– Ano... tak, dobra była z niej kobita. Dobra. – Zabrał się do jedzenia.

Zmierzchało już, z okna widać było tylko grube kontury gołębnika i wiechy parkowych drzew.

Stary Wrotek kołysał się na krześle.

Wyszli po cichutku, ostrożnie zamykając drzwi. W sieni ogarnął ich kwaśny zapach stęchlizny.

– Cholera! – warknął któryś. – Cholera! – powtórzył.

Skrzypiały schody.

\* \* \*

Dni nastały słoneczne, rozpalone. Z murów bił żar. Wychodził Wrotek przed dom. Rozglądał się ostrożnie, kierował się spacerkiem w stronę Wisły. Za ostatnim spaleniakiem siadywał na porośniętych trawą gruzach. Zdejmował buty, wyciągał się w cieniu.

Nierzadko zbierali się przy nim młodzi.

Spoglądali zachłannie – dużo o nim słyszeli. Zrazu nieśmiało, z odległości. A potem przysiadali już zupełnie blisko. Przynosili gorzałkę. Nie odmawiał. Dopytywali o lepsze roboty, które miał za sobą.

Kulił się i zbywał ich frajerskim słowem.

Ośmielił ich do reszty swoim sflaczałym, wcale nie kozackim wyglądem. Rozzuchwalili się.

– Wielkie mi oj lochy – zakpił kiedyś olbrzym Saszka. – Innym nie takie wychodziły! – powiedział wyzywająco. Mrugnął do kumploszczaków. – A mój klawisz to dorsz! – wykrzyknął chełpliwie.

– Hm, hm – chrząkał zakłopotany Wrotek.

Mrużył w słońcu oczy, przygarbił się. Rozśmieszył ich. Saszka rozkraczył nogi i rechotał długo.

– Rozkleiłeś się, stary – powiedział tchórzliwy Synek.

Wtedy ten stary złodziej uniósł głowę. Drgnienie przeleciało przez jego twarz. Synek odsunął się śpiesznie. A Wrotek tylko uśmiechnął się głupawo i poprosił o papierosa.

Zatrzeszczały łamane gałęzie. Zza krzaków wynurzył się pijany Ojczenasz. Jak ślepiec dotarł do nich i zajęczał żałośliwie:

– Nie pomogło, nie pomogło... – Grube łzy spływały po ubłoconej twarzy dziadygi.

– Nie pomogło? – powtórzyli z udaną troskliwością. Szykowali zgryw. Ktoś strącił mu czapkę. Dławił się płaczem Ojczenasz brodaty i cuchnący.

Zapomnieli o Wrotku, który odszedł chyłkiem.

\* \* \*

Karaluch tarł kark. Był zły i bezradny. W mieszkaniu poruszał się niepewnie, widząc wrogość w ślepiach swej chytrej baby. Na ścianie znaczył się nieruchomo cień Wrotka. Znowu ślęczał przy oknie, sztywny, z wysuniętą głową.

– Coś ty taki!? – szepnął chrapliwie Karaluch.

– Patrzę – odparł niewyraźnie Wrotek. Nie odrywał twarzy od szyby.

„Co tam widzi? – głowił się Karaluch. – Co tam widzi? Przecież ciemno jak u Murzyna w dupie...". – Szturchnął go w plecy.

– Słuchaj! – zaczął gorączkowo. Gadał długo. Skończył błagalnie. – Na robotę zdałoby się jakąś... Grosiwa trochę... No, nie?

Zerknął na Wrotka przebiegle, z uśmiechem, jak dawniej, gdy coś radzili.

Wreszcie Wrotek przerwał ciszę pełną wzburzonego oddechu Karalucha:

– A bo to dam radę? – wybąkał jakby strachliwie.

Ręka Karalucha zacisnęła się na krawędzi stołu. Skrzypnęło coś piskliwie. Wazon zachybotał, chlupnęła w nim woda.

✶ ✶ ✶

Śmiał się cały Czerniaków.
– Był kozak – krążyły gadki – nie ma kozaka.
A ładna Ulka powiedziała z naciskiem:
– I urodę też stracił...
Wymalowana, szykowała się do miasta.
– Kiedyś... – pieściła słowa – był to mężczyzna. – Wywinęła wargi i spojrzała na szpetnego Tadzia Goryla, który cofnął się o krok. Sposępniał. Z uporem żłobił butem ziemię.
– Tobie tylko o to chodzi – rzekł z goryczą. Wskazał na spodnie.
– Pewnie – zgodziła się śpiewnie – bo taki chłop to szajs... – Spoglądała kpiąco na Goryla.
– E, tam – wykrztusił – e, tam. „Co ty tam wiesz?” – pomyślał smętnie. Zacisnął zwilgotniałe palce.

✶ ✶ ✶

Okrutny dla starych Wrotka kumplów stawał się ten narastający śmiech. Klęli, aż rozlegało się u końca uliczki. Karaluch upijał się w samotności i ciągle widział złe oczy Adelki. Pękata, o twarzy jak kawał mięsiwa. Wzdrygnął się. Bał się swojej i zawsze jej ustępował.
– Jego dziadowska mać! – Tak mówiła na starego kompana, Wrotka. Zadzwonił zębami o szklankę. Przełknął łyk. Z rozmachem rozbił butelkę.
– Zawsze to szkoda złotówki – posłyszał głos Ojczenasza, który wyszczerzył doń zębiska.
– Łachudra! – mruknął Karaluch. Cisnęło mu się jeszcze wiele słów, ale zagryzł je w sobie.

\* \* \*

Przed budą Niemowy siedzieli gromadką. Leniwie wo-dzili wzrokiem za wirującymi ponad domem gołębia-mi. Niemowa pomachiwał szmatą przymocowaną do tyki i gwizdał niewnikliwie. Gołębie zbiły się w cia-sne kolisko. Żółty pies zaszczekał cienko i też zadarł głowę. Przechodzący milicjant zmierzył ich surowym spojrzeniem. Ktoś pozdrowił go usłużnie. Niemowa zagadał piskliwym bełkotem i pochylił się, obejmując kij. Nagle skrzywił się złowrogo i zacisnął pięści. Poru-szył nimi kilkakroć. Zrozumieli.

– Pewnie – mruczeli. – Ma rację Gaduła. Albo tak, albo tak se ulży i odżyje… – Rozprawiali o tym z ożywieniem.

Z tej gromadki wybijał się mocny z chrypką bas.

– A zwleka, bo chce lepszej okazji – basowy głos za-głuszył pozostałe.

Karaluch oparł się plecami o budę. Patrzył w okna kamienicy naprzeciw. Jego okna na piętrze. W środ-kowym, wytężył wzrok, dostrzegł mglisty cień w szybie.

„Patrzy – pomyślał. – Patrzy taki syn…".

Cień rozpłynął się i nic już więcej Karaluch nie zo-baczył.

– Załatwi się z nimi, załatwi… – powiedział ktoś z przekonaniem.

Karaluch zaklął głośno. Zwrócił ku nim swą na-brzmiałą z sinymi żyłkami na policzkach twarz.

Umilkli. Spoglądali nań z uwagą.

– Przestalibyście pieprzyć – warknął głucho – prze-stalibyście…

Wytrzeszczyli głupawo ślepia.

– Z tego gówno będzie! – wyrzucił szybko Karaluch. – Wielkie gówno! – Zadyszał się, potarł twarz. – On już… – urwał i machnął ręką, a potem drżącymi palcami osadził w lufce papierosa, zaciągnął się chciwie i znów zapatrzył się w swoje trzy okna na piętrze.

Wygibus wyrwał tykę Niemowie, zgiął ją, zatrzeszczało drewno. Niemowa skrzywił żałośnie twarz. Wygibus sczerwieniał, chciał coś powiedzieć, ale Karaluch poruszył ciężko ręką.

– Wyłącz się – mruknął. – Najgorsze – powiedział cicho – że moja nie chce go trzymać… – Zmieszał się, wyglądał bezradnie i głupio. Milczeli długą chwilę.

– Ech, tam – warknął wreszcie Wygibus – najgorsze! Spać to może u mnie. Może – zakończył i splunął.

Niespodzianie rozległ się furkoczący szelest, zadarli głowy.

Gołębie zniżyły lot i ławą kołowały nad budą.

1961

## Sielanka

Wśród chłopaków z „Sielanki" najlepiej wyglądał Długi. Zwracał uwagę nie tylko wzrostem. Chodził niby to niedbale, jednak po cwaniacku jakoś, przekrzywiał głowę i uważnie spoglądał spod przymrużonych powiek.

Gdy pierwszy raz po tej przerwie przyszedł tutaj, zatrzymał się w korytarzu i przyjrzał szatniarzom. „Sami nowi – pomyślał – kawał czasu nie byłem w mieście...". Pomacał w palcach zieloną, miękką kotarę.

– Fajna – mruknął, zwracając twarz w kierunku szatni. Najstarszy z szatniarzy szeroko rozłożył ręce. Długi westchnął i odgarnął zasłonę.

Pierwsza sala „Sielanki" tonęła w nastrojowym półmroku. Tłoczno. Parkiet błyszczał ślisko. Długi ostrożnie stawiał stopy; skierował się na lewo i uśmiechnął z zadowoleniem. Bar na starym miejscu, tylko barmanka inna, ruda i przysadzista.

– Trzy lata. Trzy – Długi rozstawił palce na szkle baru i przycisnął mocno. Zostały wilgotne, niknące powoli, odciski. Z ostatniego wyroku siedział pełną trójkę, dopiero przed tygodniem wrócił do miasta. Ubrany był byle jak, w podniszczony, brązowy garnitur, na kola-

nach występowały wypukłe, fałdziste wypchania. Zakołysał się lekko, po marynarsku rozstawił nogi i dokładnie obejrzał salę. Tam, przy parkiecie, siedziały dziewczyny, też patrzyły na niego. Te przy pierwszym stoliku:
Hanka i Leniwa Iza, wyciągnęły szyje. Iza pogładziła
majestatycznym ruchem jasne, puszyste włosy.

– Przystojniak – mruknęła.

– I taki jakby cwaniakowaty – dodała Hanka Artycha.

Książę Nocy, Rysiek, co miał wariackie papiery, również przyjrzał się Długiemu natarczywie.

Nagle Długi uniósł rękę i coś powiedział, przekrzykując wrzawę. Dostrzegł Hiszpana, starego swego kumpla.

– Hiszpan! – powtarzał – Hiszpan! – Radością pojaśniała mu twarz.

– Ładny teraz – uznała Iza.

Hiszpan zerwał się z krzesła, ale Książę Nocy przytrzymał go za rękaw.

– Co to za jeden? – zapytał. Zmarszczył czoło i śmiesznie poruszył grubo nawisłymi brwiami.

– Urke! – wrzasnął Hiszpan. – Stary urke, mój kumpel… – Podbiegł do Długiego, mocno ścisnęli sobie dłonie. Zaciągnął do stolika. Orkiestra zagrała akurat „Siwy
włos", ten, który walił w perkusję, twarz miał małpią,
jakby znajomą. „Może któryś ze starych?" – Długi z zastanowieniem przygryzł wargę. Kiedy znalazł się bliżej,
stwierdził, że to pomyłka.

– Skąd wyskoczyłeś? – dopytywał się Hiszpan.

– Z Siedlec – odparł Długi.

– Ciężka ciurma, ciężka – zacmokał Hiszpan. Cieszył się bardzo, poklepywał Długiego i znajomym ruchem przygładzał równe prostokąciki baczków.

Książę Nocy podstawił Długiemu krzesło.

– On mówił, żeś swojak – wskazał na Hiszpana, który przymrużył oko i napełnił kieliszki. Wypili. Książę Nocy otarł bibułką usta.

– Przecież frajer tak nie wygląda! – wesoło parsknął Hiszpan. – Nie może tak wyglądać. – Znał dobrze Długiego. Razem mieszkali na Solcu w sąsiednich podwórzach. Kiedy Hiszpan zaczął chodzić do miasta, z Długiego był jeszcze kajtek, ale już zaczynał robić się cwaniakowaty. Przyglądali się teraz sobie uważnie.

– Nic się nie zmieniłeś – uznał Hiszpan – tylko jakby schudłeś, ale wiadomo... ciurma... A to nie przy mnie kłute – pochylił twarz nad przegubem dłoni Długiego. Oglądał kalendarzyk złodziejski ze wschodzącym słońcem wolności u góry; w kalendarzyku wypisane były cyfry: raz, dwa, trzy. – Parę ładnych lat – pokiwał głową Hiszpan – trzy wyroki.

– Trzy – powtórzył w zamyśleniu Książę Nocy. Potarł ucho, rozpogodził twarz. – U mnie już pięć.

– Twoje wyroki! Po miesiącu. Takie wyroki... – zarechotał Hiszpan.

Rysiek, zwany Księciem Nocy, zaklął i sięgnął po gorzałkę. Źle przełknął i ciężko zakaszlał w garść.

Orkiestra ciągnęła smutny refren, Lodek Kerman, łysawy zapiewajło, nachylił się do mikrofonu i wyciągnął ochryple: – „Pomyśl, miła, ile to już lat...".

– Tak, tak… na pewno nie frajer – zamruczał Książę Nocy – wzorki ma ładne, dobrze kłute. – Począł mocować się z rękawem koszuli, obnażył chude ramię. Zobaczyli czarno tatuowany wizerunek kobiety. – A dalej… – Książę szarpał koszulę. Z trzaskiem odleciał guzik. Wtedy przestał, zacisnął usta i zrobił swoją starą – dla nieznajomych groźną – minę. Wysunął do przodu krogulcze nosisko, twarz miał małą, trójkątną, z głęboką blizną wzdłuż policzka. – Pamiętaj, nie jesteś frajer, to pamiętaj – głos zniżył do tajemniczego świstu, przytrzymał Długiego za dłoń.

Długi odepchnął go silnie, oczy zmrużył w kłujące szparki.

– Daj mu gadać – Hiszpan przedzielił ich ręką. – To farmazonista, ale równy kumpel. Daj – prosił.

Długi rozluźnił naprężone ciało.

– Trzeba zawsze jak wąż – mamrotał przestraszony nieco Książę. – Jak wąż. Czasem inaczej, ale przeważnie od tyłu nygusa i kosą go w plechy! – Zacisnął palce na widelcu, przeszył nim powietrze. Wyglądał błędnie, czarniawy, z błyszczącymi oczyma.

– Farmazonista. Duży farmazonista – przytaknął Długi.

Razem z Hiszpanem wygodnie usadowili bełkoczącego Księcia na fotelu. Zaraz zachrapał, na brodę cienką nitką pociekła mu ślina.

– Za dużo chla. I od razu dostaje zajoba. – Hiszpan przygładził zwichrzone, siwawe gdzieniegdzie włosy Księcia Nocy.

Dziewczyny zebrały się teraz przy dwóch zsuniętych stolikach obok podwyższenia dla orkiestry. Iza Leniwa, najwyższa wśród nich, siedziała nieporuszona, piękna i ważna jak pani. Nieznacznie obróciła głowę i spojrzała na Długiego. Poprawiła włosy i jednocześnie z Hanką Artychą wypiły po kieliszku pod pomarańczowy sok. Znów zerknęła tam do tyłu, gdzie siedzieli oni. Wtedy po raz pierwszy ich spojrzenia spotkały się, Długi widział ją dokładnie.

– Modelek – wycedził przez zaciśnięte zęby.

Hiszpan przytaknął, parsknął gardłowym śmiechem i dodał:

– Ale ważniaczka, za duża ważniaczka.

Długi jeszcze raz nieznacznie zerknął na dziewczynę. Oczy miała wielkie, nachalne. Na ślepo szukała czegoś w torebce, przypudrowała nos.

Inne dziewczyny przy tym stoliku rozprawiały wrzaskliwie, nisko pochylając głowy, lub też taksująco oglądały frajerów, których przybywało coraz więcej. A ona, ta Iza, siedziała obojętnie, wyniosła, i ciągle wytrzeszczała swoje wielkie, niebieskie gały na Długiego.

Przygarbił się, dłonie ułożył równo na stoliku i oglądając paznokcie, burknął do Hiszpana:

– Nigdy jej nie widziałem w mieście. A przecież wszystkie znałem – dodał po chwili. – Wszystkie.

– Bo ona od niedawna. Miała chłopa. Jednego takiego prywaciarza, i pękła mu w miasto – wyjaśniał Hiszpan. – Teraz pracuje na własną rękę – pisnął cienkim, złośliwym śmiechem. – Dlaczego? – rozłożył ręce. – Nie

wiadomo. – Popatrzył na Izę i głośno zamlaskał grubymi, czerwonymi wargami.

– Zdrowa – wymamrotał Długi.

– Co? – nie zrozumiał Hiszpan.

– Ano, te niektóre nowe dziwki zdrowe są – wyjaśnił
niechętnie Długi.

– I charakterne – z ożywieniem przyświadczył Hiszpan. – Jak zarobią, to i pochlać przy nich można, a czasem też... – Klepnął Długiego w kolano. – Nie zginiesz
tutaj!

Długi wdusił w popielniczkę papierosa i wyciągnął
grzebień. Przyczesał krótkie jeszcze włosy.

– Ładne masz piórka, gęste – Hiszpan obejrzał go
z boku. Sam też przygładził swoje falujące, czarne jak
sadza, włosy.

„Nic się nie zmienił" – Długiemu śmiechem drgnę-
ły wargi. – „Jak zawsze zachwala swoje kłaki". – Okrył
dłonią usta i powiedział z udanym podziwem:

– Twoje to dopiero porządne piórka. – Potem poszperał w kieszeniach, zaszeleścił czymś pod stołem.
– Ile tu kosztuje ćwiartka? – zapytał z zafrasowaną miną.

Prawie równocześnie zawołali kelnera, pokazali mu
na szkło.

* * *

Miało się już ku końcowi. Sala opustoszała. Muzykanci
porozpinali białe koszule i sennie kołysali się na krzesłach, ich twarze w świetle przyćmionych lamp pobły-

skiwały tłusto. Noc była właściwie kiepska. Tutejsi podrywacze nie mieli żadnego trafunku.

– Ani jednego frajera z sikorem – rozprawiał przy barze młodziak Ząbek. Jeszcze raz omiótł salę uważnym spojrzeniem.

Barmanka Marysia pokiwała współczująco głową.

– Większa dla mnie! – szczeknął Ząbek. Wsparł brodę łokciem, przed sobą miał porysowane, mdłe lustro.

W kącie, przy zielonych kotarach, krzątał się już zamiatacz, pobrzękiwał szuflą i śpiącym gościom nacierał z głupawym uśmiechem uszy.

Dziewczyny też nie miały lepiej. Pojedynczo, po dwie opuszczały lokal. Bez frajerów. Tylko Iza Leniwa poderwała jednego o wyglądzie buchaltera. Uchwycił ją mocno pod rękę, potem dłonią prześlizgiwał po biodrach. Odtrąciła go ze złością. Mały z wysuniętą usłużnie szczęką szedł za nią, pokrzykiwał błagalnie.

– Znalazła. Ona zawsze znajdzie – mruknął Hiszpan.

Kierownik sali uśmiechnął się miękko.

– Iza jak bank – powiedział. – Zarobić da i sama dobrze zarobi.

Długi ręce splótł na kolanach, głęboko wsunął się w fotel.

Zamiatacz podszedł do nich i oparł o stolik szuflę.

– Zamykamy. Dziękujemy – oznajmił cienko. Potrząsnął Księciem Nocy, który wyciągnął dłoń z zakrzywionymi jak szpony palcami. – Ech – zamruczał zamiatacz, w uśmiechu na jego rumianych, chłopskich policzkach pojawiły się dołeczki. – Takiżeś zawsze uparty. – Z wolna nacierał odstające, z kępkami kłaków, uszy Księcia Nocy.

– Pójdziem – rzekł Hiszpan – złapiem taryfę i skoczymy na dworzec.

Powlekli się z Długim do wyjścia. Szatniarze pozdrowili ich usłużnie. Hiszpan rozłożył ręce.

– Nic nie płacimy – powiedział chmurnie. – Ani feniga. – Dotknął kieszeni.

Noc była chłodna, z przyjemnością wdychali rześkie powietrze. Długi wyciągnął w górę ręce, przegiął się z rozkoszą.

– Gites, gites – szepnął.

– Gites? – zdziwił się Hiszpan.

– To moja pierwsza wódka na wolności – uroczyście wyjaśnił Długi.

Uliczne dziewczyny stały na tramwajowej wysepce rozkrzyczaną gromadką, jakiś pijany obchodził je poplątanym krokiem. Jedna z nich, w chustce, podstawiła mu zręcznie nogę – pijany upadł na jezdnię. Zabrzmiał donośny, chrypliwy śmiech dziewczyn.

– Zadowolone – syknął Hiszpan. – Z czego się cieszą? – Wzruszył ramionami.

Ten porządnie zaprawiony frajer wpadł im w ręce przy postoju taksówek.

– Pewnie do dworca – zagadał przyjaźnie. – Ja też… to może razem? – W świetle latarni skóra jego wypchanej, brązowej teki błyszczała świeżo.

Hiszpan szturchnął Długiego w bok.

– Dlaczego nie – odpowiedział szybko.

Zatrzymali małego opelka, szoferak chciał zagadać do nich, pokazał na dziwki, ale zauważywszy ściągniętą, chmurną twarz Hiszpana, urwał w połowie słowa.

– Bo do domu wracać nie warto – głośno rozmyślał ten z teczką. – Nie warto... Zdałoby się jakąś doprawkę... – Wyciągnął dłoń, przedstawił się grzecznie.

Nazwisko swoje wymienił wyraźnie, ale nawet nie zwrócili uwagi. Hiszpan znów szturchnął Długiego i zamrugał znacząco. Długi poczuł niepokój i wytarł dłonie w oparcie. Jechali, milcząc, frajer z teczką pogwizdywał jakąś znajomą melodię.

– Tira, tirarą, tirarą – zanucił.

– Ładne – pochwalił Hiszpan.

– Właśnie – rzekł ten frajer. – Bardzo melodyjne.

Już poczynało szarzeć. Wystąpiły ponure we mgle kontury domów. Za Żelazną tramwajarze pracowali na szynach, słychać było twardy zgrzyt żelaza i pobłyskiwały czerwone latarenki.

Dziewczyny i tutaj stały gromadką, paliły w rękawach papierosy. Wysoki chłop w sztywnej, okrągłej czapce objął jedną od tyłu. Odskoczyła, dała mu po karku. Wysoki zatoczył się na czerwoną latarnię. Światełko zamigotało w rzadkiej ciemności.

– Twoja miara, też taki długi – parsknął Hiszpan. Ten z teczką chrząknął uprzejmie.

– Dworzec! – Szoferak przyhamował z fantazją przed zieloną pobiedą. – Najlepsza meta.

– „Meta”... też słowo. – Ten z teczką wyciągnął portfel. – Ale właściwie dobrze... „meta” – powtórzył.

Pochyleni patrzyli uważnie, jak wyciągał pieniądze. Dostrzegli parę czerwonych papierków i jeszcze coś głębiej, jakby brunatne.

„Burasek, burasek" – Hiszpan poruszył wargami. Niżej nasunął czapkę, ukrył pod daszkiem rozbiegane oczy.

Długi uczuł napięcie podskakujące do gardła.

„A co w teczce? – myślał – co w teczce?". Była brązowa, nowiutka i wypchana. Zacisnął pięści.

Znaleźli się w wielkiej, mdło oświetlonej i pełnej dymu hali dworca. Ogarnęło ich duszne ciepło, słychać było monotonne poświstywanie wielu śpiących. Drzemali pokotem przy ścianach, wtuleni między toboły, kołysząc raz po raz opadającymi głowami. Przy kiosku ktoś komuś oblał piwem płaszcz; błysnęły złowrogo okulary na ostrym nosie. Wrzask dziecka, nagły i przenikliwy, przebił ten równy mrukliwy gwar. W korytarzu podmiejskiej poczekalni było mroczno i bardziej duszno. Lampy przebijały słabym światłem przez dym i kurz. Szli powolutku, Hiszpan przyjaźnie ujął tego z teczką pod ramię. Rudawy włóczęga odprowadził ich zdziwionym spojrzeniem. Przetarł kułakiem oczy i mruknął coś do siwej, obrzękłej starowiny, przykulonej na okiennym parapecie.

– Ano, ano – zagderała, wyżej naciągnęła kołnierz.

– Pst – zaszeptał Rudy. – Pst.

Długi posłyszał ich szepty, pogroził za plecami pięścią.

Ten z teczką rozprawiał z ożywieniem, Hiszpan potakiwał nieustannie. Długi zgubił ich gadaninę, wirowało mu trochę przed oczyma i z trudem rozpoznawał w tych czerwonych, tańczących plamach ludzkie twarze.

„Jestem zaprawiony" – pomyślał z niepokojem. Obciągnął marynarkę i wyprostował plecy, jakby otrząsając zdradziecki ciężar gołdy. Grzecznie puścił przodem tego frajera z teczką. W skrzypienie drzwi wplótł się urywany szept Hiszpana:

– Trza podlać go trochę porterem i jakimś wińskiem.

Długi zacisnął szczęki, znów zamigotała mu przed oczyma nowiutka, wypchana teczka. Oparli się o lepki blat bufetu.

– Porterki, tylko porterki. – Hiszpan pogładził bufetową po białej, piegowatej dłoni.

– Znaczy... portery. – Ten z teczką zgodnie pokiwał głową.

Czarniawy doliniarz Plebaniaczek dostrzegł ich z daleka, poprawił czapkę i przeskoczył przez dwie śpiące dziewuchy.

Hiszpan odstawił porterową butelkę i uczynił krótki, tajemny ruch ręką. Plebaniaczek zrozumiał, nie podszedł do nich. Usiadł na beczce po piwie, skrzyżował nogi i zapadł w nagłą drzemkę. Uważał jednak na nich. Niekiedy jego wzrok przenikliwy i jakby zawistny zatrzymywał się na nowiutkiej teczce tego ich frajera. Pili dużymi haustami, pogadywali od niechcenia. Hiszpan zamówił wino. Ten z teczką ziewnął szeroko, ujął w dłonie głowę i czknął w pusty kufel.

„Dojrzewa" – ucieszył się Długi.

Tamten zaś przymknął oczy i jeszcze raz czknął potężnie.

„Już, już". – Napięcie ścisnęło gardło Długiego. Chciwie wysączył resztkę porteru, opuścił ciężko powieki, spojrzenie miał kłujące, bardzo uporczywe. Powoli, nieznacznie ujął tę brązową teczkę za pasek, chwycił mocno, zacisnął palce. Brązowa, nowiutka skóra zamigotała przed oczyma. Odsunął się ostrożnie i przygarbił nieco. Począł odchodzić ciężkim, niedbałym krokiem. Wsunął teczkę pod pachę. Wtedy uderzył go nagle w plecy czyjś piskliwy głos. Zadygotał. „Dyla do korytarza, tylko do korytarza, a wtedy pęknę". Znowu posłyszał ów piskliwy głos.

Przy drzwiach dognał go Hiszpan. Dyszał ciężko, złapał za klapy. Ten frajer też podbiegł i głupawo rozchylił usta.

– Dawaj, ty, ty! – Hiszpan wyszarpnął mu teczkę, śpiesznie wręczył tamtemu. – Spił się… spił – powtarzał. – A on, jak zaprawi, to zgrywus z niego i wariat wielki. Zupełny wariat – spróbował zażartować. Twardą jak drewno dłonią poklepał Długiego po karku. – Ty zgrywusie, ty – wycedził przez zęby.

Znaleźli się w mrocznym od dymu korytarzu podmiejskiej poczekalni. Przy bagażowni, wśród gromady podróżnych, zgubili tego frajera z teczką. Wbiegli do klozetu. Przystanęli przed śmierdzącym ściekiem.

– Trąbo, trąbo! – Hiszpan sczerwieniał, szarpnął rozporek. – Za szybkiś – dorzucił łagodniej, zobaczywszy smutną, bezradną twarz Długiego. – Byłaby wpadka, a i straciliśmy dobry zarobek – narzekał. – Cała noc bez fartu.

– Nie mogłem wytrzymać – wymamrotał Długi. Zadarł głowę, spoglądał w sufit. – Nie mogłem i wziąłem tę kurewską teczkę. – Widział na suficie faliste linie spękanego tynku i ciemne zacieki.

– Ty zawsze nie masz fartu. – Hiszpan wzruszył ramionami. – Przedtem też nie. Zawsze za szybko. – Prztyknął dziwacznie palcami i podszedł do klozetowego dziadka. Uścisnęli sobie dłonie. Dziadek poczęstował go papierosem. – Zarobić można tylko sposobem – rzekł Hiszpan. – Sposobem. A nie tak na chama.

– Pewnie – przytaknął dziadek.

* * *

Długi wyszedł przed bramę. Rozglądał się, poziewując. Było chłodno, od Wisły szedł przenikliwy powiew. Dziś po raz pierwszy od trzech dni wyszedł na ulicę. Właściwie też nie z własnej chęci, ale Łysa Ciota, u której mieszkał, spoglądała już na niego nieprzyjaźnie, zaczęła narzekać na brak forsy.

Zdjął czapkę z gwoździa i powiedział mrukliwie:

– Pójdę, przelecę się…

– No chiba – rozpogodziła twarz Łysa Ciota – dzień ładny, a też… – wlepiła weń chytre, wredne oczy.

Trzasnął drzwiami. Jeszcze na schodach, odwróciwszy głowę, zobaczył jej ruchliwy cień w uchylonych drzwiach. Przeskakiwał po trzy schodki. Dopiero w bramie zatrzymał się. Był zły. Myślał ze wstydem o swoim farcie. „Tak jak wtedy. Tak jak wtedy" – przypominał posępnie.

Bo właśnie wtedy, przed trzema laty, też fartu nie miał. Wpadł głupio, z własnej winy – pośpieszył się w robocie i miał klops.

– Fart – szepnął. Zmarszczył czoło, jakby jeszcze coś sobie przypomniał. Na ulicy chłodny wiatr bił w twarz. Postawił kołnierz i wtulił głowę w ramiona. Zza rogu Książęcej posłyszał tupot kroków. Ktoś biegł. Zobaczył Hiszpana. Chciał cofnąć się do bramy, ale tamten zamachał doń ręką.

– Sie masz – powiedział przyjaźnie.

Długi odburknął i poczuł gorąco oblewające uszy. Czujnie spojrzał w twarz Hiszpana, lecz prócz radosnego uśmiechu nic w niej nie zobaczył.

– Wieje – mruknął i okręcił się drelichowym płaszczem.

– Co z tobą? – dopytywał Hiszpan. – Nie widać cię w mieście. Chyba ze trzy dni…

Długi zacisnął usta.

– Rozumiem, rozumiem. – Hiszpan wyciągnął papierosy. – Po odsiadce chce się zawsze trochę odpocząć, wykimać porządnie. Ja sam też. Musowo.

– Siedziałem w chacie – przytaknął Długi. Nie przyjął papierosa i postanowił odejść.

– A w mieście ostatnio nieźle, nawet zupełnie nieźle – Hiszpan obmacał kieszeń, z ukosa zerknął na Długiego. – Trafiłem parę złotych.

Długi odwrócił się i zapatrzył w wylot ulicy. Widać tam było parkowe drzewa o smutnych pożółkłych koronach.

– Nie przejmuj się – Hiszpan pociągnął go za rękaw.
– Rozmaicie bywa. Co będziem tak stać – mruknął. –
Pójdziemy.

Poszli na metę do Lewandowskich. W czerwonej
z utrąconym balkonem ruderze znajdowała się najlepsza tutaj na Dole meta.

– Najlepsza – zachwalał Hiszpan – zresztą sam
wiesz… Tak jak dawniej. Chcesz gorzałki, dostaniesz,
pograsz w sztory i dziewczynę zawsze możesz sprowadzić, przekimasz się z nią jak u siebie. Gut meta – gadał
wesoło jak nakręcony.

W ciasnym korytarzu zalatywało stęchlizną. Zapukali.
Lewandowska otworzyła drzwi.

– Sąsiedzi. – Ostrożnie, prawie niesłyszalnie przekręciła klucz w zamku. Z kuchni dochodził gwar rozmów, ktoś klął wymyślnie. – Kapują – szepnęła Lewandowska. – Najwięcej Paciorkowa – dodała. – Stara
szmata. Przez złość. – Twarz miała dość młodą, ale na
policzkach obciągniętą żółtą jak pergamin skórą,
z licznymi zmarszczkami układającymi się w symetryczne wzory. Obejrzała ich uważnie. Hiszpana szczypnęła pod brodę.

– Trafionyś. A dużo? – odkryła od razu. I nie czekając na odpowiedź, przyjrzała się Długiemu. – Ciebie to
skądsiś znam.

„Poznała” – ucieszył się Długi i pocałował babę w rękę.

– Idźcie do kuchni – popchnęła ich. – Dziś w kuchni jest gra. – Poklepała się po wypukłym brzuchu. Szerokobiodra, o mądrej twarzy baba.

– Pani to jeszcze tego – zażartował Hiszpan.

– Nie z tobą – burknęła.

Przy kuchennym, przykrytym ceratą, stole siedzieli: Lolo, Wygibus i Karaluch, stare złodziejachy z Dołu.

– Mój bank – warknął poczerwieniały, zły Karaluch. Pociągnął jeszcze jedną kartę. Przeliczał, poślinił palec i ułożył karty w półkolisty wachlarz.

– Oko? – zaciekawił się Hiszpan.

Karaluch opuścił dłoń, karty sypnęły się po ceracie.

– Fura! – powiedział radośnie Lolo. Szerokim ruchem zgarnął pieniądze; zebrał już przed sobą sporą kupę pomiętych papierków. Były tam piątaki, dwudziestki i parę czerwonych.

– Poznałem, poznałem. – Wygibus mruknął do Długiego. – Aleś chłop, wtedy chyba byłeś mniejszy – zadarł głowę.

Rzeczywiście. Długi w tej ciasnej kuchence wyglądał niczym olbrzym.

Lolo, który był wygrany, zapukał w ścianę. Za chwilę przyszła Lewandowska. Prosił o wódkę.

– Ja stawiam – oznajmił dumnie. – I jeszcze postawię.

– Tylko pod serek. Dziś nie ma innej zakąski. – Kobieta dokładnie przeliczyła pieniądze.

Wygibus przetasował karty, wygładził zagięte, tłuste rogi.

– Ale sztory. Dużo gotówki już przeszło przez te sztory. – Zastanowił się.

– Szybciej – mruknął Karaluch i wystawił rozdygotaną dłoń.

– Pociągniem i my – rzekł Hiszpan.

Długi przysunął taboret, usiadł przy kuchni.

– Jestem pusty – odezwał się niechętnie.

– Jak chcesz, to mogę ci parę złotych… – Hiszpan sięgnął do kieszeni.

Długi nie chciał. Przymknął oczy. Ktoś trącił go w ramię. Na kuchennym blacie postawili mu szklankę gorzałki. Niewyraźnie słyszał głosy grających. „To Lolo" – odróżnił szczekliwy bas Lolka z Dobrej. „A to Hiszpan…". Potem nieznany mu głos, cienki i starczy. „Wygibus". Pociągnął trochę wódki, zagryzł cuchnącym, żółtym serem. Spojrzał na tych przy stole. Gra szła ze zmiennym szczęściem. Najbardziej jednak trafiał Lolo.

– Oko! – pokrzykiwał. – Oko!

– Pokaż – Karaluch uważnie sprawdzał jego karty, odkładał w milczeniu i twarz mu posępniała.

Hiszpan grą się nie przejmował, niedbale w dwóch palcach trzymał karty, pogwizdywał „Cichą wodę".

„Panisko, panisko" – pomyślał Długi. Widział go z profilu: kędzierzawy prostokątny baczek, wywalone wargi i czarna szczeć na brodzie. Wargi drżały, Hiszpan obliczał karty.

Znużyło Długiego to patrzenie. Podszedł do okna i zabębnił w szybę. Na zewnątrz zalegała już granatowa ciemność. Trochę czarniejsze od wszystkiego kontury parkowych drzew falowały na wietrze. Długi bębnił w szybę uporczywie, denerwująco; zagłuszył rozmowę grających. Gwałtownie podszedł do stołu.

– Chodź – szturchnął Hiszpana w ramię.

Lolo zgarnął pieniądze.

– Jestem trafiony – gwizdnął leciutko. Przeliczał, wygładzał i schował za pazuchę.

– Żeby tu z nami grał taki Waldek, to wszystkich by pitolił – rozległ się cichy głos Karalucha. – On jest najlepszy na Dole we wszystko. W numerki, sztosa, baka, co chcesz. Wszystkich – zacisnął pięść.

– A tak to wziąłem ja – cieszył się Lolo.

– Właśnie… aby nie ty – Karaluch utkwił w nim zimne jak sztyleciki oczy. – Aby nie ty. – Pochylił się nad stołem, grzebał w kieszeniach. – I jeszcze możem zagrać. – Rzucił na ceratę niklowy płaski zegarek.

– Ładny fant – ocenił Wygibus. Przetarł szkiełko i przyłożył do ucha. – Dobrze chodzi.

Hiszpan z Długim zaraz wyszli z tej mety.

– Oni coś mają do siebie – zastanowił się Hiszpan. – Ale co? Z tego może być młócka – mruczał. – Tyle że Lolo chyba nie da się Karaluchowi. Młodszy.

– Nie wiadomo, Karaluch ma swoje sposoby – rzekł Długi. Przypomniał sobie, jak kiedyś stary Karaluch kocał się z Saszką z Żelaznej. Złapał go za nos. I ciągnął, ciągnął. Nie puszczał. Saszka wrzeszczał wtedy płaczliwym głosem: – Rany Boskie! Oberwie! Chłopaki, oberwie! – Działo się to przy Głównym. Rozdzielili ich. Saszka zwiał od razu, trzymając się za nos.

– Będzie heca. Musi być heca – skrzywił się Długi.

Uliczka była pusta, w parku migotały światła latarń. Hiszpan zadarł głowę, patrzył w okna na pierwszym piętrze. Dwa jasne prostokąty.

– Mają zdrowie do tych kart – westchnął – mają…

Na rogu Książęcej i Ludnej przystanęli. Hiszpan okręcił szalikiem szyję i przygładził baczki. Twarz miał teraz w smudze jasności złą, jakby smutną.

– Chyba skoczę do kobity – rozmyślał szeptem. – Mam chęć. Skoczę.

Długi już miał odchodzić, gdy tamten przytrzymał go.

– Spieszysz się w kimę!? – powiedział ze złością. Oparł się o słup, butem żłobił błotnistą ziemię. – Jak chcesz – rzekł surowo – to możem razem chodzić do miasta. Na spółkę.

– Na spółkę – powtórzył Długi. Szeroko rozstawił nogi, jego cień wystąpił na chodniku, też długi, przy końcu roztopiony w ciemności.

– Pewnie. Znamy się tyle lat, od szczawika jeszcze. A że ci wtedy nie wyszło – Hiszpan machnął ręką. – Zdarza się. Zawsze. Ja sam też kiedyś…

Odszedł bez pożegnania. Zaraz też zniknął w parkowej alejce. Wiatr zamiótł tumanem liści, szeleściły sucho jak grochowina. Długi wyciągnął zapałki, ruchliwy ognik ukrył w dłoniach i przypalił papierosa.

* * *

Orkiestra, pobrzękując instrumentami, zasiadła na podwyższeniu. Czerwone ślepia lampek rzucały światło na parkiet.

– Zaczyna się wygib – zatarł ręce Hiszpan. Zawinął na palcach kędzierzawe baczki, pociągnął. Rozmyślał z ukrytą w dłoniach twarzą. Czekali wszyscy. Dziew-czyny odwracały się nieznacznie i spoglądały na przy-bywających.

Eugeniusz, Zbyszek Cham i Ząbek, najcwańsi loka-lowi podrywacze, siedzieli na wysokich stołkach i po-stukiwali w szkło baru. Kierownik sali tanecznie spa-cerował między stolikami. Też wyczekiwał, cwany tłuścioch.

Tylko Książę Nocy, Rysiek, co miał wariackie papie-ry, już chyba pół godziny nachylał nad stolikiem dziew-czyn spoconą twarz.

– Izuńka – mówił błagalnie. – Izuńka… – Wpatrzył się w karafkę, przeniósł wzrok na Izę Leniwą.

Była nieporuszona, wyniosła. Począł wzdychać śmiesznie. Hanka Artycha wyjęła zza biustonosza po-mięty, czerwony papierek. Wygładziła na dłoni.

– Masz, zapraw się – wsunęła Księciu Nocy do kie-szeni.

Skłonił się nisko i pobiegł do baru.

– Ten Rysiek, to on żyje z dziwek. – Hiszpan wzruszył ramionami. – Udaje wielkie szuru buru, a właściwie tyl-ko z dziwek żyje. I dają mu – zdziwił się. – Ani już taki przystojniak, wyniszczony i wariat. Największy ma fart u Hanki Artychy – podniósł głos, przekrzykiwał rżnącą do słuchu orkiestrę.

Długi gapił się na Izę, nie słuchał. Uśmiechnęła się miękko. Spochmurniał, wygładził obrus i począł uważ-nie przysłuchiwać się rozmowie. Kulawy Fredek, paser z bazaru, napełnił kieliszki.

– Ładne one i ważne – wyszczerzył srebrne zęby – ale aby mieć tylko parę złotych… to każdą… każdą – powtórzył z naciskiem. – Nie ma takiej, co by nie chciała.

Iza Leniwa przysunęła się do Hanki, poszeptały ze śmiechem. „Zatańczyć – pomyślał Długi – zatańczyć. Chyba nie odmówi". – Wsłuchał się w muzykę, lecz był to jeszcze ten kawałek nie do tańca.

– Cholernie ciągną – powiedział ze złością.

Od szatni szło przez salę rozbawione towarzystwo. Trzech starszych facetów i bardzo czarna, farbowana kobieta.

Szukali miejsca. Jurek kelner podbiegł do nich i skłonił się grzecznie.

– Kupa frajerstwa, duża kupa. Może coś z tego… – Hiszpan klepnął Długiego po kolanie.

Ten minę miał głupawą, zamrugał powiekami.

– Coś ty taki? – zdziwił się Hiszpan.

Długi napełnił kieliszki. Orkiestra zagrała kawałek do tańca. Kilka par wybiegło równocześnie na parkiet. Ale Długi nie ruszył się z krzesła, tylko kącikiem oka spoglądał na Leniwą Izę.

– Jeden już odpadł – szepnął.

Ten w szarym garniturze, o wyglądzie handlika z bazaru, prosił jeszcze, gestykulował wymownie. Plecy Izy Leniwej pozostały nieruchome, krótkim ruchem odgarnęła włosy. Widział Długi doskonale.

– Mądralka – cmoknął Hiszpan. – Szuka lepszego.

Potem odmówiła drugiemu. Młody chłopak, na pewno cwaniaczek.

– Ten znów pusty! Bez grosza! A podskakuje – uznał Hiszpan.

– Z nikim nie zatańczyła – ucieszył się Długi. – Z nikim.

Pod światło obejrzał karafkę, mrugnął do Hiszpana.

– Zrobiłbyś jeszcze jakąś ćwierć albo pół…

– Zaprawimy później – rzekł Hiszpan. – Teraz podskoczymy do baru. Każdy na swoją grabę. I trzeba kogoś doklepać. Tylko pamiętaj – mocno ścisnął łokieć Długiego – nie szybko. Powolutku. Jak już dobrze zaprawiony, to ściągnij mu skórę albo spinaj zegarek. Tylko powolutku, nie nerwowo.

Było już tłoczno, wszystkie stoliki zajęte, a patrząc po gębach wokoło, można było mieć pewność, że dużo jest tutaj nadzianych nie byle jaką forsą nygusów.

Jurek kelner uśmiechnął się porozumiewawczo.

Długi przeszedł obok stolika dziewczyn. Zacisnął szczęki i minę zrobił obojętną, chmurną. Iza spoglądała za nim.

Znalazł wolne miejsce na skraju baru.

– „Złociste włoski" – zanucił fałszywie. W lustrze naprzeciw odbijała się jego twarz, zniekształcona przez zmienne błyski świateł. W samym krańcu lustra widział rozpartego Hiszpana, a dalej czyjeś siwe włosy i czerwoną szyję. Hiszpan wznosił wysoko rękę, pomachiwał nad siwą głową. „Pracuje na numer" – skrzywił się Długi. Też spojrzał po bokach. Pijany, w wytartej skórze, rozchybotaną dłonią rozlewał piwo. Próbował unieść kufel.

– Postaw. Poczekaj. Odpoczniesz, wypijesz – warczała barmanka.

– Nie mogę, muszę – wytarta skóra zakołysała się na stołku. Próbował oprzeć nogi na poręczy, ale opadały ciężko. Barmanka usunęła mu spod łokcia kufel i zachichotała ostrym, nieprzyjemnym głosem.

„Wstrętna ździra". – Długi po pańsku strzelił z palców.

– Mała dla mnie! – zawołał.

Nim wypił, ktoś trącił go lekko w plecy. Obrócił się gwałtownie. To była Leniwa Iza.

– Posuń się – odepchnęła go trochę i usiadła na brzegu wysokiego stołka. – Już trochę cię znam – powiedziała szeptem. – Chodzisz z chłopakami w pace.

Pokiwał głową, naprężony, z zaciśniętymi palcami.

– Skąd jesteś?

– Z Dołu – wymamrotał.

– Wszyscy są z Dołu – Leniwa Iza natrętnie zajrzała mu w twarz. – Hiszpan, Lolo, Wygibus, cała Nawojka – skrzywiła dziwacznie twarz.

„Zgrywa się" – pomyślał.

Ten w wytartej skórze znieruchomiał, wytrzeszczył oczy.

– Jaka piękna – załkał nagle.

Długi pchnął go kułakiem w pierś. Nie bronił się, zabełkotał i zwisł nad barem. Długi patrzył na niego, twarz miał złą, wreszcie wzruszył ramionami.

– Miałabyś frajera – spróbował zażartować. – W skórze. Jakby z forsą…– Ogarnęło go zmieszanie, przymknął oczy.

– A z kim chodzisz w parze? – posłyszał jej głos.

– Z Hiszpanem – burknął.

– Znam, znam – odwróciła popielniczkę do góry dnem. Gdy znów spojrzał na nią, przyczesywała starannie włosy w lustrze.

– W tym lustrze każda maska jest straszna – powiedział z niejakim zadowoleniem. Też się przejrzał i przygładził włosy. Z tyłu dobiegały dźwięki muzyki, gwar pijanych głosów.

– Sam tak zaprawiasz? – Iza ostrożnie poruszyła pustym kieliszkiem. – Sam?

– Możemy razem. – Skinął na barmankę.

Wypiła chętnie.

– Mam smak dzisiaj, ale doprawić możemy przy moim stoliku.

Nie chciał, ale gdy wzięła go za rękę, poszedł posłusznie za nią. Siedziała tam Hanka Artycha.

– To ten przystojniak – powiedziała śpiewnie. – Pamiętam.

Długi po męsku ścisnął jej dłoń.

– Boli – pisnęła z przymilnym uśmiechem. – Będziesz z nim kręcić? – dopytywała Izy.

– Przystojniak to może on nie jest – wolno mówiła Iza – ale taki jakiś.

Hanka osłoniła oczy przed jaskrawym światłem lamp i spojrzała na Długiego z rozwagą.

– Niekiepski. – Wyszczerzyła zęby.

„Robią barana – pomyślał Długi. – Albo…" – Gwałtownie odsunął od siebie napełniony już kieliszek.

– To wszystko jest głupia mowa – jego głos brzmiał głucho – frajerska mowa...

Jakiś facet poprosił Hankę Artychę do tańca. Iza obejrzała się za nimi.

– Chcę jechać z tobą na metę. – Długi widział jej gęste, faliste na ramionach włosy. – To jest dobra meta – dodał posępnie. Wyczekiwał na odpowiedź, śmiech, drwinę.

Iza Leniwa starannie szminkowała usta, przejechała językiem po jaskrawej czerwoności. Długi zacisnął szczęki.

– Misiuńki moje – powiedziała wtedy dziewczyna miękkim głosem. – Misiuńki, wielkie, blondasowate. Czekałam na takiego. – Spróbowała pogładzić go po policzku, lecz siedział odchylony do tyłu i nie dostała dłonią.

„Zaprawiona" – pomyślał przez chwilę. Ale jej oczy były trzeźwe – wielkie i niebieskie. Teraz wiedział, że pójdzie.

– Chodź – wykrztusił. Wstali, podał jej torebkę. Przy parkiecie zatrzymała się jeszcze.

– Patrz – pociągnęła go za rękaw. – Ale ona, ta Hanka, tańczy. Tym kuprem zawija. – Uważnie obejrzała tańczące pary. – Wszyscy kiepsko – wydęła usta.

– Chodź – powtórzył.

Do szatni odprowadziła ich jazgotliwa, pełna brzęku grzechotek muzyka. Kilku mężczyzn spod bazy obejrzało się równocześnie. Ktoś westchnął. Hiszpan zmarszczył czoło, nagle wrzasnął złym głosem:

– Szefowo, jedna większa!

Barmanka Marysia nalała mu po znajomości pełną lufę.

\* \* \*

Wiatr hałasował w koronach drzew, opadały liście. Zebrali się przy pierwszej ławce od Książęcej.

– Koniecznie trzeba parę złotych, koniecznie. – Karaluch zaszurał stopami. Liście pożółkłe, spęczniałe wilgocią, szeleściły miękko.

– Jesień – powiedział Długi.

– Jesienią najlepszy w knajpach fart. – Hiszpan wzruszył ramionami.

„Dwunasty dzień" – myślał Długi. Rozstawiał palce jednej dłoni, drugiej. Przypatrzył się uważnie. – „Dwunasty dzień na wolności". – Uśmiechnął się radośnie. – Co? – spytał Hiszpana. Lecz ten milczał wrogo i uważnie przypalał papierosa.

– Ja tam zawsze swoją dniówkę uskubię – roześmiał się Plebaniaczek, doliniarz.

– Ech, twoja dniówka, wielki kusz – pogardliwie rzekł Wygibus.

– Zawsze na gorzałkę i szkapę wystarczy. I dziś też mam na flaszkę. – Chuderlawy Plebaniaczek pogrzebał w kieszeniach. A jak dołożycie, to można zrobić więcej. – Wygładził zielony banknot, złożył w kwadracik.

Milczeli. Nikt ubiegłej nocy nie trafił ani grosza. Karaluch z uporem żłobił butem ziemię, ubłocone liście oklejały obcas.

– Daj – mruknął Wygibus. Wziął równy, zielony kwadracik. Poszedł do monopolowego.

Gdzieś bardzo daleko rozległ się ostry głos i znów cisza. Tylko wiatr hałasował w koronach drzew. Wiatr był lodowaty, przenikliwy.

– Na Wiśle teraz ziąb. – Długi zadrżał, podniósł kołnierz płaszcza, a jego twarz rozjaśnił uśmiech.

– Po litrze byłoby ciepło. Tylko skąd litr? – powiedział Plebaniaczek, doliniarz.

Hiszpan głębiej nacisnął samodziałową, sztywną czapkę.

– Z tobą to tak zawsze. Nigdy nie wiadomo. I jeszcze się cieszysz. – Złe, przekrwione oczy utkwił w Długim. – A było wczoraj frajerstwa. Tylko sam nie mogłem.

Długi nie odpowiedział.

– Ale przynajmniej poszedł z najlepszą sztuką – wtrącił Plebaniaczek. – Z Izunią. Widziałem… – Poklepał się małą, suchą rączką po kolanie.

– Ja w ogóle bym z Długim nie poszedł na żaden zarobek. On nie ma fartu i nie umie – warknął Karaluch.

Długi opuścił powieki, ogarnęła go złość.

– Nie kłóćta się. – Hiszpan przedzielił ich ręką.

Ten stary, siwy, z bulwiastym nosem Karaluch burknął coś niezrozumiale i odsunął się za ławkę.

Zobaczyli Wygibusa, jak podrygującym, niezgrabnym krokiem zmierzał ku nim pośpiesznie.

– Zaraz zaprawimy – rzekł pojednawczo Karaluch.

– Ja tam nie zaprawiam. – Długi odsunął Plebaniaczka i starannie zapiął płaszcz. Zwrócił twarz do Hiszpana. – Do niej lecę – wycedził. – Do niej. – Zobaczył ich gęby, zdziwione, głupawe. Przeskoczył kałużę. „Niech wiedzą" – pomyślał.

\* \* \*

„Klimek" był przepełniony. Wszyscy walczyli o miejsca przy stołach, wysoko unosząc szklaneczki z wódką. Temu w tramwajarskiej czapce wytrącono spodeczek z sałatką. Ponad gwar wzbił się jego wściekły wrzask. Wraz z parą uchodzącą z kuchni ogarniał zapach flakowych przypraw.

– Ostatnie z pulpetami! – krzyknęła szefowa, pokazując w okienku zmęczoną, błyszczącą twarz. Za jej plecami widać było okopcone kafelki ściany. Gromada przy bufecie zafalowała i zbiła się w ciasny kłąb.

– W kolejności! W kolejności! – powtarzano gniewnie. – Nie podawać z boku!

Bolek z Sosnowca, przykulony w toalecie, prześliznął się spojrzeniem po półkach pod stołami. Coś zobaczył i długo przewiązywał sznurowadło.

– Pracujesz? – zachichotał Wygibus.

– Nic nie ma. Same czapki – westchnął Bolek z Sosnowca. Obejrzał rząd butelek nad wystawą, twarz mu pojaśniała.

– I czapki też powinieneś. Jedna, dwie, trzy i już parę złotych – radził Wygibus.

– E tam. Czapki mała rzecz, a można porządnie wpaść – zaprzeczył Bolek.

Za bufetem z brzękiem poleciało szkło.

– Gołda. – Wygibus pociągnął nosem.

– Gołda, gołda. Wpierw trzeba zarobić – obruszył się Bolek. Gwałtownie wlazł między kilku zagadanych w kombinezonach.

– Przepraszam, ja tylko piwo, przepraszam – wilczo błysnęły mu zęby. Obmacał kieszenie dwóch w kombinezonach, ale nic tam nie znalazł.

Goryl, siła od wypraszania, powiódł za Bolkiem złym spojrzeniem.

– Za nachalny, trza go będzie za oszwy i won – wykonał szeroki ruch w stronę drzwi.

Ci spod kina uśmiechnęli się przymilnie.

– Ma rację. Ani to złodziej, ani farmazon. Popapraniec – rzekł Sztajer.

– No, jasne, złodzieja zawsze uszanuję – ucieszył się Goryl. Wyciągnął papierosy.

– Palta – częstował – amerykany.

Doszedł go ostry głos bufetowej Anielci, więc stanął na palcach i spoglądał w pijany, falujący kłąb przy ladzie.

Hiszpan z Długim zatrzymali się w drzwiach i grzecznie przepuścili młodego, o wyłysiałym czole faceta. Za nimi, w czarnym prostokącie ulicy, drobno ciekły strużki deszczu.

– Właściwie to nie lubię wódki, wolę wino – uśmiechnął się dziecinnie ów facet.

– Można i winem – przyświadczył Hiszpan – ale po gorzałce lepiej wychodzi z dziewczynami.

– Dorwali frajera – szepnął Goryl i zatrzasnął drzwi.

– Z dziewczynami lepiej się nie cackać. Twardo. I dlatego po gorzałce lepiej wychodzi – basowo tłumaczył Hiszpan.

– Właściwie… – Ten wyłysiały szczerwieniał śmiesznymi plamami przy nosie, wytarł się chusteczką.

Hiszpan klepnął go po plecach i ruszył do bufetu. Był zadowolony, muskał kędzierzawe baczki, nisko skłonił się pani Anielci.

Tego nieśmiałego faceta spotkali z Długim na ulicy.

Rozglądał się za dziwkami, ale robił to tak wstydliwie, że żadna nawet nie domyśliła się, o co mu chodzi. Stał za budką, wyciągał szyję… Podeszli do niego.

– Takie uliczne najgorsze. Mogą zarazić – zagadał wtedy Hiszpan.

Ów facet podniósł kołnierz – był niestary, o naiwnej, płochliwej twarzy – chciał odejść, lecz Hiszpan chwycił go pod ramię. Nachalnie począł opowiadać o swoich różnych z babami sprawach. Wreszcie zaprosił na inne dziewczynki.

– Znam czyściutkie, ładne znam – przymrużył oko. – A pan, panie kolego, taki jakiś równy. Lubię równych kumplów – rzekł z naciskiem. – Parę wódek na ryzyko i pojedziemy do nich, na Mokotów. Przy Belgijskiej mieszkają. Same. – Trącił Długiego i przydeptał mu but. Ale Długi i tak już wiedział, o co mu chodzi. Szło się zawsze Belgijską schodkami, w działkowe ogródki. Drożyna między płotkami prowadziła do spalonego domku. Tam frajera łbem i pod obcasy. Na dodatek przed „Klim-

kiem", w świetle lampy znad drzwi, zobaczył Hiszpan
u tego łysawego zegarek na ręku. Ładny. Żółty. „Zegarek, parę złotych" – ucieszył się.

– Trzy duże – poprosił panią Anielcię.

Gwar w knajpie wzmagał się. Ci przy stołkach kołysali się bezwładnie. Najbardziej zmęczeni opadali w talerze
z resztkami gorących dań. Na pierwszym stole przewróciła się butelka z piwem, żółty płyn moczył opadłe włosy
śpiących.

Goryl już nikogo nie wpuszczał do wnętrza. Uchylał
tylko drzwi i powtarzał donośnie: – Komplet! Komplet! –
Czasem, gdy zauważył swojacką twarz, szerzej otwierał
drzwi, wciągał znajomka i mruczał: – Właź, szybko.

Znaleźli miejsce w kącie przy kuchennym okienku.
Wilgotna para ogarniała ich od tyłu. Wypili wódkę, zakąsili śledziem. Długi dopiero teraz dokładnie obejrzał
tego frajera. Oczy lekko wyłupiaste, pić nie umiał, z szacunkiem potakiwał Hiszpanowi.

„W moim wieku" – pomyślał Długi. Zdziwiło go trochę, że już tak porządnie podłysiały.

– Pan to chyba pierwszy raz na kobity – zachichotał
Hiszpan.

Tamten nie odpowiedział, niezgrabnie oddzielał ości
od śledzia.

– Może jeszcze po większej? – szepnął. Prychnął
śmiesznie.

„Naprawdę prawiczek – Długi skrzywił twarz – zupełny prawiczek".

– A te kobietki są niezłe – rozprawiał Hiszpan. – Mieszkanko. Gaz. Ciepła woda. I czyste. Wcale nie szmaty. Dopiero od niedawna.

Ten łysawy słuchał uważnie, postukiwał w szklankę. „Tabaka, na taki numer się bierze". – Długi jeszcze raz obejrzał go spod oka.

– Pojedziemy tam? – zapytał ten frajer.

– Możemy. Tylko parę złotych. My dziś… – Hiszpan rozłożył ręce i zmarszczył we frasunku twarz.

– Mam, mam. – Tamten śpiesznie sięgnął do kieszeni.

– Nie trzeba. To na miejscu im się da… – Hiszpan przytrzymał go za dłoń.

Frajer zamyślił się.

– Właściwie – wyznał – na takie wyprawy to ja nieczęsto.

Wódka brała go szybko, zmętniały mu wyłupiaste oczy, naiwne, jakby płochliwe.

– Niesłychanie rzadko – podkreślił. – Dużo czasu praca pochłania. Ciągle w terenie. Jestem geodetą – dodał nie bez dumy.

– Geodeta, geodeta – głośno zastanawiał się Długi – wiem.

Hiszpan zakrył usta i wybałuszył oczy. Twarz kurczył w uśmiechu.

– Najlepiej jakąś stałą dziewczynę mieć. Ja też rozglądam się – wybełkotał.

Ten geodeta wyraźnie posmutniał – począł poprawiać pomięty, w wielką bułę zawiązany krawat.

– To może już? – zapytał po chwili.

Skierowali się do wyjścia.

– Dobranoc państwu! – Goryl z rozmachem otworzył drzwi. Mrugnął szelmowsko do Długiego.

– Portfel ma w prawym karmanie, w prawym! – ogarnął Długiego gorący szept Hiszpana. – I sikor – kułakiem pchnął go do przodu – żółty sikor!

Na jezdni błyszczały kałuże. Deszcz przestał padać. Ulica wyglądała jak przepaścisty wąwóz wśród kamienic. Ten ostatni spaleniak przybrał w ciemności kształt dziwaczny i groźny.

– A teraz jakiś wózek i na Belgijską – powiedział Hiszpan.

Zatrzymali taksówkę.

– Więc powiadacie, panowie, że niezłe są – geodeta niezgrabnie szarpał drzwiczki samochodu.

– Nie tak – warknął Długi. Odsunął go i sam otworzył.

– Niezłe, niezłe – przytaknął Hiszpan. Twarz miał skrzywioną, napiętą.

Długi przymknął oczy, chciwie palił papierosa. Niespodzianie ogarnęła go pewność, że ten młody frajer patrzy nań uporczywie. Uniósł powieki. Ale geodeta głowę miał wysuniętą do przodu. Hiszpan gadał z kierowcą.

– Fletmasterek – słyszał Długi – piękny wóz. A mercedes model 57 to dorsz. Biuk też, sto jak po maśle i jeszcze więcej.

– A w tym gracie to nawet popielniczki nie ma – powiedział ze złością Długi. Otworzył szybkę, ogarnął go mokry pęd powietrza, wyrzucił niedopałek.

Przystanęli przy cichej uliczce, biegnącej w dół od Puławskiej. Geodeta chciał płacić, ale on wyciągnął szybko pieniądze i wręczył kierowcy. Było tu niewiele latarń, widzieli się niewyraźnie. Ich kroki niepokoiły ciszę. W rozległej kałuży za zakrętem błyszczała okrągła, srebrna plama latarni. Długi słyszał za sobą nierówny, śpieszny oddech geodety. Hiszpan szedł na końcu.

– Trochę głupio tak do nieznajomych. – Geodeta wypłynął z ciemności, jego twarz znalazła się na wysokości ramienia Długiego.

– Wcale nie głupio. – Hiszpan rozchlapał kałużę z utopionym światłem latarni. Zaklął. – Jeszcze parę kroków – dodał.

Dalej szło się schodkami. Przed nimi gęstą, skołtunioną ciemnością zalegały działkowe ogródki, ciężka, jak bryła węgla, ciemność na lewo to ruiny białego w dzień domku. Hiszpan spojrzał za siebie. Długi zwolnił trochę kroku. Już kończyły się schodki. Ostatnie stopnie. Hiszpan dogonił geodetę.

– Która to godzinka? – głos Hiszpana zabrzmiał gardłowo.

Geodeta wyciągnął rękę z zegarkiem. Hiszpan ujął go lekko za przegub. Żółty zegarek lśnił delikatnie, odbijając dalekie światła wąskiej, schowanej w drzewach uliczki.

„Raz, dwa..." – liczył Długi.

I wtedy Hiszpan przykulił się i walnął na odlew. Przez sekundę Długi zobaczył oczy tamtego pełne przerażenia, jakieś płaczliwe. Cios był za słaby. Geodeta nie upadł. Długi zwiesił ręce i odsunął się nieco.

– Wal! – wykrztusił Hiszpan. – Wal! Łbem i pod obcasy!

Długi stał nieruchomo. Geodeta pisnął śmiesznie i osłaniając dłońmi twarz, wyrwał się Hiszpanowi. Zastukotały kroki na ostatnich schodkach. Zaraz też zginął w skołtunionej ciemności działkowych ogródków.

– Zwiał – ucieszył się Długi.

Hiszpan oddychał ciężko, ogłupiały, bezradny.

– Żółty sikor. Parę złotych – zaszeptał. – Żółty sikor – powtórzył. Wykrzywił twarz, postąpił do Długiego. – Łachudro! – syknął.

Ale Długi nie drgnął nawet.

– Takie oczy. – Spojrzał w bok w gęstą ciemność z węglową bryłą ruin. – Takie oczy. – Nagle ruszył w górę, przeskakując po trzy stopnie.

Hiszpan spoglądał za nim, dopóki nie zniknął. Przestraszył się. Mogli przecież gliniarze usłyszeć.

– Trzeba pękać – szepnął.

* * *

Iza czekała niecierpliwie. Owinęła się kołdrą i usiadła w kącie łóżka. Nasłuchiwała. Schody skrzypiały nieustannie, wokoło otwierano drzwi, ludzie wracali z pracy. W mieszkaniu poszarzało, okna naprzeciw jaśniały już światłem. Długi wszedł bardzo cicho, niezgrabnie mocował się z zasuwą.

– Nie zamykaj – roześmiała się – nie trzeba. Tu nikt nie wejdzie. – Patrzyła na niego z zadowoleniem. Wysoki, zgrabny, o chmurnej twarzy. „Fajny – ale nie bardzo łasy" – pomyślała z niejakim rozżaleniem, gdy usiadł z daleka od niej na okiennym parapecie. Butami postukiwał w ścianę.

– Klops – powiedział znużonym głosem – pokłóciłem się z Hiszpanem. – Zdusił o szybę papierosa. Na wilgotnym szkle została czarna plamka popiołu. Palcem roztarł tę plamkę.

– Ten Hiszpan w ogóle mi się nie podoba. – Leniwa Iza pogardliwie wydęła usta. – Baczki. Taki jakiś... taki jakiś – powtórzyła – wsiowy przystojniak. I bardzo nachalny. Jakby...

– Baczki nie baczki – przerwał Długi. – Nie o to chodzi. Spieprzyłem mu robotę. Zupełnie. – Głośno uderzał butami w ścianę.

– Nie wal tak. Poobijasz – warknęła.

Zeskoczył z parapetu, przeszedł w poprzek pokoju. Stanął przy łóżku i rozejrzał się.

– Dobrze mieszkasz, ładna meta.

– I niedroga. Tej starej płacę tylko siedem stów – miękko powiedziała Iza. – Czysto tu... i cicho.

Długi szeroko rozstawił nogi, dłoń wsadził za pasek.

– Ładne mieszkanko – przyznał – czysto, cicho. Pewnie też ciepła woda i gaz. – Roześmiał się gardłowo jakoś.

Przypomniała sobie, że jak zobaczyła go pierwszy raz w „Sielance", też tak stał przy barze, pochylony do przodu na szeroko rozstawionych nogach.

– Długi – szepnęła.

– Ciepła woda, gaz – powtarzał śpiewnie, jakby nie słysząc jej głosu.

– Bez gazu. Tu w ogóle nigdzie nie ma gazu. – Iza wysoko uniosła brwi.

Ale on ciągle kurczył usta. Zaczął teraz spacerować, niezgrabnie obrócił się przy szafce, brzęknął potrącony kubełek. Zajrzał do wnętrza.

– Kubeł – zastanowił się. – Masz rację, bez gazu. A jak kubeł, to i bez kanalizacji. W kubeł trzeba lać.

– Też – obruszyła się.

Znów przysiadł na parapecie.

– Hiszpan zły. Na zycher zły – westchnął.

Zsunęła kołdrę. Było jej gorąco i niewygodnie. Położyła dłonie pod głowę, zaskrzypiały sprężyny.

– Hiszpan, Hiszpan – syknęła. – Wielka figura. Żadna z nim nie chce kręcić. Nawet Jaśka Kulawka. On też przywalał się do mnie – spoglądała z natężeniem na jego ciemną, nieruchomo przylepioną do okna, postać. – Jeszcze jak dowalał się. – Bardzo chciała, żeby podszedł do niej, usiadł na łóżku.

On dokładnym ruchem przygładził włosy.

– Długi, Długi, nie przejmuj się – powiedziała przeciągle.

Na korytarzu zaszurały kroki, zgrzyt klucza w zamku. Gdzieś bardzo blisko. Długi poderwał się gwałtownie.

– Nic – uspokoiła – nic, to stara wraca.

Kroki wolno minęły pokój, szelest, potem plusk wody i metaliczne krótkie uderzenie.

– To stara. Ona mieszka w kuchni. Ja wynajmuję pokój, cały pokój. Nie włazi tu nigdy. A jak coś chce, to puka – wyjaśniła Iza. – Dobra stara. Nic jej nie obchodzi – zachwalała z ożywieniem.

– Moja gorsza – odezwał się Długi. – Mieszkamy we trójkę na kupie. Ale właściwie też nieźle. Sami swojacy.

Iza narzuciła szlafrok, otworzyła szafę. Szukała czegoś. Niecierpliwie przewracała bety.

Długi ciągle tkwił przy oknie, zapatrzony, obojętny. Iza przymierzała do ramion połyskliwą, czarną suknię.

– W tej dziś pójdę. – Zmrużyła oczy, spoglądała w lustro, ale nic w nim nie widziała, gdyż ściemniało już porządnie. – Niezła. – Nagle odrzuciła sukienkę na łóżko. Cicho, na palcach podeszła do okna.

Poczuł jej oddech na szyi.

– Długi. Nie przejmuj się. Nie zarobiłeś. Trudno. Zresztą takie zarobki, frajerskie zarobki – mówiła gorączkowo.

Przylgnął policzkiem do chłodnej szyby.

– Ja mogę zarobić na siebie i na ciebie – przeciągała słowa. – Mogę. Bez bólu. Naprawdę.

Dopiero teraz popatrzył na nią. Na czole pokazały mu się dwie głębokie bruzdy i zmrużone szparki oczu błyszczały silnie. Wydał jej się jeszcze ładniejszy niż zwykle. Fajny. Objęła go za szyję.

– Przecież nie masz fartu – szepnęła. – Wszyscy wiedzą. A szkoda, jakbyś wpadł. Długi, Długi – przywarła do niego.

Poruszył się niecierpliwie.

– Nie! Nie chcę – wykrztusił.

– Wstydzisz się? – W jej głosie drgała złość. – Wstydzisz…? Frajerze, wszyscy na to lecą. Taki Hiszpan, Zą-

bek! Każdy by chciał ze mną kręcić, mieć na gorzałę, ży-
ro, bety. Każdy! A ty!?

Wyprostował się, wydał jej się inny, jakby zmęczony.
Skrzywił usta, odszedł w kąt pokoju.

– Zarobię. Sam zarobię – powiedział cicho.

Jej śmiech rozległ się głośno, ostry, wzgardliwy. Siadła na łóżku, narzuciła na plecy kołdrę, brodę oparła
na kolanach.

– Przecież nie umiesz, w ogóle nie umiesz – szydziła.

– Wyłącz się – mruknął bez złości. Ze stołu wziął
czapkę, ujął za klamkę. Szybko sięgnęła po lakierowaną
torebkę, pogrzebała w niej gorączkowo.

– To chociaż weź na fart parę złotych, bo przecież tak
na golasa zaczynać robotę. – Zaniosła się złym, sztucznym śmiechem.

Popatrzył na nią spokojnie, nacisnął czapkę. Odsunął skobel, wyszedł na korytarz.

– Długi! – krzyknęła Iza Leniwa.

Skrzypiały schody. Machinalnie pogładziła lakierowaną, czarną torebkę.

* * *

W pierwszej sali „Sielanki" zaczął się już zwykły, lokalowy ruch. Coraz to nowi goście wchodzili do wnętrza.
Przy stolikach narastał gwar, słychać było brzęk szkła.
Kelnerzy biegali szybko, znacząc półmrok białymi plamami swych ubrań. Tylko bar był pusty. Zamglone, po-
chyłe lustro odbijało jedynie twarz szczupłego mężczyzny w górniczym mundurze. Patrzył z natężeniem

w małe z leciutkim szmerem idące do góry bąbelki gazu w butelce. Barmanka Marysia krzyknęła przeciągle w kuchenne drzwi:

– Maszynka kawy, raz!

Dochodził stamtąd zapach odgrzewanych kartofli i maślanego tłuszczu.

Orkiestra zajęła miejsca na podwyższeniu. Lodek Kerman przetarł rękawem mikrofon, poprawił krawat i ukłonił się w stronę sali. Zagrali.

– Znów *Siwy włos* – zarechotał Książę Nocy, Rysiek, co miał wariackie papiery. – Rąbią to i rąbią.

– Tak samo jak kiedyś *Wio, koniku* – rzekł Zbyszek Cham. Coś sobie przypomniał, posmutniała mu twarz. – Tak, tak – szepnął.

Książę Nocy uważnie rozejrzał się po sali. Wyglądał w mroku dziwacznie, diablo jakoś, ostre nosisko zwisało na brodę. Zatrzymał spojrzenie na stoliku przy orkiestrze. Siedziała tam Hanka Artycha i Leniwa Iza. Nad parkietem zabłysły czerwone lampki. Posadzka lśniła czysto, oczy dziewczyn wielkie, zachwycające.

– „…Pomyśl, miła, ile to już lat…" – zapiał Lodek Kerman ochrypłym, trochę drżącym barytonem.

– Też se wczoraj pochlał – zauważył Zbyszek Cham. – Porządnie pochlał. Spadł z krzesła, kimnął pod stolikiem.

– Jakby tu dziś – zamruczał Książę Nocy. – Jakby tu… – Zrobił do Chama tę swoją groźną, nocną, jak mówił zawsze, twarz i podszedł do dziewczyn.

Cham strzyknął przez zęby.

Książę Nocy przysiadł na brzegu krzesełka, ucałował wyciągniętą dłoń Hanki Artychy. Westchnął.

– Pusta jestem – burknęła Hanka.

Przeniósł nieśmiałe spojrzenie na Leniwą Izę, ale ta uporczywie patrzyła w zieloną kotarę, zasłaniającą szatnię.

„Z tą gorzej" – zaniepokoił się Książę Nocy.

Kotara zafalowała, wystąpiły na niej kształty ludzi szukających drogi do wnętrza. Weszły dwie dziewczyny w jaskrawych sweterkach i niski, krzywonogi człowieczek w butach z cholewami. Kotara wygładziła się i znieruchomiała. Hanka Artycha obejrzała dziewczyny w jaskrawych sweterkach.

– Uliczne. Ciekawe, że wpuścili – mruknęła do Izy.

Orkiestra ciągnęła rzewny refren *Siwego włosa*. Twarz Lodka Kermana, widoczna stąd wyraźnie, nabrzmiała i pokryła się kropelkami potu. Rzadkie, wylizane brylantyną włosy przecinał równy przedziałek. Lodek przetarł mikrofon, kaszlnął – kaszel poszedł głucho po sali – zaraz też wyciągnął smętnie „…ujrzałem dzisiaj pierwszy siwy włos, co zalśnił na twej skroni…". Nagle Iza poderwała się z krzesełka.

– Hiszpan! Hiszpan! – krzyknęła cienko.

Też ją zobaczył, pochylił ciało w głębokim ukłonie.

– Siadaj – wskazała mu miejsce obok siebie.

Obejrzał siedzących wokoło, przygładził kędzierzawe baczki.

– Pełno dzisiaj – uznał. – Pełno – powtórzył z zadowoleniem.

– Co z nim? – zapytała.

– Z nim!? – Delikatnie zawinął na palcach prostokąciki baczków. – Aa, z Długim. Ano, jak to Długi – mruknął po namyśle. – Wariat i tabaka. Spaskudził mi robotę. – Zadrgały mu szczęki. – Teraz sam chce zarobić. Sam. Na swoją grabę. Dobrał sobie jednego takiego paprańca, Bolka z Sosnowca.

Książę Nocy poruszył brwiami.

– Znam, znam – wtrącił.

– I z nim, z tym Bolkiem, szykują się w daleką drogę. W daleką drogę! Na pociągach chcą zarobić. A może już nawet pojechali. – Zmienił się trochę na twarzy, skubnął bibułkową serwetkę. – W daleką drogę! Oni w daleką drogę. Wpadną, a nie zarobią. Tam trzeba fachmanów – głos zniżył do szmeru.

Iza oparła o popielniczkę lusterko, przypudrowała policzki.

Od sąsiedniego stolika pijany frajer spoglądał na nią zachłannie. Podciągnęła spódniczkę, pokazało się kolano. Frajer podparł brodę i nie spuszczał z tego kolana zachłannych ślepi.

Lodek Kerman ocierał twarz, u nasady czoła lśniło mu wiele drobniutkich kropelek potu. Ci z orkiestry porozpinali koszule. Robiło się gorąco, kłęby papierosowego dymu sino wisiały nad stolikami.

– A przecież nikt by nie miał lepiej z tobą... jak on, ten Długi – wycedził ostrożnie Hiszpan.

Nie odpowiedziała.

„Daleka droga – myślała z rosnącą złością. – Baran, baran".

– Wpadnie. Musi wpaść – rzekł stanowczo Hiszpan. Splunął w garść i odstukał w spód stolika. – Nie życzę mu tego – szepnął. – Ale…

– Taki ładny chłopak. I taki głupi – westchnęła Hanka Artycha.

– Pamiętam. Ten wysoki – ocknął się Książę Nocy. – To był dobry urke.

– Gdzie tam. On nie umiał zarobić – warknął Hiszpan.

– Nie umiał – powtórzył obojętnie Książę Nocy. – Niedobrze.

Zabrzmiały dźwięki muzyki. Na parkiet wbiegły pary. Krzywonogi w oficerkach otarł się o ich stolik. Nieustannie szeptał do ucha swojej dziewczyny w jaskrawym sweterku. Odsunęła głowę, obłapił ją mocno i przycisnął.

Książę Nocy trącił Hiszpana w łokieć.

– Wszyscy zaprawiają – powiedział żałośnie. – Wszyscy. Tylko my… – uśmiechnął się do Izy.

– Pękaj stąd! Pękaj, ale zaraz. – Głos Leniwej Izy był ostry, rozkazujący.

Książę Nocy, Rysiek, co miał wariackie papiery, przez chwilę wytrzeszczał oczy, wstał gwałtownie, kopnął krzesełko i odszedł. Torował sobie drogę przez roztańczony tłumek na parkiecie, odepchnął tego w oficerkach.

Hiszpan zachichotał leciutko.

– To baran – powiedziała w zamyśleniu Iza. Dłonią przesunęła po gorącym policzku, obejrzała się. – Kelner! – skinęła ręką.

Jurek kelner podbiegł do niej usłużnie, ścierką strzepnął popiół ze stolika.

– Ćwiartkę – zażądała Iza. – Tylko z lodu.

1961

# Niedziela

Naprzeciw przygotowywano się już do święta. Krzysztof uniósł się na tapczanie, łokciami podparł brodę, doskonale widział te przygotowania. Strusiowa paradowała w różowej halce z koronką, otworzyła szafę, przebiera w betach, Struś golił się na stojąco, za nim szeroki zad jego baby, ona obleka teraz sukienkę.

Zaraz też zobaczył tłum tych świątecznie ubranych Strusiów walących ulicami, wygolone, pewne pyski, skrzyp butów, spodnie, wyprasowane ostro, furkot halek; wszystko to wali, kłębi się, płynie, wlewa w kawiarniane ogródki pod parasole, przysiada na ławkach w alejach, żar przypieka. Zaklął półgłosem i wyjrzał przez okno, na pewno upał, niebo czyste i nawet w to studzienne podwórze wpada słoneczna jasność. Więc organizował dzień tak jak wszystkie te świąteczne. Leżał do południa, ćmił papierosy, długo golił się, chyba ze trzy razy ciągnął żyletką po gładkiej już twarzy. Zjadł dwa jajka sadzone, rozrobił w rondelku kostkę zupy grochowej, dorzucił masła, pogotował dziesięć minut i wypił ten gęsty bełt o smaku maggi. Resztę zupy wylał na parapet, skrył się za zasłoną i patrzył na gołębie, które zleciały stadkiem i dziobały łapczywie ciepłą zupę. Gołębica, siedząc w dziurze pod rynną zerkała raz po raz na stadko łomotające się po blasze, ale tkwiła nadal nieruchomo, rozczapierzona na dwóch jajkach, już tak dziesięć dni wysiadywała te jajka.

– Mateczko, proszę bardzo, no… – zapraszał ją Krzysztof.

Gołębie odleciały, na parapecie zakrzepła zupa i dużo białego łajna. Krzysztof wziął pogrzebacz i zeskrobywał z parapetu to wszystko zeskorupiałe świństwo. Wychylił się z okna, piętro niżej widział sypialny pokój z rozbebeszoną na łóżkach pościelą, kobieta okrakiem na stołeczku, opuszczony do pasa szlafrok, nacierała się jakimś płynem z pękatej butelki. I cofnął się szybko, gdyż uniosła głowę. Niebo nad podwórzem tężało niebiesko, do pokoju wlewał się gorąc spotęgowany jeszcze brakiem powietrza w tym małym pokoiku na poddaszu, w tej wielkiej kamienicy-twierdzy o starych wyszczerbionych pociskami murach.

Naciągnął zasłonę. W pokoju zrobiło się mroczno i jakby chłodniej. Spacerował wzdłuż ściany, z utęsknieniem czekał na wieczór, który w taki letni dzień spada na miasto niespodzianie. Za ścianą podniesione głosy.

Przystanął. Nasłuchiwał. To u gospodarzy.

– Ile? – pytał Bednarski.

Zaraz seria jego astmatycznego kaszlu.

Drugi głos przyciszony, szybki, nic nie można zrozumieć. Obliczał coś, kłócąc się zajadle.

– Trzy i pół – upierał się drugi głos. Znów seria astmatycznego kaszlu.

Krzysztof zaniepokoił się trochę. Miał do piętnastego ledwie trzy stówki.

„Mało" – pomyślał.

Usiadł przy stercie papierów pod piecem. Przeglądał stare, pożółkłe tygodniki. Filmowe gwiazdy o ładnych, wypranych twarzach, pękate piersi Włoszek i dużo męskiej, wzorcowej urody.

– Męski – powiedział bezmyślnie Krzysztof – twardy i z charakterem.

Zgniótł w garści to filmowe piśmidło. W gazetce młodzieżowej artykulik o Mohawkach. Słynni budowniczowie mostów, drapaczy chmur. Fachmani od wysokości. Dawniej mężni wojownicy. Fajni ci Mohawkowie. Pracują kilkaset metrów nad ziemią i nie chcą żadnych ubezpieczeń.

Położył się na tapczanie, zamknął oczy. Wyczekiwał na wieczór. Wieczorem, postanowił, połazi po mieście. Wcześniej w taką jasność ostrą, upalną, nie chciał wychodzić. U gospodarza cisza. Uchylił zasłonę. Gołębie wygrzewają się na pogiętych prętach. Stuknął w szybę. Najbliższy gołąb osunął się i ciężko zatrzepotał skrzydłami.

„Wstrętne głupki – myślał Krzysztof z rosnącą złością – głupki o okrągłych, zielonych jak paciorki oczach".

Mocniej walnął w szybę. Zadygotała i dwa gołębie uciekły z wygiętej sztaby.

Tam w kącie za piecem cichy szelest. Na palcach podsunął się do pieca, patrzył z napięciem w ciemną szparę. Od kilku tygodni zalęgły się myszy i nocą harcowały po pokoju, zjadały okruchy spod stołu, chrobotały w starych papierach. Gdy tak hałasy nocą potęgowały się, wyobrażał sobie zawsze małą, obrzydliwą w swej ruchliwości mysz, wspina się ostrymi pazurkami po narzucie, już jest na tapczanie, wciska się w fałdy pościeli, wije się jak robak pod kołdrą, dotyka jego ciała, zapalał wtedy nagle światło, ale nigdy jeszcze myszy nie zobaczył, były ostrożne i płoszył je najmniejszy ruch. W kącie za piecem szelest już nie powtórzył się.

Krzysztof włożył koszulę, zawinął rękawy i wyszedł na schody.

„Niedługo ściemni się i będzie możliwie" – pomyślał. Otworzył drzwi do windy. Nacisnął guzik. Winda z dygotem opadała w dół.

Dozorca Maciak wygrzewał się na ławeczce przed bramą.

– Uszanowanie – powiedział Krzysztof. Dozorca uśmiechnął się przyjaźnie i wyciągnął papierosy.

– Państwo Bednarscy wyszli, będzie już godzina, on w czarnym garniturze, pani z kwiatami. Pewnie w goście. – Zaraz, zaraz – przypomniał, marszcząc czoło – a jeszcze wcześniej jakiś gruby, chyba od nich. Ale zły, podklinał.

– Wyszli? – udał zdziwienie Krzysztof. Dozorca wykrzywił w zadowoleniu twarz, zachichotał też skromnie.

– Ten zastrzał – powiedział – już przechodzi.

Wysunął wskazujący, spłaszczony palec. Obmacał delikatnie.

– Zebrało się i mniej łupie. Wycisnę niedługo. Od wojny to mi się odnawia – opowiadał – zaczęło się akurat wtedy, co to na czwartym piętrze pod panem była ta jatka…

– Jatka? – Krzysztof ucieszył się, stary zaraz coś opowie.

– Wielka – dozorca przestępował niespokojnie z nogi na nogę, jego twarde, zimne oczy pobłyskiwały, przyoblekł na twarz smutną, tragiczną minę.

„Zgrywus" – pomyślał Krzysztof.

Bo też był to zgrywus. Taka stara, po sześćdziesiątce dobrze miał, błazeńsko ruchliwa twarz, i ten węch jego na sprawy dokoła, na sprawy tych trzystu ludzi zamieszkujących kamienicę-twierdzę, bali się go lokatorzy; o każdym wiedział co trzeba i mówiono, że z językiem lata też gdzie trzeba, kłania się nisko, głos i maniery ma wytworne, godne, przed wojną pracował u Czartoryskich, a więc oziębły czasem bywa, ale grzecznie oziębły, czasem znów psi, skręcający się w ukłonach, na grosz chciwy, bramę zamyka przed jedenastą, a otwiera, słaniając się, niby to snem przeniknięty do końca, prosto ze snu potężnego wyrwany, tylko oko zadziwiało, z lewego oka wypuszcza spojrzenie jak strzałę, czujne, przenikliwe, za tym okiem dłoń się wysuwa, i mniej niż piątkę dać nie wypadało.

I przy tym gadki jego słynne, tragiczne, z całą gamą cmoknięć, drżącego bólem głosu, niezwykle umiejętnie opowiadane. Nielichy zgrywus.

– Ta rodzina – mówił teraz – Żydzi, i u nich jeden znajomy przebywał, Żyd też… Bogata rodzina, przemysłowcy, garniturów, raz tam byłem, cała szafa, druga szafa na fatałaszki żony, a ta żona… – dozorca zacmokał, ten paluch z zastrzałem wysunął, wstrętny, płaski, z górą białej ropy, przy paznokciu – …kobieta wielkiej urody, i zakochał się w niej ten znajomy, też Żyd, klękał, błagał, garnął się do niej, widziało się to i owo, panie, mało to razy, z listem do nich – oko ciecia wybałuszone, ostre, i ognik w głębi triumfalny, radosny (radość, że nic przed nim się nie ukryje) – ale ona niewiasta przyzwoita, odrzuciła łajdaka, i ten zakapował, dasz pan wiarę, sam Żyd, więc na siebie i na nich zakapował, do gestapo poszedł. I wpadli z rana, trupie główki i cywil, prowadź, mówią do mnie, pod ten a ten numer, co miałem robić, zaprowadziłem. Pana doktora akurat nie było, doktorem jej męża nazywałem, zawsze bordowa muszka i grube, złote okulary, ale babcia i żona… Panie, jak ona stanęła przed nimi, oprawcami – dozorca wyprężył się, głowę na bok odrzucił i nogę tak postawił jak baletnica, wdzięcznie, sprężyście, a niby niedbale wysunąwszy.

Krzysztofa chwycił śmiech przemożny, z trudem go opanował, wtuliwszy twarz w dłonie – I pierwszy gestapowiec nie mógł… po swojemu powiedział i opuścił spluwę. Piękna to była niewiasta, dekolt głęboki, naszyjnik z pereł. A jak stała, nic a nic strachu na twarzy, twarz jak z kamienia, i patrzyła im, łobuzom, prosto w oczy. – Dozorca zrobił pauzę, znieruchomiał z gęsio wysuniętą szyją, fałdy na niej z kępkami źle wygolonego zarostu. –

…I podszedł drugi, taki chudy ze srebrnymi zębami, pamiętam jak dziś tego zimnego drania, wykrzywił mordę i łupnął dwa razy. A mnie kazali trupy wynieść, babuni i jej…

To wtedy – dodał – jeszcze raz te szafy obejrzałem, bogactwa a bogactwa, dwa garnitury wtedy wyniosłem i jesionkę, prima sort materiał, udało mi się na schody kuchenne wyrzucić i do skrzyni z węglem schować.

Słońce już znikło. Lepiej. Pozostał tylko buchający z murów upał.

„Można iść" – zdecydował Krzysztof.

– Lecę – powiedział.

– A ładne parę złotych za to wziąłem – dogonił go jeszcze głos starego.

Szedł powoli z opuszczoną głową. „Ciekawe… czy zmyśla… czy nie… musi dużo zmyślać" – zastanawiał się leniwie – „żeby bardziej tragicznie, żeby końcówka dobra… A fachowiec przecież i wie, co i jak opowiadać, żeby grało".

Podniósł głowę. Popatrzył z powagą na tę kamienicę-twierdzę. Stare, poobijane mury, kikuty balkonów, i te mieszkania wilgotne, ciemne, z długimi jak kiszki korytarzami.

– Bóg wie, co mogło się tu dziać – zamruczał. – Bóg wie…

Ona, ta piękna, i on, dozorca, teraz wcielający się w nią, ta noga w bok jak u baletnicy, twarz w teatralnym bólu, drobi słowa, pauzy pełne wzburzonego oddechu…

i trrach, tragiczna pointa. Przystanął i pokiwał z uznaniem głową.

– Artysta – powiedział.

Stuk butów zamaszysty. Minęła go niedzielna rodzina, stary w jedwabnej koszuli, żona żółtowłosa, wymalowana, i młodziak, chyba syn, bo podobny do starego, z dziewczyną; nucili coś, objęci w pasie, dłoń chłopaka z żyłami od gorąca, stary uśmiechał się syto, ta żółtowłosa nogi miała mocne, kształtne.

Krzysztof ruszył szybkim, nerwowym krokiem. „Nie tak ostro" – nakazał sobie po chwili – „wolniej, bardziej spacerowo".

Spróbował iść wolno, niedbale, dłonią uderzał rytmicznie o udo. Ludzi dużo, ocierał się o nich i mimo woli znów wyciągał krok.

„Ten cieć" – powtarzał uporczywie – „wielki artysta… taki stary, u szczytu formy artysta". I przypomniał sobie tę opowieść sprzed miesiąca. Też zatrzymał go Maciak przed bramą, usiedli na ławeczce. Ten student, co oszalał, tak, to gadka sprzed miesiąca, spokojny chłopak, narzeczoną miał, tak chodzili, panie, i ćwierkotali sobie, przystojna, nie powiem, dziewczyna, i porządna, nigdy do niego zajść nie chciała, a zapraszał ten student sprzed wojny, i nagle otworzył okno swej facjatki, to teraz pana pokoik, oczy dozorcy jak szkło, twarde, uśmiech przy tym napastliwy, obleśny, tak, to w pana pokoiku, przyjemny jak dla kawalera, no, no (to no, no – zagadkowe, znaczące), i otworzył to okno, wychylił się i odtąd już co wieczór takie dziwne pieśni wyśpiewywał, jakby sam układał, ja, dziecko straszliwe, brodate, karzeł nieszczęsny czasu tego złego przez proroków wyśnionego, pamiętam, panie, ryczał te pieśni głosem jak dzwon, a przecież zawsze cichy był i prawdę mówiąc słaby, cienki ten głos miał przed chorobą, w dzień znów siedział w kącie pod piecem i jak w febrze dygotał.

– Wielka jest siła zajobów w człowieku – zachichotał Krzysztof.

Ktoś spojrzał na niego ze zdziwieniem. Kilku ludzi przystanęło. Patrzą ciekawie. Krzysztof zmieszał się i przyśpieszył kroku. Szedł teraz tą największą ulicą między posępnymi blokami ministerstw i urzędów. Dużo wzorzystych plam kawiarń-ogródków. Zaglądał pod parasole. Randkowe pary, splecione palce, rozmazane pożądaniem i nieśmiałością spojrzenia. „Takiemu studentowi" – myślał Krzysztof – „...jak już go nawiedziło... to i baby przestały imponować... A może cieć zmyślił wszystko...".

Zasmucił się.

Zatrzymał się przed kioskiem z piwem, przylepionym do starej kamienicy. Lubił kioski na zapleczu starych, warszawskich domów. Z kiosku buchało zapachem kiepskiego piwa, przegniłych beczek, taką wilgocią błogą i orzeźwiającą w ten upalny wieczór. Poprosił o piwo. Nie znosił piwa, jednak przy takim kiosku z zapleczem zawsze wypijał duże jasne. Spoglądał leniwie przed siebie. Odprowadzał ciężkim niedobrym spojrzeniem kobiety. Dużo ładnych kobiet. Stoi tu zaledwie parę minut, i już przeszły trzy, takie zgrabne, szerokie, zwierzęce w swej ociężałości, szczebiotały piskliwie z gachami, śmieszny ten szczebiot przy ich wybujałych kształtach.

Z drugiej strony kiosku tyłem do Krzysztofa kołysał się facet we flanelowej koszuli. Rozmawiał z kobietą w woalce, czerwonej sukni i żołnierskich butach.

– Daj – mówił ten we flaneli – nie możesz dać dziesiątki?

Kręciła uparcie głową. Twarz pożółkła i jakby namoknięta.

– Chytra zdziro – powiedział bez gniewu ten we flaneli.

Ona nie obraziła się. Włosy w rzadkich pasemkach przylepione do czoła. Ten we flaneli odwrócił się. Krzysztof zobaczył jego twarz. Poznał go od razu. To był taki techniczek z metrobudowy. Przed kilku laty pracowali razem.

Kobieta w woalce uśmiechnęła się nijako i odeszła.

– Chciałem na ćwiartkę, piwo chociaż – powiedział techniczek, patrząc pustym wzrokiem przed siebie – ale nie dała…

Kobieta w kiosku parsknęła wstrętnie, takie zadowolenie bezmyślne, ale i chytre też. W tym jej śmiechu – ani małego temu we flaneli nie postawi.

– I w dodatku znajoma. Dobra znajoma – westchnął technik.

Niedzielne pary sunęły przed kioskiem, sunęły godnie, odpoczynkowo, drobiły krok, stuk butów miarowy, przewiewne stroje, zady bab dupiaste, sukienki w kwiatach, te zady w kwiecistych tłach.

– To wypijemy po dużym – powiedział Krzysztof. Technik uśmiechnął się przymilnie. Do piwa przyssał się chciwie.

– Takim dużym można się rozruszać. – Pogrzebał za pazuchą, piersi miał ze smugami sadzy, wyciągnął budzik. Ten budzik na chodzie, leciutko tykotał.

– Chcę to opchnąć za pięćdziesiąt. Chodzi znakomicie. Na dowód uderzył budzik o beczkę; dalej tykotał.

– Jak serce wali.

– Mnie niepotrzebny – powiedział Krzysztof. Technik pokazał na waluciarską kawiarnię pod szarymi kolumnami.

– Jeden handlarz może kupi, jemu potrzebny, on wstaje rano i na wieś z towarem jeździ.

Krzysztof zamówił jeszcze po piwie.

– Ja ciebie znam – powiedział – razem robiliśmy w metrobudowie.

Technik otworzył głupawo usta.

– W metrobudowie?

Piwo ściekało mu po brodzie, był bardzo zdziwiony.

– Poznałeś mnie! – wykrzyknął. – A przecież zmieniłem się. Zupełnie inaczej wyglądam. I poznałeś...

Spochmurniał nagle, mięśnie skoczyły mu na szczękach.

– Ta zdzira nic nie dała. I nie wiadomo, czy ten budzik kupią.

Śmieszna postać ten techniczek. Przez te kilka lat zmienił się porządnie, twarz szara, rzadki, brudny zarost ginął w tej szarzyźnie, na przodzie brakowało mu czterech zębów, tą wielką dziurą wypychał język, to było takie jego przyzwyczajenie, język przełaził i wystawał na dolnej wardze.

„Wygląda jak łachudrak" – stwierdził Krzysztof. I to taki techniczek, kiedyś typowy w swojej branży, forsę na książeczkę składał, już dziesięć, zacierał ręce, jedenaście. W tej metrobudowie wszyscy składali na motocykle, telewizory, mieszkania, grali też w totolotka, tworzyli totolotkowe spółdzielnie, przez cały tydzień czekali na ogłoszenie wyników, to była nigdy niewygaszona nadzieja, 7, 9, 21, sprawdzali w napięciu. Oni po robocie chodzili na randki albo już mieli żony, te żony czasem przy wypłacie zdradzali z kurewkami, potem wspominali to przez parę dni, możliwa, kapujesz, jakie piersi, i wykołowałem ją, ani grosza nie zapłaciłem. Ale raczej płacili tym dziwkom, bo przecież bardzo chcieli mieć pewną sobotę, taką jak należy, z nową zdobyczą, z zadowoleniem, że się udało. Ale oszczędni byli przy tym, bo w życiu, mówili, trzeba się mądrze urządzić i forsą nie szastać, bo forsa w kupie to jest coś, więc często sobie na takie soboty nie pozwalali. I w żaden sposób Krzysztof nie zapamiętał go inaczej, jeden z wielu, techniczek, tak, przez pół roku pracowali w jednym pokoju. Oni wszyscy tam podobni byli do siebie, i uśmiech ten sam, gdy mowy o dziewczynach, taki głupawy, niby męski, a niepewny, każdy z nich miał te same kłopoty, wszyscy w totolotkowej spółdzielni, i elegancja u nich wspólna, garniturki z setki, buty drogie, golfy wtedy modne. On, jeden z nich, teraz w zatłuszczonej flaneli, smugi sadzy na twarzy i piersiach, twarz poorana i wymięta jak torebkowy papier.

„Z powyższego wynika, że wykoleił się" pomyślał Krzysztof. Parsknął krótkim śmiechem.

– Ja postawię ćwiartkę – powiedział – mam jeszcze parę groszy.

Nieznacznie, dwoma palcami oddzielił w kieszeni spodni dwa papierki.

– Wypić można u mnie – zaproponował z przymilnym uśmiechem techniczek – przekąska się znajdzie, owszem, poznasz też moją panią. – Dobierał układne, konwencjonalne zdania, marszczył czoło, wyławiał z pamięci co lepsze takie słowa.

– Nie tak interesująca jak poprzednia, znaczy się Iza, ale też... – długo szukał odpowiedniego wyrażenia – ...z seksem.

Poszli na budowę do stróża. Tam można kupić wódkę.

– Iza? – zapytał Krzysztof.

– O, tak – ożywił się techniczek – to była wspaniała kobieta!

Na placu budowy stosy desek, cegły; cicho tu było, cała niedziela została tam za parkanem. Z szopy wyskoczył biały kundel, ocierał się o nogi technika. „Taki stróż" – myślał Krzysztof – „zarobi sobie w niedzielę. Parę litrów zawsze sprzeda. Po pięć na ćwiartce..." – obliczał.

Już szarzało. Gwar z ulicy nie dochodził tu wcale.

Technik pociągnął Krzysztofa za rękaw. Przystanęli. Wskazał na dom naprzeciw.

– Ona stała zawsze przed bramą tej czerwonej kamienicy z wieżyczkami. I choć miała po czterdziestce, włosy czarne, prawdziwie czarne, błyszczące jak drut. Ona miała w tej kamienicy mieszkanie. Wejście zaraz z bramy, niekrępujące mieszkanie. Dziewczyny z klientami przychodziły do niej…

Z szopy wyjrzał stróż. Śmieszny, twarz pełna brodawek, niektóre z kępkami włosów. Ukłonił się nisko, po chłopsku.

– Dobrze żyła. Sama też miała klientów, ale raczej takich stałych, przychodzących w oznaczone dni – mówił gorączkowo techniczek. – I jak się ubierała, elegancko, w same drogie ciuchy. Iza… Żadna byle jaka, tylko Niemcy jej męża…

Krzysztof wetknął mu w dłoń pieniądze.

– Ćwiarteczkę – powiedział technik do stróża.

Stróż wyniósł z budy butelkę, starannie owinął w gazetę.

– I ja… – techniczek zamyślił się, gapowato otworzywszy usta.

Krzysztof posłyszał teraz tykot tego budzika za jego flanelową koszulą.

– I ja – powtórzył techniczek – wpadłem jej w oko. Zaczęliśmy żyć z sobą. A przecież miała wielu chętnych, nawet handlarze z kawiarni próbowali do niej uderzać. Źle nie miałem – uśmiechał się łagodnie, tę szczerbę, jak pieczara, odsłaniał – ona wypić lubiła, ja też, z roboty już mnie wywalili, ale się nie martwiłem...

I znów ten tykot monotonny, leciutki. Raz, dwa, raz. Deski pokryte wapiennym, białym pyłem. Ubrudził sobie Krzysztof spodnie. Wytarł starannie chusteczką. Na ulicy lepiej. Ludzi mało i twarze zatarte w gęstniejącym zmierzchu. Dużo lepiej. Kamienica z wieżyczkami zaraz za waluciarską kawiarnią. Taka jak kościół, czerwona cegła, strzeliste, ozdobne wieżyczki.

– Ładna – powiedział Krzysztof.

– No... to była pani – rzekł techniczek – z dawnej rasy, przedwojennej.

Weszli w podwórze.

– Ale rok tylko to trwało – mówił technik. – I ona już nie żyje. Akurat pokłóciliśmy się, bo kota jej utopiłem. Taki kot szczyl, smród tylko, utopiłem w klozecie, zdenerwowała się, bo bardzo lubiła koty. Takie upodobanie miała. Więc wyjechałem do kumpla na Śląsk, zły byłem, bo przez kota tak się zawzięła, awanturę zrobiła... Wracam, mieszkanie opieczętowane...

Techniczek zaczął chlipać płaczliwie. Krzysztof oparł się o mur, zadarł głowę. W niektórych oknach tej kamienicy pokazały się już światła. Też kolos. Sześciopiętrowa. I w tych wieżyczkach facjatki.

– Ta moja co teraz – drgający głos techniczka – gorsza... i głupsza.

– A co z tamtą? – zapytał Krzysztof.

– To stało się przez takiego drania prawiczka. Pierwszy raz się wybrał na kobiety, u mojej Izy był, spodobało mu się i drugi raz poszedł, ale już nie z Izą. I złapał od tej drugiej chorobę. Wziął młotek, myślał, gnojek, że od Izy złapał, przyszedł wieczorem, akurat klienta wypuściła, zapukał i łupnął trzy razy.

Oślizłymi schodami zeszli do piwnicy. Ciemno. Mokre ściany. Niska piwnica, głowę trzeba schylać.

– Łupnął – powtórzył Krzysztof. Techniczek chlipnął cienko.

Cały labirynt wąskich korytarzy. Skręcili na lewo. W końcu korytarzyka mdłe światełko. Na suficie odrutowana żarówka. Wymalowane wapnem drzwi.

„Jak do sracza" – pomyślał Krzysztof. Zawadził o kubeł. Z brzękiem potoczyła się pokrywa. Ten kubeł z pokrywą jak więzienny kibel.

– To dozorca nam zrobił – powiedział techniczek – po co latać na podwórze. – Otworzył drzwi. Mała komórka, cegła zamiast podłogi i od razu ogarnął wilgotny chłód.

Na łóżku leżała kobieta, twarzą do ściany, nie ruszyła się nawet, gdy weszli.

– Zła na mnie – szepnął technik – mieliśmy malutką scysję. Ręczną – dodał z nieprzyjemnym uśmiechem. Z kosza przy łóżku wychylała się zrudziała kotka, pomrukiwała jak motorek, dwa kociaki, małe kłębki przyssane do jej brzucha.

– Przyszedł ze mną kolega – powiedział techniczek – zapoznaj się.

„Słaba meta" – uznał Krzysztof – „wilgoć, taki wilgotny ziąb, jeszcze mniejsza od mojej, i u mnie chociaż sucho".

Kobieta, postękując, usiadła, twarz wysunęła jak lunatyczka, chustką zakrywała lewe oko, strużka zakrzepłej krwi przy uchu. Wyciągnęła rękę. Krzysztof przychylił się i pocałował. Bardzo szorstka dłoń. Techniczek postawił budzik na stole. Przecierał rękawem szklanki.

– Tylko z zakąską gorzej – zasmucił się techniczek. Szukał długo na półce nad stołem. Znalazł. Kawałek chleba i parę plasterków salcesonu. Ucieszył się.

– Miałeś przynieść mleko dla kotki – odezwała się kobieta – od rana już przynosisz. – Wsunęła rękę do kosza, głaskała bure kłębki.

– Ona też lubi koty – techniczek splunął z obrzydzeniem.

– Lordzisko – roześmiała się ostro kobieta. – Koty paskudne, mówi, na brud czuły, byle co zjeść też nie chce, szyneczka, owszem, kaszanki nie ruszy, a łapę ma ciężką jak cep... I za co bije, źle ma ze mną, na siebie zarobię, jemu na gorzałę dam – skrzywiła cienkie usta. Była chuda, głębokie zmarszczki na szyi i resztki wielkich piersi, które miękko kolebały się pod sukienką.

„I takiemu technikowi" – Krzysztof był zdziwiony – „tyle mu się zachciało. Iza, sutenerka. Żyje z tych starych bab, ta jego gęba zapleśniała, jakby w pajęczynie..."

– A ten zegarek też mój – posłyszał głos kobiety.

Pokiwał głową. Było mu nieźle tutaj. Chłód wilgotny – dobry po upale, i wydawało mu się, jakby daleko schował się od całej tej trudnej do wytrzymania niedzieli.

W klitce na ścianach staroświeckie portrety, okrągłe albo w kształcie serc; faceci w sztywnych kołnierzykach, na jeża ostrzyżeni, zawijane wąsiska, kobiety godne, majestatyczne spoglądają ze ścian.

– To po Izie – objaśnił technik – ona z dobrej rodziny, ziemiańskiej... – Dumny, wyprężył się.

– Ciekawie się urządziłeś – powiedział Krzysztof.

– Całkiem możliwie, nie powiem – przytaknął technik – ...od nikogo nie zależę, sam sobie...

– Mądralka – przerwała kobieta – żeby nie Iza, ja, to gorzej byś lądował, dużo gorzej.

– Eh, dałbym sobie radę – technik pogardliwie wydął usta.

– Pan myśli, że to prawda, dałby radę... po śmietnikach chodziłby – kobieta poprawiła włosy, dwa loki zsunęła na czoło. – Na naszej krzywdzie on ląduje.

Technik zajrzał do butelki.

– Szybko wykończyliśmy.

Kobieta gmerała we włosach, poprawiała loczki, które rozpadały się po kilku ruchach głową.

– I żeby Izą się opiekował, to nie byłoby tego nieszczęścia. Tak, to jego wina. – Wstała, podeszła do ściany, odsunęła landszaft z kuchareczką.

– Jeszcze jej krew. Nie można zmyć.

Na ścianie brunatne ślady, kilkanaście wydłużonych plam.

– Prysła, jak łupnął, i już zostało...

– To nie jej krew – technik zaklął ze złością – to zaciek.

Kobieta cofnęła się i schowała głowę w ramiona. Zwierzęce drgnienie przebiegło po jej plecach.

„Będzie ją tłukł" – Krzysztof odwrócił głowę. Ale technik pchnął ją na łóżko. Przewróciła się na wznak.

Technik zastukał nerwowo w butelkę. Spojrzał błagalnie na Krzysztofa.

– No… to ja dziś kasa – odezwał się Krzysztof – zrobię jeszcze. – Pieniądze położył na stole.

– Tak głupio wypadło – powiedział technik – jestem bez grosza, ale następnym razem rewanż.

Po wódkę poszła kobieta. W tym piwnicznym labiryncie jej kroki słychać było długo.

– Nie podoba ci się u mnie – mówił technik. – Wiem. Nie wypieraj się. Bo nie może tu się podobać. Zapuszczone. Brudy. Nieprzyjemnie. Kiepska z niej kobieta. Nie ma porównania z Izą. I uroda, i wszystko. – Z nienawiścią spojrzał na kotkę, która wysunęła się z kosza. – Kotów nie lubiłem od najmłodszych lat, bo oczy takie wredne mają – wzdrygnął się. Podparł się łokciami. Przymknął oczy. – I to wcale nie jej krew – powiedział nagle – to zaciek.

„Taka menda, taki techniczek" – powtarzał z dziwacznym uśmiechem Krzysztof – „i taki zrobił odskok… tak daleko".

Powtarzał to wiele razy, monotonnie, łapała go drzemka. Kroki. Technik poderwał się od razu. Ona przyniosła pół litra.

– Ze swoich dołożyłam.

Podsunęli stół do łóżka. Kobieta przejrzała się w lusterku, szminką wymalowała usta. Czerwień kredki na jej zniszczonej, bladej twarzy odbijała ostro.

Krzysztof zatarł dłonie. To zimno wilgotne przeniknęło go do szczętu. Pociągnął duży łyk wódki. Wstrętna, śmierdząca gorzała. Chyba z niebieską kartką. Na zakąskę był tylko razowiec. Krzysztof zakrztusił się i długo czuł gorzałkowy smród. Kobieta była już lekko pijana, zmętniało jej lewe oko, drugiego nie widać, przesłonięte fioletową powieką.

– Pewnie gadał panu, że kiepska jestem, że słabo się staram... na pewno tak gadał – powiedziała z naciskiem. – Ale jakbym zadbała o siebie, to jeszcze... – zalotnie wywinęła wargi.

– No – przytaknął Krzysztof.

„Zaraz zacznie" – pomyślał – „...gdybym chciała, a mogłam, ale jeszcze, te wszystkie kurewskie refreny, jak płyta te refreny w każdej mecie".

Zakołysał się sennie na krześle. Schrypnięty szmer, to głos tej starej z podbitym limem. Technik chichocze. Krzysztof z trudem uniósł ciężkie powieki.

– ...A co ja zrobię. Nie dam rady. Szorowałam, tarłam... i nic z tego.

Podeszła do ściany i zadarła makatkę z kuchareczką. Ciemne, drobno rozsiane plamy na prostokącie ściany pod makatką.

„Więc wtedy to łóżko pod ścianą, od drzwi prawiczek zrobił tylko krok, cholernie mała ta klitka, jednak mniejsza od mojej, i łupnął" – myślał Krzysztof.

– I specjalnie tę makatkę kupiłam... żeby zakryć.

Technik szarpnął ją za sukienkę. Potoczyła się jak kukiełka.

– Co ja... – bełkotała.

Ta kobieta jak tamta przy kiosku opuchła, żółto opuchła i namoknięta. Gęba technika takim pajęczym kurzem pokryta. Bełkoczą, technikowi język przez wielką szparę wyłazi, jej głos klekocze drewniano.

„To jest trupiarnia" – pomyślał Krzysztof. Wstał gwałtownie i wyszedł. Krzyczeli za nim. Potknął się o kubeł. Wybiegł na ulicę. Pusto, jarzeniowa lampa rozsiewała blade światło. Przez dziurę w płocie przecisnął się na plac budowy. Krótsza droga. W szopie migotliwe światełko. Biegł długimi susami. Przed swoją bramą zapalił papierosa. Nacisnął dzwonek. W judaszu wybałuszone oko dozorcy. Drzwi otwierał powoli. Pomrukiwał sennie. Poznawszy Krzysztofa, przytrzymał go za rękę.

– Zbiera się – wysunął wskazujący palec – nie przechodzi. Znowu łupie.

Palec spłaszczony, włochaty, biała gula pod paznokciem.

– Przejdzie – bąknął Krzysztof.

Wspinał się po stromych schodach. Na pierwszym piętrze przypomniał o windzie. Otworzył. Za chwilę będzie w tym małym pokoiku 3 x 3, w tej klitce na poddaszu, myszy zaczną chrobotać, jedna taka najbezczelniejsza wskakuje na nocny stolik, rano na stoliku bobki, czarne, mysie bobki.

Winda sunie w górę z chrzęstem i dygotem. W tym pokoiku-klatce położy się zaraz na tapczanie, ręce podłoży pod głowę, późno już, może będzie widział tę piękną z piętra niżej, stary cieć odtwarza ten dramat z pasją, podryguje wielką, tłustą dupą, wali butem w bruk, to niemiecki krok, jeży brwi i jak uliczny mim wykrzywia gębę, może będzie Krzysztof słyszał płaczliwy głos starej z podbitym limem, tej krwi nie mogłam zmyć, szorowałam, odciąga makatkę, na ścianie podłużne plamy, jak bryzgi, i wtedy student zaśpiewa głosem jak dzwon, ja dziecko brodate...

– Skończyła się niedziela – szepnął Krzysztof.

Zadygotał, jakby znów oblazł go i przeniknął ten wilgotny chłód z sutereny.

1963

# Święta

Bródka wpadł w ten swój pijacki cug jak w szambo. Właściwie normalnie, jak zawsze, nie pił, gładziutko ogolony, powściągliwy, ciuchy kupował, pracował po godzinach, jakieś kreślarskie roboty brał, cały komplet kreślarski sobie sprawił, grafion, cyrkle, deskę, suwak, i za kobietą już się rozglądał, nawet taką dość przyzwoitą poznał, na wczasy postanowił wyjechać do Krynicy – i nagle złapał smak do wódki i nic już nie mogło go odciągnąć. Jedynie leczenie, rozmyślał Bródka, popijając wyborową, w pierwszych dniach zawsze pił lepszą, ten komplet kreślarski sprzedał i miał pieniądze, leczenie w zamkniętym zakładzie, kuracja apo, wzdrygnął się, przecież ohydne są to wspomnienia.

Ale ci koledzy z pracowni radzili mu, żeby żadnego leczenia nie zaczynał, pij ciągle, mówili, kieliszek wypijaj, dwa, potem staraj się dzień nie pić, dwa nic, i znów kieliszek, czasem można wypić więcej, jak to ludzie zwyczajni piją, i już jest szansa jako tako opanować się, taki chałupniczy sposób odwykowy, i dążyć do likwidacji tych niszczących organizm alkoholicznych zapaści. Major spod okna mówił, że sam w taki sposób z alkoholowego nieszczęścia wybawił się, a sprawa była zaawansowana, żona przecież od niego uciekła, Majorowi można zaufać, dużo przeżył, a teraz taki stateczny, elegancki, tyle że trochę pierdoła, ale mocny charakter, na PKO odkłada, i jak mieszkanie sobie urządził, nowocześnie, ze smakiem, i telewizor ma też. Bródka wziął to sobie do serca, i kilka dni spokojnych nawet było, raz kieliszek, raz nic, bardzo starał się wstręt do alkoholowej słabości w sobie wzbudzić, wódkę wąchał, smakował, myślał, przecież na zdrowy rozum to świństwo i nic więcej, wszystkie kace i nieszczęścia przypominał, do pracy chodził regularnie, kreślił nawet lepiej niż dawniej, chwalili go inżynierowie, kupię sobie, postanowił, modny krawat, taki czarny z plecionki. Ale piątego dnia rano był Bródka taki sflaczały i wymięty w środku, przejrzał się w lustrze, plunął w swe odbicie, nieszczęsny kretynie, warknął, i wypił w kiosku przy Górnośląskiej bombę jasnego piwa, poczuł rosnący apetyt, kioskarz Chodorowicz wyciągnął spod lady portery, wypił Bródka dwa portery, a po drodze jeszcze małą wódkę w ekspresowym barze, do pracy spóźnił się, ale był zdecydowany, zacierał ręce, pogwizdywał, i głupie myśli ze łba wywalił, tych kolegów, co nad nim czuwali, oszukał, mówiąc, że tylko dwa portery.

Więc dziś masz parszywy dzień, uznali oni, musimy cię pilnować, kreślił Bródka ze dwie godziny i odrzucił cyrkiel, chociaż kropelkę, powiada, nie mogę już dłużej, Major, świetny kolega, pobiegł po flaszkę, i wypili tę flaszkę w kantorku, Bródka przyssał się jak do smoczka, nie można było go oderwać, oni śmiali się, dzidziuś, mówili, zły dzień ma, ale nic, damy radę demonom. Po tej pierwszej butelce Bródka pomyślał, mechanizm już ruszył, teraz bez przerwy już trzeba oliwy, więc rzekł stanowczo, mało, i Piwnicki przyniósł następną półlitrówkę. A dalej to jest zupełnie groteskowe, ci koledzy od pilnowania nabrali chęci do wódy, spili się mocno, Bródka trzymał się najlepiej, wsadził ich do taksówki. Sam poszedł przejść się, miał z kreślarskiego kompletu jeszcze parę złotych, kupił butelkę gatunkowej wódki, „Soplicówki", a że był to dzień Wigilii, dla tej swojej kobiety (dość przystojna wdowa – maszynistka) wybrał w „Galluxie" dwie pary pończoch i ładny komplet nylonowy. Szedł sobie Alejami, zataczał się i śmiał hałaśliwie, śmiech ma Bródka osobliwy, rzężący, jakby z jamy głębokiej, przywalonej głazem to rzężenie wychodziło, śmiał się, bo myślał, jak go ci koledzy z pracowni od picia odzwyczajali, widział twarz Majora, obwisłą, zmartwiałą, Major nie chciał wsiąść do samochodu, wyrywał się, ja funduję, wołał, balować chcę, więc dusił Bródkę wesoły śmiech. Świątecznie zabiegani ludzie, dzień przecież wigilijny, przystawali zdumieni, zerkali na Bródkę w głupawym zdumieniu, a on śmiał się i gestykulował, nie widząc nic, cała twarz pokryta czerwonymi plamami (w początku cugu zawsze mu te plamy wyskakują), łysy jak kolano, i oczy wielkie, zezujące nieco, ustępowali mu ci świąteczni ludzie. Zaszedł do tej swojej wdowy, ona porządki robiła, szorowała podłogę, w piecyku ciasto, ryba na stole potworna, na pół rozerżnięta, kobieta spojrzała na niego, bez sympatii, też mam szczęście, powiedziała, tamten pijak, lepiej już w ogóle bez mężczyzny, i nawet Bródki nie zaprosiła, żeby usiadł, więc stał tak w jesionce na środku kuchni, woda wokół, ona zagarniała wodę ścierką, prezent ci przyniosłem, odezwał się Bródka, położył komplet i pończochy na stole, ona nawet głowy nie uniosła, otworzyła piecyk, kijek wsadza w makowiec, oblizuje, Bródka wyciągnął „Soplicówkę" i łyknął sobie, ona wycierała teraz podłogę na sucho, od piecyka buchał żar, Bródka w grubej jesionce, duszno coraz bardziej, wreszcie wymamrotał coś, kopnął kubeł, wylała się woda, ten prezent ze stołu zgarnął, schował za pazuchę i wyszedł, trzaskając drzwiami, na schodach dogonił go jej podniesiony głos. Zdenerwował się, z niewiastą sprawa zakończona, a święta razem spędzać mieli, ona taka jakaś, rozmyślał, jakby już drugiego na te święta wykombinowała, ludzi na ulicy rój, potrącali go, obładowani stosami pakunków, pędzili jak opętańcy, zbielał Bródka ze złości, plamy wystąpiły mocniej na twarzy, pódziesz, wołał, a pódziesz, i tupał nogą, świąteczni ludzie omijali go strachliwie i uczyniło się przy nim puste koło, ta ludzka strachliwość uspokoiła go, przestał krzyczeć i ostro przyśpieszył kroku, zawstydzony swoim wybuchem. Najgorzej w domu, pomyślał posępnie, żadnych zakupów nie robił, miał tylko pół kilo czerstwego chleba, ale przypomniał sobie o „Soplicówce", ledwie napoczęta przecież, zrobiło mu się raźniej, Książęcą doszedł do Rozbratu, przy Szarej zwolnił kroku, zerkał po bramach, pod czwartym, stwierdził, popijają; w głębi bramy pokurczone cienie, brzęk tłuczonego szkła posłyszał, zawahał się, chciał iść tam, ale po namyśle skierował się do siebie.

W pokoju zapalił tylko małą lampkę, ściągnął koszulę, poskrobał się po piersiach, usiadł, wielkimi łykami wypił tę „Soplicówkę", w głowie mu zamusowało, mówił coś szeptem, brzmiało to jak modlitwa, czasem unosił głos, to były przekleństwa, litania wymyślna, polskie i francuskie, te francuskie znał z obozu, wreszcie osunął się z krzesła na podłogę i zapadł w ciężki, z dzikim powarkiwaniem sen.

Rankiem paskudnie bolała go głowa, mróz gruby na szybach, we łbie dudniło jak w piecu, z tej butelki po „Soplicówce" wytrząsnął jeszcze pół kieliszka, taki łyk nic prawie nie pomógł, tyle że się uważniej rozejrzał po mieszkaniu, przy drzwiach pakunek w galluksowym papierze, zmarszczył czoło, dźwignął się, rozwinął, dwie pary pończoch, komplet nylonowy. I myśl nagła, chytra przyszła Bródce do głowy, parę pończoch włożył do torebki po cukrze, napił się wody i wyszedł z mieszkania. Mróz ostry, drętwiały uszy, znakomite rozwiązanie, myślał Bródka, i blisko, i niezły znajomy, cieszył się jak dzieciak, ten Chodorowicz, wojenny inwalida, miał kiosk przy Górnośląskiej, popijać lubił, i parę razy Bródka zastawiał u niego zegarek, a kiedyś sprzedał mu obrus i widelce, puścił się biegiem, bo w uszy i nos szczypało coraz dokuczliwiej.

Tam u Chodorowicza świąteczne śniadanie na całego, szynka, ćwikła, baleron, kiełbasa obsuszona, schab i dwie butelki też na stole, żona Chodorowicza bigos odgrzewa, kulawy i jego syn już są po jednym głębszym, Bródce też kieliszek napełnili, on ukłonił się nisko, wesołych świąt, powiedział, żonę Chodorowicza dwa razy pocałował, dla pani taki maleńki upominek, pończochy w torebce po cukrze jej wręczył, ona zaprosiła go do świątecznego stołu, jedli bigos, dwie butelki wykończyli, Chodorowicz syna wysłał po nowy alkoholowy ładunek, i pili już do wieczora, Chodorowicz złapał Radio Watykan, nabożeństwa stamtąd wysłuchali, Chodorowicz płakał, religijny bardzo po wódce, znów coś jedli na gorąco, pili, dwa razy trzeźwieli, spali też trochę na krzesełkach, wieczorem Bródka wstał od stołu, z trudem trzymał się na chybotliwych nogach, ukłonił się, wesołych świąt, wybełkotał, i poszedł do siebie na Szarą, mróz nie zelżał wcale, przy oddychaniu zatykało w piersiach, dowlókł się do swej facjatki na czwarte piętro, zwalił się na podłogę pod ścianą, ale po chwili wstał i ułożył się na kanapce.

Następnego dnia o tyle było gorzej, że za wcześnie obudził się, tak przed piątą, i dygot nim zatrząsł, wszystko ruszało się w nim jak galareta, pragnienie wódki dręczyło bardzo, ale ani kropelki nie znalazł, wreszcie zapakował w jeden pakunek komplet nylonowy, a w drugi pończochy i wyszedł na ulicę, zaszedł do tej szpitalnej posługaczki, która handlowała wódką, i za pończochy dostał ćwiartkę, mąż posługaczki zapraszał go na świąteczne śniadanie, ale Bródka odmówił, chciał wpierw, nim zacznie chodzić po ludziach, wypić pierwszą wódkę w samotności, wlazł do tej bramy pod czwartym i pod papierosa wychylił połowę z butelczyny, od razu pojaśniało mu w głowie, odetchnął głęboko i spokojnym już spacerkiem doszedł do Czerniakowskiej, bardzo wcześnie, śnieg skrzypiał, oglądał nowe domy, budują całe bloki tutaj, ładne, kolorowe, ten trzeci z bloków bardzo mu się spodobał, chciałby zamieszkać w takim, nie to co stare budownictwo, mruczał, zastanawiał się, do kogo zajść, minął narożną ruderę, ostre głosy posłyszał, pewnie u Polderów piją, ale tam nie chciał, nie będzie miesiąca, jak zaprosił to tałatajstwo do siebie, nie zawsze przecież można w pojedynkę, upili go wtedy i ukradli najnowszy garnitur, który uszył sobie z diagonalu, taki wykwintny, ciemnoszary, modnie uszyty, spodnie bez mankietów, małe klapki, spił się wtedy jak worek, i rąbnęli mu ten garnitur, Kaczyński i Rysiek Urzędnik, degeneraty szmatławe, pomyślał Bródka, oni śmieją się, śmieją się, rozpogodził się nieco, bo im też kradli ci od Polderów już nieraz, degeneraty szmatławe.

Pomysł wyskoczył nagle, powtarzał, degeneraty szmatławe, i wpadł do głowy ten pomysł przedni, równie znakomity jak wczorajszy, miał przecież komplet w kieszeni, postanowił odwiedzić brata, brat mieszkał w śródmieściu, niedaleko, więc ten komplet dla żony brata akurat. Zadyszany, radosny począł walić w drzwi, jeszcze spali, wystraszeni, brat w pidżamie drzwi uchylił, Bródka wpadł jak bomba, przeprosił za najście, wesołych świąt, powiedział, i wręczył komplet nylonowy bratowej, bratowa zerwała się z łóżka, bigos odgrzała, brat miał pół litra cytrynówki i wermut, zasiedli do stołu, Bródka chwalił żarcie, podlizywał się bratowej, ale tego picia niewiele, wysączyli w dwie godziny, Bródka mrugnął do brata, brat wahał się dłuższą chwilę, ale zadecydował wreszcie, odprowadzę Zygmunta, powiedział żonie, i za godzinkę wrócę. I pojechali razem na Szarą, po drodze Bródka zastawił zegarek u znajomego szewca, zastawił z procentem pięćdziesiąt złotych na dwa dni, kupił u sprzątaczki pół litra i wypili pod czerstwy chleb w tej facjatce u Bródki, ja ciebie rozumiem, powiedział brat, to piekło żyć na trzeźwo, nuda i nic więcej, ja wcale nie uważam, że źle robisz, pogrzebał w kieszeniach, wyciągnął pieniądze, musimy jeszcze coś wypić.

Bródka zatarł dłonie, znał brata doskonale, najgorzej tylko zacząć z nim, ale potem już wszystko jak z płatka, poleciał do posługaczki, po drodze obliczył forsę, sto złotych, według świątecznej taryfy starczy na pół litra, a żarcia na pewno dołożą, przecież na żarciu w święta nie oszczędzają, i kupił flaszkę, zakąskę dołożyli bezpłatnie, kawał kiełbasy, i nawet makowiec chcieli dać, wraca zadowolony, patrzy, po drugiej stronie ulicy idzie Urzędnik i Kaczyński, opuścił Bródka głowę, nie mógł tych szmaciarzy znieść, a oni krzyczą bezczelnie, co tak lecisz, poczekaj, Bródka nic, oni dalej, poczekaj, mamy wódę, święta, wypijemy na zgodę, Bródka przyśpieszył kroku, biegł prawie, oni ze śmiechem za nim, nie pijesz, wredne zdziwienie, na futro pewnie zbiera, takie z wydrowym kołnierzykiem, to mówił Urzędnik, a Kaczyński, może on chce kożuch bułgarski sobie sprawić, wtedy Bródką wściekłość szarpnęła, wbiegł, rzężąc i dysząc, na czwarte piętro, całą tę historię z garniturem przypomniał, jak upili go, a kiedy otworzył oczy, w szafie pucha, nie ma diagonalu, jeszcze nie wierzył, wszystkie kąty przeszukał, nie ma, pobiegł na komisariat, dzielnicowy wysłuchał spokojnie i mówi, może i ukradli, ale po co pan się z nimi zadajesz, gangstery takie, deklasujesz się pan (deklasujesz – to jego słowo ulubione), i zrobił u tych Polderów rewizję, Polder, Urzędnik i Donica akurat przy wódce siedzieli, pewnie za diagonal to picie, śmieją się, nie ma nic, wzdychają, nic pan nie znalazł, a Donica powiada, ten Bródka, nie powiem, inteligentny, owszem, ale on zwidy ma, jak to po wódzi, jednym białe myszki, a jemu garniturki z szafy wyłażą, wpadł Bródka do mieszkania, postawił butelkę na stole i mówi do brata, mam pewne rachunki z hienami, co na mojej słabości żerują. Brat już był gotów, okulary schował, parę przysiadów zrobił i nawet chciał Bródce walkę z cieniem demonstrować, nikt nie poznałby teraz tego spokojnego buchaltera, taki bojowy i chętny do rozróby.

Biegli z tupotem na dół, brat po trzy schodki przeskakiwał, i trzeba trafu, wykręcił sobie stopę w kostce na ostatnim już schodku, musimy wracać, jęczy Bródka, ale brat nie chciał i kulejąc wypadł na ulicę, doszli do sklepiku i zderzyli się z Urzędnikiem i Kaczyńskim, przez sekundę Bródce zamajaczyła bezczelna gęba Kaczyńskiego, walnął pięścią z rozmachu, ale źle wymierzył i trafił w ścianę, zaskowyczał z bólu, Kaczyński uchylił się gwałtownie, zawadził o beczkę po piwie i runął na chodnik, Urzędnik odskoczył pod mur i zasłonił twarz rękami, mocno pijany, kołysał się monotonnie, Kaczyński dźwigał się z ziemi, wyłuskał z bruku kamień kanciasty i powolutku wstawał.

Urzędnik krzyknął, Waldziu, nie, nie, to wyrok przecież, więc Kaczyński wypuścił kamień, a Bródka wrzasnął dla zabezpieczenia, napad, ratunku, napad, brat jego przybrał bokserską postawę, wtedy Urzędnik ręce na murze jak Chrystus rozkrzyżował i zawył przeraźliwie, prowokacja, brat Bródki chwycił go za płaszcz, szarpnął, płaszcz zaciągnął na głowę. Urzędnik gmerał się bezradnie pod płaszczem, Kaczyński usiadł na beczce i powtórzył za Urzędnikiem, prowokacja, Bródka nagle uspokoił się zupełnie i pociągnął brata za sobą, weszli do bramy, brat pojękiwał, bolała go skręcona kostka, zmęczeni byli, ziejąc wtoczyli się do mieszkania, półlitrówki już nie napoczęli, tylko tak jak stali, w jesionkach, zwalili się na podłogę. Rankiem znów Bródka został sam, brat wymknął się cichcem, zostawił karteczkę. Zygmuś, musiałem już iść, dzika historia, Marylka na pewno szaleje, trzymaj się dobrze, Bródka nie zmartwił się, sam to sam, powiedział półgłosem, w zasadzie najlepiej bez nikogo, podłożył ręce pod głowę, zapalił papierosa, przypomniał wczorajszą drakę, zaśmiał się wesoło, a potem obliczył, że jest to trzeci świąteczny dzień, wódkę w domu miał, usiadł po turecku i popijał drobnymi łykami, koło południa strasznie mu się jakoś zrobiło, na ścianach zaczęły się pokazywać czarne sowy z ludz-

kimi oczami, tych sów z pięć, biegał po pokoju bezradny, sowy wbijały w niego ludzkie oczy, spocił się, uciekł
z mieszkania i pobiegł na róg Czerniakowskiej i Śnie-
gockiej, niesamowite, szeptał, tyle tych sów.

Na rogu pijaczkowie stąd stali gromadką, składali się
na wódkę, Bródka ze smutkiem wywrócił kieszenie, nagle przypomniał o tych skarpetkach, co miał na nogach,
elastyczne, komisowe, kupił do diagonalu, Donica pobiegł do domu, przyniósł onucki, Bródka ściągnął skarpetki, upadek kompletny, mamrotał, owinął stopy tymi
brudnymi szmatami, ale poczuł się lepiej, za takie skarpetki, oświadczył, więcej niż dwadzieścia gorzałkowe
handlary dadzą. Wśród pijaczków był też Edzio Wariat,
spokojny, nieśmiały, wymęczyli mnie tam, powiedział
tylko, i już nic nie chciał o tych Tworkach mówić, Cesiu
Zegarmistrz i Donica śmieli się z wczorajszej draki,
przestraszyłeś Urzędnika i Kaczyńskiego, jeszcze dojść
do siebie nie mogą, no cóż, ucieszył się Bródka, robotnik
nie jestem, lecz rękę mam ciężką, a mój brat, dodał, po
studiach ekonomicznych, a umie się tłuc, ho, ho, z tymi
studiami przesadził, bo brat miał tylko rok SGPiS-u, ale
z takimi facetami trzeba z góry, pomyślał, żeby dystans
utrzymać, po wódkę poszedł Donica do swojej ciotki, też
handlary, przyniósł litr, poszli w krzaki i tam wypili
pod papierosa.

W parkowe zarośla trafił też do nich gruby Kopyciński, lekko pijany, wystrojony świątecznie, parę groszy
mam, powiedział, i na spóźnioną rybkę zapraszam Wariata i Bródkę, oni dwaj to ciekawe okazy, mówił dalej

gruby, bardzo ciekawe, Bródka wykrzywił wściekle gębę, ale nic nie powiedział, żeby grubego nie zrazić. I poszli we trójkę do szpitalnej posługaczki na Szarą, ona wpuściła ich do pokoju, najlepszy mój klient, pokazuje na Kopycińskiego, proszę, siadajcie, panowie, właśnie gdy podchodzili do stołu, Wariat tak dziwnie zatoczył się na grubego Kopycińskiego, nogę mu podstawił i zwalili się obaj na podłogę, jak tylko wstali, Kopyciński złapał się za kamizelkę, dewizka oderwana, krzyczy, gdzie zegarek, na to Edzio Wariat zamyślił się i mówi, musiał Bródka cię skubnąć, w parku, pamiętam, zegarek miałeś w kieszeni i Bródka przysuwał się do ciebie, zagadywał, nic, tylko Bródka cię skubnął, niby inteligent, ale alkoholik, Bródkę zła krew zalała, wycharczał, rewiduj, jak chcesz, kieszenie wywrócił, i rób wszystkim rewizję, więc Kopyciński rewizję zrobił i u Wariata zegarek znalazł, Wariat popłakał się ze złości, taki zegarek mi przepadł, płaski, wodoszczelny, z kalendarzem, Kopyciński drzwi otworzył i rzekł: won, mojej wódki nie będziesz pił, Wariatowi usta zbielały, dobrze, zaryczał, spojrzał na Bródkę i wyszedł. Posługaczka dłonie jak do modlitwy złożyła, panowie, chwała Bogu, że pan Wariat poszedł sobie, jak się cieszę, nawet trochę gimnazji ma, ale to wykolejeniec, pił kiedyś z moim sąsiadem, spokojny człowiek, rzemieślnik, żona mu umarła, z rozpaczy pił, no i popił raz z panem Wariatem, u mnie to było, płakał jak bóbr, żonę nieboszczkę wspominał, potem zasnął, a pan Wariat rozpiął mu marynarkę i z kieszeni wszystkie pieniądze zabrał, jeszcze mnie przygroził i minę zrobił, Chryste ratuj. Wypił Bródka z Kopycińskim pół litra, Kopyciński hojny jak nigdy, postawił jeszcze ćwiartkę, ten zegarek, mówił, pamiątkowy, „Cyma", po tatusiu, a wódkę postawić mogę, interes nieźle idzie, zbyt jest, najgorzej z surowcem, na razie daję sobie radę, tylko żonę mam niedobrą, jędza, spokoju nie daje, gadał coraz ciszej, niewyraźnie, zasnął; on po wódce zawsze senny, na tę jego senność nie ma rady, nogi rozwalił i chrapie. Bródka zadowolony, już wieczór, ten trzeci dzień minął właściwie, trzeci dzień świąt, posługaczka przykryła kołdrą grubego Kopycińskiego, Bródka wyszedł.

Pośpiewując, zdążał do domu, kolędy śpiewał, woziwodę, i już dochodził do swojej bramy, gdy cień jakiś zastąpił mu drogę, Bródka oczy przeciera, cień skoczył na niego, zasłonić się nie zdążył, dostał kilka mocnych uderzeń, jedno w dołek, zemdliło go, upadł, jeszcze kopniaków kilka i nad sobą głos Edzia Wariata posłyszał, zakapowałeś, mówił Edzio, skarciłem, szybki tupot kroków. Bródka leżał nieruchomo, poruszył się, zajęczał, piersi bolały, nerki też, wreszcie na czworakach dowlókł się do swojej facjatki na czwarte piętro, ułożył się na kanapce, ale zasnąć nie mógł, coś poważnego, przestraszył się, jakby żebra połamane, a może nerki odbite, do świtu leżał z otwartymi oczyma, zapadł w płytki sen. Zbudził go ból w piersiach, spróbował poruszyć się, zakłuło mocniej, pozbierał wspomnienia z wieczora i popłakał się z żalu nad sobą, sam jestem, chlipał, samiuteńki, nikt mi nie pomoże, przypomniał sobie garnitur z diagonalu, dużo jeszcze innych spraw, jak szafę tej zapijaczonej rodzinie z pierwszego piętra sprzedał, Donicy, zdaje się, rodzina, oszukali go przy sprzedaży, pili z nim za tę szafę, i gdy zasnął, resztę mu zabrali, wtedy najgorszy, najwredniejszy był Krawczyk, taki czterdziestolatek na utrzymaniu matki, karciarz i wyścigowiec, ale przypomniał sobie, już nie żyje, facet był jak tur, nigdy nie chorował, no i zapadł na białaczkę, ucieszył się Bródka mściwie, a rok po Krawczyku zarżnęli Poldera I, tamten Polder też wilk, zawsze namawiał Bródkę, po co ci jesionka, opylimy, wystarczy płaszcz, po co ci golfy, niemodne teraz, opylimy, więc Poldera też nie ma, uśmiechnął się Bródka, i Rysiek Urzędnik marnie wygląda, poci się, ukradkiem popluwa w chusteczkę, może i jego kostucha, zagalopował się w tych marzeniach daleko i wyobraził sobie, jak zdycha Edzio Wariat, siny, usta wykrzywia, ratujcie, rzęzi, żyć chcę, coraz ciszej powtarza, żyć chcę, a on, Bródka, stoi nad nim spokojny, wygolony, ubrany wykwintnie, w garniturze nowym z flaneli, nogi rozkraczył, wziął się pod boki i czeka, twarz Bródki pojaśniała łagodnym uśmiechem, ręce szeroko wyrzucił i zaskowyczał, coś w piersiach zakłuło piekielnie, powoli zsunął się z kanapy, na czworakach dowlókł się do kranu, dręczyło go pragnienie, opił się wody, powinienem skończyć z wódką, pomyślał, najwyższy czas, podsunął głowę pod kran, puścił strumień wody, orzeźwiło go.

Rozległo się ciche, delikatne pukanie do drzwi, Bródka znieruchomiał, znów to delikatne puk, puk, przyczaił się, to ja, posłyszał, z korytarza, no ja, Kopyciński,

otworzył, gruby wtoczył się na pokrzywionych nogach,
jego świńskie oczka błyszczały mętnie, do kogo miałem
przyjść; powiada, tylko do ciebie, z żoną zgodzić się nie
mogę i rozpiłem się, ale mam, poklepał się po wypchanej kieszeni, z pustymi rękami nie przychodzę, wyciągnął ćwiartkę.

Bródka skrzywił się niechętnie, cóż to, myślał, mój
dom hotel dla tłustych prywaciarzy, z żoną zgodzić się
nie może, ale Kopyciński szybko podsunął mu pełną
musztardówkę, więc wypił, odetchnął głęboko, kłucie
w płucach zelżało, butelkę opróżnili w dwóch rozla-
niach, gruby zerkał łakomie na kanapkę, wreszcie skoczył tam jak zając, położył się na wznak i zaraz przysnął.

Bródka dopił resztkę ze szklanki grubego, z żalem
popatrzył na kanapkę, zdrzemnął się na krześle, obudził
się w ciemności znów trzeźwy i schorowany, przeraził
go dźwięk dziwny w tej ciemności, bulgot i jęk, strach
ścisnął mu serce w kleszcze i pot wystąpił na czoło, odetchnął z ulgą, przypomniał sobie o grubym, zapalił
lampkę, popatrzył na gębę złożoną, i to usteczko maleńkie w tej mordzie, jak ryjek, kto jest większym okazem, ryknął ochryple, ja czy ty, i ściągnął z kanapki Kopycińskiego. Obaj spacerowali wzdłuż ściany, trzeźwi
i dygoczący, gruby pocił się obficie i ziewał, wiedział
jednak, że o spaniu nie ma mowy, więc w końcu powiedział ze smutkiem, pójdę i przyniosę karabinka, Bródka poweselał, pobiegł gruby po wódkę, słychać szum
wiatru za oknem, wstrętny, żałosny szum, Bródka żałował, że nie ma radia, jakaś muzyka teraz, cicha, łagod-

na, wiatr walił w szyby, przestanę pić, szepnął Bródka, wyliczył sobie, że przez dwa dni z domu nie wyjdzie, akurat przełamie w sobie chęć do wódki, przestanę, powiedział głośno, zaczął grzebać wśród starych papierów w kącie, wyciągnął grubą książkę, spróbował czytać, ale litery rozlatywały mu się jak groch, tupot kroków na schodach, Bródka odrzucił książkę, wpadł gruby z butelką, zdyszany i radosny.

Tak popijali z Kopycińskim, nie można powiedzieć jak długo, czas im się pomieszał, zasłony na oknach naciągnięte, Bródka kończyć picie postanawiał, gruby mu przytakiwał, to tylko marnotrawstwo czasu i pieniędzy, ale trzeba jeszcze po łyku, mówił Bródka, wyleczyć się trzeba, ostatni łyk, myślał, żeby pozbyć się tego dygotu i galarety w środku, jednak potem był smak na więcej, wypychał Bródka grubego po wódkę, nie żałuj, krzyczał, z tego warsztatu forsy masz jak lodu, och, opierał się gruby, domiarami gnębią, kobieta zachłanna, dwa futra jej kupiłem, popielice i karakuły, urywał, przerażały go gorączkowe, ostre, jakby wypalone do białości oczy Bródki, i wzdychając, wychodził na ulicę, słabi już obaj byli, i po butelce senność ogarniała ich przemożna, Kopyciński ledwie wypił swoje, wskakiwał na kanapkę, taki kolos różowy, fałdzisty, w granatowych gatkach, kanapka stękała pod jego ciężarem, gruby rozkładał się na wznak, taka góra tłuszczu na kanapce, Bródka zgrzytał zębami, sam zasnął na krześle...

Gdy tylko obudził się po tej trzeciej chyba butelce (tak, trzy puste flaszki na stole), pociągnął za nogi Kopycińskiego, rozleci się kanapka, mówił płaczliwie, won, Kopyciński zwalił się na podłogę i dalej pochrapywał zachłannie, trzeba coś wypić, szczypał go Bródka w miękkie, jakby babskie piersi.

To pukanie do drzwi zabrzmiało jak grzmot, takie chamskie, natarczywe, Bródka przestał szczypać grubego, głosy za drzwiami, poznał od razu, Urzędnik i Kaczyński, otwórz, mówili, mamy piwko, wódeczkę, pogodzić się trzeba, kusili, przecież my razem z tobą, Bródeczka, na studia, pamiętasz, no, Bródka wahał się, nie, zdecydował po długiej chwili, gruby musi mieć jeszcze pieniądze, i nie wpuścił, oni kopali w drzwi, w końcu odeszli, Kopyciński chrapał jak motor na podłodze, Bródka pochylił się nad nim, zrewidował kieszenie, nic nie znalazł, zastanowił się, i delikatnie zsunął mu buty ze stóp, za skarpetką znalazł zmięty w kulkę banknot stuzłotowy, na palcach wyszedł z mieszkania, wrócił z butelką. Pił sam, gruby spał twardo, Bródka wstawił butelkę do szafki, przyklęknął przy grubym, szczypnął w piersi, Kopyciński zerwał się oszołomiony, idziemy do kina, wrzasnął Bródka. Ubrali się i wyszli, wyglądali dziwacznie, Bródka zarośnięty jak galernik, Kopyciński opuchły i czerwony, szli niezgrabnie na miękkich nogach, gruby postękiwał żałośnie, po co kino, pomyślał Bródka, dwóch godzin nie wytrzymasz, przed kinem trzeba coś wypić, powiedział głośno, więc wstąpili do baru i wypili po setce, w barze tłok, dziwni ludzie, myślał Bródka, wygoleni, krzyczą, dobrze im chyba, spojrzał na grubego, gruby zalecał się do barmanki, wsiowej z wyglądu dziewuchy, zwierzę, pomyślał Bródka, przypomniał też sobie, jak kiedyś do liceum fotograficznego chodził, fotoreporterem chciał zostać, i uciekł Grubemu, szybko wymknął się z knajpy, przyczaił się za drzewem, przeczekał i wolnym krokiem poszedł do siebie na dół.

W mieszkaniu z rozkoszą ułożył się na kanapce, próbował czytać tę grubą książkę, książka wypadła mu z rąk, zadrzemał, poderwało go mocne klepnięcie w plecy, zamrugał oczyma, przed nim stał Kopyciński, uśmiechał się przyjaźnie, zgubiłeś mi się, powiedział, ale znów jesteśmy razem, wyciągnął ćwiartkę, Bródka pociągnął łyk, gruby zepchnął go z kanapy, zmęczyłem się, powiedział, ułożył się po swojemu na wznak, nogę na nogę założył, miło, mruczał, bardzo miło, i zasnął.

Bródka ćwiartkę do reszty opróżnił, podszedł do okna, w świetnej dzielnicy mieszkam, uśmiechnął się miękko, mało domów, park, dużo pijaczków, Wisła, jak dla… nie dokończył, zrobiło mu się niedobrze, zwymiotował, odpoczął chwilę na podłodze, bolało go serce, popatrzył na Kopycińskiego, śpi jak u siebie w domu, pomyślał, przewala się jak wieloryb, pobudka, wrzasnął przeraźliwie, jak pić to pić, powiedział mściwie, gruby wstał niechętnie, nie chciał się ubierać, ale Bródka siłą prawie nałożył mu futro, piękne, pomyślał, z takim kołnierzem, i jakie podbicie, wyszli na ulicę, tylko za co pić, powiedział Gruby; pieniędzy już nie mam, możesz zastawić zegarek, poradził Bródka, ja swój już zastawiłem, serce bolało go nieustannie, jestem niedopity, pomyślał, przywarł do ściany i znów zwymiotował, za sobą posły-

szał żałosny głos Grubego, obejrzał się, pod sklepikiem
z warzywami dopadli Kopycińskiego szwagier i wspólnik, wyskoczyli zza krzaków, wykręcili mu ręce, do domu, mówią, interes zamknięty, żona płacze, pociągnęli
go, Gruby opierał się i wierzgał, nie chcę, skowyczał, ja nie
mam domu, mam tylko przyjaciela, wskazał na Bródkę.
Bródka parsknął pogardliwie, przyzwyczaił się, chami-
dło, był zadowolony, nie ma grubego, kanapka wolna,
zastawił u szpitalnej posługaczki szalik, nie chciała przyjąć, szmata nie szalik, szczekała, ale powiedział jej, że
za dwa dni otrzyma chorobowe, więc dała mu ćwiartkę,
zapalę małą lampkę, pomyślał, przyjemny nastrój, mróz
zelżał trochę, już nie skrzypiało pod nogami. Przed swoją bramą Bródka zobaczył Edzia Wariata z jakimś drugim, opuścił głowę, chciał ich minąć, lecz Wariat zastąpił mu drogę, po cóż ta nienawiść, powiedział, stało się
i koniec, tak nie robi kolega, wymamrotał Bródka, wiesz
przecież, że mam trochę nie tego, Wariat stuknął się
w czoło, ale do świństwa przyznaję się, to nie było lojal-
ne, powiedział Bródka, Wariat wyciągnął rękę, uścisnęli
sobie dłonie na zgodę, peszyły nieco Bródkę oczy Wariata z tańczącymi błyskami w głębi, tam w Tworkach
wymęczyli go na pewno, pomyślał, i zaprosił Wariata
i tego drugiego do mieszkania, zgodzili się chętnie, ten
drugi wstrętny jakiś, przymilał się do Bródki jak kot,
proszę uprzejmie, mówił, i przypalił mu papierosa, słucham, owszem, oczywiście, taki wrednie układny, ale
z Wariatem, pomyślał Bródka, lepiej żyć w zgodzie, więc
nalał Wariatowi do szklanki najwięcej wódki, Wariat

wyżłopał szybko, rozejrzał się ciekawie po pokoju, wytarł usta, dobrze pijesz, pochwalił go Bródka, bez najmniejszego skrzywienia, Wariat poruszył się niespokojnie, polecę już, powiedział, coś nie mogę usiedzieć, podziękował za wódkę i wyszedł bez pożegnania, ten wrednie przymilny westchnął, szkoda człowieka, pokręcone ma w głowie, Bródka doskonale się poczuł, sprzedam walizkę, postanowił, walizka, obliczał, to może starczyć na pół litra, bardzo dobrze poczuł się, z sercem też w porządku, spojrzał na stolik, wstał gwałtownie, głupawo rozchylił usta, na stoliku przed chwilą była papierośnica, taka z laki, chińska, dostał od tej wdowy sprzed świąt, przed chwilą była, pamiętał doskonale, szuka, nie ma papierośnicy, wrednie przymilny również wstał, może mnie pan posądza, więc zrewidował go Bródka, nie ma, przypomniał sobie, że Wariat, wychodząc, lekko dłonią po stoliku przesunął, jakby kurz ścierał, więc on, Bródka, przybladł z oburzenia, niech pan nie denerwuje się, uspokajał go wrednie przymilny, na pewno przez pomyłkę wziął, typowe roztargnienia dla, wymienił jakiś termin łaciński, Bródka nie wiedział, co oznacza ten termin i to go rozwścieczyło, otworzył drzwi, proszę wyjść, powiedział drgającym głosem, no, wrednie przymilny dopił swoją wódkę, uśmiechnął się grzecznie i wyszedł.

Bródka zamknął drzwi na sztabę, usiadł na kanapie, butelkę ze stołu chwycił i rozbił o podłogę, skaleczył sobie palec, przytknął do gorzałkowej kałuży, zaszczypało, przestaję, powiedział stanowczo, przestaję, tupnął nogą, i jeszcze zobaczą, wyszeptał, właśnie że kupię futro, uspokoił się, rozejrzał się po mieszkaniu, nie tak wiele straciłem, meble zostały, kołdra też, drugie ubranie też, podszedł do drzwi, sprawdził, czy sztaba dobrze założona, futro kupię, chodziło mu uparcie po głowie, wziął tę grubą książkę, ułożył się na kanapie, przewracał kartki, szelest przyjemny, przymknął oczy, książka wysunęła mu się z rąk.

1963

# Sarkoma

Zazdrościli Gościukom wszyscy prywatni sklepikarze w tej dzielnicy nowych bloków. Gościukowie mieli najlepszy tutaj interes. I tyle lat już szedł ten interes, zaopatrzony należycie, ze stałą klientelą; przetrwał wszystkie domiary, komisje i inspekcje. Tylko najstarsi handlarze na wózkowych straganach pamiętają, że Gościukowie dawno temu też od wózka zaczynali. Ten Sadowski, co ma stragan pod kinem, mówi tak, wiedziałem, że Mietek Gościuk zrobi karierę, od początku wiedział, czego chce, i miał handlowe wyczucie. Tak mówi Sadowski i od razu ogarnia go złość na syna, ordynusa i lenia. Nie dość, że leń, ale jeszcze odstrasza klientów. Niedawno przecież, wczesnym rankiem to było, młody Sadowski po dużej wódce poprzedniego dnia, do straganu podchodzi żona doktora z tego wieżowca kolorowego, dobra klientka, tylko grymaśna, i wtedy też zaczęła jabłka oglądać, przerzucać, a to za małe, a to nadgniłe, Sadowszczak ledwie dyszy z przepicia, zezłościła go ta doktorowa i zawarczał, tak gmerać to może pani mężowi w spodniach, łobuz – zapiszczała doktorowa i uciekła.

W ogóle ci wózkarze handlują byle jak. Nie tylko zresztą wózkarze. Zmarniał handel, nikt nie jest pewny swego, każdy żyje na łapu, capu i solidność kupiecka należy do przeszłości.

Tylko u Gościuków inaczej, taki niby marny interesik, ciasna klitka, uboga wystawa, przeważnie zielonkawe pomidory, słoik z ogórkami i chudy, źle oskubany kogut – i wbrew tym pozorom wszystko szło jak złoto. Ruch, gęstwa klientów, Gościukowie zawsze grzeczni, doważali ździebko więcej, nigdy mniej, w białych fartuchach, jak lekarze. I nic dziwnego, że zazdrościli im ludzie. Bo dla porównania, choćby drugi sklepik na tej ulicy. Tam wszystko szło jak krew z nosa, właściciel wiecznie podpity i senny, a jak go coś chwyciło, to potrafił za darmo towar klientom rozdawać; co ładniejszej kobiecie mówił, łaskawa pani, w prezenciku ode mnie albo bieri, znajta moje serce, on tak z ruska gadał, ze Lwowa pochodził, i jeśli w ogóle jako tako ten interes szedł, to tylko dzięki siostrom Brodacza, Brodaczem właściciela tego sklepiku nazywano, te dwie wysuszone bliźniaczki starały się nie dopuszczać go do kasy i wagi, ale przecież nie zawsze mogły sobie z nim dać radę…

Toteż Mietek Gościuk zawsze uśmiechał się wyrozumiale, gdy przechodził obok sklepiku Brodacza, uśmiechał się i zaglądał ciekawie do wnętrza. On sam, owszem, lubił wypić, ale nigdy przy pracy, przy pracy to nawet piwa nie wypił, będzie cuchnąć – mówił – a z tego obciach tylko, zrażają się klienci…

I tak żyli sobie całkiem możliwie Gościukowie, nieraz w swym handlowym zajęciu stawali się nagle roztargnieni, nieuważni, Mietek mówił, no i popatrz, ten semestr znów zaliczył na dobrze, a przecież asystent cholerna piła, pół grupy wykosił, Gościukowa nieruchomiała przy wadze, ale teraz kolokwium ma trudne – marszczyła czoło – taki jakiś projekt, ech – machał ręką Mietek – nie da się wykosić; i tak uśmiechali się do siebie radośnie. Oni mieli syna, jedynaka. Ten ich jedynak studiował na Politechnice, właśnie zaliczył wszystkie ćwiczenia i egzaminy pierwszego roku wydziału budownictwa drogowego; opływał chłopak we wszystko, niczego mu nie odmawiali, chciał mieć najdroższe farmerki „Lee", kupili mu bez słowa na bazarze za osiemset złotych, chciał komplet tenisowy, kupili, spodobała mu się w komisie elektryczna maszynka do golenia marki „Philips", za dwa dni miał tę maszynkę, trochę tylko podśmiewał się przy tym Mietek, szkoda takiej maszynki do takiego zarostu, kolejowy zarost, co stacja to włos, ale przecież oboje nigdy nie żałowali pieniędzy dla swojego chłopaka.

I pod koniec lata jedynak zapragnął mieć skuter, wpadł do sklepu rozgorączkowany, indeks matce podtykał, patrz, same czwórki, tylko dwie tróje, i od razu zaczął wywodzić o motorach, skuterach, zachwalał wycieczki za miasto, wodę, las, odprężenie. Słuchali go niby surowo, obojętnie, ale oczy im się śmiały, to był wysoki, bardzo udany chłopak, popatrz, jakie lordzisko – rzekł Mietek – zachciało mu się lambretty, on pomylił się z adresem – wtrącił Zdzisiek (brat Mietka pomagał Gościukom w charakterze jakby zaopatrzeniowca, pracował dwanaście na dwadzieścia cztery przy konserwacji elektrycznej w Pałacu i jeździł na Polną po towar do sklepu) – powinien urodzić się w rodzinie kapitalistycznego rekina, tak sobie kpinkowali z chłopaka, wreszcie te pogaduszki przecięła Gościukowa, przestańcie ględzić, trzeba na plac po zieleninę jechać, a zaraz potem gdy chłopak wyszedł ze sklepu, co tam dziecku odmawiać, zatyrany, ciężka nauka na tej Politechnice, trzeba mu ten, jak tam, kupić, i Mietek też od razu się zgodził, i mieli mu kupić tę lambrettę, następnego dnia poszedł już Mietek do znajomego w „Motozbycie". Z Mietkiem tak zawsze, niby szorstki, surowy, ale kiedy Zdzisiek mówił, rozpaskudzacie jedynaka, to Mietek przerywał mu gwałtownie, chrząkał i jeśli tylko troszkę wódki wypił, dwie setki mu już starczało, nie więcej, miał wtedy taką jak płyta patefonowa mowę, popatrz, popatrz, ja ani jestem specjalnie silny, ani wysoki, a on chłopisko jak świeca, ja ani pamięci nie mam, a on takie zdolności, szczególnie do matematyki, mówił i oczy błogo przymykał.

Ale tak wyszło, że nie kupili mu tej lambretty, to zaczęło się jesienią, akurat w dobrym dla Gościuków okresie, targowali jak z płatka. Zdzisiek nie jeździł już na Zieleniak, brał towar bezpośrednio od jednego badylarza w Górcach, piękny towar i taniej niż na placu.

Brodacz z zawiści rozpuszczał wredną gadkę, że z Mietka konfident, skarz mnie Boh – gorączkował się

Brodacz – kapuś z niego, christopriedatiel, za dobrze mu leci, za dobrze... Ale nikt przecież nie traktował na serio ględzenia tego pijaczyny.

W tym czasie jedynak Gościuków zaczął narzekać na rękę, boli nad łokciem, rwie, postękiwał, sprawa raczej błaha, gra w tenisa, mógł sobie ścięgna nadwerężyć, ustało to zresztą wkrótce, tylko znów na ból głowy narzekał, tak jakoś kiepsko się czuł, Gościukowa wystraszona, uspokajał ją Mietek, jesienią przecież różne grypki przypłątują się do człowieka.

Dla pewności jednak wysłał jedynaka do znajomego lekarza klienta, takiego nadzianego doktorka spod jedenastego, specjalność – operacje plastyczne – wisiała tabliczka na drzwiach, przyniósł jedynak recepty, witaminy, maść na smarowanie ręki, pytał lekarz, czy nie ma wilgoci w mieszkaniu, skąd – obruszała się Gościukowa – suchutkie jak pieprz, lekarz też mówił, że wszystko to z osłabienia.

Więc odprowadzili Gościukowie jedynaka na dworzec, pojechał do Krynicy, góry, dobre powietrze, na pewno dojdzie tam do zdrowia; chłopak wrócił po tygodniu, wtedy już Mietek zaniepokoił się, pobyt w górach nic nie pomógł, jeszcze marniej wyglądał, osłabiony, narzekał na rękę. Gościukowa od razu w płacz, gruźlica, nie denerwuj się, uspokajał ją Mietek, przecież lekarz mówił, jesienna grypka i nic więcej, taka grypka może też trwać dłużej, jaki tam z niego lekarz, rozeźliła się Gościukowa, starym pindom pyski wygładza, i znów w lament, że gruźlica, Mietek trzasnął drzwiami, takie babskie biadolenie najgorsze, postanowił jednak wybrać się z jedynakiem do specjalisty, takiego profesora od prześwietleń kości, wszystko się wtedy wyjaśni, na pewno nadwerężył sobie rękę przy tenisie, do późnej nocy włóczył się Mietek po mieście, prześladowało go to gadanie żony, nie daj Boże, gruźlica, ręka go boli, gruźlica kości, głupie gadanie, od tenisa go ręka boli, i tyle, wstąpił do „Raszyńskiej" na wódkę, ale zezłościła go nachalna bufetowa, podwójnie za setkę policzyła, na pijanego wyglądał czy co, rozbił kieliszek o podłogę; wrócił do domu.

Za parę dni zdjęcia ręki były gotowe, wybrali się Gościukowie z jedynakiem do profesowa. Profesor, taki siwiutki staruszek, aż martwił się Mietek, czy taka starowina jeszcze oko do zdjęć ma, więc profesor mruczał coś po łacinie, oglądał klisze, przejrzał morfologię, OB, zagwizdał cienko, aż zbladła Gościukowa, no tak, rzekł na koniec profesor, Gościukowa wyszła z gabinetu z jedynakiem, Mietek kładzie na biurku pieniądze, pięćset kładzie, staruszek profesor pociągnął wtedy Mietka za rękaw i zaszeptał, podejrzewam sarkomę, jest to rak śródbłonkowy kości, przypadek występujący u młodocianych nazywa się odmianą Ewinga, tak, wszystko się zgadza, radziłbym jeszcze do chirurga, wszystko się zgadza – powtórzył Mietek, głowa do góry – pocieszał profesor – będziemy ratować, popchnął go lekko i zamknął drzwi gabinetu.

Gościukowie wyszli na ulicę, pięćset zapłaciłem – odezwał się po chwili Mietek – kosztowni ci profesorowie, i nic więcej nie powiedział, sam został z tą diagnozą profesora, strach go ogarnął, gdy spojrzał na jedynaka, spróbował żartować, za ostro w tenisa, ale dalej nie mógł słowa z siebie wydusić.

A potem pojechali do drugiego profesora, chirurga, pojechał tam z Mietkiem jego brat Zdzisiek, sarkoma, drugi profesor też był pewien, odmiana Ewinga, od razu tak powiedział, ci profesorowie nie mówią: rak, tylko: sarkoma, tak oni mówią, drugi profesor dodał jeszcze, że niebezpieczeństwo przerzutów, wracali wolnym krokiem, no i co, tata – odezwał się jedynak – kiepsko ze mną, skąd – wykrztusił Mietek, skąd – powtórzył Zdzisiek, oczy chłopaka błyszczały wilgotne, odwrócili głowy, może płacze – pomyślał Zdzisiek – może wyczuł już ten klops, doszli do domu, powolutku wspinali się po schodach, winda jak zwykle zepsuta, odpoczywając co piętro, bardzo osłabiony jedynak, dotarli wreszcie do mieszkania.

Wtedy już Mietek sam z tą sarkomą nie mógł dać sobie rady, powiedział żonie, żona nalewała zupę na talerz, talerz jej z rąk wypadł, i tak stała, gorąca zupa ściekała po dłoniach, skorupy na podłodze. Jedynak jeszcze chodził, ale już ledwie, ledwie, apetyt też zupełnie stracił, chudy jak wiór, kupowali mu Gościukowie najlepsze żarcie, ale jego tylko pragnienie trawiło, wyciskali mu pomarańcze i cytryny, Mietkowi udało się zdobyć kilkanaście puszek soku grejpfrutowego, i właściwie tylko sokami żywił się jedynak.

Wizyty u lekarzy powtarzały się co tydzień, robili profesorowie wszystko, żeby kostuchę odgonić, polecili zagraniczne zastrzyki, po całym mieście szukał Mietek tych zastrzyków, wreszcie u takich, co paczki z Ameryki dostają, udało mu się je zdobyć, dziesięć zastrzyków, dziesięć tysięcy to kosztowało; czasem profesorowie we dwóch, trzech się zbierali, konsylium to się nazywało, coś gadali po łacinie, spierali się, nowe leki wymyślali, ale chłopakowi już nic nie pomagało, gasł w oczach, jeszcze niedawno osiemdziesiąt kilogramów ważył, ciężary podnosił, sprężyny rozciągał, teraz cień tego dawnego chłopaka.

Tylko oczy mu zostały – mówiła Gościukowa, te jego oczy w ciemności błyszczały jak latarki, i Mietek niekiedy, spoglądając przez uchylone drzwi pokoju, cofał się ze strachem i szybko zamykał drzwi, tuż przy drzwiach rząd kresek na ścianie, swój wzrost w ten sposób jedynak oznaczał, przy każdej kresce zapisywał, najwyższa kreska i napisane przy niej – 181 cm, pokiwał Mietek głową, Gościukowa też spojrzała na ścianę przy drzwiach i wybuchnęła przejmującym płaczem.

Nastała ostra zima, Mietek kupił na Bagnie piecyk, wstawił rurę, koks się podrzucało całą dobę, i chociaż ciepło miał jedynak, w sklepie tylko Mietek handlował, Gościukowa cały czas przy chorym, Mietek w sklepie trzymał się jak z rozpędu, może sera, masełko mamy świeże, kogutka, proszę bardzo, niekiedy nachodziła go myśl beznadziejna, że nic tu nie pomoże, daremna największa forsa, daremny każdy wysiłek, ale na twarzy zawsze miał ten uśmiech kupiecki, grzeczny i pogodny, bywały też chwile nadziei, może ta choroba, ta sarkoma, ustąpi, może wyliże się jedynak, i znów masełka, proszę, ser, proszę, polecam jajeczka…

Raz tak jakby lepiej chłopakowi było, i zjadł coś, i rozmawiał, i skrypty chciał przeglądać, nie poszedł wtedy Mietek do sklepu, razem ze Zdziśkiem znieśli jedynaka z piątego piętra, wsadzili do taksówki, niech go obejrzy inny profesor, uznał Mietek, może tamci się mylą, może przechodzi to wszystko.

Szoferak spojrzał na chłopaka, westchnął współczująco, gdzie mam jechać – pyta, na ulicę Etiudy Rewolucyjnej – mówi Mietek, gdzie taka ulica może być – zastanawia się szoferak – tyle teraz nowych ulic, miał długie siwe włosy w polkę ułożone, beret jak talerz, i bez przerwy pykał fajeczką, jedź pan na Mokotów, mówi Zdzisiek, pojechali, Etiudy – powtarza szoferak, ale nie tak zwyczajnie mówił, tylko przeciągał to słowo, wychodziło Etiudiii, jak pan gadasz – zdziwił się Zdzisiek, prawidłowo – odpowiada szoferak – bo to francuskie słowo i należy akcentować, szukali tej ulicy, na pola wyjechali, szoferak coraz zatrzymywał taksówkę, przechodniów pytał i ciągle tak śmiesznie wymawiał: Etiudii, śmiali się ludzie z tej wymowy, Rewolucyjnej – dopowiadał Mietek, ale szoferak tylko machał lekceważąco ręką, długo błądzili, spierali się o nazwę tej ulicy, nawet jedynak się wtrącił, tu o Szopena przecież chodzi, ale szofer, uparty jak kozioł, pyka z fajeczki i ciągle te swoje: Etiudiii, ja ciebie, baranie – zdenerwował się Mietek, panie, ja w Paryżu lata całe – zaperzył się szoferak, napięcie rozładował jedynak, wybuchnął śmiechem, co, lepiej ci, Mietek chwycił go za rękę, lepiej, powiedz, jedynak pokiwał głową, nareszcie dojechali do celu.

Profesor przyjął ich od razu, znów te długie, pełne napiętego oczekiwania badania, Zdzisiek wyprowadził jedynaka do poczekalni, co z nim, pyta Mietek, profesor zdjął okulary, podejrzewam możliwość przerzutów, gruczoły chłonne już zaatakowane, przerzuty bywają na kręgosłup, do płuc, Mietek już dalej nie słuchał, rzucił pieniądze, nie chciał reszty. Gdy wrócili do domu, Gościukowa bez słowa wyczuła wszystko, tak popatrzyli na siebie z Mietkiem, opuścili głowy, znów spojrzeli na siebie, przestańcie tak patrzeć – wybuchnął jedynak, wtedy oni, popychając się, zaczęli pomagać jedynakowi przy rozbieraniu, Mietek dorzucił koksu do piecyka, Gościukowa zabrała się do szorowania garnków, nagle odstawiła garnki, zaczęła popiół wybierać z popielnika, Mietek pociągnął Zdziśka do drzwi pokoju, patrz – szepnął – on się uśmiecha, uśmiecha się – powtarzał Mietek.

I wkrótce znów wybrał się Mietek do profesora, świt był wczesny, otworzyła mu służąca, o tej porze, co pan sobie myśli, ale Mietek odepchnął babę i obudził profesora, profesor nawet się nie zdziwił, narzucił szlafrok, podwójnie płacę za to najście – mówi Mietek, profesor tylko ręką machnął, czy jest jakaś szansa – pyta Mietek, pewna szansa istnieje – odpowiedział po namyśle profesor – amputacja ręki, ile procent szansy – pyta Mietek, profesor ani chwili nie zastanawiał się – pięć procent, żeby trzydzieści chociaż – mamrocze Mietek, ale profesor za nic nie chciał dać więcej niż pięć procent szansy.

Miał rację profesor, były przerzuty, rzuciła się sarkoma na płuca, kupił Mietek trzy węgierskie wiatraczki, po sześćset pięćdziesiąt te wiatraczki, i cały czas tam u Gościuków słychać było szum tych wiatraczków, jedynak nic już nie mówił, poruszał tylko wargami, niesłyszalny szept z tego poruszania wargami, dusiła go ta sarkoma, Gościukowie cały czas przy nim siedzieli, ciemno w pokoju, jedynak kazał okna zasłaniać, jak kościotrup wysechł, nie chciał więc, żeby na niego patrzyli, i tak leżał w ciemności, Gościukowie przy łóżku, jednostajny warkocik tych wiatraczków.

Już o tym nieszczęściu Gościuków wiedzieli wszyscy, Brodacz, niezły z niego człowiek, przejął się uczciwie, popłakały się jego siostry bliźniaczki, odwiedzały Gościukową sąsiadki, najczęściej przychodziła Sadowska, wracał Mietek od handlarza zagranicznymi lekarstwami, szukał wtedy zastrzyków na wzmocnienie, nic nie znalazł, za parę dni mają być, zmęczony, już na schodach usłyszał głos Sadowskiej, zatrzymał się przed drzwiami.

– Tak, moja pani – mówiła Sadowska – albo ten mąż kierowniczki sklepu przy Wolskiej ulicy, ładny sklep, MHD, delikatesowy, i ten jej mąż, niestary, tęgi jak szafa, i parę tysięcy do domu przynosił, dobrze im się powodziło, i upadł, szedł z roboty i upadł, moja pani, tak od razu go siekło, wylew do mózgu, jakaś żyłka pękła, maleńka, ale to wystarczy, sparaliżowało go, całą lewą stronę sparaliżowało, leży teraz i tylko oczami przewraca, pod siebie paskudzi, i kierowniczka wtedy miała zegarek na ręku, razem byłyśmy u niego w szpitalu, a on cap za ten zegarek, zdjęła zegarek, zaczął się bawić jak dziecko, moja pani, do ucha przykładał, głaskał, jakby pierwszy raz zobaczył, i nie chciał wcale oddać, dopiero pielęgniarka zagrzechotała zapałkami, bo prywatną pielęgniarkę wzięła ta kierowniczka, dwieście pięćdziesiąt jej za dobę płaciła, i rękę po pudełko wyciągnął, i chyba nie wygrzebie się z tego albo nawet, mówią doktorzy, to w głowie nie będzie miał w porządku, może nawet pisać, czytać zapomnieć, jakby od początku, albo znów ten... – tak jak maszynka gadała ta Sadowska.

Mietek Gościuk zsiniał, koszulę pod szyją rozpiął, wpadł do mieszkania, babę za kołnierz i wykopał za drzwi, zajrzał do pokoju, dobrze, że chociaż jedynak nie słyszał, śpi, uspokoił się trochę Mietek.

A potem święta Bożego Narodzenia, Gościukowie kolędy śpiewali, dawniej jedynak bardzo lubił kolędy, *Lulajże, Jezuniu, Bóg się rodzi*, Mietek aż zachrypł od tego śpiewania, ale chłopak leżał obojętnie wpatrzony w ścianę, mała lampka tylko w pokoju się paliła, wiatraczki furczały, takie tam u nich święta.

Po Nowym Roku, dokładnie trzeciego stycznia to było, przyleciały do Zdziśka sąsiadki z kamienicy od Gościuków, Sadowska przybiegła i dwie inne baby, Zdzisiek zerwał się z łóżka i jak przybiegł do Gościuków, już było po wszystkim, Mietek połamał te trzy węgierskie wiatraczki, ale opanował się zaraz, tylko pot raz po raz z twarzy ocierał, całą noc obaj ze Zdziśkiem czuwali, żeby Gościukowa coś złego sobie nie zrobiła, ona przy nieboszczyku siedziała i tak zawodziła, pamiętacie, jak ten kapuśniak zrobiłam, i jadł, i smakowało mu, trzy dni temu teen kapuśniaczek zrobiłam.

Z tym kapuśniakiem to było tak, Gościukowa ugotowała go na żeberkach, tak bez sensu właściwe zrobiła tę zupę, jedynak nic już wtedy nie jadł, ale ona się uparła, będzie jadł i będzie jadł, tak sobie wmówiła, podała mu talerz zupy, udawał, że mu smakuje, łyżką parę razy w talerzu przekręcił, tak naprawdę to chyba ani jednej łyżki nie przełknął, Mietek nie mógł na to patrzeć, wyszli ze Zdziśkiem z pokoju, jak mu smakuje, powtarzała Gościukowa, to jego ulubiona zupa przecież. I teraz tak ciągle o tym kapuśniaku powtarzała. Mietek bardzo był opanowany, i tylko gdy już świtało, tak powiedział, sto dwadzieścia tysięcy mnie ta sarkoma kosztowała, sto dwadzieścia, i na nic, dodał, jasny dzień się zrobił, zasłony rozsunięte, połamane wiatraczki, zimno paskudnie, w koksiaku wygasło, a przy drzwiach na ścianie widać te kreseczki narysowane, co to chłopak mierzył się i swoją wysokość oznaczał…

A najgorsze, martwi się teraz brat Gościuka, Zdzisiek, że oni już żadnego dziecka mieć nie mogą, i boi się Zdzisiek, żeby z Mietkiem coś się nie stało, on taki spo-

kojny, za spokojny, z takiego spokoju nic dobrego nie
wynika, i ostatnio, już od tygodnia, sklep zamknięty,
ostre mrozy, to i może towaru nie mają, z dostawami
kiepsko, tak może być, ale za dobrzy z nich kupcy, Mietek i spod ziemi towar wydostanie, Zdzisiek bardzo
Mietka niespokojny, wybiera się do nich.

1969

# Gdzie jest droga na Walne?

Siedzieli w chałupie. Duszno, rój much, dzieciaki spały, najmłodszemu z pięć wlazło w otwarte usta i tam jakby mościło się do snu. Godzina była przedpołudniowa, wrócili akurat z pola. Gospodarz młody, ale mocno brzuchaty, od piwa może, dużo tego trąbi. Przed godziną po wsi poszła wieść, że przywieźli do Lasu (PTTK – tak nazywali) transport „Łomżyńskiego". Skoczyli tam motorami, w mig rozebrali i tak sobie siedzieli, flaszkę po flaszce opróżniając. Było ich czterech, cztery skrzynki. Już trzy puste, jedna na drugiej ustawione. Pęcherze mieli wytrzymałe, od początku żaden nie wyszedł za swoją potrzebą. Tylko w dużym brzuchu Gospodarza bulgotało czasem, bekiem głębokim szło z dołu do ust. Dosiadł się do nich Magazynier z Miasta. Pił dopiero drugą butelkę, powolutku sączył. Oszczędzał się, przyjechał tu raczej odsapnąć, powietrza i wody zażyć. Zresztą z pustymi rękami się nie zjawił, przywiózł dwie flachy ruskiego koniaku i na prawach mocnego gościa tu był. Siedział więc rozparty, upałem i odpoczynkiem rozleniwiony.

Mucha jak smyczkiem zarzępoliła na szybie. Gospodarz rozgniótł ją palcem. Staroświecka waga, czyli bezmian, leżała na przypiecku. Patrzył Magazynier z Miasta i głową kręcił. Jak ważyć co na takiej. Na funty tam była miara. Tak sobie siedzieli. Nowin nie było żadnych. Tyle że stary sołtys na kosę stąpnął, a Cześka Zabłoczczaka milicjant z tartaku motorem podrzucił, postawił mu ćwiartkę za grzeczność Zabłoczczak, i jeszcze widzieli ludzie, jak ta babka, co mieszka pod lasem, dolary liczyła, podeszli pod okno i widzieli, ale kto ich tam wie, może zwidziało się im.

Gospodyni przycupnęła przy dzieciakach, w trójkę na łóżku stłoczonych, podrzemywała. Gospodarz stał przy oknie i patrzył na swój traktor. Na zielono pomalowany, marki „Ursus”, z czerwonym siodełkiem.

– Hamulce nie trzymają… – powiedział – dwa razy już naprawiali i nic…

– Kiepsko naprawiają… – odezwał się Magazynier z Miasta – tacy teraz fachowcy…

– Musi tak… – przyznał Gospodarz.

Sąsiad przez płot podrapał się po brodzie. Podpił już i kiwał się lekko. Popatrzył na świecącą, czerwoną twarz Magazyniera. Znowu podrapał się po brodzie.

– Też zarost mam twardy, gęsty… – rzekł – byle jaka żyletka nie wybierze.

– Golić się można tylko angielskimi… – Magazynier z Miasta klepnął się po świecącym policzku – a potem kremikiem… Silver się nazywają – dodał – te żyletki.

– Gdzie takie dostać? – zainteresował się trzeci z nich, Czesiek Zabłoczczak z kolonii pod lasem, zwanej Wygwizdowem.

– Przyślę ci, Czesiu – powiedział łaskawie Magazynier z Miasta.

– Hamulce nie trzymają... – powtórzył Gospodarz, spoglądając w okno – raz mały wsiadł i ruszyło...

– A co z koniem? – skojarzył Magazynier traktor ze zwierzęciem.

– Na łące się pasie, trawę żre, na nic już...

– Koń maszynie ustępuje... – przyznał Magazynier z Miasta. – Ładne bydlę...

Muchy bzykały. Usta Gospodyni też obsiadły.

– Byle jaka nie wybierze... – Sąsiad przez Płot myślał o żyletce i tarł brodę. Chrzęściła tygodniowa szczecina.

– Należy spłukiwać wodą... – odezwał się Magazynier z Miasta – bezwarunkowo nie wolno czyścić... – też myślał o żyletce.

W izbie panował onuckowo-upalny zaduch, bo gumiaki pościągali i zrzuciwszy też onuce poruszali zdrętwiałymi palcami stóp. Nowin nie było już żadnych, więc milczeli.

Przyszedł ten, którego nazywali Koniem. Chłop prosty i w plecach rozrosły, oczy miał pogodne i żółte mocne zęby. Ale nie z powodu zębów Koniem go nazywali. Przyszedł ten Koń, rozejrzał się po izbie, skrzynkę piwa uważnym spojrzeniem omiótł.

– Też się nażłopałem – powiedział. Znowu rozejrzał się po izbie. – Masz to, co miałeś? – zapytał Gospodarza.

Gospodarz przez chwilę nie pokapował.

– Aaa... tam – pokazał kąt za stołem.

Zdjął Koń ze ściany blaszaną kwartę, nachylił się nad wiadrem i zaczerpnął ze zgrzytem po dnie. Wypił duszkiem, jeszcze zebrał drugi raz.

– Przysłaba – otarł usta. Popił z drugiego wiadra wodą.

– Zacier się nie udał – przyznał Gospodarz.

Koń już tylko patrzył w to miejsce, gdzie stał kubełek z bimbrem. Spust ma on do picia bez umiaru, dlatego Koniem go nazywają.

Poderwał się Gospodarz, kwartę Koniowi odebrał i sam pociągnął jeszcze trochę z dna. Po nim Czesiek Zabłoczczak łyk zagarnął. A Koń patrzył. Wyraźnie niedopity. Więcej bimbru mu nie dali, więc utkwił swój jasny, nachalny wzrok w tych kilku butelkach piwa, co zostały z ostatniej skrzynki. Westchnął, skakała mu grdyka. Gospodarz miał z Koniem swoje obrachunki, jedną flaszką go poczęstował. Koń oderwał kapsel zębami i duszkiem wyżłopał.

– Zęby to on ma – powiedział Magazynier z Miasta.

– Co by nie… – uśmiechnął się skromnie Koń i te żółte łopaty całą gębę mu wypełniły.

I tak sobie siedzieli. Magazynier poczęstował ich carmenami. Palili skrzętnie, popluwając raz po raz. Muchy zrobiły się bardziej natrętne. Obsiadały twarze. Oganiali się od nich leniwie. I cięły te muchy, psiekrwie.

– Jakby na deszcz – powiedział Sąsiad przez Płot. Wyjrzał przez okno. Niebo błękitne, śladu chmurki na nim. Tylko mleczna smuga po odrzutowcu.

A zaraz potem zawarczał motor, tuman kurzu wzbił się na drodze. Motocykl wjechał na podwórze. Kury poderwały się z gdakaniem. Czerwona jawa, a chłop w białym podkoszulku niezgrabnie z niej zsiadł. To ten Kulawy, co na lewą nogę utyka. I o nim to mówią, że syna Frojzyngera ma na sumieniu. A było to tak: bogaty kupiec był z Abrama Frojzyngera, młyn miał parowy i zboże na pniu kupował, aż przyszła wojna, ukrywał się kupiec po lasach, złapali go Niemcy i powieźli do gazu, ale ludzie mówili: tam w ziemi koło młyna zostawił to wszystko bogactwo zakopane, skończyła się wojna i z całej rodziny kupca Abrama został najstarszy syn, co przy partyzantach ruskich się uchował, wrócił ten syn najstarszy na stare śmiecie, dlaczego wrócił, zastanawiali się ludzie, pewno chce odkopać, co ojciec zakopał, a jak było, nie wiadomo, znaleźli rankiem syna kupca Frojzyngera, od tyłu dostał, kula czołem wyszła, leżał sobie koło młyna, mówili ludzie, Kulawy go sprzątnął, nic nie wiadomo, wykopał Kulawy bogactwo czy nie, gruntu sobie nie dokupił, budynków nowych nie stawiał, po staremu żył, ale kto go tam wie, może to bogactwo ma on głęboko zakopane, milkliwy z niego człek, tylko jak wypije więcej, dostaje rozmowności, ale nie tak, żeby się z czymś wygadać.

Przyjechał więc ten Kulawy i flaszkę zza pazuchy wyciągnął. Koń uśmiechnął się szeroko. A Kulawy kuśtyk, kuśtyk, tą sztywną nogą powłócząc, na ławce pod ścianą usiadł.

– Gorąc – powiedział, a hełmu z łba nie ściągnął.

Wtenczas Magazynier z Miasta, który lubił żarty sobie z chłopów robić, wstał i przeciągnął się. Okazały, z wydatnym brzuchem, w krótkich majtkach tylko, na jednej łydce miał tatuaż przedstawiający diabła w kusym surducie pod parasolem. Szacunek do niego mieli za ten okazały wygląd właśnie. Przeciągnął się Magazynier raz, drugi i pierdzieć zaczął. Pierd miał głęboki, donośny.

– Jakby trąbił – roześmiał się ten Kulawy.

Inni pokiwali z uznaniem głowami.

Kobieta Gospodarza, co przycupnęła, siedząc przy dzieciakach, też uniosła gwałtownie głowę.

– Co, co? – powiedziała nieprzytomnie.

– Dzwonią – odparł Kulawy.

Znowu się roześmiali.

A Gospodarz, młody jeszcze i do żartów skory, pozazdrościł i nadął się. Jeden pierd, drugi. Ale pierd pierdowi nierówny. Lepszy był Magazynier z Miasta.

Ta flaszka już została rozpita. Dwa rozlania i koniec.

– To będziesz mógł? – zapytał Kulawy.

– Co by nie – odparł Gospodarz. Wyjrzał przez okno.
– Tylko hamulce nawalają – dodał.

W sprawie traktora się zgadywali. Zwozić chce Kulawy swoje zboże ciągnikiem Gospodarza. Magazynierowi sennie opadały powieki. Podziękował więc za poczęstunek i spać poszedł do chlewu na siano.

– Akuratnie grzmiał – powiedział za nim Sąsiad przez Płot.

Pokiwali głowami, a pot ciekł im strużkami po policzkach.

– Kto by miał coś… – odezwał się Czesiek Zabłoczczaków.

– Może sołtys – wtrącił Gospodarz.

– Skąd… – zaprzeczył Koń, który wiedział szczegółowo, co kto ma – wychlali wczoraj…

– A u Jadźki w sklepie? – pomyślał w głos Gospodarz.

– Nie da… – stwierdził Koń – strasznie jest na to zawzięta. – Wzdychać począł.

Jak Koń tak wzdycha, to wiadomo już, że nijakiego nie ma sposobu. Gospodyni ocknęła się znowu i popatrzyła na buzię swojej najmłodszej, tej jeszcze nieochrzczonej, pełną much.

– Muchozolu by kupić…

Odgoniła muchy. Ale tylko na chwilę. Znowu dzieci ciąć zaczęły.

Trzyletni zbudził się od tych much uprzykrzonych, zsunął się z łóżka i czołgając się po podłodze, dotarł do drewnianego pieska. Bawić się zaczął tym pieskiem do ściągania cholewianych butów.

I nic już nie mogli wykombinować do wychlania. Wychodzili ociężale z chałupy. Żar bił z nieba, gorączka taka.

– Palić się ludzie będą… – zauważył Kulawy.

A na drodze stał głuchy Julek. Do pasa goły, tylko w lnianych kalesonach. Stał i patrzył na tę ulęgałkę samotną, co w polu sołtysa rosła. Od dawna tak już patrzy. A jak go zagadać, to ręce rozkłada, nie słyszy nic, głuchy przecież. I tak ludzie mówią: Julek patrzy; i nic więcej.

Tak i teraz.

– Patrzy – kobieta Gospodarza powiedziała.

– Patrzy – potwierdził Gospodarz i wgramolił się na siodełko swojego ciągnika. Zwozić zboże pojechali.

Następnego dnia rano, zaraz po pierwszym powrocie z pola, przyjechał szwagier z Mulaczyska. Z powodu tej gorączki wychodzili ze świtem i wracali koło dziesiątej, znaczy o dziesiątej przyjechał tą swoją warszawą i elegancko pod chałupą zatrąbił. Sąsiedzi popatrzyli. Niejeden szwagra Gospodarzowi pozazdrościł. A szwagier przyjechał w interesie. Chciał węgorza wędzonego zamówić parę kilo. Dziadek Olek takie miejsca w szuwarach zna, takie oczka i kociołki, skąd zawsze wraca z rybą. Przyjechał szwagier z flaszką. Gospodyni garnki brudne pod stół czym prędzej wpychała, stół nakryła ceratą i dzieciakom szmatką buzie przetarła. Zależało jej na tym, bo tam u brata zawsze bielutko, czysto jak w szpitalu.

Gospodarz zaprosił dziadka Olka. Gospodyni jajecznicę na boczku usmażyła. Gospodarz do kieliszków polewał. Dziadek Olek duszkiem ciągnął. Jajecznicy trochę podziobał.

– Węgorz... – stękać zaczął – ciężka ryba... – Cenę w taki sposób sobie podbijał. – Musi... w jakimś oczku trafi się – rzekł wreszcie – haki postawić. – Musi, że trafi się... – powtórzył.

Patrzył Gospodarz z szacunkiem na swego szwagra. W białej koszuli, jakby w ziemi nie robił, wódki powściągliwie po pół kieliszka odpijał.

– Za gorąco – powiedział.

Wiedział Gospodarz, na co szwagrowi te węgorze, choć tamten słowem o tym nie wspomniał. Ważnego chce ugościć. Co najlepsze dla niego ściąga. Gospodyni też wpatrzyła się w brata.

– Jedzenie mu smakuje?

– Zupy lubi – odpowiedział tamten. – Wczoraj kartoflanki moja nagotowała. Pełny talerz zjadł i jeszcze chciał...

– Żarty taki – pokręcił głową Gospodarz.

– Zupy lubi – powtórzył szwagier. Chlebem patelnię po jajecznicy skrzętnie wyczyścił i dodał: – A skromny taki... – uśmiechnął się chytrze – ale z oczu mu patrzy, władzę to on ma, ho, ho...

Oboje, Gospodarz i jego kobieta, wpierw krótko spojrzeli po sobie, bo o drzewie na domki kempingowe pomyśleli jednocześnie, a potem wpatrzyli się w gościa. Bo było to tak: tydzień już minął, jak ten Ważny tu zjechał, skręcił fiat z asfaltówki w polną drogę, dzieciaki biegły w kurzu za samochodem, a fiat podjechał pod dom szwagra Gospodarza, ludzie zza płotów wyglądali, rzadko tu letnicy zjeżdżają, wieś na uboczu i jezioro niewielkie, szuwarem zarosłe, potem już cała okolica wiedziała, Ważny ze stolicy na letniaki tu zjechał, milicjant z powiatówki następnego dnia już tam był, do tego Ważnego podchodzi i kopytami trzaska, czego wam, towarzyszu, trzeba, komendant, powiada, przysłał mnie w tej sprawie, niczego, odpowiedział ten Ważny, pod wieczór sam komendant powiatowy osobiście się zameldował, ale i od komendanta nic ten Ważny nie chciał, a szwagier Gospodarza stał sobie skromnie na uboczu i z nogi na nogę przestępował, myśleli ludzie, dlaczego ten Ważny akurat do niego przyjechał, ale do niczego dojść nie mogli,

szwagier Gospodarza milkliwy taki i spytać go wprost nijako przecież.

Tak oto siedzieli przy stole.

– I skromny – powtórzył Gospodarz jak echo za
szwagrem.

– Rękę każdemu poda – powiedział szwagier.

I wtedy drugi raz pomyślał Gospodarz o tym drzewie
na domki kempingowe. Miał umowę z PTTK-iem, pięć
już zrobił, zmyślny do ciesiołki, wszyscy u niego w rodzinie tacy, a zamiarował ze dwa domki dla siebie zbić, postawi na stoku pod lipami, letnikom jak nic można wynajmo-
wać, cztery osoby na każdy domek, tylko z drzewem
kłopot, do leśniczego dojścia żadnego nie miał.

– Ty... – rzekł do szwagra – pogadaj z nim, niedużo
mi trzeba...

Szwagier czoło zmarszczył i nie odpowiedział. Wtedy
i Gospodyni trąciła brata w ramię.

– Jak nic, możesz się wstawić... – Przepili do siebie
we trójkę.

– Nie będzie tak, żeby się nie zgodził – powiedział
jeszcze Gospodarz.

Razem z tymi muchami, co tak brzęczały, wyczekiwanie zawisło w izbie. Szwagier z Mulaczyska tak ledwo,
ledwo pokiwał głową. Ale pokiwał. Zaświeciły się oczy
Gospodarza.

– Może jajecznicy dosmażyć? – zapytała jego kobieta.

Bo po porządku było to tak: parę dni temu niby przypadkiem leśniczy z lasu wyszedł i pod domem szwagra

stanął, tak się o płot opiera i stoi, do szwagra się uśmiecha, a nigdy tak się nie uśmiechał, tak się uśmiecha i ślepiami po oknach myszkuje, wiadomo, tego Ważnego szukał.

Szwagier Gospodarza jajecznicy już nie chciał. Miał jeszcze Gospodarz dwie flaszki piwa. Postawił. Dziadek Olek zadrzemał przy stole. Poświst, chrapnął, opadła mu głowa. Wiekowy i do ziemi przychylony, zaraza, tak do siebie pogaduje, zaraza, na wszystko. Zły raczej i z synem, też Olkiem, ciągle się gryzie. Gna syn w pole starego, opiera się dziadek Olek jak może, co prawda słabowaty i w latach posunięty, ale na wodzie jeszcze krzepki, tylko woda dla niego całe życie… Córkę jedną ma. Głupia ona, od chrztu ją sankami wieźli, podpici byli, zima wtedy, konie poniosły i do śniegu dziecko wpadło, wrócili, szukali, śnieg głęboki, nim znaleźli, parę godzin minęło i na kość już była zmarznięta, ale odratowali, na głowę od tamtego czasu jej padło, nie mówi, tylko gdacze, brzydka jak nie wiem co, po lasach się włóczy, jagodami żyje, nieraz popchnie ją któryś z chłopów, co w lesie robią, obali na mech, rozepnie spodnie i swoje zrobi, mówią ludzie, że najbardziej gajowy Ciumbarabajka, coraz ją dopada, ona do niego też jakby lgnie, pod siebie ją Ciumbarabajka podłoży, sukienkę zadziera, zimą i latem ta głupia Irena majtek nie nosi, głupia, jak to głupia, pogdacze, z ziemi się podnosi i w las leci, a gajowy tylko pięścią jej grozi. Nie ma serca dziadek Olek dla tej swojej głupowatej córki. Dziś z rana kijem ją wymłócił. Walił gdzie popadło, a ona nawet się nie ruszyła, stała i nic. Wylał jak chłopa, limo zrobił pod okiem, kłaków parę garści na ostatek wydarł.

Pokazała się akurat w drzwiach chałupy Gospodarza ta głupia i do dziadka Olka po swojemu coś gdacze.

– Umykaj, zarazo! – stary zbudził się z drzemki.

Ale ona dalej gdacze.

– Kto ci taką gębę nabił? – zdziwił się obłudnie Gospodarz i do szwagra mruga.

Zamyśliła się głupia. Zerknęła na dziadka Olka. Stary tylko siwe wąsiska skubał. Wąsy ma staroświeckie, długie. Mało kto teraz nosi takie. Głupia uśmiechnęła się naraz i na migi pokazała, że niby jabłko z gałęzi zerwać chciała, a tu gałąź pac ją pod oko. Zmyślna nawet. A szpetna ta głupia Irena, istny strach na wróble, włosy w strąkach, nogi krótkie, ręce niczym małpa, a nochal wielki, chłopski, jak doklejony do gęby.

Kucnęła w progu, jak pies waruje. Tym nochalem pociąga.

– Ma ona tego nosa… – roześmiał się szwagier Gospodarza – jak turecki anioł chuja… – Takie jego powiedzenie ulubione. Gospodyni zachichotała na boku.

– Z węgorzem ciężko bywa… – odezwał się dziadek Olek – nie zawsze jest podchodzący. – Badawczo popatrzył na szwagra Gospodarza. I nogą tupnął.

Głupia Irena poderwała się i już jej nie było w chałupie.

Stukot chodaków. W krzaki za wychodkiem się schowała.

– Posłuchanie zna… – powiedział szwagier Gospodarza. Od śmiechu złapało go kichanie. Wysmarkał się zamaszyście na podłogę.

Gospodyni rozpięła bluzkę, pierś wywaliła i dała tej swojej najmłodszej cycka. Przyssało się dziecko łapczywie i sapać zaczęło jak miech.

Chciał jeszcze Gospodarz na motor skoczyć i po flaszkę do spółdzielni pojechać. Ale gość stanowczo odmówił.

– Nie wypada – powiedział tylko.

Domyślnie pokiwali głowami. Na tym stanęło. Podziękował szwagier za gościnę, wsiadł do swojej warszawy, zatrąbił i odjechał. A Gospodarz i jego kobieta poszli w pole snopki stawiać.

\* \* \*

Jak drugi raz z pola wrócili, to we wsi już był popłoch. Biegali ludzie to tu, to tam.

– Jezu, Jezu! – zawodziła przystaniowego żona.

Za chwilę też Klepacka spod Krzyża płakać zaczęła. Głos miała taki, że po całej wsi się niosło. A Koń, u którego jest telefon, co sił kręcił korbą. Zaraza na świnie padła.

Już z rana przystaniowego żona spostrzegła, że one coś jakby nieswoje. Ale czasu nie było wiele, szli przecież w pole. Kiedy wrócili, to ze świniami było już całkiem źle. Leżały w gnoju, ledwo pochrząkiwały, a żarcie w korycie nietknięte. Lament podniosła przystaniowego żona. Zbiegli się ludzie.

– Od razu mnie tknęło... – biadoliła kobieta. – Za co tak, za co!

Przystaniowy tylko stał, papierosa ćmił i spode łba patrzył na sąsiadów. Wiedział, w czym rzecz. Wiedzieli też ludzie. I tak stali przy chlewie, na świnie popatrywali i papierosy kurzyli.

To zaczęło się tamtego lata, kiedy został przystaniowym w ośrodku wczasowym handlowców z Warszawy. Co rano łódką przez jezioro pruł i wracał wieczorem z kubłami pełnymi pomyj, jakie to jeszcze pomyje, najlepsze, tam w tym ośrodku ludzi dobrze karmili, tak tuczył świnie tym, co stamtąd przywiózł, a co zostało, to wylewał, z nikim się nie podzielił, tylko do gnojówki chlust, tak samo wtedy popatrywali ludzie, nic nie mówili, tylko popatrywali na to marnotrawstwo, a każdy to samo myślał, skarali go wreszcie za tę pazerność i coś świniakom podrzucili. Ale tylko tak się mówi: skarać, rozniosła się zaraza, kury rozniosły, psy, nie dojdziesz, w trzech już miejscach świnie gorączkują, w gnoju jak kłody leżą.

Tak patrzyli na te świnie gospodarze, a myśleli to samo: skarać a skarać, ogień to co innego, podpalili ludzie rok temu stodołę u strażnika rybnego, poszła z ogniem, jeszcze motor tam stał, też go ogień wziął, strażnik latał koło pożaru, Koń, który jest komendantem straży pożarnej, walnął parę razy w gong dla alarmu, mocny ma głos ten gong, z artyleryjskiego pocisku, zleciała się straż, jak kto stał, tak biegł, w gaciach albo samej koszuli, tylko hełmy ponakładali i z toporkami biegli do pożaru, ale jak zamocowali pompę, już było po wszystkim, akurat dach się zapadł, a strażnikowi gębę sadzą okopciło, motor chciał ratować, skarali go ludzie, pies to był nie do wytrzymania, ganiał rybaków i mandaty spisywał, najbardziej na dziadka Olka polował, trzcinami za nim po pas w wodzie, ale nie dał się dziadek Olek, sam strażnik rybę na boku sprzedawał, ale ludziom ze wsi nic a nic, nieraz mu po dobremu mówili, Wacek, no przestań, co taki jesteś, a on – nie i nie, uparty człowiek, choć co prawda bardziej miękki się zrobił od pożaru.

Tak sobie ludzie myśleli, popatrywali na świnie zarazą zwalone i wzdychali.

A baby nic, tylko: – Jezu, o, Jezu!

I ta przystaniowego żona jak głupia.

– Ludzie, za co! – Jakby nie wiedziała.

– Pomór – westchnął sołtys i przeżegnał się zamaszyście.

– Ostrzeżenie należy dać – rzekł Koń.

Zawołał swojego Janka. Chodzi ten chłopak do piątej klasy i piękne litery stawia.

Za chwilę już na tablicy przy remizie zostało kredą napisane: „Uwaga. Rejon zapowietrzony. Pomór świń." Tak przepisy każą.

Patrzyli ludzie na tablicę i chwalili tego Janka za litery.

Czekali na Weterynarza. Weterynarz samochodem miał przyjechać. Nowy, nieznany, pół roku będzie, jak tu nastał. Każdy o nim myślał. Wiedza była skąpa: niestary, wysoki i ma własną taksówkę.

Już się zmierzchało, a głuchy Julek na drodze stał i w ulęgałkę samotną popatrywał. Bielały w zmierzchu

jego gacie. Coraz ciemniej i na drodze raz po raz roz-
błyskiwały światła i żwir pryskał na boki. Wioskowe
chłopaki zaczęły na tych swoich junakach i jawach
pruć. Do dziewuch jeździli. Potem z dziewuchami
na siodełku z tyłu. Na kawalerską wódkę i z wódki. Coraz szybszy świst i warkot, gaz wyciskają z rączki do
końca. A dziewuchy piszczą. Żwir pryskał, ludzie od-
skakiwali.

– Motorowe demony... – powiedział Magazynier
z Miasta – oni przeważnie atakują drzewa, no nie?

Gospodarz przytaknął. Stał oparty o płot i w ten warkot się wsłuchiwał.

– Coś jakby – natężył słuch.

Ale to znowu motocykl tylko. Gospodarz na głos samochodowego silnika oczekiwał. Przyszedł Sąsiad
przez Płot, dziadka Olka syn, też Olek, i paru innych.

– Ogoliłem się należycie – powiedział Sąsiad przez
Płot. Magazynier z Miasta też wsłuchał się w daleki jakiś warkot. Ale to nie był samochód.

– ...mój zarost mocny, twardy – ciągnął rozwlekle
Sąsiad przez Płot – byle jaka nie wybierze.

Dzieciak w chałupie Gospodarza rozwrzeszczał się
nagle. Niósł się ten wrzask w wieczornej ciszy. Westchnął Gospodarz i złożyli się po dziesiątce. Koń skoczył na motor. Z Lasu wnet skrzynkę piwa przywiózł.
Wódkę już mieli. Ale piwo jeszcze na wszelki wypadek.
Postawili skrzynkę przy progu.

– Z Konia demon motorowy nie będzie – powiedział
Magazynier z Miasta – nawet jak się bardzo ochla...

– Musi tak – przytaknął Gospodarz.

– Iiitam – Koń uśmiechnął się wstydliwie. Niepokój o świnie zakłuł Gospodarza. Pod chlewik podszedł. Ostrożnie uchylił drzwi, poświecił sobie latarką i patrzył.

– Coś nieswoje… – zamruczał – tylko polegują…

– A i moje coś nie takie – wtrącił Sąsiad przez Płot.

Zapalili. Stali w progu chałupy. Cisza teraz. I motorowych demonów nie słychać na drodze. Kobieta Gospodarza jęczeć zaczęła. Siedziała na łóżku przy dzieciakach, myślała o wieprzach i zawodziła coraz głośniej.

– Cichaj! – zniecierpliwił się Gospodarz.

Czekali. Nietoperze latać zaczęły.

– Podobno we włosy się wkręcają – odezwał się Magazynier.

– Takie tam gadanie… – zwątpił Gospodarz.

– Wkręcić się nie da rady – powiedział stanowczo Sąsiad przez Płot.

Koń popatrzył na tę skrzynkę z piwem, co stała za progiem, i ani się obejrzeli, już przyssał się do jednej flaszki. Zębami kapsel oderwał, ma on te zęby zdrowe, psiajucha, tylko zgrzyt, brzdęk, spadł kapsel. Więc i oni po flaszce sobie wzięli.

A kiedy do chałupy brzuchatego Gospodarza wszedł Weteryniarz, to wszyscy grzecznie wstali. On po kolei rękę każdemu fundował. Postawny, garniturek na nim i pod krawatem, zęby miał białe jak ser i ciągle je pokazywał. Gospodynię w rękę pocałował. Do dzieci skotłowanych, śpiących we trójkę pod derką też się uśmiechnął.

– Udane. Ładne takie…

I zapach za nim poszedł, smaruje się czymś, kropi. Niedobrze, pomyśleli, bo tak popatrzyli po sobie. Słodki taki, układny, żeby nie daj Boże żmija jakaś, co wycisnąć potrafi bez litości. Ale nic poznać po sobie nie dali i patrzyli na niego z szacunkiem. A nie siedli, dopóki on nie usiadł. Taboret Gospodyni fartuchem wytarła i pod tyłek mu podsunęła.

Zaraz najmłodszy, Czesiek Zabłoczczaków, do studni pobiegł. W studni dwie flaszki chłodzili. Gospodyni też się postarała. Była kura w rosole i placki z jabłkami. Weteryniarz podjadać zaczął i chwalił sobie smak. Sami gospodarze tylko po trochu brali, jakieś skrzydełko, szyjkę, podróbki, dla niego zostawiając całą wyżerkę. Pić zaczęli. Weteryniarz, trzeba to przyznać, kolejek nie opuszczał, a krople z kieliszka na podłogę wytrząsał.

– Niezła – powiedział – zmęczenie odchodzi.

Do Gospodyni zęby wyszczerzył.

Ona aż się zaczerwieniła.

Kury pojadł i dodał:

– Taka moja praca… bez przerwy w gotowości…

Zgodnie pokiwali głowami.

– Ciężka i niewdzięczna…

Znowu zrobili się niespokojni.

– Nieraz… – ciągnął Weteryniarz – nocą zrywają, a to poród klaczy, a to krowa się wzdęła… – Tak powiedział i popatrzył na nich badawczo, kołnierzyk sobie rozpiął, krawat rozluźnił. Krawat miał piękny, kolorowy.

Nieswojo im się zrobiło, chrząkać zaczęli, a poniektórzy szurać butami. Tak popatrywali na niego nieznacznie i z innymi weteryniarzami przymierzali. A Koń, nie wiedzieć czemu, wzdychać zaczął ciężko. Szturchnął go Gospodarz i też się poprawił, tak w sobie skupił i zaczął:

– Z samego rana patrzy przystaniowego kobieta, a tu świniaki coś nie takie...

Ale Weteryniarz ręką niecierpliwie poruszył. Urwał Gospodarz od razu.

– Bo choćby taki fakt... – powiedział Weteryniarz, przerwał na chwilę, po kawałek kury sięgnął, rosołem popił – w jednej wsi zaraza na drób padła, taczało się ptactwo jak pijane, skrzydłami załopotały i brzdęk na ziemię, gotowe, więc stosowałem rozmaite środki, szwajcarskie nawet, nie skutkowało, dopiero drugiego dnia właściwa blokada...

Trudny, bardzo trudny, pomyśleli ludzie, bo przytakiwać zaczęli skwapliwie. Gospodyni z boku sobie stała i też oczu z tego Weteryniarza nie spuszczała.

– ...albo buhaj zachorował, jaki to był buhaj, rasowy, dorodny, operacja konieczna, i to natychmiast, trzeba go ciąć, z takiego buhaja to był majątek...

– Majątek... – powtórzył jak echo Sąsiad przez Płot.

Weteryniarz dalej mówił tak:

– Teraz sztuczny inseminator, pyk, pyk, i po zwarciu... – roześmiał się nagle i do Gospodyni się zwrócił:
– Przepraszam, ale to fakt...

I oni też się uśmiechnęli. Grzecznie do niego przepili. Przerwał więc na chwilę i przełknął. Znowu kury po-

jadł. Talerz odstawił i jeszcze bardziej krawat rozluźnił.
Ostro po nich popatrzył. Uśmiechali się do niego wstydliwie, półgębkiem. Ale on się nie uśmiechał.

– Takie to moje życie – powiedział – od wypadku
do wypadku po wioskach ganiam...

– Ciężkie, wiadoma rzecz – przytaknął niepewnie
Gospodarz, coś chciał jeszcze powiedzieć, ale jakby go
zatkało. Oczyma przewracał i nic.

– A wiecie, panowie, ile czasu się uczyłem? – zapytał
ich Weterynarz.

Poruszyli się niespokojnie. Patrzył na nich wyczekująco. Gospodarz ślinę głośno przełknął i głową pokręcił.

– Trzy lata dłużej od tego, co ludzi leczy, rozumiecie,
trzy lata... – uniósł rękę wysoko, rozstawił trzy palce.

Koń westchnął jeszcze ciężej niż poprzednio.

– Człowiek... – zamyślił się Weterynarz – mówi,
co mu dokucza, lekarza na trop naprowadza, a zwierzę, no czy zwierzę powie? – Powiódł wzrokiem po zebranych.

Skwapliwie zaprzeczyli.

– Wiadomo, nie... – odezwał się Koń – zwierzę nijakiej pomocy nie da...

– No, sami widzicie! – ucieszył się Weterynarz. – Do
choroby w bydlęciu samą tylko wiedzą medyczną można trafić.

I tak popatrzył po stole. Kury już nie było. Talerze
puste. Czym prędzej Gospodyni półmisek z plackami
mu podsunęła. Ale placków to on nie chciał. Gospodarz na kobietę krzywo spojrzał.

– Może jajecznicy dosmażyć? – odezwała się Gospodyni.

Ale Weteryniarz nie usłyszał. Zamyślił się naraz, brodę podparł łokciami i w okno patrzy.

Co on tam widzi? Też popatrzyli w okno. A tam czarno, nic. Ale za chwilę jakby coś… Szelest. Kroki. Czujny ten Weteryniarz.

To dziadek Olek do okna siwy swój łeb wpakował. Syna swego, też Olka, wypatrzył.

– Wędzić będę – powiedział i chciał go zagonić do zbierania olszyny.

– A wam to nie łaska dupy ruszyć – odciął się syn jego, też Olek.

– Zaraza! – parsknął stary w wąsiska i okiennicą trzasnął. Sam poszedł za olchowymi gałęziami po nocy się tarabanić.

– Głupi stary – powiedział Gospodarz.

– Na świnie mór padł, a on nic, tylko wędzić i wędzić – dodał Koń.

Popatrzyli przepraszająco na Weteryniarza. Ale on wodził teraz roztargnionym wzrokiem po suficie. Długo tak po tym suficie czarnym od much myszkował. Co on znowu tam widzi? Sufit drewniany, belkowanie popękane, a pośrodku wbity hak do rozbierania świńskiej tuszy. Podsunęli mu flaszkę piwa. Wódka już się skończyła. Niech się piwem chociaż zgłuszy. Popił piwa Weteryniarz. Gardło ma jak chłopskie, lekko na jeden łyk butelkę wziął. Gul, gul, już puste. Poprawił się na taborecie, po suficie ślepiami znowu miotnął, a uśmiechał się tak jakoś i zaczął:

– My tu gadu, gadu, tak można całą noc... Tylko czasu szkoda, tyle jest innych spraw, wzniosłych, pięknych, ciekawych, bo choćby architektura, pod dachem przecież siedzimy, czyli jak zbudować dom, pałac, zamek, świątynię, rozumiecie?

Od razu przytaknęli.

– Architektura, czyli ucieleśnienie w drzewie czy kamieniu fantazji, polotu, świadomość celu, cel i fantazja, fantazja skrzydła ludzkiemu wysiłkowi daje. A jak to wyglądało w czasach dawnych, tak zastanowić się i wyobrazić sobie tę przeszłość odległą, jak to człowiek nie ustępował i do góry swój gmach wznosił, kamień po kamieniu, coraz wyżej i wyżej, mały taki człowiek, a budowa jego do nieba, siła i cierpliwość, nie tylko dach nad głową, ale potrzeba chwały, trwały ślad w kamieniu... – mówił coraz szybciej, a dłonie splótł i palcami młynka kręcił.

Więc tak w te palce, którymi kręcił, wpatrywali się pilnie.

– W starożytnej Grecji rozróżniamy trzy style w architekturze, podstawowe kierunki wznoszonego w trwałym materiale piękna, dorycki, joński, koryncki, te kolumny doryckie jak pień drzewa z ziemi wyrastały, kapitel, pilaster, głowica, która dźwigała dach cały, proste te kolumny, surowe, i żłobił Grek pionowo kolumnę, przez to jakby rosła, olbrzymiała, bo już koryncki to coraz więcej ozdób, ornament rzeźbiony niech oko cieszy, to wyliczenie, proporcje i symetria tak nieomylna, a żadnych udogodnień przecież nie mieli, mózg i fizyczny wysiłek, wysokość, podstawa, utrzymać sklepienie, kształt nadać porywający, światło i radość, ile w tym spokoju, wzniosłego spokoju i trwałości, niezmącona jasność i harmonia, albo ta gra świateł i cieni… taki pałac był na Krecie, Labirynt, rozumiecie, panowie…

Popatrzyli na siebie i nie wiedzieli, w czym rzecz. Ten Kulawy, co go o Frojzyngera podejrzewają, swój hełm motocyklowy ściskał, aż mu żyły na dłonie wystąpiły grube jak postronki. I na Weterynarza ponuro patrzył. A on już palcami młynka nie kręcił.

– Labirynt, czyli pałac króla tamtejszego Minosa, komnat miał kilkaset, wejść tam było łatwo, a wyjść… – ręką w powietrzu jakieś zawijasy porobił, oczy przymknął i uśmiechał się gapowato, dziwnie tak.

Gospodarz z Magazynierem ostrożnie, wysoko unosząc nogi, wysunęli się z izby. Za potrzebą na podwórze wyszli.

– A ile on sobie policzy? – zaniepokoił się Gospodarz.

Niebo było czarne i gwiazd na nim dużo. Gwiazdy pogodę wróżą.

– Tego nie można przewidzieć – odrzekł Magazynier z Miasta – o tej architekturze dużo wie, może być kosztowny.

Zafrasował się Gospodarz. Stał przy płocie, trzymając fujarę. Dawno już mu się sikanie skończyło, a on tak trzymał fujarę w dwóch palcach i myślał, myślał.

Gwiazdy na niebie jakby mrugały. Gdzieś zaszczekał pies.

Kiedy wrócili do izby, Weterynarz wciąż mówił o tych stylach.

– ...Świątynie złotem błyszczały, marmur i złoto, Akropol ta góra się nazywała, Grecja, czyli Hellada, w Atenach to miejsce święte się znajdowało, bogów siedziba, Zeus był najważniejszy, świątynie i posągi, powiadam wam, tylko marmur i złoto, ale czas nieubłagany zębem swoim, zostały jedynie ruiny, ślady piękne tamtej architektury... – I cały czas w sufit patrzył, a tam muchy spały. Gospodyni za nim wzrokiem po suficie wodziła.

– Muchozolu by... – zaczęła.

Ale Gospodarz dał jej znak i nie dokończyła swego. Coraz bardziej niespokojni wszyscy. Co ten sufit ma do siebie, że tak wszystko się zachachmęciło?...

Ten Kulawy, co go o Frojzyngera podejrzewają, pierwszy wyciągnął pieniądze. Za nim inni. Cichaczem na wódkę się złożyli. Nikt się nie opierał, nawet Koń skwapliwie do kieszeni sięgnął.

Gospodarz z chałupy się wymknął, na motor skoczył i po wódkę do tartaku pojechał.

– ...W Rzymie natomiast Koloseum gigantyczne zostało wzniesione... ogromna to budowla i wspaniała. Koloseum, ma się rozumieć, było bez dachu, tak to człowiek sztukę budowania doskonalił... do słońca, do gwiazd, bogom i sobie... – Weteryniarz uniósł się na taborecie i ręce ponad głową trzymał.

Też zadarli głowy.

Naraz tarabanienie natarczywe do drzwi się rozległo. I stękanie jakieś, przekleństwa...

W progu stanął chłop czymś białym zawalany, jakby mąką czy wapnem. O rower ciężko się wspierał, kołysał się z boku na bok. Gały ślepe na ludzi wytrzeszczył i powiedział tak:

– A nie wiecie, gdzie jest droga na Walne? – Zaraz nogi się pod nim złamały, ukląkł prawie.

– Za płotem na lewo pójdziecie… – powiedział ten Kulawy, co go o Frojzyngera podejrzewają – do pola i od ulęgałki żwirówka jak strzelił na Walne…

Wytoczył się z izby ten pijany.

A Weterynarz dalej mówił:

– Świątyń tych piękność była niesłychana, smukłe, strzeliste, ale i siła od nich szła…

Wrócił Gospodarz, ale z niczym. Nie trzyma już ten sklepowy z tartacznego GS-u wódki w chałupie, ludzie donos złożyli i tak zdjęli go z tego sklepu, a nowy jeszcze nieobyty. Wrócił Gospodarz z pustymi rękoma i patrzy w Weterynarza pokornym wzrokiem.

– …setki lat ludzi wzruszały. Piękno zawsze wzrusza, coś takiego ono w sobie ma… Dotąd jeszcze do Grecji czy Rzymu pielgrzymują, żeby na rozsypane w gruzy budowle popatrzeć, siadają gdzie bądź, patrzą na kamienie i niektórzy nawet płaczą… – głos mu się zmienił, cienki taki i drżący – płaczą… – powtórzył.

Zaskrzypiały deski, zadudniła podłoga w sionce. Drzwi się z rozmachem otworzyły. Znowu ten z rowerem zakolebał się w progu.

– Ludzie! – zawołał przeraźliwie – nie wiecie, gdzie jest droga na Walne?!

– Idźże, ty skurwancki! – zezłościł się Koń.

Ale co zrobić takiemu? Przyłożyć, ręki szkoda, nic to nie pomoże. Czesiek Zabłoczczak już się do niego rwał, ale go odciągnęli. A poniektórzy przypomnieli sobie Ciumbarabajkę. Także samo ochlany gajowy błąkał się po lesie i nijak nie mógł wyjść, Chrystusie Nazareński, wołał i bach, obijał się łbem o pniaki. Więc znowu wytłumaczyli mu akuratnie. Ten z rowerem mankiety nogawek próbował sobie podwiązać, żeby mu w szprychy nie właziły. Pochylał się ciężko i w żaden sposób nie mógł ułapić.

Wytoczył się na podwórze, a w krzakach coś zaraz zachrzęściło. Wyjrzał za nim Czesiek Zabłoczczak. Padł ten z rowerem pod płot. Leżał z nogami rozrzuconymi szeroko i księżyc oświetlał go zimnym światłem. Postękiwał w ziemię i trochę wierzgał, ale słabo.

Weteryniarz już nie patrzył w sufit, w drzwi uchylone teraz się gapił, ale jeszcze mówił:

– ...bo w Rzymie wielkość i przepych zastąpiły greckie piękno... – Naraz ręką machnął i już nie dokończył. Tak poruszył się cały jak pies, co otrząsa się z wody.

Zaniepokoili się wszyscy.

– Wódka człowieka zmęczyła – wyjaśnił Gospodarz.

Weteryniarz drugi raz tak się otrząsnął. Gospodyni znowu te placki z jabłkami podsuwa. A Koń grzebać zaczął w skrzynce po piwie. Liczył pewnie, że jakąś pełną flaszkę znajdzie.

Weteryniarz w pieska do ściągania cholewianych butów się zapatrzył. Oni za nim też.

– Zmyślny – powiedział.

– Ano, ano... – przytaknął Koń.

Oblatany, wie, do czego służy, bo tak trzewik swój czarny elegancki do tego pieska przyłożył. Później, jak uniósł głowę, to oni to samo.

– Od wódki – powiedział – jeszcze gorszy haszysz...

I poruszał dalej ustami, ale dźwięku żadnego nie słychać, zatkało go czy tchu brak... Nic go nie zrozumieli. Co tak na nich patrzy? Pokrętnik taki. Trudny człowiek, nieodgadniony. Magazynier z Miasta też durnego oka dostał. Ciężki zaduch w izbie, gorąc i posapywania. Gospodyni przysnęła przy dzieciakach, usta rozdziawiła szeroko i ślina jej kap, kap. Cisza była długa. Muchy na suficie spały, dzieciaki też, a oni tak siedzieli, sztywno wyprostowani, i na kolanach dłonie trzymali.

– Wracając do naszych spraw... – Weteryniarz spojrzał na zegarek, błyszczała mu twarz, spocił się nielicho.

Szyje wyciągnęli. W słuch się zamienili.

– ...znaczy zaraza trzodę chlewną zaatakowała... – głos miał inny już, nie taki, jak o tych stylach gadał. Nogę na nogę założył i odchrząknął.

Wtedy to trzeci raz wtargnął do chałupy ten chłop w mące czy czymś utytłany, rower oburącz za kierownicę trzymał. Łapy miał wielkie, spracowane, tak kierownicę w żelazny uchwyt chapnął.

– Ludzie! – zawył i łzy mu ciurkiem pociekły – a nie wiecie, gdzie jest droga na Walne?!

Jak turecki anioł wyglądał.

1974

# Wesele raz jeszcze!

Ciągnęli z różnych stron. Dalszych i bliskich. Pekaesem, podmiejskimi elektryczniakami, furkami wymoszczonymi słomą, młodzi na motorach mimo zimnicy bijącej lodowato w twarz, a niektórzy piechotą po zmarzniętej grudzie, poprzetykanej tu i ówdzie płatami starego śniegu. Zima w tym roku mroźna, ale skąpa w śnieg. Szaro było i brzydko. Słońce pokazywało się na krótko i zaraz zanikało w chmurach. Wrony siedziały na telegraficznych drutach. Pejzaż martwy i posępny. Monotonna równina z nielicznymi kępami zagajników. Białe pnie brzóz przy drodze. Dymy snuły się z chłopskich chałup. Strzecha już z rzadka w tej wsi, coraz częściej eternitowe dachówki i anteny telewizyjne powtykane w dachy.

Sterczały wieże kościoła i dwóch Chrystusów z dwóch stron wsi na krzyżu rozpiętych.

Tłum zebrał się w tym przestronnym, niedawno wybudowanym kościele. Organy zagrały pięknie i ksiądz kanonik zadał zwyczajowe pytania młodożeńcom, następnie wcisnął im obrączki na palce. Grube, z dukatowego złota zaświeciły czerwonawo.

Hrabia, czyli Pan Młody, był w czarnym, jak należy garniturze, z muszką w bordowe grochy pod szyją.

Panna Młoda, hoża, wsiowa dziewoja, w długiej sukni z białej przezroczystej materii i welonie. Wypieki zakwitły jej na policzkach i głuchy stuk własnego serca słyszała.

A kiedy odchodzili od ołtarza sztywnym, drobnym kroczkiem, to rozpląsał się przed nimi miejscowy fotograf.

Wystawili się rodzice młodej z weselną ucztą. Stoły w podkowę ustawione i biesiadników do setki zliczyć można. Gospodarz co znaczniejszym gościom kłaniał się w pas dawnym zwyczajem i jego oczy zapalały się satysfakcją. A dla każdego jadła i napitku w bród. Biegała z półmiskami Gospodyni, uwijały się inne kobiety do pomocy najęte.

Do okien chałupy przylepiały twarze dzieci. Zbiegła się ich cała chmara. Przepychały się, roztrącały. Rozpłaszczone na szybie nosy i oczy zachłannej ciekawości.

– Jak to mówią, czym chata bogata – powtarzał Gospodarz i gości sadzał troskliwie.

W piecach napalono porządnie, blacha czerwona i buchał od niej żar. Druga izba przygotowana do tańca, podłoga wysypana trocinami i ściany przybrane kolorową bibułką. Muzykanci z powiatowego miasta już niebawem przybyć mieli.

Rozsiedli się goście, wszyscy w świątecznych garniturach, z krwią nabiegłymi twarzami, kołnierzyki non--ironów cisnęły szyję. Na honorowym miejscu przy stole Pan Młody, czyli Hrabia, i jego wybranka. Ksiądz kanonik też został zaproszony i nie odmówił. Siedział starowina i pojadał sobie z apetytem, a też po łyczku z kielicha odpijał. Polewał mu osobiście Gospodarz koniaku ruskiego, pięciogwiazdkowego. Wiadomo, ksiądz na trunki wybredny; u siebie nalewki rozmaite w gąsiorach trzyma, pijesz, pijesz, wchodzi to jak miód, a potem wstać nie można.

Zastukał więc ksiądz kanonik widelcem w talerz i z mową bogobojną do młodożeńców się zwrócił:

– Tak oto, dziatki moje, sakramentem małżeństwa jesteście połączeni i Bóg już przypieczętował wasz związek, radosna to dla mnie, duszpasterza tej parafii, chwila, córka zacnych, szanownych i pobożnych gospodarzy na tę drogę wstąpiła, drogę uświęconą religią naszą rzymskokatolicką. Chciałbym jeszcze, dziatki moje, przypomnieć wam o obowiązkach każdego stadła małżeńskiego, o wierności, czystości i wzajemnym poszanowaniu. Wierność, o tym szczególnie pamiętajcie, w dzisiejszych czasach rui i porubstwa jest klejnotem najpierwszym. – Wzruszył się rzetelnie starowina, oczy mu się załzawiły i głos zadrżał. – Powiadam wam: pamiętajcie o tym w każdej godzinie dnia i nocy. I niechaj rosną wam na pociechę udane dzieci!

Matka Młodej pochlipywać zaczęła.

Komendant powiatowy, Łuczak, który siedział z drugiej strony młodych, podgadywał z przekąsem:

– ...A gospodynię młodą ma, a dziewuch niby nie podszczypywał, co?

Tak podgadywał, ale cichaczem. Pierwszy też po księżym przemówieniu zaklaskał w dłonie.

– Gorzko, gorzko! – zawołał od końca stołu. Więc Hrabia wstał. Wyliniały już, ale jeszcze przystojniak, skłonił się lekko i pocałował Pannę Młodą w policzek.

– Lepiej! – wołać zaczęli miastowi goście.

Więc pocałował Pannę Młodą w usta, a czyrak na karku, podrażniony kołnierzykiem, zapulsował znienacka nieznośnym bólem. Ale Pan Młody trzymał się dziarsko i nic nie dał poznać po sobie.

– Porządniej, z języczkiem – zarechotał technik budowlany, Skarupa Zbyszek.

Było to wesele Hrabiego z wiejską dziewczyną. Liczył sobie Pan Młody już czterdziestkę, a Hrabią go niegdyś nazwano, bo maniery miał szykowne i z każdej sytuacji wychodził należytym bajerem. Skończył się jednak ten jego hrabiowski czas, kiedy nie tylko maniery, ale i gotówka była przy nim. Zostały maniery. Parę lat przesiedzianych w pudle miał za sobą, nikt też żadnym interesem nie chciał się już z nim wiązać. Niefartowny, powiadano, nie ten model co dawniej. Bo dawniej fart miał przy sobie. Ojciec nauczył go życia. Razem pracowali w kwaterunku, następnie prowadzili biuro nieruchomości. Kobiet zawsze koło nich rój, interesy, ten państwowy, jak również prywatny nieźle szły, co dzień łatwy grosz wpadał do kieszeni. Tyle że ojciec, który po wojnie wrócił od Andersa, w miarę lat coraz częściej powtarzał:

– Błąd, synu, uczyniłem, ciasno się tu robi, coraz ciaśniej, a naturę mam szeroką, szlachecką, więc co robić, używać, póki czas, była taka piosenka, synu, parafrazując, rzec można: za krótki czas nie będzie nas. – I wywróżył sobie ojciec. Umarł przedwcześnie, nie szanował się, kobiety i gorzałka, serce nie wytrzymało, tyle że z honorem, podczas miłosnych igraszek wykorkował. Został Hrabia sierotą, matki już dawno nie miał, modelką była u Braci Jabłkowskich i w wojnę zadała się z Niemcami, później zginęła bez wieści. Sierotą więc został, ale wtedy jeszcze był przy nim fart. Pracował w dolarach, miękkie i twarde, w międzyczasie ta Bożenka z Grochowa, to była miłość, matczyną biżuterię z domu wyniosła, puszkę złota w ogródku wykopała. Z tym to skarbem rodziców przyszła do Hrabiego ta siedemnastoletnia prawiczka. Przebalowali wszystko do szczętu. Co dalej z Bożenką, nie wiadomo, pewnie wróciła do domu. Hrabia lubił być jak ptak, na dłużej się nie wiązał. Wtedy właśnie kolejny interes prowadził. Firma „Art Moderne" się nazywała i akwizytorzy penetrowali teren, zbierając zamówienia na portrety. Interes szedł znakomicie i Hrabia ciągle górą. Lekkie miał życie i za bardzo wierzył w swoją gwiazdę. Chętnie mówił tak: – Według rodzica mego, Wernyhory, już sama ciasność przecież, a dla mnie ciągle luz. – Nawet tych kolorowych portretów z fotografii robić mu się nie chciało, zbierał tylko zamówienia, z bloczka kwity na zaliczkę wystawiał i nic. Wyczerpała się cierpliwość ludzka. Takim sposobem dostał się Hrabia do więzienia. I skończył się jego czas.

Lata swoje dołożyły, zmarszczki i siwizna, panienkom coraz rzadziej wpadał w oko. Z łaski żył, zahaczył się jako akwizytor w znajomej firmie. Ani się obejrzał, stuknęła czterdziestka, kątem u ludzi mieszkał, bez pieniędzy, zupełnie sam, jak kołek na świecie. Zrozumiał więc, że coś przeleciało mu przez palce i nie da rady już dogonić. Jałowa wegetacja dokuczać zaczęła, pieniędzy ciągle brak i na giełdzie męskich walorów całkiem spadły jego notowania.

Z ostatnich czasów właśnie następującą miał Hrabia opowieść, przytaczał chętnie, z masochistyczną szczerością, na dowód klęski już nieodwołalnej: – Dał mi jeden kumpel trochę zagranicznego towaru do sprzedania, dobry kumpel, wiedział, jak kiepsko stoję, od obrotu dziesięć procent dla mnie, trzymałem ten towar u siebie, popiłem wtedy z nudów i taką smarkulę w kawiarni „Jagódka" poderwałem, z pewnym wysiłkiem do chaty ją doprowadziłem, a ona od razu na tę kupę łachów, butów, całego tego zagranicznego barachła rzuciła się jak lwica, przymierzyła włoskie, modne lakierki, pasują, bardzo ładna, cycofon na długich nogach, jak to pokolenie wyrosło, rozgrzała mnie jej uroda, mówię: bierz te skoki, ręce mi na szyję zarzuciła i cyckami szturcha, następnie przypadł jej do gustu sweterek, krótkie rękawy, francuski, zdjęła bezczelnie przez głowę, bierz, mówię i na wyro ją ciągnę, a ona: nie, nie ma mowy, co ty sobie, dziadu, wyobrażasz, nogi splotła, rozciągnąć nie mogę, wtedy zła krew mnie zalała, to ty chcesz wszystko za nic!, dotąd byłem dżentelmenem, ale będę łobuzem, wiąchę puściłem, dawaj girę, mówię, zaraz ci w kolanie złamię, srajdo rozwydrzona, wtedy dopiero zaczęła zachowywać się przyzwoicie i nogi poluzowała, później sweterek jej odebrałem, buty włoskie wystarczą... – I kończył to żałosne wspomnienie tak: – Żeby zęby sobie wstawić, garniturek modny, regularne odżywianie i tak dalej, wtedy bym jeszcze zabuszował...

Krzywił twarz w tęsknym uśmiechu do dawnych podbojów, kiedy to pierwszy był z niego tancerz i dziewczyny same się napraszały, jak powiadał, żeby tylko laska gotowością nastarczyła.

W takim okresie upadku Hrabia, „emeryt" nawet już na niego wołali, uganiając się za zamówieniami na portrety po wiochach i mieścinach zapadłych, poznał tę Olę, teraz Pannę Młodą właśnie. Wykrzesał resztki dawnych czarów, co wieś, to nie miasto, czary podziałały i zadurzyła się w nim dziewczyna. Wysoko ona mierzyła i żaden z miejscowych fatygantów jej nie odpowiadał. Co prawda niemłoda już na wiejską miarę, trzydziestki dobiegała.

Hrabia ani zwlekać, ani szukać czegoś innego nie miał czasu.

Więc zęby teraz wstawione, garniturek nowiutki i oto za weselnym stołem na honorowym miejscu w wiejskiej chałupie siedział.

I kiedy znowu „gorzko – gorzko!" posłyszał, to z całym kunsztem i zapałem pocałował swoją wybrankę w usta, tym razem rzeczywiście z języczkiem. Ona aż sapnęła i poczerwieniała.

Pochylił się Hrabia nad Panną Młodą. Postawny jeszcze i przystojny, choć czas poznaczył go przecież.

„Podobny do ojca" – pomyślał Literat, który jego dzieje znał najlepiej. Niedziela upalna, lipcowa. Przyszli wtedy obaj nad gliniankę. Opaleni, muskularni, jeden szpakowaty, drugi brunet, obaj z mocnymi, lekko garbatymi nosami. Przeżegnali się i rzucili równocześnie do wody z wysokiego brzegu. Silnymi rzutami ramion posuwali się na środek stawu, tam przewrócili się na grzbiety, leżeli długą chwilę nieruchomo. Jak wybrańcy bogów wtedy oni dla Literata. I może dlatego zapamiętał na lata całe tych dwóch, ojca i syna, w upalnym słońcu nad glinianką…

Wiejskie dziewczyny życzliwie patrzyły na Hrabiego. Chłopaki też. Wdziękiem swym i skromnością zdołał zaskarbić sobie już względy niektórych. Teraz kieliszek podniósł i uroczyście zdrowie swych teściów wypił. Dużą, setkową lufę sprawnym haustem wychylił.

Kierownik skupu warzyw i owoców, niejaki Grzegorczyk, skończył akurat swoją sprawę z Prezesem. Coś tam jeszcze szeptał, a wyglądał jak słodka do ostateczności i robaczywa węgierka. Prezes kiwał niedbale głową. Grzegorczyk wpatrzony w niego z napięciem.

– Zobaczę, co się da zrobić – powiedział wreszcie Prezes.

Warkot samochodowego silnika uwagę na zewnątrz skierował. Pojechała Nyska z GS-u. Parę skrzynek wódki dowieźli. Wnosili po schodkach lodowym szkliwem pokrytych. Poślizgnął się jeden i upadł. Skrzynka stoczyła się po stopniach. Rzucili się weselni goście na ratunek.

Ale kilka butelek rozbitych. Zafrasował się Gospodarz. Nie tyle stratą, co złym znakiem. Gospodyni też. Ktoś podpalił tę gorzałkową kałużę. Paliła się niebieskim płomieniem. Pełzały języry ognia po schodkach i ładnie to wyglądało. Reksiu wyskoczył z budy i zaczął szczekać zajadle.

Goście ze strony Hrabiego to byli miastowi. Wyboru dokonał, łącząc sentyment z wyrachowaniem. Więc technik budowlany, Skarupa Zbyszek, towarzysz zabaw z odległej młodości. Jego przyjaciółka Lucy, bufetowa w „Obywatelskiej" na Woli. Następnie Rysiek zwany Urzędnikiem, jeszcze z dzieciństwa koleżka. Został też zaproszony Czarodziej Długi Nos, on to Hrabiemu towar zagraniczny do sprzedaży z dobrym zyskiem dostarczał. Obleśny i ruchliwy jak glista ten Czarodziej. Literata szczególnymi względami Hrabia obdarzył i najbliżej gości powiatowych go posadził. Chciał przecież Pan Młody mieć dzisiaj nie tylko kumpli od serca, ale i takich, żeby wsiowym zaimponować, tym samym dla siebie zyskując uznanie.

I pokazując tych swoich asów atutowych, szeptał: – Same figury, proszę ojca, forsy zarabiają… Jeden pisze książki, w telewizji występuje, a drugi profesorem niedługo zostanie.

Był jeszcze Powstaniec, malutki, schludny, z niewielkim, jak szczotka wąsikiem. Od lat warsztat ślusarski prowadzi i nieźle sobie żyje. Tylko po wódce coś mu się przekręca i testy zadaje.

– Kogo kochacie?

– Polskę – należy odpowiedzieć.

Wtedy Powstaniec pożółkłą fotografię wyciąga. Chłopak ze stenem, panterka, biało-czerwona opaska; stoi sobie nad włazem do kanału. Wypije więcej i szepcze tak:

– Całe życie dla niej, pali się miasto, dzielnica po dzielnicy... – raptem zasypia.

Ale na razie trzeźwy i milczący. Obok niego siedział przyszły profesor właśnie.

Naukowiec. W powszechniaku już „chiński uczony" na niego wołali. I tak zostało. Pierwsza to miastowych ozdoba. Wykwintny i zdawkowo uśmiechnięty. Na wylocie, można powiedzieć, miał bowiem w kieszeni kontrakt na wykłady za Oceanem. I cały czas uśmiechał się chłodno. Wyraźnie na dystans brał wszystko; w nic już się nie wciągał.

– Tak, proszę ojca – szeptał Hrabia – prawie profesor, w dolarach mu będą płacić.

– Stąd też paru wyjechało – powiedział Gospodarz – jeden limuzyną taką wielką w odwiedziny teraz zjechał...

– Grzegorczykowej brat – wtrąciła Gospodyni.

I znów: – Tylko w usta! – zażądali wesołkowie z całą stanowczością.

Tym razem Hrabia skromnie w policzek Pannę Młodą pocałował. Nie można przecież przeciągać struny.

– Cieszysz się? – szepnęła ona.

Pokiwał głową i pod stołem udo jej przycisnął.

A wsiowi, czyli ze strony Młodej, uśmiechali się powściągliwie. Była ich kupa niemała, cała wieś prawie przyszła. Krok zza Lasa, Sierotnik, co księdza pod baldachimem w Boże Ciało prowadza, Bułka Jan spod Krzyża, Skrzek przezywany Żabim, cała familia Wyglądałów...

To był początek i pierwsze butelki dopiero opróżniać zaczęto. Wśród obecnych stary Sierotnik wyróżniał się śmiechem tubalnym i zaraźliwym. Zawołanie miastowych „tylko w usta!" bardzo mu się spodobało. Więc śmiał się i na księdza kanonika filuternie zerkał. Ale ksiądz zachował spokój niewzruszony. Sołtys też coś chciał powiedzieć. Jąka się ten sołtys i nim swoje wystęka, naczekać się trzeba długo. W weselnej wrzawie nie zwrócono na jego wysiłki uwagi. Tylko Traktorzysta z pobliskiego PGR-u cierpliwie potakiwał. Dobry z niego chłopak. I wstydliwy, czerwieni się jak dziewucha. Rok będzie, zachciało mu się matury, kupił od takich, co lewe dokumenty wystawiali, i później przed sądem stanął.

– Na co świadkowi ta matura? – pyta sąd.

A on z nogi na nogę przestępuje, czerwieni się i głowę opuszcza, czapkę w dłoniach miętosi.

Wreszcie wykrztusił:

– Zawsze lepiej z maturą niż bez. – Śmieją się dotąd z niego ludzie.

Choćby teraz: – Maturzysta! – przygroził dla żartu Komendant. Twarz chłopaka od razu zalały burakowego koloru rumieńce.

A sołtys dukał niezmordowanie:

– Pppo prawwwdzie... ccci powiem... ccco zrobić tttakiemu...

Przy końcu stołu od drzwi dwaj Sauterzaki siedzieli. Już nieźle napici. Z niemieckiej krwi oni. Ojciec nawet niezgorszy był człowiek, ale jak Niemcy stąd odeszli, to cała ludzka nienawiść na niego spadła i zatłukli go nocą. Mówią ludzie:

– Sauterzaki wiedzą, kto się do śmierci najwięcej przyczynił. Wiedzą i czekają. Na sposobność czekają. – Może to i prawda. Niejeden z drogi im chyżo ustępuje.

Popili sobie Sauterzaki i podśpiewywać zaczęli:

– „Za stodołą, za przełazem leżało ich dwoje razem… Dwoje razem!!" – I głośniej, ryczą prawie: „Żeby bober nie truchotał, to ja Magdę wyruchotał!!"

Kobieta Gospodarza ofuknęła ich gniewnie:

– Cichojta, głuptaki!

Tak to wobec miastowych popisywali się Sauterzaki, nie chcieli być gorsi.

Powoli rozgrzewała się zabawa. Twarze krwią nabiegały, ludzie szarpać już zaczęli i rozluźniać kołnierzyki.

Siedziały też przy tych stołach w podkowę ustawionych rozmaite figury z powiatu. Komendant i inni, każdy według swego znaczenia godnie posadzony. Najmarniejsze miejsce wypadło dla tego Frołka, co zaraz po wojnie trząsł całym powiatem. Teraz ma kram z warzywami na rynku w miasteczku. Niby nikt, ale nie zaszkodzi zaprosić takiego.

Wpadł też Weterynarz. Ale jak po ogień. Palnął kielicha, życzenia młodym złożył i poleciał.

– Zarobi – powiedział Gospodarz.

– Do byka go wezwali – dodał Sierotnik. – W Janowie.

A jak zbierali na wianek dla Młodej, to najbardziej postawił się Prezes PZGS-u. Lekką ręką tysiącłotowy banknot wrzucił do koszyka. Jak ryba kolorowy papierek tam wpadł. Przy tym zbieraniu na wianek Hrabiemu tylko oczy się świeciły. Nieźle rzucali ludzie, najmniej setkę, były też dosyć gęsto pięćsetki. Prezes cały czas koszyk sprawdzał, czy aby kto go w hojności nie przebije darem.

– „A nasz drużba tak się skubie, tak się drapie jak ta myszka na pułapie..." – zawodziły najstarsze kobiety nikłymi, porwanymi głosami. Banknot wrzucany do koszyka przyjmowały tak: – „A nasz dziedzic nie żałował, tysiąc dukatów darował..."

Najbardziej z tego zwyczaju niezadowolona Lucy. Ale co mogła zrobić. Długo i ostentacyjnie grzebała w torebce i dość gruby zwitek dwudziestek na wianek przeznaczyła.

– Cwaniara... – roześmiał się Rysiek Urzędnik. – Nieźle to wygląda i różnie mogą obliczać.

Literat zapatrzył się na nalaną, pokrytą warstwą kosmetyków twarz Lucy, na jej oczy ze sztucznymi rzęsami i czarne kreseczki brwi. Wzrok dłużej zatrzymał na dłoni kobiety, grubej i szerokiej w przegubie, o tłuczkowatych palcach z purpurowymi paznokciami.

– Rzeźnicka łapa – stwierdził półgłosem. Rysiek Urzędnik przytaknął ze zrozumieniem.

Twarda ta Lucy. Twarda i zimna jak lód. Do forsy każda droga jej pasuje. Wielbicieli forsodajnych często wdziękami swymi obdarza. Ostatni łysy kierownik komisu, regularne z nim spotkania. Skarupa Zbyszek oczy na to przymyka; do matki wyjeżdża, tak wyjaśnia kolegom jej nieobecność. Zobaczył ją niedawno Literat. Wysiadała z samochodu. Ten łysy żegnał się z nią czule. Ona dłonią mu pocałunek przesłała. Tam pięćsetkę z torebki wyciąga i książeczkę oszczędnościową podaje do okienka. Własną książeczkę posiada starowna, dalekowzroczna Lucy. Myśli o przyszłości.

Podchmielona Lucy tak teraz marzy sielsko:

– Frajera z gotówką poderwać, wózek, musi być Taunus albo Opel, lubię tylko duże, wycieraczki, Jugosławia, Włochy… – Spojrzała na nich wyzywająco. – Czy myślicie, że bym była złą żoną? Dla takiego chłopa wszystko – twardo zacisnęła usta.

Skarupa Zbyszek, czyli Herbert Moran, milczy ponuro. Co mógł mieć do powiedzenia? Techniczek budowlany, domek-maszkaron po rodzicach, na Trabanta zbiera…

– Przebojowa kobyła – przyznał Rysiek Urzędnik – tylko, niestety, lata swoje już ma.

– Fakt – nie zaprzeczył Literat.

Patrzyli na nią ukradkiem. Ona zaś zawodowym okiem gości weselnych obmacywała. Dłużej zatrzymała spojrzenie na Prezesie. Komendanta ominęła od razu, był przecież z żoną.

Niespodzianie wyszczerzyła zęby do Literata.

– Gryzipiórku… – zażartowała – oczy sobie wypatrzysz!!

Hrabia akurat potakiwał uniżenie proboszczowi, który prawił o małżeńskich obowiązkach.

– …Sakrament ten… – ciągnął ksiądz kanonik, wznosząc ręce jak na ambonie – jeden z najważniejszych w na-

szym życiu. A dzisiejsze czasy zgniłe takie, cyniczne i jadem szatana przepojone...

– Apage satanas! – wykrzyknął Literat.

– Pięknie to, synu, powiedziałeś – przytaknął z powagą ksiądz.

Wtedy to starsi gospodarze z szacunkiem popatrzyli
na Literata. Tak nieoczekiwanie zaskarbił sobie ich
względy.

– Widzi ojciec... – ucieszył się Hrabia – jaki łeb
ma!... Do wszystkiego!

Ksiądz proboszcz stęknął naraz.

Z niepokojem do niego Sierotnik:

– Co wielebnemu?

– Nic, nic – odparł ksiądz – odbiło mi się.

– Zgryzotę ma wielebny – wyjaśnił Gospodarz powód
niepokoju o księdza – dał krewniakowi sto tysięcy na tyn-
kowanie kościoła, a ten nic nie zrobi i własną taksówką
zaczął jeździć, taki to złodziej, niczego nie uszanuje...

– Ale wielebny sądem mu przygroził – dodał Sierotnik – i ratami spłaca ten ancykryst...

– Proboszcz nasz jedno miał tylko życzenie do Boga –
powiedziała Gospodyni – postawić kościół piękny i wysoki... Święty człowiek, nic dla siebie – popatrzyła na
niego z tkliwością.

Przy końcu stołu wybuchło zamieszanie niewielkie.
Sauterzaki znowu sobie starą sprawę przypomnieli. Ten
bardziej zapalczywy, Robert, potoczył błędnym okiem
po obecnych i wychrypiał:

– Tatę nam zamordowali!

Obaj zgrzytnęli zębami. Wiercić się zaczęli gospodarze. A jeden nawet jakby się chował za innych.

Komendant wstał, obciągnął mundur i donośnie jak komendę: – Spokój! – huknął.

Posłuchanie to on ma jednak. Ucichli Sauterzaki i głowy nad stołem pozwieszali. Kołysały im się te głowy pijane jak słoneczniki.

– Ciekawe – zamyślił się Skarupa Zbyszek, czyli Herbert Moran – na ile szmalu można takich dziesięciohektarowych liczyć?

Odpowiedzi nie dostał.

– Rozmaicie... – rozważał Rysiek Urzędnik. – Zależy, co uprawiają.

– Albo hodowla jakaś – wtrącił Literat – na przykład świnie.

– Ten Hrabia tak się wżenił, ho, ho – nawet Powstaniec ożywił się znacznie. – Tak się wżenił – powtórzył i nieokreślony uśmieszek zabłąkał mu się pod wąsikiem.

Czarodziej Długi Nos przypomniał sobie kolegę z seminarium, który chciał zrobić majątek na badylarskiej córce.

– Nic mu jednak nie dali – powiedział. – Tylko do roboty pędzili jak psa. Nieufne te ciemne forsoroby.

Tak sobie w kąciku Czarodziej przycupnął. I po młodych wieśniakach zerkał. Do męskiego ciała rosła w nim chęć natarczywa. Po to przecież tu przyjechał. Gorączka weselnej izby, pot i wódka. Uderzyło mu już to do głowy i nozdrza jak ogar myśliwski rozdymał. Okiem strzelał.

Kark czyjś naprężony, szyja ogorzała, czupryny na czoło nawisłe. Tu i tam widział łydy wyłażące z nogawek, brzuchy koszulą obciśnięte, oczy maślane lub dzikawe z gorzałkowego zamroczenia. Ruchliwa gęstwa męskich ciał tańczyła przed oczyma. A gorąc bił od tej gęstwy. Monolog jak modlitwę sobie snuł:

– Chłoptasie moje jedyne, pokuszenie najsłodsze, ciżbo ty moja śmierdząca, cielska moje nabite, gęby tępe i zady kalesonami obciśnięte, platfusy w ciasnych buciorach uwięzłe i cuchnące, torsiki chłopięce z puchem zamiast kłaków, wy moje słodkości poszukiwane w trudzie i znoju, oj, dziobałbym was, moje smrody pszeniczne, oj dziobałbym...

Literat przyjrzał mu się z obrzydzeniem. Nie to, żeby do zboczeń miał uprzedzenie. Moralną awersję czy coś. Nie to. Po prostu ohydny szczur z Czarodzieja. Spasiony, wije się jak glista, i ten nos, haczyk monstrualny.

Czarodziej minę uczynił słodką, na odzew jakby czekając. Nikt z młodych nie zwracał na niego uwagi. Wargi suche obśliniać zaczął jęzorem. Aktorską wyraźnie miał skłonność. To fakt. W latach swoich młodzieńczych należał do kółka dramatycznego w domu parafialnym. Był żołdakiem rzymskim, a czasem faryzeuszem. Wtedy chudy, z tym nochalem, na scenie jak złowieszczy ptak wyglądał. Jeszcze raz półgłosem powtórzył:

– Oj, dziobałbym was, dziobałbym – tu nowego określenia użył – ścierwa wy moje przeklęte.

– Co proszę? – zapytał uprzejmie sąsiad, Kierownik POM-u.

Czarodziej Długi Nos przyjrzał mu się z bezczelnym, dwuznacznym przedłużeniem. Urodę jego taksował. Był to przystojny facet, może trzydziestoletni, z kozackim, smolistym czubem nad czołem.

– Jest co robić – językiem znów przesunął po wargach.

Ale Kierownik POM-u już odwrócił się od niego. Z galanterią półmisek wędlin Lucy podsunął. Spodobała mu się od początku. Duża, cycata i w obcisłą wbita spódniczkę. Cieszyła wprost oczy spragnione wypukłości.

– Proszę – zaprosił – może pani sobie nałoży?

– Nic tu po mnie – westchnął Czarodziej i ręce błazeńsko rozłożył.

– Niezłe widowisko – zagadał do Literata – siermiężny lud, miastowe szakale, i cóż my w tym robimy, wolne ptaki?

– Wolne ptaki – powtórzy Literat. – Ty raczej od łapania takich ptaków w sidła, no nie?

Spłoszył się Czarodziej wyraźnie. Od razu pojął aluzję. Nieczyste miał sumienie. Zwilgotniały mu dłonie. W takich sytuacjach zawsze wilgotnieją. A oczy, rozbiegane, nie mogą znieść uporczywości czyjegoś spojrzenia. Tak i teraz. Opuścił głowę.

W taki sposób przypomniana została sprawa z Edzikiem. Paskudna to była sprawa. Lat temu dwanaście uciekł Edzik z wojska. Nieokiełznany chłopak, dziki i zapalny. Jak szubieniczna pętla wszelki przymus dla niego.

– Dusiłem się koszmarnie, te komendy, apele, pobudki, pełzanie, powstań, baczność, padnij, ci szefowie, cały ten kapralski dryl, no i nie mogłem już dłużej, mówię wam, zdechłbym jak pies – opowiadał Edzik kolegom i patrzył tym swoim śmiałym, ufnym wzrokiem. I w ucieczce też nie opuściła go fantazja, całą furmankę żołnierskich butów z magazynu wywiózł. Jak to fajnie opowiadał. Brama, przepustka, wóz turkocze. Tak to wojsko uprzykrzone z brawurą opuszczał. – Skubnąłem... – śmiał się – trochę dla żartu, a trochę z rozsądku, na pierwsze kroki w wolnościowym życiu...

Co zrobić z takim? Kto mógł, przyjmował go na dzień, dwa, tydzień; koczował więc Edzik dezerter w domach przyjaciół, przemykał się jak cień ulicami, strach, że dopadną, nie opuszczał ani na chwilę w tym zaszczutym życiu. I spotkał się gdzieś z Czarodziejem. Serdecznością gwałtowną zapałał do niego Czarodziej. Ściskał i klepał. Edzik, ufny i naiwny, opowiedział mu wszystko. Współczuł Czarodziej i obślizgiwał go coraz nachalniejszym spojrzeniem. Spotykać się zaczęli. Fundował hojną ręką Czarodziej i ślepiów żarłocznych już z niego nie spuszczał. Wybrali się do łaźni, po wódce byli, spragniony przyjaźni Edzik uciekinier i Czarodziej przy nim. Kiedy się rozebrali, żądza równie naga ogarnęła Czarodzieja. Rzucił się na kolana i skomleć zaczął. Odpychał go Edzik z obrzydzeniem. Tamten nie ustępował. Coraz żarłoczniej obmacywał. Zrozumiał wreszcie Edzik. Wściekłość nim zamiatała. Wściekłość oszukanego. Kopniakiem odrzucił to skomlące ścierwo. Uderzył kilka razy. Wtedy zapłakał przejmująco Czarodziej Długi Nos.

– Przepraszam, przebacz, to czasem jest niezależne ode mnie, nie mogę sobie z tym poradzić, straszna to słabość, zrozum, ja też tak samo jak ty ukrywam się, przemykam, czaję się i skradam.

I znów jego oczy nachalne pełzały parząco po nagim ciele Edzika.

– Przebacz – łkał równocześnie.

Uspokoił się Edzik. Wróciła ufna naiwność. Współczucie nawet poczuł. I wstyd za swoją brutalność. Umówili się na następny dzień. A kiedy przyszedł Edzik na to spotkanie, nie było Czarodzieja i dwaj w brązowych garniturach naraz do niego podeszli. Wtedy zrozumiał. Ale za późno. Chwycili go jak w kleszcze i za chwilę już miał na rękach kajdanki.

– Być może i Edzik tu będzie też – powiedział Literat. – Też został zaproszony.

– Niemożliwe – aż zadygotał Czarodziej.

Naukowiec również przytaknął.

– Będzie – powiedział.

– Niemożliwe – powtórzył Czarodziej, a dygot nie ustawał. Ten dygot jednak wcale nie z poczucia winy czy strachu. Tylko słodkie przypomnienia opadły. Jak posąg ten Edzik wtedy. Grecki bożek, tak go sobie nazwał, kędzierzawe włosy opadają na czoło, szeroka pierś, wąski w biodrach, i te mocne, smukłe uda. A wszystko otaczała białą chmurą para.

– Pewnie stary i brzydki teraz – powiedział Czarodziej Długi Nos. Spojrzał na Literata. Czekał na jego opinię.

Wstręt i podziw poczuł Literat zarazem. Taka to przecież namiętność zajadła, tyle porażek i niebezpieczeństw.

– Kapuś po prostu – wycedził z pogardą Naukowiec. Nawet on, ten chiński uczony, obruszył się wyraźnie.

Literat przytaknął.

– Kapuś – powtórzył.

Mimo pisarskiej swojej tolerancji miał jednak świadomość pewnych reguł elementarnych. Czarodziej przykulił się i spłoszył na chwilę. Ale szybko ta fala strachu czy wstydu odpłynęła.

Więc tym jednoznacznym potępieniem nie przejął się za bardzo. Skłonił się uprzejmie. Przywykł już do tego. Przy moich trudnościach w osiąganiu gdybym jeszcze tym zaprzątał sobie głowę… Popatrzył więc badawczo po tej chłopskiej urodzie, stłoczonej na ławach przy weselnym stole. Już tylko jak ogar, co wietrzy, rozglądać się począł za zwierzyną.

– Jest co robić – zamruczał i językiem przesunął po spieczonych wargach. Równocześnie zaś z kieliszkiem do młodych się zwrócił. – Piję – powiedział donośnie – zdrowie młodej pary! – skłonił się wdzięcznie. Mimo otyłości elastyczny i głos po aktorsku wyćwiczony.

Nowi goście przybywali. Dalsi krewni. Furka wtoczyła się na podwórze. Wybiegł witać Gospodarz. Ze wsi

Łbiska oni byli. Łby – jak na nich mówiono, albo piesz-czotliwie: łebki. Sauterzaki na chwiejnych, rozkoleba-nych nogach zza stołu się wygramolili i dalej obejmować tych przybyłych, klepać a powtarzać: – Łby przyjechały.

Ale ci nowi spokojni. Do tych żartów już zdążyli przywyknąć. I do gorzałki od razu się dorwali.

– Zimnica taka – bąknął jeden z nich. Duszkiem pół szklanki wytrąbił. Pojaśniał na gębie, uśmiechać się za-czął.

Starsi gospodarze skupili się ciasno przy Komendan-cie. Słuchali go z szacunkiem. Komendant czymś się wzburzył i pięściami wymachiwać zaczął.

– Rysiu – powtarzała żona Komendanta – nie dener-wuj się tak, Rysiu.

Patrzyła w niego z uwielbieniem. Chłop jak byk. Władzę ma. Co więcej trzeba?

Gospodarze potakiwali z nieprzeniknioną powagą.

Twarze tych wszystkich starych gospodarzy suche, pomarszczone, a dłonie wielkie jak łopaty, żylaste, z czar-nymi od ziemnego trudu paznokciami. Praca z naturą w zgodny rytm sprzężona. Tak to sobie nazwał Lite-rat. I krzepiące to mu się wydało, po tym Czarodziej jak bagno, w którym toniesz. Ale ci młodzi już nie tacy. Ro-baczywość jakaś znaczyć ich twarze zaczynała. A kiedy na koniec spojrzeniem objął bukiet figur powiatowych, dopiero się zniechęcił. I dręczyło go pytanie bez odpo-wiedzi: W czym szukać oparcia? Chochlik cyniczny, który cały czas w nim siedział, podpowiadał równocze-śnie: W niczym, baranie! W niczym!

Machinalnie po kieliszek sięgnął. Sołtys z boku do niego przepił. Trącili się szkłem.

– Pan z Warszawy? – wydukał sołtys.

Przytaknął.

– Brata mojego syn też w Warszawie. Jest dyrektorem.

– Czego? – zapytał.

– A bo ja wiem – mozolił się z odpowiedzią sołtys. – Jakiejś większej całości.

Stół zachybotał niebezpiecznie.

– Któren chce wystąpić?! – zawołał Józwy z Wygwizdowa syn.

Tak się swoją krzepą przechwalał. Długo nie było chętnego. Aż jeden ze wsi Łbiska zgodził się z ociąganiem. Też nie ułomek. Na ręce się sczepili. Zaparli się obaj i ręce jak z żelaza, ani drgną. Cisza była i zapatrzenie. Wreszcie ta ręka po lewej stronie powoli opadać zaczęła. Bach, przygwoździł ją Józwy syn z łoskotem.

Pochwalili go wszyscy. Najsilniejszy tutaj.

– Takie chłopy w milicji służyć powinny – zapalił się Komendant. – Jak dęby.

Stary Sierotnik wspomniał siłacza dawnego, co stoły w zębach podnosił.

– A człowieka też potrafił w zębach unieść i jego wagę powiedzieć. Takie miał wyczucie. Za cara to było. Do wojska go zabrali i już nie wrócił. Zapodział się w świecie. Z taka krzepą – zastanowił się – musi gdzieś zrobił majątek.

Pod wygraną syna Józwy wypili wszyscy kolejkę. Komendant taki toast zaproponował. Potem dał się słyszeć jazgot zajadły Reksia. I zaraz tupot kroków w sieni. Następni goście przybywali. Zerwał się Gospodarz i do drzwi podbiegł. Był to Leśniczy z nauczycielką Rohotycką. Jeszcze jacyś za nimi.

– Za spóźnienie przepraszam – powiedział Leśniczy. – Sami rozumiecie, należało strzelić kielicha z towarzyszami.

Dziś nauczycielka Rohotycka została wybrana radną. Więc oblać to w gospodzie musieli. Postawny chłop z Leśniczego, jak oficer w swoim mundurze i błyszczących butach z cholewami wyglądał. Posadzono ich wśród starszych gospodarzy. Leśniczy rozmawiał w roztargnieniu i cały czas oczy mu się głodnym wilkiem do nauczycielki świeciły. Mówią ludzie: oni od dawna tak ku sobie się mają i nie dziwota, że Leśniczy cięgiem żonę do teściów wysyła.

Sierotnik do nauczycielki od razu przepił. W ten sposób Leśniczemu się podlizywał. Drzewa pewno mu potrzeba.

– Z naszymi dzieciakami obywatelka tak się męczy – powiedział Komendant – Aż żal młodości.

– Nie darmo mówią: żebyś cudze dzieci… – wtrącił Prezes.

Nauczycielka Rohotycka twarz miała zaróżowioną i bardzo ładnie wyglądała.

– Wychowanie dziatwy w duchu praw bożych i ludzkich cel święty i najważniejszy – odezwał się ksiądz kanonik. Coś jeszcze prawił z namaszczeniem o roślinkach troskliwie pielęgnowanych, którym gałązki należy przycinać i glebę dla nich odpowiednio przygotować. – Nawozić i podlewać! – uniósł palec do góry.

Sierotnik nie bardzo zrozumiał, w czym rzecz, ale skwapliwie przytaknął.

– Gnój, czyli nawozy... – wtrącił. – W tamtym roku nawoziłem jak należy i wyrosła pszeniczka.

– Bata trza nie żałować – wykrztusił Sołtys.

– Zakazują teraz bicia – odezwał się nieśmiało Powstaniec.

– A szkoda – rzekł Leśniczy.

Nauczycielka Rohotycka jednakowo dla wszystkich miła, uśmiechała się i potakiwała grzecznie. Jej spojrzenie często zderzało się z oczyma Leśniczego. Wtedy nic nie słyszeli.

Potem znów odwracali z ociąganiem głowy i przytakiwali sąsiadom uprzejmie. Ksiądz proboszcz zadrzemał i wszelka troska z jego twarzy ustąpiła, wyglądał tak, jakby marzył o najpiękniejszym w tym kraju kościele.

Powstaniec nisko pochylił się nad stołem i jego palce objęły delikatnie kieliszek. Wypił duszkiem.

– Jak tak stoi i czeka, to co z nią zrobić – uśmiechnął się bezradnie do Literata. – Pierwszy strzał – dodał – dotąd trzymałem się o suchym pysku.

Wraz ze spóźnionymi gośćmi Wewióra z suchą łapą też tu przybył. Ciekawość wszystkich zawsze bierze, co to będzie, kiedy Wewióra spotyka się z tym Frołkiem, co teraz kramik ma z warzywami w miasteczku. Tak i tym razem. Blisko siebie siedzieli. Oni w pierwszy czas po wojnie z dwóch stron byli. Frołek ważny wtedy, najważniejszy w powiecie. A Wewióra ukrywał się po lasach i nowego nie chciał uznać. Nieraz przymierzali się do siebie. Aż złapali Wewiórę w zasadzkę. Stąd ta sucha łapa u niego, postrzał dostał i ręka mu zmarniała. Z Frołka władza wtedy i on to Wewiórę w areszcie trzymał, a później dalej posłał. Różnie o tym ludzie mówili. Długi czas nie było Wewióry, lata całe, a jak wrócił, ludzie tylko czekali. Znany przecież z tego, że nikomu krzywdy swojej nie odpuścił. Frołek już był nie taki jak dawniej, ze służby go zwolnili i za handel się złapał. A zwolnili dlatego, że ludzi za bardzo cisnął. Pamiętają to niektórzy. Ale Wewióra wrócił też już nie taki jak dawniej. Cichy i pokorny. Władzy każdej czapkuje i do zwierzeń nieskory. Z drogi każdemu ustąpi. Tylko raz widzieli ludzie, jak w targowy dzień Frołek do niego przepił, Wewióra z suchą łapą szklaneczkę przyjął, ale nie wypił, na podłogę z rozmachem wylał. I twarz starego jak z drewna, nie wiadomo, co myśli.

Siedział więc Wewióra blisko Frołka. Trochę pił, ale mało raczej, żołądek mu się popsuł i nie może już ciągnąć.

– Wilk – szepcze o nim Frołek i oczyma umyka.

Ale nikt mu nie przytakuje. Nacierpiał się stary niemało. A cierpienie odpłaty się domaga. Nic tu do końca nie zostało powiedziane i syn starego jeszcze jest. Chłop to udany, istny ojciec z dawnych lat.

– Co tam, sąsiedzie – zagadał Gospodarz do starego.

– Ano, leci pomału – odparł Wewióra, a ta jego sucha łapa jak szczapa na stole przy talerzu spoczywała. Oczy ma ten Wewióra jak wydziobane, ale błyski drapieżne w nich czasem się pokazują.

– Lud wiejski jeszcze zacofany miejscami – tłumaczył Komendant – ale młodzi już nie tacy. Dociera świadomość.

– Szkoda – powiedział Literat.

– Pan żartuje – zdziwił się Komendant.

W drugiej izbie zaczęły się już tańce. Muzykanci podjedli, popili, zagrali ochoczo. Krążyły pierwsze pary. Kierownik skupu, Grzegorczyk, samotnie pląsał między tańczącymi i pokrzykiwał: – Hopla, hop! – Widać go było od stołu.

– Solista – powiedział Komendant.

– Abyśmy zdrowi byli – Gospodarz trącił swoim szkłem jego szklaneczkę.

– Udał się zięć – Komendant wskazał Hrabiego – akuratny, obyty.

Gospodarz jakby zawahał się chwilę, zaraz jednak przytaknął skwapliwie.

Hrabia, czujny na nowym miejscu w dwójnasób, zauważył ich spojrzenia od razu. Wyszczerzył do nich te nie swoje, białe zęby i czułym ramieniem otoczył Pannę Młodą. Równocześnie mrugnął do Literata. Literat odwzajemnił się tym samym. Przy wielu już asystował wirażach w życiu Hrabiego. Hrabia lubił tę asystę. Być może liczył po cichu, że stanie się w końcu bohaterem jakiejś powieści.

– Artysta, moja droga – z upodobaniem tłumaczył swojej ślubnej oblubienicy – tak przecież można nazwać piszącego, rozumiesz, natchnienie go łapie i na papierze utrwala swą wizję…

I znów Literat zobaczył ich przez chwilę, ojca i syna, na wysokim brzegu glinianki w upalną niedzielę. Hrabia na pierwszym rozbiegu wtedy. A teraz?

Dwaj młodzi wytaszczyli z sionki zapasową skrzynkę z owocowym winem. Krzywił się trochę Gospodarz. Tyle jeszcze przecież na stole niedopitych flaszek z wódką.

– Jak to młodzi – odezwał się ten Frołek – lubieją mieszać. – Taki to zrobił się wyrozumiały.

– Edzik przyszedł! – zawołał dla zgrywy Literat. Czarodziej Długi Nos przykulił się natychmiast.

– Gdzie?!

Po chwili ostrożnie zerknął na tych młodych dźwigających skrzynkę.

– Durne żarty – obruszył się.

Naraz zapatrzył się jak urzeczony w jednego z chłopaków. Był to Traktorzysta z pobliskiego PGR-u. Dorodny okaz wsiowej krzepy. Rozrośnięty, pyzaty na gębie, a włosy sypkie, jasne opadały kosmykami na oczy. Opił się już i wstydliwość mniej mu dokuczała. Więc ciągnąć zaczął do tanecznej izby jakąś dziewczynę, która chichocząc i popiskując, niby się opierała. Za Traktorzystą jak łowca ruszył od razu Czarodziej Długi Nos.

– Wzięło go – stwierdził Rysiek Urzędnik.

Rozejrzał się do dziewczynach.

– Też muszę przytulić się do czegoś. Tylko, oczywiście, płeć odmienna.

Poprawił krawat i wstał.

Taneczny kłąb przetaczał się, wzbijając tumany kurzu, a podłoga dudniła od przytupów. Czarodziej Długi Nos rozglądał się czujnie wśród tej rozkołysanej, wirującej ciżby. Wypatrzył wreszcie Traktorzystę. Zahaczył wzrokiem i już go nie popuścił. Uwijał się w tańcu rumiany młodzian. Swoją dziewczynę przyciskał i podszczypywał. Potrącał innych tancerzy i zaczepnie na nich spoglądał. Wnet pannę swoją porzucił i do chłopaków pod piecem się przyłączył. Oni wino owocowe pociągali. Traktorzysta butelkę do ust przytknął i trąbił, aż bulgotało. Czarodziej Długi Nos też zbliżył się do pieca. Spoglądał na Traktorzystę. Młodzieniec wzrok miał zmętniały i nogi szeroko rozstawił. Wkrótce z butelką wina w garści do biesiadnej izby powrócił. Uśmiechnął się Czarodziej i dłonie zatarł. Nadmiar napitku zawsze był jego sprzymierzeńcem. I jak cień za młodym ruszył. Przy stołach też rozgrzała się biesiada. Głosy coraz bardziej podniesione i brzęk szkła nieustanny. Powstaniec nabrał już swojego rytmu. Zaczął od tego Frołka, co to dawniej trząsł powiatem. Objął go serdecznie i trącili się kieliszkami. Gdyby tak wiedział, z kim ma do czynienia… Na te dawne czasy uczulony przecież Powstaniec. Następnie wstał i do gospodarzy kolejno podchodził. Ściskał im prawice. Stukał obcasami.

– Podchorąży Wicher – przedstawiał się, jeszcze coś szeptał, niesłyszalnie prawie.

Miastowi uśmiechali się porozumiewawczo. Znali doskonale alkoholową słabość Powstańca. Cała burzli-

wość jego życia, ofiary, uniesienia – dawno temu zamknięty rozdział. Gorzała znów w tamten czas go cofała.
Oto gesty zamaszyste wykonuje i głos podnosi. Gospodyni zerka na niego niespokojnie. Ale on nie rozrabiacz
wcale. Odtworzywszy scenę ataku na przeciwnika, wy-
konawszy kilka serii z wyimaginowanego stena, oklapł
naraz, apatyczny i senny. Jedno oko przymknął, drugim
martwo po ludziach wodził.

– Ciężar wojny. Rozumiem to doskonale – powiedział uroczyście Prezes. – Każdy z nas… – wzdychać
począł.

Wewióra z suchą łapą spojrzał z pewnym zainteresowaniem na Powstańca-aktora. Nic jednak nie powiedział. Tyle że jego serie ze stena: – Tata, tatata! – przyjmował z powagą i za celem się rozglądał.

A w pewnej chwili Gospodarz bardzo się musiał starać, żeby sierżant z tutejszego posterunku nie zderzył
się z synem Józwy z Wygwizdowa. Siedział Józwy syn
dwa lata. Mówią ludzie: za niewinność siedział. Robota
to sierżanta, miał złość na niego. Tak mówią. Więc w samą porę Gospodarz ich rozdzielił. Józwie z Wygwizdowa już tak ślepia się rozjarzyły. Sierżant za kieszeń się
złapał. Komendant też wstał. Ale zaraz było po krzyku.

Gospodarz między nimi stanął i zawołał:

– No, bijta, mnie bijta!!

Zawstydzili się i na swoje miejsca wrócili. Ten bardziej zapalczywy z Sauterzaków, Robert, znów wyśpiewywał swoją ulubioną piosenkę: – „Za stodołą, za przełazem leżało ich dwoje razem…".

Ksiądz proboszcz słuchał z wyrozumiałym uśmiechem.

– Synu – pogroził żartobliwie palcem – tylko bez bezeceństw.

Sauterzaki ewangelicy, ale od wojny kaplicę ich wyznania zamknięto i ci, co pozostali, do parafialnego kościoła uczęszczają na nabożeństwa.

– Ichni ksiądz to się nazywał pastor – tłumaczył Gospodarz zięciowi – ten ostatni niejaki Kreps.

Traktorzysta wtórować zaczął i tak razem z Robertem śpiewali: – „Żeby bober nie truchotał…".

Komendant, który od dłuższego czasu przyglądał się Literatowi, przychylił się i powiedział konfidencjonalnie:

– Niby nie znamy się – wyciągnął rękę – a przecież pana znam… z lektury pańskich dzieł – skłamał bez zająknięcia.

Literat dał się złapać w tę pułapkę i rozpromienił się cały.

– Znam – powtórzył Komendant. – Układanie książek, czyli literatura… bardzo nam potrzebna… Oręż, znaczy się, i współdziałanie z władzą w trudzie budowy… Zaszczytna to służba.

Z tym już przesadził i Literat skrzywił się, jakby piołun wypił.

– Ja na ten przykład, przyjacielu – ciągnął Komendant – roboty tu mam od groma, teren trudny, ludzie jeszcze nie całkiem zdyscyplinowani, ale daję radę, znają oni mnie dobrze – włochatą dłoń w pięść zacisnął – chodzą, jak im zagram. Ciężka sprawa wychowywać.

Dawniej jeszcze gorzej było. Różni tu grasowali. Choćby ten – palec wytknął Wewiórę z sucha łapą.

Stary przyjął to obojętnie. Spojrzał krótko i nic.

– O tym może towarzysz Frołek szerzej... Temat masz pan piękny, problemowy. Jak to wszystko powstało. Nie chcieli nas uznać, rozrabiali, psie syny, przeżyłem, szanowny kolego, przeżyłem ja niemało, ale co z tego, z motyką na słońce się porwali, co miało być, to jest, od razu wiedziałem. A i teraz niejeden chce mi nogę podstawić, czyli upadek mój spowodować.

Literat przytakiwał z udanym podziwem i tuż przed sobą miał tę guzowatą szeroką w szczękach, z dziurą w brodzie twarz rozmówcy.

– Nasz Komendant to dopiero jest – wtrącił Prezes pochlebca.

– Łuczak jestem! – huknął Komendant – a Łuczaka byle kto nie wykosi!

– Zaskarbił sobie pełne uznanie społeczności tutejszej – znowu prezes dorzucił.

Gospodarz poszeptywał z żoną. Wstali oboje. Skinął na Hrabiego. I we trójkę od stołu wstali. Za nimi Panna Młoda zaraz.

W tej izbie przygotowanej na poślubną noc dla młodych zamknęli się na klucz. Gospodyni pieniądze, co na wianek zebrali, z ukrycia wyciągnęła. Liczyć zaczęli. Ślinili palce i przeliczali. W równy stosik papierki złożyli. Hrabiemu zaświeciły się oczy jak latarki. A sumę dobrze zakarbował sobie w pamięci. Dłonie wsunął do kieszeni i zamyślił się, pogwizdując cichutko.

Panna Młoda pochylona nad łóżkiem na powrót zawinięte w chustkę pieniądze wpychała. Hrabia wpatrzył się w jej zad i nawet chęć gorąca do niej go naszła.

– Co ta wóda nie zrobi z człowiekiem – monologował Skarupa Zbyszek. – Co chce... Poczynając od tego, że z gorzały do baby droga najbliższa... a od baby...

Kierownik POM-u, Żurek Stanisław, od dłuższego już czasu zerkał na opięte ciasno piersi Lucy i uda masywnie pod spódnicą zaznaczone. Poprawiał się i chrząkał. Ale coś mu zawsze przeszkodziło. To Lucy patrzyła w zupełnie inną stroną, to znów z kimś rozmawiała. Wreszcie nadszedł odpowiedni moment. Od razu zagadał. Osoba z niego w powiecie. Dwa lata będzie, jak tu nastał, a już liczą się z nim. Wysoko mierzy, wieczorową politechnikę studiuje. I twardy. Ile to się nasłucha od baby, kiedy tak do późna wieczorami nad książką. Zaradny też na bieżąco, domek sobie wystawił. Dwa lata, jak nastał, a w egzekutywie powiatowej już działa! Raz tylko potknął się, ale nie za bardzo. Córeczka do komunii przystąpiła i donos na niego podesłali. Sprawę opanował bez popłochu, żona moja, oświadczył, jeszcze niezupełnie ideowo wyrobiona i nie mogłem związku małżeńskiego rozbijać, zresztą czas pracuje dla nas, towarzysze, ona niedługo całkiem na naszą stronę się przekabaci; zręcznie się z całego kłopotu wywinął. A teraz, rozochocony, tak do Lucy zagadał:

– Pani zapewne nudzi się, takie wiejskie weselisko, nic ciekawego, prawda?

– Skąd znowu – odpowiedziała Lucy.

– Ja sam, proszę pani, wolę jakiś lokalik, powiedzmy „Kongresowa" czy „Kaukaska" w Warszawie, tam to się można zabawić, pamiętam, jak na 22 Lipca... – Dalej jeszcze chciał mówić. Jednak z drugiej strony objawił się rywal. Prezes. Też brał już na Lucy namiar. I lekko ujął ją pod łokieć.

– Ja to skądś panią znam – zaczął.

Lucy krótkim muśnięciem zimnych, bystrych oczu otaksowała go i od razu uśmiechnęła się słodko.

– Być może – odparła. W tych dwóch słowach zalotność, obietnica, kuszenie.

I już pozostała zwrócona do Prezesa. Tyłem więc do Kierownika POM-u.

Prezes żarciki i kawały jak z rękawa zaczął wysypywać. Też mocny w powiecie. Bystry i oblatany. Mocniejszy od Kierownika. Mówią ludzie: z tej afery, co to w wytwórni przetworów owocowych się zdarzyła, sam cudem się wywinął. Mówią też, że z Komendantem trzyma. Więc Prezes po swojemu Lucy czarował. Rachunek z ostatniej popijawy pozycja po pozycji opowiadał. Pamięcią obdarzony znakomitą: anchois, czyli korki, rumsztyki z pieczarkami, flaki, kurczaki i tylko Pliska do tego; recytował bez zająknięcia cenę każdej pozycji i wszystkiego razem.

– Niech pani sobie wyobrazi, tej Pliski wyżłopaliśmy... – Potem poruszył wątek samochodowy: – Chwilowo mam tego naszego Fiata, ale wiosną chyba się przerzucę na coś lepszego... No, powiedzmy... – zastanowił się – Renault to jest zgrabny wózek.

Skarupa Zbyszek przysłuchiwał się z zawiścią.

– Jakiego koloru ten pański Fiat? – zapytał.

– Żółty – odparł Prezes – modny kolor.

– Dla chama jeloł… – zamruczał Skarupa Zbyszek.

Naraz ocknął się Powstaniec. Energia w niego wstąpiła. Przechylił się przez stół i Prezesa za rękaw chwycił.

– Oni są już na dole… My na strych – szarpał Prezesa jak kukłę. – Co robić? Więc ja łubudu! Granat przez okno wpuściłem, pieprznęło, cisza, wpadamy!

– Chory człowiek – powiedziała z pogardą. I naparła piersiami na Prezesa. – Niech pan mówi dalej, to takie interesujące.

Naukowiec skrzywił się z niesmakiem.

– Twarda sztuka – powiedział Literat – do wszystkiego zdolna. W Ameryce mogłaby do czegoś dojść, jak sądzisz?

– Skąd! – zaprzeczył Naukowiec. – Za bardzo zrobaczywiała.

– Być może – zastanawiał się Literat. – Ale ma charakter. Inna rzeczywistość. Zdrowa tkanka wypiera chorą. Nowa jakość.

Naukowiec przeczył uparcie. Rysiek Urzędnik przez chwilę jeszcze słyszał ten spór, potem ich głosy zatarły się i połączyły z innymi przy stole. Jak kakofonia te dźwięki. Poczuł się bardzo znużony. Przestało go bawić to wesele. Miał czterdzieści lat. Już rankiem, spiesząc do pociągu, o tym pomyślał. Ta gadanina wokół niego jak mętny, odpychający bełkot. Bełkot, obracał to słowo z niechęcią, bełkot. Czterdzieści lat. Dawniej była nadzieja, złudzenie i niecierpliwe oczekiwanie. Teraz już nic. Biuro, naczelnik, koledzy, herbatki i intrygi, kołowrót niezmienny od lat. Z dawnych niecierpliwych pragnień tylko pasja do wielogodzinnej łazęgi po mieście pozostała. Deszcz, spiekota, chodzi w tych swoich wiecznych pionierkach-cichobiegach. Dziś też. Wysunął nogę spod stołu. Pionierki. Tak chodzi i rozgląda się. Miasto coraz bardziej obce, odpychające, wręcz wrogie. Wilczy tłum, obca architektura. Coraz mniej dawnych miejsc, starych kamienic i knajp. Dziś rankiem zobaczył z tramwaju, jak burzyli tę secesyjną kamienicę w Śródmieściu. Ile to lat, wciąż mijał tę narożną twierdzę z fantazyjnymi płaskorzeźbami, loggiami i wieżyczkami. Dziś sypał się tynk, puste okna, rozprute ściany. I ludzi z dawnych lat też coraz mniej. Albo inni zupełnie. Coraz więc mniej śladów młodości. Poczuł się zupełnie samotny. Pomyślał równocześnie, że za późno na żonę, kochankę… Nie mógłby już z nikim dzielić swych zwątpień, smutków, nadziei i rezygnacji. Nie wierzy zresztą, że znajdzie się ktoś do tak wymagającego wspólnictwa. Tak pomyślał.

– Pojechać do Pasadeny… – wyrwało mu się głośno. Zmieszał się i popatrzył na sąsiadów. Nikt jednak nie usłyszał.

Czytał gdzieś, Pasadena, Kalifornia czy Kolorado, tam komuna Dzieci Boga, Children of God, młodzi, starsi też, nic nie chcą od świata i usadowili się na uboczu wszelkiego zgiełku, taki świadomy wybór, idylla na surowej, spalonej słońcem pustyni. Być może Naukowiec coś więcej wie o tym. Już raz przecież był w Stanach. Wstydził się jednak zapytać go o to.

Świat inny, nieznany, taka odległość ogromna – pomyślał. Wiedział równocześnie, że nie ma dla niego już żadnej Pasadeny. Zgaszonym spojrzeniem powiódł po biesiadnikach. Czarodziej Długi Nos siedział już przy swoim Traktorzyście. Zarzucał na niego pedalską sieć. Traktorzysta podrzemywał, łokciami wsparty o stół. Zerkał Czarodziej to tu, to tam. Trącił chłopaka w ramię. Twarz rozjaśnił uwodzicielskim uśmiechem. Oczyma obmacywał go zachłannie.

– No, panie kolego, wypijmy.

Traktorzysta ocknął się i popatrzył nieprzytomnie. Gęba jak malinowe jabłko. Smakowity kąsek dla Czarodzieja. Swojej pożądliwości nawet już kryć nie próbował. Wiercił się niespokojnie i cała gama uśmiechów rozkwitła na jego twarzy. Wypili. Traktorzysta zakrztusił się i parskać począł. Czarodziej już w pogotowiu z chusteczką. Wytarł mu brodę.

Nawet śmieszność tej sceny nie ożywiła Urzędnika. Nic. Zwiesił głowę. Prezes poprosił Lucy do tańca. Jeszcze kurtuazyjnie pyta Skarupę Zbyszka:

– Czy pan nie ma nic przeciwko?

Popatrzył Skarupa Zbyszek i wzruszył ramionami.

– Wersal... Dżentelmen za dychę... – wypluwał swą żółć – nadziany forsą indor... Kradną wszyscy, psia ich mać... Na pewno – powiedział stanowczo.

Traktorzysta wytrzeźwiał nieco. Przetarł oczy.

– Skąd ja ciebie znam? – wybełkotał.

– No, jak to!.. – Czarodziej coś zaszeptał mu do ucha. Tamten tępawo wytrzeszczył oczy. Czarodziej ostrożnie położył dłoń na jego udzie. Ciało wsiowego młodzieńca sparzyło go jak piec. Aktywność w nim spotęgowało. Pazernie zacisnął dłoń na tym udzie. Palce poczęły pełzać wyżej i wyżej.

Traktorzysta znów uniósł głowę. Ręka Czarodzieja umknęła od razu. Na stole manipulować zaczęła. Przysunęłą butelkę. Napełniła kieliszki. Pracowita, ruchliwa dłoń.

– Powodzenia! – wykrzyknął Skarupa Zbyszek. Ta niezmordowana akcja Czarodzieja własne podboje mu przypomniała. Lekkie, swobodne podboje z dawnych lat.

– Taki to się namęczy – zamruczał. Współczuł nawet. Ksiądz kanonik dźwignął się z fotela. Stary Sierotnik ujął go usłużnie pod ramię.

– Z Bogiem – powiedział ksiądz i znak krzyża nad stołem nakreślił. Gospodarz odprowadza proboszcza do drzwi. Gospodyni też.

Komendant zadzwonił widelcem w talerzyk. Jak zawsze po wódce, rozpierała go energia. A wyjście księdza przyjął z ulgą. Krępował go jakoś ten siwy jak gołąb staruszek.

– Piję zdrowie – zahuczał Komendant – gospodarzy, za ich pomyślność i szczęście córki… Pragnę podkreślić, że wzorem są dla mnie obywatelskie postawy!

– Wesele raz jeszcze! – zawołał gromko Literat. Taki okrzyk wymyślił i powtarzać zaczął z upodobaniem: – Raz jeszcze!

Gospodyni popatrzyła na niego niechętnie. Miastowym to ona nie wierzyła za grosz.

– Pięknie tańczą. – Literat uchylił szerzej drzwi do tanecznej izby.

W drugiej izbie grzmiała muzyka, akordeon, trąbka, puzon i skrzypki. Wirowały pary.

Hrabia, korzystając z tego, że Prezes już się zasapał, Lucy do tańca poprosił.

– Tango! – wrzasnął do muzykantów.

Za chwilę zmienił się taneczny rytm. Hrabia i Lucy, wcisnąwszy się w siebie, przesuwać się zaczęli z wolna. To był dopiero taniec! I ta para. Lucy, wybujały kawał mięcha w komisowych ciuchach, o włosach kopiasto ufryzowanych, z tym swoim uśmiechem zalotnym i ciepłym, a właściwie jak martwy grymas. I Hrabia, wyliniały podrywacz, z falą kokieteryjną nad czołem i uwodzicielskim uśmiechem ozdabiającym szarą, zmęczona twarz.

Tak przesuwali się rytmicznie i płynnie. Noga za nogą, ciało w ciało; jednością stali się w tym tańcu. Hrabia jakby w trans zapadł. Może przypomniały mu się dawne nocne lokale i dziewczyny? To całe życie pełne wódki, dziwek i zabawy zmartwychwstało w pamięci. Wciskał się w Lucy coraz zachłanniej. Ona w niego też. Stara szkoła knajpianego tańca. Napierali na siebie. Dłoń Hrabiego przesuwała się po plecach kobiety. Lekko, koniuszkami palców po grzbiecie. Pieścił ją w dawnym, uwodzicielskim stylu. W oczy czule spoglądał. I tak przesuwali się wśród innych tańczących par. Wsiowy naród zdziwiony odmiennością tego stylu miejsce dla nich pośrodku izby uczynił. Już przestrzeń tylko dla siebie mieli. Hrabia twarz w kruczo farbowane włosy Lucy zanurzył, ustami ucho muskał. Obudził się w nim lokalowy lew i te białe, sztuczne zęby szczerzył. Już nie był tutaj. Przeniósł się gdzieś z wiejskiej chałupy i o weselu zapomniał. Ponadto tancerz był zawołany. Na rytm czuły, drobił takt stopami i przesuwał się płynnie. Lucy zaś doskonałą była partnerką. Jej ciało czule odpowiadało na dłoń Hrabiego. Wyginała się i prężyła.

– Ramona, twe usta i ramiona… – szeptał Hrabia. Więc ten taniec coraz większe sprawiał wrażenie. Wsiowi tańczyć przestali i gapić się zaczęli. Chłopaki z podziwem i zazdrością. Bo też wcisnął się Hrabia w obfite łono Lucy. Ona uległością mu odpowiadała i jej zad kołysał się drażniąco. Wsiowe dziewczyny patrzyły z niechęcią. A co na to Panna Młoda? Na nią zaczęły wiejskie dziewczyny spoglądać. Na nią i na Lucy. Tak na przemian. Zrazu ukradkiem, potem już zupełnie jawnie. I chichotać też zaczęły. Tańczyła Panna Młoda z Prezesem. Dostrzegła spojrzenia ciekawe w siebie jak strzały utkwione. Zaraz też Hrabiego z Lucy zobaczyła. Wszystko zobaczyła. I już właściwie tańczyć przestała. W miejscu kręciła się jak lunatyczka. Naraz zdjęła rękę z ramienia Prezesa i odeszła. Pod ścianą zatrzymała się. Cała sztywna i napięta, w tych swoich białych nylonach i welonie. Stała pod ścianą i głowę nisko opuściła. Prezes przecisnął się do niej. Nieco zdziwiony. Coś jej mówi, śmieje się. Ale ona wcale go nie słucha. Literat podsunął się bliżej. Myśliwską ciekawością zabłysły mu oczy. Już niezły początek w tym widział. Rysiek Urzędnik również ożywił się znacznie. Obaj rozwojem tanecznego wydarzenia zainteresowani.

– Nic dobrego z tego nie wyniknie – zauważył Literat.

– Ten sojusz wiejsko-miejski – powiedział Rysiek Urzędnk – stoi na glinianych nogach.

Wyraźnie zadowolony. Złośliwe pragnienie, żeby innym też nic nie wyszło. Takie pragnienie w nim.

Panna Młoda ruszyła szybkim krokiem. Potknęła się, przydeptała suknię. Przeciskała się przez ciżbę. Oczy miała przymknięte i policzki pałały mocną czerwienią.

– Dramatu akt pierwszy się rozpoczyna – powiedział z błazeńską powagą Literat.

Ruszył za nią. Ona zatrzymała się w progu drugiej izby. Twarz jej pałała, a biały welon z tym kontrastował. Figurę miała obfitą, ale dość zgrabną. I taka wiejska z wyglądu wcale nie była. Ola. Panna Młoda.

Hrabia dopadł ją na swym portreciarskim szlaku. Drugi tydzień obijał się w terenie. Na koniec do tego powiatowego miasteczka zajechał. Marnie mu szło. Ludzie już nie tacy chętni. Przeklinał niefart. Skończyła się portretowa kanada. Bez większej nadziei łaził po miasteczku. Stopy miał odparzone, denerwował bezowocny mozół. Dwa zamówienia ledwo złapał. Przeważnie drzwi przed nosem zatrzaskiwano. Machnął na wszystko ręką, setę w gospodzie wypił i kręcił się po rynku. Zauważył mostek. A więc rzeka. Postanowił wymoczyć nogi. Akurat urzędniczki wychodziły z Rady Narodowej. Patrzył obojętnym wzrokiem. Jedna, druga, trzecia. Naraz oko mu się ożywiło. Dla żartu portrecik kolorowy którejś zaproponował. Ta czwarta mu nie pasowała. Nogi jak kloce, odmrożone. Piąta była Ola właśnie. Zagadał. Tak to się zaczęło. Portret wykpiła śmiechem. Obejrzał ją Hrabia doświadczonym okiem. Ona też na niego zerkała. Wyliniały co prawda, w marnym przyodziewku, nieogolony, ale jakieś tam ślady pozostały.

Może ten niezły profil z mocnym, lekko orlim nosem, może włosy szpakowate, ale gęste i figura szczupła. W pierwszym rzędzie jednak bajer. Potoczyła się rozmowa wartka. Tak to się zaczęło. – Ramiona, twe usta i ramiona... – nucił jej w pierwszym tańcu.

Stała w progu ta Ola, czyli Panna Młoda. Zupełnie skołowana. I bezradna. Martwo na biesiadny stół spoglądała.

Rozmowy przy stole mocno już bełkotliwe, wymachiwali rękoma, przewracały się kieliszki, i popiół z papierosów w talerze z jadłem strząsali.

– Czy wiece, kto u nas rządził!? – wołał Komendant.

– Partia – odpowiedział natychmiast Prezes, który na to pytanie akurat zjawił się tutaj.

– Za mało powiedziane – skrzywił się Komendant.

– Oj, za mało – przytaknął kierownik skupu warzyw i owoców, Grzegorczyk, i oko chytrze zmrużył.

Pomyślał krótką chwilę Prezes i dodał:

– Wiadomo, Łuczakowie.

Pojaśniał Komendant.

– Otóż to. A kto ja jestem? Łuczak jestem! A ty? – palcem w Prezesa. – Kto jesteś?!

Gospodarze patrzyli na niego z szacunkiem. Prawda to. Cała chmara tych Łuczaków powiat oblazła. Szwagrowie, bracia, siostry, kuzyni, niekoniecznie nawet o tym samym nazwisku. Ale i tak ze sobą spokrewnieni. Nasycił się Komendant swoim znaczeniem.

– Pożartować zawsze można – powiedział skromnie. Klepnął Prezesa.

– To też głowa – rzekł łaskawie – tęga głowa.

Na Prezesa więc kolej przyszła. Drugi w hierarchii przy stole. I nie pozostał dłużny. Marynarkę rozpiął, przez non-iron przeświecał siatkowy podkoszulek, rozparł się i zaczął tak:

– Czy wiecie, co ja mogę? Wszystko mogę!

Ten z przeciwka uśmiechnął się dwuznacznie. Był to Krok zza Lasa. Zawsze ma taki uśmiech, jakby kpił czy nie dowierzał. Ale Prezes o tym nie wiedział.

– I zgonić też mogę! – popatrzył krzywo na Kroka zza Lasa.

Tamten nie przestawał uśmiechać się po swojemu. Prezes pięścią w stół grzmotnął. Zadzwoniło szkło. A naprawdę to zakpił z niego Kierownk POM-u, Żurek Stanisław. Duszkiem odpił z musztardówki i powiedział:

– Nie każdemu dałbyś radę, nie każdemu! – palcem mu jak dzieciakowi przygroził.

Zagapił się na niego Prezes. Mowę mu całkiem odebrało. Błysk niepokoju w oczach. Tamten nadal groził palcem. Żart to niby, ale czy wiadomo, co kryje się za tym? I Komendant tak jakoś spoważniał równocześnie.

Gospodarz czym prędzej zaczął polewać do kieliszków. Nie chciał, żeby między tymi z powiatu do zwady doszło.

– No, to wypijmy – serdecznie namawiał.

Czarodziej Długi Nos uznał wreszcie, że nadszedł jego czas, i do Traktorzysty całkiem już nachalnie się zabrał. Rękę za koszulę mu wsunął, oczy z błogości jak kocur przymknął. Mocno na pijanego chłopaka napierał.

Gospodyni, gościom z powiatu zakąskę podsuwając, głowę przypadkowo uniosła i córkę swoją w progu zobaczyła.

– Córuś, co ci?! – zawołała przestraszona.

Pana Młoda nie odpowiedziała. Może nie usłyszała nawet. Ciągle jak lunatyczka. Ale ocknęła się już. Żywym okiem po siedzących przy stole popatrzyła. I do Skarupy Zbyszka podbiegła. Ten Skarupa Zbyszek najbliższy kumpel Hrabiego. Świadek na ich ślubie, a też jakby podobny do tamtego. Ta sama wytarta twarz i fala nad czołem też taka sama.

Do niego Panna Młoda właśnie.

– Zatańczymy?

Podniósł się Skarupa Zbyszek, czyli Herbert Moran, skłonił się szarmancko i do tej izby z muzyką od razu poszli. Przecisnęli się na środek, tam gdzie Hrabia z Lucy pląsał. Panna Młoda przylgnęła do swego partnera gwałtownie. Zdziwił się i odepchnął ją mimo woli. Krótkie to jednak zdziwienie, taniec również Herberta Morana mocno wciągał. Odległe przypomnienie powodował. Przyćmione światło, plama parkietu, blask metalowych instrumentów, śpiewaczka przed mikrofonem. Czas świetności i podbojów. Ale marząc tak, sztywny był ciągle, na dystans ze swoją partnerką. Pamiętał, że to Panna Młoda przecież. Ona jednak nie chciała dystansu. Co się odsunął, to piersiami na niego napierała. Całym ciałem. I ręce zarzuciła mu tak silnie na szyję. Zrezygnował więc wkrótce z przyzwoitego dystansu. Muzyka coraz bardziej krew mu rozgrzewała i już wciśnięci w siebie, rytm zapanował nad nimi. Też to był taniec! Wysokiego kunsztu pokaz. Świetny tancerz z Herberta Morana. Tyle że Panna Młoda w tym lokalowym stylu nieobyta, plątał się jej krok, przydeptywała mu noski bucików. Krzywił się Herbert Moran, nie lubił tanecznego partactwa. A wzrokiem Panna Młoda za swym ślubnym mężem, czyli Hrabią, nieustannie wodziła. Ale on jej nie widział. Bez reszty przy Lucy marzeniom oddany. Wargami po policzku ją muskał, a dłonią pośladki już pieścił. Roztrąciwszy gapiów, matka Panny Młodej zbliżyła się do tych dwóch par tanecznych i popatrzyła bez uśmiechu. Jej twarde spojrzenie zderzyło się z maślanymi, pełnymi sytości ślepiami Hrabiego. Naraz popłoch w tych ślepiach. Ocknął się Hrabia i na znaczną odległość swoją partnerkę odsunął. Pierwszy raz na żonę swoją ślubną popatrzył. Wkrótce też zrezygnował z tańca. Znowu sztywny i powściągliwy. Lucy w dłoń pocałował i pod ścianę na ławę odprowadził. Ona uśmiechnęła się pobłażliwie. Hrabia już tylko na żonę patrzył. Czułym, niespokojnym wzrokiem. Grajkom ręką skinął.

Muzyka przestała grać.

– Przerwa! – ogłosił harmonista, Cygan miejscowy nazwiskiem Bladicz Ferdynand.

– Tak oto zakończył się ten dwuznaczny taniec par mieszanych – taki dał komentarz Rysiek Urzędnik.

Wszyscy więc do biesiadnej izby powracać zaczęli. Gospodarz wytaszczył z sionki skrzynkę wódki. Uwinął się żwawo i za chwilę bateria flaszek została rozstawiona na stole. Gospodyni przygotowywała półmiski z wędlinami. Panna Młoda odtajała nieco i wypieki z jej twarzy ustąpiły. Hrabia, czyli Pan Młody, nie opuszczał jej ani na chwilę. Na powrót czuły i troskliwy. Zupełnie wyzwolił się z tanecznego transu.

– Zabiega koło swego towaru – zauważył Skarupa Zbyszek.

– Jest koło czego zabiegać – potwierdził Rysiek Urzędnik.

Literat myślał tak samo. Tylko Naukowiec pozostał nieprzenikniony. Trzeźwy i elegancki. A ta elegancja nie sztywna wcale, garnitur brązowy w zielony rzucik, apaszka zamiast krawata i kamasze z metalowymi guzami. Obojętnie też wytrzymał ich natarczywe spojrzenia.

– Co to jego obchodzi – burknął Skarupa Zbyszek – on już przecież na wylocie. No nie, mister Hałarju?

Naukowiec nie przytaknął i nie zaprzeczył. Więc już nie pytali go więcej o zdanie.

Sami dalej sprawę Hrabiego rozważali. Ten majątek, w który się wżenił, obliczali. Gospodarka niemała, dziesięciohektarowa, i nie tylko tradycyjne zboże, ale ogórki, cebula, pomidory. Widzieli też za chałupą szyby szklarni w dodatku.

– Więc nowalijki, cwaniaki, na rynek rzucają – mówił Skarupa Zbyszek. – To jest ciężki interes. I legalny, zupełnie legalny.

Do niezłego interesu wżenił się Hrabia. Tak myśleli miastowi wyjadacze i na młodożeńców zerkali.

Panna Młoda już udobruchana. Tym szeptem Hrabiego całkiem odurzona. Uśmiecha się i palcem figlarnie mężowi grozi. Weselna pogoda wróciła na jej twarz.

– Odrobił stracone punkty – powiedział Rysiek Urzędnik.

A Hrabia aż wargi przygryzł do krwi. Zbyt gwałtownie poruszył szyją i czyrak na karku zapulsował wściekłym bólem. Wyobraził sobie ten guz spęczniały ropą. Ale musiał to jakoś przetrzymać. I nie przestawał uśmiechać się do żony przez ten ból, który długo jeszcze nie chciał ustąpić.

– Wesele raz jeszcze! – wrzasnął Literat. Musztardówkę wzniósł, trącać zaczął, z kim popadło.

– Wesele raz jeszcze? – zastanowił się Prezes. – Dlaczego raz jeszcze?

Zaraz o tym zapomniał i powrócił do rozmowy z Kierownikiem POM-u.

– Rzecz w tym, żeby być na górze, kapujesz, kochany, takie czasy, obsuniesz się, to i zdepczą…

Aż się wzdrygnął. Wyobraźnię na deptanie miał rozbudzoną. Potem przeszedł do sprawy zasadniczej.

– Ja wiem, kochany, wiem, on w łapę bierze, ale ile… No ile? – nacierał dalej Prezes. – Śmiało! Ze mną tylko tak… Bo ja to jestem pragmatyk.

– Pragmatyk? Co pan przez to rozumie? – zaciekawił się Literat.

– No jak to, kochany – zdziwił się Prezes – żeby nie dać się wyruchać!

Literat parsknął śmiechem. Tylko Kierownik POM-u pozostał poważny, skupiony.

– To jest dopiero pragmatyk – powiedział Rysiek Urzędnik.

Gospodyni podała rosół z makaronem. Na opite gorzałą żołądki i przepalone tytoniem gardła taki płyn jak najlepsze lekarstwo. Siorbać zaczęli wszyscy ze smakiem. Muzykanci też się jadłem i napitkiem krzepili. Tutejszy Cygan, nazwiskiem Bladicz Ferdynand, z rozrzewnieniem wspominał, jak niegdyś u młynarza za rzeką został do grania najęty. Dzień i noc rzępolił, młynarz płakał, a za to granie dwa tysiączki dostał.

– To był pan – mówił Cygan, świeciły mu się tłuste, krucze włosy i zębami złotymi pobłyskiwał. – Tylko spać mi się chciało niemożebnie. Teraz nie ma takich panów.

– U mnie też krzywdować sobie nie będzie – powiedział Gospodarz i szklankę Cyganowi napełnił.

– Z muzyki radość ludzie mają – roześmiał się Bladicz Ferdynand i naraz zagrał na grzebieniu. Oczy miał wesołe, krwią podeszłe. Kipiała w nim niezmordowana energia i stopami zaczął takt wybijać. Całe ciało trzęsło mu się jak galareta, a z metalowego grzebienia obłożonego bibułką wydobywał przeróżne dźwięki.

– W ciurmie tak zawsze koleżkom grywałem. Oni smutne takie, każdy o wyroku myślał, a ja nic, tylko grałem…

– Pewnoś konie kradł, Cyganie! – zawołał Józwy syn.

– Co się dało, panie – roześmiał się Cygan.

– Wszystko biorą, psiekrwie – przytaknął stary Sierotnik.

– A znacie to, dobrzy ludzie – powiedział Bladicz Ferdynand – jak na jarmarku konie Cygan sprzedawał?

Taki piękny ten konik, jeden gospodarz kupuje i pyta: powiedz, Cyganie, ma ten koń jakieś felery, a ma, Cygan odpowiada, nie lubi wianka i nie chce włazić na drzewo, durny jakiś, pomyślał gospodarz i konia kupił, ale co się okazało, uczciwie mówił Cygan, nie dawał ten koń chomąta sobie włożyć i przez most drewniany nie chciał przejść. A w dawnych czasach same mosty drewniane…

Śmiechem przyjęli wszyscy opowieść Ferdynanda Bladicza.

Literat nagle pozazdrościł Cyganom. Opycha się ten harmonista kiełbasą, wódą, trąbi jak smok, i te jego oczy pełne przebiegłości, kpiny i hardości zarazem. Zadowolone Cyganisko.

I zamajaczył Literatowi taki obraz sprzed lat: z polnej drogi wyjeżdżał na szosę żółty, wesoło wymalowany wóz, ciągnięty przez traktor, już nie konie, już nowoczesność, ale cwana, przemyślnie podporządkowana swobodzie. A w tym wozie na pierzynach grubi, brodaci Cyganie patrzyli sobie w niebo, z blaszanego komina sączyła się stróżka dymu… A usta harmonisty pobłyskiwały złotem w nieustannym uśmiechu. Mnóstwo złotych zębów.

Teraz przy rosole miastowi goście trzymali się swoją kupą, a wsiowi swoją. Ożywił się Skarupa Zbyszek i zapytał:

– A pamiętacie, chłopaki, jak reżysera udawałem?

Pamiętali doskonale. Dlatego pozostał przecież Herbertem Moranem. Kiedy telewizja była jeszcze w powijakach, jako reżyser właśnie występował.

– No, a jaki numer pokoju tam w telewizji miałem? – pytał dalej Skarupa Zbyszek, czyli Herbert Moran.

– Dwieście trzynaście – odparł bez namysłu Rysiek Urzędnik.

– Tak jest – rozrzewnił się Skarupa Zbyszek – wierzę w trzynastkę, jakie sztuki na ten numer zrywałem... – wstał, oczy mu pojaśniały – pani będzie łaskawa zgłosić się jutro, zrobimy próbne zdjęcia, rozmaite na to szły... – Siadł znów, przegarniał łyżką w talerzu, patrzy na żółte koła tłuszczu w rosole i swoje reżyserskie sukcesy jakby to wczoraj zobaczył.

Hrabia, czyli Pan Młody, też się zamyślił i tylko już machinalnie swoją żonę po ramieniu gładził.

Obaj więc sięgnęli pamięcią do pierwszych fajfów w „Bristolu", kiedy były tam jeszcze kanapki ze złoconymi oparciami. Znów jak wtedy śpiewaczkę Angielkę, którą lotnik dziarski z Dywizjonu 303 sprowadził do kraju, zobaczyli na estradzie.

– „A ja ciebie nie oddam nikomu" – zanucił Skarupa Zbyszek, czyli Herbert Moran.

– „Milutka, jaka postać twa zgrabniutka..." – dodał Hrabia.

I zanucił tę piosenkę. Głos miał nikły, ale miły dla ucha, aksamitny, jak to się mówi.

Panna Młoda wpatrywała się w niego z czułością. Mocno jej jednak zabuszował w sercu. Już zapomniała o tym tanecznym upokorzeniu. Naprawdę Hrabią on dla niej. Skarupa Zbyszek zawtórował Hrabiemu. Obaj śpiewają pełnym głosem. Emeryci barwną urodą dawnych lat ogarnięci. Wymięte, pobrużdzone twarze i jednakowe fale nad czołem.

– „Gungadin zakochał się w maupie, a maupa w Gungadinie" – też spróbował zanucić Rysiek Urzędnik, ale dalej już słów nie pamiętał.

– Albo jak te pierwsze filmy amerykańskie puścili… – odezwał się Literat – pamiętacie, *Mściwy jastrząb, Pięciu zuchów, Bohaterki Pacyfiku*, tłumy pod kinem, konie mieli wielkie dni…

– No – przytaknął Rysiek Urzędnik – to był fajny czas, pamiętacie, jak bikiniarzom długie kłaki, te plerezy znaczy, obcinali, grasowały takie lotne brygady, do bramy i od razu ciach nożycami.

– Tak samo draka z Alkiem – odezwał się Literat – dostawał paki z Anglii i w zagranicznych ciuchach paradował, bluzy od Andersa, jaskrawe krawaty, guma do żucia, no i z hukiem wyrzucili go z budy.

– Złota młodzież, czyli burżuazyjny styl życia – roześmiał się Rysiek Urzędnik – takie hasełko wtedy było… „Przez oświatę i kulturę bikiniarzom damy w skórę". Pamiętacie?

– Co z tym Alkiem teraz? – zastanowił się Literat. – Nigdy go nie spotkałem.

I pili przy tym rozpamiętywaniu gęsto. W przeszłość się zanurzyli. Wódka w tym dopomagała.

– Ja sam w takiej brygadzie z nożycami – uśmiechnął się marzycielsko Rysiek Urzędnik.

Kalejdoskop odległych lat. Czas w tym jakiś. Gungadin, spotkania pod zegarem, dżezowa muzyka w fotoplastikonie, zabawa na Różanej. Każde takie hasło coś wywoływało i odległość między tym teraz a tamtym jak przepaść. I Literat pomyślał o sobie. Włosy jeszcze dosyć gęste, ale siwe pojawiają się tu i ówdzie, twarz niby niezła, ale już bruzdy, tym bardziej że zmęczona nocą, a oczy raczej zgaszone, niewiele już w nich blasku. Młody. Młody pisarz jeszcze czasem na niego mówią. Wstał i ręce przed siebie wyrzucił.

– O wstańcie, wy wszystkie upiory przeszłości! – zawołał z błazeńską emfazą – słodkie śpiewaczki, Carmen Moreno, Elisabeth Charles, Jenny Johnson, tajemnicze pedały, Hanusze i inni, Burmajstry i Paramonowy, tu leży ręka, tu leży głowa, dajcie mi młotek…, młotkarze i stopkarze, zetwuemowcy i harcerze, Bohuny, Młoty i Wiry, wstańcie, wy słodkie upiory, o, pokaż się, ty ślepcu niezmienny, grzebienie, grzebienie, i ty, bohaterze na dwóch kulach, dostałem ja od ciebie kiedyś po grzbiecie, oj, dostałem, niech wyszczerzy swoje kły Tito, brytan łańcuchowy imperializmu, no, równaj, baczność! i toporem niech potrząśnie krwawy kat… – urwał, zakrztusił się.

Cisza zapanowała. Wsiowi trochę zdumieni. Ale jak to oni, nie pokazywali tego za bardzo.

– Kolega ma niewyżyte skłonności aktorskie – powiedział Rysiek Urzędnik. – W szkole na akademiach zawsze Majakowskiego deklamował… I ukłonił się jak konferansjer.

A Skarupa Zbyszek na wszelki wypadek do Komendanta:

– Żadna to mowa wywrotowa, raczej dla zgrywy, pomieszanie z poplątaniem.

Ale Komendant nie słuchał wcale. Pogrążony w cichej, bardzo ożywionej rozmowie z Kierownikiem POM-u.

Chwilę jeszcze trwało milczenie wśród miastowych. Żarliwy szept Skarupy Zbyszka wyrwał ich z odrętwienia:

– Co wieczór inną sztukę podrywałem.

Hrabia tym razem nie odzywał się przezornie, ale jego oczy o tym samym mówiły.

– Ta Joasia, pamiętasz… – nie mógł dłużej wytrzymać – tak na mnie leciała, narzeczony, studia, wszystko rzuciła. – Zamilkł i zerknął niepewnie na swą ślubną wybrankę. Ale ona nie miała mu tego za złe.

– Miałeś powodzenie? – zapytała.

Hrabia skromnie przytaknął. Odmłodniał ten stary szakal, takim gestem nerwowym, troskliwym włosy sobie zaczął przygładzać.

Skarupa Zbyszek coś mu zaszeptał do ucha. Zachichotali obaj. Odrażająco jakoś.

– Kajdanki! – powtarzał Skarupa Zbyszek – to był pomysł, no nie?

Hrabia przytaknął. Dalej chichotał.

Następnie Skarupa Zbyszek przysunął się do Literata i opowiadać zaczął ściszonym głosem.

Było to tak: Kajdanki rąbnęli pijanemu glinie. Z raportówki. Cieszyli się złośliwie, wyobrażając sobie, jak się budzi rankiem i szuka swojego sprzętu służbowego. I dziewczynę sprowadzili na chatę. Podstępem, słodkimi obietnicami. Napoili ją winem i wódką na przemian. Oporna niezwykle, ale wreszcie poszła. Bardzo ładna, tylko niedotykalna. Taka ważniaczka.

– Ja tylko na chwilę – mówiła – proszę sobie nic nie wyobrażać, z reguły nie mam zwyczaju do obcych mężczyzn…

Więc obłudnica. Tak twierdził Skarupa Zbyszek.

– Chce, a boi się – określił jej postawę – pełno takich dziwek.

Już na miejscu szatański pomysł wpadł im do głowy. Nie zastanawiali się długo. Eksperyment. Tak to nazwał Hrabia. Skuli ją w bransoletki. Umiejętnie. Jedną rękę do kaloryfera, a drugą do stołu. Bronić się już nie mogła i do woli sobie używali. I to jej niezapomniane: – Ach, och, o Boże… – coraz bardziej omdlewające.

– Ten stół tak się ruszał, wte i wewte – dławił się uciechą Skarupa Zbyszek i oczy miał zimne, drańskie.

– W te i wewte – Hrabia ręką ruch stołu naśladował i oczy miał takie same, złe, pełne satysfakcji.

– Co to było? – zainteresowała się Panna Młoda.

– Zgrywa – odparł Hrabia i przypominając sobie o obowiązkach, pocałował ją w policzek. – Misia, moja słodka – powiedział z roztargnieniem.

– …Więc my z Witkiem Jubilerem – przeszedł Skarupa Zbyszek do więziennych wspomnień – takich wieś-niaków rosłych sobie dobraliśmy i jak na koniach, wio, wiśta, nawet do kibla nas podwozili…

Posłyszał to syn Józwy z Wygwizdowa i ponuro się w niego zapatrzył. Sam siedział przecież dwa lata. Miał więc ponure skojarzenia.

Rysiek Urzędnik też swoje dorzucił:

– Pamiętacie tę moją inżynierową, mąż tyrał, taka pracowita pszczółka, a my sobie szliśmy w miasto, wpierw do mnie, buzi, buzi, od razu kieckę ściągała, potem „Oaza", „Paradis", „Kaskada", noc w noc, łasy był wyciruch z tej baby.

A przecież nieprawdę mówił. Dawniej wszystkim dla niego inżynierowa. Podśmiewali się koledzy. Romantyk, Romeo, tak go przezywali. Teraz zaś bezlitośnie inżynierową pomiatał.

– I co z niej zostało? – retorycznie zawiesił głos. – Staruszka, po prostu staruszka!

Wtedy już nie było przy stole Panny Młodej. Poszła do kuchni matce pomagać. Więc swobodnie na temat kobiecej urody wymieniali poglądy.

– Najlepiej lubię – powiedział Hrabia – cycofony na długich nogach. – Zastanowił się i dodał: – Świniowate.

– A ja – wtrącił Skarupa Zbyszek, czyli Herbert Moran – chude, żylety, istne węże w zwarciu.

– Za mało mięsa – skrzywił się Hrabia.

– W takim razie żonka coś nie w typie – wrednie Skarupa Zbyszek – mięso jest, ale bez cycków.

– To już całkiem inna para kaloszy – Hrabia popatrzył na niego z wyższością.

Nie znalazł odpowiedzi Herbert Moran. Zabawa zabawą, a interes interesem przecież.

– Interesy – zaklął szpetnie – nigdy do tego szczęścia nie miałem.

– Może jeszcze coś trafisz – pocieszył Hrabia.

Literat, słysząc tę lepką, wyuzdaną gadaninę, zapragnął nagle miłości czystej, wspaniałej i pełnej uniesienia. Takiej jak pierwsze, szczeniackie porywy. I dziewczynę swych pragnień już widział. Wzruszył się. Ale ta czysta bajka niedługo trwała. Innym zupełnie tropem poszedł. Uroda owszem, ale w pierwszym rzędzie bogata. Jakiego wymiaru to bogactwo? Rozważał jak buchalter. Coś na poziomie willi, niezłego samochodu i pieniędzy stwarzających niezależność. Tak się w tandetę pogrążał. Ale miał jeszcze zdrowy rozsądek. Więc jedno i drugie wykpił zarazem. Naukowiec pociągnął go za rękaw. W ten sposób zupełnie już wytrącił się z tej szmiry.

– Czy wiesz, jak to się zaczęło?

– Co? – nie zrozumiał Literat.

Naukowiec uczynił nieokreślony gest. Dopiero po pewnym wahaniu wyjaśnił:

– No, ten mój skok za Ocean… University of Princeton… – smakował te słowa.

Lucy roześmiała się perliście.

– Wiecie, to dopiero była heca. Sylwester w naszej knajpie, konsumpcja, cała pompa, kelnerzy starali się, jak mogli, podawali w takim tempie, goście poszli tańczyć i jeszcze nie zdążyli prawie tknąć gorącego dania, a kelnerzy natychmiast sprzątnęli, bażant był wtedy, i serwują już deser, wraca z tańca całe to tałatajstwo, no i co mogli zrobić, siadają do deseru, tylko jedna taka zawiana: gdzie mój bażant!, woła, ja nigdy jeszcze nie jadłam bażanta! Taki prymityw, nic w życiu nie widziała.

Skarupa Zbyszek skrzywił się kwaśno. Pamiętał, że po tym Sylwestrze dopiero w południe wróciła do domu. Lucy wyjęła z torebki lusterko, szminkę, wywinęła wargi i zaczęła je malować starannie. Prezes patrzył na nią z upodobaniem.

– Masz jelenia – szepnął Literat.

Wzruszyła ramionami. Wyżej mierzyła, wyraźnie to widać. A Hrabia rozkleił się nieoczekiwanie.

– Tu nad Wisłą nie ma żadnych lotów – wykrzyknął – żadnych! – Zatoczył ręką po izbie szeroki krąg. – Te moje loty! Co to za loty?

Uspokajali go koledzy. Gorzałkową szajbą może przecież popsuć sobie wszystko.

– Na razie, baranie – skarcił go Skarupa Zbyszek – jesteś nad Wisłą, kapujesz?

– Co ci jest, źle się czujesz? – dopytywała się troskliwie Panna Młoda.

Hrabia uspokoił się zaraz i dziarsko zaprzeczył. I tak snuło się to weselne gadanie, raz górą, a raz dołem. Krzyków i śmiechu pełno, to znów ten gwar wygasał, już tylko leniwe zdania, słowa, w odstępach coraz dłuższych. Krzyżowały się też rozmowy i splatały nawzajem, miastowi z wsiowymi mieszać się znów zaczęli.

– Niedosyt złota odczuwam po tych ostatnich mistrzostwach – stwierdził Kierownik POM-u. – Nasi przywieźli tylko srebro.

– A pamiętacie, jak pięć złotych chapnęli? – wtrącił Skarupa Zbyszek.

– Ale Tomczyk i tak wykonał swoje zadanie – odezwał się Komendant – to jest ekstraklasa. Prawda, panowie? – Wypili pod bokserskie sukcesy kolejkę.

Hrabia zatęsknił za wyścigami. Bardzo lubił pole i trochę pieniędzy tam zostawił.

– Powinieneś się odzwyczaić – zauważył Rysiek Urzędnik – w przeciwnym wypadku morgi puścisz na paszę dla rumaków.

Panna Młoda zainteresowała się tą nieznaną jej słabością męża.

– Takie tam żarty – zbagatelizował Hrabia.

– Mój sąsiad, kuśnierz Zabrodzki – powiedział Skarupa Zbyszek – futra klientów na konie postawił. Derby wtedy...

– No i co? – zapytał Hrabia.

– Poszedł siedzieć – odparł Skarupa Zbyszek.

– Ja nigdy serca do tego nie miałem – wtrącił Prezes – już raczej wolę w pokerka.

Lucy wydęła pogardliwie wargi.

– Co to za hazard! Monte Carlo albo Las Vegas to jest dopiero!!! – Spojrzała na Naukowca, szukając u niego aprobaty. Ten zdawkowo przytaknął.

Niepokój zakłuł Hrabiego. Znowu stał się czujny i napięty. Zauważył bowiem, jak Gospodarz, czyli teść, z żoną poszeptywać zaczął. Tak szeptali, przy drzwiach stojąc i jego kilka razy zmierzyli. O czym gadają? Dlaczego tak patrzą? Poruszył się nerwowo i po szyi dłonią przesunął. Ten swój napęczniały czyrak przycisnął i ból nim miotnął. Zaklął półgłosem.

Po drugiej stronie gromki śmiech wybuchnął. To Cygan tutejszy, Ferdynand Bladicz, coś wesołego opowiedział.

– Taka jest dusza cygańska – powtarzał – przez śmiech łzy.

Leśniczy i nauczycielka Rohotycka w ogóle nie brali udziału w rozmowach. I pili niewiele.

Tylko sobą zajęci. Patrzył na nią Leśniczy, a ona spojrzenie jego odwzajemniała.

– ...I baba mu czegoś zadała, dawniej mieli takie sposoby – uśmiechał się zagadkowo stary Sierotnik – zadała i szlus, choćby chciał, to już od niej nie odejdzie.

– Pod pierzyną najlepiej one zadają – odezwał się Józwy z Wygwizdowa syn.

Sauterzaki, opici jak bąki, posnęli twardo. Komendant natomiast rozkwitł niczym paw. Władczo okiem łypnął i zaczął tak:

– Jak rodzina my tu sobie, spokój i cieplutko, żarcie i napitek, znaczy, życie na poziomie i ja, chłopkowie moi kochani, nad wami czuwam i będę czuwał, tylko niewdzięczności nie ścierpię... – pięścią rąbnął w stół.

– Rysiu – powtarzała jego żona. – Rysiu, nie denerwuj się... – Za ramię nieśmiało go pociągnęła. Taka drobna kobieta, z rzadkimi włosami zaondulowanymi w loczki. Istna domowa kurka. – Rysiu... – zaszemrała.

Gospodarze z powagą potakiwali.

– Był taki jeden, co mi się stawiał – błogi uśmiech na twarzy Komendanta – rozrabiacz, czyli warchoł po prostu, sprawiedliwości szukał, jakby ja nie wiedział, co sprawiedliwe, a co nie, dobrze wiem, od tego tu byłem, tak ciągle się stawiał i nie można mu było przetłumaczyć, uparty taki kłody mi pod nogi rzucał, czyli pracę utrudniał, zażalenia, plotki rozmaite w obieg puszczał, siamto, owamto, paskudny człowiek, po linii więc trzepnąłem łobuza, z roboty go zwolnili i ze społecznych funkcji też, czyli dostał po krzyżach porządnie, myślę sobie, wypości się i wymęczy, spokornieje należycie i znów mu oddychać pozwolę, ale niech się wymęczy czas jakiś, oduczy się skakać i podgryzać, tymczasem ludzie mi meldują: chodzi on sobie uśmiechnięty i widać z tego, nieźle żyje, coś tu nie gra, myślę, sposobem trzeba go podejść, spowodowałem wezwanie danej osoby na rozmowę oficjalną, tam punkt po punkcie rozpracowany został, co się okazało, robotę sobie znalazł w prywatnym pionie, ale prywatny pion też w jakiś sposób nam podlega, zwolniony został, już się nie uśmiecha... Bo jak gnoić – zapalił się Komendant – to do końca, wtedy tylko człowieka wychować można, nigdy półśrodki, całością należy uderzyć...

– Traktat o gnojeniu – zauważył półgłosem Literat.

– Jaki tam traktat! – obruszył się Rysiek Urzędnik. – Księżycowy z ciebie teoretyk. Traktat! Codziennie, wszędzie! Myślisz, że u mnie inaczej? – W tej chwili żółć go wypełniła. Żółć i bezradność.

A głos Komendanta dalej dudnił.

– Prawdy szukał, wyżej, mówił, rację mi przyznają, memoriały pisał, jak to nazywał, a po mojemu to donosy, czy nie mam racji, towarzysze, czy to jest właściwe podejście... – po biesiadnikach wymownie popatrzył.

Gospodarze cały czas potakiwali. Taki nieśpieszny ruch głów, z góry na dół, z góry na dół. A twarze nieprzeniknione, nic w nich nie wyczytasz. Tylko Sierotnikowi majaczył chytrawy uśmieszek. Jak cień ten uśmieszek. I na Komendanta jest sposób. Poprzedniego właśnie sposobem wykosili. Pies tamten był na ludzi. Tylko węszył, żeby zniszczyć. A najbardziej cierpieli ci, co po cichu skóry garbują i kożuchy robią. Krzyż pański mieli. Coraz rewizja i do kryminału szli. Aż przebrała się cierpliwości miara. Skóry tamtemu komendantowi podrzucili. Niby że łapówki bierze. Donos o tym do województwa poszedł. Wpadła komisja. Nie tylko skóry znaleźli, ale i bimbrowniczy sprzęt, co w piwnicy został podłożony. Nijak się nie mógł z tego wytłumaczyć. Takim sposobem zwolniony został z zajmowanego stanowiska i powiat odetchnął. Ale nic o tym Komendantowi nie mówili. Bez gadania wiedział doskonale.

Ciągle jeszcze jego głos panował nad stołem:

– Naszą siłą wzajemne zaufanie, każdego ja wysłucham, każdego ja zrozumiem i jak zgodność z prawem będzie, to pomogę. – Oczy przymknął i kieliszek podniósł. – Abyśmy, przyjaciele, zdrowi byli!

Wszyscy wypili.

– To jest zawodnik – powiedział z uznaniem Skarupa Zbyszek. – Nie gapa. Tak polityką bajeruje, każdy numer mu przejdzie.

– Zmyślny – przyznał Gospodarz – a na razie nie ciśnie za bardzo.

– Choć – zastanowił się stary Sierotnik – coś on taki napyszały.

Tymczasem Prezes również toastem odpowiedział Komendantowi:

– Żeby tak dalej, obywatele, jak to się mówi, władza z ludem!

Zadzwoniło szkło.

– Wazeliną się smarują – burknął Skarupa Zbyszek – stare cwaniaki.

Brat Panny Młodej przysiadł się do Powstańca. Popatrzył na niego z zainteresowaniem. Za nos go pociągnął.

– Ale ma spanie – dziwił się. – Nic nie czuje. – I coraz mocniej cisnął. Powstaniec rękoma na oślep machnął i kwiczeć zaczął cienko tak.

– Wredna bestia – rzekł Rysiek Urzędnik. Nie miał do wsiowych przekonania. Najbardziej rozeźliła go tępa wesołość na twarzy brata Młodej. Wyobraził sobie, jak zmienia się w równie tępą wściekłość. I nienawistnym wzrokiem spiorunował chłopaka. Ten przestał się pastwić nad śpiącym.

Najstarszy z familii Wyglądałów wysmarkał się w dwa palce, otrząsnął za siebie i odezwał się głuchym, drżącym głosem:

– Tak to jest, jeszcze ojciec mój zawsze powiadał: władza od tego jest, żeby cisnąć, trza ją oszwabić, synku mój, czapkować, a swoje robić, a siać, a orać, a zbierać, tego nie mogą zabronić, na tym oni, gnębiciele, stoją, prawdę tato gadali, Niemca przetrzymalim, różnych przetrzymalim...

Zakłopotali się gospodarze. Chrząknąć i krzesłami szurać zaczęli.

– Co on plecie? – zainteresował się Komendant.

– Takie tam głupoty – zbył go Sierotnik.

Uciszyli jakoś tego wiekowego starca i już swego nie dokończył.

A weselny Gospodarz zaraz z innej beczki:

– Prawda to. Jeden na stanowisku drugiemu nierówny. Był inspektor od szkód u nas, niby ludzki, a chciwy niemożebnie, u niego tylko daj a daj, po polach łaził, szkody liczył, ale nic nie popuścił, jak mu łapy nie posmarowałeś, i to grubą omastą, wszystkiego nabrał, pieniądzów, żeby tylko, naznosiły mu baby, tamuj gdzie kwaterował, jajków, masła, mięsiwa rozmaitego, w sionce na półki pakował i tylko się oblizywał, taki pazerny, aż ochlał się wieczorem, a sionki na haczyk nie zamknął, rano do sionki idzie, a tam nic, półki puściutkie i drzwi otwarte, wygląda na dwór, patrzy, papiery tamuj się walają, psiska kręgiem siedzą i oblizują sobie paszcze, z całej wsi psy się zleciały, strasznie bluźnił.

Gruchnął śmiech. Komendantowi aż oczy łzami podeszły.

– Jak to mówią – wykrztusił – nie dla psa kiełbasa...

Hrabia, czyli Pan Młody, na wsiowych patrzył. Najdłużej teścia swego sondował.

– Ciężki element – zwierzył się Literatowi, wykorzystując ten śmiech. – Trudny do rozgryzienia. Jak z takimi dać sobie radę?

Literat ręce wymownie rozłożył.

– Jak podegrać najlepiej? – zastanawiał się tamten.

Aż teść zięciowi się przyjrzał. Wtedy Hrabia uśmiechnął się szeroko, poczciwie. Umiał tą swoją gębą pracować.

– Polewaj – powiedział Gospodarz – zięciu, polewaj! – Hrabia za butelkę chwycił i kieliszki zaczął znaczniejszym gościom napełniać.

Prezes wódkę poczuł, szumiało mu w głowie, i powtarzał uporczywie: – Człowieku, co się upierasz, no co?

Kierownik POM-u tylko uśmiechał się lekko. I głowę miał, trzeźwy jak na początku.

– Oto przyszłość. – Rysiek Urzędnik palcem go wytknął.

– Jeszcze Prezesa może migiem wyruchać – dodał Literat.

– A coś myślał – przytaknął Rysiek Urzędnik – to dużo lepszy pragmatyk.

– Niezły był człowiek – mówił o kimś sołtys – tylko niemożebnie twardy... – zaciął się, usta otworzył i powietrze wypuścił – niemożebnie cisnął.

– Nazbierał sobie bogactwa – wtrącił Gospodarz. – Na ludzkiej krzywdzie wszystko.

– I władza go należycie pokarała – podsumował Komendant. – Poszedł siedzieć.

– Z władzą rozmaicie bywa – niby to naiwnie zauważył kierownik skupu, Grzegorczyk – raz tak, raz nie.

– Co znaczy, raz tak, raz nie! – zaperzył się Komendant.

Grzegorczyk za uchem się podrapał i zmilczał.

– A choćby taki Frołek – szepnął Gospodarz – nie narobił krzywdy? I co mu za to? Rentę dostaje i handel jeszcze prowadzi.

– Niemało takich – przytaknął stary Sierotnik.

– Podobno już tak mają ustalone – zażartował Rysiek Urzędnik – jak na huśtawce, raz ty, a raz ja dorywam się do tego miodu. No i solidarność wzajemna obowiązuje.

– Ręka rękę myje – przytaknął z powagą Gospodarz.

– Czym mogę pani służyć? – zwrócił się Prezes do Lucy.

Lucy poziewywała akurat. Szybko jednak w zalotne ożywienie twarz oblekła.

– Jeśli pan taki dobry, to poproszę o ogórki.

Prezes coś jej zaszeptał do ucha. Zachichotała.

– Ilu to siedzi za niewinność – odezwał się znów kierownik skupu, Grzegorczyk.

– A pałują czasem bez żadnego powodu – wtrącił Skarupa Zbyszek, czyli Herbert Moran – Fakt, popiłem, ale idę grzecznie, równo, a oni do mnie: pozwólcie, obywatelu, zdenerwowałem się, chodzić już nie można, to oni za pały i do izby wytrzeźwień zatargali, a rano ani grosza nie miałem, cała wypłata poszła, nie wiem gdzie, po drodze czy w izbie wytrzeźwień zabrali.

– Za niewinność! – zarżał Komendant – nie ma takich przypadków, każdy ma coś na sumieniu.

– Od sumienia jest ksiądz – zezłościł się Literat.

– Pan żartuje, kolego – rzekł Komendant.

Literat wzburzył się i wiele jeszcze cisnęło mu się na usta. Ale Rysiek Urzędnik trącił go ostrzegawczo.

– Też znalazłeś sobie partnera!

Więc nie odezwał się już więcej.

– No, sam pan widzi – ucieszył się jego milczeniem Komendant.

– I pały nowe podobno dostali – ciągnął monotonnie Skarupa Zbyszek – japońskie, takie niby malutkie, a pstryknie i wyskakuje na półtora metra.

– Technika wszędzie wkracza – przytaknął Komendant.

Ten Frołek, co to dawniej trząsł powiatem, zapragnął nagle pojednania ze starym Wewiórą. Naparł na niego i spróbował objąć go przez stół.

– No, gospodarzu! – zawołał – brudzia, musimy! – Niepewną ręką za butelkę złapał i szklanki zaczął napełniać. Ale stary Wewióra sprężył się cały i wyrwał z uścisku Frołka. Odsunął się szybko. I słowa nie powiedział. Ale coś widać rozżarzyło się w popiele jego pamięci, bo oczy mu pociemniały.

– Dlaczego tak? – zapłakał po pijacku Frołek. – Dlaczego?

– Czuje kostuchę – uznał któryś z siedzących w pobliżu – przebaczenia pragnie.

– Syn starego – zastanawiał się Gospodarz – zapalna jucha.

– Te Wewióry – ocknął się najstarszy z familii Wyglądów – zawsze pamiętliwe były.

– A mój księgowy – westchnął Prezes – Piotrowski, na więziennym teraz garnuszku, wyobraźcie sobie, żona do niego na widzenie przyszła z pomarańczami i nie chciał przyjąć, tu całkiem inny wikt, powiada, muszę żołądek uregulować, dacie wiarę, dziwak taki. – Prezes schaboszczaka na widelec nadział i zajadać zaczął.

– Więzień ciężka sprawa – zamruczał Józwy z Wygwizdowa syn.

Hrabiemu ściągnęła się twarz. Nie lubił więziennego tematu.

– Czas wyjęty z życiorysu – powiedział sentencjonalnie, a myślał o swojej odsiadce. – Tyle że u nas… – szeptem do kolegów – wódkę kombinowaliśmy od klawiszów, a jak nie, to blatny pielęgniarz salicyl wynosił z izby chorych.

Rysiek Urzędnik zagapił się w ścianę. Nudził się, znowu żadnej żarówki w nim, nic. Wygaszanie takie i niechęć. Na ścianie jaskrawy obraz. Łabędź zawadził o wydarzenie z dalekiej już przeszłości.

– Kiedyś piłem z facetami od grubszej gotówki – odezwał się – jeżeli chodzi o forsę, to była pierwsza liga, kupili dwie butelki francuskiego koniaku, nudno, mówią, sfrustrowani tacy, co tu wymyślić, w knajpie już im się nie chciało, poszliśmy do parku, pijemy sobie ten koniak pod pomnikiem Szopena, niedobre miejsce, mnóstwo dzieciaków, przenosimy się nad staw, patrzymy na łabędzie i oni mówią: mamy zakąskę, na brzegu łabędzie jajka wysiadywały, przepędziliśmy jednego, ciężka sprawa dać mu radę, dziobem za nogawki, skrzydłami walił i syczał, ale wreszcie uciekł, dwa jajka zdobyliśmy, więc pod te jaja Martella ciągnęliśmy – jakoś złość w nim narastała, coraz zapalczywiej wykrzykiwał – Martella chlup, żółtko chlup, nawet nieźle, ta łabędzica koło nas biegała i skrzydłami waliła, publiczność dopisała, bestialstwo, powiadają, czułe aniołki, kurewskie nasienie!

Brat Młodej niruchawy wzrok w niego utkwił. Podparł brodę łokciami i patrzy.

– Co ty tak! – najeżył się Rysiek Urzędnik.

Tamten dalej patrzył.

– Nie podoba ci się, sieczkobrzęku?

– A bo co – brat Młodej ślamazarnie słowa rozciąga – patrzyć nie wolno?

Wstał wtedy Rysiek Urzędnik. I wstał ten młody. Do siebie podchodzą. Już Rysiek Urzędnik się pochyla. Wyraźnie chce głową stuknąć tamtego. Ale wsiowy szybszy. Przeciwnika wpół chwycił. Uniósł i tak nim zakręcił. Rysiek Urzędnik bezradnie nogami wierzgał.

Gospodarz i Skarupa Zbyszek wsiowego chłopaka za ręce złapali.

– Spokój, łobuzy! – krzyknęła Gospodyni.

Oderwali ich od siebie. Obaj stali dysząc i przekleństwa żując. Już po wszystkim. Gospodarz syna poklepał.

Skarupa Zbyszek kolegę do stołu odprowadził. Spokój więc powrócił i nawet zmuszono ich, żeby do siebie przepili. Przepili, ale z oczu niechęcią im ziało.

– Za ten sojusz miasta ze wsią! – wzniósł toast Literat. – Urbi et orbi! Niech się rozniesie ten wzruszający fakt wszędzie.

– Łacina, tak? – powiedział po dłuższym zastanowieniu Prezes.

– Młode to i zapalne – rzekł Sierotnik.

– Wiadomo – przytaknął Gospodarz. – W starej remizie jeden miał żal do drugiego i tak go bagnetem do ściany przyszpilił, że ani kwiknął.

Młodym oczy zabłysły. Ten Wewióra z suchą łapą też ożywił się jakby.

– Za jednym zamachem? – zapytał Józwy z Wygwizdowa syn.

Gospodarz przytaknął. Wyciągnął z kieszeni blaszane pudełko i papierosa zakurzył.

– Dawniej jak coś zrobili... – stuknął palcem w pudełko. – Ile to ma lat...

Powstaniec zwalił się na ramię Frołka i z otwartych ust długą nitką pociekła mu ślina.

– Zupełne dno – Naukowiec mierzył zimnym, analitycznym wzrokiem to bezwładne, osuwające się ciało. – Oto tutejsza równia pochyła – dodał – gorzałka i koniec.

– Te, arystokrata ducha – warknął Literat – nie mądruj tak!

Ale trafne to jednak. Myślał o tym. Pewien znajomy wynurzył się z jego pamięci. Niewyraźnym na razie konturem. I już dokładnie. Jakby to wczoraj. Pisał. Wiersze. On jeszcze nic. Tamten bardzo mu imponował. Pełen siły i pasji. Wierzył w literaturę. W jej moc i piękno. Wierzył w siebie. Poeta. Oczy miał intensywne w blasku, pełne zmiennych iskier. I strzęp jego wiersza. „Cały jestem od wewnątrz wytapetowany tkliwością". Te swoje wiersze recytował chętnie czystym, dźwięcznym głosem. Zwinięte w rulon, nosił stale w kieszeni. A obok poety sutener w jego życiu występował. Jak aktor błyskotliwy w tamtych latach. Andrzej w skórze. Tak go nazywali. Nosił skórzany płaszcz. Cyniczny i lubieżny. Powiadał, poruszając palcami dłoni:

– Lubię baby i to, co mają, żeby nie ta wilgoć, tobym tam zamieszkał.

I po wielu latach zobaczył poetę. Otyły i apatyczny, w długiej jak sutanna jesionce, a oddech miał przesycony zapachem wody brzozowej. Pił więc ten najtańszy trunek alkoholików. Kioskarz z sąsiedztwa narzekał coraz częściej:

– Panie, w godzinę cały zapas brzozówki wypijają. I nie wiem, co robić, sprzedawać, nie sprzedawać. Idą do śmietnika i tam gul, gul... Jeden tam umarł nawet, wypił i padł, panie, co robić?

– Stoczyłem się – wymamrotał wtedy poeta, z ust ziało mu tym zapachem wody do włosów. Prosił nieśmiało o pięć złotych. To spotkanie było jak przepaść. Tego drugiego, co wielbił lubieżnie wilgoć kobiecych pieczar, nie zobaczy już nigdy... Może tak jak Hrabia ciepłe gniazdko gdzieś sobie wymościł?

– Czy każdego buntu musi być taki koniec? – zapytał Literat.

– Poratujmy staczającego się – rzekł Rysiek Urzędnik. Chwycili we dwóch Powstańca pod pachy i powlekli jak worek. Chcieli ułożyć go na łóżku. Gospodyni sprzeciwiła się stanowczo:

– Jeszcze może zapaskudzić.

Twarz tego biesiadnego denata pełna była łagodności, wąsik jak szczoteczka śmieszna, i plastelinowa bezwolność całego ciała.

Położyli go w kuchni na ławie, troskliwie przykrywszy derką. A w sionce samotny Hrabia papierosa palił. Zaciągał się chciwie.

– Co ty taki? – zdziwił się Literat.

Wydawało mu się też, że Hrabia westchnął. Niedopałek zatoczył szeroki łuk, spadł na podwórze. Chwilę żarzył się i zgasł. Hrabia zapalił następnego papierosa.

– Coś mi tak po łbie łazi – odezwał się niechętnie. – Takie tam bzdury... Bzdury po prostu... Łazi to i łazi... – Westchnął całkiem wyraźnie.

Najdawniejsza to była historia w jego życiu. Czas dzieciństwa, miał wtedy piętnaście lat. Ojciec prowadził restaurację w uzdrowiskowym miasteczku na Ziemiach Odzyskanych. Barmanka miała na imię Maryla. Sypiała z ojcem. Obraz to zamierzchły. Lecz w przypomnieniu Hrabiego dziewczyna ta do wysokości ideału urastała. Piękna, wyniosła, zagadkowa. Wyjeżdżał ojciec raz w tygodniu po spirytus. W pustej knajpie-landarze, ozdobionej ponurymi boazeriami z czarnego drewna, zostawał Hrabia z Marylą. Patrzył na nią z ciemnych kątów zachłannie. Ona nie dostrzegała go w ogóle. Pewnego wieczoru Maryla, przeliczywszy utarg w kasie, przeciągnęła się i wcale nie patrząc tam w kąt, gdzie warował, powiedziała: – Chodź! – Nie poruszył się nawet. Tylko serce załomotało nieznośnie.

– Chodź – powtórzyła – widzę cię przecież.

Wynurzył się z ciemności cały napięty, ze ściśniętym gardłem. I tak zbliżał się do niej. Siedziała na podwyższeniu, przed nią staroświecka maszyna do liczenia. Z tyłu półki z butelkami. Refleksy świetlne na szkle. A jak był już zupełnie blisko, to zamknął oczy.

To był ten pierwszy raz.

Znowu niedopałek zatoczył łuk i spadł na podwórze. Hrabia machinalnie przyczesał włosy.

– Taka kochanica starego mi się przypomniała… – powiedział. – Też spałem z nią. I wyobraź sobie, nigdy nie mogłem się zorientować, wiedział o tym mój stary czy nie…

Z izby dochodził zgiełk rozmów, szczęk szkła.

– No, trzeba do obowiązków – rzekł Hrabia.

Energicznym krokiem opuścił sionkę. Muzykanci zagrali znów, ale do tańca chętnych już coraz mniej. Literat stanął w drzwiach między dwoma izbami. Tu i tam patrzył. Nie czuł wcale znużenia i takim trzeźwym, ostrym wzrokiem weselną gęstwę ogarniał. W uszy wpadały fragmenty rozmów, muzyka, krzyki i śmiechy. I cały czas czuł ciężar niewypowiedzianego. To niewypowiedziane otaczało go zewsząd. Jak dotrzeć do tego? W garść chwycić, rozsupłać i nie popuścić. Wiało od tej weselnej ciżby czymś zgniłym i zdrowym zarazem. Szatan z archaniołem dziś dla niego razem tańcowali. Jeden kopytkami stuk, stuk, a drugi skrzydła swe piękne, śnieżnobiałe rozpościera. Jednemu z kudłów rogi sterczą, drugiego aureola świetlista spowija. I tak się mienią, przetykają, że rozdzielić ich trudno. Czy łeb taki boks wytrzymać może? Przesunął dłonią po czole. Chciał być silny.

– Jeszcze mam szansę – powiedział.

Bardzo chciał mieć szansę. Odwrócił się gwałtownie. To Komendant walnął go rubasznie w plecy.

– Co tak bez humoru? – zapytał.

– Wkurwiłem się – odparł Literat.

– Dlaczego, nie rozumiem?

– Bo masz pan dębowy mózg!

Ale Komendant nie obraził się wcale.

– Schlał się inteligenciak – uznał pobłażliwie i do biesiadnej izby powrócił.

Pierwszego zmogło Skarupę Zbyszka, czyli Herberta Morana. Zbladł, usta dłonią przycisnął i z chałupy galopem wybiegł. Lucy zachichotała. Kierownik POM-u gorzałę już poczuł i łapę wpakował za jej dekolt.

– Co ty, pajacyku! – Lucy trzepnęła go po łapie.

Kierownik POM-u ponowił manewr. Prezes zareagował groźnym chrząknięciem. Obaj konkurowali do jej wdzięków. Kierownik POM-u rękę na stół wyłożył niczym skarcony uczniak. Prezes więc górą. Hrabia jeszcze to nagłe wyjście kolegi smakował. Chichotać też zaczął. Sam pierwszy raz rzygnął w nocnej knajpie zwanej „Hades". Młody był wtedy i nieobyty. Zaprosił go ojciec i pili po równo. Wódka dla niego jak woda, pompował bez umiaru. Naraz w żołądku mu się zakłębiło. Popędził. Już był przy toalecie. Z boku kelner drogę mu przeciął. Zderzyli się. Ta siła z wewnątrz paszczę Hrabiemu rozdziawiła i wybuch nastąpił na kelnerską tacę. Śmiał się coraz głośniej. Swój nieszczęsny galop widział. Spojrzał na niego teść. Spojrzała teściowa.

– Z czego się śmiejesz? – pyta Panna Młoda.

Wykręcił się sianem. Na kogoś za stołem pokazał. Akurat zwalił się w misę z kapustą.

– Opiły się chłopy – powiedziała teściowa. – Co w tym śmiesznego? – Nadal spoglądała podejrzliwie na miastowego zięcia.

Panna Młoda głowę do jego ramienia przytuliła. Żonka pieszczoty pragnie. Uśmiechnęli się ze zrozumieniem starsi gospodarze.

– Pani Lucynko… – mówił czule Prezes – nie ma co ukrywać. Działa pani na mnie jak piorun, psiakrew! – Dłoń niepewnie na jej udzie położył i czekał. Nie przegnała go jednak.

Wskazującym palcem odsunął spódniczkę i głębiej dłoń wcisnął. Gorące ciało. Parzy. Oczy jak kocur przymknął. A Lucy nadal spokojna. Może nie czuła tego wcale?

– Zazdroszczę panu tej Ameryki. – Patrzyła na Naukowca. Prawdę mówiła. Głos tęskny, twarz złagodniała. Ameryka!… Wiedzę o losach Poli Negri, która z warszawskiego kopciuszka stała się gwiazdą pierwszej wielkości, posiadała imponującą.

Prezes oczy otworzył i też pozazdrościł tej Ameryki. Jego dłoń znieruchomiała na udzie kobiety.

Wyjeżdża sobie, okularnik, tam za robotę dobrze płacą. Przez chwilę tego samego zapragnął. Spokojnie, bez nerwów. I spływa dobry pieniądz do dobrego pieniądza.

Ale zagasł szybko. Co ja bym tam robił – przeciął tę rozterkę i ze zdwojoną energią do Lucy się zaczął zabierać.

Literat zapragnął świeżego powietrza. Rozbolała go głowa. W sionce Komendant zagrodził mu drogę. Kołysał się na szeroko rozstawionych nogach.

– Dam panu zagadkę.

– Słucham?

– Kto tu rządzi?

– Partia – odpowiedział Literat.

– Nie tylko – roześmiał się Komendant.

– Wiem, wiem. Łuczakowie.

– Zgadł pan – ucieszył się Komendant.

Stanęli na schodkach. Ogarnęło ich świeże, ostre powietrze zimowej nocy. Rozszczekał się Reksiu. Za nim inne psy we wsi. Psi chór jazgotał zajadle. Skarupa Zbyszek, wsparty o płot, rzygał z przerwami. W przerwach klął i dłonie na sztachetach zaciskał.

Przypatrywali się wsiowi młodzieńcy.

– Wzięło go.

– Mnie tam nigdy nic się nie wypsnie, choćbym nie wiem ile…

– Ten zza kościoła to robi pod siebie, jak pochla za dużo.

– Nie jest źle tak sobie ulżyć, można od nowa zaczynać.

A Skarupa Zbyszek tylko stękał. Złość go brała na to gadanie, ale nie mógł odpowiedzieć.

Ktoś niewidoczny w ciemności pląsał jak w tańcu. Wreszcie zwalił się przy psiej budzie.

Skarupa Zbyszek doszedł do siebie. I na żarty mu się zebrało. W rewanżu za to gadanie przed chwilą. Jednemu z wsiowych nogę podstawił i zaraz odskoczył. Tamten padł jak ścięty. Niezgrabnie podnosił się z ziemi. Wreszcie wstał i zaryczał: – Który to?!

Najbliższego za klapy chwycił i przez łeb zdzielił. Cieszył się wrednie Skarupa Zbyszek. Wrzask, złorzeczenia.

– Spokój, obywatele! – zagrzmiał Komendant. – Proszę się rozejść!

Rysiek Urzędnik dźwignął się ociężale od weselneągo stołu. Najedzony i opity. Tak snuł się po chałupie. W kuchni spał na ławie Powstaniec. Gospodyni zmywała talerze. A ten Wewióra z suchą łapą ostrzył nóż. Popluwał na osełkę i z lubością przesuwał po niej ostrzem. Wecował a wecował. Śmiały mu się do noża ponure, głęboko schowane oczy.

– No, starczy, sąsiedzie. – Gospodyni wyciągnęła rękę.

Ten Wewióra z suchą łapą, pozbawiony noża, przygasł od razu i poszarzał. Zajrzał Rysiek Urzędnik do tej izby, gdzie tańce przedtem się odbywały. Pusto tu. Tylko w kącie chłopak z dziewuchą się tarmosił.

– No, co taka jesteś… – dyszał.

Wyszedł zaraz stamtąd. Chwilę postał w sieni. Słyszał krzyki z podwórka. Ale tam iść mu się nie chciało. Jeszcze jakieś drzwi zauważył. Nacisnął klamkę i wszedł do wnętrza. Za nim wsunął się brat Młodej. Już od dłuższego czasu skradał się krok w krok, a w garści ściskał butelkę. I zamachnął się tą butelką. Ale Rysiek Urzędnik był szybszy. Odsunął głowę. Butelka w ścianę… Posypało się szkło. Ryśkowi wargi zbielały. Pochylił się i za chwilę miał w dłoni szyjkę butelki najeżoną szklanymi zębami. Do brata Młodej postąpił.

– Będziesz miał prawdziwą grawerkę – chrypnął. – Wyprzystojniejesz, ty… – czerwone kręgi migotać mu zaczęły przed oczyma.

Tamten cofnął się. Wkrótce już nie miał gdzie. W kąt między piec i drzwi się zaklinował. Zębata broń zbliżała się do jego twarzy. Skowyczeć zaczął. Grawerska pieczęć tuż. Wtedy to do tej pustej izby, gdzie tylko stało szerokie łoże przygotowane dla młodożeńców, wpadł Hrabia. Zasłonił sobą brata Młodej i zręcznie dłoń kolegi z tą kolczastą szyjką unieruchomił.

– Co ty?! – powiedział wzburzony – szwagra mojego?

Brat Młodej z izby się wymknął.

– W porę przyszedłeś – Rysiek Urzędnik ochłonął już. – Coś mnie naszło. Nienawiść taka… – Zastanawiał się na tym. – Jeszcze siłę do walki mam – uznał.

– Przecież – powiedział z wyrzutem Hrabia – zaprosiłem was nie po to, żebyście popsuli mi wszystko.

Znów podwórze. Skrzypią wierzeje stodoły. Hałas tam jakiś. Literat, ulżywszy sobie na boku, a więc otrzeźwiony znacznie, zbliżył się ostrożnie, powodowany swą wszędobylską ciekawością.

Wierzeje uchyliły się szerzej. Zobaczył postacie kłębiące się na sianie. To Czarodziej Długi Nos dokazywał z rumianym Traktorzystą. Do rozporka mu się zabierał.

– Muszę zobaczyć twojego psiurka, kochany! – dyszał, a nadzieja osiągnięcia dochodziła szczytu.

Palce już oplatały zdobycz w głębi spodni. Traktorzysta oprzytomniał znienacka.

– Pójdziesz, ty świński ryju! – wstrząsnął. A na siebie niżej pasa jak na pobojowisko popatrzył. Rozpór rozpięty, koszula z niego wyłazi. Zdumiony też poniekąd, bo sprężona broń jednak.

Chwycił za kołnierz napastnika. Tarmosić nim zaczął.

– Jasiu – szeptał Czarodziej – ja tylko tak sobie, no wiesz, po przyjacielsku…

– Po przyjacielsku! – rozwścieczył się Traktorzysta – łapę mi pakujesz do przyrodzenia, za ptaka się chwytasz! – Zamachnął się na odlew. Klaśnięcie niczym biczem.

– Kochany, katuj, masz rację, katuj, moje ty brzydulki krasne, rzepo ty moja słodziutka…

Traktorzysta, przytłoczony tym potokiem miłosnych zaklęć, cofać się zaczął jak od diabła.

Ze stodoły wyskoczył.

– Jaja takiemu wyrwać! – zawołał jeszcze.

Czarodziej Długi Nos na sianie pozostał. Zwinął się w kłębek i pojękiwał cichutko. Roiła mu się wizyjka krzepkiego ciała Traktorzysty. Siano paluchami rozgarniał i coraz bardziej męczyły go łakome zwidy.

Lucy, dygocząc z zimna, za ustronnym miejscem się rozglądała. Dwóch zalotników zabiegło jej drogę, ale odtrąciła ich energicznie. Znalazła wychodek. Przylepiony z tyłu do stodoły. Zamknęła się na haczyk i rozsiadła. Myślała o tym, owym… Nawet lodowaty wiatr, co od dołu wiał, przestał jej dokuczać. Już trzeci rok jest bufetową w „Obywatelskiej". Wrzask, pijaków tłum, piwko najchętniej piją, zarobek, owszem, ale taki ciułaczy, grosik do grosika. Z niechęcią myślała o tym. Ale miała pewne widoki. Różowa przyszłość występowała. Nieśmiałym jeszcze konturem. Uśmiechnęła się tęsknie. Pewien znajomy obiecał ulokować ją za barem w nocnym lokalu kategorii S. Jak tęcza te nowe widoki dla Lucy. Już tam za barem zasiadła. Gościom nalewa Martella. Niekoniecznie musi być Martell, Martineau, Napoleon, Camus, Armagnac… Potem zaczęła rodzaje whisky sobie wyliczać: Black and White… Red Label… Rozległy się natarczywe uderzenia w drzwi wychodka. Skrzywiła się tylko i nadal była w świecie marzeń. Ten widok zza baru: parkiet, dyskretne światła, goście rzędem na wysokich stołkach. Cudzoziemiec może się trafić. Patrzy jej głęboko w oczy. Z zagranicy pojawiają się tacy. Uderzenia w drzwi wychodka powtórzyły się. Zakołysał się wychodek. Marniutka to budowla. I głos niecierpliwy: – Co tak siedzicie jak na sumie?!

Marzenia prysły. Już tylko zimny kibel, z dziury wieje lodowato. Lucy otworzyła drzwi. Siedziała jak na tronie, zaplątana w majtki i rajstopy.

– Jak ci przyładuję w ten głupi łeb – wrzasnęła – to dopiero będziesz miała sumę!

Spłoszyła się nagle. W progu wychodka matka Panny Młodej stała. Ta stara kobieta o twarzy surowej, jak wyciosanej z kamienia, uczesana w koronę. Nic nie odpowiedziała.

– Doprawdy, przepraszam – mamrotała Lucy – doprawdy…

Tamta wzruszyła ramionami i odeszła.

Chociaż gwar rozbrzmiewał na podwórzu i pijani weselnicy miotali się w rozchybotanym pląsie, to z tyłu, od ogródka panowała cisza. Drzwi na ganek otwarte i Leśniczy z nauczycielką Rohotycką, przytuleni do siebie, jak jeden posąg wyglądali. Urodziwa ta nauczycielka. Twarz miała śniadą i wielkie, palące oczy. W typie nie nasza jakby.

– No, śmiało – zachęcał ją Leśniczy – proszę…

Po chwili ona śpiewać zaczęła. Ale też nie po naszemu.

– U susida chata biła,
u susida żinka myła,
a u mene ni chatynky,
ne ma szczastia,
ne ma żinky.

Zasłuchali się starsi gospodarze, którzy na ganek wylegli, żeby zaczerpnąć powietrza.

Nauczycielka dalej śpiewała.

– Każu, Andziu,
wstań raneńko,
pryberysia czuprneńko,
wona jak wid'ma
cokocze i wstawaty ne chocze.

Głos miała głęboki, dźwięczny. Melodia smętna, aż coś w duszy świdrowało.

Weselny Gospodarz bliżej podszedł. Czoło zmarszczył i wzrok w nauczycielce utkwił.

– Swołocz – wymamrotał i splunął.

Zerknął niepewnie na Leśniczego. Czy aby nie usłyszał? Ale oni znów tulili się do siebie.

– Też ludzie – powiedział Literat.

– Ludzie! – rozzłościł się Gospodarz. – Ancykrysty! Leśniczy z nauczycielką Rohotycką powoli schodzili po schodach. Zniknęli w ciemności.

– I swoi swoich także samo mordowali – odezwał się stary Wewióra z suchą łapą. Rozkaszlał się hałaśliwie, skrzypiał i rzęził. – Jak mus, to mus – dało się słyszeć przez ten charkot.

Literat oparł się o szorstki, guzowaty pień drzewa. Gwar z podwórza nie dochodził tutaj wcale. Sam nie wiedział, jak tu dotarł. Krok po kroku oddalał się od jasno oświetlonych weselnych okien. Aż ogarnęła go ciemność. Czarniejszy od nocy zarys sąsiedzkich zabudowań. I tak czołem oparł się o ten zimny, szorstki pień. Uniósł głowę i patrzył w niebo z bladym krążkiem księżyca. Dalekie, obojętne niebo.

I nie wiadomo czemu Marszałek Piłsudski mu się przypomniał, czyli Dziadek z opowieści ojca. Jak to stary i chory już, snuł się po Belwederze i złorzeczył: – Oleję naftą, podpalę to wszystko! – Widział go też. Wąsaty, zgarbiony. Tylko ta rozpacz życie uciekające w nim zatrzymywała. I jeśli dawniej śmiał się z tej opowieści, to teraz ogarnął go strach. Tak. Po prostu strach. Zapadał się. Zabrakło fundamentów. Patrzył bezradnie na księżyc. Blady krążek na zimowym niebie. Dalekie, obojętne niebo. I głowa ciężka, pełna kamieni.

– Trzeźwieję – powiedział.

Postanowi napić się wódki. Chrzęściła ścięta mrozem trawa. Wchodząc do chałupy, zderzył się z Komendantem.

Komendant za potrzebą wyszedł i już rozporek rozpinał.

– Obywatel pisarz za materiałem do książki się rozgląda – uśmiechnął się, a oczy pozostały zimne, badawcze. – Czy nie tak? – Literat wzruszył ramionami. – Będziemy oczekiwać na nową pozycję z dużym zainteresowaniem.

Wtedy Literat przypomniał sobie dwóch małolatów krótko ostrzyżonych, którzy na widok mundurowego gliny zaszczekali jednocześnie. Strugą zaszumiało w ciemności. Szczał Komendant jak koń. Wesele kończyło się już. Noc też. Muzykanci poszli sobie. Tylko harmonista, Ferdynand Bladicz, zasnął, wsparty brodą o instrument. Chrapał i pogwizdywał. Ostatni palec jego prawej dłoni ozdobiony był długim, zakrzywionym jak szpon paznokciem. Niektórzy goście również posnęli. Głowy im opadły w talerze, włosy rozsypały się strąkami. Stół jak pobojowisko, niedopałki i popiół. Patrzyła po stole zatroskanym wzrokiem Gospodyni. Roboty z porządkiem będzie huk. Kilku biesiadników popijało jeszcze. Zebrali się w kącie i pociągali prosto z butelki. Komendant pas z kaburą na poręczy krzesła powiesił i kołnierzyk munduru rozpiął. Rozparty jak basza, gardłował niezmordowanie.

– Już ja mu dałem popalić! Sami wiecie, potrafię ja to zrobić.

Ten Wewióra z suchą łapą potakiwał skwapliwie. W niego to Komendant paluchem dźgał.

– I jak będzie trzeba, dam mu jeszcze takiego czadu…

– Rysiu – zaszemrała jego żona. – Nie denerwuj się tak, Rysiu!

Ten bardziej zapalczywy z Sauterzaków, Robert, twarz dziko wykrzywił i chciał coś powiedzieć, ale brat ścisnął go za ramię.

– A na koniec – powiedział Gospodarz – golniemy sobie naszego koniaku.

– Ja nic o tym nie wiem – rzekł Komendant.

Pojawiła się butelka po winie. Komendant powąchał ze znawstwem.

– Z dobrego zacieru – stwierdził – i nieźle oczyszczony. Wypili.

Skarupa Zbyszek i Kierownik POM-u z hałasem obśliniali sobie policzki. Po brudziu już byli. Kierownik POM-u kołysał się z lekka. W Lucy żarłocznie się zgapił. Lucy różową bluzkę na piersiach obciągała. Ten widok zaraz Prezes mu przesłonił. Uwijał się przy Lucy żwawo.

– No i widzisz, kochana – mówił – przyszli, wsadzili, pytają, gdzie to jest, ja na to: proszę bardzo, szukajcie, szukali, nic nie znaleźli, puścili i jeszcze przepraszali, sama widzisz, kochana…

– Gdyby nie ja! – Komendant pogroził mu żartobliwie.

– On! – prychnął Prezes. – Gdzie tam on… A jeden to, moja kochana – tym razem ściszył głos – miał bogactwa, miał a miał, tyle że szczęścia mu zabrakło, piętnaście kilo złota u niego wykopali – uśmiechnął się błogo – wcale nie takie duże sztabki, złoto ma swój ciężar i schować łatwo. Na przykład sto kilo – rozejrzał się i wskazał na skrzynię telewizora – nie będzie więcej jak pół tego pudła.

– Milionerzy – zakpił Naukowiec.

– Tobie łatwo tak gadać – na to Literat.

– Rozumiem cię doskonale – przytaknął uprzejmie Naukowiec – jesteś skazany na język. W tym, niestety, tworzywie pracujesz.

Do reszty rozzłościł Literata. Ta wyższość zza okularów. Gęba nieruchoma, zimna. Ryba. Prowokacyjnie na nosek bucika mu nacharkał. Plwocina na czarnym, wyglansowanym buciku jak gnój rozkwitła. Mała to jednak satysfakcja. Tamten nie zareagował wcale. Tylko bibułką wytarł starannie zabrudzone miejsce.

Literat bimbru resztę z butelki pociągnął. Nie mógł usiedzieć spokojnie. Więc przeszedł do kuchni. Zapatrzył się tępo przed siebie. Gospodyni zmywała talerze.

– Może papierosa? – Kierownik POM-u uśmiechnął się życzliwie.

Powoli odwrócił głowę. Przyjrzał się temu najmłodszemu z powiatu. Smolisty czub, bystre, uważne oczy. Sprężysty taki i suchy. Ożywił się naraz. Papierosa nie przyjął, ale chwycił go mocno za rękaw.

– Szczurze życie! – wybuchnął. – Wszyscy zgnojeni, wszyscy zgnoić się dali. Tak, tak, pan też, ja, wszyscy, nie ma wyjątków.

– Nie rozumiem – Kierownik POM-u wzruszył ramionami i chciał odejść.

– Daliśmy się załatwić – Literat nie puścił jego rękawa. – Każdy jak niewolnik, wie pan, byli tacy galernicy, do wioseł na zawsze już przykuci.

Potrzeba tego gadania rosła w nim niepohamowanie. Patrzył na śpiącego Powstańca. Na jego usta rozchylone. Na ślinę sączącą się po brodzie. Na wąsik sterczący jak szczotka. Na ręce zwisające z ławy i nogi rozrzucone nieprzyzwoicie. Porzucona zepsuta lalka. I aż zadygotał.

– Jak tak można zrezygnować ze wszystkiego?!

– Co się czepiasz człowieka – powiedział Rysiek Urzędnik. I krzywy, nieprzychylny uśmiech pojawił się na jego twarzy. – Szajba ci odbiła? Gorzała źle poszła? – mówił. – On żyje, jak trzeba, nie pojmujesz, robi, co każą, i o siebie też umie zadbać, co więcej można, nic. Nie czepiaj się, człowieku – powtórzył. – Ty, lewy inkwizytor. Sam też portkami trzęsiesz, łapę ci nad papierem paraliż zatrzymuje. No nie?

– Więc gnojki z nas tylko – zgodził się Literat. – Masz rację.

– Takie już pokolenie. – Krzywy uśmiech nie opuszcza twarzy Ryśka Urzędnika. – Przetrącone w krzyżach. Choć nie wszyscy. Hrabia mocno przecież stanął na nogi. Albo Tosiek, znałeś Tośka, też kiedyś desperado, młody gniewny, buntowszczyk, z więzienia do więzienia, cały obtatuowany, a teraz dygnitarz, tylko długie mankiety nosi, żeby tych węży, sztyletów i nagich bab nikt nie zobaczył. Coraz wyżej ląduje… – Naraz spoważniał. Tylko jeden był inny.

I zobaczył Go w nagłym błysku pamięci. Plac wypełniony wielotysięcznym tłumem. Monumentalna budowla w dalszym planie. Czerwień transparentów i to cierpliwe ludzkie rojowisko, oczekujące na uroczyste przemówienie przywódcy.

Ostatnie próby mikrofonu: – raz, dwa, trzy, cztery, pięć... – ozdobiona kwiatami trybuna. I nagle wtargnął tam On. Wyrwał temu z technicznej obsługi mikrofon, ukłonił się z wdziękiem. Już z tyłu podbiegają do niego porządkowi. Zawsze był sprawny, łatwo dał sobie z nimi radę.

– A teraz!!! – powiedział donośnie do głośnika, gigantofony rozniosły jego głos wszędzie – Lili Montelli dla mas pracujących! – I zaśpiewał: – „O sole mio...".

Ładnie śpiewał. Niekończąca się owacja. Gromki, życzliwy śmiech tłumu. Kłania się, rozsyła dłonią pocałunki. Wreszcie zmogli go w kilkunastu. Wierzgającego i ciągle jeszcze powtarzającego: – „O sole mio" – znieśli z trybuny.

Taki był nieobliczalny. Kiedy zmarł Wielki Nauczyciel, zastygłe w smutku uniwersyteckie audytorium poraził jego śmiech przenikliwy, dźwięczny, a potem to głośno rzucone: – Uff, ulga!

Usunęli go ze studiów. Zniknął na długi czas. Wrócił blady i wynędzniały. Ale śmiał się dalej.

– Montelli – mówili wtedy – przestań, nie kozakuj, wykończą.

– A chociażby... – śmiał się zaraźliwie – przynajmniej zdechnę na stojąco. W pozycji walczącej, rozumiecie...

Przyjaźnił się z nim Rysiek Urzędnik. Ale nigdy tak nie ryzykował. Bał się.

– Rozumiem cię doskonale – mówił łagodnie Lili Montelli – ja też mam pietra, ale co robić, zawsze wypada na mnie. – Pokazał dwie zapałki w zaciśniętej dłoni. – Ciągnij.

Wyciągnął dłuższą.

– Widzisz, tym razem też ja.

I kiedyś gdy tłum pod batutą dyrygenta skandował: – Precz! Precz! – Lili Montelli wykorzystał chwilę ciszy dźwięcznym głosem: – Niech żyją!

– Kto? – zaryczał ogłupiały prowodyr.

– Oni – odparł Lili Montelli – ci potępieni.

– Doprowadzony… – zaczął konwojent.

– Sam powiem – przerwał grzecznie Lili Montelli – doprowadzony w wyniku zajścia, gdzie głośno dawał wyraz swojej odmiennej opinii w kwestii…

– Starczy – powiedział ten zza biurka. – Nazwisko?

– Montelli.

– Jak? – wstaje tamten.

– Włoskie, oczywiście przybrane, Lili Montelli, wie pan, Italia, słońce, Capri i Leonardo, śpiew, zresztą nie tylko, również Franciszek z Asyżu, wie pan, miłość bliźniego i ptaszki.

– Milczeć! – uderzenie pięścią w biurko.

I ciągle te jego oczy, szalone, kpiarskie i nieprzejednane. Wspomnienie zamknął obraz nagrzanego październikowym słońcem placu z wielotysięcznym tłumem i to urwane w połowie:

– „O sole…"

– Nie ma go już – powiedział ponuro Rysiek Urzędnik.

Milczenie. Plusk wody, szczęk zmywanych talerzy. Literat chrząknął zawstydzony swoim wybuchem.

– Przepraszam – wyjąkał.

– Galernicy, powiadasz pan... – zastanowił się Kierownik POM-u. Nic właściwie z tego nie rozumiał, ale poczuł się w jakiś sposób dotknięty. – Tchórz to ja nie jestem – powiedział gniewnie.

Gospodyni akurat dorzuciła węgla do ognia i blacha rozpaliła się do czerwoności. Kierownik POM-u niespodzianie palec przytknął do blachy. Swąd, skwierczenie. Nie drgnął nawet, tylko szczęki zacisnął jak zawiasy.

– Widzicie? – podniósł do góry przypalony palec.

Więc i Literat tę próbę z palcem chciał powtórzyć. Ale Gospodyni chwyciła za pogrzebacz i nikogo już nie dopuściła.

– Powariowały chłopy!

Pierwszy drużba wtoczył się z dziewuchą do kuchni. Ona się zapierała. On ją popychał kolanem. Coraz mocniej przyciskał. Jedną łapą cycki miętosił, drugą z dołu próbował gmerać.

Ona go za włosy, aż kwiknął. Roześmiani oboje.

– Też będzie wesele – Gospodyni na brzuch dziewczyny pokazała. Pierwszy raz dzisiaj wesołość zaigrała na jej twardych, wąskich wargach.

– Gdzie ja jestem! – ocknął się nagle Powstaniec. Zerwał się z ławy. I wybiegł z chałupy.

Przy biesiadnym stole opustoszało zupełnie. Gospodarz Hrabiego do siebie przywołał.

– Znakiem tego, zięciu – powiedział stary, spoglądając na niego surowo – zostajesz pod naszym dachem.

Hrabia przytaknął. Trzymał się jeszcze jako tako, trochę tylko klapy poplamione i muszka przekrzywiona, ale włosy starannie przyczesane i twarzy nie opuszczał ani na chwilę grzeczny uśmiech.

– Tak więc, zięciu – ciągnął Gospodarz – dałem ci córkę i u mnie źle ci nie będzie, gospodarkę mam niemałą. Tylko – pogroził mu pięścią – w ziemi robota ciężka i tu nie można się migać.

Hrabia przytaknął gorliwie.

– Wiem, wiem. Tyrać trzeba od skowronka do żaby.

– Że co? – nie zrozumiał Gospodarz.

– To znaczy harówka od świtu do nocy – wyjaśnił Hrabia.

– A żebyś wiedział! – podniósł głos Gospodarz.

Chwyciła go czkawka. Wtedy Hrabia opuścił teścia i z galanterią starego lowelasa podał ramię Pannie Młodej.

– „Milutka, jaka postać twa zgrabniutka" – zanucił. Przyciągnął ją do siebie i dodał: – „Wieczór swą melodię rozplótł i kołysze miasto do snu, i kołysze do snu nas…" – Panna Młoda patrzyła na niego z zachwytem. Hrabia, drobiąc śmiesznie krok, kilka tanecznych przejść z nią wykonał. Następnie szczypnął ją lekko w pośladek i popchnął do tej izby po drugiej stronie sionki, przygotowanej już zawczasu dla młodożeńców.

– Dla nas fajerant – powiedział, znikając za drzwiami.

Stół jak pobojowisko i wesele skończyło się już. Ostatni goście wychodzili na podwórze.

Ciemność się przerzedzała. Mróz ciągle trzymał siarczysty. Józwy z Wygwizdowa syn przysnął na schodkach.

– Jeszcze zamarznie – zatroskał się Literat.

– Iii tam, nic mu nie będzie – powiedział flegmatycznie Gospodarz.

Sauterzaki, złorzecząc, napierali na kogoś cofającego się pod płot. Gospodarz rozgonił ich, wymachując lagą. Skrzypiały drzwi wychodka. Tam też ktoś przysnął.

Trzy furki pełne weselnych gości wyjechały z podwórza. Potem Wołga z Komendantem i jego żoną. Młodzi przetoczyli się hałaśliwą gromadą. I cisza. Zapiał pierwszy kogut. Ze stodoły jak wąż wypełznął Czarodziej Długi Nos. Rozejrzał się czujnie i czmychnął gdzieś.

Chałupa opustoszała. Gospodyni modliła się żarliwie przed obrazem Matki Boskiej Częstochowskiej. Gospodarz stanął pod świętym obrazem. Za ścianą skrzypiało łóżko. To Hrabia żonie swojej dogadzał.

„Zmacham bachora – myślał przez trud i pot – wtedy dopiero się urządzę". Na zimno i pracowicie zmagał się z ciałem kobiety. Ona rozdygotanym z rozkoszy głosem powtarzać zaczęła: – Jezu, Jezu słodki!

Ten hałas z pokoju, gdzie spali młodożeńcy, przykuł uwagę Gospodarza. Wsłuchał się i w zamyśleniu nieco figlarnym, jakby młode lata mu się przypomniały, kiwać począł głową w takt tej muzyki.

Szli na skróty po zmarzniętej grudzie. Wieś jeszcze spała. Z obór dochodził chrzęst łańcuchów i szelest siana. Senne odgłosy bydlęcej nocy. Szaro i ponuro. Niewyraźne kontury wszystkiego. Pustka. Ziąb przenikał dokuczliwie za ubranie.

– Godzina wilków… – powiedział Literat.

– W taki czas – zamamrotał Rysiek Urzędnik – wyrodne matki swoje bachory pod drzwiami obcych domów podrzucają, a policja ludzi z ciepłych łóżek wyciąga…

Literat zatrzymał się raptownie.

– Rzygać mi się chce.

– To sobie… – Rysiek Urzędnik znacząco dwa palce do ust.

– Nie da rady – odparł Literat – to siedzi zbyt głęboko.

– U mnie to samo – powiedział Rysiek Urzędnik – Na to nie ma rady.

Ruszyli dalej. Na niebie pokazało się czerwone światełko. Odrzutowiec.

– Gdzie leci? – zastanawiał się Rysiek Urzędnik. – Paryż, Londyn… – Zadarł głowę i patrzył.

– A my… – zawiesił głos – tak się telepiemy i telepiemy.

Chrystus z przydrożnego krzyża zwisał nad drogą. Krzyż pochylony ze starości i Chrystus bez jednego ramienia.

– On to się napatrzył – powiedział Rysiek Urzędnik. I już go nie opuszczał ten Chrystus przydrożny.

– Do stacji mamy trzy kilometry – odezwał się Literat – trzy kilometry… to znaczy około godziny…

Mijali budyneczek klubokawiarni. Jarzeniówki świeciły trupio we wnętrzu. Krzesełka do góry nogami na stolikach. Roześmiał się. Miał wieczór autorski w podobnej klubokawiarni właśnie. Mówił wtedy z zapałem o literaturze. Zapalił się do tematu. Siedzieli przed nim chłopi w gumiakach i kobiety z rękoma splecionymi na podołku. Aż wreszcie ocknął się, zadziwił. Wszyscy spojrzenia mieli skierowane w jedną stronę, gdzieś w lewo od niego. Obejrzał się. A tam z tyłu na telewizyjnym ekranie płynęły obrazy bez dźwięku.

– Może przeszkadzam? – wybuchnął zirytowany.

– Skąd, niech mówi, my słuchamy i patrzymy na obrazki – odpowiedzieli chórem obecni…

Rysiek Urzędnik tę opowieść przyjął bez uśmiechu.

– I tak ci zazdroszczę. Wolny jesteś. Tylko papier i pióro. A ja co? – zwiesił głowę.

– Szmaciany papier, szmaciane pióro – burknął Literat.

– Czy wiesz, że ja też byłem działaczem? – zapytał nagle Rysiek Urzędnik. – Przytaknął. – Takim szczeniakiem gorącym. Poświęcenie, budowa, walka… I tak szybko, strasznie szybko odpadłem… Racja nadrzędna… – zaśmiał się szyderczo. – Nigdy nie mogłem zrozumieć, co znaczy racja nadrzędna. Albo co innego subiektywnie, a co innego obiektywnie… I patrzę: ci obiektywni robią kariery. Co innego mówią, co innego myślą. Tylko oni potrzebni… No i odpadłem z gry. Byłem zbyt subiektywny – bezgłośnie tylko poruszał ustami. – A znałeś ty Lili Montelli? – podniósł głos. Literat nie znał. – To go już znać nie będziesz. – I machnął ręką.

Dochodzili do kościoła. Wtedy to zza cmentarnego muru wyskoczyła wataha wsiowych. Biegli do nich, wrzeszcząc i przeklinając. Stanęli zdumieni. Wsiowi już dobiegali. Na czele Traktorzysta.

– Bić skurwielów! – zaryczał i hamulcem cisnął. Literat ledwie zdążył uchylić głowę. Z szarówki wynurzył się brat Panny Młodej. Z drągiem do Ryśka Urzędnika podbiega. Ten znieruchomiał, żadnego gestu, nic. Literat pociągnął go za rękę.

– Pękamy!

Rzucili się do ucieczki. Pędzili polem, zagajnikami, znowu polem. Tupot i przekleństwa ścigających oddalały się coraz bardziej.

– Chwała Bogu! – wysapał Literat.

Ale jeszcze na wszelki wypadek zmobilizował ostatek sił i przyspieszył. Rysiek Urzędnik za nim.

Na podwórzu weselnej chałupy wsiadał Prezes do swojego Fiata. Wóz to na żółto pomalowany, ale w szarówce nie widać tego koloru zbyt wyraźnie. Więc wsiada Prezes z rozmachem jak do bryki. Bryka zakołysała się. Szerokim, gościnnym gestem wskazał Lucy miejsce obok siebie. W jego typie ta Lucy, do końca o niej pamięta. Potem spojrzał krótko na Skarupę Zbyszka, czyli Herberta Morana. Jego zaprosił na tylne siedzenie. Rozejrzał się jeszcze i wzrok zatrzymał na Naukowcu. Też go zaprosił do wozu. Ale ten grzecznie odmówił. Za stodołą stał Volkswagen malutki.

– No tak – powiedział przeciągle Prezes i zerknął na Volkswagena, wyraźnie ze swoim Fiatem porównując.

– Rozumiem – dodał.

Spojrzeniem przesunął po wnętrzu swojego wozu. Poprawił okrycia. Tapicerka była czerwona i na niej skóry baranie.

– Wygląda to nieźle, co? – szukał Prezes uznania. Lucy i Skarupa Zbyszek przytaknęli skwapliwie. – A kosztowało… – westchnął Prezes i przekręcił kluczyk w stacyjce.

Pchał się do samochodu jeszcze jeden taki, ni to wsiowy, ni miastowy, w przykusych spodniach i laminatowym płaszczyku z kołnierzem ze sztucznego tworzywa.

– Panie prezesie – do okienka głowę wsunął. – I mnie podrzucić kawalątko, zaraz przy warszawskiej szosie wysiądę.

Jego Prezes odpędził stanowczo.

– Bo przytnę główkę – dodał złośliwie.

Ruszył z podwórza. Od razu ostro.

Lucy rozbawiona:

– Tak ten łeb do okienka jak indyk pchał.

Prezes przerzucił biegi i docisnął gaz. Pomknęli wyboistą drogą między chałupami.

– Jak indyk, powiadasz, laleczko? – Prezes wykorzystał zakręt i do Lucy się podsunął. Jedną ręką trzymał kierownicę, drugą po udach Lucy buszował. Nie napotkał oporu. Jego dłoń coraz wyżej sunie. Skarupa Zbyszek z tyłu zadrzemał. Słyszał chichot Lucy. Ale nie przejmował się tym wcale. I tak pędził ten Fiat. Kiedy mijali kościół, gdzieś z pól dały się słyszeć przekleństwa i krzyki.

– Kogoś dopadli – mruknął Prezes. Jego dłoń do kobiecego gniazda już dotarła. – Nie ma, kochana, porządnego wesela bez mordobicia. – Wskazówka szybkościomierza do osiemdziesiątki dochodziła. Wyjechali na żwirową drogę. Minęli dwie furki weselne, spali ludzie na workach, woźnica też, kołysali się z boku na bok. Dopiero warkot samochodowego silnika wyrwał ich ze snu, unieśli głowy i popatrzyli.

– Chłopstwo – powiedział z pogardą Prezes. Sam też wsiowego pochodzenia, ale się nie poczuwał. I ledwo to powiedział, pokazała się na drodze trzecia weselna furka. Ta, co najwcześniej wyjechała. Z nagła zamajaczyła przed samochodem. Nie zdążył Prezes zahamować. Nawet dłoń spod spódniczki Lucy wyszarpnął i kierownicę oburącz chwycił, ale było za późno. Rosła w okamgnieniu ta furka. Lucy zawyła histerycznie. Huk, zgrzyt i pisk opon. Fiatem zarzuciło. Przednie koła nad rowem zawisły. Furka zachybotała się i w poprzek drogi się ustawiła. A jeden z furki jak wystrzelony z procy na szosie wylądował. Podniósł się przeraźliwy wrzask bab. Samochód przechylił się, zarył w rowie. Prezes tkwił skamieniały przy kierownicy, na czole wyrósł mu pokaźny guz, bo głową w szybę walnął. Lucy wyła niczym suka do księżyca. Ocknął się Prezes. Dłonią po czole przesunął. Spojrzał wściekle na Lucy.

– Zamknij się, ździro!

– Jak ty, nygusie, do mojej żony! – poderwał się z tylnego siedzenia Skarupa Zbyszek.

Ale Prezes nie zwrócił na niego uwagi. Wygramolił się z wozu. Pomyślał, że to kobylasta dupa Lucy powodem wypadku. Do tej dupy ręka mu przecież sama poszła, a i oczy też. Obejrzał samochód. Nie tak źle. Błotnik wgnieciony i jedna lampa rozbita.

– Jezu, Jezu! – zawodziły baby z furki.

Spłoszony koń dęba stawał. Zbliżył się Prezes do ofiary wypadku. Leżał ten człowiek twarzą do ziemi i krew kałużą się rozlewała. Pochylił się. Dłoń bezwładną do góry uniósł. Zbadał puls.

– Żyje – stwierdził.

Baby ciągle zawodziły.

– Cicho, głupie! – tupnął nogą. Koń wreszcie uspokoił się, fujarę wielką jak kicha wystawił. Szczać zaczął. Imponująca to kicha. Lucy się zagapiła. Mało co ze wsią miała do czynienia i ten dziw natury z końskiego krocza oszołomił ją naprawdę.

Prezes patrzył gniewnie na kobiety z furtki i coś jeszcze chciał powiedzieć. Ale nie powiedział. Dał się słyszeć warkot motoru. Warkot przybliżał się szybko. Żółte światła też. Motocykl z przyczepą zatrzymał się przed zdewastowaną furką. Dwaj milicjanci z niego zsiedli. Prezes sprężył się jak osaczony zwierz. I wielkim susem przesadził rów. Popędził w stronę brzozowego zagajnika.

Dwaj milicjanci podeszli do miejsca wypadku.

– Gdzie kierowca? – spytali.

Skarupa Zbyszek pokazał oddalającą się szybko sylwetkę Prezesa. Chyżo pędził. Z powrotem do wsi biegł.

– Człowieka przejechał – powiedział Skarupa Zbyszek. – I dyla dał.

Milicjanci poszeptali między sobą. Jeden został na szosie, a drugi za Prezesem w pogoń się puścił. Ale słabiej biegł. W ciężkich buciorach i skórzanym stroju, w hełmie białym na głowie, z nadajnikiem kolebiącym się na biodrach wraz z pałką. Niezgrabnie mu w tym obciążeniu bieg wychodził, potykał się na grudzie i przystawał. Więc słabiej biegł. Prezes zaś nie ustawał w wysiłku, choć serce waliło mu jak szalone i pot zalewał oczy. Kapotę rozpiął, szalik z szyi zerwał i odrzucił; kapelusz zawadził o gałąź i na niej już pozostał. A on gnał. Wiedział, co robi. W tym biegu miał ostatnią szansę. Widać zabudowania wioskowe. Obejrzał się. Za nim w znacznej odległości milicjant. Bielał w szarówce jego hełm. Wpadł Prezes między płoty. Cztery zagrody. Trzy, dwie... Pchnął furtkę i już był na podwórzu weselnej chałupy. Pies Reksiu do niego z ujadaniem – odrzucił go potężnym kopniakiem. Naparł na drzwi i z sieni od razu wpadł do tej izby, gdzie niedawno ucztowali weselni goście. Paliło się tu światło i Gospodyni ostatnie talerze ze stołu zbierała. Była w nocnej koszuli, korona z włosów rozpuszczona na plecach. Odwróciła się. Przestrach na jej twarzy. Wyglądał Prezes jak zjawa, spocony, dyszący.

– Co wy?! – wykrzyknęła Gospodyni.

Prezes do stołu dopadł. Butelkę z niedopitą wódką chwycił, przytknął do ust i pić zaczął chciwie. Grdyka pracowała miarowo. Tupot kroków na podwórzu, w sie-

ni. Do biesiadnej izby wkroczył milicjant. Do Prezesa
od razu. Ten akurat flaszkę opróżnił.

– Przejechaliście człowieka – powiedział milicjant.
Balonik do sprawdzenia alkoholu z raportówki wyciągnął. – W stanie nietrzeźwym jesteście.

– A jestem – powiedział Prezes. – Ale nie byłem.

– Jak to? – milicjant balonik rozwija.

Ale Prezes balonika nie przyjął. Odsunął się nieco.

– Szok po prostu – powiedział – tak pobiegłem, sam
nie wiem dlaczego, tu wpadłem i natychmiast do butelki.

Wytrzeszczył oczy milicjant. Prezes jego spojrzenie
przyjął spokojnie.

– Świateł ta fura nie miała – dodał.

Do izby wszedł Gospodarz. Był tylko w bieliźnie. Podtrzymywał opadające kalesony.

– Pił ten człowiek? – zwrócił się do niego milicjant.

Prezes krótkim spojrzeniem ukuł Gospodarza. Gospodarz popatrzył na milicjanta, przeniósł wzrok na
weselny stół, pokryty poplamionym obrusem, zastawiony resztkami jadła, osypany popiołem i pokurczo-
nymi niedopałkami, najeżony baterią flaszek z wódką
i bez wódki. Zmarszczył w długim namyśle czoło. Pokręcił przecząco głową.

– Ani łyka nie wypił – zaczął rozwlekle – siedział
przy stole i nic, aż dziwno mi było, że tak może wytrzymać – ziewnął rozdzierająco.

Napięcie opuściło twarz Prezesa.

– Takie nieszczęście – westchnął.

Milicjant starannie zwinął swój balonik i wetknął do raportówki. Nic już po tym baloniku.

Uratował się Prezes. Cisza była w chałupie. Tylko zza ściany skrzyp miarowy zaczął dochodzić. Cicho, głośniej. W ten skrzyp jęki zduszone wplatały się coraz wyraźniej. To Hrabia piłował swoją ślubną małżonkę. Prezes oko znacząco przymrużył. Milicjant uśmiechnął się.

– Młodzi – bąknął Gospodarz.

1974

# Hades

Wentylator warczał jak wściekły pies. Nie wiadomo po co. Gorąco nie było. Wyłączył Magazynier Czesiek. Ustało, i lepiej. Spuchlak pojawił się trzy razy w odstępach półgodzinnych. Niby służbowo. Niby zaaferowany. Zapotrzebować chciał polędwicę. Ale przecież dobrze wiedział, że nie ma polędwicy. Potem radził się, co zrobić na gorąco. – Schab po hetmańsku? Co o tym myślisz? – powtórzył bezmyślnie kilka razy i długo patrzył w butelkę z tą bekającą wodą Borżomi. Pokręcił głową.

– Gruzińska – rzekł Magazynier Czesiek. – Medale złote brała. Jeszcze za cara.

– Słona ta woda – mruknął Spuchlak. – Nie lubię. – Swoje cynki dawał. O coś zupełnie innego mu szło. To najważniejsze wisiało mu na rozchylonych, obwisłych wargach. Wargi były spieczone. Wczorajsze walczyło o swoje prawa.

– Może być schab po hetmańsku – potwierdził z powagą Magazynier Czesiek. – Albo zrób coś pod beszamelem. Może też być pieczyste jakieś.

Poszedł sobie Spuchlak, ciągle głową kręcąc. Wolno, z ociąganiem. Tak wychodził, a wlatywał jak po ogień.

Jego sposoby. Jeszcze raz wpadł. Biała kucharska czapka na głowie mu się dyndała i o rostbef mu szło. Też wiedział, że od miesiąca nie dają rostbefu. Minę uczynił pełną gospodarskiej troski i oczyma po butelkach myszkował. Na magazynierskim biurku same dziś były wody mineralne. Borżomi, Kryniczanka i Mazowszanka. Postny zestaw.

– Może Kryniczanki chcesz łyka? – zapytał Magazynier Czesiek. – Pragnienie ona gasi.

Ten żart przyjął Spuchlak gwałtownym protestem i od razu do siebie piętro wyżej pobiegł.

– Odprawiłem kusiciela – powiedział Magazynier Czesiek do swoich pomocników, Kolosa i tego starego, co kiedyś kierowcą był w Warsepie.

Ale w ich oczach wcale nie znalazł uznania. Siedzieli na wózku, dłubali w nosach i coraz zerkali tam na lewo, gdzie w boksie za siatką drucianą skrzynki z butelkami stały. Skrzynka na skrzynce, stosy tych skrzynek pełnych półlitrowego szkła. Wiadome było, że w tych skrzyniach nie żadna tam woda Borżomi, ale inny, konkretny napój.

– Horiłka – powiedział Kolos, patrząc na skrzynki w najbliższym boksie. – Jaka to gorzała?

– Ukraińska – rzucił pośpiesznie ten stary, co był kierowcą w Warsepie. – Jeszcze degustowana nie była.

– I nie będzie – uciął te wredne podpuchy Magazynier Czesiek.

Popatrzył w piwniczny korytarz oświetlony jarzeniowym światłem. Po dwóch jego stronach boksy opatrzone siatkami, a w tych boksach towar rozmaity. Solidna to była piwnica. Drzwi żelazne jak do skarbca i mury grube, forteczne. Martwe i głuche, żadne dźwięki z góry nie dochodziły; z rzadka tylko odzywał się agregat chłodniczy.

Pochylił się Magazynier Czesiek nad biurkiem i sprawdzać zaczął towarowe faktury. Liczydłem trzaskał. Myliły mu się pozycje. Powtarzał od nowa. Nie takie to pilne. Zresztą Hania, jego żona, inwentaryzacją się zajmowała. Toteż porządek był w księdze zapotrzebowania i zbytu. Ale koniecznie chciał się czymś zająć i odpędzić pokusę, która do tej piwnicy trzy razy w osobie Spuchlaka się wdarła. Dla powagi nałożył okulary. Zdjął po chwili. W nos cisnęły.

Człapanie dziadowskie przerwało mu buchalteryjne zajęcia. Przylazł Hitler. Ten z wąsikiem henną czernionym, co puste butelki od niego odbiera. Cuch zionął mu z gęby jak z gorzelni. Ten cuch Spuchlaka przypominał. Tym bardziej w żadne pogwarki z Hitlerem się nie wdawał. Tylko obliczył ilość pustych butelek, które na korytarzu jak żołnierze rzędami stały. Hitler skorzystał z transportowego wózka i pociągnął szkło po pochylni na górę. Grzechotało i dudniło, aż zacichło. W Hadesie, tak nazywano ten piwniczny magazyn, zapanowała cisza. Z obluzowanego kranu pokapywała woda. Magazynier Czesiek wpatrywał się w listę z ważnymi telefonami, zawieszoną pod tą nagą babą, co ją wycięli z „Playboya". Krocze miała jawnie pokazane. Pod tym kroczem coś napisane po angielsku.

Pomocnica Lilka zadzwoniła do jakiegoś Staśka. Nachalnie umawiała się z nim na wieczór.

– Może do kina albo gdzieś, gdzie szafa grająca – powtarzała.

Ten Stasiek, czy jak go tam, chyba nie bardzo chciał.

Magazynier Czesiek z ukosa obciął kilka razy Lilkę. Średnia. Cycki dość duże. Odznaczały się pod bluzką. Porównywał z tą z „Playboya". Nie ma porównania. Przez chwilę zastanowił się nad brzuchem Lilki. Wypukły. Za bardzo wypukły. Może ten Stasiek, do którego tak wydzwania, coś zmajstrował i z jego przyczyny brzuch rosnąć zaczyna.

Książkami się zajął. Miał pod ręką w szufladzie te ostatnio kupione. Trzy, z tego dwie o wojsku i o wojnie. Tylko takie lubił. Wojsko w życiu go ominęło. Przypominał sobie tę najbardziej ulubioną, Kirsta o niemieckiej armii. Tam to był dryl, pruski, ganiali ludzi do upadłego. Przywołał Kolosa. Kolos świeżo po wojsku.

– Bardzo was tam tresowali?

– Trochi – wystękał Kolos.

– Podobnież popuścili ostatnio. Dawniej więcej cisnęli, nie?

Kolos roześmiał się.

– Jeden podpadł szefowi kompanii. Półchamek taki z Mławy. Ten to miał złamane życie. – Śmiał się coraz głośniej. – Padnij! Powstań! Biegiem! Wieszać się chciał.

Magazynier Czesiek pokazał mu tę książkę, którą dopiero zaczął czytać. Amerykańska, wojenna, o lotnikach. *Paragraf 22*, tak się nazywała.

– Ten to napisał – powiedział. – Same numery, numer za numerem. Cyrk z wojska. Cyrk z wojny. Jak skończę, to mogę ci pożyczyć.

Kolos wzruszył ramionami atlety. Na książkę nawet nie spojrzał. Nie lubił książek. Czytywał tylko *Expresiaka*. Nie było z nim rozmowy. Magazynier Czesiek odprawił go niecierpliwym gestem. Przez chwilę poczuł się samotny i opuszczony. Paskudne uczucie. Od razu go naszło. Nic nie cieszyło. Wszystko widziało mu się w czarnych kolorach. Taki dzień.

– Przestań wydzwaniać! – wrzasnął na Lilkę. – To urzędowy telefon! A ty blokujesz linię!

Spojrzała na niego zdziwiona. Już przecież nie dzwoniła. Pomocnicy zachichotali. Popatrzył na nich wściekle. Twarze mieli poważne. Z tego rozdrażnienia zatemperował dwa ołówki. Precyzyjna, miękka robota, napięte nerwy trochę poluzowały się.

Przyszedł Kichawa. Źle powiedziane. Wkroczył Kichawa, kierownik tej restauracji kategorii S, która mieściła się na parterze ponad piwnicami. A Kichawą przezwała go żona Magazyniera, Hania. Katar często go łapie. Mówi, że sienny. Popatrzył Magazynier Czesiek na kierownika. Nos jak truskawka, porowaty i gruzłami pokryty, koloru też mocnego. Elegancki, muszka pod szyją, buty typu golf nosi, a sweterki ma ręcznej roboty i szaliki również. Żona mu na drutach dzierga. Młoda żona. Trzecia. Kichawa ciągle jej zapotrzebowanie na nowe szaliki i sweterki zgłasza. – Młoda – powiada – zająć czymś trzeba taką. – Hania, żona Magazyniera, uśmiecha się wtedy dwuznacznie.

Kichawie buty golfowe zaskrzypiały i po linii oficjalnej zaczął:

– Jak leci? Towar przywieźli? Nie ma kłopotów? Bo jakby co… – nadął się dla fasonu – zaraz przedzwonię do Władzia, wiesz, dyrektor naszego zjednoczenia, Warszawa – Wschód.

– Kłopoty zawsze są – odpowiedział Magazynier Czesiek. Miał jeszcze na końcu języka, że dyrektora Wschodu też zna i na „ty" z nim jest. Ale zrezygnował.

Kichawa pokiwał głową. Nos-truskawka zmarszczył mu się naraz. Pospiesznie sięgnął po chusteczkę. Wytrąbił się potężnie.

– Znowu ten sienny? – zapytał Magazynier Czesiek.

Kichawa zbył milczeniem to ironiczne pytanie. Zabrudzonej chusteczki już do górnej kieszonki czarnej marynarki nie włożył, ale do kieszeni spodni wetknął. A z zapasu na nocną służbę przygotowanego śnieżnobiałą chustę wydobył i wykwintnie włożył w miejsce tej zabrudzonej. Taki był zawsze. Czysty i nienaganny. Szanował go Magazynier Czesiek. Hania też. Tylko zgodnie uważali, że z tej trzeciej żony pożytku mieć nie będzie.

Kichawa prawą dłoń położył na biurku. Sygnet srebrny orzełkiem ozdobiony na ostatnim palcu poprawił. Pamiątka po ojcu ten sygnet. Ojciec legionowy wiarus, porucznik czy nawet kapitan.

I tak ten sygnet na palcu obracając, wywód zaczął o polityce: – Ciekawe, który którego wyroluje… Ten Ford podobno goły, prywatnego kapitału nie posiada, natomiast Carter biznes z orzeszkami ziemnymi prowadzi. Z powyższego wynika, że jak Ford fotel straci, to przykro mu może być, żadnego majątku nie posiada, golas raczej i do stanowiska już się przyzwyczaił...

– Pamiętniki zacznie kropić – rzekł Magazynier Czesiek. – Ciekawe może być. I dolców zarobi.

– U nas – roześmiał się Kichawa – to niczego takiego by nie wydali. A z tej kampanii wyborczej jutro z rana ogłoszą wyniki. Trzeba będzie zagranicznego radia wysłuchać. „Jimmy" oni na Cartera mówią...

Magazynier Czesiek do telefonu sięgnął. Akurat przypomniał sobie, że dziś ten Castrol, co to z Anglii do swojego Fiata zapotrzebował, powinien nadejść. Więc do Góralskiego zadzwonił. Tam cisza. Nie ma jeszcze Góralskiego w domu. Może gdzieś zabradziażył?

Kichawa, kierownik, po kantorku zaczął się pilnie rozglądać i tak samo jak Spuchlak wzrok na tej butelce z wodą Borżomi zatrzymał.

– Chcesz łyka? – zaproponował Magazynier Czesiek. – Samo zdrowie ta woda.

– Wiem, wiem – pośpiesznie przytaknął Kichawa. Dalej rozglądał się po kantorku. Denerwującym, powolnym wzrokiem. – Podobno... – zaczął ostrożnie – nową wódkę ci przywieźli. Rosyjską czy jakąś tam...

– Horiłka – potwierdził Magazynier Czesiek.

Kichawa pomilczał długą chwilę.

– Dobre to? – zapytał wreszcie. – Była już degustowana?

Magazynier Czesiek pokręcił przecząco głową. Bronił się resztkami sił. Degustacja! Zmyłkowe słowa wymyślili. Tylko naiwny nabrać się może. Na domiar złego Kolos niby przypadkiem w drzwiach stanął. Jakby czekał. Jakby zmowa. Co miał zrobić Magazynier Czesiek? Dał mu kluczyk do kłódki. Po Horiłkę wysłał. Jak na swoją wagę, to Kolos niby rączy jeleń sypnął się do źródła.

Kichawa odtajał. Od razu się zdemaskował.

– Dzień taki – powiedział przymilnie. – Nostalgiczny. Deszcz, szarzyzna. Przygnębienie od samego rana mnie gniotło.

– W moim Hadesie – zauważył cierpko Magazynier Czesiek – zawsze ciemnica i nostalgia.

– Barowy dzień – odezwała się Lilka.

– A co ty o tym możesz wiedzieć, smarkula jedna! – zezłościł się Magazynier Czesiek.

Uśmiechnęła się cielęco.

– Tylko tak sobie mówię.

– Ciemnica i nostalgia – powtórzył Magazynier Czesiek. Nawet ten owłosiony rozkrok dziewczyny z „Playboya" jak wyliniała martwa skóra wyglądał. Nie kojarzył się z niczym podniecającym.

– Nie mówże tak, człowiecze... – z ojcowską troską zwrócił się do niego Kichawa, kierownik. – Schowany jesteś głęboko. Jak w borsuczej norze. Ciepło, luksus. Na wierzchu rozmaite przykre rzeczy dziać się mogą, a u ciebie jak w schronie, nawet bombardowania nie będzie słychać.

– Prawda – wtrąciła Lilka. – Jak na dwudziestego drugiego lipca salut był honorowy, to wcale nie słyszałam.

Magazynier Czesiek głowę podparł łokciami i wzrok wlepił w biurko.

– Dogadać się z nikim po ludzku nie można – powiedział ponuro. I już była Horiłka. Ten bezczelny Kolos dwie flaszki przyniósł. Równocześnie zabrzmiał dzwonek z góry. Spuchlak windę z obiadem przysłał. Pod względem kulinarnym postarał się należycie, trzeba mu to przyznać. Na tacy gorące dania, czyli trzy schaby po hetmańsku, półmisek z boczkiem, grubym, poprzerastałym smakowicie mięsem, i jeszcze salaterka kwaszonych ogórków.

Kichawa uśmiechnął się do Horiłki i żarcia.

– Postarał się nasz szefunio – zatarł dłonie – zakąska palce lizać.

– Golgota – mruknął Magazynier Czesiek.

– Co mówisz? – nie dosłyszał Kichawa.

Magazynier Czesiek wściekłym ruchem kapsel z Horiłki zerwał. Kolos usłużnie podsunął szklanki.

– Zaraz pojawi się sam szef we własnej osobie – powiedział Magazynier Czesiek.

W nerwowym oczekiwaniu wyjrzał na korytarz.

– A ty – zwrócił się do Lilki – już masz wolne.

Niech sobie po sklepach polata. Niech do Hani zajrzy. Może przyda się na coś. Już tu ona potrzebna nie będzie. Zawsze babskie ucho męską rozmowę psuje. Hani jeszcze głupot może nagadać…

Lilka jak na skrzydłach wybiegła z kantorka. Zastukotały jej buciki w piwnicznym korytarzu.

– Koza – rzucił za nią miękko Kichawa, kierownik.

Za coraz młodszym towarem zagląda. Młody towarek starą krew rozgrzewa. Tak powiada.

I rozległ się rechot Kolosa. Poderwał głowę Magazynier Czesiek. Uśmiechnął się blado. Oto objawił się Spuchlak. Na Horiłkę z szacunkiem popatrzył.

– Ma szef radar – pochwalił go Kolos – jeżeli idzie o naftę.

Kolos dobry, oddany chłopak. Ale bydlak. Gorzałka tylko dla niego. Tylko chlać. Swoją drogą cenny nabytek. Uczciwy, nic mu się do rąk nie klei. Tak samo uważa Hania. Drugi z pomocników do kantora nie wchodził. Przy wejściu skromnie sobie stał. Od niedawna tu zatrudniony i jeszcze był nieśmiały. Pomyślał o nim magazynier Czesiek. Co on za jeden? Pewny? Nasłany? Na razie żadnym fetorem od niego nie zalatywało.

– Robimy degustację? – niecierpliwie powiedział Spuchlak i ukłonił się Kichawie, kierownikowi.

Dla naczalstwa zawsze czuł mores. Nawet dla takiego jak Kichawa, który był nieszkodliwy i miękkiego serca raczej.

Kolos gościnnie podsunął skrzynki po puszkach z pomidorowym sokiem. Jako krzesła służyły. Zasiedli do boju. Tak to u nich się nazywało.

Magazynier Czesiek przeżegnał się prawosławnym krzyżem. Opierać się dalej już nie miał siły.

– Znałem jednego – rzekł Kichawa, kierownik, podciągając starannie spodnie – co wódkę mieszał z mlekiem. Łączę przyjemne z pożytecznym, powiadał, wódka pożyteczna, a mleko przyjemne.

– Takich kombinacji to ja nie lubię – skrzywił się z niesmakiem Kolos.

– Gorzała – zauważył Magazynier Czesiek – mleko od wściekłej krowy.

– Horiłka – powtarzał śpiewnie Spuchlak. – Horiłka.

Na szachownicę i warcaby nie spojrzał ani razu. Warcaby przygotował magazynier Czesiek już z rana na wszelki wypadek. Znał słabość szefa kuchni do gry i kalkulował sobie, że tym sposobem odciągnie go od alkoholowego nachalstwa. Teraz nie miało to żadnego znaczenia. Spuchlak z lekceważeniem odsunął szachownicę, szykując miejsce dla szklanek. Czy na niego można mieć jakiś sposób? Kto, jak nie on, przed miesiącem biegał po piwnicznym labiryncie pijany jak mało kiedy i wypisywał czerwoną szminką na ścianach: Więcej pić nie będę! Jego słowa. Czy można brać jego słowa poważnie? Kto, jak nie on, następnego już dnia śmiał się do rozpuku z tych swoich zapewnień czerwoną szminką wypisywanych na ścianach.

– Dla was, bydlaki, każdy dzień jest nostalgiczny – powiedział Magazynier Czesiek.

Zaśmieli się serdecznie.

Magazynier Czesiek powiódł spojrzeniem po ścianie przy drzwiach. Tam też było szminką napaskudzone przyrzeczenie kucharza. Tylko biały ślad pozostał. Wyskrobane zostało nożem.

I tak to się zaczęło, jak zwykle się zaczyna. Po kieliszku pod smaczne, treściwe zakąski przez kulinarnego mistrza o wysokiej renomie sporządzone.

I czas był zdradziecki. Żadnych telefonów, zamówień. Żadne wozy z towarem nie przyjeżdżały. Nie. Taki dzień. Hania, żona Magazyniera, nie dzwoniła również.

– Wszystko sprzysięgło się przeciw mnie! – Magazynier Czesiek z desperacją pół szklanicy Horiłki duszkiem wychylił. Chciał, żeby szybciej w głowie zaszumiało. Najgorzej pić z rozterką. Czyli pić, a myśleć o niepiciu. Horiłka nie zawiodła. Podziałała. Ten ciężar, co od rana go gniótł, lżejszy się zrobił. Spuchlak zabłyszczał na gębie jak maślany grzyb. I jak to z nim zawsze bywa, Horiłka nie miała dla niego żadnej mocy. Pompował ją jak wodę. Nie krzywił się i po zakąskę nie sięgał. Kichawa, kierownik, po swojemu, drobnymi łyczkami. Starał się nie przebrać miary. Zależy mu na tej młodej żonie, co sweterki, szaliki i skarpetki na drutach robi.

– Ciągle jej daję nowe zamówienie – przechwalał się swoją chytrością. – Niech ma zajęcie. Rzecz w tym, żeby czasu wolnego nie miała. Przy różnicy wieku, która nas dzieli, wolny czas to zguba.

– Prawilno – przytaknął Spuchlak.

Pomocnik Magazyniera zwany Kolosem roześmiał się i na nich wszystkich, starych dla niego chłopów, pobłażliwie popatrzył.

– Jak będzie chciała, to rogi może w pięć minut przyprawić.

Przejrzał się w lusterku, włosy poprawił.

– No, no, młody kolego – zganił go kierownik Kichawa.

– A tak! – upierał się Kolos. – Niech szef kuchni powie, jak to było w sobotę na dancingu?…

– Niby tak było – niechętnie potwierdził Spuchlak. Sam też o swojej żonie pomyślał i o tym krótkim czasie, który na rogi wystarcza.

– Co było? – zaciekawił się Kichawa, kierownik.

– Eksces taki – zaczął z oporem Spuchlak. – Popiło się towarzystwo i jedna dama zamknęła się w sraczu z obcym mężczyzną.

Kolos zarżał swoim zwierzęcym śmiechem.

– Na stojąco ładowała się z frajerem!

Kichawa, kierownik, w szkło butelki nerwowo sygnetem postukiwać zaczął.

– Całkiem się rozpuściła – powiedział przez zaciśnięte zęby. – Toaletę w burdel zamienia.

Minę miał zaciętą i jak nic namiar weźmie na tę rozwydrzoną powodzeniem interesu klozetową cwaniarę.

– Toaleta u niej jak buduar – odezwał się Spuchlak. – Zapachy takie… Zagraniczne. – Magazynier Czesiek z obrzydzeniem zerwał nagą babę wyciętą z „Playboya", która nad spisem telefonów wisiała. Podarł ją w strzępy. Do kosza na śmieci wrzucił.

– Kto to powiesił? – zapytał groźnie.

Kolos wytrzeszczył oczy.

– Przecież sam pan kierownik… – zaczął.

Magazynier Czesiek nie pozwolił mu dokończyć. Pięścią w biurko rąbnął.

– Od dziś koniec z tym paskudziarstwem!

Spuchlak uśmiechnął się dobrotliwie.

– Prawilno – znów tego słowa użył.

– Demon w naszego Czesława wstąpił – rzekł Kichawa, kierownik.

– Demon magazynów – dodał Spuchlak.

Tak go między sobą nazywali. W wielu już magazynach pracował, i to różnobranżowych, a nigdy kontrola
nic wykryć nie mogła, najwyżej superata niewielka bywała, ale w granicach normy zawsze. Wielki łeb albo
cudak po prostu. Zdania są podzielone.

Uspokoił się już komandir tej piwnicy i, żeby ukryć
zmieszanie, bloczek z kwitami zaczął stemplować. Gorliwie chuchał w pieczątkę i puste kwitki podbijał.

Kolos pośpiesznie napełnił szklanki.

– I jemu daj – polecił Magazynier Czesiek, wskazując na tego starego, który kierowcą kiedyś był w Warsepie. Ten stary w progu sobie stał. Cichy, spokojny człe-
czyna. Do gadania się nie włączał, tylko słuchał. Nie
śmiał się również. Serdecznym ciepłem zapałał do niego Magazynier Czesiek.

Stary wychlał duszkiem.

– Nieźle. Prawko miałem pierwszej kategorii i na
międzynarodowe linie już miałem iść. Papiery wysłali,
referencje wystawili. Na tych liniach wielka kanada –
stary smętnie zwiesił głowę.

– No i co? – zapytał Spuchlak.

– Lewy kurs zrobiłem i drapnęli. Rozleciało się wsio
w piździec – stary jeszcze ciężej zwiesił głowę.

– Niefart – skwitował Spuchlak. Kichawa, kierownik,
wysmarkał się potężnie w chusteczkę.

– Tylko uczciwością do czegoś dojść można – powiedział bez przekonania.

– Kierownik jak do dzieci – wyrwało się Kolosowi.

Magazynier Czesiek tym razem nie ofuknął go jednak. Gada tak czasem Kichawa, aby gadać.

– Tylko – pogroził staremu pięścią – żebyś u mnie nie kombinował na swoją grabę! Nabiorę zaufania, a nie zginiesz, zobaczysz!

I oczy zrobiły mu się życzliwe i groźne zarazem, z migotem niebezpiecznym na samym spodzie.

Stary cały czas stał wyprostowany jak żołnierz na służbie i potakiwał krótkim, energicznym ruchem głowy. Oczy miał czyste, oddane.

– Jakby co… – skrzywił się nieprzyjemnie Kolos i swoje wielkie łapy wystawił – będę musiał interweniować.

– Nie strasz człowieka, twoim ojcem mógłby być – uciął ten śliski temat Kichawa, kierownik.

Horiłka się skończyła. Magazynier Czesiek wręczył Kolosowi kluczyki do monopolowego skarbca.

– Może polecimy koniakiem – zaproponował.

Ale oni chcieli Horiłkę chlać. Znów na stole była Horiłka. Wtedy jeszcze raz pokazał się Hitler, ten butelkowy zbieracz. Wódkę zwęszył. Na progu stanął i żebraczo zgięty, wzdychać a stękać zaczął.

– Mógłbym pozamiatać pomieszczenie – zaofiarował się z posługą.

Dali mu stakana. Odpił jak wodę. Kropelki z dna starannie na podłogę wytrząsnął. Przypomniał sobie Magazynier Czesiek, że Hania kazała mu Hitlera do cyklinowania podłóg w mieszkaniu nająć. Przekazał polecenie żony i odprawił pańskim gestem. Do dyskusji żadnej Hitler się nie nadawał. Ciemniak. Były kominiarz, znudziło mu się kominiarstwo, po dachach trzeba się naskakać. I o kominach tylko umie gadać. Hitler nachalny nie był, z kantorka tyłem się wycofał.

– Robactwo, nie ludzie… – taką goryczką Magazynierowi jak pawiem naraz poszło. – Latają, nie wiadomo gdzie i po co. Ślepia mają wydziobane, po omacku się snują. Czegoś szukają. Za gorzałą węszą. W głowie trociny, wątroba gnije. I ani się obejrzą, do piachu czas się szykować! Co to za życie! Czy znaczy coś to wszystko? – zawiesił głos nabrzmiały bolesną zadumą, wpatrzył się w sufit.

Pod sufitem nieruchomy wentylator jak wielka ćma. Półmrok w kantorku, duszna, podziemna ciepłota. Długi korytarz jarzeniówkami o trupim blasku oświetlony. Głęboko schowany świat. Schodami na wierzch trzeba wyłazić, stopni kilkadziesiąt będzie.

O Biblii pomyślał Magazynier Czesiek. Czytywał tę księgę od pewnego czasu. Czegoś tam szukał. Posuwał się rozmaitymi tropami. Ale zawiła jej mowa, w głowie tylko chaos z tego błądzenia, tak i owak można to zrozumieć. Jedno słowo, a znaczeń parenaście za nim się kryje. Gubią się tropy. Zastanowił się nad Biblią. Zastanowił się nad sobą. Spuchlak, który wyczuciem jest obdarzony na jego słabości, napełnił szklanki.

– Niech ci ten ognisty płyn wątpia przepali – powiedział z przyjacielską troską w głosie. Czesiu kochany, nie takie mózgi jak ty całe życie nad tym strawiły i jeszcze gorzej z tej mądrości we łbach im huczało.

Kolos pogardliwym gestem książki widoczne w uchylonej szufladzie napiętnował.

– Z tego to się bierze – mruknął.

Pod koniec trzeciej flaszki Kichawę, kierownika, pęcherz cisnąć zaczął. Nogami wiercił, przyrodzenie uciskał, aż musiał iść. Podniósł się i wychylając się na korytarz, rozglądać się zaczął to na lewo, to na prawo.

– Na górę chyba pójdę – stęknął.

Magazynier Czesiek otrząsnął się z ponuractwa i mruknął do Kolosa. Spuchlak od razu pokapował się, w czym rzecz.

– Najlepiej na górę – przytaknął. – Do mojego kuchennego. Tu kiepski mają przybytek.

– Warto na górę? – wtrącił się Kolos. – Nasz wcale nie taki zły. Na lewo korytarzem, potem na prawo, a od pochylni jeszcze raz w lewo.

Kichawa kiwał głową, ale oczy miał nieobecne. Mocno rozsadzało mu pęcherz. Ruszył kawaleryjskim okrakiem. Coraz szybciej. Pobiegł. Byli pewni, że i tym razem, tak jak zawsze, zagubi się w piwnicznym labiryncie i narobi gdzie bądź.

W ślad za nim wysłali Kolosa. Niech patrzy. Później opowie. Zostali sami. Patrzyli na siebie. Spuchlak. Zadowolony. Wódę goli bez umiaru, kałdun mu pęcznieje, nieraz ochla się tak, że w kuchni na swoją służbową ławę nieprzytomny pada; oczy przetrze o świcie i od razu o zaprawkę woła.

Spuchlak cały czas odpowiadał mu czułym, anielskim spojrzeniem.

– Taki dzień – powiedział. – Nachodzi szarego człowieka smutek.

– Ile ty masz takich dni w tygodniu? – warknął Magazynier Czesiek. – Sześć.

– Co zrobić – odparł Spuchlak. Pogładził szyjkę butelki. – Zagłuszacz. Nie pijesz i cały porządek we łbie się rozłazi, jedno z drugim się trąca. Nie wiesz, która część do jakiej całości pasuje. – Gęba mu się pofałdowała jak u buldoga. – Wypijesz...

Magazynier Czesiek szeroko wysunął szufladę i pogładził książki swoje ulubione. *Paragraf 22*. O SS gruba księga. *Sto lat samotności*.

– Żyją ludzie inaczej – powiedział w zadumie.

Wrócił Kolos, poparskując śmiechem.

– Nie znalazł! – zawołał. – Zlał się przy chłodni!

Wkrótce dostojnie wkroczył Kichawa, kierownik.

– Ta Horiłka – niepewnie na nich popatrzył. – Pędzi. Oni zachowali powagę.

– Ukraińska gorzała ma to do siebie – przytaknął Magazynier Czesiek.

– Znaczy kriepkaja – dodał Spuchlak.

– Niewiasty oni mieli – rzekł Kichawa – krasiwe, czarnobrewe mołodycie, rozkosz dla konesera.

– Pobujał się na nich pan kierownik – odezwał się Kolos.

Kichawa krzaczaste brwi zmarszczył. Ale zadowolony. Wyprostował się i muchę bordową poprawił pod szyją.

– Przysłowie oni mają – powiedział uroczyście. – Szczo buwało, znajut lude, no ne znajut, szczo szcze bude... Życiowe. Młokosy wy przy mnie... – popatrzył na nich po ojcowsku.

Powrócili do degustacji. Najpazerniej Kolos. On to rozlewał i sobie przydzielał największą miarkę.

– Cwaniaczku! – przygroził mu Spuchlak.

– Młody organizm – odparował Kolos – najwięcej łaknie.

Magazynier Czesiek już zdał się na żywioł.

– Nieraz – oszukiwał sam siebie – koniecznie trzeba się zgłuszyć.

Oszukiwał naiwnie. Przecież żadnej nie było dziś w nim ochoty i przeczuwał resztkami trzeźwego rozsądku, że dopiero w jutrzejszy dzień kara spadnie za tę słabość. Hania nękać go będzie bezlitosnymi żarcikami. On zaś zamieni się w bezkształtną, rozdygotaną galaretę. Chwilami taki dialog ze sobą prowadził i na Spuchlaka ciągle spoglądał z niechęcią. Był to jego zły duch. Bydlak nad bydlakami.

Gorzała i warcaby. W przerwach jeszcze kuchenne dziewki maca po cyckach i zadach.

Spuchlakowi pobłyskiwały radością życia małe, świńskie oczka w tłustej twarzy utopione.

– Czesiu – zabełkotał – ...my razem to nie zginiemy.

Magazynier Czesiek pokiwał bez przekonania głową. Spuchlak. Obrzmiały, napompowany balon. Tak go ochrzciła Hania. Przyjęło się i niektórzy nawet nie wiedzą, jak się nazywa naprawdę.

Kichawa opowiadał jakiś kawał. Kolos chichotał niby przygłupek.

A dalej Horiłka całkiem nad nimi zapanowała. Stracili rachubę. Jedno było pewne. Zawsze na stole stała flaszka. Tego nie miało prawa zabraknąć. Wystarczyło rzucić kluczyk Kolosowi. Chwytał w locie. Biegł. Przynosił. Rozlewał. Spuchlak wargi zachłannie do szklanki przystawiał.

– Szyber ma! – chwalił sprawność jego gardła Kolos.

Aż z Horiłką rozdział został zakończony i na biurku pojawił się gruziński koniak. Ulubiony trunek Kichawy.

– Panowie sączą koniak wykwintnie – mówił – drobnymi łykami…

Tak głędząc, odpijał co najmniej ćwierć szklanicy.

Kichawa na języku zatrzymał odrobinę trunku. Mlaskać i cmokać począł. Nochalem pociągał.

– Smak, zapach, bukiet to się nazywa.

I rozpoczął wykład o kiperach, jak oni z tych kropelek gatunek, rocznik, jakość, wady i szczególne cechy poznać mogą.

Kolos pokręcił z powątpiewaniem głową.

– Nie dałbym rady tak się branzlować.

– Toteż – zakończył Kichawa – u nas o szlachetnych trunkach w ogóle pojęcia nie mają. Za gruba skóra na podniebieniach. Jedynie ordynarna okowita cieszy się w tych stronach uznaniem.

Z nagła w piwnicznym korytarzu załomotały ciężkie buciory. Popatrzyli po sobie. Kto może tu iść? I w drzwiach kantorka stanął cieć Walczak, co u góry wstępu do tego Hadesu strzegł. Zadyszany i czerwony. Pokłonił się nisko Magazynierowi.

– Jakiś chciał tu wleźć – zameldował. – Mówi, że do pana. Ale nie wpuściłem. Niewyraźny taki i za nachalnie się wpychał.

– Może ten z telewizji? – zastanowił się Magazynier Czesiek. – O kawior się łasi... Frajerkowatego wyglądu. W kożuchu, łysy, po bokach długie włosy sobie puścił, fajkę pyka, buty nosi półcholewiane na wysokich, babskich obcasach. Taki od razu czujnemu oku podpadnie.

Odprawił ciecia. Pochwalił za czujność.

– Za czujność, Charonie – powiedział – należy ci się gratyfikacja.

Walczak pić nie może, dwunastnicę mu owrzodziło, ciągle za brzuch się trzyma i stęka. Trzeba w innej niż gorzała postaci przydzielić mu nagrodę.

Walczak służbowy kaszkiet z łysiny ściągnął i posapując, odszedł bardzo zadowolony.

– Telewizja... – rozmarzył się Kichawa, kierownik. – Domena fantazji i wyobraźni. Nie to co my, wyrobnicy dnia codziennego.

– Jaka tam domena fantazji – przerwał mu Magazynier Czesiek. – Od tygodnia mam popsuty aparat i dopiero odpoczywam.

– Głowa tylko od telewizji boli – przytaknął Kolos. – Podobnież ma ona swoje promienie i na zdrowie one szkodzą.

– Znałem ci ja przed wojną jednego poetę – ciągnął Kichawa. – Ulubieniec muz. Tak kazał na siebie mówić. Bawić się lubił, panienki, szampan i tak dalej.

– Rozmaici tu do piwnicy przyłażą – rzekł Magazynier Czesiek.

– Taka piwnica jak magnes wabi – dodał Spuchlak.

– Aktorka raz przyszła – przypomniał sobie Magazynier Czesiek. – Śpiewa, wszędzie jej pełno, wyszczekana taka, mówi, przyjęcie urządza i łososiem stół ozdobić pragnie... Niektórym coś odpalę. Jak mi się spodobają.

– I to jest przyjemność – pochwalił Kichawa. – Pomóc bliźniemu w potrzebie.

– Nygusy – zawarczał Kolos nieprzejednany. – Za frajer chcą się urządzić.

– Racja – przytaknął Spuchlak. – Myślisz, że oni by ci pomogli, jakbyś był w potrzebie?

Kolos rękę w łokciu zgiął i drugą do niej przyłożył. Symbolem tym do przekonania Spuchlaka się przyłączył. Przepłukali gardła koniakiem. Zaterkotał telefon. Pomyłka. Prosili teatr.

– Żeby chociaż cyrk – roześmiał się Kolos. – Znałem jednego akrobatę. Bardzo równy gość.

– Dyrektor naszego zjednoczenia – powiedział Kichawa – do innego resortu przeszedł. Na czele Przedsiębiorstwa Imprez Rozrywkowych go postawili. Cyrk też może mieć pod sobą.

– Nowak? – zdziwił się Magazynier Czesiek. – Jak on sobie z tym da radę?

– Tak jakby mnie do baletu poniekąd – Spuchlak z trudem uniósł się ze skrzyni i zamajtał krótkimi nóżkami. Widok był zabawny. Beczka, czyli jego brzuch, i krótkie, cienkie nóżki.

– Nie martw się o niego – rzekł Kichawa, kierownik sali dancingowej. – Bardzo rzutki facet.

– Robiłem z nim kiedyś w Delikatesach… – zaczął Magazynier Czesiek. – O mało co siedzieć…

Dalsza rozmowa została przerwana. Jak duchy zjawili się ci dwaj, co pilnują awaryjnych piwnic pod magazynem. Duży i mały. Tak według wzrostu ich nazywają. Obaj w niebieskich kombinezonach, z torbami na narzędzia przewieszonymi przez ramię. Stanęli w drzwiach i na pański stół pokornie patrzyli. Mają nosa, jeżeli idzie o gorzałę. I chodzą cichutko. W tych awaryjnych piwnicach niewiele zajęć mają, tylko łażą i za piciem węszą. Podobno szczury tam na dole grasują. Tłuste, cwane. Wytruć ich nie można. A pomyślunek często jak ludzki miewają.

– Jak tam towarzysze? – właśnie ich o te szczury Spuchlak zapytał.

– Są – powiedział duży.

– Jakby ich więcej – dodał mały.

Im nie dano koniaku. Magazynier Czesiek polecił Kolosowi żyto przynieść. I tak ucieszyli się konserwatorzy. Pili na stojąco. Magazynier Czesiek nie pozwolił im siadać. Najniższa z nich piwniczna kasta. Należy takich na dystans trzymać.

– Raz, dwa, trzy! – dyrygował – Chlup!

Bawił się z nimi w wojsko. Oni znali jego słabość i doskonale grali swoją rolę. Pili na komendę. O zakąskę nie śmieli prosić. Otarli gęby, odplunęli i zniknęli w piwnicznych ciemnościach.

– Należycie ich potraktowałeś – stwierdził Kichawa, kierownik dancingowej sali. – Szczerze, ale surowo.

– Tam to jest dopiero Hades – rzekł Magazynier Czesiek, który nie lubił, jak jego piwnicę tak nazywano.

Kolos postukał butem w betonową podłogę.

– Tam są kazamaty, ciągną się i ciągną.

– Tylko patrzeć, jak te szczury wyżej zaczną podchodzić – zauważył z wyraźnym wstrętem Magazynier Czesiek.

– Może bajer taki ładują – zastanowił się Kolos. – Sprawdził kto?

Racja jest po jego stronie. Tak się złożyło, że nie byli tam niżej ani razu.

– Czym się przejmować? – przeciął problem Kichawa. – Zapotrzebujemy łowne koty i ubytki z winy szczurów nastąpią.

Spuchlak wyszczerzył rzadkie i poczerniałe zębiska. Zdanie Kichawy w pełni podzielał. Jak karczowisko te czarne pieńki w gębie Spuchlaka wyglądały.

– Nie w tym rzecz – zasępił się Magazynier Czesiek. – Szczury dla mnie to już samo dno.

Wyobraził sobie szczurzą wędrówkę do góry i z wielką ochotą przepił sprawę tęgim łykiem gruzińskiego koniaku. Jego goście w ślad za nim tę czynność równie ochoczo wykonali. A potem, to zaczęło się od Kichawy, młodego żonkosia i pantoflarza, zaczęli wydzwaniać do swoich żon. Chwyta czasem taka potrzeba. Czule i przepraszająco. Spuchlak na tym wypadł najgorzej.

– Ty beko bez dna! – wrzasnęła w odpowiedzi jego połowica i buch! odłożyła słuchawkę.

Spuchlak jeszcze chwilę wsłuchiwał się w tę milczącą słuchawkę. Ostrożnie odłożył na widełki.

– Pijak jestem, zgoda, dupy lubię, zgoda, ale swoich dzieciaków wychowam na ludzi, zobaczycie! – Nieudolnie spróbował przeżegnać się prawosławnym krzyżem.

– Na to trzeba treningu – z wyższością uśmiechnął się Magazynier Czesiek.

Sam nauczył się żegnać od pewnego białego Rosjanina, Pieti, tym prawosławnym sposobem. Inny niż nasz rzymski. To mu się spodobało. A Boga rozmaicie uszanować przecież można.

Spuchlak zmarszczył czoło, usta rozdziawił i tak już pozostał, dopóki nie podsunęli mu szklanki. Wypił. I o tym ruskim krzyżu i dzieciakach zaraz zapomniał.

Kolos miał śmiechu co niemiara. Mógł się zabawić ich kosztem. Kawalerem był. Magazynier Czesiek do Hani nie zadzwonił. Tylko pomyślał o niej. Do pracy nie chciała dziś iść, zły dzień miała. – Do czegoś innego zostałam przeznaczona – ona lubi muzykę, na pianinie gra – a nie w tych piwnicach wśród opojów i bydlaków życie marnować – ale daje sobie z nimi radę jak mało kto – ty, mężusiu okropny, to co innego, gruboskórny jesteś i nieczuły jak oni – nieprawda, jego też nieraz ciśnie, męczy aż strach.

Podrażnieni tym niefortunnym dzwonieniem, napili się znów. Nawet Kichawa klął pod nosem.

Tu trzeba podkreślić zbawienny wpływ alkoholu. Zdenerwowanie odeszło jak ręką odjął. Tylko Magazynier Czesiek próbował jeszcze narzekać po swojemu.

– Złudna moc gorzały. Na krótko ona…

Zagłuszyli go zgodnie. Ostatnio ma takie odbicia. Za czymś tęskni. Czegoś by chciał.

– Niedopieszczony – zaszydził Spuchlak.

– Nie tylko nasz zacny Magazynier ma bolesne, nabrzmiałe dylematy – powiedział Kichawa, kierownik dancingowej sali. – Każdy się męczy na tym padole…

– Z heroicznym wysiłkiem stłumił kichnięcie. I zakatarzonym sznapsbarytonem zanucił: – „…Hej, dziewuchy, w górę kiecki, jedzie ułan jazłowiecki!…" – Podchwycili nieskładnym chórem i od razu zrobiło się lżej, weselej.

Beztroską pieśń wojaków przerwał telefon z kuchni. Spuchlaka dopytywano odnośnie do deseru. Napity jak bąk. Jednak w kwestii kulinarnej trzeźwo i biegle udzielił wskazówek swoim garkotłukom. Następnie zaczął się trochę niepokoić, czy jego niezbyt doświadczone pomagierki należycie wykonują zadanie. Wiercił się na skrzynce i pomrukiwał.

– Cynamonu nie za dużo… z cukrem też nie… rodzynków dwie garści… – W tym pomruku dawały się zrozumieć pojedyncze słowa.

Nikt nie sprzeciwił się, kiedy zaprosił ich piętro wyżej do kuchni.

– Siedem dziewuch! – mlasnął Kolos.

Tam w kuchni siedem dziewczyn pracowało. Takim haremem był nasz opój warcabista obdarzony. Magazynier Czesiek skarbiec swój na skoble i kłódki pozamykał. Z Kolosem po butelce wzięli do kieszeni. Na stanowisku pozostał ten stary, co kiedyś kierowcą był w Warsepie. Udali się wyżej, do księstwa mistrza Spuchlaka.

Byli już nieźle ugotowani, ale ten krótki spacer wystarczył, żeby znów organizmy do równowagi wróciły. Twarda była ich szkoła picia.

Dochodząc do schodów zatrzymali się na chwilę przy włazie prowadzącym niżej, do tych awaryjnych piwnic. Właz półokrągły, stalową blachą obity, uzbrojony w masywne zasuwy – był lekko uchylony. Tam niżej w ciemność zajrzeli. Światełka jak błędne ogniki oświetlały żelazną drabinkę. Powiało zatęchłą, piwniczną duchotą.

– Samo dno – powiedział Magazynier Czesiek.

– Kto to wie – mruknął Kolos. – Może jeszcze niżej coś jest. Tajemnica wojskowa jakaś.

– A bo to można się czegoś od nich dowiedzieć? – wtrącił Spuchlak.

Ci z awaryjnych piwnic tacy jacyś. Sami z siebie mało co powiedzą. Małomówni raczej. Najdłużej tu Spuchlak siedzi, a oni jeszcze przed nim byli.

– Nic się od nich nie dowiesz – sam sobie odpowiedział Spuchlak.

I przez chwilę patrzyli w czeluść tego najgłębszego podziemia. Tylko Kichawa w nic się nie wdawał, nie popatrzył tam nawet i niecierpliwie do celu ich popędził.

Kuchnia zajmowała najwyższe piwniczne piętro. Gorąco tam było jak w łaźni. Od razu się spocili. Elektryczne piece hajcowały całą mocą. Na płycie bulgotały w kotłach zupy i sosy. Skwierczał tłuszcz na patelniach. Te siedem dziewuch w fartuchach byle jak narzuconych na gołe ciała uwijało się, klaskając bosymi stopami po kafelkowej podłodze. Zawiesiste zapachy i para wypełniały całe to obszerne pomieszczenie.

Spuchlak stanął na środku, wziął się pod boki i zapytał:

– No i jak tam, nałożnice moje?

Przez szum wody spłukującej naczynia w zlewach, chrzęst i zgrzyt odsuwanych garnków i łoskot tasaka, którym dzielono drób, nie wszystkie dziewczyny usłyszały zawołanie swojego szefa. Tylko te dwie najbliższe – jedna żółtka wbijała do misy, a druga kręciła je z cukrem – spojrzały na niego i parsknęły śmiechem.

Spuchlak spróbował uchwycić jedną za pierś, co jej wyskoczyła jak kluska z niedopiętego fartucha. Odskoczyła zwinnie. Stracił równowagę i o mało co nie wpadł do kotła z obierkami. Kolos przytrzymał go za kołnierz. On, ten Kolos, rozglądał się po kuchni zaczadziałym wzrokiem. Ale nie widok żarcia i smakowite zapachy tak go skołowały, tylko te siedem obnażonych drażniąco kobiecych ciał, te kolana i uda coraz odsłaniające się i te piersi kolebiące się miękko, kiedy nad stołem i kuchenną blachą się pochylały.

– Gorączka – przesunął językiem po spieczonych nabrzmiałych wargach. – Ciężko tu wytrzymać.

Spuchlak tymczasem Magazyniera Cześka i Kichawę od garnka do ganka prowadził. Podnosił pokrywy.

– Popatrzcie – chwalił się – jakie menu na noc przygotowałem.

Tu włożył palec i oblizał, tam znów warząchwią przegarnął, zapach w nozdrza jak myśliwski pies wciągał i polecił: – Pieprzu i majeranku dokitować! Soli za mało! – Miał ten Spuchlak smak i wyczucie, nawet mocno opity potrawy nigdy nie spaskudził.

Magazynier Czesiek z uznaniem kiwał głową, oceniając smak i zapachy. Znał się na sztuce kulinarnej i podziwiał kunszt swego sąsiada z najwyższego piwnicznego piętra. Zatrzymali się przy garnku najmniejszym i Spuchlak, chwiejąc się na krótkich, kabłąkowatych nogach, w ten garnek z wyraźnym upodobaniem się wpatrywał. Tam miał swój cymes.

– Kremik – obwieścił – do deseru.

Postukał palcem w pokrywę.

– I po co człowiek się stara – powiedział z udanym raczej zniechęceniem. – Ochlają się gołdy i wsio rawno im będzie. – Powoli uniósł pokrywę. – Pokosztuj.

Magazynier Czesiek ostrożnie wskazujący palec do garnka wsunął, przegarnął w gęstej brunatnej masie i podniósł do ust. Krem wydzielał słodką, korzenną woń. Posmakował. Twarz mu rozjaśnił szeroki uśmiech. Po nim spróbował Kichawa, kierownik. Też wyraził uznanie.

– To będzie krem na gruszki! – ucieszył się Spuchlak.

– Udało się – powiedział Kichawa.

– Co miało się nie udać! – rzekł buńczucznie ten kuchenny mistrz nad mistrze. – W Budapeszcie jeden fachman, Ferenc miał na imię, ode mnie przepis wziął… Jak się prosił!

– Lengiel oni na nas mówią – odezwał się Kolos.

Usiedli przy stole obitym blachą, gdzie piętrzył się stos mrożonych kurczaków. Kolos odbił flaszkę. Na potrzeby kuchenne mieli ze sobą jedno żyto i jeden koniak. Zaczęli od żyta.

– Popsuło się ono – zamruczał Kichawa, patrząc na kłosek ozdabiający nalepkę. – Ja osobiście podejrzewam, że chemicznego coś dorzucają.

– Łeb po życie boli – przyznał Magazynier Czesiek.

– Dziewuchy! – wrzasnął Spuchlak. – Zakąskę! – Czuł się tu prawdziwym panem. Znowu wziął się pod boki i patrzył po swoim haremie groźnym, przekrwionym wzrokiem.

Jedna z tych jego pomocnic, mała, ale nabita, o udach krągłych, czerwonych, wysuwających się spod krótkiego fartucha, uwinęła się żwawo i już biesiadnicy mieli przed sobą półmisek galaretek z drobiu i słoik chrzanu ze śmietaną.

Wypili zdrowie kuchennego bossa, Spuchlaka.

Kolos oglądał zachłannie tę małą, ale pękatą. Troskliwie krzątała się wokół Spuchlaka. Galaretkę na talerzyk mu nałożyła, widelec i nóż podsunęła, bułeczkę przekroiła i posmarowała masłem. Dogadzała mu. W tym fartuchu utytłanym krwią i tłuszczem, rozgrzana gorącem bijącym z pieca, pochyla się nad kuchmistrzem, piersiami go trąca, te kule młode, twarde z dekoltu fartucha wyskakują i widać sutki brązowe, co szczyty tych sprężystych wierzchołków ozdabiają. Kłuł w samo serce ten widok Kolosa. I nie wytrzymał.

Z tyłu za kuper ją ułapił. Huknęła go kułakiem między oczy. Stęknął.

– Chamski nachalec! – powiedział, sapiąc gniewnie.

Spuchlak zarżał jak koń, który mówi. Wyraźnie jego pupilką była ta mała, ale nabita. Przygarnął ją sobie, usadowił na kolanach i gmerać zaczął po tych cyckach niespokojnych. Sprężynowały mu pod palcami. Niby broniła się, ale tylko dla pozoru.

– A da mi szefunio dzień wolnego? – zapytała, odpychając jego tłustą łapę, z paluchami, co tam pod fartuchem jak robaki gmerać zaczęły.

Kolos z bólem powieki opuścił. Ten widok nawet Magazyniera Cześka poruszył. Porównał tę małą, nabitą ze swoją Lilką. Mała lepsza.

– Zdatne dziewuchy, no nie? – odezwał się Spuchlak i jego ruchliwe paluchy spod fartucha wylazły. – I w warcaby grać umieją!

One śmiać się zaczęły i mrugać do siebie.

– Pan kierownik najlepszy – powiedziała ta piegowata, która obierała kartofle. – Wygrać z nim nie da rady. – Piegowata i ruda, wiewiórka taka.

– Z kim ja już nie grałem – powiedział Spuchlak. – Z Niemcami. Węgrów to lałem jak kotów. Jeden Rusek o spiryt ze mną trzy partie przegrał.

A dziewuchy kuchenne ciągle chichoczą i do siebie mrugają. Rozpracowały szefa i w swoje warcaby chyba one z nim wygrywają.

Spuchlak łyk żyta odpił, swoją pieszczochę z rąk wypuścił. Ona zsunęła się z jego kolan i w pewnej odległości od mężczyzn na niskim taboreciku przysiadła. Wódki nie chciała pić. Skrzywiła usta i odsunęła szklankę, którą natarczywie podsuwał jej Kolos. Rękoma kolana oplotła i tym razem jej uda od spodu daleko widoczne, aż do tego miejsca, gdzie ciemne centrum się zaczyna. Tak siedziała sobie smarkula. W Kolosie krew burzyła. Łeb opuścił i te uda wzrokiem jastrzębia od spodu chwytał.

Kroki na korytarzu posłyszeli

– Czy aby nie komisja jakaś! – czujna trzeźwość zabłysła w oczach Spuchlaka.

Przykulił się. Zastygł w pogotowiu. Kolos na wszelki wypadek butelki pod stół schował. W półmroku uchylonych drzwi pokazały się twarze. Znajome. Ci z najniższej podziemnej kondygnacji. Duży i mały. I tak swoje głodne, zachłanne pyski w drzwi wsunęli. Oczy pokornie i nachalnie po stole myszkować zaczęły. Skąd się tu wzięli! Z tych awaryjnych piwnic kilka wyjść mają. Raz tu, raz tam pokazać się mogą znienacka.

Tym razem przegnali ich energicznie.

– Pójdziesz! – ryknął Spuchlak.

Zniknęli jak zjawy.

Magazynier Czesiek podparł głowę łokciami i na dziewuchy już nie patrzył. Ta nagość pokazująca się zewsząd przestała go ożywiać.

Kuchenny wentylator nie był wyłączony i strumień chłodnego powietrza twarz mu rzeźwił. Ten chłód w kuchennej gorączce błogo owiewał. Za naturą zatęsknił Magazynier Czesiek. Puszczańskie ostępy i cisza. Tak oto do ostatniego urlopu powrócił. Wynalazł przypadkiem takie miejsce przy ruskiej granicy. Ustronne i dzikie. Wyboistą drogą przez stary, wysokopienny las jechali. A ten warkot wentylatora jak muzyka Fiata przy zmianie biegów. Syn wóz prowadził. Młody, do prowadzenia się rwie, umie to robić, refleks i wyczucie rasowego kierowcy posiada. Tak jechali, jechali, wykroty i bagna, droga w ścieżkę się zamieniła. Magazynier Czesiek o resory zaczął się obawiać i zawrócić chciał nawet. Polana przed nimi się otworzyła. Cisza. Pustka. Ani biwaków, namiotów, nic. Rozglądali się nieufnie. Jeszcze nie wierzyli. Podjechali bliżej. Zobaczyli wodę, a przy brzegu kilka zagród. I tak trafili do tego gospodarza. Nieufny, zarośnięty i milkliwy. Wilkiem na nich patrzył. Chałupa stara, drewniana, obszernie rozsiadła się na kamiennej podmurówce.

– Mało kto tu dojeżdża – powiedział Gospodarz i popatrzył na nich jeszcze nieufnie. – Tylko urzędowe osoby.

Zatrzymać się u niego zapragnęli. Zgodził się niechętnie.

– Dla miejskich ludzi niewygoda u nas.

– Możemy na sianie – rzekł Magazynier Czesiek.

– Siano gryzie – uśmiechnął się pierwszy raz Gospodarz. – Myszy buszują.

Jego żona stała na progu chałupy i też patrzyła na nich podejrzliwie. Jedną bosą stopą tarła drugą. Wieczorem Magazynier Czesiek wyłożył z samochodowego bagażnika wiktuały. Nabrał tego. Same specjały. Salami. Kraby w puszce. Sajra i pasztety z drobiu. Soku pomarańczowego Dodoni kilka puszek. Był też koniak.

– Robimy degustację – zaprosił Gospodarza.

Zasiedli w ciemnej, niskiej izbie. Muchy brzęczały, zalatywało kwaśno mlekiem. Ział otwór chlebowego pieca. Salami zasmakowało Gospodarzowi, żuł pracowicie nielicznymi zębami. Kraby zadziwiły gospodynię. Z obawą wsunęła do ust maleńki kawałek różowobiałego ni to mięsa, ni to ryby. Smakować zaczęła, mlaskając.

– Czego to nie wymyślą.

– Chińczycy – powiedział Magazynier Czesiek – psy i koty też jedzą.

Gospodyni chleb swojego wypieku położyła na stole. Ogromny bochen owinięty w lnianą szmatę. Pieczony na kalmusie, tak tam na tatarak mówili. Węgorze marynowane. I grzyby. I miód.

Z pola wrócił syn Gospodarza w zagnojonych gumiakach i uszanej na wzór ruski czapce na głowie. Twarz miał tępawą, nalaną i bez zarostu. Bełkotał. Magazynier nalał gruzińskiego pięciogwiazdkowego koniaku do szklanek. Mało co mówili, jedli, popijali nieśpiesznie i obmacywali przyjezdnych ołowianym spojrzeniem. Później Gospodarz opowiedział bajdę wodną. O wielkim szczupaku, który wyciągnął z kajaka wędkarza. Pod wodę za rybą człowiek poszedł. Żyłka oplątała mu dłoń i nie mógł się wywinąć. Dwa miesiące z nim szczupak po jeziorze chodził. Dopiero zimą wyciągnęli ich z przerębli. Szczupak był jak potwór, trzydziestokilowy. A człowiek, lepiej nie mówić, strasznie wyglądał. Syn Gospodarza dorzucał do tej historii swoje uwagi bełkotliwym głosem. Na koniec Gospodarz huknął takim śmiechem jak echo studzienne i grzmot zarazem. Bardzo ten śmiech spodobał się synowi Magazyniera. Jacek to wesoły i bystry chłopaczek, książki wojenne jak ojciec polubił i krzyżem prawosławnym też żegnać się potrafi.

Gospodyni cały czas stała przy kuchni i tylko im jadło podawała. Gospodarz spił się pierwszy, zsunął się pod stół i tam zasnął. Oni przespali się w stodole pełnej ostrego aromatu traw i ziół, chrobotu myszy i pojękiwania czegoś. Rano wyszli przed zagrodę, wdrapali się na wzgórze i stamtąd mieli widok na trzy jeziora, każde w innym kolorze, zielone, niebieskie i granatowe.

– To moje – powiedział Gospodarz. – Własne.

Syn Magazyniera czekał na jego śmiech osobliwy. Ale z rana nie było śmiechu. Gospodarz zaprowadził ich do kładki w trzcinach. Tam stała łódka. Odbili od brzegu i popłynęli granatową wodą. I tak aż do zmierzchu. Las był wokół. Dymy szły z kominów tych kilku zagród, które znajdowały się na polanie. Prosto w górę. Na pogodę.

Wieczorem znów zasiedli do stołu. Był koniak i był bimber.

– Pan swoją okowitę – honorowo oznajmił Gospodarz – my swoją księżycówkę. – Siedzieli i gwarzyli.

– Towaru mamy w swoich piwnicach na cztery miliony – pochwalił się Magazynier Czesiek.

– Tyle pieniędzów – bełkotał syn Gospodarza.

– W piwnicy niedobrze żyć – powiedział Gospodarz. – Ciemno i pod ziemią.

Gospodyni przeżegnała się ukradkiem.

Rację przyznał Magazynier Czesiek wieśniakowi.

– Ale co zrobić? – Westchnął. – Gdzie będę miał lepiej.

– Tyle pieniądzów – powtarzał syn Gospodarza.

Jacek, syn Magazyniera, wyczekiwał na ten śmiech jak z beczki w wesołym miasteczku. Dopiero późną nocą Gospodarz wydał z głębi swoich bebechów tę artyleryjską kanonadę. Tak zadudnił, kiedy Magazynier Czesiek opowiedział o kuchennym mistrzu Spuchlaku i jego wyczynach.

– Gość jeden z restauracji wybrzydzał na dewolaja, szefa kuchni proszą, wypadł Spuchlak jak bomba i z łychą wazową do niego zastartował. Albo talerz z kołdunami jednemu na głowę nałożył. Nieprzyjemności miał, partyjna egzekutywa, dyrektor, ale wyszedł z tego bez szwanku, nawet nagany mu do akt nie wpisali. Wpiszecie, zaprosił, z roboty się zwalniam, w ajencji jakiejś się urządzę…

– Kołdunów ja też umiem nagotować – nieśmiało odezwała się gospodyni.

– Nie wtrącaj się, babo! – ofuknął ją Gospodarz. Okno otwarte. Kumkały żaby. Pies rozszczekał się nagle. Jazgotu zajadłego dostał i szarpał się na łańcuchu.

– Pewno dziki w kartofle idą – zabełkotał syn Gospodarza.

Wyszli odsikać się przed chałupę. Letnia noc. Księżyc świecił bladym światłem. Stali przy płocie i słuchali głosów lasu, łąk, jezior. I kaca żadnego po piciu nie było. Wstawali o świcie i wdrapywali się na kamieniste wzgórze. Stamtąd widok na trzy jeziora. Każde w innym kolorze. Zatęsknił za ta bezludną, daleką okolicą

Magazynier Czesiek. Chłód z wentylatora wionął jak podmuch wiatru z tych trzech jezior. Tak to byle wentylator pomóc człowiekowi może. Napędu dorzuci i fantazja skrzydeł dostaje. A kiedy głowę uniósł i oczy otworzył, stała przed nim napełniona szklanka.

Spuchlak siedział na beczce z kwaszoną kapustą i kość wysysał ze szpiku, tłuszcz spływał mu żółtymi soplami po brodzie.

Kolos spróbował przycisnąć się do tej rosłej dziewuchy z włosami w papilotach, która przy zlewie stała. Ona przytknęła palec do kranu i wodę na niego puściła.

– Ja mam narzeczonego! – powiedziała ze śmiechem, patrząc na jego głupawą minę i włosy mokrymi strąkami opadające na czoło.

– A co to szkodzi – wymamrotał urażony Kolos.

Kichawa, kierownik nocnego lokalu, powstał gwałtownie z krzesła. Oczy miał wytrzeszczone i policzki niebezpiecznie wydymać mu się zaczęły. Spróbował ruszyć do przodu. Chwyciło go chybotanie. Wreszcie, przytrzymując się ściany, począł suwać stopami. Nie dotarł jednak do drzwi. Trzewiami mu zatargało, wygiął się w łuk, zagulgotał i pawia w różnych kolorach puścił.

Dziewczyny zapiszczały.

– Cicho! – pogroził im pięścią Spuchlak. – Niedyspozycja człowieka złapała!

– Oto męki Tantala – mruknął Magazynier Czesiek.

Kichawie rzygnięcie pomogło. Odetchnął z ulgą, popatrzył na nich zawstydzony i wytarł starannie usta chusteczką.

– Paw ma to do siebie – rzekł Kolos – że truciznę wyrzuca. Tylko u mnie rzadko wychodzi. Taki mam żołąd.

Kichawa czerwony banknot z Waryńskim położył na stole.

– Przepraszam za ten wybryk organizmu. Nigdy tak mi się nie zdarzyło, żebym nie mógł zdążyć.

Dziewczynom w oczach kipiało od wesołości.

– Sprzątną gratis – Spuchlak z powrotem Waryńskiego w kieszeń kierownikowi wetknął.

Magazynier Czesiek z obrzydzeniem wpatrzył się w tego pawia, co wstrętną kałużą rozsiadł się na podłodze. Duszkiem wychylił szklanicę. Ognisty płyn pomógł. Paw jak paw. Przytrafia się niejednemu. Widok zwyczajny i mógł już patrzeć bez wstrętu.

Wkrótce powędrowali wyżej. Na parterze był nocny lokal i tam ich zaprosił Kichawa, który czym prędzej miejsce swojej słabości chciał opuścić. Wychodził godnie, powoli, ale chyba kark go palił od rozbawionych dziewczęcych spojrzeń.

Otworzył się przed nimi ciemny korytarz. Plątanina rur ogrzewczych i wentylacyjnych ponad głowami. Puszki po konserwach grzechotały na podłodze. Dalej znajdowały się schody, które prowadziły na zaplecze nocnego lokalu, królestwa kierownika Kichawy. Na ścianie wisiała czerwona skrzynka ze sprzętem przeciwpożarowym. Ruszyli schodami w górę. Stopnie wysokie, wyślizgane. Wspinaczka dla zmęczonych nóg.

– Coraz wyżej – powiedział Magazynier Czesiek.

– Z Hadesu do góry – przytaknął Spuchlak.

– Hades – smakował to słowo Kolos.

– Tak naprawdę – odezwał się półgłosem Magazynier Czesiek – do dołu się wędrowało. A my do góry.

– Co ty bredzisz? – zaniepokoił się Kichawa, kierownik.

– Na warunkowe zwolnienie nas puszczą. Nie dla was, podziemni troglodyci, moje refleksje – zaśmiał się Magazynier Czesiek i już po cichu sobie medytował

– Knigi! Wszystko przez te knigi! – wymownie stuknął się w czoło Kolos.

Tym razem skarcony nie został.

– Leta… – zastanowił się jego szef – …to może być gorzała.

Drzwi były pomalowane na zielono, z tabliczką: Kierownik.

– Mój gabinet – powiedział Kichawa, wpuszczając ich do wnętrza.

Urządził się po dyrektorsku. Fotel miękki, ruchomy, i biurko na wysoki połysk. Na biurku kałamarze, metalowy przycisk w kształcie sputnika i urzędowe papiery w plastikowej aktówce. Nad biurkiem godło państwowe, a niżej dyplom za ofiarną pracę. Dywan puszysty i kotarę bordową zafundował sobie. Przyjemne to było gniazdo. Rozglądali się z uznaniem.

– Zastanawiam się jeszcze – powiedział Kichawa – czyby ściany tapetą nie obić. Delikatny rzucik… Oko odpoczywać będzie…

– Za pańskiego poprzednika było tu dużo gorzej – stwierdził Spuchlak.

– On nie miał gustu – skrzywił się Kichawa.

– Gdzie przeszedł? – zapytał Magazynier Czesiek.

– Ajencję prowadzi nad Zalewem – odparł Kichawa. –
Knajpa z motelem.

– Lepiej mu czy gorzej… – zastanowił się Spuchlak.

– Chwali sobie – rzekł Kichawa.

Usiedli na kanapce obitej wzorzystą materią. Kichawa rozsiadł się na ruchomym fotelu, pokręcił kilka razy
i nacisnął guziczek umieszczony na blacie biurka. Sy-
gnalizacją się komunikował. Cztery razy guziczek przycisnął. Popatrzyli z zainteresowaniem.

– Założyłem połączenie sygnałowe z barem – wyjaśnił Kichawa.

Toteż nikogo już nie zdziwiło, kiedy za parę minut
do gabinetu wsunął się z tacą pyzaty pikolak w białej
kurtce. Na tacy stały cztery napełnione kielichy o wymiarze setkowym.

Kichawa uszczypnął pikolaka w malinowy policzek.

– Żebyś mi się dzisiaj nie upił, smarkaczu! – powiedział z udaną surowością.

Pyzaty pikolak jak uczeń szurgnął butami, ale
w oczach zamigotał mu cwany, bezczelny błysk.

Bezszelestnie zamknął drzwi za sobą.

– Nowoczesność – cmoknął Spuchlak.

– Należy z duchem czasu iść – oświadczył Kichawa,
kierownik, dziecinna duma go rozpierała. Spełnili toast
za zdrowie bossa tego królestwa na parterze.

– Królestwo – podkreślił z naciskiem Magazynier
Czesiek.

Kichawa przyjął ich uznanie z godnością.

– Owszem, nie narzekam.

Taki był rozparty i zadowolony. Indor wprost. Aż w pewnej chwili, klapę gładząc, palce nagle cofnął i wzrok puścił, tam na klapie swej czarnej marynarki bryzgi po pawiu dostrzegł. Stropił się wyraźnie. Palcami po blacie biurka zabębnił. Znowu na klapę z troską popatrzył. Ukradkiem wyciągnął chusteczkę i trzeć zaczął tę klapę ufajdaną. Mimo to pozostawał na niej uparty rdzawy ślad. Elegancję szpecił. Dobił go na dodatek wzrok Spuchlaka w ten ślad po pawiu utkwiony. Wiercić się zaczął na obrotowym fotelu. Nerwowość go chwyciła.

– Zmieniamy miejsce? – zaproponował.

Oni przytaknęli ochoczo.

Bo jednak w miękkiej wygodzie i ciszy tego gabinetu długo usiedzieć nie można. Usypiało to puchowe gniazdko. Wyszli więc i dotarli do koktajlbaru, gdzie urzędowała ta słynna Olka Zwierz. Cicho uchylili drzwi i patrzyli na masywną kobietę, tyłem do nich odwróconą.

Olka Zwierz była w czarnej, ciasno opiętej spódnicy i kremowej bluzce z falbankami, a na stopach miała miękkie bambosze ozdobione puszystymi, koloru błękitnego pomponikami.

Krzątała się przy zlewie, przemywając i wycierając ściereczką do połysku smukłe kielichy na długich nóżkach. Tranzystorowe radio szemrało cichutko. Z głębi lokalu dochodziły już dźwięki muzyki, jeszcze pojedyncze, nieskoordynowane i kłócące się ze sobą. Orkiestra stroiła instrumenty. Patrzyli długą chwilę w ciasno opięty, potężny zad Olki Zwierz.

– A kuku!! – wydarł chrypliwy okrzyk Spuchlak.

Odwróciła się gwałtownie. Rosła, monumentalna kobieta, wzrostu wysokiego mężczyzny, o wielkich jak bufory piersiach i twarzy szerokiej, mięsistej, z grubymi wargami i nieco kaczym nosem, okolonej blond, nastroszoną w stylu afro fryzurą. Przywitali się z nią jak dżentelmeni, całując w ciężką, grubą dłoń, ozdobioną bransoletką i pierścieniami. Spuchlak, który od dawna gustował w tej obfitej urodzie, cmoknął ją nawet trzy razy. Gościnnie podsunęła im niziutkie stołeczki.

– Czy nie przeszkadzamy, madam? – zapytał Kichawa, kierownik.

– Skąd! – zaprzeczyła żywo. – Tacy goście!…

Klientów na wysokich stołkach za barem jeszcze nie było i miała wolny czas. Flaszkę pękatą z piękną etykietą zdjęła z półki i nalała im hojną ręką do pełna w równie pękate kielichy.

– Martell – powiedziała.

– Drogi trunek – rzekł Kolos.

– Chłopcze… – Olka Zwierz spojrzała na niego jak na matołka. – Ja sobie mogę na to pozwolić.

Jeszcze chciała poczęstować ich sałatką z pomarańcz i solonymi migdałami. Ale nie mieli na nic apetytu. Złoty blask szedł od Olki Zwierz. Bogato ozdobiona. Bransoleta luźno opada na dłoń, pierścieni kilka na palcach, a na szyi krzyżyk gruby na grubym wisiał łańcuszku.

– Tureckie wyroby? – zapytał Magazynier Czesiek.

– Włoskie – sprostowała z naciskiem. – Z wysoką próbą.

– Trochę towaru na szanownej pani wisi – zauważył Spuchlak. Oczy mu zachłannie do złota lgnęły.

– Co ma nie wisieć – odparła Olka Zwierz.

– Szampańska niewiasta – powtarzał z uznaniem Kichawa.

Uśmiechnęła się do niego ciepło, życzliwie. Zgodnie współpracowali ze sobą. Olka Zwierz osoba rozsądna i doświadczona, Kichawa też. Rozumieli się w lot i ona tylko kpiła z jego uporczywie powtarzanego przykazania: Nie należy nigdy przesadzać w niczym, umiar musimy zachować, a żaden prokurator, żadna kontrola krzywdy nam nie wyrządzą.

Na co Spuchlak od razu dorzucał wulgarnie:

– Najwyżej na lachę skoczyć nam mogą!

– Kolego kuchmistrzu – strofował go Kichawa. – Cóż za język!

– Myślałem o lasce marszałkowskiej – odpowiadał Spuchlak, zadowolony ze swojej wiedzy o sprawach pozakuchennych.

Wracając jednak do rzeczy. Ten Martell, którym ich poczęstowała Olka Zwierz, pokazał swoją moc. Zabuzował we łbach. Połączył się z piwnicznymi trunkami. Ale na posępnie. Jeszcze ten widok, który mieli przed sobą, na wysokie stołki przy barze i pustą, ogromną salę dancingową z rzędami stolików przykrytych białymi obrusami. Fontanna pośrodku, podświetlona reflektorami, tryskała różnokolorowym strumieniem wody, który opadał jak mgła. Instrumenty, strojone przez muzyków, wydawały krótkie, smętne tony. W tym przednocnym czasie melancholia zaczęła wyłazić zewsząd.

– Ot! – Spuchlak ręką szeroki gest przed siebie wykonał. Jeszcze coś cisnęło mu się na usta, ale utknęło. – Ot – powtórzył.

Kichawa, kierownik, głowę podparł łokciami i patrząc na zagraniczne trunki stłoczone na półkach, wzdychać zaczął i postękiwać.

– Co ci, stary kocurze! – Olka Zwierz naparła na niego swym biustem znakomitym.

– Butelki kontempluję – wystękał Kichawa. – Czy może być lepszy widok?

– Jest tego od groma – przyznała i sypnęła z upodobaniem lawiną nazw zagranicznych wódek – Hennessy, Bisquit, Remy Martin, Jack Daniels, Chivas, Ballantine's Seagram, Apricot Brandy, Negrita, Veterano, nawet pejsachówka.

Wyuczona doskonale. Barowa lady. I jeszcze niedbałym gestem pokazała kartony z papierosami. Też było tego. Benson, Dunhill, Rothman's, Craren, Camel, Kent.

– Bogaty asortyment – przyznał ze szczerym podziwem Spuchlak.

Kichawa pokiwał bez zainteresowania głową i obwisł tak jakoś; stara twarz klowna z sinym, wielkim nochalem à la Cyrano de Bergerac, ta jego mucha wytworna pod szyją też siadła, skrzydełka bordowe w białe groszki opadły na klapy.

Spuchlak również zmarkotniał. Nadęty, spęczniały, przytknąć szpileczkę, pęknie ten balon i śladu po nim nie zostanie.

Olka Zwierz skrzywiła twarz w mechanicznym, obojętnym uśmiechu. Zajęła się starannym makijażem. Patrząc w lusterko umieszczone pod kalendarzem amerykańskich linii lotniczych TWA, wydęła swoje grube, murzyńskie wargi i pokrywała je krwawą szminką. W tym pochyleniu przy lusterku jej białe z niebieskimi żyłkami piersi wychyliły się z dekoltu bluzki i wyglądały jak samoiste jakieś żarłoczne stwory. A kiedy uniosła obnażone do barku mocne ramię, zamajaczyły ciemną plamą wygolone pod pachą włosy.

Magazynier Czesiek spoglądał szklanym, zmartwiałym wzrokiem na kobietę. Czy ona tam w tym ogromnym, niezmordowanym cielsku posiada serce w ogóle? Ociężale, tępo powtarzał sobie to pytanie bez odpowiedzi. Odwrócił głowę i popatrzył w głąb sali dancingowej. Snuli się już kelnerzy, przygotowując swoje rewiry dla nocnych gości. Orkiestra ciągle stroiła instrumenty.

Olka Zwierz znów sięgnęła po Martella. Nalała. Tą kolejką ożywili się raptownie.

– Psiakrew!... – powiedział Kichawa, kierownik. – Taką szansę w życiu miałem... jak mało kto... Przed wojną tatuś miał własną knajpę i do Paryża mnie wysłał na praktykę... Doszedłem tam do młodszego kelnera... Gdybym dotrwał do wojny, ale tęskniłem... A teraz... – głowa zwisła mu jak tarcza słonecznika na złamanej łodydze – ...własne bistro czy jakiś tabak... Albo co naj-

mniej oberkelner w dobrym lokalu... „Ritz", „Maxim"...
– jeszcze niżej opuścił głowę. – Lokale pierwszej klasy
w zachodnim świecie... – Włosy miał rzadkie, wybry-
lantynowane obficie, zaczesane w pożyczkę z tyłu do
przodu.

– A ja sztukę kulinarną trenowałem w Budapeszcie –
odezwał się Spuchlak.

– Budapeszt! – machnął lekceważąco ręką Kichawa. – Co znaczy Budapeszt przy Paryżu...

– No, no!! – zaperzył się Spuchlak. – Taki „Gellert"
na przykład... – Urwał, gdyż zauważył, że łapa Kolosa
zbliża się ostrożnie a zdradziecko do wypiętego jak bu-
kłak pełen nektaru zadu Olki Zwierz.

– Gdzie! – wrzasnął.

Łapa Kolosa odskoczyła jak oparzona. Zmierzyli się
złym wzrokiem. Olka Zwierz uśmiechnęła się wyrozumiale. Opoje te chłopy. Od wódy głupieją i przejmować
się nimi nie warto. Tylko przyjemnie kobiecą próżność
łaskotała ich niedzielność do jej ciała. Była zimna i nie-
czuła, ale na te dowody uznania łakoma.

Zaczesała swoje bujne, w stylu afro skotłowane włosy. Sposobiła się do nocnego posterunku za barem.
Ostatni raz obejrzała twarz w lusterku, poprawiła pieprzyk na prawym policzku.

A oni wysączyli łapczywie resztkę koniaku z kieliszków. Każdy z innego powodu. Magazynier Czesiek
z nostalgii i smutku trudnego do wyrażenia. Kichawa, kierownik lokalowej nocy, do paryskich wspaniałych wspomnień. Spuchlak z Kolosem przepili do Ol-

ki Zwierz. Ona sama tylko umoczyła w kieliszku usta. Nie lubiła alkoholu.

– No – ziewnęła, przeciągając się całym swoim masywem. – Niedługo przyjdą te Araby.

– Araby! – zdziwił się Kolos.

– Przeważnie Araby do naszych blondyn startują. Do mnie też jeden w amory uderzył. Strasznie bogaty. Stawiał szampana za szampanem. A ja tylko wodę piłam.

– No i co? – zachłysnął się ciekawością Kolos.

Olka Zwierz wzruszyła ramionami.

– Nie był w moim typie.

Kolos zmarszczył czoło. Rozmyślał nad czymś posępnie.

– Te Araby – ciągnęła Olka Zwierz – chorobę paskudną przywieźli. W tamtym klimacie nie szkodzi, a tu franca gotowa. – Kolos popatrzył na swoje wielkie dłonie. – Jednak per saldo dziewczyny nie narzekają. Po tysiąc dolarów potrafią miesięcznie wyciągnąć. Taka Krzyworzeka…

– Wszystko ma swoją cenę – przyznał Spuchlak – ale żeby tysiąc miesięcznie… – Coś obliczał, poruszając bezgłośnie wargami.

– Niektóre w pijaństwo popadają – pogardliwie wydęła usta Olka Zwierz. – Taka jedna smarkula tu przychodzi. Ładna, nie powiem, ale wódę goli jak chłop. Nie wiem, czy taka kiedykolwiek potrafi się zabezpieczyć. – Podkręciła tranzystorowe radio i głośniej zabrzmiała muzyka. – Ja nie narzekam. Dużo tu zostawiają i w rachunkach nie bardzo oblatani. Figury też przychodzą.

– Ci – ożywił się Spuchlak – to zeżreć lubieją.

– Stać ich – stwierdziła Olka Zwierz.

– W sobotę bankiet u nas urządzają – powiedział Spuchlak. – Zamówienie przysłali. – Wzrok utkwił w suficie i recytować zaczął: – Cielęcina frykando, wołowina górna, szponder, łosoś specjalnie wędzony, kurczaki kalibrowane po siedemset gram, parówki bez osłonek, kabanosy, pomidory inspektowe. – Pamięć do żarcia ma ten Spuchlak niezwykłą.

– Wyglądu i elegancji to oni nie mają – powiedziała Olka Zwierz. – Ale sympatyczni. Pomóc mogą. Daczę sobie nad Zalewem budujemy i jeden cały materiał budowlany nam załatwił. Telefon takiego wystarczył.

– Oni mają swoje sposoby – przyznał Spuchlak.

– Dacza – powtórzył Kolos. – A samochód Dacia się nazywa.

Od tego rozpoczął się temat samochodowy. Oni zmotoryzowani. Kichawa i Magazynier Czesiek po Fiacie 125p mają. Spuchlak Syrenkę wygrał w losowaniu. A Olka Zwierz po nocnej służbie do Volkswagena wsiada. Kolos jeszcze bez niczego. Ale on się nie liczy. Dopiero na dorobku przecież. Spuchlak jako kierowca ekstraklasy zapragnął błysnąć. Przechwalał się, jaką to szybkość wyciąga i jak nieomylna jest jego ręka.

– Podrasowany silnik – twierdził.

Wyśmiewać się z niego zaczęli. Jeździ przecież jak żółw, niezdarnie i powoli.

Ale Spuchlak ich śmiechem wcale się nie zrażał i powtarzał z uporem:

– Liczy się pewna ręka i refleks. A tym jestem przez naturę obdarzony.

– Porsche to jest samochód – odezwał się nagle Kolos. – Najlepszy.

Magazynier Czesiek popatrzył na niego ze zdziwieniem. Kichawa przysnął tymczasem. Przykulił się na taboreciku i głowa opadła mu na kolana.

– Staruszek – poklepała go po policzku pokrytym siecią sinych żyłek Olka Zwierz.

Na wysokich stołkach za barem zasiedli pierwsi goście. Łysy, z sygnetem jak pieczęć na paluchu, i drugi, elegancki, przystojny, z bródką. Czarniawi obaj, nie nasi. Obok nich pojawiły się dwie młodziutkie blondyny, skąpo ubrane. Zapatrzył się Kolos w towarzystwo za barem. Oni po swojemu szwargotali. Dziewczyny też w ich języku biegłe. Gadały jak nakręcone. Ten łysy jakby ważniejszy. Do niego garnęły się dziewczyny.

– To oni tak nasze dziwy pierdolą – zamruczał Kolos.

– Araby albo Włosi – powiedziała Olka Zwierz i zajęła się tym towarzystwem na wysokich stołkach.

Kolos wzroku z nich nie spuszczał. Gapił się jak rabuś na wystawę bogatego sklepu.

Z kuchni przybiegła zadyszana kuchareczka, ta mała, ale nabita.

– Szukam i szukam pana mistrza! – zawołała.

Piętro niżej był kłopot. Kurczaki przeznaczone do gorącego dania okazały się nieświeże. Zerwał się Spuchlak, duch kulinarny w niego wstąpił. Jak na tę bekę pełną tłuszczu i gorzały, pobiegł bardzo żwawo.

Nawet długo w kuchni nie zabawił. Wrócił niczym wódz po zwycięskiej batalii.

– Kurczaki pójdą jak woda – oświadczył. – Sosu węgierskiego narobiłem, ostry, pali. Każdy smród w tym sosie zginie.

Magazynier Czesiek odetchnął z ulgą. Zepsute kurczaki to jego kompetencja poniekąd. Z magazynu przecież.

Spuchlak sięgnął za plecami barmanki po butelkę z półki. Nim się obejrzała, tęgiego łyka pociągnął. Likier to jakiś był. Skrzywił się niemiłosiernie. – Cholerstwo. – I długo nie mógł dojść do siebie. Kaszlał i pluł, a oczy mu całkiem zmętniały. Kręcić się zaczął niespokojnie w tej ciasnej przestrzeni za barem.

– Może kawusi – zaproponowała Olka Zwierz. – Zaparzę ci takiego szatana…

Nie odpowiedział. Tylko popatrzył pełnym pożądliwości spojrzeniem w ten wąwóz między jej piersiami. Akurat jego głowa na tej wysokości się znajdowała. Olka Zwierz zmierzyła go wzrokiem pełnym lodowatego dystansu. Odwrócił się jak niepyszny i ruszył zdecydowanym krokiem na salę dancingową. Postał chwilę przy fontannie.

– Wymoczyć się chce czy co? – zdziwił się Kolos.

Spuchlak skierował się w stronę toalety.

– Jak nic do pani Jadwigi zacznie się dobierać – roześmiała się Olka Zwierz.

Patrzyli na drzwi osłonięte grubą bordową kotarą. Kotara falowała. Tam zniknął kuchenny szef, Spuchlak. Poszedł do babki klozetowej.

– Ile ona może mieć lat? – zapytał Kolos.

– Sześćdziesiąt z hakiem – odpowiedziała Olka Zwierz.

– Z taką starą babą! – pokręcił głową Kolos.

– Gorzała widzenie zmienia – rzekł Magazynier Czesiek.

Olka Zwierz ciepło na niego popatrzyła. Podobał się jej. Przystojny, masywny, o szpakowatych włosach i jasnym, przejrzystym spojrzeniu. Bardzo męski. Tak go sobie oceniała. Ale on był obojętny. Potarł kark i wzrok zmęczony od wódki w kalendarzu amerykańskich linii lotniczych TWA utkwił. Srebrzysty samolot ozdabiał stronicę na ten miesiąc przeznaczoną. Jak rakieta wzbijał się w górę. Niebo było w kolorze błękitu i swą piękną urodą kusiło do wędrówki w przestworza. Znów do przyrody, lasów, łąk i jezior, zapragnął powrócić. Tym razem kulawy baran mu się przypomniał i posłyszał ten huk donośny, dwukrotny. Ostatni to był dzień urlopu. Fiatem wyjechał ze stodoły. Jacek składał wędziska. Magazynier Czesiek serdecznie żegnał się z Gospodarzem. Ani się obejrzał, jak do zastawionego stołu zasiedli. Przepijać do siebie zaczęli gęsto. Zapraszali go wsiowi na drugi raz. O szczupaku, rekinie tutejszych wód, Gospodarz bajdę powtórzył. Jacek niecierpliwie wyczekiwał na ten jego osobliwy śmiech. Skończyła się flaszka gruzińskiego koniaku i wsiowi swój bimber na stół postawili. Wtedy Magazynier Czesiek posłyszał pierwszy huk. Podbiegł do okna. Kulawy czarny baran łeb pochylił, rogi zakręcone wystawił i kopytami niecierpliwie rył ziemię. A lewy bok nowego Fiata porysowaną i pogiętą blachą jak raną ział. Magazynier Czesiek wyskoczył przez okno. Za nim Gospodarz. Odciągnęli barana, kłonicą go wytłukli. Wpędzili do szopy.

Już bez humoru do stołu na powrót zasiedli. Magazynier Czesiek, milcząc, kielich za kielichem wychylał. Poszarzało. Z jezior dochodziło kumkanie żab. Leśna cisza powoli nerwy koiła. I wtedy drugi huk posłyszał. Przez chwilę nie dowierzał własnym uszom. Wybiegł na podwórze. Kulawy baran z szopy wyskoczył i powtórnie do czerwonego Fiata zaszarżował. Tym razem z drugiej strony go wziął.

– Czerwonego nie lubi – wymamrotał Gospodarz.

Cztery tysiące blacharka i lakiernictwo kosztowały. Nieudany to był powrót. I te trzy jeziora, każde w innym kolorze, wcale złego przypomnienia nie łagodziły.

– Głupi cham – powiedział półgłosem Magazynier Czesiek – drzwi szopy na haczyk zapomniał zamknąć.

– Do mnie mówisz, Czesławie? – pochyliła się do niego Olka Zwierz i owionęła go mdlącą wonią perfum.

Przy barze szwargot coraz głośniejszy i piski. Ten gruby zagranicznik z sygnetem jak pieczęć na włochatym paluchu nachalnie z dziewczynami sobie poczynał. Jedną klepał po udach, drugą obmacywał nieco wyżej. Zapatrzył się na te panienki powabne chłopackim wzrokiem Kolos i nie mógł dłużej tego znieść. Wóda i tyle niedostępnych kobiecych ciał. Szajbą to mu odpaliło. Zębami zgrzytnął, te swoje bicepsy atlety naprężył i do baru zaczął się wyrywać.

– Żeby takie ścierwo dupy nam kosiło!

Olka Zwierz osadziła go jak krnąbrnego źrebaka. Uchwyt w dłoni miała męski, żelazny.

– Nie odstraszaj klientów, szczeniaku! – zasyczała i odpychając go za siebie, zajęła pozycję za barem

– Would do you like something drink? – zapytała tamtych z drugiej strony.

Magazynier Czesiek długo i pieszczotliwie gładził Kolosa po upartej, okrągłej głowie.

– Nie skacz – powtarzał – nic to nie da.

Zaczynała się już lokalowa noc. Ocknął się w sam czas Kichawa, kierownik dancingowej sali. Oczy przetarł, spojrzał na zegarek i łeb pod kran podstawił. Zmoczył się wodą obficie, włosy przeczesał i był gotów do służby. Przy okazji klapę wytarł na mokro. Usunął ten rdzawy ślad po pawiu. Popędził młodzieńczym krokiem na salę. Zacznie wydawać dyspozycje kelnerom i w obsłudze cudzoziemców pomagać. Szprecha ten Kichawa biegle w kilku językach. Tych obcych języków zazdrości mu Olka Zwierz, której mimo kursów słuchawkowych angielski ciężko wchodzi do głowy.

– Papuga – powiedziała.

– Poliglota – potwierdził Magazynier Czesiek.

Uspokoił się już Kolos. Pogodził się z losem, co mu kobiet skąpi.

Dostali jeszcze od Olki Zwierz po dawce dżinu. Poszło jałowcowym smrodem.

– Jak człowiek wytrzymać to może – zakrztusił się Magazynier Czesiek.

I przed oczyma stanęły mu te opróżnione flaszki z różnymi etykietami, wszystkie półlitrowe. Tak stały i jakby gęby im wyrosły, a te ich gęby krzywiły się złośliwą uciechą.

Zapragnął do domu wrócić. W drzwiach zdejmie buty, wsunie się bezszelestnie i od razu położy się na tapczan. Zdusi tę głupią potrzebę, żeby gadać i gadać. Więc położy się i Hania nic nie będzie wiedziała o dzisiejszym dniu. Najlepiej, jeśli ułoży się w nogach. Hania nie znosi wódczanego fetoru i zbudzić by się mogła od razu. Wstał z trudem. Ten dżin źle mu poszedł. Podłoga kołysała się pod nim jak pokład statku. Sala dancingowa wraz z fontanną tryskającą różnokolorowym pióropuszem wody przybliżała się i oddalała nagłymi skokami. Cudzoziemcy za barem zamienili się w niekształtną masę i twarz Olki Zwierz też stała się niemożliwa do uchwycenia.

Kolos, wierny pomocnik, ujął go silnie pod pachę i opuścili koktajlbar. Odprowadzał ich wyrozumiały, pobłażliwy uśmiech Olki Zwierz.

– Te chłopy – powiedziała i wkrótce o nich zapomniała, zajęta towarzystwem na wysokich stołkach.

Toczyli się służbowym korytarzem. Potrącali ich kelnerzy, trzymający przed sobą tace z potrawami i napojami. Niektórzy z nich poznawali Magazyniera. Pozdrawiali go i patrzyli z zazdrością.

Portier otworzył szeroko drzwi. Też im pozazdrościł.

– Gotowi – powiedział.

Drzwi zatrzasnęły się za nimi z łoskotem. Oddychać zaczęli łapczywie. Niewiele pomogło. Noc była duszna i bezgwiezdna. Czarna, szczelna pokrywa cisnęła zewsząd.

Stali na ogromnych schodach przed wrotami nocnego lokalu, królestwa Olki Zwierz i Kichawy, kierownika, które było koroną podziemnych kondygnacji.

– Kolos! – wykrzyknął naraz Magazynier Czesiek. – Uciekaj stąd! Póki czas! – Odepchnąć spróbował pomocnika. – Rozumiesz!!

Kolos nie zrozumiał. Mocnym, czułym ramieniem swego szefa otoczył.

– A gdzie lepszą robotę znajdę – uśmiechnął się chytrze – jak u pana?

Magazynier Czesiek zatoczył się na tych monumentalnych, szerokich schodach, ozdobnych rzeźbionymi balustradami.

– Jak zrozumiesz… – powiedział zupełnie trzeźwym głosem – …będzie za późno.

Droga była niedługa, ale zmęczyli się obaj. Dotarli do parkingu. Kolos oparł się o latarnię. Pochrapywać zaczął leciutko. Zasnął na stojąco.

A Magazynier Czesiek takim ledwie, ledwie sparaliżowanym piwniczną gorzałą kroczkiem zbliżył się do swojego Fiata i wsparł się o jego maskę. Już tam został. I nawet wrzasku Kolosa nie słyszał, którego obryzgała strumieniem wody polewaczka.

1978

# Książę Nocy

Nasz świat był mały, a wydawał się olbrzymi. Codziennie kolejka EKD woziła nas z dalekiego przedmieścia przez pola i niską drewnianą zabudowę do centrum miasta. Uciekaliśmy z naszych domów, od narzekania rodziców, szkolnych obowiązków, spokoju i niezmiennego ładu naszej zasiedziałej od pokoleń dzielnicy, gdzie na szambiarza wołano „złociarz" i to przezwisko niczym sztafetową pałeczkę przekazywali starsi chłopcy młodszym. Uciekaliśmy od tego głosu: „Handlarz, kupuję starzyznę, stare ubrania" lub „Blacharz, lutuję, reperuję stare garnki", a oczy nie chciały już patrzeć na ciągle ten sam widok przed oknem. I wydawało się nam, że naprawdę uciec można. Nieraz pozbawiony butów, ubrania albo zamknięty w mieszkaniu przez matkę, przymykałem oczy i różne niesłychane światy się otwierały. Rosnący stukot kół na szynach budził wyobraźnię do działania. Na tej naszej trasie stosunki panowały familijne, znaliśmy konduktorów i oni nas znali, nieraz też pozwalali jechać na gapę. Mijaliśmy Wiktoryn, piekarnię Rappa, krzyż przy drodze i szczęśliwickie glinianki. I tak po dwudziestu minutach docieraliśmy do centrum miasta.

Centrum miasta to były nieliczne ocalałe kamienice, sterczące wśród ruin i ceglastych wysypisk. Tramwaje i dorożki, zdobny w secesyjne płaskorzeźby stary hotel, bazary i budy, gdzie kipiało handlowe życie, sklepy, warsztaty, knajpki. Tu w Śródmieściu wydawało się nam, że dotarliśmy do rdzenia wielkiego świata. I od przystanku naszej niebiesko-żółtej kolejki deptaliśmy te ulice niezmordowanie, nieustannie na coś licząc, nieustannie czegoś się spodziewając. Najlepszą porą była noc. Osłaniała wszystko gęstniejącą ciemnością, latarń jeszcze wtedy było mało i każda brama, każde wysypisko gruzów ogromniało, potęgując ten podniosły nastrój tajemnicy. Krzyki, szepty i charkoty dochodziły z ruin, a my, dygocąc z przejęcia, wyobrażaliśmy sobie dramaty pełne grozy i patosu. Taką nocną porą zatrzymał nas Książę Nocy.

– Moja stajnia jest zagrożona – oświadczył wzburzony. Zbyszek Młotek i ja byliśmy gotowi na każde jego skinienie. Książę Nocy nos miał krogulczy, szpakowatą szopę włosów i nosił niezwykle wzorzyste apaszki. W rozmowie używał gęsto obcych słów i znane mu były stosunki panujące w wielu więzieniach Europy. Już na oko jak pstry ptak wyglądał. Ci młodzi milicjanci, co to prosto ze wsi do pilnowania porządku w mieście przyszli, patrzyli na niego w niemym zagapieniu. Taka jedna starucha postrzelona, która wysiadywała w „Kopciuszku", ciągle nim zadziwiona: – Gdzie taki kwiat mógł wyrosnąć? – Więc był inny. To nam właściwie wystarczało.

Niedawno Książę Nocy pokazał nam swoją stajnię. Kroczyły te dziewczyny majestatycznie, dostojnie. Pierwsza ta chuda, wysoka, Hanka Żyletka. Nieco z tyłu szła Ita o pięknych włosach. Książę Nocy uśmiechnął się wtedy diabelsko. Znaliśmy te jego uśmiechy. Swoisty szyfr. Ten znaczył radość pogromcy.

– Puszczam je w miasto… – buchnął nam w oczy kłębem dymu z cygara, które wytrzasnął nie wiadomo skąd. – A rano… – przeciągał słowa – będę liczył kasę.

Piliśmy jak miód te słowa. Wszystko, co powiedział, wiele znaczyło dla nas. Zbyszek Młotek i ja. Młodzi, niespełna szesnastoletni chłopcy, co uganiali się, szukając Bóg wie czego.

– Gniecie – powiedział murarz Piątek z naszego przedmieścia. – Cięgiem gniecie. – I ręką zataczał krąg szeroki. Zawsze tak mówił, kiedy był trzeźwy. Wypiwszy sobie, radował się i wrzeszczał: – Kira bella, beliissima!

Przypomniałem sobie nieraz to jego „gniecie", przypisując temu wielorakie znaczenia.

Zbyszek Młotek miał zrośnięte żebra i twierdził, że przyjmuje każdy cios. A ja nie miałem nic. Chudy szczeniak o sterczących niesfornie włosach, bić też nie umiałem się za dobrze. I tak bardzo pragnąłem, żeby coś się stało! Tak jak kiedyś mierzyłem się niecierpliwie na framudze drzwi, pragnąc przerosnąć ojca, który był niskiego wzrostu. Już dużo przeżyłem rozczarowań, wdzierając się w głąb Śródmieścia. Mimo to ciągle na coś liczyłem. Obaj więc ze Zbyszkiem Młotkiem uznaliśmy zgodnie dotychczasowe nasze życie za płaskie i nieciekawe.

Toteż jak trafił się nam ten Książę Nocy, od razu wszystko zawirowało jak karuzela. Wdzięczni byliśmy Księciu Nocy i mógł na nas zawsze liczyć.

A wdzięczni mu byliśmy przede wszystkim za to, że nas właśnie wybrał. Tylu chłopaków przecież włóczyło się po Śródmieściu i wystawało na pikiecie pod zegarem. Każdy z nich był tak samo niecierpliwy i spragniony. Mógł Książę Nocy wybierać wśród niemałej gromady i każdy by za nim poszedł. Taki Heniek Bankier, Lechu Papuga albo Rysiek Tabaczka. Inni jeszcze. Różne oni wymyślali zabawy i ciągle czegoś było im brak. Zbierali watahy do walki z Pragą, wyznaczali pole bitwy przy pomniku koło cerkwi i potem rozgrywała się zawzięta, krwawa walka z tak samo niecierpliwymi i na wszystko gotowymi chłopakami z Pragi.

Czy choćby Tońko z Grochowa lub Edek, co tak pięknie pluł. Z tego pieprzonego czekania, ze złości na to przeciekanie dni nauczył się tak świetnie pluć. Chodziliśmy nieraz z Edkiem, a on wypatrywał sobie jakieś ofiary, najczęściej była to para zakochanych, i idąc za nimi pokrywał ich płaszcze gęstwą plwociny, celnej, nieomylnej, gdzie chciałeś, mógł trafić, w sam czubek czapki, kołnierz, mankiet rękawa czy nogawkę przy bucie. I tak pluł ten Edek z zawziętą miną. I nigdy się nie uśmiechał. Czasem tę zabawę z nudów nasycał większym hazardem. Opluwał milicjantów i wtedy rzeczywiście emocja była znacznie większa. Nieraz uciekaliśmy i goniły nas groźne okrzyki „Stój!" lub przeraźliwe gwizdki. Edek z powodu tego plucia bardzo był popularny zarówno u nas pod zegarem, jak też na Pradze przy ruskim kościele. Raz, schwytany przez rozjuszonego kolejarza, tłumaczył się ze zbolałą miną, że jest po prostu gruźlikiem.

– Wypluwam płuca – mówił bezczelnie.

Kolejarz z zaskoczenia popuścił nieco swojej łapy na jego kołnierzu. Wtedy Edek uciekł.

A Tońko z Grochowa z pedałami wymyślał hece. Był taki łysy, obrzękły, co prowadził Fotoplastikon. Tońko, śniady chłopak o migdałowych oczach, na niego właśnie zagiął parol. Przedtem założył się z nimi.

– Rozpracuję go – oświadczył.

Podał dokładny termin. Skutkiem tego rozpracowania miała być forsa. Podchodził więc pod kasę w tym Fotoplastikonie i wlepiał te swoje gały migdałowe w obrzękłego pedała. Pedał wiercił się i sapał. Zapraszać zaczął gościnnie do wnętrza. Pokazywał specjalnie dla niego najlepsze programy. Takie jak: Wycieczka na Hawaje, Nowy Jork – miasto gigant, Łowcy głów na Borneo czy Bali Wyspa tancerek. A kiedy dłużej już wytrzymać nie mógł, zaczął się ocierać o Tońka i jak kot zamykać oczy. Tońko mężnie znosił te obrzydliwości. Ale kiedy pedał sięgnął do rozporka, powiedział: Stop! Udręczony pedał pieniędzmi sypnął. I tak miał Tońko forsę na kino. A pięknych filmów cała seria szła. *Mściwy Jastrząb*, *Bohaterki Pacyfiku*, *Pięciu zuchów*. I ten odkrywany dopiero przez nas rodzaj powieści w obrazach, pełen dramatyzmu i efektów akustycznych, bardzo wciągał. Na pikiecie przez pewien czas wielu chłopców miało przezwiska z filmów właśnie. Co sprytniejsi zresztą stawali się konikami, czyli handlarzami biletów, pod kinem „Atlantic". Zbyszek Młotek też chciał się tam dostać. Ale go przepędzili. Ich szef, taki starszy, przezwiskiem Sztajer, nawet go uderzył.

Tak więc Tońko nawet od tych koników mógł bilety sobie kupować i nas czasem zapraszał. A wstępu do rozporka bronił nieugięcie. Opowiadał ze szczegółami te seanse z pedałem. Tamten dwoił się i troił, żeby dotrzeć do sedna. Wódką go poił, nawet taką mieszankę piorunującą wykombinował, gdzie razem spirytus, likier i wino. Tońko, choć rzygnął, jednak czujności nie stracił i uciekł. Mieliśmy niezłą zabawę, kiedy Tońko tym swoim śpiewnym głosem z lwowskim akcentem, pomagając sobie wyrazistą gestykulacją, to zdarzenie odtwarzał. Miał Tońko głębokie przekonanie o wielkich pieniądzach, które może z powodu swej ładnej twarzy uzyskać. Wystawał też nieraz pod tym sklepem jubilerskim, gdzie taka tłusta baba za kontuarem urzędowała. Liczył na nią, bo różnie o niej mówili. Nawet spróbował ją zaczepić, a że mu się śpieszyło, powiedział wprost, na co liczy. Dostał w twarz od tej grubej baby i my się śmieliśmy. Potem wspólnie wykonaliśmy zemstę. Tuż przed opuszczeniem żaluzji na okna szybę kamulcem wybiliśmy. Był krzyk i tupot, uciekaliśmy przez podwórka, przechodnie bramy i płoty. Schowaliśmy się w szopie za kościołem Świętej Barbary. Przebiegli koło szopy, ale nas nie odkryli.

Jednak w tym swoim łażeniu po Śródmieściu szczęścia nie miałem i wcale na orłów jeszcze się nie natknąłem. Raczej wątłe ptaszki. I sprawy jałowe. Nie takie, o jakich marzyłem. Tak wystawałem wśród chłopaków na pikiecie, słuchałem ich czczych przechwałek i wcale słuchać mi się nie chciało. Doskonale wiedziałem, że oni tak samo jak ja przeważnie się rozglądają i tego nieoczekiwanego wypatrują. Choć był taki jeden... Drut go nazywali. Albo Student. To drugie znaczyło, że mądry, cwany i trochę jakby obcy. Bo zawsze tak jakoś spoglądał z dystansu. W nim była bezwzględność. Jak strasznie tak jakoś kopał tego chłopaka z brygady, co bikiniarzom plerezy, czyli te długie fryzury, ścinała. Zajadle, bezlitośnie. Buty miękko wchodziły w ciało leżącego.

– Trzeba go odzwyczaić – powiedział Drut swoim cichym, grzecznym głosem.

A wszyscy z pikiety patrzyli w milczeniu. I tylko co uderzenie buta, to niektórzy drżeli lekko.

Drut znikł potem z pikiety. Mówili, że zaczął duże numery na Wybrzeżu. Nie dziwiłem się temu. Twarz miał taką nieruchomą i te okulary tak spokojnie przed bójką zdejmował. Zazdrościłem Drutowi. Ale kiedy próbowałem czegoś podobnego, nie wychodziło mi wcale.

Nosiłem w tym czasie andersowski beret ze wstążeczką i bluzę typu battledress, którą dostałem od szwagra. Paradowałem w tym stroju, nadrabiałem miną i udawałem nie byle jakiego bywalca. Szanowali mnie chłopcy, a niektórzy zazdrościli. Zmierzyć się więc musiałem z Kazikiem Gierojem. Gieroj najlepiej się bił ze wszystkich chłopaków pod zegarem. Natomiast ja bić się raczej nie umiałem, ale nie wycofałem się z tego pojedynku. Stanęliśmy naprzeciw siebie w trzecim podwórku kamienicy z kariatydami. Tak to się zaczęło. A Zbyszek Młotek był sędzią. Nie bałem się wcale, powtarzam. I tak obojętnie, opuściwszy ręce, czekałem. Gieroj, pięściarz zawołany, speszył się nieco tą moją nonszalancją. Ten beret, ta bluza, miny cyniczne i chód rozkołysany, to jednak ciągle działało. Długo tak staliśmy. Wreszcie Gieroj ruszył do przodu. Dalej czekałem z opuszczonymi rękoma. Wtedy zaatakował. Przypadkiem udało mi się uniknąć ciosu i ja cios zadałem. Tym ciosem rozgrzał się Gieroj i jak taran ruszył do ataku. Obrywać zacząłem solidnie i wcale bronić się nie umiałem. Upadłem. Zbyszek Młotek jak na prawdziwym meczu bokserskim liczyć już zaczął. Szybko jednak poderwałem się z ziemi i znowu natarłem na Gieroja, waląc na oślep i obrywając bolesne razy. Kolejny cios spowodował, że wszystko zawirowało mi przed oczyma i zatoczyłem się na mur. Ciągle wszystko mi wirowało i ręce miałem ciężkie, jak ołowiane, nawet osłaniać się nie mogłem. Gieroj po rycersku zaprzestał ataku. Zbyszek młotek, unikając mojego spojrzenia, uznał jego zwycięstwo. Podaliśmy sobie ręce. Nigdy jednak Kazik Gieroj nie wyśmiewał się ze mnie i później nawet fachowych ciosów i uników uczył mnie z bezinteresownego koleżeństwa. Nie zapomnę tego Gierojowi, który najlepiej bił się ze wszystkich chłopaków pod zegarem. A uderzenie głową, z którego nieraz skutecznie korzystałem, to właśnie jego nauka.

Ale właściwie, odbywając ten termin na Śródmieściu, ciągle jednak byłem w gorzkim niespełnieniu. Dużo więcej sobie obiecywałem. Jeszcze jako dzieciak. Powód być może w długotrwałej chorobie, która zmusiła mnie do inwencji w wypełnianiu pustego łóżkowego czasu. Wycinałem z papieru łodzie wikingów i Waregów, płynąłem z nimi rzekami i morzami, odkrywałem nieznane lądy i walczyłem z żywiołem, kolejno wcielałem się w Olafa Trygvasona i Haralda Widłobrodego, kochałem się w pięknej Gudrun i wraz z drużyną króla Rogera zdobywałem Sycylię. Nieobce też mi były przygody konkwistadorów w Peru czy Meksyku, często bywałem Atahualpą broniącym świętego miasta Cuzco, a niepomyślne wiatry dla hiszpańskiej armady przeżywałem równie silnie jak bohaterowie tamtych czasów. Później, zagłębiwszy się w lektury książek podróżników, przemierzałem dżungle nad Amazonką, Kongiem i Zambezi, brałem udział w wyprawie Stanleya i byłem Edmundem Strzeleckim w Australii. Pędziłem też na dromaderze przez pustynie u stóp gór Hoggaru, walczyłem z Tuaregami i saharyjskim hamsinem. A jeszcze później, odkrywszy starą historię średniowiecznej Europy Karola Seignobosa, wziąłem udział w wyprawach krzyżowych i najazdach Normanów na Anglię. Z tak oto rozbudzoną wyobraźnią, która wzbogaciła się rzeczywistymi zdarzeniami z wojny i niespokojnego czasu tuż po wojnie, równocześnie zafascynowany ostatnio przeczytaną książką Sergiusza Piaseckiego *Kochanek Wielkiej Niedźwiedzicy*, ruszyłem naszą niebiesko-żółtą kolejką EKD, gdzie konduktorzy nosili jeszcze okrągłe czapki z lakierowanymi daszkami w kształcie francuskich kepi. Ruszyłem do Śródmieścia na poszukiwanie Złotego Runa. Tak oto zanurzyłem się w ten matecznik gruzów, ruin i piwnicznych zakamarków w nielicznych ocalałych kamienicach. Ale ciągle niestety dwa rozgrywały się światy. Ten, co w głowie swojej szczeniackiej dźwigałem, i ten drugi, który był wokół. Ciągle więc jeszcze miałem w zanadrzu ten zarząd dzielnicowy ZMP, gdzie traktowano mnie z uznaniem jako gorliwego instruktora wydziału szkolno-harcerskiego i zawsze z ochotą proponowano pogadanki i odczyty w jakiejś szkole czy hotelu robotniczym. Jednak i to coraz mniej już mi odpowiadało. Zaciekła złość czaiła się z tego powodu we mnie. Kiedy Edek powiedział o tym ślepcu, co grzebienie sprzedaje, że forsy ma on jak lodu i trzeba iść za nim aż do celu, to znaczy w drzwiach tej sutereny, gdzie mieszka, cegłą go stuknąć czy czymś równie twardym, prawie jak Sergiusz Piasecki przed wyprawą przemytniczą się poczułem i nie mając żadnego wyboru, na pomysł Edka, co tak pięknie pluł, zgodziłem się bez wahania. Kilka dni więc snuliśmy się za tym ślepym sprzedawcą grzebieni. Czujnie wpijaliśmy wzrok w pieniądze, które wrzucał do sakiewki przytroczonej do pasa. Towarzyszyliśmy mu nawet do bramy, gdzie sikał. Wystawaliśmy pod barem „Współczesnym", gdzie zjadał bigos i wypijał swoją szklaneczkę wódki. Nasze oczy błyszczały wilczo i zaciskaliśmy niecierpliwie pięści. Aż zapadł wreszcie ten wieczór. Ślepiec zaczął powoli zbierać do skrzynki swój przenośny kram i szykował się do powrotu do domu. Stałem blisko i dokładnie widziałem tę bladą, pomarszczoną twarz i nieruchome, martwe oczy. Wtedy wahać się zacząłem i pogrążony w tym wahaniu wcale nie czułem, jak Edek szarpie mnie za ramię. W kieszeni zaciskałem dłoń na metalowym pręcie, który był przeznaczony do ogłuszenia handlarza. Naraz moje palce rozluźniły ucisk na gorącym, śliskim metalu. Osaczało coraz więcej wątpliwości. Ograbiony starzec. Krew płynąca z jego rozbitej głowy. Taka miała to być przygoda. Ten nasz zamiar już tylko wstrętny, odpychający. I w miarę jak za ślepcem zbliżaliśmy się do tej piwnicy w ocalałym strzępie wielopiętrowej kamienicy z powykrzywianymi jak połamane ramiona szynami po balkonach, sterczącej samotnie wśród wysypiska cegieł – chęć działania słabła i wstyd, upokorzenie zaczęły brać górę. Ten ponury pejzaż powojenny też jakoś dziwnie przygnębiająco nastrajał. Marzenie o czynach pełnych rozmachu i brawury, przygody barwne i niezwykłe – jak szyderstwo w zestawieniu z tą wypaloną postacią i brudnym, oberwanym ślepcem, który monotonnie postukiwał białą laską.

– Nie mogę – wyszeptałem do Edka.

On spojrzał na mnie i zatrzymał się raptownie. Też w oczach miał zwątpienie, niepewność. Ale nadrabiał miną i powiedział pogardliwie:

– Tchórzysz, tak?

Wtedy zacząłem bełkotać jak w gorączce:

– To ma być to! To! To! – A Edek cofnął się zdumiony moją gwałtownością.

I tak oto pozwoliliśmy temu, co „grzebienie, grzebienie!" wołał, zejść spokojnie po schodkach w dół i otworzyć drzwi sutereny.

Dopiero Książę Nocy właśnie nauczył mnie nie przywiązywać znaczenia do rzeczywistych wydarzeń, a najbardziej nijakim, szarym i bezsensownym przydawać fantazją krasę i czar niezwykły. Te czary dopiero pod jego wpływem sugestywnym działać zaczęły i otworzyły przede mną upragnione bramy. Na razie jednak przybywało goryczy, bo ciągle brak było nawet mglistych konturów tego niezwykłego. I pełno było na pikiecie chłopaków tak samo zajadłych, niecierpliwych, i tak wszyscy miotaliśmy się po omacku. Często ze Zbyszkiem Młotkiem wybieraliśmy się na Dworzec Główny. Bieganina, głosy z megafonu, świst parowozów i kłęby pary. Było to okno w daleki świat i nieraz, wykorzystując nieuwagę bileterów, wymykaliśmy się na peron. Patrzyliśmy w dalekie światła i wsłuchiwaliśmy się w rosnącą wibrację szyn. Wkrótce znaliśmy dokładnie rozkład jazdy pociągów międzynarodowych i te ogromne odległości, które one pokonywały, zadziwiały nas najbardziej.

– Moskwa–Berlin! – obwieszczał niemylnie Zbyszek Młotek i tylko kiwał głową, spoglądając na wynurzające się z hukiem cielska wagonów z obcojęzycznymi napisami. Tam na dworcu pojawiali się rozmaici ludzie. Zarośnięci włóczędzy z tłumokami na plecach polegujący na ławach i pogadujący niemrawo. Łowcy wiejskich

dziewuch zagubionych w wielkim mieście. Oryginało-
wie cierpiący na bezsenność. Złodzieje o rozlatanych
oczach i łatwe kobiety.

Tam też snuł się rudy oberwaniec, zbierający wśród
podróżnych pieniądze w blaszaną puszkę zawieszoną
na szyi. Raz zobaczyliśmy go, jak nagle, powodowany
jakąś tajemniczą siłą, tańczyć począł i wykręcać się
w karkołomnych pozach. Wreszcie upadł, tocząc ślinę
z ust i waląc zajadle głową kamienną posadzkę. Ktoś
wetknął mu klucz w zęby. Wyprężył się i znieruchomiał.
Później przybiegli pielęgniarze w białych fartuchach
z noszami. Czytałem gdzieś, że dawniej uważano epi-
lepsję za świętą chorobę. W tym jego tańcu naprawdę
było coś nadprzyrodzonego. Nawet Zbyszek Młotek,
niełatwo ulegający takim zastanowieniom, powtarzał: –
Kurza jego twarz, co za numer kozacki! – I dziwił się,
jak głowa może wytrzymać takie uderzenia o kamienną
posadzkę.

Wracając z dworca, włóczyliśmy się jeszcze długo,
przypatrywaliśmy się nocnym pracom w mieście. Tramwajarze zmieniający szyny, oślepiające ognie acetyleno-
wych palników. Kanalarze w długich, zawiniętych nad
kolanami butach, którzy unosili ciężkie pokrywy, odkrywając wejścia do cuchnących bebechów miasta.
Znikali tam pod ziemią, czasem dobiegały na górę ich
ochrypłe przekleństwa.

Zobaczyliśmy pewnego razu, jak kanalarze zwabili
do siebie pod brezentowy namiot zakrywający wejście
do kanału pijaną dziewczynę. Ostrożnie podsunęliśmy

się bliżej i obserwowaliśmy tę scenę. Tam pod brezentem świeciła się lampka, a oni poili ją winem. Potem kolejno kładli się na niej w tych długich, ohydnie ubłoconych kanałową mazią butach. Dziewczyna stękała, piszczała, wzdychała, wreszcie zupełnie zacichła. Odeszliśmy stamtąd i długo nic nie mówiliśmy do siebie.

Wreszcie to ciężkie milczenie przerwał Zbyszek Młotek.

– Dobrze jej tak – powiedział zajadle.

A ja zacząłem lżyć ją wymyślnymi słowami. Wtedy spędziliśmy pierwszą noc poza domem, kuląc się z zimna na kamiennych ławach naszej poczekalni EKD i obserwując starą, skretyniałą prostytutkę, która obnażała swoje zniszczone ciało i bełkotała zachęcająco do co młodszych mężczyzn.

Nasze sprawy z dziewczynami też były ciemne i zagmatwane. Nagości podpatrywane w kiblach i krzakach. Połączenie dwóch ciał w zawziętym, pogmatwanym zwarciu. Później kłębiło się to uparcie w głowie i ciemną udrękę jeszcze bardziej potęgowało. Na naszym dalekim przedmieściu nieraz chodziliśmy z Jankiem Piechurem z Bud na carskie forty podglądać tam parzące się pary. Pełzaliśmy w trawie, otaczając upatrzoną zdobycz. Długo syciliśmy się widokiem tej splątanej i podrygującej nagości.

Janek Piechur z Bud podrywał się nagle i zapytywał:

– A placowe, skurwysynu, płaciłeś?

Tak z jakąś zawziętością, pełną chęci i nienawiści zarazem, wciągaliśmy się w sprawy mężczyzn z kobietami. Miałem w tym czasie już swój ideał podniosły. Była nim

Danka, senna i blada dziewczyna z vis-à-vis. Fascynacja ta miała charakter skryty, marzycielski i ani razu do tej Danki się nie odezwałem, tylko serce bolało, kiedy tak szła żwirową drogą, obejmując swego chłopaka. Później, już w Śródmieściu, odbywaliśmy pierwsze zbliżenia w gruzach lub w krzakach nad Wisłą. Były to rozkosze śpieszne, byle jakie, i te kobiety ciągle właśnie dla nas niedostępne, dalekie.

A więc wciąż jeszcze byliśmy nieśmiali. Zbyszek Młotek z tej nieśmiałości chodził i rozganiał dziewczyny. Nie wiedział po prostu, jak gadać z nimi. Najchętniej więc wołał: – Te, lalunia! – Oglądały się, Zbyszek Młotek uśmiechał się głupawo i powiadał: – Ja nie do ciebie, tylko do kunia!

Toteż kiedy ta ładna dziewczyna z rozciętą do połowy uda spódnicą zaczęła gładzić mnie po włosach i spoglądać powłóczyście, zupełnie nie wiedziałem, co robić. Wreszcie odepchnąłem ją i odszedłem śpiesznie.

Starsi chłopcy, dżollerzy, ci co chodzili na fajfy do „Bristolu", uwielbiali śpiew Dżonsonki i Elisabeth Charles, palili Camele, a niektórzy z nich nosili nawet prawdziwe amerykańskie ciuchy z metkami w angielskim języku, więc ci starsi chłopcy patrzyli na nas z góry. „Gnojki" o nas mówili.

Niemałą satysfakcję miał Zbyszek Młotek, który za to obraźliwe słowo walnął w szczękę jednego z nich, takiego eleganta wymuskanego i bezczelnego, a tamten padł jak ścięty. Wtedy dziewczyny patrzyły na Zbyszka Młotka z uznaniem.

Tońko wciąż uprawiał zabawy z pedałami. Sam im się nadstawiał, opanował biegle wachlarz min i gestów. I coraz jakiś za nim szedł smętnie. Nam też to polecał. Polowali oni na nas przecież, głodnych życia, spragnionych i nieobytych.

– Dobrze stoimy na tej giełdzie – chichotał Tońko.

Ryzykanci z tych pedałów poniekąd, bo nieraz w łeb dostawali i portfel czy zegarek musieli oddać. Właśnie Tońko w tym się zaczął specjalizować.

Mówił:

– On mi łapę tam! A ja go za portfel cap! I patrzę mu w ślepia. No to jak będzie z nami, pytam. Albo inaczej: on mi łapę tam, a ja mu prawiczka podgrywam. Wrzeszczę, w michę go raz za razem walę i za zegarek czy sygnet przy okazji… Oni przeważnie strasznie nadziani.

Słuchaliśmy go chętnie, choć głośno wyrażaliśmy sprzeciw. Szczególnie jak Tońko o tej łatwej przyjemności mówił.

– Co tracisz? – zapytywał. – Nic. A jednak lżej się czujesz.

Też myślałem o tym nieraz.

I pamiętam takiego nachalnego ze złamanym nosem, w skórzanej czapeczce, który to mi zaproponował. W „grzybku" to się zdarzyło, czyli w takim miejscu, gdzie sikać się chodziło, na placu Trzech Krzyży w kępie krzewów. Szczerzył zęby i patrzył śmiało w oczy. Poszliśmy Książęcą w dół, na to śmietnisko wśród gruzów. I pozwoliłem mu sięgnąć do rozporka. Dziwnie, wstyd, strach i rozkosz jednak. On wlepiony tą swoją gębą plugawą w moje krocze.

A ja patrzyłem w niebo i wyobrażałem sobie wspaniałe kobiety, które na mnie czekają. Jaki kac potem, ta jego wstrętna, bezczelna gęba, to co mu dałem robić ze sobą tam w rozporku, te pordzewiałe blachy, połamane ramy okienne, puszki po konserwach i nadpalone papiery, w których się tarzaliśmy, i to moje wspaniałych kobiet wyobrażenie. Znów przybyło mi zawziętej goryczy w kącikach ust. Laryngologa z dzieciństwa sobie przypomniałem. Był to lekarz w ośrodku zdrowia i udałem się do niego z powodu bólu gardła. Mały, łysawy i pachnący jakąś mdłą wodą kolońską. Kazał mi mówić „Aaaa", wpychał łyżkę głęboko do przełyku.

– No tak – powiedział i zaczął wypisywać receptę. – Czy całujesz się z dziewczynami? – zwrócił się naraz z pytaniem.

Nie spodziewałem się takiego pytania i zmieszałem się bardzo. Nie całowałem się jeszcze z dziewczynami, ale wykonałem gest głową jakby potwierdzający.

Laryngolog skrzywił się z obrzydzeniem. Wstał od stołu.

– Póki jeszcze możesz, to tego unikaj – powiedział. – One są takie brudne, zębów nie myją, pełno zarazków tam w gębie i z tego rozmaite zakażenia, zapalenia wynikają…

Stworzył ponurą wizję tych chorób z powodu pocałunków z dziewczynami. Podszedł do mnie i pogładził mnie po plecach. Dłoń zsunęła się niżej. Dotarła do pasa. Jakby się ocknął, poprawił okulary i wrócił do stołu.

– Nic poważnego na razie. Masz receptę – zakończył oficjalnym tonem.

Teraz wiedziałem. Był to na pewno pedał. Z mściwą zaciekłością wyobraziłem sobie, jak masakruję go obcasami, a on skowyczy obrzydliwie. Na twarz tego laryngologa nałożyła się twarz faceta w skórzanej czapeczce. Ich dwóch masakrowałem bez litości. Czasami taka żałość mnie brała nad sobą. Najchętniej bym płakał. Jakbym przeczuwał, że przeminie mój czas i nic się nie stanie. Oprócz tych miałkich, brudnych przypadków. A wrócić z powrotem w świat książek już nie mogłem. Przyszły po prostu lata włóczęgi i doświadczeń. Wtedy to prześladowała mnie bezsensowna śpiewka z książki jakiegoś rosyjskiego pisarza: „Przyjdą złości, namiętności i połamią tobie kości". Posępna wróżba, znaczyć to mogło, że lata doświadczeń zniszczą, zamęczą i jałowe zmęczenie tylko pozostanie.

– Zgnoją – powtarzałem z upodobaniem.

Wtedy to słowo było coraz częściej używane. Zbyszek Młotek, choć ciężki w myśleniu, przecież i po ziemi mocno stąpał, najlepiej te nasze rozterki z tamtych lat mimochodem wyraził. Staliśmy już długi czas przy dworcu pod zegarem i nic się nie działo. Niewesołe myśli o domu i rodzicach pętały się na domiar złego po głowie. Nie wracałem już piąty dzień, sypiałem na dworcu i ojciec szukał mnie wszędzie. Zbyszek Młotek znów wycisk potężny od ostatniego kochanka swojej matki dostał i najgorzej gryzł go fakt, że nie mógł dać rady tamtemu. Przychodziły znajome dziewczyny z rozciętymi według mody spódnicami. Paru chłopaków, podrygując w takt jazzu, stało naprzeciw, w bramie prowadzącej do Fotoplastikonu. Zmalały i marny wydawał się nam nagle ten świat Śródmieścia.

– Czasem – odezwał się Zbyszek młotek – tak bym chciał pójść z oczami... Gdzieś daleko, cholera wie gdzie...

Roiło się wtedy od takich jak my chłopaków. Wystawali gdzie bądź i nie wiadomo, na co czekali.

A Książę Nocy nas właśnie sobie wypatrzył.

Już o nim słyszeliśmy niemało. Że jest taki. Taki jakiś. Wszyscy o nim mówili. Czasami się tą naszą trasą przechadza. Żyje, jak chce, i nikt go nie da rady przydusić. Coś kombinuje. Kiedy zamknięty w sobie, nie dochodź do niego. Nagle wesoły, dorożką sobie jeździ, do każdego się śmieje. Dziewczyny do niego lgną. Świat zna jak własną kieszeń. Ale dotąd go jeszcze nie widziałem. Bywał przecież w takich lokalach, gdzie nas nie wpuszczano. Rozległe ma znajomości. Zna przeróżnych takich, co forsy mają jak lodu. Ale powiadano: on czasem wychodzi na szlak. Rozmaitych ludzi lubi poznawać. I tych na dole, i tych na górze. A ten nasz szlak śródmiejski korsem nazywa. I nigdy nie wiadomo, co mu po głowie chodzi... Nieoczekiwane ma kaprysy...

Więc z Księciem Nocy to zaczęło się tak. Akurat sterczałem na pikiecie pod Pedałem (tak ten Fotoplastikon ze względu na właściciela ochrzciliśmy) i próbował dorwać mnie taki stary, wytworny, w złotych okularach. Spojrzał na zegarek i uśmiechnął się porozumiewawczo.

– Nie przyszły nasze panie… – zaczął. – Czekamy, czekamy, a one najzwyczajniej w świecie nawaliły… Albo innych wybrały…

Na nikogo nie czekałem, ale przytaknąłem. Byłem ciekawy. Co z tego wyniknie.

– To beztroskie okrucieństwo kobiet… – ciągnął. – Za prawdziwe uczucie płacą niewiernością. Lekceważenie przyjmują z dreszczem podniecenia. Cóż to za nieprzewidziane istoty…

Znów spojrzał na zegarek.

– I chyba już nie przyjdą.

Dosyć nachalnie mi się przyglądał i uśmiech za uśmiechem posyłał. Znałem się na tym. Te ich sposobiki.

– Cóż pozostaje odtrąconym mężczyznom – zaproponował ten wytworny stary pan w czarnej dyplomatce i złotych okularach – po prostu pójść na wódkę. Zastąpić gorycz niespełnienia, otóż to… – mówił dźwięcznym, lekko nosowym głosem, bulgotliwie zniekształcając „r".

Połapałem się od razu na rodzaju sieci, którą zarzuca. Ale z nudów przyjąłem propozycję. Każdy łowca ciekawił mnie w tym czasie. Jak to robi, dlaczego, i wreszcie to wyczekiwanie: co z tego wyniknie?

W małej knajpce obok mojej kolejki EKD zajęliśmy ustronny stolik i zaczęła się ta rozmowa, obficie zakrapiana wódką, pełna przedłużonych spojrzeń, uśmieszków i lepkiego obmacywania wzrokiem. Wódki nalewał mi raz po raz, sam opuszczał kolejki. Zakąskę zamówił marną (chytrze przy tym przemówił do mojej ambicji: prawdziwe męskie picie odbywa się bez żarcia), i coraz bardziej błyszczała złota oprawa okularów, i coraz bardziej nachylał się do mnie ten wieczorny łowca polujący na chłopaków. Dar wymowy posiadał znaczny, opowiadał o roju dziewcząt, którym jest otoczony; zrazu skromnie tylko opisywał ich urodę i wdzięki; szybko przeszedł do intymniejszych zwierzeń, plastycznie przedstawiał, co robi z nimi podczas zmysłowych igraszek. Właśnie, jak to opowiadał! Moja głodna wyobraźnia, nieźle już pobudzona wódką, coraz łapczywiej w tych mrocznych obszarach zaczęła się poruszać. Widziałem te tapczany, fotele i futra, na których zwierzęco i zarazem niezwykle wyrafinowanie przewalają się nagie ciała. Ten jego głos tak miękko, melodyjnie czarował i czarował, pojawiały się wciąż nowe sytuacje; a oczy za okularami jak bagienne jezioro. Nim się ocknąłem, jego dłoń jak obrzydliwie ciepły kotlet spoczywała na moim kolanie. Odsunąłem się gwałtownie. Bałem się. Siebie, swojej łapczywej wyobraźni i jego wypróbowanych sztuczek. Byłem już na tej niebezpiecznej krawędzi, kiedy wystarczy przymknąć oczy i dać się ponieść tym wirującym kusząco obrazom; zgodzić się na wszystko. Moje ciało pulsowało zdradziecko. Więc odsunąłem się gwałtownie i tę łapę jadowitą ze swego uda strąciłem. Wtedy posłyszałem z tyłu ostry, przeszywający szept:

– Nie ulegaj naiwnym emocjom, panuj nad swoim strachem, nie masz powodu bać się niczego, śmiej się z tych rajdów erotycznych, to tylko wytrych do twoich spodni, wygaś więc podniecenie i śmiej się z tego, omotaj ofiarę uległością, słodyczą i wdziękiem, a dopiero wtedy będziesz górą. I napchasz sobie do pełna kabzę, i wtedy dopiero możesz rozbić ten obmierzły, spocony pysk. Nie zatrzymuj się nigdy w połowie drogi, tę grę musisz doprowadzić do końca. I pamiętaj: to nie ty jesteś bezbronny, ale on obnaża się i traci kontrolę. Minie jeszcze chwila i będziesz mógł lepić to mięcho, tę padlinę starą i gnijącą, jak plastelinę…

Szept to był tak sugestywny, że choć nie wiedziałem, kto mówi, posłuchałem bez wahania i przyjąłem znów tę obrzydliwą dłoń na swoje udo. Pozwoliłem jej nawet posuwać się coraz wyżej. Ten głos z tyłu pouczał mnie spokojnie i metodycznie:

– A teraz, kiedy doprowadziłeś go już prawie do szczytu, zamykaj potrzask, wymów się brakiem czasu, czym chcesz zresztą, pożycz trochę pieniędzy i umów się na następny wieczór, ofiara już ślepa i bezbronna, niechybnie zgodzi się na twoje warunki.

Nie czułem już niepokoju, łapczywość niebezpieczna wyobraźni wygasła teraz i jak żołnierz na służbie wykonywałem szeptem polecenia.

W pewnym momencie mój pedał usłyszał ten szept. Zareagował protestem.

– Ja sobie wypraszam!

Głos z tyłu zasyczał złowrogo:

– Milcz! I uważaj, żebyś nie miał przykrości, zboczeńcze!

Roześmiałem się wesoło. Z tyłu czuwał nad wszystkim stręczyciel groźny i nieznany. Nie chciałem się oglądać. Ta anonimowość podobała mi się najbardziej. Któż to mógł być? A ten w złotych okularach zgodził się na moje ultimatum. Umówiliśmy się na następny dzień. Poprosiłem o pożyczkę. Bez wahania sięgnął do portfela. Wyciągnął kilka papierków.

– Mało! – znów szept – rozkaz z tyłu.

– Mało – powtórzyłem.

Ten w okularach dołożył jeszcze jeden papierek.

Tak oto poznałem Księcia Nocy. Zawiedziony pedał poszedł sobie, a my zawarliśmy znajomość. Ten jego nos krogulczy i oczy jak płomienie. Chichot, którym żegnał pedała... Oświadczył z nonszalancją, że nudzi się tego wieczoru i zaszedł tu przypakiem, a zobaczywszy mnie w pajęczej sieci pedalskich zabiegów, postanowił zaimprowizować jakąś rozrywkę.

– Ponadto – dodał – byłem bez pieniędzy. I zarobiliśmy sobie na ten zapoznawczy wieczór.

Od razu też przedstawił dalsze plany wobec tego w złotych okularach. Miałem spotkać się z nim następnego wieczoru i dotrzeć do jego mieszkania. Książę Nocy jak cień będzie sunął na nami. I tak coraz konkretniej tę akcję „Pedał" przedstawiał. Już byliśmy u naszej ofiary. Książę Nocy wchodzi chyłkiem, niezauważony. Ja pozostawiłem otwarte drzwi. Ukrywa się za kotarą. Albo jeszcze inaczej. Zdobywam klucz lub też robimy odcisk klucza. Nie! Lepszy będzie jednak szantaż. Pedał bezbronny i uległy. Spokojnie, metodycznie penetrujemy szafy, szuflady i rozmaite schowki. Znajdujemy przy okazji kolekcję zdjęć właściciela z młodymi chłopakami. Wszyscy oni nieletni, nagusieńcy – w sposób oczywisty deprawacja. To jeszcze bardziej wzmacnia atuty naszego szantażu. Odbywa się cała ta akcja w ustronnej willi na Kolonii Staszica. Pedalskie uroczysko ze smakiem i przepychem urządzone. Antyczne meble, inkrustowane biureczka, świeczniki z brązu, porcelanowe cacuszka, pociemniałe ze starości obrazy i zegary, czerwone zasłony i białe futra na podłodze. Woń jakiegoś wschodniego kadzidła, duszna, odurzająca. Pęcznieje łup z tego szantażu. Z pieniędzy zrezygnowaliśmy. Zabieramy biżuterię i dwie paczki dolarowych banknotów. Spokojnie otwieramy drzwi. Adieu, mówi Książę Nocy. I oto sprawa z pedałem, czyli akcja „Pedał", przestała go już interesować. Na żadne konkretne plany już nie miał ochoty. Jakby wycisnął już wszystko, stwarzając te fikcyjną sytuację z szantażem. Zabawił się do syta i znudzony porzucił zabawkę.

– Zboczeniec – machnął lekceważąco ręką. – Nudne ścierwo. Trzeba zająć się czymś ciekawszym…

A pomysłów miał mnóstwo, wszystkie pełne rozmachu, brawury, lekkości i barwy, aż rozsadzały tę małą, obskurną i zatłoczoną knajpę. Pierwszy raz tutaj, na Śródmieściu, coś mi się zaczęło odsłaniać, nowe szanse, nowy świat. Aż kipiało tym podczas mojej pierwszej rozmowy z Księciem Nocy. Raz mieliśmy pieniądze i towarzyszył nam przepych, to znów ukrywaliśmy się w stogach siana i ścigali nas rozjuszeni wieśniacy z widłami, bywaliśmy też w wytwornym towarzystwie, gdzie mówiło się po francusku, i piękne kobiety nie stawiały nam żadnego oporu, potem lecieliśmy samolotem, niedbale rozparci na miękkich fotelach, i uśmiechnięta stewardessa poiła nas zagranicznymi trunkami, równie nagle wracaliśmy na ziemię, walczyliśmy z szajką plugawych opryszków, cmentarnych hien, nasze pięści z łatwością dawały sobie z nimi radę.

– Takie jest życie ze mną – uśmiechał się tajemniczo Książę Nocy.

Te dni, tygodnie, miesiące... To nasze łażenie po Śródmieściu, wśród knajp i ruin. Przygodne znajomości. Dziewczyny i wódka. Doświadczenia w krzakach nad Wisłą. To nasze chciwe wsłuchiwanie się w przeraźliwe głosy syren pogotowia ratunkowego i milicyjnych wozów. Mówiliśmy wtedy: O, coś się stało! Może napad, może afera jakaś? Może uciekają, strzelają?

Syreny już ucichły, a my staliśmy zapatrzeni gdzieś daleko.

I oto poznałem Księcia Nocy.

Zbyszka Młotka to on wyłuskał znacznie później. Też nudno i licho żył ten chłopak, mój kumpel jeszcze z zabaw na carskich fortach. Tylko te swoje żebra zrośnięte miał. Gadał o nich do znudzenia. Ale sam przecież dobrze wiedział, że te żebra to nic prawie. Kto, jak nie Zbyszek Młotek, wieczorami gnał w te krzaki przy kościele Świętej Barbary. Ciągnęło go tam nieprzeparcie. Biegał jak kot z pęcherzem, odkąd na dziedzińcu kościoła zwinięto tych z Burmajstrem na czele, co to, jak mówiono, broń mieli i nawet radiostację. W związku z tym Zbyszek Młotek wyobrażał sobie Bóg wie co.

– Tam to było... – mówił i dalej brakowało mu słów. – Chłopaki się zbierali – znów po chwili – i kombinowali fajne numery...

Przystawał zadyszany w tych krzakach przy ceglastym murze, zadzierał głowę i patrzył na kościelną wieżę. Najchętniej właśnie na kościelną wieżę. Wyobrażał sobie, że tam musiała być radiostacja, i te sygnały tajemnicze, szyfry i meldunki wysyłane w szeroki świat fascynowały go najbardziej. Postukiwał palcami w mur, naśladując alfabet Morse'a.

– Tak gadali, z kim chcieli – uśmiechał się i na długi czas pozostawał z rozchylonymi ustami.

Ta sprawa tkwiła w nim mocno i wkrótce zaczęło mu się wydawać, że znał Burmajstra.

– Chłopak z pikiety. Taki czarny, elegancki. Nieraz zabuszowałem z nim.

Ten ustronny kościół wśród starych drzew działał również na moją wyobraźnię. Blisko stamtąd na Pocztę Główną. Też kuszące miejsce. Podjeżdżają pocztowe ambulanse, pełne listów i przesyłek. Ta wielka hala telefonów. Raz udało się nam podejść pod oszklone drzwi tej hali. Sygnały, trzaski i warkoty, narastające i zamierające dźwięki, rój telefonistek, wyciągają i wkładają kolorowe wtyczki, pełno splątanych drutów, telefonistki wywołują przeróżne miasta, bliskie i dalekie. Staliśmy jak urzeczeni, dopóki nie zbudził się stary strażnik, śpiący na krzesełku z karabinem między nogami. Podniósł się, przetarł oczy, nałożył na ramię karabin i powiedział surowo: – Tutaj wchodzić nie wolno!

– Burmajster już by sobie z takim poradził – szepnął wtedy Zbyszek Młotek.

Lepiej więc Książę Nocy wybrać nie mógł. My dwaj, Zbyszek Młotek i ja, wiele sobie obiecywaliśmy po tej znajomości. I czekaliśmy niecierpliwie na jego polecenia. Kruczoczarny, nieco przysypany popiołem siwizny, ten nos i pałące oczy. Umiał swój wygląd podkreślić ubiorem, ta apaszka w rdzawe jak krew plamy, krawat bajecznie kolorowy i czarny jak całun żałobny płaszcz. Machał do nas ręką. Więc zapamiętał.

– Cześć, chłopcy! – wołał. – Na razie jestem zajęty!

Wyróżniał się wśród wszystkich znanych nam na Śródmieściu osobistości. Był jeszcze taki jeden, wesoły, zawsze uśmiechnięty, monstrualnie gruby, ulubieniec starszych kobiet, Zagłobą nazywany. Ale o nim Książę Nocy wyrażał się z pogardą.

– Nie ma żadnej filozofii, jedynie system trawienny i lenistwo bez miary. Typu jaskiniowego raczej...

Więc ten Zagłoba przy nim jak plebejusz przy arystokracie. Przymilał się do niego zresztą. Witając się, próbował wstawać. Z trudem unosił swoje cielsko z krzesła.

Ponadto Książę Nocy cieszył się dużo większą popularnością. Widywaliśmy go w otoczeniu aferzystów handlujących złotem, obtatuowanych złodziejaszków o rozlatanym spojrzeniu, nobliwych, staroświecko ubranych pań, eleganckich hulaków, facetów z teczkami, których tytułował redaktorami, a przede wszystkim dziewczyn trudniących się wiadomą profesją. Jego głos, niski, aksamitny, nagle przechodził w świszczący szept. Słuchano go pilnie. Choć bywały też uśmieszki, które nie uszły naszej uwagi. Można powiedzieć, znaczące to były uśmieszki, pobłażliwe, ironiczne.

Takim właśnie uśmieszkiem potraktował Księcia ten gruby, co palił fajkę, mówiono, że w wojnę był żydowskim policjantem i teraz robi duże pieniądze. Książę Nocy przysiadł się do jego stolika w tej kawiarni najważniejszej na szlaku i mówił coś z ożywieniem, gestykulując porywczo. Tamten słuchał obojętnie, wreszcie zastukał łyżeczką w blat stolika. Przybiegł kelner, kłaniając się tym charakterystycznym lokajskim skłonem, stosowanym tylko wobec najważniejszych gości.

– Jeszcze jeden miętowy – zamówił Policjant. I tak chłodno, z góry patrzył na Księcia Nocy. Oczy miał nieprzytomnie wyłupiaste, jak osadzone na szypułkach. – Takie brednie – usłyszałem wyraźnie, co powiedział – dobre dla żółtodziobów albo pismaków. Mnie to nie interesuje. Nie mam czasu.

A Książę Nocy opuścił głowę niczym skarcony uczniak. Policjant powoli sączył zielony trunek. Książę Nocy wstał i wyciągnął rękę. Tamten swojej dłoni mu nie podał. Popatrzył tylko chłodno, obojętnie.

Zastanawiałem się nad ta sceną. Ale Zbyszkowi Młotkowi nic o tym nie powiedziałem. Nasza znajomość z Księciem Nocy została wkrótce przypieczętowana flaszką wódki wypitą w bramie.

– Prosto do gardła – pouczał Książę. – Najlepiej wchodzi.

Demonstrował tę trudną sztukę picia, polegającą na wlewaniu wódki z pewnej odległości bezpośrednio do przełyku. I nie śmiał się wcale, kiedy zakrztusiłem się okropnie. A tę wódę śmierdzącą w zaszczanej bramie, gdzie od klozetu do śmietnika przebiegały szczury, też zaczarował po swojemu, opowiadając nagle o swojej przedwojennej wyprawie na Huculszczyznę, podczas której sypiał w pasterskich kolibach na połoninach i wsłuchiwał się w melancholijne dźwięki trombity, przemierzał górskie uroczyska i pił w żydowskich szynkach na rozstajnych drogach palącą pejsachówkę.

Na koniec, wpijając w nas swe dramatyczne oczy, powiedział:

– Moja stajnia jest zagrożona!

Wtedy Zbyszek Młotek aż zadygotał z gotowości. Na niego to hasło – stajnia – działało jak prąd. Był bardzo silnym i nim zaczęliśmy buszować po Śródmieściu, pracował przy kopaniu studzien. Ale od poznania Księcia Nocy zrezygnował nawet z myśli o jakiejkolwiek pracy. Wystarczył jeden monolog naszego mistrza o bezsensie pracy (ułożył na poczekaniu łacińskie porzekadło: Laborare nihil est) i znikomości korzyści z niej płynących. Kpił bezlitośnie z zatyranych, mułami ich nazywając, ośmieszał niezmienny, uregulowany rytm ludzkich zajęć i podsumował wieloznacznym a pociągającym: – Należy zawsze szukać niespodzianki. Niespodzianka gdzieś jest, opodal, mówię wam, pozornie niedostępna, lecz przy łucie szczęścia okaże się, że leży na wierzchu. – Niedbałym teatralnym gestem wskazał na te dziewczyny, które obsiadywały stoliki kawiarni najważniejszej na szlaku. – Kochają mnie one... A ja jestem twardy jak głaz. Za to jeszcze bardziej kochają. I bić trzeba czasem dla przykładu. To też uwielbiają... Masochizm kobiet... Jakaż to ciekawa dziedzina... – dodał z drapieżnym uśmieszkiem aktora sadysty. – Oczywiście jest to tylko margines moich zajęć...

Nieraz widywaliśmy Księcia Nocy w towarzystwie tych dziewczyn.

– Mieć takie damulki – ożywił się Zbyszek Młotek. – Można żyć sobie jak sułtan.

Ostatnio wpadła mu w ręce jakaś książka o haremach i meczetach, fatimach i bogatych, lubieżnych Turkach. Ten Wschód pełen wonności, złota, lenistwa i okrucieństwa bardzo mu się spodobał. Wtedy w bramie Książę Nocy wprowadził nas w istotę zagrożenia swojej stajni. Dwie jego dziewczyny, najbardziej chodliwe na giełdzie, okazały się również najbardziej niesforne. Wyłamały się z ryzów posłuszeństwa, już trzeci dzień nie pokazują się w kawiarni i jak mu doniesiono, zabawiają się w pewnym mieszkaniu z mężczyznami. I co w tym najważniejsze, te uciechy są zupełnie bezinteresowne.

– Uległy – mówił Książę Nocy z pogardą – zagrożeniu dość częstemu dla istot pospolitych. Brak świadomości, przewaga zwierzęcych instynktów, po prostu niezbyt rozwinięty intelekt stwarza podatne warunki dla wszelkiego uczciwego oszukaństwa. Otóż jacyś faceci gorącymi zapewnieniami uczucia, pożądania, adoracji tak nafaszerowali te samice, że uległy złudzeniom i oddały się rozkoszy bezinteresownej... Wasze zadanie – zakończył stylem dowódcy wydającego ostatnie dyspozycje przed akcją – wyrzucić tych spryciarzy i oczyścić plac boju dla Księcia Nocy!

I to również działało niezwykle. Te afery nieźle już nam znane i zwyczajne nazywał inaczej i przez to inne wszystko od razu się stawało. Unikał cwaniackiej gwary, rzadko pomagał sobie przekleństwem, chyba że bardzo wyszukanym lub obcojęzycznym. I tak właśnie wszystko inaczej w jego opowieściach wyglądało.

Udaliśmy się pod wskazany adres. Szczeniak byłem wtedy zupełny i migotało to mi kolorowo. Te wyprawę traktowałem jako wydarzenie niezwykłe. Siłę tego przeżycia potęgował fakt, że wychowany w raczej purytańskiej, surowej klauzuli moralnej, przyjmowałem poglądy Księcia Nocy z uczuciem pewnego szoku, widziałem w tym wolność i wyzwanie, zabawę i kpinę, niezwykłość i awanturę.

Tak oto wkraczałem w nowe obszary i trzymałem twarz jak maskę, żeby mój kumpel Zbyszek Młotek nie zauważył żadnego niepokoju lub naiwności. Bardzo chciałem uchodzić w jego oczach za cynicznego i doświadczonego.

– Stajnia – powtarzałem to słowo, tak niezwykłe w zastosowaniu do treści, którą za sobą kryło. – Stajnia.

Po drodze Książę Nocy opowiadał nam o kobietach. Posiadał w swojej kolekcji rozkapryszone aktorki, damy z towarzystwa, Francuzice, jak mówił, żony dyplomatów, gorące Cyganki, co z kartami włóczą się po pakach, bogate wdowy i rozkapryszone jedynaczki. A tłem tych historii miłosnych był cały świat, wymieniał niedbale nazwy hoteli w Rzymie i Londynie – stanąłem wtedy w Hiltonie – mówił – liftboy bierze mój neseser – kabarety w Paryżu i zakazane spelunki w Palermo, zachód słońca na Majorce czy arcydzieła gotyckiego budownictwa w Normandii. Skala uciech z tymi kobietami przekraczała nasze najśmielsze wyobrażenia o możliwościach w tej dziedzinie. Oczy Zbyszka Młotka stały się zupełnie okrągłe. Ja przede wszystkim rozkoszowałem się barwną urodą tych opowieści. Następnie przeszedł Książę Nocy do innych swoich wyczynów: krwawych pojedynków z przeciwnikami rozsianymi w wielu miejscach Europy oraz konfliktów z władzą, gdzie występował jako odważny straceniec, niczym dziewiętnastowieczny anarchista. A wszelkich reprezentantów władzy wywodził z Beocji, krainy tępych ograniczonych ludzi w starożytnej Grecji. W ogóle wszystkich do jakiegokolwiek rydwanu wprzęgniętych nazywał Beotami.

– Beoci! – mówił z lodowatą pogardą.

Powoli ogarniał nas chaos niezwykły, mieszały się fakty i wydarzenia z odległych i najbliższych czasów, barwna galeria postaci, poczynając od wykwintnych arystokratów do małych złodziejaszków i oszustów, strzępy jego dzieciństwa, bona, która prowadzi go za rękę alejkami Ogrodu Botanicznego, automobil ojca, jeden z pierwszych w tym czasie, podkreślał, Lancia, zwiedzanie ruin rzymskiej Pompei, wilczyca i jej synowie, Remus i Romulus, wycieczkę zorganizowało towarzystwo podróży Coo-ka, naraz wkraczaliśmy na chwilę w czas wojny, łapanki i strzelanina, konspiracyjne lokale, Książę Nocy z butelką benzyny na czołg, znów przeskok wstecz, wynurzyła się z tamtego czasu postać sławnego kasiarza Szpicbródki – mój chrzestny ojciec – powiedział z dumą Książę Nocy.

Rozległa to była mozaika i aż zatykał ten rozmach w przestawieniu czasu, wydarzeń, ludzi.

– Czy to prawda wszystko? – zdążył zapytać w trakcie wysiadania z taksówki Zbyszek Młotek. I jeszcze dodał: – Co za cholerstwo ci Beoci?

Wzruszyłem ramionami. Dla mnie było to zupełnie nieważne. Tak właśnie myślę teraz, próbując odgrzebać tamten czas. Nie była to świadoma postawa, ale intuicyjnie od początku chyba prawda, realność – te kryteria w znajomości z Księciem Nocy nie odgrywały żadnej roli. Przyjąłem po prostu jego świat. To, co mówił, to, co sobie wyobrażał.

Takie to wszystko naiwną tandetą podszyte, powiem być może teraz, po tylu latach. Lecz wtedy, kiedy dysząc z pragnienia, biegałem po Śródmieściu, to było dla mnie w sam raz. Dla mnie i tylu innych chłopaków. Tym swoim wytrychem mnóstwo klapek w nas poodmykał ten kapłan Czarnej Magii.

Dom był sześciopiętrowy, stary, z wewnętrznym podwórzem i ponurymi, podziobanymi przez pociski murami. Wpatrzyłem się w czerwony migot lampki na świętą figurę i tak lekko, swobodnie się poczułem. Jakby te więzy, które dotąd krępowały dokuczliwie, przestały cisnąć i ograniczać ruchy. Opadły, rozcięte jednym jedynym pociągnięciem noża.

– Co krok może być niespodzianka – tak brzmiały słowa Księcia Nocy.

I ta przestroga jeszcze: droga może być ciężka, kamienista, ale cel za to jaki!!! Wkraczałem w królestwo Niespodzianki. Jak śmiesznie brzmiały niedawne nauki ojca. Uczyć się, później pracować, żyć mozolnie i uczciwie, szanować przełożonych, dopiero wtedy można coś osiągnąć. Nuda, cierpliwość i wiecznie pochylony kark. A tu nic, wszystko z nagła i niczym nieskrępowane. Nie wiem czemu, przypętało się do mnie takie idiotyczne: „Bóg, róg, mara, wiara" – i powtarzając te cztery słowa, jeszcze bardziej się w swojej lekkości utwierdzałem. Wspinaliśmy się po wyślizganych, kamiennych schodach, szliśmy długim ciemnym korytarzem, przesyconym zapachem stęchlizny. Zatrzymaliśmy się przed drzwiami z numerem trzynastym. Ten numer zapamiętałem na lata całe, bo Książę Nocy przywiązywał znaczenie do liczb nieparzystych. Drzwi były zamknięte na zasuwę, ale Zbyszek Młotek bez szczególnego trudu dał sobie z tym radę. Po prostu naparł ciężarem swego ciała i zamek ustąpił z trzaskiem. A wewnątrz rozbebeszone kłębowisko czterech nagich ciał. Jedna para splątana groteskowo na dywanie. Druga w łóżku. Włochate pośladki mężczyzny, rozwalone uda kobiety, zmierzwione włosy i ręce zastygłe w zachłannych uściskach, spod różowej zmiętej w kupę damskiej bielizny wysuwały się czyjeś stopy z obrzydliwie żółtymi piętami. Wszystko to podrygiwało i bulgotało we śnie. Hałas spowodowany naszym wtargnięciem, nie zbudził ich wcale.

– Wyrzucić gachów! – polecił Książę Nocy.

Zabraliśmy się do tego z gorliwością, spotęgowaną jeszcze przez zażenowanie. Nieczęsto przecież taką nagość widywaliśmy. Zbyszek Młotek pochylił się i ująwszy jednego z mężczyzn za stopy, począł wlec go w kierunku drzwi. Poszedłem za jego przykładem. Ten, którym się zająłem, był łysawy, z wydatnym brzuchem. Głowa obijała mu się jak bilardowa kula po podłodze i postękiwał cienko. Naraz otworzył oczy i powiódł po nas przerażonym, niezupełnie przytomnym wzrokiem. Drugi, młodszy, o policzkach pokrytych gęstym, czarnym zarostem, ocknął się całkowicie i spróbował kopnięciem wyzwolić się z uchwytu żelaznych łap Zbyszka Młotka. Otrzymał mocny cios pięścią w usta. Pokazała się krew. Wystraszył się, jego bojowość wygasła od razu. Obaj już w pośpiechu zbierali swoje ciuchy. Nadzy i niezgrabnie próbując osłaniać przyrodzenie, wyrwani z głębokiego snu, ciągle nie bardzo wiedzieli, co się dzieje. Pierwszy wyskoczył ten starszy, z brzuchem. Młodszy spojrzał na nas wściekle i wymamrotał: – Jeszcze się spotkamy! – Leniwy zamach pięści Zbyszka Młotka wygonił go za drzwi. Dopiero wtedy zbudziły się kobiety. Pierwsza zerwała się Ita. Ta Ita, o której tyle słyszałem. Najwspanialsza dama miasta, jak mówił Książę. Ta Piękna Ita o popielatych, błyszczących jak rtęć włosach. Kobieta wieloryb, jak mówił Książę, sam bezwstyd, wyuzdanie i piękno. W tej chwili wyglądała odrażająco, rozczochrane i bez połysku włosy, zaklejone ropą oczy i rozmazany tusz na twarzy, a ciało miała sinawe z gęsią skórką od zimna. Tak stała, chwiejąc się, i ten bulgot czy ziewanie, co wydobywało się z jej ust. I po prostu starość wyszła na jej twarz, niewidoczna tam, w kawiarni, doskonale ukryta pod warstwą kosmetyków.

Taka to nastąpiła odsłona. Nieraz wyobrażałem sobie tę Itę bez niczego. Nagą, wspaniałą. Tę smukłą, strojnie ubraną kobietę z lawiną popielatych włosów i zastanawiającym błyskiem zielonkawych oczu. Teraz była naga, ciągle jeszcze półprzytomna, kolebała się na szeroko rozstawionych nogach. Jedną ręką drapała się po karku. Zawzięcie i z uporem; słychać było suchy szelest paznokci orzących to swędzące miejsce. Paznokcie dały ulgę, zwierzęcą błogość na jej twarzy. Było w tym coś kociego. I tak kolebała się na szeroko rozstawionych nogach. Zmęczone pijacką orgią kobiece ciało. Ziąb był w tym pokoju jak w kostnicy i dygotać zaczęła w swojej kusej koszuli. Widać było owłosione podbrzusze i widok ten wcale pożądania we mnie nie wzbudzał.

Ita chwilę rozglądała się po pokoju, zatrzymała wzrok gdzieś przed sobą i tak po omacku podeszła do elektrycznej maszynki stojącej na podłodze. Włączyła sznur do kontaktu w ścianie, spirale rozjarzyły się czerwienią i ona, ta Piękna Ita, okrakiem kucnęła nad maszynką. Patrzyłem wstrząśnięty. A Książę Nocy zachichotał wesoło. W tej odsłonie Piękna Ita była najstraszniejsza, taka ropusza wstrętność i rozmemłanie biły stamtąd wraz z ciepłem. To ciepło z maszynki ożywiło kobietę. Machinalnie poprawiła włosy. Spojrzała na mnie i oczy znów miała piękne. Był to taki moment króciutki, patrzyła coraz bardziej uważnie i coś jak cień zalotnego uśmiechu zamajaczyło jej koło ust.

– Znów – mruknęła – szczeniakowi jakiemuś wszystko w głowie poprzestawiasz... – I równie machinalnie, ale czułem, że czyni to dla mnie, tak dłońmi podparła swoje piersi, że stały się one pełne, sprężone i sterczące.

Zaraz przeniosła spojrzenie na Księcia Nocy i nagle poderwała się jak tygrysica.

– Ty szmatławcu!! – wrzasnęła, głos był płaski, ochrypły, tandetny; w niczym niepodobny do tych melodyjnych, pieszczotliwych i głębokich szeptów, jakimi w kawiarni obdarzała swoich wielbicieli. – Ty szmatławcu! Jakim prawem wpieprzasz się w moje spawy!

Druga kobieta, tęga, o lalkowatej, martwej twarzy, powtarzała tylko:

– Gdzie mój słodki blondasek, gdzie?

Książę Nocy podniósł rękę i zaczął dostojnym głosem arcykapłana:

– Moi ludzie po prostu usunęli...

Nie dokończył. Ita skoczyła do niego. Wyciągnęła palce ozdobione długimi jak szpony paznokciami. Osłonił ramieniem twarz.

– Wyjdźcie! – zdążył wydać nam polecenie.

Wyszliśmy posłusznie na korytarz. Stojąc przy drzwiach, wsłuchiwaliśmy się w wymyślne przekleństwa Pięknej Ity. Właściwie ja tylko słuchałem. Zbyszek Młotek, zadowolony ze swego wyczynu, powtarzał:

– Ale mu przypaskudziłem, widziałeś, na początku tak się stawiał, i szybko rura mu zmiękła, no nie? – Podrażniony też tą nagością przewalającą się tam za drzwiami dodał bez związku: – Ale cielska!

Wsłuchiwałem się z uwagą w obelgi, którymi Ita ciskała w Księcia Nocy. Nazywała go ohydnym szczurem, szmatławym natrętem, kłamcą, błaznem i żebrakiem.

– Nigdy – jeszcze bardziej podniosła głos – nie dostaniesz ode mnie nawet złamanego grosza! I jeżeli kiedyś ośmielisz się podejść do naszego stolika, napluję ci w ten pysk klowna, pamiętaj!

– Iciu... – zaczął słodko Książę Nocy.

Dalej już tylko odgłosy szamotaniny, donośne klaśnięcie, nieartykułowany wrzask. Drzwi otworzyły się z rozmachem. Wyskoczył stamtąd Książę Nocy. Na policzku zakwitły mu dwie krwawe pręgi od pazurów Ity. Oddychał nierówno i miał zarzucony na plecy krawat.

Ochłonąwszy, odezwał się ściszonym głosem:

– Muszę się trochę uspokoić, skarciłem je dosyć surowo. Właściwie nie lubię tego. Brzydzę się... Jednak wobec tak rozbuchanych klaczy trzeba stosować represje na przemian z czułością. Taka metoda huśtawki, rozumiecie?

Potakiwaliśmy gorliwie. Choć Zbyszek Młotek przyglądał mu się jakoś podejrzliwie. Ja jednak nie miałem żadnych wątpliwości. A niezgodność tego, co mówił, z tym, co słyszałem przed chwilą zza drzwi, wcale mnie nie dziwiła.

Odtąd już nieprzerwanie rzeczywiste zdarzenia i ich widzenie przez Księcia Nocy biegły zupełnie odrębnymi torami. I odtąd na wszystko patrzyłem przez pryzmat je-

go fantazji, kłamstwa, wyobraźni, nie wiem, jak to nazwać. Bo choćby ten nieszczęsny pedał z knajpy „Przystanek", naciągnięty po cwaniacku na forsę i wypędzo-
ny później. Na stałe już zostanie w mojej pamięci jako
ktoś groźny, cyniczny, bezwzględny i niezwykły. Taki car
pedałów, Rasputin od chłopaczków. Tak już pozostanie.
Bez względu na fakty i być może zgoła odmienny wizerunek z tych faktów wynikający.

Kiedyś zobaczyłem Księcia Nocy z tym pedałem właśnie. Pogrążeni w serdecznej rozmowie i poklepywaniu;
rzucało się w oczy, że w dobrej byli komitywie. Może
Książę Nocy stręczył mu chłopaków? Przecież takim
mirem cieszył się na śródmiejskiej pikiecie, mógł więc
przebierać jak w ulęgałkach. Na mój widok Książę Nocy
przerwał rozmowę z tym pedałem w złotych okularach
i taki błysk, jakby namysł w jego oczach. Może i mnie
chciał temu w złotych okularach… Może zapomniał, że
znałem go przecież. A jeszcze później na poczekaniu taki malowniczy wizerunek tego faceta stworzył. I sam
chyba święcie w to wierzył. Fascynacja była w nim i zapał. Taki portret wewnętrzny człowieka dużego wymiaru
targanego burzliwymi namiętnościami, o skomplikowa-
nym życiu rodzinnym, dramat żony, która od lat wie
o tym, garb kompleksów niemały do dźwigania przez
syna, nawet w dalszym planie majaczył delikatnie zazna-
czony ścieg, że i do syna niezdrowe skłonności w nim
kiełkują. Te jego wieczne łowy na chłopaków, w kinach,
wychodkach, na przystankach, w parkach, wszędzie.
Równocześnie zimny, bezwzględny, w żadne uczucia nie

wierzy, tych chłopaków przemocą i pieniędzmi zdoby-
wa. Bywały też mroczne wiry, ktoś wyłowiony z Wisły,
ktoś skatowany w gruzach, jakiś efeb niezwykłej urody
truje się gazem. Taka ciemna, zepsuta aura orgii i miło-
stek. Przewijali się w tej opowieści herbowi birbanci,
międzynarodówka pedrylów, esesmani i partyzanci; jak
zawsze, Książę Nocy w odległe czasy sięgał z upodobaniem. I nie wiem, prawda to czy nie... I czy znał go
już wtedy, gdy zza moich pleców jego szept kierował
moim postępowaniem w knajpie „Przystanek"? Nic nie
wiem. I nieważne to wcale. Już tylko wyłącznie w tym
nasyconym migotliwą barwą i namiętnością wymiarze
widziałem mężczyznę w złotych okularach. Księcia Pedałów. Tak go sobie nazwałem. W długi czas potem
znalazłem się w praskiej knajpie paserów i aferzystów
z bazaru. Tam zobaczyłem tego w złotych okularach
z jakimś młodzieńcem o wyglądzie osiłka. Mocno już
wódką uraczeni, gładzić się i pieścić bezwstydnie zaczęli. Tutejsi bywalcy, niezwyczajni pedalskiego migdalenia,
popluwali i klęli coraz głośniej, wzburzeni tym niezwykłym widowiskiem. Wtedy mężczyzna w złotych okularach ziewnął, rozejrzał się wyzywająco po sali i powiedział bardzo głośno: – Jak tu nudno! – Wyszczerzył zęby
(dopiero wtedy zauważyłem, że ma kilka złotych zębów),
znowu nachylił się do osiłka i dłoń mu na udzie położył.
Osiłek wypiął swoją szeroką pierś i tak uważnie, ponuro
po stolikach popatrzył. Po tym pokazie siły i niemym
wyzwaniu tutejsi bywalcy przestali się nimi interesować.
Poddali się po prostu. W każdym razie, jeżeli fikcją

wszystko poprzednie, to rzeczywistość ostatnia przyszła
Księciu Nocy w sukurs. Zginął ten mężczyzna w złotych
okularach na posterunku. Zatłuczony cegłą. Być może
łowił, polował; być może trafił na rabusia specjalizujące-
go się, jak niegdyś Tońko, w takich ofiarach; a może
z uczuciowych powodów rozgrywka.

To zdarzyło się w gruzach, w ostatniej enklawie gruzów, bo wtedy miasto zmieniało swój wygląd ostatecznie. Taką klamrą dramatycznej śmierci zamknęło się
życie mężczyzny w złotych okularach.

Nieważne więc, jak właściwie było z tą stajnią. Stajnia rzeczywista czy jego wymysł tylko. Kiedy schodzili-
śmy po tych kamiennych wyślizganych schodach, Książę Nocy powiedział ze szczerym zadowoleniem:

– Okiełznane klacze, spokój w stajni, dziękuję wam,
chłopcy.

– Ty... – wkrótce potem zakiełkowała pierwsza wątpliwość w realistycznym umyśle Zbyszka Młotka. –
Ty... czy on czasem nie polewa aby za bardzo... no
wiesz... Znaczy bajer tylko. Albo... – jego dłoń niepewnie powędrowała do czoła, ale zatrzymał ją w połowie drogi.

Myślał nad tym intensywnie i szukał w moich
oczach odpowiedzi. Zaprzeczyłem stanowczo. Przesta-
liśmy o tym mówić. Książę Nocy natomiast chętnie nadal opowiadał, jak to tresuje swoją stajnię, karci surowo
te kobiety. Piękną Itę i drugą tłustą, o twarzy lalki; jak te
ćwiczone przez niego pejczem prostytuty, tak je nazywał ze wzgardą posiadacza, skamlą i stopy mu liżą, tak

surowo trzymane w wędzidłach, kawaleryjska szkoła, znów, mówił, chodzą w miasto i polują na klientów, oddając co do grosza swój nocny urobek.

Opowiadając, chętnie przytaczał pamiętny epizod, w którym i my uczestniczyliśmy nader czynnie; a ja ani słowem nie protestowałem. Nawet tak jakbym widział te kobiety pokorne i gotowe na każde jego skinienie. Nie obchodziły mnie wcale fakty, a fakty wyglądały tak, że od tej afery z wywlekaniem gachów one, te kobiety, znać go nie chciały. Piękna Ita przy wielu okazjach szydziła z niego, wołając wrednie:

– Te, książę śmietnika, bajeru i pustej kieszeni!

Książę Nocy mijał ją dostojnie, udając, że nie słyszy tych drwin.

Dla prostodusznej natury Zbyszka Młotka były to sprawy zbyt trudne do ogarnięcia, początkowo chciał protestować, przywracać rzeczywistą wymowę zdarzeń. Ale Książę Nocy wcale go nie słuchał lub powiadał pobłażliwie:

– Za młody jesteś, żeby cokolwiek pojąć.

Więc Zbyszek Młotek, tak pozostawiony samopas, męczył się coraz bardziej tym rozszczepiającym się na jego oczach obrazem świata. Kręcił się i sapał, chciwie zaciągał się papierosem i jakby ze zdumieniem przecierał oczy.

Jeżeli chodzi o mnie, to świetnie się w tych pokrętnościach czułem, coraz lepiej chwytałem myśli Księcia Nocy i nawet potrafiłem je zupełnie sprawnie rozwijać, lekceważąc po wielkopańsku wszelkie przeszkody. Nieraz kiedy Książę Nocy potrzebował czyjegoś wsparcia, właśnie ja bywałem jego koronnym świadkiem.

– Niech ten małolat poświadczy... – Albo, w zależności od sfery towarzyskiej: – Proszę spytać tego młodzieńca o zdanie.

Gorliwie potwierdzałem:

– Tak było.

Puszczał te swoje kobiety gdzieś do ambasad na wykwintne rauty, bywały kochankami bogaczy amerykańskiego wymiaru i rozbijały się po ciepłych morzach luksusowymi jachtami, podróżowały, mijając wiele granic ze swobodą niezwykłą, trudniąc się czasem szpiegowską działalnością, pełną efektownych posunięć, i prawie cudem wymykając się z rozlicznych pułapek, miewały też miłosne rozterki, ale zawsze powracały do swego pana, Księcia Nocy właśnie. Zauważyłem pewną zgodność opowieści o losach kurtyzan z brukowymi romansami Marczyńskiego, Romańskiego, Pawła Staśko i innych, które pożyczałem niegdyś z prywatnej czytelni na naszym przedmieściu. Książę przytaknął bez zaskoczenia i dodał dumnie:

– Artysta czerpie z każdego tworzywa. – Toteż wraz z nim nurzałem się z przyjemnością w tym wielkoświatowym życiu bez granic. Jedynie z rzadka przypominałem sobie to zimne, brudne mieszkanie z kłębowiskiem nagich ciał. Cieszyła mnie sublimacja tego wydarzenia, tak po mistrzowsku dokonana przez Księcia Nocy. Istniała wtedy między nami najsilniejsza zażyłość i pamiętam nocne spacery ulicami Śródmieścia oraz niewy-

czerpaną inwencję Księcia Nocy w uskrzydlaniu szarego
życia, które nas otaczało. Świt zastawał nas na dworcu
przy piwie, pogrążonych w rozmowie bez końca o tajemnicach życia ludzkiego, przepastnych możliwościach
psychiki człowieka i coraz nowych, odsłanianych przez
naukę zagadkach istnienia. Książę Nocy lubił mówić
o wędrówce dusz, palingenezie, jak dodawał z upodobaniem, wiązał to z niezwykłymi właściwościami niektórych ludzi, pozwalającymi im przenikać teraźniejszość
i przewidywać przyszłość; fascynowały go sygnały wysyłane przez gasnący umysł ludzki do swoich najbliższych,
mówił, że odległość nie odgrywa w tym żadnej roli, mogą być tysiące mil, oceany, łańcuchy górskie, inne konty-
nenty, nic to nie znaczy dla tych fal niezbadanych, których źródłem jest człowiek. Jego wywody przejmowały
mnie dreszczem emocji i strachu jak dawne historie
o duchach opowiadane o zmroku i przypomniałem sobie
tę rozmowę rodziców o wujku: nagle ten dźwięk, jakby
ktoś zastukał metalem w klamkę, ojciec podbiegł do
drzwi, otworzył, nikogo jednak za nimi, a rano przyszła
do domu depesza z wiadomością o śmierci wujka. Były
to dla mnie znaki istnienia duszy, która przenika powłokę cielesną i krąży swobodnie, nieuchwytna, niespraw-
dzalna, tylko co jakiś czas dając znać o swoim istnieniu.
Tu głos pana Cudzińskiego był dla mnie ważkim argumentem; tak strasznie, głucho i przenikliwie zawodził
przez sen, spał wtedy w stołowym pokoju, zakradłem się
tam i zapaliwszy małą latarkę, patrzyłem na jego twarz
we śnie, pełną grymasów, bolesnych i rozpaczliwych, to

znów radosnych i zwycięskich. I kiedy widywałem go za dnia, przypominałem sobie zawsze tę noc w stołowym pokoju domu moich rodziców.

– Czujesz to wszystko – znów dochodził do mnie głos Księcia Nocy. – Właśnie słowami nie można tego wyrazić.

Można powiedzieć, że w tym czasie Książę Nocy zagarnął mnie całkowicie w swoje władanie i nic nie działo się bez jego wpływu.

Dzięki niemu miałem też swój udział w słynnej legendzie Jurka N. Był to groźny bandyta, ścigany przez milicję całego kraju. Pisano o nim w gazetach. O jego wyczynach rozprawiano na pikiecie. Bywali też tacy, co przyznawali się do znajomości z nim. Rzeczywistość mieszała się z fantazją. Mówiono:

– Jurek, ho, ho, to jest dopiero gieroj!

Książę Nocy był tego dnia małomówny i skupiony. Czas popołudniowy spędziliśmy na bazarze przy Pańskiej. Jedliśmy flaki, znajomy handlarz chciał podjąć Księcia Nocy wódką w swojej budzie. On jednak odmówił.

– Dziś – oświadczył zagadkowo – muszę być trzeźwy. – I skąpo, bez zwykłego ożywienia wspomniał podobny, nieistniejący już bazar Kercelak.

A kiedy Zbyszek Młotek zaproponował wypad na zabawę do elektryków, Książę Nocy oświadczył, że nie ma ochoty.

– Nie idziesz? – zdziwił się Zbyszek Młotek. – Będą tam fajne pikieciary, dżez, w ogóle…

Też zdziwiłem się jego odmową. Lubił chodzić z nami na zabawy i imponować bikiniarzom znajomością rodzajów dżezu, życiorysów gangsterów typu Al Capone i historyjkami z Dzikiego Zachodu. Dziewczyny zaś najchętniej wypytywały go o kariery sławnych aktorek z Hollywood. Wtedy to mrugnął do mnie Książę Nocy za plecami Zbyszka Młotka. Tak mi się przynajmniej zdawało. Więc również odmówiłem. Zbyszek Młotek sam wybrał się na tę zabawę do elektryków.

Książę Nocy po jego odejściu długo świdrował mnie swoimi gorejącymi oczyma.

– Do ciebie tylko mam zaufanie – powiedział z naciskiem. – A sprawa jest najwyższej wagi.

I tak oto zostałem wyróżniony. Zbyszka Młotka nie chciał wziąć ze sobą. Zostałem wspólnikiem. Tak wyraźnie powiedział. Wspólnikiem. O zmroku wybraliśmy się na Marymont. Kluczyliśmy wśród parterowych domków i gołębników. Wreszcie Książę Nocy zapukał w okienko wpadniętej w ziemię drewnianej rudery. W szynie zamajaczył jakiś cień. Uchyliły się drzwi. Książę Nocy rozmawiał w progu z kobietą. Stałem w pewnej odległości z poleceniem baczenia na wszystko wokół. Stamtąd pojechaliśmy na przeciwległy kraniec miasta, aż w pobliże Wyścigów Konnych. Idąc polami, dotarliśmy do ogrodniczego gospodarstwa. Tam również pozostałem pod domem. Książę Nocy sam poszedł załatwiać swoje intrygujące interesy. Wrócił z paczką. Gładził ją z upodobaniem i powtarzał:

– Zbliżamy się do finału. – Zrobiliśmy mały odpoczynek w barze „Pod Setką". Po wyjściu z niego rozpoczęło się najbardziej zagadkowe kluczenie po mieście. Jechaliśmy tramwajem do Dworca Głównego, żeby tam przesiąść się do innego, w przeciwnym kierunku. Wysiedliśmy na przystanku po drugiej stronie Wisły i szliśmy długi czas parkiem. Na Targowej znów wsiedliśmy do tramwaju. Wysiedliśmy przy Kijowskiej. Ostatni odcinek drogi przebyliśmy piechotą na tyłach kolejowych domów, ciągnących się wzdłuż ulicy. Ta nocna wyprawa wydawała mi się nierealna jak we śnie. Unikaliśmy ludzi i kiedy posłyszeliśmy jakieś głosy lub kroki, ukrywaliśmy się w bramach. Za Dworcem Wschodnim rozpościerały się łąki. Tutaj Książę Nocy zachował się bardzo niespokojnie. Przychyleni do ziemi dotarliśmy do rowu przy nasypie kolejowym. Przed nami światła dworca. Gwizd parowozu, stukot kół pociągu. Pobliskim torem przetoczył się pociąg towarowy. Pod jego osłoną, niewidziani z drugiej strony toru, przebiegliśmy do pokrytego brezentem stogu siana.

– Jurek – zaszeptał Książę Nocy.

Cisza. Tylko oddalający się łoskot pociągu.

– Jurek – powtórzył.

Wtedy tam w głębi, pod brezentem coś zaszeleściło i wysunęła się ręka. Książę Nocy z uszanowaniem uściskał tę rękę. Następnie podał paczkę. Coś jeszcze szeptał. Lecz nic nie słyszałem. Najbardziej zapamiętałem tę wysuniętą rękę, doskonale widoczną w świetle księżyca. Kiedy już wracaliśmy stamtąd, spokojni i rozluźnieni, Książę Nocy powiedział, kto ukrywał się w stogu siana pod brezentem. Był to słynny bandyta N.

– Mój dawny druh… Znaczy z mojej szkoły, rozumiesz?

I nie wiem. Prawda to czy nie. A jeżeli chodzi o paczkę, to podawał dwie wersje jej zawartości. Według drugiej tylko wałówka i naboje do rewolweru.

– Wystrzelał już z tej swojej pukawki dwa magazynki – powiedział Książę Nocy i uśmiechnął się krzywo.

Raz mówił tak, raz tak... Migot niesprawdzalny. O tej historii z ręką nikomu nigdy nie wspominałem. Dałem słowo i tajemnicy tej wiernie dochowałem. I nie dziwiłem się już zbytnio niczemu. Bywałem przecież przy swoim mistrzu na rozmaite wystawiany doświadczenia. Dla zahartowania odporności, tak to nazwał, komplet sztućców srebrnych z domu wyniosłem, sprzedaliśmy w spółdzielni „Orno" na Bagnie. Później polecił mi szantażować tego łysego pedała w Fotoplastykonie. Ale to była przecież domena Tońka z pikiety i nic mi z tego nie wyszło.

– Milicja, milicja! – zaczął wrzeszczeć ten łysy, obleśny. Ledwie zdążyłem uciec z podwórza pułapki, dozorca już wyskoczył do bramy.

Książę Nocy chwalił mnie i wróżył wspaniałą przyszłość.

– Ja też tak zaczynałem – powiadał.

Nie interesowały go zresztą efekty moich poczynań, jedynie ruch, działanie, zmienność, pointy niezależne od rzeczywistości sam przecież wymyślał. W jego imaginacji wszelkie drobne historyjki rozrastały się do rozmiaru niebywałych afer, a ja dzięki temu chrzest swój otrzymałem. Mianował mnie swoim adiutantem. Miałem oczywiście w tym czasie swoje wahania i wątpliwości.

Wynikały z domowego wychowania, z tradycyjnych pojęć dobra i zła, które we mnie przez lata wpajano, ostro zaznaczając granice między tymi pojęciami. Tu natomiast, w tym terminie przy Księciu, wszystko gmatwało się, zacierało, falowało i ileż to razy dobro było złem lub odwrotnie. Nieraz wydawało mi się, że wyzywamy jakieś ciemne moce, a mój mistrz szatanem jest po prostu. Bałem się więc i pamięć przywodziła wizje czyśćca i piekła. Tak rozmyślałem, omijając ludne, oświetlone ulice. Jednak były to wątpliwości najbardziej sekretne, nawet sam nieczęsto zdawałem sobie z ich istnienia sprawę i za dnia, spotykając się z chłopakami na pikiecie, nikomu o tym nie wspominałem. A to wyzywanie złych mocy jeszcze bardziej chęć zanurzania się w tym Nieoczekiwanym powodowało. Dlatego też maską cynicznego i twardego bywalca co sił starałem się imponować swemu naiwnemu koledze z przedmieścia, Zbyszkowi Młotkowi.

– Niedługo zaczniemy prawdziwe afery – powiadałem, naśladując minę Księcia Nocy.

– Jakie? – pytał Zbyszek Młotek.

– Zobaczysz – odpowiadałem zagadkowo.

Miewałem więc te chwile słabości. Pamiętam, zobaczyłem wtedy na ulicy kolegów ze swojej gimnazjalnej klasy. Szli całą grupą, prowadził ich nauczyciel wf. Pewnie do muzeum czy gdzieś. Ukryłem się za tablicą ogłoszeń i patrzyłem na nich. Władek, Trakul, Rysio, Wasiak, czyli Rudy Ney, jeden z napoleońskich marszałków, Kopyto, Janek Buldog. Roześmiani. Pokrzykiwali i stroili błazeńskie miny za plecami nauczyciela. Nauczyciel obejrzał się i popatrzył na nich surowo. Zastygli w obłudnej grzeczności i posłuszeństwie. Patrzyłem na nich i zazdrościłem im. Była to tęsknota do spokojnego, uregulowanego życia. Choć równocześnie, tak patrząc na oddalających się szkolnych kolegów, znowu odbyłem pierwszą ucieczkę z domu. Wzruszyłem się nawet. Był to bowiem dla mnie pierwszy sygnał Śródmieścia. Miałem wtedy siedem lat. Dostałem lanie od matki i obraziłem się. Postanowiłem opuścić dom rodziców. W chlebak zapakowałem bochenek chleba, smalec, kilka główek cebuli i ulubioną w tamtym czasie książkę, *Młody jeniec indyjski*. Udałem się żwirową drogą wzdłuż szyn kolejki EKD w stronę Szczęśliwic. A więc w stronę Śródmieścia. Był letni, parny wieczór, zanosiło się na burzę. Nie wiedziałem, dokąd zamierzam pójść, szedłem tylko. Początkowo czułem się bardzo pewnie i z niejaką złośliwością wyobrażałem sobie niepokój rodziców, coraz bardziej nerwowy głos matki, która powtarza: Co się z nim stało? Kiedy doszedłem do Szczęśliwic, niebo zaczęły rozrywać zygzaki błyskawic i rozpętała się burza. Potężniała kanonada grzmotów. Przestraszyłem się. Poczułem się maleńki jak drobina i zupełnie bezbronny. Grzmoty i błyskawice osaczały mnie zewsząd. Czasem w ich świetle pokazywał się krzyż przydrożny. Takim nagłym blaskiem na chwilę odsłonięty. I znów znikał w czarnej ciemności. Ogarnęło mnie przeraźliwe poczucie samotności w groźnym świecie. Zawróciłem i ścigany grzmotami i błyskawicami pobiegłem do domu.

– Niedługo zaczniemy prawdziwe afery – twardo powtórzyłem Zbyszkowi Młotkowi.

Przyśpieszyliśmy kroku. Nie było już śladu po gimnazjalnych kolegach ani pierwszej ucieczce z domu.

Był to czas, kiedy Książę Nocy medytował nad
czymś intensywnie i co dzień śpieszył do Biblioteki Pu-
blicznej. W swoje lektury nie wprowadzał mnie i ja go
o to nie pytałem. Więc Książę Nocy zajęty i my czekaliśmy na jakikolwiek znak od niego.

– Czekajcie! – rzucał w roztargnieniu, wychodząc ze
swojej bramy, ozdobionej kamiennymi figurami tyta-
nów, i mijał nas obojętnie obładowany naręczem książek,
zaniedbany i zarośnięty na policzkach czarną szczeciną,
wśród której pobłyskiwały już srebrzystości siwizny. Nigdy nie zastanawiałem się, ile miał lat, znacznie przecież
starszy od nas, ale tej różnicy nie odczuwałem wcale.

Był to więc urlop swoisty, a ponieważ pikieta nudziła
mnie już, wróciłem na swoje przedmieście i znowu spo-
tykałem się z przyjacielem od książek i marzeń. Jeden
był taki od lat i wiele wieczorów i niedzielnych spacerów
spędziliśmy na rozmowach o sensie życia, celach nad-
rzędnych, literaturze, żywotach wybitnych mężów i podróżach. Pamiętam, często siadywaliśmy pod wierzbą
rozłożystą, której opadające gałęzie tworzyły przestronny szałas, i popisywaliśmy się swoją erudycją.

Przyjaciel wygłaszał wykład o Anatolu Fransie, a ja
o Flaubercie lub Maupassancie. Jego wyobraźnię zaprzątała najbardziej fanatyczna pracowitość Flauberta, Flau-
bert to olbrzym, który wycina las, żeby zrobić pudełko za-

pałek – cytował z emfazą zdanie Turgieniewa. A ja wyraziście przedstawiałem posępne życie Maupassanta, nękanego atakami szaleństwa lub zabijającego strach i pustkę hucznymi orgiami na jachcie „Bel Ami". Z tego powodu słowo „syfilis" wymawiałem nabożnie, widząc w nim grozę jakąś magiczną, przekleństwo losu, wyrok opatrzności. W tym już chyba występowała dość zasadnicza różnica między nami. Mój wielki, o niedźwiedziowatych ruchach przyjaciel oddzielał się od życia grubą kotarą w swoim pokoju, książkami i algebrą, którą zabawiał się dla przyjemności. A ja znów niczym psiak niecierpliwy uganiałem się po fortach i wysiadywałem z węglarzami nad glinianką, ucząc się przedmiejskiej, brutalnej sztuki życia. Często z pewną złośliwością wciągałem mego przyjaciela w rozmaite pułapki, zmuszałem do picia wódki i wina, namówiłem do wyniesienia z domu drzeworytów Stryjeńskiego i huculskiego kilimu, prowadzałem do meliny Trzech Sióstr, prostytutek. Jego matka, hodująca swego jedynaka w cieplarnianej atmosferze, nie znosiła mnie żywiołowo i jak tylko mogła, tak strzegła go przede mną. Wtedy literatura, życiorysy wybitnych ludzi i podróże stanowiły fundament naszej przyjaźni i wcale nie przeszkadzało nam, że obok pod taką samą wierzbą pili i wrzeszczeli furmani, tragarze. Wróciłem na swoje przedmieście i poszliśmy z przyjacielem według starego zwyczaju na daleką przechadzkę. Słuchałem jego wywodów o czymś, co ostatnio fascynowało go najbardziej, być może o wielkim matematyku Gaussie, tak, na pewno Gauss. Słuchałem dosyć obojętnie, z chłodnego dystansu patrzyłem na przyjaciela, potakiwałem i wtrącałem zdawkowe uwagi, ale myślałem o czymś innym. Myślałem o swoich ostatnich doświadczeniach i jego świat wydał mi się ubogi, wtórny, mój zaś pulsujący dynamizmem i pochłaniający jak wzburzona rzeka. Doszliśmy do ulicy Składowej, usiedliśmy pod naszym drzewem. Spróbowałem powiedzieć przyjacielowi o tym wszystkim, co tak mi zaprzątało głowę, o chłopakach z pikiety, pedałach i Burmajstrze, a przede wszystkim o Księciu Nocy i tej dziwnej zabawie z życiem, którą uprawiał. Teraz z kolei mój przyjaciel był głuchy i obojętny. Przytakiwał jedynie z mechaniczną grzecznością. Ogarnęła mnie złość, niechęć do niego. Wydał mi się ślepym kretem, zagrzebanym w swej przytulnej ziemnej kryjówce. I wtedy zauważyłem obok nas na trawie zakrwawioną watę. Taką odrażającą watę, jakiej używają kobiety podczas swych krwawych dni. Patrzyłem na ten krwawy kłąb. Uśmiechnąłem się zdradziecko. Już wiedziałem, co uczynię. Ostrożnie przez chusteczkę podniosłem tę watę. Przyjaciel perorował o czymś z przejęciem i nic nie widział. Wykorzystałem chwilę, kiedy spojrzał w bok, i wsunąłem zręcznie ten krwawy kłąb pod pagon jego płaszcza. Zakwitł krwawą plamą na tle zielonego płaszcza. Zaśmiałem się głośno.

– Popatrz! – przerwałem mu wywód i wskazałem to miejsce na jego barku tak ozdobione.

Urwał w połowie zdania i patrzył zmartwiałym wzrokiem na to miejsce pod pagonem. Zerwał się i wydając dziki okrzyk, zakręcił się dokoła w jakimś szaleńczym tańcu. Szarpnął za pagon. Wata spadła. Śmiałem się coraz głośniej. W ten krwawy strzęp tylko. Straciłem przyjaciela. Odchodził długimi krokami, prawie biegł. Było to swoiste pożegnanie małego świata mego przedmieścia, glinianek, carskich fortów, cegielni i domku hycla. Wróciłem na Śródmieście. Książę Nocy był znowu czynny. Poinformował nas, Zbyszka Młotka i mnie, że siedział zagrzebany po uszy w heraldyce, dlatego te wypady do biblioteki właśnie, rody, koligacje, tytuły, drzewa genealogiczne. Badał pokrewieństwo z kimś tam, kto go ostatnio bardzo interesuje z rodzinnych powodów, i chętnie na bibułkowych serwetkach kreślił herby rozmaite, pola z wieżami, buzdygany, korony, końskie głowy, ptaki i miecze, przeróżne Śreniawy, Pomiany, Leliwy, Nałęcze i Rawity. I wybraliśmy się we trójkę do cerkwi. Nieśmiałe pytanie Zbyszka Młotka, w jakim celu tam idziemy, Książę zbył niezrozumiałym burknięciem.

To wejście do praskiej cerkwi tajemnicze, wyprawa w przeszłość, Bizancjum, dwór wschodniego basileusa, grecki alfabet i anachoreci z góry Atos. Takie miałem skojarzenia. Złocone ikony, chór diaków, basowe potężne głosy, ciemność i dziwność. Pochylony bogobojnie Książę Nocy. Ogłupiały Zbyszek Młotek. Cienkie świeczki wtykane przez wiernych w piasek. I ciągle ten chór potężnych głosów. Książę Nocy pada na posadzkę. Szepcze coś żarliwie. Wstaje i kreśli się znakiem prawosławnego krzyża. Pilnie wpatruje się w brodatego popa, odprawiającego liturgię przed bogato zdobionym ikonostasem. Błyszczą srebra i złote blachy.

– Dlaczego? – z ust Zbyszka Młotka wyrwało się to słowo.

– Modlę się – odparł z powagą Książę Nocy.

– Po co? – znów Zbyszek Młotek.

– Żeby się coś przydarzyło – ciągle z tą samą powagą, wcale nie błazeńską, Książę Nocy.

Tak staliśmy otoczeni obcą, odmienną atmosferą modłów, śpiewów i liturgii. Migotały ze ścian świątyni litery greckiego, jak hieroglify trochę, alfabetu. Patrzyli z góry bizantyjscy święci o wąskich, surowych twarzach i zmysłowych, czerwonych ustach. Posmakowałem w tym wschodnim, cerkiewnym nastroju. Mrok tego wnętrza, rozjaśniony złotem i purpurą ozdób, sprzyjał swobodnemu rozhasaniu wyobraźni.

Bo wtedy właśnie złapałem ten sposób. Mówię: sposób, gdyż trzeba to jakoś rozpocząć, mieć klucz. Zanurzony w falach imaginacji, wspomaganej przez chór diaków, pojąłem wtedy ostatecznie, jak należy spowijać, osnuwać, zacierać lub zaostrzać, po prostu nadawać dowolny kształt rzeczywistości. Ciąg rozmaitych przypomnień i przewidywań, jedne dokładne jak realistyczne malowidła, inne plamami tylko jaskrawymi lub umownymi symbolami odtwarzały przeszłość w nowym kształcie, nadawały ciągle inny, migotliwy jak te świece w piasku kształt teraźniejszości, a również przeczuwały przyszłość. Słodka idylla o podpatrywanych w dzieciństwie kobietach, zupełnie nieznany dotąd, świeży smak dawnych przygód na fortach, wreszcie, co najważniejsze, ten niejasny, a jednak porywający kontur przyszłości. Nic w tym nie było konkretnego, pełno tylko intrygujących sygnałów. Znów racja była po stronie Księcia Nocy. Dzięki niemu sam już mogłem dawać sobie radę z życiem, lepić i zabarwiać na własny, wyłączny, niepowtarzalny sposób.

I z przyjemnością wdychałem woń kadzidła, które spowijało dymną otoczką popa i pochylonych nabożnie wiernych. A Zbyszek Młotek gwałtownie opuścił cerkiew. Z zaciętą twarzą przeciskał się między ludźmi do wyjścia. Czekał na nas na dziedzińcu. Zadzierał głowę i spoglądał na baniaste kopuły, pokryte błyszczącą blachą. Potem opuścił głowę i spojrzał na lewo. W stronę pomnika, gdzie zbierała się praska pikieta.

– Była to msza żałobna – rzekł Książę Nocy – czyli panichida.

Zbyszek Młotek wytrzeszczył na niego niebieskie, prostoduszne oczy. Wzburzył się i wykrzyknął:

– A po co nam to wszystko?!

– Taki nastrój – odparł spokojnie Książę Nocy – budzi inwencję, sprzyja pomysłom, odmienność poszerza horyzonty, rozumiesz, wszystko nie miało uroku przy znanym nam obrządku łacińskim w zwyczajnym kościele.

Zbyszek Młotek nie słuchał. Patrzył w stronę pomnika. Ruch tam. Podniesione głosy. Gwizd. Śmiechy. Stoją chłopaki na praskiej pikiecie. Proste, normalne życie. Stoją i czekają.

– Msza, a potem świętokradztwo – zażartował już zwyczajnie Książę Nocy.

– Pójdę do chłopaków – burknął Zbyszek Młotek, nie patrząc na nas. Odszedł.

Odszedł więc, ale czasami wracał. Nieraz mówił o Księciu Nocy z uniesieniem, ciągle żywcem.

– Przy nim żadnych widoków dla mnie nie będzie. Zgrywus z niego i picer. Co on wygaduje! Wyciśniesz to i nic nie zostaje w garści. – Wreszcie kwitował rozterkę ulubionym swoim powiedzeniem: – Dwa rajskie ptaki i chuj do sraki.

Książę Nocy natomiast pogodził się z jego odejściem dosyć łatwo.

– Istotnie, ciężki umysł – stwierdził obojętnie. – Wielu takich nieraz już odchodziło ode mnie. Nie wytrzymali ciśnienia. – Był raczej zadowolony.

Więc Zbyszek Młotek odszedł, ale czasami wracał. Tęsknił za czymś, nie umiał tego wyrazić, czegoś mu brakowało, przychodził wtedy do nas i był gotowy na każde skinienie Księcia Nocy. Wierzył wtedy i przeżywał najbardziej nieprawdopodobne historie, którymi raczył nas w obfitości niewyczerpanej nasz mistrz. Nie narzekaliśmy na nudę i nawet często czasu nam brakowało. Książę Nocy powiadał kokieteryjnie: – Tyle na głowie... Jak człowiek zdąży to pozałatwiać? – I uśmiechał się wesoło.

Oto stoimy przed ruderą na ulicy Wielkiej, gdzie wkrótce wznosić zaczną Pałac Kultury i pojawiają się już spychacze i ruscy fachowcy. Stoimy tam i gorączkowo rozglądamy się za jakąś taksówką. Spieszy się nam.

Znajomy dorożkarz strzela z bata i uśmiecha się przyjaźnie do Księcia Nocy. Też fantasta i rymem kropi niezwykłe bajdy w „Merkurym", knajpie starych dziwek i dorożkarzy. Książę Nocy lustruje jego chabetę, ozdobioną czerwonymi pomponikami na łbie, i marszczy z dezaprobatą czoło.

– Czy ten wierzchowiec da radę kłusem? – pyta.

– Dlaczego nie – uśmiecha się wąchal dorożkarz – dla szanownego pana wszystko.

Wsiadamy. Okłada dorożkarz kościsty zad szkapy. Książę Nocy wrzeszczy dziko: – Hajda, trojka! – Pędzimy Alejami Jerozolimskimi, budząc śmiech przechodniów. Szkapa ustaje i utyka.

– Do końca, sałato, musisz z fantazją! – mówi Książę Nocy.

Gdzieś przy skwerze na placu Starynkiewicza zatrzymujemy się. Koń wypoczywa, żeby nabrać sił przed końcowym akordem, czyli podjazdem pod hotel „Polonia". Tam, pod hotelem, czekał na nas „obiekt z prowincji", jak określił tego człowieka Książę Nocy. Ten „obiekt" ledwo zdążył uskoczyć. Szkapa postarała się nad stan i w tym ostatnim galopie rozbryzgała wielką kałużę. Wypadki toczyły się z szybkością diabelskiego młyna. Ten z prowincji, ogłuszony kaskadą wymowy Księcia Nocy, jego koneksjami i możliwościami, hojnie fundował wystawną ucztę. Pamiętam te uczty bardzo dokładnie. Dopiero przy Księciu przecież poznałem wnętrze drogich lokali i wytworne hotelowe koktajle – bary z dyskretnym przyćmionym światłem. Książę Nocy uwijał się w tym żywiole sprawnie i z orientacją imponującą. Na początku skupiony i czujny jak zwykły hochsztapler, naciągacz, w rodzaju tych, co niegdyś Kolumnę Zygmunta czy tramwaj sprzedawali naiwnym, od razu dogadywał się ze znajomymi dziewczynami (choć one z reguły niechętnie przyjmowały jego propozycje, obawiając się nieprzewidzianych dróg jego wyobraźni), dbał troskliwie o stół, był nie byle jakim koneserem potraw i napojów, przystawki, białe wino i pieczyste, mięsa i czerwone wino, sypał nazwami francuskich trunków, wąchał i smakował, olśniewając do reszty nafaszerowanego forsą prostaka. Zabawa rozwijała się hucznie i wesoło. Książę Nocy wołał: – Szampana! – Dziewczyny popiskiwały. Kelner wysuwał szyjkę butelki otulonej białą serwetą i strzelał korkiem. Jednak największą dla mnie przyjemnością była zawsze próba uchwycenia tego momentu, kiedy Książę Nocy odchodził od rzeczowego, cwanego realizmu w coraz bardziej zamglone, oderwane od ziemi sfery. Niepotrzebny mu był stan alkoholowej euforii, mógł być zupełnie trzeźwy i kipiąc energią, fantazją, dawał się ponosić coraz dalej od rzeczywistej, dość banalnej sytuacji przy biesiadnym stole. Mógł to być na początku podstępny ciąg pytań, mający na celu wysondowanie zasobów kieszeni fundatora. Jeszcze chwila i Książę pogardliwie porzucał przyziemne konkrety, zaczynał interesy na większą skalę, fundator miał dać kapitał, Książę Nocy zajmie się lokatą tego kapitału, rodzaj interesów przedstawiał się nieobliczalnie raczej, mogła to być wytwórnia fałszywych banknotów albo nielegalna drukarnia, bijąca opozycyjną prasę. Fundator stawał się w takich razach coraz bardziej niespokojny, wiercił się i rzucał płochliwe spojrzenia wokół. Wreszcie pod jakimś pretekstem uwalniał się od naszego towarzystwa.

– Czy rachunek zapłacony? – pytał machinalnie Książę Nocy. Nad tym zawsze czuwał. Pozbawiony swojej ofiary, dalej bawił się doskonale i mnie wyznaczał poważną rolę w swoich przedsięwzięciach. Były to przeważnie zamki na lodzie, ale obaj podchodziliśmy do sprawy rzeczowo niczym fachowcy.

Ta walizka z kolorowymi nalepkami na środku pustej tego ranka dworcowej hali. Byliśmy wtedy we trójkę. Towarzyszył nam Zbyszek Młotek. Już porządnie zmęczeni całonocną włóczęgą – długi czas spędziliśmy z robotnikami, którzy przestawiali tramwajowe tory, i grzaliśmy się przy koksowym piecyku – dotarliśmy na dworzec. Ledwo pchnęliśmy drzwi i znaleźliśmy się w środku, Książę Nocy ścisnął mnie za ramię.

– Tam! – szepnął.

Przesunąłem spojrzeniem po pustej hali i nic szczególnego nie zauważyłem. Grupka ludzi przed rozkładem jazdy. Senne babiny w chustach siedzą na tobołkach. Kasjerka w okienku uśmiecha się zalotnie do marynarza. Pijany pogrążony w rozmowie sam ze sobą. Nic więcej.

– Patrz tam! – powtórzył Książę Nocy i wskazał środek hali. – Towar – dodał.

Tym razem moje spojrzenie zatrzymało się na wielkiej walizie z kolorowymi nalepkami. Dalej nie rozumiałem powodu podniecenia Księcia, który popychał mnie niecierpliwie w tamtą stronę. Szeptał o jednej, niepowtarzalnej okazji.

– Nawet nie masz pojęcia, co tam jest.

Jego podniecenie udzieliło się mnie również. Już nie spuszczałem wzroku z tej walizy. Czyją jest własnością? Czy tego mężczyzny w skórzanym płaszczu, który zapa-

lał akurat papierosa? Może właścicielem jest ten podą-
żający do restauracji? Niecierpliwa ręka Księcia Nocy
wprowadzała mnie w posłuszny trans. Krok po kroku
zbliżałem się do walizy. Równocześnie czułem bezsens
swego postępowania. Nie mogłem jednak powstrzymać
się. Pochyliłem się i już sposobiłem do uchwycenia palcami gładkiej lakierowanej rączki. W ostatniej chwili
z pomocą przyszedł Zbyszek Młotek. Jego zdrowy rozsądek właśnie. Brutalnie odepchnął mnie od tej walizy
i powiedział wzburzony głosem:

– Zgłupiałeś! Przecież poruta ze wszystkich stron! –
Otrzeźwienie, i naprężone mięśnie rozluźniły się. Wyobraziłem sobie ten krzyk: – Złodziej! Złodziej! – i ludzi
którzy mnie osaczają. Wsunąłem niedbale ręce do kieszeni powoli, spacerowym krokiem oddaliłem się od tej pułapki. Jeszcze przez chwilę dzwonił mi w głowie głos Księcia Nocy, który popychał mnie do tej wielkiej czarnej
walizy z kolorowymi nalepkami. Zupełnie jak w barze
„Przystanek", kiedy kierował mną w rozgrywce z pedałem
w złotych okularach. To był ten jego magnetyzm. I brzmi
to również niewiarygodnie, ale kiedy Książę Nocy spojrzał na mnie z wyrzutem, zawstydziłem się i milczałem,
choć logika była przecież po mojej stronie.

– Załamałeś się. Zabrakło odwagi i zimnej krwi – powiedział, a widząc moją zakłopotaną minę, dodał łaskawie: – Nie przejmuj się. Jeszcze nic straconego. Zahartu-
jesz się wkrótce.

Tego samego dnia odwiedziliśmy jego przyjaciela
z dawnych czasów, Mietka Kurdziela. Mieszkał on w pra-
skim zaułku przy gołębim targu, był starym cynkarzem

przedwojennych urków. Polowanie na walizkę przedstawił Książ Nocy jako zmarnowaną szansę, jednak ze mną obszedł się w tej relacji dla przyjaciela nader lojalnie, mówiąc: – Nie wyszedł skok, za dużo psów! – I od razu w jego opowieści ścigali nas tajniacy, tylko zimna krew i odwaga uratowały od wpadki. Padły nawet strzały.

Ten stary cynkarz słuchał obojętnie. Książę Nocy żywił do niego szczególny sentyment i później odwiedzaliśmy tego emeryta złodziejskich wypraw jeszcze nieraz.

Z bełkotliwej, urywanej mowy cynkarza, który ożywiał się tylko na widok wódki, zorientowałem się, że mieszkali niegdyś w jednej kamienicy. Tylko mój Książę był synem doktora, cynkarz zaś lokatorem w suterenie. Zaciekawiony próbowałem dowiedzieć się czegoś więcej, ale Książę Nocy zbył mnie milczeniem. Stary cynkarz wpatrywał się apatycznie w pustą już flaszkę. Obserwowałem jego nieruchomą, pomarszczoną twarz. Wyglądała jak mapa przeszłości. Chłonąłem jego mowę, pełną lapidarnych, często niezrozumiałych określeń, złodziejską minę. Już wtedy poznałem kilku doliniarzy z Annopola i najbieglejszy z nich, malutki i ruchliwy jak pchełka Plebaniaczek, odsłaniał mi arkana swego zawodu.

– Styja – tłumaczył – od tylca znaczy... A za parkanem...

Posuwałem się tym tropem, na razie z wahaniem i po omacku, ale już odsłaniały się inne perspektywy, wystawki i meliny, klawisznicy i ci, co pracują na bombę, złodziejskie dynastie na Zaciszu. Ta jazda z Plebaniaczkiem w zatłoczonym tramwaju, kiedy demonstrował swój kunszt, wsuwając lekkie i chwytne palce do cudzych kieszeni, wyłuskując stamtąd portfele i portmonetki, powtarzając przy tym nieustannie jak konduktor: – Proszę przesuwać się do przodu, proszę przesuwać się do przodu! – I mrużąc porozumiewawczo swoje czarne, ostre jak szpilki oczy.

Stary cynkarz Kurdziel zastukał koślawym palcem w stół.

– Pan doktor – wymamrotał – to był git człowiek... Leczył darmowo. A jak mamusia, znaczy pani doktorowa? – zwrócił się do Księcia Nocy.

Był taki w tamtych latach lokal, „Metro", wiecznie zatłoczona knajpa, składająca się z dwóch salek, pierwszej, gdzie piło się na stojąco, i drugiej, wyższej, dokąd prowadziły trzy schodki, tam siedziało się przy stołach. Często odwiedzaliśmy „Metro". Książę Nocy był postacią popularną wśród stałego towarzystwa pierwszej salki, jak się mówiło, dla ubogich. Towarzystwo to składało się z drobnych naciągaczy, włóczęgów i alkoholików. A mój mistrz naprawdę był tutaj Księciem. Witały go oczy pełne podziwu i gapiowato rozchylone usta. Tu więc najchętniej puszczał wodze swojej fantazji. Uwielbiał tę atmosferę ciszy, która nagle ogarniała huczną dotąd salkę. Tylko jego głos i syk ciśnienia w gumowym wężu połączonym z beczką piwa. Posuwał się nawet do tego, że stawiał wódkę, zyskując już zgoła bezgraniczną wdzięczność słuchaczy. Ale my wszyscy i bez tego słuchaliśmy chciwie, stłoczeni jak śledzie, w paltach zakisłych od wilgoci, pijąc z musztardówek wódkę, zagryzając wyschniętym śledziem czy salcesonem, brudni i otępiali: wciągaliśmy się z ochotą w świat bajek tęczowych o Paryżu, Capri czy Lazurowym Wybrzeżu, Mulatkach i wyrafinowanych Annamitkach lub o afrykańskim safari, które odbywał z flegmatycznymi lordami. Słuchaliśmy z dziecinną chciwością, jaką się ma zawsze do dalekich podróży i nieznanych krain; wdzięczni byliśmy za ten potok słów orzeźwiający, który pozwalał wyobraźni choć na krótką chwilę w inny obszar pożeglować swobodnie. Ja, przecież już tak bardzo osłuchany, a też ciągle świeżo, naiwnie tych bajek wysłuchiwałem. I wujek mi się często przypominał. Stary, siwy wujek z lat okupacji, który jeździł z rąbanką ze wsi do Warszawy. Byłem wtedy na tej wsi i w letnie południe odprowadziłem wujka do stacji. Rzucił swój worek na ziemię i ułożył się w cieniu pod ulęgłką. Mała, senna stacyjka. Kolejowe szyny błyszczały. Przy torach stały słupy telegraficzne i przycisnąwszy ucho do jednego z nich, wsłuchiwałem się w nieustanną, tajemniczą wibrację. Wtedy wyobraziłem sobie dalekie podróże wujka. Mówili przecież o nim, że przechodzi z Generalnej Gubernii do Rzeszy. Mówili o zielonej granicy. Wreszcie świst parowozu i obłoczek dymu nad lasem przerwał to moje wraz z wujkiem przemykanie się tajnymi ścieżkami przez granicę.

Podczas tych oratorskich występów Księcia Nocy niekiedy pojawiała się jego matka. Taka staruszka bardzo już pochylona wiekiem, w wytartym płaszczu ozdobionym równie wytartym wyrudziałym fokowym kołnierzem, wspierająca się na bambusowej lasce, o drobnej, pomarszczonej jak pieczone jabłko twarzy i spokojnych, życzliwych oczach. Tak pojawiała się w tej knajpie „Metro" jak dobry duch.

Wtedy siedzieliśmy w drugiej, lepszej salce. Tam również bywaliśmy, zapraszani przez znajomych Księcia Nocy z innych, wyższych sfer. Byliśmy w towarzystwie dwóch dziennikarzy, których od dawna już omamił Książę Nocy ogromem wiedzy o mętnym podskórnym życiu wielkomiejskiego półświatka. Był też jego kolega z powojennych, studenckich czasów; surowy, skupiony mężczyzna z metalowym znaczkiem w klapie, przedstawiającym wizerunek Stalina. Piliśmy wódkę. Dziennikarze coś bełkotali o Szmaragdowym Mercedesie taki tytuł upatrzyli sobie dla opowieści Księcia Nocy o potężnej bandzie przemytników. Książę Nocy raczył ich obficie rozmaitymi dintojrami przestępczego świata i śmiałymi napadami na sklepy i komisy. Umiejętnie wmieszał w to Piękną Itę jako kochankę szefa bandy, a jednocześnie szczególnie perfidnego szpicla na usługach policji. Taką swoistą Matę Hari z niej uczynił. Mścił się za jej obelgi w ten sposób. Nieraz już zauważyłem, że tak właśnie rozliczał rozmaite swoje rachunki krzywd i upokorzeń.

– Jeszcze coś politycznego musi być – domagali się dziennikarze – jakiś szpieg przerzucony z Zachodu albo groźny wróg tutejszy.

Książę Nocy szerokim gestem wskazał na tego, co miał Stalina w klapie.

– To już jego domena – skrzywił się złośliwie. – Jak to się mówi obecnie? Aha! Specjalność pol. – wych.

Ten ze Stalinem w klapie milczał. Jego twarz nie wyrażała nic. Pił równo z nami, ale śladu picia też po nim nie znać wcale. Tylko na mnie spoglądał karcąco, kiedy sięgałem po kieliszek.

– Za młodzi jesteście, kolego! – nie wytrzymał wreszcie.

Wzruszyłem ramionami i zaśmiałem mu się w twarz. Drażnił mnie jakoś. Taki sztywny, opancerzony i jakby wszystko potępiał.

A uznanie żurnalistów dla opowieści Księcia Nocy skwitował pogardliwym:

– Śmierdzi tu kiczem!

– Być może. Jednak kicz prawidłowy politycznie – rzekł Książę Nocy i popatrzył na niego z leciutką ironią. Następnie zaczął wyliczać: – Były ziemianin – szef bandy. Dawny policjant granatowy jego pomocnikiem. Meliny u kułaków. Okupacyjny szpicel paserem. Jeszcze może być jakiś syn fabrykanta, coś w tym rodzaju. Czy zły dobór osób?

Ten ze Stalinem w klapie znów milczał. Żurnaliści skrzętnie zapisywali w notesach zasłyszane od Księcia historyjki. Książę Nocy, podrażniony w swojej ambicji demiurga, wpatrzył się zaczepnie w tego ze Stalinem w klapie.

– A z tobą – zaczął dobitnie – mogę przedyskutować problem wolności prasy u wczesnego Marksa…

Rozpętała się dyskusja, z której niewiele rozumiałem. Zadziwiała przede wszystkim nieznana mi dotąd sfera wiedzy Księcia Nocy. Padały cytaty, nazwiska, tytuły książek.

Ten ze Stalinem w klapie rozgrzał się niezwykle. Jak się zorientowałem, w ciężkich znalazł się opałach w szermierce słownej z tak wytrawnym przeciwnikiem. Właściwie zażarcie bronić musiał swoich pozycji. Aż wciągnięty został niespodzianie w jakąś pułapkę i Książę Nocy zawołał triumfalnie:

– Widzisz? Sam się do tego przyznałeś!

Ten ze Stalinem w klapie spochmurniał.

– Wybujały z ciebie okaz – powiedział, patrząc na Księcia Nocy spod grubo nawisłych brwi – wybujały, dekadencki okaz mieszczańskiego indywidualizmu.

– Pamiętasz Schopenhauera? – pytaniem odpowiedział Książę Nocy.

– Bzdura i zgnilizna – skrzywił się ze wstrętem ten ze Stalinem w klapie. – Takie młodzieńcze, ślepe zachwyty. – Ale twarz jego złagodniała nieco.

– Szkoda mi ciebie – zaczął Książę Nocy i westchnął z teatralną afektacją. – Szkoda... – powtórzył. Chciał mówić dalej.

Wtedy właśnie przy naszym stoliku pojawiła się jego matka. Dla mnie było to niezwykłe. Ta jej cierpliwość bez granic, kiedy próbowała wyciągać go z knajp i barów. Narażała się na obelgi i padała ofiarą jego kreacyjnych sztuczek.

– Odejdź, wszetecznico! – wołał biblijnym stylem. To znów: – Cóż za natrętna żebraczka! – i wręczał jej jakąś monetę.

Ona znosiła wszystko ze spokojem i pokorą, mówiąc cichym, równym głosem o jakichś kotlecikach, zupach, które akurat dla niego upitrasiła. Tak samo było teraz. Stała przy naszym stoliku, mrużąc poczciwe, wyblakłe oczy i patrzyła na syna.

– Rysiu… – wtedy po raz pierwszy jego imię usłyszałem. – Rysiu, szukam ciebie już od godziny.

Książę Nocy skrzywił się jak po przełknięciu rycyny.

– Móżdżek akurat zrobiłam – ciągnęła niezrażona – a ty tak lubisz przecież.

Ten ze Stalinem w klapie uśmiechnął się lekko. W oczach Księcia Nocy zakipiała złość.

– Proszę odejść! – zawołał wysokim głosem.

– Dobry, dopóki świeży – dodała staruszka.

Miotnął gwałtownie ręką. Skurczyła się jeszcze bardziej. Ale nie odeszła.

– Rysiu… – szmer jej głosu znów.

Tupnął nogą. Jego wzrok piorunował ją wprost.

– Powtarzam! Odejść!

Odeszła posłusznie.

– Zawsze tak wlizie w nieodpowiednim momencie – rzekł Książę Nocy. – Właściwie dobra kobiecina. Wiecie, służąca. Taka od lat w naszym domu. Przywiązana jak pies.

– Przecież to twoja matka – powiedział ten ze Stalinem w klapie i cały czas uśmiechał się pobłażliwie.

Książę Nocy speszył się wyraźnie. Miał popsuty wieczór. Milczał dość długo i nie umówił się ze mną na następny dzień.

– Móżdżek, psiakrew! – wyrwało mu się nieoczekiwanie, kiedy się żegnaliśmy.

Poszedłem na dworzec, ułożyłem się na drewnianej ławie w ciemnym kącie i w żaden sposób nie mogłem zasnąć.

W tym czasie mnie też poszukiwał ojciec po kawiarniach, barach, placach targowych i różnych sekretnych pikieciarskich miejscach. Jak tam trafiał? Całymi tygodniami nie pokazywałem się w domu i ojciec ruszył moim tropem na Śródmieście. Zaglądał tu i tam, a ja chowałem się za plecami chłopaków. Zauważyłem po raz pierwszy, że jest całkiem siwy i twarz ma bardzo zmęczoną. Mówili mi także znajomi, że stary Trakul przechwalał się swoim synem, a mój ojciec tylko westchnął i nieznacznie zmienił temat rozmowy. Coś mnie wtedy ścisnęło za gardło. Ale czy mogłem zbyt długo nad tym się zastanawiać?

Czas był wypełniony po brzegi gorączkową bieganiną z Księciem Nocy, który przeskakiwał z wydarzenia na wydarzenie, coś zaczynał, zaraz porzucał, pędził dalej.

– Ja nie daję luzu – sam z dumą oświadczał.

Spotkaliśmy czasem na naszym szlaku tego ze Stalinem w klapie. Książę Nocy zawsze pozdrawiał go wylewnie. Tamten odpowiadał raczej chłodno i powściągliwie.

– Ważna figura – mówił Książę Nocy – działacz na dzielnicy... – I oglądał się za nim. Ja też odwracałem głowę. Ten ze Stalinem w klapie znajome sprawy mi przypominał. Też byłem na dzielnicy. Przecież od pierwszej klasy gimnazjum działałem w ZMP. Był w tym smak władzy i pewnego rodzaju wyzwanie, kiedy tak wkładałem zieloną koszulę i czerwony krawat, czyli strój organizacyjny, a potem paradowałem ulicami naszego przedmieścia. Ludzie się jeszcze do tego nie przyzwyczaili i patrzyli spode łba. Więc paradowałem w tym stroju z satysfakcją i wkrótce błysnąłem jako agitator podczas akcji propagandowych w terenie. Jeździłem do PGR-ów i hoteli robotniczych. Ogarniało mnie podniecenie, kiedy tak stałem na podwyższeniu, opierając się o obitą czerwonym płótnem mównicę i patrząc w tłum przed sobą. Oklejałem też płoty badylarskich gospodarstw w pobliżu naszego przedmieścia plakatami przedstawiającymi opasłego kułaka siedzącego okrakiem na chudziutkim chłopie małorolnym. Po pewnym czasie wezwano mnie na dzielnicę i przewodniczący zarządu, ciężki, zwalisty mężczyzna, zaproponował pracę w charakterze instruktora.

– Będziecie najmłodszym instruktorem – powiedział z naciskiem.

Wtedy już jeździłem na Śródmieście. Śródmieście wciągało coraz bardziej i powoli zapomniałem o dzielnicy. Czasem pojawiali się na pikiecie chłopcy, którzy zapamiętali mnie z agitatorskich występów na zebraniach. Taki Cygan czy Paweł Kossek z Barskiej ulicy. Patrzyli z podziwem. Uważali moją poprzednią działalność za chytrą, niezwykle przebiegłą osłonę dla życia na pikiecie.

– Cwaniaczek z ciebie! – mówili.

– Ja też… – próbowałem i patrząc za tym ze Stalinem w klapie, mówił w zastanowieniu:

– Figura! W razie czego taki może się przydać…

Obdarzał go całą gamą przymilnych uśmiechów. Asekurował się w ten sposób na przyszłość, bo chwilami wyobrażał sobie, że jest przestępcą wielkiego formatu. Sypał przykładami z życia Wiktora Zielińskiego, Szpicbródki i innych. Myślę jednak, że ten świat przestępczy rzeczywisty to nie była jago domena. Zbyt na to był naiwny i najchętniej bujał w obłokach. Sam zresztą nieraz bywał bezlitośnie okpiony czy oszukany. Pewnego ranka pojawił się wśród pokątnych handlarzy z kuponem materiału w rdzawą kratę.

– Byłem na robocie – oświadczył zwięźle. – Potrzebuję ożenić ten towar. Szkocka wełna – dodał.

Jakiś drobny paser przezwiskiem Serek zainteresował się tym kuponem materiału. Weszliśmy do bramy. Handlarz polecił nam zaczekać, a sam z kuponem skierował się w głąb podwórza. Oczy miał rozlatane i podejrzaną słodycz w słowach.

– Pewny człowiek – powiedział Książę Nocy. – Absolutnie. Znam go wiele lat…

Mętne idywiduum przezwiskiem Serek nie wracało jednak. Książę Nocy zaczynał się niecierpliwić. Ruszyliśmy tropem Serka w podwórze. Wkrótce wiedzieliśmy już wszystko. Z tego podwórza prowadziły jeszcze dwa wyjścia na ulicę. Książę Nocy stracił kupon materiału w rdzawą kratę.

– Zarżnę nygusa… – zgrzytnął zębami i wykonał parę zamaszystych gestów imitujących ruch noża.

Tak ukarawszy wiarołomnego Serka, przestał się nim i straconym kuponem zupełnie interesować.

Pochłaniało go wtedy inne zajęcie. Chodziliśmy po restauracjach, jedli i pili obficie, następnie wymykaliśmy się bez płacenia rachunku. Przeżywałem to jak grę o dużą stawkę. Uda się czy nie? Myślę, że i Książę Nocy wiele z tym wiązał fantastycznych sugestii. Raz przecież po takim udanym wyjściu długo rozwodził się o emocjach na Polu Mokotowskim przed wojną, o dżokejach i bukmacherach, którzy zbijali fortuny. Pokazał mi nawet takiego niedużego faceta o pałąkowatych nogach nazwiskiem Chatizow.

– Jeszcze za cara zaczynał – powiedział. – To był dżygit.

Najchętniej grasowaliśmy na peryferiach miasta. Któregoś razu Książę Nocy proponował wyskok na moje przedmieście, ale stanowczo odmówiłem.

A przygoda, o której chcę opowiedzieć, wydarzyła się w Aninie czy Miłośnie, już nie pamiętam, w każdym razie w takiej podwarszawskiej miejscowości wśród piasków i sosen. Tam dotarliśmy pewnego popołudnia. Ważny jest w tym strój Księcia Nocy. Był ubrany w mundurową zieloną kurtkę, bryczesy i buty z cholewami, na głowę wcisnął skórzaną pilotkę. I klapę jego kurtki zdobił wizerunek Stalina. Już w „Metrze” zauważyłem, z jakim zastanowieniem przypatrywał się tak ozdobionej klapie marynarki swego kolegi ze studenckich czasów. Więc w takim ubiorze ruszył na podbój knajp. Prezentował się bardzo zagadkowo, jeszcze z tą swoją południową, drapieżną twarzą sycylijskiego mafioso, co podkreślał dobitnie parodniowy zarost. Restauracja, w której zasiedliśmy do bezpłatnej biesiady, nazywała się „Pod Krzaczkami" i pełna była Cyganów, którzy obchodzili jakąś uroczystość i wznosili toasty w swoim języku. Obfite jedzenie zapijaliśmy wódką, następnie do kawy sączyliśmy wiśniowy likier. Tak sobie jedliśmy i piliśmy, słuchając cygańskich śpiewów. Zapamiętałem tam piękną Cygankę w kolorowych sutych spódnicach nałożonych jedna na drugą.

– Ara... – nazwał ją Książę Nocy i powiedział, że w jego żyłach też płynie krew cygańska. – Zew taboru, malowane wozy i woń dymu z nocnego ogniska, dalekie, zamierzchłe reminiscencje – mówił śpiewnie, przymknąwszy oczy.

Słuchałem niezbyt uważnie, gdyż sposobiłem się już do ucieczki. Książę Nocy dał wreszcie niedbale znak do wyjścia. Podniosłem się pierwszy i niezauważony przez kelnera wyszedłem na ulicę. Po chwili skrzypnęły drzwi i pokazał się Książę Nocy. Tym razem jednak udało się nam odejść najwyżej kilkadziesiąt metrów, kiedy posłyszeliśmy za sobą wrzask. Za nami biegł kelner, wymachując rachunkiem i wykrzykując obelżywe słowa. Spojrzałem w popłochu na Księcia. Zachował kamienny spokój. A kiedy kelner był tuż, Książę Nocy obrócił się do niego, wsunął nagle dłoń do kieszeni, wypchnął ją umiejętnie palcami, imitując pistolet, i rzucił stłumionym głosem: – Wróć!

Kelner zatrzymał się jak wryty, przestał wrzeszczeć i wpatrzył się w tę groźnie wypchaną kieszeń Księcia Nocy. Po chwili obrócił się na pięcie i bez słowa truchtem podążył w kierunku powrotnym, do restauracji „Pod Krzaczkami". Skręciliśmy w najbliższą przecznicę i zaczęliśmy kluczyć plątaniną uliczek z rozrzuconymi przy nich drewnianymi willami o kolorowo oszklonych werandach i galeryjkach, wśród sosnowych lasków. Książę Nocy chichotał z uciechy. Później zadziwiło mnie spostrzeżenie, że jeżeli o swoich całkiem wymyślonych przygodach mówił tak wiele, to o tym wyczynie w restauracji „Pod Krzaczkami" prawie wcale nie wspominał. Lubił chyba najbardziej sferę zupełnie nierzeczywistą i w niej poruszał się najpewniej. Realne sprawy, realni ludzie – to obchodziło go bardzo mało.

W tym czasie miałem silną potrzebę przyjaźni, kojarzyło mi się to mgliście ze złodziejskim wspólnikiem na śmierć i życie. Zastanawiałem się więc, czy nas z Księciem Nocy łączy przyjaźń lub chociaż coś podobnego. Czy odczuwa on jakieś głębsze związki z innymi ludźmi? Tylu miał przecież znajomych, bliższych, dalszych, witali go serdecznie, zapraszali do siebie i nieraz wspomagali w potrzebie. Przyjmował ich wszystkich z roztargnieniem, właściwie obojętny wobec ich spraw, kłopotów czy radości. I kiedy zaczynali mówić, nie słuchał chyba wcale i tylko przytakiwał zdawkowo. Jedynie czasem to, co mówili, wywoływało jakieś bliskie mu skojarzenie i wtedy się ożywiał. Byli więc dla niego wyłącznie widzami, słuchaczami, aktorami jego teatru, nie wiem, jak to nazwać. Sam też od ludzi niewiele wymagał. Pilnego słuchania, dobrego odbioru, podziwu dla jego swady. Tylko tego. Swoim życiem realnym z nikim się nie dzielił. Nie prosił też o nic. A z czego żył? Długo uchodziło to mojej uwadze. Sam byłem na garnuszku u rodziców i bez większych potrzeb. Próbując uporządkować chaotyczny splot tamtych zdarzeń, o rencie jakiejś sobie przypomniałem, za co dostawał i w jakiej wysokości, tego nie wiem. Widzę też Księcia Nocy na łaskawym chlebie dziewczyn. Był przystojny, egzotyczny i taki wymowny; bardzo imponował naiwnym adeptkom zawodu, szczególnie tym, co to z prowincji na podbój miasta ruszyły. Imponował urodą, fantazją i pozornym doświadczeniem. Z czasem wyzwalały się spod uroku, zostawała pobłażliwa życzliwość, sentyment, niekiedy znów złość za niedawną łatwowierność. No i przede wszystkim jego oparciem była matka, te jej kotleciki, zupy i móżdżki, które z myślą o nim pitrasiła. Ale on sam od ludzi naprawdę nic nie chciał. Nie budzili też w nim żadnych głębszych uczuć chyba. Pamiętam przecież śmierć starego Kurdziela, tego złodziejskiego cynkarza emeryta, jego znajomego jeszcze przed wojny. Popił Kurdziel gdzieś na mieście, człowiek z niego już niedołężny i schorowany, wracając do domu, potknął na bruk i upadł. Uderzył tyłem głowy, pękła podstawa czaszki i umarł, nim przyjechało pogotowie. Książę Nocy zajął się pogrzebem. Zbierał datki na trumnę i różne cmentarne opłaty, wykazał niezwykłą praktyczną aktywność i do łez rozczulił wdowę, starą zapijaczoną kobietę z bazaru Różyckiego, która tam roznosiła gorącą herbatę handlarzom. Lecz śmierć Kurdziela była dla Księcia Nocy jedynie efektownym zakończeniem pewnego rozdziału w historii naszego miasta. Tylko tym. I cieszył się nawet tą przypadkową pointą. Wracając z cmentarza w otoczeniu nielicznej już garstki weteranów, mówił z przejęciem o zrywaniu się ostatnich wątłych niteczek przeszłości.

– Stara, krucha czaszka... – gestami niezwykle plastycznymi odtworzył upadek Kurdziela – starczyło stuknąć i pękła jak gliniany czerep.

Wdowa znów załkała. Wcale nie zwrócił na nią uwagi. Pokazywał miasto. Coraz mniej ruin i starych domów. Przybywa nowych budowli. Próbował odtwarzać dawną topografię mijanych dzielnic, ulic.

Zadawał natarczywe pytania:

– A wy potraficie? No, powiedzcie, co tutaj było?

Każdy z tych weteranów gubił się jednak w rekonstrukcji przeszłości. Zawodziła pamięć. Coraz mniej śladów pozwalających sięgać wstecz.

– Tu „Kakadu", śpiewała Zizi Gardanowa. Tu bank... Na lewo sklep, taki wytworny, pod Anglię... Tak. „Old England" się nazywał... A tam Waksmacher... Widzicie... – podniecił się Książę Nocy. – Jesteśmy raczej z przeszłości! Więc jakby za burtą. Jeszcze się czepiamy kurczowo, ale niedługo. I na nic cały wysiłek pamięci... Próżnia. Tylko próżnia dla nas pozostała!

Ta sprawa zaprzątała go silnie. Ja rozdrażniłem go nawet wtedy. Po prostu swoją obecnością.

– Szczeniak – burknął – tyle jeszcze ma przed sobą. – Zaraz jednak zaprawił tę moją szansę pesymistyczną prognozą: – Jałowieje gleba miasta. Wymierają dawni

ludzie. Wyschną wszystkie podziemne kanały. Piach
tylko i beton. Najmniejszej pożywki dla fantazji nie pozostanie, a wszystkie ptaki będą zamknięte do klatek…
– tak krakał i naprawdę jak ptak złowieszczy wyglądał.

Choć mój wiek nie skłaniał do refleksji, to jednak
z przeszłością już od początku odczuwałem silny związek. Była martwa, miniona, ciągle przez to obrastała
w mitologię i można ją sobie było rozmaicie wyobrażać.
Tak właśnie czyniłem.

Zawiózł mnie mój nowy znajomy, Plebaniaczek, na
Zacisze i weszliśmy do drewnianego domku wśród malw
i słoneczników, jego matka zaczęła krzątać się przy kuchni i zobaczyłem na jej dłoni tatuaż, patrzyłem ze zdumieniem na tę dłoń z wydatnymi żyłami i brunatnymi plamami, gdzie niebieską linią znaczyła się kotwica. Zauważył
Plebaniaczek moją minę, zaśmiał się i powiedział:

– Moja stara też chodziła w miasto, też siedziała
w pudle. – I zaraz głos jego matki: – Także samo mój
chłop chodził w miasto i mojego chłopa ojciec też…

Dla mnie wtedy nastąpiło wskrzeszenie dawno za-
mierzchłej przeszłości i każde słowo jak pożywka dla wyobraźni. Piliśmy u Plebaniaczka tęgo, przyszli jego
wspólnicy, ciotka, wujkowie, taki ciąg pokoleń, obecnych
i nieobecnych, zebrany przy tym biesiadnym stole. I była
w tej gotowości wyobraźni naiwna wiara we wspaniałość
przeszłości, łatwowierność po prostu w apoteozie nie-
sprawdzalnego.

Książę Nocy zatrzymał się przed jedyną ocalałą ścianą kamienicy, która sterczała wśród gruzów, i widać by-

ło od wewnątrz na tej ścianie piętrami różne kolory, jakimi malowali ludzie swoje mieszkania. Książę Nocy zapatrzył się w te wyblakłe, przydymione kolory i powiedział:

– Tutaj w wojnę na drugim piętrze, u magistra farmacji Ostojskiego, odbywały się wykłady podziemnego uniwersytetu.

I ta ściana zaczęła pulsować dawno zamarłym życiem. Przybyły inne ściany, wypełniły się meblami i ludźmi mieszkania, widziałem tych młodych chłopców w cyklistówkach i bryczesach, dziewczyny z warkoczami albo uczesane w śmieszne spiętrzenie loków nad czołem, takie samo, jakie miała moja matka na starym zdjęciu przed Domem Braci Jabłkowskich. I widziałem dalej, jak zasiadają przy dębowym rozsuwanym stole w jadalni, gdzie zegar na ścianie dźwięcznie wybija godziny. I tak znienacka ta ściana samotna i popękana, okopcona dymem i stercząca groteskowo wśród ruin, gdzie wyją zdziczałe kocury i koczują śmieciarze, odrodziła się i znów stała tam, na wysypisku, tętniąca życiem kamienica, z małym okienkiem przesłoniętym białą firanką, w bramie, skąd wysuwa swą czujną gębę wąsaty cieć.

Tak przemierzając te zwały gruzów poprzetykane tu i ówdzie fragmentami dawnej zabudowy, choć nie znałem przecież przedwojennego miasta zupełnie, zacząłem jednak wyobrażać sobie to pogrzebane i umarłe coraz pełniej, aż wreszcie czułem się chwilami tak, jakbym chodził wśród gwarnych ulic, wśród secesyjnych kamienic ozdobionych szyldami i neonami, gdzie pełno knajpek, cukierni i sklepów. Tak oto zacząłem żyć dawnym miastem, a do tego nowego, które przecież powstawało na moich oczach, nie mogłem się nigdy przyzwyczaić, odnosiłem się wręcz wrogo i dotąd najmniejsze przywiązanie nie narodziło się we mnie. A alchemikiem, który wskrzeszał przeszłość, był dla mnie w tej chwili Książę Nocy.

Nie obraziłem się więc wcale za tego szczeniaka i dalej byłem mu wierny i oddanych bez najmniejszego zastrzeżenia. Ludzie lgnęli do niego. Jak do światła ci, co błądzą po omacku. Te jego czary. Ten surowy ze Stalinem w klapie, co tak chłodno, z dystansu pozdrawiał nas na ulicy, jednocześnie przecież zapraszał do górnej salki baru „Metro" i słuchał Księcia z zainteresowaniem, nie przerywał, nie oburzał się ani nie przeczył. Albo ten chudy, o wągrowatej twarzy, wysoki i wyschnięty jak tyka, w skrzypiących oficerkach, kapitan z Urzędu, co takim lękiem przejmował. Też przychodził i interesu żadnego nie miał, pośrednictwa z dziewczynami nie potrzebował przecież, mógł z każdą, którą tylko zechciał. Ani też Książę Nocy żadnym informatorem dla niego. O czym mógł informować? O swoich kolorowych przygodach na latającym dywanie? Przychodził ten wągrowaty w oficerkach i likierem hojnie raczył, mnie też akceptował jako nieodstępnego towarzysza Księcia Nocy i od razu trzy likiery miętowe zamawiał.

– Po dwóch stronach barykady jesteśmy – lubił go tak witać Książę – ja wolny człowiek – pauza – pan, kapitanie, łaps po prostu. – Tamten potakiwał z grzecznym uśmieszkiem. Książę Nocy wypuszczał drugą zatrutą strzałę: – I światopoglądowa przepaść. Materializm, byt określa świadomość, a u mnie na pierwszym planie metafizyka, ludzka dusza i Bóg.

Co ich łączyło? Czyżby takie święto sprawiał sobie kapitan? Relaks dla umysłu zmęczonego konkretną działalnością?

Pojawiał się też pewien mecenas, który powiadał zawsze:

– W razie jakiegoś niepowodzenia obrona gratis, szanowny kolego.

Nic więc dziwnego, że wszelkie Książęce humory czy złośliwości znosiłem z pokorą. Miałem głębokie przekonanie, że z nim tylko liczyć mogę na coś więcej niż zdrowy rozsądek. Teraz widzę ze szczególną jasnością, jak konsekwentnym był przeciwnikiem zdrowego rozsądku.

Czasami, szczególnie w pierwszym okresie naszej znajomości, otaczała Księcia Nocy natrętna sfora konfidentów, produkowano o nim donosy i raz po raz znikał na kilka dni. Nie wytrącało go to wcale z równowagi, jedynym śladem była świeża pożywka dla jego wyobraźni, od tamtego czasu pojawiać się zaczęli w jego opowieściach rozmaici prześladowani, wieloletni mieszkańcy kazamatów, prawie jak Łukasiński w Szlisselburgu.

Zakres jego swobody był naprawdę imponujący. Jesiennym wieczorem natknąłem się na niego przypadkiem, kiedy wynurzył się z gruzów Nowogrodzkiej. Pogwizdywał i poprawiał sobie spodnie. Za nim szła stara, obwisła i brzydka kobieta. Jedna z tych najstarszych emerytek, co to przed wojną gwiazdami były na ulicy Chmielnej. Bełkotała przymilnie i poufałym ruchem wichrzyła mu włosy. Poklepał ją po sinym, pomarszczonym policzku.

– My lady – przedstawił nas – my boy.

Patrzyłem zdumiony. Uśmiechnął się z pobłażliwą wyrozumiałością.

– Miałem potrzebę – oświadczył – nikogo akurat nie było pod ręką.

– Zbytniku! – zachrypiała ta kobieta – upiór. Wydała z siebie charkotliwy śmiech, coś zagrało, zaskrzypiało w jej płucach.

– I pomogło... – ciągnął Książę Nocy. – Dobrze, lekko się czuję... Wiesz, wyobrażałem sobie te piękne, świetne dziwki, co wygrzewają się na plażach Riwiery, w Cannes, Nicei, Antibes. – Ta weteranka profesji wybuchnęła naraz jazgotem wymyślnych przekleństw. Czy przeciw tym pięknym dziwkom z Riwiery? Pożegnali się. Odeszła niezgrabnym, ciężkim chodem kaczki. Uczył mnie Książę Nocy, że nie należy za bardzo zaprzątać sobie kobietami głowy. Mogą być kiepskie, średnie, byle jakie. Wszystko jedno. Owszem, lepsze te piękne, jednak i tak w końcu brzydnie każda, pozostaje obcość, znużenie, niechęć. Nieraz podkreślał z naciskiem uroki przyjemności z brzydkimi. Praktykę miał zgodną z teoriami, widywałem go z kobietami o skali urody bardzo rozległej.

Powoli sam puszczałem się na szersze wody. Miałem już kochankę. Kochanka miała mieszkanie. Poznałem ją podczas swoich pikieciarskich przechadzek i choć Tońko, Edek i Kazik Gieroj podkpiwali ze mnie niemiłosiernie, pogrążyłem się z nią w długą rozmowę o książkach. Lubiła czytać, dramaty miłosne odpowiadały jej najbardziej i zachwycała się *Łukiem Triumfalnym*. Zacząłem się z nią spotykać. A kiedy Tońko zaproponował, żeby spić ją winem i potem zrobić kolejkę, zmierzyłem go w milczeniu od stóp do głów i urwał zmieszany. Postanowiłem mieć swoją dziewczynę. Zaprosiła mnie do domu. Zajmowała wraz z bratem dwupokojowe mieszkanie w kolonii na Podskarbińskiej. Byli sami, ojciec umarł przed wojną, a matka zginęła podczas powstania na Śródmieściu. Na imię miała Barbara. Była zgrabna i niebrzydka, choć odbiegała znacznie wyglądem od kłębowiska wybujałych kształtów, którymi wypełniona była moja głowa. Nie przejmowałem się jednak tą różnicą, umiałem już nieźle władać wyobraźnią, przeszło rok przecież chodziłem z Księciem Nocy. Mieszało się więc w moim stosunku do Baśki cyniczne wyrachowanie z mitologią liryczną. Wiersz nawet ułożyłem o niej. Zaczynał się tak: „Twe ręce nerwowe, dziewczę, Mony Lizy ręce..."

Będzie moją kochanicą – postanowiłem poić ją winem, kiedy jej brat, Bogdan, wyjechał na szkolną wycieczkę do Krakowa.

Ta noc z Baśką pełna była zaklęć, obietnic, czułości i gróźb. Zacisnęła nogi i nie mogłem sobie dać rady.

– Nie! – powtarzała. – Nie!

Po kilkugodzinnych zapasach, wściekły i bezradny, zerwałem się z łóżka i zacząłem szykować do wyjścia. Przy drzwiach poczułem jej ręce na swoich plecach.

– Czy tylko o to ci chodzi? – zapytała, opuszczając ze wstydem oczy. – Czy o coś więcej?

– Będziemy razem – odpowiedziałem bez wahania.

Byłem pierwszym chłopakiem w jej życiu i długo w noc opowiadałem jej o Księciu Nocy, mieście i niezwykłych ludziach spotykanych na szlaku. Widziałem jej pełne oddania błyszczące oczy. Tak się zaczęło z Baśką. Odwiedzałem ją o różnych porach dnia i nocy, zawsze na mnie czekała. Przychodziłem rozgorączkowany przygodami w mieście. Opowiadałem jej o złodziejskiej chewrze, która wspomaga się jak mafia i bez litości likwiduje każdego kapusia, o życiorysach głośnych przestępców i pięknych ladacznicach; korzystałem ze sposobów mego mistrza, puszczałem wodze fantazji i sam w to wierzyłem. Baśka słuchała w milczeniu, tylko z rzadka jej zdrowy rozsądek brał górę nad uczuciem i mówiła wtedy: – To przecież granda, wykolejeńcy, oni nie są dla ciebie odpowiednim towarzystwem.

Sypiałem z Baśką i ta świadomość oddania kobiecego ciała dawała przyjemność i poczucie męskości.

– Nigdy nie należy wiązać się z jedną – pouczał Książę Nocy – nie ma większej nudy niż taka monotonia.

Polowałem więc na inne, według jego zalecenia, i przypominam sobie Jadźkę Tarlututu z bazaru na Pańskiej, Hankę Śpiewaczkę, co nuciła zawsze: „Kupię ci puder, szminkę do ust i modny kapelusz, bo zawsze miałaś zły gust… na co nam telefony, weź nożyczki i obetnij drut…" Ale najlepiej pamiętam młodą uliczną dziewczynę przezwiskiem Linijka, o sprężystej, podniecającej figurze, kręconych włosach i grubych murzyńskich wargach. Na jej widok odczuwałem niepokój, opuszczała mnie cała śmiałość i tylko pożerałem ją oczyma.

– Co pękasz?! – popchnął mnie Książę Nocy.

A ona uśmiechała się zachęcająco.

Więc była wódka gdzieś nad Jeziorkiem Kamionkowskim i coraz bardziej drażniące ciało tej Linijki. A potem starannie wycierała mi twarz ze śladów szminki i nieraz zatrzymała wzrok na mojej dłoni. Palce miałem brudne, czarne paznokcie, zacisnąłem dłoń. Uśmiechnęła się miękko i powiedziała swoim ochrypłym głosem: – Utrzymać nie tylko siebie potrafię, możesz mieć najlepsze żarcie, wódkę... i co tydzień robiłbyś sobie manikiur.

Sprawa z Linijką rozwiała się jakoś. Umówiliśmy się w wesołym miasteczku na Solcu. Czekałem i czekałem, ona nie przyszła. Później nigdy już jej nie widziałem.

Tylko był pierwszy tryper i śmiech Księcia Nocy z powodu tej błahostki.

Ze swadą mrożącą krew w żyłach opowiedział historyjkę o młodym, uroczym poruczniku szwoleżerów, młodzieńcu jeszcze niewinnym, który nabawił się syfilisu, tracąc równocześnie niewinną narzeczoną, toteż jadąc do niej na urlop, powiesił się na swoim wojskowym pasie w dworcowej restauracji.

Z powodu jego opowieści bardziej przeżyłem to doświadczenie. Ciemna poczekalnia z ostrzegawczymi plakatami o skutkach chorób wenerycznych na ścianach. Kilku mężczyzn, jedna kobieta. Wszyscy osłonięci gazetami. I ten skrzyp otwieranych drzwi gabinetu lekarskiego. Skończyłem właśnie siedemnaście lat.

Poznałem Cześka, hojnie rzucającego pieniędzmi kombinatora o robaczywej, śliskiej twarzy i świdrujących oczach. Jego specjalność to mętne interesy po kawiarniach, najczęściej siadywał u Gajewskiego, waluta i antyki, a dawniej, jak chełpił się, szaber z Zachodu na wielką skalę. Zacząłem chodzić z nim. Był prawie dwa razy starszy ode mnie i uważał, że wszystko ma swoją cenę.

– Każdego kupisz – śmiał się wzgardliwie. – Tylko zależy za ile.

Coś mnie ciągnęło do niego i odpychało zarazem. Być może powodem przyciągania – tęsknota za konkretem. Bo przy Księciu Nocy w fikcji zupełnej się obracałem przecież. Gęstej, nasyconej jak samo życie, ale jednak... Z Cześkiem tymczasem nie było żadnej fantazji, tylko rzeczywiste interesy. Choć nudnawe to raczej, długie wysiadywanie po kawiarniach, jakieś rozmowy szeptem, obliczanie kolumienek cyfr na bibułach, wyczekujące spojrzenia i ciągle: ile, albo: mało. Tak w kółko. Jednak imponował mi ten Czesiek swoim cynizmem i pogardą dla kobiet.

– Kobiety – mawiał Czesiek – barachło! Chłam! – Patrzył na mnie uważnie. – Co ty na to?

Przytakiwałem z miną wygi.

Zaciągnął mnie kiedyś do takiego mieszkania, gdzie drzwi otworzyła wytworna dama o pięknej, wyniosłej twarzy. Przyciągnął kobietę za rękę. Szarpnął za bluzkę. Odsłonił pierś ozdobioną koronką koszuli. Wyłuskał z biustonosza. Ona stała z nieruchomą, ciągle wyniosłą twarzą. Dziwna to była scena. Jego sprawne, mechaniczne zgoła ruchy. Jej posągowa martwota, uległość.

– No! – spojrzał na mnie Czesiek. – Możesz sobie…

– Nie chce mi się – wymamrotałem, unikając jej spojrzenia.

– Mnie też – splunął ordynarnie na podłogę i jakby się ucieszył. Popatrzył na mnie i uśmiechnął się. Pogrzebał w wypchanej kieszeni. Wetknął kobiecie za bluzkę kilka banknotów. Wyszliśmy. Czesiek zaprosił mnie do hotelowego baru i zamówił francuski koniak.

– Dwa Martelle – powiedział donośnie.

Wypiliśmy kilka kolejek tego bardzo drogiego trunku. Działo się to w czasie karnawału i wnętrze baru ozdobione było kolorowymi bibułkami. W lustrze odbijały się tęczowo te bibułki. Po koniaku Czesiek jeszcze zażądał jakiegoś wymyślnego trunku, który barman sporządzał w srebrnej bańce, grzechocząc kostkami lodu i w aptekarskim skupieniu dolewając po kropelce rubinowego płynu.

Czesiek coś opowiadał hałaśliwie. Nagle urwał i popatrzył na mnie uważnie.

– Usta masz fajne – powiedział i zaświeciły mu się oczy. – Takie niewyssane.

Wyciągnął dłoń, jakby chcąc ich dotknąć. Odskoczyłem jak oparzony. Usta miałem czerwone, pełne. Zawsze mnie denerwowały. Zazdrościłem wąskich, twardych. Czesiek też speszył się wyraźnie. Zapalił papierosa i powiedział zduszonym, ochrypłym głosem:

– Mocny koktajl, psiakrew!

Tego wieczoru powiedziałem mu o Baśce i jej mieszkaniu. Dopytywał, co z nią robię w łóżku. Opowiadałem. Szczególnie interesowały go plugawe szczegóły. Też opowiadałem.

– Jak się nie myją, to strasznie śmierdzą – rżał odrażającym śmiechem.

Pojechaliśmy do Baśki z kilkoma butelkami wódki. Piliśmy długo i zwaliłem się pierwszy. Zbudził mnie krzyk. To Baśka mocowała się z Cześkiem, który leżał na niej i ręką brutalnie rozsuwał jej zaciśnięte uda.

– Co ty! – skoczyłem do niego.

Odwrócił spoconą twarz. Uśmiechnął się.

– A nic... – odpowiedział. – Przecież nie będziesz taki pazerny... Ja tobie. Ty mnie. Tak powinno być, nie wiesz?

Wahałem się tylko chwilę. Potem opuściłem głowę. Nie chciałem patrzeć w oczy Baśki. Wyszedłem do kuchni. Na szczęście rozległ się chrobot klucza w drzwiach. Wracał jej brat, Bogdan, z ciotką.

Odtąd unikałem tego Cześka. Najbardziej zaniepokoiły mnie jego świdrujące oczy wlepione w moje usta. Opowiedziałem o swoim niepokoju Księciu Nocy.

Skwitował wesołym uśmiechem:

– Drobiazg! Być może gustuje... Czesiek... – zastanowił się – niski, pękaty... Znam! On lubi wszystko.

Było mi głupio wobec Baśki. Ale ona nic o tamtym wieczorze nie wspominała. Wkrótce przestałem o tym rozmyślać. W tym czasie z Baśką było mi najlepiej. Po raz pierwszy właściwie poznałem dokładnie ciało kobiety i odczuwałem coś, co można nazwać zaspokojeniem męskiej próżności. Jej oddanie, uległość i ta niezwykła cierpliwość w znoszeniu moich póz przejętych od Księcia Nocy. Nigdy potem już w takiej pełni to się nie powtórzyło. I nie wiem czemu, ale w tym właśnie czasie, kiedy u Baśki spędzałem noce, pasja trybuna wygasła we mnie raz na zawsze. Zwłaszcza że znów biegałem z Księciem Nocy i nie było wcale czasu na oglądanie się wstecz.

Rozliczyłem się chyba już ostatecznie ze swojej niedawnej słabości do roli trybuna. I nawet z masochistyczną dokładnością przypominałem sobie największe swoje ośmieszenie, które umownie „pierdem" wtedy nazwałem. Jako agitator zawsze na posterunku, toczyłem nieraz zażarte dyskusje światopoglądowe z ciotecznym bratem. Gorączkowałem się podczas tych sporów: święte racje rewolucji, czujność i walka nieubłagana z klasowym wrogiem; te pojęcia kotłowały mi się w głowie, krzyczałem, zacinałem się z natłoku słów i wymachiwałem rękoma. Mój brat, student politechniki, jątrzył mnie złośliwą kpiną i pozornie naiwnymi pytaniami, na które nie potrafiłem odpowiedzieć.

Tego popołudnia, kiedy domownicy siedzieli jeszcze przy niedzielnym obiedzie, znów wdaliśmy się w burzliwy spór. Dyskusji przysłuchiwał się kolega ciotecznego brata. W pewnym momencie, dotknięty do żywego szyderstwem, poruszyłem się zbyt gwałtownie i… stało się. Zaraz usłyszałem pogardliwy głos ciotecznego brata: – No, mój drogi, takimi argumentami to możesz się posługiwać u siebie. – Jego przyjaciel wybuchnął śmiechem. Ogarnął mnie wstyd i wściekłość. Rzuciłem się na brata z pięściami. W kuchni rozpoczęła się zacięta walka. Upokorzenie dodawało mi siły i parę razy celnie trafiłem. Przyjaciel brata obskakiwał nas jako sędzia, czuwając nad czystością pojedynku. Do kuchni zajrzała moja matka. Rozdzieliła nas.

– O co wam poszło? – zapytała.

– W dyskusji posługiwał się argumentami poniżej pasa – znów zakpił niemiłosiernie mój cioteczny brat.

Dopiero te słowa uwolniły mnie od uczucia haniebnego upokorzenia. Sam się roześmiałem.

Odtąd raczej pozycja obserwatora stała się moją postawą i unikałem zmuszania innych do przyjmowania moich racji. A zawsze dotąd korciło to mnie jakoś. Piechura z Bud. Od dzielnicy, gdzie ten rosły, zwalisty przewodniczący, towarzysz Zaborowski, był przez pewien czas moim podpatrywanym skrycie ideałem, a to jego ulubione: Tak stoi sprawa! – oraz krótkie uderzenie pięścią w stół wydawało mi się jak grom, niezwykłe, lapidarne, w sam raz dla niego. I pamiętam tę chwilę, kiedy krosty na mojej twarzy zauważył, te haniebne, pęczniejące ropą krosty dojrzewania, i powiedział z szorstką troską: – Dziewczynę jakąś trzeba wam przysposobić. – A ja czerwony jak płomień wtedy.

Zastanawiam się, dlaczego te działaczowskie ciągoty tak umarły ostatecznie. Czy zaczęło się to już w tym momencie, kiedy towarzysz Zaborowski polecił mi obserwować dyrektora naszej szkoły?

– Wiecie – powiedział – niepewny ideowo. Bardzo niepewny.

Przytaknąłem gorliwie. Ale sprawa pozostała dla mnie niejasna. Dyrektor, przezywany Globusem, był dobrym znajomym mego ojca i często przez palce patrzył na moje wybryki. Może jeszcze większym powodem tej rozterki byli ci chłopcy, którzy dekorując szkolną świetlicę na jakieś święto, opili się winem i stłukli przez nieuwagę portret Stalina. Później nie pojawili się w szkole.

Nie bardzo również przekonywały inne nauki towarzysza Zaborowskiego. Mawiał:

– Robić swoje, nie myśleć za dużo, nie obawiajcie się, od myślenia są u nas tęgie głowy.

Poszedłem kiedyś pod jego gabinet na dzielnicy, nękany wieloma wątpliwościami, te słowa właśnie sobie przypomniałem i odszedłem od drzwi z tabliczką: Przew. Zarz. Dzielnicowego.

Nie po raz pierwszy zrywałem z przeszłością. Jeszcze przedtem byli w moim życiu ci starsi chłopcy znad glinianki, węglarze. Tam zacząłem swój termin i co niedziela skrycie wymykałem się z domu, żeby przebiec pokrytą lodem gliniankę. W budzie u starej Boćkowej zasiadaliśmy przy stole pokrytym kraciastą niebieską ceratą. Był tam Olek Kraczoch, karzeł o torsie atlety, co najlepiej obrabiał kolejowe transporty. Jego brat, Felek, o miękkiej twarzy i zadartym nosie. Był białowłosy Tadek Mogiel i jego szwagier. Jeszcze Wiesiek Żmudziak. Czytać i pisać ich uczyłem. Jakże celebrowałem swoją rolę nauczyciela. Z początku, żeby ich wciągnąć, na poczekaniu wymyślałem niezwykłe opowieści o zdobywcach bieguna czy ekspedycji na Mount Everest, o wyprawie barona Ungerna w Mongolii czy skarbach Inków. Bajałem najlepiej, jak tyko potrafiłem, i zamykałem tę część posiedzenia słowami:

– To wszystko jest w książkach. – Następnie zabieraliśmy się do nauki i ci starsi chłopcy, wypróbowani w rozmaitych przygodach, samodzielnie już zarabiający na chleb, dukali niemrawo: – Ala ma kota… – I napawała mnie dumą uległość Olka atlety, czytającego z trudem pierwsze wyrazy z elementarza Falskiego. W taki sposób panowałem nad nimi. Aż wreszcie porzuciłem to wszystko i wylądowałem na Śródmieściu. Już przeszło rok włóczyłem się po śródmiejskich szlakach, jednak czasem obłaziły mnie tęsknoty do dawnego; tych uczniów osobliwych przy ceratowym stole widziałem albo słyszałem donośny, wykluczający wszelki sprzeciw głos przewodniczącego Zaborowskiego. Wreszcie jednak tamten etap chaotycznych pragnień, wodzowskich ambicji i jednoznacznego celu został ostatecznie zamknięty. Zobojętniały tamte sprawy, naprawdę już daleki, odłożony w zakurzone zakamarki pamięci bagaż.

Spróbowałem opowiedzieć o tamtych doświadczeniach Księciu Nocy, ale jak zwykle słuchał nieuważnie.

– Wrażliwość – zamruczał – po prostu wrażliwość. Wielu jest tego pozbawionych. Trawienny, bierny styl życia. Coś przyjmą jako pewnik i nigdy już nie odrzucą. Skłonność do ulegania jakimś nadrzędnym racjom, świętym celom itp. A ty nie… Powód do dumy tylko. Tak samo ja. Wojna na przykład. Ile mi się roiło po głowie. Albo zaraz po wyzwoleniu. Studia, ta euforyczna działalność w Bratniaku… – Ożywił się wspomnieniami i długo mówił o tym facecie z wizerunkiem Stalina w klapie. Wynikało niezbicie z opowieści, że tamtego dotąd jeszcze nurtuje kompleks niższości wobec Księcia Nocy. – Zawsze był drugi – podkreślał z satysfakcją. – W nauce również... Nie mógł nigdy przeskoczyć. I nie może tego zapomnieć.

– Robić cokolwiek! Zabiegać o coś... – wzburzył się kiedyś Książę. – Nie dla mnie ta maskarada... Popatrz na tych! – pokazał tłum pędzący z pracy. Z okna kawiarni widok na tych zziajanych był doskonały. – Na ich twarze – dodał.

Akurat przed szybą kawiarni zatrzymał się jeden z tych zapędzonych. Twarz miał tępą i brzydką. Ocknął się z zagapienia i popędził dalej.

– Albo na tych – Książę Nocy ręką szeroko zamiótł po ludziach siedzących przy stolikach w tej kawiarni najważniejszej na szlaku. – Te ich interesy, bieganina, strach, odwaga, osiągnięcia... Brzydzi to mnie – mówił jakby do siebie, ciężko, urywanie, nie było w tym swady i ognia. – Parszywe szanse, żadnych widoków, tak ciekną dni jak woda w klozecie...

I obaj jakby rzeczywiście kapanie wody z popsutego rezerwuaru usłyszeliśmy.

Taka to była reakcja na słowa tego eleganckiego o słodkim głosie, który powiedział do Księcia:

– Miał pan takie perspektywy przed sobą, po prostu olśniewające, wszystko pan zmarnował, doprawdy, przepraszam, ale tak było...

Potem towarzyszyłem Księciu Nocy w zakupach. Miał znów okres domowy i rzadko pojawiał się na ulicy. Nad czym medytował w domowym odosobnieniu? Zawsze wtedy gromadził jakieś książki, pisma. Nie śmiałem go jednak o to pytać. Kupiliśmy bułki, jajka, wędlinę i wolno szliśmy od placu Trzech Krzyży w stronę „Złotej Rybki". Był tam z kimś umówiony. Zatrzymaliśmy się przed witryną restauracji, którą zdobiło zielone akwarium ze złocistymi rybkami. Książę Nocy skrzywił się, zaglądając do zatłoczonego wnętrza. Był to dzień wypłaty.

– Jajka mi jeszcze pogniotą – zauważył. – Pogniotą – powtórzył.

Spojrzał na drugą stronę ulicy. Tam przed Domem Partii chodnik czysto uprzątnięty i co parę metrów zgrabne stożki zebranego śniegu.

– Wiesz co? – ożywił się Książę Nocy. – Po co mam z tą torbą do knajpy…

Pociągnął mnie za sobą na drugą stronę ulicy. Podszedł do najbliższego kopczyka, wygrzebał w nim z boku jamę i wsunął torbę. Uśmiechnął się zadowolony ze swego pomysłu.

– Niezła spiżarnia… – Zaczął.

Nie pozwolono mu jednak dokończyć. Z dwóch stron podbiegali milicjanci. Chwycili go pod łokcie.

– Co tam zagrzebujecie?

– Torbę włożyłem.

– Wyjmijcie to natychmiast!

Mocniej ujęli go pod łokcie.

– Puśćcie – syknął z bólu i powiódł po nich zdumionym spojrzeniem.

Puścili tylko jedną rękę. Wyjął torbę ze śnieżnego kopczyka.

– Co tu jest?! – naparli groźnie.

Potrząsnął torbą. Drgnęli, wyraźnie wystraszeni.

– Jajka – wyjaśnił.

– Bez żartów! – chwycili za kabury.

Rozchylił torbę. Pokazał im te wiejskie, dorodne jajka z bazaru na Koszykach. Niektóre pomazane kurzym łajnem z przyschłą słomą.

Oglądali długo i podejrzliwie. Rozzłościli się i spisali personalia Księcia Nocy.

– Uciekajcie stąd! Ale już!

Jak się znacznie później zorientowałem, nie był to czas lekki i wesoły, raczej mroczny, zduszony, pełen podejrzeń, nabranej nagle wody w usta, tropicielskiego węszenia i walenia nad ranem w drzwi. My jednak w swoim królestwie czuliśmy się wolni, gospodarowaliśmy swoimi losami niefrasobliwie i ciągle bywały dla nas niebieskie prześwity w tym nisko nawisłym, zachmurzonym niebie. A te jajka tak dokładnie zapamiętałem dlatego, że Książę Nocy został wtedy zaskoczony jak nigdy dotąd.

– Przerobili mnie – warknął.

Ze „Złotej Rybki" zrezygnował. Odprowadziłem go pod dom. Wkrótce po swojemu zaczął to wydarzenie rekonstruować.

– Gag zrobiłem – twierdził. – Zakpiłem z policyjnej czujności.

Jednak spoglądał na mnie niepewnie. Przytaknąłem z ochotą. Wdzięczność w jego ciągle niepewnych oczach.

Jeszcze później nazywał to swoim „jajkowym zamachem"
na Dom Partii.

Ostatnia wielka akcja Księcia, w której brałem
udział, to była wyprawa do Zawad. Tu sprawdziła się jego niedawna pasja heraldyczna. Pojechaliśmy tam elek-
trycznym pociągiem we trójkę. Była z nami kobieta,
którą Książę Nocy nazywał „drogą kuzyneczką". Niemłoda osoba o bladej, przezroczystej cerze i niebieskich
żyłkach pulsujących na skroniach. Nieśmiała i zatroska-
na, siedziała sztywno i ciągle mimowolnym ruchem obciągała na kolanach spódniczkę. Książę Nocy cieszył się
tą wyprawą. Mnie też wyznaczył nie byle jaką rolę. Miałem być jego synem.

– Włosy masz ciemne, cerę śniadą – powiedział –
od biedy ujdziesz.

Zawady znajdowały się w pobliżu miasteczka Błonie.
Stary murowany dworek z gankiem i kolumienkami ob-
rośniętymi dzikim winem. Dokoła rozciągały się ogrod-
nicze uprawy i sad. Była to pozostałość po dużym majątku ziemskim, należącym niegdyś do ojca tej kobiety
o bladej, przezroczystej cerze. Książę Nocy pozostawał
w dalekim stopniu pokrewieństwa z nim i jego przyjazd
tutaj miał charakter interwencji w skomplikowanych
sprawach rodzinnych. Długo staliśmy na drodze, patrząc
na ten dworek z kolumienkami. Zniszczony i zaniedbany, porysowane ściany, odpadał tynk i dziury na gonto-
wym dachu zatkane były słomą. Podeszliśmy bliżej.
Przed gankiem ślady parku, kamienny posążek fauna
z utrąconą ręką, sadzawka wypełniona mułem i szla-

mem, w miejscu klombów rozbuchały się chwasty. Kobieta nazywana kuzynką wzdychała smętnie i kiedy zbliżaliśmy się do drzwi, zadygotała nerwowo. Książę Nocy ujął ją opiekuńczo pod rękę.

– Rzecz należy doprowadzić do końca – oświadczył.

Jego rola w wyprawie była dla mnie niejasna. Właściciel tej posiadłości, ojciec kobiety zwanej drogą kuzynką, był człowiekiem chciwym, zdziwaczałym i z jakichś tam powodów nie darzył uczuciem swojej córki. Żył samotnie. Jego względy zdobyła kierowniczka miejscowej poczty, osoba wyrachowana i przebiegła. Została jego kochanką. Z tego powodu wszystka biżuteria, złoto, pieniądze, cały bank ziemny tego harpagona, jak mawiał Książę Nocy, przechodził powoli w jej ręce. Właściciel dworku leżał obecnie zmożony ciężką chorobą, nie rokując nadziei wyzdrowienia, i należało wszelkimi sposobami poruszyć jego nieczułe serce. Dlatego tu przyjechaliśmy. Heraldyka, z którą tak pilnie zapoznawał się Książę Nocy, miała być jedyną poza pieniędzmi pasją starego człowieka.

– Temat do rozmów – wyjaśnił Książę Nocy. – Atut dla nas, ta baba z poczty bowiem, po prostu prymitywny tłumok, nic a nic nie zna się na tym.

Ten trzydniowy pobyt w dworku pozostał w mojej pamięci jako romantyczna wyprawa w przeszłość. Ciemne pokoje ze starymi, rozsypującymi się meblami, bambusowa etażerka, kanapki z wyłażącym włoskiem, ogromne skórzane fotele, pajęczyna przy suficie i gruba warstwa kurzu wszędzie, zegar, co melodyjnie wydzwaniał godziny, cisza, zapach kociego moczu, skrzypiące podłogi i ten stary człowiek o zamglonych, ale jeszcze złośliwych oczach, leżący w brudnej pościeli. Nasz przyjazd przyjął bez zdziwienia. Chłodno, obojętnie popatrzył na córkę i burknął:

– Przyjechałaś. – Nad naszą obecnością od razu przeszedł do porządku dziennego. To najbardziej ucieszyło Księcia Nocy, gdyż jego pokrewieństwo ze starym człowiekiem, jak wywnioskowałem, opierało się na bardzo wątłych, raczej iluzorycznych podstawach. Ten stary człowiek, mający rzeczywiście niezwykłą pasję heraldyczną, pogrążył się z nim w rozmowie o herbach i rodach, koligacjach i omszałych, pradawnych drzewach genealogicznych. A blada, nerwowa kobieta nieruchomo siedziała u wezgłowia jego wielkiego łoża, z zaplecionymi na kolanach rękoma. Pozostawiony samopas, z ochotą buszowałem po pokojach, coraz bardziej pochłonięty atmosferą zatęchłej, toczonej przez mole i korniki przeszłości. W szufladach ponurego i okazałego jak katedra gdańskiego kredensu odkryłem stosy pożółkłych fotografii, karnetów, wizytówek, zaproszeń na rozmaite uroczystości, chrzciny i pogrzeby, bale i zjazdy powstańców z sześćdziesiątego trzeciego roku, legionistów czy peowiaków, zapisy dotyczące interesów, w których posługiwano się arszynami, łokciami, pudami, korcami i funtami; do takiej dokopałem się kopalni, zawierającej fragmenty życia kilku pokoleń. Dotarłem do oszklonej biblioteki, przeglądałem książki w zbutwiałych skórkowych okładkach ze złoconymi literami na grzbietach. Spowity w kłęby kurzu, jak zaczarowany wdychałem tę atmosferę życia, które minęło bezpowrotnie. Panowała tu cisza i tylko skrzypiały podłogi, a nocą myszy chrobotały po kątach. Wieczorami przychodziła kierowniczka poczty z pobliskiego miasteczka. Patrzyła na nas nieufnie i wyraźnie peszyła ją wykwintna, pełna cudzoziemskich słów mowa Księcia Nocy. Rozpoczynała się gra w karty. Przyglądałem się twarzy tej kobiety. Była pospolita, zdobiły ją tylko gęste rude włosy, i głos miała nieprzyjemny, piszczący, palce ze złotymi pierścieniami i sygnetami porośnięte były rudymi włoskami.

Raz po kartach popijaliśmy świetną nalewkę z dzikiej róży przyniesioną przez kierowniczkę poczty i Księcia Nocy śpiewał dawne szlagiery. Napięty, sztywny nastrój rozluźniał się wtedy, wszyscy odtajali jakby i nawet ten stary człowiek leżący w łóżku śmiał się i wołał: – Jeszcze, szanowny dobrodzieju! – Książę Nocy z karykaturalną przesadą zawodził: – „W starych nutach babuni walc przechował się ten…"

Nie pamiętam już dokładnie, jak zakończyła się ta interwencja w imię interesów nielubianej jedynaczki. Tylko widzę znów naszą nocną penetrację strychu. Stary człowiek zasnął, słychać było jego nierówny, astmatyczny oddech, córka siedziała przy łóżku i patrzyła na nas przerażonymi oczyma. Udaliśmy się na strych w poszukiwaniu pieniędzy, złota, tego wszystkiego, co tak przemyślnie ukrył stary człowiek, ani myśląc o podarowaniu czegokolwiek swojej córce. Snuliśmy się po strychu, oświetlając latarką rozmaite graty, worki, skrzynie, stosy derek, końskiej uprzęży. Spowijały nas kłęby kurzu, coś szeleściło i kwiliło nieprzyjemnie, przypominałem sobie dzienną rozmowę o łasicach, które tu gnieździły się podobno. Przekładaliśmy połamane krosna, wagi, kosze, niecki i unosiliśmy ciężkie pokrywy skrzyń. Byliśmy już zrezygnowani, zmęczeni. Naraz Książę Nocy pochylił się nad staroświeckim żelazkiem. W jego wnętrzu zamiast duszy odkrył wypchany płócienny woreczek. Niecierpliwymi z emocji pacami rozwiązał go. Zagrzechotało.

– Mam! – szepnął.

W woreczku błyszczały złotym blaskiem niewielkie monety.

– Świnki czy ruble – zaszeptał Książę Nocy.

Wysypał na dłoń zawartość woreczka i z upodobaniem gładził monety. Nic już więcej nie znaleźliśmy na strychu. Zeszliśmy na dół. Książę Nocy wręczył woreczek ze złotymi monetami kobiecie. Opierała się i spoglądała wystraszonymi oczyma na śpiącego niespokojnie starego człowieka. Wreszcie przyjęła. Książę Nocy nie wziął ani jednej monety. Odnalezienie tego skarbu było dla niego jedynie zabawą i najbardziej cieszył go fakt, że udało mu się odkryć tak przemyślny schowek. Zastanawiał się również, czy stary człowiek pamiętał o wszystkich schowkach. Jego kuzynka długo jeszcze miała skrupuły.

– A jak się dowie? – powtarzała. – Co za wstyd!

Spędziliśmy tam następny dzień do południa. I słyszałem tę pełną osobliwej erudycji rozmowę.

– Almanach gotajski nawet o nich nie wzmiankuje… – głos starego człowieka.

– A tamci po prostu galicyjscy baronowie, Niemirycz, owszem, to zupełnie co innego, stary ukraiński ród... Niemirycz albo Niemirzyc...

Wyjechaliśmy po południu we dwójkę. Córka pozostała tam jeszcze.

– Sprawa odzyskania uczuć ojcowskich jest na dobrej drodze – powiedział Książę Nocy.

Śródmieście powitało nas jak dawno niewidziany, dynamiczny i kipiący życiem świat. Choć to tak blisko, godzina jazdy ledwie, jednak wracaliśmy z przeszłości, z baśni, z podróży do nieistniejącej krainy, snem jakimś dziwacznym wskrzeszonej. Książę Nocy tak samo jak ja smakował uroki tej wyprawy pod Błonie.

– Mieć taki dworek... – rozmarzył się. – Wieczorami stawiać sobie pasjanse... Na starość niezła wilegiatura.

Byłem ciekaw jego koligacji z właścicielem dworku. Ale zbył mnie wzruszeniem ramion.

– Nieważne!

Tymczasem w tej kawiarni najważniejszej na szlaku wydarzeniem stał się pewien powrót. Powrót Alberta zwanego Orchideą. Tak go nazwała jedna z jego kochanek, myśląc o trucicielskiej, jadowitej urodzie tego kwiatu. Wrócił Albert Orchidea po kilkuletnim pobycie w więzieniu. Witano go wylewnie i oglądano ciekawie. Dziewczyny poszeptywały i spoglądały na niego z zalotnością, połączoną z niejaką bojaźnią. Był więc ośrodkiem zainteresowania wszystkich. Wysoki mężczyzna, ubrany z przesadną elegancją, o włosach wypomadowanych i przylepionych do czaszki jak hełm, rozdzielonych na boku nieskazitelnym przedziałkiem. Bywalcy fundowali mu likier, a Albert Orchidea uśmiechał się, odsłaniając białe, piękne zęby. My też przysiedliśmy się do niego i Orchidea po raz któryś opowiedział chętnie swoją przygodę sprzed kilku lat.

– Przyniosła ciastka, powiedziałem wysokiemu sądowi, a ja ciastek nie lubię, trunkowy jestem raczej, pikantne zakąski owszem, wysoki sąd rozumie, ciastek nie znoszę, i scysja między nami dość gwałtowna na tle odmiennych upodobań, następnie, proszę wysokiego sądu, wpadła w depresję, taki miała uczuciowy charakter, i wyskoczyła oknem, nie zdążyłem interweniować, trzecie piętro, niestety... – Przeciągnął się leniwie i tym razem naprawdę jak bestia wyglądał. – No i sąd nie całkiem dał mi wiarę – kończył. Śmiał się tym swoim dreszcz wywołującym śmiechem, odsłaniając białe, piękne zęby. Popatrzył po dziewczynach.

– Trzeba zająć się którąś – powiedział.

Księcia Nocy potraktował pobłażliwie.

– Jeszcze się uchowałeś. Ty – zamyślił się, szukając dalszych słów – jesteś całkiem deficytowa persona.

Książę Nocy nie czuł się w jego obecności zbyt pewnie.

– On – szepnął na boku – traktuje wszystko jednoznacznie. Takich nie znoszę. Po prostu zwykły przestępca. Sutener. Handluje dziwkami...

Dziewczyny Księcia! Tyle ich przewinęło się podczas tych dwóch lat, kiedy mu asystowałem. Niektóre bywały olśniewające. Jak ta niedoszła maturzystka, co uciekła z domu. Była chyba moją rówieśniczką. Z cudzoziemska – Terry – ją nazywał. Jasnowłosa dziewczyna o urodzie boginki, ślepo w niego zapatrzona, każdą kreację mojego mistrza przyjmowała z takim bezgranicznym przejęciem, te jej oczy, tyle w nich błysków zauroczenia. Tak oto z całą swą pensjonarską potrzebą romantycznej miłości oddała się Księciu Nocy, zrywając za sobą wszystkie mosty (uciekła z domu, ojciec jakiś wzięty lekarz, a z niej typowa rozpieszczona jedynaczka), i stała się najczulszym sejsmografem każdej gry, zabawy, mistyfikacji mojego Księcia. Najbardziej jej oczy pamiętam, wpatrzone w niego, Księcia Nocy, Pallę, Wolnego Człowieka, bo i taki przydomek otrzymał, raz tak, a raz tak mówiło się o nim, albo razem, jednym ciągiem. Patrzyłem na tę dziewczynę i siebie sprzed półtora roku widziałem. Cieszyłem się, że takie dziewczyny też można w życiu znaleźć. Chyba w tej Terry kochałem się skrycie. Ta jej czysta, niewinna uroda, egzaltacja, wrażliwość i ten ruch niecierpliwy, kiedy dłonią poprawia włosy, zasłuchana w Księcia. Być może skrycie liczyłem, że i mój głos kiedyś zwabi podobną. Terry uciekła z domu i wcale to nie był krótkotrwały zryw rozkapryszonej jedynaczki, która w zetknięciu z odpychającą rzeczywistością powróci czym prędzej do beztroskiej wygody życia w willi na Saskiej Kępie. Sypiała z nim bez słowa protestu w najokropniejszych norach, gdyż z upodobaniem oprowadzał ją po swoich bazach noclegowych, jak mówił. A skrzypienie łóżka, na którym oni leżeli, powodowało u mnie długie godziny bezsenności i wszystko na tym ich łóżku, choć była ciemność, widziałem. Towarzyszyła mu ta Terry ślepo zakochana w wyprawach na bazar czy wizytach u przedziwnych jego wielbicieli i adoratorów, brała udział w jego bezsensownych działaniach, kończących się nieraz śmiesznością, i nigdy się nie śmiała. Ze spokojem znosiła wulgarne uwagi o swojej urodzie słuchaczy jego monologów z knajpy „Metro". I chyba żadnego głosu poza jego głosem nie słyszała. Nic właściwie nie mogło jej czystego uczucia zanieczyścić. Takie miałem przekonanie. A jednak…

– Wychować ją muszę – oświadczył z pokrętnym uśmiechem Książę Nocy.

Zajął się edukacją z ogromnym zapałem. Jej młode, egzaltowane uczucie przechodziło przez wiele prób. Skromny zakres jej życiowych doświadczeń poszerzony został brutalnie. Podsuwał ją Książę Nocy jako smaczny kąsek hulakom z „Oazy". Na wabia nęciła wyszczekaną, cyniczną sforę żurnalistów, jego przyjaciół jeszcze ze studiów. Nawet oni jednak na jej widok peszyli się jakoś. Ta jej czystość, młodość, uroda… Dla żartu czy z książęcej rozrzutności podsuwał ją rozmaitym wykolejeńcom i obleśnikom.

– Eksperymentuję – powiadał – badam jej i ich reakcję…

Szybko poznawać zaczęła brud, nieprawość, nieczułość, cynizm i wyuzdanie. Czasem tylko z niemym wyrzutem spoglądała na swego nieoczekiwanego w inwencji kochanka. Pamiętam jej minę, przede wszystkim wstręt, to drganie warg nieopanowane, kiedy pewien dyrektor PGR-u, wobec którego Książę Nocy był jakoś zobowiązany, obślizgiwał ją swoją spoconą łapą o serdelkowatych palcach po piersiach, tak wsuwał te łapy pod bluzkę i gmerał; a ona zastygła w jakimś skurczu, pełnym obrzydzenia. Rozkazujący wzrok Księcia Nocy skandował niemo polecenia, które przedtem wyraził słowami:

– Rób, co ci każę. Ja myślę za ciebie i siebie zarazem. Pamiętaj!

Aż przyszła ta pointa, dla mnie dotąd jak bolesny, jątrzący cierń w środku. Terry, zmęczona tymi eksperymentami, udręczona ponad miarę swojej wytrzymałości i ogarnięta niemożliwym do uporządkowania chaosem, coraz niecierpliwiej sięgała po wódkę. A on, Książę Nocy, szeptał mi do ucha swoje zaklęcia: – Nie ma miłości, nie ma czystości, nie ma żadnych wspaniałych, świętych i nienaruszonych ideałów. Zawsze przychodzi żałosny kres i pod wytrawną ręką czarodzieja złoto zamienia się w błoto.

Poszła wtedy z tym Cyganem bez wahania. Tak zadysponował Książę Nocy.

– Za piękną grę! Za rozkosz dla uszu!

Był to skrzypek, który naprawdę grał rozdzierająco. Coś łkało, wyło, wywoływał trudne do wyrażenia wzruszenie. Książę Nocy przymknął oczy i jak subtelny meloman wyglądał.

– Idź, zabaw się z tym Paganinim – polecił dziewczynie.

Poszła na parkiet bez wahania i jej oczy, pamiętam, były nienaturalnie rozszerzone, błyszczące, jakby nieobecne. Wyszła też z tym skrzypkiem z lokalu. Tak zadysponował Książę Nocy.

– Badam wytrzymałość materiału – powiedział – granie cierpliwości, poddaństwa i tak dalej.

Ten wspaniały skrzypek czarodziej obłapił ją łakomie i rzucił Księciu Nocy spojrzenie pełne psiej, lubieżnej wdzięczności. A on, Książę, śmiał się beztrosko, patrząc na tę skojarzoną przez siebie parę. Terry wkrótce już regularnie wódką zagłuszała swój ból i rozterkę. Czyniła też posłusznie wszystko, co kazał. Może liczyła skrycie na to, że on znudzi się wreszcie tą wieczną grą, zmęczy się po prostu i będą naprawdę, po ludzku razem? Ale był niezmordowany. Długo więc Terry znosiła to jego uporczywe deptanie uczucia, dawała sobą powodować martwo, jak nakręcona lalka, aż wreszcie poczęła wykazywać pewną niezależność i aktywność. Twardniała i twarz jej poznaczył brzydki grymas cynizmu.

– Ladacznica z zasadami – zacierał dłonie Książę Nocy. – Wbiłem w ten młody łeb szereg sensownych zasad. Ulepiłem tę glinę, nadałem formę i zahartowałem należycie. Oto masz kształt ostateczny...

Chyba naprawdę cieszył się, tak jak cieszy się twórca ze swego dzieła.

– Czy nie powinna być mi wdzięczna? Tyle odsłoniętych szczodrze sekretów, tyle sztuczek wypróbowanych...

A ja to wszystko widziałem. Na moich oczach dział się ten proces formowania, lepienia, hartowania czy niszczenia, nie wiem, jak to nazwać. Patrzyłem więc i bałem się nieraz. Równocześnie była w tym jakaś fascynacja. Może moja wyobraźnia też już zwichrowana zbyt wczesnym doświadczeniem, za ostrym zapewne dla siedemnastolatka, a może już taka od początku, na rozkład, na chaos, na robaczywość otwarta; choć nieraz aż wzdrygałem się ze strachu i niepokoju, to jednak zawsze jakby mimo woli podążałem w grząskie odmęty. Więc zmienne uczucia mną miotały. To skryte uwielbienie dla Terry. Była moim ideałem kobiecej urody. Moja imaginacja obdarzyła ją też wspaniałą duszą, zdolną do największych uczuć. Jednak ukrywałem się z tą swoją słabością starannie. Nigdy nie dawałem nic poznać po sobie. Jeżeli śmiał się Książę, śmiałem się i ja. Jeżeli ona spoglądała na mnie osaczona przez niego, przybierałem najwystępniejszy wyraz twarzy. Patrzyłem tylko. Powtarzam: patrzyłem. Ta namiętność patrzenia górowała nierzadko nad innymi. Takie poczucie magazynowania. Warstwa po warstwie układały się gromadzone bez odpoczynku fakty, strzępy faktów, twarze, głosy, domy, ulice, place, całe ciągi zdarzeń, własne losy, przypadkowo poznane losy obcych ludzi, moje i ich radości, klimat, aura, nastrój, moje w tym wzruszenia, wzloty i upadki. Tak gromadziłem bez porządku, ale zawsze z wielką chciwością jakby wielką mozaikę i niczego na razie nie próbowałem oceniać ani osądzać. Po co to wszystko? Nie wiedziałem. Dlatego być może tak mnie pociągał poznany przy Księciu Literat. Książę traktował go dosyć lekceważąco.

Klepał poufale po kolanie i zapytywał:

– Pewnie w portfeliku jakaś wierszówka czy zaliczka na umowę, tak? – Nie czekał na odpowiedź. – Odpal jakąś cząstkę…

Tamten pożyczał bez ociągania. I zaraz mijało zainteresowanie osobą Literata.

– Poczciwy chłop – mówił Książę Nocy. – Ale ta nuda ich egzystencji. Biurko, papier i wieczny wysiłek mózgu, żeby coś wymyślić... A ja! Bez trudu, tylko zmrużę oko, chwilę podumam i co chcę, to mam.

Nie lubił chyba wszelkich określonych twardymi rygorami form działalności. Nudziła go stałość, cierpliwy wysiłek, a także patos, tak bardzo związany ze sztuką.

– Kapłani, olimpijczycy... – ironizował – za życia posągi, celebrują te swoje wypociny jak hostię i jeszcze wieszczami ich nazywają. Ja cierpię za miliony! Ocalić od zapomnienia! Ku pokrzepieniu serc! Takie bzdury strawne tylko dla prostaczków.

Politycy, oni, pamiętam, interesowali go bardziej.

– Polityk wielkiego formatu to jest dopiero szatański fajerwerk, te ich ambicje, władza, osobiste namiętności i zimna nieczułość wobec ludzi, nie mogą się przecież kierować emocjami ani żadnym tam sentymentalizmem.

Miał duży szacunek dla Stalina.

– Gracz – powiadał i spoglądał na jego wielkie portrety, gęsto zdobiące mury naszego miasta.

Ze mną było jednak inaczej. Chciwie podpatrywałem Literata. Przychodził do tej kawiarni najważniejszej na szlaku. Książę Nocy kpił z niego protekcjonalnie. Literat wysłuchiwał wszelkich uszczypliwości ze spokojem, a nawet pokorą. Też może tylko patrzył i starał się zapamiętać? Chudy, niedbale ubrany, twarz miał pospolitą, brudne postrzępione paznokcie. Niczym się nie wyróżniał. Była we mnie jakaś nieśmiałość w stosunku do niego. Teraz wiem już na pewno: tak się zaczynał ten nowy, tajemniczy trop, który po latach zaprowadził mnie w obszary literatury i tamten nieznany (anonimowy właśnie, nie znałem jego nazwiska, nie znałem też jego twórczości, z nikim go nie kojarzę) człowiek był moim pierwszym przewodnikiem.

Ale wracam do Terry. Jej dalsze losy potoczyły się oryginalnie i nieoczekiwanie. Zapałał do niej namiętnością jakiś cudzoziemiec, Szwed, chyba kapitan statku, i z nim jako jego żona wyjechała stąd. Była już wtedy dziewczyną ostatecznie ukształtowaną, zimną i doświadczoną w występnym życiu.

– Puściłem ją na szerokie wody – nie zmartwił się wcale jej odejściem Książę Nocy.

To też była twórczość. Sprawiedliwie przyznaję Księciu Nocy. W żywym pracował materiale. A mnie zaszeptało coś złowieszczo: – Takie zabawy odbijają się rykoszetem. Taka w życiu twórczość najgroźniejsza…

Nie chciałem się jednak nad tym zastanawiać. Bo w jakiś sposób też chciałbym w żywym materiale… Próbowałem przecież nieraz. I nie uporządkowałem tego dotąd. Po latach, coraz słabszego i zmęczonego, dopada mnie to raz po raz i zwala z nóg znienacka, a wtedy widzę proces przemian nieodwracalny wypisany na twarzy Terry, dziewczyny z progu mojej młodości właśnie. Za nią majaczy twarz Księcia Nocy, która, coraz bardziej powykrzywiana w grymasach, zupełnie straciła ludzki charakter.

O Terry dochodziły później wieści z dalekich stron.
W Szwecji nieźle dawała sobie radę. Lekko zmieniała
mężczyzn i w wygodach materialnych pięła się coraz
wyżej. Książę Nocy wykorzystywał jej los dla swoich
bajek z tysiąca i jednej nocy.

– Terry – zaczynał z lubością – kiedy przyjechała
do Chamonix i stanęła w hotelu Mont Blanc...

Sam nadal występował przy jej boku, opiekował się
nią, karcił i pieścił, puszczał na coraz szersze wody.
Choć... raz powiedział coś zupełnie innego. Był wtedy
chory i odwiedziłem go w domu. Jego matka już nie żyła i nikt nie opiekował się nim w chorobie. Dziękował
z prawdziwą wdzięcznością za życzliwość i lekarstwa,
które mu przyniosłem.

– Żal mi – powiedział nagle – tej Terry... Tak to się
rozwiało... Mieć dziewczynę, być z nią... Ech! – machnął ręką – nie słuchaj tego... Skowyt chorego człowieka... Co by było, gdyby... – zamruczał gniewnie.

Pojawiła się ta Terry po wielu latach już jako cudzo-
ziemka w naszym mieście. Godna i wyniosła dama,
ozdobiona złotem i szlachetnymi kamieniami, z twarzą
dzięki kosmetykom ciągle zachowującą piękność i młodość, może zbyt podejrzanie tylko zastygłą, o skórze
gładkiej i bez zmarszczek. Nonszalancko niedbale
a pewnie podjechała swoim czerwonym sportowym samochodem pod hotel dla dewizowych gości ta pani
z dalekich stron.

Wybrała się, aby zobaczyć Księcia Nocy. Ja byłem jej
przewodnikiem. Szukaliśmy go dosyć długo. Wtedy już

gonił resztami sił, szwankowało zdrowie, bezdomny, sypiał gdzie bądź, demonizm jego urody też znikł bez śladu, wąska wychudzona twarz i tej jeden jedyny ząb, co wychylał się spomiędzy warg. Odnaleźliśmy go przy wejściu na praski bazar. Jak emeryt siedział na ławeczce. Wygrzewał się w jesiennym słońcu. Pozdrawiały go przekupki. Dowcipkowali na jego widok młodzi, rośli mężczyźni o twarzach wielkomiejskich wyjadaczy. Jakaś litościwa ręka miseczkę z pyzami mu podsunęła. Patrzyła Terry i patrzyła. Też popatrzył na nią. Ale w jego oczach nie było żadnego wyrazu. Choć poznał ją przecież. Po prostu odpowiedział martwym, obojętnym spojrzeniem. Tak jakby to dzieło jego rąk, umysłu i wyobraźni przestało go już zupełnie interesować. Puścił lekko w świat i zapomniał. Terry pogrzebała w torebce i wsunęła mu do kieszeni zwitek banknotów. Też przyjął to obojętnie. Był to już Książę Nocy przy końcu swojej drogi. Plątały mu się osoby; zdarzenia z przeszłości, żywi, martwi, tłum przecież przewalił się przez jego życie.

Znów jednak wracam do tamtych czasów. Kiedy ja byłem u progu, a on jeszcze w pełni sił.

Oto naładowany Albertem Orchideą i tym jego bezwzględnym, nieludzkim cynizmem, Księciem i jego olśniewającymi praktykami, najbardziej tą tresurą ślicznej uczennicy zwanej z cudzoziemska Terry, złodziejami kłębiącymi się w gruzach za kinem „Palladium", wracam do swojej dziewczyny, Barbary. Przyjmowała mnie bez słowa skargi na długą nieobecność, również bez najmniejszego wyrzutu z powodu mojej brutalności czy ordynarnej, łobuzerskiej pozy faceta ze szlaku. W milczeniu zabierała się do przygotowania kolacji. Patrzyłem na nią chłodnym, badawczym wzrokiem i wydawała mi się szara, brzydka, nieciekawa. Nie miała kształtów Linijki ani też romantycznego uniesienia w oczach jak Terry. Jej oczy były smutne i żadnego w nich zauroczenia. Raczej troska i rozsądek przedwcześnie dojrzałej dziewczyny, która ma ciężkie, wymagające cierpliwości obowiązki. Po prostu oddana swojemu chłopcu, gotowa znieść jeszcze wiele prób, moja dziewczyna. Rozmyślałem wtedy o różnych możliwościach eksperymentów z kobietami. Raz pragnąłem być bez uczuć i lepić tę Barbarę, jak Terry lepił mój Książę. To znów czekałem na wielką, szaleńczą miłość, pełną niezwykłych przeżyć. I żeby zagłuszyć ten uporczywy niepokój, z upodobaniem kreowałem siebie w ciągu różnych zmiennych zdarzeń. Moim wdzięcznym słuchaczem był trzynastoletni brat Barbary, Bogdan. W jego oczach widziałem tę samą chciwość, gotowość i niecierpliwość, jaka była we mnie, kiedy tak błądząc po Śródmieściu, pierwszy raz natknąłem się na Księcia Nocy. Na koniec, leżąc obok Barbary, wyobrażałem sobie te wyimaginowane, nieosiągalne kobiety, a tępe zmęczenie było najlepszym lekarstwem. Zresztą wkrótce od niej odszedłem. Hańbił mnie ten lichy kompromis marzeń z ich niespełnieniem. Żal mi było Barbary. Męczyło wielopiętrowe udawanie. Barbarę spotkałem po latach. Szła z jakimś mężczyzną. Przeszła obojętnie. Poznała mnie jednak. W jej oczach, kiedy na mnie popatrzyła, był wrogi chłód. Tak popatrzyła na mnie jak na jałowe szaleństwo swojej młodości.

Po Barbarze była ta kochanka znanego złodzieja, który siedział w więzieniu. Leżałem z nią i rozpierała mnie naiwna młodzieńcza duma, że takiego miałem poprzednika. Ona przeważnie milczała. Twarz miała niebrzydką, ciało duże i doświadczenie, język skrótowy i zasób złej, mrocznej wiedzy o życiu imponujący. Nigdy nie śmiałem zwierzać się jej ze swego zagmatwanego świata wyobraźni. Przy niej starałem się być małomówny, rzeczowy i szorstki jak ten mój poprzednik, Garbinos, co siedział w więzieniu. Wtedy już coraz rzadziej widywałem Księcia Nocy. Coraz częściej w jego obecności odczuwałem znużenie. Zbyt dużo nagromadziłem doświadczeń, zbyt dużo ciemnych praktyk sobie przyswoiłem i niekiedy uczucie przytłoczenia dokuczało fizycznym wprost ciężarem. Dlatego zacząłem odczuwać znużenie. Tępe, jałowe znużenie. Jakby wyobraźnia, tak bardzo nasycona, przyjmować cokolwiek przestawała. I twarz miałem szarą, grymasem znużenia napiętnowaną. A przymykając oczy po tych dniach pełnych bieganin, gdy jak karuzela kręciło się życie, szarą wypaloną pustynię widziałem, ludzie poruszali się na niej jak marionetki. Rezygnacją i monotonią wiało od tego przygnębiającego obrazu. Otwierałem oczy i chciałem, żeby coś się stało. Żeby ten bagaż, którym się obarczyłem, mógł mieć jakiś sens, stać się materiałem koniecznym do budowy czegoś. Czego? Tego nie wiedziałem. I z nikim tymi rozterkami dzielić się nie mogłem. Z Księ-

ciem Nocy? Jemu przypisywałem najważniejszą rolę
w tym nagromadzeniu wiedzy i przeżyć. Jemu więc
o tym powiedzieć nie mogłem. Poza nim nie miałem
już nikogo. Czułem się zagubiony w chaosie, nie znajdowałem żadnej ścieżki, nie umiałem żadnym porządkiem obdarzyć tego chaosu. Bardzo się obawiałem, że
gnić i marnieć zacznie to nagromadzone w mojej pamięci i najwyżej pozostanę już na zawsze cynicznym,
występnym człowiekiem, który wszystko zna od pod-
szewki i w żadnym ludzkim działaniu nie potrafi dojrzeć wzniosłego sensu. Wyczekiwałem w napięciu. Rozglądałem się czujnie. Odtąd wierzyć zacząłem głęboko
w siłę pragnienia, bo pragnienie sprawiło, że wtedy poznałem Ząbka i jego ferajnę.

Poznałem tego śniadego po cygańsku chłopaka ze
złotym zębem na przedzie. Wołali na niego po prostu
Ząbek i patrzyli z szacunkiem. Rzucało się w oczy, że
bardzo się liczył. Piliśmy wódkę w podwórzu na Srebrnej, gdzie stały węglarskie platformy zaprzężone w ro-
słe, słoniowate perszerony. Przyprowadził mnie tutaj
doliniarz Plebaniaczek. I tak popatrzyliśmy na siebie
z Ząbkiem po raz pierwszy.

– Chodzisz w miasto? – zapytał.

Przytaknąłem.

– W czym się starasz? – zadał drugie pytanie.

Poczerwieniałem i nie wiedziałem, co odpowiedzieć.
Z pomocą pospieszył doliniarz Plebaniaczek.

– Dopiero zaczyna – powiedział. – Patrzy. Ale dosyć
bystry i oblatany.

Ząbek już przestał się mną interesować, ale miałem pewność, że mnie zapamiętał. Wtedy już biegle potrafiłem władać czarodziejską różdżką Księcia Nocy i ten świat Ząbka, tych wszystkich z kotwicami i półksiężycami tatuowanymi na dłoniach, pochłaniał mnie coraz bardziej. Wydał mi się światem dawno upragnionych czynów. A czas z Księciem Nocy terminem, praktyką właśnie, która pozwoliła mi zrzucić przeróżne obciążenia i pozbyć się krępujących zahamowań. Puściłem się na szerokie wody. Widziałem w tym perspektywę i swobodę. Dom, rodzice, ich troska, przerażone oczy, perswazje czy groźby – wszystko to przestało się zupełnie dla mnie liczyć. Nawet o Księciu Nocy, swoim mistrzu, myślałem z rzadka i zawsze pobłażliwie. On był tylko od fantazji. Tu zaś spotkała się w moim przekonaniu fantazja z rzeczywistością. Zrośnięta ze sobą mocno i tak nieoczekiwanie. Tamte lata czasem Ząbka teraz nazywam. Nasze losy zasupłały się na tych krętych ścieżkach, którymi przemykać się zacząłem. Przestępczy czyn opromieniony mitologią. Oto była ta nowa formuła, dla której porzuciłem dotychczasowe błądzenie. A najdokładniej pamiętam tę celę małolatków na siódmym oddziale.

Więzienne doświadczenia! Bo i ta próba dosięgnęła mnie wreszcie. Była wpadka, nie udał się skok na ten wystawiony interes, niefart, jak to się mówi, i choć wspólnicy uciekli, ja, który stałem na „świecy", zostałem schwytany. Zimny metal kajdanek. Egzamin. Tak pomyślałem.

I choć śledczy Banasik w dzielnicowej komendzie nieraz wyciskał łzy z moich oczu, mówiąc:

– A tam na wolności wasz ojciec, wasza matka... pewnie spać nie mogą, myślą biedni rodzice o swoim jedynaku... A wy nic swego losu złagodzić nie chcecie... – to jednak milczałem jak zaklęty i wspólników nie wydałem, jak prawo Newtona powtarzałem sobie, co mówili starzy i doświadczeni: Lepsza jest jedna zaparta niż sto przyznanych. Tak więc na koniec tych dwóch tygodni przesłuchań śledczy Banasik uśmiechnął się krzywo i nie częstując mnie jak zwykle papierosem, polecił, żebym złożył podpis pod protokołem. Przed komendą czekała już „suka", i pojechałem. Tak zaczęły się moje więzienne doświadczenia. Inny, określony innymi prawami świat: podnosi się klapka wizjera, tylko ten zgrzyt masywnej bramy i klucza wystarczy. Strach był we mnie, ale i ciekawość wielka, już od początku przewyższająca strach. I nigdy odtąd nie mówię: „w celi", ale: „pod celą": tak tam się mówiło i zostało to we mnie na stałe, nawet wyrwany z głębokiego snu tak od razu powiem.

Cele były nieduże, zapchane ludźmi ponad swoją pojemność. W tych przeróżnych celach, poczynając od przejściówki i kwarantanny, później hartowany przez izolatki i karcery, rozpoczynałem swoją wędrówkę. Bo mimo ciasnoty tego miejsca jak w labiryncie długie tu były drogi. Na początku porażony przede wszystkim odmiennością od wszystkiego, co znałem dotąd. Tu, w ludzkiej gęstwinie zalegającej cele z małymi okratowanymi okienkami pod sufitem, wśród nieustannego klekotu butów na drewnianych podeszwach, zwanych klumpami, zanurzyłem się w zupełnie inne szyfry, układy i tajemnice. I choć tak ciasno tutaj, te nasze cele tak szczelnie oddzielone grubymi murami i kratami, a strażnicy tak czujni i surowi, to jednak nieprzerwanie rozchodziły się jakieś sygnały, stukano obcasami w ściany, zaraz z sąsiedniej celi odpowiadał podobny stukot, przez okna rzucano na sznurze worki obciążone cegłami, w których znajdowały się grypsy, żywność, papierosy; więc istniała nadzwyczaj sprawnie zorganizowana łączność i tylko na samym początku miałem przeraźliwe uczucie, że zostałem wepchnięty do głębokiej, ciemnej studni. Szybko odsłoniła się przede mną posępna, ale wciągająca zarazem logika tego miejsca. Tu dopiero naprawdę zanurzyłem się w tę mowę przestępczą (której pierwsze próbki otrzymałem od starego cynkarza Kurdziela, przyjaciela Księcia Nocy), pełną słów zrozumiałych tylko dla wtajemniczonych, w tę złodziejską kminę, pozornie ubogą, ale jakże bogatą właśnie przez swą drapieżną skrótowość, tu również poznałem te ściśle przestrzegane hierarchie, kastowy podział ludzi zamkniętego świata. Już na przejściówce, która była tylko chaosem, następowały pierwsze porozumienia, ustalała się z początku niezrozumiała dla mnie skala wartości. Już przecież otwierały się drzwi tej przejściowej celi i pojawiał się w progu kalifaktor z kotłem żarcia i chochlą, którą operował ze zręcznością akrobaty. Od razu stałem się świadkiem niemych, a niezwykle ważnych porozumień. Oto podchodzi do kotła mały, zgarbiony człowieczek o niczym się niewyróżniającej twarzy, jego oczy zderzają się z oczyma kalifaktora, zwanego pobłażliwie fajfusem, jest to kilka sekund tylko i fajfus nabiera mu hojną ręką tłuszczu z wierzchu kotła, dokłada tej pożywnej kluskowo-kartoflanej gęstwy z dna. Ten mały człowieczek zajmuje w wyniku niemego porozumienia uprzywilejowaną pozycję. Choć ta przejściówka to była jeszcze magma właściwie, cela jak hotel, na dwie, trzy noce tylko. Jeszcze nie ujawniały się w całej jaskrawości osobliwe zwyczaje tutejszego życia. Toteż przez tych kilka nocy największą estymą cieszył się handlarz (który po kilku miesiącach pobytu już był na najniższym tutejszym miejscu, milczący, smutny i skwaszony, tłoczył się w tłumie pariasów, zwanych po prostu gettem) posadzony za fałszywy towar, jakieś oszukańcze cukierki, doprawiane krochmalem i sacharyną, farbowane na wielokolorowo, schwytany w trakcie tego procederu; odznaczał się niezmordowanym gadulstwem, zresztą barwnym i dowcipnym, godzinami opowiadał swoje odpustowe przygody i hojnie bywał za to obdarowywany papierosami. A równocześnie dwaj moi sąsiedzi pogrążali się w ochrypłym szeptem prowadzonej rozmowie, a w tej rozmowie długi szlak znaczony etapami wielu więzień, padały nazwy: Wołów, Siedlce, Wronki, Rawicz, Płock, Strzelce Opolskie, wspominali swoich kompanów i wspólników. Z tej tajemniczym szeptem prowadzonej rozmowy wyłaniała się sprężysta, solidna wspólnota kryminalistów i wyrokowców, zahartowana, okrutna, połowę życia spędzająca w ciurmach, tak bardzo odmienna od wszystkich ludzkich wspólnot i środowisk, które znałem dotąd.

Opuściłem wkrótce przejściówkę i dotarłem do następnego kręgu wtajemniczenia. Znalazłem się na kwarantannie, gdzie surowy reżim trzymał celowy Szatan, rosły, wysoki mężczyzna o zwierzęcej, dzikiej twarzy. Tu już ściśle i surowo przestrzegano przestępczego kodeksu. Wieśniacy i nowicjusze układali się pokotem na betonie, a celowy pośpieszał ich w tym wieczornym obrządku, waląc drewnianą pałką w zadki i plecy. Natomiast ci z uprzywilejowanej warstwy, legitymujący się wyrokami i wykonywaniem rozmaitych przestępczych zawodów, zajmowali prycze i patrzyli z góry na pełzającą po betonie ciżbę. Między nimi również dawał się zaobserwować pewien podział według pozycji i znaczenia, oni też nie byli wobec siebie równi i jedni z nich tą letnią porą otrzymywali lepsze prycze, przy oknach, a więc z dostępem świeżego powietrza i widokiem na niebo, inni zaś sypiali na dolnych pryczach lub daleko od okien. Wszyscy jednak przyjmowali swoje miejsca bez sprzeciwu, dlatego sądzić można, że przydział ten był według obowiązujących tutaj reguł chyba sprawiedliwy. I dotąd mam przed oczyma niezwykle wyrazisty obraz: zbity tłum wieśniaków i przypadkowych aresztantów, słowem cały ten więzienny gmin, getto; tłoczy się ten tłum pod ścianami, a pośrodku celi wolna przestrzeń i tam spacerują sobie panowie złodzieje. Zapamiętałem również tę dokładną rewizję, której poddawał celowy Szatan wszystkich nowicjuszy. Wchodzili pod celę popychani przez oddziałowego, drzwi zatrzaskiwały się, a oni tak stali, trzymając niezgrabnie swój więzienny ekwipunek w postaci koca, zagłówka, prześcieradła, miski i łyżki; wszystko to grzechotało i wysuwało im się z rąk, a oni stali i rozglądali się niepewnie. Celowy Szatan w asyście swych sprawnych, okrutnych pomocników odbierał im papierosy, wolnościowe wałówki z żarciem i co ładniejsze osobiste drobiazgi. Umieszczał to wszystko w swojej podręcznej szafeczce nad pryczą i oznajmiał ze złośliwym uśmiechem:

– Wszelka własność prywatna podlega likwidacji!!!

Zauważyłem też szybko, że więzienne naczalstwo, klawisze, inspekcyjni, spece, a nawet naczelnik w jakiś sposób respektują wewnętrzne, niepisane prawa kryminalistów, a tych użalających się na swój los lub donosicielstwem próbujących wkupić się w łaskę traktują z wyraźną pogardą. Pewien stary klawisz przezwiskiem Chiński Ptak ciągle używał złodziejskich zaklęć i mówiono, że przed wojną sam był również więźniem. On to darzył wyraźnie sympatią celowego Szatana i nieraz już po wieczornym apelu uchylał drzwi i gwarzył z nim długo. Więc ci przypadkowi więźniowie, frajerzy i wieśniacy również na zewnątrz celi znajdowali oparcie i zrozumienie. A mnie pociągał niezwykle ten proces zmiany osobowości – niewolniczego podporządkowania, strachu i małości ludzi, którzy trafili tutaj przypadkowo. Tam na wolności być może huczni, bujni, swobodni, przywykli do samodzielności i podporządkowywania sobie innych, tutaj tracili szybko te wolnościowe cechy; żelazną ręką zmuszał ich do psiej uległości celowy Szatan.

Ja zostałem zakwalifikowany do grupy małolatków, tych młodych adeptów przestępczego procederu, niecierpliwie, z młodzieńczą gwałtownością i energią przechodzących swą inicjację. Moim protektorem okazał się właśnie Ząbek. Już tu przede mną przebywał i cieszył się znacznym mirem zarówno wśród swoich rówieśników, jak również u starszych. Pamiętał o mnie i kiedy tylko stanąłem w progu tej kwarantanny, gdzie rządził wszechwładnie Szatan, wiedziano, kim jestem i kiedy się tu dostałem, gdyż więzienna poczta między celami i oddziałami działała z zadziwiającą szybkością. Ząbkowi więc zawdzięczam to, że celowy Szatan i dwaj jego pomocnicy, Goryl z Targówka i Widłonogi, nie poddali mnie okrutnej i często hańbiącej tresurze. Tak oto zostałem wyróżniony i co jakiś czas celowy Szatan, otwierając swoją szafeczkę nad pryczą, gdzie leżały stosy zabranych papierosów, rzucał mnie również jednego: – Zajarz sobie szluga, małolat! – Nocami wcale nie ukrywał przede mną tego tajemniczego handlu, który odbywał się między naszą celą a blatnym strażnikiem, pełniącym dyżur na pobliskiej wieży z reflektorem przy więziennym murze. Za pomocą „konia", owego worka na długim sznurze, przerzucał celowy Szatan i jego asystenci garderobę odbieraną co lepiej ubranym (jeszcze przecież w wolnościowych strojach paradującym pod tą celą) frajerom, wszelkim nowicjuszom i ludziom niepodlegającym opiece przestępczego kodeksu, przeważnie tym bogatym handlarzom i kombinatorom, którzy trafili za handel złotem czy dolarami i byli najlepiej ubrani, zasobni przecież tam na wolności. Szatan po prostu obdzierał ich z garniturów, swetrów, koszul i butów na grubej podeszwie, w zamian wydając im jakieś stare, przepocone ciuchy, a oni, przerażeni i sterroryzowani, nie śmieli donieść o tym więziennej władzy.

Fascynujące to były noce, pełne zduszonych szeptów, na ten sygnał: Kopsaj konia – worek śmigał z wieżyczki albo okienka naszej celi. Był to bowiem handel wymienny i z wieżyczki celowy Szatan otrzymywał papierosy lepszych gatunków, kiełbasę, a nawet wódkę. Czasem nocami po tym zajęciu odbywały się uczty i śpiewałem ochoczo wraz z innymi: „Kto z was nie siedział, ten tego nie zrozumie, tęsknoty więźnia w szarego dnia zadumie..." lub: „Gdy trupi blask księżyca ogarnie całą ziemię, tu w murach na Gęsiówce śpi niewolnicze plemię...".

Wzruszały mnie te hymny. Czułem się wyklęty i dumny z tego wyklęcia. Sam dokonałem wyboru. Pieśń urywała się i wpadali klawisze. Któryś z nas szedł do karceru.

Na koniec swojej wędrówki dotarłem na siódmy oddział, pod celę słynną w całym więzieniu, celę krnąbrnych i żywiołowych małolatków, gdzie panem udzielnym, królem z bożej złodziejskiej łaski był Ząbek, ten śniady, muskularny chłopak o wiecznie uśmiechniętych oczach, ze złotym zębem na przedzie. W pierwszych już dniach pobytu pod celą zobaczyłem tatuaż na jego przedramieniu. Ten tatuaż odtąd w przeróżnych sytuacjach mi się przypomina i wagę temu jakąś magiczną, niewytłumaczalną przypisuję. Była to świetna robota, zarówno pod względem gęstego ściegu, umiejętnego cieniowania i pewnej kreski – musiał więc kłuć to nie byle jaki fachowiec – jak też rysunku delikatnego, wyrazistego, zdolności malarskie zasadnie udowadniającego. Tatuaż przedstawiał różę o szerokich, mięsistych płatkach, w niej umieszczony został wizerunek Matki Boskiej. Trzy kolory ożywiały rysunek: krwiście czerwone płatki róży na czarnej łodyżce i niebieska twarz Świętej Matki. I ciągle pod tą celą występuje mi przed oczyma ręka Ząbka zdobna w ten tatuaż. Czy to przed rannym apelem, kiedy zrywaliśmy się z wyrek, czy podczas popołudniowych spacerów, kiedy duchota zatłoczonej celi zmuszała nas do ściągania koszul i leniwego snucia się w tym karykaturalnym spacerze na pięć specjalnie drobionych kroków. Powiedział mi wtedy Ząbek o powstaniu tatuażu. Jest ich czterech, wszyscy z Matką Boską w Róży, byli jeszcze w poprawczaku, pierwszy etap ich terminu, i tak połączyli się przez tę Różę węzłem trwałego wspólnictwa. Mówił o tym Ząbek z ożywieniem, błyszczały mu oczy. Wyliczał po raz któryś: – Ja, Kaczor, Pepo i Baba Jaga, we czterech sobie machnęliśmy, a dziargał Pepo, dziargał i rysował. Pepo git rysował. – Patrzyłem zazdrośnie na Różę zdobiącą śniadą rękę Ząbka. Pragnąłem skrycie być tym piątym z Różą. Nigdy jednak głośno o tym nie mówiłem. Bałem się pobłażliwej kpiny w oczach Ząbka. Myślę po tylu latach: jeżeli powstają w ogóle trwałe męskie przyjaźnie, które mają coś znaczyć przez całe życie, to wtedy właśnie taka przyjaźń narodziła się między mną a Ząbkiem. Widzę znów naszą młodość osiemnastoletnią i to miejsce ponure, okratowane. Był Ząbek moim wzorem i jak aureola opromieniała go sława odważnego, w wielu już próbach zahartowanego opryszka. Tę jego monolityczną siłę, nienadwątloną żadną wątpliwością, ja, uczeń Księcia Nocy, zdobiłem w romantyzm, barwę i mitologię, najlepiej jak tylko zdobić w tym czasie potrafiłem. Moje naiwne wzruszenia, kiedy Ząbek zaczynał swoje wieczorne grypsowanie z sąsiednimi celami i oddziałem po drugiej stronie spacerniaka. Piętro niżej siedział jego stryj, weteran włamań, otoczony powszechnym szacunkiem więzienny arystokrata; a żeński oddział po drugiej stronie spacerniaka odpowiadał mu dźwięcznym głosem kobiety: – Trzymaj się, Ząbeczku jedyny!

To była jego siostra, Krystyna, i Ząbek często śpiewał dla niej tęskne, na melodię przebrzmiałych tang, prymitywnie rymowane pieśni złodziejskie. Dla mnie wtedy jak orzeł wyglądał, tak szeroko rozpościerał ramiona na okratowanym oknie, a my warowaliśmy pod drzwiami, nadsłuchując, czy korytarzem nie zbliża się klawisz.

Śpiew przeważnie przerywał czujny okrzyk:

– Atanda!

Znaczyło to, że korytarzem oddziału zbliża się niebezpieczeństwo. Ząbek zsuwał się zręcznie z krat i spoglądając na klawisza, który uchylał nagle drzwi, pytał z kpiącą miną:

– Co pan taki niespokojny, kierowniczku?

Z wielkim wzruszeniem (ta euforia nie opuszcza mnie dotąd) wspominam tę przyjaźń przeżytą pod celą na siódmym oddziale. Starałem się też czymś Ząbkowi odpłacić. Odpłacić za to, że mnie właśnie wybrał, a tylu tam siedziało małolatków, bardziej już doświadczonych ode mnie w przestępczym procederze i mających za sobą różne wyczyny, o których mówiono z uznaniem. Wieczorami więc, kiedy już zgasło światło odrutowanej żarówki na suficie, opowiadałem książki, właściwie wymyślałem, korzystając z wielu książek, z zapamiętanych fragmentów, wątków, sylwetek bohaterów – taką jedną, rozgrywającą się podczas więziennych wieczorów baśń, i największą dla mnie satysfakcją były błyszczące przyjęciem oczy Ząbka; chciwie raz po raz zaciągał się papierosem i rozbłyskujący ognik pokazywał jego oczy. A kiedy urywałem na chwilę dla odsapnięcia lub wymyślenia czegoś nowego, rozległ się jego niecierpliwy głos: – Ładuj dalej!

Czułem się twórcą w pełnym tego słowa znaczeniu i głos Ząbka pokorny, przymilny, kiedy tak prosił o dalszy ciąg, upajał mnie najbardziej. Oto jaka była moja odpłatność w naszej wielkiej przyjaźni, w której za dnia wszystko należało do niego. Odczuwałem równocześnie po raz pierwszy siłę sztuki, która na chwilę chociaż wszystko: celę i ludzi w niej się znajdujących, zmieniała, przenosiła gdzie indziej, wyrazem tego były westchnienia tu i tam oraz z nagła rozbłyskujące ogniki papierosów. Za dnia życie powracało do swojego zwyczajnego wymiaru i za dnia też Ząbek nigdy o tym moim bajaniu nie mówił. Tylko wraz ze zbliżaniem się wieczoru nieraz czułem jego badawcze, skupione spojrzenie, jakby starał się przeniknąć, zrozumieć i dotrzeć do sedna tej mojej umiejętności, która wieczorem po zgaśnięciu światła mnie czyniła z kolei panem tego miejsca. W tym swoim bajaniu odgrywałem rozmaite misteria, to powoływałem świat przygód czy awantur niebywałych (czasem wtedy Książę Nocy mi się przypominał i zapewne z wielu jego opowieści korzystałem), to znów dramaty miłosne snułem (romantyczni kochankowie typu Romeo i Julia, a więc czysty, liryczny wątek) lub wyłącznie wyuzdaną, naturalistyczną orgią ciał się zajmowałem i wtedy Piękna Ita znów przed moimi oczyma naga nad elektryczną maszynką żabio-ohydnie kucała. Historie orgiastyczne najbardziej przeżywałem, dojrzewanie i głód kobiet ostrym w tym były bodźcem. Sam też oddychałem nierówno jak moi słuchacze, wzburzony kuszącymi wizjami kobiecych ciał. I pamiętam, jak kiedyś zaraz po poincie rozdziału w ten wieczór improwizowanego rozległ się zduszony głos Zenka Oliwy, pierwszego siłacza pod tą celą i najokrutniejszego w tresowaniu chamków i frajerów specjalisty; ten jego głos, wzburzony erotycznym rozpasaniem rozdziału danego na ten wieczór, zabrzmiał gniewnie i niecierpliwie:

– Jak chcecie, to wy nie, ale ja tam dziś biję konia!

Znowu była cisza i głos Ząbka potem:

– Zastawiam wszystkich, każdy musi bić konia, temu, co nie będzie bić, wpada carski aż do przełyka!

Wkrótce szelest tylko i posapywanie. Skrzypiały prycze, cienie na ścianach przesuwały się groteskowo. W tym naszym dzikim języku, najeżonym rozmaitymi zaklęciami, słowo „zastawiam" oznaczało przymus dla wszystkich, a ten zwrot: „carski aż do przełyka" – stanowił największą obelgę dla świadomego więźnia, słowem i czynem wcielającego w życie ten obwarowany często dziwacznymi nakazami i zakazami kodeks przestępczy. Dlatego podczas owego wieczoru odbył się zbiorowy onanizm pod naprędce skleconą fabułkę o zachłannych kochankach, z niezmordowaną pracowitością eksploatujących swoje ciała. Była to zarazem pierwsza moja, jeszcze nieświadoma, pisarska satysfakcja. Dziękuję sprawiedliwie Księciu Nocy: jego fantazja i moje z nim wędrówki po matecznikach Śródmieścia dużo mi dały budulca na te więzienne wieczory. Taki był podział w naszej z Ząbkiem przyjaźni: na jego dzień i moją noc. Nie zawsze przecież te wieczory bajkowym opowieściom tylko były poświęcone, nieraz szeptem zwierzaliśmy się ze swoich sekretów, marzeń i Ząbek tak samo po ludzku, zwyczajnie miewał swoje rozterki i chwile słabości. Silny jednak był w tym swoim życiu (którego może sam nie wybierał, tak żył jego ojciec, stryjowie, siostra, rówieśnicy) i niezbyt mocno nękany wątpliwościami, wkrótce zasypiał zdrowym snem sprawiedliwego. Ja natomiast długo jeszcze przewracałem się i miotałem na wyrku. Gryzł koc. Drażnił zaduch i chrapanie wokół, nawet przeszkadzał blask księżyca w okienku, a do rozmyślań zmuszały te pierwsze, coraz gęściej osaczające wątpliwości, w których rosnąca tylko natarczywość pytań i żadnych odpowiedzi. Kierowałem wtedy przeciw sobie rozliczne zarzuty, uważałem się za człowieka bez oblicza, miotanego na ślepo przez rozmaite

fascynacje; to znów uważałem, iż należy wyplenić w sobie wszelkie rozterki i wstąpić na szlak kryminalnej re-
cydywy; więc już tak ostro rozprawiwszy się ze sobą,
pragnąłem mieć chwilę spokoju, ale zaraz przyszłe życie
przedstawiało mi się jako koszmar pełen klęsk, hańby
i ciągle wymykających się szans. Wreszcie zasypiałem,
ale i sen często był ciężki, męczący, pełen widziadeł.

Za dnia kipiało pod naszą celą rozmaitymi rozróba-
mi, łamaniem więziennego regulaminu i zażartymi bój-
kami między sobą. Na ból też byliśmy odporni. Nieraz
co bardziej krnąbrnego z nas wyciągali spece z celi
do ciemnicy. Jednak prawie wszyscy wracali z hardą,
nieprzejednaną twarzą.

– Nie dali rady mnie złamać – mówiło się po powrocie z ciemnicy.

Sami również uczyliśmy się pogardy dla własnego
ciała. Tak jak Władek Kęska ze Żbikowa czy Dziobus,
którzy kroili sobie brzuchy żyletką i połykali metalowe
pręty. Było nas trzydziestu nastolatków, z których piętnastu zaliczonych zostało do grona wybrańców, elity,
stosując starą nomenklaturę, stanowiliśmy Londyn
i Paryż; druga piętnastka zaś określana została mianem
frajerów i oksów, byli po prostu gettem i czas ich pobytu tutaj zamieniał się w pasmo nieustających wymyślnych udręk i kar, z surowością stosowanych przez celowego Ząbka i jego gwardzistów. Ci poniżeni zmuszani
bywali do najbardziej lokajskich posług, ścielenia łóżek
wybrańców, czyszczenia ich butów pastą sporządzoną
z sadzy wydobywanej z pieca i kłębienia się jak stado

baranów w przestrzeni dla nich wydzielonej, to znaczy w smrodliwym rejonie kibla, a łaską największą bywały pozostawione niedopałki papierosów, na które rzucali się jak szakale, walcząc zajadle o tych kilka wątłych dymków. Służyli również do różnych okrutnych rozrywek i karą za najmniejsze uchylenie były plagi wymierzone cienką deseczką, zwaną pieszczotliwie Lolą, na goły, wypięty i drgający strachliwie zadek, który pod uderzeniami Loli w sprawnej dłoni Zenka Oliwy szybko czerwieniał i siniał. Widziałem podczas tych zabiegów wesołe, kpiące zadowoleniem oczy Ząbka. Praw więziennych przestrzegał solennie i tortury zadawane frajerom czy nowicjuszom nie wywoływały w nim żadnego współczucia. Nie byłem jeszcze należycie zahartowany i migotały we mnie wyrzuty sumienia, współczucie i wstyd. Największą rozterkę powodował współwięzień najczęściej dręczony z powodu swego gapiostwa i tępoty. Dla bezinteresownej kpiny znudzeni arystokraci naszej celi wytatuowali na jego krzepkich chłopskich plecach traktor z wielkim chujem, bardzo efektownie wyrastającym z siodełka pojazdu, ozdobionego fabryczną nazwą „Ursus". Ten udręczony wieśniak o humorystycznym nazwisku Schabek największy powodował we mnie protest. Pewnego wieczoru spróbowałem pomówić o jego nieszczęsnym losie z Ząbkiem. Wyśmiał mnie i nie pozwolił dokończyć. – Frajera i stróża pierdol na środku podwórza! – zakończył ordynarnym rymem i zaraz zasnął.

Uporczywie nękany wyrzutami sumienia, co wieczór też uporczywie bajdurzyłem Ząbkowi o idealnej komunie więźniów połączonych braterstwem, równością i wzajemnym szacunkiem. Taką tworzyłem Wyspę Szczęśliwej Utopii, która wnet zaprzątnęła mój umysł i wyobraźnię bez reszty. Stała się swoistą obsesją, nawet Ząbek już mi nie przerywał, tylko przyglądał się z zafrasowaniem, a kiedy skończyłem swój wywód, nie odzywał się ani słowem i w milczeniu częstował mnie papierosem. Paliliśmy skrzętnie, chciwie, do parzącego palce niedopałka i tuż przed snem Ząbek szturchał mnie w ramię i mówił:

– Chociaż we śnie nie zaprzątaj sobie tym globusa.

Myślę, że w sprawie tego mojego dziwactwa (bo jakże to inaczej nazwać w tamtym miejscu) dał Ząbek dowód prawdziwej przyjaźni. I choć używałem najbardziej porywających i demagogicznych argumentów, żeby go przekonać (posunąłem się nawet do tego, że o chwale, na jaką sobie zasłuży w oczach potomności, mówiłem), to jednak nie zrozumiał tego nigdy, dla jego praktycznej złodziejskiej wyobraźni moje rozumowanie mogło być jedynie zwariowaną mrzonką. Tylko patrzył na mnie uważnie i kiedy perorowałem coraz bardziej zapalczywie, już nie wybuchał w odpowiedzi szyderstwem czy kpiną. Myślę też, że powodem najważniejszym była moja odmienność, która przejawiała się w tych moich wieczornych improwizacjach, kiedy panowałem w jakiś dziwny sposób nad całą celą.

Dlatego ku mojemu zdumieniu (jego uporczywe milczenie jako odmowę traktowałem) zgodził się łaskawie na reformę. Łaskawie i pobłażliwie zarazem. Pewnego popołudnia, uśmiechając się zagadkowo, oświadczył wszystkim, że odtąd pod naszą celą panować będą inne zwyczaje. Zgrabnie i zwięźle streścił moje zasady, które polegały na równości wszystkich w obliczu wspólnej doli, sprawiedliwym podziale dyżurów porządkowych i zniesieniu wszelkich kar cielesnych.

– Zniesione zostaje używanie Loli wobec chamów i frajerów – powiedział z naciskiem i cały czas zagadkowy uśmiech błąkał się po wargach. W końcu przystąpił do zasadniczego punktu mojej reformy: wolnych, nieskrępowanych wyborów – znów podkreślił z naciskiem – na celowego i jego zastępców oraz sprawy wymiany miejsc do spania. Oznaczało to, że ci, którzy spali dotąd na betonie, odtąd mogą, żeby sprawiedliwości stało się zadość, przenieść się na łóżka. Tak więc ci, co znajdowali się na górze, zejdą na dół, i odwrotnie. Wybory okazały się zmyślną pułapką i ja, naiwny, dopiero po fakcie w tym się połapałem.

Społeczność naszej celi zgodnie wybrała na funkcyjnych Ząbka i jego dotychczasowych zastępców. Milczenie było odpowiedzią na propozycję zmiany miejsc do spania z twardego, zimnego betonu na łóżka. Nikt nie chciał tej zmiany na lepsze. I choć Ząbek napierał na nich groźnie, wskazując zachęcająco na piętrowe wyrka, rzędami stojące przy ścianach celi, starannie zaścielone i miękkie, to nikt jednak nie wyciągnął ręki czy choćby najmniejszym gestem lub westchnieniem nie okazał tęsknoty do innej, lepszej i wygodniejszej wizji więziennej nocy. Tak zakończyło się to groteskowe zebranie, a Ząbek z całą obłudną życzliwością zwrócił się do mnie i bezradnie rozłożył ręce.

Jedynym skutkiem moich społecznikowskich zabiegów (może one ostatnim śladem atawizmu z czasów kursu dla analfabetów nad glinianką i pracy w dzielnicy) stało się pewne złagodzenie represji. Tylko to właściwie, bo dyżury przy miskach i kiblu były czystą fikcją, ciągle zajmowali się tym ci sami, jeden z powodu swej żarłoczności przezywany Mordochłapem i ten nieszczęsny Schabek z traktorem na plecach; oni bowiem w swojej przebiegłości pańszczyźnianych chłopów mieli niezachwianą pewność, że tylko uniżoną gorliwością złagodzić mogą nieco swój los. Powtarzam jednak: przyjaźń Ząbka w tej osobliwej sprawie rzetelny zdała egzamin. Tego jestem pewien. I nigdy nie pozwolił na słowa potępienia czy kpiny ze strony innych małolatków, którzy przez pewien czas wrogo spoglądali na mnie, jako autora tych nieoczekiwanych reform.

Ponury Mroku, co siedział za napady na samotnych przechodniów, których ogłuszał murarskim młotkiem i ograbiał, nawet wybuchnął wściekle po tym zebraniu, postukał się palcem w czoło, następnie wskazał na mnie i powiedział: – Szajba mu odbiła, jak pragnę wolności, co to za… – ale urwał pod ciężkim spojrzeniem Ząbka.

Sam wkrótce przemyślałem gruntownie te niefortunne mrzonki o szczęśliwej utopii i nawet rozmów o tym unikałem. Jedynym więc wynikiem było złagodzenie kar i Lola już nie tak często czerwonymi pręgami znaczyła niewolnicze zadki.

Tak płynęły dni, tygodnie, miesiące; tęsknota za wolnością stawała się coraz mniej gwałtowna i nie powodowała już bolesnego skurczu w okolicy serca. A w tym więziennym życiu erotyka cały czas przewijała się swoim mrocznym, wynaturzonym nurtem. To rozprawiczanie frajerów, starannie dobieranych, o twarzach i kształtach jakby kobiecych. Ich opór, przerażone głosy, a potem zmuszona do uległości głowa znikała pod kocem pragnącego rozkoszy przedstawiciela elity. Wreszcie ten ruch pod kocem, to kłębienie się nieznośne i chaos, który przeradzał się w rytm i długie przeciągłe sapnięcie, co zwiastowało szczyt, ulgę, odprężenie u korzystającego z usługi. Słuchałem chciwie i było we mnie jakieś przerażenie, choć starałem się nic nie pokazać po sobie, tylko kiedy podnosiłem papierosa do ust, palce drżały mi leciutko. Ząbek też słyszał te odgłosy na sąsiednich wyrkach (mógł to być Heniek Mroku lub Zastawka, którzy uprawiali to ze stałymi partnerami od dawna) i ziewając, mówił mimochodem: – Chłopaki, co długo siedzą, potrzebują tego dla zdrowia… Znaczy czasem trzeba korzystać z parówy…

Za dnia ci wykorzystywani przemykali się chyłkiem i nieraz wstydliwie kuliło ich ramiona to przezwisko tutejsze: – Te, parówa – lub: – Ty, pierdolony!

Przeważnie odbywali oni swoje nocne posługi pod strachem lub z nadzieją złudną bardziej uprzywilejowanej pozycji za dnia. Choć dostrzegałem też wśród nich takich, którzy chyba jakoś naturalnie w tym gustowali. Dawidek, dlatego tak przezywany, że przypominał jakiegoś chłopca z *Ulicy Granicznej*, filmu o warszawskim getcie, ten Dawidek łasił się i ocierał o chłopaków, a nocne czynności odprawiał z ochotą, napraszając się do różnych łóżek.

Kiedyś po wieczornym apelu podszedł też do mojego łóżka, przeciągnął się jak kocur i wyczekująco wpatrzył się we mnie. Rzuciłem mu papierosa i powiedziałem nienaturalnie grubym głosem:

– Na razie jeszcze za krótko siedzę.

– Fakt – roześmiał się Ząbek. – Jeszcze post za bardzo cię nie zmęczył.

Największą hańbą okrył się pewien złodziej przezwiskiem Mojka. Podobno on to robił. I sam chciał.

– Chory człowiek – powiadał o nim Ząbek. – Lubi to.

Mojka twarz miał lisią, trójkątną i przeważnie robił chłopakom na drutach z poprutych swetrów rozmaite czapeczki, bambosze i majtki z palmami wyszywanymi kolorową nitką.

Ciemny ścieg erotyki towarzyszył mi nieprzerwanie w więziennym życiu i starałem się usilnie nie zastanawiać nad tym zbytnio. Choć przychodziła taka zdradziecka ochota… Coś się w głowie roiło lub ciało samo dopominało się jak dzikie zwierzę, nakazom rozumu nieposłuszne. Ząbek opowiadał o kobietach z tego oddziału naprzeciw, co woreczków napełnionych kaszą używają do zaspokajania swego babskiego głodu. Inne znów zmuszają nowicjuszki do rozmaitych posług. Miałem raz satysfakcję, co prawda wyłącznie symboliczną, kiedy to podczas spaceru, gdy przylepiały do krat twarze kobiety z żeńskiego oddziału i tym swoim głodem rozpalone, głośno wyobrażały sobie nas jako swoich kochanków, ja zostałem wyróżniony.

Najładniejsza z nich, o dziwacznym imieniu Karla, dziesiątkę papierosów mi rzuciła i zazdrościli tego wyróżnienia moi towarzysze pod celą. Tej nocy długi czas poświęciliśmy z Ząbkiem na rozmowę o tych naszych wymarzonych kobietach przyszłości.

Gęsty, intensywny był to czas i wyłącznie pod silnym wpływem gwiazdy Ząbka się znajdowałem. Miałem już coraz śmielszy zamiar poprosić go o ten tatuaż z Matką Boską w Róży i w ten sposób zostać piątym. Ale jakoś do tego nie doszło. A kiedy po raz drugi zazgrzytał klucz w więziennej bramie i wyszedłem na wolność, stałem się inny jakiś, skupiony, małomówny, niechętnie też przyznawałem się do jakichkolwiek słabości. Zanurzyłem się znów w przestępczym odmęcie. Już teraz traktowany lepiej, posiadałem przecież legitymację w postaci tej pierwszej odsiadki. Z Ząbkiem krótko razem chodziliśmy. Ponownie dostał się do więzienia. Urwała się nasza więź. Później dopytywałem się o niego wielokrotnie. Odwiedzałem nasze miejsca, szukałem wspólnych znajomych. Nikt nic nie wiedział. Rozwiał się Ząbek.

Dotarłem nawet do starego stopkarza Kubusia Wąsa, który był wzorem na siódmym oddziale dla wszystkich małolatów, a Ząbka darzył największą sympatią. – Ma złodziejską krew – powiadał o nim. – Dobrą krew. – Stopkarz był dozorcą w starej kamienicy na Kowieńskiej. Przeszedł na emeryturę. Tak mówił o sobie. Zawód spełniał sumiennie, cenili go lokatorzy.

Siedział na ławeczce wsparty na miotle, miał długie, obwisłe wąsy i nikt by nie powiedział, że był to człowiek, który chodził niegdyś ze spluwą na roboty. Rozłożył bezradnie ręce. Też nie wiedział nic o Ząbku.

– Pewnie wykorkował – powiedział po chwili. – Chłopaki z naszej branży wcześnie odwalają kitę.

Więc nikt nic o Ząbku nie wiedział. Rozwiał się Ząbek. Nigdy więcej go nie spotkałem. Teraz, po tylu latach, kiedy realność tamtych czasów coraz bardziej się zaciera, zadaję sobie niekiedy pytanie: Był? Czy go nie było wcale? Różę z Matką Boską, ten herb Ząbka, przypomniałem sobie niedawno. Ktoś czytał mi fragmenty z książek Geneta, wielokrotnego więźnia i pederasty. *Pamiętnik złodzieja* – to tytuł jednej, a *Matka Boska w kwiatach* – drugiej. Był tam wtopiony w piękną, czystą i olśniewającą poezję kłąb brudnego życia poprawczaków, przestępczych melin i miejskich szaletów, gdzie schodzą się zboczeńcy.

Znów mojego Ząbka z tym herbem na śniadym przedramieniu zobaczyłem i jakbym do początku swojej drogi wrócił. Było ich czterech, bez żadnego wysiłku przypomniałem sobie ich ksywy: Pepo, Kaczor, Baba Jaga i on, Ząbek. I jak dawniej zazdrościłem, że nie byłem piąty.

Wracam do tamtego czasu znów. Trwałem na swoim przestępczym szlaku i mało czasu dla Księcia Nocy już miałem. Jak z innej epoki trochę on dla mnie. Pięknej, ważnej, ale już odległej. Chociaż niekiedy nachodziły mnie te dawne pragnienia: zobaczyć się z nim i – jak to było w naszym zwyczaju – ruszyć w nocną łazęgę po mieście.

Powodowany tym pragnieniem odnajdowałem go czasem. Ciekawe, że w miarę przebywania z nim ta jego władza nade mną wracała. Stawałem się jego cieniem i bez najmniejszej kpiny, wprost przeciwnie, z powagą i napięciem wpatrywałem się w niego, oczekując, co znów nowego wymyśli, czym znów spowoduje zamęt w moich poglądach. Niekiedy próbowałem stać się obojętny i doświadczony, nieczuły na jego sposoby, mimochodem, niedbale odsłaniałem swoje przygody z kręgu urków, kiedy to z Ząbkiem i jemu podobnymi grasowaliśmy po obcych przecież Księciu Nocy rewirach. Mówiłem o ryzykownych skokach, przebiegłych paserach. Mówiłem o ucztach na melinach z okazji udanej roboty i okrutnych karach wymierzanych kapusiom. Jednak Książę Nocy nie interesował się tym wcale. Słuchał jedynie przez grzeczność, a gdy zapalałem się coraz bardziej, nawet uśmiechał się pobłażliwie.

Ta odkrywana przeze mnie rzeczywistość wcale go nie pociągała, wolał swoje mgliste, fantazyjne tropy. Toteż szybko mówić przestawałem i wcale żalu za jego obojętność nie czułem. Widziałem ten mur wysoki i szczelny, który dzielił go od tych spod znaku Róży, jednoznacznych, silnych i prymitywnych. Jakbym nawet stawał po jego stronie. Jego chłód był mi bliski. Chłód i niechęć do wszelkiej raz na zawsze ukształtowanej formy.

– Doświadczenia… – mruczał Książę Nocy już udobruchany moją uległością – tak całe życie można doświadczać, skoki, wyroki… – Nie mógł obyć się bez szyderstwa. – I co z tego, tępieje człowiek, muł się robi z niego i osad tylko pozostaje we łbie... A ta twoja złodziejska krew... marna... bez błękitu... krew dla prostaków, co ciężko tyrają na życie... – A dla złodziei Książę Nocy to był po prostu Rysiek, co ma wariackie papiery. Traktowali go pobłażliwie.

– Zasuń coś. No, jakąś swoją mowę – prosili czasem.

Miną wyrażał wobec nich pogardę. Ale nie odmawiał.

– To jest dopiero farmazonista – chwalili go złodzieje po swojemu.

Jednak ilekroć przy nim byłem, odczuwałem, jak blednie gwiazda Ząbka, jakby najmocniejszym, wyłącznym blaskiem świeciła tylko w więzieniu. Książę Nocy był silniejszy. Tak sobie myślałem. Już wtedy zmarła jego matka. Nie mówił o tym wcale, tylko czarna opaska na ramieniu świadczyła o jej śmierci. Nosił ją tak długo, aż wystrzępiła się zupełnie i podarła. Czy odczuł śmierć najbliższej mu osoby? Czy w ogóle lubił kogoś, był przywiązany i cierpiał po utracie? Czy miał świadomość, że to już nie do odrobienia? Czy szarpało go sumienie za nieczułość i ból, który tym swoim najbliższym sprawiał? Nie umiem na to odpowiedzieć. Kim byli ludzie dla niego? Wydaje mi się, że w stosunki z ludźmi wchodził tylko przez swoją niepohamowaną wyobraźnię, a ona wszystko wybaczała, niczego nie oceniała i żadnych obowiązków nigdy nie nakładała na niego.

W mieszkaniu, gdzie go odwiedziłem, nieład i brud świadczyły o braku w jego życiu tej cierpliwej, niezmordowanej w uczuciu dla syna staruszki. Tynk odpadał ze ścian i pozatykały się rury kanalizacyjne, na podłodze zaś warstwą zalegały tygodniami już niesprzątane śmieci. Wcale to mu jednak nie przeszkadzało i obojętnie poruszał się po tym śmietnisku, perorując o czymś z przejęciem. A o nieobecności matki przypomniał sobie przypadkiem. Potrzebował pieniędzy i grzebać zaczął w porysowanej szafie z wybitym lustrem. Wyrzucał na podłogę jakieś stare, podarte salopy, suknie, płaszcze i chustki. Oglądał i odrzucał z niechęcią. Zaleciało zapachem naftaliny.

– Marne wszystko… – mruczał. – Garderoba mojej staruszki… Spadek – dodał. Naraz znieruchomiał i zapatrzył się w zamazaną bohomazami ścianę. Tak apatycznie, smętnie zwiesił głowę. Ocknął się i spojrzał na mnie niepewnie. – Zamyśliłem się, bo dobrze gotowała – oświadczył z naciskiem. Gwałtownie jak koń ściągnięty cuglami poruszył głową i znów był taki jak zawsze.

Zajął się szufladą i zagłębił rękę w stosie pożółkłych tygodników, papierów i albumów. Czymś się szczególnie zainteresował i twarz mu stężała. Zajrzałem przez ramię. Wpatrywał się w dużą kartonową fotografię, wklejoną do albumu. Chłopczyk z lokiem na czole, w marynarskiej bluzie z kokardą, statecznym, upozowanym ruchem dłoni wspierał się o wysokie oparcie fotela.

– Kto to? – wyrwałem się mimowolnie z pytaniem. Z trzaskiem zamknął album.

– Mały Książę – powiedział, przybierając błazeńską, uroczystą minę.

Obraz chłopca z lokiem nałożył się na moje dzieciństwo, też dla mnie bardzo zamierzchłe, ten czas słodkich powijaków i czystej bezradności. Zaraz jednak otrząsnąłem się z tego rzewnego czadu i wpatrzyłem się badawczo w Księcia Nocy. Kontrast nie tylko między tym początkiem zaklętym na fotografii, ale pierwszym okresem naszej znajomości a jego wyglądem w tej chwili był znaczny. Już do przeszłości zaliczał się jego ekstrawagancki strój, te wzorzyste apaszki, miękka marynarka w rdzawą kratę czy piękne krawaty z palmami i Murzynkami. Ubierał się byle jak, pomięty, dziurawy sweter, powypychane spodnie. Twarz wpadnięta, wynędzniała, przeważnie nieogolona, smugi brudu zaczęły pokrywać dłonie i znaczyć trwałą czernią paznokcie.

Coraz częściej nękał go uporczywy kaszel i głos jego tracił swe cudownie modulowane odcienie, które jak muzyka działały na słuchających. Chyba też przybyło w nim niechęci i pogardy dla ludzi, już raczej bezsilnej, niepozwalającej jak dawniej kpić czy kierować nimi według własnych upodobań.

Ten jego żywiołowy zapiekły nienawiścią wrzask w pustoszejącym już nocnym lokalu. Zdarzyło się to w „Stolicy", nocnej restauracji na szóstym piętrze Centralnego Domu Towarowego. Tam znalazł ostatnio swoje przytulisko. Kierownik lokalu darzył go bezinteresowną sympatią, wynikającą zapewne z jakichś dawniejszych powiązań i wpuszczał bez obowiązku wykupywania bonu konsumpcyjnego.

Najchętniej siadywał przy barze i jeżeli miał swój dzień (czytaj: noc), to kpił i szydził z nieobytych, przypadkowych gości przybyłych z prowincji lub pastwił się nad takimi, co niedawno osiedlili się w naszym mieście. Z nimi toczył swoje pełne ironii, pułapek i wielkopańskich sztuczek dialogi; te ich okrągłe z ogłupienia oczy, te ich miny tępawe, podejrzliwe, co wyrażały niemoc zupełną w zetknięciu z taką indywidualnością. Swoimi sukcesami w barze cieszył się jak dziecko i długo, charkotliwie śmiał się do lustra, szczerząc pustoszejące w szybkim tempie uzębienie. Tutaj więc nakładał swoje maski i wcielał się jak kameleon w przeróżne kreacje; bywał emigrantem z Grecji prześladowanym za lewicowe poglądy, jego uroda świetnie do tego pasowała; człowiekiem, który wyszedł z więzienia po wieloletnim wyroku, chorym nieuleczalnie na otwartą gruźlicę, malarzem czy nawet rabinem z jakiejś synagogi na Dolnym Śląsku (wtedy to wykazał się niezwykłą biegłością w żargonie żydowskim i stworzył portret starozakonnego jak z przedwojennych dowcipów Lopka Krukowskiego).

Tej nocy Książę Nocy po długim przeszło godzinnym monologu o swojej syberyjskiej wędrówce podczas wojny, gdzie niedźwiedzie i źli ludzie, śnieżna zamieć, groźna śmierć i głód zmuszający do wygrzebywania korzonków spod śniegu, nie spotkał się jednak z należytym odbiorem u zgromadzonych przy barze, raczej zbyt już pijanych i obojętnych na jego finezję, jeden tylko zareagował nie-

wolniczym: – Panie, nie mów pan tak głośno! – zniechęcony więc tą płaską reakcją na swoje wywody, oddalił się
do opuszczonego stolika nieopodal parkietu. Podparł głowę łokciem i zapadł w sen. W tym śnie wyglądał jak człowiek ostatecznie zmęczony. Bardzo zmęczony jest mój
Książę. Tak o nim pobłażliwie, ale i ciepło, serdecznie pomyślałem. Obwisła mu szczęka, ślina strużkami toczyła
się z warg, siwe skołtunione włosy odsłaniały śmieszną
jak księża tonsura wysepkę łysiny. Pochrapywał czy jęczał
przez sen. Godzina już późna, przedranna, kończyła się
nocna biesiada i sala jak pobojowisko, ostatni goście, bełkot nieartykułowany i szloch czasem znienacka, kobiety
tarły się zadami i cycami o mężczyzn, w toaletach parzy-
ły się łakome pary pod opieką opłaconej babki klozetowej, najsłabsi biesiadnicy porzygiwali, tym, co nie zdążyli jeszcze zapłacić, kelnerzy kropili solenne, podwójne,
potrójne rachunki, a gasnących, już tylko bluzgających
przekleństwami awanturników wyprowadzali milicjanci. I oto w tej godzinie ostatecznego rozkładu rozległ się
wrzask przeraźliwy. Ten wrzask zelektryzował wszystkich. Nawet najbardziej już opici unieśli głowy. To Książę
Nocy z tak wielką mocą głosu wyrwał się ze swego snu.
Wstał, ruchem trybuna wzniósł ręce, oparł się o stolik
i zaryczał. Twarz miał wykrzywioną szaleńczo i oczy zaciekłe, gorejące jak za najlepszych lat.

– Barachło! Barachło! – rozbrzmiewał po sali ten jego przenikliwy, silny głos.

Po chwili opadł na stolik, głowę skrył w ramionach
i ponownie zasnął.

Wyprowadziłem go stamtąd, wspomagany przez życzliwego kierownika. Ten jego głos słyszę do dziś. Głos zdychającego, ale niepokonanego odyńca.

W niedługi czas potem, kiedy przechodziliśmy obok tej kawiarni w starej, na pół zrujnowanej kamienicy, którą już zaczęto rozbierać, zatrzymał się nagle i opowiedział bardzo dziwną historię związaną z tym miejscem. Była to kawiarnia przeraźliwie smutna, jak koniec drogi. Szare, brudne wnętrze, właściwie wieczna ciemność zalegała tam już od rana i od rana też paliły się żółte lampy. I ludzie tam siedzący smutni jacyś, zrezygnowani i poszarzali. Raz przez szybę zobaczyłem tam kobietę o twarzy demonicznej, wpatrzyłem się w nią i odpowiedziała mi spojrzeniem, za chwilę jej drewniana twarz wykrzywiła się w mnóstwie brzydkich grymasów. A więc Książę Nocy, przechodząc kiedyś, stanął jak wryty. Na środku kawiarni stała drabina wsparta o słup podpierający sufit. Zmieniło to wnętrze w sposób niezwykły, jakby droga do światła prowadziła po tej drabinie. Droga gdzieś w otwartą przestrzeń.

– Po chwili zrozumiałem swoje złudzenie – skrzywił się gorzko Książę Nocy – szyba kawiarni odbijała drabinę opartą o uliczny słup i tą drogą drabina powędrowała do środka… Po co tak bredzę – zakończył nieoczekiwanie.

Długi czas szliśmy w milczeniu. Bardzo przygnębiająco podziałała na mnie ta historyjka. Jakbym już wtedy w niej wyczuwał jakiś symbol. Książę Nocy zatrzymał się gwałtownie.

– Bydło! – powiedział z nienawiścią.

Pogroził pięścią w górę.

– Co? – zapytałem.

– Wszystko, ten wiatr, ten deszcz, ta zimnica, wszystko bydło! – I uparcie pięścią wygrażał.

Pogoda była wtedy rzeczywiście paskudna. Ale jego reakcja tak niewspółmierna do tego po prostu dokuczliwego dnia. To były te złe chwile, kiedy opuszczał go humor i cyniczna beztroska. Coraz więcej tych złych chwil. Ale tylko przy mnie na to sobie pozwalał. Wśród ludzi od razu rozbłyskiwał sztucznym ożywieniem i nic nie dawał poznać po sobie. Jeszcze raz ożywił się prawdziwie podczas Światowego Festiwalu Młodzieży i Studentów. Znów błysnął świetnością z najlepszych lat. Zanurzyłem się wraz z nim w barwny obcojęzyczny tłum, który pojawił się na ulicach naszego miasta. Po raz pierwszy widziałem ludzi o różnych kolorach skóry, przedstawicieli wielu ras i narodów, w niezwykłych strojach, turbanach, fezach, burnusach, wzorzystych sarongach, kimonach i togach. Aż kipiało od tej egzotyki.

Książę Nocy był w swoim żywiole. Nawet spróbował powrócić do dawnego wykwintnego wyglądu. Miał uprasowane spodnie z ostrymi kantami i wydobył skądś ładną kolorową apaszkę. Golił się też starannie i umiejętnie przykrywał włosami łysinę. Niezmordowanie snuł się wśród tego tłumu, poklepywał, zaczepiał, niezwykle był aktywny. A pewnego wieczoru w tej kawiarni najważniejszej na szlaku stwierdziłem znaczną biegłość mojego Księcia w języku francuskim. Pojawił się tam Murzyn olbrzymiego wzrostu i Książę Nocy był jego tłumaczem w rozmowach z dziewczynami.

Też czułem zgoła dziecinne podniecenie z powodu lawiny odmienności, która po raz pierwszy pojawiła się w naszym mieście. Towarzyszył nam wtedy Zbyszek Młotek. On również nie oparł się tej egzotycznej pokusie, choć stał się już bardzo stateczny i rzadko pojawiał się na Śródmieściu. Pracował w warsztacie ślusarskim, uczył się na kursach wieczorowych i celem jego były papiery mistrzowskie.

– Niezależność... – mówił. – Kurwa, to jest cały cymes, coś sobie sam założę...

Ale podczas Festiwalu zupełnie zapomniał o swoich rozsądnych, dalekosiężnych planach i z ochotą zanurzył się w tę karnawałową zabawę, gdzie snuli się jak widma Murzyni i Arabowie, demonstrowali swoje tańce, śpiewali gardłowo, towarzyszył temu niepokojący rytm muzyki. Również bez żadnego oporu przyjmował Zbyszek Młotek coraz to inne zwierzenia Księcia Nocy, gdzie nie sposób było odróżnić rzeczywiste od wymyślonego.

Książę Nocy podkpiwał z niego dobrodusznie. Czasem niby z powagą o pracę się dopytywał.

– Tyle tylko zarabiasz? – śmiał się. – To prawie nic.

– Na razie – odpowiadał z powagą Zbyszek Młotek – muszę przyuczyć się fachu i dopiero później...

– Później! – Książę Nocy machał ręką. – Później będziesz całe życie ciągnął ten wózek. Nie uwolnisz się już od dyszla.

– Robota, fakt, może – mamrotał zawstydzony Zbyszek Młotek – głupia sprawa, ale co mogę innego wymyślić.

– Racja – łaskawie godził się Książę Nocy. – Ty prochu nie wymyślisz.

Zbyszek Młotek milczał, całkiem już bezradny. Na mnie też patrzył wielkimi oczyma. Słyszał już bowiem o mojej więziennej edukacji. Z przekory próbowałem bronić Zbyszka Młotka.

– Żyć należy rozsądnie, rzetelnie... – zacząłem słowami swego ojca.

– I nieszczęśliwie – dokończył Książę Nocy.

Roześmiał mi się w twarz. Sam zresztą dał spokój kpinom. Zbyszek Młotek towarzyszył nam zawsze do późna w noc. Gdy przypadkiem spojrzał na zegarek, wracał do realności.

– Cholera! O szóstej muszę być w warsztacie...

W tych dniach bieganiny wśród kolorowego tłumu poznałem festiwalową cudzoziemkę. Na imię miała Marika i była Węgierką. Porozumienie odbywało się na migi. Byłem zafascynowany sprawą z dziewczyną, która tylko gestami i oczyma wyrażała wyraźną skłonność do mnie. Fantazja snuła wnet już barwną przyszłość razem z tą Węgierką. Odprowadzałem ją pod kwaterę węgierskich sportowców na Bielanach. Aż wreszcie pewnego razu wyczekiwałem na nią bezskutecznie w umówionym miejscu. Nie przyszła. Szukałem jej wszędzie. Dotarłem do kwatery węgierskich sportowców. Podałem imię i nazwisko dziewczyny. Nie znali takiej.

– To nazwisko – powiedział trener, który trochę mówił po polsku – takie popularne jak u was Kowalski.

Skończył się Festiwal i któregoś dnia wieczorem zobaczyłem tę Marikę. Szła z mężczyzną. Skradałem się za nimi. Swobodnie rozmawiała w naszym języku. Pod bramą domu na Mokotowskiej mężczyzna pożegnał ją. Całowali się.

– Więc do jutra! – Zawołała jeszcze, machając ręką. Wtedy pobiegłem za nią na podwórze. Złapałem ją za rękaw.

– Marika – powiedziałem – pamiętasz Festiwal?

Drgnęła gwałtownie. W jej oczach wyczytałem, że mnie poznała.

– Ja pana nie znam! – zawołała. – Proszę odejść, bo zawołam milicję!

– Węgierka! – wykrztusiłem.

Plunąłem jej pod nogi i poszedłem sobie.

Pozostał po tym jakiś przykry osad i niechęć do zbyt gwałtownych uniesień w konszachtach z kobietami.

Skończył się Festiwal i znów długi czas nie widziałem Księcia Nocy. Wróciłem do swojego życia i jego cień, tak potężny niedawno, zmalał, a czasem zanikał prawie zupełnie. Być może było to związane z szukaniem własnej drogi, bo i o przyjaźni z Ząbkiem też wtedy myślałem chłodno, zgoła analitycznie, próbując ją umieścić w ciągu rozmaitych swoich doświadczeń. Jednak utrwaliło mi się wyraziście wysiedlenie Księcia Nocy z naszego miasta. Gazety już od dłuższego czasu prowadziły walkę z mętami społecznymi, pasożytami, odszczepieńcami i szkodnikami; całą tę obcą, trucicielską zgniliznę, która zanieczyszczała czyste, wzniosłe i jasne życie, poświęcone budowie nowej przyszłości. Książę Nocy padł ofiarą tej hałaśliwej akcji. Nie pierwszy raz zresztą władze dzielnicowe, milicja i lokatorzy tej wielkiej kamienicy pod tytanami, gdzie mieszkał – niechętnie, podejrzliwie, wręcz wrogo potraktowali tego odmieńca. Ich niechęć sam przecież jątrzył umiejętnie swoim pogardliwym, wyzywającym zachowaniem i tą szermierką słowną, która co bardziej tępych zostawiała na placu boju ogłupiałych i poniżonych. I to lodowate uderzenie na koniec:

– Czy ma pan jeszcze coś do powiedzenia? – lub jeszcze bardziej pańskie: – Dobry człowieku, coś jeszcze chcecie rzec?

A jego niedawni wielbiciele, brukowi żurnaliści z wieczorowych pisemek, ci zasłuchani w jego fabuły bywalcy górnej salki w „Metro", też go porzucili bez pardonu i teraz nawoływali wielkim głosem, tak tytułując swoje artykuliki w kwestii oczyszczania wielkomiejskiego organizmu: *Kiedy wreszcie Książę Nocy opuści Warszawę?*

Takie oto larum podniesiono i on, Książę, w samym oku tej nawałnicy. Zaktywizowani oficjalną aprobatą lokatorzy kamienicy podpisali ochoczo sążnistą petycję, domagającą się usunięcia parszywej owcy z ich grona. Również dzielnicowy zwielokrotnił swoje wizyty i co dzień prawie odwiedzał go, zapytując niezmiennie:

– Kiedy podejmiecie pracę, obywatelu?

Nową Kaledonią dla wysiedlanych była w tym czasie Zielona Góra, miasto leżące daleko na zachodnich rubieżach kraju.

Książę Nocy beztrosko bawił się tą kampanią, w której mimowolnie stał się osobistością pierwszoplanową. Kupował regularnie prasę i umiejętnie wyławiał najdrobniejsze wzmianki dotyczące swojej osoby. Pokazywał płachty gazetowego papieru, poznaczone w różnych miejscach czerwonym ołówkiem.

– Tu piszą: „król podziemnego świata"... Więcej niż Książę – chichotał. – A tam znów: „cyniczny deprawator młodzieży", cha, cha... To i ciebie dotyczy... Ale sam powiedz, nie jest to wierutne oszczerstwo? Należałoby raczej napisać: znakomity wychowawca młodzieży... Czy nie mam racji? Albo tu: „sutener i degenerat". Też niezłe.

Starannie wycinał wszelkie wzmianki, notatki i artykuły. Stos tych wycinków chował do specjalnie na to przeznaczonej papierowej teczki.

Był już skazany i doskonale zdawał sobie z tego sprawę. Rola ta odpowiadała mu jednak. Przecież gdyby chciał, znajdowali się jeszcze tu i tam wpływowi ludzie, w których drzemał jakiś sentyment do niego. Choćby ten działacz ze Stalinem w klapie. Wspomniałem o nim nieśmiało. Obruszył się.

Książę Nocy wyzywał swój los. Pragnął być wyklętym do końca. Oto podczas kolejnej wizyty dzielnicowego wprowadził go życzliwie do pokoju (zwykle po pańsku przyjmował w przedpokoju) i pokazał ścianę ozdobioną własnoręcznie pornograficznymi rysunkami węglem.

– Popatrz pan… – powiedział do stróża ładu i porządku. – Cóż za wspaniałe pozycje erotyczne… Oto stosunek od tyłu… A tutaj trójkąt… Aż kipi od seksu… A pan pewnie tradycyjnie, na wznak?

Tą kpiną rozjuszył dzielnicowego, który poczerwieniał mocno i zdołał tylko wybełkotać:

– Ja was… – Trzasnął drzwiami i zbiegł po schodach. Odtąd stał się jego najbardziej zaciekłym wrogiem. Węszył i zapisywał wszystko.

Książę Nocy tę ścienną pornografię nazwał wystawą malarską i zapraszał również do oglądania co bardziej nieżyczliwych lokatorów, przede wszystkim kobiety. Zwabieni podstępami pełnymi układności i czaru, zachodzili do wnętrza jego mieszkania, ociągając się nieco, a potem dobiegały stamtąd przeróżne: Ach, och! – i wyskakiwali jak z jakiegoś zamtuza.

Wkrótce władze miejskie wydały odpowiedni nakaz i odbyła się ta sławetna eksmisja, którą Książę Nocy potraktował spokojnie, a nawet życzliwie.

Już wychodząc z mieszkania, rzucił patetyczne spojrzenie na wyrysowane węglem sylwetki kobiet i mężczyzn na ścianie, zdeptaną tysiącem stóp podłogę i rozwalony piec.

– Żegnam! – powiedział.

Ze skupieniem przyglądał się czynności opieczętowywania drzwi. Na schodach i w bramie stali lokatorzy, przeróżni jego znajomi, dziewczyny z tej kawiarni najważniejszej na szlaku. Stałem też i ja. Szedł dostojnie. Przed bramą czekała ciężarówka, która miała przewieźć

Księcia Nocy wraz z jego dobytkiem na dalekie zesła-
nie. Marny to był dobytek: kilka połamanych krzeseł,
szafa, stół, żelazne łóżko, czarny od sadzy czajnik i tobół z ubraniami. Książę Nocy zajął miejsce w szoferce.
Ciężarówka ruszyła. Jeszcze raz wychylił z okienka głowę i szerokim gestem dłoni żegnał swoje miasto, żegnał
swoją publiczność.

Dla mnie nastał czas wypełniony czymś magicznym,
zaczynającym się spontanicznie i dziwacznie. Jakbym
podlegał nakazom nie wiadomo skąd pochodzącym.
Ciągle ogarniało mnie zdumienie. Pisać zacząłem
i w różnych miejscach nieoczekiwanych nachodziła
mnie ta ochota. Zapełniłem stronice brulionów nierów-
nym, pospiesznym pismem i wielekroć to zapisane później półgłosem odczytywałem. Nie wiedziałem długo,
co z tym uczynić. Było to jak ciężar nieznośny jakiś,
garb, dolegliwość, a zarazem towarzyszyło temu radosne
podniecenie. Aż wreszcie, szarpany wstydem i niepew-
nością, zaniosłem to wszystko do tygodnika literackiego. Dni dłużyły się w oczekiwaniu na odpowiedź. Piłem
wódkę bez umiaru i ciągle o tym myślałem. Później ten
telefon – przełom, usłyszałem „tak" nieoczekiwanie.

– Tak. Będziemy drukować.

Powiesiłem słuchawkę na widełkach i ciągle to „tak"
dzwoniło mi w uszach.

Nie. To było jeszcze inaczej. Przed tym pójściem do
redakcji musiałem przecież oddać rękopis pierwszego
opowiadania do przepisania na maszynie. Nie wiedząc,
gdzie to zrobić, dotarłem przypadkiem do Biura Prze-

pisywania Podań. Też ciężka, czymś wstydliwym wypełniona wizyta. Biuro mieściło się w oficynie starej kamienicy, szło się schodkami w dół. Akurat znajdowali się tam dwaj interesanci, mówili o kosztorysie i projekcie wstępnym. Odczekałem, aż wyszli, i w milczeniu podałem mocno wymalowanej kobiecie rulon rękopisu. Wybąkałem parę słów o potrzebie posiadania trzech egzemplarzy maszynopisu. Ta umalowana kobieta przejrzała rękopis, po wielokrotnym przepisywaniu pokryty ze względu na czytelność wołowatym pismem. Nie wykazała zbytniego zainteresowania. Odetchnąłem z ulgą, wychodząc stamtąd. Po kilku dniach zgłosiłem się po odbiór maszynopisu. W biurze obok kobiety, też przy maszynie, siedział bezczynnie mężczyzna, który przygładzał sobie małym grzebykiem bujne, falujące włosy.

– Wie pan – powiedziała kobieta – mąż też przeczytał.

– Bardzo interesujące – powiedział mężczyzna – całkiem dobrze się czyta.

Wstał i uścisnął mi mocno dłoń. Spojrzałem na niego podejrzliwie. Poczerwieniałem. Czym prędzej zapłaciłem i wyszedłem odprowadzany uważnym spojrzeniem obojga. Tak było na samym początku. A wkrótce potem wybrałem się do redakcji literackiego tygodnika. Poszedłem tam z asystą. Moi najbliżsi znajomi w tym czasie, doliniarz Plebaniaczek, farmazonista zwany Doktorkiem i ten trzeci, którego przezwiska nie pamiętam, zasiedli w barze naprzeciw budynku, gdzie mieściła się redakcja. Dosyć mętnie przedstawiłem cel swojej wizyty i wyszedłem pośpiesznie z baru, pozostawiając towarzyszy nad kilkoma kolejkami wódki, którą zawczasu zamówiłem. W budynku naprzeciw nie skorzystałem z windy, tylko powoli wspinałem się po schodach, zatrzymując się co piętro i wyglądając przez okno. Pokoje redakcyjne pełne były bieganiny i podniesionych głosów. Uporczywie dzwonił telefon, na który nikt nie reagował. Podczas tej wizyty nie zainteresowano się szczególnie moją osobą (całe szczęście, tego się najbardziej obawiałem), tylko siedzący przy pierwszym biurku szpakowaty mężczyzna polecił mi pozostawić teczkę z maszynopisem, a na okładce tej szarej teczki zapisać moje nazwisko i adres. Drugi mężczyzna w ogóle nie uniósł głowy znad swego biurka, coś pisał i popijał herbatę, dzwoniąc łyżeczką w szklance.

Odtąd liczyłem dni, było ich czternaście. Dopiero wtedy był ten telefon – przełom i to „tak" nieoczekiwane usłyszałem. Tak to się zaczęło.

Raz jeszcze wtedy los zderzył mnie z moim przyjacielem z przedmieścia, tym od książek i marzeń. W tej samej redakcji, gdzie złożyłem swoje opowiadanie, posłyszałem przypadkiem rozmowę o nim i o jego tekście. Zapamiętałem z tego, co mówiono, że w jego opowiadaniu pojawiają się ciężkie, bordowe kotary z pluszowej materii. Odgrywały jakąś ważną metaforyczną rolę w tym tekście. Zapamiętałem też, co mówiono o jego wyglądzie.

– Taki wielki, niedźwiedziowaty i rudobrody.

Jego opowiadania nie wydrukowano. On zaś mignął mi na ulicy. Miał rudą brodę i jak żeglarz skandynawski wyglądał. Pomyślałem o ulicy Składowej, rozłożystych wierzbach i naszych rozmowach pełnych śmiałego żeglowania po oceanie literatury. Potem już tylko o nim słyszałem. Skończył studia matematyczne i wyjechał do Anglii. Miał tam ojca. Po latach spotkałem jego gosposię. Opowiadała o tej Anglii, pracuje, urządza się, listy pisze, matka go kilka razy odwiedzała; on sam tu nie przyjeżdża. Tak mówiła ta gosposia starowinka dużo i ochoczo. Ale wydawało mi się, że nie mówi wszystkiego. Że wie jeszcze coś więcej. Takie niczym niesprawdzone odniosłem wrażenie. I nic ponadto. Matkę przyjaciela też widziałem. Ukłoniłem się jej, ale czy nie zauważyła, czy nie chciała zauważyć? Nie wiem. Niedawno odwiedziłem to nasze przedmieście. Przystanąłem pod domem przyjaciela i patrzyłem w okno na pierwszym piętrze.

Okno jego pokoju. Było okratowane. Zdziwiły mnie te grube, gęste kraty w oknie na pierwszym piętrze. Po co tam były założone? Dzień był szary, dżdżysty i ponury charakter tych krat przez to jeszcze bardziej się uwidoczniał. Nie wiem czemu, wyobraziłem sobie mego przyjaciela ogarniętego obłędem. Już tak do końca skazanego, spędzającego w tym pokoju z okratowanym oknem całe swoje życie. Być może dniami, tygodniami tkwi w biernej apatii, ale nagle ogarnia go ciemna moc i zaciska dłonie na żelaznych prętach krat. Nie wiem, dlaczego to sobie wyobraziłem. Czy ten przypadkowy powrót na nasze przedmieście, do opustoszałej krainy dzieciństwa stał się tego powodem? Nic nie wiem. Nigdy nie widziałem już swego dawnego przyjaciela. Zniknął bez śladu wraz z tymi odległymi czasami. Mgliste tylko wspomnienie, coraz bardziej zatarte kontury. Czy istniał w ogóle?

Ale wtedy na początku pisania nie było wcale tego rozrzewnienia. Usłyszałem, co mówili o nim. Nie wydrukowali. Być może nawet jakaś sekretna satysfakcja w tym. Dwaj rywale. Jeden zaczyna prowadzić. A ta nowa sprawa była jak wir, wciągała coraz silniej. Ta potrzeba, która zmuszała mnie nieoczekiwanie w nocnej godzinie do sięgnięcia po pióro i kartkę papieru. To pośpieszne zapisywanie obrazów, dialogów, sytuacji, które naraz wypełniały moją głowę. I ten niepokojący dylemat: czy nie jestem grafomanem? Nieszczęsnym, daremnym zapisywaczem papieru. Na tę daremność jak na nieuleczalną chorobę skazanym. Czułem przecież, że coraz bardziej pożera mnie to pisanie i pożerać już nie przestanie. I ta pozycja z dystansu coraz silniejsza, jakby zza przezroczystej szyby na wszystko patrzyłem.

Czy aby nie jestem grafomanem? – jak cierń to natarczywe pytanie.

Czytałem więc te swoje próbki byle komu i chciwie czekałem na ocenę. Te oceny bywały tak różne, tak krańcowe. Jeszcze bardziej pogłębiały poczucie niejasności mojej sytuacji. A jednocześnie ciągle towarzyszyła mi podczas tego „dziewiczego" pisania taka radość, żywiołowa radość utrwalania, tworzenia, królewska niezależność i swoboda nad kartką papieru. To zadziwienie z powodu składanych w zdania słów, które jakieś obrazy, wzruszenia, refleksje powodowały; więc powstawanie z tych martwych liter jakiegoś świata, krainy, która dawała mi satysfakcję absolutnego władcy, twórcy i uczestnika zarazem. Pamiętam tego przypadkowo poznanego w knajpie inżyniera z Biura Projektów Wodno-Melioracyjnych, którego rankiem zaprosiłem do siebie, nazywał się Sznajder, ugościłem go wódką i ukrywając rękopis w płachcie gazety, czytałem swoje opowiadanie jako utwór znanego, bardzo popularnego pisarza. Skończyłem i czekałem na jego zdanie. Milczał długą chwilę. Wreszcie powiedział:

– Poprzednie jego rzeczy bardziej mi się podobały.

A moja dziewczyna z tamtego czasu, Teresa, spoglądała na mnie wręcz z politowaniem i kiedy skończyłem czytać głosem drgającym z przejęcia opowiadanie pod tytułem *Porachunki garbusa*, nic nie powiedziała i jej głuche milczenie było dla mnie dotkliwym ciosem.

Tak szamotałem się z tym zapisanym papierem po omacku i to „tak" w telefonie, kiedy zadzwoniłem do redakcji literackiego tygodnika, było rzeczywiście przełomem. Ze zdwojoną mocą zabrałem się do pisania. Coraz rzadziej myślałem o Ząbku i nawet przestałem się o niego dopytywać. Wykrętnie też zareagowałem na propozycję przypadkowo spotkanego kompana z więziennego kręgu. Ucieszył się na mój widok. Spotkaliśmy się pod wiaduktem na Targówku i zaciągnął mnie do baru „Pod Karpiem".

– Tylko ty mi pasujesz – oświadczył, klepiąc mnie po kolanie.

Był to początek udręki, która prześladowała mnie przez wiele dni. Ten znajomek zaproponował fachową złodziejską robotę. Podkreślał swoje zaufanie i nie miał żadnych wątpliwości co do mojej odpowiedzi.

– Git skok! – roześmiał się z zadowoleniem. – Od razu wiedziałem, że będzie ci pasować.

Jeszcze tego samego dnia poszliśmy obejrzeć sklep. Szedłem z nim i wiłem się wewnątrz jak ośmiornica. Zadowolenie z jego uznania i wyboru, a z drugiej strony rozsądek i zaczynające pochłaniać pisanie wykazywały bezsensowność zamierzonego czynu. Oglądałem ten sklep przy ulicy Kawęczyńskiej i nic właściwie nie widziałem. Mój przyszły wspólnik fachowo szkicował plan sytuacyjny, rozważał grubość krat, zamków i możliwość dostępu do wnętrza przez sufit nad sklepem.

– Może na parasol?

Pytał o moje zdanie. Nic nie słyszałem. Na szczęście przejęty tą robotą nie zwrócił na moje roztargnienie żadnej uwagi i sam sobie odpowiedział.

Umówiliśmy się na następny dzień i to spotkanie mieliśmy już poświęcić konkretnym przygotowaniom. Nie poszedłem i dotąd odczuwam wstyd. Wstyd z powodu swego tchórzostwa. Mogłem przecież wyjaśnić przyczynę odmowy. Powiedzieć po prostu: Nie, u mnie już koniec z tym, do czegoś innego się wziąłem.

Mogłem tak powiedzieć i cały czas miałem to na końcu języka. Zabrakło mi jednak odwagi. Powiem, a on zapyta: Do czego to innego się zabrałeś?

Co odpowiedzieć? Następnie: głupia próżność, mnie wybrał, więc jak można odmówić? Nie był to przecież ktoś byle jaki, żadna tam płotka, tylko fachowiec z niemałym kalendarzem wyroków wytatuowanym na przegubie dłoni. Zawsze też chodził na roboty z podobnymi do siebie fachmanami. Stchórzyłem... Przez wiele lat na widok podobnej sylwetki, podobnej twarzy – zatrzymywałem się jak wryty i spoglądałem ze wstydem, oblewającym gorączką twarz. Nikomu się z tej rejterady nie zwierzałem. Chowałem to gdzieś na samym dnie pamięci i zaprzątnięty wieloma nowymi zajęciami, nieczęsto o tym spotkaniu pod wiaduktem na Targówku myślałem.

Powoli obrastałem w pisarskie piórka. Siedziałem nad trzecią już książką. W tym czasie odbyła się moja ostatnia rozmowa z Księciem Nocy. Przypadkowo znalazłem się w tej części miasta. Spacerowałem bez celu, mimo woli odwiedzając miejsca z dawnych lat. Przeważnie były nie do poznania i tylko wysiłek pamięci przywracał dawny ich kształt. Niedobry był mój nastrój. Coraz głębiej pogrążony w swoim pisaniu, chwilami czułem się jak skrępowany i niejasne myśli krążyły mi po głowie. Myślałem uporczywie o swoim życiu i pisaniu. Życie oddalało się coraz bardziej. A pisanie wydawało mi się zwykłym tchórzostwem wobec życia. To moje dawne bieganie, cała ta szarpanina, chaos ulic Śródmieścia, pikieta pod zegarem, glinianki i rudery przedmieścia, gołębniki i węglarze, Ząbek i jego ferajna, ciągle wyrastający nie wiadomo skąd ludzie, cała tamta edukacja, tak bogata w zmienność i nieoczekiwane zakręty – wszystko to wyschło, życie zawęziło się nieznośnie i poczęło płynąć powolnym, uregulowanym strumieniem. Byłem spętany i po każdym bezskutecznym pragnieniu zmiany spętanie stawało się jeszcze ciaśniejsze. Już dni i noce wypełnione tylko rojeniami związanymi z papierem, papierowy świat, ten papier szeleścił denerwująco, ile to arkuszy, na początku białych, potem zaczernionych niewolniczym maczkiem liter; zaczął się więc czas człowieka samotnego, na papierze odprawiającego swoje misteria. A kiedyś nasz świat był mały, a wydawał się olbrzymi… i ten czas właśnie, rozmiar czasu dziennego, dzień był jak życie, każdy inny, a potem skurczyły się dni, skurczyły i jednocześnie rozciągnęły, wodniste i bez treści, tak podobne do siebie i zakisłe. Zrywał się we mnie popłoch niekiedy, zmienić ten rytm, rozbełtać i wzburzyć, wykorzystać po prostu tę gasnącą szansę; zaraz jednak opadłem z pozornej aktywności, bezsilny i zupełnie bezradny. Czyżby to koniec już? I pamięć przywróciła wizerunek tego chłopaka piętnastoletniego, co tak się niecierpliwił i wyrywał, tamten czas przybrał kształt raju utraconego, a taki przecież w rzeczywistości ponury i ciasny. Odgrzebać to dawne, młode, gorące spod grubych warstw zimnego popiołu, odgrzebać i rozżarzyć, może znów zapłonie ogień; takiej znów uchwyciłem się nadziei i ogarnęło mnie podniecenie. Usłyszałem za sobą wołanie. Padło moje imię. Obejrzałem się. Ktoś machał do mnie ręką. Z początku nie poznałem. Wynurzył się z uliczki między straganami stojącymi pod halą targową z czerwonej cegły. Zbliżył się. Książę Nocy.

– Wróciłem z tej zsyłki – oświadczył, dysząc i potrząsając serdecznie moją ręką.

Ubrany był w marynarski mundur, podarty i poplamiony, oraz w marynarską pasiastą koszulę. Uśmiechał się po dawnemu mefistofelicznie, a jeden jedyny ząb, który pozostał, wyłaził na dolną wargę jak kieł drapieżnika. Ale nie było w nim żadnej drapieżności. Zgarbiony i chudy jak szkielet, chód miał ciężki powłóczący. Wydawał mi się bardzo stary i przebrzmiały jak ta cała jego mitologia, która tak wspaniale krasiła moją młodość. Patrzyłem jednak ze wzruszeniem. Dużo tego umarłego nagle zmartwychwstało. Te miejsca już pogrzebane, nieistniejące. Dawni ludzie, co też zginęli niepowrotnie. Równocześnie jakaś zmurszałość w nim była. Cuchnął kwaśnym zapachem dawno niemytego ciała. Zmurszałość i starzyzna. Rozkłada się i butwieje. Tak pomyślałem i zaprosiłem go do najbliższego baru. Jadł łapczywie, milczał. Czasem podnosił oczy znad talerza i przyglądał mi się badawczo. Wtedy opuszczałem głowę. Byłem dziwnie zmieszany. Też milczałem. Zawstydzała mnie ta przepaścista różnica między nami. Stał się nędzarzem, czarną od brudu szyję okręcał jakąś szmatą, która niegdyś była apaszką. Zbyt obszerne marynarskie ubranie wisiało na nim jak worek. Twarz miał zniszczoną i pełną bruzd, oczy nie zapalały się wcale tym dawnym porywającym ogniem. Tak to widziałem. Przeraźliwie jasno, okrutnie. Wieczór był zimny, listopadowy. Po szybach baru zaczęły spływać strugi deszczu. Pomyślałem, że na pewno nie ma mieszkania, sypia gdzie bądź. Może w bazarowych straganach czy piwnicach… Zaprosiłem go do domu swoich rodziców. Akurat byłem wtedy sam. Pojechaliśmy taksówką. Przeważnie milczeliśmy lub padały tylko zdawkowe, drewniane słowa.

Po deszczu i chłodzie, który panował tamtego wieczoru na ulicach, w domu było ciepło i przytulnie. Lampa na nocnej szafce rzucała nieduży krąg światła, a kiedy dołożyłem węgla do pieca, zaczęło tam trzaskać i huczeć wesoło. Książę Nocy spojrzał na papiery rozrzucone na moim stole.

– W zaklinacza słów się bawisz – ni to stwierdził, ni zapytał.

Speszył mnie tym powiedzeniem. Trafił w sedno mojej rozterki. Oto spotkaliśmy się znów. Wędrujący wiecznie człowiek miasta, mistrz mój i przewodnik. I ja, dawny jego uczeń, teraz trawiący nad papierem długie godziny.

I choć na początku byłem taki spokojny i chłodny, burza się we mnie rozpętała, stare drzazgi i kolce uwierać zaczęły. Coś się przypomniało, jątrzyło, cały kłąb splątany myśli, obrazów, niejasnych przeczuć, dawno pogrzebanych doświadczeń, które długo spoczywały w spokoju, nie zakłócając pozornego ładu i siły. Czułem się coraz bardziej niespokojny. Tyle blizn nagle się otworzyło i boleć zaczęło. Krzątałem się nerwowo po pokoju, przestawiałem bez sensu rozmaite przedmioty, coś wygładzałem i poprawiałem, nieustannie paliłem papierosy. On zaś siedział i patrzył uporczywie na mój stół z papierami. Potem rozejrzał się po pokoju i zatrzymał wzrok na fotografii, która wisiała nad moim łóżkiem. Był to koń z czasów dzieciństwa, kiedy zaraz po wojnie wysłano mnie na wieś, żebym odżywił się i nabrał sił. Tam na wsi wyobrażałem sobie tego konia jako niedościgłego rumaka, który długo nie dawał się schwytać i ujarzmić. Polubiłem tego konia i dla mnie wykonano jego fotografię. Zostałem z nią do dziś.

– Niezły. Suche pęciny, mały łeb – uznał fachowo Książę Nocy – cugowy.

Opuścił głowę i machinalnie wyrównał stosik zapisanego papieru na stole.

Żeby zagłuszyć niepokój, zacząłem zadawać natarczywe pytania: co robi, gdzie bywa, jaki jest jego obecny szlak, kto mu towarzyszy i czym zabawia się ostatnio. Słuchał dosyć obojętnie tych moich głośno, nienaturalnie głośno zadawanych pytań i wzroku znad stołu nie unosił. Po chwili zaczął opowiadać o życiu włóczęgów. Mówił, jak to łatwo można cały dobytek zredukować do jednego tobołka, zauważył mimochodem, że całe, nawet niezwykle bogate życie ludzkie też można ścisnąć w garści i tylko odrobina zostaje godna ocalenia. Poniosła go wena i już paroma celnymi słowami naszkicował postać rajzera, wiecznie na szlaku, wolnego sowizdrzała, pędzącego beztroskie, bez żadnych więzów życie, nieustanna zmiana, hop, wskakujesz do towarowego pociągu lub ciężarówkę zatrzymujesz na szosie. Ale urwał nagle. Jego życie nie było już chyba beztroskim rajem rajzera, sowizdrzała.

Znowu pogładził stosik moich papierów na stole. Zupełnie wygasła ta jego chwilowa inwencja.

– Nie ma już takich młodych, jak ty byłeś – odezwał się cichym, znużonym głosem. – I czasy inne. Nie mam już teraz żadnego szlaku. Tak się snuję, gdzie popadnie. Mój cień właściwie...

Smutkiem powiało od tych słów. Smutkiem i przegraną. Ten ponury cień padł również na moje życie. I naraz te ostatnie lata wydały mi się jak stojąca woda, pozbawione źródła i bez najmniejszego nawet prądu. Lata bez niepokojów i uniesień. Więc znów dopadła mnie jednoznaczność? Kalendarzowe dni, tygodnie, miesiące, skąpe w doznania, ostrożne w posunięciach, zadziwienie też coraz rzadziej towarzyszyło tej wegetacji. Właśnie wegetacja, powtarzałem to słowo. Pomyślałem też o kobietach, z którymi sypiałem, miałki kompromis dawnych maksymalnych wyobrażeń z tym, co nastąpiło, też zalegał brudną chmurą, tak oto biegle się nauczyłem fantazją czy po prostu oszustwem wypełniać tę wieczną różnicę między tym, czego szukałem, a tym, co znalazłem; aż stało się to zwyczajną, ubogą w uniesienia techniką przyjemności, gdzie przepaść między rozpasaniem cielesnym a idealnym romantycznym snem z dawnych czasów nie budziła już żadnego gniewu czy sprzeciwu, stała się refrenem tych podobnie przeciekających lat, kiedy to wódką nauczyłem się pomagać sobie w okraszaniu płaskiego, jałowego trwania i tylko ranki bywały niebezpieczne; otwierałem oczy i patrzyłem przerażony na ściany, przedmioty, ubranie, ludzi, domy, drzewa i niebo, wszystko to tłoczyło się i nacierało groźnie, jakby za chwilę miało zmiażdżyć mnie niczym jakaś monstrualna prasa hydrauliczna lub ściąć jak to śmiercionośne wahadło świętej inkwizycji z opowieści Edgara Allana Poe. Gęsta magma beznadziei spowijała i przenikała wszystko. I jeszcze tylko, jak zasłona dymna, ta stara umiejętność mi pozostała, coraz bardziej zresztą już cherlawa, niekiedy mechaniczne przywołanie kilku trików wprost, ta umiejętność dowolnego, fantazyjnego i niczym nieskrępowanego oddalania się od rzeczywistości, wzbijania się gdzieś w baśń, jakby sen czy krainę miraży pustynnych, i tam tylko poruszałem się lekko, tam tylko była swoboda, barwa i nieskończoność możliwości żeglowania. Złudne chwile pozornej pełni, oczyszczenia, wolności szybko jednak ulegały rozsypce. Ten nieustanny wysiłek po nocy, żeby ożywić umysł i ciało, pozbierać się w jako tako spójną całość i zacząć dzienny, sztucznie ożywiony rytm, a pod tym jak podskórna woda: zniechęcenie, jad, tępa złość, te rozliczne pułapki na mojej drodze, których już nie potrafiłem niszczyć czy przeskakiwać, tylko omijałem strachliwie. Te ludzkie losy, w swoim początku tak olśniewające, barwne, tyle w nich zapowiedzi i górnolotnych zamiarów, a w miarę natłoku lat stawały się przetrącone, wykastrowane i rozciągliwe jak guma do żucia, a przy tym tak do siebie podobne w swojej nijakości. Te twarze, tak na początku wyraziste, szlachetne w rysunku – tak szybko rozmazane, wytarte, brzydkie. Nawet ten ostateczny krzyk – śmierć – nie był już jak przepaść bezdenna czy zapowiedź nieznanych wędrówek w zaświatach; stawał się zwykłym zakończeniem ludzkiego pełzania po omacku, podsumowaniem biologicznej pracy ludzkiego organizmu, chwilą wygaśnięcia paliwa, przejściem w nicość, rozproszenie, niepamięć. Te wszystkie śmieci, tak do siebie podobne, nakładały się jedna na drugą, odbierały więc finałowi jedyny, niepowtarzalny sens.

I tylko niczym pies mogłem wyć słowami Zbyszka Młotka: „Czasem, cholera, tak chciałbym pójść za oczami gdzieś daleko!".

– Wyschło moje źródło – zabrzmiał głos Księcia Nocy. Drgnąłem jak uderzony i wybiegłem do kuchni przygotować kolację. Krzątałem się w pośpiechu, pragnąc tymi kuchennymi czynnościami zagłuszyć niewesołe rozmyślania; kroiłem chleb w równiutkie kromki, wyjmowałem ze słoików marynowane grzybki i rolmopsy, odgrzewałem zupę i kotlety z obiadu. Jednak niepokój, tak bardzo spotęgowany obecnością Księcia Nocy, towarzyszył mi nadal. Nie wiadomo czemu roznosiciel mleka, Karol Hopla-Hop, mi się przypomniał. Kiedyś szarym świtem, roznosząc mleko po domach, znalazł banknot stuzłotowy na chodniku, pomyślał chwilę i wietrząc jak pies gończy, ruszył wzdłuż płotu, po kilkunastu metrach znów znalazł banknot stuzłotowy.

– I dotarłem do źródła – kończył z dumą Karol Hopla-Hop. – Przy śmietniku leżał pijaczek, miał przy sobie jeszcze tysiąc złotych.

To „dotarłem do źródła" szczególnie odpowiadało mi w tej chwili. Też chciałem dotrzeć do swojego źródła i odgrzebać gorące spod grubych, zimnych warstw popiołu. Odgrzebać i rozżarzyć. I piórem choćby musnąć, poruszyć to splatane, parszywiejące życie, gdzie pospołu w kotłowisku ciemność i jasność, strach i radość, ohyda i wzniosłość. Więc może uda się wsunąć tam rękę i choć na chwilę uwolnić to przerażone, z bijącym szaleńczo sercem zwierzątko. Taką chociaż mieć nadzieję.

Wróciłem do pokoju, uprzątnąłem papiery ze stołu, rozłożyłem obrus i stawiać zacząłem talerze, półmiski, salaterki i szklanki.

Przy stole Książę Nocy ożywił się znów i nawet starał się być wesoły. Opowiadał śmieszne anegdotki o życiu śmietnikowych włóczęgów, o pomysłowym żebraku Adolfie, który to sprzedaje fiołki pod nocną „Kameralną", to znów podwija nogi i udaje kalekę, a w pociągach grasuje jako niemowa z tabliczką na piersi: Pomóżcie prawdziwie nieszczęśliwemu.

– Ta jego niezmordowana działalność... – szczerym podziwem zabrzmiał głos Księcia Nocy. – Przecież znacznie starszy ode mnie, a tyle energii. Zarabia nieźle i wszystko przepuszcza. – I jak to było w jego zwyczaju, pożeglował daleko wstecz i przyjaciela swego z czasu wojny wskrzesił. Był konsulem egzotycznego Hondurasu czy Panamy, miał więc stanowisko czysto tytularne, ale ten człowiek, lubiący wyzywać niebezpieczeństwo, właśnie pod szyldem Hondurasu dużo krwi napsuł okupantowi, gościł w lokalach „Nur für Deutsche" i nieraz potrafił nawet z rąk gestapo ludzi uwolnić. Znów nagle powrócił do żebraka Adolfa. Opowiadał o jego prześladowcy, beznogim osiłku, który grzmoci go zajadle kulą.

– Z zawiści… – podkreślił Książę Nocy. – Za jego niefrasobliwość, inteligencję, szczęście i wisielczy humor.

– Adolf? – zastanowiłem się. – Czy jąkała może? Przytaknął.

Zamajaczyła jakaś pokraczna sylwetka i twarz. Z mroków niepamięci wynurzyła się już cała postać.

– Znałem.

Wyobraziłem sobie życie Adolfa i Księcia, być może trzymają się razem, te ich noce, dworcowe bufety, twarde ławy, na których drzemią, i perypetie z milicjantami. Nieraz zapragnąłem o wszystkim zapomnieć, przesadzić bariery, rzucić wszystko i znów podporządkować się ślepo Księciu Nocy, zanurzyć się w te bazarowe i piwniczne rewiry, tak dać się ponosić tym mętnym falom i nie oglądać się wcale za siebie ani przed siebie zbyt daleko nie patrzeć. Popatrzyłem na Księcia ukradkiem. Rozglądał się po stole pożądliwym wzrokiem i jadł bardzo szybko. Był wprost nienasycony. Może najadał się na zapas? Ciepło od pieca zaczerwieniło jego twarz. Przeciągnął się błogo i westchnął. Nie było w nim żadnego niepokoju ani tej siły, która zawsze zmieniała obcowanie z nim w stan gorączkowej wibracji. A te opowieści to zwykłe dykteryjki przy biesiadnym stole. Dla mojej rozrywki być może… Podziękowanie za gościnę… I ta ociężała sytość po smakowitym jedzeniu mojej matki, to ciepło rozchodzące się od bia-

łego kaflowego pieca, ta przytulna w tej wieczornej porze atmosfera mojego pokoju, gdzie światło spod klosza
lampy rzucało dyskretny krąg i bury spasiony kot drzemał na pluszowej kanapce – to wszystko rozluźniło go
jakoś; obsunął się na oparcie fotela i zadrzemał. Głowa
zwisła mu na bok i ten ząb jeden jedyny schował się
za wargi. Wyglądał na człowieka zmęczonego i bardzo
potrzebującego odpoczynku. Westchnął przeciągle
przez sen, ułożył się swobodniej, takim rozbrajającym
gestem podłożył łokieć pod głowę. Mościł się do wy-
godnego, głębokiego snu.

– Zostań – powiedziałem niepewnie.

Czujny niezwykle. Zerwał się od razu. Popatrzył na
mnie ostro, nieprzyjaźnie.

– Zostań – powtórzyłem – jest miejsce.

Wskazałem na tę kanapę, gdzie drzemał kocur. Sprężył się jak do ataku. Poruszył przecząco głową. Już nie
siadł.

– Ja – powiedział, patrząc na mnie ciągle nieprzyjaźnie – nigdzie nie zostaję. Zapomniałeś już o tym?

Rozwiał się bez śladu ten spokojny wieczorny nastrój. Znów był Księciem na posterunku. Spojrzał
w ciemność za oknem.

– Miasto – powiedział – czeka na mnie.

To ciepło od pieca nie znaczyło już nic. Pożegnał
mnie niedbałym klepnięciem w ramię.

– Jak wiesz, nie lubię się żegnać.

Stanąłem w oknie i patrzyłem za Księciem Nocy,
który szedł uliczką wśród parterowych domów naszego

przedmieścia. Krok miał powolny i ociężały. Długo był widoczny w świetle narożnej latarni. W miarę jak znikał w ciemności, stawał się jednym z wielu ludzi, których znałem. Sunęli oni długim korowodem i nie budzili we mnie żadnego ożywienia. Pamięć dość opieszale przywoływała ich głosy, twarze, gesty, to co robili i czego pragnęli. Stałem przy oknie i patrzyłem. Wydało mi się jeszcze, że się obejrzał. Ale nie byłem tego pewien. Być może złudzenie wzroku lub ruchliwe na wietrze gałęzie drzew stworzyły taki pozór. Znikł mój Książę.

1978

# Stypa

Słoń pojawił się ostatni. Już te łapiduchy zaczęły powarkiwać. Że kolejka. Że inni czekają. Że karawan zajęty co do minuty. Aż Fanodorm zamknął tym hienom pyski dwoma czerwonymi papierkami. Pokłonili się i od razu zmieniła im się mowa. Starszy z nich nawet wzdychać zaczął.

– Taki zgon dla bliskich…

Zgasił go Fanodorm w połowie zdania.

No i wreszcie ten Słoń. Pan Słoń, jak każe mówić na siebie frajerstwu. Rzeczywiście wysiadł jak panisko ze swego BMW 2000. Wyciągnął wieniec z bagażnika. Młodzieżowy plejboj ciągle z niego, spodnie w tyłku ciasne, jakby pęknąć zaraz miały, a u dołu niczym klosze, zamszowa kurteczka i czarny wisior pod szyją; tylko gęba już szara, wyjedzona. Pracuje ten Słoń w damskim towarze, to i stroi się odpowiednio.

Piękny jego wieniec, róże, chyba ze czterdzieści, na gęstym świerkowym podkładzie, i szarfa lilaróż. Wystawił się przyzwoicie, nie ma co.

Przechodząc do kostnicy, zwolnił kroku. Aż w progu całkiem się zatrzymał.

– Nie lubię tego widoku – powiedział do Mikiego.
– Musi wyglądać paskudnie. No nie? – Miki przytaknął. I ten wieniec oddał Mikiemu. – Połóż mu tam gdzieś w moim imieniu.

Miki poczłapał chętnie. Wyraźnie się spodziewał, że z powodu swojej słabości Słoń może mu parę złotych za przysługę odpalić.

Zaśmiał się Fanodorm. Zaśmiał się Nowojorczyk i Gruby Leszek też.

– Słoń niby taka bestyjka – powiedział Fanodorm – a jak masełko w tej sprawie.

– Delikacik z pana Słonia – dodał Gruby.

Słoń ciągle krzywił się jak po rycynie.

– Nie lubię tego widoku – powtórzył.

– A co ja mam mówić – westchnął Fanodorm.

To prawda. Fanodorm ze zdrowiem ma ostatnio kłopoty. Ciągle coś mu nawala. To żołąd, to nerwy lub wątroba. I chudnie. Ten piękny angielski garnitur w zielony rzucik wisi na nim jak na kiju. Raka podejrzewa w swoim organizmie Fanodorm. Strach mu spać nie daje, ale miną nadrabia nadal.

– Ty się musisz powoli przyzwyczajać – odciął się Słoń. – Ja jeszcze nie mam zamiaru.

– Nie mów hop – uśmiechnął się łagodnie Fanodorm.
– Weź przykład nieboszczyka. Kto by to pomyślał.

Rzeczywiście nikt nawet przez chwilę o tym nie pomyślał. Jeszcze tak niedawno kroczył sobie majestatycznie od knajpy do knajpy. Żartował i farmazonem swoim ludzi zabawiał. Słoń zamyślił się ponuro. Może przypomniał

sobie, jak te różne gówniary, które podrywał pod szkoła-
mi, słuchały z rozdziawionymi dziobami i oczyma okrąg-
łymi jak u sowy potoczystych monologów nieboszczyka.

Z ciemnego wnętrza kostnicy wynurzył się Miki.
Wpatrzył się nachalnie w Słonia.

– Pusty jestem – szepnął.

– Mało to pustaków chodzi po świecie – odwarknął
Słoń. Ale z tego strachu przed śmiercią odpalił mu jednak hojną ręką stówaka.

Jak ten Miki chuchał i gładził papierek! Przyjemnie
było patrzeć. Złożył w równiutką kosteczkę i wsunął do
kondonierki, czyli tej małej kieszonki w spodniach.
A Słoń postał jeszcze chwilę. Obstukał butem koła swego wozu. Popatrzył z pogardą na Fiata Fanodorma. Przywitał się z ostatnim „tatusiem" nieboszczyka.

Był to Admirał. Przejęty tą całą historią. W czarnym
garniturze, z czarną opaską na ramieniu, uroczysty.

Jego kobita już sobie musiała wypić.

– Nie ma naszego Wicia – powtarzała – a tak pięknie
ostatni urlop spędziliśmy…

Zapatrzył się na nią Słoń. Ubrana w drogie, zagraniczne łachy, a jednak bez gustu. Nigdy nie miała gustu.
Nawet kiedy wysiadała w kawiarni „Grandu", marząc
o milionach z Zachodu. Tylko młoda wtedy była. No
i znalazła sobie Admirała. Co prawda nie z Zachodu,
ale łeb do biznesu ma.

– I taka wymarzona pogoda – powtarzała monotonnie. – I tyle uroku… Choć kapryśny był nieboszczyk.
Okropnie! Jak on wybrzydzał na ten urlop. Dawniej,

mówił, to miałem takich panów, co to urlopy w hotelach i restauracjach kategorii S spędzali, a nie w zagnojonych chałupach. Bezczelny!! – oburzyła się i zdeptała z pasją papierosa. – Tyle pieniędzy na niego wydaliśmy.

– Daj spokój – machnął ręką Admirał.

– Zresztą… – trajkotała nieprzerwanie – co innego urlop w kurortach, a co innego na łonie natury, musi być pewien prymityw. Taki romantyczny spływ Dunajcem na przykład albo jak piliśmy żętycę na hali…

– Daj spokój! – powtórzył już groźnie Admirał.

– Jak on może przy tej babie wytrzymać! – powiedział szeptem Słoń. Wyraźnie ucieszył się, że jeszcze jest kawalerem.

Wpadł też na chwilę do kostnicy Butolog. Tak nieoczekiwanie zza węgła się wynurzył. Też bukiet kwiatów przyniósł. Ale nie zatrzymał się. Tylko z daleka machnął ręką zebranym.

Popatrzyli z uśmieszkami na Delatora, który stał przecież na widoku. Butolog go nie zauważył. Delator udał głupiego i gdzieś w bok się zapatrzył. Rok ma Butolog do odsiadki i ukrywa się, czekając na amnestię. Liczy dni do najważniejszego państwowego święta i wróży z kart – dadzą czy nie dadzą… Jak oko, to dadzą, a fura znaczy nie. Więc wychodząc z kostnicy, rozejrzał się płochliwie i ruszył wzdłuż muru. Tym razem spostrzegł chyba Delatora, bo naraz zaczął biec.

– Ścigany – zaśmiał się Nowojorczyk.

– Swoją drogą – zamyślił się Fanodorm – ciekawe, dadzą tę amnestię czy nie dadzą.

Słoń spojrzał na zegarek. Poszeptał jeszcze na boku z Władziem Reakcjonistą. Razem prowadzili firmę. Znów spojrzał na zegarek.

– Będę się zrywał – rzekł. – Rzućcie garść ziemi w moim imieniu.

– Zgubią cię te dziwki – na to Fanodorm. – Od rana zajmujesz się dziwkami. I tak do rana.

Słoń już chciał mu się odciąć. Ale akurat mankiet koszuli poprawił sobie Fanodorm i zegarek na przegubie jego dłoni zalśnił. Złoty Tissot, ostatni szyk. Zagapił się Słoń. I nic już nie powiedział. On na przedmioty czuły. Ocknął się i szybko wsiadł do swojego BMW, drzwiami może zbyt głośno trzasnął. Z zazdrości zapewne. I odjechał.

W przeciwną stronę. Bo za chwilę trumna już została wtaszczona do czarnego karawanu ze srebrnymi okuciami i kawalkada samochodów ruszyła na cmentarz. Zaczął padać deszcz. Marki wozów nie były według kieszeni ich właścicieli. Tu już następuje zmyłka. Taki Fanodorm dla przykładu wyłącznie Fiatem polskim 125 jeździ. Nie chce nic innego. Ani myśli. Śmieją się z niego, że powinien Syrenką. Zupełnie niepodpadająca. Fanodorm tłumaczy tym kpiarzom: – Coś ekstra zawsze w oczy kłuje. – I ubiera się skromnie. Niebiednie oczywiście. Ale swojsko. Płaszczyk z domu mody męskiej „Adam", owszem, garnitur z angielskiego materiału, ale żadna ekstrawagancja, staroświecko raczej szyty przez tutejszego mistrza Witkowskiego. Nic więc w oczy nie kłuje. Tylko zapalniczkę, papierośnicę i zegarek ze złota posiada. Lubi takie drobne przedmioty z tego szlachetnego kruszcu. Tej przyjemności nie może sobie odmówić.

Wracając jednak do motoryzacji. Również Władziu Reakcjonista, co dwa forsodajne przedsiębiorstwa prowadzi, efektownym wozem się nie popisuje. Po prostu Warszawa. Pewien to związek posiada z jego częstymi wyjazdami w teren, Warszawa motor ma mocny, zawieszenie wysokie i po różnych wertepach śmiało można obijać.

Natomiast ten golas Admirał (bo golas on przy tych dwóch jednak) już wóz musi mieć lepszy, dla niego wóz jak dla Cygana sygnety. Cała przyjemność dla niego to efekt w postaci samochodu. Toteż jego wóz w tej pogrzebowej kawalkadzie najświetniejszy. Citroen DS 21, błyszczący, karawaniarski zgoła, ze ściętym pyskiem niczym rekin pojazd.

Nowojorczyk w ogóle nie posiada własnego wozu. Nie chce. A stać go nie na jeden. Taksówkę na pogrzeb wynajął. Starą, z pordzewiałą tu i ówdzie blachą Wołgę. Tyle że taksiarz blatny, nieboszczyka doskonale znał i cenił, niejaki Leszek Grubas, sto kilo żywej wagi, brzuch jak beczka i wlać można w tę beczkę gorzały moc.

I tak oto pogrzebnicy do tych czterech wozów powsiadali.

Miki, obdartus i brzozówkowy (tak o nim mówią) pijaczek, najdłużej stał i wyraźnie nie wiedział, co z sobą zrobić. Niepewny, czy go zaproszą, tak patrzył nieśmiało, jak oni wsiadali. Przygarnął go do swego Fiata Fanodorm. Miki pustecki i pijaczek, ale do tego i owego zawsze się przydać może. Niekosztowny równocześnie i wdzięczność za marny grosz czuje.

– No, co tak sterczysz jak palant – powiedział Fanodorm i Miki śpiesznie, takim bocznym drepcikiem na tylne siedzenie się wsunął. Przycupnął w kącie, żeby miejsca jak najmniej zająć, i nieznacznie rękawy swego gabardynowego postrzępionego płaszcza podwinął.

Jeszcze chciał Literata do siebie Fanodorm zaprosić. Od początku dla niego łaskawy. Jak tylko przy kostnicy go zobaczył, od razu powitał kordialnie. Odtąd wszyscy odnosili się do Literata życzliwie. Choć właściwie nie lubią piszących. I mają rację. Literat, żurnalista, wsio rawno. Obsmaruje taki, fantazji jeszcze dorzuci i nieprzyjemność jak smród. Ale skoro Fanodorm... To i Nowojorczyk od razu wylewnie: – Bardzo mi miło. Nieboszczyk wiele mówił mi o panu. – Swoją drogą... wtrącił Fanodorm – z niego jest gotowy temat do książki, że tak powiem.

No ale z zaproszeniem wyprzedził go Nowojorczyk. Więc Literat do tej Wołgi Grubego Leszka się wpakował. Snob z tego Nowojorczyka, i choć jak już zostało powiedziane, w branży, która trzepie grubszą forsę, nie lubią piszących, to jednak nie może on sobie tej przyjemności odmówić. Intelektualnym odprężeniem to nazywa. Lubi pogadać o starych, przedwojennych czasach. Kabarety, piosenkarze, tekściarze i tancerki – jego specjalność. Jako młodzian w tym nocnym światku obracał się w euforii.

– Aktorzyca jakaś wyszczekana, rymotwórca zafajdany to dla niego jakby Pana Boga za nogi złapać – podśmiewał się zawsze Ratusz nieboszczyk.

I teraz w taksówce Nowojorczyk od razu spicz zaczął o Światopełku Karpińskim i jego pijaństwach.

– Gwiazda pierwszej wielkości na firmamencie literackiego nieboskłonu – walił z tandetną emfazą. – Niestety, jak zwykle u nas, przedwczesna końcówka.

A jego kochanica, miła dziewczyna imieniem Małgosia, wpatrzona w niego jak w tęczę. Figurą Nowojorczyk dla niej. I forsą, i światowym sznytem oraz zaganiaczem, jak powiadał nieboszczyk. Podobno właśnie w zaganiacza niezwykle tęgiego obdarzony.

– Kwik w każdym babskim cielsku – szeptem informował nieboszczyk – potrafił spowodować.

Nieboszczyk kpił raczej z tego daru, już względem tych spraw obojętny.

– Znużył się. Łajdak, hulaka – dawał Nowojorczyk ripostę na jego kpiny – a w rezultacie impotencja.

Takie plotki krążyły rzeczywiście. Sam nieboszczyk bardzo rzadko względem jakimś szczególnym kobiety obdarzał. Przeważnie tylko uprzejmość, galanteria, ale zimne to, bez tego charakterystycznego dla samczej potrzeby podniecenia.

– Jestem wyzwolony – sytuację swą określał podniośle – żądza jest bowiem formą niewolnictwa.

Zresztą bywały takie damulki, co z tego właśnie powodu parol na niego zagięły – skosić takiego nieczułego drania, rozgrzać i do gotowości doprowadzić.

Siedziała jeszcze w tej taksówce Grubego Leszka na tylnym siedzeniu obok Literata ta Aśka, młoda, długonoga i sterczącą niebywale w biuście, tylko z pyskiem już obrzmiałym i wyuzdanym nad wiek. Ona to na nieboszczyka nachalnie leciała. Wiedziała, czym mu dogodzić, wódkę i kolacyjki w drogich knajpach fundowała. Tak go wódą i tym swoim cycem sterczącym rozgrzewała. Finansowo ostatnio swobodna, handlowiec aż z Japonii, kontrakty tu jakieś zawiera, Aśkę sobie upatrzył. Przyjeżdża i korzysta. Niedługo korzysta, a stałą pensję wypłaca, bonami Pekao, zielonymi papierkami i naszym groszem. Umowa na rok stoi. Aśka jego dyspozycyjna flama, za gotowość po prostu opłacana. Żółtek jak to żółtek, niepokaźny, włosy jak druty i taki jakiś. Mongoł po prostu, śmieje się Aśka i ze swojego fartu zadowolona. Urządzona, można powiedzieć, ta cwaniurka niebywale. Fanodorm jednak wciąż nad nią boleje.

– Dla kobiet – troska się – nie ma większego niebezpieczeństwa. Z takiej beztroski właśnie najłatwiej się staczają.

I nieraz wizję ponurą tego upadku przed nią rozpościera. Czas tu przecież swoje dołoży. Aż przyjdzie taki moment: stara, siwa baba, człap, człap, zagląda po śmietnikach, pojemniki kitra, z jakimś cuchnącym śmieciarzem sztamę trzyma i denaturatem się poją obydwoje.

Fanodorm jak poeta wizjoner na swój numer pracuje. Ale za młoda przecież Aśka, żeby takimi gadkami się przejmować. Śmieje się w twarz Fanodormowi.

– Stary cap! – chichocze, kieckę mini podciąga, swoje piękne, smukłe nogi wystawia. Posiada ona to swoje kobiece wyczucie. Fanodorm żądzą płonie do niej wyraźną. Chciałby na dłużej z nią się związać. Podobno posunął się do tego, że do cudzoziemskiej, dewizowej pensji swoją pragnął dołożyć. Ale Aśka uparcie nie chce. Jeden stały jej wystarcza w zupełności. Stały i ulotny jak motylek przecież. Ponadto te żółtki nie są tęgusy w erotycznych potrzebach, mówią znawcy. A reszta to czas na zabawy, kaprysy, miłostki. Niekiedy łapie ją taka niespodziana ochota na młokosa jakiegoś. Zobaczy w kawiarni, zderzy się przy barku nocnym w knajpie. I już gotowa. Nie tylko na młokosa, jak się okazuje. Tak samo na nieboszczyka właśnie. Aż dziwne, stary to był chłop jednak, a ona raczej do młodych przystojniaków lgnęła. Jak jeszcze typ włoski, oliwkowy, barczysty, z kłakami na piersiach, to piszczały od razu. Tak to czasem uczucie krętymi ścieżkami chodzi. Stary łysy chłop o dziobatej twarzy najwięcej ją zabiegów kosztował. Namęczyła się przy nieboszczyku. Ogień w wygasłym, popsutym palenisku koniecznie rozniecić chciała. Denerwował się nieboszczyk. On to potrafił wybuchać.

– Odejdź, żmijo! – ryczał. – Zniknij z moich oczu! – Oczywiście po kolacji, którą Aśka stawiała. – Nie mogę znieść tej wstrętnej pajęczyny twoich mozolnych zabiegów, smród już czuję… – Tak to brutalnie dawał jej do zrozumienia, że zapach jej ciała chęcią nabrzmiałego jest mu również wstrętny. – Mieć tu córkę – kończył nieoczekiwanie. Następnie, uspokoiwszy się, dawał poważny, obywatelski wykład o bezsensie posiadania dzieci w ogóle.

Czy roznieciła ogień w tym palenisku? Nie wiadomo.

Byli tacy, co widzieli, jak z tej wilii na Saskiej Kępie, gdzie ostatnią sublokatorkę miał nieboszczyk, wychodził sobie pod parasolem nie sam, z tą Aśką właśnie. I tak czule ją obejmował, zupełnie jak za dawnych swoich uwodzicielskich czasów, kiedy to jeszcze King of Night go nazywano. Nic nie wiadomo. Aśka nawet pary z ust na ten temat nie puściła. Dyskretna jak nigdy. Nieboszczyk też. Aha, to Pies, czyli Delator, widział ich, jak pod parasolem razem szli. Deszczowo wtedy było jak dziś. Tylko czy wierzyć Delatorowi? Fanodorm twierdzi, że tak. Admirał też mówi, że Delator szczery jest ostatnio jak nigdy.

Aśka oczy miała podpuchnięte i czerwone. Tak jakby płakała. Ale gdzie by to zwierzę płakało. Niby dlaczego?

– Lubił *Ostatnią niedzielę* – powiedziała. I zanuciła ochryple. Głosu to ona nie miała za grosz, fałszowała, aż skręcało.

Skrzywił się Nowojorczyk, koneser kabaretowej piosenki przecież.

– „Ta ostatnia niedziela…" – wydzierała się okropnie. A Gruby Leszek chichotał i w lusterko miny pełne rozbawienia puszczał.

Tak tą pogrzebową kawalkadą sunęli. Za karawanem pierwszy Fanodorm, czyli kapitał i historia zarazem. Tuż po wojnie z nieboszczykiem się poznali. Jeden drugiemu pasował nad wyraz. Nieboszczyk jemu niefrasobliwością, pomysłem w zabawie i dowcipem słynnym w kręgach lokalowych bywalców. Fanodorm finansowym zabezpieczeniem. Do ostatka więc przetrwała ta przyjaźń. Co prawda Fanodorm kieszenią coraz mniej już służył, ale taki to człowiek, twardy i do sentymentalnych uniesień nieskory. Ponadto innych raczej według siebie oceniał i nieraz mawiał nieboszczykowi:

– Nawet mogę ci poważnie pomóc, dać kapitalik na niski procent i na szerokie wody interesów wyprowadzić.

– Nie chciał jednak nieboszczyk raz obranej drogi życia zmieniać. Do końca beztroski był z niego sowizdrzał. Nie pochwalał tego Fanodorm, ale i głośno nie potępiał. Tak już zostało między nimi. Do kosztów pogrzebu hojnie i bez wahania swoją działkę dorzucił. W trakcie jazdy coś cichym, łagodnym głosem Mikiemu tłumaczył. Miki nieustannie kiwał głową. Tak jest – powtarzał jak żołnierz na służbie. – Tak jest.

Następny w samochodowej kolejności był Władziu Reakcjonista. Też ze starej gwardii. Jeszcze u Andersa z nieboszczykiem się zaprzyjaźnił i ta przyjaźń do końca nie wygasła. W wozie razem z nim syn, którego do interesów już wciągał.

Admirał, co trzecim i najlepszym jechał wozem, najmłodszy był ze wszystkich, ale ostatnio w życiu nieboszczyka najważniejszy. Jak już powiedziano „tatusiem" jego od roku był, czyli opiekował się nim po prostu, pensyjkę na życiowe potrzeby przydzielał, sublokatorski pokój opłacał i ciągle z tym samym zachwytem wsłuchiwał się w jego farmazońskie monologi.

– Trafił wreszcie samotny, niezrozumiany poeta – mówił żartobliwie nieboszczyk – na swego prawdziwego wielbiciela. Chwyta mnie on w lot i czuje.

Tak było. Wierny do końca Admirał nieboszczykowi. W szpitalu go umieścił, pogrzebem się zajął. Jak matka i ojciec dla niego w jednej osobie. Nie tylko dla żartu więc nieboszczyk, jak wypił więcej, „tatusiu" mówił do tego wielkiego chłopa, najmniej o połowę młodszego od siebie. Admirał naprawdę smutny. Przygnębiony tym nagłym zejściem. Taki atleta, ciężary kiedyś podnosił, o przygnębionej twarzy opuszczonego dziecka. Żona jego paplała nieustannie, ale on jej wcale nie słuchał.

Z tyłu siedział Pies, czyli Delator, i wzdychał ciężko od czasu do czasu.

Takim korowodem jechali za czarnym karawanem z posrebrzanymi okuciami. Niezbyt szybko, bo szosa śliska. Szaro było i zacinał równy, monotonny deszcz, a niebo zasnuło się brudnymi chmurami zupełnie. Daleka droga, gdyż grzebać mieli nieboszczyka na tym nowym cmentarzu za miastem. Wólka Węglowa to miejsce się nazywało.

I tak gładko wcale tam nie dojechali. Nowy to cmentarz. Nieznana droga. Nawet ci karawaniarze nie byli pewni. Parę razy zwalniali i rozglądali się bacznie. Ten ostatni wóz, taksówka znaczy Grubego Leszka, zgubił się jeszcze w Śródmieściu, zielone światło, tamci przeskoczyli i później sam już Gruby Leszek na ślepo tej drogi do Wólki Węglowej szukać musiał. Wiadomo tylko było, że od północnej strony za miastem. Jadą więc szosą, Gruby dodaje gazu, może dogoni tamtych, pola już i wiocha, a cmentarza ani śladu. Pytają ludzi po drodze.

– Pieprzona sprawa – złości się Gruby Leszek, bo honor ma taksiarski i wstyd mu, że sam dać rady nie może.

– Fatalny początek – kracze ta Aśka.

Tylko Nowojorczyk pozostał chłodny i spokojny. Taki elegancik starawy, pachnący Yardleyem, obojętnie przed siebie się gapi.

Literat natomiast rozmyślał o nieboszczyku. Ciągle jeszcze do jego śmierci nie mógł się przyzwyczaić.

Wreszcie boczną, błotnistą drogą dojechali do jakiegoś cmentarza. Krzyże, mogiły, budy z kwiatami przy bramie. Ale to nie był ten cmentarz. Tylko katolicki. Więc kwiatów jeszcze przy okazji dokupili, Nowojorczyk tak się szarpnął, i od cmentarnych bab dowiedzieli się dokładnie, jak dojechać do miejsca przeznaczenia. Już bez kłopotów, ale ze znacznym opóźnieniem tam dojechali. Karawan i trzy wozy przed bramą stały.

Fanodorm bardzo się niecierpliwił. Przechadzał się na trzy kroki pod parasolem.

– Gdybyś zwęszył jakiś szmalec – przyciął Grubemu – to węchem byś trafił.

Grubas zmilczał ten przytyk. Specjalizował się bowiem w kursach z trefnym towarem, które, jak wiadomo, dobrze są opłacane i często po ciemku się trafiają. To jest na wyczucie przede wszystkim jazda.

No i wreszcie można było do smutnego obrzędu przystąpić. Właściwie ceremonia nie taka znów wcale uroczysta czy skomplikowana. Cmentarz komunalny, świecki pogrzeb. Tak życzył sobie nieboszczyk, który powiedział:

– Z Bogiem to już sam osobiście się porozliczam. Żadnych katabasów, łaciny i tak dalej. – Fanodorm i Władziu Reakcjonista odmiennego byli zdania. Uważali, że po chrześcijańsku, z pompą powinno się to pożegnanie odprawić. Fanodorm nawet za portfel znacząco się złapał, dając do zrozumienia, że grosza nie pożałuje. Jednak zdanie ostatniego „tatusia" nieboszczyka przeważyło ostatecznie. Dlatego świecka to była sprawa. A ta Wólka Węglowa jak pustynia wprost. Plac wielki i goły, siatkowym płotem ogrodzony, z rzadka dopiero kopczykami mogił poznaczony. Dalej kępy drzew, samotne zagrody; widok zamykała budowla jakaś z czerwonej cegły i dwa wysokie kominy tam sterczały. Takie to miejsce. Deszcz z wiatrem ciągle zacinał, szarzyzna i błoto; odpychająco w tej pogodzie Wólka Węglowa wyglądała. Równiutkie jak pod linijkę alejki tonęły w kałużach.

Żona Admirała, daremnie szukając słuchacza, do Mikiego na koniec się zwróciła:

– Co za kretyński pomysł, takie miejsce wynaleźć, a tak przekonywałam, nawet na Bródnie dałoby radę kwaterę… – Tusz spływał jej po policzkach, szminka też się rozmazała. Miki odsunął się śpiesznie. Nie chciał przecież z Admirałem zadzierać. Z nikim nie chciał zadzierać. Tylko uśmiechnął się po cwaniacku do Literata. Z nim jakby jedynie na poufałej stopie się poczuł.

Z budy przykrytej papą wynurzył się zarośnięty facet w okrągłej czapce i miejsce dla nieboszczyka Ratusza pokazał. Trumna została ustawiona na dwukołowym wózku z długim dyszlem i ten w okrągłej czapce pociągnął wózek. Oni poszli za nim. Dół już wykopany. Wszystko gotowe. Stanęli gromadą wkoło. Czapki i kapelusze pozdejmowali. Chociaż w pierwszej chwili nie byli tacy pewni względem tego, świecka to przecież sprawa. Ale Fanodorm bez wahania swój pilśniak z głowy ściągnął i poszli za jego przykładem.

Wtedy to z bocznej ścieżki, człapiąc przez błoto, zbliżyła się do tego miejsca starsza kobieta w kraciastej chustce zawiązanej pod brodą i mężczyzna w butach z cholewami. Zdziwili się wszyscy. Nikt ich przecież nie znał. Oni podeszli do grobowego dołu i kobieta chlipać zaczęła. Chlipała coraz głośniej i przez to chlipanie słowa modlitwy docierać zaczęły. Zdziwili się jeszcze bardziej, kiedy Admirał zbliżył się do niej i z szacunkiem w rękę ją pocałował. Była to rodzina nieboszczyka Ratusza. Siostra i szwagier. Z daleka przyjechali. Stamtąd gdzie nieboszczyk sześćdziesiąt bez mała lat temu się urodził właśnie. Rodzina jego jedyna, inni już wymarli czy też pogubili się po świecie. Tak im Admirał wyjaśnił obecność tych dwojga. Kobieta głośno już modlitwę za duszę zmarłego odmawiała. Mężczyzna w cholewianych butach też się do niej ochryple dołączył.

– Gospodarze – zaszeptał Admirał. – Nieboszczyk z wsiowej pochodził rodziny.

– Nikt by nie pomyślał – zdumiała się Aśka. – Taki bywalec i dżentelmen.

– Daleko odskoczył od tego tam... – dodał Fanodorm – no... od tej jabłoni – przypomniał sobie nareszcie przysłowie.

Na tej gołej cmentarnej przestrzeni znowu gęstym
deszczem powiało. Skulili się, ukrywając twarze w kołnierze i parasole jak tarcze wystawili. Tylko Miki pozostał wyprostowany, z gołą małą główką oblepioną mokrymi, rzadkimi pasemkami włosów. Aśka chyba jednak
płacze. Oczy wyciera raz po raz. A może jedynie od
deszczu, który zacina coraz mocniej?

Nowojorczyk wyraźnie niecierpliwił się, na przemian spoglądał na zegarek, to znów na tę lamentującą
wsiową rodzinę nieboszczyka. Ten Nowojorczyk w wieku Ratusza przecież, a trzyma się nad podziw świetnie.
Suchy, wyprostowany sprężyście przystojniak ze szpakowatą gęstą czupryną, może szpecą go nieco te baki,
które sobie według mody na szczęki puścił. Przedwojenny przyjaciel nieboszczyka, jeszcze z czasów młodzieńczych, kiedy jako dwaj lowelasi zaczynali zaliczać
te swoje knajpy, kabarety, kobiety. Więc ten Nowojorczyk śmiercią nieboszczyka z pozoru nie za bardzo poruszony.

– Organizm swój jak beczkę traktował – powiedział
oschle. – Beczkę bez dna. To nie przechodzi bezkarnie.

Fanodorm z jego poglądem się nie zgadzał.

– Tu nie ma nic do rzeczy dbałość o organizm. Są takie choroby, na które nie ma sposobu. Powtarzam: nie
ma! – dodał z naciskiem.

Nazw tych chorób nigdy nie wymieniał. Twarz mu się wtedy zmieniała i głos ściszał. Jednej szczególnie bał się panicznie. Jak dopust boży najstraszniejszy ona dla niego. Tym bardziej że to ostatnie zdjęcie żołądka podejrzane, bardzo podejrzane. Tak dziwnie zachowywali się lekarze. Mówili: bagatelka, jedynie musi pan na siebie uważać. Co to za diagnoza! Co kryją te psie syny...

Właśnie przy tym dole grobowym, kiedy tak patrzył na trumnę, którą grabarze opuszczali na pasach, niedobre przeczucie ścisnęło serce Fanodorma. Nic nie dał jednak poznać po sobie. Tylko żuł w ustach ulubione ruskie przekleństwa. Miał taką swoją litanię. Szybko tego zaprzestał i z chłodną rozwagą przyjrzał się siostrze nieboszczyka. Zaczął się doszukiwać w jej twarzy podobieństwa. Roześmiał się.

– To był niepowtarzalny pysk – powiedział półgłosem i ogarnęła go nagła chęć zobaczenia Ratusza. – Przyjemnie się gadało z tym nicponiem – zamruczał.

– Co proszę? – zapytał usłużnie Miki.

Odpędził go gniewnym ruchem ręki.

Władziu Reakcjonista też zagapił się w dół, gdzie opuszczano trumnę z ciałem jego andersowskiego druha. Nalana, apoplektyczna twarz Władzia znieruchomiała i może przypomniał sobie te wszystkie swoje uciechy na boku, które niegdyś organizował mu nieboszczyk. Lubił czasem zabawić się z dzierlatkami i był jak pająk, który zarzucił swą sieć i nieruchomo a żarłocznie czeka. Ta sieć to jego forsa, a nieboszczyk mu naganiał.

Następnie przyszła kolej na wieńce, wiązanki i bukiety. Grabarze poukładali je na trumnie. Na widocznym miejscu szefa: Witoldowi od przyjaciół. Był to pomysł Admirała. Wieniec z tą szarfą w najlepszej kwiaciarni zamówił. Kwiaty kolorową kopą przykryły trumnę.

– Nieboszczyk tak lubił *Ostatnią niedzielę* – zaczęła Aśka. Na szczęście nie zanuciła. Ten jej głos, ten jej słuch.

Symbolicznie każdy po grudce ziemi cisnął. Miki to nawet całą garść błota nabrał raz, drugi, jakby sam cały dół zasypać chciał. Zza pleców zebranych wynurzył się Pies i też garstkę ziemi na trumnę Ratusza cisnął. Z tym Psem głupia sprawa. Wiadomo, Pies, czyli Delator. Przyszedł pierwszy do kostnicy. Nikogo jeszcze nie było, a już stał. Nawet podejrzanie to wyglądało. No, ale skoro Fanodorm nie wyraził żadnego zaniepokojenia jego obecnością ani Nowojorczyk... To inni też. Zabrał się więc Pies na cmentarz wozem Admirała. Każdy z daleka się od niego trzymał. Ale był. Smutny taki, nos na kwintę, łeb spuścił. Może to emerytalny pies? Raczej nie. Kto, jak nie on, lat temu będzie ze trzy, nieboszczykowi życie utrudniał?

Ciągali go po różnych instytucjach i komendach, wezwaniami napastowali. Na różne strony go zażywali. Nie pracuje, więc z czego żyje? Tak sobie chodzi, tylu ludzi zna, więc niech co nieco pomoże. Niech poinformuje chociaż, co ludzie rozmaici robią, jak sobie żyją i co mówią. Trzeba przyznać, nieboszczyk z humorem natrętów znosił. Wszystko z humorem. I Psa nie potępiał.

– Jego chleb – mówił – niełatwy...

Natomiast tym wścibskim z komendy na pytanie, z czego żyje, odpowiedział:

– Z różnic.

– Z różnic?! – zdziwili się.

– Z różnic – powtórzył nieboszczyk.

Oni wściekłym wrzaskiem do niego:

– Z jakich różnic?!

Nieboszczyk z niezmąconym spokojem wyjaśnił:
– Mam bogatych przyjaciół, jak zapewne wiecie, panowie, milionerów po prostu, na naszą miarę oczywiście, oni lubią pić koniaki, koniak tylko zamawiają, a ja nie lubię tego trunku, więc oni dla siebie koniak, ja mówię: żyto proszę! I różnica dla mnie. A z czego oni żyją? Co mnie to obchodzi, byle dalej żyli tak dobrze. – Tak tym natrętom rozmaitym zamknął usta nieodżałowanej pamięci nieboszczyk Ratusz.

Krążyła ta dykteryjka jak smakołyk i śmiechu było, kiedy to zdarzenie swoim spokojnym, aksamitnie modulowanym barytonem opowiadał.

– My też z różnic – powiedział Władziu Reakcjonista. – Nieboszczyk tak skrótowo podstawowe prawo ekonomiczne naszego biznesu określił. – Zastanowił się z półotwartymi ustami, jakby jakąś różnicę obliczając. A szpadel grabarza miarowo zsypywał ziemię na ukwieconą trumnę.

I Literat ten głos głęboki, przejmujący nieboszczyka usłyszał. I twarz jego zobaczył, tę szeroką, poznaczoną śladami po ospie twarz z leciutkim grymasem ironii i pobłażliwości. Nawet ze zrozumieniem niejakim na Psa, czyli Delatora, popatrzył. Udzieliła mu się ta pobłażliwość i wyrozumiałość wszechogarniająca.

Więc jeżeli chodzi o Psa, to nie niepokoił już ich zbytnio.

– Z takimi… – jeszcze Gruby Leszek najwięcej miał wątpliwości – nic nie wiadomo. Kiedyś kumpla mojego jeden taki podprowadził na wyrok.

Fanodorm wzruszył ramionami.

– Nie ze mną takie numery, to dobre dla prymitywów.

Ale Gruby Leszek ciągle z wrogością na Delatora spoglądał.

– Psa też można wychować – dodał więc dla uspokojenia Fanodorm. – Będzie z ręki ci jadł.

– Nażre się – burknął Grubas – a potem chap, prosto do pudła cię zaprowadzi.

– Owszem, sprzeda cię, kiedy przyjdzie twoja pora – przytaknął spokojnie Fanodorm. – Ale nasza pora jeszcze nie nadeszła.

Te rozterki na psi temat przeciął ostatecznie Admirał.

– Nieboszczyk wcale go nie potępiał – oświadczył. – On dla mnie jak kurz w powietrzu, mówił, dokuczliwy, ale musi być.

– Miał powiedzonka! – podziw zawodowca w głosie Literata.

– To prawda – powiedział Nowojorczyk. – Teraz żałuję, że nie zapisywałem.

Fanodorm zamyślił się.

– Szyja Hamburg, jeżeli chodzi o psów, to był najlepszy. Pluł takiemu w ślepia i mówił: Inaczej nie mogę, mam alergię na ten fach. Szyja Hamburg – powtórzył.

– Co to była za głowa.

Trumna już została zasypana. Kopczyk foremny szpadlem grabarz wyklepał i resztę kwiatów na ten pagórek położono. Znów kolorami ładnymi w szarzyźnie i deszczu mogiła rozkwitła. Delator przyklęknął i modlić się zaczął. Miki też. Bardzo religijny ten Miki i mocne miał związki z nieboszczykiem. Teraz głowę zwiesił i walił się w piersi.

Aśka przeżegnała się ukradkiem i na kopczyk mogilny zapatrzyła się po raz ostatni. Smutno i dziecinnie w tej chwili wyglądała. Ale szybko wróciła do rzeczywistości.

– Chodźmy już – powiedział niecierpliwie. – Przemarzłam okropnie.

– Kieliszek czegoś na rozgrzewkę – poparła ją natychmiast żona Admirała.

Admirał na szczęście nie usłyszał. Poprawił jeszcze blachę i wieniec tam położył.

Fanodorm spojrzał na zegarek i dał znak do odwrotu. Ruszyli gromadką do tej głównej, wyłożonej płytami alei. Za nimi w dość znacznej odległości wlókł się Pies.

Obejrzał się jeszcze Nowojorczyk. Ale mogiły już dostrzec nie mógł. Zniknęła w zamazanej deszczem cmentarnej przestrzeni. Tylko ta wielka budowla z dwoma kominami ciągle widoczna.

– Dobrze, że chociaż nie dymią – powiedział Literat – bo wtedy jak obóz koncentracyjny to wszystko.

– Ja nie mam takich skojarzeń – odparł Nowojorczyk. – Kremacja w zachodnim świecie szeroko jest stosowana.

Na tej wyłożonej płytami alejce zatrzymał ich naraz Admirał.

– Coś ważnego sobie przypomniałem. – Udał naiwnie roztargnienie, a czuło się wyraźnie, że w tym miejscu właśnie rzecz postanowił wyłożyć. Przedstawił swój projekt. Ostatni w sprawie nieboszczyka. Szantażem na ambicję zebranych podziałał. – Oczywiście, jeżeli nie macie ochoty, to ja sam cały koszt poniosę.

Tym sposobem rzecz ostatecznie rozstrzygnął. Rozchodziło mu się o to, żeby nagrobek przyzwoity wystawić. Krzyż z czarnego granitu albo tablicę marmurową. Miał nawet Admirał artystę, co rzeźbi w kamieniu, upatrzonego.

– Trwały ślad – zgodził się Nowojorczyk. – Inaczej za jakiś czas mogiły się nie odnajdzie.

Admirał kuł żelazo, póki gorące, i zrobił zrzutkę od razu. Każdy po brudasie wyłożył. Nie przyjął tylko pieniędzy od Delatora. No bo od takiego nie można, brudne ręce przecież. Miki też nic nie dał. To golas, grosza przy duszy nie ma od dawna. Na tym stanęło. Krzyż granitowy wystawią. Skończyła się cmentarna sprawa. Tą długą, wyłożoną płytami aleją doszli do bramy wyjściowej, gdzie ich samochody stały. Przed nimi stypa. Deszcz padał nadal.

\* \* \*

Ci wsiowi, rodzina zmarłego znaczy, też wsiedli do taksówki. Taksówka dla nich od rana wynajęta. Admirał tak charakternie się tą wsiową rodziną zajął. Pożegnał ich teraz i dobrej podróży życzył. Na stypę nie zostali zaproszeni przecież. Obcy ludzie, nie tylko dla nich, dla nieboszczyka również. Nieraz tak powiadał: Wyrosłem ponad swoją familijną miarę. Rodzinę mam nieciekawą, wieś zmieszana z drobnomieszczaństwem. Z wyjątkiem matki nikt nie rozumiał mnie zupełnie, już nie mówiąc o szacunku wzajemnym czy przywiązaniu.

Ci, co znali ten zamierzchły rodowód, na przykład Nowojorczyk, dodawali ze śmiechem, że szwagrów swoich nieźle oszwabił, jakieś pożyczki pozaciągał i znikł bez śladu.

– Co może łączyć artystę z pospólstwem? – żartował po swojemu Ratusz.

Ale nic to właściwie nie ma do rzeczy. Po pańsku zostali przyjęci. Prosto z Wileńskiego dworca do taksówki sobie wsiedli i o nic martwić się nie potrzebowali. Wdzięczni Admirałowi. Ten szwagier nieboszczyka tak po chłopsku, chytrze, a pokornie dziękował:

– W imieniu całej rodziny chciałbym wyrazić wdzięczność, że zadbał pan szanowny o wszystko należycie.

I pojechali. Inni też śpiesznie do wozów wsiedli. Przemoknięci. Nie wszyscy przecież pamiętali o parasolach.

Przy cmentarnej bramie pozostał jeszcze Miki. Ociągał się jakby. Chudziutki, w podartym płaszczu, dygotał nieustannie. Ten dygot nie z zimna wcale, gorzałkowy to dygot. Wyraźnie niezaprawiony ten Miki. Golas, skąd może mieć na zagrzewkę.

Przyklęknął i przeżegnał się zamaszyście.

– Te, dewota! – zakpił Władziu Reakcjonista.

– Żegnam go – odparł z powagą Miki.

Fanodorm wychylił głowę ze swojego Fiata i też tam w dal popatrzył.

Ta śmierć, co przyszła znienacka, przypomniała mu innych, dawniejszych nieboszczyków.

Taki Lolek Farmazon, co biografię jak rtęć miał, raz u Maczka, raz spod Lenino szedł, a równie dobrze Legia Cudzoziemska mogła być. Wesoły Lolek zawsze i beztroski, padł nagle, być może nędzne trunki przyczyną, brzozówkę i denatur pod koniec pijał. Albo Henio Rekin, co wielkie pieniądze na odgruzowaniu stolicy zbił i równie lekko puszczał je w tango wielodniowe, olśniewające. Wsypała go żona, poszedł siedzieć, zdrowie stracił, walcząc o wariackie papiery, wyszedł wreszcie na wolność, jednak wnet szlag go trafił. Również Cygan, co największym był od wyrobów z plastiku macherem. Przejechał go tramwaj. Właśnie jego, faceta, co tak rzadko chodził, przeważnie woził go przecież bordowym Mercem jego szofer i obstawa zarazem, Zbyszek Młotek.

– Właściwie mogą się cieszyć – westchnął Fanodorm – że tak zmarniałych czasów nie dożyli.

– Żegnam go – powtórzył Miki i ostanie słowa modlitwy wymamrotał.

– Szybciej! – zniecierpliwił się Gruby Leszek, tym razem on przygarnął Mikiego do swojego wozu.

Już w samochodowym ciepełku przechylił się Miki do Literata i tak zaczął:

– W wielki świat mnie wprowadził, wszystkie bramy pootwierał...

Ciągnął żarliwie swą opowieść o wspaniałych lokalach, trunkach, samochodach i kobietach, które wtedy pierwszy raz zobaczył. Wspominał nieboszczyka Ratusza, który jakby pęk wytrychów przy sobie nosił i co chciał, to odmykał.

– Od jednego nadzianego gościa do drugiego, zmieniał ich jak rękawiczki i nic od nich nie chciał, choć tyle mógł mieć, tylko bawił się, jak on lubiał bawić się, co on nie wymyślał, to był szatan zabawy... – piał Miki, małomówny zazwyczaj i aż dziw brał, skąd u niego w kacowym odrętwieniu ta żywość niezwykła. Nie peszył go również ani trochę wyniosły, chłodny Nowojorczyk. Oczy przymknął i tak gadał.

Siebie wspominał. Młodego i głodnego życia wilka, zapatrzonego w mistrza Ratusza wtedy. Nieboszczyk Ratusz wynalazł go na swoim knajpianym szlaku. Mikiego właśnie, nieźle zapowiadającego się boksera wagi średniej w drugoligowej drużynie.

Spodobał mu się chłopaczek naiwny i szczery. Zabrał go ze sobą. Lubił tak brać ze szlaku. Miał jakiś taki magnes, poruszył niedbale ręką, coś tam powiedział mimochodem i już za nim szli. Taki był u szczytu formy Ratusz.

– To był wielki artysta, jak on lać farmazon potrafił, do płaczu albo do śmiechu, co chciałeś jad czy czad jakiś ta jego mowa, do każdego inaczej i każdego skołować dał radę. I żeby coś z tego chciał mieć, nic, śmiał się, pił, a potem odchodził, nudziło mu się czy coś, zawsze odchodził... – z zadyszką, śpiesząc się mówił Miki.

Jak modlitwa do boga Ratusza to brzmiało. A Gruby Leszek, który coraz częściej znaczące oko puszczał w lusterko, już tego poematu wytrzymać nie mógł i wtrącił, śmiejąc się:

– Następnie, braciszku, jak z pudła po wyroku wyszedłeś, to łomot mu taki dałeś prawidłowy, bokserski, po prostu nokaut, tydzień nieboszczyk z domu nie wychodził, leżał i jęczał, podbite lima, złamany nos, cały czarny jak Murzyn...

To też prawda. Miki, bokserek wagi średniej, chłopak z zapadłej prowincjonalnej mieściny, wciągnięty w wir podziemnego miasta, miał wtedy do Ratusza zaufanie bez granic. A Ratusz jak to Ratusz. Lekko jednak ludzi traktował. Miał zresztą swoich ważniejszych przyjaciół. Oni prowadzili czasem bardzo trudne sprawy, potrzebowali odważnych młodych ludzi. Poszedł z fałszywym towarem Miki w teren. Ten towar sprzedawać zaczął. Dolary były podrobione jak prawdziwe. Jednak wpadł. I nie to wcale, że wpadł, było dla niego najgorsze. Tylko to, że nie wiedział, czym handluje. Dlatego ten nokaut po wyjściu z dwuletniego wyroku właśnie.

– Co miałem mówić – rozkładał ręce nieboszczyk Ratusz. – Proszono mnie o dyskrecję, ponadto egzamin swoisty to był dla chłopca. – Po ojcowsku, pedagogicznie przygodę Mikiego i swoją komentował.

– ...Jak Murzyn – śmiał się Gruby Leszek – dostojny kacyk murzyński... Podobno ładowałeś w niego jak w worek treningowy.

Ale Miki nie słyszał tego i nadal powtarzał:

– Wszystkie bramy przede mną pootwierał.

– Więzienną również – Nowojorczyk rozweselił się wyraźnie. – Ten nasz Ratusz – zwrócił się do Literata – miał jednak swoisty dar humoru.

– Żalu do niego nie mam – zakończył Miki z naciskiem.

Kawalkada wozów do miasta podążała. Na stypę jechali. Literat patrzył w szybę z tyłu i te auta, jedno za drugim, widział. Tym razem Wołga Grubego Leszka była pierwsza.

– Gangsterski pogrzeb – powiedział.

Nowojorczyk spojrzał na niego z leciutką ironią. Deszcz padał nadal.

\* \* \*

Knajpa na stypę już została wybrana. Niezły jak na tę warszawską pustynię lokal. Ostatni raczej. Kelnerzy tu starzy, przedwojennego chowu fachowcy. Goście też lepsi przychodzili. Nie ta tłuszcza rozpanoszona, Chamowo, jak mówią dyskretnie kelnerzy, ale resztki dobrego towarzystwa. Cwaniacy wyższego lotu, macherzy, kupcy i artyści, w ogóle tacy, co ładniej niż przeciętność wydają forsę, hucznie i swobodnie, znaczy z fantazją jeszcze i humorem. Też zresztą stracili już rozmach, skrzydła mają podwiązane, na rachunki im rozmaita konfidencja i donosicielstwo patrzy. Tak to już jest. Cała lepsza branża musi się z tym liczyć.

– Dawno było tu jak w raju – rozmarzył się Władziu Reakcjonista.

– Chlustałeś nieźle, tak, tato? – zainteresował się jego syn.

Ocknął się Władziu i brutalnie od drzwi knajpy odepchnął syna.

– Do domu się zmywaj! Za młody jeszcze jesteś na gorzałkowanie.

Syn w rewanżu zrobił mu szpas. Wsiadł do jego Warszawy, zatrąbił na pożegnanie i odjechał.

Rzucił za nim wiąchę przekleństw Władziu Reakcjonista. Ale po zastanowieniu się uznał to za dobry omen. Wróci do domu taryfą, pić więc może do woli.

Fanodorm, wysiadając z wozu, poweselał i życzliwie na świat popatrzył. Cały czas podczas pogrzebu prześladowała go myśl o grypie.

– Trzeba będzie się rozgrzać – oświadczył.

– Napijesz się? – zdziwił się Nowojorczyk, higienista.

– Dlaczego nie – odparł Fanodorm. – Koniak dobrze mi zrobi. – W sprawie swego żołądka też już postanowił ostatecznie. Wybierze się do sławnego profesora i wreszcie uzyska pewność w tej materii.

Więc do drzwi knajpy raźno podchodzili. Drzwi otwarte szeroko i ten ciepły lokalowy smrodek ożywił wszystkich.

– Nieboszczyk tak to lubił – powiedział czule Admirał. – To był jego świat.

– Kto tego nie lubi – odezwała się żona Admirała.

Miki, zmarnowany bokserek, też z innymi do drzwi knajpy dochodził. Zacierał dłonie i wyciągał szyję jak ogar myśliwski, co trop w nozdrza łapie.

Zatrzymał go Fanodorm. Takim krótkim, władczym ruchem ręki. Następnie poszperał w kieszeniach, wyciągnął stuzłotową kulkę i podał Mikiemu.

– Masz i idź sobie – powiedział. – Golnij gdzieś za duszę świętej pamięci zmarłego.

– Tak jest – skłonił się Miki i od drzwi zawrócił. Obejrzał się tęsknie, podniósł kołnierz płaszcza i ruszył w deszcz.

– Nie pasuje tu – rzekł Fanodorm. – Stoczył się zbyt nisko. Miałem meldunki. Szajba mu odbija, kompromituje, niestety.

– Żal mi chłopaka – mruknął Admirał.

– Racje ma prezes Fanodorm – wtrącił Władziu Reakcjonista. – Nieraz mu chciałem dać zarobić, nic nie wychodzi jednak, zawala terminy, upija się… Głowy już do życia nie ma.

– I fantazji mu brak – dodał Nowojorczyk. – Nieboszczyk również do interesów beztalencie, ale co za fantazja i czar.

Za Fanodormem w tyle Delator się zatrzymał. Do knajpy wyraźnie się sposobił. Skrzywił się Władziu Reakcjonista. Na Fanodorma z wyrzutem popatrzył.

– Zaprosiłem kolegę – Fanodorm ze spokojem na to. – Pies – dodał ciszej – ale nie dla każdego.

Na takie dictum nie było już żadnej odpowiedzi. Głowa ten Fanodorm. Najstarszy i ciągle mu się wiedzie. Nie siedział też nigdy. Protestować przestali.

Jeszcze trzy schodki i w knajpianym wnętrzu już się znaleźli. Obsługa witała ich z wyraźną przyjemnością.

– Przepraszam za niedyskrecję – zapytał kulawy kierownik lokalu. – Z jakiej to okazji ta uroczystość, panie prezesie?

Zmierzył go zimno Fanodorm. Karcił w ten sposób za zbytnie wścibstwo. Skurczył się kulawy.

– Rzeczywiście niedyskrecja – wycedził Fanodorm. – No, ale powiem ci, kochasiu. Pochowaliśmy Ratusza.

– Profesora?! – zdziwił się kierownik, bo tak w gastronomii nazywano nieboszczyka. – Tak niedawno jeszcze...

– Jeżeli chodzi o śmierć – wyjaśnił Władziu Reakcjonista – to zrobił przyśpieszenie.

Fanodorm wydawał dyspozycje kłaniającym się w pas kelnerom.

– Stół pod lustrem w loży... – zastanowił się. – Zestawić dwa.

Coś im jeszcze polecał. Kelnerzy kiwali gorliwie głowami.

Nowojorczyk, wsparty niedbale o parapet, rozglądał się po sali.

– Niestety... – cedził słowa. – Kiepska ta wasza gastronomia... – W ten sposób nygus – światowiec swoją dwudzielność podkreślał, cudzoziemiec, tak sobie raz tu, raz tam, samolocikiem przeskakuje ocean. – I ta knajpa, niby przedni tutejszy standard, a jak bar w portorykańskiej dzielnicy.

– Nie narzekaj, safanduło... – przerwał mu Fanodorm. – Tu przynajmniej będziemy przyzwoicie obsłużeni.

Rzeczywiście, kelnerzy uwijali się jak frygi. Za chwilę koniaczki dla pań i Nowojorczyka – po pańsku, nie tylko dla siebie zamówił ten szlachetny trunek Fanodorm – dla innych tradycyjne żyto.

– Przypomniała mi się przypowieść nieboszczyka – odezwał się Literat, pokonując nieśmiałość wobec tego

grona – dał temu tytuł *Śmierć gastronomii* i mówił tak:
Jadę sobie autobusem, siedzi facet obok mnie i otwiera
teczkę, wyciąga butelkę, szklankę, nalał sobie do pełna
gorzały i trąbi spokojnie, a te baby, co siedziały w pobliżu, jazgot podnoszą: Jak pan się nie wstydzi, nie ma pan
gdzie pić, tu dzieci patrzą; tamten wypił do końca, otarł
usta i mówi: A gdzie mam pić, knajp nie ma, te, co są,
za drogie, w domu też nie mogę, bo moja baba to jest
taka bladź jak wy wszystkie.

Fanodorm słuchał w roztargnieniu, a kiedy skończył
swoje Literat, zadzwonił widelcem w talerzyk.

– Pozwolę sobie wznieść toast – zaczął uroczyście –
za pamięć naszego drogiego zmarłego.

Poważny i patetyczny, wydawać się mogło, że poczucia humoru, lekkości za grosz w nim. Ale to pozór tylko. Z tytułu swojego starszeństwa lubi tak truć czasem
po prostu. Tak więc Fanodorm tę stypę ze smakiem ce-
lebrował. Przymioty zmarłego wyliczał, przetykając to-
astami.

– Lojalny – mówi. – Bardzo przyjaciołom oddany.
Mógł wiedzieć tak dużo i nigdy nie chlapnął tą wiedzą
nieopatrznie. Przy pozorach niefrasobliwości skupiony
przecież i odpowiedzialny. A ileż to razy przysługę ser-
deczną w imię przyjaźni wyświadczył. Niedawno jeszcze… – W tym momencie kpiarsko się uśmiechnął.

– Dał ci nauczkę niezłą, szanowny prezesie – wtrącił
Władziu Reakcjonista.

Pamiętali wszyscy, jak nieboszczyk złoto Fanodormowi sprzedawał. Umieszczał u rozmaitych jubilerów,

jeździł na prowincję. Fanodorm, stary skąpiec, dziękował mu serdecznie, na kolacje (dość postne, bo skąpy właśnie) zapraszał, ale o prowizji ani słowem nie wspomniał. W końcu, bilansując cały ten interes nie doliczył się Fanodorm jednej bransoletki.

– Gdzie ten fant? – pyta.

– Jak to?! – oburzył się z godnością nieboszczyk. – Zapomniałeś o prowizji.

– Można powiedzieć – zarechotał Władziu Reakcjonista – wyruchał Fanodorma.

– Pozorny egoista – ciągnął niewzruszony żartami Fanodorm – a potrafił człowiekowi w chwilach smutku czy nostalgii pomocną dłoń podać i rozrywkę jakąś dla przepędzenia złego nastroju podsunąć.

Tym razem Admirał śmiechem parsknął. Rozbawiła go stateczna, księża stylistyka Fanodorma. Zacnego papy Fanodorma, mógłby jakiś frajer powiedzieć.

Tymczasem chudy, ascetyczny z wyglądu Fanodorm gustował w bujnych kobiecych cielskach. Wiedział o tym nieboszczyk i istną olbrzymkę do garsoniery mu przytargał. Była to studentka AWF-u, miotaczka kulą czy coś w tym rodzaju. Kaśka Kariatyda, tak nazywał ją nieboszczyk. Jak się przy niej uwijał prezes Fanodorm! Scena to humorystyczna. Olbrzymka zrazu jadła tylko i jadła. Pustoszała lodówka Fanodorma w zawrotnym tempie. Szynki pół kilo, korków cała puszka, mule, sardynki też, łososia ćwierć kilo, zapijała sokiem pomarańczowym, przetykał jej ten napitek koniakiem swoim ulubionym Hennessy gościnny gospodarz. Wreszcie zniecierpliwiony przytulił się do niej łakomie, łapki za bluzkę wsunął, oczy jak kot zmrużył, te jego łapki drobne i chwytne bulwiaste piersi miotaczki obmacywać zaczęły. – Ale ona była jeszcze niedojedzona – opowiadał nieboszczyk Ratusz. Odepchnęła więc natręta. Zatoczył się wątły Fanodorm, odbił o stół, poleciał dalej, dopiero przy zlewie ostatecznie się zatrzymał.

– Jeszcze musiał usmażyć befsztyki z polędwicy, wyciągnąć drugą flaszkę koniaku, dopiero wtedy jego pragnienia się sfinalizowały – Nowojorczyk objaśnił puentę zdarzenia nieznającemu sprawy Literatowi.

Fanodorm i tym razem zachował powagę.

– Owszem, sytuacje rozmaite bywały – przyznał skromnie – lecz w tym zdarzeniu również szczere serce naszego drogiego zmarłego jak na dłoni.

– I nigdy cykor dupy mu nie ściskał – wtrącił Władziu Reakcjonista.

Skrzywił się Nowojorczyk wykwintny na wulgarność tego powiedzenia. Ale tak jak inni przytaknął. Bo historia z innej parafii została przypomniana. Siedział Książę w więzieniu. Też już nieboszczyk. Księciem Ratusz go ochrzcił. Za szeroki gest i pańskie maniery. Wszystko prawie mu już zabrano. Willę na Sadybie, samochody, letnią daczę nad Zalewem, złoto w różnych miejscach powykopywali i jeden tylko schowek nieodkryty pozostał. W ogródku tej willi na Sadybie. A willa pod czujną obstawą przecież. Jednak Ratusz nie wahał się ani chwili.
– Nic nie ryzykuję, ptaszyno – oświadczył niedbale żonie Księcia. Poszedł tam ciemną nocą i to, co było, wykopał. Przyniósł ten garnek pełen blitu kobiecie.

– To prawda – przyznała żona Admirała – ale wtedy jeszcze był przecież czynny. Pamiętacie, jak szalał za żoną Księcia?

– Wiemy, oczywista – zgodził się Fanodorm. – Tylko nie wiem, czy każdy by dla miłości tyle zaryzykował. Ponadto skarbiec go nie pokusił, a mógł uszczknąć po drodze, oj, mógł, nic nie ryzykował.

– Był uczciwy i bezinteresowny – odezwał się Admirał. – Ile razy cały dzienny utarg mu zostawiałem.

– Bezinteresowny... nie zawsze – zaśmiał się Władziu Reakcjonista. – Pamiętacie, jak panią Blankę z torbami puścił?

Pani Blanka była recepcjonistką w Hotelu Francuskim w Krakowie. Przystojna starsza pani. Podobno z arystokracji. Poczuła słabość do nieboszczyka. Być może ostatnią słabość starzejącej się kobiety. W czasach pełnej jego aktywności to się zdarzyło. Zajmowała się pani Blanka lichwą przy okazji. Pod zastaw biżuterię rodową od krakowskich hrabiów brała. I w którymś momencie Ratusz zajął się tym przechowywanym skarbem. Przepuścił w krakowskich i zakopiańskich knajpach. Wtedy to, zdaje się, tego słynnego mordercę Mazurkiewicza poznał. Straciła pani Blanka intratną posadę w hotelu, sprawa w sądzie o przywłaszczenie, zrujnowana reputacja. A nieboszczyk Ratusz zniknął z jej życia jak sen jaki złoty.

– Może i dobry w damskich numerach – odezwał się Gruby Leszek, dotąd zajęty wyłącznie ćpaniem i piciem. – Ale tak to lewy gieroj był z niego. Pod „Paradisem" miałem zajście z takimi trzema nygusami, oparłem się o ścianę, robię, co mogę, to kopem, to piąchą, ale coraz gorzej, już i oni mnie trafiać zaczynają, filuję, Ratusz wychodzi z lokalu, Wiciu, wołam, a ten taki syn udał, że nie słyszy, i odszedł sobie wolniutko, nawet się nie obejrzał, pytam go później: Jak tak mogłeś w potrzebie zostawić, a on na to: Bójki to nie moja specjalność.

W tym momencie wtrącił się Nowojorczyk:

– I słusznie, rozsądek to raczej niż tchórzostwo, po co miał się w burdę wdawać. Zaręczam ci jednak, niegdyś umiał ze swoich pięści czynić użytek.

– E tam – Gruby Leszek pozostał nieprzekonany.

– Na ciebie już czas, grubasku – przypomniał mu o obowiązkach Fanodorm.

Gruby wstał od stołu zaraz. Odszedł bez pożegnania.

– Ta jego skurwysyńska nieczułość – wzburzyła się nagle Aśka. – Pamiętam, na prywatce u Kociego Łba. Wszystkie chodziłyśmy nago, a on ani drgnął, stary, gorzałą opity bąk. I pomyśleć: ta Blanka, albo we Wrocławiu, nie było takiej, co by mu się oparła. Ta żona Szymona, wiecie tego, co wyjechał do Izraela, oszalała na jego tle, pojechali do Sopotu, ile ona forsy wydała. W „Grandzie", jak była pijana, to na kolana się przed nim rzuciła: Wiciu, co chcesz, wszystko dla ciebie zrobię, powiedz, co chcesz! A on: Wracaj do męża, luba moja, ze mną szczęście krótko trwa, tak jej powiedział ten drań!!!

Co ona w tym Ratuszu widziała? Ostatnio przecież dziadek już z niego. Otyły, ospowaty i taki burkliwy, zły, zrzęda po prostu.

– Ja go rozumiem – powiedziała z przekonaniem. – Świat bez kobiety. To jak dla mnie świat bez mężczyzny.

Fanodorm zapatrzył się w nią zachłannie.

– Nie mógł po prostu z tego miodu korzystać. Jak ktoś się za dużo nakosi, to potem nie może i tyle – odezwał się Admirał.

– Dlatego właśnie się załatwił – z uporem Aśka. – Takie życie to pustynia.

Żona Admirała przytaknęła gorąco.

– Cóż za tępa wiara we wszechwładną moc kobiety – powiedział sarkastycznie Nowojorczyk. – Raczej świadomość nieuchronnego końca w bólu i rozkładzie była tutaj powodem.

– Pewnie – ożywił się raptownie Fanodorm – świadomość nieuleczalnej choroby trawi człowieka i może gwałtowne załamanie spowodować. – Spochmurniały wzrok w stół wlepił i palce na obrusie nerwowo tańczyć zaczęły. – Może – powtórzył.

Władziu Reakcjonista ze współczuciem na niego zerknął. Wiązały ich przecież rozległe interesy. I żeby pocieszyć, strzelił jak kulą w płot.

– Ja ci powiem, z tym rakiem wcale nie jest tak strasznie, żona mojego brata też to miała, leży w szpitalu, już koniec, przerzuty, a co się okazało? Pomyliły się konowały, żadne przerzuty, wróciła do domu i żyje.

Sam zdrowy jak byk. Grube łapy, gruba szyja i łeb na tę szyję nasadzony łysy, okrągły.

– Coś mi za czerwono wyglądasz – prawie z nienawiścią do niego Fanodorm. – Żeby cię jakaś apopleksja nie trzepnęła.

Machnął pobłażliwie ręką Władziu Reakcjonista.

– Jeżeli chodzi o nieboszczyka – wyraził swoją opinię – to po mojemu wkurwił się albo załamał. Wtedy robi się ze sobą koniec.

– Nic z tych rzeczy – zaprzeczył żywo Admirał. – Z niego był racjonalista i esteta. Sam mi to mówił. Jak Petroniusz. Tak powtarzał. Jak Petroniusz. Muzyka, tańce, wóda, dziwki i sam sobie reżyserujesz swój los. Właśnie tak mówił.

– Kabotyn – skrzywił się Nowojorczyk. – *Quo vadis* mu się przypomniało.

Ten to patrzył z dystansu. Cudzoziemiec dewizowy jednak. Najbardziej pasjonuje się huśtawką giełdową, hossa i bessa, zawsze świetnie wie, ile za uncję złota płacą aktualnie. Tyle że coraz dłużej tutaj. Dziewczynę sobie znalazł jak piec i stare ciało ona dobrze mu grzeje. A tam za oceanem bije dolarowy licznik.

Przyglądał mu się ukradkiem Literat. Duża forma jednak i powściągliwość. Te maniery, ta sucha twarz wyżła i włosy gęste, siwe, starannie uczesane. Jak wykwintnie pojada sobie, raczej konsumuje, trzeba powiedzieć, palec wytwornie odgięty, łokcie przy bokach, widelec i nóż poruszają się cicho, a kieliszek z koniakiem w dłoni fachowo ogrzewa. Nafaszerowany zielenią – powiada o nim Władziu Reakcjonista. Dolary ma na myśli, zawistnik. I to oko szkliste, bez cynku najmniejszego, co dzieje się wewnątrz. Wiadomo jednak, że pod tą rybią powłoką kryje się niemałego formatu kozak. Gadają rozmaicie po kawiarniach i knajpach. Tyle szmalu już tam za oceanem zebrał. Może jak rentier spokojnie sobie żyć. Ale on tu i tam podobno w rozmaite afery się wdaje. Lubi to po prostu. Nudno mu bez tego.

– Coś go gryzło niesamowicie – powiedziała teraz ta jego duża, poczciwa dziewczyna właśnie. – Przypominasz sobie, Karolu, jak leciałeś do Ameryki w październiku ubiegłego roku, odprowadziliśmy ciebie, zaprosiłeś do restauracji na lotnisku, prezenty jeszcze miałeś dla nas, dla niego taki piękny kupon na garnitur z Pekao, Ronsona i jeszcze coś, już nie pamiętam, a on nie chciał przyjąć, tak ordynarnie się zachował, jeszcze jakieś pretensje urojone do ciebie… – dalej mówić chciała, ale Nowojorczyk dał jej dyskretny znak ręką.

Natychmiast przestała. Posłuszna, wytresowana kochanica. Fanodorm zauważył ten gest Nowojorczyka. Zmarszczył brwi. Oni podobno mieli ze sobą na pieńku w interesach. Obaj twardzi przecież i nieustępliwi jak nie wiem co.

– Słusznie Margaret zauważyła. – Tak Nowojorczyk tę swoją Małgosię nazwał. – Witold nie miał ostatnio najlepszego samopoczucia.

O Nowojorczyku jeden ciekawy fakt wiadomy. Teraz przypomniał sobie Literat. Z okresu jego skoków zaraz po wojnie, kiedy to w amerykańskiej strefie okupacyjnej w Niemczech majątku się dorabiał. Na czarnym rynku pracował. Wspólnik wtedy go wykosił. Zabrał gotówkę i zwiał. Po latach Nowojorczyk odwiedził go w jego posiadłości pod Paryżem. Opowiadał tę historię pijany Ratusz, żywa kronika tych zawodników przecież. I tamten już nie żyje.

– Cios był fachowy – powiedział Ratusz. – On podczas wojny w komandosach służył. – Był wtedy poważny. Bez zwykłej ironii i pobłażliwości. Splunął. – Nie lubię – mruknął na koniec.

Czego nie lubi, tego jednak nie sprecyzował.

Fanodorm wyraźnie miękki dzisiaj. Znowu zamówił wódkę i zakąskę. Znów koniak nie tylko dla siebie, ale i dla pań.

Aśka uporczywie próbowała zaśpiewać *Ostatnią niedzielę*. Nieźle podpiła już sobie.

Fanodorm całkiem odtajał i rzekł:

– Rzuć tego dewizowego łachudrę. Ze mną będziesz miała dużo lepiej. Nie pożałujesz, zobaczysz! – Niby to żartem powiedział. Ale tak wyczekująco na nią patrzył.

– Dowcipny jesteś – roześmiała się Aśka. Pocałowała go w policzek i naparła biustem.

Spróbował obmacać ją po wypukłościach. Wywinęła się zręcznie.

– Nie podniecaj się, wujku!

Małgosia, czyli Margaret, wydęła usta. Obrażona cnota. Za matronę przy Aśce się uważała. Moralność, godność i ład.

– A coś ty, lepsza? – zajazgotała Aśka. – Nie bierzesz, no powiedz? Nie dajesz i za to nie bierzesz?!

Fanodorm parsknął śmiechem. Rozbawił go spór dam.

Małgosia straciła swój łagodny spokój.

– Jak śmiesz, ty... wyciruchu!!! – aż zapluła się z oburzenia.

Znów interweniował Nowojorczyk. Delikatnie dotknął ramienia swojej dziewczyny. Coś jej tylko zaszeptał. Małgosia uspokoiła się od razu.

Fanodorm wyraźnie rozczarowany. Małgosia natomiast szybko odzyskała pogodę ducha i pogrążyła się w ożywionej rozmowie z żoną Admirała. Rozmaite szczegóły stroju porównywały na sobie, nawet do biustonoszy i halek doszły. Bezwstydna w tym szczególnie żona Admirała. Bez żenady kieckę zadarła i majtki pokazała, mówiąc:

– Włoskie, ostatni krzyk mody... jak pianka...

Splunął na to Nowojorczyk.

– Lekka przesada.

Zawstydził się za żonę Admirał.

Władziu Reakcjonista łeb nisko pochylił i filować zaczął między nogami strojnisi.

– He, he!! – zarechotał i spocona gęba frajdą mu rozbłysła. – No i skończyła ten pokaz mody.

A Słoń jak zwykle pojawił się z fasonem. Do szatni aż towarzyszyła mu ładna smarkula. Pożegnał ją niedbałym klepnięciem w pośladki. Zapatrzył się Fanodorm.

Następnie, kiwnąwszy im ręką z daleka, przy barze Słoń sobie stanął.

Widzieli, jak witał się serdecznie z Kryśką Łapką. Ta trzymała swą niezmienną barową wartę. Obliczają ją na pięćdziesiąt z hakiem. Jeszcze w wojnę przecież do miasta chadzała.

– Ta Łapka – zaśmiał się Słoń, podchodząc do ich stołu – trzyma się pięknie, co?

Zgodnie przytaknęli.

Słoń zdążył już zmienić strój. Był w welwetowym garniturze koloru fioletowego i wzorzystej koszuli z wielkimi rogami kołnierzyka, spod którego wystawała niedbale zawiązana zielona apaszka.

– A wiecie, dlaczego tak się trzyma? – zapytał Słoń tajemniczym szeptem.

Nie wiedzieli.

– Bo na śniadanie dzieci ona zjada, tak, tak, tylko laskę klientom obciąga, to przecież najlepiej konserwuje.

– Dlaczegoś taki spóźniony? – zapytał surowo Fanodorm.

Słoń stół zlustrował i od razu setkową dawkę żyta sobie nalał.

– Interesy – odparł. – Nikt przecież mi forsy za darmo nie da. No… – spojrzał koso na Fanodorma – założysz za mnie pięćdziesiąt patoli?

– Nie jestem „Caritas" – Fanodorm wzruszył ramionami.

– Ponadto – Słoń wyraźnie droczył się Fanodormem – przyjemne sztuki na noc sobie ustawiłem. Dwie świeżutkie sałaty, przed maturą. Podleję gorzałą i gotowe. Jedna przód poda, drugą załatwię od zaplecza. Potem mogę odstąpić.

– Wyłącz się z tą plugawą mową! – podniósł głos Nowojorczyk. – Co za słownictwo! Tu są przecież kobiety!

Zwady z Nowojorczykiem Słoń wyraźnie unika.
Udał jedynie, że nic nie usłyszał. Ale zaprzestał trzaskać
dziobem. Żonie Admirała Słoń podoba się od dawna.
Patrzyła na niego z uśmiechem.

– Zgredy – powiedziała szeptem do Literata – nie lubią Słonia. Taki młody dynamiczny.

Jak jastrząb ten Słoń. Chudy, muskularny, o twarzy
ostrej i brutalnej.

– Gangsterzy!! Istna mafia! – wybuchnął entuzjazmem
nieźle już napity Literat. – Co za świat! Jak ja to lubię!

Słoń krzywo na niego popatrzył. Nie lubił tej frajer-
skiej gadaniny. W ogóle nie lubił takich kształconych
pustaków.

– Uczył się i uczył – powiedział i uśmiechnął się nieprzyjemnie – a groszem nie śmierdzi. Czy to jest figura? – dla zgrywy zwrócił się do Fanodorma.

Drapieżnik naprawdę z tego Słonia. Opowiadał Ra-
tusz. Raz tylko w życiu pracował, i to bardzo krótko. Za
furmana się wynajął. Węgiel woził. Aż ugryzł go koń.
Wyczuł człowieka czy coś, od tyłu za bark go drapnął.
Zaryczał Słoń, oczy krwią mu zaszły i kołem zaczął tłuc.
Walił w zaciekłym uniesieniu. Uśmiercił konia.

– W dodatku to był wielki koń – mówił Ratusz. – Per-
szeron. A jednak padł.

Ale dziś do kostnicy nie zajrzał. Zbielał, usta zacisnął
i cofnął się od drzwi.

Jeszcze bardziej z powodu tego przypomnienia poruszony Literat. Snuł malownicze zwidy jak z *Ojca chrzest-
nego* wprost.

Fanodorm jako najstarszy wiekiem i znaczeniem zabrał głos i euforię naiwną Literata zagasił.

– Otóż, mój drogi, sprawa przedstawienia się nieco inaczej, bardziej prozaicznie i skromnie, ta twoja licentia poetica raczej tu nie pasuje. Po prostu są u nas trzy kategorie ludzi. Tak z grubsza próbując klasyfikować. Pierwsza więc to ci na stanowiskach, wysokość szczebla jest tu obojętna. Następnie idą muły i cała ta anemia, ci, co nic nie potrafią albo boją się wszystkiego panicznie. I wreszcie ludzie utalentowani, na Zachodzie mówi się: biznesmeni, menedżerowie czy jak tam. Oni nie chcą żadnego stanowiska, posady, to niewola przecież. Oni nie chcą po prostu niczego za frajer, tylko sami kombinują, mózgowa elita, lubią to robić, inaczej żyć nie potrafią. A władza dla nas nie ma zrozumienia. Tak oto geneza naszego towarzystwa się przedstawia. Głową trzeba tęgo manewrować, żeby przeciwieństwa pokonać. Słoń też powoli do nas dochodzi, jeżeli oczywiście utemperuje się nieco, manier nabierze i poszerzy horyzonty.

Słoń w milczeniu przełknął tę gorzką pigułkę.

– Wracając jeszcze do tego tematu – podjął Fanodorm, upiwszy nieco koniaku z kieliszka – to nieboszczyk miał trafne spostrzeżenia. Pełne polotu i lapidarne. Nieraz powtarzał z upodobaniem: Pułap zbyt niski tutaj i ciasno, skrzydeł nie da rady rozpostrzeć. Smutne i prawdziwe, niestety. Bo choćby ja Fanodorm, nie lubię tego przezwiska, zbyt nachalny związek z medycyną, lek taki, jak wiadomo, ale wracając do istoty rzeczy, zarobić umiem, niekiedy z niczego prawie utłukę piękny grosz, czyli mam inwencję, dochodzi jeszcze szczęście, to bardzo się liczy, niektórzy mówią: fart, można i tak, tylko nic z tego nie wynika, osiągnę willę, powiedzmy, dwie, szykany rozmaite w środku porobię, baseny i oranżerie, mogę jeszcze to i owo, powiedzmy, z kitem na rodzinę swój dobytek rozpiszę, samochód, jeden, drugi, obwieszę żonę biżuterią jak choinkę, dzieci urządzę, co dalej, pytam się, dalej niestety stop, wszystko od pewnego momentu kisi się, czyli psuje. Czy może być coś gorszego dla ludzi z inwencją, którzy doskonale wiedzą, że pieniądz rodzi pieniądz, którzy również zdają sobie sprawę z możliwości nieograniczonych, jakie daje pieniądz? Lokujesz, pomnażasz, ryzykujesz, czekasz, uderzasz, zarabiasz, tracisz, ciągle ta wielka batalia, jak strateg i komputer zarazem, a ponadto artystą po trosze musisz być, szaleństwo i rozwaga, co za skala możliwości na fundamencie pieniądza opiera się, ta sama prawda jak refren od tysiącleci powtarza się w dziejach ludzkiego gatunku…

Uśmieszki przy stole. Szczególnie Nowojorczyk prosto w twarz Fanodormowi ironiczne grymasy posyłał. Był powód. Jakby Ratusza słyszeli. To jego monolog. Fanodorm niezwykle pojętnym uczniem. Z pamięci kropił toczka w toczkę. I tych uśmieszków wcale nie zauważał. Albo omijał. Dalej ciągnął ten wywód, tematem autentycznie pochłonięty.

– Ta wielka uroda życia z pieniąchów wynikająca, ta możliwość młodości i męskiej, prawdziwej walki, ciągle w ataku, ciągle w zagrożeniu, czujność i odwaga, niekiedy wszystko tracisz i jakbyś się urodził, znów do boju szarżujesz, znów wszystko od początku zaczynasz, tu niestety, to znaczy do naszej rzeczywistości powracam, drobne możliwości, drobne pieniądze, muł, błoto, grzęźniesz, brodzisz, żadnej większej toni, głębiny, wyschnięte wszelkie wody, ani razu mocniej się nie zanurzysz, nie mówię oczywiście o ryzyku w postaci wyroku, to jest tutaj rozbudowane drobiazgowo, pięć, dziesięć, piętnaście lat, proszę bardzo, ile chcesz, ale nie o to mi chodzi, wszystko kisi się, psuje, gnije, ten przykry zapach rozkładu dookoła, ta nagromadzona forsa, energia w to dzieło włożona nie ma szansy na rozmach...

W tym momencie uśmieszki już zauważył, ale nie speszył się wcale.

– Być może coś wam to przypomina, po prostu on wyraził to słowami, co ja czułem od początku swej działalności, precyzyjnie to sformułował, kształt temu zgrabny i celny nadał z właściwym sobie polotem... Znaliście zapewne Jureczka zwanego Kocim Łbem, młody, jednak tęga głowa, talent od Boga dany, na początku swojej drogi w Słonia typie osobniczym raczej, jednak bardzo szybko porzucił zły styl, piął się w górę, tempo niezwykle szybkie, i pod sufitem się znalazł, coraz uderzał tym swoim kocim łbem w mur. Jaki morał z tego wynika? Musiał opuścić Jureczek te strony, i to w pośpiechu, że tak powiem, jednak tam właśnie, w szerokim świecie, rozpostarł swe orle skrzydła.

– We Frankfurcie interes prowadzi – odezwał się Słoń z wyraźną zazdrością.

– I nieźle na tym wychodzi – mlasnął smakowicie Fanodorm. Twarz mu złagodniała. Wyraźnie jego pupilem ten Koci Łeb i jak najlepiej mu życzył. – Ale to są wyjątki – posmutniał. – Na palcach policzysz. Nie każdy może tak definitywnie zerwać związki z macierzą czy jak tam. Te korzenie tak głęboko sięgają. Ruszyć się nie można. My już ugrzęźliśmy jednak. I wiek, i kwestia odwagi, wiele zasadniczych względów. To miał na myśli nieboszczyk. Pułap zbyt niski i grunt grząski pod nogami, kurczą się naszych szlaków przestrzenie.

– Znałem Kociego Łba – odezwał się nagle Literat.

Było to przywołanie młodości. Więzienie na ulicy Gęsiej. Gęsiówka. Cela sto jedenasta. Gromada krótko ostrzyżonych małolatków. Spacerują, stukocząc drewniakami. Wśród nich oni obaj. On i Jureczek zwany od początku Kocim Łbem. Barczysty, piegowaty rudzielec. Zwarty i skupiony, jakby ciągle nad czymś rozmyślał intensywnie. Nigdy nie ustępował nikomu. Ta zawzięta walka z celowym o pierwszeństwo do kotła z żarciem. Tłukli się pięściami, walili drewnianymi buciorami, gryźli i wciskali palce w oczy. Otaczała ich milcząca gromada więźniów. Zwycięzcą został Koci Łeb. Jego przeciwnik leżał złachmaniony na betonie. A on, słaniając się i opierając o kibel, wychrypiał:

– No, który jeszcze? – Ugięły mu się kolana, klęknął, ale ciągle patrzył wyzywająco, w czujnym oczekiwaniu.

Takim go zapamiętał Literat. I ten czas letni w sto jedenastej celi utrwalił mu się z fotograficzną dokładnością. Leżeli na pryczach obok siebie, przed nimi okienko i kawałek błękitnego nieba porżnięty kratami. Dzielili się sprawiedliwie dymem z niedopałków i zwierzali z marzeń. Koci Łeb tak mówił:

– Głupie te skoki, ten cały mój klops, myślisz, że tego nie wiem, wiem dobrze, ani forsy, nic, tylko że w pudle szanują, ale co mi z tego.

Milczał długo. Twarz pokryta piegami, krótko ostrzyżone rdzawe włosy. Godzina była poobiednia. Żar buchał z nagrzanych murów. Kroki na korytarzu. Ktoś z sąsiedniego wyra mówił monnotonie:

– Było, jak mówię, kurwa twoja mać, wzięliśmy cwela pod fleki…

Głos Kociego Łba znów:

– Jak wyjdę na wolność i znów coś się trafi, to tylko ciężka forsa, ciężka forsa – powtórzył z uporem, który tak doskonale pasował do jego głowy kształtem przypominającym koci łeb. – …Całość obmyślona jak w zegarku, każdy szczegół gra, frajerem już nigdy nie będę, kurwa twoja mać – zakończył tym zwrotem tak często używanym w gwarze więziennej.

Przypomniał sobie znów Literat taki ranek. Minęło kilka lat. Radosny marsz ulicą. Po pierwsze za pierwszą książkę. Szedł i myślał o tym nowym, niepokojącym życiu, które wraz z pisaniem zaczynał.

Klakson samochodowego sygnału wyrwał go z tego błogostanu. Obejrzał się. Za nim przy krawężniku za-

trzymał się okazały wóz zagranicznej marki. W tamtych
czasach to była jeszcze rzadkość. Z okienka wychylał
swą uśmiechniętą, a zawsze w jakiś sposób nieruchomą
(ten uśmiech jak grymas tylko) twarz Koci Łeb.

– Gdzie podrzucić?

Wiadomość o uroczystym wydarzeniu w życiu kolegi z tamtych więziennych czasów przyjął dosyć obojętnie, ze zdawkowym jedynie uznaniem.

– Fajna sprawa. A dużo ci za to zapłacą?

– Nie o to chodzi – zaprotestował Literat. W tym dniu
przecież wypełniony był czystą, bezinteresowną wiarą
w literaturę. – A ty co robisz? – zapytał.

Już tylko jedną ręką trzymał kierownicę Koci Łeb,
drugą uderzył go na płask po udzie. Zachichotał.

– Pamiętasz nasze gadki pod sto jedenastą? – Satysfakcja zamigotała w jego szarych świdrujących oczach.
– Za byle co się nie biorę. – Dłoń w żółtej pekari ręka-
wiczce powtórnie uderzyła go w udo.

Wreszcie to ostatnie już, najbardziej nieoczekiwane
spotkanie, w Belgradzie. Wcześniej słyszał jedynie coś
niedokładnie, jakaś afera, proces, główny oskarżony
zbiegł, to był podobno Koci Łeb. On zawsze miał fart,
koci syn – mówili ludzie ze światka szeptem załatwio-
nych interesów. Otóż ten Belgrad. Znajdował się w pustej recepcji hotelu „Moskwa". Zaszedł tutaj w sprawie
rezerwacji biletu lotniczego do Warszawy. Miękki szum
opadającej windy. Otwierają się drzwi. Spojrzał mimowolnie. Ktoś podbiega do niego i zaraz to niezmienne
„kurwa twoja mać!" usłyszał.

Koci Łeb. Stateczny i poruszający się niedbale. Cały w skórach i tergalach, migotał gazowym Ronsonem, na przegubie piegowatej dłoni złota bransoletka z zegarkiem, palił cygaro. Przedstawił starszego, schludnego pana o niepozornym wyglądzie i dobrodusznej, budzącej zaufanie twarzy.

– Pan Leon, mój szef z Frankfurtu. – A ciszej: – Duży kozak, jeden z większych. I ja właśnie robię u niego.

Jechali z Frankfurtu do Pireusu. Zatrzymali się dla odpoczynku w Belgradzie. Samochód prowadził Koci Łeb. Było to oliwkowe Volvo. Uwielbiał zawsze jazdę, niedbale poruszał kierownicą, rozparty na skórzanym siedzeniu.

Pan Leon siedział obok.

– Nie lubię spraw związanych z techniką – oświadczył – z natury jestem humanistą. Na najgłupszych drobiazgach typu śrubka czy gwint nie znam się zupełnie. Nie umiem również prowadzić samochodu. Śmieszne, tyle już lat w zachodnim świecie wysokiego standardu, ale to mi nie przeszkadza zupełnie.

Obaj z Kocim Łbem podjęli z wylewną gościnnością Literata. Był nieco zażenowany. Pan Leon poklepał go po ramieniu.

– Cała przyjemność po naszej stronie. Jesteśmy tak krótko i nie wiadomo, jak to wydać – wyciągnął z jednej kieszeni zmięty zwitek dinarów, to samo z drugiej.

Koci Łeb opowiedział o swojej ucieczce z Warszawy. Był spalony. Miał cynk. Wpadka. Dzień, dwa i aresztują. Miotał się więc. Nagle uśmiechnęło się szczęście.

Trafił się jeden taki z wkładką paszportową do Jugosławii. Wybierał się na urlop nad Adriatyk. Znajomość została zawarta w knajpie. Dziewczyny, wódka. Bardzo
był na to łasy ten z wkładką. Wtedy zaświeciło zielone
światełko. Koci Łeb zaczął działać. Hucznie pieniędzmi
rzucił. Ten z wkładką spojony został doszczętnie.
Wkładka i bilet gładko przyjęte. Była to późna noc.
Rankiem odlot. Godziny do odlotu pełne nerwów.
Choć właściciel wkładki umieszczony w ustronnym
miejscu na Zaciszu, związany i z kneblem w ustach, ale
nic nigdy nie wiadomo przecież. Twarz z fotografii na
wkładce od biedy podobna. Tylko w okularach. Nałożył
okulary i zaryzykował. Najgorsze to spojrzenie wopisty
w przejściu. A później chwila dłużąca się nieznośnie,
kiedy wopista, zajrzawszy pod pulpit szperał tam w jakichś papierach. Przepuścił. Ten samolot jak pojazd ko-
smiczny dla Kociego Łba. Rakieta z Przylądka Kenne-
dy'ego. Wywinął się z matni. Z Jugosławii do Wiednia to
już był żaden wysiłek. W Wiedniu ulga. Wygrał. Trzeci
już rok pracuje dla pana Leona. Nie narzeka. Dobre interesy, ciekawa praca, dużo podróży.

Pan Leon uśmiechał się dobrotliwie.

– Dżordż zdolny – powiedział – bardzo zdolny chłopiec. – Pytanie Literata o rodzaj interesów zbył łagodnie: – I tak nie znasz się pan na tym, co mam zanudzać.

Wzniósł toast za to spotkanie. Wysączył odrobinę
trunku. Skrzywił się z niesmakiem.

– Alkoholu też nie lubię. – Zamyślił się, postukując
palcem w kielliszek. – Warszawa – powiedział. – Jak to

miasto teraz wygląda? Nie poznałbym pewnie. To było git miasto. – Nagle przeszedł na kminę, używał starych, dawno zapomnianych powiedzeń z gwary złodziejskiej. Uśmiechnął się powściągliwie. – Jak pan słyszy, swoją edukację odbyłem... W trzydziestym trzecim roku pierwsza odsiadka, ciurma na Daniłowiczowskiej. Mój wspólnik miał ksywę Kulawy Puryc... Młode lata, niecierpliwość, no i kolizja z prawem nastąpiła.

Orkiestra grała jakąś dziką bałkańską melodię. Siedząc na sali, podśpiewywali ochoczo.

– A z polski taką piosenkę pamiętam – pan Leon zanucił niespodziewanie cienkim, zgoła humorystycznym falsetem: – „Ej, wy orły, sokoły, dajcie mi skrzydła, ziemia mi zbrzydła, jak bym tak chciał pohulać z wami lub tam na górze żyć z piorunami..."

Ocknął się Literat i z tą piosenką, która dzwoniła mu w uszach, do żałobnego stołu powrócił.

– Na pewno ktoś z was zna pana Leona – zwrócił się do zebranych. – Taki kozak z Frankfurtu.

– Tylu ludzi przewinęło się przez moje życie – odparł wymijająco Fanodorm. – Nie sposób zapamiętać.

– Być może Ratusz go znał – dodał Nowojorczyk.

Wtedy Literat wyrecytował słowa piosenki:

– „Ej, wy orły, sokoły, dajcie mi skrzydła, ziemia mi zbrzydła, jak bym tak chciał pohulać z wami..."

– Doskonale pamiętam! – zawołała żona Admirała i aż klepnęła się po udach. – Naprawdę! To było we wrześniu, przypominasz sobie, Rysiu? – zwróciła się do męża. – Powiedziałam wtedy, żeby wybrać się do niego.

Już trzeci dzień nie dawał znaku życia. Taki osamotniony, stary. Bo tak naprawdę to ostatnio nikt się nim nie zajmował. Tylko ja i mąż. Więc tam na Elsterską pojechaliśmy. Wchodzimy, a tu już na korytarzu słychać śpiew z jego pokoju. Zbaraniałam, on nigdy nie śpiewał, nie miał zupełnie słuchu. Tak po cichu podchodzimy pod drzwi, a on śpiewał właśnie te orły, sokoły, i tak dalej... Doskonale sobie przypominam.

Admirał przytaknął.

– Śpiewał – powiedział ponuro.

– Okropnie był dziwny – zamyśliła się żona Admirała. – Naprawdę nic z tego nie rozumiem.

– Dlaczego to zrobił? – Aśka nagle trzeźwe zupełnie spojrzenie w Fanodorma wlepiła. Ten wzruszył ramionami.

– Tak gniewał się z byle powodu – zaczęła kochanica Nowojorczyka. – W ogóle mówić z nim nie można było, absolutnie, jak wściekły pies... prawda, Karolu?

Nowojorczyk dłonie splótł na podołku i młynka kręcił palcami. Zamruczał niezrozumiale.

– Tak jest – powiedział Fanodorm – lubił warczeć ostatnio... Warczał i warczał.

– Nie wymawiając – zauważył Admirał – na prezesa też.

– Poniekąd – rozłożył ręce Fanodorm. – Na innych jednak znacznie gorzej... Jak mu ten łachudra Łamigłowa, znaczy Bolek, wsparcia odmówił, to tak niby żartem przygroził: Jeszcze ci się przypomnę zza grobu, dwa twoja raz, za sobą szybko poproszę.

– Tfu – splunął przesądnie Władziu Reakcjonista. – Kiepskie żarty.

– Albo wcale nie żarty – znów z jakąś sędziowską surowością Admirał.

Pojawienie się kelnera przerwało rozmowę. Tym razem zamówieniem zajął się Nowojorczyk. Z ochotą tak wielką to uczynił, jakby ten wątek poprzedni najbardziej dla niego był nieprzyjemny.

– Coś mu przestało pasować ostatnio – nowy głos się odezwał.

Spojrzeli wszyscy w tę stronę. Spłoszył się ten, co mówić zaczął, i zająknął. Był to Delator. Fanodorm życzliwie na niego popatrzył.

– Ja też tak sądzę – przytaknął.

Delator, ośmielony aprobatą tak wpływowej persony, ciągnął już pewniej:

– I do lat najwcześniejszych chętnie powracał, jak to kiedyś w szkole uczył, też się wtedy dopiero dowiedziałem, że przed wojną był nauczycielem w wiejskiej szkółce czteroklasowej, z tego wynika – pedagog po prostu, nigdy bym nie przypuszczał, tam więc kochał się w córce wójta, wójt na takiej zabitej dechami prowincji to był dygnitarz, piękna panna jego córka, krew z mlekiem, tak mówił, nazwisko jej zapamiętałem – Delator uśmiechnął się wstydliwie – taką już mam pamięć, Bodendorfówna, kręciło się koło niej fatygantów, aspirant policji, student, nawet syn dziedzica, on, nieboszczyk znaczy, słabe miał w porównaniu z innymi szanse, panna w ogóle go nie zauważała, bardzo zadzierała nosa ta Bodendorfówna, na-

tomiast jemu mocno zaszumiało w głowie, krzątał się
przy niej bez skutku, dopiero czytając *Lalkę* Prusa wyle-
czył się z tej sercowej choroby zupełnie, sam przestał ją
zauważać, nawet stwierdził, że nie taka ona wcale piękność, po prostu ładna dziewczyna, wtedy ona pierwsza
do niego zagadała: co pan tak się boczy, panie Witoldzie,
oczyma przewraca, zalotna taka i skłonna, topiła się jak
masełko w szybkich abcugach, tak oto zerżnął ją bez wysiłku, ale tylko raz i nic już nigdy do niej nie czuł, ad ac-
ta to włożył, wydała się za mąż za tego aspiranta policji,
komendantem powiatowym później został, takie historyjki opowiadał nieboszczyk, bilans czy co, mówił też, że
po tej słabości do Bodendorfówny już był względem kobiet zimny raczej i nie na serio, tym bardziej wtedy lgnęły do niego; miał w tamtych czasach przyjaciela, Borysa
Nachimowicza, syna bogatego kupca drewnem, razem
buszowali, czyli pierwsze kroki w życiu…

– Tego etapu w jego życiu nie znam zupełnie – Nowojorczyk ożywił się jak nigdy dotąd. – Poznałem go
dopiero, jak na podbój stolicy zjechał.

Fanodorm chrząknął niecierpliwie.

– Przepraszam – powiedział Nowojorczyk.

Więc Delator ciągnął dalej:

– Ten Borys zakochał się w jednej takiej, ważniaczka,
córka lekarza czy coś w tym rodzaju, chłopak był jak
świeca, piękny Borys, tak nieboszczyk go nazwał, tylko
wtedy przecież gojka – Żyd, takie pary nieczęsto się ko-
jarzyły, jej bracia psami go poszczuli, kupił sobie Borys
butelkę trucizny i koniec chciał ze sobą zrobić, podpa-

trzył go nieboszczyk, cichaczem to świństwo wylał i naszczał tam do pełna, nadszedł wieczór. Borys żegna się z nim uroczyście, łzy mu się kręcą, za butelkę capnął i ciągnie haustem, skrzywił się okropnie i wypluł, nieboszczyk w śmiech. Borys posiniał z wściekłości i do niego z pięściami, jednak zaraz ta złość mu przeszła i też w śmiech, tak się objęli przyjaciele i pękają ze śmiechu, tym sposobem wyleczyłem go z paskudnej słabości, mówił nieboszczyk, dobry uczynek wobec bliźniego mam na sumieniu; takie to zdarzenia rozmaite najchętniej rozpamiętywał, o matce też mówił, prosta kobiecina, kucharką była w Resursie Kupieckiej, martwiła się o jedynaka, że taki lekkoduch, żony, dzieci, nic, jak to matka, zaraz po wojnie, kiedy z Zachodu wrócił, to przytargał matce cały tobół dobytku z UNRRY i niemieckiego szabru, kawa, papierosy, i tak dalej, to był wtedy kapitał, tyle tego matce naniósł, starowina płakała, wróciłeś, synku, cały, zdrów, nie tylko, mamo, posunął jej farmazon, jak młody bóg wtedy wyglądał, w tych battledressach i berecie z wstążeczką, nie tylko, mamo, żonę też sobie przywiozłem ze świata, akuratną, miłą, a dzieciak już w drodze, czyli będziesz miała wnusia, nakłamał, bo przyjemność chciał zrobić starowinie, nigdy z niego żadnej pociechy i pożytku nie miała… – Delator przeżył to wszystko, głos mu drżał, twarz mieniła się uczuciem, taki aktor z niego albo naprawdę. – Matka, sam wiesz, tak mi mówił, święta sprawa, zawsze liczy na syna, tym bardziej że jedynak jestem, naraz tak się zmartwił, zginie nazwisko, śladu żadnego nie pozostanie…

– Dlaczego właśnie jemu to mówił? – odezwał się szeptem Literat.

Ze zdumieniem patrzył na wysłużoną gębę Delatora.

– Przecież to pies.

– Miał do niego zaufanie – Nowojorczyk uśmiechnął się powściągliwie i dodał: – Fanodorm już przedstawił pogląd w tej sprawie. Nie słyszał pan?

Słoń od razu skwapliwie przytaknął.

Nawet Słoń. Taki nieprzejednany i ostry. Najmłodszy przy tym. A więc najmniej wyrozumiały. Pieszczą wprost tego Delatora. Tak pomyślał Literat. Równocześnie Słonia znów zobaczył w słynnej szarży z żyletką na dygoczącego ze strachu tłuściocha.

– Po patrzałkach kapustę! – zachęcali wspólnicy.

Słoń jak w ekstazie. Już dłoń wyciąga. Za chwilę mojka wejdzie miękko w ślepia. Schwycili go od tyłu i unieruchomili dłoń z żyletką.

Przypowieść o ruskim worze jest tu istotna. Ruski wor na bazarze handlarkę z forsy oskubał. Ktoś zobaczył i:

– Złodziej! – zawołał.

– Widziałeś? – pyta spokojnie wor.

Tamten potwierdził z zapałem.

– To już nie będziesz widział.

Błyskawiczny ruch ręki. Między palcami zalśniła żyletka. Zaraz kwik okropny. Oczy pełne krwi. I ślepy ruch rąk ofiary tylko. Chętnie tę przypowieść przytaczał Słoń przy różnych okazjach. Smakował i ważył każde słowo. Opowieść – tęsknotę za prawem regulowaną przestępczą jednością. A teraz Słoń taki cichy, spokojny. Delatorowi potakuje. Słowa mu z ust jak miód spija. Wszyscy Delatorowi potakują. Delator jak ksiądz cnoty zmarłego wylicza.

– Miał pięćdziesiąt osiem lat – powiedział na koniec.

– Co to za wiek.

Pięćdziesiąt osiem lat miał również pan Leon. Literat znów do Belgradu wrócił. Wiał lodowaty wiatr z dunajskiej niziny. Koszawa ten wiatr tamtejsi nazywają. Mroźna wtedy zima w Belgradzie. Wiał wiatr koszawa i śnieg padał już drugi dzień. W takiej gęstej śnieżycy jechali do granicy greckiej. Odprowadzał pana Leona i Kociego Łba. Ale najważniejszy tu pan Leon. Jak Ratusz teraz dla niego. Ratusz, który wyjechał gdzieś w nieznane. Ta jazda wariacka. Koci Łeb dociskał gaz do oporu. Wiraże, pisk opon i śmiech Kociego Łba. Niezmącony spokój pana Leona. Pościg za jakimś autem. Tamci też prują zdrowo. Wreszcie wyprzedzili. Mówi pan Leon: – Mam do niego zaufanie. Dobry kierowca. Sprawdził się w trudnych sytuacjach.

Było to jak pożegnanie młodości. Nagle wygrzebanej z popiołów przez to pojawienie się Jureczka zwanego Kocim Łbem. Czary w Belgradzie. Pił chciwie rakiję z butelki. Mocny, aromatyczny trunek. Koci Łeb wyciąga rękę po butelkę. – Przecież prowadzisz wóz – powstrzymuje go pan Leon. Przydrożna karczma. Ostatni postój. Jacyś brodacze w kożuchach i czerwonych fezach. Z głośnika znów ta dziwna bałkańska muzyka. Tym razem piją szumadijski czaj, rakiję z palonym cukrem i wrzątkiem. Koci Łeb wyciąga z portfela fotografię. Pokazuje z rozrzewnieniem. Zakopiańskie Krupówki, nieśmiertelny niedźwiedź obejmuje ładną, roześmianą kobietę z dzieckiem na rękach.

– Żona i syn – mamrocze. Do krwi przygryza wargi.
– Ona dostała wyrok. Pięć lat. Za mnie.

Mówi pan Leon: – Nikt za nikogo nie dostaje wyroku. Każdy za siebie. Pamiętaj – ojcowskim ruchem wichrzy mu rude gęste włosy. Puszcza kpiarskie oko do Literata. Znów mówi: – Ja parę razy zaczynałem życie od początku. Nieraz już myślałem: dalej nie dam rady. Ale daję sobie jakoś. W wojnę to dwa lata za piecem przesiedziałem. Wie pan, rasowo byłem słaby. I wywiedzieli się sąsiedzi. Przyszli i o moje życie się targują z gospodarzami. Chcieli mnie zatłuc, a całą forsę zabrać do podziału. I taka rozmowa, a ja ciągle za piecem i słyszę to wszystko. Wreszcie tamci odeszli z niczym. Ale ci moi tak patrzyli na mnie krzywo jakoś. Uciekłem stamtąd, wolałem nie przeciągać struny. Później po lesie z partyzantami chodziłem i co krok kostucha szczerzyła zęby...

Pożegnalny postój. Przydrożna chłopska karczma. Piją szumadijski czaj. Najlepszy na rozgrzewkę. Mówi pan Leon:

– Po wojnie osiadłem w Szczecinie, chciałem w Cieszynie, ale kasjer na dworcu źle zrozumiał i dał bilet do Szczecina. Może być, myślę sobie, blisko granicy, port w dodatku. Niezłe to było miasto. Żyło się jakoś. No i stało się nieszczęście – spokojny, równy głos pana Leona – posadzili. Sokoła, tak powiedzieli, do klatki. „Orły, sokoły...". Lubię tę piosenkę, ładna, polska piosenka.

Koci Łeb już odzyskał pogodę ducha. Patrzy z podziwem na swego bossa i powtarza:

– Jakie kozackie numery, jak pragnę Boga, kozackie numery!

Mówi pan Leon:

– Z Polski wyjechałem w pięćdziesiątym szóstym roku, zaraz jak tylko skończyła mi się odsiadka. I znów od początku, goły byłem zupełnie. Od niczego zaczynałem. Musiałem kapsle na butelki w wytwórni wód nabijać. Teraz żyję sobie jako tako.

– Milioner – powiedział z przekonaniem Koci Łeb.

– Przesada – skrzywił się pan Leon – Dżordż jeszcze polską miarę stosuje. Takich jak on można liczyć na kopy... I Dżordża jeszcze wychowam na ludzi. – Przymknął oczy. – Nie mam nikogo. Cała rodzina w wojnę poszła do pieca. Drugi raz żenić się już nie chciałem. Sądzę, że Dżordż nie zawiedzie moich nadziei.

Koci Łeb spłonił się jak panienka. Poruszył się nerwowo. Pewnie obliczał tę ciężką forsę pana Leona i marzył, cholernie marzył. Tak oczy skromnie przykrył powiekami. Pan Leon dodał niespodzianie:

– Tak właśnie zastanawiam się nad nim. Dżordż, u was Koci Łeb na niego wołali. Kto to jest? Co on sobie myśli?

Była to chwila pełna napięcia. Głos pana Leona stracił swą zwykłą łagodność, stwardniał, oczy takie zimne, przenikliwe.

Szarówka za oknem. Śnieg ciągle padał. Mówi pan Leon do Literata:

– Podobno piszesz pan książki, mówił mi Dżordż, jaka szkoda, że nie ma pana we Frankfurcie, ja bym opowiadał swoje życie, a pan byś to opisał, potem ja robię reklamę i bestseller gotowy, pan pewnie umie pisać, ja swoje też umiem. – Auto znika w śnieżnicy. Wracał Literat autobusem do Belgradu.

Dlaczego Ratusz to zrobił? Musiał? Nie miał siły? Odechciało mu się? Żal bezsilny. Nie ma już Ratusza.

A Słoń zwrócił się z takim właśnie pytaniem do Admirała: – Więc jak to właściwie było? Mógł jeszcze sobie pożyć czy nie?

– Docent powiedział: kiepska sprawa – zaczął Admirał. – Ale znów profesor nie miał takiej pewności, muszę jednak kilka dni wstrzymać się z diagnozą, tak dokładnie powiedział. W ten ostatni dzień, jak do niego przyszedłem, to był całkiem spokojny, tak sobie leżał, nawet coś opowiadał, ci, co z nim leżeli, aż boki zrywali ze śmiechu, nauczył ich swojego toastu, do gorzały należy podchodzić z rozwagą, no jak? – pytał, a oni chórem: wnijdź we mnie, ale nie rządź mną, już miał ich w garści, tym swoim farmazonem już ich kupił, panie Witoldzie, może kompotu, może kurczaka, tak go częstowali, ale on nie mógł nic jeść, nie mogę, mówił, paw mi podchodzi do ust, usiadłem przy nim na łóżku, niby nic, normalnie, tylko oczy takie miał wpadnięte, nagle wpadły mu głęboko i twarz cała ściągnięta, przyszedł ten docent, ordynator oddziału, obchód robili, też musiał nieboszczyk docentowi swojego farmazonu zadać, polubił go wyraźnie, więc przyszedł z całą tą swoją świtą w białych fartuchach i pyta: no jak tam nasz komandos, prawidłowo, mówi nieboszczyk, prawidłowo do końcówki się zbliżam, tylko jedną mam prośbę do medycyny, słucham, tamten na to, niech pan, docencie, pozwoli, kolega wódkę przyniósł i setkę bym

sobie kropnął, miałem ze sobą flaszkę, przyniosłem, nie
ma mowy – mówi docent – wpierw musimy wyleczyć,
a potem wypije nasz komandos niejedną setkę, nieboszczyk tak na niego popatrzył, ten docent łeb opuścił, a nieboszczyk tak mu odpowiedział: co pan mi tu pierdoli –
wyraźnie zezłościł się – ja już jestem w godziny liczony,
dobrze o tym wiem, bzdury – docent tak z kitem się oburzył – jeszcze pójdzie pan, mój komandosie, na swój rewir,
„Bristol", „Europejski", „Kameralna", nieboszczyk nic na to
już nie odpowiedział, docent nacisnął mu brzuch, tu i tam
pomacał, coś zapisał w karcie choroby i poszedł sobie, ja
jeszcze z nim trochę posiedziałem, pytam się: Wiciu, co ci
potrzeba, gorzały nie mogę, sam wiesz, nic – burknął, jakby obrażony, też sobie poszedłem, zdążyłem dojść do por-
tierni, a tam krzyk, ludzie biegną, tak to było, wróciłem
i już po wszystkim, paskudnie wyglądał, ci, co leżeli z nim
w pokoju, powiedzieli, jak to zrobił, więc zaraz po moim
wyjściu wstał, ciężko mu chodzenie szło, nogi miał jak ba-
nie, podszedł do okna i tak im powiedział: no to cześć,
chłopaki, bawcie się dobrze, od razu hultnął, na łeb przypikował, taka masa, prawie sto kilo żywej wagi, więc jak
tak przypikował na bruk z drugiego piętra…

I zwiesił głowę Admirał. Nawet ten Władziu Reakcjonista skrzywił usta. Inni też tak jakoś. Aśka chlipnęła. Przyszła wreszcie ta chwila. Dopadła. Świadomość
nieodwołalna. Nie ma już Ratusza.

– Nie lubię – odezwał się naraz w tej ciszy ciężkiej Słoń.
– Nie lubię takich widoków. Wolę już go żywego zachować
w pamięci. On to sobie wykombinował. Z przyśpiesze-
niem znaczy. Sam mi tak kiedyś powiedział: Jak przyjdzie

do mnie zimnołapa, to wcale nie będę na nią czekał i jęczał ze strachu. Wystąpię naprzeciw tej kurwie i powiem:
już idę, madam... Tak to sobie wykombinował.

– Może trzeba było mu dać kielicha – mruknął Władziu Reakcjonista. – Ale kto to mógł przewidzieć.

Literat przymknął oczy. Upalny dzień jesieni. Na rogu
przy „Szwajcarskiej". Wyszedł stamtąd Ratusz. Dostojnie
sobie kroczy, podpierając się parasolem. Zatrzymał się.

– No... – uśmiecha się – zapowiada się ciekawy
dzień. Jak chcesz, to wprowadzę cię trochę w swój świat.

A potem już był tylko telefon i powiedział Ratusz:

– Jestem w szpitalu. Jak chcesz, to wpadnij. Pogada-
my jeszcze raz.

Nie zdążył.

Dźwignął się od stołu. Kręciło mu się w głowie i powietrza zabrakło. Duchota taka.

– Ta wentylacja – wymamrotał...

Zataczając się, podążał do wyjścia. Już przy szatni
potknął się i byłby upadł. Ale Słoń znalazł się przy nim
i podtrzymał go silnym ramieniem.

Fanodorm telefonował oparty o kontuar. Coś przekazywał Nowojorczykowi, który zapisywał w notesiku.

– Trochę zabarłożyliśmy – uśmiechnął się poczciwie
Fanodorm – a interesy nie czekają przecież.

– Ratusz, gdzie jesteś? – powiedział żartobliwie Literat i znów przymknął oczy.

– Należy odwieźć go do domu – polecił Fanodorm.

– Zmęczył się przedwcześnie.

1978

# Chłopak z gołębiem na głowie

Przystanąłem pod murem i wcisnąłem dwa palce do przełyku. Jednocześnie drugą ręką sprawdziłem pieniądze w kieszeni. Palczatka nie pomogła. Pieniądze były. Mocno opiłem się tej nocy i wszystko wirowało przed oczyma. Puste ulice. „Paradis" wypluł swoich ostatnich gości. Już widno. Czas przed wschodem słońca. Ludzi nie widać. Przejechała polewaczka. Strumień wody brysnął na chodnik. Zmoczył mi twarz. Niewiele pomogło.

O wielokolorowy, tryśnij swoją tęczą! Znów spróbowałem ulżyć sobie palcami.

Na nic. Tylko szarpało bebechy. Znowu sprawdziłem kieszeń. W porządku... Ta pamiętna pierwsza wypłata za książkę. Wytoczyłem się z „Polonii". Była zima i padał śnieg. Cieszyłem się z tych pierwszych pieniędzy za pierwszą książkę. Szedłem czarną, nocną ulicą i śpiewałem. Zatrzymali mnie milicjanci. Wyciągnąłem dowód. Czytali, przeglądali, świdrowali mnie oczyma. Pozwolili iść dalej. Potoczyłem się na dworzec. Padał śnieg i miałem w kieszeni pierwsze honorarium. Moje życie zmieniło się w sposób oczywisty. Na dworcu w tamtych czasach gnieździło się wielu włóczęgów, złodziejaszków i naciągaczy. Rozglądałem się, poszukując znajomej twarzy. Był taki jeden. Czarny, brudny i obdarty, zwany Mulatem. Jego zaprosiłem. Od dziadka klozetowego kupiliśmy butelkę. Zamknął nas w kabinie. Na zakąskę dał chałę. Siedząc na sedesie, ucztowaliśmy z Mulatem. Bardzo już pić nie mogłem. Szarpało bebechy. Przysnąłem. Obudziłem się samotny. Mulata nie było. W pierwszym odruchu, wynikającym z życiowego doświadczenia, sprawdziłem kieszenie. Pieniędzy też nie miałem. Tylko w kondonierce, małej kieszonce spodni, pozostał pięćdziesięciozłotowy banknot. Zerwałem się i wybiegłem. Kto zabrał forsę? Mulat, a może milicjanci, kiedy wyciągałem dowód. W dowodzie trzymałem pieniądze. Miałem taki zwyczaj. Mógł też dziadek klozetowy zrewidować… Mulata jeszcze kilka razy widziałem w tamtych czasach. Witał się ze mną serdecznie, raz nawet zaprosił na wódkę. Co mogłem mu powiedzieć?

Tym razem była dziesiąta książka i honorarium znacznie większe od pierwszego. I letnia noc. Noc pijanych wspomnień. W „Paradisie", gdzie tyle godzin przesiedziałem na wysokim stołku, barmanką była ta piękna sprzed lat, co w knajpie „Lotnik" podawała węglarzom stakany gorzały i golonkę z tartym grochem.

Patrzyłem na nią zachłannie i słowem odezwać się nie śmiałem. Twarz miała szlachetną, czystą, jak z portretu. Tej nocy w „Paradisie" zobaczyłem ją po raz pierwszy po wielu, wielu latach i twarz miała tak samo czystą, szlachetną. Dziwne. Wtedy, przed laty wracałem z *La Strady*, ogłuszony tym rykiem porzuconego Zampano na pustej plaży pośród wzburzonych fal. Doszedłem do knajpy „Lotnik", ta z portretu, księżniczka plugawego szynku, napełniła szklaneczkę wódką i ciągle ten ryk Zampano słyszałem, a przed oczyma szara droga w deszczu i dziwaczny pojazd na trzech kółkach prowadzi Zampano, z tyłu wczepiona w jego bary Gelsomina, która wyglądała jak przestraszony, zmokły ptak.

Chciałem kogoś jeszcze spotkać z tamtych lat. W bramie narożnej kamienicy stał Mieciu Łapka, złodziejski emeryt, z bezwładną, sparaliżowaną ręką. Ten słynny niegdyś as doliny poznał mnie od razu i uśmiechnął się szeroko. Bezwładna ręka zwisała jak doczepiona, drugą, zdrową, klepał mnie zamaszyście i powtarzał:

– Gites, gites.

Oni, ci starzy złodzieje, tak wystają w bramach o różnych porach dnia i nocy, przyrośnięci do ostatków zanikającej z roku na rok dawnej zabudowy miasta. Stoją i patrzą. Mieciu Łapka chwalił moje dobre ubranie, buty, sztuczne zęby, które dostrzegł natychmiast, i dłonie, jak mówił, niewypracowane. Po prostu cieszył się szczerze z tego przypadkowego spotkania.

Zza pazuchy waciaka wyciągnął jakąś buteleczkę. Pociągnąłem łyk i mdły zapach zadławił wprost. Woda brzozowa. Mieciu Łapka do końca wypróżnił flakon.

– No i co tam u ciebie? – zapytał.

W odpowiedzi błysnąłem jak talią kart tym honorarium za dziesiątą książkę. Wcale nie takie wielkie pieniądze, ale w setkach był to spory plik. Mieciowi Łapce zaświeciły się oczy.

– Nadziany jesteś – stwierdził z uznaniem. Z głębi bramy wysunął się chłopak z gołębiem na głowie. Jak cień zbliżył się do nas. Jego oczy też zaświeciły na widok pliku setek.

– Synek – zapytał go Mieciu Łapka – gdzieś tak zabradziażył?

Ten młody z gołębiem na głowie nie usłyszał pytania. Wpatrywał się w czerwone papierki. Ja patrzyłem osłupiały w gołębia na jego głowie. Wreszcie ocknąłem się i odliczyłem dwa banknoty.

– Można by jakąś flaszkę... – zacząłem. Mieciu Łapka przytaknął.

Przeszliśmy do następnej bramy. Zaczynało wschodzić słońce. Martwe niebo pojaśniało różowo. W następnej bramie stał wózek inwalidzki. Beznogi Przybysz spał z szeroko otwartymi ustami. Handlował wódką.

– Dawaj... – ten młody z gołębiem na głowie wyciągnął rękę.

Dałem dwie setki. Cały ten plik wsunąłem do bocznej kieszeni marynarki. Zawirowało mi w głowie. I czy to woda brzozowa tak rozebrała, zatoczyłem się i usiadłem na żelaznym, brodatym Mikołaju w rogu bramy.

Z dołu patrzyłem na tego młodego. Dlaczego gołąb siedział na jego głowie? Zwykły uliczny gołąb. Dziób wtulił w pióra i mrugał niebieskimi jak paciorki oczyma. Oswojony? Może okulał lub skrzydło ma przetrącone...

– Synek... – odezwał się Mieciu Łapka. – Weź flaszkę.

Z głębi bramy dochodziło pochrapywanie Przybysza. Jego piękna twarz rzymskiego senatora, z siwymi
włosami, zwrócona była do jasności, która powoli wy-
pierała mrok z bramy.

– Widziałeś? – rzekł Synek i poruszył gwałtownie
głową.

Gołąb wysunął dziób i zatrzepotał skrzydłami, łapiąc
równowagę.

– Co? – zdziwił się Mieciu Łapka.

– Ile ten frajer ma pieniądzów.

– To wcale nie frajer – zaprzeczył Mieciu Łapka. –
Kumpel z miasta.

Ten młody z gołębiem na głowie przyjrzał mi się
uważnie. Chciałem się odezwać, ale nawet głosu z gardła
wydobyć nie mogłem. Tylko pokiwałem głową, krztusząc
się i przyciskając niebezpiecznie wzdymające się policzki.

– Kumpel… – powtórzył za Łapką ten młody z gołębiem na głowie – ale frajer.

Utkwił drapieżny wzrok w bocznej kieszeni mojej
marynarki. Odpowiedziałem spojrzeniem pełnym wyrzutu. Oczyma chciałem powiedzieć mu o mieście i o sobie… O Łapce i innych jemu podobnych, którzy znali
i szanowali mnie przecież. Ten młody odwrócił wzrok.

– W łeb go! – powiedział. – I cała forsa do podziału
na dwóch…

Rozejrzał się. Na chodniku przed bramą spostrzegł
połówkę cegły. Postąpił krok. Trącił cegłę butem. Za-
zgrzytała.

– W łeb go! – powtórzył zaciekle i pochylił głowę.

Gołąb znów zatrzepotał skrzydłami, łapiąc równowagę.

Dlaczego nie odleciał? Jak przyrośnięty do głowy tego chłopaka. Mieciu Łapka przestał się uśmiechać. Po jego twarzy porośniętej rzadkim zarostem przeleciał nerwowy skurcz.

– W łeb – powiedział, połykając sylaby – to ja mogę ciebie, głupi wilku!

Ten młody z gołębiem na głowie roześmiał się wzgardliwie.

Już nie patrzyłem na nich. Zobojętniałem.

– Znam go z miasta – docierał z góry gniewny głos Miecia Łapki. – Kiedy on psychodził do miasta...

– Psychodził, psychodził... – przedrzeźniał ten młody bełkotliwą mowę Miecia Łapki – ale przestał przychodzić... Ja teraz przychodzę. Trafia się frajer i trzeba go oskubać. No!!! – jego głos brzmiał natarczywą zachętą.

Mieciu Łapka zaniósł się kaszlem.

Z trudem dźwignąłem ciężką głowę.

– Chcesz zapalić? – zapytał pośpiesznie Mieciu Łapka.

Pokręciłem głową przecząco.

Wtedy ten złodziejski emeryt popchnął młodego w głąb bramy.

– Na co czekasz? – warknął. – Bier od Przybysza gorzałę!

Ten młody z gołębiem na głowie powoli zbliżył się do inwalidzkiego wózka, w którym spał beznogi z twarzą rzymskiego senatora. Szarpnął go za ramię.

– Trafił się frajer... – usłyszałem jego przenikliwy szept. – A szmalu ma w karmanie cały kusz.

Coś jeszcze szeptał, gestykulując niecierpliwie.

– Bier flaszkę i spierdalaj – gniewnie przerwał mu Przybysz.

Tu, na tym odcinku ulicy, gdzie pozostały jeszcze stare kamienice, Przybysz cieszył się powszechnym szacunkiem. Gieroj bez nóg. Przedwojenny.

– Ale taki nadziany... – ten młody jeszcze mówił z nadzieją w głosie.

Odpowiedzi nie było. Zachrapał Przybysz. Wrócił ten młody z butelką. Odbił korek. Podał Mieciowi Łapce jako najstarszemu. Zagulgotał przełyk złodziejskiego emeryta. Długo ciągnął. Wreszcie odstawił flaszkę od swoich zachłannych ust. Podał mnie. Ledwo przełknąłem mały łyczek. Nie chciała wchodzić do środka gorzała.

– Nawet chlać nie umie – zawarczał ten młody z gołębiem na głowie.

Wyszarpnął z mojej dłoni butelkę.

Dźwignąłem się niezgrabnie.

– Pójdę...

– Trzymaj się! – Mieciu Łapka klepnął mnie w ramię.

Wyraźnie ucieszył się i stanął między mną a tym młodym, odgradzając nas w ten sposób.

Powlokłem się ulicą, nad którą zawisło już słońce. Odprowadziło mnie zimne, wilcze spojrzenie tego młodego. Ale gołębia na jego głowie już nie było. Kiedy odfrunął?

1979

# Rudy kot

Józefowi Szczepańskiemu

Lód już puszczał. Przy brzegu pękał długimi rysami. Dalej pokazywały się ciemne oczy wody, ściśnięte grubymi, spiętrzonymi bryłami. Mężczyzna w średnim wieku stanął przy pochyłym drzewie. Patrzył w wodę. Zaczynała się wiosna. Z gałęzi pochyłego drzewa wysuwały się już maleńkie zielone pączki. Patrzył na lód i wodę. Dłonią muskał te ledwo wyczuwalne jeszcze pąki.

Nagle posłyszał przeraźliwy wrzask. Obejrzał się. Za nim, w kotlince, kilku wyrostków osaczało kota. Zwierzę miotało się jak oszalałe. Rzucili się na niego. Przycisnęli do ziemi.

Mężczyzna w średnim wieku uśmiechnął się i odwrócił głowę. Oni też polowali na koty. Też przychodzili nad to jeziorko. Ciemne oczy wody i namiękłe kocie ścierwo, które wypływało na powierzchnię. W tym samym miejscu co dzisiaj znajdowało się śmietnisko. Mieszkańcy baraków tutaj wyrzucali wszystkie odpadki. Na tych odpadkach żerowały zdziczałe koty. Oni zaczajali się najczęściej wiosną, kiedy zwierzęta traciły czujność, zajęte swoją miłością. Zarzucali worek albo siatkę.

Kot szamotał się, drapał i gryzł. Ale już był ich. Wyplątywali z pułapki zdobycz, chwytali za ogon, nabierali rozmachu i rzucali na jeziorko. Koty umieją pływać. Jedne szybciej, inne wolniej. Stawali na brzegu i celowali z proc. Różne bywały. Zdarzały się takie, co po pierwszym uderzeniu kamieniem tonęły od razu. A nieraz dopiero po którymś tam trafieniu kot chował łeb i nie pokazywał się więcej. Koty mają bardzo twarde życie. Różne bywały.

Koci wrzask znów się powtórzył. Tym razem jeszcze przeraźliwszy. Spojrzał w stronę kotlinki. Oni, ci młodzi, siedzieli w kucki i coś tam robili. Koci wrzask nie ustawał. Mężczyzna w średnim wieku zbliżył się do kotlinki. Oni, ci młodzi, byli obtatuowani. On też był poznaczony wzorami. A kot był rudy. Wpychali go w stary, popękany śniegowiec. Już tylko łeb wystawał stamtąd. Ścisnęli go za szyję. Otworzył pysk, różowy w środku i pełen białych, ostrych zębów. Charczeć zaczął. Jeden z młodych wyjął z kieszeni obcęgi. Dwaj pozostali szeroko rozciągnęli kotu szczęki. Rozległ się chrzęst i zgrzyt. Ten uzbrojony w obcęgi szybko uniósł rękę. Zaklął.

– Gryzie.

Obejrzał dłoń. Wyssał krew z palca.

– Rudy – splunął. – Wredny.

Mężczyzna w średnim wieku podszedł bliżej i spojrzał między nich na ziemię. Oni wyrywali mu zęby. Już drugi kieł znalazł się w żelaznych kleszczach. Kot wybałuszył oczy. Trzymali go mocno za szyję. Ostrzyżony na jeża szarpnął obcęgami.

– Ale ma zębiska! – powiedział, odchylając się do tyłu.

Z kociego pyska pociekła krew.

– Fajnie, fajnie!!! – powtarzał drugi jak w ekstazie.

Włosy miał długie, tłuste i na twarzy był kostropaty.

– Trzeba mu usunąć wszystkie – powiedział trzeci i zatarł dłonie.

Ten z obcęgami znów pochylił się nad zwierzęciem.

– Nie! – krzyknął mężczyzna w średnim wieku. Rzucił się na nich. Jednego zawadził butem. Drugiego trafił pięścią. Z trzecim najtrudniej mu poszło. Silny i zwinny. Robił uniki.

Warczał z wściekłości jak pies i nawet ugryźć próbował. Niebezpiecznie wymachiwał obcęgami. Ale wytrącił mu je z dłoni celnym kopniakiem. Udało mu się chwycić go za klapy i przyciągnąć do siebie. Na czole miał wytatuowaną gwiazdkę. Pluł i próbował wcisnąć mu palce w oczy. Mężczyzna zwalił go wreszcie na ziemię uderzeniem głowy w podbródek.

Podniósł z ziemi obcęgi i rzucił je do wody. Nie trafił. Osiadły na grubym lodzie. Rudy kot miotał się w gumowej cholewie. Ciasna była i nie mógł się z niej wydostać. Ruchami mięśni spowodował, że śniegowiec wraz z nim potoczył się po ziemi.

– Jak myśmy to robili – powiedział mężczyzna w średnim wieku – to on miał szansę wyżyć.

Pochylił się nad zwierzęciem. Kot stulił uszy, w jego oczach było przerażenie.

Pysk miał rozchylony i widać było puste, rozorane dziąsła, z których sączyła się krew. Przycisnął kolanem stary, popękany śniegowiec i oburącz ciągnąć począł zwierzę, które próbowało wcisnąć się jak najgłębiej. Uchwycił kota za przednie łapy i uwolnił z gumowca.

Na chwilę rudy kot, przypłaszczywszy się do ziemi, znieruchomiał zupełnie. Nagle wyprysnął wielkim susem i znikł wśród hałd śmieci.

Pozostał po nim krwawy ślad.

Kiedy mężczyzna w średnim wieku uniósł głowę, zobaczył, że ci młodzi zbliżają się do niego. Otaczali go jak zbite, ale ciągle wściekłe psy. W dłoni jednego z nich błysnęła żyletka.

Rozstawił szeroko ręce, czekał.

1979

# Babilon upada

Trzech. Dzienna wacha. Przy nich taki w półkożuszku wyglądu przyzwoitego, szczupła twarz i myślące oczy, był pod krawatem. Niósł kubełek z farbą i pędzel miał pod pachą. Kubełek niósł z wyraźną niechęcią. Pędzel poprawiał co raz, żeby nie zapaskudzić sobie kożucha. Pewnie jeden z tych zagnanych do przymusowej roboty za przekroczenie policyjnego czasu. Ta wacha mury domów kontrolowała. Starych napisów wypatrywali. I te świeże tropili. Bo świeże też pokazują się z rzadka.

Tu jeszcze stary KPN przeświecał spod niedbałego zamazania. Kazali temu w półkożuszku poprawić. Machnął pędzlem zamaszyście. Zieloną farbą mur zachlapał. Raz i drugi. KPN znikł zupełnie.

Tam na budynku państwowego urzędu kotwica kłuła w oczy zadziorami. Też machnął pędzlem. Zamazał. Jakiś czas nie było nic. Aż zatrzymali się przy fabrycznym murze. Resztki plakatów. Źle zdarte. Całe słowa, a nawet zdania pozostały czytelne. Musiał zeskrobać. Miał taką szpachlę murarską w kieszeni. Szpachlą przeciągnął po murze. Zazgrzytało przeraźliwie. Kapral przyglądał się jego robocie z bliska i oddalenia.

– Przeciągnij pan jeszcze raz!

Był służbistą i kilka razy zmuszał cywila do poprawek.

Cywil zamruczał coś niezrozumiale. Ale starał się. Jeszcze musiał tę ścianę farbą zamazać. Połę kożuszka sobie poplamił. Kapral zobaczył zieloną kroplę. Uśmiechnął się. Nic nie powiedział.

W bramie zrobili krótki postój. Ten w półkożuszku wyciągnął papierosy. Lepszy gatunek. Poczęstował żołnierzy. Postali tak. Przestępowali z nogi na nogę. Nie przechodził nikt. Pusto. Nudno. Poszli dalej.

Ulicę zamykał gmach biblioteki. Masywna to budowla i małe okienka posępne niby czyjeś złe oczy spoglądały na nich z góry. Niżej mur znaczył wielki napis: „BABILON UPADA". Mur był piaskowego koloru, litery czarne. Ten „BABILON" mocno bił w oczy. Przystanęli.

– Babilon upada – przeczytał półgłosem kapral. Twarz miał szeroką i malinowe rumieńce zdobiły mu policzki.

Dwaj jego podkomendni patrzyli w zupełnie inną stronę. Z pobliskiej kawiarni wybiegły rozchichotane dziewczyny.

– Babilon upada – powtórzył ze staranną dykcją ten w półkożuszku.

Kapral zamyślił się. Znał już na pamięć te różne hasła, napisy i symbole. Takiego nie było na żadnym murze dotychczas.

– To analogia ze starożytnej historii – odezwał się ponownie ten w półkożuszku. Twarz miał poważną, myślące oczy. – Neutralny napis. – dodał i odsunął od kożuszka kubełek. Wyraźnie był pedantem i bardzo uważał na swoje eleganckie, zimowe okrycie.

Kapral poruszył ociężale ręką.

– Nie podpada – zdecydował.

1982

# Kanarek

Kubuś był już bardzo stary.

– Oboje jesteśmy w podobnej kondycji – mówiła babcia i traktowała kanarka jako równorzędnego partnera.

Wiedziała doskonale, kiedy mu dopisuje humor, a kiedy jest w złym nastroju. Znała wyraz jego oczu i umiała z nich czytać. Dogadzała mu, jak mogła, i do niego najchętniej wygłaszała swoje długie monologi z nieoczekiwanymi pointami. Ruchy jego dzióbka czy zachodzące bielmem ślepka były dla niej odpowiedzią, aprobatą lub przeczeniem.

– No tak – mówiła wtedy – masz rację. Ale czy mogłam postąpić inaczej?

Opowieści dotyczyły przeważnie odległej przeszłości. Sięgały lat panieńskich babci. Pobytu na pensji, Petersburga i różnych perypetii osobistych, związanych z pierwszą wojną światową i rewolucją w Rosji.

Rankiem zaś największą przyjemnością dla babci były trele, które wyśpiewywał kanarek. Wskakiwał na najwyższy pręt w klatce i stamtąd zaczynał. Babcia siedziała naprzeciw zasłuchana nabożnie. A kiedy ktoś wchodził nieoczekiwanie, przykładała palec do ust i nakazywała

ciszę. Uważała Kubusia za niebywałego śpiewaka. Caru-
sa wśród kanarków. Czystość jego głosu, wysokość to-
nów i bogactwo melodii nieraz bywały przedmiotem
rozmów, które prowadziła z nami przez telefon.

Toteż przeżyła dramatycznie ten pierwszy ranek,
kiedy Kubuś nie odezwał się wcale. Kanarek był kapryśny i potrafił nagle nastroszyć się jak czupiradło i zaata-
kować palec wsuwający się do klatki. Dziobał zaciekle.

– No już, już – mówiła łagodnie babcia.

Łudziła się więc, że ten ranek bez śpiewu jest kapry-
sem kanarka. Oczekiwała, że następnego dnia odezwie
się znów. Nic takiego jednak nie nastąpiło. Kanarek przestał śpiewać.

– W mieszkaniu jak w domu żałoby – oświadczyła
babcia i te słowa najlepiej charakteryzowały jej stan.

Spoglądała na Kubusia, który drzemał, wsunąwszy łe-
pek pod skrzydło. Ogarnął ją niepokój. Może kanarek
jest chory? Rozpoczęła z nami pertraktacje o zawiezienie
kanarka do przychodni dla zwierząt. Finał tej sprawy od-
roczyło ogłoszenie stanu wojennego.

Zapomnieliśmy o tym po prostu. Odwiedzaliśmy babcię z rzadka, przywożąc jej niezbędne wiktuały oraz wy-
mieniając nerwowe i chaotyczne poglądy o smutnych
wydarzeniach w kraju. Babcia była jeszcze bardziej niż
my wytrącona z równowagi. Wyłączono przecież telefony i straciła jedyną możliwość kontaktu z ludźmi. Ze
względu na reumatyzm bowiem nie wychodziła prawie
wcale z domu. Z bezsilnym wyrzutem spoglądała na dwa
przedmioty w pokoju. Na czarne pudło telefonu i klatkę,

w której siedział niemy kanarek. W związku z powyższym, nie mówiąc już o tym, czego zaznała w przeszłości, babcia była pesymistką.

– Sowiet jest jak wąż – powiadała niby wróżka. – Obiecuje, obiecuje, a potem rzuca się znienacka i dusi!

Przez ostatnie kilka dni nie odwiedzaliśmy babci. Aż wreszcie przywrócono łączność telefoniczną w naszym mieście.

Pierwsza zadzwoniła babcia. Na początku głos nagrany na taśmę poinformował ją monotonnie. „Rozmowa kontrolowana, rozmowa kontrolowana". Stropiła się nieco, ale przeczekała ten refren i kiedy już uzyskała połączenie, zawołała radośnie w słuchawkę:

– Wiecie, moi drodzy, kanarek zaśpiewał!

W aparacie coś beknęło i tym razem żywy, surowy głos zwrócił się do babci:

– Proszę nie szyfrować! W przeciwnym razie wyłączymy telefon!

– Zwariował! – oburzyła się babcia – Przecież mówię wyraźnie: kanarek zaśpiewał.

Ponownie coś beknęło w aparacie i wyłączyli naprawdę.

Kręciła babcia cyfry na tarczy, stukała słuchawką w widełki. Nic. Głucha cisza. Odcięli ją od świata. Tyle że Kubuś zaczął śpiewać. To bardzo wiele jednak. Wybraliśmy się z babcią do Rady Narodowej. Mieliśmy pismo z komitetu blokowego. O faktycznym istnieniu kanarka. Czekamy w kolejce. Dużo petentów do pokoju kierownika. Babcia stoi cierpliwie, wsparta o dwie laski, i powiada:

– W Rosji całą rewolucję przeżyłam, a potem czerwony terror i nigdy coś podobnego…

Próbujemy mitygować babcię. Oburza się:

– Co tam! Cicho!

Czekamy.

– Proszę nie szyfrować. – Podnosi głos babcia. – Zwariował!

Ludzie się oglądają.

1982

# Paw

Dworzec świecił pustkami. W nielicznych, otwartych kasach siedziały bezczynnie kasjerki. Garstka podróżnych rozproszyła się na ławkach i pod ścianami. Siedzieli, drzemiąc lub spoglądali przed siebie. Telewizor migotał zmiennymi obrazami. Kilku wyrostków skupiło się przed ekranem. Panowała cisza. Zamarły dworzec. Takie sprawiał wrażenie. Ani śladu tej gorączkowej bieganiny, przepychania się przy kasach, kłótni i próśb czy dopytywania się o odjeżdżające pociągi. Zniknęli prawie zupełnie tak charakterystyczni dla życia dworcowego włóczykije obojga płci, zapijaczone kobiety w wieku trudnym do określenia i kudłaci, skretyniali mężczyźni. Może kilka takich postaci przycupnęło gdzieś tam w najciemniejszych zakamarkach dworca. Zaszczute i niepewne, czy lada chwila nie odkryje ich wszędobylskie oko.

Cisza najbardziej uderzała w uszy. Toteż mocny stukot podkutych butów po kamiennej posadzce poderwał głowy nielicznych podróżnych. Pustą przestrzeń dworcowej hali przemierzał milicyjny patrol. Pięciu rosłych, dobrze odżywionych mężczyzn. Rozglądali się dookoła.

Zbudzili jakiegoś śpiącego starca. Sprawdzali jego dokumenty.

Ludzie zaraz opuścili głowy. Unikali zetknięcia z czuj-
nymi oczyma patrolujących. Patrol podążał do schodów
prowadzących w dół na perony.

Wtedy z przeciwnej strony rozległ się nieoczekiwany
łoskot. Wypełnił ciszę, pustą przestrzeń i zagłuszył kroki patrolu.

Ludzie znów poderwali głowy. Zapatrzyli się w tamtą stronę. Z rozsuwających się za pomocą fotokomórki
szklanych drzwi wytoczyła się na dworzec waliza na kółkach. Wielka, żółta waliza z metalowymi okuciami, ob-
lepiona kolorowymi naklejkami hoteli i towarzystw podróży w wielu językach. Przejechała kilkanaście metrów
i stanęła. Za nią wszedł Murzyn. Wspaniały, wysoki Murzyn w białym kożuchu. Dłonie pobłyskiwały mu złotem sygnetów i pierścieni. Niedbałym krokiem zbliżył
się do walizy i popchnął ją silnym wyrzutem swej długiej nogi. Popędziła na kółkach. Brzęczała i zgrzytała.

Patrol, który akurat zstępował na pierwsze stopnie
schodów prowadzących na perony, zatrzymał się jak
wryty. Milicjanci odwrócili głowy. Twarze mieli skupione, spojrzenia niedobre. Donie spoczęły na maszyno-
wej broni.

Murzyn znajdował się już na środku dworcowej hali.
Waliza przy nim. Znów wprawił ją w ruch energicznym
wykopem nogi w miękkim, zgrabnym bucie na wysokim obcasie. Rozchylone poły białego kożucha odsłoniły jaskrawoczerwony sweter i czarne spodnie z welwetu.

Paw! Wyglądał jak ucieleśnienie bujnej, wyzywającej wolności. Wolności niemożliwej do okiełznania.

Ludzie patrzyli w urzeczeniu. Światła pociągów, dalekie podróże... To mieli w oczach.

– Mamo! – szepnęła malutka dziewczynka. – Patrz, Murzyn! – wyciągnęła rękę. Patrzyła z zachwytem.

– Co, nie widziałaś Murzyna?! – matka gniewnie szarpnęła za rękę. Sama też zachłannie wpatrywała się w tę kolorową wyniosłą postać.

1982

# Weryfikacja

Pierwszy został zaproszony redaktor Tymoteusz Bryk. Felietony opatruje psedonimem Smog. Niskiego wzrostu. Krzepki korpus na krzywych, kawaleryjskich nogach. Żołnierz 2. Korpusu. Walczył pod Monte Cassino. Posiada kilka odznaczeń, w tym jedno angielskie. Pisze artykuły historyczne z czasu drugiej wojny światowej. Częste interwencje cenzury. Charakter impulsywny, uparty. Lubi wypić. Twarz czerwona, włosy siwe. Nosi niezmiennie battledress.

Dziś był najwyraźniej pijany. Zataczał się. I tak zataczając się, dotarł na środek gabinetu. Tam stało krzesło przygotowane dla weryfikowanego. Tymoteusz Bryk z krzesła nie skorzystał. Odsunął krzesło nogą. Jego niebieskie, nieco szkliste oczy zaiskrzyły się i powiódł spojrzeniem po komisji, która siedziała za długim stołem pokrytym zielonym suknem.

Siedzieli od lewej do prawej: przedstawiciele resortu, czyli MSW, Ludowego Wojska Polskiego, Komitetu Wojewódzkiego PZPR i RSW „Prasa", a na końcu stołu jeden osobnik bliżej nieokreślony.

Redaktor Tymoteusz Bryk popatrzył na nich iskrzącymi się oczkami i uśmiechnął się szeroko. Jego okrągła twarz przypominała dorodne jabłko. Zamaszystym krokiem podszedł do stołu. Obiema rękami wsparł się o blat i pochylił nisko. Zionął świeżym zapachem alkoholu.

– A ty co tu robisz, Henryczku? – zapytał i zwinnym ruchem prawej ręki ułapił za ucho przedstawiciela RSW „Prasa", Kopycińskiego. Tamten cofnął głowę. Ale redaktor Tymoteusz Bryk nie popuścił jego ucha. Silnie trzymał dwoma palcami i pociągał nawet. – Nieładnie tak! – powiedział, nie przestając uśmiechać się szeroko. – Oj nieładnie, Henryczku!

Przedstawiciel RSW „Prasa", człowiek też trunkowy, to wyraźnie znaczyło jego lica (zapewne popijał nieraz z redaktorem Brykiem), zamiast zareagować odpowiednio na tę bolesną impertynencję, stropił się jak przyłapany na gorącym uczynku przestępca i zabełkotał coś niezrozumiale.

Przewodniczący komisji, pułkownik doktor habilitowany, mężczyzna postawny i bezkompromisowy, poczerwieniał z oburzenia i podniósł do góry swą szeroką, grubą dłoń. Równocześnie redaktor Tymoteusz Bryk puścił ucho nieszczęsnego przedstawiciela „Prasy" i tę wolną już rękę uniósł w górę identycznym ruchem co pułkownik.

Obaj prawie w jednym momencie grzmotnęli swymi prawicami w blat stołu.

– Co wy sobie myślicie! – wrzasnął pułkownik doktor habilitowany.

– Nic! – odparł buńczucznie redaktor Tymoteusz Bryk. – Chcę tylko powiedzieć, że ja tę całą weryfikację to mam gdzieś! – Głos miał cienki, ale przenikliwy. Kończąc zaś swą wypowiedź, odwrócił się tyłem do komisji i wypiął. – Fuck off! – zaklął po angielsku i wytoczył się z pokoju, trzaskając drzwiami.

Członkowie komisji milczeli zaskoczeni.

– Trzeba na kolegium tego starego chuligana – pierwszy odezwał się przedstawiciel resortu, major ubrany po cywilnemu. Spojrzał na pułkownika doktora habilitowanego, który wycierał sobie twarz chusteczką.

Nie zdążyli jednak przeanalizować tej sprawy i podjąć odpowiedniej decyzji, kiedy drzwi otworzyły się ponownie i do gabinetu wsunął się cicho jak myszka redaktor Wysiłek.

To nie był człowiek pijący i tym bardziej dzisiejsze pijaństwo zdewastowało jego organizm. Ślina spływała mu kącikami ust, a klapę marynarki miał paskudnie zafajdaną jakąś zakąską lub, nie daj Boże, czymś innym. I czkał. Tak! Czkał raz po raz. Przy tym próbował być grzeczny i uniżony. Pokłonił się nisko każdemu członkowi komisji z osobna.

– A o tym stanie wojennym – nagle roześmiał się głupkowato – to ja wiedziałem już 10 grudnia! Od jednego z komitetu.

Przedstwiciel PZPR uniósł się nieco na krześle.

– Od kogo? – zadał pytanie rozdrażnionym głosem.

– Rysiek mu na imię – odparł redaktor Wysiłek. – Nazwiska nie pamiętam… – przestał chichotać. Posmutniał. Pociągnął nosem. Smark wisiał mu na czubku nosa. – To wszystko jest niskie i podłe! – wyprostował swą chudą, żałosną postać i wyrzucił z siebie jednym tchem te słowa.

Wyraźnie przygotował się do tej wypowiedzi. – Ale mam żonę i dwoje malutkich dzieci, więc muszę… – czknął potężnie i zatoczył się prosto na stół.

Przewodniczący komisji, pułkownik doktor habilitowany, cofnął się z krzesłem na bezpieczną odległość. Inni osłonili się rękoma. Ale na szczęście nic nie wyrzucił ze swego wymęczonego żołądka redaktor Wysiłek. Wtedy pułkownik zmobilizował się już i popatrzył na niego ze wstrętem. Inaczej sobie wyobrażał inteligencję twórczą.

– Wyjdźcie! – rzucił szorstkim wzrokiem. – Porozmawiamy sobie kiedy indziej.

Redaktor Wysiłek popatrzył na niego błędnym wzrokiem i chciał coś jeszcze powiedzieć.

– Wyjdźcie! – powtórzył niecierpliwie pułkownik.

Redaktor Wysiłek zrozumiał polecenie i ukłonił się nisko komisji. Zataczając się jeszcze bardziej niż jego poprzednik, redaktor Tymoteusz Bryk, opuścił pomieszczenie.

– To ten siwy chuligan musiał go uchlać – zdążył zauważyć major po cywilnemu, przedstawiciel MSW. Zmarszczył czoło. Najwyraźniej montował jakieś oskarżenie przeciwko Tymoteuszowi Brykowi.

Przedstawiciel Komitetu otworzył papierową teczkę. Przeglądać zaczął akta.

Natomiast Kopyciński z RSW „Prasa", który nie doszedł jeszcze do siebie po impertynencji wyrządzonej mu przez redaktora Bryka, rzucił krótkie, płochliwe spojrzenie na przewodniczącego komisji, pułkownika doktora habilitowanego.

– Moim zdaniem… – odezwał się niepewnie i utknął.

Trzecią według ustalonej kolejności była Nina S. Prowadziła ona w tygodniku kuchnię polską i porady serc.

Zapukała delikatnie do drzwi i wsunęła do wnętrza swą miłą buzię.

– Nie przeszkadzam? – zapytała szeptem.

– Skądże znowu! – pułkownik uczynił gościnny, szarmancki gest.

Za plecami Niny S. rozległ się jakiś hałas i zaraz, odpychając ją, wtargnął do pokoju redaktor Wysiłek.

– Przypomniałem sobie! – krzyknął triumfalnie. – O tej wojnie mówił mi Rysiek Kurczak! To jest towarzysz Kurczak!

Przedstawiciel Komitetu zapisał na karteczce. Zapewne to nazwisko. Pułkownik doktor habilitowany przegnał groźnym pomrukiem gorliwego redaktora.

– Proszę, siadajcie, towarzyszko! – uprzejmie wskazał krzesło Ninie S. – No nareszcie – westchnął z ulgą i uśmiechnął się ciepło. Popatrzył z przyjemnością na jej zgrabne, lekko owłosione nogi w pantofelkach na wysokich obcasach.

Nina S. chwiała się na tych ładnych nogach jak węglarz przy budce z piwem. Z łoskotem uwaliła się na krzesło, chwilę jeszcze przewracała zalotnie oczyma i ciężko zwiesiła głowę. Ona też była pijana.

Pułkownik doktor habilitowany poczerwieniał apoplektycznie.

– To jest parodia! – wycharczał i rąbnął pięścią w stół.

Nina S. poderwała głowę.

– Co, co?! – zawołała.

Postanowiono przełożyć weryfikację na następny dzień.

1982

# Dwa dni z Aniołem

„Wszystko rozpada się,
środek nie wytrzymuje naporu,
banalna anarchia opanowuje świat,
podnosi się mętna fala krwi
i wszędzie zatopiona zostaje
ceremonia niewinności".

William Butler Yeats, *Powtórne przyjście*

– Anioł – powtórzył to osobliwe nazwisko adwokat M.

Tu w mieście wojewódzkim na wschodzie kraju znalazł się z przyczyn zawodowych. Jego klient przebywał w areszcie tymczasowym. Pragnął uzyskać dla niego zmianę środka zapobiegawczego. Dotychczas z prokuratorem prowadzącym dochodzenie nie miał żadnej styczności, dwukrotnie bowiem na widzenie z klientem przybywał jego substytut.

Adwokat M. był obrońcą znanym w całym kraju, znakomitym prawnikiem i zarazem człowiekiem o szerokich horyzontach; ciągle jeszcze zapatrzony w dawne, przedwojenne wzory wybitnych oratorów i jurystów, którzy przeszli do historii polskiej palestry. Wierzył w szansę uratowania i przeniesienia pewnych wartości. Wierzył po prostu chociaż w wątłą nić ciągłości.

Od końca stalinizmu powtarzał sobie: – „No, jednak to niebywała różnica!".

Nabrał przekonania, że życie w tym świecie wschodniego totalitaryzmu (co do istoty systemu nie miał wątpliwości) ułożyło się przecież w pewien sposób. Co prawda ostatnio coraz częściej nachodziło go zwątpienie. Czasy obfitowały w ponure niespodzianki, ciągłość historyczna tak brutalnie zerwana. Czy jest więc miejsce dla bujnej, wolnej indywidualności obrońcy dawnego typu, którego poza kodeksem i godnością zawodową nie krępowały żadne inne względy? Prawo! Teraz tak zmienne, podlegające bezpośrednio politycznym ciśnieniom, każde posiedzenie sejmu przyczyniało się przecież do zmienności obowiązującego prawodawstwa, owocując niezmierną obfitością nowych dzienników ustaw, pełnych ogólnych i szczegółowych regulacji prawnych. Ponadto wyrosła następna generacja adwokatów, która wcale nie odznaczała się znajomością jurysprudencji. Im nie była ona potrzebna. Sukcesy osiągali dzięki rozległym stosunkom, a polem ich działań stały się rozmaite kluby, restauracje i kawiarnie. Występowali przed sądem nieprzygotowani do spraw, w zakresie przepisów i procedury popełniali kardynalne błędy, najchętniej poszeptywali z klientami w mroku sądowych korytarzy. Byli to ludzie wulgarni i pospolici, prawo w ich rękach stawało się jedynie elastycznym instrumentem do zarabiania pieniędzy. Stąd wyłączne kryterium wyboru sprawy stanowiła dla nich kieszeń klienta, a wśród ludzi bogatych utarło się mniemanie, że obrońca jest osobą do rozplątywania i załatwiania mętnych interesów.

Adwokat M. nieraz już doznawał poczucia obcości i zagubienia w tym świecie. Do niedawna jeszcze próbował nie ulegać destrukcyjnym wpływom swego środowiska. Zbudował sobie własny, hermetyczny świat. Co roku odwiedzał brata w Londynie. Paszport otrzymywał bez trudności i rozkoszował się atmosferą anglosaskiego życia. Przywoził stamtąd garnitury i krawaty, wzorował się przede wszystkim na modzie londyńskich prawników; całym sercem upodobał sobie wyspiarski styl bycia; powściągliwy, rzeczowy, nacechowany zimną krwią i dystansem.

W kraju starał się przebywać w kręgu ludzi sztuki. To środowisko odpowiadało mu najbardziej ze względu na barwność, zróżnicowanie i znaczny stopień wolności osobistej. Z ludźmi sztuki grywał w brydża, w ich klubie jadał kolacje, opowiadając sądowe dykteryjki przeważnie z dawnych czasów (nowe jakoś nie powstawały) i miał tam opinię uroczego causeura. Ze swadą snuł opowieści o aferzystach pełnych rozmachu i energii, których niegdyś bronił przed sądem. Na przykład o niejakim Goldbergu, eksbokserze z przedwojennego klubu „Makabi", kombinatorze niebywałym, który wydany przez damę swego serca, mówił o niej sądowi z humorystyczną emfazą: – I świat to nazywa kochanką, tfu!

Albo o tym sławetnym trio starszych panów posiadających nazwiska od miast. O Hamburgerze, Dancigerze i Frankfurterze.

W jego przypadku nie był to antysemityzm ani filosemityzm. Po prostu szczere uznanie dla ludzi ciekawych, pełnych fantazji i talentów, nawet obdarzonych szczyptą poezji, jakby żywcem wyjętych z niezapomnianych stronic prozy Izaaka Babla.

– Pisz pan pamiętniki! – powiadali wtedy niektórzy z jego przyjaciół, pisarze, poeci, aktorzy.

Milczał skromnie. Z prawdziwą przyjemnością przyjmował te wyrazy uznania.

Jednak w ostatnich latach również artyści posmutnieli znacznie, powypadały ich kolorowe pióra, i anegdoty mecenasa M. nie bawiły tak jak przedtem. Rozprawiano już tylko o kolejnych posunięciach władzy i akcjach protestacyjnych podziemia, o represjach i oporze, o wierności i zdradzie, o wolności i niewoli. Przy tym ludzie podzielili się wyraźnie. Jedni drugich nazywali wrogami i zrywali wieloletnie stosunki.

W klubie artystów przestali bywać ci najbliżsi sercu mecenasa M., na ich miejscu (tak, miewali oni swoje wieloletnie stoliki) pojawili się inni, których nazywano kolaborantami. Pili oni obficie, a upiwszy się, przeklinali i złorzeczyli swój podły los. Był to ohydny, wschodni ekshibicjonizm, który zawsze przejmował odrazą mecenasa M. Kolaboranci! To dawno nieużywane, okupacyjne słowo znów odzyskało swoje ważkie znaczenie w polskim języku. Adwokat M. nie aprobował tak drastycznego określenia. Próbował zachować swój dawny dystans i chłód wobec wezbranych namiętności. Jednakże sam na widok tych sędziów i prokuratorów, jednoznacznie usłużnych wobec władzy i jej zaleceń, począł negować z emocjonalnym zaangażowaniem. Nawet grymasu obrzydzenia nie mógł opanować na swej twarzy. W ogóle stał się nadmiernie pobudliwy i nastawiając telewizor w porze dziennika, bezwiednie sięgał po papierosa, co powodowało znaczne zakłócenie w jego reżymie antynikotynowym, polegającym na wypaleniu najwyżej ośmiu papierosów dziennie. Można śmiało powiedzieć: te złe czasy również jego dopadły. Przestał bywać w towarzystwie, najchętniej wysiadywał w mieszkaniu, pełnym stylowych mebli i niezłych obrazów, czytając angielskie powieści kryminalne, wieczorem zaś wychodził na spacer ze swoim psem, okazem wynaturzonej nieco rasy bassetów, imieniem Bob. Spostrzegł równocześnie, że jego dawna pasja przygotowywania prawniczych filipik (łączył styl francuskiego krasomówstwa z logiczną argumentacją dowodową i finezyjnym znawstwem procedury, a jego wzorem tej umiejętności był głośny w latach 20. naszego wieku francuski adwokat Henri Robert, którego zbiór mów sądowych posiadał w swojej bibliotece) zmalała znacznie.

Nawet pisanie rewizji, czyli umiejętności wykorzystania luk i słabych miejsc w werdykcie orzekającym o winie i karze – ta jego ulubiona forma wypowiedzi – przestało go pochłaniać tak jak dawniej. Sporządzał notatki do spraw w roztargnieniu i myślami błądził gdzie indziej; zazdrościł bratu, który, rzucany losami wojennymi, wybrał sobie do egzystencji inny świat.

W takim stanie ducha przybył adwokat M. do tego miasta wojewódzkiego, na wschodnich rubieżach. Zaparkował samochód na strzeżonym parkingu przed hotelem. Hotel był komfortowy. Zadziwiał tym komfortem i estetyką w brzydkim, prowincjonalnym mieście, niegdyś będącym siedzibą guberni.

Architekturą przypominał zachodnioeuropejski motel przy drodze. Lekka, przeszklona budowla, wsparta kolumnami, z pochyłym, fantazyjnym dachem, sięgającym z jednej strony do samej ziemi. Ten widok w miły sposób skojarzył mu się z rozmaitymi wojażami po Europie. Niegdyś zwiedzając wspaniałe zamki nad Loarą, zatrzymał się w zajeździe do złudzenia podobnym do tego hotelu.

Obiecywał więc sobie tutaj zasłużony odpoczynek po zajęciach zawodowych. W recepcji załatwił niezbędne formalności (pokój zamówiony telefonicznie z Warszawy) i wkrótce rozpakował swój podróżny neseser w jednoosobowym, ale przestronnym numerze, z tapczanem, kanapką, radiem i dyskretnymi ciepłymi światłami dwóch lampek w mlecznych amplach na ścianie, wyposażonym w łazienkę i maleńki przedpokój. Odświeżył się prysznicem po podróży, zmienił koszulę i skarpetki, zapalił fajkę (walczył w ten sposób z nałogiem palenia papierosów), wypoczął około pół godziny i wolnym krokiem ruszył do centrum miasta. Było ono takie jak wszędzie. Kilka starych kamieniczek z odmalowanymi frontonami, również stary ratusz, kilkupiętrowy dom towarowy, hasła, plakaty o dobrej robocie i pojednaniu narodowym. Na rynku skwer. Na skwerze ławki. Jedna zajęta przez trzech starych mężczyzn, dwaj z laskami, trzeci o kulach. Siedzą, patrzą. Pośrodku obelisk ku pamięci walk z reakcyjnym podziemiem. Jeszcze okazały kościół. Ale nieciekawy, bezstylowy. Dalej zaś zamykało widok osiedle brzydkich, nieotynkowanych bloków, najeżonych gęsto prętami telewizyjnych anten.

Te prowincjonalne miasta przygnębiały go zawsze martwotą swego powolnego rytmu, szpetotą zabudowy i tępą ospałością mieszkańców. Przyśpieszył kroku, starając się nie pogłębiać tej refleksji szczegółowymi studiami z natury.

Sąd i prokuratura mieściły się w trzypiętrowym budynku z czerwonej cegły, pamiętającym zapewne czasy sprzed I wojny światowej. Do tego budynku przylegał pod kątem prostym więzienny gmach, równie stary i ponury. Biura prokuratury zajmowały boczne skrzydło sądowego budynku na trzecim piętrze. W ciemnym korytarzu o ścianach pomalowanych na musztardowy kolor olejną farbą ogarnęła adwokata M. ciężka atmosfera, charakterystyczna dla tych miejsc, gdzie panuje Temida. Przed drzwiami pokojów opatrzonych numerami gromadzili się interesanci, wezwani jako świadkowie lub podejrzani. Jedni przechadzali się nerwowo, inni siedzieli na ławach, zwiesiwszy apatycznie głowy. Ożywiali się jedynie tylko na widok przebiegających korytarzem pracowników prokuratury i niektórzy z nich zapalali wtedy ukradkiem papierosy, obowiązywał tu bowiem zakaz palenia. Oto schodami z dołu dwaj milicjanci wprowadzali ogolonego do skóry aresztanta. Przeguby dłoni miał skute kajdankami. Zebrani na korytarzu poruszyli się niespokojnie i odprowadzili zamyślonym spojrzeniem tego człowieka pozbawionego wolności.

Podbiegła do niego młoda, zapłakana kobieta, wołając: – Józek! Józek! – Objęła go i zaczęła całować ziemistą, wychudzoną twarz aresztanta. Milicjanci odepchnęli ją dosyć brutalnie.

Adwokat M. stał już przed właściwymi drzwiami. Urzędował tutaj szef wojewódzkiej prokuratury. Więc oskarżycielem w jego sprawie jest zarazem szef prokuratorskiego urzędu.

– Anioł – przeczytał półgłosem to osobliwe nazwisko. Przyczesał włosy i poprawił krawat. Zapukał delikatnie w drzwi. Odczekał kilkanaście sekund, zapukał jeszcze raz i wszedł do wnętrza.

W sekretariacie przedzielonym barierą siedziały dwie dziewczyny pochylone nad stołem. Przeglądały plik kolorowych zdjęć. Dostrzegł na jednym z nich ślubną parę w uroczystym momencie nakładania obrączek.

Dziewczyny były niezwykle zaabsorbowane zdjęciami. Poszeptywały i chichotały.

Dosyć typowe dla takich urzędów panienki. Pewne siebie, nieco wulgarne, przeważnie aroganckie. Te chyba też nie odbiegały od normy.

Jedna, czarnowłosa, zapewne farbowana, o twarzy pokrytej grubym makijażem, obfita i masywna. Druga, smukła blondynka o delikatnych, ładnych rysach twarzy, może nadto tylko lalkowatej.

Adwokat M. chrząknął raz, drugi i uprzejmym głosem wyłuszczył powód swego przybycia. Dopiero teraz ta ładna o twarzy lalki w roztargnieniu spojrzała na niego, ale ponownie pochyliła się nad stołem. Z kolei ta druga, masywna, czarnowłosa podniosła głowę i przypatrzyła mu się bezceremonialnie. Uważnie i bezosobowo zlustrowała wiek, urodę, ubiór intruza.

Ilu już wyczekiwało przed tą barierą wystraszonych, pokornych i jakże cierpliwych petentów!

Adwokat M., będąc człowiekiem doświadczonym i obeznanym z funkcjonowaniem rozmaitych biur i urzędów, przedstawił się jeszcze raz i poprosił o rozmowę z prokuratorem.

– Zajęty – odpowiedziała bez wahania ta czarnowłosa.

– Przyjechałem w tym celu z Warszawy – dodał z naciskiem.

Czarnowłosa zagarnęła zdjęcia szeroką dłonią o fioletowo lakierowanych paznokciach, na kilku palcach błyszczały złote pierścionki z kolorowymi oczkami, przegub dłoni ozdobiony był wielokrążkową bransoletą, która podzwaniała lekko przy każdym jej ruchu. Wstała, poprawiła w kolanach obcisłe dżinsy, skierowała się do drzwi gabinetu, obitych wypukłą, poduszkowatą dermą. Bez pukania uchyliła drzwi i wchodząc tam, coś powiedziała półgłosem. Adwokat M. stał przy barierce oddzielającej sekretariat od pomieszczenia dla interesantów. Na ścianie za sobą zauważył wyryty czymś ostrym napis. „Huj ci w dupę pierdolony proroku!" – odczytał bez trudności.

Napis musiał być wykonany niedawno, gdyż w takich urzędach bardzo dbają o nieskazitelną czystość ścian. Zapewne jakiś niepokorny petent pozostawił w tej postaci dowód swej nienawiści do urzędu oskarżyciela publicznego.

Drzwi gabinetu pozostały uchylone i dobiegł stamtąd męski, chrypliwy śmiech. Po chwili równie głośny śmiech dziewczyny.

Ta druga urzędniczka wstała raptownie od stołu; była bardzo szczupła, zgrabna w tej wybujałości niby delikatny kwiat na długiej łodydze. Zastygła w pozie pełnej skupionego nadsłuchiwania.

Śmiech nie powtórzył się więcej. Głosy stamtąd przycichły.

Adwokat M. przypomniał sobie niedawną rozmowę z młodszym kolegą. Spotkali się przypadkowo w bufecie sądowym. Młodszy kolega, przedstawiciel tej współczesnej, cynicznej formacji adwokatów dał mu wtedy zwięzłą charakterystykę prokuratora wojewódzkiego, obecnie szefa tego urzędu.

– Nazwisko ma niby kpinę – tak powiedział dosłownie. – W sprawach politycznych trzyma się sztywno poleceń z góry. Jeżeli więc pan kolega broni kogoś z tych ostatnich procesów, to nie ma żadnych szans. Absolutnie! W innych przypadkach wszystko zależy od jego humoru. Wyjątkowo wredna szuja! – zakończył dobitnie.

Oczy zwęziły mu się nieprzyjemnie. Musiał mieć jakieś przykre doświadczenia.

W związku z powyższym zastanowił się nad szansą swojego wniosku. Klient, oskarżony w aferze przemytniczej, przebywa w areszcie śledczym 9 miesięcy, sankcja przedłużona już trzeci raz, nie przyznał się do winy, choroba serca i inne atuty...

Drzwi gabinetu otworzyły się z rozmachem.

– Prosimy! – usłyszał męski głos.

Wchodząc, minął się z tą rosłą, czarnowłosą urzędniczką. Naparła na niego swym bujnym ciałem. Usunął się z trudem. Wyszła, kołysząc majestatycznie biodrami. Sprawiała wrażenie bardzo spoufalonej z mężczyzną zajmującym gabinet.

– Kawał maszyny, nie? – powiedział donośnie prokurator Anioł. Niezgrabnie wytaszczył się zza biurka.

Już był przy nim i mocno, do bólu uścisnął mu dłoń. Uchwyt miał żelazny, a ściskając, patrzył badawczo w oczy delikwentowi.

Adwokat M. torturę wytrzymał heroicznie, zapanował również nad twarzą.

Prokurator wojewódzki był niedużym, ale masywnym mężczyzną z okrągłą, łysawą głową, okoloną wieńcem rzadkich włosów nieokreślonego koloru; twarz ogorzała, niedogolona na policzkach i brodzie, inkrustowana dwoma brodawkami, jedną u nasady nosa, drugą na czole. Ta na czole wyglądała niby róg. Nosił kraciastą kolorową marynarkę i jadowicie żółty krawat, zawiązany w gruby węzeł pod szyją. Śmiał się szeroko, odsłaniając rzadkie, szerokie zęby, oczy pozostawały uważne i skupione.

Gabinet przesycony był smrodem papierosowego dymu. Na popielniczce tlił się niedopałek. Zapomniał o nim widocznie, sięgnął po następnego Ekstra–Mocnego.

– Zapali kolega? – takiego użył zwrotu i podsunął paczkę.

Adwokat M., ażeby zadzierzgnąć jakąś pierwszą, choćby nikłą nić kontaktu z tym osobnikiem, zapalił śmierdzącego papierosa (palił wyłącznie Marlboro) i czym prędzej wypuścił dym ustami, z trudem powstrzymał kaszel.

Szef prokuratury gościnnie podsunął mu krzesło. Sam przysiadł okrakiem na krawędzi biurka.

– Oczywiście! Oczywiście! Słyszałem o szanownym koledze! – tak zaczął. – Gwiazda pierwszej wielkości na firmamencie naszej palestry. Maestria obrony, finezyjna i skuteczna. Szczególnie te głośne procesy poszlakowe… Tego zabójcy własnej matki, jak on tam… Jako młody, przejęty swą rolą asesor, studiowałem pilnie pańskie sukcesy... Na nich ćwiczyłem swą rolę oponenta, że tak powiem... – Zsunął się z biurka i począł przechadzać po gabinecie ciężkim, przewalistym krokiem, stopy stawiał do siebie. Z nagła obdarzał swego gościa uważnym spojrzeniem niebieskich, szkliście błyszczących oczu.

– Pańska teza o prawdzie sądowej, jakże odmiennej od prawdy życia, ożywiła niegdyś mój zardzewiały mózg. Myślałem o tym: co to jest prawda? Choćby te podziały na strony i każda ze stron w imię prawdy... Ja bym nawet posunął się dalej: Jedna, jedyna prawda jest niemożliwa. To absurd! W ogóle... Doszukiwanie się prawdy też absurd... Czy prawidłowo rozumuję? – Ale nie pragnął odpowiedzi, kontynuował dalej. – Bardzo interesująca wydała mi się również pańska wypowiedź o tym, że nigdy nie sonduje pan swego klienta w imię poznania obiektywnego stanu faktycznego. Po prostu opiera się pan na jego oświadczeniu i dostępnym materiale dowodowym. Ta cenna myśl z wywiadu udzielonego przed kilkoma laty dla *Polityki*...

Był zaskoczony tym pełnym atencji przyjęciem. Niewątpliwie komplementami przecież obdarzał go szef wojewódzkiej prokuratury. Miał się jednak na baczności. W tym, co mówił tamten, kryła się jakaś dwuznaczność, czymś innym podszyte były jego słowa. Takie odniósł wrażenie.

Prokurator rozkaszlał się charkotliwie i dochodząc do okna, wcisnął niedopałek papierosa w doniczkę z jakimś różowym kwiatem. Jedną ręką wsparł się o parapet, drugą bezwstydnie podrapał się w tyłek. Leniwy ruch tej dłoni, bez żadnej natarczywości spowodowanej swędzeniem, nawyk.

– Łaskawy pan pozwoli – zaprosił go uprzejmie. Adwokat M. zbliżył się do okiennej niszy. Stąd roztaczał się widok na więzienne podwórze, przylegające do ściany sądowego budynku. Wysypana żwirem przestrzeń, otoczona wysoką drucianą siatką. Dwaj więźniowie w szarych krymkach dźwigają kocioł.

W dalszym planie ceglany mur i wartownicza wieżyczka z pochyłym dachem, obitym papą.

– Paskudny widok! – rzekł porywczo prokurator wojewódzki. Wyglądał na wzburzonego, oddychał ciężko; coś mu w płucach skrzypiało, klekotało, może chroniczny bronchit. Krótkie, czerwone palce zacisnął na parapecie.

– Czy nie jest to swoista metafora naszego życia – dodał już spokojnie, ściszonym głosem. – Wolni i niewolni. W tej samej jesteśmy sytuacji. – Uporczywie spoglądał na więzienne podwórze pod murem. – Czasem więźniowie widzą mnie z dołu i wykonują nieprzyzwoite gesty, krzyczą… Biedni ludzie…

Adwokat M. odsunął się od okna. Ostatnio w sugestywny sposób utożsamiał się z niedolą ludzi przebywających w odosobnieniu. Zły stan nerwów. Potrzeba wypoczynku. Taką miał w tej kwestii diagnozę.

Stanął przy biurku. Szuflada była uchylona i zauważył tam na stosie papierów czarny, lśniący przedmiot. Pistolet! Czyżby przywidzenie?

Pochylił swą długą postać i zajrzał w uchyloną szufladę biurka. Tak. Krótka broń.

W plecy uderzył go nieprzyjemny śmiech prokuratora Anioła. Odskoczył. Gorąco oblało mu policzki. Poczuł się przyłapany na kompromitującej ciekawości.

Prokurator wojewódzki powrócił do powolnego przemierzania pokoju, dochodził do biurka, prawie ocierał się o plecy adwokata i z powrotem ruszał w stronę okna.

– Każdy z nas, prawników... – zatrzymał się i westchnął – przeżywał i przeżywa w tych ciężkich czasach niejedną rozterkę moralną. Ten kornik drąży sumienie człowieka jak świder.

Dopiero wtedy poczuł świeżą woń alkoholu, którą roztaczał wokół siebie szef prokuratury.

Wreszcie zaprzestał tego denerwującego spaceru i zasiadł za biurkiem.

– Strzeżonego Pan Bóg strzeże. Czy dobrze mówię? – ni to zapytał, ni stwierdził i starannie zasunął szufladę biurka.

Zapalił kolejnego Ekstra–Mocnego. Dym puszczał prosto w twarz swemu gościowi, siedzącemu naprzeciw. Tym prostackim zachowaniem sprawiał odpychające wrażenie. Przytłaczał w brzydkim gabinecie, ze standardowym biurkiem z jasnego drzewa, metalową szafą oraz regałami, wypełnionymi plikami skoroszytów, akt, dzienników ustaw i oprawionych w sztywne okładki kodeksów. Jedynym akcentem dekoracyjnym tego urzędowego pomieszczenia była reprodukcja obrazu Chełmońskiego, przedstawiająca oracza w sukmanie za pługiem, zaprzężonym w siwe woły.

– Pan mecenas występuje również w procesach politycznych – głos prokuratora miał tym razem brzmienie chłodne, oficjalne. – Czy interes, z którym pan przybywa, dotyczy tego typu sprawy właśnie?

Mecenas M. przycisnął zatrzaski i otworzył czarną, walizkową teczkę z metalowymi okuciami. Z niej wyłożył przygotowane zawczasu dokumenty. Wymienił numer sprawy i nazwisko swego klienta, przebywającego w tutejszym więzieniu.

– Aaaa, to ten cwaniak od pornografii! – prokurator Anioł odtajał wyraźnie. – Uśmiałem się jak mało kiedy! Oni Ruskom w NRD sprzedawali literaturę pornograficzną... Pisma, filmy... Mieli popyt, trzeba przyznać. Całe garnizony waliły do tego miodu – tym razem śmiał się szczerze, aż oczy mu się załzawiły. – Osłabiali siłę militarną radzieckiego oręża. Polityczna sprawa. Dywersja spoistości Układu Warszawskiego...

Postanowił ruszyć do uderzenia w tej sprzyjającej atmosferze żartobliwości.

– Jednak mojemu klientowi te bezeceństwa nie zostały udowodnione – zauważył w tej samej, lekkiej konwencji. – To bardzo moralna, wręcz purytańska persona. – I położył na biurku odpowiednie dokumenty, między innymi swój wniosek o uchylenie aresztu, zaświadczenie o stanie zdrowia, opinię z pracy itp.

Prokurator nie spojrzał jednak wcale na te papiery. Odsunął je z niechęcią.

– A widział pan mecenas te pisemka porno? Nawet niezłe, te pozy, figury, kombinacje... Wprost niewyczerpana inwencja... W Szwecji to drukują. Kto by pomyślał! Ci Szwedzi tacy powolni, zimnokrwiści. I jaka technika,

psiakrew! Wszystko, każdy szczególik w naturalnym kolorze... Jak żywe... Ja się tym Ruskim nie dziwię. W nudzie służby wojskowej to przecież raj. Sam sobie jedno
zostawiłem – stuknął palcem w biurko. – Czasem dla od-
prężenia pooglądam sobie te nagie babeczki. Tak szczerze mówiąc: bezwarunkowo trzeba to życie erotyczne
urozmaicać, a nie tak mozolnie heblować, jak to czynią
wieśniacy ze swymi babami – sapiąc, uśmiechał się lep-
ko, lubieżnie.

Adwokat nie dał się wciągnąć w ten grząski temat, tylko korzystając z widomych oznak dobrego humoru szefa
prokuratury, poprosił o uzyskanie widzenia ze swoim
podopiecznym.

Prokurator Anioł spojrzał na gruby zegarek z kalendarzem i kompasem, oprawiony w metalową, luźną branso-
letę na przegubie silnej, szerokiej dłoni.

– Niestety! Dziś już za późno. Jutro z największą przyjemnością będę do usług pana mecenasa... A co tam w stolicy? – raptownie zadał pytanie. – Bardzo ludzie psioczą?

– Różnie ludzie reagują – odparł wymijająco adwokat M. – Jedni snują prognozy pełne pesymizmu, inni żyją tylko dniem dzisiejszym... Ale – pozwolił sobie na
szczyptę szczerości – sama władza niezbyt panuje nad sy-
tuacją. Za wiele żąda od społeczeństwa i w zamian za
mało daje. Toteż sytuacja przypomina garnek z wrzątkiem. Coraz kipi gwałtownie. Ponadto propaganda po
staremu zaczyna być prymitywna i oderwana od rzeczywistości. Zbyt wiele kłamstwa. Przecież policzkowany
może oddać z nawiązką! Ludzie dokonują wyboru! –

wzburzył się niepotrzebnie i nagle urwał ten wywód. Poczuł już ucisk w skroniach zapowiadający początek migreny. Prokurator Anioł przytaknął w roztargnieniu. Obracał w palcach dawno zgasłego papierosa.

– Wybór... – powiedział powolnie. – Jaki tam wybór! Nie ma takiego luksusu. W tej mojej biednej głowie żadnej możliwości wyboru. – Z nagłym zastanowieniem wpatrzył się w swego gościa.

Mecenas M. poczuł się trochę nieswojo pod tym intensywnym spojrzeniem niebieskich, nieco szklistych oczu. Wydawało mu się, iż jedno oko mruży się porozumiewawczo. Szef prokuratury pochylił się i wsunął głowę pod biurko. Stękając, grzebał wśród szelestu papierów. Coś zagrzechotało. Wyciągnął pękatą butelkę po francuskim koniaku z wizerunkiem Napoleona w charakterystycznym kapeluszu, napełnioną do połowy płynem. Następnie dwa plastykowe kubeczki.

– Tutejszy koniak – oznajmił. – Tu na prowincji mamy swoje możliwości.

Napełnił jeden kubeczek. Zapachniało ostro drożdżami. Sięgnął po drugi.

– Niestety, przyjechałem samochodem – skłamał biegle adwokat M. Samochód przecież zaparkował przed hotelem. Na sam widok tego mętnego płynu, śmierdzącego drożdżami, doznał silnego skurczu żołądka.

Prokurator nie nalegał. Wychylił zawartość swojego kubka. Znieruchomiał, oczekując na działanie alkoholu. Odetchnął głęboko i niecierpliwym ruchem dłoni poluzował jaskrawożółty krawat pod szyją.

– Co można robić w takiej parszywej dziurze? No, powiedz pan?! Tylko balsamować się wódą! W stolicy macie w tym znacznie bogatsze możliwości wyboru.

Adwokat M. podsunął mu swoje Marlboro.

– Niezłe – prokurator Anioł z rozkoszą zaciągnął się dymem. – U nas też jest Pewex.

Obite dermą drzwi uchyliły się bezszelestnie i pokazała się w nich ta czarnowłosa dziewczyna masywnej postury, nogi jak dwie kolumny wbite w sztywne, niebieskie dżinsy, obfity biust w różowym sweterku i wymalowana, wulgarna twarz.

– Dzwonią i przypominają – oznajmiła. – O szesnastej w komitecie!

Prokurator Anioł skrzywił się z niechęcią.

– Nie ma dnia… – zaczął. Naraz klepnął się w czoło i rozjaśnił czerwoną gąbczystą twarz z dwoma brodawkami. – Powiedz im… Nie mogę, niestety! W tym samym czasie mam konferencję z przedstawicielem ministerstwa.

Masywne, kobiece ciało poruszyło się leniwie. Podeszła do biurka i z obrzydzeniem ujęła w dwa palce popielniczkę pełną niedopałków.

– Za dużo kopcisz!

Wrzuciła do kosza na śmieci.

Wracając do sekretariatu, pozostawiła uchylone drzwi. Prokurator odprowadził ją zamyślonym, nieobecnym spojrzeniem. Nad czymś się zastanawiał. Ponownie sięgnął po butlę z samogonem.

Adwokat M. czym prędzej wstał i skłonił się lekko.

– Miło mi było poznać pana prokuratora. A jutro z rana pozwolę sobie…

– Mam inną propozycję – przerwał mu szef prokuratury. – Dziś po południu ja pozwolę sobie złożyć panu mecenasowi wizytę w hotelu. Kompleks prowincjonalny – dodał błazeńsko. – Wygadać i użalić się przed światowcem z metropolii. Czy mogę?

– Ależ oczywiście – odparł uprzejmie adwokat M. – Będę bardzo rad.

Znów żelazny uścisk dłoni. Tym razem był już przygotowany i szybko wyrwał z tej obręczy swoją dłoń.

W sekretariacie urzędniczki dzieliły na stole mięso. Posiadały nawet wagę. Przy barierce stała kobieta z koszem. Typowa wiejska babina, symbolizująca w tych trudnych czasach więź aprowizacyjną miasta ze wsią.

Ta czarnowłosa, masywna (najwyraźniej sekretarka szefa) odprowadziła adwokata przeciągłym, poufałym spojrzeniem.

Dwa telefony rozdzwoniły się jednocześnie.

W hotelowej recepcji adwokat M. był świadkiem pewnego incydentu. Dochodził powoli do lady, zamierzając wziąć klucz od swego numeru. Ciemna boazeria na ścianach hallu, widoczny w głębi salki telewizyjnej kominek z kamienia i kandelabry kute w metalu utwierdziły go jeszcze bardziej w opinii o wysokiej jakości tego wnętrza.

Za ladą siedziała sympatyczna panienka. Patrzył na nią z przyjemnością. Wyglądała jak pensjonarka z dawnych fotografii. Po ciężkiej, dusznej atmosferze prokuratorskiego gabinetu wydawała mu się istotą czystą, naiwną i jeszcze nieskażoną.

Obdarzył ją życzliwym uśmiechem. Poprosił o klucz. Nagle z tyłu posłyszał mocne, energiczne kroki. Obejrzał się bezwiednie.

Barczysty, okazały generał w towarzystwie dwóch pułkowników przemierzał hall. Zbliżali się do recepcji. Jeden z pułkowników żwawo podbiegł do lady.

– Pokój dla towarzysza generała! – obwieścił uroczyście.

Panienka sięgnęła za siebie do tablicy. Zdjęła stamtąd klucz przymocowany do drewnianej gałki.

Pułkownik wyciągnął rękę. Ale ona podała ten klucz adwokatowi M.

– Poproszę o dowód – zwróciła się miłym, dźwięcznie brzmiącym głosem do oficera.

Osłupiał.

– Dowód? – powtórzył.

– Dowód pana generała – wyjaśniła.

Generał dosłyszał, o co dziewczynie chodzi. Uśmiechnął się do niej łaskawie.

– Towarzyszka ma rację – twarz miał czerstwą, gładko wygoloną i niewielki, siwawy wąsik nad wargą. Sięgnął do górnej kieszeni kurtki, nad którą widniała kolorowa wystawa baretek orderów i odznaczeń. – Wpierw należy dopełnić niezbędnych formalności.

Pułkownik przejął jego dokument i podsunął dziewczynie. Spoglądał na nią z jawną niechęcią.

Adwokat M., podążając schodami na piętro, zauważył, że z pomieszczeń biurowych, znajdujących się po drugiej stronie hallu, wybiegł grubas w czarnym garniturze i gnąc się w lansadach przed generałem, powtarzał: – Witamy,

witamy! Apartament przygotowany! – Odwróciwszy się w stronę lady, warknął krótko: – Klucz!

Zapewne był to kierownik hotelu. Adwokatowi M. zrobiło się żal tej miłej, sympatycznej panienki z recepcji. Czeka ją surowa reprymenda zwierzchnika za niewłaściwe przyjęcie dostojnego gościa. Mogą nawet zwolnić z pracy.

W numerze dokonał kilku niezbędnych, odświeżających czynności: wyczyścił zęby, przemył ręce i twarz, natarł skronie wodą kolońską; zdjął garnitur, w podkoszulku i bawełnianych kalesonkach z angielskich zapasów ułożył się na tapczanie. Materac był miękki, pościel czysta i pachnąca. Lubił zapach świeżej pościeli, kojarzył mu się z wiatrem i słońcem. Włączył odbiornik radiowy o egzotycznej nazwie Sarabanda. Akurat szedł koncert w wykonaniu Izaaka Sterna. Cenił dobrą muzykę i od lat uczęszczał do filharmonii na występy krajowych i zagranicznych wirtuozów. Ten smutny, kryształowy ton skrzypiec spowodował nastrój nostalgii i rozrzewnienia. Pamięć przywołała wizerunek dawnego patrona, u którego jako młody adept palestry aplikował przez pewien czas. Był to dystyngowany starzec w meloniku, podpierał się mahoniową laseczką zakończoną srebrną gałką i używał staroświeckich zwrotów w rodzaju: „Padam do nóżek! Wystaw sobie, dobrodzieju!" oraz wielu innych osobliwych powiedzeń. Żył już tylko przeszłością i tak dotrwał do zgonu w nowej, zupełnie dla niego niezrozumiałej rzeczywistości, wspominając z animuszem kontuszowego rębajły sądowe boje, które niegdyś toczył. Procesy od-

szkodowawcze towarzystw asekuracyjnych i zbankruto-
wanych banków, zawikłane spory ziemiańskie o ogromne
połacie lasów i bagien na Polesiu czy podolski czarno-
ziem, spadkowe działy w postaci szybów naftowych Bo-
rysławia i Drohobycza, kamienic i placów warszawskiego
mieszczaństwa; w tych opowieściach świat stawał się
otwarty, stary pan równie swobodnie poruszał się po
Warszawie, Budapeszcie, Paryżu czy Wiedniu. Był znakomitym cywilistą, znawcą prawa bankowego, wekslowego
i hipotecznego; jego wiedza w tych usychających gałę-
ziach prawa stawała się powoli już tylko historyczną przeszłością.

Słuchając tych wspomnień ze świata przed potopem,
radził mu nieraz, żeby zajął się pisaniem wspomnień. Stary pan machał niecierpliwie laską, był nade wszystko gawędziarzem, odszedł, nie napisawszy ani jednej stronicy.

Zastanowił się teraz, czy samemu nie zabrać się
do memuarów. Jest to tak elegancka i efektowna forma literackiej wypowiedzi. Pozwala na nieskrępowaną rozprawę z rzeczywistością i może dać również satysfakcję
w postaci nieśmiertelności. W Polsce posiada raczej ubogą tradycję, szczególnie jeżeli chodzi o prawniczy stan.
Ale o czym tu pisać? To pytanie ostudziło zapał. O aferach gospodarczych, polegających na fałszywej sprawo-
zdawczości i buchalterii? O przemytniczych machlojkach
czy wykorzystywaniu stanowiska w sektorze państwowym dla osobistych korzyści? Monotonia i schematyzm
tych tasiemcowych procesów. Jałowi, pozbawieni wszel-

kich indywidualnych znamion oskarżeni. Żadnego z nich właściwie nie zapamiętał. Może o prymitywnych napadach rabunkowych, gdzie młotek czy siekiera są stałymi rekwizytami? O mordach dokonywanych na taksówkarzach i staruszkach? O spotkaniach z ludźmi typu tutejszego szefa prokuratury? Ponadto pamiętnik wiązał raczej z łagodnym, spokojnym stanem ducha i egzystencji. Spoglądanie wstecz ze stabilnej przystani teraźniejszości. Ale ta przystań kołysała się przecież na wzburzonych, sztormowych falach i przyszłość jawiła się tak niepewna.

Z dołu coraz bardziej natarczywie buchała muzyka taneczna. W restauracji hotelowej rozpoczęła się działalność rozrywkowa. Grali wrzaskliwe melodie. Ta muzyka kłóciła się z rzewnym tonem skrzypiec Izaaka Sterna. Zrezygnował z koncertu.

I czy to spowodowała zmiana muzyki, czy powód tkwił w ewokowanej z przeszłości postaci starego patrona, począł rozmyślać o sprawach, które go oczekiwały, wszystkie wydawały mu się tak nudne, a co najgorsze nie stanowiły żadnego bodźca dla intelektu, nawet nie powodowały zwykłej ciekawości wobec nieznanych ludzi. Ci eksdygnitarze rozdęci od przywilejów i możliwości, teraz postawieni w stan oskarżenia! Brzydzili go również aferzyści socjalizmu, ci pomysłowi ludzie zbijający fortuny w szczelinach systemu. A przecież oni stanowili solidną podstawę jego budżetu, wszak nigdy nie żałowali pieniędzy dla swego obrońcy. Właściwie więc jedynie upodobanie do wysokiego standardu życia zmuszało go do prowadzenia tych brudnych, wręcz odrażających procesów. Podrażniony zapalił papierosa.

Z ciekawych przypadków może tylko ten ostatni klient, oficer MSW, cyniczny spryciarz. Wykorzystując obecne trudności paszportowe, oferował szansę wyjazdu w szeroki świat za słoną łapówkę. Następnie udawał się po prostu do biura paszportowego i tam polecał wydanie paszportu, jak mówił, „naszemu człowiekowi", który jedzie ze specjalnym, dyskretnym zadaniem.

Mecenas M. był już u niego w więzieniu. Pospolita, gładka twarz fryzjera i przebiegłe oczy. Mówił szeptem, co ważniejsze informacje pisywał na skrawkach papieru, które zaraz palił, starannie rozcierając popiół palcami.

– Szczur! – poczuł się jeszcze bardziej rozdrażniony. – Żerował na ludzkiej potrzebie wolności.

Ta muzyka z dołu! Wyobraził sobie pary przylepione do siebie i podrygujące w tanecznych pląsach. Pijana, spocona ruja!

Mimo woli przesunął dłonią po piersiach i brzuchu. Skórę miał jeszcze gładką, mięśnie w niezłym stanie i niewiele tłuszczu, chociaż brzuch przybierał już kształt zanadto wypukły. Postanowił intensywniej grywać w tenisa.

Tej panience z recepcji mógł się jeszcze spodobać. W nienagannie skrojonym garniturze z miękkiej wełny szarego koloru w zielonkawy deseń jego długa postać prezentowała się efektownie i okazale.

Pozwolił sobie na taką bezinteresowną grę wyobraźni. On i ta panienka z recepcji. To go uspokoiło. Nieoczekiwanie zapadł w błogą drzemkę.

Zbudziło go natarczywe pukanie do drzwi. Zerwał się, sięgając od razu po spodnie. Zaskoczony w niekompletnym stroju, poczuł się bezbronny i pozbawiony wobec ludzi koniecznego dystansu. Nie pamiętał również, czy zaciągnął zasuwę.

– Kto tam? – zapytał, hamując z trudem złość i niezgrabnie zapinając rozporek.

– Anioł! – padła dziarska odpowiedź.

Włożył koszulę, ale nie zdążył już zawiązać krawata. Otworzył drzwi.

Pierwszy wkroczył prokurator Anioł, dźwigając pod pachą wypchaną teczkę. Za nim te dwie urzędniczki z sekretariatu.

Prokurator zbliżył się do okna i rozsunął zasłonę.

– Więcej światła! – Gospodarskim okiem zlustrował pokój. – Komforcik – stwierdził.

Adwokat M. z niepokojem zerknął na teczkę, którą tamten rzucił na stół. Łatwo mógł sobie wyobrazić jej zawartość.

– Budowany pod koniec Gierka. Pomysłodawcą był sekretarz naszego komitetu. Rzutki, dynamiczny działacz. Nie ma go już. Ideowy, wrażliwy człowiek. Jak się zaczęła ta cała „Solidarność", to wprost znieść nie mógł tego chaosu i anarchii. Gasł w oczach, biedaczek… – z wypchanej teczki wyciągnął dwie butelki żytniej wódki i pakunek w szarym papierze. – Dziewuchy, do roboty! Przygotować przyjęcie – uśmiechnął się serdecznie do adwokata M. – Chyba nie uczyniliśmy niepożądanego najścia, prawda?

– Skądże znowu! – zaprzeczył bez entuzjazmu adwokat M.

Prokurator klepnął siarczyście w zadek tę masywną, czarnowłosą dziewczynę. Akurat pochylała się nad stołem. Zachichotała, najwidoczniej aprobując tę końską pieszczotę.

Adwokat M. właściwie już był przygotowany. Po prostu na koszmarny wieczór. Zrozumiał, że w inny sposób nie dojdzie do jakiegokolwiek porozumienia z tym gadatliwym, agresywnym facetem. Toteż podjął tę trudną dla niego konwencję relaksu z szefem wojewódzkiej prokuratury.

– Oczywiście – wybąkał, zawiązując krawat. – Ja też miałem ochotę na kieliszek i nawet zamierzałem odwiedzić restaurację na dole.

– Nie warto – rzekł prokurator Anioł. – Dziś dancing, tłok, huk, smród... Prowincjonalny ubaw i nic więcej – wprawnie odkręcił zakrętkę butelki z wódką.

Dziewczyny zajęły się przygotowaniem zakąsek. W papierze znajdowała się kiełbasa, kaszanka i bułki. Palcami zaczęły rwać na kawałki kiełbasę i kaszankę.

– Okazyjnie – wyjaśnił prokurator Anioł. Uważnie obwąchał te rzeźnicze wyroby. – Chyba niezłe. Znam kierownika masarni. Życzliwy chłop. W razie czego liczy na moją życzliwość. Jego poprzednik dostał trzy lata. Jeszcze jako asesor miałem przyjemność oskarżać w tej sprawie.

– Antolek – odezwała się ta czarnowłosa urzędniczka; włosy jej miały granatowy, kruczy odcień, jednakże od skóry prześwitywał inny kolor, jasny raczej.

– Właśnie – przytaknął. – Ten pechowiec nazywał się Antolek.

Znów rozejrzał się po pokoju i zaraz pewnym krokiem udał się do łazienki. Wrócił stamtąd z dwoma szklankami do mycia zębów. Już zabierał się do nalewania wódki.

W akcję włączył się adwokat M. Postanowił zapanować nad anarchicznym żywiołem tej libacji.

– Chwileczkę! – powiedział stanowczo i sięgnął po telefon. Połączył się z recepcją, poprosił o restaurację. Długo to trwało, ale szczęśliwie przebrnął przez wszystkie przeszkody, pokonał opór kierownika restauracji zaaferowanego jakimś oficjalnym bankietem; aż wreszcie zdołał doprosić się o kelnera i przekazać zamówienie.

Szef prokuratury przyglądał mu się z żywym zainteresowaniem i przy kolejnych pozycjach zamówienia pomrukiwał coś niezrozumiale.

Dziewczyny udały się do łazienki.

Wnet po tym telefonie w pokoju zjawił się kelner z zastawioną tacą. Okazał się sprawnym fachowcem; błyskawicznie przykrył stół śnieżnobiałym obrusem, rozstawił talerzyki, sztućce, otworzył trzy puszki sardynek i napełnił kieliszki dobrze zmrożoną wódką z butelki okrytej serwetą i umieszczonej w metalowym kubełeczku z lodem. Wykonał te czynności nader sprawnie i po otrzymaniu hojnego napiwku, kłaniając się nisko, tyłem wycofał się z pokoju.

– Zna się nasz mecenas na rzeczy – odezwał się zapatrzony w to wszystko prokurator Anioł. – Europejska klasa… Ja niestety działam już po najmniejszej linii oporu. Czyli po azjatycku! – splunął na podłogę i ostentacyjnie roztarł butem.

Adwokat M. zdobył się na nikły, wymuszony uśmiech. Jego gość najwyraźniej gustował w tych tanich błazeństwach.

Dziewczyny opuściły wreszcie łazienkę i zasiadły przy stole. Były umalowane, odświeżone, włosy lśniły im na skroniach zwilżone wodą, pachniały również intensywnie. Rozpoznał nieomylnie ten zapach. Była to jego woda kolońska. Na pewno też zużyły przeznaczony dla niego zestaw ręczników.

W oknie poszarzało. Zapadał zmierzch. Prokurator Anioł charakterystycznym gestem zatarł dłonie i sięgnął po kieliszek.

– Abyśmy!

Pozostał z uniesioną ręką. Czekał. Dziewczyny trzymały swoje kieliszki delikatnie jak na damy przystało – w dwóch palcach.

Adwokat M. desperackim haustem wychylił kieliszek. Wódki nie znosił. Jego żołądek tolerował jedynie z rzadka francuski koniak, najchętniej Courvoisier, lub parę łyków whisky z lodem. Wzdrygnął się, czując w ustach wstrętny, palący smak.

– Co, źle poszło? – zainteresował się troskliwie prokurator Anioł. Podsunął mu szklaneczkę z wodą. Rozparł się wygodnie. W rozpiętej koszuli pokazały się białe fałdy brzucha.

– Jeszcze raz przepraszam za tak obcesowe najście – odezwał się z teatralną pokorą. – Ale nie mogłem sobie odmówić tej przyjemności. No, nie mogłem! Nawet z ważnego posiedzenia zrezygnowałem, żeby tylko do pana!

– Cała przyjemność po mojej stronie – zrewanżował się adwokat M. i pstryknął Ronsonem, zapalając paniom papierosy.

Te jego Marlboro brały jak swoje.

Od początku siedziały, milcząc, sztucznie upozowane i jak w teatrze obserwowały na przemian swojego szefa i przybysza ze stolicy.

Stanowiły kontrastowy duet.

Jedna była rozłożystą, masywną dziewoją; grube niby pniaki uda wciśnięte w niebieskie dżinsy, wydatny biust w równie obcisłym sweterku, dłonie grube i krótkie palce, ozdobione pierścionkami, wśród nich znajdowała się też obrączka.

Druga zaś – eteryczna i wiotka; drobna twarzyczka madonny z delikatnym deseniem niebieskich żyłek na skroniach. Złociste, naturalnego koloru włosy opadały falistymi puklami na ramiona.

Słowiańska Lorelei. Tak poetycko nazwał tę urzędniczkę adwokat M. Lubił zabawiać się w takie charakterystyki. Ćwiczył lapidarność stylu.

– Kto kiełbasę, a kto sardynki? – właśnie odezwała się ta jasnowłosa i wiotka, podnosząc ze stołu półmisek z wędliną. Zagarnęła na swój talerzyk kilka kawałków kiełbasy i zauważyła: – Przydałoby się coś ostrego, musztarda, grzybki…

Głos miała płaski, bezdźwięczny. Cała jej uroda zgasła. Oleisty, powolny głos spowodował tę przykrą zmianę wrażenia.

– Nie grymaś, smarkulo! – skarcił ją szef prokuratury.

Zatrzepotała wachlarzem długich rzęs na błękitnych oczach. Z upodobaniem patrzyła na swego zwierzchnika. Czar tej słowiańskiej Lorelei prysł jak bańka mydlana.

Adwokat M. z tęsknotą pomyślał o uroczej panience z recepcji. Z nią może zdobyłby się nawet na prowincjonalny romans.

Sięgnął po kieliszek.

Prokurator Anioł przyjął ten gest głośnym aplauzem.

– To rozumiem! – ponaglił swoje urzędniczki. – Pijcie, gołąbeczki!

Pocił się obficie. Śliska, oblepiająca ciało koszula była mokra pod pachami i na piersiach. Stęknął i podnosząc do góry jedną, a potem drugą nogę, zrzucił buty.

– Pozwoliłem się rozzuć – tak nazwał tę czynność. Z rozkoszą poruszał stopami. Skarpetka na lewej stopie była dziurawa, wyłaził z niej wskazujący palec. – Kamasze kupiłem na talon – wyjaśnił – z importu, rumuńskie. I cisną, cholery!

Pochylił głowę i jego wzrok spoczął na czarnych golfach adwokata M. Były to oryginalne, solidne półbuty starego fasonu. Tego fasonu bowiem przestrzegał konsekwentnie ich właściciel.

– To są kamasze – zacmokał. – Pewnie miękkie, jak masełko, nie?

Wyraźnie podpił już sobie. Ruchy miał niezdarne i gwałtowne, oczy błyszczały mu mętnym blaskiem. Zachowywał się nad wyraz swobodnie. Popiół z papierosa strząsał na talerze, sardynki wybierał palcami z puszki, plamiąc przy okazji świeży obrus. Palce też wycierał w obrus.

Nic więc dziwnego, że wkrótce ten wykwintnie zastawiony stół począł przybierać wygląd pobojowiska, tak typowego dla niechlujnych, łapczywych pijatyk.

– Jako prawnicy... – rzekł prokurator, skarciwszy uprzednio dziewczyny, które poczęły nucić w takt muzyki dochodzącej z lokalu na dole – przede wszystkim musimy zamienić parę słów w kwestiach profesjonalnych. Wymiana myśli, że tak powiem... Póki czas. Przecież krew nie woda – rzucił obleśne spojrzenie na urzędniczki. Przychylił się do adwokata i dodał szeptem: – To dobre dziewuchy... Nie z tych, co to z piczki robią kapliczki... Co sądzi pan kolega o regulacji prawnej w okresie wychodzenia z kryzysu? Od groma tych przepisów, ustaw. Nasz parlament niezwykle pracowity, prawda?

– Otóż właśnie... – podjął żwawo adwokat M., gdyż zaświtała mu nadzieja, iż w ten sposób otwiera się droga do finału jego trudów – lawina tych dzienników, rozporządzeń, komentarzy. Bardzo ciasny gorset przepisów. Nieustannie muszę wertować, notować, zgoła uczyć się jak do egzaminów...

– Poznał pan mecenas nasze bieżące ustawodawstwo znakomicie – zauważył prokurator Anioł. Teraz sprawiał wrażenie trzeźwego i skupionego. Bez wahania wymienił procesy strajkowe z Ursusa oraz sprawę tej grupy podziemnych drukarzy i kolporterów, zresztą bezsporny sukces obrońcy, uzyskał wtedy dwa wyroki w zawieszeniu i jedno uniewinnienie.

W tym momencie adwokat M. doznał nieprzyjemnego wrażenia. Czyżby tamten specjalnie studiował jego wystąpienia przed sądem?

– Z jakiego źródła korzystał pan prokurator? – zapytał złośliwie.

– Sprawy te były szeroko komentowane na naszych naradach – odparł tamten z powagą. – Stanowiły przecież wyraźny dowód słabości koncepcji oskarżenia. Czyli w bezpośredni sposób dotyczyły przedstawicieli naszego urzędu. Być może zresztą sąd przejawiał zbytnią wyrozumiałość wobec oskarżonych. To się zdarza... Ponadto z osobistej ciekawości, drogi mecenasie! Te sukcesy są dowodem pięknej, zaangażowanej w imię szlachetnego celu postawy. Pan podobnie jak te dawne orły, Dubois, Berenson, Duracz! Niewątpliwie przejdą do skarbnicy narodowej pamięci. Nie wszyscy obrońcy dali się spacyfikować i zastraszyć. Byli tacy, co wyżej cenili szczytne imponderabilia, niźli egoistyczny, przyziemny interes. W pańskim przypadku chyba interes szczęśliwie nie doznał szwanku. Praktyka dalej rozległa, kancelaria pełna klientów, czyż nie tak? – szydził wyraźnie, jego oczy pełne złośliwych ogników.

Perorować potrafił płynnie i ze swadą; czuło się w nim niezłej jakości zawodowca. Tak mimochodem zanotował to spostrzeżenie adwokat M.

– À propos... – ciągnął tamten dalej – powiem panu zupełnie prywatnie... W miarę lat i rosnącego nacisku czynników pozaprawnych sam myślę o przejściu do adwokatury. Z wpisem na listę chyba nie będzie trudności, prawda? Wytchnąć wreszcie, być panem swego podwórka. No i finansowo się odkuć. Oczywiście nie chodzi o te grosze wpłacane do zespołu. Tuzy palestry biorą nieliche honoraria...

Adwokat M. poruszył się nerwowo na krześle. Temat był dla niego nieprzyjemny. Moralnie dwuznaczny. I śliski. Czuł na sobie świdrujące spojrzenie tamtego. Siedział rozwalony na kanapce i patrzył niby bazyliszek.

– Pańskie umiejętności, sztuka wyszukiwania luk w materiale dowodowym i sugestywność argumentacji... To istne majsztersztyki! Zazdroszczę panu! Za taką obronę w dolarach należy płacić. I karnik z kolegi tęgi i cywilista zarazem! Tylko... – jego porowata, zmienna w grymasach twarz przybrała wyraz koleżeńskiej troski – ...tylko ostatnimi czasy usztywnił pan mecenas zasadę moralną obrony. Kiedyś broniliśmy wszystkich. Aferzystów, szlachetnych bojowników oporu społecznego, skorumpowanych dygnitarzy... – ściszonym głosem wymienił nazwisko pewnego dyplomaty, którego obrońcą był niegdyś adwokat M. – Czyli formuła otwarta. Biorę się za każdego, byle tylko przedmiot sprawy posiadał dla mnie interesujące aspekty z tych czy innych powodów... Natomiast niedawno odmówił pan mecenas opieki prawnej byłemu towarzyszowi... – równie teatralnym szeptem co poprzednio wymówił nazwisko jednego ze sterników polityki ekonomicznej usuniętej ekipy. – A to przecież mógł być interesujący pod niejednym względem casus. Nie mówiąc o forsie. Musiał się nieźle...

– Brzydzić mnie to zaczęło! – przerwał mu adwokat M. – Nie jestem przecież nieczułym instrumentem. – Poczuł wzburzenie. Tamten dygnitarz rzeczywiście swą pychą i odrażającą gębą, której pełno było kiedyś w telewizji, nieraz wyprowadzał go z angielskiej, flegmatycznej i chłodnej równowagi. Byt to szczególny przypadek awersji osobistej.

– Ach, brzydzi się pan mecenas! – wojewódzki prokurator pokiwał głową. – Rozumiem. Być czystym i pachnącym. Jeżeli zapach, to koniecznie najlepszego gatunku. Dior, Yardley, szlachetny aromat, rozkosz dla powonienia! A w fekaliach niech się grzebią inni. Obrzydzenie. Znam to uczucie i choć mój nos zakatarzony, jednak nie straciłem jeszcze umiejętności odróżnienia smrodu od dobrego zapachu. Ale co robić? Trzeba zatkać nos i brnąć w to gówno. Moim skromnym zdaniem, drogi mecenasie, znalazł się pan w kłopotliwej sytuacji. Rączki były zawsze czyste, sumienie też. Luksus ustawiania się w życiu. Cenili, pieścili. Jedni i drudzy. Władza i opozycja. Wolność, prawda? – patrzył jak nieomylny w ataku kot na upatrzoną mysz. Żachnął się adwokat M. Jakim prawem ten prowincjonalny opój będzie odprawiał nad nim sąd, kwalifikował jego postępowanie i pouczał! Sięgnął po papierosa. Już zapomniał o zasadzie powściągliwości w paleniu.

– Może jednak przejdziemy do konkretnej… – zaczął nieco podniesionym głosem.

– Niestety, to się skończyło bezpowrotnie… – jego słowa zagłuszył ochrypły, denerwujący głos tamtego. – Diabli wzięli piękną oazę! Inna faza, socjalizm zaczął się rozpadać. Na kiepskim przecież stoi fundamencie. Trzeba więc ratować tę rozwalającą się budowlę. Nie ma czasu. Każda zwłoka grozi ruiną tego wspaniałego gmachu. Brutalne nastały czasy. Ja panu współczuję! Pan mecenas nigdy nie gustował w kontrastach. A tu tymczasem… SB, ZOMO, partia, co tam jeszcze… I po drugiej stronie ci szlachetni, niepokonani, heroiczne podziemie, intelektualiści, buntownicza młodzież… Gdzie by tu się umieścić? Jak znaleźć miejsce dla siebie? Nie ma żadnego azylu. Ci albo tamci. Pańskiemu bratu to się jedwabnie ułożyło życie! W wolnym świecie zakotwiczył swój okręt. Ja mu zazdroszczę. Ja, prokurator Anioł! Niezłe mam nazwisko, co? – zaśmiał się hałaśliwie.

Ten śmiech podjęły milczące dotąd dziewczyny.

– Aniołek – powiedziała pieszczotliwie czarnowłosa i opiekuńczym gestem poprawiła mu wyłażącą ze spodni koszulę.

– Nazwisko często w niezamierzony sposób staje się symboliczne – ciągnął prokurator. – Weź pan takie jak Komendant, to prezes naszego sądu. Albo Bajer, dyrektor departamentu z ministerstwa. Jeszcze może być Rusek, wiadomo kto, generalny prokurator. Smakowite dla opozycji, nie? Ale wracając do rzeczy. Niestety ja, prokurator wojewódzki, zadanie mam jednoznaczne, żadnych niuansów. Mocniej niż dotychczas strzec muszę naszej praworządności. Już uprzedzam pańskie zastrzeżenia. Praworządność, myśli pan, to fikcja. Wcale nie! Praworządność jest tym, czego aktualnie potrzebuje władza. Zechce pan polemizować ze mną, powie pan: są pewne niepodważalne zasady. Znam, znam… Nawet pamiętam parę takich łacińskich maksym… – wyprężył się na kanapce, oczy baranio utkwił w suficie i jak uczniak wywołany do tablicy począł dukać ze znacznym wysiłkiem – …Lex specialis derogat generali… Lex non agit… In dubio pro reo… – czyli wątpliwość na korzyść oskarżonego… Albo… corpus delicti… Zapomniałem, kurwa! To dobre jedynie jako popis pamięci. Z prawem można jak z dziwką. A czym się różni sąd od prokuratury? Podział ról, pozory pojedynku, dialogu, ścieranie się racji, dochodzenie do konkluzji… Taki sobie teatr. Jeszcze tylko obrona trochę psuje tę harmonijną kompozycję. Czasem ci mecenasi za bardzo stają okoniem… Chociaż już nowe pokolenie obrońców wie, czego się trzymać. Realiści. Wielu z nich to byli prokuratorzy, ludzie doświadczeni. Pańska kreacja czystej obrony wygląda już nieco anachronicznie. Tak, tak. Szanuję. Efektowne sukcesy. Pamiętam tę sprawę sprzed kilku laty. Doprowadził pan do uniewinnienia faceta, który spowodował groźny wypadek samochodowy. Stwierdził pan wadę fabryczną samochodu marki Wołga. Co na to ambasada radziecka? Tak dewaluować ich przemysł. Oni tego nie lubią. Pewno sobie zapamiętali. Ja tylko tak żartem. Reasumując, znalazłem się przecież w awangardzie brudnej roboty wraz z organami ścigania – ciężko poruszył dłonią; przewrócił kieliszek, rozlała się wódka.

Czarnowłosa spojrzała na niego z wyrzutem. Takim spojrzeniem kobiety, która żywo reaguje na zachowanie swojego mężczyzny.

Ta druga natomiast była obojętna jak kamień. Chyba nie słuchała wywodów szefa… Patrzyła w okno i ziewała. Zdrowe, białe zęby. Sięgnęła po adwokackie Marlboro. Trzymała papierosa, czekając na przypalenie.

Tym razem przybysz z Warszawy ani myślał być dżentelmenem. Nie wyciągnął z kieszeni swojego Ronsona. Musiała skorzystać z zapałek.

Właśnie w tej chwili uświadomił sobie, że od dłuższego czasu spogląda na kraciastą marynarkę prokuratora, rzuconą niedbale na oparcie kanapki. Szukał tam wzrokiem w którejś kieszeni wypukłości, tej charakterystycznej wypukłości, którą powoduje ciężki, podłużny przedmiot, wypychający kieszeń. A może broń pozostała w szufladzie biurka? Jak w ogóle jest z tymi prokuratorami. Niektórzy są zapewne w gestii MSW. Dyspozycyjni! Tak się powiada w sądowych kuluarach. Szeptem, oczywiście.

– My chyba z jednego rocznika, prawda? – zadał mu nieoczekiwane pytanie prokurator Anioł. Wymienił datę swego urodzenia. Nie byli rówieśnikami. Tamten okazał się znacznie młodszy.

– Czyli... – skwitował jego odpowiedź prokurator – oceniając z wyglądu, przypuszczać należy, że ja więcej się uszarpałem... Może wyrzuty sumienia... Wrażliwość. Rani mą duszę złe, występne życie!

Czarnowłosa roześmiała się przy końcu tej kwestii. Patrzyła z sympatią na nalaną, gąbczastą twarz zwierzchnika. Lubiła jego żarty. Podobała się jej jego twarz. To można było odczytać z łatwością w jej oczach pełnych ciepłego blasku.

– Ja – prokurator Anioł trzepnął pięścią w stół – wybrałem i zrozumiałem! Mówią: szuja, karierowicz, łobuz, bydlę... Niech mówią. Pogodziłem się z tym i zdania swego nie zmienię. Nie!

Po tym gwałtownym wyzwaniu sprawiał wrażenie zmęczonego. Krótki, urywany oddech, czoło pokryło się potem. Wcale jednak nie miał zamiaru na dłuższą pauzę. Nalał sobie do kieliszka wódki. Wypił niby wodę.

– Powiem panu jeszcze… – zaczął.

Jego natarczywe gadulstwo rozdrażniło adwokata M. Poczuł chęć przystąpienia do szermierki. Taka nieprzeparta potrzeba zabrania głosu. Pierwsze zdanie i już sztych. Podobnie jak przed sądem, kiedy zdarzało mu się toczyć efektowne boje z przeciwnikami procesowymi. Na początku więc uściślić chaos jego wypowiedzi; wyłowić podstawowe sprzeczności, obnażyć tanią demagogię i czynownicze poddaństwo wobec władzy, brak rzetelnej wiedzy w wielu kwestiach, szczególnie ostro obnażyć jego nieuctwo w prawie; wreszcie po wykonaniu tej wiwisekcji przystąpić do ostatecznego rozgromienia przeciwnika. Już skoncentrował się i gotował pierwsze słowa. Pierwsze słowa są najważniejsze. Oto już były. Zacząłby tak: – „W pańskim przypadku jest to typowe quaternio terminorum, czyli pomieszanie pojęć…" W ostatniej chwili jednak zdusił tę polemiczną ochotę. Nie przyjechał tu przecież w celu prowadzenia teoretycznych sporów ani tym bardziej dla szczerego wypowiadania swych poglądów.

Więc zamiast tego powiedział „przepraszam" i udał się do łazienki. Tam, stojąc nad sedesem i wypróżniając nadmiernie przepełniony pęcherz, doszedł do bardzo pesymistycznych konkluzji. Jak może dojść tutaj, w tej części Europy, do jakichkolwiek pozytywnych zmian, skoro takich jak ten Anioł są tysiące, dziesiątki tysięcy, może setki. Żyją jak pasożyty nie do usunięcia, są ciałem i duszą tego systemu. Na co więc można liczyć? Pod koniec zaś zaniepokoił się stanem swego pęcherza. Mocz oddawał z oporami. Czy to nie jest początek prostaty?

Kiedy wrócił do pokoju, szef wojewódzkiej prokuratury wyciągnął rękę w stronę ściennego wentylatora. Był spokojny, życzliwie uśmiechnięty.

– U nas na prowincji chociaż pogadać można od serca – rzekł. – Bo u was podobno w niejednym telefonie czy wentylatorze siedzi czujka. Tu nie ma takiej potrzeby. Naród bardziej pokorny i skupiony jak w owczarni pod uważnym okiem swych pasterzy. Nieraz sobie tak o wszystkim gawędzimy. Towarzysze z różnych resortów i bezpartyjni. Nawet się żalimy, to i owo krytykujemy. Każdy przeżywa przecież rozterki. Każdy! Ja też jestem człowiekiem! Czy nie jestem cząstką tego biednego narodu?!

„Najgorszą" – miał już na końcu języka adwokat M., ale zmilczał rozsądnie.

– Też jestem Polakiem! Też się męczę! – prawie załkał prokurator, oczy jednak miał suche, bez łez. – Przepraszam. Wódka ma taką wredną właściwość. Człowiek jak na huśtawce. Góra! Dół!

– Za dużo pijesz – stwierdziła czarnowłosa. – I nic nie jesz. – Podsunęła mu sardynki. Z obrzydzeniem odsunął puszkę.

– O czym to ja mówiłem? – podjął zagubiony wątek. – Aha. Czasy idą złe, bardzo złe. Twardy kurs. Nie będzie żadnej zabawy w chowanego. Tak albo nie! Anachronizmem jest dawne pojmowanie dziejów. Kto wie, czy to nie jest początek trzeciej światówki? Preludium znaczy. Afganistan, kotłowanina na Bliskim Wschodzie, to szaleństwo zbrojeń, ruscy marszałkowie coraz groźniej potrząsają szabelką. I tu nagle ta mała, krnąbrna Polsza! Demokracji jej się zachciało. Ten cały stan wojenny to pokazowa lekcja likwidacji oporu. Przecież my jesteśmy przedpolem. Tu musi być porządek!

– Jeżeli już tak ma być… – nie mógł powstrzymać się od tej uwagi adwokat M. – to wtedy niewątpliwa przewaga techniczna Zachodu…

– Zachód – prychnął wzgardliwie prokurator Anioł. – Oni pierwsi nie jebną. Oni ciągle ustępują. Opinia publiczna, różnica zdań, wątpliwości, naiwność… Pragną negocjować, pertraktować, wierzą w trwałość umów. Barany! Tym sposobem Rusek im coraz bardziej wchodzi w bebechy. Oni nie mają serca do walki. Pękną, ustąpią, posypią się kredyty…

– A jeżeli jednak jebną? – wtrącił adwokat M. i zmieszał się, sam sobą zaskoczony; mimo woli bowiem skorzystał z wulgarnego słownictwa swego rozmówcy.

– Jeżeli już jebną – tamten podjął gładko – to po co się wdawać w pojedynek gigantów. Należy siedzieć cicho i czekać. Co my możemy, marne robaki. Nie ma co podskakiwać. Solidarność sprawnie została rozłożona na łopatki, nie? Ludzie już nie demonstrują, boją się, nie? Jeszcze Kościół. Ale Kościół unika radykalnych posunięć. Chociaż mamy tu jednego takiego klechę. Grzmi z ambony. Zakonnik jakiś. Nawet przystojniak, prawda dziewuchy?

One leżały senne na tapczanie, zrzuciły ze stóp buciki na wysokich obcasach. Długie, zgrabne nogi tej jasnowłosej pokazały się w całej okazałości. Nogi modelki. Nie mógł się oprzeć szczeremu uznaniu adwokat M.

– Głupie sraki! – machnął ręką prokurator Anioł i powrócił do swego monologu. – Nastał taki czas. Trzeba słuchać, milczeć i pracować. Powie pan, istnieje opór, szeroki front odmowy. To tylko słowa. Ludzie są zmęczeni, zwieszają łby i chowają się po norach. Boją się i nie widzą szans. Że nienawidzą? To co z tego? – emanowała z niego jakaś trująca siła. Z fizjonomii, gestów, słów.

Adwokat M. doznawał coraz większego poczucia przygnębienia.

– Wszystko pojmuję – jeszcze raz zareagował w sposób spontaniczny, tak rzadki przy jego opanowaniu; spróbował chociaż zaznaczyć odmienność swego poglądu. – Wszystko pojmuję. Tylko wydaje mi się, że pan w ślepym podziwie i oddaniu dla władzy jednego czynnika nie bierze pod uwagę. Otóż ten społeczny gniew, nienawiść, jak sam pan powiedział, ma to do siebie, iż kumuluje się niezauważalnie, i z nagła, w sposób trudny do przewidzenia dla władców, następuje wybuch. Tym następnym razem może to być erupcja silniejsza niż poprzednio.

– Ten proces… – prokurator Anioł uśmiechnął się pobłażliwie – niekoniecznie musi się powtarzać. Władza się wycwaniła i będzie czuwać. Nie na darmo mamy nowe, świetne ustawy, szerokie pełnomocnictwa dla służb specjalnych, preferencja donosów i tak dalej… W ogóle czuwamy. No jeszcze ten kryzys. Rzeczywiście, rozpierdoliła się gospodarka. Ale w silnym, dobrze zorganizowanym systemie kontroli społeczeństwa taki kryzys może trwać latami. Ludzie przywykną do pustej michy. Muszą, nie ma innej możliwości. Weź pan przykłady z Kraju Rad.

Wszystko bohaterski człowiek radziecki przetrzymał. Zsyłki, procesy, klęski głodowe... – roześmiał się paskudnie. Patrzył z wyższością człowieka wtajemniczonego w arkana sztuki rządzenia. – A wy skaczecie jak pchły, protestujecie, krzyczycie o gwałceniu praworządności, terrorze i ofiarach. W końcu gładko przekroczyliśmy ten próg, zbyt wiele ofiar nie było, nie? Co to za ofiary! Kilkanaście osób najwyżej. No, ale jak ludzi można było inaczej zmusić do posłuchu? Tacy byli rozbestwieni. My, „Solidarność"! Jest nas 10 milionów! We łbach im się przewróciło. Takie są fakty. Ale mogła się polać bratnia krew strumieniami. Ruscy by wkroczyli, jak nic. Oni tu nie pozwolą na żadną tam „Solidarność". Czy wy tego nie pojmujecie? – oskarżycielski palec wycelował w pierś adwokata M.

Jemu sprawiło to nawet swoistą przyjemność. Potraktował go jako drugą stronę, przeciwnika, bojownika podziemia prawie.

– W mocnych kleszczach są ludzie. Niezawodne, stalowe kleszcze. Tak było, jest i... – prokurator Anioł urwał nagle i począł ustami jak ryba łapać powietrze. – Serce wysiada – wykrztusił.

Wypił kilka łyków wody i pozostał z otwartymi ustami. Woda spływała mu po brodzie. Dłoń przycisnął do piersi. Wsłuchiwał się pilnie w swój sfatygowany organizm.

– Podobno w Ameryce żyje jeden taki ze sztucznym sercem?

– Żył – skorygował adwokat M. – Już umarł. A ponadto podłączony był do aparatury wagi około 140 kg.

– Kto wie? – zastanowił się prokurator Anioł. – Może zmniejszą ciężar i człowiek będzie nosił podręczny silniczek w kieszonce. Kieszonkowe serce. Oni, skurwiele, mają technikę! Przyznaję. Potężną! Ale gdzie Rzym, a gdzie Krym? My żyjemy w cieniu Kremla, jak to powiada wróg.

Adwokat M. potarł skronie. Dokuczliwy ucisk. Granatowa noc wypełniała okno. Zerknął na zegarek. Zbliżała się północ. Żeby wreszcie poszli sobie! Anioł ze swoją żeńską ekipą. Ale prokurator potraktował jego znużenie jako aprobatę dla swojej argumentacji.

– No, widzisz! – przeszedł bezceremonialnie na ty. – Tak trzeba na to spojrzeć. Rzeczowo, bez uniesień. Tak musi być i będzie. Czego się wam zachciało? Kontroli władzy, zniesienia cenzury, wolnych wyborów, czego tam jeszcze... Chłopie, czyście poszaleli? A byłeś tam? – zapytał nagle i rękę wyciągnął za siebie.

Adwokat M. zaprzeczył. Właściwie przed pięcioma laty o mały włos... Orbisem na Krym i do Gruzji. Ale wyłoniła się wtedy inna, bardziej atrakcyjna wycieczka. Wyspy Morza Egejskiego.

– Ja tam byłem pięć razy – powiedział dobitnie prokurator Anioł. – Nawet w republikach azjatyckich. Dopiero byś zobaczył! Wracasz i czujesz się jak w raju. Inny wozduch... Za psów nas macie, zdrajców, agenciaków... A przecież ktoś musi to robić, musi! Pilnujemy, żeby naród nie przebrał miary. Ciągle ręka na hamulcu. To nasza rola... Ja ci powiem: za bardzo chcemy być wolni. Ikary, psia mać! Do nieba nam się chce. Ja sam czasem sny mie-

751 DWA DNI Z ANIOŁEM

wam takie. Budzę się. Patrzę. Gdzie ja jestem? We śnie było zupełnie inaczej.

– Ja też – odezwała się czarnowłosa, osłaniała dłonią usta, dziobała zapałką w zębach. – Mam kolorowe sny. Szampańskie.

Buchało od niej zmysłowością. To duże, wybujałe ciało rozsadzało ciasnotę dżinsów, sweterka.

– Wczoraj na przykład...

Szef prokuratury przerwał jej niecierpliwie.

– Im tylko chłop w głowie i zabawa.

– Pewnie! – przeciągnęła się kusząco i wszystko wyprężyło się i wypięło w swoistym oczekiwaniu. – Tak ładnie grają...

Na dole trwał dancing. Muzyka. Męski dyszkant zawodził w mikrofon. Powtarzał się liryczny refren: „I dziewczynie z podwórka podaruję pół nieba...". Melodię podjęła ta druga, jasnowłosa i smukła. Obie zaczęły nucić, kołysząc się na tapczanie.

– Dzieją się rzeczy nie na naszą miarę – prokurator Anioł wytarł spocone czoło. – Lepiej grzecznie przeczekać, niż trwonić daremnie życie. Energię zachować na wypadek prawdziwej szansy. Czy ty wiesz, ile jest stąd kilometrów do granicy?

Adwokat M. nie wiedział.

– Ledwo 40 kilometrów. Tuż, tuż. I z tamtej, wschodniej strony wciąż takie potężne dmuchawy pompują na nas zatrute powietrze. Rozumiesz. Tak to wygląda!

Żartował? Użył tego jako przenośni? Przechylił się i delikatnie ujął w palce klapę marynarki przybysza ze stolicy.

– Co to? – zapytał z ciekawością.

Wpatrzył się intensywnie w mały, kunsztownie wykonany znaczek, zdobiący tę klapę.

– Emblemat Rotary Club – odparł nie bez dumy adwokat M., cofając się odruchowo przy tym dotyku.

Podczas ostatniego pobytu w Anglii dzięki protekcji brata został zaproszony do tego ekskluzywnego klubu i otrzymał w prezencie ów znaczek. Lokal klubowy urządzony w stylu wiktoriańskim, kominek, obrazy, kolacja przy świecach, wykwintni panowie. Miłe wspomnienia. Nie skompromitował się również swoją angielszczyzną. Konwersował zupełnie swobodnie. Pochwalili nawet wymowę. Co prawda ta satysfakcja jest teraz już przybladła. Mniej cieszyła ta oryginalna plakietka. Niestety.

– Przyczepiacie sobie jakieś krzyże, kotwice, orły – zauważył z przekąsem prokurator. – Bojownicy! Bóg i Ojczyzna!

Najwyraźniej Rotary Club skojarzył mu się z krajowymi sprawami.

Znieruchomiał, rozparty w kanapce, z rozchełstanej koszuli wyłaził brzuch w fałdach, porośnięty rudawym włosem. Odpoczywał.

Muzyka na dole zacichła. Tylko za ścianą zakłębiła się jakaś libacja. Dobiegł stamtąd zwierzęcy ryk. Potem łomot.

– Męczy ludzi życie – odezwał się prokurator Anioł. – Męczy... Jak tylko mogę, to zawsze idę ludziom na rękę. Podopieczny pana mecenasa może coś o tym powiedzieć. Żona go odwiedza, wypiska, książki i prasa. Czy to nie jest humanitaryzm?

– Właśnie – podchwycił adwokat M. – Mój klient jest poważnie chory. Posiadam diagnozę lekarzy specjalistów. W swoim wniosku przedstawiłem, jak sądzę...

– O interesach, kochany, jutro – prokurator nie dał mu się wypowiedzieć do końca. Czuł, drań, swoją przewagę. Rozpięty, nogi rozkraczone. W tym hotelowym pokoju niby u siebie w gabinecie.

I tak się rozejrzał leniwie po stole, po tych talerzach z resztkami jedzenia, kieliszkach, butelkach; wzrok zatrzymał na swoim haremie, na tych dwóch tak kontrastowo dobranych odaliskach.

– Co tu pieprzyć głupoty! – żwawo chwycił butelkę i napełnił kieliszki, nie roniąc ani kropli.

Ponieważ w tej trzeciej, ostatniej butelce wódki już pozostało niewiele, adwokat zobaczył w tym szansę rychłego zakończenia bankietu. Więc z pozorowaną ochotą podniósł swój kieliszek.

Po spełnieniu toastu prokurator Anioł przysunął się do czarnowłosej urzędniczki. Zapatrzył się w obfitość jej biustu. I zwinnie przeniósł się na tapczan do swojej bogdanki. Dłoń obsunęła mu się na kolana dziewczyny. Powędrowała po udach.

Zaczynał się lepki, pijacki erotikon. Tak ten obrazek zarejestrował adwokat M. I jak to bywa zazwyczaj w takiej fazie libacji, posypały się sprośne dowcipy. W tej specjalności również celował prokurator. Z niebywałą swadą rzucał dowcip za dowcipem, przy gorącym aplauzie swych urzędniczek.

Z tej plugawej obfitości adwokat M. zdołał zapamiętać opowieść o znamionach autentyzmu. Było to zdarzenie, którego bohaterem był pewien kryminalista, przebywający w szpitalu. Zalecał się tam do ładnej pielęgniarki, niedawno zatrudnionej i niezbyt jeszcze obytej ze specyfiką tego miejsca. Kryminalista wyrażał coraz śmielej swoje pożądanie. Posunął się do namiętnych oświadczeń i chęci ożenku.

– To już wolałabym z diabłem! – zareagowała gwałtownym protestem pielęgniarka.

– A co, to diabeł ma lepszego chuja niż ja? – odparł natychmiast ten bezczelny wyrokowiec.

Najbardziej zaśmiewała się ta senna madonna. Jej piękne, niebieskie oczy wezbrały od łez.

– Diabeł – powtarzała swoim płaskim, bezdźwięcznym głosem. – Tak powiedział?

A potem prokurator wojewódzki wypił jeszcze jeden kieliszek i nastąpił przełom. Są takie przełomowe kieliszki. Przestał mówić. Zajął się wyłącznie czarnowłosą dziewczyną. Bełkotał i tulił się do jej rozłożystego ciała. Sprośny cap. Tak wyglądał. Miętosił jej piersi, łapę wepchnął za pasek dżinsów. Ciężko mu szło w tej ciasnocie spodni z twardego płótna, obciskających ciało dziewczyny. Rozpinał suwak. Z głową utopioną w piersiach dziewczyny sapał i charczał.

Jeszcze raz tylko uniósł głowę i zbełtany od żądzy wzrok wlepił w adwokata M. Uczynił ręką charakterystyczny gest. W sposób oczywisty zapraszał go do zajęcia się tą drugą urzędniczką.

Dość miał adwokat M. tego odrażającego widowiska. Zaproszenie do aktywnego w nim udziału przebrało ostatecznie miarę. Gwałtownie odsunął krzesło.

– Pani zapewne bardzo znużona? – stojąc, zwrócił się uprzejmym, lodowatym głosem do tej blond madonny. – Jutro rano do pracy, prawda?

Ona bez szczególnego zainteresowania obserwowała erotyczne zapasy zwierzchnika z koleżanką.

– Jeżeli można... – dodał – to odprowadzę panią.

Chwilę patrzyła na niego tymi pięknymi oczyma bez wyrazu, jakby nie rozumiejąc, o czym mówi. Wreszcie wstała.

Tamci dwoje, zajęci już bez reszty sobą, nie zwrócili uwagi na ich wyjście.

Postój taksówek znajdował się w pobliżu hotelu. Stanęli w ciemności skąpo oświetlonej reflektorem ze strzeżonego parkingu. Adwokat M. próbował prowadzić z dziewczyną grzeczną konwersację.

– Daleko pani mieszka?

– W tych nowych blokach na Żukowie – odpowiedziała.

Nic mu ta informacja nie wyjaśniła, ale skinął głową i rzekł z powagą: – Ach, tak!

Była zupełnie bez życia. Dawała się powodować niby przedmiot. Można przypuszczać, że bezwolnie zgodziłaby się na damsko-męskie igraszki w pokoju. Z hotelu wytoczyli się jacyś pijacy. Wrzeszczeli. Dobiegły przekleństwa.

– Jasiu, gdzie twój wózek? – ktoś powtarzał. Powędrowali. Minęli postój.

Dokuczliwie bolała go głowa. Skupił się jednak, próbując znaleźć jakiś temat do rozmowy.

– Czy panią interesuje prawo?

Akurat nadjechała taksówka. Szybko otworzył tylne drzwi.

– Dziękuję za miły wieczór – pocałował ją w chłodną, lekko spoconą dłoń.

– Do Żukowa – polecił kierowcy, wręczając mu trzy setkowe banknoty.

Dostrzegł w jego oczach zaskoczenie. Na pewno przesadził z zapłatą. Energicznie zatrzasnął drzwi, zwolniony wreszcie z tego uciążliwego obowiązku. W tym ostatnim momencie wydało mu się jeszcze, że ta śliczna dziewczyna uśmiechnęła się wzgardliwie. Wyśmiewa mężczyznę. Bóg wie co sobie o nim myśli. Dla niej taki facet to kastrat, eunuch po prostu.

Poczuł się rozdrażniony. Przez pewien czas krążył wokół hotelu. Pustka i cisza. W kilku oknach tylko światło. Pewnie trwają tam ostatnie libacje. Może przejść się po mieście. Ale ulica prowadząca do centrum nie wyglądała zachęcająco. Ledwie kilka latarń oświetlało drogę. Ciszę rozdarła syrena. Milicja lub pogotowie. Przeszywający dźwięk. Wrócił do hotelu.

Drzwi wejściowe zamknięte. Dopiero po natarczywym łomotaniu pokazał się zaspany portier.

– Dancing już skończony – wybełkotał, świdrując go zapitymi oczyma.

– Jestem gościem hotelowym – słowa te poparł garścią bilonu.

Wtedy został wpuszczony.

Na piętrze przed swoim pokojem zatrzymał się raptownie. Dobiegał stamtąd przeraźliwy kwik. Posłyszał kobiecy głos. Rozróżniał pojedyncze, urywane słowa.

– Jezu! Jezuniu! O, tak! Tak! Dobrze! Dooobrze! – Następnie kaskada nieartykułowanych dźwięków i pomruków. Przetrząsnął kieszenie. Jednak papierosy zostawił w pokoju.

Odszedł. Przechadzał się po korytarzu. Ponownie zbliżył się do drzwi swego pokoju. Cisza. Może zasnęli? Ostrożnie nacisnął klamkę. Bezszelestnie wsunął się do miniaturowego przedpokoju. Stąd ich zobaczył. Leżeli na jego tapczanie. Spod kołdry wystawały nogi Anioła w zsuniętych do kolan spodniach. Krucze włosy dziewczyny zasłaniały mu twarz.

Żywiołowo nie znosił takich odsłon. Godziły w jego starannie przestrzegane poczucie powściągliwości i dyskrecji w sprawach osobistych.

Tak stał w przedpokoju i był bezradny.

Ci dwoje na tapczanie i stół z bałaganem po pijatyce: poprzewracane kieliszki, niedopałki na talerzach, puszki z resztkami sardynek. Smród tytoniu, wyziewy alkoholu i czegoś jeszcze. Nieład, ohyda.

Co uczynić z resztą nocy? Po namyśle ulokował się w łazience. Przekręcił zatrzask. Napuścił do wanny wody. Wśród swoich kosmetyków znalazł płyn do kąpieli o lawendowym zapachu. Dolał obficie. Rozebrał się i zanurzył w ciepłej, pachnącej przyjemnie wodzie. Zmywał z siebie brud libacji. Długo leżał w wannie. Woda już wystygła. Sprawdził ręczniki. Jeden był nieużywany. Tym się wytarł. Ubrał się z powrotem, nie zapominając o zmianie koszuli. Usiadł na sedesie. Z pokoju dochodziło chrapanie. Chrapali na dwa głosy. Ona i on.

Łazienka była ostatnim bastionem. Opadła mu głowa.

Zadrzemał. Drzemka wydała mu się krótka jak mgnienie. Toteż zdziwił się, spojrzawszy na zegarek. W tej okropnej, ośmieszającej pozycji na pokrywie sedesu spał prawie godzinę. Gorycz w ustach. Piasek w oczach. Przemył twarz nad umywalką. Miał zmęczone, podkrążone sinizną oczy. Zarost brudno poznaczył mu policzki. Na brodzie wystąpiła siwa szczecina.

Wykrzywił się w grymasie niechęci do odbicia swojej twarzy w lustrze. Postanowił się ogolić. Wyciągnął z torebki elektryczną maszynkę typu Braun. Wtedy tamci zbudzili się gwałtownie. Dyskretnie uchylił drzwi i nadsłuchiwał.

– Co? Kto? – nieprzytomny głos Anioła.

Długie ziewanie.

– Wstawaj! – to dziewczyna.

– A gdzie on? – Anioł ciągle nieprzytomnym głosem.

– Wyszedł odprowadzić Jadźkę.

– To on z nią nic? – pełne zdziwienie w głosie Anioła.

– Skąd!

– Nic sobie z nią nie pociupciał? Co za dziwak!

Skrzyp sprężyn w tapczanie. Przeciągły jęk. Chyba wstał. Łoskot. Coś potrącił.

– A czy aby uważałeś? – pełen niepokoju głos dziewczyny. – Bo jak nie, to możemy mieć dzidziusia.

Nieokreślony pomruk Anioła.

– Uważałeś?

– Skąd mogę wiedzieć! – wybuchnął.

Adwokat M. zrezygnował z golenia. I zaraz pełen wyższości, przecież wymyty, czysto ubrany i trzeźwy, stanął w progu pokoju. Patrzył z mściwą satysfakcją. Oni siedzieli na tapczanie. Dziewczyna owinięta prześcieradłem. Prokurator wciągnął już spodnie i najwyraźniej nie wiedział, co czynić dalej.

W mętnym świetle rodzącego się dnia był to odpychający widok. Dwoje zdewastowanych ludzi. Kobieta i mężczyzna. Oboje odrażający w swoim obnażeniu. Wymięci i brzydcy; nieświeżość wprost buchała od nich.

– Drogi panie prokuratorze... – zaczął adwokat M., odwracając od nich oczy.

– Mów mi Kazik... – stęknął tamten.

Stropiony nieco tą propozycją, zapowiedział wizytę w jego urzędzie o godzinie 9. Anioł pokiwał głową i znowu zajęczał. Więc jeszcze raz powtórzył, że przybędzie o 9. rano w urzędowej sprawie, dotyczącej klienta. Mówił wolno i dobitnie, pragnąc wbić te słowa w zmącony umysł prokuratora.

Czarnowłosa dziewczyna, nie krępując się jego obecnością, poczęła wciągać rajstopy na swe potężne nogi. Całkiem bezwstydnie podrapała się pod pachą, porośniętą skudloną kępą włosów.

Z trudem zdobywszy się na lekki ton, nadmienił, że oczekuje na rychłe opuszczenie przez nich pokoju.

– Też pragnę skorzystać z tapczanu – dodał z przekąsem.

Wycofał się do łazienki. To pomieszczenie było przecież ostatnim jego bastionem. Tu wyczekiwał, aż oni ubiorą się i zwolnią wreszcie pokój. Zdecydowanie postanowił nie wpuszczać ich do łazienki. Nawet w najpilniejszej potrzebie. Niech korzystają z ubikacji w korytarzu.

Posłyszał kilkakrotnie wymówione przez Anioła słowo „kurwa". W słabej, bezradnej intonacji. Brzęk szkła. Może szukał wódki?

Trzasnęły drzwi. Poszli sobie.

Wtedy wrócił do pokoju.

Kołdra leżała na podłodze i od razu zauważył mokre plamy na prześcieradle. Cofnął się od tapczanu.

– Uważał – powiedział z nienawiścią.

Nie mógł patrzeć na to splugawione wnętrze. Przypominało spelunkę najgorszego rzędu.

Z korytarza sprowadził sprzątaczkę. Była to starsza kobieta o wyglądzie matrony. Stanęła, podpierając się szczotką, i uśmiechnęła się domyślnie. Obdarzył ją hojną zapłatą z góry i polecił staranne doprowadzenie pokoju do porządku, zaznaczając z naciskiem, by zmieniła pościel.

Wydawszy dyspozycje, zabrał się do golenia. Twarz ciągle miał wymiętą i sine podkowy pod oczyma. Natarł policzki wodą kolońską. Namaścił się kremem.

Kiedy sprzątanie zostało już ukończone, powrócił do pokoju. Siadł na tapczanie, ponownie przykrytym białą szeleszczącą pościelą. Włączył radio. Rozmowa działaczy. Jeden reprezentował partię. Drugi nowe związki zawodowe. Odpowiadali na pytania dziennikarza. Ich język!

Partyjny mówił o jakiejś ważnej uchwale ostatniego plenum KC.

– Bardzo zadaniowa – podkreślał z naciskiem – bardzo zadaniowa…

Związkowiec zaś oświadczył:

– Działamy przedmiotowo. Wiele tematów już mamy zawiązanych…

Wyłączył tych bełkociarzy. Język, którym się posługiwali, zaśmiecał umysł. Dla kontrastu uczynił sobie swoiste repetytorium z przysłów i sentencji łacińskich, dotyczących prawa. Wiele jeszcze pamiętał. Niektóre rzeczywiście wspaniałe. Klarowność, zwięzłość i precyzja! Starzy obrońcy używali dawniej tych łacińskich perełek dla inkrustacji swych wystąpień przed sądem. Teraz to zdobnictwo zupełnie zanikło. Roześmiał się, wyobrażając sobie twarz tutejszego prokuratora, wysłuchującego cytatu z Cycerona.

Z wielości tych przypomnianych jedna szczególnie go zaabsorbowała. „Accusare nemo se debet" (Nikt nie musi oskarżać samego siebie). Powtórzył je kilkakroć półgłosem. Nie wiadomo dlaczego pomyślał o sobie.

Spać mu się już nie chciało. Udał się do hotelowej kawiarni. Był tam pierwszym gościem. Zamówił dużą czarną i dwa jajka po wiedeńsku. Jednak jeść nie mógł. Czuł niesmak w ustach i bolała go głowa. Toteż zażył tabletkę przeciwbólową, zapijając wodą mineralną.

Wodził znużonym spojrzeniem po pustej jeszcze sali, ozdobionej na ścianach jaskrawymi, abstrakcyjnymi malowidłami. Z sufitu zwisały soplami pretensjonalne żyrandole, imitujące dawny styl.

Przybył punktualnie o 9. Drzwi gabinetu były otwarte na oścież. Te dwie dziewczyny, urzędujące w sekretariacie, wymalowane i rześkie, patrzyły z ciekawością w głąb dużego pokoju. Przed sobą na stole miały szklanki z kawą, przykryte spodeczkami. Na adwokata M. nie zwróciły najmniejszej uwagi.

Prokurator Anioł właściwie leżał na biurku. Nad nim pochylał się korpulentny mężczyzna w sędziowskiej todze. – Wstawaj! – potrząsnął go energicznie za ramię. – Wstawaj!

Anioł nie reagował wcale. Wreszcie z trudem uniósł głowę i popatrzył pustymi, przekrwionymi oczyma. Zaraz opadł na biurko.

Sędzia zerknął nerwowo na zegarek. Pochylił się nad prokuratorem, zabrzęczał mu złoty łańcuch, zawieszony na piersi.

– Do jasnej cholery! – zniecierpliwił się. – Człowieku!! Masz pierwszą rozprawę z wokandy!

Na widok adwokata M. zmieszał się wyraźnie. Cofnął się o krok i poprawił łańcuch.

Prokurator Anioł dźwignął głowę. Przez chwilę nie poznawał przybysza. Coś jak cień uśmiechu wykrzywiło jego zmęczoną, zarośniętą twarz.

– Przyjacielu – powiedział i próbował wstać. Jednak zrezygnował, tylko oburącz chwycił się za głowę, obmacał ją delikatnie, jakby szukając jakichś pęknięć. – Przyjacielu… – powtórzył i wlepił błagalny wzrok w adwokata M. Trzęsącą się ręką, zimną jak u topielca, chwycił jego dłoń.

Ten wzdrygnął się od tego przenikającego dotyku.

– Anioł! – wykrzyknął sędzia. – Czy zdajesz sobie sprawę? Już kwadrans po czasie!

Prokurator zamrugał oczyma. Wysiłek zmarszczył mu czoło. Pokiwał apatycznie głową.

– Musisz odroczyć… – mówił powoli, każde słowo kosztowało go sporo wysiłku. – Nie ma innej rady…

Sędzia podbiegł do okna. Od okna takim samym truchtem do biurka. Sprawiał wrażenie zupełnie bezradnego. Średniego wieku; twarz miał szeroką, pospolitą, jasne włosy zaczesane w staranny przedziałek.

– Gdzie tak zabradziażyłeś? – zapytał. – Zośka dzwoniła na pogotowie. Chciała na milicję, ale jej odradziłem.

– Nie mów mi o tej zdzirze! – wybuchnął Anioł. – Z nią już koniec! Wnoszę o rozwód!

Sędzia zatrzymał się raptownie. Obejrzał się za siebie. Patrzył do sekretariatu. Te dwie urzędniczki wyglądały teraz na bardzo zajęte pilną pracą biurową.

Ocknął się i coś pomrukując, wybiegł niby bomba z gabinetu.

– Piła – Anioł odetchnął z ulgą. – Ale niezły chłop. Odroczy.

Opadł na biurko. Tak wypoczywał dłuższy czas. W sekretariacie rozdzwonił się telefon. Zaraz stanowczy, oficjalny głos tej czarnowłosej:

– Nie ma. Niestety. Musiał służbowo… – Ściszyła głos.

Prokurator podniósł się ostrożnie. Stał, chwiejąc się i wspierając o biurko.

– Przyjacielu – powiedział z patosem. – Przybyłeś w samą porę.

Postąpił dwa niepewne kroki i uchwycił się ramienia adwokata.

– Masz wóz? – zapytał.

Adwokat przytaknął. Samochodem podjechał pod sąd. Postanowił bowiem od razu wracać do Warszawy. Rano miał jeszcze zamiar przespać się w hotelu do południa.

Jednak zmienił plany. Chciał jak najprędzej wyjechać stąd i z niecierpliwością myślał o odpoczynku we własnym mieszkaniu.

– To jedziemy! – rzekł Anioł z nagłą energią. Pociągnął za sobą zdezorientowanego adwokata M. W sekretariacie zatrzymał się jeszcze na chwilę.

– W razie czego, to wiesz, co masz mówić? – zwrócił się do czarnowłosej.

Przytaknęła z powagą. Doświadczona sekretarka. W lot odczytywała wszystkie intencje szefa. Była umalowana i ufryzowana starannie, fioletowy tusz na powiekach, malinowe usta, ani śladu nocy na jej twarzy; zmieniła wczorajszy różowy sweterek na równie jaskrawy szafir, kolumny nóg tak samo jak wczoraj obciskały dżinsy.

Natomiast tę drugą, jasnowłosą i smukłą adwokat M. starannie ominął spojrzeniem.

– A gdyby Zośka coś wypytywała… – prokurator Anioł tańczącymi palcami próbował poprawić krawat – …to sama wiesz! – Był to osobliwy trzepot rąk. Zrezygnował z próby zawiązania krawata. Mocniej chwycił ramię adwokata i wspierając się o niego ciężko, skierował się do drzwi.

Na korytarzu skrył się za wyniosłą postacią swego towarzysza. Wyszli bocznym wyjściem. Były takie schody awaryjne i tędy wydostali się na ulicę.

– No – Anioł ucieszył się jak szczur, któremu udało się wydobyć z pułapki.

Odetchnął głęboko. Światło tego słonecznego dnia jeszcze bardziej obnażyło jego przybrudzoną koszulę, szarawą twarz, porośniętą rzadkim zarostem i zaczerwienione oczy. Mrugał nimi bezradnie, oślepiony słońcem.

– Golf – zauważył, wsiadając do samochodu. – Niezły wózek. Zasuwaj! – polecił niecierpliwie.

Ruszyli. Szef prokuratury rzucał krótkie wskazówki.

– Na lewo! Tędy! Tam!

Znaleźli się w okolicy, gdzie powstawało nowe osiedle jednakowych, czteropiętrowych domów. Niektóre już zamieszkane. Inne w stanie surowym. Pochylały się nad nimi dźwigi.

– Teraz tędy – pokazał drogę Anioł.

Adwokat M. skręcił posłusznie w drogę z wykopanymi po dwóch jej stronach rowami. Dopiero ze znacznym opóźnieniem uzmysłowił sobie, że minęli znak drogowy zamykający przejazd. Zaczął gwałtownie hamować. Chciał zawracać.

– Jedź – polecił Anioł. – Od tej chwili jesteś pojazdem służbowym i możesz włączyć syrenę! – Pogrzebał w kieszeniach. Wyciągnął legitymację w czarnej oprawie.

I tak jechali tą rozkopaną ulicą, wymijając ustawione w poprzek płoty, malowane w czerwono-białe pasy.

Po dwóch stronach na poboczu jezdni pracowali robotnicy w pomarańczowych kurtkach.

Odwracali się za nimi.

– Nie bój się nic – powiedział Anioł. – Nieraz miewałem nagłe wyjazdy, wizje lokalne czy coś... Zawsze się tak jeździło.

Znaleźli się w pobliżu jakiejś fabryki czy wielkiego magazynu. Był to rozległy teren, ogrodzony płotem z wysokiej siatki na podmurówce.

Tam za siatką piętrzyły się składowiska płyt, blach, rur, zwojów drutu, hałdy żwiru i piasku, kadzie z wapnem, betonowe cylindry; wśród tego chaosu wyrastała okazała hala z prefabrykatów, pozbawiona dachu, obudowana metalowymi prętami rusztowania. Wyglądało to wszystko na zamarłą budowę. Przystanęli przed bramą, nad którą czerwieniał stary, wypłowiały transparent pozbawiony hasła, a niżej tablica z napisem – „Kablobeton".

Adwokat M. (już zirytowany tą rolą kierowcy) zahamował dosyć gwałtownie i samochód jak rumak został osadzony efektownie w miejscu. Anioł rzucony siłą bezwładu do przodu i w tył, zajęczał przeciągle; musiały się odezwać jego sfatygowane organy.

Za siatką biegał wielki, kudłaty pies, szczekając zajadle i skacząc. Z budy po lewej stronie bramy wynurzył się stary człowiek. Zdjął czapkę i tak stał jak wieśniak witający gości przed swym obejściem. Anioł wychylił się z samochodu. Stary kopniakami wpędził wielkiego psa do ogrodzenia z desek, przypominającego klatkę. Dopiero po tym otworzył bramę. Wjechali na teren budowy.

Anioł dziarsko wyskoczył z samochodu. Stary pokłonił się jeszcze raz.

Kudłaty pies kłębił się w klatce z dziką furią. Deski uginały się i trzeszczały pod naporem jego cielska.

Stary otworzył drzwi swojej stróżówki i zaprosił ich szerokim gestem.

– Czym chata bogata – zabełkotał.

Pies rozszczekał się ze spotęgowaną zajadłością. Adwokat M. obejrzał się odruchowo.

– Syberyjski wilk. Dobry, ostry... – roześmiał się stary i kopnął w klatkę. Zabrzmiał stamtąd krwiożerczy bulgot. – Nie dopuści nikogo. A najbardziej to zawzięty na mundurowych. Już go pan sierżant, dzielnicowy znaczy, chciał zastrzelić... – umiejętnie dwoma palcami ścisnął nos i wysmarkał się na ziemię. – A przecież szczepiony, rejestrowany, wszystkie papiery w porządku... – Jeszcze chciał mówić. Ale Anioł przerwał mu gniewnym pomrukiem.

Drzwi do stróżówki były na niską miarę i adwokat M., wchodząc, musiał pochylić głowę.

Znaleźli się w małej klitce, typowym pomieszczeniu stróża budowy. Piecyk z blaszaną rurą, żelazne wyrko, pokryte jakimiś łachami i szeroka deska – ustawiona na skrzynkach, służąca jako stół. Ścianę ozdabiały dwa portrety. Podobizna marszałka Piłsudskiego za szkłem w złoconych ramkach i wielki plakat z wąsatym Wałęsą, wznoszącym ręce do powitania tłumu.

Adwokat M. nie potrafił opanować zaskoczenia na widok tej osobliwej dekoracji. W tym brudnym, meliniarskim wnętrzu te dwie podobizny!

– Głupi stary – rzekł Anioł. – Tak się obwiesił. Już były na niego donosy.

– A tego marszałka – stróż patrzył z lubością na portret w złoconych ramkach – to od jednego za flaszkę. – Był zarośnięty, niechlujny, w wojskowej kurtce z zielonego sukna i gumiakach.

– Te kace – stęknął Anioł. – Coraz gorsze... Dziadek! No! Na co czekasz?

– Tak jest, panie naczelniku – odparł stróż. Poczłapał w kąt i tam spod szmat, drzewa, papierów i węglowego miału, stosem zalegających przy piecyku, wygrzebał butelkę z resztką mętnego płynu.

Pierwsze iskry życia pojawiły się w martwych dotąd oczach Anioła. Chwycił butelkę. Pić zaczął łapczywie. Grdyka chodziła mu pracowicie.

Był to wizerunek człowieka zniewolonego. Adwokat M. odczuł swoistą satysfakcję.

Opróżnił flaszkę w szybkim tempie. Różowość wstąpiła na jego szare, bezkrwiste policzki.

Wygodnie rozsiadł się na wyrku. Popatrzył badawczo na adwokata M.

– Nie myśl o mnie źle – odezwał się łagodnie.

Czyżby wyczytał z jego twarzy te wszystkie uczucia, które dosyć gwałtownie opadły go tego poranka?

– Skąd! – zaprzeczył.

– Są jeszcze gorsi ode mnie – powiedział Anioł. – Prawda, dziadek?

Stróż zamlaskał bezzębnymi dziąsłami.

– Ludzie to są kurwy – rzekł z przekonaniem.

– Kurwy – podjął Anioł. – Ilu jest takich! Ja przy nich to łagodna owieczka – poklepał starego po plecach. – Uważaj, dziadek, żeby ci monopolu nie nakryli.

– Że co? – nie dosłyszał stróż. Stał w pozie pańszczyźnianego chłopa, zgięty wpół. Oczy miał świecące i chytre jak niedźwiedź.

– No, dosyć tej gadaniny – rzekł ostro Anioł – Ad rem! – trącił butem pustą butelkę, poturlała się pod wyrko. – Potrzeba mi więcej!

– Dopiru zacier nastawiłem, panie naczelniku – stróż rozłożył wymownie ręce.

– Musi być flaszka – powiedział z naciskiem Anioł.

Stróż wyglądał na bezradnego. Wzdychał. I tak nie przestając wzdychać, opuścił stróżówkę.

Prokurator wygrzebał z kieszeni zmiętą paczkę Ekstra–Mocnych. Zapalił. Od tego pierwszego dymu oczy wylazły mu z orbit, długo charczał i rzęził.

– Dochodzę do siebie... – wykrztusił z trudem. – Zmartwychwstanie!

Palić jednak nie mógł. Rzucił papierosa na podłogę i rozdeptał.

Wkrótce powrócił stróż. Zza pazuchy wyciągnął butelkę, pełną mętnego płynu.

– Sam sobie od ust odjąłem – uśmiechnął się przebiegle. – Wyjątkowo dla pana naczelnika.

Anioł owinął butelkę w gazetę. Umieścił ją za paskiem spodni. Przykrył marynarką. Następnie wetknął w dłoń stróża kilka setkowych banknotów.

– Co też pan naczelnik – krygował się stary. Ale jego powykrzywiana, reumatyczna łapa zacisnęła się na papierkach.

– Mogę przystąpić do obowiązków – Anioł spojrzał na zegarek. Wstał z wyrka.

Ruszyli do samochodu. Stróż odprowadził ich przed bramę. Pokłonił się w pas. Wilczur uwięziony w klatce rozszczekał się na pożegnanie. Prokurator Anioł nie dygotał już i przestał pojękiwać. Ponadto nie ponaglał swego kierowcy do szybkiej jazdy.

Tym razem jednak adwokat M. ruszył z kopyta i przestały go zupełnie interesować przepisy o ograniczeniu szybkości w terenie zabudowanym.

– Jestem przecież pojazdem służbowym – powiedział ironicznie.

– Co mówisz? – nie dosłyszał Anioł. Pochwalił jazdę: – Dobrze ciągnie ten Golf. Ma przyśpieszenie!

Następnie, kładąc przyjacielsko dłoń na kolanie adwokata, zapytał: – Czemu nie chciałeś sobie... To bardzo przyjemna dziewucha. Ogień pod nożem!

Jego aż zatkało to chamskie pytanie i jedynie zdołał zabełkotać w sposób nieartykułowany. Nieomal zderzyłby się z furgonetką, która wyłoniła się w tym samym momencie z bocznej ulicy. Ledwo zdążył zahamować. Kierowca wychylił się z furgonetki i pogroził pięścią. Bluznął przekleństwami.

Adwokat M. długo jeszcze kipiał z upokorzenia i kiedy tylko znaleźli się z powrotem w gabinecie szefa prokuratury, bez najmniejszej dyplomacji postawił to zasadnicze pytanie w kwestii zmiany środka zapobiegawczego dla swego klienta.

Spełnić swój obowiązek i uciec stąd. Tylko o tym marzył.

Na biurku położył zwięzły wniosek merytoryczny, zajmujący niespełna stronę maszynopisu. Był przygotowany na odmowę. Dołożył jeszcze odpowiednie zaświadczenia i opinie.

Anioł wysłuchał jego uzasadnienia spokojnie, właściwie bez żadnej reakcji. Głowę miał opuszczoną i dłonie zaplecione na brzuchu. Może w ogóle nie słuchał? Zapadło milczenie. Anioł siedział długą chwilę bez ruchu, potem wstał i dosyć żwawym krokiem udał się do sekretariatu. Stamtąd zaraz począł dochodzić energiczny stukot maszyny do pisania.

Szuflada biurka była uchylona i adwokat M., unosząc swą długą postać z krzesła, zapuścił tam sondujące spojrzenie. Pistoletu nie zobaczył. Może został przykryty aktami lub przeniesiony do metalowej szafy, która stała pod ścianą.

Skrzypnęły drzwi. Wrócił prokurator Anioł. Trzymał w dłoni papiery. Były to dwa dokumenty. Urzędowy blankiet, opatrzony pieczęciami i jego zamaszystym podpisem. Oraz drugi mniejszy papierek, będący skierowaniem do naczelnika więzienia z poleceniem zwolnienia tymczasowo aresztowanego.

– Przychyliłem się do wniosku mecenasa – podsunął mu niedbale dokumenty.

Zwalił się na fotel za biurkiem. Jednak był zmęczony. Nierówny oddech i spocone czoło. Obwisł jak pęcherz, z którego uchodzić zaczęło powietrze.

Adwokat M. ostrożnie trzymał w dłoni te prokuratorskie glejty dotyczące jego klienta. Był zaskoczony nieoczekiwanym sukcesem swych zabiegów. Anioł przyjrzał mu się z zainteresowaniem.

– Nie wierzysz? – zapytał ciepłym głosem; wstał i niezwykle szybko wybiegł zza biurka.

Postąpił krok, dwa i objął go oburącz w tak zwany „niedźwiedzi uścisk". Adwokat M. po prostu osłupiał. Zaskoczony szybkością tego manewru, nie potrafił zdobyć się na żadną reakcję. Anioł zaś przychylił jego głowę do dołu mocnym szarpnięciem i pocałował go w usta.

– Polubiłem cię, chłopie! – buchnął mu w twarz cuchnącym oddechem przetrawionej,wczorajszej wódki z domieszką dzisiejszego bimbru i smrodem machorkowego tytoniu. – Widzisz – bełkotał – też jestem człowiekiem… Też potrafię iść na rękę… No, daj jeszcze dzioba! – I jeszcze raz jego mokre, gorące usta zetknęły się z ustami adwokata M.

Ten wreszcie ocknął się ze swojego stuporu. Wyrwał się gwałtownie z objęć Anioła.

– Do widzenia – wymamrotał, ciągle jeszcze oszołomiony tym pocałunkiem.

Uciekł z prokuratorskiego gabinetu.

– Jak będę w Warszawie, to przedzwonię do ciebie – dobiegł go już w sekretariacie głos Anioła.

Wybiegł na korytarz.

Ten pocałunek czuł jak truciznę. Przeniknął go do głębi i wypełnił czymś ohydnie obezwładniającym. Prześladowało go poczucie jakiejś nagle odkrytej więzi z prokuratorem. Oni razem. Tacy sami. Usta w usta. Czuł w sobie jad Anioła. Także własny jad. Te dwa jady… Jeszcze na schodach sądowego gmachu pluł i wycierał usta chusteczką. Pluł i pluł. Czym zabić ten trujący smak? Marlboro, fajka marki Dunhill wypełniona figową Amforą, wanna z wodą o zapachu lawendy lub nawet kieliszek koniaku. Rozważał wszystkie te warianty odkażenia i naraz przyśpieszył kroku i skulił się jak smagnięty biczem. Wydało mu się bowiem, że słyszy za plecami chrypliwy, triumfalny chichot Anioła.

Czym prędzej do samochodu.

1984

# Jeden dzień w Europie

Ten waluciarz wyglądał jak cygański książę. Taki był wystrojony, kolorowy i złotem obwieszony. Coś wyciągnął z podręcznej torebki zwanej pederastką. Ona wsunęła pod kontuar.

– Pasuje? – zapytał.

Kiwnęła głową. Odszedł, stukocząc wysokimi na wzór kowbojski butami. Książę Igor. Tak był nazywany. A ona, barmanka z dzisiejszej zmiany, modelowa wprost, duży cyc, twarz obrzmiała ze szramą na policzku i puste, niebieskie oczy lalki.

Syczy ekspres. Poszła na zaplecze. Zadem opiętym, zwierzęcym miotnęła. Został jej obraz w oczach. Falowała zasłona oddzielająca zaplecze od baru.

Opuściłem oczy.

Wróciła z zaplecza. Cicho nastawiła radio. Senna muzyka przedpołudniowa. Znieruchomiała nad kontuarem, cyce wypychały sukienkę, szklany wzrok w ścianę przed sobą wlepiła.

Poza nami nie było tutaj nikogo. Kurwy się jeszcze nie pobudziły, a hotelowi goście wolą hall.

Kaletmistrz pogrążył się w lekturze sportowej strony *Trybuny Ludu*. Był kiedyś płotkarzem, siatkarzem, kimś takim, i atawizm studiowania sportowych wyników pozostał mu dotąd.

Malarz odsunął firankę i spoglądał w okno. Za oknem wielki plac wyłożony betonem. Z lewej strony połyskliwy blok drugiego hotelu. W głębi grób Nieznanego Żołnierza z zastygłą przed nim wartą.

Był jeszcze przy naszym stoliku trzeci. Tego nie znałem. Czekał na Pośrednika. Tłustawy. Miękka, skórkowa marynarka i szeroki krawat związany w grubą gulę pod obwisłym podgardlem. Spoglądał na zegarek, a zegarek miał elektroniczny, ciemna, pusta tarcza i czerwone cyferki na niej wyskakiwały.

– Wygrał! – ucieszył się Kaletmistrz. – Trzeci rezultat w tym roku…

– Kto? – zapytał Malarz. Ciągle wpatrywał się w okno.

Kaletmistrz pytania nie usłyszał. Wsunął posiwiałą głowę w gazetę. Spojrzał na tę szeleszczącą, zadrukowaną płachtę od spodu. Na pierwszej stronie zdjęcie Przywódcy. Ściska dłoń drugiemu Przywódcy.

Zaterkotał telefon. Barmanka ocknęła się. Piersi jak taran. Falowanie zadu. Zniknęła za kotarą. Wspaniałe, choć nieco zużyte mięso. Tak mówił Kiciuś.

– Kiciuś… – powiedziałem – smutno bez niego.

Kaletmistrz zakrztusił się śmiechem, połączonym z bronchitem.

– On tych dziwek przepuścił!

Ożywienie było krótkie. Jeden ziew, drugi ziew. Barmanka wróciła z zaplecza. Też ziewa.

Przychodzą tu od dawna i nudą wiać zaczyna. Wypycha. Gdzie już nie łaziłem? Do „Parany" dawno temu. Zbierali się tam wyścigowi gracze i drobni kombinatorzy, wieczorem zaś stare ulicznice i piwni pijaczkowie. Przestałem. Potem do takiej kawiarni, co jeszcze przedwojenne czasy pamiętała. Złocone poręcze krzesełek i blaty stolików, emeryci przy wodnistej kawie, mrok i dużo wspominania. Czułem jakąś omszałość, która obłazić zaczynała, i przychodzić przestałem. Bywałem też u Literatów. W końcu mojej branży to ostoja. Nie dałem długo rady. Zamroczony jałowym gadulstwem, obrzmiały od artystycznych jadów, próżności, kłamliwych słów i poczucia wzajemnego spętania. Kac bywał wtedy gorszy od wódczanego. Traciłem swoje miejsca po kolei i jak szczur przemykałem się pod murami. Wreszcie tu znalazłem przystań. Też licha. Wyganiać powoli zaczyna.

– Żeby coś takiego jak klub… – rozważa często Kiciuś, jeden z tutejszych bywalców. – Ci mądrale Anglicy te kluby wymyślili… Wszędzie na świecie… – ciągnie. Kiciuś Rasputinek, kosi dziewczyny długimi seriami… – są bary, bistra, puby, tabaki, kafejki. A tu?! W barze mlecznym szukać miejsca albo w samoobsługowej wyżymaczce…

Zaszyłem się więc w tym komfortowym przytulisku. Chociaż ta kipiel cudzoziemców, te dziwy wokół nich, waluciarze, rajfury i pośrednicy… Taki sztuczny świat drogich trunków, dolarowej elegancji, tandetnych snobizmów i pieniąchów, brudnych pieniąchów, które stały się najwyższą miarą.

W tym mozolnym poszukiwaniu ziemskiej przystani bywają też knajpy. Z ostatniego pobytu zapamiętałem bywalca, tytułowanego Inżynierem, który spadł z wysokiego stołka, pijąc kolejną wódkę, i w ten sposób żywot zakończył. Nie każdemu taki szybki finał pisany. Długie, gnilne umieranie. To jest najgorsze. Ludzie wypaleni. Tak mówił mój przyjaciel Leszek. Śmieliśmy się z tych żałosnych, żywych trupów, co pustkę swego wnętrza pozorami osłaniają. Oczy wygasłe i mętne, głos drewniany klekotem pobrzmiewa, rozpaczliwe ruchy szmacianych kukieł. Młodzi byliśmy. Łatwo ten śmiech przychodził.

Barmanka położyła mięsistą, szeroką dłoń na kontuarze. Uniosła palce. Pilnikiem zaczęła szlifować paznokcie. Leciutki chrzęst. Paznokcie powleczone fioletowym, jadowitym lakierem.

– Kiedy on przyjdzie? – odezwał się ten trzeci, którego nie znałem. Malarz oderwał wzrok od okna.

– Może wcale nie przyjść – mruknął.

– Przecież zawsze tu przychodzi – zdziwił się ten trzeci.

– Ostatnio unika – odparł Malarz.

Usadowił się wygodniej i opowiedział to śmieszne zdarzenie.

Pies Wojny tak wystraszył Pośrednika. Od lat we Francji mieszka. Zęby tu przyjechał wstawiać. Taniej. Popił wtedy i Pośrednika z serdecznego uścisku swych niedźwiedzich łap nie puszczał.

– Mam dla ciebie biznes – powiedział.

– Jaki? – zainteresował się tamten.

– Związany z wojskowością.

Począł snuć karkołomną transakcję handlu bronią. Stąd, z Polski, gdzieś do dzikich w Afryce.

– Mam w tym doświadczenie – powtarzał i te piękne, sztuczne zęby w uśmiechu odsłaniał.

Może i miał. Podobno na ciemnych aferach jego zamożność stoi.

– Ty mi pasujesz! – wykrzyknął z zapałem. – Masz swoje kontakty, posmarować będzie trzeba, zielonymi sypnąć…

Pośrednik, kombatant zarazem, pułkownik w stanie spoczynku, wystraszył się nie na żarty. Różni tu przecież przychodzą. Mogli podsłuchać.

Gonił go gromki głos Psa Wojny.

– Świetnie – odpowiedział Malarz. Zadbał o humorystyczne efekty. Raz był Psem Wojny, to znów jego wystraszonym kontrahentem.

– Poważnie? – zdziwił się Kaletmistrz. – Tak było?

Ten trzeci pokiwał z pobłażaniem głową.

– Czego tu się bać? Pijackich bredni?

– No wiesz! – żywo zainteresował się Kaletmistrz. Rozejrzał się i dodał szeptem: – Podobno są tu detektywi hotelowi.

Ten trzeci wymownie skrzyżował lewą rękę na przedramieniu prawej i buńczucznie potrząsnął tym symbolem palanta.

Znać musiał barmankę. Uśmiechnęła się do niego.

Pies Wojny. Tamtego tak Kiciuś nazwał. Posiada dar nadawania trafnych przezwisk. W jego nomenklaturze nazywam się Inżynier Pisarski. Celny strzał. Ten mój krawacik, marynarka w jodełkę, niekiedy aktówka pod pachą. Taka standardowa zwyczajność. Zostałem tym Inżynierem.

– Hotele, burdele – niespodzianie bąknął Malarz. Szarą dziś miał twarz i apatyczne, zgaszone oczy. Może popił wczoraj? Maluje. Płótna kolorami pokrywa. Cenią go i kupują. Zawsze jednakowy. Spokojny i pogodny. Chłopski syn. Może to te wsiowe korzenie właśnie. Dają równowagę i odporność. Gobeliny też tka. Cierpliwość długiego ślęczenia przy tkackim warsztacie. Jednak to rzemiosło w końcu, fizyczne prace, surowiec. Pewność i spokój z tego muszą wynikać. A ja? Tym pisaniem przeżarty. Niepewny i rozdygotany. Jakby wrzód wzbierał. Coraz rytmiczna fala wyrzuca mnie tutaj. Nie zawsze przecież dłoń, uzbrojona w ołówek, sunąć po papierze potrafi. Nieruchomieje. Wstręt chwyta. Paraliż. Męczy ta gęstwa niewypowiedzianych słów.

– Gdzie robisz? – pyta dawny przyjaciel z przedmieścia, Sewek Studniarz.

– Zajmuję się pisaniem – bełkocę z udręką. – Wiesz, prywatnie, w domu sobie siedzę.

Kiwa głową. Ale nic nie rozumie. Żegnamy się. Sewek pędzi do roboty, może z roboty. Zostaję sam i myślę: gdzie by tu iść?…

Tak było i tym razem. Wygnany z domu jałową niewolą za papierem, tutaj pożeglowałem. Czas jakiś miotałem się po ulicach. Ale nie było innego wyboru.

Ten gmach z gruzów powstał, niewysoki, masywny, odbudowany z pietyzmem dla przeszłości, zaprasza do swego wnętrza wejściami z czterech stron. Dobry ma rodowód. Książę był jego właścicielem, a Tetmajer, obłąkany i zamilkły już do końca poeta, tu na najwyższym piętrze miał dożywotni pokoik.

Portier o nienasyconej twarzy szakala otworzył przede mną niedbale drzwi. Pozdrowiliśmy się w przelocie. Zastygł w wyczekującej do skoku pozie. Na cudzoziemców czyha, gotowy do usług rozmaitych. Korytarzem wyłożonym marmurami dotarłem do szatni. Szatniarz twarz miał znajomą. Starą, wypełzłą, z małym wąsikiem, pod którym błąkał się nieokreślony uśmieszek. Kogoś przypominał z dalekich lat. Patrzyłem z wysiłkiem. Nie mogłem sobie przypomnieć. Tyle tych twarzy. Gąszcz. Odwzajemnił się również intensywnym spojrzeniem. Wziąłem numerek.

W narożnym barze powitał mnie gromki głos Kaletmistrza:

– Witamy, Inżynierze!

I tak oto jestem tutaj. W naszym klubie, jak powiada Kiciuś. Patrzę ukradkiem na barmankę. Jej ciało leniwe, fachowe. Wyobrażam sobie niemało. Banalne to. Jak niewola. Z tego patrzenia nic nie wynika. W czasach, kiedy pisałem *Robaki*, było inaczej. Osadzony tą samą żądzą, ruszałem jednak na podbój. Więc nie tą samą... Młodą, aktywną. Przecież spełniałem swoje zachcianki. Teraz już rzadko. Lepkie macki chowają się bezsilnie. Tylko jałowe pulsowanie pozostaje. Ślepia Onana. Opuszczałem powieki. Podnosiłem wstydliwie.

– W głowie się roi, a dół już nie taki – powiedział kiedyś pewien stary, zużyty łajdak. Święte słowa. Głowę przepoić niemocą dołu.

Barmanka wysunęła się zza kontuaru i zmieniła nam popielniczkę. Nakopciliśmy. Cały stos niedopałków.

– Za dużo panowie palą – powiedziała. Głos miała niski, dźwięczny. – Ja rzuciłam od trzech miesięcy. Znacznie lepiej.

– To widać – rzekł ten trzeci.

– Czyżbym przytyła? – zaniepokoiła się i zatrzepotała długimi rzęsami. Były chyba sztuczne.

Ale ten trzeci już nie odpowiedział.

Nadszedł wreszcie Pośrednik. Dziś elegancki nad wyraz: garnitur miękki, angielski, krawat o dyskretnym deseniu, klapę ozdabiały mu miniatury odznaczeń.

– To medale! – roześmiał się Malarz.

– Ruska skłonność – zamruczał Kaletmistrz.

– Pomaga w interesach – rzekł z powagą Pośrednik.

Przywitał się z nami w roztargnieniu. Pogrążył się zaraz w szeptach z tym trzecim. Obaj wyjęli notesiki, coś w nich sprawdzili, schowali równocześnie i kiwnęli głowami. Opuścili bar.

– Pies Wojny był tu przed chwilą – rzucił na odchodne Malarz.

Pośrednik skrzywił się z niesmakiem.

– Nie mamy sobie nic do powiedzenia.

Zaśmieliśmy się. Kaletmistrz odprowadził uważnym spojrzeniem tego trzeciego.

– Łeb… – powiedział – pieniądze lizą do niego jak świnie.

Zabrzmiało to melancholijnie i nieco zawistnie. Sam szczęście do interesów ma niewielkie. Plajtował dwa razy. Domiarami go cisną. Starą Skodą dotąd jeździ.

– I niezły mecenas – wtrącił Malarz. – Dwa obrazy kupił.

Zaczynał się już hotelowy ruch. Znajome twarze. Kombinatorzy. Piosenkarze. Filmowcy. Plejboje. Zaglądają. Odchodzą. Czerwona krwista twarz profesora od moralności socjalistycznej. Też tu bywa. Wymienił ukłon z Malarzem.

– Sąsiad... Ma daczę obok mojej – wyjaśnił Malarz. – Ze starego wiatraka sobie przebudował.

– Widziałem go wczoraj w telewizji – rzekł Kaletmistrz. – Bredził. Areopag kłamców... – aż prychnął.

Dacza Malarza. Byłem tam. Siedział wtedy nad stołem. Taki jak dziś. Szary, zgaszony. Był po pijackiej, szaleńczej eskapadzie do Zamku. Jest taki Zamek daleko stąd, a w nim pani kustosz, luba jego wybranka. I niekiedy pragnienie tego Zamku ogarnia go przemożnie. Potrzeba ucieczki w gotyckie, wysoko sklepione komnaty, pełne zbroi, obrazów i ciężkich mebli.

Wybiega wtedy w noc. Zatrzymuje taksówkę i gna tam.

– Wróciłem rano – uśmiechnął się wstydliwie.

Snuł się wśród książek, płócien i gobelinów. Wzdychał. Co go tam gna? Gotycki archetyp. Rycerska legenda. Do swojej wybranki na wysokiej górze podjeżdża średniowieczny kochanek. I tę jego gruboskórną chłopskość, ciężką i bez uniesień, diabli wtedy biorą.

– Wariactwo – powtarzał. Sam się sobie dziwił. – Dwieście kilometrów stąd – stwierdził rzeczowo.

Takie wariactwo to jest coś. Duża rzecz.

– Wiatrak – warknął Kaletmistrz. – Budują się świnie.

Lubię Kaletmistrza. Rubaszny, szczery i tak przez życie przemaglowany. Dużo w nim goryczy. Często powtarza zawzięcie:

– Syna uczę angielskiego. Od pierwszej klasy. Musi umieć perfekt.

A niedawno tak mi znów powiedział:

– Czytałem ten twój *Hades...* – Zastanowił się. – To piwniczne życie w knajpie. Znaczy polski Hades w ogóle. Tak to zrozumiałem.

Ucieszyłem się. Doskonale zrozumiał.

– Wiatrak – powtórzył Malarz. – Kiciuś mówił, że jest taka figura erotyczna, wieloosobowa, ciekawe jak to wygląda?

Z głębin hotelowego matecznika wynurzył się Wiesio Milicjant. Przysiadł się do nas. W objęciach trzymał swego pudelka. Mały, śmieszny psiak ostrzyżony na lwa, czerwona wstążeczka opasywała mu szyję.

– Śliczny – powiedziała barmanka – laleczka. – Jej biust zafalował uczuciem do pieska. Pudelek ziewnął, odsłonił świeżą czerwień w pyszczku.

– Miniatura – wyjaśnił Wiesio – dwa medale załapał w swojej konkurencji.

Opuścił go na podłogę i służyć kazał. Pudelek zastygł na dwóch łapkach niby posążek. Pogładził go po nastroszonym, lwim łebku i z powrotem umieścił na kolanach.

– Od przyszłego miesiąca pewien sympatyczny lokalik biorę w ajencję – Wiesio Milicjant rozmiękczał słowa jak smakowite kąski. – Wódeczka, krótkie dania, zapraszam gorąco... – zacierał pulchne dłonie o krótkich palcach, złoty sygnet pobłyskiwał na jednym, pierścionek ze szlachetnym kamieniem na drugim; różowa koszula obszyta na przodzie czymś w rodzaju falbany, rozpięta na wydatnym brzuchu, przelewającym się nad szerokim pasem.

Milicyjny rencista, dwa lata minęło, jak czynną służbę zakończył. Czasem nazywano go po prostu Tłusty. I zawsze kipiał taką żywotnością i optymizmem.

Nagle i bezsensownie pozazdrościłem mu wszystkiego. Pudelka, sygnetów, ajencji, córki, która żyje, jak powiada, z pewnym dygnitarzem. Być tutejszym konkwistadorem. Iść jak taran przez życie. Jeszcze jeden taki tu przychodzi. Lepszy od Wiesia. Małpoludem go nazywamy. Szkła optyczne wyrabia. Ostatnio BMW nabył. Pieści ten samochód jak kochanicę najsłodszą. Ten to dopiero... Podobno był w wojnę ukraińskim policjantem i jego fortuna zaczęła się od słoika złota zrabowanego Żydom gdzieś tam w Żółkwi, Kamieńcu czy Krzemieńcu. Tak żartuje Malarz. Na pewno śpią oni wspaniale. Zdrowo i twardo. Taki sen. Samo zdrowie. Pozazdrościłem im tego snu. Coraz częściej rozmaite pastylki łykam. Barbituraty. Dostojne słowo. Był taki pisarz mojej generacji. Idol pedałów i pań w średnim wieku. Lubił alkohol i barbituraty. Gryzły się ze sobą te upodobania. Aż walnął w kalendarz. Nie ma go już. Barbituraty... Najczęściej przyjmuję nitrozepan.

Barmanka głośniej nastawiła radio. Zadźwięczał sygnał z wieży Kościoła Mariackiego.

Wtedy pojawił się ten drugi waluciarz. Już nie kolorowy jak pierwszy. Posępny raczej. Ubrany w ciemną, zamszową bluzę i ciemne buty, też czarne, wysokie z metalowymi ostrogami.

Wrzucił dwuzłotową monetę do pyska szafy grającej i *Feeling today* nastawił.

– Współpracownik organów – szepnął Wiesio, który wiedzę w tym zakresie posiada wiarygodną.

Zahuczało muzyką. Szczelnie wypełniła niewielką klatkę narożnego baru. Zawibrował szklany blat naszego stolika. *Feeling today* – ryczało ochryple. Waluciarz drugi raz nastawił tę melodię. Kuliliśmy się pod kanonadą dźwięków. Tylko Wiesio przytupywał obcasami w takt i coś opowiadał, czego w żaden sposób nie mogliśmy usłyszeć. Nawet biały pudelek zbudził się i zaszczekał. Dopiero interwencja Kiciusia wyzwoliła nas z udręki.

Zaczynał swój spacerowy dzień. Wkroczył, skrzypiąc butami. Też były kowbojskie, spiczaste, ozdobione ostrogami i na wysokich obcasach. Z początku Kiciuś zdradzał pewną życzliwość dla tej melodii. Jednak przy trzeciej powtórce stracił cierpliwość i rozciął dokuczliwy wrzód wrzasku. Zbliżył się do szafy i jednym szarpnięciem wyrwał sznur z kontaktu. Zacichło raptownie. Ulga. Czarny waluciarz spojrzał na niego z wściekłością. Zderzyli się spojrzeniami. Niezłomne oczy Kiciusia. Barmanka z zainteresowaniem popatrzyła na zmagających się w milczeniu mężczyzn. Pojedynek wygrał Kiciuś. Czarny waluciarz postał jeszcze chwilę w tym cichym nagle barze i wyszedł, nie dopijając koniaku.

– *Feeling today* – zachichotał Malarz.

– Wziął go za kogoś z tej branży – ocenił zdarzenie Wiesio Milicjant – tylko wyższego rangą.

– Bał się po prostu – sprzeciwił się Kiciuś. Ramiona masywne, cały jak kloc, ciężki, zwarty i to oko zimne, jasne. – Nie chciał się łomotać – dodał i powiódł po nas czupurnym spojrzeniem.

Pokiwaliśmy głowami.

– Więc rozumiecie… – tłusty Wiesio usadowił się wygodniej; brzuch wylazł mu jak ciąża na kolana, pogładził pudelka po lwim łebku; cała jego postać kipiała żarłocznym nienasyceniem. – Jeden mój koleś, ja go nauczyłem, ma w swoim Fiacie zamontowany magnetofon z odpowiednią taśmą, ja mu nagrałem, zatrzymują go ci z drogówki, przekroczył szybkość, ostro jeździ, nerwus taki, a on pstryk!, włącza magnetofon, dopiero wtedy opuszcza szybkę i pyta: o co chodzi, sierżancie? a z tego magnetofonu: tu Warta, tu Warta, S-53, słyszysz mnie?, słyszysz?, przekazuję komunikat, obiekt obecnie…, to starczyło w zupełności, ten z drogowej kopytami stuknął, przepraszam, zaraz odszedł, tylko kierowca musi się odpowiednio zachować, służbowo, że tak powiem… – oczy Wiesia, chytre iskierki utopione w tłustej twarzy. – Sam też mam na nich swój sposób, skromny – zachichotał i zatarł dłonie. – Prawo jazdy trzymam w plastikowej oprawce, wiecie, a do tego włożyłem jeszcze wizytówkę, zrobiłem sobie przed odejściem na rentę, kapitan taki a taki, telefon taki a taki, wtedy jeszcze służbowy, zobaczą, bardzo pomaga… – Jego głos zacichał, to znów nasilał się w moich uszach.

Zamówiłem drugą kawę i mieszając cukier w filiżance, pogrążyłem się w swoich bebechach. Ten ciągły boks. Ze sobą i z pisaniem. Lat przybywa. Po czterdziestce. Książek kilkanaście. Obca łapa nigdy moim pisaniem nie sterowała. A mimo to, ile spętania, niemożności. Krok coraz cięższy, niewola przyzwyczajeń, drobne, coraz częstsze ustępstwa. Gorączka uszła. Płaskie, rozdeptane te moje dni, noce.

Wynurzyłem się na powierzchnię. Głos Malarza.

– Dwa pieski wyskoczyły na jezdnię – mówił – musiałem ostro skręcić w prawo, przyhamować już nie mogłem, śliska nawierzchnia, murowany poślizg, zresztą o mały włos rąbnąłbym o słupek, aż się spociłem, a te kundle pobiegły w krzaki…

– Czy twoja dacza już wykończona? – przerwał Kiciuś.

Też dynamiczny, pazerny na życie. Pewno budować chce coś. Budują się wszyscy. Urządzają. Taki czas.

Odwróciłem głowę. Widok za oknem. Czyściciele samochodów na parkingu. Zza węgła wojskowego budynku po drugiej stronie wynurzyła się wataha Cyganek. A w głębi na tle czarnych i bezlistnych drzew Grób Nieznanego Żołnierza.

– Czy wiecie, kto jest tam pochowany? – zapytałem.

– Orlątko lwowskie – odpowiedział Malarz.

– Nocą pedały wartowników nagabują – odezwał się Kiciuś. – Za wgląd do rozporka jest taryfa.

– Do rozporka! – zaniósł się bronchitowym śmiechem Kaletmistrz.

Korytarzem miękko jak zjawa przepłynął ten elegancki człowiek z Libanu. Michel, maronita. Twarz miał oliwkową i marzycielskie oczy. Z rozpiętej koszuli wysunął się złoty łańcuch z krzyżem.

– Może kupi coś – zamruczał Malarz.

– Zapłaci w dolcach czy złotówkach? – zainteresował się Wiesio Milicjant.

– Kto to wie – Malarz wzruszył ramionami.

– Nadziany raczej – stwierdził Kiciuś.

Za szklanymi drzwiami pokazały się dewizowe dziewczyny. Popatrzyły chłodnym, taksującym wzrokiem. Zmierzały do hallu. Piękne, okazałe samice. Jedna zatrzymała się. Kiciuś przesłał jej dłonią całusa. Uśmiechnęła się.

– Niezła – uznał Kaletmistrz.

– Dymałem ją – pochwalił się Kiciuś. – Dwa szampany, kolacja, motel, koniak… – referował niedbale. Poprawił golfowy kołnierz swetra na muskularnej szyi. – Bezpłatnie.

Tłusty Wiesio popatrzył na niego podejrzliwie.

– Bezpłatnie – powtórzył.

– Ja też z taką jedną – powiedział Kaletmistrz – ale płatnie. Przyjechała z prowincji. Miała trzy marzenia… – zmarszczył czoło – ważna jest tu kolejność. A więc tak: rożen, samochód i mieszkanie. Tam u niej w miasteczku jeden ma rożen, kurczaki i frytki sprzedaje, ogonek przez cały dzień. Tylko o tym mówiła. Słabe dymanie – splunął.

– Do końca życia będzie śmierdzieć fryturą – rzekł Kiciuś.

Za szklanymi drzwiami następna grupa dziewczyn. Wciągnął brzuch. Wyglądał jak samiec wiecznie gotowy.

– Dlaczego? – zapytał Malarz.

– Przy rożnie to nieusuwalne – Kiciuś rozluźnił się. Dziewczyn już nie było. – Smród frytury włazi w ubranie, włosy, wszędzie. Nieusuwalne – podkreślił z naciskiem.

– Bardzo ciężko usunąć – przyznał Wiesio Milicjant. Smród frytury. Obłażący, nachalny. Na całe życie. Całe życie. Ścieka tłuszcz. Śmierdzi. Pobrudzone tłuszczem pieniądze.

– Coraz mniej, panie, idejowych ludzi – tak powiedział kiedyś starszy człowiek w piwiarni.

Staliśmy naprzeciw siebie. Wpierw patrzył. Potem pochylił się i tak powiedział.

– Czasy takie – dodał jeszcze.

Dalej piliśmy piwo w milczeniu. Wyszedł pierwszy. Twarz miał ogorzałą, wąsatą. Wytarł z piany obwisłe wąsy. Był w długim, granatowym szynelu.

– Ile?! – zdumiał się Kaletmistrz.

– Tak stoi na giełdzie – odparł Wiesio Milicjant. – Spytaj, kogo chcesz!

Moi towarzysze rozmawiali o interesach. Nie słuchałem. Nie chciało mi się. Ciągle byłem zajęty sobą. Taka potrzeba. Od rana to męczyło i w nocy też. Wspominanie. Dużo wspominania. Na przykład Krzywy. Mój przyjaciel. Jeden z najbliższych. Też ciągle na coś liczył. Te jego dłonie od tokarki pościerane, twarde. Nie bał się żadnej roboty. Przerzuty miał ostre, od urzędniczej posady do harówy na budowach. Budowy socjalizmu. Błoto, rozbebeszona koparkami ziemia. Zwiedzają literaci. Żeby opisać. Wśród nich i ja. Ryczą motory. Dźwig podnosi swoją łapę. W kabinie Krzywy. Niespodziewane były nasze spotkania. I pił do zatraty, alkoholem podlewał swoje zmagania. Ulubionym jego pisarzem był Faulkner i rozumiał go jak mało kto. Cenił w tych książkach posępnych, upartych mężczyzn. Sartorisów, Sutpenów i ich walkę z przeznaczeniem. Wiecznie czegoś szukał.

Wierzył w sens poszukiwań. Ostatnio miał zamiar żaglówkę budować. Już gromadził materiał. Poszedłem zaprosić go na swój wieczór autorski. Piąty listopada, trzy lata temu. Pukam. Cisza. Walę coraz mocniej. Uchyliły się sąsiednie drzwi. Wyjrzał rozczochrany facet w piżamie.

– Nie ma tego pana. Umarł.

Umarł Krzywy. Nos miał złamany, krzywy właśnie. Od kolby niemieckiego pistoletu podczas okupacji. Dla mnie to był człowiek „idejowy". Pisałem o nim. Dawno temu był Bródką w *Silnej gorączce*. Właściwie nigdy w swoim pisaniu z nim się nie rozstawałem. Potrzebna to była świadomość. Jest ktoś taki. Silny, niepokonany.

Coraz więcej tych pustych miejsc. Ostatnio ulubiony wujek Marian. Ze wsi. Brat matki. Jeździłem tam po wojnie popaść się, nabrać sił na świeżym powietrzu. Pokochałem milkliwego wujka. Chodziłem za nim jak psiak. W pole, do stajni, na łąkę. Wszędzie. A kiedy zeszli się sąsiedzi, wujek mówił do mnie:

– Powiedz „Beresteczko".

Mówiłem. Śmiali się sąsiedzi. Niektóre słowa wymawiałem szybko jak karabin maszynowy. Do nich należało „Beresteczko". Wieczorem zaś niezmiennie:

– Marcin! – wołał wujek – podaj pieska!

Biegałem po drewniany przyrząd do ściągania butów z cholewami.

I umarł wujek Marian. Zobaczyłem w otwartej trumnie wyschniętą, kościaną twarz. Obcą, martwą. Zatrzasnęli wieko. Rozglądałem się po chałupie. Szerokie łóżko przykryte pasiastą kapą. Lubił na nim odpoczywać wujek Marian. Jego gruba, podbita futrem kurtka wisiała na gwoździu w sionce. Wojłokowe buciory stały pod ławą. Ostatnie ślady. Niebawem znikną. Nikt nie będzie też wiedział, że we wczesnym dzieciństwie byłem nazywany Marcinem. I mało kto już wie, co to jest drewniany piesek i do czego służy.

– Jadę za nią wolno, wolniutko – monotonny głos Kiciusia – ogląda się… Maszyna! Te piersi, ten świński ryj…

– No i co? – nie wytrzymywał Wiesio Milicjant.

– Udało się – wycedził po efektownej pauzie Kiciuś – pełny serwis usług.

Zająć się tymi maszynami tak jak Kiciuś. Dymaczem być, a nie Inżynierem Pisarskim. Albo biznes robić. Tak jak Wiesio, Pośrednik, inni. Oto perspektywa. Gęste, nabite zajęciami dni. Roześmiałem się z tych bredni. Śmieszna naiwność.

Przyjaciele spojrzeli na mnie ze zdziwieniem.

– Bogate życie wewnętrzne – wyjaśniłem, błazeńsko krzywiąc twarz.

– I nie dzielisz się z nami? – powiedział Malarz.

– Niewyrażalne – odparłem.

– W lutym będę bił nutrie – tłusty Wiesio poprawił na kolanie pudelka, który pochrapywał leciutko. – Zakręcił młynka palcami. – Wiecie, jakie to dobre mięso? Niektórzy kiełbasy robią. Wybredne, one byle czego nie zeżrą, a jakie czyste! Myją się co chwila, czyściejsze niż twoje baby – zarechotał i popatrzył na Kiciusia.

Ten skrzywił się z obrzydzeniem.

Naraz tłusty Wiesio przestraszył się czegoś. Skulił się i małymi oczkami w korytarz za szklanymi drzwiami łypał. Może ktoś przechodził. Chwilę tak przeczekał za plecami Malarza.

– Takie tam – wybąknął niechętnie. Nic bliżej nie wyjaśnił.

– Takie tam – powtórzył Malarz.

– Gańdziary – powiedziałem przeciągle.

Pośrednik tak pieniądze nazywa. W jego wykonaniu kresowym, śpiewnym akcentem słowo to bardzo smacznie brzmi. A powiedziałem tak, żeby coś powiedzieć. Następnie pomyślałem o Pośredniku. Od rana w biegu, krzątanina, kawiarnie, warsztaty, urzędy, spotkania, kawki, koniaki. Żywioł niezmordowany. Zahartowany frontowiec.

– Może potrzeba ci szmalu? – Kiciuś już sięgał do kieszeni.

– Nie. Tylko tak sobie obracam. Smaczne słowo. Gańdziary. Grandziary.

– Pisarski szlif – domyślił się Kiciuś.

– Żebyś tak wziął się za mój życiorys, dopiero byś napisał – tłusty Wiesio klepnął mnie po ramieniu. – Na Woli był początek, rozumiesz, tam się urodziłem, stary robił u Lilpopa, komunizował, ja też od maleńkości przy naszej władzy, zaczynałem od gońca w urzędzie bezpieczeństwa.

– Wiesiek zawsze z władzą – przytaknął Malarz. – Ale ludzki, parę złotych mu dać, nie odmówił, przyjął, pomógł…

– A jak! – potwierdził Wiesio. – Trzeba życiowo.

– Niecenzuralne to wszystko – odezwałem się – nie przejdzie.

– E tam! Dać odpowiedni retusz i przejdzie – podjudzał Malarz z fałszywą powagą.

– Mój życiorys – przytaknął Wiesio Milicjant – gotowy bestseller.

– Nasz Cichy Don – wtrącił Kiciuś – walka z reakcyjnym podziemiem, strzały zza węgła, zapluty karzeł reakcji – rozgrzał się całkiem autentycznie i gestykulować zaczął – lasy, referendum, jak to chłopów do głosowania pędzili, jak to akowców za dupę i do pudła, te przesłuchania, jaja w szufladę i: mów, sukinsynu!

Tłusty Wiesio potakiwał gorliwie. Nostalgia powlekła mu małe, głęboko schowane oczy.

– Młodość – westchnął.

Malarz zaśmiewał się. Usta zasłaniał dłonią i rechotał.

– Co za kraj! Selekcja negatywna – Kiciuś sędzią stał się surowym, gromowładnym – bo gdyby tu stosowano normalne kryteria, to wielu z nas za łopatę musiałoby się złapać, no nie?! – twarz miał chmurną, ściągniętą. – Brak kwalifikacji, żadnych indywidualności. Selekcja negatywna i zdewaluowany system wartości – powiedział z naciskiem. Wpatrzył się nieżyczliwie w naszego milicyjnego rencistę.

– Niby dlaczego? – zdziwił się Wiesio.

– Zdewaluowany system wartości – potwierdził Kaletmistrz. – Złotówka leci na łeb, sto złotych dwa lata temu, a teraz...

Tłusty Wiesio pokiwał głową.

– Tak można godzinami – ziewnął Malarz – i co z tego wynika?

– Trzeba się nie dawać – rzekł Wiesio i jego oczy zakipiały energią. – Głową kręcić, kombinować... Ty na przykład – zwrócił się do Malarza – mógłbyś się wziąć za nutrie. Plac masz... Pobudować klatki... Futerka idą jak woda... Te nutrie, jak one ładnie jedzą, łapki palczaste jak ludzkie, tak trzymają i chrupią, jabłka lubią, a te zęby długie takie mają i koloru pomarańczowego.

– Pomarańczowego? – zdziwił się Kaletmistrz.

Wojenne szambo. Takie zdarzenie mi się przypomniało. Było to podczas okupacji i uczyliśmy się w drewnianym domu nad glinianką. Wraz z dzwonkiem zapowiadającym dużą pauzę wybiegliśmy z budynku i ustawiliśmy się w kolejce do klozetu. Obok niego szambo. Odkryte. Czekając na wejście, przepychaliśmy się z nudów i nadmiaru energii. Dziewczyny popiskiwały. Aż popchnęliśmy mocniej. Z kolejki wypadła koleżanka Zielińska. Stała najbliżej klozetu. Wypchnięta jak z katapulty, wpadła do odkrytego dołu z odchodami. Jak ona się tam taplała! Zrazu śmieliśmy się do łez, ale powoli śmiech zamierał na naszych twarzach. Zaczęliśmy odwracać głowy od widoku dziewczyny miotającej się w mazi ludzkich odchodów. Wreszcie pojawił się nauczyciel i podał jej tyczkę. Wydostała się stamtąd. Pokryta tą gęstą mazią z szamba i tak śmierdząca. Wstrząsał nią konwulsyjny płacz. Nie do zapomnienia.

Spoglądałem w okno.

Cyganki osaczyły jakąś kobietę. Wróżyć chcą. Przekładają karty. Kobieta opędza się. Cygańskie bachory wyciągają ręce. Żebrzą. Waluciarze wsiadają do swoich Fiatów mirafiori. Śpieszą się gdzieś. Drapieżne ptaki miasta. Na usługach chłopcy. Tak powiada Wiesio. Kopki topniejącego śniegu pod wojskowym budynkiem. Kałuże na jezdni. Wcześnie spadł śnieg w tym roku.

Od tego okupacyjnego szamba uciekłem w krainę sztuki. Czysta, orzeźwiająca krynica. Czy rzeczywiście? Wszystko układa się dziś w złą odpychającą mozaikę.

Kiedyś, przed laty, pojechaliśmy z Klubu Autora, takiej mordowni, gdzie zbierają się twórcy rozmaitych profesji, do pracowni pewnego rzeźbiarza. Był to artysta znakomity.

Uznaniem cieszył się powszechnym i szacunkiem. W jego ogromnej pracowni na ostatnim piętrze wieżowca snuliśmy się wśród skończonych i zaczętych rzeźb. Łodygowate, eteryczne konstelacje roślin, pnączy, lian i wężowych splotów. Świat abstrakcyjnej, tajemniczej plątaniny.

Rzeźbiarz twarz miał ascetyczną i udzielał skąpych wyjaśnień.

– Tu inspiracją były *Sklepy cynamonowe* Brunona Schulza – mówił – tu *Pieta*, a tam pewne treści metafizyczne… moje lektury w tym czasie.

Poruszaliśmy się w półmroku pośród gipsowych szkiców, gotowych już odlewów, nagich drutów. Szumiało alkoholem i sztuką. Zwróciłem uwagę na kilka kształtów, okrytych szczelnie ceratową folią i obwiązanych sznurami. Stałem przy nich długi czas. Aż powodowany niejasną ciekawością nie wytrzymałem i zerwałem osłony z kilku tych brył, stłoczonych w kącie wśród nieużytecznych rupieci. Były to popiersia. Wykonane z realistyczną dokładnością. Po mongolsku szeroka, z wąskimi oczyma i trójkątną bródką głowa Lenina. Stalin. Była też scena zbiorowa: zastygła w ekspresyjnym rozbiegu grupa czerwonoarmistów, jeden z nich trzymał ponad głowami drzewce z łopoczącą płachtą sztandaru. Kontrast był uderzający. Rzeźby-agitki, a wokół nich las łodygowatych pnączy, lian i kikutów, wypełniający całą przestrzeń. Rzeźbiarz spurpurowiał i też zastygł jak rzeźba. Po długiej chwili wrzasnął cienkim, wibrującym głosem:

– Precz!!

W ciszy pełnej kłopotliwego zawstydzenia opuszczaliśmy tę pracownię na ostatnim piętrze jednego z pierwszych wieżowców wzniesionych w naszym mieście.

– Może drinka? – troskliwy Kiciuś trącił mnie w ramię.

Odmówiłem gwałtownie. Gorzały chwilami bałem się jak ognia. Malarz również pokręcił przecząco głową. Nikt nie miał dziś ochoty na picie.

– Interesy – powiedział Kaletmistrz.

– Jestem wozem – dorzucił Wiesio Milicjant.

Wozy moich przyjaciół! Każdy z nich zmotoryzowany. Kiciuś gustuje w zagranicznych markach. Inni Fiatami przeważnie jeżdżą.

– Lepiej się nie wyróżniać – powiada Pośrednik. Ekstraauto w oczy kłuje.

Tylko ja jeden piechur. Łachmyta.

– Mogę ci załatwić prawko – Wiesio już kilka razy ofiarowywał się z przysługą.

Tego też nie chcę. Niech już tak pozostanie.

Ponownie uciekłem oczyma za okno.

Chłop w baraniej czapie i długim surducie człapał ukosem przez plac. Na plecach dźwigał kosz z pękami jakiegoś ziela. Może bagno na mole sprzedaje? Czyściciele otoczyli samochód, który podjechał pod hotel. Krążownik szos z zagraniczną rejestracją. Kłaniali się i gestykulowali. Zmiana warty dążyła pod Grób Nieznanego Żołnierza. Trzej. Defiladowy, sztywny krok. Prowadził ich oficer. Groteskowo wyglądali.

Tu na tym placu stała niegdyś rosyjska cerkiew. Pośrodku. Soborowa cerkiew. Tak mówi historia. Opowiadał mi ojciec. Bizancjum. Ciemno. Duszno. Kopuła przygniata. Od światła daleko. Połamane grzbiety. Na czworakach wszyscy. Twarze obłudne, pokorne, a oczy wilczo świecą. Kastraci. Dużo kastratów. Kto temu winien? Kto tym basileusem?

– Wschodem cuchnie – powiedziałem przeciągle. – Coraz mocniej. A cerkwi już dawno nie ma. Rozebrana po pierwszej wojnie.

– Stała – potwierdził Malarz. – Ratusz też był.

– Sowietyzacja – ziewnął Kiciuś. Coś miał z tym golfem. Ciągle poprawiał pod szyją.

– Kiedyś mówiło się Sowdepia – roześmiał się Malarz.

Dziś do niego nie czułem sympatii. Jakiś obcy. Pogodzony i obojętny. Wszystko żartem kwituje. Zresztą może ma rację. Patrzeć chłodno i z dystansu. W nic się nie wdawać.

– Ja, panie, myję się trzy razy dziennie, gorącą wodą i zimną, na przemian, podkoszulkę zmieniam co dwa

dni, koszulę co dzień, a kalesony co trzy... – zwierzał się
tak kiedyś pewien schludny samotnik. Cały był taki wymyty i oczy też czyste, przejrzyste jak woda.

– Mój szwagier był na wycieczce w Związku Radziec-
kim – odezwał się Wiesio.

– Po co tam jeździć? – Kaletmistrz zakończył wreszcie
obrządek studiowania sportu w *Trybunie Ludu*. Wsadził
gazetę za kaloryfer.

– Nie ma krzywdy – odezwał się Wiesio. – Zwróciły
mu się koszta i jeszcze zarobił. Tam kamyki można kupić.
Taki jeden i już pięć dych najmniej. „Pociągiem Przyjaźni" pojechał. Celnicy mniej rewidują.

– À propos... – rzekł Malarz – czy wiecie, co to jest ki-
bitka?

Czekaliśmy w milczeniu.

– Prototyp „Pociągu Przyjaźni".

Śmiech. Kaletmistrz najgłośniej. Do łez.

– Pociągiem też długo się jedzie – powiedział Wiesio. –
Raz tam jechałem... Tylko te pola i pola. Biało. Zimą to
było... Piliśmy cały czas.

Zimowa jazda do Garwolina. Samochodem. Ciemność. Śnieżna przestrzeń. Białe pola zakończone czarnym
szlakiem lasu. W tej pustce światełka nieliczne. Z rzadka
człowiek zamajaczył. Idzie gdzieś. Czarny punkt na białym tle. Zanika. Nieraz feeria świateł jak wybuch. Pałac
z bajki. Zespół szkół rolniczych. Tam miałem spotkanie
autorskie.

– Nowoczesny obiekt – powiedział nauczyciel w baranim kożuchu – XXI wiek.

Oprowadzał długimi korytarzami, otwierał drzwi ogromnych sal. Szliśmy oszklonymi galeryjkami łączącymi pawilony. Mijaliśmy patia zawalone śniegiem. Jarzeniowe światło odbijało się od podłóg wyłożonych żółtymi klepkami.

– Inicjatywa premiera – ciągnął nauczyciel – w tych stronach był nauczycielem przed wojną.

Spojrzałem przez uchylone okno. Było biało, pustynnie i te rzadkie światełka w oddali. Skrzypiał śnieg pod stopami. Naszczekiwały psy. Dzwonek. Sanki.

– Czasem zastanawiamy się… – odezwał się nauczyciel w baranim kożuchu, twarz miał młodą, rzetelną – czy był tu sens tej budowy? No, ale może… w przyszłości… Znaczy futurologia – cień uśmiechu pojawił się na jego twarzy. Zaraz stał się powściągliwy, oficjalny.

Dlaczego premier ten pałac zbudował? Coś ludzkiego? Ślad po sobie chce zostawić? A może pycha tylko? Ślad. Syn premiera. Hulaka, nicpoń i rajdowiec. Lud mówi o nim ze wstrętem i oburzeniem. Carewiczem nazywany. W *Paris Matchu* księciem Polski go nazywali. Bawił w Paryżu. Kupę forsy dewizowej tam wydał. Jak szejk z Zatoki Perskiej. Skąd miał tę forsę? Jego pałac też widziałem. Wspaniałą willę na Mokotowie. I samochody najdroższych marek. I dziwki. I jego twarz. Cwaną, bezczelną, z bródką…

– Podobno tam peruki idą jak woda – powiedział Kaletmistrz.

Powoli wynurzałem się na powierzchnię. Syn premiera. Zboczenie pamięci. Zaprzątać sobie tym głowę!

– Wszystko tam idzie – tłumaczył Wiesio Milicjant. – Tyle narodu... Jak w Leningradzie z metra oni wychodzą, mówię wam, to idą i idą...

Drzwi trzasnęły energicznie. Odwróciliśmy głowy. Wytrzeszczyłem oczy. Weszła Dzidzia.

– Dzidziu! – zawołał Malarz. Wstał i wyciągnął ręce. Wycałowali się serdecznie.

– Witajcie, kochani! – powiedziała Dzidzia.

Ucieszyliśmy się bardzo. Bardzo ją lubiliśmy. Już pachniała leciutko.

– W samolocie z takim Szwedem po koniaku... Nudziarz... I z lotniska prosto do was – wyjaśniła.

Rozgrzały ją te koniaki podróżne. Wesołej kompanii zapragnęła. Gotowa. To rzucało się w oczy. Ruch nogi gwałtowny, kiedy zakładała ją na drugą nogę. Torebka niedbale rozpięta. Wystaje świstek banknotów. Nasze i obce. Franki. Wiesio Milicjant żurawia tam zapuścił. Barmanka bacznie lustrowała Dzidzię. Jak to kobieta kobietę. Od stóp do głowy. Ten płaszczyk z futrzanym kołnierzem. Bluzkę. Spódnicę. Buty. Paryski szyk. Patrzyła barmanka.

– Więc!... – Dzidzia pstryknęła palcami. Charakterystyczny jej sposób. Zamówić chce kolejkę. Ledwo ją Malarz powstrzymał. Na razie.

Ożywiło się w narożnym barze. Zaszumiało szerokim, otwartym światem. Z Paryża do nas przybyła Dzidzia.

– Jak mówi Goethe: „Więcej światła" – powiedział Malarz. – Od razu!

Dzidzia już opowiadać zaczyna.

– Wyobraźcie sobie, matka złożyła mi wizytę, nobliwa, stara dama, dobre urodzenie i te maniery, przedwojenny szyk, siedzimy sobie w Cafe de la Paix, matka patrzy z tarasu, Paryż swojej młodości wspomina, dużo czarnych – mówi – czy to jakaś wycieczka?, tak, na dłużej przyjechali, widocznie lepiej im się powodzi – zauważyła matka – za moich czasów biedna była ta Afryka, potem przysiadł się mój znajomy, Mulat z Martyniki, dziennikarz, matka z nim konwersuje, taką francuszczyzną sprzed kilkudziesięciu lat, śmieszną, sztywną, poszedł sobie, jakiej nacji ten młodzieniec? – pyta matka, z Martyniki – mówię. A to dobrze – z ulgą matka – myślałam, że to Żyd…

– Znaczy kot – wtrącił Wiesio Milicjant.

– Słucham? – nie zrozumiała Dzidzia.

– U nas koty na nich się mówi.

– Albo co było z matką w tym klubie! – zaniosła się śmiechem Dzidzia. – Same pedały! To był spektakl!

Zmalał dzięki niej świat. Franki w torbie, bilet i paszport. Czasem przyjeżdżają do nas z zagranicy. Pies Wojny. Inni. Ale Dzidzia tym łącznikiem najważniejszym. Nic w niej z obcości i paryskiego oddalenia.

Oto serwuje następną historyjkę o eskapadzie do Marsylii z Amerykaninem, który miał ze sobą walizę wyładowaną butelkami whisky.

– Wina nie znosił. Terrible – powtarzał. – I don't like it, I am fucking… Śmieszny typ – pomagała sobie żywą gestykulacją, na przegubie dłoni pobłyskiwała wschodnia, srebrna bransoletka nabijana zielonymi kamieniami i pierścionek na palcu też jakiś orientalny. – I w Marsylii wszystkie travellers-czeki zgubił. A może mu ukradli...

Z Marsylii wróciliśmy do Paryża. Znaleźliśmy się w Halach, zupa cebulowa, jakaś awantura z Arabami.

– Też byliśmy w Halach – rozmarzył się Malarz. Westchnął. – Pamiętasz? Zupa cebulowa, wino, do białego rana...

– Film ci się wtedy urwał – Dzidzia kaskadą śmiechu wypełniła cały bar – myślałeś, że jesteśmy w Europie.

– Ta Europa nasza – westchnął Kiciuś – gówno w torbie z Pewexu. – Ruszył gwałtownie nogą. Trącił pudelka. Piesek zapiszczał cieniutko. Wiesio pochylił się nad nim z troską.

– Dlaczego tak? – zdziwiła się Dzidzia. – Przyjemnie tu się pije.

Kocica. Przeciąga się. Rumieńce zakwitły na policzkach. Mruży oczy. Patrzy na półki z butelkami.

– Dobrze ci zmieniać – powiedział Kiciuś – jak rajski ptaszek sobie fruwasz.

Kaletmistrz przytaknął energicznie.

– Nie każdy może – powiedział. Już od miesiąca niepokoi się, czy dadzą mu paszport. Grecję sobie zaplanował wczesną wiosną i ta wyprawa sen mu z oczu spędza.

– Dadzą czy nie dadzą? – tępo tak powtarza. W zeszłym roku miał odmowę.

– U nas za ostro ludzie piją – zauważył Wiesio Milicjant – przerywać nie lubieją.

– Po co przerywać! – Dzidzia wyglądała jak głodny ptak z tym swoim wydatnym, garbatym nosem.

Pozazdrościłem jej. Każdemu dziś czegoś zazdroszczę. Może nawet nie tego rajskiego fruwania tu i tam, co niefrasobliwej natury i niezmordowanej ochoty do zabawy w wesołej kompanii. Ten czas, tasiemiec nużący, jak to wspaniale wtedy się skraca. Zdrowie też musi mieć żelazne. Żywotna, sprężysta taka.

– A jak małżonek? – zapytał Malarz.

– Jak to mąż. Nudny, gruby Katan.

– Dlaczego z nim nigdy nie przyjedziesz? – zadał pytanie Kiciuś.

– Po co? – odpowiedziała Dzidzia. – Tylko kłopot.

Barmanka ustawiła na stoliku tackę z kieliszkami czystej. To Dzidzia niezauważalnie zamówiła kolejkę.

– Czyń, czyń! – wzniosła kieliszek.

– Ależ ja dzisiaj… – zaprotestował Malarz.

Jego wahanie krótko trwało. Wychylił ostrym haustem. Czy można Dzidzi odmówić? Też wypiłem. Niech dokuczliwy ciężar tego dnia zelżeje jakoś. Tak pomyślałem. Taką miałem nadzieję. Z sympatią patrzyłem na naszą Muzę. Jej oczy żywe i wesołe.

– Z mamą wczoraj telefonicznie rozmawiałam, tylko nie pij za dużo, pamiętaj… – śmieje się zaraźliwie – twój ojciec też… Ojciec rzeczywiście, jeżeli chodzi o rozrywki, niezmordowany.

Ten jej śmiech. To się udziela. Śmiejemy się wszyscy.

– Adam przyjaźnił się z twoim ojcem – powiedziałem – jednak ostatnio skreślił go ze swojej listy, twierdzi, że merkantylną ma mentalność. Tak to określił, Adam jak Diogenes, nie znosi takiego systemu wartości.

Mój przyjaciel, Adam Mauersberger, dawny birbant i jeden z największych kreacjonistów słowa mówionego, nieraz wspominał jej ojca. Sugestywnie też namalował atmosferę tego domu na skarpie, wypełnionego antykami, starymi obrazami i cenną porcelaną.

– Niestety – przyznała Dzidzia z pogardą – w mojej rodzinie na szmalu całość stoi, fundament naszej swobody i sposób oceny wyłączny. Przykre – pokiwała głową bez smutku.

Co za rozkosz taka kobieta! W odróżnieniu od tych samic, mulistych, ciężkich i bez polotu. Sama steruje, zna cel i pewnie do niego podąża. Ponadto nie kusiła żadną erotyką.

I na barmankę popatrzyłem chłodniejszym okiem. Jej ciało nie gniotło już takim ciężarem. Obwisłe, wysłużone. Mniejsze uroki kryły się pod sukienką.

– Sylwester był u mnie latem – mówiła Dzidzia – ze swoją nową narzeczoną, znacznie obniżył standard, żadnego w niej wdzięku, prostactwo z gładkim jedynie polorem na wierzchu, coraz cham pazerny, wulgarny wyłazi z tej cieniutkiej skorupy, te jej ślepia jak zatrute strzały tylko do złota, kamieni, precjozów wszelkich, oczywiście urody tych rzeczy docenić nie potrafi, jedynie przelicza na zwykłą, brudną mamonę... Martwię się o Sylwestra, tak bardzo obniżył loty, może to tylko kaprys przelotny?

Tłusty Wiesio słuchał z baranim okiem. Wiercił się pod naporem swego brzucha. Brzuch pod rozpiętą koszulą był różowy jak ciało noworodka.

Pudelek obwąchiwał paryskie buciki Dzidzi.

Ona dopiła skrzętnie ze swego kieliszka. Uczyniła to tak smacznie, ani cienia obrzydzenia na twarzy. Po prostu wódkę przyjęła jak nektar.

– O wspaniała królowo beztroski! – Malarz złożył dłonie jak do modlitwy.

Dzidzia przytaknęła z powagą.

– Tym mnie Bóg hojnie obdarzył. Naprawdę.

– Beztroska – powtórzył Kaletmistrz.

Tłusty Wiesio zapiął na brzuchu koszulę, odchrząknął i zapytał:

– A jak tam w salonach samochodowych na Zachodzie, są jakieś nowe modele?

– Nie wiem – odpowiedziała Dzidzia – nigdy się tym nie interesowałam.

Malarz pozwolił sobie na małą złośliwość wobec Kiciusia.

– Jego się zapytaj.

Kiciuś poczerwieniał. Taką ma słabość. Trzyma rękę na pulsie giełdy samochodowej świata. Zna wszystkie nowinki.

– A jaki paszport pani posiada? – zadał drugie pytanie Wiesio. – Wielokrotny czy konsularny?

Malarz tym razem z niego zażartował.

– Cóż za ciekawość? Profesjonalna jeszcze?

– Skąd! – Wiesio zaprzeczył ze szczerym oburzeniem.

Obaj z Kaletmistrzem wstali jednocześnie. Z galanterią pożegnali Dzidzię. Wiesio wsunął za pazuchę swego pudelka. Opuścili nasze grono.

– Mili – zauważyła mimochodem Dzidzia. I zdała nam relację z kolejnej zabawnej przygody. Tym razem Londyn.

Była tam z Psem Wojny. Draka w nocnym lokalu. – Umie się znaleźć w awanturze – pochwaliła go Dzidzia.

– Krzepkie bydlę – przyznał Kiciuś.

Przez chwilę pomyślałem o następnej kolejce wódki. Ale nie zamówiłem. Ten palący trunek smakować należy powoli i metodycznie. Nie zalewać się bez opamiętania.

– Przenieśmy się – zaproponowała Dzidzia. – Tu za ciasno.

Ruszyliśmy więc do hotelowego hallu. Dzidzia tym swoim zamaszystym krokiem amazonki na czele. Przechodząc koło szatni, znowu popatrzyłem na tę wypełzłą twarz mężczyzny z wąsikiem za ladą. Nie zdołałem jednak nigdzie jej umiejscowić. Szatniarz też na mnie popatrzył. Odskoczyłem oczyma w inną stronę. Na lewo był widok na kawiarnię. Na prawo toalety. Pośrodku drzwi do hallu.

Ten hotelowy hall, ozdobiony palmami i wyłożony zielonym dywanem, ważną jest oazą na szlaku tutejszych wędrowców. Przestronny i klimatyzowany, latem daje błogi chłód, zimą ciepłem otula.

Usadowiliśmy się na miękkich, obrotowych fotelach. Stąd już widoku na plac nie było. Od świata zewnętrznego oddzielały nas grube kotary w oknach. Gabloty na ścianach ozdobione były dyplomami i pucharami dla hotelowej służby oraz reklamami zagranicznych trunków, wśród których wyróżniał się ten z sylwetką Napoleona w wielkim kapeluszu.

Przy barze szalał już Rymokleta. Tym swoim płaskim dowcipem szermował.

– Woda mineralna! – wołał do siwego barmana o wyglądzie dyplomaty. Był jak zwykle w asyście, składającej się z jakiegoś faceta tytułowanego dyrektorkiem, śpiewaka operetkowego i potężnego młodzieńca o wyglądzie ciężarowca. Dowcipy Rymoklety największą uciechę sprawiały dyrektorkowi. Był to napuszony kurdupel o trunkowej twarzy. Zapewne wydawało mu się, że jest przyjacielem sztuki, a Rymokleta jej wybitnym koryfeuszem. W rzeczywistości jednak Rymokleta to płodny jak królik grafoman, który kopami sadzi wiersze opiewające walczący Wietnam, Hutę Katowice, armię, sport, wszystko. Na widok Dzidzi zarżał końskim śmiechem, zsunął się z wysokiego stołka i podbiegł. Wycałował nas po kolei. Poczułem na policzku jego grube, mokre wargi.

– Paris sur glace – powiedział bez sensu. Jego asysta zaśmiała się gromko. Zaraz do nich wrócił.

Siwy, dystyngowany barman skłonił się z szacunkiem.

– Witamy panią w kraju – powiedział głębokim basem. – Tęskniliśmy już.

Osobiście podał do stołu tacę z kieliszkami.

– Kiedy zdążyłaś zamówić?! – zdziwił się Malarz. – Szatan nie kobieta!

Tętniło hotelowe życie. Schodami zbiegali cudzoziemcy, pobrzękując kluczami swoich numerów. Przy sąsiednim stole dwaj piwosze krzepili się piwem. Jeden chudy, zasuszony. Drugi czerwony, tęgi. Przed nimi bateria opróżnionych butelek. Żywa reklama browaru. Chyba Niemcy.

Przy barze zasiadł brodaty reżyser filmów fabularnych. Ubrany w amerykański, wojskowy strój z demobilu. Z nim rozpoczął hałaśliwą rozmowę Rymokleta.

Do Murzyna w kraciastym wdzianku przyczepił się zabłąkany pijaczek z teczką.

– Dobre jesteśta chłopaki – powtarzał. – Ładnie do góry się dźwignęliście, tylko więcej kultury, ponimajesz?

– I don't understand – Murzyn wytrzeszczył żółte białka.

W dłoniach trzymał paczkę Kentów. Pijaczek wyłuskał z niej papierosa.

– Ognia! – zażądał.

Kierownik recepcji wyjrzał ze swego kantoru. Wkrótce pijaczka wyprowadzono. Zajął się nim portier z bokserskim, złamanym nosem.

– Swojsko – powiedziała Dzidzia.

Między stolikami przeszedł mężczyzna w przydymionych okularach. Detektyw hotelowy. Tak mówią o nim. Wiesio Milicjant obiecał sprawdzić przy najbliższej okazji. Przechodzili inni. Znajomi. Nieznajomi.

– Mój prorektor – Malarz wskazał wysokiego mężczyznę, którego również obcałowywał Rymokleta.

– Też malarz? – zapytałem.

– Gdzie tam! Działacz partyjny.

– Poznałem jednego partyjnego – odezwał się Kiciuś. – Pochlałem z nim i wyznał, dlaczego w partii, niby Wallenrod, żeby ratować, tam u nich drugi partyjny, ale świnia, więc żeby te świnie wykończyć…

Nasze grono powiększyło się. Powrócił Pośrednik. Z nim Karol. Karola przedstawiać nie warto. Znają go wszyscy.

Pośrednik wycałował Dzidzię.

– Dama – powtarzał.

– Grande dame – poprawił Kiciuś.

Dzidzia wyraźnie lubi Pośrednika. Ciepłym, kobiecym wzrokiem spoglądała na tego szczupłego, posiwiałego mężczyznę o ostrej, zdecydowanej twarzy. Pośrednik bowiem, w odróżnieniu od biznesmenów tutejszych, przeważnie brzuchatych i niekształtnych, prezentuje dobrą, estetyczną formę. Oko cieszy. Jeszcze ta kresowa galanteria, z jaką całował Dzidzię w rękę. Dawny szwoleżer wprost. Dać mu tylko damski trzewik wypełniony szampanem, a przyklęknie i wypije zdrowie pięknych pań.

– Świetnie wyglądasz – obdarzył Dzidzię komplementem – tak nobliwie i z seksem zarazem.

Karol, nieduży, wyłysiały, z niby dziecinną twarzą, taką buzią pucułowatego aniołka z landszaftów, oczy miał błękitne, martwe jakieś. Patrzył na nas uważnie. Każdego tak zmierzył. Na mnie zatrzymał spojrzenie. Pokręcił z dezaprobatą głową.

– Słabo wyglądasz. Marniejesz. Balet by ci się przydał.

– Ty też kiepsko – odciąłem się nieudolnie. – Za dużo baletów.

Karol dalej, jakby nie słyszał:

– Tak, balet konieczny, oczywiście, spienić twoją pisarską, zleniwiałą krew… To potrzebne artystom – kpiąco zmrużył oczy. Szatanek taki. Oczy intensywne, wesołe, a jednak… – Pewien sławny reżyser przychodzi do mnie na terapię seksualną. Na razie patrzył sobie z boku, później sam się wziął do akcji, tylko światło każe gasić, nie lubi jasności, pruderyjny...

– Który to? – Kiciuś słuchał chciwie.

Karol dyskretnie wskazał tego brodatego w amerykańskim, wojskowym stroju przy barze.

– No i są efekty – zakończył. – Jego najnowsza twórczość filmowa znacznie lepsza, jurna, sugestywna... Ci intelektualiści... – westchnął – tego fiuta przeważnie mają do wewnątrz. Sami siebie pierdolą.

Zaśmieliśmy się.

Balety Karola! Kiciuś jego uczeń. Parę pokoleń wyuczył. Słynny parowóz. Bardzo wymyślna figura erotyczna. Trzy partnerki, dwóch partnerów.

– Jak wygląda parowóz? – zadałem żartobliwe pytanie. – Może najlepszy dla mnie parowóz właśnie?

Karol chętnie, wyrazistymi gestami odtworzył tę zawiłą konfigurację erotyczną. Mimiką pomagał sobie świetnie.

– Oto kompozycja – objaśniał – wszystko w tym jest sztuką i harmonią, pięknem i wyrafinowaniem.

Ni to błazen, ni mędrzec. Może zwyczajny erotoman? Patrzył na nas swoimi cynicznymi oczyma, rzęsy miał długie, dziewczęce.

Filozofia Karola!

– Sperma i pieniądze. Oto cały bank. Nic więcej nie ma – recytowałem jego słowa.

Pokiwał głową.

– Doskonale pamiętasz. Czyli z teorią w porządku. Potrzebna tylko praktyka. – Następnie otaksował spojrzeniem Kiciusia. – Tyjesz. Ociężały filister.

Kiciuś mimo woli wciągnął brzuch.

– Za mało baletowania – taką diagnozę dał Karol.

Dzidzia zaśmiewała się do łez. Nie znała go jeszcze.

– Wspaniały! – wykrzyknęła z entuzjazmem.

Karol wzruszył ramionami. Zmierzył ją wzrokiem handlarza żywym towarem.

– Ze starymi babami gorzałę żłopiecie?!

– Karol! – skarcił go Pośrednik. – Licz się ze słowami.

– Ona jest jedyna, niepowtarzalna – powiedziałem – jako kompan.

– Kompan! – Karol parsknął pogardą. – Kobieta jako kompan!

Siedział przy nas w roztargnieniu. Rozglądał się i kręcił. Nie lubi siedzieć bezczynnie.

Wódki też nie lubi.

Niebawem poszedł sobie. Do takiego starego ze znaczkiem RAF-u w klapie. Ostatnio razem baletują. Ten lotnik rentę dostaje z Anglii. Tutaj bogacz. Karol uczy rozkoszy tego dziada, wdowca, na starość lubieżnego jak kocur. Uczy go zbiorowej zabawy z dziewczynami.

Razem poszli do telefonu. Karol kartkował swój słynny notes-archiwum z dziesiątkami nazwisk i adresów dziewcząt.

– Harem wydzwaniają na wieczór – zauważył Kiciuś z zadumą. Ale dalej trzymał się naszej kompanii.

– Niezły miałem dzionek – rzekł Pośrednik. Zamówił kieliszek wiśniówki. – Łagodna. Niezbyt ostro wchodzi do organizmu.

Zaczynało mi się podobać. Dużo lepsze samopoczucie. Chciałem niczym się nie przejmować i żyć beztrosko.

Takie sugestywne wzorce. Karol, który odszedł przed
chwilą. Pośrednik. Dynamiczni, pełni energii i wesołości.
Zamówiłem trzecią kolejkę. Kiciuś popatrzył na mnie
życzliwie.

– Rozkręca się Inżynier Pisarski.

– Pomału – przyznałem skromnie.

– A potem szalonym konikiem poleci kolega.

Była to przejrzysta aluzja do mojej energii po gorzale.
Ile już razy ta wóda, oszustka największa, występuje! Ile
już razy bywałem w tej sztucznej euforii! Twarz płonąć
zaczyna rozgrzaną krwią, oczy dostają połysku. Młodość
znów wraca. Tyle można zmienić, przeżyć i doświadczyć!
Takie to lekkie, proste. Wolny człowiek.

– Był kiedyś w moim życiu pewien idol. Książę Nocy.
Wolny człowiek. Tak on siebie nazywał.

– Znałem tego farmazona – brutalnie zabrzmiał głos
Kiciusia. – Umarł niedawno. Skretyniały nędzarz i alkoholik. Z ulicy zabrali go do szpitala i tam się rozsypał.

– Ci wolni ludzie... – Malarz drobnymi łyczkami wysączył wódkę – mitomani pogrążeni w fikcji.

Dzidzia przytaknęła gorliwie. Komu? Jemu? Mnie?
Zostać człowiekiem sukcesu. Realistą. Pisarzem wielona-
kładowych wydań, pokazywanym w telewizji i chwalo-
nym w całej prasie. Tak żyć w pełnej glorii. Gładko pole-
ciałem tą niewyżytą potrzebą, głęboko schowanym
smrodem próżności. I zaraz Pisarza o opasłej, obłudnej
twarzy zobaczyłem. Często wygłasza w telewizji kazania.
Głosem namaszczonym, z miną zatroskanego humani-
sty. I wyobraziłem go sobie też na polowaniu (choć może nie poluje), w komfortowej willi przy kominku, pyka-

jącego fajkę i zapatrzonego w ogień, w sejmie wśród kolegów posłów i na bankietach w gronie dygnitarzy najwyższego sortu. A za nim rzędem stały jego dzieła, puste, kłamliwe, pisane potoczystym, bogato zdobionym językiem, z których ziało banałem, nudą, martwotą. Już nie było w tym dla mnie żadnej elektryczności. W jego sukcesie, legendzie, bogactwie. Pozostała tylko obłuda tej twarzy, ulepionej z serwilizmu i nieprawdy.

– Chuj! – powiedziałem nadspodziewanie głośno.

– Kto? – zapytał Pośrednik.

– Jeden z moich kolegów po fachu. Znakomity pisarz.

– Też znam jednego pisarza – powiedział Pośrednik. – Kolega z wojska, batalistyczne książki pisze, rozwodzi się właśnie i ma kłopoty mieszkaniowe – uśmiechnął się dobrodusznie. – Trzeba będzie pomóc staremu druhowi.

„Piszcie dalej, towarzyszu – pouczał mnie kiedyś pewien partyjny specjalista od literatury – tylko potrzebne większe wyważenie, selekcja, rozsądek, z latami tego nabierzecie". Oto przestroga. Ci więzienni strażnicy od kultury! Pouczające. Nie daj Boże…

Z recepcji wybiegł boy z tabliczką, na której był wypisany kredą numer 223. Poszukiwał gościa z tego pokoju.

Szwed w zielonym kombinezonie powoli opróżnił szklanicę z piwem. Poszedł za boyem.

Pod palmą w drewnianej donicy siedział stary człowiek o ciężkiej, twardo ciosanej twarzy i oczach schowanych w napuchniętych, sinych torbach. Ubrany był w jaskrawy, fioletowy welwet i tego samego koloru muszkę miał pod szyją. Przy nim chłopak jasnowłosy, smukły i dziewczęcy, taki efeb. Milczeli i grzechocząc lodem, sączyli swoje trunki w szerokich kielichach.

– Pedały zapewne – uznała Dzidzia.

– Kartofle gubią – strzelił koszarowym żartem Pośrednik.

Wśród podążających hotelowym traktem do stoiska Pewexu zobaczyłem zgrabną damę o twarzy intelektualistki i grubych, nabrzmiałych wargach. Była to kompozytorka muzyki rozrywkowej, wdowa po Dariuszu. Dariusz przez wiele lat przy jej boku. Niegdyś cyniczny uwodziciel. Przy kompozytorce ustatkował się. Był syty i godny. Bardzo jej oddany. Nawet operację plastyczną nosa sobie zrobił. Z orlego na prosty. Orli nie podobał się damie jego serca. Aż zakończył się idylli czas. Kompozytorka zapłonęła afektem do kontrolera NIK-u. Znajomość zaczęła się od kontroli jej dochodów. Przerodziła się w uczucie. Dariusz opuścił dom. Odtrącony kochanek. Snuł się żałosny i przegrany. Mieszkał w samochodzie. Czekał. Pewnego jesiennego wieczora wróciła do domu kompozytorka i zobaczyła w sypialni nad ich szerokim, wspólnym łożem Dariusza. Powiesił się na żyrandolu. Z racji tej pointy Kiciuś nazwał go Wisiorkiem. Przyjęło się.

– Wisiorkowa – powiedział teraz ze smakiem i otaksował jej zgrabną, ponętną figurę. – Nie ma co prognozować – dodał po chwili – ale z tym kontrolerem już nie może jej być dobrze. Nieboszczyk ciąży nad nimi.

Pośrednik zamówił następną kolejkę. Dla nas czystą, sam nadal rozgrzewał się wiśniakiem. Miał jeszcze dzisiaj zajęcia. Wieczorem kombatanckie spotkanie. Będzie generał.

– Z okazji bitwy pod Tobrukiem – wyjaśnił. – Muszę utrzymać się do wieczora.

– Wiśniak! – Dzidzia wykrzywiła usta. – Od razu pawiem mi podchodzi.

– Słusznie – przytaknął perfidnie Malarz – wiśniak znacznie łagodniejszy.

– Tak się mówi. Oszukiwać się można rozmaitymi sposobami. Ale i tak podłączył się do nas Pośrednik ochoczo. Podłączenie. Udział lub brak udziału w wesołej kompanii oznacza. Lingwistyczny wynalazek Kiciusia.

Popatrzyłem na Dzidzię. Uśmiech zagasł jej na twarzy. Wlepiła wzrok w ścianę. Ściana ozdobiona była jaskrawym, ziarnistym malowidłem. Sztuka abstrakcyjna. Oczy Dzidzi wydawały się znużone. Też jej smutno? Stary, francuski mąż. Być może samotność kołacze się w niej jak w pustej studni. Zabawą, zmiennością wrażeń zagłusza ten studzienny smutek. Heroiczne godziny, dni, miesiące jej życia.

– Dzidziu! – powiedziałem żartobliwie – pijmy! – Stuknęliśmy się kieliszkami.

Malarz taki rozbawiony. Właściwie jaki jest? Chwilami ani śladu pogody w nim. Śmiertelnie zmęczony. Pomięty, przepuszczony przez magiel. Ale nigdy nie powie nic. Ile trzeba wysiłku, żeby zachować taką równowagę? Ostrożnie kluczyć i szukać neutralnych rewirów. W ludziach, sztuce, życiu. Czy takie rewiry istnieją? Jakim prawem oceniam tak pochopnie?! Kto mi dał to cholerne prawo? Pisarska megalomania. Nisko pochyliłem głowę. Rumieniec wstydu oblazł policzki.

– Podpatrywaczu! – Kiciuś pogroził mi palcem. Trudny do określenia uśmieszek błąkał się po jego twarzy. Czujny i bystry. Czy tylko tak rzucił na ślepo? Kiciuś. Taki czołg. Posuwa się wolno, wolniutko. Gruby pancerz. Chyba tak.

Pośrednik opowiadał o zagadkowym Jankesie polskiego pochodzenia, który kiedyś pojawił się w tym hotelu i werbował nasze dziewczyny do burdeli Ameryki i Azji. Działał pod szyldem agencji artystycznej.

– Znam takie zagubione Słowianki w Paryżu – powiedziała Dzidzia. – Żałosne zdziry.

– Niektóre wybić się potrafią – rzekł Pośrednik.

Karol, erotyczny filozof, tak powiada do uczniów:

– Kobieta to materac dla mężczyzny, wspaniały sposób na samopoczucie, daje spokój, siłę, radość, tylko żadnej miłości, wystrzegać się tej złudy jak ognia, z tego nieuchronnie koszmar, niewola, ohyda, kobieta to drapieżna bestia, pożreć chce samca, trzeba ją ujarzmić, posiąść i koniec, przecież kobieta zabiera mężczyźnie dwie najważniejsze rzeczy; spermę i pieniądze. Bo co więcej zostaje?

Odezwał się Kiciuś, głos miał monotonny, znudzony:

– Posiadłem kiedyś damę, modelka z Mody Polskiej, seans erotyczny bez specjalnych oporów, wszystko gładko, łatwo, lubieżna kocica, leżymy i ona nagle: słuchaj, dlaczego twój wóz jest koloru granatowego, czerwony znacznie ładniejszy; tyle miała do powiedzenia.

– Baba w interesie to dopiero nieszczęście – podsumował Pośrednik i pociągnął łyczek swojego rubinowego trunku.

Kiciuś. Aktywny w tej swojej specjalności. Czyli w dymactwie. Widziałem go w akcji. Jechał wozem luksusowym, granatowym do hotelu-motelu George. Dziewczyna obok niego. Kiciuś niedbale silną ręką trzymał kierownicę, drugą obejmował dziewczynę. Filmowy obrazek.

Lampa w tym hotelowym hallu ozdobiona napisem „An Elegant Way of Relaxing". Taki napis na abażurze. Niezłe to. Kiciuś umie korzystać.

– Erotyka, samice! To jeszcze szanse. Ekspedientka Ewa z Domów Centrum. Poznałem ją niedawno. Banalna, nudna, samo tylko ciało, nogi kształtne o pełnych, miękkich kolanach, biodra ciasno opięte spódnicą. Tyle to obiecywało. Samo ciało. Żadnego innego związku, śladu uczucia, nic. Pełny relaks. Patrzyłem na nią i rozgrzewałem się powoli. Głodna chęć wysychała jednak szybko. Przytłoczona przewidywaniem, powtarzalnością wszystkiego. Nieuchronnie zamieniła się w obojętność. I tylko w bezsenne godziny widziałem tę ekspedientkę Ewę obok siebie w nagości wyuzdanej i świetnej.

Karol. Spec od tego relaksu w rozmaitych wariantach. Nieduży, ubrany cudacznie. Głos z miłym, miękkim zaśpiewem. Lwowiak. Może do niego pójść? Do terminu. Zagłuszyć nudę, pustkę, strach.

– Spienić trzeba twoją pisarską, zleniwiałą krew – tak powiedział Karol, ten akwizytor wędrowny, bez domu, w wynajętych mieszkaniach przez tyle lat, z niewielkim dobytkiem, stroje i kosmetyki to jego bogactwo, ciągle samotny, mimo tych setek kobiecych ciał. – Cymesik... – wydął kiedyś pulchne wargi smakosza, opowiadając o pewnej gimnazjalistce – interesuje się techniką gry miłosnej, obliczaliśmy, ile tysięcy sztosów może mieć kobieta w swoim czynnym życiu, miły wieczór...

Zdobyczą dzieli się chętnie z innymi i ostatnio w jego kręgu pojawił się ten starszy człowiek, lotnik RAF-u z bitwy o Wielką Brytanię, historyczne wspomnienia, dawnego typu szarmant i uwodziciel. Z początku tylko patrzył na ten nieustający korowód dziewczyn.

– Oto przerób – błaznował Karol. – Niech się uczą rytmiki produkcyjnej, technokraci...

Wreszcie lotnik począł brać czynny udział w tych zabawach. Chwilami chwytała go rozterka.

– Co ja robię, panie Karolu! – mówił oszołomiony nadmiarem swobody.

– Ona w wieku pańskiej córki, wnuczki raczej – niebieskie, zmrużone oczy Karola spoglądały na starego lotnika wyrozumiale.

Zamknięty świat. Szczelnie wyłożony korkiem.

– Polityka, ustrój, sprawiedliwość? – mówi Karol ze szczerym zdziwieniem. – Tracić nerwy w przegranej sprawie? – A raz tak: – Ja jestem za Lwowa. Lwów jeszcze pamiętam. Piękne miasto, śni mi się czasem. I co? Zabrali. Ja jestem przeciw. Ale czy mój głos się liczy?

Pośrednik ukłonił się komuś. Poderwał się z fotela i pobiegł. Wrócił po chwili. Jeszcze pomachał ręką tamtemu. Tamten też.

– Sekretarz partyjny na dzielnicy – poinformował Pośrednik.

– Dosyć przystojny – uznała Dzidzia.

– Jak na sekretarza – dodał Kiciuś.

– Jego kuzyn ogrodnictwo zaczyna – mówi Pośrednik. – Interesy... Solidni ludzie.

– Korzystne znajomości – zauważył Kiciuś.

– Pewnie – przytaknął Pośrednik – umie się odwdzięczyć.

Wyciągnął z kieszeni gazetę. Coś w niej podkreślił. Codziennie stronę ogłoszeń studiuje. Podkreśla, wykreśla, opatruje wykrzyknikami i znakami zapytania. Drobny maczek ogłoszeń. Lektura pośrednika. Sięgnąłem po gazetę. Zacząłem sprawdzać jego tropy. Bony kupię. Supremę, trak. Wtryskarkę sprzedam. Płyty pilśniowe, końcówki do długopisów kupię. Znów bony. Kożuchy afgańskie, meble Chippendale sprzedam. Dom do rozbiórki też. Poszukuję wspólnika z gotówką. Mam półciężarówkę i oczekuję propozycji.

Gęsta, nabita informacjami kolumna. Wirowały i zacierały się litery. Trzeba już okulary do czytania.

A Dzidzia opowiadała o francuskich pijakach.

– Wbrew pozorom, moi mili, nie tylko Wschód monopol na alkoholowy prymat posiada, tamci winem się poją przeważnie, nie ryczą też tak jak nasi, dusza im nie skowycze, struga gadulstwa, która z nich płynie, ani żałosna, ani wściekła, raczej zaloty, śmiech, dowcip, to oni lubią, a piją przecie uparcie, niektórzy nawet przy antybiotykach nie przestają, w tej mojej rumiarni ciągle wysiaduje taki brzuchaty opój, starszy jegomość, prostak, do niedawna wypijał

dziennie 40 Ricardów, wstrętna mieszanka, anyżek i woda,
smród okropny, zdrowie mu wysiadło, musiał iść do lekarza,
lekarz zakazał mu pić, absolutnie, ani myśli przestać, zmniejszył jedynie dzienną normę i przeklina klimatyzację, zecer
zachorował, odkąd u niego w drukarni wprowadzili klimatyzację, w niej widzi przyczynę swego nieszczęścia... – ze
swadą ciągnęła Dzidzia ten pouczający monolog.

– Powinien przenieść się do innej drukarni – roześmiał
się Kiciuś. – Bez klimatyzacji.

Odłożyłem gazetę. Dżungla ogłoszeń. Połapać się
w tym. Zarobić na tym. Kolejno zatrzaskiwały się furtki.
Nie dla mnie te rajskie ogrody. Dziwki, których nie chcę.
Sukces, który brzydzi. Wóda, której nie mogę.

– Sztuka! – westchnąłem, zmęczony tym jałowym po-
jedynkiem. – Też kurewska sprawa!

Przyjaciele spojrzeli na mnie z zaciekawieniem.

– Wszyscy tak wzniośle o tym ględzą, a większość tych
ględziarzy... – dokończyłem już mniej pewnie tę kwestię
do nikogo – to kapłony.

– Kapłony? – zmarszczył czoło Pośrednik.

– Najżałośniejszy kastrat – wyjaśnił Kiciuś. – Ptasi...

– Francuscy artyści to dopiero barachło – podsumowa-
ła Dzidzia. – Tylko węszą za modą i szmal drenują – nogę
na nogę narzuciła gwałtownie, po kawalersku wprost. Spadła jej z kolan torebka. Kiciuś najszybszy z dżentelmenów. –
Kapłony – dodała Dzidzia – przysmak mojego ojca.

– Kuchnia u nas też bardzo podupadła – stwierdził Pośrednik. – W knajpach unikam zakąsek. Tak się raz stru-
łem...

– Wytrzebili gastronomię – powiedział Kiciuś.

– Skurwysyny – przekląłem ze smakiem.

– Mam pewną propozycję – Pośrednik spojrzał na zegarek. – Zapraszam do klubu oficerskiego. Ugoszczę was w swoich armijnych komyszach.

Dzidzia od razu gotowa. Bankiet jej nieustającym żywiołem.

– Tylko do klubu! – przytaknąłem ochoczo.

Poderwaliśmy się energicznie z foteli. Barman o wyglądzie dyplomaty obdarzył nas ciepłym, ojcowskim spojrzeniem. W szatni barwna grupa górali. Mężczyźni w kapeluszach, guniach i cyfrowanych portkach. Kobiety w kolorowych chustach, wyszywanych kożuszkach i sutych spódnicach. Otaczali grubasa z cygarem i równie grubą kobietę w kapeluszu ozdobionym sztucznymi kwiatami. Pewno też górale, tylko zza oceanu. Szatniarz z wąsikiem giął się w lansadach. Podtykał im papierosy na tacy.

– Polecam Dunhille.

Szatniarz z wąsikiem. Zapadlisko pamięci. Męczy ta twarz znajoma. Dawne sygnały nic nie przywołują. Kulawy, którego spotkałem wczoraj. Patrzyliśmy na siebie. Dopiero kiedy zniknął w tłumie pod Domem Towarowym, dotarłem do źródła. Bardzo dawny ranek nad Wisłą. Wódka i pieczeń z królika. Piaskarze. Kulawy. Jeden z wielu wspaniałych ranków młodości.

Do klubu podwiezie nas Kiciuś. Nie pił i ofiarował się z tą przysługą.

Na parkingu zabiegła nam drogę Cyganicha. Upatrzyła sobie Dzidzię. Chwyciła ją za rękaw płaszcza. Wlepiła w nią pałające oczy starej wiedźmy.

– Powróżę ci za darmo! – wołała. – Tylko połóż pieniążek. Będziesz strasznie długo żyła... Posłuchaj...

Dzidzia wetknęła w chciwą, wyschniętą dłoń banknot.

– Odczep się! A co ja bym tak długo robiła!

W wozie, siedząc obok Dzidzi, pogłaskałem ją po dłoni. Przyjacielsko, dziękczynnie. Przecież dzięki niej ten ruch, zabawa, szum. Tak gładząc, natrafiłem na pierścionek. Efektownie zdobił palec. Na przegubie dłoni bransoleta, srebrna, nabijana zielonymi kamieniami, z Birmy jak powiedziała, a pierścionek na środkowym palcu. Delikatna, wschodnia robota. Plecionka z czarnego włosia, przetykana złotymi blaszkami.

– Daj mi – zapragnąłem łapczywie tego pierścionka. Jak dziecko rwałem się do błyskotki. Dała chętnie. Pasował na ostatni palec. Kobiecy raczej. Ale to mi wcale nie przeszkadzało.

– Ciekawa skłonność – zauważył Kiciuś, który obserwował moje manewry w lusterku.

Dojechaliśmy do kasyna. Kiciuś pożegnał się z nami. Twardy dziś. Nie uległ pokusie. Pomachał nam jeszcze ręką.

Zostaliśmy na podjeździe. Przed nami stary pałac z kolumnami. Wyglądał jak ostatni Mohikanin wśród nowej, standardowej architektury. Bloki wszędzie. Setki oświetlonych okien. Ule. Wszystkie jednakowe. A ten pałac wśród nich reliktem dawno umarłej przeszłości. Finezyjne rzeźbienia na frontonie. Mocarze w kamieniu podpierają sklepienia nad wejściem.

Pośrednik ujął Dzidzię pod rękę i ruszył lekkim, posuwistym krokiem. Niby na bal. Tak to wyglądało.

Znaleźliśmy się w starym, książęcym pałacu o długiej historii. Zaczął się czad. Już od początku. Wyłaził z tych murów i gęstniał. Tutaj być może obradowali magnaci i ich totumfacka, szaraczkowa brać w czasach Sejmu Wielkiego, opowiadali się za lub przeciw Majowej Konstytucji, podejmowali Naczelnika Kościuszkę lub Szczęsnego Potockiego, wodza Targowicy, dygotali ze strachu przed rozjuszoną gawiedzią warszawską, która prowadzona przez księdza Konopkę i Mejera wystawiała szubienice i krzycząc złowrogo, otoczyła pałac, a pierwsze kamienie rozbijały szyby okienne na parterze; w następnych latach bywali tu napoleońscy bohaterowie, generałowie legii, pułkownicy szwoleżerów, odbywały się tu huczne bale, gdzie piękne polskie damy, dygają i szeleszcząc krynolinami, składały hołd cesarzowi Francuzów, a później Aleksandrowi I; a jeszcze później dochodziły tutaj odgłosy bitwy pod Olszynką Grochowską; po latach, w gorących dniach branki młodych, panowie z Towarzystwa Kredytowego Ziemskiego słuchali w skupieniu Andrzeja Zamoyskiego...

Schodami wyłożonymi dywanem wkroczyliśmy do przedsionka o marmurowych ścianach z jarzącym się soplami świateł żyrandolem. I znów szliśmy po schodach. Aż znaleźliśmy się w wielkiej sali, gdzie przy stołach zastawionych jadłem i trunkami biesiadowali oficerowie różnych rang i cywile z odznaczeniami w klapach.

Zajęliśmy niewielki stolik pod filarem. Zaraz znalazł się ugrzeczniony kelner. Stół wkrótce mieliśmy zastawiony.

Rozglądałem się dokoła. Po tych oficerskich twarzach. Były przeważnie tłuste, szerokie jak bochny i poczerwieniałe, osadzone na mocnych, bryłowatych korpusach, rozsadzających mundury. Wszystkie te twarze wydały mi się podobne. Nie widziałem żadnych różnic, właściwie tworzyły jedną, gigantyczną, z cząstek złożoną gębę. Wtedy przypomniałem sobie album powstańczych fotografii, który niegdyś przeglądałem. Stary, poniewierający się gdzieś na dnie szuflady album i te twarze. Szczupłe, wyraziste twarze młodzieńców z tamtych lat. I każda z nich była inna, różniła się w zdecydowany sposób od pozostałych. Choć równocześnie wszystkie te twarze łączyła gorączka narodowego, desperackiego uniesienia. Albumowe wizerunki wyraziście ożywały w moich oczach. I tak oto twarze stąd, z kasyna, zderzać się zaczęły z tamtymi, z martwych kart albumu.

– Namalować to wszystko – posłyszałem głos Malarza.

– Co?

Powiódł szerokim gestem ręki po sali. Mrużył oczy i patrzył. Czyżby widział tak samo jak ja?

Pogrążyłem się w intensywnym patrzeniu. Twarze stąd brzydły z sekundy na sekundę, stawały się wręcz nie do zniesienia. Ogarniały mnie duszne fale nienawiści. Szły jedna za drugą, gwałtownie jak podczas sztormu. Krwiożercze wprost pragnienie: szarpać, kąsać, dusić te cielska nie ludzkie a bydlęce, tych facetów nieruchawych, przysadzistych i brzuchatych, ględzących martwym językiem gazet, zebrań, telewizji, przetykanym przekleństwami z klozetów, tą gnilną, smrodliwą mową naszych czasów, która dławi i zamula rzeczywiste myśli i uczucia. To człapanie zębami, ten ruch warg odsłaniający otwór gębowy, dźwięki wydobywające się stamtąd. Chwyciła mnie taka chęć przemożna: odkryć ich, obnażyć znienacka w ich sypialniach, piernatach i puchach, spoconych i przetaczających się ze swoimi równie odpychającymi babami, pogrążonych w zaśmierdłym śnie, żarłocznym i bydlęcym, tak dopaść ich tam w pieleszach intymnych i siec, bykowcem po białych, zniekształconych ciałach, siec bez litości, do utraty tchu. Bo wszystkie twarze stąd stały się dla mnie jedną wielką gębą Dzwona Naszych Czasów, sprośnego i cwanego knura, który z tą przebiegłą miną, pokrzywiony w zmiennych grymasach, to niewolnika, to władcy, uległy i nienasycony, siorbie ohydnie z koryta, gotowy za każdą cenę osiągnąć swój parszywy, egoistyczny cel, za fałszywe szelągi mając bezinteresowność, szlachetność i prawdę. Zgrzytnąłem zębami. Ten nieprzyjemny, mimowolny dźwięk pozwolił mi ocknąć się z tej fanaberii wyobraźni.

Wynurzyłem się na powierzchnię z krwiożerczej bajki jak ze świata braci Grimm.

Dzidzia starannie zdzierała nożykiem skórkę z wędzonego węgorza. Pośrednik nalewał wódkę do kieliszków. Gościnny, dobrotliwie uśmiechnięty gospodarz. Łapczywie napiłem się wódki.

Gdzie oglądałem ten album powstańczych zdjęć? Nie wiem. Wódka doskonałym paliwem. Potęgowała temperaturę. Pasja rosła. Wyobraziłem sobie też, że jestem inny, czysty, wspaniały. Że odróżniam się od tego chłamu. Czułem swoją przynależność do albumowej prehistorii. I swych przyjaciół traktować zacząłem wrogo. Ostrym lancetem dokonywałem wiwisekcji. Ich twarze równie chore, robaczywe jak te wszystkie w biesiadnej sali pałacu Lubomirskich. Ten suchy, ostry profil Pośrednika, ile faryzejskiej obłudy w jego oczach, zmienna gra zmarszczek, gotowe na zawołanie uśmiechy, puste, wydrążone wnętrze, sypie się próchno. Zwierzęca twarz Wiesia Milicjanta, nie ma w niej nic z naszego gatunku, homo sapiens zanikł tu zupełnie. Zbyt syty i zadowolony z siebie Kicius. Malarz. Kim on jest? Artystą, wyrobnikiem, robakiem poszukującym tłustych kąsków? Dzidzia – niby mechaniczna, nakręcona lalka.

Oszukańcza pycha sędziego ustąpiła szybko. Siebie również zobaczyłem we właściwym wymiarze. Moja twarz taka sama. Wytarta, znużona, szara. Dusza też. Czy coś w niej jeszcze migocze? Może tylko błędny, oszukańczy ognik na bagnie?

Magma wszystko, chłam. My też należymy do tej samej rodziny z kasyna, do tych oficerów i cywilów, ozdobionych orderami, biesiadujących w ogromnej sali z kolumnami, z pięknym kasetonem i rozetą na suficie, w tym pałacu, co niegdyś magnatów był siedzibą, tych wielmożów, którzy patrzą na nas z portretów, panów butnych i nadętych, pysznych i władczych. Czy oni byli inni od nas? Może równie zgnili, prześmierdli, i ta zgnilizna przez pokolenia przenoszona, potęgująca się z biegiem czasu, po nich jest spuścizną? Wszyscy więc byliśmy jedną, gnijącą rodziną, w której tylko z rzadka zdarzały się wspaniałe pokolenia tych naj–najlepszych, co szli na zagładę. Zawisza, Ponury, Śmiały, Bystry, Hetman, Zagończyk, oto ich wojenne, szumne pseudonimy, oraz ci ostatni, którzy podpisują nekrologi poświęcone ich pamięci, towarzysze broni ze zgrupowania Sosna, Gozdawa, Żmija, Madagaskar, Gasłuch, ci pozostali przy życiu druhowie, jacy oni teraz?, czy są wśród tego tłumu biesiadującego w kasynie? tacy sami jak wszyscy? tą drogą do dołu osuwający się nieuchronnie? dlaczego tak jest, co zostało z tamtego pokolenia czystych, wspaniałych, którzy szli do walki bez cienia wątpliwości i wyrachowania, rzucając swe życie na szalę narodowej wagi? nic w nich wtedy z prywaty, z małości, i tę ofiarę w postaci swego życia składali jak pierwsi chrześcijanie.

W takim idealnym, przejrzystym świetle widziałem tamtych sprzed trzydziestu lat, jawili mi się piękni fizyczną i duchową urodą, podnosiłem ich jak hostię na ołtarzu swych marzeń, ogarnęła mnie fala patriotycznego uniesienia, i łączność z tym czymś niewymiernym, niejasnym poczułem, naród, ciągłość narodu, najlepsi z tego narodu…

– Dlaczego tak jest? – zapytałem, chwytając Dzidzię za rękę.

Popatrzyła na mnie zdziwiona.

– Mon cher, gówno zawsze wypływa na wierzch – odpowiedziała z niezwykłą intuicją.

To pozwoliło mi wrócić do rzeczywistości. Poczułem się znużony tym śmiesznym wizjonerstwem. Czepiam się bez sensu ludzi może niezłych, poczciwych, których wzięła w swój magiel historia, a teraz ich miażdży i zniekształca, i żyją tak jak im czas na to pozwala, ulegle i spokojnie, przeżywając z zadziwiającą wytrwałością kolejne meandry losów tego kraju, po prostu trwając, płodząc dzieci, smucąc się i ciesząc. Pośrednik tak szczerze o sobie opowiadał, o swojej wojennej drodze, jak to prosto z łagru dostał się do Dywizji Kościuszkowskiej. Młody chłopak, harcerz z Wołynia; kiedy tam przyszli Ruscy, dalej w tym harcerstwie, dalej Polską oni byli, Kościół, wsypa, denuncjator jakiś oczywiście, aresztowali, NKWD, piwnice więzienia w Mińsku, „ty burżujska swołocz!" tłukli, potem pociągiem bydlęcym parę tygodni, Sybir, tam dwa lata, tajga, zimnica, choroby, nagle wywołali podczas apelu na łagiernym placu, do polskiego wojska został powołany, aż do Berlina szedł, a potem z reakcyjnym podziemiem – tak powiada – kazali, musiałem, a w tym podziemiu zdarzali się znajomi z Wołynia, dawni druhowie, też do nich strzelałem, wojsko, rozkaz, taki czas; mówił wtedy powoli, bez wzburzenia, przepaliła się w nim przez tyle lat tamta bratobójcza sprawa; tak się szło lasami, górami, a oni kropili, zawzięci, my też tak samo, w każdej chałupie mógł być wróg, z każdego okna – ten jego głos dźwięczny, z miłym zaśpiewem słyszę znów – jedni za Londynem, drudzy za Moskwą, pomieszane wsio, pojebane, ciągle tra-ta-ta, seriami parzyli zewsząd…

– Bankietujemy! – wzniosłem kieliszek.

– Podoba wam się tutaj? – zapytał Pośrednik.

Przytaknęliśmy skwapliwie. Bardzo nam się podobało.

– I wódka tania – rzekł Pośrednik – narzut jak w trzeciej kategorii.

Należało pić i bawić się jak Pan Bóg przykazał. Odpoczynek po pracy. Tak to można nazwać. Dużo pracowałem ostatnio. Należy mi się to wytchnienie. Powinienem być zadowolony. Wiedzie mi się jakoś. Piszę. Czytają. A może w tym pisaniu też tak jak w życiu zmordowany, okaleczony niewolnik?

Miałem spotkanie za studentami i czytałem im swoje opowiadanie *Sprawozdanie z wyjazdu w teren*. Ci młodzi mówili potem. O moim pisaniu. Ostre, drapieżne w obnażaniu rzeczywistości. Tak mówili. Ale bohaterowie w rezultacie przegrywają. Bo przecież widząc całe to sparszywienie i zakłamanie struktury, godzą się jednak i tak żyją w tej mazi cuchnącej. Niektórzy jak ryby w wodzie. Tyle że na boku, nie angażując się czynnie w świństwo. Dlatego właśnie w jakiś sposób z tym pogodzeni. Tak ocenili.

– Jak to? – żachnąłem się wtedy.

Mój bohater ze *Sprawozdania* patrzy w okno. Z zewnątrz dochodzi jakiś hałas. Młodzi rozbijają o słup butelkę. Stoją gromadką na placyku przed domem kultury i piją wino. Na stojaka. Opróżnione butelki rozbijają o słup. „Tak wystają godzinami i czekają, cholera wie na co" – mówi kierownik klubu, pan Miecio. „Wszyscy czekamy" – dodaje mój bohater, prelegent TWP, który przyjechał z odczytem do tego miasteczka. I w tym jego powiedzeniu jeszcze nadzieja. Każda szansa zmiany, każdy błysk jasności będzie dla oczekujących sygnałem. Pójdą, przyłączą się. Taki w tym sens. Więc mój bohater, choć znużony i przegrany, dużo widział, doświadczył, cmentarz nadziei i pragnień, tych jednostkowych i ogólnych, mimo wszystko jednak czeka, wierzy jeszcze. Nie tylko sam żużel, popiół, jeszcze trochę ognia w nim. Tak myślałem o swoim bohaterze. Tak mówiłem studentom.

Pamiętam znajomego, Bogdana O., sceptyka i racjonalistę. Patrzył z dystansu. Żartował szyderczo i bronił się beznamiętną analizą. Raz po dłuższym niewidzeniu poskarżyłem mu się. Miałem drobne, domowe kłopoty. Szukałem akurat jakiegoś urządzenia hydraulicznego, potrzebny do łazienki drobiazg, głupstwo, ale w żaden sposób nie mogłem go kupić.

– Nic pan już nie znajdziesz! – ożywił się naraz Bogdan O. Zgrzytnął zębami, twarz mu się zmieniła, oko pociemniało. – Już nie ma żadnych szans! – wybuchnął. Głos zakipiał wzburzeniem: – Żadnych! To przecież banda skurwysynów!

Wzięło go. Widać było wyraźnie. Jest w potrzasku. Już niewolnik. Złamali mu dumny, prosty grzbiet. Tak go zobaczyłem w tej odsłonie.

Patrzyłem wtedy na młodych uczestników spotkania. Podzielili się. Jedni godzili się z moją interpretacją. Inni dawali temu miotaniu się pesymistyczną diagnozę.

– Życie na boku jest przegraną! – krzyknął zapalczywie młody w okularach.

Pewno roiły mu się czyny niebywałe, walka, zwycięstwo. To dobrze. Tak należy zaczynać.

Tylko co z tego zostaje?

Powiodłem nieprzychylnym wzrokiem po bankietującej sali.

– Prawda! Odwaga! Uczciwość! Pisać o tym. Dla kogo to wszystko? Dla tych capów, co chłepczą, żrą i ryją?!

– No wiesz! – oburzył się Pośrednik. – Tu też trafiają
się porządni ludzie.

Malarz napełnił kieliszki. Dostał już przyspieszenia.

– Chlustaj, moralisto! – ponaglił do picia.

Pośrednik tutaj szanowany. Podszedł oficer na kaczkowatych nogach.

– Jak zdrówko? – zapytał. Uścisnęli sobie prawice. –
Czy wszystko w porządku?

Pośrednik pochwalił wszystko.

Komendant klubu. Ruszył w dalszy obchód. Krążył
między stolikami. Zatrzymywał się przy niektórych. Dostawał kielicha tu i ówdzie.

– Dobre chłopisko – powiedział Pośrednik i uśmiechnął się ujmująco.

– Chuj na kaczych nogach! – zachichotał Malarz.

Dzidzia wybuchnęła śmiechem. Taką kanonadą do-
nośną. Pewne ożywienie dokoła. Ten jej śmiech… Ona
i Malarz już podchmieleni. Przyjemnie. Na wesoło.

Ta wóda właściwie jak ołów. Ciąży, jeszcze bardziej
gniecie. Mało już frajdy. A tak na to liczyłem! Dawniej
same skrzydła i lekkość. Jakie to już odległe czasy! Jeszcze nie byłem spętany. Jeszcze miałem inicjatywę.

Pamiętam, wypiłem raz cysternę różnych trunków, likier, piwo, wino, wódka, i nic, żadnej ociężałości, ponuractwa, kipiel energii we łbie, wyprowadziła mnie z knajpy
dziewczyna, był też przyjaciel, dzień letni, niedziela, samo
południe, wyrwałem się swoim opiekunom i rączo jak jeleń pognałem pod Dom Partii, tam na mur szczyć zacząłem, zza węgłów tego gmachu wybiegł tajniak i munduro-

wy, milicjant z pałką wzniesioną do góry, a tajniak ręce mi fachowo wykręcił, miny mieli groźne, od razu zalałem ich potokiem słów, równie obfitym jak strumień moczu z rozporka, taka inwencja alkoholem inspirowana, coś o chorym pęcherzu, zgarbiony naraz, trzymający się za krocze, wyprowadziłem ich na manowce, nie wiedzieli, jak zareagować, iść precz kazali, wolno, dostojnym krokiem powróciłem do dziewczyny i przyjaciela, którzy już widzieli mnie w areszcie, 48 godzin co najmniej, może jeszcze gorzej, niby aktor i zarazem reżyser przedefilowałem wzdłuż Białego Domu, była już gawiedź, widzowie mojego spektaklu.

Pośrednik musiał już iść na dół. Do sali konferencyjnej. Na to kombatanckie zebranie.

– Godzinkę najwyżej – zamówił następną butelkę. Z góry zapłacił. I pobiegł, przyczesując sobie śmiesznym ruchem dłoni włosy na skroniach i poprawiając ordery w klapie.

– Coś trzeba zrobić! – powiedziałem.

Dzidzia przytaknęła entuzjastycznie. Wspaniała! Godzi się na wszystko. Byle coś się działo. Nie ocenia niczego. Wakacje paryżanki.

Myślałem intensywnie. Dawną energię przywoływałem na gwałt. Chciałem draki, ale nie byle jakiej. Coś w konwencji militarnego otoczenia trzeba wymyślić.

Namówiłem Malarza do Pierwszej Brygady. Zgodził się. Zaśpiewaliśmy… Nasze głosy jednak słabiutkie, słów też nie pamiętaliśmy, pierwszą zwrotkę ledwie w całości. Nikt nie zwrócił na ten śpiew uwagi. Tylko ci przy sąsiednim stoliku odwrócili głowy. Ale obojętnie. Zresztą była konkurencja. W pobliżu też śpiewali. Coś z dawnego repertuaru. I lepiej. Znali słowa do końca.

– „Polesia czar to dzikie knieje, moczary, Polesia czar to wichrów jęk, gdy w ciemną noc z bagien powstają opary…" – niosło się tęsknie, melancholijnie po tej wielkiej sali z kolumnami.

Popiłem wódy. Łapczywie. Rozglądałem się wokół. Aż dwóch takich sobie upatrzyłem.

Jeden to był major, średni wiek, w lotniczym mundurze. Drugi – kombatancki cywil, suchy i pomarszczony. Pasowali mi jakoś.

– Zaczynam – szepnąłem do Dzidzi.

Grzecznie zaprosiłem ich do stolika.

– Po co te typy?! – zaprotestował Malarz.

– Moje typy na dziś.

Oni zaś, zdziwieni nieco, podeszli do naszego stolika.

– Siadajcie, obywatele – podsunąłem im krzesła. Ociągali się. Przedstawiłem się, stukając po wojskowemu obcasami. – Taki dzień… – powiedziałem podniosłym głosem – rocznica bitwy pod Tobrukiem. Człowiek lgnie do człowieka. Wspomnienia mają to do siebie, taką właściwość.

Cywil popatrzył na mnie badawczo.

– Za młodzi jesteście.

– Byłem synem pułku.

– Mały dobosz – wtrącił Malarz.

Nie wyglądali na przekonanych. Szczególnie cywil.

– O co wam chodzi? – wycedził, mrużąc oczy w kose szpary.

– Żarty – roześmiałem się.

– Jeszcze tylko żarty trzymają nas przy życiu – dodał Malarz i wybuchnął pijackim śmiechem, a oczy miał szklane, nieobecne.

– Za naszą znajomość – nalałem do kieliszków.

– Co tak po polsku się zaczyna – znów odezwał się Malarz, źle wypił i zakrztusił się.

– Otóż to! – podchwyciłem. – Wspólna nas łączy sprawa, krew oddawaliście, obywatele, za to, co teraz mamy, czyli ofiara największa...

– Tak było – przytaknął cywil z taką powagą i brzęknęły mu medaliki w klapie. – Walczyłem... Bo on – palcem szturchnął majora w pierś – już z czasów pokoju.

– Tak jest – potwierdził energicznie major. – Ominęła mnie wojna. Młode wojsko człowiek uczy.

– Czyli prawdziwego prochu nie wąchał – złośliwie raczej zauważył cywil.

– Jak w sztafecie, jeden drugiemu pałeczkę przekazuje – ciągnąłem uroczyście. – I choć różne bywały tutejsze losy, ja dla przykładu na Zachodzie wiele lat, czyli w kapitalistycznym świecie...

– Na Zachodzie? – powtórzył cywil.

– Dla ojczyzny tam pracowałem, takie miałem zadanie. Major skinął głową.

– Rozumiem.

Cywil nadal patrzył na mnie nieufnie.

– Ja natomiast – odezwał się Malarz – jestem całkowicie apolityczny. Ale dwa moje płótna wiszą w Komitecie Centralnym, czyli... – czknął i nie dokończył. Wódka zmęczyła go już.

– Wy, obywatelu – połaskotałem próżność cywila – musicie mieć niezły staż wojenny.

– Nie zaprzeczę – gładko przełknął pochlebstwo. – Partyzantka, lasy, długi, bojowy szlak... Skąd wiecie? – był zaskoczony.

Uśmiechnąłem się powściągliwie.

– Czyń, czyń! – zawołała Dzidzia.

Przepiła do tych dwóch. Uśmiechnęła się zalotnie. Major topniał jak masło pod tym uśmiechem. Chrząknął, obciągnął pas.

A ja, taki układny, miły i troskliwy dla swoich gości, byłem jednocześnie wściekle zażarty, ten czad nie opuszczał wcale, buzowało we mnie mocnym ogniem, ten najazd chamów na wszystko, chwilami czułem się naprawdę jak dziwoląg ze starego, dawno umarłego świata, te twarze dokoła, świecące, szerokie o chytrych oczach i niskich, fałdzistych czółkach, ten gwar rozmów, co zalewał jak rzeka o nurcie nierwącym, a jednak dosyć ostrym, ci dwaj wyłowieni z tłumu przy naszym stoliku, ten bełkot, duszno, brak powietrza, kojarzyło mi się to wszystko z nijakością byle jaką, co zalała powodzią cały kraj i nie ma żadnej przeciw niej tamy, ta nijakość, co jak obręcz dusi wszelkie prawdziwe wartości, talenty, ta gminna przeciętność, która niszczy i trzebi śmiałych, niezależnych, uczciwych, zarzucając lawiną gróźb i obelg każdy nieśmiały głos podnoszący potrzebę bezinteresownych racji czy ideałów, bo jest ona na tyle przebiegła, żeby widzieć w tym groźne dla siebie niebezpieczeństwo, te puste słowa bez pokrycia, to samochwalstwo bezbrzeżne, czy ktoś jeszcze wierzy w cokol-

wiek?, tak tkwiłem w tej magmie bydlęcej bez żadnej wiary, idei, pasji, tak bez reszty przepojonej tylko żarłoczną
potrzebą władzy, posiadania, kariery, sytości, tym wyłącznie pochłoniętej, za każdą cenę, poddaństwa i kłamstwa,
obłudy i bezmyślności, zdrady i okrucieństwa, więc tak
nurzałem się masochistycznie w tym błocie, grzebałem
w nim zawzięcie patykiem i naprawdę miałem chwilami
takie przekonanie, że jedynym jestem arystokratą ducha,
archaniołem z mieczem gorejącym, co wypalać zacznie
zarazę, a przecież z rdzenia i istoty swych genów, to jest
najśmieszniejsze, plebejski jestem tak bardzo, w tę tutej-
szość korzeniami głęboko wrośnięty, z dziada pradziada tu
osadzony, nigdy żadne przywileje i łaski nie pieściły moich
przodków, pokoleniami jako chłopi harowali na mazo-
wieckiej, lichej ziemi, mój ojciec cudze dzieci uczył, matka
też, przeszło pół wieku trwało ich czynne, nauczycielskie
życie, z nich jestem, te układanki z liter, wyrazów moją ha-
rówą, w taki chłopski, pańszczyźniany sposób bez zbyt
wielkiego polotu i fantazji latami co rano do stołu zasia-
dam; przez to jeszcze bardziej obcy byłem tej chamskiej
nawałnicy, czułem, jak duszą i depczą to wszystko, co dla
mnie najdroższe, najważniejsze, te racice w gnoju unurza-
ne już połamały mi grzbiet, raz po raz zalewały mnie gorące fale nienawiści, widziałem w naiwnych marzeniach
tych chamów, jak znów spadają, tak na łeb na szyję lecą
w dół, znów pokorni, czapkujący, chłam, próchno, nicość.

I jedynym lekarstwem na tę niewygodę była zgrywa,
śmiech, pogarda, ona pozwalała chwilami czuć swoją
przewagę.

– Czy możecie, drodzy towarzysze, położyć dłonie na stole – powiedziałem nagle zimnym, przenikliwym głosem.

Popatrzyli na mnie zaskoczeni.

– On wspaniale wróży – pośpieszyła z pomocą Dzidzia – linie życia, śmierci, miłości, sukcesów...

– No szybciej proszę! – zawołałem niecierpliwie.

Posłusznie położyli dłonie. Obok umieściłem swoją. Chwilę milczałem. Popatrzyłem intensywnie. Co prawda cywil palce miał cienkie, szponiaste, nie pasowały do mojego uogólnienia, ale uznałem to za nieważne.

– Widzicie – zacząłem – rzut oka wystarczy, różnica tu wyraźna, wyrasta jak przepaść, wasze łapy ciężkie, toporne, z kamienia łupanego zgoła, wybaczcie to porównanie, ale nic w nich z delikatności, wrażliwości, w ogóle niewiele czucia, niestety, każdy kruchy, delikatny przedmiot zginie w takim uchwycie, miazga, wandalizm, dewastacja... ta dłoń natomiast – popatrzyłem z błazeńskim upodobaniem na swoją dłoń, niewypracowaną, jak mówił przyjaciel z przedmieścia, Sewek Studniarz – sami widzicie, ta dłoń wąska, kształtna, sama czułość, gwarancja właściwego obchodzenia się z pięknem, finezją, do każdej koronkowej roboty ta dłoń idealnie przylega... – orientalny pierścionek, czarne grube włosy z ogona słonia i złote blaszki, efektownie zdobił ostatni palec – ...jedno z drugim tworzą nierozerwalną całość, tak oto dochodzę do konkluzji – podjąłem ze smakiem – te wasze łapy to symbol czasu, złego czasu, niszczą wszystko, co odwieczne, indywidualne, tolerując jedynie pospolitą nijakość, wandalizm ten z ducha bierze początek, za szybko wyleźliście z czworaków i ogarnęliście salony – wymownym, patetycznym gestem omiotłem ściany tej sali zdobne w portrety magnackich wielmożów, hetmanów, wojewodów i biskupów – czy nie stosowniej byłoby w karczmie na rozstajnych drogach między wsią a dworem?... Tak, moje Mongoły, może i nie ma w tym waszej winy, symbolizujecie niestety... – i taka potrzeba we mnie: podetknąć im dłoń pod gęby i zawołać: całujcie, chamy! Z trudem się powstrzymałem. Nie trzeba przeszarżować. – Świnie pożarły pawia! – dodałem tylko.

– Co wy! – wykrztusił cywil. Twarz mu spąsowiała.

– Co on gada? – podniósł głos major.

– Speech o ręce – powiedziała Dzidzia. – Mon ami – pogłaskała cywila po kostropatym kieliszku – to taki swoisty esprit, żadna obelga, słowne igraszki tylko.

Cywil zesztywniał cały i odsunął się od niej.

– Mongoły – powtórzył major.

Takie miałem przekonanie. Ci ludzie dwulicowi. Cały naród. My wszyscy. Krecie życie. Ten wrzask frazesów, haseł: wzniosłość, sprawiedliwość, socjalizm, same dobrodziejstwa. Taka czapa pokrywa wszystko. Szczelna czapa. I ludzie z tym pogodzeni. Na wierzchu musi tak być. A pod spodem tak. Ruska prawda. Czynownik gniecie szarego człowieka. Szary człowiek czapkuje pokornie. Też ruska prawda. Pogodzony tłum szarych ludzi. Dwa światy. Czynowników i niewolników. I jedynym marzeniem: dźwignąć się z dołu, podskoczyć trochę wyżej, z lepszego koryta ściągnąć kąsek.

– Czyli mongolizacja – podjąłem głośno. – Pewien mądry, nieżyjący już pisarz taką postawił diagnozę: na wschód od Berlina tylko stepy, stepy i Hunowie, Azja.

– E tam! – żachnął się major. Ściszył głos: – My przecież przedmurze chrześcijaństwa, tak mówi historia, teraz też... tego owego...

Cywil sapał.

– Jemu wszystko absolutnie z tym się kojarzy. – Dzidzia macierzyńskim ruchem zwichrzyła mi włosy. – Czupurny taki, historyk, specjalista od ludów środkowej Azji. Dino Buzzati, *Pustynia Tatarów* i tak dalej... Przesadza.

– Oczywiście, że przesadzam – przyznałem. – Bez przesady nie ma pasji.

Dzidzia przepiła do majora.

Major przysunął się do niej i zapytał półszeptem:

– Kto to jest?

– Naukowiec – odpowiedziała lakonicznie. – Tęga głowa... Wypił troszeczkę – dodała.

Major przytaknął ze zrozumieniem.

– Za dużo tego czadu. Żeby tak znać miarę – uśmiechnął się szeroko.

Malarz uniósł głowę znad stołu, wzrok miał mętny, szklany.

– Mongoły – zabełkotał. – Racja. Wszystko... – dalej już nieartykułowane dźwięki popłynęły mu z ust. Opadła głowa.

Cywil świdrował mnie uporczywym spojrzeniem.

Umiejętnie udałem mocno podpitego. Zachybotałem się i trąciłem łokciem o kieliszek.

Rozlała się wódka.

– Wracając do spraw poważnych – odezwałem się bełkotliwym głosem – uczciwie mówię, bardzo was cenię, rodacy, dzięki wam mamy to, co mamy, jednak tu o wiele lżej niż w takiej Bułgarii czy Czechosłowacji.

– Mogło być lepiej – ciągnąłem – tyle że Ruscy nas cisną, musimy tańczyć, jak nam zagrają.

– No! – wyrwało się z głębi trzewi temu suchemu cywilowi. Odtajał już, rozłożył ręce i świsnął przez zęby, na przodzie miał złote. – My dla Rusków znaczymy tyle, co brud za paznokciami.

– Ja bym tak nie powiedział – zaprotestował major. – Ostatnio więcej się z nami liczą. Inny układ na świecie.

– Iii tam – skrzywił się cywil. Z wyglądu taki szary żołądkowiec.

– I warto było walczyć, tę krew przelewać? – cicho wypowiedziałem te słowa. – Oto jest pytanie.

Cywil zamrugał powiekami.

– Nie rozumiem.

– Ja też – stwierdziłem.

Major zapatrzył się w głęboki dekolt bluzki Dzidzi. Tam luźno i miękko kolebały się piersi. Spodobał mu się ten widoczek.

– Opowiem wam taki kawał – ocknął się – jedzie Breżniew do Polski i co on widzi?… – urwał speszony.

Akurat wrócił Pośrednik. Skończył już swój kombatancki obowiązek. Serdecznie przywitał się z naszymi gośćmi. Zamówiłem następną flaszkę.

– A my tak gadu, gadu – powiedziałem – o życiu, ojczyźnie i widokach na przyszłość.

Pośrednik zerknął na mnie podejrzliwie.

– Chwała Bogu – odezwał się cywil – że tego Stalina już diabli wzięli, żyjemy sobie jako tako, więcej luzu nam dali, znaczy szanse.

– No, niezupełnie... – wypuściłem próbną strzałę. – A te Żydki ile nam narozrabiały? Jeszcze niedawno... Popsuć to, co zbudowaliśmy, chcieli, strzała trafiła do celu.

Major lotnictwa zaniósł się hałaśliwym śmiechem.

– Miałem takiego szefa – przytknął dłoń do brody, co symbolizuje wiadome pochodzenie – Icek znaczy, jak on żydłaczył, uś, giewałt, ale nie do śmiechu z nim, o nie! łobuz, politycznie mocny, ani go ruszyć, aż przyszedł taki czas, podejściowy, wybiła ta godzina i tak go... – wykonał zamaszysty ruch ręką – tak go wtedy upierdoliłem, najmocniej panią przepraszam – ukłon głową w stronę Dzidzi – na zebraniu partyjnym wzięliśmy go w obroty, słuchał ze zwieszonym łbem, mały się zrobił, kundel...

– Tu, w naszym kombatanckim gronie – odezwał się cywil – też byli tacy, też zrobiliśmy z nimi porządek.

– Tak było – przytaknął Pośrednik. Z wyraźnym już niepokojem na mnie spoglądał. Malarz ocknął się. Popatrzył mętnym wzrokiem po sali i naraz zaczął wołać na kogoś. Zza długiego stołu bankietowego podniósł się oficer marynarki wojennej z kordzikiem na złotych sznurach przy pasie. Odpowiedział entuzjastycznym okrzykiem. Przeciskał się między stolikami.

– Mój klient – oznajmił Malarz. – Komandor.

Tamten dotarł do nas. Długo ściskał się i całował z Malarzem.

– Twój obraz ciągle wisi – powiedział. – Przychodzą goście i napatrzyć się nie mogą.

– W takim razie kupuj następny – odezwał się Pośrednik.

– Kieszeń nie wydoła – odparł Komandor.

– Jedziemy! – Malarz naparł na niego i schwycił za kordzik.

– Gdzie?

Potoczyli się w stronę bufetu.

– Ja ich poznałem – oświadczył Pośrednik. – Teraz cały marwoj nabywa płótna naszego mistrza.

– Jak nic do Zamku dziś będzie eskapada – zauważyłem.

– Żebyś wiedział – przyznał Pośrednik. – Namówi go na pewno.

– A ta jego luba... – zainteresowała się Dzidzia. – Urodziwa?

Nie dostała odpowiedzi. Orkiestra, która niedawno zajęła miejsca na podwyższeniu, zagrała *Czerwone maki*. Cywil i major poderwali się natychmiast. Przyjęli postawę zasadniczą. My za nimi. Cały tłum biesiadników powstał od stołów.

I tak staliśmy do końca. Potem napiliśmy się wódki.

– I tu, i tam walczyli nasi – rzekł major – wszystko się liczy.

– „...zamiast rosy piły polską krew..." – nuciła jeszcze Dzidzia.

– Tak jest! – wyrąbał zawziętym głosem suchy cywil. – Wszystko nam psuli, przeszkadzali, w bezpiece to oni najgorsi byli, potem ten Światło i inni uciekli, we wrogich ośrodkach zaczęli nas sprzedawać, a sami się wybielali.

– Destrukcja syjonistyczna – stwierdził major lotnictwa.

– Cały świat ogarniają te macki – Dzidzia zachichotała.

– Oni komandosów mają niezłych – zauważyłem.

– A my złych?! – żachnął się major. Podniósł głowę znad dłoni Dzidzi. Obcałowywał ją z głośnym cmokiem.

– Niezłych – przyznałem – ale…

Pośrednik kopnął mnie w kostkę. Boleśnie. Spojrzałem na niego ze złością. Twarz miał nieruchomą, pokerową. Oczy majora w głęboki dekolt bluzki Dzidzi zapuściły sondę. Polowały na jej piersi miękko kołyszące się pod bluzką. Pośrednik pośpiesznie napełnił kieliszki.

– Pijmy – zapraszał.

Uniosłem do góry kieliszek.

– Proponuję toast… – zacząłem uroczyście. Uczyniłem pauzę dla większego efektu.

– Wal, bracie – ponaglał mnie cywil. – Śmiało!

– Wznoszę toast! – głos miałem czysty, donośny – za zdrowie i pomyślność polskiego oficera Menachema Begina!

Był to grom z jasnego nieba. Poszedł po całej sali. Zwróciły się w naszą stronę wszystkie głowy. Skamienienie. I cisza. Moje ofiary: major i cywil osłupieli najśmieszniej, bo ze wzniesionymi do góry kieliszkami. Baranio patrzyli na mnie.

Dlaczego za Begina toast? Obojętny mi ten Begin przecież. Ale ta cholerna jednomyślność we wszystkim obrzydła mi najbardziej. Nie chcę w tym chórze! Dlatego za Begina właśnie.

Powoli wychyliłem swój kieliszek. Cisza i wpatrzeni we mnie ludzie. Dzidzia ukryła twarz w dłoniach, wstrząsał nią śmiech.

Pierwszy ocknął się Pośrednik. Rzucił czujne spojrzenie wokół i zaraz ujął mnie silnie jak szczypcami za ramię.

– Spierdalamy – wycedził przez zęby. – Tylko szybko – pociągnął mnie za sobą.

Opuściliśmy salę. Skamienienie jeszcze trwało. W korytarzu jednak zastąpił nam drogę opasły oficer na kaczkowatych nogach. Bardzo był wzburzony. Komendant Klubu.

– To prowokacja! – zaczął groźnie.

Pośrednik uśmiechnął się do niego promiennie.

– Ależ towarzyszu, zmęczył się po prostu człowiek i pojebało mu się we łbie… – dalej już szeptem mówił tamtemu do ucha.

– Coś wykrzykiwał – powiedział już mniej impetycznie komendant Klubu.

– Mało to wykrzykują po pijaku – wzruszył ramionami Pośrednik. Chwycił mnie pod rękę i ruszyliśmy schodami w dół. Bez przeszkód dotarliśmy do szatni. Pośrednik pomógł mi włożyć płaszcz. Rzucił na ladę garść grubego bilonu. Szatniarz z jakimś orderem w klapie skłonił się wdzięcznie i otworzył przed nami drzwi. Wartownik zasalutował z rozpędu.

Znaleźliśmy się w bezpiecznej ciemności pod pałacem. W samą porę. Drzwi otworzyły się szeroko. Pokazali się oficerowie. Trzech. Smuga jasności na podjeździe.

– Kto to był? Gdzie on jest? – dobiegały ich słowa.

Pośrednik przyciągnął mnie do muru. Przeczekaliśmy.

– Komandosi w Warszawie – roześmiał się i szturchnął mnie w bok.

Tyle jeszcze miałem do powiedzenia! Sobie. Innym.
Potrzeba wyrzygania wszystkiego. Niekończący się potok
słów. Chaos i pośpiech. Już mało czasu. Myśl goniła
myśl. I było to niemożliwe do wypowiedzenia. Wypowiedziane, natychmiast stawało się anemiczne, nikłe. Obok.
Połamane skrzydła mojej literatury. Przydeptany ptak, co
trzepocze po ziemi skrzydłami. Tyle żalu, gniewu, nienawiści. O literaturze wiele. Myślałem też o władzy, co gnoi
i depcze literaturę. Widziałem w tym agonię pisanego
słowa. Puste słowa rozmnożyły się jak robactwo. Wszystko ziało rozkładem, zatratą, śmiercią.

– Jestem przegrany – powiedziałem. W tym przegra-
niu nie chciałem być samotny, więc dodałem: – Wszyscy
jesteśmy przegrani.

– Bo ja wiem? – zastanowił się Pośrednik. – Ja jeszcze
się nie daję.

– A co z nimi? Z Malarzem, Dzidzią?

– Dadzą sobie radę – odpowiedział. – Dzidzia oczaru-
je z pół kopy pułkowników i będzie królową kasyna.

Szliśmy jezdnią. Po jednej stronie rząd oświetlonych
bloków. Po drugiej stronie park.

Nocna pustka. Przejechał wolno radiowóz. Z okienka
wychylił się milicjant i pogroził nam pięścią. Przeszliśmy
na chodnik.

I wtedy wyrósł przed nami ten Andrzej, zwany Mili-
metrem, dwumetrowy chyba drągal. Wynurzył się z parkowych zarośli. Wyglądał upiornie. Czerwona pręga na

policzku i dolna warga rozbita, gruba, pokryta zakrzepłą
krwią.

– Cześć, Jędruś! – wybełkotał. Nazywa mnie zawsze
swoim imieniem po prostu.

– Kto pana tak urządził? – zdumiał się Pośrednik.

– Kto?! – z trudem rozchylał zmasakrowane usta. –
Gliny na mecie. Siedzimy sobie, ja, Lilka, jeszcze jeden
taki, a oni wpadli i łubudu, pałowanie, moja żona ich na-
puściła, bladź, nie może znieść, że ja z Lilką żyję, a Lilka
to jej siostrzenica.

Był pod pięćdziesiątkę, więc zgred, a ciągle chłopak,
taki Jędruś właśnie, bo i usta, nawet mimo tej masakry,
z wykroju dziecinne, naburmuszone, ten kosmyk nie-
sforny opadający na czoło, oko też czupurne. Stary chłopak. Od lat niezmienny. Był w Legii Cudzoziemskiej. Tak
mówi. Uciekł stamtąd. Wrócił, bo tęsknił. Potem siedział.
Tyle w skrócie. Egzotycznymi realiami operuje nieźle.
Kilkanaście słów francuskich. Arabskich też. Na „Gitany"
mówi „gitanuasy". Był czy nie? Nie wiadomo. Może czytał tylko zapomnianą, starą książkę *Dziesięć lat piekła Legii Cudzoziemskiej* sierżanta Białoskórskiego.

– Ta Lilka, mówię ci, Jędruś, niezła blacha – pochylał
się nad nami, ogromny, dwumetrowy i mówił, to sycząc,
to obmacując ostrożnie palcami zniekształconą wargę. –
Dobry numer opracowałem z nią na Arabów, ja ich znam,
znam tych pustynnych jebusów, łakomi na dupy, zwłaszcza blond, tam Mahomed panuje, ściska ich za jaja…

– Musimy już iść – zniecierpliwił się Pośrednik i ruszył pierwszy.

Wielkolud powiedział błagalnie:

– Jędruś, nie możesz kopsnąć dychy, na piwo?

Dałem dwie dychy. Chciał całować. Mnie. Pośrednika.

Ledwo się wywinęliśmy.

– Bonne nuit! – zawołał za nami.

Przez nagie parkowe drzewa widać oświetlony reflektorami Grób Nieznanego Żołnierza i nieruchome sylwetki warty honorowej. Pełzający na wietrze płomień znicza. Zbliżaliśmy się do placu.

Taki to klincz cholerny, ze sobą, z wszystkimi, z życiem. Ruszyć się nie można. Miotam się w tym płaskim, jałowym wymiarze, nadając temu Bóg wie jaką rangę, kaliber, już tak zmordowany tym poszukiwaniem głębszych znaczeń, błazenada, fikcja, zamiast rzucić ten chłam, zamknąć się i obwarować szczelnie, medytować, uporządkować wreszcie cały ten chaos, osiągnąć wreszcie ten upragniony spokój i obojętność dla tej brudnej kipieli, trwać już do końca w hermetycznej izolacji, wieży z kości słoniowej, swoistej nirwanie, lodowatej świetlistości.

Albo jak ci chasydzi, miłość, radość, z tą miłością i radością oni do swojego groźnego Jahwe, szatana też się nie bali, rozbrajali go łagodnością i spokojem, Samuel, jedno z jego imion, oni, ci chasydzi, biedaczkowie boży, osiągnęli wielką umiejętność, cieszyli się okruszynami, rabi Nachman z Bracławia kochał drzewa, ptaki, trawę, owady, rabi Gerszon z Kut wykupywał na rynku ptaki z klatek i puszczał je na wolność. Tu niedaleko, w sąsiedztwie bóżnicy, mieszka Natan, stary, maleńki jak karzeł Żyd, może do Natana pójść? czy o tych chasydach wie coś Natan? pogodny taki i spokojny, sam na cmentarzu pozostał, mieszka w zrujnowanej ruderze, gościnny, serdeczny, karpiem po żydowsku poczęstuje. Spacer przez cmentarz żydowski, ten las nagrobków, chaszcze, pustka, sami umarli, może z umarłymi Natan rozmawia...

– Może wpadniemy do jednego takiego? – zaproponowałem – pogadać trochę...

– Nie wygadałeś się jeszcze? – zdziwił się Pośrednik. Nie zatrzymał się wcale. Szedłem za nim.

Może zadzwonić do Kiciusia? przyjaciel, taki spokojny, sama równowaga i ład, choć żyje w kipieli nielichej, ten brud życia, pływa w nim, pogodnie uśmiechnięty, steruje pewną ręką, może skamieniał po prostu? głos kleisty, monotonny, martwica taka, kamienieją ludzie, Karol, kolekcjoner odwłoków, liczą, wspominają, klasyfikują, szklane gabloty eksponatami wypełniają, zaliczać, zdobywać, wszystko jedno co, byle w ruchu, w pędzie, tak jak w starym powiedzeniu: „rachuj, rachuj i tak wszystko na chuj!".

Coś mnie pożerało, takie uczucie, to coś było we mnie i na zewnątrz, niby tonący różnych chwytałem się linek, pytałem przyjaciela: może dziecko mieć? następstwo, ślad, ciągłość? ja nie chcę – odpowiedział chłodno, dawniej też nie chciałem, wolność, swoboda, bez żadnego balastu, teraz byłem pełen wątpliwości, jestem tylko sierotą – mawiał Fiedka Katorżnik, potwór z Dostojewskiego, tak mówił do Stawrogina i płakał, a mówił po zamordowaniu co najmniej czterech osób, też jak Fiedka czułem się chwilami, to Bernard S. opowiadał mi o Fiedce, z rzadka odwiedza mnie ten dziwny, trochę niesamowity przyjaciel, imiona szefa – mówi o Szatanie – różne przybiera on imiona, Samael, Anioł Światłości, a Mefisto w *Fauście* powiada: „na początku była noc...", Bernard S. miewa sny niezwykłe i nigdy się nie nudzi, zostać desperados, takim straceńcem, co na jedną szalę... można jeszcze zrobić coś nieodwołalnego, ostatecznego, można? czy nadaję się do tego, chwiej, słaby, setki wątpliwości? jestem już za stary, mój kardynalik, generalik – mawiał ojciec do mnie, kiedy miałem pięć, sześć lat, ten wiecznie głodny Samael, ciemnie, trujące opary z tego bagna ulatują, a ja duszę się i dławię, może po prostu do baby iść? ta Ewa ekspedientka, ona, inne jeszcze, falowanie wyobraźni, skłębienie ciał, jakaś upiorność i rozkosz, bydlęce nasycenie, tak to powtarzać aż do zupełnej pustki, ta tęsknota za siłą ciągle, siła, opoka, spokój. Kolos, pracownik podziemnego magazynu największej w tym mieście nocnej restauracji, taran atakujący wszystko i wszystkich, wyrywa dębowe drzwi, rozbija umywalki, workiem metrowej wagi rzuca jak piłką, walczy z pięcioma przeciwnikami i gromi ich bez nadmiernego wysiłku, takie łaskotki podstarzałego inteligenta, cherlaka i słabeusza z trzęsionką w środku, Drewnica, wariaci, tam też pewien osiłek, wysiadła mu żarówka we łbie – mówi magazynier Czesiek, ciemność, ludzie w piżamach, bełkot, kwilenie, niewyrażalność, on ma rzemiosło perfekt – mówił jakiś krytyk o Malarzu – jeśli znajdzie koncept, czyli pomysł kompozycji, to obraz dla niego żadnym problemem, jakże to? – myślałem – taki błyskawiczny?, podejrzana sprawa, Amerykanie wczoraj od niego

dwa płótna kupili – dodał jeszcze ten krytyk, wtedy przypomniałem sobie: wydawca z Nowego Jorku, Grove Press,
list kiedyś przysłał, chcą drukować moje opowiadania, już
widziałem się na liście bestsellerów, nic z tego nie wyszło,
pisarskie, zachłanne marzenie, jak przychodzą listy, że
wśród nich będzie ten najważniejszy, przeważnie bzdurne
listy, dzień po dniu wyczekuję, z tych dni lata całe, tak czekam i z tego czekania spać nie mogę, coraz gorzej z nerwami, kruszy się cielesna powłoka, odsłania ruinę, zużycie,
zęby wygubiłem prawie do szczętu, włosy już nie takie gęste, dwa kaszaki na łbie przeświecają, ta flakowatość ciała,
zmarszczki i fałdy…

Pośrednik klepnął mnie zamaszyście w plecy.

– Co tak milczysz jak zaklęty?! Głowa do góry! – Silny, dziarski.

Stanęliśmy przy murku oddzielającym park od ulicy.

– Mam niewygodę – wyznałem – ze sobą i z całością.
Jedno i drugie nie do przyjęcia.

– Ba! – powiedział tylko Pośrednik.

Kim ja właściwie jestem? to rozpaczliwe szukanie toż-
samości, uczciwy? oszust? marzyciel? realista? asceta? Rasputin? ideał, kawał świni? wszyscy oni we mnie, wszyscy
tłoczą się i przepychają, moja dusza jak worek przyciasny
pomieścić ich nie może, żaden w pełni do głosu nie dochodzi, charczą, skowyczą i piszczą, nieznośna kakofonia,
dlaczego tak? zapewne ten mechanizm najważniejszy, ta
sprężyna główna, od której całość zależy, popsuta, źle
przykręcona, niespójny, rozklekotany mechanizm, taki jestem pozaczynany i źle dopasowany, ta wóda, w której tyle

lat szukałem ucieczki, leczyłem słabości, zagłuszałem swoje kalectwo, walczyłem z nieśmiałością, tchórzostwem, ohydą, stosowałem na ból, gniew, nienawiść, radość, a nawet na miłość, tyle w niej utopiłem, ona, ta niby sojuszniczka, już chyba zmogła mnie ostatecznie, więc może tylko jedna jeszcze nadzieja, że z tego, co dobre ze mnie zostanie, z tego nawozu, który po mnie będzie, ci następni, młodzi, coś wezmą dla siebie przydatnego, doświadczenie, odkrycie jakieś niewielkie, choćby zapis tej szamotaniny nieustannej, pójdą oni z tym, choćby kawałek drogi, i coś osiągną, jakąś wartość, ład, oczyszczenie, oczekuję na takich, może naprawdę będę dla nich ja, zapisany w swoich książkach, niezłym fermentem, pożywką, rozsadą?...

Szliśmy przez plac. W stronę Europy. Widać było już jej światła. Łuna Europy. Reprezentacyjny gmach. Zaprasza do swego wnętrza wejściami z czterech stron świata. Portierzy w liberiach. Halle i bary. Barmanki uśmiechają się z zawodową grzecznością. Cudzoziemcy snują się jeszcze, sączą drinki i przeglądają obcojęzyczne gazety. Dziwki i cinkciarze. Tajniacy. Pieniądze nasze i obce. Raj dla niektórych. Cmentarz dla innych. Rumowisko. Ten szatniarz z wąsikiem. Już wiem! Był jeden podobny w dalekiej przeszłości. Klawisz z Gęsiówki. Kroczył korytarzem w granatowym mundurze i okrągłej czapce z zielonym otokiem. Grzechotał pękiem kluczy. Czasem przywalił nimi po grzbiecie. Gwiazda. Więźniowie wołali na niego Gwiazda. Gwiazda poranna mego życia. Może to on właśnie? Teraz szatniarz.

– Do Europy! – powiedziałem z nagłym ożywieniem.

Pośrednik pokręcił przecząco głową.

– Nie ma mowy – powiedział.

Akurat nadjechała taksówka. Zatrzymał.

Bełkotać zacząłem. Słowa gubiły się i roztapiały, dławiły wzajemnie, tyle ich było i strugą niemożliwą do artykulacji cisnęły się na usta. A w tym bełkocie była świadomość, że jestem skazany i nic już zmienić nie mogę. Uwięziony do końca wśród tych ludzi obcych, a jednak bliskich, tak będę się tutaj miotać i złorzeczyć, coraz bardziej śmieszny i słaby, skazany bez odwołania. Ogarnęła mnie nienasycona potrzeba miłości, więzi z tym wszystkim, pragnienie, żeby wreszcie ten kamień, co dusi oddech, uwolnił piersi, żebyśmy przestali się szarpać i męczyć nawzajem. Ale zatkało to mnie zupełnie i opadła mi głowa na piersi Pośrednika. Do niego się tuliłem. W nim szukałem oparcia. Gładził mnie po plecach i wzdychał. Dobry chłop.

Po chwili dłonie znów miał jak kleszcze, chwycił mnie za ramię i otworzył drzwi auta.

– Jedziemy do domu.

Posłusznie usiadłem na tylnym siedzeniu. Pośrednik obok mnie.

Uszła ze mnie wszelka energia jak z przekłutego pęcherza. Stałem się obwisły, znużony i apatyczny. Nawet wstydu nie czułem.

– Złamać licznik? – zapytał kierowca.

– Nie warto – odparł Pośrednik. – Krótki kurs.

Ruszyliśmy. Kończył się ten długi dzień. Noc.

1984

# Miasto

Miasto jest sponiewierane. I choć nocą starannie uprzątnięto i zatarto ślady dnia, to jednak trujący smród gazu pozostał. Wżarł się w powietrze między murami, przyczaił w bramach i na placykach, zalega podwórza. Osacza jak niewidzialny napastnik. Ludzie płaczą. Podnoszą chusteczki i ocierają łzy. Jednak te płaczące oczy wcale nie są znamieniem żałoby czy słabości.

Bo kiedy tylko ludzie posłyszą miarowy stukot butów i zobaczą patrolujących żołnierzy i milicjantów, od razu podnoszą głowy i w ich oczach pojawia się twardy, stalowy błysk.

Ludzkie oczy błyszczą wtedy silniej niż maszynowa broń tamtych w mundurach.

Miasto jest sponiewierane i ma poranioną duszę. Ale oto prostuje swój obolały grzbiet i znów wstaje do oporu.

1984

## Grisza, ja tiebie skażu…

Zadzwonił wieczorem i tak: Wyjeżdżam, pojutrze wyjeżdżam!… Czy mogę zajść do ciebie?

Dzwoneczki alarmowe zabębniły z nagła, poczułem szybkie uderzenia w głowie, cała seria. To samoczynny system ostrzegawczy. Wykształcił się przez lata. Bez tego ani rusz. Po pierwsze: co on sobie wyobraża! Mój dom to zajazd wiecznie otwarty. Będzie wpadał, kiedy mu się zachce, tak w każdej chwili! Po drugie: tyle czasu nie dawał znaku życia. Poczytywałem jego milczenie za ostrożność przed wyjazdem. Obawiał się, nie chciał powodować podejrzeń. Rozumiem. Przebiegłość przydeptanych. Unikanie jawnego konszachtu z trefną personą.

Aż tu raptem informuje o wyjeździe, wyraża ochotę wizyty. Mówi swobodnie, wiedząc doskonale, że oni podsłuchują. Nie ma wyobraźni? Wyobraźni mu nie brakuje, ile razy dawał przesadne jej dowody.

Powinienem powiedzieć: – Wpadnij.

Przyjdzie i dziarsko zapyta: – Coś przekazać? Masz coś do przekazania?

Jednak odpowiedziałem chłodno: – Niestety, jestem zajęty.

Był zaskoczony, chwila milczenia.

Życzyłem mu dobrej podróży. Zdawkowo, konwencjonalnie.

Odłożyłem słuchawkę.

Zastanawiające. Drążyłem drobiazgowo treść krótkiej rozmowy. Plótł o podróży, szczegóły, samolot, dzień i godzina odlotu. Nie jest prawiczkiem. Telefon na podsłuchu. Powtarzam. Dyszy od podsłuchu. Rewizja na lotnisku. Mogą być inne przykrości. Nie dba o straty spowodowane taką lekkomyślnością? Wolny człowiek, nie żaden tam kret, zależy mu na estetyce naszej przyjaźni, nie będzie ulegał niewolniczym dewiacjom.

Dzwoneczki alarmowe nadal podnosiły harmider. Dlaczego nie przyszedł wcześniej, przez trzy tygodnie nie pokazał się ani razu. Telefonuje, w dodatku wcale nie z automatu. Mógł bez telefonicznego uprzedzenia. Przecież jego reputacja w resorcie nie może być czysta. Oni w resorcie są już nowocześni, skomputeryzowani, potrafią łączyć odległe fakty i wydarzenia.

W odległej od centrum dzielnicy stoi wielki biurowiec, ogrodzony wysoką siatką, wartownia, parking pełen samochodów, pilnują dzień i noc; mieszczą się tam zbierane i nieustannie wzbogacane informacje o społeczeństwie, wielka kartoteka. Swoją kartę komputerową w tej ubeckiej kartotece musi mieć pełną minusów. Obywatel, nad którym trzeba czuwać, niepokorna swołocz. Tak leciutko, bez trudności wylatuje sobie w świat? Cholernie ciężko wydobyć się z naszego socjalistycznego bunkra... Wolny ptak, nonszalancko dzwoni, pragnie złożyć pożegnalną wizytę, kozak, taki kozak to on nie jest, ile razy z błahego powodu chwytały go nerwy, biegał do ubikacji, wraz z nerwami wzmożone ciśnienie na pęcherz.

Moja karta w tym macierzyńskim biurze personalnym dopiero musi być wypełniona! znaki, symbole, cyfry. Już dowody są z takimi sekretnymi oznakowaniami. Zatrzymują na ulicy, spojrzą i wiedzą, z kim mają do czynienia.

Paląc papierosa, patrzyłem w ciemność za oknem. Czy pod domem czuwają jacyś? Nie widać. Może niewidzialni, ale są. Czy w wielu oknach tego miasta stoją ludzie i podobne niepokoje zaprzątają im głowy?

Rzecz cała zaczęła się od pamiętnego odkrycia. W sążnistych aktach sprawy, które czytałem w więzieniu, znajdował się list – donos wysłany do MSW. Popatrzyłem na podpis i dostałem cios między oczy. Był podpisany przez B., mojego przyjaciela. Moment zamroczenia, naprawdę.

Opanowałem się zaraz. Naprzeciw przy stole siedziała dozorczyni mej lektury, pani oficer MSW. Ukryłem więc szok pod pokerową twarzą. Czytałem chciwie. W liście zawarta została niezła porcja oskarżeń twórczości i życia pisarza. Zdaniem autora listu, człowiek ten pełen jest najgorszych zamiarów wobec państwa i jego ustroju. W pierwszym rzędzie ocenie poddane zostały treści pisarstwa. Analiza tych treści wykazała fałszywą tendencyjność i zacietrzewienie niewiele mające styczności z prawdziwą literaturą. Więcej! Wulgarnie publicystyczną motywację tych wszystkich ostatnio płodzonych w obfitości opowiadań i opowiadanek. Pisanych płaskim, marnym językiem i obdarzonych schematyczną konstrukcją. W celu dosadnego wzmocnienia tych konstatacji użyty został plastyczny obraz staczania się po równi pochyłej. Człowieka i jego literatury. Do przepaści. Koniec, klęska, szlus.

Autor listu jako bezwzględny w dociekliwości i moralnym zaangażowaniu Katon odsądzał tę twórczość i jej twórcę od czci i wiary. Polecał również służbie bezpieczeństwa zająć się żoną pisarza, wspólniczką, a nawet motorem całej tej degrengolady. Degrengolady o wysokiej szkodliwości społecznej, wprzęgniętej w rydwan wrogich sił.

Pisane to było stylem podobnym lub imitującym dosyć zręczny sposób wypowiadania się na papierze mego przyjaciela B. Językiem klarownym i gorącym, operującym jemu właściwą metodą stopu analizy literackiej z obserwacjami społeczno-psychologicznymi. B., pisując ongiś na łamach państwowych tygodników, upodobał sobie taką formę felietonowo-eseistyczną, prezentując się kilka razy jako efektowny demaskator. Partiami może było to nadmiernie przejaskrawione, gazeciarsko-propagandowe, ale wywoływało nieprzyjemne skojarzenia. Epistoła cała kończyła się nieoczekiwaną pointą. Tylko nie wzywajcie mnie na żadne oficjalne przesłuchania, gdyż wtedy wyprę się wszystkiego! Tak histerycznie zastrzegał się autor listu. Podpis, imię, nazwisko, data, Warszawa.

Czytałem ten list na trzecim piętrze pawilonu śledczego MSW. Ja, więzień, syn Antoniego. Po drugiej stronie stołu siedziała przystojna blondynka, pani major. Grzeczna, miła. Poczęstowała herbatą. Dała do przeczytania niedostępną w więzieniu gazetę, *Życie Warszawy*. Starym zwyczajem zacząłem od nekrologów. Rozmawialiśmy zdawkowo. Ona też zaczyna *Życie* od nekrologów.

– W drugiej kolejności cenię ogłoszenia – powiedziałem. Równocześnie utrwalałem w pamięci istotne partie przeczytanego przed chwilą tekstu. Wysiłek mnemotechniczny. Słowa, zdania plątały się, zderzały, wirowały.

Później, już po apelu, leżąc na wyrku w celi, myślałem o tym liście. Najlepsza pora do medytacji. Rzekomym autorem był bliski, najbliższy, wieloletni w tej bliskości Beta. Musiałem sam uporać się z tym ciężarem. Wiele sprzecznych rozstrzygnięć. Zrozumiałych w tym zamkniętym obszarze, gdzie kłębi się od donosów, szpiclów, prowokacji i zdrady. Wreszcie uznałem to posunięcie za grubo szytą mistyfikację. Do czego miała służyć? Porazić oskarżonego podejrzliwością wobec najbliższych? Czyżby oni zakładali, że ulegnę takiej łatwowierności?

Po wyjściu na wolność dalej rozważałem rozmaite warianty zabiegu z listem. Podzieliłem się parszywym sekretem z Jolą. Oboje nie daliśmy temu wiary. To nie może być on! Dla czystości przyjaźni poinformowałem B. Zbladł, kilka sekund trwało milczenie. Lodowaty powiew buchnął w nasze twarze. Dramatyczna scena w malutkiej, ślepej kuchence. Wałęsa patrzył na nas ze ściennego kalendarza podziemnej Solidarności. Dalej piliśmy herbatę.

– Po co oni to zrobili? – B. zadał to samo co my pytanie. Nasze stosunki pozostały serdeczne, przyjacielskie.

A teraz znów posłyszałem sygnały alarmowe! Całą serię uderzeń, cholera jasna! To jego ulubione powiedzenie. Przyjęło się i używamy tej cholery jako pieczęci, zamykającej wiele wypowiedzi.

Dreszczyk szedł po grzbiecie i umysł pracował jak motor.

– Jak już to już! – tak powiadał poeta i wagabunda, Milczewski Bruno. Utopił się, zażywając po pijanemu kąpieli. Dlaczego użyli jego nazwiska do podpisania spreparowanego paszkwilu? Mój przyjaciel, w każdym bądź razie ktoś bardzo bliski, doskonale o tym wiedzieli… Wiedzieli też, musieli tak zakładać, że powiem mu o tym liście w imię dobra przyjaźni, dla wyrugowania wszelkich niedomówień, dwuznaczności. Dlaczego dowiedziawszy się o tak bezceremonialnym użyciu jego nazwiska, nie zapragnął wystąpić ze skargą o zniesławienie albo inaczej to załatwić? Chodzi o dobre imię, reputację. Zapewne byłby to jedynie symboliczny gest. Nieważne. Jednak istotny dla niego i dla mnie. Natomiast on przełknął gładko to świństwo i nic. Zbytnio teoretyzuję, przesadnie. Co ja bym uczynił na jego miejscu? Nie wiem.

A może zareagował bardzo prawidłowo. Od kloaki trzeba trzymać się jak najdalej.

Na pisarzy niejednokrotnie już wylewano kubły pomyj w prasie, telewizji. Marzec 1968 roku.

Teraz Rem i inni nie odbiegają zbytnio od tamtej zgrai najemnych oszczerców i paszkwilantów.

Odebrał ten podrobiony list w taki właśnie sposób.

To, że przyjaźni się ze mną i mimo to wyjechał, zmieniłem kierunek rozważań, nie stanowi jeszcze nic szczególnego. Dwa wydziały mogą nie mieć ścisłej kooperacji, wyjazdowy i literacki, powiedzmy, tam też musi być trochę bałaganu jak wszędzie.

Albo dają mu jeszcze szansę. Wiedzą o nim wszystko i dają mu szansę. Takie metody także są stosowane. W naszym systemie wiecznie jest żywy *Poemat pedagogiczny* Makarenki. A wracając do meritum. Dlaczego tę obelgę w postaci donosu podpisanego swoim nazwiskiem tak gładko przełknął? Przy swojej wrażliwości tak szybko przeszedł nad tym do porządku dziennego. Nawet nie drgnął. Może zbladł trochę. Ciekawe. Atmosfera wokół listu stała się ciemna, nieprzyjemna.

Haka jakiegoś mają na niego? Hak, czyli szantaż. Często przez nich stosowana metoda. Wielu przyhaczonych poniewiera się w naszym życiu. Siedzą tacy jak myszy po kątach i w potrzebie używa się ich do brudnych posług. Człowiek-worek pełen słabości i strachu. B. Miękki wrażliwiec. Chimeryk i egoista. Słodko i barwnie pragnie żyć. Widowisko, zabawa, teatr. On jak widz w teatrze. Obserwować, napawać się widokami. Najchętniej w miękkiej loży. Dobry widok i bezpieczne oddalenie. Pocisną takiego za jaja… Znałem emeryta z tamtych, stalinowskich lat. Piliśmy nieraz. Gawędził o przeszłości. Klucznik z powiatowego urzędu. Rudy. Używał soczystego, piwnicznego języka. Tamta bezpieka z upodobaniem pracowała w delikatnej sferze męskiego przyrodzenia. Jaja i tak dalej. To powtarzało się w jego pijackim bełkocie. B. smacznym kąskiem dla służby bezpieczeństwa.

Należy się opamiętać! Nie wolno tak obrażać człowieka. Nawet w sekretnej cichości rozważań. Daremnie jednak próbowałem się opamiętać.

Bliski druh. Spowity w same dwuznaczności. Ten czarujący B. Tak przez nas lubiany. Żył dotychczas słodko i jedwabnie. Żadnych osobistych doświadczeń z socjalistycznym systemem represji. Poglądy miał zdrowe, wolne. Niezatrute. Ale nie hartowały się w przeciwieństwach. Tu czknęło mi się Marksem. Przepraszam. Jedność i walka przeciwieństw. Uczyli nas tej dialektyki w szkołach. Jak na socjalizm to B. był szczęściarzem. Nie wdepnął w żadne gówno. Bardzo godnie zachowywał się dotychczas. Wraz z początkiem stanu wojennego wystąpił z redakcji poczytnego tygodnika. Osobnik moralnie czysty, wręcz nieskazitelny. Talent również bezsporny. Te opowiadania, szkice. Jubilerskie kamyki szlifowane pieczołowicie. Kawał tęgiego pisarza wykluwa się z B. Tylko jego talent obarczony był dość destruktywną właściwością. Wiele rzeczy z impetem zaczyna i potem zarzuca. Taka skaza intrygująca. Wciąż zaprzątają go nowe pomysły, aż kipi w nim od pomysłów. Łakome upodobanie do efektownych błysków, fajerwerków natychmiastowego uznania, poklasku. Jak on te swoje teksty czyta! Moduluje głos, wdechy, wydechy. Od szeptu do ryku. Może przed występem ćwiczy nawet? Jakaś w tym tandeta. Mieszanina pisarza i aktora. Zbyt mało w nim cierpliwości i samozaparcia prawdziwego galernika pióra. Gwiazdorem być pragnie. Może zła pozostałość dziennikarszczyzny. Motyl, paź królowej! Czyż nie można wbić klina między te dwa sprzeczne pragnienia?

Maminsynek chowany pod kloszem. Pocisną takiego. Doświadczenie poucza o zaskakujących niespodziankach.

Czy B. może być informatorem? Tym głęboko zakonspirowanym strażnikiem cudzego życia. Tak sobie pijemy z ust. Zaufanie i przyjaźń. Zwierzamy się ze swych sekretów, pragnień, rozterek i wątpliwości. Jeden jak zapisana tablica dla drugiego. Łączy nas wspólna pasja. My jak murarze. Składamy słowo do słowa. B. najbliższym powiernikiem i informatorem zarazem. To może się zdarzyć. Nieraz takie dwoiste związki pełne są autentycznych uczuć i przywiązania. Mogli przecież rozpoznać jego słabości. Niechęć do trudów, niewygód. Uderzyli w słabiznę. Trzepocze się, opiera. Ale oni już go mają. Miota się biedny B. między podłym przymusem i szczerozłotą przyjaźnią. Czy tak nie może być?

Przesadziłem jednakże! Skąd można wiedzieć, co siedzi w człowieku? Nóż pójdzie z początku miękko i gładko, aż natrafi na opór. Kamień, stal. Zazgrzyta, wyszczerbi się, nie da rady. Stop! Nie można kalać czyjegoś dobrego imienia. Wierne, oddane oczy B. A tam pod spodem...

Dosyć tej psychologicznej taniochy, tej dostojewszczyzny wszechogarniającej! To może być także wpływ Conrada. Czytam po raz drugi *W oczach zachodu*, ponura powieść o rewolucjonistach i szpiclach.

Powrót na ubitą ziemię faktów.

Strona 160, tom pierwszy, akta sprawy. Oni na pewno sami napisali ten list. Mają specjalistów od literatury. Może któryś z moich kolegów po piórze? Nie uwierzę.

Tak zakładali z góry. Musieli. Wiedzieli jednak doskonale, jaki to zamęt wywoła w głowie. Jaki wir podejrzeń. Delikwent zacznie kombinować, rozważać. Taką postawili prognozę. B. nie zaprotestuje. Pragnie wyjechać za granicę. Chce to i tamto. Będzie siedział pokornie. Ani piśnie. Oni mają nielichą pogardę wobec ludzi. Wszystkich oceniają według świńskiej miary.

Ale można też rozważać rzecz całą z odmiennego punktu widzenia. Mają go na usługach. Położył swój podpis. Autentyk. Jeszcze nie przewidywali amnestii i B. spełnić miał rolę świadka oskarżenia. Wstrząs dla oskarżonego. Utrata wiary w człowieka i poczucie totalnego zaszczucia. Mogli tak rachować? Zaraz przyszła wątpliwość. Nie była to konstrukcja zbyt przekonywająca. Przecież informatora potrzebnego jako świadka na rozprawę chowa się do końca. To jest przecież as! Po co przedwcześnie go ujawniać. Nie mogłem dać sobie jednoznacznej odpowiedzi. Same wątpliwości. Dlaczego tak anemicznie zareagował na list? Przecież korzystając z jego nazwiska, wycięli mu siarczysty policzek. Zniósł go nad wyraz spokojnie. Nie poszedł do ubikacji. U niego zdenerwowanie objawia się wzmożonym ciśnieniem na pęcherz. Ktoś tak haniebnie pomówiony winien starać się o bezzwłoczne oczyszczenie z zarzutu.

Ogłosić oświadczenie w podziemnej prasie. Coś w tym sensie. Ale może mieć dalekosiężne plany. Nie chce zadzierać z bezpieką. Bardzo chciał wyjechać bez przeszkód. Mało miał doświadczenia w realnej materii życia. Pogrążony w świecie książek, fantazji, delikatna natura.

Potrzeba papierosa, paliłem chciwie. Tak spokojnie słuchał streszczenia owego listu-donosu. A tam piętrzyło się od obelg, kalumni i wszelakiego błota. Należy jeszcze zamknąć do tiurmy żonę pisarza. Ona to dopiero ziółko. Zaraza. Namawia do złego, inspiruje, podżega. Przemyca od więźniów politycznych ohydne paszkwile na Polskę Ludową i jej władze. Wszystko za dolary, kurgielt z CIA. Taka to dobrana para. Pisarz i jego żona. Pławią się w upadku moralnym. Liczą zielone i wspólnie wymyślają oszczerstwa. Oboje zatruci nienawiścią do naszej ojczyzny. Na okrasę jeszcze dorzucone bezeceństwa z ich życia osobistego. Ona ma kochanka. On również zawołany orgiasta. Taki to był tasiemcowy ciąg brudów i wszystko podpisane nieskazitelnym jego nazwiskiem. Mieć taką świadomość i nic, żadnego oburzenia, spontanicznej reakcji, protestu.

Słuchał wtedy i twarz miał spokojną, jakby z góry przygotowany. O, właśnie! Już liczył się z tą odsłoną. Aktorskie talenty, przećwiczył parę razy i był spokojny.

Może naprawdę mają na niego jakiegoś haka. Trzymają w cęgach. Postraszyli widmem piwnicznych aresztów i więziennych cel. Kolorowy ptak zatrzepotał skrzydłami. Przerażenie ścięło mu serce i pękł. W tej obróbce byli łaskawi. Mówili po przyjacielsku. Właściwie nic od pana nie chcemy. Dali mu glejt, żelazny list. Może pisać, co chce. Dlaczego nie. Popierają talenty. Może podróżować. Podróże kształcą, dają perspektywę, bogactwo wrażeń koniecznych dla artysty. Będzie nadal człowiekiem wolnym. Tylko!... Tak jak szubieniczna pętla zawisło nad nim to „tylko". Podsunęli mu papierek. Niewielki, szary. Podpisał.

Nie! To zbyt schematyczne. Odpowiednie najwyżej do sensacyjnej powieści z życia opozycji politycznej, pisanej przez ubeckich pisarzy. B. jest człowiekiem inteligentnym. Obdarzonym wyobraźnią. Nie mógłby żyć ze świadomością wiecznego zacisku brutalnego łap. Oni wysysają bez litości. Wyssanych do końca wyrzucają na śmietnik. Tu narzuca się z całą wyrazistością przypadek nieszczęsnego Mateusza R.

Był zakonspirowanym informatorem i zużyli go ostatecznie jako świadka oskarżenia w procesie jego przyjaciela. Stracił twarz. Ruina reputacji. Męczył się z tą hańbą. Miotał się na biegunach usprawiedliwień i bezwzględnych oskarżeń. Obłęd pochłaniał go nieubłaganie. Długotrwałe pobyty w domu wariatów. Przerwy wypełnione szukaniem oparcia w Bogu. Tomizm i św. Augustyna zgłębił jak mało kto. Toczył szaleńcze dyskusje z uczonymi teologami. Stał się dewotą, obwieszony krzyżami i szkaplerzami. Z nagła przeklinał namiętnie Boga i swoich prześladowców. Zakończył udrękę życia, wyskakując z okna swojej kawalerki na VIII piętrze. B., dociekliwy badacz historii najnowszej, musi przechowywać wiele takich przykładów w pamięci. Transakcja zakupu jego duszy brzmi nieprawdopodobnie.

A jeżeli opętał go demon pychy i gra o najwyższą stawkę?

Wszystkich przechytrzył i wywiódł w pole. Sprzedał swą duszę na wysoki procent i doświadczając smaku upadku, wzbogaca swą wiedzę o tutejszym człowieku. Zgłębia najciemniejsze sekrety. Wychodki i szamba. Jest w wiadomej służbie i poznaje arkana najgorszego poddaństwa. Zbiera doświadczenia dla dzieła swego życia. Prowadzi notes tajemnej swej służby. Stworzy dzieło niezwykłe. Okrutne szczerością poniżenia. Samodemaskacją. Owoc pychy i wiary w literaturę. Dramat pisarza-męczennika. Ponosi koszty najwyższe w imię dotarcia do nieznanych zakamarków duszy: do tego podziemia, pełnego trujących smrodów. Zostanie wywyższony przez dzieło. Rezultat przebiegłego sojuszu z szatanem. Ofiary na ołtarzu sztuki nie potępiam. Jeżeli jednak ze zwykłych, najmarniejszych pobudek? Wiedza o życiu i ludziach podsuwa zwyczajne, odarte z niezwykłości rozwiązania. Tych najwięcej.

Ten tłumacz z RFN. Człowiek doświadczony i bez złudzeń co do Wschodu. Przyleciał do Polski. Czekałem na lotnisku. Nie doczekałem się jednak. Bezpośrednio z odprawy celnej powieźli go do MSW. W aktach sprawy czytałem protokół z jego przesłuchania. Jak on mówił! Dużo i gorliwie. Mógł nic nie mówić. Strach w nim zaskowyczał.

Cały ten domniemany satanizm B. stoi na glinianych nogach. Fantasmagoria mojego umysłu. Przesada. Więcej umiaru! Umiar. Twarda ziemia faktów. Nie szybować za wysoko.

Jeszcze w więzieniu czytając akta mojej niedoszłej do sądu sprawy, objętej dobrodziejstwem amnestii, coraz napotykałem „notatki służbowe".

Trzy tomy materiałów dowodowych, około 500 stron, początkowo zdziwiony tą objętością, w miarę czytania dziwić się przestałem. W te groźne tomy jak do worka wpakowane zostały moje teksty literackie, wywiady, recenzje z książek, numery czasopism. Na przykład *Der Spiegel*, pismo stustronicowe co najmniej, tam pół strony wywiadu ze mną; jednak cały *Spiegel* zapełnił połowę tomu pierwszego tych groźnych akt. Jeszcze ekspertyzy zarekwirowanych podczas rewizji listów i rękopisów, analiza czcionek maszyny do pisania, następnie wywody tłumaczy na temat zgodności przekładów *Raportu o stanie wojennym* z oryginałem, oraz pięćdziesięciostronicowa ocena działalności Instytutu Literackiego, gdzie wydano *Raport*, dokonana przez jakichś docentów i doktorów; także kosztorysy tych ekspertyz, ocen i analiz, nietanie, dodam na marginesie, w dziesiątkach tysięcy złotych każda.

Wszystko jednak zaczęło się od tych „notatek służbowych", w których najwięcej przedstawiono zarzutów. Więc oddałem się lekturze akt zgromadzonych przez pracowitą służbę bezpieczeństwa, chwilami odczuwałem swoisty podziw dla sugestywnie ulepionej sylwetki oskarżonego, perfidnego i wytrawnego sługusa rozmaitych wrogich PRL agentur i ośrodków. Brzmiało to niekiedy zgoła po szpiegowsku i czytając te sążniste tomy, myślałem nieraz o towarzyszu więziennej niedoli z celi nr 4, oskarżonym o szpiegostwo dla CIA. Jego akta dopiero musiały być wspaniałym budulcem dla majstrów od powieści sensacyjnej ze zdrowym ideologicznie morałem. Pewien doświadczony rodak, siedział trzy razy, co prawda żaden polityczny, pouczał kiedyś w przyjacielskim gronie, że owe tajemnicze notatki to nic innego jak

donosy, sprawozdania, raporty konfidentów, psów, jak
się wyraził dosadnie. Siedzą wokół nas, zdobywają zaufanie, sekretne zwierzenia, braterstwo, przyjaźń, no i sporządzają te notatki. Doświadczony rodak przechwalał się
sukcesami w tej dziedzinie. Wyłuskał większość psów ze
swego otoczenia. Rozpracowałem sukinsynów, oświadczył, zostali spaleni, muszą szukać następnych.

W moich aktach roiło się od tych „notatek służbowych". A więc – kto przy mnie spełnia taką rolę?

Poszły konie po betonie, działa takie paliwo na wyobraźnię, otchłanny temat.

Moje blisko pięćdziesięcioletnie życie obfitowało
w wielość bliższych i dalszych znajomych, tłum, czytelnicy, wieczory autorskie, oponenci, zwolennicy, krytycy,
młodzi i starzy koledzy po piórze, znajomości przy wódce, te nazwiska i telefony na pomiętych bibułkowych
serwetkach, romansiki też należy dołożyć do puli, koledzy
z gimnazjum, studia, przypadkowe spotkania na ulicy i to
rytualne: – Pamiętasz, stary, jak siedzieliśmy na ostatniej
ławce! – Jeszcze ci charakterniacy z młodzieńczych wypraw w zakazane rewiry, oni oczywiście nie wchodzą
w rachubę, ludzie z tamtego czasu to jedynie archeologia
pamięci.

Trzymać się należy drugiego rozdziału życia, dwudziestokilkuletniego już rozdziału, rozpoczętego wydaniem pierwszej książki i trwającego dotychczas, zaludnionego gęsto przez czeredy studenciaków, rozmaitych
mądrali, nieudaczników, grafomanów, debiutantów, naprawiaczy świata, buntowników i zdobywców, dzwonili,

zaczepiali, odwiedzali, poloniści pisywali prace seminaryjne i magisterskie, funkcje języka w twórczości pisarza, tematyka obyczajowa, rola narratora, monolog wewnętrzny, konstrukcja itp., przynosili swoje teksty, zwierzali się ze swego życia, pragnień, ambicji.

Byłem otwarty jak świetlica, spragniony kontaktów, ciekawy tego, co myślą, mówią, wyobraźnia, wrażliwość, poglądy, zakres doświadczeń, stosunek do sztuki, życie.

To było moje powietrze literackie, zmniejszało się poczucie próżni; bo ten tryb życia niezmienny, to wysiadywanie nad papierem, nałóg, choroba, od rana stół i gryzmoły, ile razy potworne, obezwładniające poczucie jałowości, niewoli, bezsensu, po co piszę, dla kogo, może to po prostu haniebna grafomania, tchórzliwa ucieczka, papier jako marna rekompensata za wszystkie klęski, udręki i niedostatki garbatego życia. Potrzebowałem tych przybyszów: inteligentów i prostaków, wrażliwców i głąbów, mitomanów i grafomanów, uzasadniali oni jakoś moje pisanie, dawali rację bytu dziwnej, niewydarzonej egzystencji. Te znajomości gęstwą ciągnęły się przez lata, te twarze, imiona, nazwiska nieustannie wyskakiwały z pamięci, kalejdoskop bliskich i dalszych znajomków, przyjaciół, natrętów, petentów, długotrwałych i epizodycznych, jedni znikali, inni zajmowali opróżnione miejsce, nieustanny ruch, wirowanie, głosy, twarze, fragmenty zdarzeń, wspólnie przeżytych dni, tygodni, miesięcy.

Należy zastosować wykładnię zacieśniającą: stali, wypróbowani, latami przy mnie zakotwiczeni, na takich skupić uwagę, oświetlić reflektorem, metoda policyjna, szukanie sprawcy w stosie kartotek, eliminacja, redukcja, zostaje kilkanaście nazwisk, wreszcie kilka, zatrzymujemy się, zaczynamy drążyć.

Tyle tych „notatek służbowych" w aktach mojej sprawy. Za każdą notatką kryje się konfident. Żarłoczna hiena. Nieszczęśliwa istota. Podlec. Pochowane wtyczki. Związki z mocodawcami i ofiarami. Notatki to wielka epika wynaturzonego życia. Muszą być z najbliższego grona, tak mówił ten, co siedział trzy razy. Mogą siedzieć bezczynnie latami i dopiero na podany z góry sygnał zaczynają działać, mówił doświadczony rodak i oko mu gorzało obsesyjnym blaskiem. Ile włożył w to wysiłku! Opowiadał i znów był w tamtym transie, przemierzał krótkim krokiem celę, wpatrywał się w okratowane okno, stukał w ścianę do wspólników, przewracał się bezsennie na pryczy. Mozolnie składał i cementował drobne fakty, okruchy faktów, jedno słowo, dwuznaczny gest, mina, spojrzenie.

– Spać nie mogłem! – wspominał. – Żreć nie mogłem! Głowa mi pękała od wysiłku!

Był starawy, wypasiony, rzadkie włosy, pospolita czerwona twarz. Jednak heros, tytan.

– Nigdy nie można wypalić tego robactwa do końca – powiedział. – Zawsze ktoś przy tobie pozostanie. Niewidoczny, przylepiony.

Kogo ja mam przy sobie? Bliski jak brat. Bliższy od brata. Tyle zwierzeń, taka spójnia. Ci najbliżsi to podpory, wielkie filary wspierające życie. Który z tych filarów jest przegniły? Rozglądam się jak tropiony zwierz. Wszędzie wietrzę nagonkę, myśliwych, wilcze doły. Już niebezpiecznie blisko choroby! Zatrzymaj się, nie pędź na manowce! Ktoś celowo dorzuca drwa na palenisko. Podżegacz zakonspirowany siedzi we mnie i wszystko gmatwa, rozszczepia, brudzi i przepaja trucizną.

Spacer ze starym panem K. Ten starzec mimo wieku kipi energią i pogodą ducha. Głosem z miękkim, śpiewnym akcentem opowiada o swoim Lwowie. Podczas wojny trzy lata w łagrze. Stamtąd też worek opowieści. Snycerz. Po wyjściu z więzienia podarował mi papieża wytłoczonego na mosiężnej blasze.

– Niech Bóg ma pana w opiece! – oświadczył patetycznie. – I On!

Ale ten spacer odbyliśmy przed więzieniem. Spotkaliśmy się przypadkiem w sklepie spożywczym i jak to bywało już nieraz, ujął mnie pod łokieć i poszliśmy na przechadzkę do pobliskiego parku. Zaczynała się wiosna. Znał się na ptakach. Pokazał sikorkę, gila, jeszcze jakiegoś. Zagwizdał po ptasiemu. Żywotny dziad. Przysiedliśmy sobie na ustronnej ławeczce i pan K. poczęstował mnie opowieścią ze skarbca swoich doświadczeń. Brzmiała mniej więcej tak: już po wojnie uporczywie ciągali go na przesłuchania. Rozpytywali o lwowską komendę AK. Struktura, nazwiska, pseudonimy. Mogą go zamknąć. Obawiał się tego. Wszelkie materiały obciążające wyniósł z domu i ukrył u zaufanego człowieka. Przyszli po niego o świcie. Nic nie znaleźli. Mimo to zapakowali do piwnicy wojewódzkiego urzędu. Przesiedział pół roku. Doświadczenia wyniesione z Rosji pozwoliły mu przetrzymać ten czas. Został zwolniony z braku wszelkich dowodów. Popędził do swego człowieka. Pragnął mu podziękować. Tamten klęknął i zapłakał. Też lwowski rodak. Płakał z powodu okazanego mu zaufania. Od roku był przez nich nasłany. Składał meldunki. Jednak w ostatecznej potrzebie nie zawiódł. Co miał przechować, to przechował.

– Sumienie mu nie pozwoliło zakapować mnie ostatecznie – konkluduje pan K. – Ale proszę tego nie traktować zbyt optymistycznie – jak kleszczami chwycił mój łokieć. – Pamiętaj pan! W najbliższym kręgu pańskich przyjaciół może znajdować się Judasz! – śpiewnie, miękko wyciągał te słowa. Akurat przechodziła młoda kobieta. Popatrzył na nią ze smakiem.

Tkwiła ta opowieść na dnie pamięci dwa lata bez mała. Doczekała się swego czasu. Z zatrutego ziarna wyrasta cały krzew. Odtąd będę czuwał nieustannie i moje oko nieraz zatrzyma się z natężeniem na którymś z przyjaciół. W tym spojrzeniu będzie się kryć to niewypowiedziane: – Może to on?

Próbuję wypowiedzieć, uchwycić ten dręczący problem. Nie jestem żadną tam mimozą ani prawiczkiem po raz pierwszy gwałconym. Ale to jest tak, jakbyś dzień i noc czuł na sobie zimne, obce oko. Siedzisz w swoim pokoju przy stole, kładziesz się do swojego łóżka i też nie jesteś swobodny. Jakaś oślizgła łapa przeszukuje twoje portfele, kieszenie. Mało! Szpera w twojej duszy!

Co innego ci nachalni, jednoznaczni, przysłani z zewnątrz. Oni są jak chleb i woda. Muszą być. Choćby ten z firmy polonijnej. Gimnazjalny kolega, ekonomista, światowiec. Zazdrościłem mu biegłej znajomości angielskiego i niemieckiego. Spotkaliśmy się przypadkiem. Czytelnik moich książek. Szczególnie tych z obszaru wspólnego dzieciństwa i młodości. Wzmożoną serdeczność zamanifestował w stanie wojennym. Często wyjeżdża na Zachód. Zaofiarował swe usługi jako patriota. Natrętnie. Może coś zabrać. List, rękopis, z kimś się porozumieć. Za tydzień jedzie do Berlina Zachodniego.

– Kup *Raport o stanie wojennym* w przekładzie na niemiecki – powiedziałem. – Należność zwrócę ci w bonach.

– Nic więcej nie chcesz? – zdziwił się wyraźnie.

W drugim przypadku narzędziem był młody kuzynek, birbant i lekkoduch, obracający się wśród waluciarzy, kombinatorów i dziwek. Zaproponował nagle „most powietrzny", tak się wyraził. Mają na lotnisku pewnego człowieka. Jakiś list, maszynopis przerzucić to dla niego fraszka. Pewna, gwarantowana droga. Kuzynek miał spełniać rolę pośrednika w przekazywaniu przesyłek. Użyty na wabia. Ktoś nim sterował. Tego byłem pewien.

Plątało się jeszcze kilku takich.

Blondyn o wodnistych oczach. Przyniósł spory pakiet książek z zagranicy. Uczynny, oddany sprawie przez duże S; jego oczy pozostały w pamięci. Uważne, sondujące. Czegoś chciał, na coś czekał. Zawsze w jego obecności byłem powściągliwy i napięty.

Właściwie te prowokacje, podejrzane propozycje ożywały w pewien sposób. Intrygowały i wciągały. Utrzymać się w nieszczerej konwencji. Serdecznością odpowiadać na rzekomą serdeczność. Rodzaj hazardu z dreszczykiem. Może oni wcale nie byli nasłani. Kto wie?

Ale nieoceniony pan K. wywodził o czymś zupełnie innym. Podał truciznę w sympatycznym, lwowskim opakowaniu.

Trzeba brnąć dalej. W moich słowach zbyt wiele przesady. Jakież to grzęzawisko! Babska afektacja. Tu chodzi o precyzyjną analizę. Zimną dedukcję. Rozpoznanie najbliższego pola życia. Eliminację ewentualnych pułapek. Odkrycie zamaskowanego przeciwnika. Należy pracować beznamiętnie. Z ostrym lancetem przystąpić do operacji. Zdecydowane, głębokie cięcie. Odsłaniamy chorą tkankę. Wycinamy złośliwą narośl. Czyścimy, zszywamy.

– A zatem Januszek? – Ten trop miałem w pogotowiu. Pojawił się znikąd.

Doskonale pamiętam: dzwonek telefonu, cienki, zamierający dyszkant w słuchawce, w tym głosie coś z pisklaka jeszcze niewypierzonego, jest studentem pierwszego roku, pisze pracę seminaryjną o języku złodziejskim wczesnych opowiadań, czy może zobaczyć się z autorem.

Przyszedł. Wrażenie dobre, chudy, malutki, z nerwowym tikiem na wrażliwej twarzy.

„Większość ludzi w moim życiu pojawiała się znikąd" – pomyślałem. To jeszcze nie stanowi żadnego podejrzanego tropu.

Bogatą już miał drogę życia, działacz Solidarności, fabryczne miasto z dala od stolicy, internowany, świetnie o tym opowiadał, skromnie i rzeczowo, unikając ekspozycji swojej osoby, dawał natomiast szeroką panoramę ruchu społecznego, w którym brał udział, krytyczne spojrzenie, żadnej hagiografii, portrety działaczy, atmosfera tamtych miesięcy, opis pobytu w więzieniu, ten drobny, chudy chłopaczek za kratami, nie chce podpisać „lojalki".

Opowieść podnosiła na duchu, nie tyle fakty, ile sposób ich przedstawienia, interpretacja. Uznanie dla jego rzeczowości i wnikliwego spojrzenia.

Poczułem od razu zaufanie, jakbym go znał od dawna. Jola też. Na takich czasem się wyczekuje, działa tu mit o wspaniałym młodzieńcu, który właśnie pojawi się znikąd.

Wkrótce stał się bliskim nam człowiekiem i jego odwiedziny co najmniej raz w tygodniu były regułą, tempo tej zażyłości błyskawiczne, choć oboje z Jolą już nie byliśmy nadmiernie otwarci wobec ludzi, przyczyna zapewne tkwiła w jego uroku osobistym i naszej potrzebie więzi z najmłodszym pokoleniem. Cały splot przyczyn, nuda starych znajomości, równocześnie trwała w tamtym czasie choroba naszego ulubieńca, kota Gacka, epopeja czuwania nad nieszczęsnym zwierzęciem, żeby sobie swym językiem szorstkim jak tarka nie rozlizał pooperacyjnych szwów. Januszek ofiarny w opiece nad kotem, miękko i czule powtarzał – Gacuś. Czym zupełnie rozbroił Jolę. W sposób niezauważalny stał się domownikiem. Jola i ja, Gacek, nieszczęsny kot, weteran czterech operacji oraz sympatyczny student, nietypowy przedstawiciel młodej generacji, cichy i skromny, niepalący i pozbawiony skłonności do napojów wyskokowych.

Właśnie! Byłem wtedy niewątpliwie w swoistym stanie osaczenia, równocześnie bardzo osamotniony. Wielu bliskich odsunęło się z powodu mojej sytuacji. Bali się najwyraźniej. Te inwigilacje, rewizje, ataki w prasie. Wtedy to *Żołnierz Wolności* tak namiętnie zajął się moją osobą. Nawet tak bliski człowiek jak Jurek wolał nie ryzykować... Przecież z tego powodu przestał u nas bywać. I nagle... pojawia się ten młody, uroczy chłopiec. To charakterystyczne.

Opustoszał dom w tamtym czasie. Dni były puste, głuche i jedyne niespodzianki miały charakter z góry wiadomy. Choćby ten ranek, kiedy umówiłem się z kimś telefonicznie pod kolumną Zygmunta i rój tajniaków nie opuszczał nas przez kilka godzin. Starzy, młodzi, upozowani w różny sposób, jacyś zamyśleni na ławkach, młodzieńcy o sportowym wyglądzie, przechodzień w średnim wieku, zapatrzony intensywnie w wystawę sklepu z kosmetykami, ona i on, zbyt przesadnie manifestujący swoje uczucia. Byłem jak w sieci, przekazywany z ręki do ręki, to czuwanie miało charakter ostentacyjny, jawny. Przyzwyczaiłem się. Traktowałem osaczenie jako swoistą zabawę, kluczenie i wymykanie się pogoni, coś z chłopięcej zabawy w policjantów i złodziei. Jednakże facet, z którym się umówiłem, przeląkł się nie na żarty, wcale tego nie ukrywał.

– Mam chore serce – wycharczał, przelatując ze mną z bramy do bramy. Nie odezwał się nigdy więcej.

Inny znów kolega, jeden z niewielu wiernych, po przesłuchaniu na okoliczność podejrzanej znajomości wymyślił tak skomplikowany system haseł i sygnałów, że odtąd w żaden sposób nie potrafiliśmy się porozumieć.

Natomiast Januszek pojawia się i rzuca wyzwanie, wszystko czyni jawnie, bez najmniejszego kamuflażu; często dzwonił z akademika, też od rodziców z tego fabrycznego miasta, żadnej konspiracyjnej ostrożności.

Ostrzegałem go nieraz.

– Panie Januszku, tak nie można, będą nieprzyjemności, wezwania, zaczną maglować, kłopoty na uczelni. Niech pan uważa!

– Studiuję polonistykę i interesuje mnie literatura. Czy nie mam prawa? – Niebieskie, skupione oczy, drobna postura; wzruszający w nieprzejednanym uporze wobec zewnętrznego ciśnienia.

I tak swobodnie mówił o ubekach z czasu Solidarności, wtedy przyczajonych i niewidzialnych, którzy wraz ze stanem wojennym wyszli z podziemnych kryjówek; o wtyczkach w podziemnych strukturach, o podejrzanych typkach na uczelni. Chwilami mitygowałem go w tej rozmowności. Niech trzyma język za zębami. Ostrzeżenie to czyniłem z powodu podsłuchu. Odwiedził mnie jeden taki znawca, fanatyk cybernetyki, elektroniki, wszelkiej takiej nowoczesności; on w ogóle nie mówił, tylko pisał na karteczkach, które starannie palił. Cholernie męczące posiedzenie! Dopiero na ulicy wyłożył teorię o rozbudowanym podsłuchu, przenikającym mieszkanie. Wdał się w techniczne szczegóły. Naopowiadał także o jakichś supernowoczesnych japońskich urządzeniach, niemieckich aparatach i komputerach na wyposażeniu naszej służby bezpieczeństwa. Słuchałem jak magii, w problemach nowoczesnej techniki jestem ciemny jak chłop z epoki kurnej chaty i smolnego łuczywa.

– Nie żartuj sobie! – ostrzegał ekspert.

Januszek i to moje ostrzeżenie zbagatelizował lekceważącym gestem.

– Panie Mareczku... – tak pieszczotliwie zdrabniał moje imię.

Kiedy wyjechałem z Jolą na dziesięciodniowy wypoczynek, on zamieszkał u nas, zajmując się kotem i pilnując mieszkania. Po powrocie zadowolenie Joli nie miało granic. Kot Gacek wyglądał świetnie, mieszkanie również nie sprawiało wrażenia brudnej, zapuszczonej nory. Januszek wkrótce poznał nasz najbliższy przyjacielski krąg. Wybitnego poetę, siwego księgarza, panią doktor na emeryturze, utalentowanego krytyka i nowelistę, uczonego filozofa, specjalistę od Husserla i Ingardena.

Najbliższy krąg! – W tym tkwi istota problemu. Najbliżsi ludzie! Może to i prawda. Rozglądałem się przede wszystkim na zewnątrz. A to nowy lokator, blade oczy, opuszcza głowę, czy to ktoś z wiadomej branży. Ci z przeciwka, jeżdżą polonezem, przyglądają się nachalnie. Także dozorczyni nie uszła mojej uwadze, dobroduszna, miła, kto wie, prowadzi dwóch elektryków z ADM-u do pralni, pralnia sąsiaduje z mieszkaniem, może to ekipa z resortu, zakładają podsłuch. Tamten szalony znawca mówił również o podsłuchu ruchomym, zatrzymuje się samochód z odpowiednią aparaturą i słuchają, mogą z odległości 300 metrów wyrąbać, takiego użył sugestywnego słowa, każdy głos do szeptu włącznie. Toteż nieraz z niezdrową ciekawością lustrowałem samochody zaparkowane na ulicy. Może rąbią?... Długo jeszcze mógłbym ciągnąć ten wywód o diabelskiej technice, bebeszącej moje życie. O podejrzanych ludziach tak samo. Listonosz, świadkowie Jehowy... ten młodszy stopę za próg i napiera...

Najbliższy krąg znajomych pozostawiałem jednak w spokoju. Musiałem przecież mieć świadomość jakiegoś bezpiecznego oparcia, elementarną strefę normalności. Czy mogłem postępować inaczej?

Perfidna pułapka.

Przecież zatruwając wszystko, czułbym się wszędzie jak na polu minowym. Teraz nie ma nigdzie spokoju. Kto jest tym Judaszem?

On! Dzięki swym walorom osobistym, zdobywając nasze nieograniczone zaufanie i opiekując się mieszkaniem, mógł do woli buszować po wszystkich szufladach, półkach i szafach. Mógł osiągnąć większe rozeznanie niż ja nawet, przecież już gubiłem się w tych swoich szpargałach! Mógł nawet... zamontować jakieś urządzenie techniczne, podsłuch...

Poszedłem do kuchni. Zająłem się parzeniem herbaty.

Po powrocie z urlopu Jola spostrzegła ślady przewracania papierów na swoim stole. Tam między innymi znajdowały się akta jej klienta, Adama, jednego z jedenastu politycznych. W tym względzie posiada niezachwianą pewność. Również stosik kaset magnetofonowych był poruszony. Musiały być przegrywane. Jednej brakowało. Znalazła się dopiero podczas sprzątania pod stołem. Zarejestrowała powyższe fakty od razu po powrocie. Jednak żadnych wniosków nie wyciągnęła. Dopiero później nabrały dla niej znaczenia. Kiedyś też siostra nadmieniła o rozmowie telefonicznej z Januszkiem. Natarczywie począł się dopytywać o jej nazwisko. Wtedy odpowiedziała pytaniem: – A ja z kim mam przyjemność?

Znaki zapytania mnożyły się coraz gęściej. Obrastał Januszek mglistą pajęczyną podejrzeń. Dosyć! To niemożliwe!

„Żeby tak Gacuś mógł mówić" – przemknęło bezradnie. No tak. Kot jedynym świadkiem w tej sprawie. Januszek! To chucherko, pisklak jeszcze nieopierzony ostatecznie. Naprawdę budził opiekuńcze odruchy. Sympatię z powodu skromności, delikatności w zachowaniu. Uznanie dla jasności rozumowania, precyzyjnej sztuki formułowania swych poglądów i bogatego mimo wieku bagażu doświadczeń. Oto przedstawiciel młodego pokolenia, które nie poddało się sowietyzacji. Pokolenia dojrzewającego podczas Solidarności. Chętnie umieszczaliśmy go w portretowych ramach optymistycznej typowości. Fascynująco opowiadał, jak go namawiali do podpisania „lojalki". Rodziców napuścili. Ojciec podczas widzenia tak do niego:

– Co masz się męczyć; chodzi tylko o to, żebyś wyszedł z więzienia.

– Niech tato przestanie! – wybuchnął wtedy. Ojciec opuścił głowę. – To pomysł matki – dodał.

Siłę dramatu miała ta scena w więzieniu. Nieugięte następstwo pokoleń. Od XIX wieku poczynając. Później ci spod znaku Piłsudskiego. Powstańczy z Warszawy. Teraz Januszek i inni. Czy ta wysoka ocena nie była mitologią przypadkiem? Takiego sobie wyimaginowałem anioła, obdarzyłem niepokalanie białymi skrzydłami i z luboścą wsłuchiwałem się w ten furkot. Kreacja czystej młodości niby balsam na stargane obolałe nerwy. Także rekompensata za własną dosyć brudną młodość. Może wpadłem w banalną zasadzkę.

Ale dlaczego właśnie w najtrudniejszym okresie... kiedy to bezpieka nie mogła już znieść tego pisania i drukowania Raportów. Więc dlaczego akurat wtedy pojawił się ten zagadkowy młodzieniec. Nagle pisze pracę o mnie! Dobre sobie! Od dłuższego już czasu nie bywali żadni studenci. Tymczasem chłopak z prowincji, ciężko doświadczony, z takim trudem dostał się na studia, mimo tego nie bacząc na ewentualne konsekwencje, wdaje się w taką znajomość. Mało! Ostentacyjnie afiszuje się z tą znajomością, dzwoni, przychodzi... Czy to nie jest zastanawiające?

Siedziałem przy stole. Szare niebo w oknie.

Cóż w tym nadzwyczajnego. Zwykła kolej rzeczy. Przyszedł i zaprzyjaźniliśmy się... Nie dajmy się zwariować! Co za idiotyzmy wyprawiam z tym chłopakiem! To czysty nonsens, miazmaty chorego umysłu!

Zniechęcony, chcę zaprzestać dalszego wywodu. Myśli biegną jednak swoim torem.

Drążę więc nadal, przypadek niepokalanego młodzieńca nabiera nieznanych dotąd cech. Przepoczwarza się w groźnego przeciwnika z tamtej strony. Czy to nie jest paranoja? Fale ciepła, sympatii zanikają. Pozostaje obca, lodowata przyjaźń. Powiało sowdepią, wiecznym strachem, donosami, zdradą i prowokacją. A dlaczego nie pokazywał się tak długo po moim aresztowaniu?

Po moim aresztowaniu Januszek nie pokazał się przez dwa tygodnie. Jola już się zaczęła o niego niepokoić. Może ma jakieś przykrości. Wysłała jednego z naszych przyjaciół do akademika na poszukiwanie. Znalazł go tam bez trudności. Swą nieobecność wytłumaczył chorobą. Krwotok, anemia, tak powiedział. Rzeczywiście blady, wynędzniały.

Czy przy anemii może być krwotok?

Ta ostatnia rewizja była niesłychanie dokładna. Tyle książek, papierów, listów wygarnęli. Stwierdzam ten stan rzeczy i czuję, jak rośnie we mnie ciemna nieufność. Opanowała myśli. Nieustannie wibruje.

Również wszystkie kasety zabrali.

Trzy razy w ciągu roku wyjeżdżaliśmy i trzy razy przebywał w naszym mieszkaniu. Patrzę w okno pełne burego nieba. Ale mnie wzięło. Ktoś, kto trzy razy przebywał po ileś tam dni w mieszkaniu, mógł dokładnie przekopać te latami składane stosy manuskryptów, kalendarzy, notatników, listów. Mógł doskonale zorientować się w tym wszystkim. Spokojnie przygotować pole do ostatecznego uderzenia.

Mam jeszcze jedną kartę z tej partii. Facet był tęgi, siwawy. Zasapał się na schodach. Oddychał nierówno. Otarł pot z czoła. Wyraźnie zdenerwowany. Znalazł numer telefonu w książce. Zadzwonił z automatu, sprawdzając, czy jestem. Fakt. Kwadrans temu miałem taki głuchy telefon.

– Z wiadomych powodów nie chciałem się przedstawić. Przybył z fabrycznego miasta C.

– W sprawie... – wymienił imię mojego młodego przyjaciela Januszka.

Ostatnia książka, swoisty notatnik, w którym spisałem również rozmowy z Januszkiem, ukazała się drukiem w podziemnym wydawnictwie i dotarła do C. niedawno. Siwy przedstawił się jako działacz z tamtego, sierpniowego okresu, występował również w relacji. Stropiłem się nieco. Jego sylwetka została przedstawiona przez Januszka z silną niechęcią i dosyć wiernie ją zapisałem. Wtedy podziałał na mnie sugestywny tok narracji rozmówcy i starałem się zachować ostre oceny ludzi, o których opowiadał. Rozmowy z J. pulsowały autentycznym życiem, wskrzeszały spontaniczny nastrój tamtych dni, gąszcz wydarzeń, tłum obudzonych z beznadziejnego letargu ludzi.

Ze swego zapisu byłem zadowolony. Dałem do poczytania J. Nie zgłaszał żadnego sprzeciwu. Przybyły niespodziewanie gość przedstawił odmienną wersję zapisanych wydarzeń. Z tego, co powiedział, powstało inne malowidło. Też sugestywne. Najważniejsze jednak były dane dotyczące samego Januszka.

– Operuję tylko faktami – zaczął wyłuszczać swoje zarzuty siwy.

Januszek przesadnie przedstawił swój udział w ruchu sierpniowym. Nie był działaczem. Nie dostał się na studia i podjął pracę. Wybuch strajków i powstanie nowego związku spowodowały nagłą potrzebę zatrudnienia w zarządzie regionu ludzi jako tako obeznanych z pracą biurową. Januszek odpowiadał tym wymogom i został etatowym pracownikiem Solidarności. Następnie korekturze uległ czas jego pobytu w więzieniu. Przebywał tam znacznie krócej, niż sam podał. Siwy zaprotestował również przeciwko anarchicznemu obrazowi sytuacji w regionie. Sugerował świadomie złe intencje Januszka.

– Można snuć różne przypuszczenia co do jego pobudek... – oddychał ciężko i pot nadal występował mu na czole. Był po zawale.

Zaproponowałem herbatę. Poprosił o bardzo słabą. Długo trwała ta rozmowa. Siwy działacz sprawiał wrażenie człowieka rzetelnego i głęboko przejętego.

– Nie tylko z pobudek osobistych – oświadczył. – Dlaczego on się do pana zgłosił?... Siedział pan później, prawda?

Użył słowa – „zgłosił się". Ciekawe.

Najwyraźniej zestawił te dwa fakty i próbował wyciągnąć jakiś wniosek.

Z kolei zapytałem go, czy nie wie, w jaki sposób Januszek wyszedł z więzienia i jak dostał się na studia.

– Nie interesowałem się tym chłopcem, dopóki nie przeczytałem pańskiej książki – odparł.

Raczej nie miał do mnie żalu. Już ochłonął. Januszek był jego zadrą.

– Dlaczego tak negatywnie wyrażał się o mnie? – zastanowił się. – Przecież nie dałem mu żadnych powodów.

Wysoki, barczysty, o regularnych rysach twarzy; siwa, bujna czupryna. Przyjemnej, ujmującej powierzchowności mężczyzna w średnim wieku. Czy to już wystarcza?

A może ten człowiek niekorzystnie przedstawiony przez Januszka odpłacił mu tym samym. Dał negatywny wizerunek jego osoby. Rewanż, to wszystko. A Januszek? Młody chłopak. Po prostu takim chciał się widzieć! Działaczem o monolitycznej, twardej przeszłości. Stworzył bezinteresowną mitologię na swój temat. To takie przyjemne. Dosyć często można się z tym spotkać. Czyżbym już zapomniał, jak barwnie i romantycznie przedstawiałem swoją młodość? „Apaszem Stach był, w krąg znały go ulice..."

Jednak nie mogę ustąpić. W relacji tego człowieka Januszek krócej internowany, niż sam mówił, i nie był działaczem.

Januszek przysłany w celu pozyskania zaufania i sympatii. Tą drogą miał zdobyć informacje o moim życiu i działalności. Te dni, tygodnie, kiedy przebywał sam w naszym mieszkaniu. Przeglądał, może nawet spisywał jak archiwariusz notatki, rękopisy, listy, adresy. Odbierał telefony od ludzi, których nazwiska skrzętnie notował. Poznał wielu z nich osobiście. Sporządzał charakterystyki, cytaty z wypowiedzi. Doskonała penetracja życia i działalności pisarza zajmującego się sporządzaniem opracowań szkalujących władze PRL i przedstawiających w sposób fałszywy naszą rzeczywistość, następnie wysyłającego te wredne opracowania do wrogich ośrodków za granicą celem ich rozpowszechniania i publikowania.

Tak to, z grubsza biorąc, brzmiały zarzuty przedstawione mi przez prokuratora w gmachu MSW. Opracowaniami nazwano wtedy moje książki i w ten zaskakujący stylistycznie sposób skończyła się wreszcie niejasność statusu nałogowego zaczerniacza papieru w niewiadomym celu. To na marginesie tylko. Czy tak nie mogło być? Mały, drobny Januszek stał ciągle w charakterze oskarżonego. Już zmieniony nie do poznania. Jego twarz nie budziła żadnej sympatii. Chuda, napięta, gryzoniowata. Ponure, czujne oczy. Ani śladu ciepła, serdeczności, jedynie zimna przenikliwość; czasem nienawistne błyski zapalały się w oczach mojego ulubieńca. Drapieżny. Niebezpieczny. Ponadto zginęły mi dwa notesy z zapisków zebrań dawnego zarządu ZLP.

Same niejasności. Akurat w kuchni zawył czajnik. Była chwila przerwy, związana z przygotowaniem następnej porcji herbaty.

Po brunatnym, mocnym naparze poczułem przypływ inwencji w wiadomym kierunku.

A ten trzeci? Znajomość bardzo dawna. Pisał pracę magisterską o mojej twórczości. Przybył złożyć wyrazy uznania. Spodobał mu się pozornie egzotyczny koloryt moich opowiadań, język, obyczajowość. Całe to życie pełne przygód i ostrych konfliktów. Ten naskórek wydał mu się fajerwerkiem dramatycznych zdarzeń, pełnią męskiego życia. Zapewne nudził się dotkliwie i złodziejsko-podmiejskie obrazki zwiodły go swą intensywnością. Przyjąłem pielgrzyma gościnnie. Był gadatliwy i pogodny. Z ochotą udawałem przy nim jednego z bohaterów moich opowiadań. Czy udawałem? Też przecież po omacku szukałem dla siebie miejsca w życiu. Nieważne. W każdym bądź razie przylgnął do mnie z impetem. Również twórczość Stachury pociągała go mocno. Typ chłopaka na szlaku, poszukującego w wędrówce sensu istnienia, przyswojony został przez chłonnego magistranta nader starannie. Ubierał się, kopiując wygląd zewnętrzny bohatera prozy Stachury, farmerki, wędrowne buty na grubej podeszwie, chlebak; tak się nosił. Po studiach rozpoczął pracę, redagował fabryczną gazetę. Dochrapał się kierowniczego stanowiska w resorcie kultury na szczeblu powiatowym. Przeistoczył się szybko w socjalistycznego menadżera. Biała koszula, krawat, garnitur, teczka typu walizkowego. Przybyło mu tuszy i pewności. Przyswoił sobie pragmatyczny program wspinania się po szczeblach kariery. Były to lata gierkowszczyzny w zenicie, pełne inwestycji, kredytów, produkcji malucha, dóbr z importu, dacz i pałaców, wojaży w kapitalistyczne strony. Całego tego pomieszania pojęć i stylów, pazerności, obłudy, cynizmu, płycizny duchowej i wszechogarniającego materializmu. Mój magistrant poczuł się nieźle w tym żywiole, twarz nacechowana energią i dosytem, oko cwane, bystro obmacujące rzeczywistość. Kalkulacja rzeczowa, najchętniej oparta na cyfrach. Ostateczne pożegnanie mglistego romantyzmu młodości. Bardzo rzadko widywaliśmy się w tamtych czasach. Renesans tej znajomości nastąpił od stanu wojennego. Znów garnąć się zaczął z dawną natarczywością. *Raport o stanie wojennym* bardzo mu się spodobał. Dorzucał swoje obserwacje z życia biur i urzędów, rewiru znanego mu doskonale.

– To musi ci się przydać! – mówił z zapałem. – Napisz o tym koniecznie!

Coraz serdeczniej okazywał swą przyjaźń. Dzwonił co dzień. Czytywał przez telefon co celniejsze fragmenty z gazet partyjnych, gdzie obrabiano mnie już ostro jako wroga ustroju. Czytywał te bzdury z dziarską, satyryczną swadą, lekceważąc zainstalowane już na dobre resortowe ucho. Pakował się z impetem do niebezpiecznego gniazda. W istocie moje mieszkanie stało już wtedy na niepewnym gruncie. Permanentny podsłuch telefoniczny, inne luksusy.

Pewien Holender zadzwonił, przyszedł. I co? Ledwie wyszedł i capnęli go od razu.

Albo ten drugi!

Tak było.

Fiaty zaparkowane pod domem. Przeważnie trójki dorodnych, wąsatych nicponiów w tych samochodach. Sportowi młodzieńcy w dżinsach i adidasach spacerują po podwórzu. Atmosfera gorąca jak w powieściach sensacyjnych o tropieniu agentów CIA i Gehlena, publikowanych przez wydawnictwo MON-u.

Poczułem się w tamten gorący czas osobą naprawdę ważną w sensie społecznym. Intensywniały dni, znacznie mniej beznadziei. O ileż jednak łatwiej, prościej poradzić sobie z tymi zwykłymi tajniakami. Obstawiają, tropią, węszą. Czujesz i widzisz ich wokół siebie. Ich ślepia obmacują twoją twarz. Oddechy parzą twój kark. Ale przecież dalej czujesz się wolny, suwerenny. Podobnie podczas przesłuchania. Sytuacja klarowna, oczywista. Biurko dzieli dwie strony. Nic nie mąci jasności obrazu. W przypadku, który rozważam, granica między dwiema stronami zostaje zatarta. Nic nie jest jasne, pewne, wszystko podszyte sekretnym, odmiennym sensem. Kapuś, delator, informator, jak on tam się zwie, przenika przez wszystkie bariery ochronne, dociera do duszy samej. Wracam do zasadniczego wątku. W tym coraz ciaśniejszym azylu mego życia, odrutowanym nieustanną kontrolą, on, dawny magistrant z prowincjonalnej uczelni, gierkowski menadżer i członek rządzącej partii, czuł się jak beztroski, wolny ptak. Dlaczego z uporem lazł w samo oko cyklonu? Co nim powodowało? Bezmyślność, nagle obudzone poczucie lojalności, protest przeciw niewoli?

Nie przyjmował do wiadomości żadnych ostrzeżeń i ciągle obsypywał dowodami swej serdeczności.

W podległym sobie przedsiębiorstwie posiadał obfite zapasy papieru toaletowego. Znosił w prezencie całe wieńce tych rolek. Zapas na rok na pewno przy dużym nawet przepuście. Również ryzy papieru do pisania. Żyletki, mydło. Wcale niebłahe dowody serca. To były artykuły codziennego użytku niedostępne wtedy w sprzedaży.

Zastanawialiśmy się z Jolą nad zagadką powrotu do młodzieńczego przywiązania. Nowy etap zatrząsł sumieniem, odtrącili go jak kundla, popełnił jakieś przewinienie, nie podołał podwyższonym wymaganiom? Nic nie wiadomo.

Idylla naszej serdeczności została wreszcie zakłócona brutalnie. Podobno wezwała go bezpieka. Odbyło się przesłuchanie na okoliczność bliskiej znajomości z opozycjonistą. Przybrało charakter szantażu. Proponowali obywatelskie usługi. Rozmawiał z nim starszy pan o dobrotliwych oczach. Stos papierów na biurku. Przewracał w nich, sugerując obfitość dokumentacji w sprawie. Za jego plecami w oszklonej biblioteczce komplet moich książek, zarówno naziemnych jak podziemnych. Lekkomyślny mój adorator, dla porządku nazwijmy go G., odmówił współpracy. W rezultacie zajęli się nim z całą surowością. Zabrali paszporty. Wraz z żoną wybierał się do Anglii. Partia cofnęła tzw. rekomendację. Stracił kierownicze stanowisko. Dalej reakcja lawinowa. Wyrzucony z partii. Zwolniony z przedsiębiorstwa. Szuka nowej pracy i pozostaje ze mną w wiernym związku. Po dawnemu beztroski.

I teraz zadaję pytanie, logicznie wynikające z podanych wyżej przyczyn: – Czy jest nasłany? Czy wszystko to nie jest zręczną mistyfikacją dla uśpienia mojej czujności? Zakonspirowany stróż mego życia. Musi być wytrwały, odporny na afronty. Taki jest. Nieraz zamykałem mu drzwi przed nosem, zniecierpliwiony jego natarczywością. Pełno go w tych ostatnich miesiącach.

Oto stoi w drzwiach.

– Ja tylko na chwilę! Zobaczyłem światło w twoim oknie.

Skąd ten nawrót przyjaźni? Inni się oddalają, uciekają. G. coraz bliżej. Wścibski, ciekawy. Omiata spojrzeniem papiery, gazety, książki. A co to? Skąd? Bezmyślne oczy, blada twarz. Ruina kariery niewiele go zmartwiła. Lekko potraktował zemstę bezpieki. Pokazywał ze swoistą dumą decyzję o odebraniu paszportu, papierek zawiadamiający o usunięciu z szeregów partii. Dokumenty, papiery! Mogą być przecież fikcyjne.

Nie pasuje do wizerunku perfidnego informatora. Musi to być ktoś znacznie większego formatu. A może tylko udaje głuptaka?

I znów B. W tym przypadku jest przecież konkret w postaci tego cholernego listu. B. odpowiada kryteriom większego formatu. Inteligencja, wiedza, pasja. Tyle lat. Tydzień bez B. już odczuwany dotkliwie. Kogoś brakowało. Przychodzi. Wieści z miasta. Wrażenia z lektur. Coś pisze. Fascynująco o tym opowiada. Rośnie elektryczność. Też opowiadam o swoim pisaniu. Czytam. Czekam na opinię. B. obdarzony słuchem nieomylnym. Wyławia mielizny. W lot chwyta intencje. Żywe, pełne najwyższych obrotów myśli i wyobraźni posiedzenia. Szeptem na boku zwierzamy się ze swoich przygód. Chichoczemy, porozumiewamy się skrótami. Poruszyłem się gwałtownie. W tym liście-donosie passus piętnujący moje romansiki, kochanki. Kto mógł o tym wiedzieć? On miał największą szansę. Mógł swobodnie wleźć w wiele zakamarków mego życia. Buszować w nich do woli! Dowody! Jakie dowody? Przeczucia, rosnąca nieufność.

Zobaczyłem go w roli nasłanego penetratora. Odkrywa moje zamiary, pragnienia. Chwyta najtajniejsze myśli. Tak. Odpowiada wysokim wymaganiom. Słabości, próżność i egoizm czynią go idealnym modelem do obróbki. Taneczny pląs, kolorowe piórka. Tyle lat unikał ciężarów, obowiązków. Wolnej przestrzeni jednak już coraz mniej. Reflektory ze strażniczych wież docierają nawet w odległe zaułki. Spacerowe korso coraz ohydniejsze, obcasiki zanurzają się coraz głębiej w gównie.

– Beznadzieja i nuda – powiadał B. z tą charakterystyczną, dobitną dykcją.

Mierzi go szara nasza rzeczywistość. Kurczy się obszar wolnych, przyjemnych doznań. Narcyz i esteta krzywi się z niesmakiem.

Drapnęli takiego w swoje łapy i powiedzieli bez ogródek:

– No to wpierdoliłeś się, koleś! Ciężka sprawa!

Rozpoczną umiejętną obróbkę. Huśtawkę ordynarnego szantażu i wykwintnej konwersacji.

– Wiemy wszystko. Drukujecie te swoje historyjki w pismach subsydiowanych przez antysocjalistyczne ośrodki. Za granicę chcecie wyjeżdżać, uroków świata zażywać. Możecie, dlaczego nie. Talent potrzebuje powietrza. My nie hamujemy rozwoju talentów. Przeciwnie. Pragniemy pielęgnować, pomagać. Wszystko możecie, ale!...

Czy jak go drapną i tak powiedzą, to nie popuści?

Ten delikacik, próżny i miękki, pozbawiony koniecznego hartu, tak niezbędnego w tym sowieckim folwarku.

Popuści, musi popuścić. Nerwy nie wytrzymają, wyobraźnia domaluje resztę. Egoistyczny rachunek kosztów i strat uzasadni decyzję. Dokument z jego podpisem powędruje do metalowej szafy, pomalowanej na zielono. Pozostanie tam na zawsze. Pewność na kształt rozwiązanego równania z algebry.

Nastąpiło trzecie parzenie herbaty.

Chwileczkę! Dlaczego niby B. mieli dopaść? Dlaczego on ma być ich sługusem? Gdzie tu fakty, nie ma żadnych faktów. Rozpływa się rzekome równanie, nic w ręku nie pozostaje. Wyimaginowana rozmowa brzmi jak stereotyp wciągania do kapusiowskich usług jakiegoś sutenera, waluciarza, kombinatora. Tropem starych doświadczeń ruszyłem. To nie odpowiada żadnej prawdzie. Prawdzie osobowości B. Prawdzie naszego życia... Już bardziej Januszek. Cherlawy chłopiec znikąd. Oczy złe, zimne. Kipi w nim kocioł kompleksów. Zawiść, prowincjonalna zachłanność, wiele przedwczesnej goryczy, niewiara w sens prawdy, niezłomność, walki. To puste pojęcia dla niego. Świat i ludzie jawią mu się jako targowisko. To on mógł napisać rzekomy list B. Znał go.

– Po prostu... – jak mawiał pewien chłop z suwalskich jezior, żołnierz dwóch wojen, rybak odludek – świat to jest bardak i ludzie są bladzie.

Zachwycał się Januszek tą sentencją. Nihilizm wziął przewagę nad czystymi, młodzieńczymi marzeniami. Sukces, uznanie, pieniądze. Jak to osiągnąć? Dławi go brak perspektyw. Oni mu powiedzieli po ojcowsku:

– Chce pan być kimś, młody człowieku? Posiada pan wszelkie dane po temu. Zdolny, mądry, pracowity. Taki w dodatku ambitny, ale?

To „ale" zawisło groźnie nad jego głową.

Wreszcie ten ostatni. Niech pozostanie G. Szary i nalany. Puste oczy. Należy do wielotysięcznej rzeszy marzycieli o upragnionym komforcie. Odpowiada mu dyrektorskie stanowisko. Należy ono do komfortu jego pragnień. Tyle lat się wspinał po szczeblach i nagle ma to stracić!

Dowody. Jakie tam dowody! Tu się liczy intuicja.

Osaczyli mnie we trójkę. Obserwują drapieżnymi oczyma. Trzy sępy czekają na padlinę. Każdy ruch, gest, słowo podlega kontroli. Penetrują moje szuflady, maszynopisy, listy. Wszystko w ich brudnych paluchach. Bebeszą cudze życie jak starą, poprutą kołdrę. To oni! Widziałem ich w służbowych chwilach. Ja – *Raport o stanie wojennym*. Oni – raporty o autorze. He, he!

Otrzymują kolejne polecenia i skradają się wokół. Wyciągają swoje łapy, obmacują kieszenie...

Moja intuicja. Tak się tą właściwością szczyciłem. Nie zawiodła wiele razy. Nieraz zjawiali się w moim życiu rozmaici ludzie, polecano ich gorąco. A ja czułem jakiś podejrzany zapaszek. Nie potrafiłem tego wypowiedzieć. Brakowało faktów, dowodów. Czułem jednak ten zapaszek. Zgnilizny, kłamstwa, ohydy. Nagła odsłona, przypadek, zbieg okoliczności i potwierdzały się moje niechęci. Gnidy udające aniołów. Tchórze przebrani za bohaterów.

Ślepy eksdoliniarz Zajdel postukiwał białą laską, przemierzając ulice miasta. Pewnego razu pomógł mu zejść schodami do podziemia życzliwy człowiek. Był to tajniak przypadkiem. Zajdel z jego pomocy skorzystał i dopiero na ostatnim stopniu schodów oświadczył ze wstrętem:

– Czuję psa! Czuję psa! – Przeciągnął tajniaka białą laską po grzbiecie. Ja też czuję psa. A fakty?

To uczciwi i wartościowi ludzie. Nie omyliłem się w ich wyborze. Lojalni i wierni. Oddani moi druhowie. Pełni najlepszych intencji. Nieraz dawali tego dowody. Chuderlawy student, gotowy do wszelkiej pomocy, taki bezinteresowny, nad wiek dojrzały, moralnie okrzepnięty. Były redaktor, utalentowany prozaik i eseista, wnikliwy badacz mego pisarstwa. Trzeci, poczciwy, dosyć ograniczony, uczciwość i dobra wola, w najgorszych czasach niby wierny druh pojawiał się u drzwi. Moja chora, azjatycka wyobraźnia upaprała ich w wyimaginowanym brudzie. Tylko dewiacji psychiki należy przypisać dzisiejsze dochodzenie. Okrutnej zostali poddani próbie trzej moi przyjaciele. Krzywdzę ich i ranię. Kalam ich cześć i dobre imię. Może to konieczny, zdrowy zabieg. Otworzyć śluzy, wypuścić cuchnącą ciecz.

Intuicja, bladź zawodna! Grisza, ja tiebie skażu... Wyobraziłem sobie taki obrazek. Siedzą sobie dwaj. Nie! Siedzimy sobie dwaj. Ja i on.

– Grisza... – powiada on – ja tiebie skażu adin siekriet... Sprzedałem ciebie! Bij, zabij! – zawył i zapłakał. Objąłem go i płakaliśmy obaj. Ale który to jest? Który z nich? Dlaczego ja jestem Griszą? Skąd się wziął ten Grisza?

Wschodni, cuchnący zdradą i masochizmem obrazek. Carem i Bogiem tego podziemia ludzkiego upadku był Fiodor Dostojewski. Nikt taki nie objawił się dotąd i nie zaczął tymi słowy: Grisza, ja tiebie skażu... Milczą. Mój nieznany bracie! Ściągnij wreszcie pończochę. Odsłoń swą twarz. Brednie, brednie...

Zmęczony jestem, boli mnie głowa. Wychowany w niewoli. Mało czystego powietrza. Jeszcze mniej wolności. Nieufność i wszelką z niej zrodzoną zarazę wyssałem od kolebki. Tak mało prawdziwej, smagłej swobody. Już nie ma rezerw. Najlepiej koiło wędrowanie po górach. Pamiętam: Bieszczady. To były najpiękniejsze obszary górskiej, porośniętej puszczą swobody. Szło się i szło. Ani domu, człowieka. Nic. Bukowe ostępy, wąwozy, kotliny, połoniny. Zakola Sanu, dzikiej, porywistej rzeki. Szumi woda po kamieniach. Jeleń susami popędził po zboczu. Parłem uparcie pod górę. Czułem się wolny i lekki. Ziemia niczyja. Przeszła przez nią nawałnica krwawej wojny, wysiedlono ludzi. Pozostała górska, leśna dzikość. Rozległe łysiny połonin. Widok rozległy i oszałamiający. Najwyższe góry. Halicz, Tarnica. Dalej Gorgany. Jeszcze dalej kryje się Czarnohora w sinej mgle. Wspiąłem się na wielki, omszały kamień i zwijając dłonie w trąbkę, zawołałem: – A hoj! A hoj! Był to moment uniesienia. Minął. Przyszła niedobra myśl. Patrzyłem przecież w kierunku wschodnim. Znajdowałem się kilometr od granicy. Dalej już tamta strona. Złudny smak swobody! Dalej graniczne zasieki, strażnice, kulomioty wycelowane w tę stronę. To wszystko było ukryte w pozornej pustce. Na pewno widzą mnie doskonale. Obserwują. Uniesienie zgasło bez śladu. Ociężale ruszyłem w powrotną drogę ku zachodowi. Pozory. Same tylko pozory. Jeszcze morze. Lubiłem jeździć na wybrzeże. Siadałem na brzegu i oglądałem statki stojące na redzie. Przymykałem oczy i płynąłem trampem, tankierem, frachtowcem gdzieś w nieznane. Szum fal, zapach jodu, gnijących wodorostów. Nędzny to bilans. Czy można być wolnym człowiekiem? Podanie o paszport i odmawiają z przyczyn określonych w artykule 4, punkt 1, paragraf jeszcze jakiś. Popłyniesz tym frachtowcem przez nieznane morze, opłyniesz nieznane lądy! Garb pochyla plecy, mózg pełen czadu. Nie wstydzę się tego wcale. Sieroce rozrzewnienie dopada nawet w późnym wieku męskim.

Tak. Intuicja to właściwość bardzo zawodna. Powrót do niedawnego pobytu w więzieniu. Przeprowadzka z jednej celi do drugiej. Tam często przenoszą. O niewiadomej porze dnia i godzinie. Uchylają się drzwi celi i klawisz oznajmia: – Spakujcie się!

Pakowałem się pospiesznie. Koc, miska, poduszka, cały skromny dobytek więźnia zwinąłem w tobół. Serce biło przyspieszonym rytmem. Zawsze kołacze nadzieja. Może to na wolność?

Wyprowadzono mnie w porze poobiedniej i znalazłem się samotny w celi po drugiej stronie korytarza na tym samym piętrze. Musiały tu przebywać kobiety, gdyż w strefie kibla i umywalki zachował się strzęp kotary. Nowa cela była gorsza od poprzedniej. Za oknem budynek gospodarczy i dochodził stamtąd natarczywy nieustanny szum. Jakiś agregat. Wentylator, chłodnia.

Dalej widniał więzienny mur z wieżyczką strażniczą. Za murem rząd kamienic zamieszkanych przez wolnych ludzi. Widoczne najwyższe piętra. Balkony, wietrzą pościel, majaczy jakaś sylwetka. Kobieta, mężczyzna. Przed wieczornym apelem przybył drugi więzień. Też przeniesiony z innej celi. Na imię miał Robert.

– Mówi się na mnie Robi – powiedział.

Przebywał tutaj dwa miesiące dłużej. Oskarżony o przestępstwa gospodarcze. Był jednym z trzydziestu uczestników rozgałęzionej afery budowlanej. Chodziliśmy po celi na cztery kroki między piętrowymi pryczami i Robi opowiadał o swojej matce, której nigdy nie widział, zmarła bowiem przy połogu, o swoim ojcu, który zginął

podczas wojny, o trzech żonach, teściach i szwagrze waria-
cie. Opowiadał o przeżyciach wesołych i smutnych z jed-
nakowym spokojem, zabarwionym lekkim cynizmem
człowieka doświadczonego i na wiele przygotowanego.
Kompanem w niedoli okazał się znakomitym. Obdarzony
był imponującymi zdolnościami manualnymi i sporządzał
popielniczki z miękkiej blaszki po paście do zębów, noże
do krajania chleba, palniki z puszek, opatrzone knotami
z prześcieradła, paliwem był smalec lub margaryna. Goto-
waliśmy na takim palniku herbatę, odsmażaliśmy kluski
z obiadu i potrawa ta miała smak naprawdę domowy.
Trzeciego dnia Robi pociął na niewielkie pasemka kawałek koca służący do froterki, pasemkami tymi podbił metalowe nogi stołków, co pozwalało przesuwać je bez denerwującego zgrzytu. Potrafił łagodzić dokuczliwości
więziennego życia, a nawet osiągać pewien komfort.
Mógłbym wymieniać jeszcze wiele jego osiąg-nięć. Igły
i szydła z drutu, karty do gry z pocztówek, kostki do domina z roztopionego plastyku i krzyżyki z drewna, odłu-
pywanego z blatu stołu, podnoszące na duchu ludzi religij-
nych. Jego talenty dziwiły mnie chwilami. Takie
umiejętności przecież osiągane są tylko przez starych
więźniów. Robi siedział już przed laty i dawne doświadczenia odżywały w potrzebie. Tak to wytłumaczył. Przypad-
liśmy sobie do gustu i chętnie ze sobą rozmawialiśmy.
Wspominałem swój zamierzchły termin więzienny na Gęsiówce, Robi zaś wyrok sprzed dziesięciu lat za fałszerstwo
dolarów. Był także pierwszym słuchaczem moich history-
jek, które pisywałem dla zabicia czasu. Szanował tę pracę

– zabawę – sposób przeciw nudzie i kiedy tylko zaczynałem pisać, usuwał się gdzieś w kąt. Wyręczał mnie wtedy w pracach porządkowych. Wieczorami po zgaszeniu światła graliśmy w inteligencję. Wymienialiśmy według alfabetu nazwy miast, gór i rzek, krain, sławnych uczonych, polityków, wodzów. Robi erudycję miał rozległą w tym zakresie i walczyliśmy o prymat w tej grze. W międzyczasie do naszej celi przybyło jeszcze dwóch więźniów, młody matematyk i działacz Solidarności z kombinatu metalurgicznego ze Śląska, oni jednak nie dawali nam rady. Najbardziej polubiłem te ostatnie, przedsenne opowieści Robiego o jego życiu na wolności. O miłostkach i hulankach. O tym, jak popijali w pewnym motelu nad jeziorem i jednego z nich naszła ułańska fantazja: wierzchem na wypożyczonym od wieśniaka koniu wjechał do knajpy.

Zaistniało coś między nami, co nieczęsto się zdarza mężczyznom w wieku dojrzałym. Coś, co można nazwać początkiem przyjaźni. Rozumieliśmy się już bez słów i szanowaliśmy swoje potrzeby ciszy, samotności, głębokiego zamyślenia. Robi często zapadał w letarg. Siedział na łóżku i wystawiał twarz do okienka, przez które docierały po obiedzie promienie słońca. Plażą nazywał ten czas i przymykał oczy. Twarz stawała się surowa, zamknięta i postarzała. Kiedy indziej znów wdrapywał się na stołek pod okienkami i stał tak długi czas. Ocknąwszy się, poczynał karmić okruchami chleba gołębie. Przylatywały od razu trzepotliwym stadkiem. Wśród nich Robi wyróżniał trzy swoje ulubione. Przemawiał do nich trzepotliwym, gruchającym głosem. Kanciasty, Czarnuszek, Agresor. Tak się nazywały. Poznawały swego karmiciela. Czarnuszek zbierał okruchy z jego dłoni. Agresor pozwalał się gładzić po czubatym łebku.

Czemu to mnie nie dziwiło. Tak krótko jest tutaj i tak oswoił te więzienne ptaki? Przedtem siedział w celi po tej samej stronie korytarza, tylko piętro niżej. Mógł więc.

Wzruszyła mnie ta ludzko-ptasia przyjaźń i cytowałem starą piosenkę: „Przyleciał do mnie na kraty przyjaciel mój szary, skrzydlaty, spojrzał na nędzne me szaty, odleciał w dal...". Robi nie znał tej piosenki. W czasach jego więziennych doświadczeń wypadła już z żelaznego repertuaru.

Czasem i ja zapadałem w krainę marzeń. Siadałem pod ścianą, głowę wspierałem na łokciach i myśli wybiegały poza grube mury i kraty. Były wolne jak gołębie.

Na spacerniaku obserwowaliśmy nikłą przyrodę i liczyliśmy roślinki wychodzące z niegościnnej, żużlowatej ziemi.

Robi bywał często na przesłuchaniach. Po powrocie stawiał sobie pasjanse.

– Wychodzi mi wolność – śmiał się nieco sztucznie lub nic nie mówił.

Przebywaliśmy razem dwa miesiące i zażyłość utrwalała się bez żadnych konfliktów. Byliśmy wobec siebie otwarci, unikaliśmy jednak nadmiernej wylewności. W tym pawilonie śledczym MSW panowało powszechne przekonanie o obecności „ucha" w każdej celi. Dotychczasowa praktyka potwierdzała tę zasadę bez wyjątków. Kto z nas czterech pełni tę rolę? Przychodziło nieraz to pytanie. Nigdy jednak moje podejrzenie nie padło na Robiego. Jego opuszczałem w tym skrytym myśleniu. Może

robotnik z kombinatu? Za bardzo gadatliwy, aż prowoka-
cyjny w mówieniu. Żywa tuba podziemnego ruchu oporu.
Podejrzenia wobec niego szybko wygasły. Młody matematyk? Miałem o nim doskonałą opinię z wolności. Samego
siebie wykluczam.

Czyżby wśród nas nie było takiego? Czyżbym w ten
sposób siebie oszukiwał i wskazywał na Robiego? Krymi-
nalny. Grozi mu duży wyrok. Kryminalni w takich opre-
sjach nie poczuwają się do żadnej solidarności. Wydają
się nawzajem. Może w naszej celi nie ma w ogóle „ucha"?

Taką ewentualność też brałem pod uwagę. Wszyscy
jesteśmy tacy sami, na wszystkich postawili krzyżyk.

To było kumoterstwo uczuć. Wykluczałem Robiego
z pola podejrzeń. Po wyjściu na wolność od ludzi, którzy
przede mną przebywali w śledczym pawilonie, dowiedziałem się całej prawdy o Robim. Od dwóch prawie lat był
mieszkańcem tego pawilonu. Często zmieniał cele. Serdeczny, koleżeński. Idealny kompan do siedzenia. Podsy-
łany do politycznych. Ucho. Wszyscy zgodnie stwierdzali.
Diabli wzięli narodziny przyjaźni. Wspomnienie od razu
sparszywiało. Co wywęszył? O czym donosił? A może tylko pozował swoją gorliwość wobec mocodawców? Intuicja w praktycznym zastosowaniu! Nie przydała się na nic
w małym, zamkniętym światku w naszej celi.

A czego mogli doświadczyć w swym życiu trzej moi
przyjaciele? Lata powojenne i stalinizm to dla nich tylko
historia. Bezpieka i jej sposoby. Coś tam kołatało się im
po głowach. Dopiero osobiste doświadczenie prowadzi
do wiedzy najważniejszej.

Aż któryś z nich znajdzie się w pułapce. Załamie się? Czy się nie załamie? Może się załamać. Wytrawny fachowiec wiele potrafi osiągnąć. Przekonać, uspokoić, usunąć rozterki. Cóż oni mogą jemu zrobić?

Tak pomyśleli moi Judasze. Nic takiego okropnego mu nie zrobią. Przesłuchania, rewizje. Nawet jak go zamkną. Posiedzi niezbyt długo. Długo nie będzie siedział. Kiedyś już siedział. Odświeży sobie wrażenia. Wzbogaci swą wiedzę. W ostatniej książce przewidywał taką możliwość. Odsiadkę za pisanie. Otrzyma ten luksus. Posiedzi. Popatrzy. Same zyski. Nowa książka gotowa.

Mogli tak rozumować. Zazdrość, niechęć. Pisze, co chce. Przekładają go na obce języki. Same fawory. Chwalą, nagradzają. Tworzy sobie rozgłos, glorię. Puszy się jak paw tą wolnością. Syty bydlak. Żadnych kosztów nie ponosi.

Mogli tak. Dlaczego nie. Bezpieka podsunęła im usprawiedliwienie. Sztuka podłego dialogu musi być przez nich opanowana. Dorzucili trochę szantażu. Nic strasznego mu nie zrobią. Pomyśleli moi Judasze.

Zaraz, zaraz! Skąd ta pewność? Gładko i ochoczo popędziłem tym szlakiem zdrady. Specjalnie został wytyczony ten szlak. Ci macherzy od pomówień, prowokacji i kłamstwa cieszą się teraz i zacierają ręce. Wpadł ptaszek w nasze sidła i miota się na oślep. Połamiemy mu skrzydełka. Będzie podejrzewał swoich najbliższych. Sparaliżowany nieufnością. To sukces. Ofiara złapała przynętę. Podrobiony list przyniósł upragnione owoce. Może nawet pisać mu się nie chce?

Co przekazywał o mnie Robi? Ciekawe. Czy mówię przez sen, co najbardziej dokucza mi w tiurmie, jakie mam słabości, upodobania, co lubię, czego nie znoszę. Sam pewnie też wiele mu dostarczyłem materiału. Te nasze rozmowy... Ci z wolności mogą dokopać znacznie więcej. Mogą znakomicie przygotować rozpoznanie wstępne. Bezpieka wkracza do akcji. Idą jak w masło. O, kurwa! O czym ja myślę? Oszalała ćma miota się przy lampie.

Jak ten nieszczęsny Jurek, fanatyk wyjazdu za granicę. Może to już choroba. Kiedyś w barze Praha przysiadł się do Jurka pijaczek. Liczył na bratnią duszę.

– Może flaszkę zmontujemy, panie kolego?

Jurek był pewien. To tajniak. Tajniak albo prowokator. Uciekał jak od ognia.

Jak to właściwie jest? Kiedy rozpada się człowiek i słabość bierze górę nad siłą?

Cela pierwsza. Jeszcze bez Robiego. Jest nas trzech.

Rajdowiec. Spodziewa się najgorszego. Osławiona CIA, szpiegostwo, takie ma zarzuty. Drugi o wyglądzie ascetycznego mnicha. Brodaty, gorejące oczy, mówi miękkim, melodyjnym głosem. Pracował na kierowniczym stanowisku w eksporcie.

– Łapówki – powiada i bagatelizuje swoje kłopoty, choć śledztwo trwa przeszło rok.

Który z tych dwóch jest „uchem"? Rajdowiec czy łapówkarz? Może jeden i drugi? Dreszczyk podniecenia. Cela o powierzchni 9 m² najwyżej. Trzech ludzi. Dwóch może być na usługach resortu. Co oni myśleli o mnie?

Mijały tygodnie. Aż przyszedł taki dzień wiosenny. Ten dzień wlókł się wolniej niż inne. Próbowałem pisać listy. Nie szło. Myśli nędzne, przydeptane. Powtarzała się uporczywa wizja długiego pobytu. Wyrok, transport. Przewożą do innego więzienia. Prawdopodobnie Barczewo.

Zapadałem coraz głębiej w beznadzieję. Wiosenny widok z okna ranił oczy. Zieleniły się bzy przed szpitalnym pawilonem. Po apelu rozmawialiśmy o dalekich podróżach. Najciekawiej opowiadał łapówkarz. Słuchałem nieuważnie.

Będę podróżował. Tak sobie myślałem. Okratowanym pociągiem z więzienia do więzienia. Długo nie mogłem zasnąć. Oni już spali. Męką tej nocy stała się koszmarna wizja. Zrazu tylko w zarodku. Nieśmiało kiełkowała. Potem rozrastała się coraz bardziej. Natrętnie oblazła głowę. Oto ta scena: ci z MSW stwarzają dramatyczną alternatywę. Obraz kiczowaty. Poraził jednak swym prostackim kusicielstwem. Przychodzi wysokiej rangi oficer. Pułkownik. Szef gabinetu ministra. Zgrzyt klucza w drzwiach i wywołują na korytarz. Prowadzą przez kolejne kraty. Podwórze. Samochód. Wiozą do swego ministra. Po drodze wolność. Ulica, dziewczyny. Gmach ministerstwa. Tam gabinet: dywany, palmy, stare obrazy na ścianach. Sam minister. Generał broni. Wysoko parszywa moja wyobraźnia ustawiła tę scenę. Generał jest ujmującym, postawnym mężczyzną o jasnej, otwartej twarzy. Widziałem go raz w telewizji. Kawa, kruche ciasteczka, dobre papierosy. Po udręce więziennej celi szczególnie słodki kontrast. Wreszcie pada ta kluczowa propozycja. Wyjdę na wolność. Jutro, dziś, natychmiast! Jeden tylko warunek. Przez rok mam nic nie pisać.

– To znaczy… – uśmiechnął się łagodnie generał. – Tak dalece nie ingerujemy w sferę absolutnie suwerenną. Jedynie żaden z pańskich utworów nie ukaże się nigdzie drukiem. Tego przecież może pan dopilnować, prawda?

Jedyny warunek i wolność stoi przede mną otworem. Długo w noc znajdowałem się w gabinecie generała. Zgodziłem się. Wyznaję ze wstydem. Zgodziłem się!

Otwierają bramę. Wspaniały, upragniony zgrzyt. Wychodzę na wolność.

Zdrada odbyła się w tak ciasnym pomieszczeniu. W tłoku jednej osoby. Parszywa noc. Czy można się dziwić biednym, osaczonym druhom?

Który z nich spełnia funkcję strażnika mego życia?

Czymś go zmusili. Choćby wizją więziennego życia. Obrazem jego udręk, tych krat, zaryglowanych drzwi, brzęku kluczy, stukotu kroków, martwoty przerywanej kilkoma powtarzającymi się ciągle zawołaniami. Może działa w dobrej wierze. Nie za gorliwie czuwa nade mną. Robi też mógł donosić ulgowo, po koleżeńsku. Patrzy przez palce na moje niecne czyny. Skąpo informuje „Kuma". W łagrze tak nazywali enkawudystę. Usprawiedliwia swą funkcję wieloma względami. Łatwo się można wytłumaczyć. Musi. Tak go cisną. Coś za coś. Kapuje. Tylko pozornie. Właściwie ratuje. Nie wytrzymał. Ustąpił. Ponadto skończyła się już czerwona inkwizycja. Nie rozrywają ciała. Nie przypalają żelazem. Nie palą na stosie. Pomęczy się trochę Mareczek. Ale nie za bardzo. Wytrzyma. Może sam zacznie kapować. Nie mam do was żalu, serdeczni druhowie... Kto wie? My wszyscy popsowani. Tak było powiedziane u Babla. Tata i syn złapali syfa. Tata chce przespać się z mamą. Syn czuwa i powiada: – Tata, nie rusz mamy, my oba popsowani!

Zapalam kolejnego papierosa. Już kac od tego palenia. Żółć podchodzi do ust. Oganiam się z trudem od tych trujących oparów. Gdzie tu kat, gdzie ofiara?

Na powrót czyszczę do połysku moich sponiewieranych przyjaciół. Jaśnieją szlachetnym blaskiem. W odsiecz jeszcze przychodzi pamięć.

– Idioto! – mówię do siebie. – Niesłusznie posądziłem Januszka! Te notesy z zebrań zarządu sam dawno temu zniszczyłem.

Tak można bez końca. Nareszcie telefon. Siostra. Rozmawiamy o naszej ciotce. Zmarła nagle. Nie ma ulubionej ciotki. Nie zaznała zbyt długo upragnionej emerytury. Czekają nas przykre czynności. Likwidacja mieszkania. Szafy pełne ubrań. Szuflady pełne listów, notatek, bibelotów, haftów. Całe jej życie. Ustalamy termin wyjazdu. Szwagier o zwyczajach starych ludzi. Chowają gdzieś w trudnych do ustalenia miejscach swoje oszczędności.

– A jak tam miewa się ministrowa? – zapytałem siostrę z udanym zainteresowaniem.

Ministrowa. Nasza niewyczerpana kopalnia. Siostry koleżanka biurowa. Żona dygnitarza. W chwilach niekontrolowanego gadulstwa z uwielbieniem opowiada o swym mężu.

Siostra podjęła temat ochoczo. Opowieść o ostatnich przypadkach ministra. Pośliznął się na marmurowych schodach swego ministerstwa. Potłukł się dotkliwie. Złamał sobie nos, posiniaczył ciało. Zapakowali go do szpitala. Długo tam nie leżał. Akurat miała odbyć się narada z udziałem premiera. Potłuczony minister zwlókł się z łóżka, wypisał na własną odpowiedzialność z lecznicy i pospieszył na naradę. Wyglądał jak prawdziwy bojownik. Oklejony plastrami, ze złamanym nosem.

– Tak oddany swej pracy! – mówiła ministrowa i łzy w oczach.

– Kretynka! – śmiała się siostra, kończąc rozmowę. – Przez te wszystkie lata niczego się nie nauczyła, niczego nie zrozumiała!

Już końca nie słuchałem. Charakterystyczny odpływ myśli w wiadomym kierunku.

Ten Januszek ostatnio zmęczony, wymięty. Inteligencja, żywość umysłu, chłonność i zapał, wszystko to wyciekło z niego jak z dziurawego naczynia. Zgasł. Po ciężkich, niewdzięcznych obowiązkach przyszła reakcja. Zepsuty, porzucony na śmietniku manekin. Niedawno zaprezentował w rozmowie skrajny pesymizm. Zapytałem go o najbliższe zamiary. Machnął ze zniechęceniem ręką. W nic nie wierzy. Niczego się nie spodziewa.

A B.?… To bluszczowaty pieszczoch. Baśniowy świat przyjemności i przygód wykrzesać chce z naszej szarzyzny. Wygodny sybaryta. Dramaturg, reżyser i aktor w jednej osobie. Co on wydrukował dotychczas? Dwa opowiadanka z dzieciństwa, szkic o zakłamanym krytyku. Marginalne sprawy. Ciągle coś zaczyna, fragmenty, pomysły. Zaczyna i nie kończy. Czaruje i zwodzi. Roztacza tęczową aurę. Czy wierność, stałość i odporność na przeciwieństwa nie są zupełnie obcymi dla niego pojęciami? Pycha i przeświadczenie o swojej wyjątkowości. I fizycznie zmienił się w ostatnich czasach. Dotychczasowa czystość twarzy uległa jakiemuś zabrudzeniu, wzrok zmącony, umykający. Chowa oczy, obawia się ich niedobrej czytelności?

Ten G., referent wścibskiej nudy. Niezmordowana ciekawość. Co piszesz, możesz przeczytać kawałek? Czy ta natrętna ciekawość nie jest czasem podszyta czymś podejrzanym?

Januszek to prawy i wypróbowany chłopak. Ten list przecież. Dopiero teraz sobie przypomniałem! Podczas mojej nieobecności ktoś przyniósł list. Odebrał J. Oddał po moim powrocie. Mógł nie oddać. Im od razu... Ten list zabrali podczas rewizji. Potraktowali jako ważny dowód rzeczowy.

B., choć bawidamek i egoista, to rąbnie on niebawem tęgą książkę. Pracowity, dociekliwy szperacz w prasie dawnych lat. Zbiera, notuje. Bada zapomniane procesy, odkrywa ich istotę. Galernik pióra. Ile fragmentów już przeczytał, ostrych, wspaniałych. Te opisy redakcji, życia dziennikarskiego. Te opowiadania z dzieciństwa w czasach stalinizmu, uniwersyteckie przypadki. Świetny szkic odsłaniający całą ohydę i poddaństwo czołowego krytyka, który tyle lat ubierał się w szaty jedynego sprawiedliwego w Sodomie. Powoli rodzi się wielka księga.

Spowiedź dziecięcia wieku. Także w realnych sytuacjach sprawdzał się B. Kiedyś uprzedzono nas o mającej nastąpić rewizji i oczyściliśmy dom. B. dźwigał wypchane książkami torby. Przechowywał maszynopisy, służył w każdej potrzebie. Żaden tam bluszcz, stalowa lina!...

Ten trzeci, czyli G., przyciśnięty przez bezpiekę zdobył się na niemałą odwagę. Nie pozwolił zrobić z siebie kapusia. Dotkliwe koszty tej odmowy. Ile jeszcze drobniejszych przykładów jego uczciwości.

Czytywałem mu nieraz świeżo napisane opowiadania z *Raportu*.

– Mam jeszcze kilka – powiadałem z przechwałką. Wskazywałem na stosik zapisanego papieru.

Mógł ich uprzedzić. Mogli wpaść i zabrać. Czy to mało dowodów?

Tydzień temu spotkałem Zdzisia Gotzmana. Swojak z bardzo dawnych lat. Weteran sutenerstwa i temu podobnych zajęć.

Gadu, gadu i Zdzisiu pyta:

– A jak tam na Mokotowie?

– Normalnie.

– Siedziałem tam w czterdziestym ósmym roku – mówi.

– Za co?

– Byłem wtedy w ORMO. Za szantaże... Dużo kapusiów? – jeszcze zapytał.

– Pewnie – odparłem.

Wypaliliśmy po papierosie i rozstaliśmy się wkrótce.

Więzienie. Kapusie. Normalne życie. I tak w kółko. Ja siedziałem. Oni będą siedzieć. Znowu ten natrętny azja-

tycki obrazek. Siedzą przy ognisku obszarpańcy. Grzeją
się po bratersku. Tulą do siebie. Tajga wokół nich i śnieg.
Przełamują się chlebem jak opłatkiem.

– Grisza... – mówi jeden do drugiego – ja tiebie skażu adin siekriet. Sprzedałem ciebie! Bij, zabij!

Ten Grisza, sowiecki poddany, zadomowił się w mej
duszy. Co tam jeszcze zebrało się w tych mrocznych, nigdy niewietrzonych piwnicach duszy? Co tam się dzieje?

Dziecko w sklepie spożywczym. Opowiadała Jola.
W drodze do sklepu samoobsługowego zauważyła
przed sobą malutką postać z wielką torbą. Dziecko. Szło,
wlokąc torbę po śniegu. Biała przestrzeń i malutka postać.
Zarejestrowała ten obraz. W sklepie o nim zapomniała.
Stanęła w kolejce do kasy. Posłyszała szelest za sobą.
Obejrzała się machinalnie. To samo dziecko. Stało za nią.
Kilkuletnie. Dziewczynka, chłopczyk. Nie wiadomo. Stało tak cierpliwie i grzecznie. W kasie płaciło za mleko
i dżem w słoiku. Podało jeszcze kartkę na masło. Masła
nie było.

– Pokora tego dziecka – mówi Jola. – I powaga. Bez
uśmiechu. Przerażające!

– Przesadzasz – przerwałem jej wtedy. – Grzeczne
dziecko wyręcza rodziców.

– To jest początek niewolnictwa! – obstawała przy
swoim Jola.

Wczoraj sam byłem świadkiem zastanawiającego zdarzenia w podziemnym przejściu przy dworcu. W tym zatłoczonym Hadesie posłyszałem tupot kroków i okrzyk:

– Stój! Stój!

Przebiegł chłopak z torbą. Za nim drugi. Gonił go. Potrącił mnie nawet. Zabawiają się szczeniaki. Tak sobie pomyślałem. Na schodach jeden dopadł drugiego. Chwycił go za rękę. Dyszeli obaj. To nie była zabawa.

– Dowód! – jeden warknął do drugiego.

Zabrał mu dowód osobisty i poprowadził przed sobą. Tajniak.

– Popatrz pan! Jeden podobny do drugiego – powiedział mężczyzna w kapeluszu. Stał obok mnie i też patrzył.

– Gonili się. Chłopaki. Zabawa. A to wcale nie tak... – popatrzył na mnie i umilkł. Był w moim wieku, nieogolony, z teczką.

Ja na niego też. Tak samo byliśmy podobni do siebie. Zwykli przechodnie. No tak. Rozstaliśmy się w milczeniu.

Kim był chłopak z torbą? Złodziejaszek? Kolporter tajnej bibuły? Zwykły obrazek z wielkiego miasta. Dlaczego dziecko skojarzyło mi się z tą pogonią? Chłopczyk, dziewczynka. Niech będzie chłopczyk. Wyrasta. Zakupy, szkoła. Kołowrót codzienności. Buntuje się. Już jest chłopakiem z torbą. Co niesie w tej torbie?

– Kobiety też mogą ci podsyłać – kiedyś zażartowała złośliwie Jola.

Nie boję się kapusiów w kobiecej postaci. Usposobienie mam raczej tureckiego paszy. Harem, odaliski. Rozmowy z kobietami, owszem, ale tylko w sferze żartów i zalotów, mogą być jeszcze obsceniczne wulgarności. Nigdy poważnie. Taką mam naturę. W pawilonie śledczym patrzyłem na panią major, strażniczkę lektury akt sprawy. Kształtna, ładna blondyna. Szerokie kości policzko-

we, wydatne usta. Wyobrażałem sobie seans rozkoszy
z tą powabną kobietą. Mogłaby przesłuchiwać przy tym.
Proszę bardzo! Nie dam się złapać na żaden haczyk. Pani major ściąga bluzkę. Także z tą drugą w welwetowych
spodniach. Ten krzaczasty rozkrok... Jedni marzą o fil-
mowych gwiazdach w łóżku. Inni z klucznicami...

Jola patrzyła na mnie z pogardliwym wyrazem twarzy.
Jakby czytała w moich sekretach. Tak dobrze się znamy.
To niedobrze. Przegrana pozycja podczas przesłuchania.
Spojrzałem na zegarek. Dosyć!

Gacek domaga się jedzenia. Biedak, męczennik, cztery operacje. Ale koty chyba nie mają pamięci. Żyją teraź-
niejszością. Gackowi może być lepiej. Jestem znużony.
Ołowiana głowa, mięśnie też obolałe, jakbym dźwigał
ciężary, łaził kilometrami po manowcach.

Wysunąłem szufladę biurka i odnalazłem te zielone
kostki domina z oczkami, wypełnionymi pastą do zębów.
Prezent od Robiego, kumpla z Mokotowa. Wysoki, czarne faliste włosy, nieco zadarty nos, bystre oczy i kpiący
uśmieszek. Jego ruchliwe ręce. Wiecznie coś robił. Szy-
dłem reperował podeszwę trepka, cerował dziury na łokciach swetra. Wyga pawilonu śledczego.

Pogrzechotałem w dłoni kostkami. Sześć oczek to najwyższa stawka. Otworzyłem dłoń. Cztery oczka.

Leżę już na tapczanie. Dla poprawy samopoczucia
zmieniłem pościel. Szeleści. Zapach świeżości, wiatru. Pościel w domu dzieciństwa suszyliśmy na sznurach rozwie-
szonych w ogrodzie między drzewami. Zaczynam czytać
biografię Hogartha. Pracowity malarz. Twórca sztychów

z życia codziennego Londynu. Zapobiegliwie dbał o swoje interesy. Ogłaszał w prasie reklamowe informacje o aukcjach i proskrypcjach swoich rycin, sztychów. Szukał protekcji na wykonanie malowideł w kościołach. To było życie normalne. Wrogowie, przyjaciele. Sława, pieniądze. Opis jego cyklu o rozpustniku. Myśli błąkają się gdzie indziej. Lektura nie wciąga. Roztargnionym wzrokiem omiatam stosik książek przy tapczanie. *W oczach Zachodu. Płomienie.* Nadieżda Mandelsztam. Cała ta piętrowa gra Razumowa, naiwny Haldin. Nieczajew, Żelabow, Parnaska? Jeżow, tajniacy nasyłani do Mandelsztama. Występowali jako młodzi poeci, wielbiciele.

Trucizna. Ratuj, panie Hogarth! Cofnąłem dłoń. Sięgała już pożądliwie po jedną z tych książek.

Powrót do Hogartha. Jeszcze nitrozepam, cała pastylka. Ci trzej to wypróbowana gwardia. Zdali egzamin w ciężkich czasach. Takie czasy to najlepsza próba. Wzruszyłem się. Rodzinny sentymentalizm. Jeszcze chwila i łza zakręci się w oku.

A może jest Ten Czwarty? Ten, którego w ogóle nie brałem pod uwagę. Pytanie nie było dramatyczne. Pozbawione borującej świadomości natarczywości. To nitrozepam. Nareszcie spokojnie, błogo i sennie. Następnego dnia telefon B. Proponował spacer brzegiem Wisły po obiedzie. Bardzo chętnie.

1986

# Mongoły

Kwaterowali u nas, a jeździli na Wolę. Wola płonęła, z naszego domu widać było łunę. Mówili w miasteczku, że tam na Woli gwałcą i rabują. Karolek Bilardzista, który nocą przeprowadził stamtąd swoją rodzinę, widział w gruzach martwą kobietę z odciętymi piersiami. To zrobili oni. My, paka Janka Piechura z Bud, patrzyliśmy na nich z ciekawością. Wszyscy w papachach wyglądali jak zrośnięci ze swoimi kudłatymi konikami. Wracali szosą od wiaduktu, skręcali w ulicę Piłsudskiego. Tak się kolebali na tych swoich konikach, karabiny przewieszone przez pierś, niektórzy mieli szable u pasa, te szable podzwaniały, obijając się o ostrogi. Rozmawiali ze sobą gardłową, niezrozumiałą mową, twarze mieli śniade, oczy skośne, wąskie, a włosy czarne, sztywne jak końskie ogony. Mongoły. Tak na nich mówiono. Z Woli zawsze wracali obładowani rozmaitym dobytkiem, ręce opięte aż do łokci zegarkami, palce pobłyskiwały od pierścionków i sygnetów. Widziałem też jednego, co budzik sobie powiesił na szyi. Zrabowany dobytek upychali przeważnie w czerwone poduszki, które opróżniali z pierza cięciami szabel i przytraczali do siodeł. Zawsze jednak białe kłaczki pierza wirowały koło nich i osiadały na papachach i końskich grzywach.

Wieczorem, napoiwszy konie i puściwszy je na ogrodzony placyk przy piekarni pana Rappa, wybierali się na targ i tam zaczynał się handel. Wszystko można było od nich kupić za spirytus lub bimber. Przekupki z targu dobrze wychodziły na tym handlu. Należało tylko bardzo na nich uważać. Oni byli nieobliczalni. Te przekupki przeważnie handlowały z nimi pod opieką swoich chłopów. Niejeden z nich ściskał pod pazuchą siekierę lub tasak. Z każdą samotną kobietą rozmaicie mogło się wydarzyć. Lucynę, tę ładną kelnerkę z „Wenecji", złapali wieczorem, jak wracała do domu. Trzech ich było i z każdym musiała po kolei. Dwóch wykręcało jej ręce, trzeci przyciskał usta dłonią, żeby nie wrzeszczała, i robił swoje. Mówili u nas w miasteczku, że i tak miała szczęście. Oni po wszystkim lubili przygwoździć do ziemi bagnetem i tak zostawić. Tam na Woli pełno takich przygwożdżonych kobiet. Starsi chłopcy co „kitę" odwalali z pociągów, wybierali się czasem na Wolę, myszkowali wśród ruin i opuszczonych mieszkań, i rozmaite rzeczy tam widzieli.

Taki Olek Kraczoch tylko spluwał na widok każdego Mongoła i żegnał się zamaszyście.

Nie tylko młode kobiety były przy nich w niebezpieczeństwie. Starą Koczkową też dopadli. Babka to przecież, dwóch wnuków już miała, a oni do niej. Stara Koczkowa narobiła wielkiego wrzasku. Zdarzenie to miało miejsce blisko posterunku żandarmerii. Zapaliły się światła. Na ulicę wybiegli Niemcy. Jeden nawet strzelił. Wtedy oni uciekli.

A jak pohandlowali sobie na targu, odchodzili z flasz-kami i bańkami do parku, gdzie przed pałacykiem Koelichena rozpalali ognisko. Piekli mięso nadziane na długi drut i dwóch nieustannie obracało ten drut. Siedzieli kręgiem, kurzyli machorkę, pociągali spirytus z butelki, albo wprost z blaszanego kanistra, i śpiewali rzewnie tak zawodząco, inaczej niż wszystko, co słyszeliśmy dotąd. W tych swoich wielkich papachach, podwinąwszy nogi pod siebie, kołysali się w takt melodii i śpiewali, czasem rytmicznie klaskali w dłonie. My, chłopcy z paki Janka Piechura z Bud podchodziliśmy do ogniska jak urzeczeni. Oni lubili dzieci. Zapraszali nas, gościnnie częstowali pieczoną pachnącą dymem baraniną i mówili pieszczotliwie – malczyk, kinder albo jeszcze tak jakoś. Tylko dziewczynki musiały uważać. Oni chyba nie rozróżniali wieku. Zezowatą Jadźkę od Frączaków zwabili czekoladą i tak szczypać i głaskać zaczęli, jeden już jej zadzierał sukienkę. Ledwo Frączak, który miał sodowiarnię i oni często pili u niego, zdążył dopaść do nich i odepchnąć tego, co zadzierał Jadźce sukienkę.

– Dziewczynka... – zaczął im tłumaczyć i ręce mu się trzęsły. Rozstawił palce, pokazując, że ona ma tylko osiem lat. Z sodowiarni wybiegła Frączakowa z litrową flachą bimbru. Wtedy zostawili Jadźkę i zajęli się bimbrem. Ale nam, chłopcom, nic złego z ich strony nie groziło. Przy ognisku poznałem się z jednym Mongołem. Miał szablę na ozdobnych, nabijanych srebrem paskach i spodnie z czerwonymi lampasami. Wysypał mi na dłoń garść cukierków.

– Bonbon – powiedział i w uśmiechu łysnął jak Murzyn białkami.

Na migi dał mi do zrozumienia, że też ma syna. A nazywał się tak jakoś, Girej-Ogi czy coś, nie zrozumiałem dokładnie. Wtedy to w odblasku ognia pokazał się krzyż z Panem Jezusem. Ten krzyż stał przy samym pałacyku. Wiatr poruszył ogniem, kłąb dymu zasnuł krzyż i w ostatnim przebłysku twarz tego Mongoła, dzika, straszna. Odruchowo przeżegnałem się. Czułem się trochę jak w towarzystwie diabła. Pociągał co prawda, ale był też strach. Mongoł pokiwał ze zrozumieniem głową, zacmokał, dłoń przyłożył do serca i powiedział: – Allach!

Powiedziałem o tym Jankowi Piechurowi z Bud.

– Tak jest – rzekł – zgadza się. Ten ich Bóg nazywa się Łach.

Śmieliśmy się, że tak się nazywa ten ich Bóg. Łach.

– Mongoły – spluwał Olek Kraczoch, co chodził na „kitę" – co oni mogą mieć za wiarę. Mój stary mówi, że to psia wiara.

Mimo to chciałem jeszcze zobaczyć tego Girej-Ogi, czy jak go tam. W następny wieczór znowu podszedłem do ogniska. Ale nie mogłem go poznać. Wszystkie twarze były jednakowe. Siedzieli wokół ogniska z podwiniętymi nogami. Wystające kości policzkowe i wąskie, skośne oczy, a na czołach nisko nasunięte papachy. Nie zobaczyłem już nigdy więcej tego Girej-Ogi.

Rankiem przed wyjazdem na Wolę oni przeważnie pili bimber w sodowiarni pana Frączaka. Podobno płacili nie tylko pieniędzmi, ale pierścionkami, obrączkami i monetami ze złota.

– Jak się dobrze rozgrzeją… – opowiadał ojcu pan Frączak – to nawet da radę zarobić, nie powiem, tylko ryzyko paskudne. Nie wiadomo, co im strzeli do głowy – wzdychał pan Frączak i pukał przesądnie trzy razy w niemalowane drzewo. Z jego sodowiarni często dochodziły wrzaski, śmiech, jakby wycie. Stawaliśmy od tyłu tej wpadniętej w ziemię, byle jak skleconej z desek budy, i słuchaliśmy w napięciu. Kiedyś dwóch pijanych Mongołów wytoczyło się po schodach i z szablami na siebie… Dopiero jakiś starszy rangą wjechał koniem między nich, siekając po twarzach do krwi nahają. A ich konie zawsze stały uwiązane do płotu i skubały rzadką, pokrytą kurzem trawę. Te konie też dzikie takie: jeden zarżał, wyszczerzył żółte zęby i rzucił się za mną. Krótko był uwiązany i tylko trącił mnie mokrym pyskiem w ramię. Wtedy też Janek Piechur z Bud odwiązał od płotu takiego kosmatego, mongolskiego konika. Waląc gałęzią po kłębach i krzycząc przenikliwie, pognał go w stronę glinianki. Konik rozbrykał się, popędził jak oszalały i wierzgał tylnymi nogami, aż iskry szły z bruku. Z sodowiarni wypadł Mongoł, rozglądał się chwilę, zaraz ściągnął karabin i zaczął strzelać na oślep. Ludzie chowali się do bram, a on tak strzelał. Wreszcie, kiedy już nie miał nabojów i uspokoił się trochę, to jeden inwalida pokazał mu, gdzie pobiegł jego koń. Ten kosmaty konik też się uspokoił już i pasł się na łące między glinianką zwaną Oceanem a tą drugą przy szkole. Oni bardzo dbali o konie, czyścili je zgrzebłem, oglądali kopyta i okrywali derkami po każdym powrocie z Woli, klepali po karku i delikatnie muskali w chrapy. Te konie też ich lubiły, za jednym, kiedy zagwizdał, to koń szedł jak pies. Więc jak te konie obładowali rabunkiem, to nawet z nich zsiadali. Kiedy znów tam na Woli za mało zdołali się obłowić, to potrafili już po naszej stronie torów wpaść do jakiegoś domu, przystawić gospodarzowi karabin do piersi albo szablę pod gardło i wrzeszczeć dziko. I zabierali wtedy co bądź. A jak wypili więcej albo zły humor ich naszedł, mogli taki dom podpalić. Mongoły. Kobiety bały się ich jak ognia. Chociaż bywały w naszym miasteczku takie, co same do nich lgnęły. W Pekinie mieszkały Trzy Siostry. Pan Frączak opowiadał w „Wenecji" przy bilardzie, że i przed wojną cały komisariat policji granatowej do nich zachodził. Trzy Siostry przyjmowały Mongołów. Z okna ich mieszkania do późna w noc rozbrzmiewało dzwonienie szkła i smętne pieśni w niezrozumiałym języku. Raz taki bal z Mongołami przeciągnął się aż do dnia i my, chłopcy z paki Janka Piechura z Bud, czailiśmy się w łopianach przy komórkach na węgiel, patrząc bacznie w trzecie okno na parterze. I zobaczyliśmy kobietę zwróconą plecami do okna w samej tylko koszuli, i obłapiały jej plecy żylaste dłonie. Ona oparta o parapet kołysała się, zrazu miarowo, później coraz gwałtowniej i zza jej pleców wynurzyła się twarz Mongoła z zamkniętymi oczyma i białymi zębami, którymi przygryzał sobie wargi. Widok był straszny i porywający. Doniczka z pelargonią spadła wtedy z parapetu. Ale która to była z tych Trzech Sióstr? Na to pytanie nie moglibyśmy odpowiedzieć. Janek Piechur z Bud próbował później odgadnąć z ich dłoni. Jeżeli zobaczy jakiś pierścionek lub zegarek, znaczyło to będzie – właśnie ta! Jednak wszystkie trzy miały zegarki i wszystkie miały pierścionki. Janek Piechur z Bud doszedł do wniosku, że wszystkie one kolejno z Mongołem.

Murarz Sierotnik opowiadał, że tam na Woli kobietom palce odrąbują szablami, kiedy pierścionka czy obrączki ściągnąć nie mogą.

– Tacy zawzięci... jak za cara Mikołaja, co miał wielkie jaja – kończył swoim niezmiennym rymem murarz Sierotnik i toczył się rozkolebanym krokiem ulicą Kościuszki. Zatrzymywał się jeszcze raz i patrzył tam daleko, gdzie dymiła Wola.

My, chłopcy z paki Janka Piechura z Bud, bawiąc się w powstańców i Niemców koło szczęśliwickiej wagonowni, zobaczyliśmy, jak Mongoł kozę zabrał głupkowatej Wilczyńskiej. Pasała ona kozę na nasypie kolejowym. Mongoł szedł sobie piechotą. Ręce założone do tyłu, jakby spacerował. Zatrzymał się i popatrzył na kozę. Podszedł do głupiej, wyrwał jej z dłoni postronek i pociągnął kozę za sobą.

Ta Wilczyńska rozpłakała się i obejmując go za buty, wołała: – Ojczulku, nie zabierajcie jedynej mojej żywicielki!

Odkopał ją buciorem i zęby złowrogo wyszczerzył. Koza też mu się opierała i pobekiwała smętnie. Wtedy wyciągnął zza cholewy granat i tak, postukując ją granatem po kościstym zadzie, zmuszał do posłuszeństwa. My, paka Janka Piechura z Bud, kryjąc się po krzakach, podążyliśmy za nim. Doszedł do stacji z kozą. Akurat z dworcowego bufetu Dziadka wynurzył się ten Pesel, co pracował na poczcie. Chudy, malutki i ostatnio rzadką bródkę sobie zapuścił. Mongoł już go mijał. Przystanął, tak przeciągle na niego popatrzył, i – Komm! – zawołał. Pesel zbladł. On najbardziej obawiał się Mongołów. Nieraz słyszałem, jak powiadał do ojca: – Azja!… panie szanowny, najgorsza plaga! I ten Mongoł wcisnął mu postronek. Kazał prowadzić kozę. Tak szli Kościuszki ulicą. Pesel ciągnął kozę, za nim Mongoł obtłukiwał ją granatem po kościstym zadzie. Ludzie wyglądali z okien, gromadzili się w bramach. Wszyscy się śmieli. Mongoł też się uśmiechał do ludzi i machał im życzliwie ręką.

– Miałem duszę na ramieniu… – zwierzał się potem Pesel ojcu. – Konspiracyjna bibuła w kieszeni, a tu taka heca, pan szanowny rozumie! – Ojciec z trudem dusił śmiech i kiwał gorliwie głową. Ten Pesel z rzadką bródką i koza z tą swoją kozią bródką. Ojciec był przekonany, że konspiracyjna bibuła została wymyślona przez Pesela dla podreperowania ośmieszonego autorytetu.

Ostatni raz widziałem Mongołów w niedzielę. Kołysali się na swoich kudłatych konikach i spoglądali czarnymi, nieprzeniknionymi oczyma przed siebie. Podążali tym razem już nie na Wolę, skierowali się bowiem do krakowskiej szosy. Próbowałem ich wtedy policzyć. Doszedłem do stu dwudziestu i konie ruszyły galopem. Dalej już liczyć nie mogłem. Opuszczali nasze miasteczko.

A później żona Felka Piaskarza urodziła dziecko. Mówili u nas, że z Mongoła. Jej mąż siedział w obozie i ten chłopak, który się urodził, niepodobny był wcale do dwóch jego jasnowłosych synów. Śniady, wąskooki, z czarnymi jak drut włosami. Po wojnie Felek Piaskarz powrócił szczęśliwie z obozu i przez długi czas wieczorami tłukł zawzięcie swoją babę, a na tego małego patrzył jak na zarazę. Raz nawet chwycił go za nóżkę i chciał nim o ścianę. Ledwo go przytrzymali sąsiedzi. W końcu się przyzwyczaił i nawet tego małego, czarniawego polubił. Ten mały, Nunek przez matkę zwany, jego też. Chodził za nim jak psiak. Chował się zdrowo i dobrze. Już jako siedmioletni chłopaczek zaczął wodzić wśród swoich rówieśników i nikt się nie ośmielił – Mongoł! – wołać na niego. Bił za to przezwisko bez opamiętania.

1987

## Święte miejsce

Na Świętym Miejscu to ziele rośnie. Widzieli nieraz, jak tam zbierał. Tylko co to za ziele? Głuchy nie powie.

– Czym przyprawiasz? – huknął Stasiek. Głuchy oczy wytrzeszczył.

– Do smaku, znaczy, dodajesz co? – zapytał szwagier Staśka, przezywany Koniem.

A ryknął tak, że dzieciaki się pobudziły. Płakać zaczęły. Teściowa zanuciła monotonnie. Najmłodszemu dała szmatkę zmoczoną w mleku do possania.

Głuchy jeszcze bardziej gały wytrzeszczył. Stasiek cmoknął do niemowlaka. Połaskotał go po czerwonej główce, pokrytej rzadkimi jak puch włoskami.

– Wcielenie moje – powiedział.

Najmłodszy jego syn.

– Wcielenie – powtórzył i po butelkę sięgnął. Polał. Pierwszy wypił Koń. Po nim Stasiek. Dobra samodziełka. Ziele wonne takie, samodziełka szlachetnie się robi, smród jej właściwy zabity zostaje. Gdzieś ziele owo między mogilnymi kopczykami rośnie. Głuchy na ziołach się zna. Różne wynajduje. Na bydlęce bolęści. Ludziom pomocne.

Pomlaskali, długo jeszcze ten ziołowy posmak czując. Teściowa też wypiła. Pokazała w błogim uśmiechu bezzębne dziąsła.

Oni sami cierpliwości do takiego kombinowania nie mają. Nieraz tak im się spieszy, że na bimber poczekać nie dają rady. Synalka wtedy ciągną.

Z okna widok był na obejście. Kobyła siano żarła z wozu. Źrebak przy niej harcował. Do lasu miał jechać Stasiek po drzewo. Ale – robota nie zając – mruknął i zastukał paluchem w pustą kwartę. Głuchy ręce rozłożył. Wychlali wszystek jego napitek.

– Polej naszego – poradził Koń.

Ten synalek w gąsiorze stał, biały jak mleko i ciepły.

– Mleko od wściekłej krowy! – zarżał Koń.

Nie za mocny, ale złamać potrafi. Razu pewnego przyjechała znajoma milicja i rybów chciała. Chłopaki akurat synalka wiadro wydoili, wskoczyli do łódki i na jezioro. Huśtało wtedy i wywróciła się łódka. Trzech ich było, dwóch połknęła woda, jeden się wyratował. Po synalku byli.

– Pokosztuj – Stasiek podsunął staremu kwartę.

Głuchy kwartę odsunął. Wybredny.

A oni cierpliwości nie mają i nieraz prosto z kadzi ten ciepły zacier, czyli synalka czerpakiem nalewają.

Teściowa z gąsiora oka nie spuszczała. Ona to lubi synalka.

– Mój chłopak – powiedział Stasiek – mógł wychlać. Nieraz bywało, taki gąsior we dwóch wysuszyliśmy.

Wzdychać zaczął. Koń też.

Zamknęli Staśkowi najstarszego syna. Sankcję dali. Popijali chłopaki w gospodzie i zwada nastąpiła. Oskarżenie powiada, że syn Staśka ciężkie uszkodzenie ciała temu drugiemu spowodował.

– Będzie wyrok – komendant posterunku powtarzał i o niczym nie chciał słyszeć. Na koniec szeptem dorzucił: – Wszystko w rękach prokuratora.

Przymrużył on wtedy oko czy nie? Przymrużył raczej.

– Prokuratora – powtórzył Stasiek. Długo w noc gadał z Haliną.

– Świniaka można na koszta – powiedział.

– Krowę nawet – chlipiąc, dodała jego baba.

Wybrał się do miasta. Macał tego prokuratora na różne strony. Macali się obydwa. Prokurator gruby, wypić lubi. Wygląda na swojego człowieka. Może da radę dogadać się z takim. Wyszło jeszcze na wierzch w tym macaniu, że prokurator rybki łowić lubi. Zaprosił go Stasiek na sobotę.

Wlepił ciężkie, przekrwione oczy w Głuchego i – jak tam z rybami? – zapytał.

Głuchy jeziora zna jak własną kieszeń, dniami i nocami bobruje po trzcinach, oczkach i buchtach rozmaitych, zawsze z rybą wraca.

Tak więc przyciska Stasiek tego dziada kosmatego, żeby choć ze dwa miejsca, gdzie ryba bierze, pokazał.

Dłonie w pięści zwarł, żyły na czoło mu wylazły.

– Ratować trzeba – chrypnął. Koń przytaknął.

Prokurator sobie połowi, siatkę czy haki postawi, rybów wybierze, wódki się ochla i zadowolony do mia-

sta wróci. Nieraz w ten sposób dogadywali się z rozmaitymi.

Jeden redaktor tu przyjechał, ważna osoba, opisywać
miał, jak to jezioro, Pogorzełkiem zwane, niszczeje
w rękach chłopów, nastawiony był przez władzę i szło
o to, żeby jezioro wiosce odebrać, upaństwowić znaczy.

Mały był, okrąglutki, filut taki, w oczach żwawe błyski mu skakały, fajeczkę sobie pykał. Samochód miał
kosztowny, ruski, stanął od razu przy samym jeziorze
i zaczął węszyć. Gospodarze za nim opłotkami się skra-
dali. Nie wiadomo było, z której strony go zażyć. Ryba-
kiem nie był, rybów też żreć nie lubiał, ciężki taki, trudno podejściowy.

Wtedy to wiosce pomogła Żołnierka. Ta Żołnierka
baba ogier, parzy ją krok i chłopów coraz to innych na
sobie dźwiga, ilu już ją nadziało, ho, ho... Redaktor tylko Żołnierkę zobaczył i ślepia mu się zrobiły wielkie,
wilgotne. Wiercić się zaczął i porteczki ciasne w kroczu
sobie poprawiał. Gospodarze odetchnęli. Bo i Żołnierka
miastowego panka zapragnęła. Znudziło się jej bez przerwy z wsiowymi się ruchać. Poczęstunek był u niej we
wdowiej chałupie. Na stole półmiski pełne kiełbas, ki-
szek, salcesonów z ostatniego świniobicia i samodziełka
w koniakowych butelkach, zielem przez Głuchego zaprawiona. Redaktor łapki pulchne, niewypracowane zatarł. Podpoili go wtedy należycie. Cichaczem opuścili
chałupę. Sam z Żołnierką pozostał. Podglądali przez
okno. Jak dzik się na nią rzucił. Ona, baba duża, piec nie
baba, ledwo do cycków jej sięgał. Na łóżko się zwalili.

Spódnicę jej zadarł i główkę łysą, błyszczącą między nogi jej wsunął.

– Jak w wojsku służyłem – zaszeptał gajowy Ciumbarabajka, chciwie w ten widok wpatrzony – to szef naszej kompanii tylko tak lubiał.

– Po francusku to było – opowiadała później Żołnierka, bezwstydnica. – I wylizał mnie tak, że sama bym się lepiej nie podmyła. – Nie kryje się ona z niczym.

– Kobyla jej mać – mówią o niej wioskowe kobiety.

– A wam, sabadule, zarosło do reszty! – pokrzykuje Koń, jak jest nachalny. Też go widziano z Żołnierką na Świętym Miejscu.

Zasłużyła się ona wtedy wsi. Redaktor rzecz całą w gazecie opisał, za chłopami ten opis stał, jezioro jak dotąd wioskowe, państwo jeszcze swojej łapy na nim nie położyło.

Świętowali tydzień bez mała. Cała wieś kołysała się jak okręt.

A wieś Zwierzyniec się nazywa. Od tego podobno ta nazwa osobliwa się wzięła, że w dawnych czasach dziedzic, co tam był, zwierzaki różne sobie posprowadzał i w klatkach je trzymał. Takie różne aż z Afryki i jeszcze dalszych stron. Podchodzili ludzie i na te stwory cudaczne popatrywali. Małpy miny i grymasy do nich stroiły. Od tego pańskiego dziwactwa wieś tak została nazwana. Gospodarze tutejsi doświadczenia z władzą mają od pokoleń i wiedzą, że jednemu to, a drugiemu tamto w łapy chciwe podsunąć trzeba. Tak samo Stasiek medytował, żeby syna swego, co w ciurmie siedzi, ratować. Podsunąć prokuratorowi to, co mu najbardziej przyjemne i twarde serce zmiękczyć, życzliwie nastawić do chłopskiej niedoli, ojcowego bólu i matczynego płaczu. Jego baba Halina wczoraj mszę świętą na intencję najstarszego syna opłaciła i ten młody proboszcz, który do Ameryki po dolary na budowę nowego kościoła jeździ, pomodlić się obiecał do Matki Boskiej Częstochowskiej.

Akurat ona z pola wróciła. Przeganiać zaczęła chłopów z chałupy.

– Chlają knury bez opamiętania – złorzeczyła, przesuwając z hukiem garnek na kuchennej blasze. Też pochlać sobie lubi. Ale dziś była zła jakaś, humorzasta.

Przenieśli się do drewutni. W samym kącie kwoka w koszu siedziała. Z góry przez dziurę w dachu rude kocięta swe nastroszone łebki wystawiały. Tutaj Stasiek cały swój bimbrowy sprzęt trzymał. Cuchnęło jak w gorzelni. Głuchego posadzili na pniaku. Z dwóch stron go obsiedli. Dłonie czarne, pokiereszowane na kolanach położył, zgasłego papierosa wargami mamłał. Do synalka nie można go było przekonać i monopolkę rozpijali. A pod koniec flaszki jeszcze raz zapytał go Stasiek o rybne oczka na jeziorze najlepsze. Głuchy dłoń do ucha przyłożył. Powtórzył Stasiek swoje zapytanie. Tak to ciągnęło się jak po grudzie. Głuchy na tym pniaku znieruchomiał, oczy przymknął. Jak też pień.

Staśkowego szwagra Konia brała chwilami ochota pchnąć starego w ten uparty, kołtuniasty łeb z brązową szyją, pociętą przez ostre zmarszczki. Tracił już cierpliwość.

– Takiś ty głuchy – powiedział ze złością – jak ja głupi! Głuchy znowu przyłożył dłoń do ucha i wytrzeszczał wodniste nieruchome oczy. Teściowa z najmłodszym dzieciakiem na rękach podeszła pod szopę. Stanęła w drzwiach i myszkowała bystrym ślepiem po kątach. Stasiek drapał się po ciemieniu. Synalka chciwie żłopał.

Krowie poryki dochodziły z łąk. Świnie w chlewie kwiczały jak zarzynane.

– Gdzie Halina, kurwa jej mać! – powiedział wściekle Stasiek. Krowy domagały się wydojenia, a świnie pewnie żarcia w korytach nie mają.

– Takie czasy – wystękał Głuchy – obrządzić nie ma komu.

Koń wzdychać zaczął. Rozbolały go gospodarskie myśli. Czas z pola posprzątać. Dach w chałupie dziurawy i jak pada, miski w czterech miejscach trzeba stawiać. Nie ma ludzi do roboty. Młodzi uciekają na tę budowę, co za lasem wyrasta. Zarobek tam łatwy, osiem godzin przerobią i w barze „Uniwersalnym" przesiadują. Ten barek z prefabrykatów falistą blachą kryty niedawno przy drodze postawili. Bufetowa z kierowcami koparek i dźwigów żartuje. Brzuch jej wielki wyrósł.

Źle się dzieje w Zwierzyńcu. To prawda. Wstał Stasiek ze stosu polan, purpura mu gębę oblała.

– Halina! – wrzasnął.

Krew mu do głowy uderzyła. Załomotało. Tak mu czasem uderza.

– Juchy trza by upuścić – zamruczał.

– Mówisz coś? – zapytał Koń.

Jest w Dybkach taki stary chłop, co złą krew puszcza. Raz mu ćwiartkę odciągnął i pomogło. Zmyślny dziad. Tylko mówić o tym nie warto. Ciemny, powiedzą.

Kwoka w koszu rozgdakała się znienacka. Trzepnął ją polanem w durne, zacietrzewione oczy. Rozpostarła skrzydła i pofrunęła na sanki, co pod ścianą stały. Gdakała jeszcze głośniej. Na sankach wisiała uprząż nabijana mosiężnymi guzami. Błyszczały one żółto.

Głuchy za poczęstunek podziękował i poszedł sobie. Chwała Bogu, że synalka chociaż nie brakowało. Był w należytym zapasie. Żłopali i gadali mało co.

Pod wieczór ziemia się zatrzęsła. Wybiegli ludzie z chałup. Wtedy dym zobaczyli. Pokazał się szary obłok z łąki na górce. Wisiał grzybiastą czapą.

Stasiek ze szwagrem pierwsi, dysząc i charcząc, wdrapali się na ten pagór pod lasem.

Owce oszalałe ze strachu na dół zbiegały, becząc przeraźliwie. Ziemia na zboczu rozryta była i dziura głęboka tam powstała. Kamiennych odłamków mnóstwo. Dymiło jeszcze. Miner stał sobie na kilofie wsparty i uśmiechał się skromnie. Tęgi kamień wysadził.

– Poszło – powiedział.

Gębę ma przez proch podziobaną, suchy cały i szponiasty.

– Elegancko – przytaknął Koń i wyciągnął sporciaki. Zakurzyli.

Miner od lat za kamieniami po polach zagląda. Na początku z kilofem i szpadlem zabiera się do upatrzonego. Następnie boruje i ładunek wsadza. Dynamit od żołnierzy za samodziełkę wymienia. Kuleje mocno na lewą nogę. Wypadek miał przy kamieniu. Przygniotło go.

– Chłopaka mi zamknęli – poskarżył się w ciemność Stasiek. – Znikąd ratunku żadnego! – Jego szwagier Koń westchnął i pociągnął go za rękaw.

– Coś jeszcze u mnie się znajdzie – te swoje zębiska jak łopaty w zachęcającym uśmiechu wyszczerzył.

Za nimi pokuśtykał Miner.

Noc zapadła, zasnął cały Zwierzyniec i tylko na Świętym Miejscu szepty jakieś i pojękiwania ciszę niepokoiły.

Tam Żołnierka z młodym milicjantem miała schadzkę. Niedawno tu nastał, chłop zdatny, wysoki i ona tak koło niego chodziła, tak oczami strzygła i powieki puszczała, rąbek fartucha skubiąc i chichocząc, aż swego dopięła. Leżała teraz pod nim, nogi jak konary wysoko do nieba uniosła i zawodziła z rozkoszy, a młody ogierek sapał, rzęził i czubkami butów w mogilną ziemię się wspierał. Bielały ich ciała rują poplątane w tę czarną, bezksiężycową noc. Szumiały brzozy, blaszane wieńce grzechotały z lekka; pistolet z pasem na najbliższym krzyżu młody milicjant powiesił.

Święte Miejsce na polanie wśród starych dębów schowane. Pośrodku grobowiec dziedzica sterczy. Bryła czarnego marmuru z posągiem przedstawiającym anioła dźwigającego krzyż. Anioł ma jedno skrzydło odłupane, ale dalej pięknie wygląda.

Gajowy Ciumbarabajka zataczał się, gorzałą napompowany. Szedł na skróty obok Świętego Miejsca.

Szelest i jęki posłyszał stamtąd. Potem rzężenie. Sprężył się jak żbik i złożył ze swojej dubeltówki. Wypalił. Ucichło wszystko.

– Ki czort – zamruczał gajowy i przeżegnał się na wszelki wypadek.

Święte Miejsce szanują ludzie. Żegnają się zawsze i czapkują bogobojnie. Mogilne kopczyki i stare, omszałe krzyże z dawnego powstania grobowiec dziedzica otaczają. Nad nimi brzozy rosną. Nocą niepokój zewsząd wyłazi.

– Ono – mówią starzy ludzie – nocami tutaj grasuje.

Postał jeszcze chwilę gajowy Ciumbarabajka. W ciemność cmentarną niepewnie patrzył. Wiatr szeleścił w brzozach. Przeżegnał się drugi raz i chyżym krokiem puścił się do wsi. Ono też jakby za nim biegło.

Rankiem za ciesiółkę zabrał się Stasiek. Budy letnikom z tamtej strony jeziora stawia. Złote ma ręce do tej roboty i zamówieniom nastarczyć nie może.

Popluwał w dłonie i siekierą żwawo obracał. Żywiczne stróżyny miękko od sosnowych pniaków odchodziły. Wokół toczyło się życie podwórka.

Suka na łańcuchu miotała się jak oszalała. Dół głęboki w swym niewolniczym kręgu wyżłobiła. Jej szczeniaki bawiły się pod wialnią. Jedno wyrzygało się białymi robakami. Kury wydziobały je skrzętnie. Halina siekała w szafliku zielsko dla świń. Nad obejściem nieruchomo zawisł jastrząb. Kurczęta wypatrywał ten zbój.

Głuchy lubił znikać i pojawiać się z nagła. Tak też tym razem jak zjawa przed Staśkiem wyrósł. Stasiek odłożył siekierę i wygrzebał z kieszeni papierosy. Zakurzyli. Wtedy Głuchy rybne, sekretne miejsce na jeziorze wyjawił mu wreszcie.

– Każden – powiedział – rybów wybierze, ile zechce.

– Ucieszył się Stasiek. Po samodziełkę do drewutni poleciał.

– Prokuratora się zaprosi – powtarzał – postawi haków, sieci zarzuci, rybów rozmaitych wybierze i zmięknie, zmięknie mu rura, musowo.

– A węgorze... – odezwał się Głuchy – na ziaby najlepiej.

Łazi on po mokrych łąkach i tych żabek miarowych szuka.

– Halina! – krzyknął Stasiek. – Nasmaż tam czegoś!

W sam początek przylazł Koń. On to ma wyczucie na chlanie. Staśkowa baba zarżnęła koguta. Ugotowała w trymiga. Wkrótce obdzierali z ptasich kości białe mięso, a wonny rosół zabijał smak samogonu.

Halina też do chlania nabrała ochoty i do chłopów się przysiadła. Sen swój opowiedziała. Ten biskup Murzyn, co tamtego roku przyjechał na Boże Ciało do miasta, pojawił się jej we śnie jak żywy.

– Alem się wymęczyła – wzdrygnęła się Halina – zębiska białe, ostre do mnie szczerzył, białkami łyskał, czarny taki, sadza wprost, w białej komży, biskupiej purpurze, tak się nachylał i nachylał, łapy wyciągał i w gębie różowości pełno.

– Ludojad – rzekł Koń.

– Po mojemu – odezwał się Stasiek – każdy sen coś znaczy.

– Alem się wymęczyła – powtórzyła i synalka chlupnęła z kwarty tęgi łyk. Samodziełki już zabrakło. Przeżegnała się.

Głuchy opowiedział, jak nocami na mokradłach coś
jęczy. Dusze topielców. Tak mówił.

– Bajdy! – żachnął się Koń. – Stare ludzie wymyślają.

Teściowa przysłuchiwała się z boku. Tylko głową ki-
wała. Dali jej synalka pół kwarty.

– Święta prawda – wymamrotała.

Jeszcze opowiedział Głuchy o diable w kusym niemieckim stroju, co dawnymi czasy przed ludźmi wra-
cającymi z karczmy wyrastał i na mokradła ich wprowadzał. Taką siłę w oczach miał, że szli za nim jak
barany i w bagnach tonęli. Ksiądz przyjeżdżał parę razy i kropił święconą wodą te drogi zdradzieckie. Aż
wreszcie diabeł przestał się pokazywać.

– Gdzie indziej się przeniósł – zakończył Głuchy.

Tak do południa zleciało.

W południe zdarzył się wypadek. Gajowy Ciumbarabajka i stary Giemza wjechali wozem co koń wy-
skoczy w opłotki wsi. Giemza biczyskiem w spocone,
parujące zady swoich kasztanów walił. Oczy mieli rozlatane i choć mocno opici, całkiem ich otrzeźwiło.
Drzewo ścinali w lesie. Od dawna było ono przez
Giemzę upatrzone. Z gajowym sprawę opił, zadatek dał
i zabrali się do piłowania. Źle wymierzyli i rąbnęło
w słup wysokiego napięcia. Słup betonowy, ale złamał
się jak zapałka i przewody elektryczne porwało. Zaraz
z lasu uciekli.

– Mogło jebnąć – dyszał Ciumbarabajka i kraciastą chustą pot z czoła ocierał. Prawda to. Silny prąd tymi drutami przebiega.

– Cud, że nie jebło – dodał stary Giemza. Z tych nerwów obaj chciwie do Staśkowego synalka się przyssali. Głuchy potoczył się ścieżką, co do jeziora prowadziła.

– Woda gorzałę wyciąga – powiedział.

– A w jednym to gorzała się zapaliła – rzekł Koń. – Niczym nie dało się go uratować.

– Żywy ogień – zabełkotała teściowa.

– Dzieciaków niech matka pilnuje – pognał ją Stasiek. Na to z gębą do niego Halina. Strasznie ona za swoją rodziną. Zmilczał. Baby nie da rady przegadać.

Potem musiał za krowami ganiać. Po wądołach, łąkach i chaszczach naszuka się człowiek głupiego bydlęcia. Byczki i ta jałocha myszatego koloru najgorsze. Zawsze gdzieś polizą. Kiedyś miał psa do ganiania akuratnego. Ale zdechł. Stary już był. W owsie, co miał pod rządowym lasem, natknął się na Minera. Stał ten Miner przy kamieniu. Był tam między owsem a koniczyną na miedzy taki kamień. Zawsze tam był. Graniczny go nazywali.

– A nie chciałbyś, sąsiedzie, żebym ci go wywalił? – zagadał Miner, gładząc ten głaz szary i porowaty, co jak garb z ziemi wyrastał. Kopnął go parę razy od spodu i dodał: – Za głęboko nie siedzi. – Zatarł dłonie. Jak kulawy diabeł wyglądał. Zaklął Stasiek.

– Krów lepiej pomógłbyś mi szukać! – Pognał dalej.

Wieczorem z Dybków przyjechała milicja. Dochodzić, co się z tym słupem wysokiego napięcia stało. Cała wieś nabrała wody w usta. Milicyjny gazik pomknął w las.

Gajowy Ciumbarabajka, drugi raz z nagła otrzeźwiały, odetchnął głęboko.

– W nocy na Świętym Miejscu – przypomniał sobie – znak mi ono dawało.

Pot mu spływał z czoła grubymi kroplami. Pili dalej. Staśkowi mowę poplątało. Słowa mu w gębie rosły jak ciasto i więzły. Konia do obrządku wywołała baba. Wstał z trudem od stołu, zaniosło nim na piec, pozostał dla równowagi i sztywnym krokiem wymaszerował z izby. Na podwórzu nogą zawadził o bronę. Na czworakach wypełznął na drogę. Tam podniósł się jakoś. W ciemności słychać było jego ciężkie kroki, rozchlapywał kałuże. Za chwilę u niego w obejściu podniósł się krzyk i rwetes. Rodzinę swą ganiał. Psa Lorda skopał z ponurą zawziętością. Wtoczył się do chlewu i długo młócił świnie orczykiem po opasłych bokach. W chałupie odpoczął trochę, zrzucił gumiaki i w onucach na bosych stopach pozostał, już go sen łamał, kiwał się jak żydowin, ale wstał naraz i potykając się, wdrapał po drabinie na stryszek. Szczyć zaczął z okienka. Lubi tak. Z góry na dół. Długo marudził na strychu. To się miotnął, to zacichał.

Pomału wieś do snu się układała. Gdzieniegdzie pobłyskiwały ogniki papierosów i słychać było chichot. Muzyka z tranzystorowego radia jazgotała w krzakach. To chłopaki z dziewuchami odprawiali swoje godzinki. Zaszczekał pies. Odpowiedział mu drugi, trzeci, czwarty. Ciemnica. Chłód ciągnął od jeziora. Daleko za lasem łuna. Czerwona, żółtawą poświatą po brzegach obszyta. Budowa takie mocne światło dawała.

Staśkowa kobieta siadła przy stole, papier kratkowany z zeszytu wydarła i list do syna w więzieniu pisać zaczęła. Swoje wychlała i litery tańcowały jej przed oczami. – „W pierwszych słowach mego listu pozdrawiam cię, Ignaś, w imię Boże..." – kopiowy ołówek śliniąc, z trudem wypisywała niezgrabne, krzywe kulfony. Jej chłop leżał na ławie i chrapał. Ślina sączyła mu się z rozdziawionych ust na brodę. Chrapał jak motor. Jeszcze na drugim końcu wsi wzmógł się hałas jakiś. To Boguś podjechał dźwigiem pod dom ojców. Pół roku będzie, jak ojcowiznę porzucił i na tej budowie za lasem robić zaczął. Stary Giemza wylazł na ganek w kalesonach.

– Wróć, synuś – zajęczał; niby zjawa bielał w ciemności.

Boguś zawadiacko kierownicą obraca i dodaje gazu, dźwig ruszył i zda się na chałupę napierać. Cofnął się Giemza wystraszony. Boguś pewną ręką zatrzymuje maszynę tuż przed samym płotem. Wychlał co nieco w barze „Uniwersalnym" i tak go rozpiera.

– Wróć, Boguś – powtarza stary Giemza. – Z pola trza wnet sprzątać.

Boguś wychyla się z kabiny i pyta:

– A ziemię odpiszecie?

Giemza postękuje.

– Bladź – szepce, myśląc o synowej. Ona mu tak jedynaka skołowała i do złego podżega. Giemzowa też wyszła na ganek i zawodzić zaczęła. Nie dają oni rady tych piętnastu mórg obrobić we dwoje. Dźwig potoczył się wioskową, wyboistą drogą. Zacichło wszystko. Deszcz popadywał wolniutko. Ciepłe krople zwilżały ziemię.

Zbudził się Stasiek z pianiem koguta. Stękać zaczął. Pękała głowa. Zmartwienie gniotło. Czarno przedstawiały się widoki. Dźwignął się z ławy. Boso poczłapał przez izbę, pchnął drzwi i stanął w progu. Świtało już. Spojrzał przed siebie i oczy przetarł kułakiem.

– Ki czort! – aż cofnęło go.

Dwie baby na ławce przy kurniku siedziały. Całe w pierzach i krwi, gęś zarżnięta między nimi, z gęsiej szyi ciekła posoka. Flaszkę sobie postawiły na kubełku dnem do góry odwróconym i podpite już były. Białe zjawy. W tej bieli kropelki czerwieni pobłyskiwały. Drugi raz oczy przetarł kułakiem i rozpoznał te baby. Jego Halina to była i żona gajowego Ciumbarabajki.

Siedziały one, pierze chmurą fruwało, krew z gęsiej szyi ściekała i po łyczku coraz odpijały.

– Co wy, baby?!... – wychrypiał Stasiek.

– Zakąskę szykujemy – odpowiedziała jego Halina.

– Gęsinę znaczy – zaśmiała się Ciumbarabajkowa.

– Gęsinę – powtórzył Stasiek.

Słońce wschodziło zza lasu. Siwe mgły leżały na łąkach. W tej mgle sylwetka za płotem zamajaczyła. Człap, człap, stąpał ciężko Głuchy. Żaki dźwigał i wysokie za kolana gumiane buty miał na nogach. Wracał z jeziora. Pozdrowił Staśka, a na te baby krwią i pierzem upaprane popatrzył bez zdziwienia. Poczłapał dalej. Ciamkało miękko. Błocko po nocy się zrobiło. Wieś jeszcze spała.

1963

# Życie hordy

Sztukę zbójeckiego rzemiosła posiedli niebywałą. W pełnym konia pędzie potrafili z ziemi porwać dziecko. Pochyliwszy się nisko w siodle, chwytali zdobycz jedną ręką za kark jak szczeniaka. Druga zaś, w szablę uzbrojona, równocześnie śmierć mogła zadać. Ścinali głowę ojcu lub matce upatrzonego brańca. Drapieżnym swym okiem dojrzawszy złoty łańcuch na piersi ofiary lub pierścienie zdobiące jej palce, spinali konia nad trupem i zrywali kosztowności. Cieszył ich okrutne oczy widok złota i szlachetnych kamieni.

W czasach nowszych chronometry największe budziły u hordy pożądanie. – „Czasy! – mówili miękko. – Czasy!"

I tak horda, spustoszywszy ziemię sąsiadów, brankę swą wiodła w głąb imperium rozległego, gdzie kopulaste pałace wznoszą się na polanach wśród lasów niezmierzonych. Tutaj brańcy mieli życie na obraz i podobieństwo hordy zaczynać. Starsi coś z widoków swej ojczyzny w niewolę zabierali. Wspomnienie matki lub ojca, mowy rodzinnej strzępy, znak krzyża od maleńkości wpajany. Pamięć taką wypalała w nich horda i tylko jej mową porozumiewać się mogli. Najczęściej czeladź hordy oni sta-

nowili. Końskim potem, gorzałką i krwią przesiąknięci,
odziani w baranie skóry kudłami na wierzch, życie pędzili zwierzęce, knutem często gęsto smagani, okrutni
wobec słabszych i pokorni przy silniejszych. Pragnieniem ich największym stawało się uzyskanie krzywej sza-
bli, co oznaczało według praw tamtejszych pasowanie na
wojownika. „Drug" lub „tawariszcz" wszyscy wtedy zaczynali do nich mówić i całowali ich w usta. Najgorliw-
szymi z gorliwych oni bywali. Może tylko z rzadka na po-
pasach, kiedy horda zachłannie na zachód spoglądała,
rzewne swe pieśni przy ogniskach śpiewając i w oczach
mając całe bogactwo tamtej zachodniej strony, oni, ci
z wolnej ziemi porwani w dziecięctwie, popadali w smutek jakiś i zamyślenie. Być może mgliste kontury straconego życia majaczały im przed oczyma. Głos ojca czy
matki dźwięczał w uszach. Kto to wie? Niedługo posępna tęsknota ich trzymała. Wnet pić zaczynali blaszanymi
kwartami pospołu z innymi. Już biorą się za czuby i walczą zajadle z byle powodu, złorzecząc wymyślnymi przekleństwami, które są ozdobą tamtejszej mowy.

Nie wszystkim niewolnikom hordy los tak zaszczytny
został przeznaczony. Większość do posług najniższych
przypisana została. Katorżnicze bytowanie zamieniło ich
w bydlęta, których jedynym pragnieniem był pełny brzuch
i sen w cieple do syta. Bywali wśród brańców i tacy, co wolą ucieczki żyli przez lat dziesiątki. W okienkach twierdz
i kazamatów wystawali, przeklinając wraży widok. Marzy-
li o ojczyźnie dalekiej. Niektórzy piłowali grube kraty.
Przychwyceni na próbie ucieczki, wtrącani zostawali do

ciemnic i tam, przykuci łańcuchami, ślepnąc, swego mę-
czeńskiego życia dożywali. Mało komu z ziem hordy zbiec
się udawało. Śmiałkowie tacy niezwykłymi przymiotami
ducha i ciała musieli być obdarzeni.

Dla sprawiedliwości należy powiedzieć, że swoim horda nie o wiele lepszy los zgotowała. Zawsze był u niej
motłoch, czyli czerń, i wybrańcy, którzy grzbiet tej czer-
ni srodze garbowali. Lud tamtejszy do takiego życia nie-
ludzkiego od pokoleń jest zaprawiony i dolę swą z całą
pokorą i bez szemrania znosi.

W czasach nowszych, kiedy ziemie podbite przez hordę zajmowały ogromne obszary, branki już zaprzestano
i naród zniewolony na miejscu pozostawał. Przydawano
mu nadzorców i oni jego duszę na całkowity pożytek
hordy kształtowali. Potrzebę wolności ogniem i mieczem
wypalano. Ślady dawnej świetności do cna niszczono
i najchętniej pałace swe kopulaste na ziemiach przyłą-
czonych horda wznosiła. Złotem i czerwienią one były
zdobne. Kolor złoty od dawien dawna był symbolem bar-
barzyńskiego przepychu, którym horda lubiła się otaczać.
Czerwień natomiast krew oznaczała. Mocno były wzięte
w dyby zniewolone ludy i tylko widokiem pól i lasów oj-
czystych zmęczone oczy ludzie sobie krzepili. Nic im więcej pozostawione nie zostało. Poddanymi na wieczysty
czas w zachłannych rejestrach hordy wpisani zostali.

Boga nade wszystko w duszach swoich rabów horda
trzebiła. Nienawidzi ona wszelkich jego znaków na ziemi. Świątynie burzy, a kapłanów na północy kres swego
imperium zsyła. Bóg przecież obdarza ludzi wiarą i na-

dzieją. Dlatego krążą wśród ludów podbitych hordy tajni wysłannicy i bożą obecność zawzięcie tropią. Rąbią krzyże szablami albo na szubienice zamieniają. Lud patrzy na te bluźniercze praktyki i milczy. Spoglądają w oczy ludu tajni węszyciele. Czystego blasku nadziei w nim poszukują.

W taki oto sposób horda nad podbitymi narodami władztwo swe sprawuje.

Najchętniej posyła tam swoich namiestników, wyrosłych z tych najmłodszych brańców, niegdyś w niewolę porwanych. Oni to, ci hordy janczarzy, swoich z krwi i urodzenia braci gnębią i ręka bezlitosna nigdy im nie zadrży. Złudzeniem jest przeto mniemanie, że tkwi w nich głęboko schowana miłość dawnej ojczyzny i jedynie chwili sposobnej do pomsty czekają. Pewna jest horda swych namiestników. „Mać radnaja" – tak samo jak wszyscy oni mówią i oczy im rzewną mgłą zachodzą. Jawi się im ta ojczyzna – mateczka jako maciora pełna mleka, słodka i obezwładniająca, ale zarazem męską siłą obdarzona i okrucieństwem, co potrafi karać swe dzieci bez litości. „Mać" – powtarzają. „Bladź" – szepczą równocześnie.

Ta dwoistość uczuć hordę we wszystkim cechuje i od miłości do nienawiści u nich jeden krok.

Czas biegnie niby rzeka bezkresna i horda tą rzeką płynąc, z rozmaitymi przeciwnościami musi się zmagać. Wszak rzeki czasem wysychają, a czasem znów wylewają, zatapiając wielkie połacie żyznej ziemi. Tak samo lud podbity latami może być pokorny i cichy, żeby z nagła zacząć się burzyć i pożogi buntów wzniecać.

Również pośród hordy rozmaite prądy i pragnienia się rodzą. Już dawniej tak się zdarzyło, że całe gromady z taborem swoje sioła opuszczały i gdzieś na dalekie rubieże imperium ludzie wędrowali, często z głodu czy braku wody ginęli po drodze, marzenia o innym życiu do grobu zabierając.

A w czasach ostatnich niektórzy z hordy w podbojach zaznawszy smaku życia bogatego w wino i małmazję, stają się na złe wpływy podatni. Rozterki trudne wyłażą im na oblicza dotąd jak z kamienia wykute. Pragną pogrążyć się w sytym lenistwie. Kuszą ich rozkosze. Chciwe pragnienie budzi świat przedmiotów zbytkownych i wyrafinowanych. Wygasa w nich wtedy wola walki nieustającej i ucha na rozmaite podszepty skwapliwie nadstawiają.

Zachodnia ta strona, której podbojem od wieków horda się trudni, wydziela trucizny jakieś, miazmaty i czady. W głowach słabszych one mącą i usta niektóre nocami pośród snu głębokiego szepczą bluźniercze herezje o lepszym życiu. Tak samo gorzałką opici w melancholię popadają i o tym innym życiu bredzą. Powiadają, że bez knuta ono i bez przelewu krwi w ciągłych wojnach.

Macki hordy są jednak wszędzie i co jeden drugiemu powie, już o świcie jest wiadome. Nawet brat wydaje brata i od wieków ten obowiązek ludzie mają wpajany. Każda rozterka zdradą podszyta wyłazi zawsze jak gad wyciągnięty spod kamienia. Zatrute obcym jadem języki wyrywane są bez litości, a oczy mirażem wrażym zmącone także wyłupuje się od razu. Ślepi i niemi często przy życiu pozostają i snują się niby widma. Żywym przykładem są dla innych, którzy ośmielają się w potęgę hordy wątpić.

Mimo to jednak w różnych miejscach imperium pojawiają się z nagła jacyś prorocy.

Zmierzch starego świata ze znaków na niebie i ziemi przepowiadają. Lud tymi wróżbami straszą, zapowiadając nawet powrót Boga. Słońce tak krwawo ostatnio wschodzi. Łzy pokazują się w oczach męczenników na starodawnych obrazach. Tak breszą i breszą. Wzniecają ducha buntu. Wzrok tych gadów przeklętych pioruny ciska i żadnych tortur się nie boją.

Oto z okien warowni zwanej Kremlinem oczy ostatniego gosudara zwabił widok dokonywanej egzekucji. Lecz widok ten miast być odstraszającym przykładem, niósł w sobie wszelkie znamiona nawoływania do buntowniczych knowań. Wstępujący na szafot skazaniec obnażony był i posiekany razami kańczuga, stopy obute miał w żelazne buty tortur, a piersi poznaczone krwawymi jamami od haków, na których wisiał w katowni przed egzekucją. Skruchy jednak żadnej nie wykazał i szedł dumnym krokiem po skrzypiących schodach na szafot. Głowę trzymał wysoko uniesioną i z jego oczu promieniowała niezłomna wiara. Lud, spędzony z okazji egzekucji, spoglądał na niego z podziwem i niejeden z wątpiących mógł umysł swój i serce zbrodniczym pragnieniem buntu zarazić.

– Swołocz! – powiedział z wściekłością stary gosudar i otulił się szczelniej w futrzane szuby.

Bezruch hordy zgubą. Gnije w bezczynności siła. Czas jak woda kruszy nawet lite skały. Poruszyć trzeba to zastałe mrowie. Wprawić w ruch waleczne zagony. Niechaj znów pokosem krwawym zbiera swój plon kostucha. Runie horda na bogate ziemie zachodniej strony. Stamtąd przecież trucizny rozliczne się roznoszą. Stamtąd także Bóg ze swoim znakiem krzyża się wywodzi. Charkot konających, zawodzenie matek i dzieci, wycie psów na pogorzeliskach wypełnią uszy bojców lubą muzyką. Krwią się ochłepczą, juki wypełnią i jak robactwo pozbawione bezbronnego we śnie ciała zdechnie w ich duszach wszelka wątpliwość, sprzeciw czy podła myśl o buncie.

Podeptać więc zachodnią ziemię wrażą i pędzić, pędzić aż do kresu ziemskich możliwości.

1987

# Śmierć

Umarł Irek. Był jednym z najbliższych w mojej pamięci. Razem przeżywaliśmy literackie początki. Rok 1958. *Współczesność*, tygodnik debiutantów. Przepijamy pierwsze honoraria w Smakoszu. Irek, Staszek Grochowiak, Stachura, Śliwonik. Chlamy tęgo, roją się nam sny o sławie i potędze. Bywał tam z nami ruchliwy entuzjasta Jurek Falkowski, dziennikarz. Swoje recenzje o naszych książkach, szkice o nowej literaturze, teatrze pisywał w knajpach na bibułkowych serwetkach. On umarł pierwszy. W biegu. Organizm zdewastowany gorączkowym życiem nie wytrzymał. Zawsze gdzieś pędził, coś odkrywał. Bardzo chciał odrobić szkody, które spowodował jako ślepy, fanatyczny działacz ZMP. Tak mawiał często z masochistyczną zaciekłością w głosie. Śmierć dopadła do w drodze na film *Planeta małp*. Po nim Grochowiak. Zapił się do szczętu. Następny był Stachura. Padł ofiarą choroby psychicznej. Po pierwszej nieudanej próbie samobójczej widziałem go z kikutem dłoni: na skos odcięty kawał, pozostały dwa palce, pierwszy i wskazujący. Była to prawa ręka. Uczył się pisać lewą. Napisał dramatyczny, wstrząsający tekst *Pogodzić się ze światem*. Już lewą ręką. To ostatnia jego praca. I skończył ze swoim życiem. Dokładnie zorganizował śmierć.

A teraz Irek. Nie widywałem go ostatnio. Męczył mnie jego wyzywający teatr życia, który nieustannie reżyserował. Ale często o nim myślałem. Jako o kimś bliskim, choć bardzo odmiennym. Dwa tygodnie temu odwiedził go młody poeta z Gdańska. Pojawił się u mnie wstrząśnięty. Irek przyjął go w ciemnym pokoju, leżał na tapczanie, obok butelka – jego wierny, życiodajny eliksir. Pił metodycznie. Wyznał młodemu pielgrzymowi, że nic go już nie interesuje, wszystko odeszło. Pije i czeka. Piciem przyśpiesza męczący cykl oczekiwania. Uznałem to wyznanie za kreację. Sugestywną kreację dla prostodusznego poety z Gdańska. Irek, odkąd go pamiętam, grał dla ludzi długą sztukę, ciągnącą się w nieskończonej liczbie aktów, pełną prowokacji, skandalów, dekadenckich akcentów i błazeńskich min. W ostatnich latach już to sceniczne dzieło stawało się mechaniczne, pozbawione świeżych soków, martwe. Może znudziła go ta niewola prozy? Spętała na trwałe i nie mógł się od niej uwolnić? A może była to obrona przed światem, ludźmi, sobą? Wymagała nieustannej czujności, podsycania obficie alkoholem. Alkohol z czasem stał się jego paliwem. Dawał mu siłę trwania, inwencję i pozory zabawy. Był człowiekiem wielkiego talentu, kuglarskiej łatwości pisania i oryginalnej wyobraźni. Migawkami widzę go znów w rozmaitych sytuacjach w ciągu wielu minionych lat. Dziewczyny, jakaś prywatka. Irek okrutnie żongluje uczuciem jednej z nich. Zafascynowana nim, on to wie doskonale i bawi się jej kosztem. Bawi także nas. Przeprowadza wiwisekcję niby chirurg i sonduje jej ambicję, dumę, bada stopień oddania wobec siebie. Jakaś pijatyka, tłum, Irek w pauzach wystukuje na maszynie końcowy akt pierwszej swej sztuki *Mężczyzna z przymiarką*. To znów między wyprawami do Bristolu, pokerem, awanturami i błazenadą pisze powieść kryminalną. Nazywa się *Ryba goni za mordercą*. Pseudonim autora Umberto Pesco. I jeszcze wiele odsłon. Bijemy się w bramie. Początkowo dla żartu, potem poważnie. Podbił mi oko. Jego dziewczyna Maria, plastyczka. Słucham wielkiego monologu do niej. Monolog jak na scenie. Od wzniosłości do szyderstwa. Maria jak zwykle na huśtawce. Irek doskonale bawił się obrotami swej wyobraźni. Może nie tylko? Może taki był. Pełen sprzeczności. Badacz swojej duszy i cudzych dusz. Siedzimy we trójkę: Irek, Grochowiak i ja. Obaj z Irkiem szydzimy z endeckich inklinacji poety z Leszna. Tak go wtedy nazywaliśmy złośliwie. Obracamy nim jak myszą w potrzasku. Jola broni Irka przed kolegium karno-administracyjnym. Zgasił papierosa na łysej głowie apoplektycznego mężczyzny. Irek w domu moich rodziców we Włochach. Pies Ibis, wierny towarzysz jego warszawskich peregrynacji. Postawił mu pomnik. Dosyć tych wspomnień! Poruszyła mnie wiadomość o jego śmierci. Ostatni bliski z najdawniejszego grona młodych, gniewnych zdobywców literatury. Nie ma go już.

\* \* \*

Zadzwonił Edzio, konsul z Mirażu; proponował napić się wódki. Odmówiłem. Powiedziałem mu o śmierci Irka.

– Irek – powtórzył.

– Tak. Wczoraj nad ranem.

– Irek... – znów powtórzył – nie żyje. – Pauza w słuchawce. – No, to go zatkało.

Nie napierał z propozycją wódki.

– W takim razie będę musiał napić się z kimś gorszym – powiedział. – Tylko jak znaleźć kogoś znośnego.

Edzio to jeden z ostatnich apostołów sztuki silnie związanej z alkoholem. Dobry malarz. Uczciwy i konsekwentny w swojej robocie. Dawniej my – wtedy młodzi – traktowaliśmy go jako kombatanta z innej epoki. „Konsulem" nazwaliśmy go po przeczytaniu *Pod wulkanem* Lowry'ego. Powiedzenie Edzia – „to go zatkało" – nurtowało mnie cały dzień. Edzio pije i myśli. Jeden z niewielu, któremu wódka nie przeszkadza w myśleniu. Trafił w jakieś sedno. Jeszcze o Irku.

Przecież intensywność jego życia musiała być bardzo kosztowna, pożerająca. Żył i pisał, starając się o jedność w tych dwóch sferach. Pojawił się w Warszawie jako młodziutki poeta, już owiany legendą obrazoburcy, buntownika, żeby nie powiedzieć nihilisty, dekadenta.

Czas był popaździernikowy i jego twórczość integralnie złączona ze sposobem bycia stanowiła swoistą minirewolucję w naszym ubogim, socrealistycznym świecie. Zajmował się domeną uczuć, seksu, tajemnicami i dewiacją ludzkiej psychiki. Kreatorem był efektownym. Pokazywał obłudę i zakłamanie w stosunkach między ludźmi, tropił kompleksy, zagłębiał się w schowki podświadomości i burzył konwencję tradycyjnych związków kobiety z mężczyzną. Własnym życiem sugestywnie ilustrował swą literaturę. Tłok kobiet wokół niego, romanse i awantury, małpie miny i pozy. Poczciwości i bogoojczyźnianego upupienia unikał jak diabeł święconej wody. Tak już pozostało. Skandale, prowokacje, doświadczenia ludzi na krawędzi wytrzymałości – stały się motorem jego pisania. Zabawy z kobietami na pograniczu przemocy i sadyzmu spowodowały aferę zakończoną sądowym wyrokiem. Różnie o tym mówiono. Cała ta sprawa mocno niejasna, być może szło także o nauczenie moresu młodego, niepokornego twórcy. O przydeptanie jego skrzydeł. Wyszedł z więzienia po przeszło dwóch latach. Dalej dbał o swą osobowość i oryginalność. Jedną istotną strefę omijać zaczął starannie w swej penetracji. Nie dotykał nigdy bezpośrednio istoty władzy i jej bezwzględnej siły w walce z potrzebą wolności. I nigdy nie nazywał jej po imieniu. Starannie unikał konkretów realistycznego tła w opisywanych relacjach między rządzonymi i rządzącymi. Omijał te rafy, próbując jedynie w alegoriach i metaforach o tym mówić. Może więzienna lekcja poraziła go ostatecznie? Strachem, poczuciem poddaństwa i niewoli. Nie mógł wyrazić pełniej tego, co chciał. Tama. Mur. Miał świadomość swoich ograniczeń, i to dławiło jego sztukę. Zatkało go ostatecznie.

\* \* \*

Kilka miesięcy temu spotkaliśmy go na ulicy. Wstąpiliśmy do pobliskiego baru na kawę. Byłem akurat świeżo po wyjściu z więzienia. Wypytywał o pobyt za kratami. Wspominał swoją odsiadkę. Zapamiętałem, co powiedział:

– Z naszego pokolenia tylko ty i ja nie daliśmy dupy w tym burdelu.

Pewno przesadził. Lubił ostre, konkretne sądy. Miał zawsze o sobie wysokie mniemanie i z tym się nie krył. Wręcz przeciwnie. To też było elementem jego gry.

– Nikt w Polsce nie ma takiego jak ja dialogu – mawiał często. Albo: – Jestem mistrzem dramatu.

Wtedy w tym barku kawowym, zapewne z powodów kurtuazyjnych, także i mnie udzielił wysokiej noty. Ale to najmniej ważne. Wynika z tego przede wszystkim dosyć jasno, że myślał o swojej niezawisłości. Miał świadomość wielkiej pułapki. Balansując na linie przez tyle lat, nie obsunął się jednak. Wytrzymał tę akrobatyczną drogę.

✳ ✳ ✳

Szaro, deszczowo. Żałobnie. Siedzę przy stole i piszę te zapiski w dwa dni po jego śmierci. Póki czas nie spuści wszystkiego w nicość.

✳ ✳ ✳

Skończył się ostatecznie sezon ogródkowy. Liście zagrabione i wrzucone do kompostowego dołu. Buraki i marchew wykopane. Krzaki porzeczek podcięte. Ale matka nadal jeździ do Włoch. Wynajduje preteksty. Po chrzan. Zobaczyć, czy dach budy nie przecieka. Sprawdzić siatkę ogrodzenia. Podejrzewa, że ktoś przez nią przełazi i buszuje po jej włościach. Przeliczyć tyczki do pomidorów. Podejrzewa, że ktoś podbiera lepsze, pozostawiając gorsze.

Dziś wieczorem po powrocie powiedziała tak: – Jak wychodziłam z ogródka, to poczułam dokładnie, jak będę umierać. Nagle wielki ciężar w głowie i słabość w nogach. Upadłam. Przybiegł sąsiad. Pomógł mi wstać. Doczłapałam się do przystanku. Zrobiło mi się bardzo zimno. Jedna pani od razu ustąpiła mi miejsca.

Mówię: – Powinnaś przez kilka dni odpocząć. Poleżeć w łóżku, poczytać sobie…

– Nie mogę – odpowiada. – Jutro muszę jechać.

\* \* \*

Przedzierałem się ulicami do przychodni lekarskiej po numerek. Napięta twarz, oczy nieruchomo przed siebie (nie patrzeć, nie widzieć nikogo). Czułem ucisk w oczodołach, ból naprężonych mięśni. Powrót autobusem. Kobieta w futrze, przepychając się i dysząc jak miech, wyprzedziła mnie w ostatnim momencie i zajęła miejsce siedzące. Mościła się, zadowolona ze zdobytego luksusu jazdy. Włosy miała farbowane na blond, z szarymi odrostami przy skórze. Wyciągnęła dłoń z biletem. Poszukiwała oczyma kogoś uprzejmego, żeby przedziurkował jej bilet w kasowniku. Stałem najbliżej. Szybko ominęła mnie wzrokiem.

W domu przyjrzałem się sobie w lustrze. Twarz ściągnięta, nieruchome, ponure oczy podbite sinymi podkowami. Najważniejsze oczy i grymas ust. Oczy bez blasku, zgaszone. Usta zaciśnięte i gorzkie. Czułem zmęczenie. Zmęczenie i ulgę po powrocie do domu. Wargi powoli rozsznurowały się z zacisku. Czy na długo?

Niejeden z mieszkańców tego miasta tak samo jak ja liże teraz rany. Odpoczywa po trudach batalii. Rzesze potencjalnych schizofreników, histeryków, furiatów. Ilu nas?

* * *

Tego Cyklopa widuję często. Wysoki, chudy, o bardzo smukłych, delikatnych dłoniach. Palce cienkie, drapieżne. Twarz pociągła, koścista, oczy niebieskie. Jedno martwe, nieruchome. Sztuczne. Szkło. Około trzydziestki. Trudni się różnymi, zmiennymi zajęciami. Po wizycie papieża chodził po hotelach i restauracjach, sprzedawał srebrne monety z jego wizerunkiem. Były fałszywe. Raz gonił go nabywca.

– Oszust! Łapać oszusta!

Cyklop uciekał jak pan Hulot, wysoko unosił bocianie nogi w kusych spodniach, poły płaszcza rozwiewały się za nim.

Inne odsłony. Często pod sklepami filatelistycznymi nabywa od chłopców albumy znaczków pocztowych. Na parkingu hotelu „Victoria" występował w groteskowej, pijackiej brygadzie niejakiego „Hitlera", trudniącej się myciem cudzoziemskich samochodów. Coś poszeptuje z Arabami w pasażu domów handlowych.

Pewnego jesiennego popołudnia widziałem go na ławeczce przed Pałacem Kultury. Zaczytany w starej książce z postrzępionymi stronicami.

Latami penetruje miasto. Nieraz pijany. Znajomości ma rozległe. Od małych złodziejaszków do przesadnie eleganckich aferzystów.

Obserwując go, odnosiłem często wrażenie, jakby jego aktywność nie wynikała tylko z potrzeby pieniędzy. Jakby dotyczyła sfery wyższej.

Dziś wieczorem, wracając do domu, spojrzałem w okna brzydkiej, pustej kawiarni. Kilka osób przy stolikach. Senna kelnerka przy piecu. Opadała jej głowa.

Cyklop siedział samotnie nad kieliszkiem kolorowego trunku. Podparł głowę łokciami. Kim jest Cyklop mojego miasta? Gdyby tak narodził się nowy, wspaniały pisarz?

\* \* \*

Pustka wieczornego miasta. Pustka i ciemność. Masywy ministerialnych gmachów, urzędów. Skąpe oświetlenie. Ludzi mało. Z rzadka w kręgu latarni wzrok zabłąkanego przechodnia przeniknie drugiego przechodnia zimnym okiem. Zatrzymałem się przed jednym z ostatnich starych domów i wszedłem do bramy. Dom był w agonii. Łuszczące się jak egzema ściany, poobijane stiuki, amorki i secesyjne girlandy – ślady dawnej świetności z początków wieku. Popękane marmurowe schody, powyginane poręcze, smród szczyn. Znalazłem się na podwórzu wśród wysokich murów. Wokół śmietnika snuły się cienie małych zwierząt. Szczury, koty, nie wiadomo. Wyżej czarne prostokąty okien. W jednym tylko majaczyło żółte światełko. Oddaliłem się pod śmietnikiem, płosząc te niezidentyfikowane, małe zwierzęta. Śmignęły, zaszeleściły, zniknęły.

Szczałem na pohybel miastu, sobie, wszystkiemu.

\* \* \*

Wracam do Cyklopa. To wcale nie literacka błyskotka, obrazek opatrzony efektownym pytaniem. Cyklop naprawdę kojarzy mi się z czymś znacznie ważniejszym, niż mogą to potwierdzić jego szemrane zajęcia społecznego wyrzutka.

Te wędrówki i zajęcia przypominają zbieranie doświadczeń w zagadkowym, intrygującym celu. Pragnienie, żeby pojawił się taki pisarz znikąd, z samego dna. Nieobarczony żadnym bagażem tradycji, uwikłań, środowiskowego snobizmu, presji politycznej i innych wyrachowań.

Nic z tego balastu, co osłabia potencję, nic z ugładzenia, konwenansu. Dziki! Jest poza wszystkim. Chodzi swoimi drogami. Jak magnes zbiera opiłki, tak on chłonie atmosferę naszego życia, miasta. Wyrasta nagle. Strzela księgą jak laserem. Przebija wszystkie złogi, warstwy ochronne, bebeszy cały ten gąszcz, dociera do rdzenia. Odkrywa istotę zjawisk. Genialny intuicjonista. Dziki pisarz. Potrzeba takiego.

✶ ✶ ✶

W sklepie „Ruchu" na parterze tego budynku siedziały trzy baby jak sępy. Suche, żylaste. Spojrzenia miały twarde, nieustępliwe. Siedziały i patrzyły w okno. Milczały.

Czarne ulice i jasny prostokąt szyby. Za nim trzy sępy. Czekają.

✶ ✶ ✶

Wieczorem od matki. Miasto wydawało mi się cmentarzem. Żółte światła jak świeczki na grobach. Wysoko absurdalny neon z połową ślepych liter.

W przechodniej bramie, którą podążyłem na skrót, monstrualnie gruba kobieta kłóciła się z dwoma mężczyznami.

– Dalij jazda, łachudry! – wrzeszczała.

Oni trzymali się od niej w bezpiecznej odległości, powarkując z cicha.

W tramwaju przymknąłem oczy, żeby nie patrzeć na tak samo jak ja smętnych, skurczonych ludzi.

Coś tu przestało funkcjonować. Szarpie, boruje, kaleczy. Defekt przybiera na sile.

\* \* \*

Krawiec po drugim zawale. Rzucił palenie, chodzi bardzo wolno, mówi wolno. Przedtem pasjonował się polityką. Interesowały go kombinacje grup i grupek na szachownicy aparatu władzy. Przesuwał królami, hetmanami i końmi. Pamiętał nazwiska członków biura politycznego partii z co najmniej trzech kadencji.

– To śmietnik – teraz powiada.

Chętnie wraca do swej przeszłości. Młodość na Powiślu, ulica Topiel, termin w krawiectwie, patron całą forsę przegrywał na wyścigach, ale fachowiec, brał miarę i trzymał w pamięci, nigdy nie zapisywał. Służba wojskowa w KOP-ie, twierdza brzeska; później praca na poczcie, jeździł w ambulansie, Lwów, Poznań, raz była próba napadu.

Zdarzają się dni lepsze i gorsze. Zależnie od ciśnienia atmosferycznego, jak twierdzi. W dniach gorszych raczej nieobecny, myślami gdzieś daleko. Jednak nie dramatyzuje ani z dbałością o zdrowie nie przesadza.

– Przecież i tak się człowiek od tego nie ustrzeże – mówi – choćby wyłaził ze skóry.

Zaraz jednak zaprzeczył temu przekonaniu. Zaczął opowiadać. Drugi zawał lżejszy niż pierwszy. Leżał w tym samym szpitalu co poprzednio. Z reanimacji przenieśli go do sali nr 4. Za pierwszym razem leżał w sali nr 2. Miał w szpitalu znajomego pielęgniarza. Szył mu kiedyś ślubny garnitur według taryfy grzecznościowej. Z nim to wdał się w pertraktacje. Tamten po kilku dniach przeniósł go do sali nr 2. Nawet leżał w tym samym łóżku. Mówi o tym z satysfakcją. Jakby dzięki temu wywinął się spod łopaty.

∗ ∗ ∗

W Peweksie tłum. Gorączka zakupów jak w zwykłych, złotówkowych sklepach. Tylko ludzie szczególni. Młodzi, w sile wieku, mało starszych. Przybrani w modne, zachodnie standardy. Pikowane kurtki, bluzy z mnogością kieszeni, spodnie według ostatniej mody dołem zwężane, sute i bufiaste u góry, buty z cholewkami, miękkie cichobiegi. Potrząsają złotymi bransoletami na przegubach dłoni, kluczykami od samochodów w palcach – jak jastrzębie popatrują po półkach i ladach, szukając potrzebnych im glazur, tapet, wanien, umywalek, pryszniców, kuchennych robotów, maszynek do strzyżenia trawy, samochodowych części itp. Rozpoznają nieomylnie w masie przedmiotów to, co im potrzebne, i po tym wstępnym sondażu przepychają się do sprzedawcy, pragnąc poznać jakość i cenę. Przebijają się przez tłum niby taran, potrącają się nawzajem i odpychają, konsekwentnie podążając do wytyczonego celu. Uroda dosyć monotonna. Baby przeważnie blond, o szerokich twarzach, perkato-kaczych nosach i błękitnych oczach. Nisko skanalizowane.

Mężczyźni w większości wąsaci, tłustawi, z fałdzisty-
mi podgardlami, wyłażą im ze spodni brzuchy podparte
szerokimi pasami.

Drapieżność tego tłumu obojga płci uderzająca. Ma-
gnesem kosztowny świat przedmiotów. Ich zdobywanie
sprawą nadrzędną. Domniemywać można o różnorod-
ności środków prowadzących do celu. Zachłanni i bez-
względni. Nacja ta jak kolorowy balon unosi się nad szarym społeczeństwem. Mówią innym językiem. Glebą dla
nich wynaturzony świat. Żyją z jego odchodów.

*\* \* \**

W zatłoczonym tramwaju – godzina szczytu – udało mi
się zdobyć siedzące miejsce. Byłem zadowolony. Czekała
mnie daleka droga. Napierali zewsząd. Na każdym przystanku wtłaczali się następni. Ubywanie postępowało
minimalnie. Obok mojej ławki ulokowały się w pozycji
stojącej dwie osoby. Mężczyzna, którego twarzy nie widziałem, oraz kobieta. Mężczyzna, opierając się o poręcz
nad moją głową, przygniótł mi czapkę. Kobieta wsparła
ciężką torbę na moich kolanach. Napierała całym ciałem.
Przydeptała mi stopę. Nie protestowałem. Znajdowałem
się przecież w sytuacji uprzywilejowanej – miałem miejsce siedzące. Moi sąsiedzi natomiast stali. Zapewne cisnęli na nich inni pasażerowie. Chociaż wydawało mi się
chwilami, że celowo dokuczają siedzącym. Oto mężczyzna niżej opuścił łokieć i strącił mi czapkę. Nie przeprosił. Kobieta zaś naparła ze zdwojonym impetem, jakby
sugerując w ten sposób, iż powinienem ustąpić jej miej-

sce. Znosiłem wszystko cierpliwie. Starannie też unikałem spojrzenia w górę na ich twarze. Może mężczyzna jest inwalidą, a kobieta, napotkawszy moje spojrzenie, oświadczy, że jest w ciąży? Lub okaże się staruszką?

Byłem w sytuacji uprzywilejowanej i dokuczliwości z ich strony miały uzasadnienie. Wracali z pracy. Czekała ich uciążliwa podróż w tramwajowym tłoku. Zresztą wszyscy stojący są wrogo nastawieni do siedzących. To naturalne. Każdy siedzący, kiedy przyjdzie mu stać, będzie czynić to samo. Wiedziałem o tym z własnego doświadczenia. Ile przydeptałem cudzych stóp, ile szturchańców niby przypadkiem wymierzyłem w plecy siedzących, rozpartych wygodnie i zadowolonych.

Opisywana podróż trwała dosyć długo i kiedy wreszcie wstałem, zobaczyłem twarze tych dwojga nade mną. Młodzi. Ona i on.

∗ ∗ ∗

Irek nigdy nie mówił o swojej rodzinie, dzieciństwie. Prawie nigdy. Czasem o ojcu. Przedstawił go jako kresowego szlagona, domowego despotę. Nazwisko Irka brzmiało dla mnie sztucznie, zbyt poetycko. Mówiono, że źródło tej semantyki tkwi w „Zielonej Gęsi". Tam występował poeta, Ireneusz Indyjski. Młody pomysłowy Irek skorzystał z tego pierwowzoru i został Iredyńskim. Urodził się na kresach, w Stanisławowie. W jego kreację życia i twórczości świadomie została wliczona niewiadoma rodowodu. Brak przeszłości. Istnienie zaczął od opublikowania swego pierwszego wiersza i tego faktu trzymał się konsekwentnie. Wścibskich, ciekawych jego życia przed debiutem, zbywał sprzecznymi, żartobliwymi odpowiedziami. Celowo i z rozmysłem. Powtarzały się pogłoski o żydowskim pochodzeniu Irka.

Bardzo dawno temu, wieczorem przy winie pewna dziewczyna wspominała swoich rodziców, ojca Żyda, matkę gojkę. Mówiła o ciężarze swego pochodzenia. O polskim antysemityzmie.

– Jestem Mulatką! – śmiała się gorzko.

Irek natychmiast wystąpił z opowieścią o genezie swego rodu. Wywodził się z ukraińskich hajdamaków, przodkowie nazywali się Iredeńko. Sugerował nawet z błazeńskim swym uśmiechem, że rezać mogli Lachów i Żydów. Brzmiało to bajczarsko i dziewczyna wybuchnęła śmiechem. Irek też roześmiał się, potwierdzając niejako w ten sposób jej niewiarę w prawdę wywodu.

Kiedyś szedłem ulicą z Arturem Maryą Swinarskim, znanym dramaturgiem i szydercą. Akurat pojawił się Irek. Artur Marya popatrzył na niego przenikliwie i oczy za okularami zaświeciły mu jak u bazyliszka.

– O, Meknes! – powiedział.

Był taki malarz we Lwowie i Irek według Artura Maryi wyglądał jak jego sobowtór.

– Czy pan nie jest czasem jego synem? – zapytał.

Irek wtedy stracił rezon. Popatrzył wściekle na złośliwego dramaturga i odszedł w milczeniu. W marcu 1968 roku podczas antysemickiej nagonki bardzo żywo reagował na przejawy tej akcji. Był wzburzony. Później napisał sztukę, gdzie echa tych wydarzeń znalazły swoje odbicie.

Zapewne miał „niedobre pochodzenie", ale ukrywał ten fakt starannie, zdając sobie doskonale sprawę, że odkrycie tej odmienności stać się może celem dla wielu zatrutych strzał. Wybrał rolę atakującego. Zawsze wyprzedzał uderzenia i pułapki.

\* \* \*

Rozważania o Irku z powodu Witka M. Odwiedził mnie wczoraj. Z Witkiem znajomość trwa od przeszło dwudziestu lat. Jako młody chłopak, syn wysokiego urzędnika PRL, zanurzył się w kręgi artystów, pisarzy, aktorów i malarzy czasu Października. Przyjaźnił się z Markiem Hłasko, później z Irkiem. Był oddanym, wiernym adiutantem zbuntowanych pisarzy. Darzył ich niewyczerpaną lojalnością. Żył jak lustro cudzym życiem. Pamiętam zabawy w domu przy alei Szucha podczas nieobecności jego rodziców. Ranek w kacu, brak forsy. W szufladzie biurka znalazł Witek srebrno-złotą papierośnicę ojca z wygrawerowanym nazwiskiem, podarek urodzinowy od kolegów. Sprzedaliśmy ten przedmiot na bazarze przy Pańskiej i zabawa potoczyła się dalej.

Z tej szumiącej młodości pozostał Witkowi spory zapas wspomnień. Także silna nostalgia za przeszłością.

Wybraliśmy się do Czytelnika, gdzie udało mi się zdobyć dla Witka od życzliwego redaktora cztery tomy dzieł wybranych Marka Hłaski.

\* \* \*

Z rana przyszedł zamówiony fachowiec naprawić antenę telewizyjną na dachu. Zawczasu pożyczyłem klucz od dozorczyni, anteniarz wlazł na dach i bardzo sprawnie zrobił swoje. Ledwo pozbierał sprzęt i poszedł sobie, wpadły dwie urzędniczki z administracji. Jedna tęga, druga mała, szczupła. Obie młode, blond urody o modrych oczach. Swojska rasa. Bardzo agresywne. Niska głosem nadmiernie podniesionym rozpoczęła indagację w rodzaju – skąd klucz, dlaczego nie zwróciłem się uprzednio do administracji z prośbą o pozwolenie itp.

Styl pytań przypominał przesłuchanie podejrzanego. Nie byłem tym zdziwiony.

Po pierwsze: miały rację, według przepisów bowiem powinienem się zwrócić o pozwolenie.

Po drugie: mówią u nas w osiedlu, że jedna z nich jest żoną milicjanta. Druga może być tak samo. To bardzo prawdopodobne i rozpowszechnione. Klanami, familiami obsadzane są przecież rozmaite posady, stanowiska.

Toteż odpowiadałem łagodnie, na miękko. Na domiar złego biuro administracji znajduje się piętro wyżej. W razie konfliktu mogą zatruć życie.

Jola natomiast rozgniewała się nie na żarty i ostro do tych urzędniczek.

W trakcie dyskusji jedna z nich, ta wyższa, zaczęła czule gładzić naszego kota. Gacek z typową dla niego ciekawością, kiedy tylko posłyszał obce głosy w przedpokoju, przybiegł od razu. Jola gwałtownie odsunęła kota spod ręki urzędniczki.

Symboliczna wymowa tego gestu oczywista. Jakim prawem dotyka mojego kota!

W tym geście Jola namiętna, gotowa do walki. Różnica krwi. Jednak południe. Ja to wschód raczej.

Powracając do konfliktu: Jola walczyła. Ja łagodziłem. Przyznałem się do przewinienia i obiecałem napisać odpowiednie wyjaśnienie.

Poszły sobie.

A między Jolą i mną rozpoczął się spór w kwestii postaw.

– Wtargnęły! – mówiła. – Co za sposób bycia! Nie można takim ustępować.

Kiwałem głową. To prawda. Wszystko prawda.

– Ale lepiej na miękko – powtarzałem uparcie.

– Zachowałeś się jak chytry, pokorny chłop w urzędzie – popatrzyła na mnie z pewnym wstrętem.

Milczałem. Coś w tym było. Może Jola bardziej wolna? W każdym razie dziarska i dzielna w kontrataku.

\* \* \*

Taksówką przez nową dzielnicę na krańcach miasta. Pasy startowe dawnego lotniska. Betonowe płyty pokrywają ziemię. Betonowe bloki wznoszą się nad ziemią. Brak zieleni. Tłok szarych, nieotynkowanych brył najeżonych gęstwą anten. W tle czarne dymy z kominów pobliskiej huty.

Ten widok nałożył mi się na obraz umierających Włoch – świata dzieciństwa i młodości. Małych domków, ogródków, starych kobiet człapiących do sklepów, pijaczków wystających na rogach ulic.

Dawne, najbliższe kończyło się w tempie przyśpieszonym. Nowe, dominujące – tak bardzo obce. Przytłaczało i dusiło. Spowite w mokrą deszczową aurę. Irek, przeszłość. Zaduszne obrzędy.

Taksówkarz, młody byczek w dżinsowym stroju, wesoło pogwizdywał.

\* \* \*

Po deszczowej szarości i błocie, po tym zgniłym całunie, w którym tkwiliśmy od tygodnia, nastał mróz. Słoneczny mróz. Miasto w słońcu rozbłysło. Wyładniało. Przechodziłem w pobliżu sejmu. Biała kopuła naszego parlamentu. Czarne drzewa parku. Na tle błękitnego nieba gałęzie wyglądały jak delikatny, japoński rysunek. Milicjanci służby drogowej w białych czapkach i czarnych skórzanych strojach. Przechodził generał. Może generał poseł. Srebro wężyków na czapce, zieleń munduru, bordowy lampas. Milicjanci salutują. Kolorowy obrazek. Za sejmem przed Frascati stawiają nowy gmach. Podobno hotel sejmowy. Cały złoty! Błyszcząca w słońcu bryła. Długo spoglądałem na to olśniewające zjawisko. Ściany były wyłożone złocistą blachą: Żeromski marzył o szklanych domach. Mamy złote. Heliopolis.

\* \* \*

Heliopolis skończyło się w dniu pogrzebu Irka. Wróciła plucha. Mżyło, śnieg topniał, zamieniając się w rozległe kałuże. Niebieskie niebo sprawiało wrażenie sufitu piwnicy.

Urna z prochami Irka wmurowana została w ścianę powązkowskich katakumb. Przystawiono drabinę. Jeden z jego przyjaciół z tą puszką do dziury. Miało to dla mnie znaczenie metaforyczne. Pamiętam czas, kiedy rozpierała nas młodość i obaj czuliśmy się jak zdobywcy himalajskich szczytów. Wszystko było oczekiwaniem, pragnieniem, ruchem w górę. I wszystko wydawało się osiągalne. Dwa epizody: Irek z M. w restauracji Bristolu. Secesyjna sala, błyszczą żyrandole. Ona zasłuchana, jej oczy płoną. Irek czaruje, czaruje. Oboje wznosili się niezwykle wysoko. Tak mam w oczach. Pod sam sufit.

Drugi epizod to moment mojego oczekiwania na Jolę przed pocztą na Nowogrodzkiej. Spóźnia się, niecierpliwość. Nagle tup, tup! Poznałem odgłos jej kroków. Nadchodzi młoda aplikantka adwokacka w szarym kostiumie, krótko ostrzyżona, czarne włosy, uśmiecha się do mnie. Obraz nadchodzącej Joli skrótem tamtych czasów. Nie tylko jednego oczekiwania, wielu oczekiwań.

Nie wiem, czy zdobylibyśmy nasze szczyty. Jak tam miało być na wierzchołkach? Co widzieliśmy? Skończyła się wizja gór. Droga w dół. Szary, niski dzień uzmysłowił to przeświadczenie.

1989

# Fortuna Liliputa

Dymiły jeszcze zgliszcza i budowali drewniany prowizoryczny dworzec w miejscu dawnego Warszawsko-Wiedeńskiego, który został doszczętnie zniszczony. Na rogu, gdzie dawniej zbiegały się dwie pryncypialne ulice, wśród ruin rozkwitło handlowe życie. Handel w pierwszym rzędzie odradza się po pożodze. Wszystko można kupić i sprzedać. A jak handel, to i wypitka, kobiety, wiadomo. Wracał do miasta żywotny ludek, najtwardszy.

Szli jeszcze w łunach pożarów. Zajmowali schrony, piwnice, żłobili jamy, klecili budy. Gnieździli się na poddaszach wypalonych kamienic, wspinając się karkołomnie drabinami, resztkami schodów, rynnami i gzymsami. Pod nogami ziała im czeluść. Linoskoczki niezniszczalnego życia! Chwytali się byle czego pazurami i już nie popuścili. Toteż, żeby zamieszkać na wysokości, patrzeć w niebo i śledzić lot ptaków, trzeba było być nie lada akrobatą.

Ci na dole zaś w piwnicznych norach walczyli ze szczurami. Namnożyło się tego wrażego paskudztwa! Czas jakiś miasto było ziemią niczyją i one wtedy panowały. Wypasione, żywiły się trupami. Nieboszczyków w gruzach zalegało mnóstwo. Sterczały z rumowisk i popiołów zwęglone kikuty rąk, nóg. Znienacka pokazywały się straszne, gnijące oblicza z wyszczerzonymi zębami, dziurami oczodołów i rdzawymi od krwi kosmykami włosów. Mógł obsunąć się legar czy strop, zawalała się i kruszyła podziurawiona pociskami ściana, odsłaniała się zbiorowa mogiła i szczury uciekały z piskiem od uczty, ciągnąc za sobą gołe, oślizgłe ogony.

Ale i człowiek bywa twardy jak szczur. Ci, co przeżyli, oswojeni byli ze śmiercią i strasznymi widokami, nie przejmowali się więc zbytnio truposzami i zatykając nosy przed gnilnym fetorem, mościli się w swoich legowiskach, zadowoleni, że mają jaki taki dach nad głową. Zasypiali mocnym snem, bez żadnych koszmarów.

Piwniczno-strychowy ludek wynurzał się o świcie ze swych koczowisk, dygotał, rozcierał zgrabiałe dłonie i otwierał z trudem sklejone powieki. Chwiejąc się na niepewnych nogach, rzucali pierwsze spojrzenia na boży świat i klnąc z nawyku na swój sobaczy los, ruszali do bud, straganów i sklepików pod chmurką, żeby rozgrzać się mętnym, śmierdzącym drożdżami, krzepkim samogonem. Samogon ożywiał zmartwiałe wątpia i krew krążyła szybciej. Jaśniało we łbie. Budziła się nadzieja. Tak rozpoczynał się dzień.

Kobieta, młoda czy niemłoda, trudno rozpoznać w szarej pomroce, wystawiła na placu stolik. Piękny, secesyjny mebelek na wdzięcznie wygiętych nóżkach, którego blat był ze szlachetnego palisandru, nadpalonego po brzegach i pożłobionego nożem. Jakiś wandal wyrezał nawet serce przebite strzałą. Mebelek mógł stać kiedyś w zamożnym, mieszczańskim salonie i ucztowali przy nim zdobywcy miasta.

Teraz palisandrowy blat spełniał skutecznie funkcję sklepowej lady, zapełniony słojami, garnkami i misami. Kobieta sprzedawała kwaszone ogórki, śledzie, pożółkłą słoninę na grubej skórze, mocno osypaną solą, którą kroiło się jak masło, konserwę w puszkach i raz w tygodniu rzeźnicy ze słynnego miasteczka świniobójców dostawiali jej kiełbasy, kaszankę, salceson. Wtedy otaczał ją tłum i nie nadążała z polewaniem bimbru z blaszanego baniaka do szklanek. Kupczycha to była przednia, wróciła jako jedna z pierwszych do wypalonego miasta i od razu zabrała się za to, co umiała najlepiej.

– Uliki, matiasy! – wołała donośnie. – Przedwojenne, palce lizać!

Śledzie patykiem wybierała z beczułki, owijała w gazetę i podawała klientom. Równie sprawnie przeliczała pieniądze, wydawała resztę i utarg chowała do skórzanego woreczka pod fartuchem.

On, karzełek malutki jak pięcioletnie dziecko, stary chłop o pomarszczonej twarzy przypominającej pieczone jabłko; stracił swój warsztat pracy. Był cyrkowym liliputem i nie nadawał się do niczego innego, jak tylko do śmiesznych wygibasów i czynienia z siebie pośmiewiska dla uciechy gawiedzi, zebranej wokół wysypanej trocinami areny pod brezentowym szapitem. Najmniejszy Człowiek Świata. Tak był zapowiadany w wędrownej trupie podczas występów w miastach i miasteczkach. Jechał w początku orszaku na karym koniu, strojąc ucieszne miny i fikając koziołki na końskim grzbiecie, okrytym złotą, frędzlastą materią. W wojennej zawierusze stracił swoją karlicę i był zupełnie samotny. Kręcił się bezradnie w hałaśliwym tłumie, który wypełniał przestrzeń między wysokimi gruzami, zwaną placem, podobną do kotliny pośród czarnych, księżycowych skał.

Czasem ze smutku zaczynał chodzić na rękach, ale zupełny brak zainteresowania dla tych popisów zniechęcał go szybko do ponawiania daremnych wysiłków zwrócenia na siebie uwagi. Podtrzymywał gasnącego ducha wspomnieniami dawnych, dobrych czasów. Szczególnie swego najlepszego numeru, po którym niezawodnie wybuchał huragan oklasków i śmiechów. Ale to były stare dzieje. Ludzie go nie zauważali. Zaczynali wszystko od początku i ważniejsze sprawy zaprzątały im głowy.

Liliput był głodny i bardzo zmęczony. Pomarszczona twarz zżółkła i wychudzenie czyniło go jeszcze bardziej malutkim, rzadkie włosy nastroszyły mu się jak puch kaczęcia; kurczył się i marniał w oczach z dnia na dzień. Snuł się i zataczał z osłabienia między nogami ludzi, przemierzających nieustannie plac. Niby taki jak oni, a maleńki dziwoląg, wybryk złośliwej natury.

Przerażały go psy, które czasem pojawiały się na placu i szczerzyły na niego zęby, warcząc złowrogo. Nie traktowały go na równi z rodzajem ludzkim i uznawały za słabsze od siebie stworzenie. Pewien litościwy handlarz rzucił mu kawałek kiełbasy i wyprzedził go parszywy wyliniały kundel, odbierając smaczny kęs. Zdziczałe dzieci otoczyły go kręgiem, szturchając i szczypiąc. Dzieci też były silniej-

sze od niego. Pijacy chwytali go jak szczeniaka i przerzu-
cali sobie z rąk do rąk, wybuchając ohydnym śmiechem.
Upokorzenie i ból dręczyły go coraz mocniej i tak krążąc,
zagubiony w ludzkim rojowisku, spostrzegł raz, drugi dłonie wielkie jak na jego miarę, które sięgały do kieszeni
spodni, wyciągając kłęby pomiętych banknotów. Chciwy
ruch dłoni zaciskających się na papierkach zwrócił jego
uwagę. Grube paluchy tak chwytnie wyciągały banknoty
odpowiedniej wartości. Nie były to jedynie „młynarki", ale
też papiery zielone, dolarowe. Początkowo tylko bawiła go
niesamowita ruchliwość palców ludzkiej dłoni. Widział
pory na skórze, włoski porastające knykcie, paznokcie
czarne i poobgryzane. Nawet mógł zaglądać w kieszenie,
z których wyciągali forsę. Jedni pozbywali się pieniędzy.
Inni zwiększali ich ilość. Widział plamy tłuszczu na bank-
notach, krew. Niektóre były zużyte, porwane. Inne, nowe,
połyskliwe, szeleściły.

Wszystko działo się na wysokości jego głowy i rozpro-
szone myśli skoncentrowały się wreszcie, podtykały mu
czyn. Jego malutka łapka powędrowała do cudzej kieszeni. Leciutko niby piórko tam się wsunęła. Palce dotknęły
gładkiego papieru, namacały grubość pliku i oddzieliły
kilka banknotów ze zwitka. Poczucie sprawiedliwości
ograniczyło jego chciwość. Dokonywał swoistego podziału. Zabierał im tylko cząstkę. Serce zabiło mu gwałtowniej. Banknoty zacisnął w spotniałej ze strachu dłoni.
Malutka piąstka wysunęła się ostrożnie z czeluści kieszeni. Czmychnął między kobiecymi i męskimi nogami,
które niby ruchomy las zapełniały plac. Biegł, odbijając

się o łydki, zadki. Dyszał ciężko i dłoń kurczowo zaciskała łup. Pomknął w gruzowisko i tam w jamie, która pozostała po zasypanej piwnicy, rozprostował dłoń. Długo napawał się widokiem tak łatwo zdobytych pieniędzy. Odpocząwszy, wyszedł jeszcze raz i w budzie spełniającej rolę jadłodajni najadł się pierwszy raz do syta. Czuł pęczniejący brzuch i błogie ciepło wypełniać zaczęło całe ciało. Zadarł głowę i popatrzył na twarze ludzi. Dał sobie z nimi radę. Tak łatwo! Poczuł swą siłę.

Beznogi handlował tytoniem. Przed sobą trzymał przewieszoną na piersiach skrzyneczkę. Papierosy sprzedawał na sztuki i w paczkach. Posiadał bogaty wybór: gilzowe, z munsztukiem, luksusowe amerykany, wypełnione żółtym jak miód tytoniem, w paczkach z podobizną wielbłąda, jeszcze inne w blaszanych pudełkach.

Chłop to był wysoki, rozrosły w plecach, twarz miał mięsistą, czerwoną, ze szczeciniastym, rudawym zarostem i stał w szerokim rozkroku jak wrośnięty w ziemię; lewa jego noga była od połowy uda sztuczna, drewniana.

Handel prowadził wędrowny i zachodził w różne miejsca placu. Wyszukiwał największą ciżbę, pośród niej najlepiej szedł mu interes. Kobietę przy palisandrowym stoliku wyłowił od razu męskim chwytnym okiem i spodobała mu się ona. Dorodna, duża, wesoła. Fachowo wabiła klientów. Uśmiechała się do akuratnych chłopów. A choć on nie był zupełnie akuratny, przecież brakowało mu nogi, od słowa do słowa przemawiać zaczęli do siebie. Kawał kiełbasy od niej zakupił, szklaneczkę bimbru odpił, drugą poprawił, należnej mu reszty nie przyjął i poczęstował ją amerykanem, podsuwając ogień z benzynowej zapalniczki, sporządzonej z łuski karabinowego naboju. Zapaliła, wciągając z lubością wonny, szlachetny dym. Zaczęli pogadywać. Z początku żarcikami. Potem poważniej. O niedolach i poniewierkach. Wyliczali sobie, ile to razy śmierci spod kosy wymykali się w te złe lata. Kobiecie nawet łzy się zakręciły w oczach i chlipnęła przez nos.

– Ciężko żyć samemu – westchnął beznogi handlarz i popatrzył na nią okiem znawcy. Ona była wojenną wdową i wraz z dymem, który puścił jej prosto w twarz ten obcy mężczyzna, poczuła gorący, bimbrowy oddech chłopa bardzo głodnego baby.

Przypadli sobie do gustu od pierwszego wejrzenia i wiedziała już, że choć jest kulawy, to nieźle musi sobie dawać radę. Obrotny i nachalny.

Zajęci sobą nie zauważyli, że z niedalekiej odległości przygląda się im liliput, maleńki człowieczek wzrostu najwyżej pięcioletniego chłopczyka o twarzy żółtej i pomarszczonej, pozbawionej zupełnie zarostu, nie licząc tych kilku włosków wyrastających z brodawki na podbródku.

Kobieta wcale się nie żachnęła, kiedy kulawy chłop klepnął ją po zadku.

– Rzepa! – powiedział chrapliwie i mocniej ustawił w rozkroku dwie swoje nogi, prawdziwą i drewnianą.

Zaśmiała się cienko i zalotnie. Beznogi wyczuł przyzwolenie i jego łapa śmiało powędrowała od góry w dół po jej wypukłościach. Co ta łapa za igraszki wyczyniała, nie można było zobaczyć, zginęła bowiem na dłużej pod bufiastą spódnicą. Kobieta przymknęła oczy, papieros w jej palcach doplał się długim wałeczkiem popiołu. Wreszcie ocknęła się ze słodkiego odrętwienia.

– Won! – powiedziała bez złości, odpychając kułakiem beznogiego zalotnika.

Liliput poczuł się dziwnie nieswojo. Gorąco i zimnica targały go na przemian. Ta łapa beznogiego, szeroka i włochata, olbrzymieć mu zaczęła w oczach; wyobraził sobie, co ona tam mogła wyczyniać. Dał nura w handlujący tłum. W plątaninie ludzkich nóg był jak w znajomym lesie. Zrobiło mu się lżej na duszy i z zapałem myśliwego za cudzymi kieszeniami zaczął się rozglądać. Polowanie szło mu sprawnie i już bez strachu. Dłoń miał nieomylną, palce pracowały zwinnie i szybko. Siódmym jakimś zmysłem nie wtykał ich na próżno. Wyłuskał z kieszeni w kraciastych pumpach kilka papierków. Złożone były czterokrotnie. Tak składają swoje banknoty gracze, którzy grają w numerki. W innej kieszeni w zielonych, wojskowych spodniach z szorstkiego sukna namacał metalowe, twarde krążki. Wyciągnął garścią. Były to złote monety. Sześć sztuk. Już brał zdobycz w całości. Wiedział przecież, że jak go dopadną, nie będą się wcale zastanawiać, ile im zabierał. Kilka kieszeni było prawie pustych. Z samym lekkim bilonem. Jedna niedostępna, zapięta na dwie agrafki. Jeszcze przy oblężonym przez kobiety kramiku z damską bielizną zajął się niedopiętą torebką. Z niej wyłowił najwięcej papierków. Pachniały one pudrem, perfumami. Kobietą. Obwąchał je bardzo dokładnie, myśląc o handlarce przy palisandrowym stoliku. Posmutniał.

Nie wiodło mu się źle w tym niecnym procederze. Polubił ryzyko i bawił się. Potrafił wyjmować portmonetki, wygarniać ich zawartość i puste z powrotem wsuwać do kieszeni. Podwyższał sobie stopień trudności i na przykład szczypał upatrzoną ofiarę w łydkę; kiedy ona, klnąc, chwytała się za obolałe miejsce, wyciągał jej z kieszeni pieniądze i zmykał co sił w nogach.

Choć tak wyzywał los, to miał szczęście malutki nicpoń i gromadził bogactwo w zardzewiałej puszce po masce przeciwgazowej, którą zagrzebywał w kącie swojej piwnicznej jamy i przywalał cegłami. Dużo odkładał. Potrzeb nie miał wygórowanych, alkoholu nie lubił, jadł niewiele, najchętniej słodycze. Z dawnych czasów gustował w wedlowskich czekoladkach.

– Wróbelek! – wołały za nim rozbawione kobiety.

Z rzadkimi, sterczącymi niby puch włosami na dużej głowie, osadzonej na cienkiej szyi wyrastającej z małego, wątłego ciała, mógł przypominać jakiegoś cudacznego ptaszka. Nosił kolorowy kubraczek i pasiaste, obcisłe pantalony na krótkich nóżkach. Lubił tylko pstre, cyrkowe stroje.

Pijani mężczyźni zastanawiali się nieraz, jakiej miary męskie wyposażenie może on nosić w spodniach. Czy potrafi dogodzić kobiecie, czy tylko karlicy. Przywoływali go i dopytywali się z udawaną uwagą. Rozwścieczony uciekał od nich i chował się w piwnicznej jamie. Przeklinał wszystko i wszystkich. Bluźnił na Stwórcę, że takim go stworzył. Niełatwo wracał do równowagi. Najbardziej podnosiło go na duchu przekonanie, że niejednemu z tych bydlaków wygarnął sporo forsy z kieszeni.

Beznogi chłop codziennie przychodził do kobiety, która sprzedawała bimber i zakąski przy palisandrowym stoliku. Popadli w bliską komitywę. Poklepywał ją i podszczypywał.

Ona oganiała się od niego, ale tylko dla pozoru.

– Idź, ty capie! – pokrzykiwała.

– Kobyłka – mówił handlarz tytoniem, wyprężał się i wciągał brzuch; spod nogawki wystawał mu drewniany kulas z drewnianą stopą.

Żółta twarzyczka liliputa posępniała, kiedy tak popatrywał z ukrycia na igraszki tych dwojga.

Pewnego wieczoru beznogi handlarz tytoniem pomógł kobiecie załadować majdan z okrągłego stolika na dziecięcy wózek i razem, ciągnąc i popychając pojazd, ruszyli wąwozem wśród zwałów gruzu.

Liliput skradał się za nimi w ciemności. Oni zataczali się i potykali. Popili wtedy więcej niż zazwyczaj i beznogi handlarz tytoniem coraz bardziej garnął się do kobiety. Ona odpowiadała na jego natarczywe karesy niskim, piersiowym chichotem i przetaczała biodrami, wypinała piersi, czując na sobie pożądliwe spojrzenie wygłodniałego chłopa. Zatrzymali się dla odpoczynku pod wypalonym szkieletem kamienicy. Fragmenty frontonu jak skalny występ zwisały nad ścieżką. Na gzymsie pierwszego piętra siedział kot i jego oczy błyszczały jak magiczne światełka. Zaraz czmychnął. Niżej zachowała się płaskorzeźba przedstawiająca fauna lub satyra; jakąś brodatą gębę leśnego bożka.

Beznogi przyciągnął do siebie kobietę. Z początku trochę go odpychała, ale zaraz przywarła do niego. Zadarł jej fartuch i kieckę, gwałtownym ruchem rozerwał majtki i sczepili się jak psy w pokracznej, stojącej pozycji. Chybotali się, obsuwali, ich zapamiętałość w pokonywaniu trudności była zadziwiająca.

Liliput, choć nic nie widział, to przecież widział tak dokładnie białe, grube uda kobiety i naprawdę słyszał jej przeciągły skowyt rozkoszy. Obejmowała oburącz szerokie plecy mężczyzny i jej paznokcie szarpały kurczowo sukno jego odzienia.

Skomliła wysoko i przeciągle. Liliputowi huczał w uszach ten dźwięk jak dzwon, rozsadzał czaszkę. Chwycił się oburącz za głowę i uciekł. Pędził na oślep, potykając się i padając, kaleczył ręce, otarł sobie do krwi czoło.

W piwnicznej jamie rzucił się na legowisko i zwinięty w kłębek jak psiak, nadal przyciskał palcami uszy. Nadal słyszał skowyt kobiety. Wypełniał nie tylko jego głowę, ale całą jamę. Wreszcie uspokoił się trochę. Wtedy dźwignął się z posłania i wygrzebał spod ciemnego materiału swój skarbiec w puszcze. Wyciągnął gruby zwitek banknotów, spięty gumką. Osobno w szmatce trzymał złote monety. Było ich trzydzieści. Przetarł złoto do połysku, ponownie owinął w szmatkę. Potrząsnął zawiniątkiem, wsłuchał się w jego grzechot. Banknoty tak samo przeliczył dokładnie. Oddzielnie okupacyjne, „młynarki". Oddzielnie zielone, amerykańskie. Zagrzebał puszkę w kącie jamy. Położył się i wzdychał raz po raz. Prześladował go obraz kobiety i mężczyzny, zmagających się pod mu-

rem. Wsłuchiwał się w szczurze piski dobiegające zewsząd. Sen miał płytki, niespokojny. Budziły go jakieś jęki, skamlenia. Zrywał się i nadsłuchiwał. Dziwne odgłosy
przypominały kobiecy skowyt rozkoszy, pieśń miłosnego
uniesienia. Zapalił ogarek świecy i w jego skąpym świetle
dostrzegł dwa szczury, które przebiegły obok niego. Osypał się gruz, zniknęły gdzieś. Czy to one tak skomliły, oddając się szczurzej rozkoszy? Szczur i szczurzyca. Nie
mógł już zasnąć. Przewracał się na posłaniu. Wstał szarym świtem i wygrzebał z ukrycia puszkę, wcisnął ją za
pazuchę kolorowego kaftanika i wyczołgał się z nory.
Dzień zapowiadał się pogodny i poprzez szarość przezie-
rał błękit. Od wschodu nad posępnym, czarnym cmenta-
rzyskiem zaczęła się wynurzać czerwona tarcza słońca.

Stado gołębi siedziało w szczerbach i załomach muru.
Stroszyły pióra, trzepotały skrzydłami. Czy one prze-
trwały tu cały czas? Czy tak jak ludzie niedawno pojawiły się w mieście?

Gruzowisko niemrawo budziło się do życia. Ludzie wy-
łazili z zapadlisk, resztek ocalałych domów, schodzili
po kładkach i drabinach ze strychów, które niby bociane
gniazdo zachowały się na kikutach okopconych murów.
Ziewali, charkotali, przeczesywali skudlone włosy pełne
pierza, słomy, ceglastego prochu. Sposobili się do pracy,
upychając wory, kufry, ładując tłumoki na dziecięce wózki
i ryksze. Liliput, przyciskając do wklęsłej piersi skarb
w puszce, pierwszy pobiegł na plac. Jeszcze było tu pusto.
Dotarł do miejsca, gdzie zazwyczaj handlowała kobieta.
Ona już stała przy okrągłym stoliku z egzotycznego palisandru, zastawionego słojami, blaszanymi bańkami i sło-

mianymi torbami, pełnymi wiktuałów. Pod stolikiem ustawiła szklane, wielkie butle wypełnione mętnym, młodym bimbrem. Była pełna wigoru i podśpiewywała wesoło. Liliput wiedział, skąd ona czerpała poranną radość życia. Wdrapał się na wysypisko cegieł, przycupnął jak ptaszek i spoglądał na kobietę. Zobaczył ją znów sczepioną z beznogim handlarzem tytoniu. Jego jeszcze nie było. Pewnie wypoczywał, syty i rozleniwiony, czując w całym ciele wczorajszą przyjemność. Wkrótce kobieta miała już pierwszych klientów i uwijając się jak fryga, nalewała bimber do szklaneczek z grubego zielonkawego szkła, przeliczała należność, pieszczotliwie wygładzała banknoty i chowała do kieszeni wszytej pod spodem fartucha.

Akurat miała dłuższą chwilę wytchnienia, poprawiła włosy, wzięła się pod boki i głęboko zaczerpnęła powietrza. Jej piersi podniosły się wysoko i opadły. Wyglądała jak kawał muru naszego miasta, solidnie spojonego zaprawą, poszczerbionego co prawda i połupanego, ale mocnego nad wyraz, który przetrwał ostrzał artyleryjski, bomby, wybuchy, pożary, całą zagładę.

Liliput zaczął zsuwać się po zboczu wysypiska. Dążył do niej jak lunatyk. Mały, śmieszny kurdupel na cienkich nóżkach w pasiastych pantalonach; przyciskał do serca puszkę ze skarbem. Był tak mały, że nie spostrzegła go wcale, zagapiona w górę: błękitne niebo oświetlone wschodzącym słońcem w całej krasie.

Liliput był już przy niej, szarpnął kobietę za spódnicę i jak kociak wczepił się pazurami w szorstki, mechaty materiał. Opuściła głowę i popatrzyła ze zdumieniem na karła, który przywarł jej do nóg. Monstrualny człowieczek, wielka głowa pokryta szarym puchem włosów ginęła w jej spódnicy. Zobaczyła jego żółtą, pomarszczoną twarz, wlepił w nią małe, błyszczące oczy i rozchyliwszy blade wargi, coś zaszeptał. Aż odgarnąwszy poły kolorowej kapotki odsłonił zardzewiałą puszkę po masce przeciwgazowej. Puścił spódnicę i potrząsnął oburącz puszką. Zagruchotał metal, wsunął dłoń do wnętrza i wyrzucać zaczął pliki banknotów spięte gumkami. Rozrywał gumki i rzucał papierki u stóp kobiety. Złote monety wysypał ze szmatki. Była bardzo zdumiona i nic nie rozumiała. Liliput ponownie przywarł wątłym ciałkiem do nóg kobiety. Czuł buchającą od niej gorączkę. Mocną jak narkotyk mieszaninę nachalnych ruskich perfum, koziego fetoru i jeszcze jakiejś ostrej woni. Zadzierając głowę, widział zarysy dużych piersi pod swetrem, szeroką twarz o wystających kościach policzkowych, ogorzałą od wiatru i słońca. Wargi miała grube, spękane, pokazywały się między nimi drobne zęby ze szparą na przodzie, zaświeciło złoto kilku koronek w głębi. Dłużej już nie mógł wytrzymać i obłapił jej uda, tuląc twarz do rozległego miękkiego łona.

W samą porę pojawił się beznogi handlarz tytoniu. Przyśpieszył kroku i podbiegł susami, chyboczący się niebezpiecznie na drewnianej nodze. Chwycił karła za kołnierz kolorowego kubraczka. Oderwał od łona kobiety. Potrząsnął nim jak psiakiem i odrzucił. W tej samej chwili dostrzegł porozrzucane na ziemi zwitki banknotów i złote krążki cennych monet. Przetarł oczy raz i drugi. Jednak nie było to przywidzenie.

– Spryciarz! – powiedział ze szczerym podziwem. – Dużo tego uskładał!

Przykucnął na dobrej nodze, tę drugą, sztuczną, wystawił przed siebie i zajął się zbieraniem papierków i monet. Kobieta poprawiła zadartą spódnicę i przykucnęła obok kulawego. Znalazła jeszcze jeden złoty krążek przysypany rdzawym, ceglastym miałem. Opadła na czworaki i jak kura pazurami zaczęła rozgrzebywać ziemię. Ale już nic więcej nie było. Wtedy wilczym, drapieżnym ruchem wyrwała mężczyźnie zwitki banknotów. Wcale się nie opierał i jeszcze wysypał jej na podołek garść złotych monet. Kobieta liczyła papierki, śliniąc wskazujący palec.

– Niezły masz posag! – zaśmiał się beznogi handlarz tytoniu. Klepnął ją w wypięty zadek. Nie usłyszała go ani nie poczuła pieszczoty. Siedziała w kucki, zajęta teraz przeliczaniem złotych monet, które chowała do skórzanego woreczka pod fartuchem.

– „Każdemu wolno kochać..." – wyciągnął pięknym, dźwięcznym głosem ślepy śpiewak w wojskowej rogatywce, który postukując białą laską i stawiając ostrożnie stopy, znalazł się w pobliżu. Czy był to przypadek? A może ślepiec tajemniczym jakimś zmysłem odebrał przebieg zdarzenia.

Leżał liliput, nikomu niepotrzebny łachman. Zdławiony szloch wstrząsnął jego drobnym ciałem dziecka.

– „Każdemu wolno kochać..." – Słowa pieśni ślepego żebraka niosły się ponad targowicą. Odrywały od ziemi, wzbijały się pod kopułę nieba.

1997

## Poemat o EKD

Jednak wspominanie nie jest tylko potrzebą starców.

– Drzewiej to było, ho, ho – powiadali oni, najchętniej zanurzając się w czasie swej młodości.

Pisząc *Powidoki*, nie myślę nigdy o jakiejkolwiek apoteozie przeszłości. Bardziej istotne wydaje się związanie przerwanej nici z historią, o której się nie mówiło i nie pisało, odkładając ją na strych między rupiecie. Ta najbliższa okupacyjna, powojenna została pogrzebana doszczętnie. Młode pokolenie fascynuje się zdobyczami cywilizacyjnymi Zachodu, historią dynamicznej Ameryki i zna lepiej dzieje mafii w Chicago czasu prohibicji niż swój rodowód, zaplecze. Jedną z pierwszych prób obejrzenia się za siebie i sięgnięcia po rodzinne pamiątki w lamusie jest udany renesans ballad Grzesiuka w wykonaniu Muńka Staszczyka.

Podobnie przyjemną niespodzianką był list pana Konrada Kraujalisa o EKD. Pan Konrad naszkicował barwną historię podmiejskiej kolejki. Warto ją przedstawić. Potentat i fabrykant Lilpop sprzedał swe posiadłości w okolicach Podkowy Leśnej Towarzystwu Akcyjnemu „Siła i Światło" z udziałem belgijskiego kapitału. Towarzystwo zelektryfikowało je i sprzedało. Powstało „Miasto-Ogród Podkowa Leśna". Osiedlili się tutaj artyści, pisarze, kupcy i rzemieślnicy z Warszawy, urzędnicy państwowi. Towarzystwo Akcyjne wybudowało Kasyno Myśliwskie w parku z piękną drogą spacerową wzdłuż torów EKD.

W parku był tor saneczkowy, ślizgawka, korty tenisowe. Powstał kościół św. Krzysztofa, patrona automobilistów, wzniesiony ze składek właścicieli samochodów.

Oto opis samej kolejki pióra pana Konrada Kraujalisa. „Wagony to były po prostu niezapomniane cacka. Wystrój drewniany, brązowe, afrykańskie drzewo, okucia i lampy mosiężne. Okna w zimie podwójne, ogrzewanie regulował motorniczy zgodnie z zaleceniami podawanymi na stacjach. Punktualność wzorowa. Każdy motorniczy posiadał zegarek Longines umieszczony w gniazdku wyłożonym filcem na blacie. Tory starannie czyszczono, wyrywając trawę, zielsko. W zimie regularnie odśnieżano. Dyrektor EKD, mieszkający w Podkowie, dojeżdżał do swojego biura w Warszawie i często osobiście prowadził pociągi. Obsługa specjalnie umundurowana, kontrolerzy wyglądali jak generałowie. Pociągi miały wagony bagażowe, dostarczano w nich świeże mleko do sklepów warszawskiego «Agrilu». Początkowo funkcjonowała jedna linia do Grodziska, gdzie zbudowano wagonownię i warsztaty. Potem powstało odgałęzienie do Włoch i Milanówka. Był jeszcze projekt budowy rozgałęzienia do Nadarzyna z rozjazdem w Komorowie. Krańcowe stacje w Grodzisku, Milanówku i we Włochach schodziły się ze stacjami kolejowymi. W godzinach wieczornych dyżurowali pracownicy, którzy odprowadzali samotne kobiety do domów. Odgałęzienia były jednotorowe i ze względu na bezpieczeństwo pociągi poruszały się za pomocą «Berła», które zawiadowcy w Podkowie Głównej i na Szczęśliwicach wręczali motorniczemu. Dla upamiętnienia założenia EKD ufundowana została przez Towarzystwo Akcyjne figura Matki Boskiej, która znajduje się do dziś w Podkowie Leśnej Głównej na granicy z Zachodnią. W czasie okupacji zarządzał kolejką komisarz, Niemiec. Należy wspomnieć, że konduktorami w tym czasie bywali aktorzy, intelektualiści, konspiratorzy z AK, którym ta praca dawała glejt bezpieczeństwa. Po wojnie z powodu zniszczenia elektrowni w Pruszkowie wagoniki ciągnęły parowozy PKP, co wyglądało bardzo groteskowo. Dojeżdżało się tylko do Granicy Miasta, czyli do Opaczewskiej, bo dalej trakcja była zniszczona. Ale szybko doprowadzono tory do używalności i znów było pięknie, punktualnie i wesoło. Aż przyszły lata pięćdziesiąte i EKD została upaństwowiona. To była tragedia. Z EKD zrobiono PKP, potem WKD i linia właściwie stała się niczyja. Zdewastowano co się dało, budynki stacyjne, trakcję i wagony. A kiedy przyszło opamiętanie, trzeba było wymienić tabor, torowiska, wszystko. Obecny tabor WKD składa się z wagonów zimnych, hałaśliwych i niewygodnych. Przystanki – obskurne, brudne. Linię włochowską dawno już zlikwidowano. Jeden dawny, oryginalny wagonik stał w Muzeum Kolejnictwa przy Towarowej. Był to wagon motorowy, w opłakanym stanie. Poszedł do remontu i żeby jak najprędzej został pokazany zainteresowanym.

Chyba to wszystko w wielkim skrócie. Oj, łza się w oku kręci!" – tak kończy swoją historię EKD pan Konrad Kraujalis.

1998

## Ratusz

Był masywnej postawy, twarz mięsista i gęsto poznaczona śladami po ospie. Nosił się z elegancją w stylu minionym: czarne palto z aksamitnymi wyłogami na kołnierzu, czarny kapelusz i nieodłączna bambusowa laseczka. Głosem o melodyjnym, basowym brzmieniu potrafił czarować i każda jego opowieść skrzyła się humorem i niewątpliwym cynizmem, bezwstydną nawet amoralnością. Sam siebie nazywał chętnie Ratuszem, uzasadniając niepozbawionym słuszności argumentem: „Tyle już lat, synku, tyle kataklizmów, ginęły miasta, całe społeczności, zmieniali się władcy. A ja trwam jak stary, średniowieczny Ratusz. Stoję i patrzę…"

Miał jeszcze inne przezwiska. Zwano go „Królem kitu i bajeru", „Ministrem bez teki", „Majstrem od farmazonu". Był życzliwy ludziom, pogodny. Żadne troski, smutki nie zakłócały jego dobrego samopoczucia. Oganiał się od nich nader skutecznie. Mowa była jego orężem i tej złotoustej właściwości zawdzięczał wysoką pozycję w kręgach bajerantów, niebieskich ptaszków i oszustów różnego autoramentu. Uczyli się od niego kunsztu, stoickiej postawy wobec nieoczekiwanych zmian losu i prawdziwej, wolnej od wszelakich niepokojów, beztroski. „Jest tylko teraz – powiadał. – Nieważne jutro, pamiętaj, synku!"

Jowiszowe oblicze emanowało niewzruszonym spokojem, dzioby po ospie czerwieniały po wódeczce. Machał ręką i odpływał majestatycznie w głąb ludzkiego rojowiska, kawiarni, restauracji, żeby w innym miejscu dawać rady adeptom beztroskiego życia w tym świecie pełnym trosk.

Koleje jego losu były bujne, burzliwe i pod koniec lat trzydziestych zasłynął w rodzimym Białymstoku i jego okolicach jako obiecujący, jarmarczny sprzedawca maści na porost włosów, balsamu na reumatyczne dolegliwości i uniwersalnego eliksiru na każdą chorobę. Pod Sowietami żegnał upadek Polski nieustającymi libacjami w kompanii straceńców i awanturników spod ciemnej gwiazdy. Pewien groźny i nieobliczalny enkawudzista był jego serdecznym druhem. Ale łaska pańska na pstrym koniu jeździ i wywieźli go na Sybir starą naszą drogą. Stamtąd wyszedł z Andersem i bawił żołnierzy II Korpusu konferansjerką na estradzie polowej. Od początku więc jego talent krył się w mowie. Serca do wojaczki nie posiadał i jak tylko nadarzyła mu się okazja, został uznany za niezdolnego do czynnej służby. Sprawie jednak służył, będąc pielęgniarzem w lazaretach, opiekunem sierot, pisarzem w rozmaitych kancelariach i magazynach na tyłach. Wrócił do kraju w 1945 roku i początkowo osiadł we Wrocławiu, gdzie szybko stał się popularną osobistością. Był pupilkiem tamtejszych szabrowników i aferzystów na dużą skalę. Zapracowanym ludziom interesu zabezpieczał, jak powiadał, wytchnienie i życie rozrywkowe. W tej dziedzinie okazał się niezastąpiony i żartobliwie nazywano go wielkim mistrzem kapituły hulaków i nicponiów. Przeniósł się do Warszawy i trwale zakorzenił się w podobnym towarzystwie. Tak samo jak we Wrocławiu zajmował się rozrywką i rekreacją ludzi utalentowanych i pomysłowych, którzy w niesprzyjającej rzeczywistości nie zrezygnowali z prób zdobywania fortun na własny rachunek. Ta ryzykowna działalność, ciągle zagrożona przez organa ścigania, tym bardziej wymagała wytchnienia, odpoczynku. Tym zajmował się Ratusz, będąc podkomorzym, podczaszym, żeby skorzystać z dawnych zaszczytnych funkcji Polski dworskiej, szlacheckiej. Przygotowywał uczty, hulanki, wyprawy w góry i nad morze. Dobierał towarzystwo, szczególnie dbając o obecność dam. Popularne i szeroko komentowane były bankiety w Polonii, Bristolu, Paradisie i Kaskadzie. Duszą towarzystwa był niezastąpiony Ratusz, okraszający uciechy stołu i łoża facecjami pełnymi dowcipu, fantazji. W odróżnieniu od innych farmazonistów, czyli twórców żyjących ze słowa mówionego, nie pragnął dla siebie żadnych szczególnych korzyści materialnych. Potrzebował jedynie hotelowego lub sublokatorskiego pokoiku, nieco gotówki na gorzałkę i papierosy. Właściwie najbardziej potrzebował nieustającego ciągu uczt, przyjęć w knajpach, hotelach, tych butelek z wódką w kubełeczkach z lodem, przykrytych białymi serwetkami, brzęku szkła, toastów, muzyki, całej tej atmosfery hulaszczej nocy.

Był minimalistą i tak egzystował na utrzymaniu swoich „ojczulków", jak ich ciepło nazywał, często młodszych od niego speców od zdobywania większej gotówki w szczelinach socjalizmu.

Z pewnym protektorem dostał się nawet do więzienia, posądzony o wspólnictwo w skupie złota i dolarów. Przebywał przeszło rok w więziennej celi i barwnymi opowieściami o beztroskim życiu na wolności podnosił na duchu towarzyszy niedoli.

– To był wypadek przy pracy. Wliczony w koszty – mówił o swoim pobycie w pudle i jego oblicze senatora emanowało niewzruszonym spokojem człowieka przygotowanego na wszystkie przeciwieństwa losu.

Wyszedł na wolność i znów dni i noce stały się nieustającym pasmem hulanek i uciech. Kolejny „ojczulek" zachwycony. Ratusz także pełen satysfakcji.

Grom spadł z jasnego nieba. W tym powiedzeniu kryje się złowroga prawda. Zachorował i zawieźli go do szpitala. Rozpoznano nieuleczalną chorobę. Już były przerzuty. Ratusz przyjął werdykt ze spokojem. Wieczorem przy jego szpitalnym łóżku zasiedli dwaj „ojczulkowie". Na jego życzenie przynieśli anchois z kaparami. Nie chciał żadnych pocieszeń, złudnej nadziei. Wspominał rozmaite zdarzenia ze swego życia, żartował. Właściwie bawił tych dwóch i oni zaśmiewali się do łez. Pożegnali się z nim zachwyceni jego formą. Taki jak zawsze. Fenomen!

Tego samego wieczoru rzucił się z okna na beton szpitalnego dziedzińca. Tak rozstał się z życiem. Pogrzeb był uroczysty. Tylu ludzi z miasta, wieńce, szarfy. Nad grobem klęczała staruszka w czarnej chuście.

– Synku! Synku! – powtarzała, łkając.

Była to jego matka, chłopka z białostockiej wsi. Daleką drogę przebył Witek Ratusz. Był jednym z najsławniejszych farmazonistów miasta. Pozostało puste miejsce. Całe dawne miasto jak wielkie puste miejsce. Same cienie, duchy...

1998

# Górą Edek

To ten z *Tanga* Mrożka. Przebojowy, agresywny cham.
Zrazu potulny, rozrasta się i dominować zaczyna. Szybko
osiąga swoje żarłoczne cele. Skojarzenie nasunęło mi się
w związku z pewnym incydentem zaobserwowanym
na zapchanej samochodami, niewielkiej ulicy w centrum
miasta. Hałas klaksonów, zgrzyt hamulców, smród spa-
lin. Tłok. Na tej ulicy szczególnym problemem było zdobycie miejsca do zaparkowania. Auta stały rzędem, zajmując do połowy trotuar dla pieszych. Inne sunęły powoli,
czyhając na możliwość wsunięcia się na chodnik. Przypadkiem byłem świadkiem sceny, która stała się inspiracją do niniejszego sprawozdania.

Właśnie zwolniło się miejsce w ciasnym rzędzie samochodów i to mały fiat podjechał jako pierwszy, pragnąc
wsunąć się w szczęśliwie powstałą lukę. Jednak nieudolny
kierowca zapędził się zbyt daleko, odsłaniając część miejsca upatrzonego do zaparkowania. Natychmiast za nim,
niczym jakiś drapieżnik, pojawił się wielki, lśniący ford.
Naparł dynamicznie, przystając ledwie w odległości kilku
centymetrów od „malucha". Kierowca małego samochodu naciskał raz po raz klakson, zawiadamiając o swoim

pierwszeństwie. Jednak luksusowy kolos ani myślał ustąpić. Wspaniały, w kolorze „szafir metalik". Mały fiat to żałosne biedactwo wobec takiego masywu!

Wojna nerwów trwała dosyć długo. Coraz bardziej gwałtowny klakson „malucha" był bezskuteczny. Inne samochody przyłączyły się do zamieszania równie głośnym trąbieniem, wyrażając swój protest przeciw blokowaniu przejazdu. Kierowca fiata wychylił się z okienka – głosem i na migi informował kierowcę forda o swoim prawie do pierwszeństwa. I to także na nic się zdało. Tamten tkwił w swojej agresywnej, napierającej pozycji bez zmian.

Obserwowałem z niewielkiej odległości nieruchomą postać o równie nieruchomym obliczu za kierownicą forda. W pewnym momencie kierowca „malucha" nie wytrzymał. Załamał się. Ustąpił. Przejechał kilka metrów do przodu. Wtedy ford miękko i bezszelestnie, imponując zwrotnością i zdolnością plasowania się w ciasnej przestrzeni, zajął zdobyte miejsce. Kierowca fiacika jeszcze nie zrezygnował do końca. Chciał chociaż dać głos w sprawie dziejącej się nieprawości. Wysiadł z samochodu. Był to niewysoki, drobny młodzian o szczupłej twarzy, w okularach. Inteligent jakiś. Prawie równocześnie wysiadł z forda jego właściciel. Wysoki, tęgi mężczyzna w skórzanej kurtce. Widziałem jego krok. Mocny, zamaszysty.

– Panie, jak tak można? – zabrzmiał głos kierowcy „malucha", drgający bezsilną skargą. A „Edek", bo on to był, sunął jak wieża oblężnicza i z wysokości swoich 190 przeszło centymetrów patrzył przed siebie – wcale nie widząc tego cherlaka w okularach. Wymusił i zdobył miejsce dla swego forda. Teraz parł do następnego celu. Zniknął w pobliskiej bramie, opatrzonej tabliczkami z nazwami firm i przedstawicielstw handlowych.

1999

# Rajski ptak

Poznałem go przy okazji przekazywania papierów po zmarłym nagle pisarzu, moim przyjacielu W.

Pokój pełen był niedawnej obecności W. Niedopałki papierosów w popielniczce. Pod łóżkiem pantofle. Marynarka wisiała na oparciu krzesła. W tej marynarce W. chodził ostatnio najczęściej.

Przybył tu jako dyrektor muzeum literatury w sprawie przejęcia i zabezpieczenia pamiętników zmarłego pisarza, odkładając niedbale na stos te latami spisywane przez W. codzienne notatki w firmowych kalendarzach, prowadził z nami lekką, towarzyską rozmowę.

Zafascynował mnie jego wygląd. Bardzo długi, chudy, z pobrużdżoną twarzą zdobną w potężny nos. Jego koścista postać obleczona była w czarny garnitur, z którego wyłaniała się długa szyja z ruchliwą grdyką, okolona białym, pogniecionym kołnierzykiem koszuli z niedbale zawiązanym również czarnym krawatem. Chwilami wyglądał jak mistrz pogrzebowej ceremonii. Choć przecież ta śmierć nie sprawiła na nim żadnego wrażenia, ostentacyjnie nie poddawał się żałobie panującej w pokoju. A więc wypowiadał kwestie żartobliwie-aforystyczne, inkrustując je obficie homeryckim śmiechem. Nie dawał się zdominować smętnej powadze innych obecnych w mieszkaniu zmarłego. Oczy skrzyły mu się niewyczerpaną swadą, jego bas zagłuszał pozostałe głosy.

Obserwowałem ruchliwość jego długich nóg, podwijał je i zakręcał wymyślnie. Ta gimnastyka nóg kojarzyła się nieodparcie z jakąś beztroską elastycznością jego ciała, pachniał lekko alkoholem.

Później widywałem go w rozmaitych klubach, kawiarniach i restauracjach naszego miasta. Chudy, ubrany niezmiennie w czarny garnitur, poruszał się szybko i energicznie, wyrzucając ze swoistą gracją te nawet przy jego wzroście wyróżniające się długością nogi. Przebywał zawsze w licznym gronie kobiet i mężczyzn ze świata artystycznego. Zdecydowanie ceniono go jako kompana i słuchano z uwagą tego, co mówił. Pił tęgo i jego śmiech wzbijał się ponad wrzawę każdego miejsca. Nie zmieniał się w trakcie biesiady, tylko jeszcze bardziej dominował jego gromki, basowy głos, spoglądano na niego ciekawie, interesował nawet najbardziej obojętnych sąsiadów; z wysokiego stołka zsuwał się ze zgrabną zwinnością i wychodził paradnie, właśnie paradnie, podpierając się jedynie dla fasonu laską-parasolem w przedwojennym stylu. Wyglądał jak gwiazdor opuszczający podium. Zapamiętałem dokładnie te pierwsze, przypadkowe spotkania. Nadal z człowiekiem nieznajomym. Na pewno przecież nie zapamiętał mnie podczas tamtej wizyty przekazywania papierów po zmarłym pisarzu.

W kręgach artystycznych był osobą bardzo popularną. Opowiadano o jego przedwojennej zażyłości z Witoldem Gombrowiczem. Nawet słynne osobliwości stylu odkrywanego wtedy pisarza, choćby – to dopiróż! czy inne, przypisywano jego dziwacznej inwencji językowej. Krążyły rozmaite powiedzenia i anegdoty, których był twórcą. Powoływano się na jego opinie w rozległej skali spraw i zdarzeń. Z wykształcenia był historykiem, uczniem znakomitego profesora, Marcelego Handelsmana, podczas okupacji jego mieszkanie na Senatorskiej stanowiło miejsce spotkań i wieczorów literackich młodych poetów – pokolenia debiutującego w tamtych latach.

Początku ściślejszej znajomości z nim już dzisiaj nie potrafię wiernie odtworzyć. Być może w jakimś towarzystwie siedzieliśmy w pobliżu przy stole, może we dwóch opuściliśmy przypadkiem jakąś biesiadę. Tak zaczęła się nasza znajomość, objawiająca się dosyć częstymi spotkaniami. Choć wtedy jeszcze przy jego swadzie i surrealistyczno-absurdalnej treści i formie monologów, jako mocno trzymający się ziemi realista, słuchając tych wywodów, nie czułem się zbyt pewnie, za często bowiem i wbrew swojej woli bywałem odrywany od ziemi i wirowałem w obcych sobie wysokich regionach. Od początku dla nas, Joli i mnie, M. wydawał się bardzo stary. Jednak stary w specyficzny sposób, raczej ilością przeżytych lat, bogactwem wiedzy i doświadczenia, a nie sposobem bycia. W swym zachowaniu był przecież niezwykle młody. W gotowości do przypadkowych pijatyk, włóczęgi od knajpy do knajpy, w niewyczerpanej inwencji do żartów i żelaznej kondycji do wielogodzinnego wysiadywania na towarzyskich konwentyklach – potrafił być często górą, z łatwością pokonywał nas młodych. Ponadto nie było w nim śladu żadnego dostojeństwa, wyższości, kpił z innych i dawał kpić z siebie.

Polubiłem go. Ciągle jednak był dla mnie przede wszystkim jedną z osobliwości tego ludzkiego panoptikum, w którym gustowałem jako nałogowy kolekcjoner. Oceniałem go więc jedynie w sferze powierzchownej, żeby nie powiedzieć „banalnej". W miarę upływu lat ta fascynacja przerodziła się w głębszą zażyłość, która nabrała znamion autentycznej przyjaźni. Sam M. postarzał się znacznie, starość już nie dawała się osłaniać powłoką dziarskiej gotowości na wszystko; narzekać zaczynał na serce, kłopoty z błędnikiem, inne dolegliwości. Jego przysłowiowe końskie zdrowie uległo znacznemu pogorszeniu. Mimo to jeszcze się nie dawał, zrywał się niby niepokonany bojownik do ataku.

Pamiętam uroczystość wydaną przez nas z powodu pierwszego w życiu mieszkania, czyli „parapetówkę", tłum przyjaciół, obficie płynął alkohol, M. oczywiście przetrzymał wszystkich i wyszedł ostatni. Po kilku godzinach, ocknąwszy się z pierwszego snu, postanowiłem uprzątnąć chociaż trochę mieszkanie, które przypominało pobojowisko.

Załadowałem kubeł butelkami, odpadkami i skorupami potłuczonych talerzy, ruszyłem do śmietnika. Na ostatnim półpiętrze uległem gwałtownemu zaskoczeniu, co początkowo uznałem za alkoholowy omam. Z piwnicy wynurzył się majestatyczny, długi M., w tym swoim czarnym garniturze, wybielonym niesamowicie; tak dostojnie, chwiejąc się jedynie minimalnie, wytoczył się na podwórze. Ochłonąwszy z pierwszego zaskoczenia, wyjaśniłem sobie z łatwością to zjawisko. Najwyraźniej M., opuszczając po libacji nasze mieszkanie, zaszedł nieco niżej do piwnicy właśnie i tam już oddał się rozkoszy snu na betonowej posadzce; teraz zaś wynurzał się na światło dzienne w tym groteskowo wybielonym garniturze. Oto M. w ostatnich swoich młodzieńczych porywach, weteran przygotowany na każdą okoliczność.

To tyle tytułem wprowadzenia. Najbardziej istotną w tej opowieści jest ta najściślejsza już faza naszej przyjaźni. Wyraża się ona rytmem regularnych wizyt. O tym pragnę napisać więcej. O naszych rozmowach, jego długich, kunsztownie budowanych oracjach wytrawnego retora, polemikach, pamfletach, panegirykach, stosunku do życia, przyjaciół, wrogów, świata w ogóle. O tej jego szerokiej i tak bogatej skali wiedzy, która pozwala mu przechodzić swobodnie z historii w domenę malarstwa, muzyki, literatury, dziejów dawnej Warszawy, starych patrycjuszowskich rodów, masonerii i tej rozbawionej kawiarnianej Warszawki spod znaku Adrii, Wróbla, Morskiego Oka, IPS-u i Ziemiańskiej. O tej jego fascynującej twórczości, wielkiego maga słowa mówionego, ulotnej i tak trudnej do utrwalenia choćby w okruchach. A także o tej sekretnej, rzadko odkrywanej twórczości pisanej, w którą przecież wielu sceptyków wątpi zdecydowanie dotychczas.

Nasza zażyłość najwyższego szczebla, używając terminologii masonów, rozpoczęła się w 1968 roku, kiedy to zwolniono go ze stanowiska dyrektora muzeum literatury. Przyszedł wtedy czas szarańczy i on tym nowym, żądnym władzy kondotierom, jakże przy tym wulgarnym i prostackim – nie mógł się podobać. Przede wszystkim ze względu na swoją odmienność w zachowaniu, wyglądzie, i jeszcze z tym swoim nazwiskiem o brzmieniu niemieckim; dla nich zapewne po prostu był Żydem.

Nasza zażyłość zaczęła się od przeprowadzki. Przy tej przeprowadzce dowiedziałem się, że mój przyjaciel, stary nobliwy M., był nie lada tułaczem. Dom na Senatorskiej, te pięciopokojowe salony zamożnej, dynastycznej inteligencji warszawskiej, uległy zupełnemu zniszczeniu podczas powstania. Po wyzwoleniu więc M. przemieszkiwał kątem u krewnych i przyjaciół, wynajmował sublokatorskie klitki, dopóki dzięki życzliwości pewnej ustosunkowanej aktorki nie otrzymał własnego mieszkania. Ale będąc dyrektorem muzeum, z właściwą sobie życzliwością wypożyczył mieszkanie komuś bardziej potrzebującemu i sam zamieszkał w pokoju służbowym tej instytucji. Toteż zwolniony z pracy, tym samym pozbawiony został mieszkania. Przeprowadził się do mnie na kilka dni. Osobliwa to była przeprowadzka. Wysoki, ekscentryczny pan z ogromnym nochalem dźwigał tobołek z kołdrą, poduszką, pidżamą, owinięte w prześcieradło. Przedefilował w ten słoneczny dzień do mojego mieszkania na Długiej. Domownik z niego był delikatny, niedokuczliwy. Najbardziej intrygowały mnie jego wieczorne czynności w łóżku. Co wieczór, już leżąc, zamaszystym, dużym pismem ze śladami nauki kaligrafii w dzieciństwie zapełniał stronice grubego brulionu, przestawał, drapał się długopisem po uchu, ponownie zabierał się do pisania. I tak do późna w noc. Podpatrywałem, przyznaję. Z jego pisaniem bywało rozmaicie. Został poproszony o napisanie szkicu do *L'Herne*, ekskluzywnego periodyku literackiego, wychodzącego w Paryżu. Cały numer tego pisma miał zostać poświęcony Witoldowi Gombrowiczowi. Nosił się z tym zamiarem bardzo długo. Sprawa przecież dotyczyła człowieka, z którym łączyły go niegdyś bliskie stosunki. Zażyłość ta sięgała czasów najdawniejszych! Obaj wtedy startowali i mieli wspólne upodobania do pewnej konwencji zgrywy, żartu, drwiny. Witold Gombrowicz również w swój osobliwy sposób zalecał się do jego pięknej siostry. Postanowił rzecz swoją napisać po francusku, specjalną francuszczyzną, jak nadmienił, pragnąc jak najściślej oddać ducha ich przyjaźni oraz istotę pisarstwa Witolda. Przeczytał swój szkic po polsku. Było to bardzo wyszukane i niewiele z tego zapamiętałem. W ostatecznym rezultacie jego tekst w *L'Herne* się nie ukazał. Nie zdążył na czas, nie przyjęli? Sam przestał zupełnie mówić o tej pracy, która go jeszcze niedawno tak pochłaniała bez reszty. Językiem francuskim władał biegle, tylko posługiwał się formą wyszukaną, nieco staroświecką, tak oceniali znawcy. Wspominał nasz były ambasador w Paryżu, jak w tym mieście odbywała się uroczystość odsłonięcia pomnika Adama Mickiewicza. M. przybył tam jako dyrektor muzeum literatury i od rana już pił w gargantuicznych ilościach wino, przetykając calvadosem i armaniakiem, zachodząc od bistra do bistra, spacerując po bulwarach, placykach i zaułkach, oceniając kobiety, rozkoszując się konfrontacją współczesnego Paryża z tamtym

miastem jego młodzieńczej podróży z ojcem i później-
szych studenckich wypadów. Tak przy tych trunkach
i wspominkach czas upłynął do uroczystości. Zgromadzili
się notable, mer, elita intelektualna. Nasz ambasador pełen
był najgorszych przeczuć, M. bowiem sprawiał wrażenie
porządnie opitego, ponadto nie miał żadnej karteczki, najmniejszego choćby konspektu przemówienia. Tylko nochal błyszczał mu w słońcu imponująco. Wreszcie gość
z Polski stanął na podwyższeniu przed pomnikiem wiesz-
cza. Powiódł spojrzeniem po dostojnym zgromadzeniu.
Wyglądał jak chudy ptak z gatunku brodzących, najbardziej przypominał siwą czaplę w swoim czarnym, znoszo-
nym garniturze, opylonym na rękawach i klapach. Przemówienie wygłosił z niezwykłą swadą i animuszem, często
przerywano mu oklaskami i śmiechem. Przyjęte zostało
z prawdziwym aplauzem i nie bez pewnego zaskoczenia.
W treści i formie było bardzo francuskie, zawierało umiejętnie skomponowane elementy patosu, żartu i anegdoty,
wypowiedziane nienagannym, może tylko zbyt literackim
językiem. Żabojady ściskały prawicę M., on zionął im bu-
kietem wielu wypitych trunków i śmiał się tubalnie. Starzy
jego znajomi z czasów okupacji, wykładowcy i słuchacze
konspiracyjnych seminariów i dyskusji powtarzają zgodnie, że M. przedstawiający swoją kwestię bez kartki bywał
zawsze wspaniały, natomiast wywód napisany, ujęty w ry-
gory liter i słów, utrwalonych na papierze, paraliżował i dusił jego indywidualność; wtedy to czytane stawało się blade,
anemiczne, wyprane z werwy i polotu, bogactwa skojarzeń
i śmiałości rozwiązań.

Jednakże motyw pisania przewija się w życiu M. nieustannie. Dawno temu przeczytał mi swój kilkunastostronicowy list-esej, wysłany do Jana Józefa Szczepańskiego z powodu tomu jego szkiców *Przed nieznanym trybunałem*, z których jeden dotyczył dramatycznej decyzji ojca Maksymiliana Kolbego w Oświęcimiu. W liście tym M. wyłożył swoją własną analizę motywacji czynu ojca Kolbego na porannym apelu, kiedy to dobrowolnie wybrał śmierć za obcego mu człowieka. Wywód miał charakter bardzo skomplikowany, istotne znaczenie odgrywały przypuszczalne wymiary placu apelowego, ilość zebranych więźniów, odległość między nimi i oprawcami, inne jeszcze obliczenia. Nie mam zdania o tym liście. W słuchaniu oszołomił mnie wielopiętrową warstwą znaczeń, swoistym palimpsestem, gdzie pod jednym odkrytym napisem znajduje się zaraz drugi. Owego listu do bezpośredniego przeczytania nie otrzymałem. Nawet nie pragnąłem tej lektury. Obawiałem się rozczarowania, negatywnego wrażenia, czegoś w tym sensie. Jakbym czekał na to dzieło, którego M. jeszcze nie napisał, czyniąc dopiero wstępne wprawki, szykując się do wielkiego skoku. Innym razem przeczytał swój przekład fragmentu którejś pieśni z *Boskiej komedii*. M. był poliglotą, szczególnie dla mnie, językowego barbarzyńcy, jego biegłość w tym zakresie była imponująca. Znał włoski, francuski, łacinę, grekę, często uprawiał sztukę translatorską w tych językach. Lekturę przekładu z Dantego opatrzył obszernym komentarzem o poszukiwaniu odpowiednich słów, niezbędnych dla oddania najgłębszych znaczeń tej poezji, o bogactwie zawartych tam odniesień do starożytności i historii współczesnej poecie, o golemiczym trudzie utrzymania odpowiedniej rytmiki i oddania w języku polskim poetyckiego piękna. Polemizował ostro z dawnym przekładem *Boskiej komedii* dokonanym przez Edwarda Porębowicza, zbyt jego zdaniem obciążonym młodopolską manierą pustego, wzdętego wielosłowia. Czytywał także słynne, lapidarne stwierdzenia Karola Marksa w rodzaju: – Byt określa świadomość – czy – Nędza mas wśród obfitości dóbr – w swoim przekładzie na łacinę. Ten zabieg nadawał sentencjom Marksa odmienny sens, zamieniając materializm w idealizm, formuły ekonomiczne w metafizyczne. Czyli przewracał do góry nogami myśl Marksa. Bawił się tymi przekładami znakomicie, zarazem wyciągał daleko idące wnioski semantyczne co do wartości łaciny jako sprawdzianu rozmaitego mętniactwa i nieścisłości. Jego zdaniem była ona niezawodnym probierzem.

Z coraz większym trudem wspinał się na nasze IV piętro, odpoczywał po drodze, laska-parasol już przestała być tylko ozdobą, wchodził zadyszany; jednak jego duch wcale nie odczuwał znużenia. Po powitalnych pocałunkach, którymi nas zawsze obdarzał, kładł się na tapczanie, opierał głowę o ścianę, zawijał i splatał wymyślnie te swoje długie nogi ptaka brodzącego, natychmiast zaczynał perorować dziarsko. Często miewał monologi czysto abstrakcyjne, pełne skomplikowanych skojarzeń i paradoksów, oparte na tak ulotnej i jemu tylko znanej podstawie (o której w dodatku wcale nie wspominął, traktując ją jako oczywistość niewartą nawet zaznaczenia), i wtedy myśl jego pędziła niepowstrzymanie do wysokiego lotu. W tym wysokim locie odczuwałem nadmiar akrobacji, piruetów, korkociągów, beczek – używając słownictwa pilotów, upojenia się słowem dla samej jego urody, metaforą dla samej jej błyskotliwości, pointą jedynie dla zaskakującego efektu. Odbiór w takich chwilach bywał trudny (nie moje to fale), choć z nagła jedno jego słowo, zdanie, obraz trafiały niby pocisk w moją wyobraźnię, wywołując samodzielny, osobny łańcuch obrazów i skojarzeń. Czułem więc twórcze działanie jego magii nawet w strefach najzupełniej dla mnie dalekich.

Ale zdarzało się i tak, że zmęczeni nawałem codziennych czynności, Jola i ja, bywaliśmy apatyczni, ociężali, mało wrażliwi i niezdolni do podtrzymania jakiegokolwiek dialogu w wyższej tonacji. Jałową tedy byliśmy dla niego glebą. Nawet niezdolni do zdawkowej, konwencjonalnej formy uznania dla krasomówczych wyczynów naszego gościa. W monologach miewał pauzy i potrzebował aplauzu, tego gorącego zrozumienia w oczach słuchacza lub jednego choćby słowa świadczącego o pełni odbioru. Milczeliśmy jednak tępo i wręcz po prostacku. Wtedy śmiał się z byle błahostki i śmiechem swym tubalnym wypełniał ciszę, poprawiał niecierpliwie swe długie nogi i już mówił o czym bądź, wprawiając się z każdym słowem w coraz większe ożywienie, zupełnie jak ta nakręcana, dziecinna zabawka zwana „bąkiem". Patrzyłem na niego z zimną nieufnością, tak czasami też bywało, nie dawałem się zwieść czarowi jego sztuki. Wydawała mi się ona jedynie formalną maestrią na kształt baniek mydlanych – kolorowe i piękne, zaraz rozwiewają się w powietrzu, stając się zupełną nicością. Monologi starego, wytrawnego szermierza, mistrza słownego fechtunku w towarzyskich, kawiarnianych bojach. Jeszcze ten jego bas tak bogaty w odcienie, raz cichy, aksamitny, albo przenikający, to potężny niby spiżowy dzwon, żeby nagle w apogeum oracji wezbrać dźwiękami ochrypłymi niby dysonans. Świetnie umiał się posługiwać swoim głosem. Tak nieżyczliwie konstatowałem. Patrzyłem na jego pobrużdżoną, ruchliwą twarz i zadawałem sobie pytanie: szarlatan to czy mędrzec? Jego niebieskie oczy kipiały młodzieńczym blaskiem (choć chwilami zasnuwały się mgłą jak bielmem i obojętniały zupełnie) i jego wąskie, piękne dłonie też brały ruchliwy udział w pracy ust i gardła. Te dłonie M., długie i silne, o gładkiej skórze, bez żadnych zniekształceń i znamion starości. Więc jak to jest właściwie? Ale rzadko nieżyczliwie o nim myślałem. Jeżeli już tak było, to po chwili uznawałem tę właściwość za jedną z wielu możliwości jego bogatej wyobraźni. Traktowałem te puste monologi jako rodzaj swoistego treningu dla utrzymania należytej formy.

Był entuzjastą sztuki. Prawdziwym odbiorcą piękna, po młodzieńczemu ożywiającym się z powodu jakiegoś wydarzenia artystycznego, bezinteresownym i niezwykle chłonnym, nietypowym w tych czasach komercjalizacji i utylitarnych nacisków na sztukę; był więc jednym z ostatnich Mohikanów, poszukującym czystych, niczym nieskażonych przeżyć estetycznych. Tak reagował na malarstwo swego przyjaciela, patriarchy abstrakcjonizmu, wiekowego Henryka S., pracującego niezmordowanie nad kwadratami w wielu odcieniach. Opowiadając kiedyś o serii jego nowych obrazów, bogatych w szeroką gamę odmian błękitu, nazwał ten cykl malarstwem religijnym i użył dalekiego porównania z surową architekturą kościołów wczesnego gotyku.

– Gotyckie malarstwo – powtarzał z tym tylko jemu właściwym przejęciem w głosie.

Równie żywo zachwycał się grą aktorską Mai Komorowskiej, uzasadniając, dlaczego ta kobieta, w życiu naturalnym nieodznaczająca się szczególną urodą, na scenie przeistacza się w promieniującą, jak powiedział, wewnętrznym światłem piękność. W tych pochwałach wiele znaczyła wedle jego systemu wartości prywatna zażyłość z daną osobą. Mozolnie nieraz szukał pozytywnych cech twórczości ludzi sobie bardzo bliskich. Tak było z Tadeuszem Brezą, którego cenił jako niezrównanego partnera do rozmów, upajał się niegdyś jego dowcipem, inteligencją i wysokim kunsztem żonglerki słownej przy kawiarnianym stoliku. Z literaturą Brezy rzecz przedstawiała się gorzej, przyznawał M. rację z wewnętrznym oporem. Próbował ratować twórczość przyjaciela i zabierał się do karkołomnej próby poprawiania jego powieści.

– Gdyby to napisał... – zaczął. Jednak przyciśnięty już bezpardonowo do muru, zgodził się w zupełności z surową oceną, posmutniał przy tym wyraźnie i nagle całkiem naiwnie (a może wcale nie tak naiwnie) przyczynę tego upatrzył w destrukcyjnej roli żony pisarza, mieszczki i konformistki o ciasnych horyzontach. Po prostu przyjaciela pragnął widzieć w jak najlepszym świetle. Obdarzał go szczodrze wszelkimi przymiotami i talentami. Pamiętam ten wieczór, kiedy wpadł do nas nagle pod wrażeniem debiutu poetyckiego Niny Andrycz. Wygłosił najwyższą pochwałę tego tomu wierszy, odkrywając tam szereg wartości bliskich arcydziełom. Lubił operować słowami najwyższego stopnia w pochwałach. Mógł tylko porównać nowo narodzoną poetkę z Wisławą Szymborską i Urszulą Kozioł. Długo o tym odkryciu rozprawiał. Subtelność wyobraźni i zdolność wyrażania najbardziej ulotnych uczuć, zwykle niedających się zakląć w słowa.

– Fenomenalne, wspaniałe! – eufemizmy zdarzały mu się często w chwilach entuzjazmu.

Później rozmawiając przypadkiem z kimś z dawnych lat, dowiedziałem się o romansie czy zalotach M. do tej aktorki o śpiewnym, kresowym głosie (tyle że mój rozmówca był znanym złośliwcem. A M. przecież był zawsze wierny w przyjaźni, nade wszystko zaś lojalny, nieraz przecież wychwalał tę majestatyczną aktorkę, nie ukrywając wcale tego, że niegdyś jako osoba wpływowa, żona jednego z najwyższych dostojników w nowej Polsce, świadczyła mu wiele życzliwości).

Nasz M. czuły był na uroki płci pięknej. Jest to fakt. Miał znaczne powodzenie u kobiet i umiał z tego korzystać. Opinie kobiet na jego temat były kontrastowo podzielone. Jedne twierdziły: potwornie brzydki i odpychający! Inne zaś pełne zachwytu nad jego fascynującą brzydotą i urokiem osobistym.

– M. jest poza zwykłymi kryteriami oceny mężczyzny, powiedziała pewna jego wielbicielka.

W każdym razie miał bogate doświadczenia uwodziciela. Czynił te zabiegi jak wszystko, ze znaczną dozą żartobliwości, dystansu, operował zmienną ekwilibrystyką liryzmu i cynizmu, żartu i powagi, cnoty i amoralności, jakby mimochodem, niezauważalnie zdobywając obiekt swych oryginalnych amorów. Wpływ na niektóre kobiety wywierał silny, czasem piorunujący. Jeszcze jako włodarz muzeum literatury zaprzyjaźnił się z żoną znanego krytyka sztuki. Znajomość rozpoczęła się niewinnie od porannych posiedzeń w staromiejskiej winiarni. M. w tamtych czasach do południa gustował w winie, po południu przechodził na wódkę. Bywali tam oboje regularnie; w pustawej o tej porze winiarni aż dudnił tubalny śmiech M., opróżniali co najmniej jedną, dwie butelki wina. Zaczęto widywać M. z tą kobietą także po południu w rozmaitych barach i klubach, ona zasłuchana, zaśmiewała się, to znów poważniała z nagła, wpatrując się w swego sugestywnego kompaniona. Rzecz cała nabrała posmaku sensacji w warszawskim światku artystycznym. Mówiono o romansie. Mąż, jak to z reguły bywa, dowiedział się najpóźniej i zareagował z całą gwałtownością rogacza – albo ja, albo on!

Wyprowadził się z domu, zakłębiło się w tym dotąd przykładnym stadle. Widywano M. z tą kobietą już coraz rzadziej, w miejscach ustronnych, konspiracyjnych. Wkrótce rozwiało się to zupełnie, lecz jej w spuściźnie po tym zamroczeniu serca pozostała silna skłonność do alkoholu. Mąż powtórnie oświadczył dramatycznie – albo ja, albo nałóg!

M. nie posiadał niewolniczych upodobań do alkoholu. Mógł pić i równie dobrze nie pić.

O sukcesach jego w sferze podbojów sercowych wieści docierały z różnych stron. Ta egzaltowana rzeźbiarka, mieszkająca od lat w Irlandii, dziewczyna znana z urody, przybywając na krótkie wizyty do kraju, zawsze odwiedzała M., pamiętała również o nim z daleka, zaopatrując go w kawę, herbatę, kosmetyki.

Gwoli prawdy należy zaznaczyć, że M. nie przechwalał się nigdy swymi podbojami, dyskretny jak na dżentelmena przystało, czci niewieściej nie uchybił ani razu jakimś lepkim, marnym słowem. Wracając zaś do rzeźbiarki przysyłającej M. z daleka dowody swej pamięci: z powodu tych zagranicznych paczek właśnie czasem osobliwy akcent pojawiał się w jego stroju. To kolorowa apaszka czy koszula z modnie zaokrąglonymi rogami kołnierzyka, kurtka z kolorową podszewką czy buty na podwyższonym obcasie. Strój M. stanowi osobny rozdział. Niezwykle niedbały, zarazem w sposób trudny do określenia wykwintny. Właściwie był abnegatem, o wygląd nie dbał zupełnie, przetarte łokcie marynarki ściągał kolorową włóczką, łatę na kolanie naszywał własnoręcznie, naddarta kieszeń nie przeszkadzała mu wcale, buty nosił tak długo, dopóki nie rozpadły się ostatecznie. Nie miał żadnej potrzeby posiadania ani koniecznej zaradności w sprawach materialnych. Na pewno też nie wysilał swego umysłu w tych codziennych, uciążliwych praktykach. Tę przyziemną zapobiegliwość pomijał z naturalną obojętnością, zadowalając się tylko niezbędnym dla bytowania minimalizmem.

W latach 70. postanowiono osłodzić mu przejście na wczesną emeryturę i otrzymał nowe mieszkanie w domu zajmowanym przez rządowych dygnitarzy. Kawalerka to była niewielka, może pierwotnie przeznaczona na jakąś dyżurkę dla cerbera pilnującego spokoju i bezpieczeństwa dostojnych mieszkańców domu. Wnętrze to od razu wypełniło się malowniczym, przyjemnym nieładem przypominającym nieco biwak, książki stosami zaległy podłogę, kartony spełniały rolę szafek na naczynia i talerze, szczególnie ozdobną rolę odgrywały lampy własnego wynalazku M. Kilka metalowych tarek kuchennych, większych i mniejszych, umocowanych na ścianach i ukrywających żarówki, cienkimi i szerokimi pasmami przepuszczało światło, powodując grę zmiennych, oświetlających mrok refleksów. W mieszkaniu tym znajdowały się pozostałości dawnego przedwojennego życia M. Na eksponowanym miejscu ściany widniał okrągły portret w staroświeckich ramach, przedstawiający matronę o surowej, niedostępnej twarzy, po jego bokach dwa dagerotypy panów w sztywnych kołnierzykach uciskających szyję, obaj z obfitymi bokobrodami. Znaczną część powierzchni pokoju zajmował ogromny stół z czarnego drewna, na nim zawsze rozłożone papiery, książki. Obecność papierów zapisanych dużym, zdecydowanym pismem, pokreślonych i poznaczonych uwagami na marginesach; stanowiło to dla mnie tę tajemniczą zagadkę twórczości pisarskiej M., tak przecież sceptycznie ocenianej przez większość jego znajomych.

Tryb życia prowadził anarchiczny, do posiłków też nie przywiązywał szczególnej wagi, często nie jadał obiadów, zadowalając się oryginalnymi posiłkami własnego pomysłu, jednakowo przyjmował potrawy najbardziej wyszukane, jak i zupełnie pospolite. W lokalach, kawiarniach, klubach od lat już nie bywał wcale i imponująca była ta łatwość, z jaką zrezygnował ze swego dawnego upodobania. Niemałą w tym rolę odgrywała zapewne jego skromna renta, niekiedy pożyczał przed końcem miesiąca niewielkie sumy, oddawał terminowo ze starannością niedzisiejszego dłużnika. Przede wszystkim jednak odpychała go brzydota współczesnej gastronomii. Te knajpy-stodoły, bary bez indywidualnego charakteru, chamska obsługa, puste gabloty i wódka wypijana pospiesznie, bez żadnej przyjemności, rytuału, zabawy i ten styl nie mógł mu przecież odpowiadać. Będąc arystokratą ducha i człowiekiem wiecznie ciekawym życia, czuł się doskonale z ludźmi wszystkich sfer, poczynając od włóczęgi dworcowego, przypadkowo spotkanego w nocy opryszka, a kończąc na parweniuszach o snobistycznym zacięciu. Zapamiętałem jego relacje o rozmowach z pewnym penetratorem śmietników, którego spotykał w swoich przechadzkach. Przypadli sobie do gustu i gwarzyli z przyjemnością.

Był również pieczeniarzem i z niektórych gościnnych domów korzystał wyłącznie utilitarnie dla przyjemnego spędzenia czasu. Szczególnie chętnie czynił to w dawniejszych latach, kiedy trunki i dobre jadło kusiły go znacznie silniej; chwalił wtedy bezwstydnie przymioty gospodarzy, doszukiwał się w nich intelektu i uroków niezwykłych, choćby byli patentowanymi durniami, nie skrywał wcale w tych komplementach łatwo czytelnego cynizmu. Miał w swojej postawie cechy Diogenesa, mędrca ze spokojem przyjmującego rozmaite zrządzenia losu, przede wszystkim dumnego ze swojej suwerenności. Tą drogą podążał konsekwentnie już od dawna. Znany był jego przedwojenny styl życia bez szczególnych ograniczeń, wynikający z zamożności domu rodzinnego. Upozował się w tamtych czasach na birbanta i intelektualistę zarazem, studiował historię, był ulubionym uczniem profesora Handelsmana. Pisał książkę o życiu hrabiego Walewskiego, syna Napoleona; ogłosił jeden rozdział w *Ateneum* Stefana Napierskiego. Maszynopis książki uległ zniszczeniu wraz z miastem w latach wojny.

Podczas międzynarodowego kongresu historyków pełnił funkcję sekretarza, zajmując się sprawami recepcyjno--organizacyjnymi. Musiał być w tej roli znakomitym, uroczym opiekunem areopagu uczonych, przybyłych z całej Europy. Harmonijnie łączył lekkość i wdzięk bywalca kabaretów, nocnych lokali, znawcy kobiet i wina, z głęboką wiedzą świetnie zapowiadającego się uczonego. Pozwalał sobie na luksus nauki dla nauki, wcale nie pragnąc czerpać z niej korzyści materialnych. Klasyczny typ Privat-Dozenta, można powiedzieć, niegdyś z takich rodzili się wielcy filozofowie. Właściwie M. został filozofem. Docieka, drąży, zadaje te najistotniejsze pytania i szuka odpowiedzi.

Wojnę przeżył podobnie, wcale nie poddając się grozie okupacji, straceńcze hulanki, konspiracyjne wykłady i spotkania młodych twórców, których często bywał inspiratorem, szczelnie wypełniały mu czas. Miał nawet pojedynek według kodeksu Boziewicza. Jednak wobec upustu krwi polskiej, dokonywanego przez okupanta, pojedynek ten jedynie markowano, żeby uczynić zadość sprawie honoru. Czyli okupację przeżył po swojemu i nie ma w nim wcale typowej skłonności ludzi starych do swoich lat dawnych, nie opowiada o sobie, raczej fascynuje go tamta atmosfera, stan ducha, sposób życia. Nie jest więc typowym, wiekowym gawędziarzem, nie sypie przygodami ze swego rogu obfitości, przeciwnie: jest powściągliwy i nad wyraz dyskretny na temat swojej osoby. Nową Polskę, twór niewątpliwie obcy dla niego i niezrozumiały (przed wojną M. i jego środowisko niewiele się interesowało rewolucją, komuną, krajem rad, było to tak obce i odległe, a złe przeczucie zagłuszali żartem, zabawą, czym bądź), jakby powstały po trzęsieniu ziemi; więc tę powstającą Polskę również lekko i bez zgrozy potraktował, bawiąc się po dawnemu, z radością odnajdując dawnych przyjaciół, pojawiających się po wojennych peregrynacjach. W tym pierwszym okresie po wyzwoleniu, jeszcze względnie swobodnym, pełnym fermentu intelektualnego i rozmaitych nadziei, został redaktorem powstającego właśnie wydawnictwa, utrzymał się tam jednak krótko, rzeczywistość twardniała brutalnie, fala gwałtownych przemian wyrzucała za burtę ludzi takich jak on.

Bez zaskoczenia powrócił do życia okupacyjnego, do tej formuły wolnego birbanta i mędrca perypatetyka, człowieka o tymczasowym statusie. Zmiana położenia nie połamała mu skrzydeł. I nadal żył z dnia na dzień jak ptak, stając się jednym z filarów podnoszącego się z nim świata artystycznego Warszawy, który już był jedynie namiastką tamtego przedwojennego królestwa salonów. Trzymał się konsekwentnie dawnego dekalogu, znów zasłynął jako ozdoba towarzyskich sympozjonów, twórca wielu bon motów i anegdot, nieposkromiony kpiarz z rzeczy świętych i surowo zakazanych, niezbędny przy każdym znaczniejszym spotkaniu artystów, równie ochoczy jak dawniej do eskapad po nocnych wykwintnych lokalach i spelunkach najpodlejszego autoramentu. Był nieujarzmionym optymistą. Powtarzał chętnie i nie bez dumy, że okupację traktował jako długą, złą noc; także stalinizm przyjął jako podobny dopust boży. Nie był tchórzem i w czasach kiedy wszyscy porozumiewali się szeptem, on nadal huczał swym basem. Ze swych doświadczeń wyciąga wniosek o szansach pojedynczej, jednostkowej wolności nawet w najgorszych czasach. Tego przeświadczenia trzyma się nadal.

– Za dużym jesteś optymistą – wątpiłem niedawno, kiedy roztaczał tęczową wizję przyszłości dla tego regionu Europy.

– A czy warto być małym? – odparł bez wahania. To prawda. Małym być nie warto. Jak grać z losem, to tylko o dużą stawkę.

Optymizm i nadzieję na przyszłość przede wszystkim znajduje w ludziach. Podaje przykłady. Przechodząc obok

sklepu rzeźniczego, uchylił kapelusza do dwóch rzeźni-
czek za szybą. One z uśmiechem zasalutowały mu po wojskowemu. Lub ta zupa z zacierkami, którą go poczęstował
w mroźny dzień kanalarz pracujący w wykopie na ulicy.

– Jedz pan, panie starszy, trzeba się rozgrzać!

– Czy to nie jest powód do optymizmu? – powiada M.

M. dotąd te nasze złe czasy przeżywał w zwycięskiej
formie ducha. Przypomniany w okresie „październiko-
wych wstrząsów i przemian" został dyrektorem muzeum
literatury i niewątpliwie była to odpowiednia dla niego
placówka. Wykazał wiele inwencji, sypnął oryginalnymi
pomysłami, przedstawił szereg wystaw, które zdynamizo-
wały tę kostyczną o akademickim dotąd charakterze in-
stytucję. Wydarzeniem stała się pomyślana przez niego
wystawa, biesiada, widowisko (wszystkie te elementy występowały łącznie) w rocznicę powstania styczniowego.
Wydostał gdzieś z archiwów i piwnic mnóstwo dokumentów, pamiątek i rekwizytów. Odbył się malowniczy piknik
na dziedzińcu wśród murów, płonęło ognisko, pieczono
kiełbasę na rożnach, serwowano spirytus w blaszanych
puszkach, ściany zdobiły podobizny powstańców z leśnych partii Chmieleńskiego, Czachorowskiego czy Za-
meczka, odzianych w burki, barankowe czapki, z flintami,
krócicami i szablami, rozbrzmiewały pieśni patriotyczne,
w dalszym planie majaczyli Kozacy z pikami, umiejętna
iluminacja sugestywnie potęgowała nastrój nocy z 1863
roku. Działalność w muzeum odpowiadała temperamen-
towi M., doskonale łączył artystyczną intuicję z rzetelną
wiedzą historyka. Daleki był także od wszelkiego biuro-

kratyzmu i sztampy. Zwykłą koleją rzeczy nastał etap potocznie nazywany „przykręcaniem śruby" i M. przestał odpowiadać nowym wymaganiom polityki kulturalnej, przeszedł na wcześniejszą emeryturę. Nie wydawał się tym zbyt mocno przejęty. Najwyraźniej życie traktował jako nieustającą karuzelę, nawałnicę absurdów, niedorzeczności, zła i głupoty, bawiąc się wyśmienicie tym groźnym światem, obficie przy tym czerpiąc z wynaturzonej rzeczywistości tworzywo do swoich żartów i opowieści. Będąc emerytem, pozostał nadal wiecznym młodzieńcem, wyrzucającym majestatycznie swe długie nogi czapli, podpierającym się dla fasonu laską i sprawiającym na warszawskiej ulicy wrażenie spacerowicza z innej epoki, z przedwojennego corso w Alejach Ujazdowskich.

Tu muszę jeszcze powrócić do stalinizmu. Ta jego osobna, naprawdę osobna postawa, żart i ironia, które nie omijały żadnych fetyszów i tabuistycznych zakazów, musiały niektórych ludzi mocno dziwić i zastanawiać, ludzi skądinąd zacnych i uczciwych, pozbawionych jednak poczucia humoru, przejętych wyłącznie grozą i tragizmem tamtych czasów.

Mówili o nim – błazen! Podejrzewali go także o pewne koneksje jednoznaczne w swej wymowie. Nie ma nic bardziej ohydnego i kłamliwego niż to pomówienie. Po prostu był taki, jaki był i los mu sprzyjał, strażnicy nowego ładu przez przypadek lub uważając go za nieszkodliwego błazna właśnie (cóż mogli pojąć z rozwijających się niby niekończące się spirale surrealistycznych monologów) pozostawili w spokoju tego dziwacznego chudego człowieka z ogromnym, wyzywającym nosem i rzadkimi kępkami siwych włosów na głowie. Jego prywatne ścieżki w szczęśliwy sposób nie skrzyżowały się nigdy z tymi głównymi szlakami, którymi sunął wszystko miażdżący walec powszechnej unifikacji. Ponadto M. przebywał wyłącznie w zamkniętych enklawach artystyczno-intelektualnych, gdzie nowa rzeczywistość nie wdzierała się tak nachalnie, na ogół bywała przepuszczana przez filtr umiaru, ironii i pobłażliwości.

Dlatego też spacery M. trwały nadal. Agorą dla naszego perypatetyka stały się ogromne place defilad, szerokie ulice wśród koszarowych budowli zdobnych w płaskorzeźby robotnic i robotników oraz odbudowane niby teatralna makieta Stare Miasto.

Przyjmował to nowe i obce ze spokojem stoika i nigdy nie tragizował zwyczajem samotnych pogrobowców na pogorzelisku. À propos nowej architektury miasta poczynił interesujące porównanie z okupacyjną Warszawą. Nie odczuwał wtedy zupełnie dokuczliwości godziny policyjnej w przeciwieństwie do ostatnich rygorów naszego stanu wojennego. Dawne ulice zabudowane zwartymi ciągami kamienic o przechodnich podwórzach i kilku wyjściach stwarzały możliwość znacznej swobody poruszania się dla ludzi. Również dawne mieszkania w przeciwieństwie do współczesnych ciasnych klatek w blokach były przestronne i z łatwością dawały nocne schronienie spóźnionym gościom. Szliśmy przez jakieś nowe osiedle na peryferiach i M. przypomniał sobie podziemne życie w okupowanym mieście. W tej nowej architekturze, tak powiedział, problem walk ulicznych jest jednym wielkim znakiem zapytania.

W latach już emerytalnych spacerował znacznie mniej. Powodem tych ograniczeń stały się dolegliwości zdrowotne. O swoich chorobach potrafił opowiadać wspaniale, czyniąc z niedomogi serca czy zakłóceń równowagi niepowtarzalny teatr jednego aktora; gestykulował, ruchliwa mimika i wyraziste oczy wzmacniały wymowę inscenizacji. Nawiedzały go nieraz sensacje zdrowotne, którym nadawał charakter niezwykle tajemniczy. Jedna z nich posiadała znamiona choroby trudnej do medycznej kwalifikacji, czyniła świat strasznym i niemożliwym do zniesienia. Nazywał ją „przezroczystością", gdyż ludzie, których spotykał, domy, chodniki ulic, które przemierzał, całe otoczenie stawało się przezroczyste. Przezroczystość owa sięgała do samej istoty żywych stworzeń, przedmiotów, wszelkiej materii, odkrywały się bezdenne głębie pustki za powłoką ludzkiej skóry, betonem, stalą, czym bądź. Ataki tej choroby traktował jako bardzo groźne dla swego samopoczucia i uciekał wtedy porażony strachem do domu.

Na pewno miał kłopoty z sercem. Znajdował się pod kontrolą lekarza, zażywał nitroglicerynę, ale i ta najbardziej realistyczna dolegliwość serca w jego relacji też nabierała znamion osobliwych, wręcz niezwykłych.

Spotkaliśmy się pewnego popołudnia u jednego z przyjaciół, piliśmy kawę zakrapianą umiarkowanie koniakiem. W tym spotkaniu brał udział wybitny pisarz, człowiek mądry, może nieco naiwny; pierwszy raz miał styczność z M. A nasz przyjaciel znajdował się akurat w szczytowej formie swych możliwości. Monologował nieprzerwanie, tematem jego wywodów była tym razem wojna, wojsko, strategia, taktyka, wszystko to w wielostronnym, bogatym w fachową wiedzę oświetleniu. Sięgał do Hannibala, Scypiona Afrykańskiego, bitwa pod Kannami, Jezioro Trazymeńskie, analizował słynną drogę przez Alpy Hannibala, równie biegle i barwnie przedstawiał plany operacyjne generałów Prądzyńskiego i Chrzanowskiego, Hauke-Bosak w powstaniu styczniowym, żeby nieoczekiwanie zająć się bitwą nad Bzurą i talentami generała Kutrzeby. Dygresyjnie rozprawił się z Francją, demaskując metodą porównawczą w stosunku do polskiego oporu we wrześniu 1939 roku rejteradę francuskiego wojska mimo osławionej linii Maginota i hańbę kapitulacji. Wywodził mniej więcej tak. Dlaczego tak u nich było? Bardzo proste. Przyczyną rozwinięty sanitariat. W 1919 roku mój ojciec, odwiedzając Paryż, widział roje potwornych kalek z wojny. W 1922 roku ja byłem w Paryżu i ci inwalidzi wszędzie rzucali się w oczy. Czy Francuzi, widząc latami te ofiary wojny, te kikuty, zmasakrowane twarze, mogli mieć chęć do wojny? Za wszelką cenę, nawet za cenę własnej godności unikać! Oto ich dewiza. Stąd Petain dla wielu był zbawcą ojczyzny. Co innego Rosja. Tu nie istniał sanitariat w ogóle. Zresztą gdyby nawet byli inwalidzi. Tam ludzie przywykli nie do takich okropności...

Zatrzymał się chwilę przy rewolucji październikowej i wyłożył swoją teorię tej materii. W Rosji rewolucję wywołali maruderzy, hordy maruderów z frontu, żywioł nie do opanowania, barbarzyńska pożoga, bolszewicy tylko umiejętnie podsycali ich żądzę grabieży, niszczenia, zemsty. Aż zajął się wojną przyszłości, futurologią wojenną w ogóle. Wizje wyczarował niesamowite, niby z bajek braci Grimm, broń świetlną, chemiczną, usypiające gazy, wyrosły przed nami armie wojska, już leżą pokotem jak za dotknięciem różdżki czarodziejskiej, usnęli, wodził palcem po serwecie, rysując przyszły teatr wydarzeń, ta apokalipsa kończyła się optymistycznie, porażeni wrogowie wracali do życia. Wojnę porzucił i zajął się jasnowidzeniem. Wpierw o słynnym inżynierze Ossowieckim: znał go osobiście i obserwował jego seanse. Następnie o Starży-Dzierzbickim, znanym warszawskim astrologu, który postawił Niemcom fatalny horoskop, zwiastujący z układu gwiazd ich klęskę. Uczynił pauzę i tak powiódł po nas intensywnymi oczyma o nieco wypłowiałym, niebieskim kolorze. Milczeliśmy zahipnotyzowani przez jasnowidza.

– Starża-Dzierzbicki – powiedział powolnie M. – był zdziwaczałym samotnikiem. Wywodził się z bardzo starego rodu. Ostatni z rodu. Jego krew była w dekadencji – zakończył. Miałem w tym momencie wrażenie, że M. w ten pokrętny sposób mówi o sobie.

Całe to popołudnie skrzyło się od jego inwencji i wizji.

Notuję nieporadnie. Wymyka mi się ta gęsta, tłoczna od faktów i konkluzji masa słów M., ujęta w formę wspaniałego przewodu dowodowego, a czasem podobna do równania algebraicznego, z którego w sposób logiczny i konsekwentny odkryta zostaje niewiadoma; wypowiadane z taką swadą, blaskiem oczu!

Pozostały tylko ubogie strzępy; żaden wysiłek nie ożywi tego znów.

O co w tym szło? Do czego mistrz zmierzał? Nie wiem. Byłem oczarowany.

Wybitny pisarz, już wychodząc, zdążył szepnąć z ekscytacją:

– To jednak geniusz! Mieliście rację.

Pod wieczór zadzwonił do nas nieoczekiwanie. Był rozdrażniony i zdegustowany.

– To po prostu szarlatan! Szarlatan i kabotyn! – wyrzucał z siebie zapalczywie. – Bzdury wygadywał! – Zaczadzenie mu minęło. Wyzwolił się z kręgu sugestywnej siły. Zły za swą niedawną uległość. M. także zdał nam relację z dalszego przebiegu dnia. Niezwykłym popołudniem nazwał nasze spotkanie. Inspirującym czasem wrzenia jego umysłu. Wracał do domu w euforii, ciągle kipiał ożywieniem. Umysł i wyobraźnia pracowały na wysokich obrotach. Od razu sięgnął po tom wierszy Rimbauda i nadal w tym transie przetłumaczył z łatwością jeden z ulubionych swoich wierszy.

– Tak jakbym płynął w melodii tego wiersza – oświadczył. Przeczytał nam przekład. Miał w sobie tę szaloną, gniewną gorączkę młodego Artura. Ale to jeszcze nie koniec. Późnym wieczorem uniesienie opuściło go i poczuł się bardzo źle. Przybył lekarz. Stwierdził groźny stan serca. Obawiał się zawału. M. kilka dni leżał w łóżku pod czujną jego opieką.

– Niezapomniane popołudnie – mawiał jeszcze nieraz M. i dziękował nam za te godziny.

Jednak ten wieczór po niezapomnianym popołudniu i nagły przeszywający ból w mostku nie mógł należeć do przyjemnych. Chwile śmiertelnego zagrożenia i bezradności. Bezwzględny dotyk siły wyższej. Chociaż sprawiał wrażenie człowieka od dawna przygotowanego na ostateczność. Od lat przecież wracał do pustego mieszkania, czekała go samotna noc. Nigdy jednym słowem nie wypowiedział pragnienia odmiany swego losu. Miewał w obfitości kobiety oddane, pełne powabów, ciągle pozostające w mocy jego uroków. Pielęgnowały go w chorobach, czyniły zakupy, gotowały posiłki. Dawne kochanki, przyjaciółki? Nawet w tym późnym, brzemieniem lat naznaczonym okresie jego życia zdarzały mu się dziarskie, męskie przygody. Poznał mnie z młodziutką poetką, patronował z zapałem jej literackim początkom. Musiała być z nim w intymnej zażyłości. Nazywał ją – Druga. Pierwszą była jej matka. Z powodu jego braku wszelkiego uprzedzenia i szerokiej skali sukcesów krążył niegdyś po Warszawie żart: M. był pierwszym przed wojną Polakiem, który wykorzystał seksualnie Murzyna.

Przeczył temu, ale bez oburzenia co prawda. Na marginesie pomówienia o zdrożności z Murzynem nastąpiła opowieść o pedałach dawnej Warszawy. Niejaki hrabia Bis był bohaterem tej opowieści, przystojny łowca kobiet i chłopców zarazem, podczas okupacji dolary i złoto, po wojnie zaś antyki i podejrzane konszachty z bezpieką, aż w dniach festiwalu światowego młodzieży i studentów zatłukli go jacyś na ulicy, jak to M. powiedział: „Stał się pedałem jako przechodzień". W dalszym ciągu wyłonił się nieoczekiwanie efeb hrabiego, dawniej goniec w wydawnictwie, teraz stary, siwy subiekt księgarski, który na widok M. rozjaśnia się promiennie i zda się mówić oczyma: – Cóż za czasy dla nas nastały!

Opowieść to była krótka, ale wieloznaczna, między innymi o degrengoladzie potomka starego rodu oraz o rzeczniku pamięci dawnych czasów, którym stał się uwiedziony przez hrabiego goniec.

M. jest samotnikiem zatwardziałym. To powszechne dla rodzaju ludzkiego dążenie do życia we dwoje zbywa zupełną obojętnością, często wręcz pogardą i niesmakiem. Opowiadając o jakimś nieudanym małżeństwie, użył bardzo dosadnego określenia:

– Co to za żona! On wraca i czuje się, jakby siedział na żyletkach!

Głos mu zabrzmiał twardo, metalicznie. Czy doświadczenie osobiste? Dawno temu przeżyty dramat?

Potrafił być równocześnie wytwornym, czarującym bawidamkiem. Pozostawiał niezatarte wrażenie. Znał te struny, na których należy grać, ciągnął po nich smykiem wirtuoza. Po kolacji, gdzie pani domu, kobieta pozbawiona urody i wdzięku, topniała w ogniu słów M. jak wosk, oświadczył on spontanicznie: – Bardzo oryginalna uroda. Jaką jedwabistą miała cerę. Jej twarz aż promieniała! Widziałeś? – Wierzył w to święcie ukontentowany biesiadą, jakością potraw, gościnnością, estymą dla swojej osoby. Parsknąłem śmiechem z tego hymnu pochwalnego na cześć nieistniejącej urody. Zrozumiał i też odpowiedział śmiechem.

Z upływem lat M. stawał się osobistością coraz mniej znaną. Wymierała tamta dawna generacja, zmieniły się obyczaje, styl życia zdominowała ciężka, podejrzliwa powaga pozbawiona wdzięku, dowcip M. nie powodował już dawnego odbioru, młodzi niewiele o nim wiedzieli, wydawać się im mógł tylko odmieńcem lub anachronicznym starcem. Nie pisał przecież, nie utrwalił w czymś trwałych śladów swej osobowości. Te salony i kawiarnie, konieczne jak powietrze dla zaistnienia jego swady i erudycji, przestały odgrywać rolę ośrodków życia artystycznego i intelektualnego miasta. Pozostał jedynie kawiarniany stolik Antoniego Słonimskiego, tam zbierało się jeszcze szczupłe grono weteranów, profesor Lorentz, prastary mecenas Nagórski, kilku innych, zaglądał niekiedy Karol Estreicher z Krakowa, przyjeżdżali dawni bywalcy zza oceanów, żeby podziwiać świetne powiedzenia i dowcipy Słonimskiego czy rozkoszować się iście kawaleryjskimi szarżami wymowy M. I tę wysepkę zalała powódź czasu. Pozostały pogrzeby. M. starannie przestrzegał tego obyczaju ostatniego pożegnania bliskich. Lecz nigdy nie oblekał przy tej okazji bolesnej, uroczystej miny, był taki sam jak podczas szperania w papierach mego przyjaciela, pisarza W. Ceremonie pogrzebowe przypominały mu przeróżne epizody z życia zmarłych, ich uroki, przywary, talent, brak talentu, mądrość, głupotę. Nie popadał nigdy w patetyczną apoteozę cnót zmarłego. Mówił o tych odchodzących jako o ludziach ciągle żywych, obdarzonych blaskami i cieniami. Zanurzał się w przeszłość, wspominając siebie z nimi w różnych odsłonach. Nie oszczędzał także najbliższej rodziny. W jakim ostrym świetle przedstawił zmarłego kuzyna, wrócił do lat gimnazjalnych, wspólnych wakacji w ziemiańskim dworze, jakiejś sceny w parku. Kuzyn zmartwychwstał jako bufon, obdarzony nikłą inteligencją.

Ubywało więc rówieśników i świat M. coraz bardziej koncentrował się w kręgu lektur i rozważań. Wzmożoną intensywnością ducha rekompensował odchodzenie życia. Znaczną estymą cieszył się wśród malarzy. Szczególnie upodobał sobie wszelkie eksperymenty w plastyce. Im bardziej coś było wymyślne, tym większe pochwalne tyrady spływały z jego ust. Malarze słuchali go urzeczeni. Dla nich był arcykapłanem.

Przede wszystkim jednak pasjonowała go historia i literatura. Miał bardzo specyficzne kryteria ocen i nieraz trudno było nadążyć za jego myślą. Chwilami podejrzewałem go, że upaja się nadmiernie swoim kunsztem oratorskim, porzucając niefrasobliwie fundament. Fundamentem bywała zazwyczaj lektura przeczytanej powieści, rozprawy, inspirująca myśl mędrca lub spostrzeżenie wywodzące się z otaczającego świata. Wkrótce porzucał tę pierwszą nić i już snuł następną, pajęczym stylem tkał wiele takich nici, tworząc trudną do rozplątania sieć.

Z czasem nauczyłem się umiejętności sterowania rozmową z moim przyjacielem M. Należało bezwarunkowo trzymać się pierwotnego tematu, surowo domagając się ścisłości, konkretów, faktów. Dopiero w fazie następnej pozwalać na uogólnienia i boczne dywagacje. Czuwać przy tym nieustannie nad skłonnością rozmówcy do dygresji, które rozgałęziając się, łatwo mogą spowodować porzucenie głównego nurtu. Operując tymi rygorami, doznawałem prawdziwej rozkoszy umysłu i wyobraźni. Oczywiście potrzeba było długiego czasu, żebym tak biegle potrafił panować nad swym nietuzinkowym rozmówcą. Erudytą był niepokonanym i podejmował z łatwością każdy wątek. Otwierała się któraś z przepastnych szuflad jego pamięci i już zanurzałem się w kipiącą od wydarzeń atmosferę dwudziestolecia, Piłsudski, jego osobowość, cytaty z przemówień, mało znane fakty z biografii, ludzie z otoczenia Marszałka, często znani mu osobiście, Tadeusz Hołówko, Leon Wasilewski, kpt. Boemer, bujny Wieniawa, światek artystów, ten słynny stolik Witolda w „Ziemiańskiej", jego miny, gry, żonglerka słowem (w niedokończonej sztuce Gombrowicza M. występuje jako jedna z postaci scenicznych), młody Uniłowski, tajemniczy Choromański, Berent, mało znany fakt: sklep z przyrządami fizycznymi dla szkół był własnością pisarza, salony arystokracji, dzieciństwo i młodość M., postacie z ubiegłego wieku, które jeszcze widział, o których słyszał od ojca, dziada. Płynnie przenosimy się w wiek XIX, czas po powstaniu styczniowym, Kronenberg, Bloch, królowie kolei i działacze gospodarczy. M. ceni prace naukowe Blocha o kolejach i finansach Rosji, także to jego wielkie dzieło o wojnie przyszłości. Architektura tamtego czasu, car wznosi na terenie Kongresówki forty, opasuje kraj czerwonymi murami twierdz i kazamatów, fortuna rodu Eigerów rozpoczęła się od cementu niezbędnego do budowy tych fortyfikacji, wraz z Eigerami wędrujemy z powrotem w dwudziestolecie, biura Eigerów na Kredytowej, piękna

pani Diana, jej dzieci, Stefan Napierski, literacki pseudonim Marka Eigera, poety, tłumacza i wydawcy, jego dziwaczne życie, ciągle zmieniał mieszkania, coś go gnało,
zaskakująca interpretacja tego wędrownego życia młodego bogacza, zwykłą koleją homoseksualnego pociągu
wdawał się w rozmaite afery i musiał zmieniać mieszkania, porachunki, szantaże, piętno zboczenia i ciężar jakiś
sekretny, takiego zapamiętał młodego Eigera, brzydki, dodał, do urody przywiązywał znaczenie; następuje krótka
wzmianka o siostrze poety, od najmłodszych lat zaangażowanej w ruchu komunistycznym, więzionej kilkakrotnie
za działalność w KPP, żyjącej jeszcze do niedawna,
w ostatnich latach była aktywistką turystyki pieszej, prze-
wodniczką PTTK, pomyśl!, wołał M., ta ostatnia z rodu
Eigerów tak gnała niezmordowanie po lasach wokół miasta, oprowadzała dzieci z prowincji po Wilanowie, coś ich
gnało, uogólniał losy rodzeństwa... Meandrem osobliwym i trudnym do odtworzenia w piśmie cofnął się ponownie do schyłku XIX wieku: jego dziad Wiktor był znanym w tamtym czasie sędzią śledczym, posiadał renomę
wybitnego prawnika, wsławionego rozwikłaniem kilku
skomplikowanych afer i zbrodni; zarazem publicystą
Warszawskiej Gazety Sądowej i Penitencjarnej, w latach
bezwzględnej rusyfikacji jedynym sędzią Polakiem uży-
wającym ostentacyjnie języka ojczystego (do kolegów
Moskali zwracał się tylko po francusku), był więc solą
w oku dla zaborców, w związku z tym postawiony wobec
wyboru posady w głębi imperium lub przejścia w stan
spoczynku, wybrał to drugie i podał się do dymisji, resz-

tę życia poświęcił działalności patriotycznej w Warszawskim Towarzystwie Dobroczynności, gdzie pod niewinnym szyldem ochronek dla dzieci rozwijał nauczanie w języku polskim. Tym razem zatrzymałem M. na tym familijnym trakcie, bacząc pilnie, żeby nie uczynił żadnego uskoku, pragnąłem bowiem dowiedzieć się czegoś więcej o dziejach jego rodziny. Tej starej zasłużonej rodziny wywodzącej swe pochodzenie niemieckie z Brzegu nad Odrą, która z Sasami przybyła do Polski, byli medykami królewskimi, sprawowali również ten zawód na dworze Stanisława Augusta, jednak nie podążyli wraz z królem do Petersburga, byli gorącymi patriotami i zapisali się chlubnie w dziejach polskiej inteligencji. Tu należy wspomnieć znaną z monografii Szymona Askenazego o Łukasińskim sylwetkę młodego Ludwika, studenta medycyny, syna lekarza z Łęczycy, założyciela w 1817 roku patriotycznego stowarzyszenia młodzieży Panta Koina, czyli Wszechspólność, notowanego w tajnych raportach agentów rosyjskich, między innymi przez osławionego Macrotte młodszego. Tak trzymając się wątku rodzinnego (M. nigdy nie epatował swym rodowodem, bardzo skromny i małomówny w tej materii), dowiedziałem się o braciach Ludwika; Ernest z miłości odebrał sobie życie, wyskoczył z łódki na oczach swej wybranki i utonął, Alfons ukończył szkołę politechniczną w Liège i na zew powstania 1863 roku przybył do kraju, zginął w pierwszej potyczce partii Mierosławskiego, 26 ran ciętych i kłutych, Sylwiusz był tym ostatnim, który przedłużył ród. Poznałem wreszcie malowniczą postać przodka ze strony mat-

ki, powstańca z 1863 roku, który dożył sędziwych lat
i maleńkiemu M. (też niewiarygodne, maleńki M.!) opowiadał o leśnych bojach z Kozakami (może stąd narodził
się pomysł pamiętnej wystawy w muzeum literatury?),
o zesłańcach na Sybir i ich powrotach do kraju. Już sam
ogarnięty przez przeszłość wspomina M. swego ojca, cieszącego się wysoką pozycją w kręgach obywatelskich
Warszawy, swoim zwyczajem antybrązownika wystrzega
się patosu i powagi, opowiada o młodzieńczej przyjaźni
dziada Wiktora z Samuelem Dicksteinem, późniejszym
wybitnym matematykiem i profesorem UW, która przetrwała dotąd w tradycji rodziny pewnym wymownym
porzekadłem, po śmierci Sylwiusza, ojca Wiktora, Samuel Dickstein jak na przyjaciela przystało podszedł doń,
uścisnął mu prawicę i powiedział ze współczuciem:
— Boleję nad waszą stratą — odtąd już zwyczajowo tak
się ustaliło w rodzinie M., iż w chwilach nudnego milczenia lub ciężkiej jakiejś atmosfery, ojciec dla rozładowania
tego nastroju powiadał z żałobną powagą: — Boleję
nad waszą stratą, Samuel Dickstein na to! — Wszyscy wybuchali śmiechem. Stąd można wyciągnąć wniosek
o osobliwym poczuciu humoru cechującym niejako genetycznie M.

Ten dawno umarły czas w opowieściach M. pulsuje
życiem, nasycony barwną anegdotą, lekki i żartobliwy
w przekazie, albowiem wystrzega się starannie patosu,
konsekwentny w odbrązowianiu przeszłości. Sam już
wciągnięty w pułapkę genealogii, przechodzi do problematyki masońskiej; był wtedy licealistą i zewsząd docie

rały doń wiadomości o członkostwie ojca w loży masońskiej. Masoneria kojarzyła mu się wówczas z tajemnym
rytuałem, fartuszki i kielnie, zaklęcia i formuły, spotkania w katakumbach zgoła, tymczasem obserwował spokojny tryb życia ojca: wracał z biura, jadł obiad, ucinał
drzemkę, pracował w swoim gabinecie, raz w tygodniu
karty w gronie przyjaciół, nic szczególnego nie potrafił
zauważyć. Mimo tego unormowanego toku zajęć i doma-
torskich upodobań, otaczała ojca ta tajemnicza, masoń-
ska aura. Aż wreszcie rozmawiając z pewnym znajomym
ojca, który traktował go zazwyczaj po partnersku, zadał
to tak pobudzające jego wyobraźnię pytanie. Odpowiedź
była właściwie pytaniem. – Czy ojciec telefonuje czasem
do doktora Kołodziejskiego? – Przytaknął. – Czy odwie-
dzają się nawzajem? – Również przytaknął. – Oto masz
odpowiedź, młodzieńcze.

Zagadka została wyjaśniona w sposób nader prosty.
Bowiem wiedzieć, że dr Kołodziejski, dyrektor biblioteki
sejmowej, był wraz z Andrzejem Strugiem i Stanisławem
Stempowskim w czołówce koryfeuszy polskiej masonerii.
Na dobre już obracamy się w tym frapującym kręgu lóż
wolnomularskich, M. równie lekko i poufale cofa się
w pierwsze lata po Kongresie Wiedeńskim, jesteśmy w nowo powstałym Królestwie Polskim, gdzie „zamrożone
i uśpione" dotąd loże zaczynają ożywioną działalność. Następuje bujny rozwój wolnomularstwa na Litwie, tam ważną rolę odgrywa Ludwik Plater, wznowione zostają dwie
dawne loże, Jedności Doskonałej w Wilnie i Tajemnicy
Doskonałej w Dubnie, powstają loże lokalne podporząd-

kowane tym dwóm, takie jak Gorliwy Litwin, Dobry Pasterz, Szkoła Sokratesa, Orzeł Słowiański, Zorza Wędrowna, Polak Dobroczynny. Wśród członków znajdowały się nazwiska wybitnych obywateli, Romerów, Olizarów, Chodźków, Puzynów, Ogińskich, Lubeckich. Wtedy to Asterea Północy, loża w Petersburgu, zwróciła się z wezwaniem do oddania się pod jej opiekę i przystąpienia do Wielkiego Wschodu rosyjskiego, proponując dogodne warunki i przywileje autonomiczne. Jednak Ludwik Plater odrzucił tę ofertę i zwrócił się do Warszawy z gotowością nawiązania stosunków z tamtejszym Wschodem. Gęsto od historycznych nazwisk i skomplikowanej procedury i powiązań strukturalnych wolnomularstwa różnych obediencji, Kapituła Najwyższa, Wielki Warsztat, loże podległe, mistrzowie: Stanisław Potocki, Mokronowski, Moszyński, generał Rożniecki, plugawiec i sprzedawczyk też był masonem wysokiego szczebla. Posiada M. dar zbliżania dalekiej historii, stwarza prywatną bliskość i naprawdę ogarnia tę przeszłość, bierze w swoje władanie; toteż chwilami i ja czuję się jej aktywnym uczestnikiem, konflikty, intrygi z tamtego wieku, wielkość i małość, jesteśmy na uroczystym posiedzeniu cieszącej się wysokim uznaniem loży Tarcza Północna, gdzie zasiadali ludzie zacni i obdarzeni powszechnym szacunkiem, pułkownik Prądzyński, Sołtyk, Jabłonowski, aktor Żółkowski, księgarz Glucksberg, kupcy Eisenbaum i Kronenberg, w tej wspólnocie nie istniały uprzedzenia i bariery; stąd już tak blisko do Wolnomularstwa Narodowego i majora 4. Pułku Piechoty, Waleriana Łukasińskiego oraz tego listu-testamentu półobłąkanego starca, pisanego po latach pobytu w Szlisselburgu, gdzie dawno nieużywana polszczyzna miesza się z rosyjskim, francuskim. M. z niespodziewaną brawurą człowieka obcującego za pan brat z historią porzuca tamten czas i wraca wielkim skokiem do okupowanej przez Hitlera Warszawy, przypomina dramatyczną śmierć Hipolita Gliwica, jednego z twórców Lewiatana, który wezwany przez gestapo na Szucha (był Żydem) zażył cyjanek, nie zdając sobie sprawy, że wpływowi masoni wstawili się za nim, wyszedł stamtąd cało, ale cyjanek uczynił swoje. Poświęca chwilę refleksji postawie masonów, która według jego skrótu polegała na wywieraniu łagodzącego wpływu na namiętności i antagonizmy, ratowaniu w złych czasach tego, co się da uratować; odpowiadała mu właściwie ta formuła i mówiąc o ostatnich masonach dożywających swoich dni w totalitaryzmie, obdarzył ich uznaniem i szacunkiem dla ich wytrwałości.

I jak to z reguły bywało przy wskrzeszanym przez M. kalejdoskopie wydarzeń, zanurzywszy się w wesołej niefrasobliwej Warszawie lat międzywojennych, uroda kobiet, powiada ten koneser, odmienna od współczesnej, nieduże, korpulentne dominowały jako typ, mała kobietko, czy wiesz…, pięknością niepospolitą i bardzo dzisiejszą można śmiało nazwać żonę Wojciecha Stpiczyńskiego, publicysty bliskiego Marszałkowi, opisuje jej smukłe kształty, wdzięk, strój, ona żyje dotąd i ma córkę, ta jej nienawidzi, za co?, za urodę oczywiście, tej klasy urodą obdarzona była jeszcze Carlotta Bologna, może córka rabina Schorra, budzi się w nim uwodziciel i lew salonów, wędrujemy po balach Resursy Obywatelskiej, IPS-u, pałacach Wertheimów, Lilpopów i Sobańskich, ta pamiętna premiera złej sztuki głośnego pisarza i niespodziewane jej zakończenie, kiedy to aktorce kłaniającej się publiczności wyskoczyły cycki z dekoltu, burza oklasków, a było co oklaskiwać, stwierdza M., dawno zapomniane skandale, romanse, plotki.

Natłok wydarzeń, ten wiek, tamten, kaliber spraw zróżnicowany niebywale, od koloru koszuli, kroju smokinga i spinki w krawacie do dramatu Walerego Sławka, zakończonego samobójczą śmiercią; wszystko to wypełnia nasz nieduży pokój w typowym budownictwie lat 60.

Nienaruszoną miłością M. pozostała Warszawa, jej domy, parki, pałace, malownicze zakątki, opowieści rodziców o utrapionej rzece Żurawce, która płynęła błotnistą strugą do Książęcej, zapamiętane z dzieciństwa drewniane dworki z gankami na bocznych ulicach od Marszałkowskiej, istniejące i nieistniejące ma równe prawo w jego pamięci, pusty plac Teatralny wypełnia mu się od razu: tu ratusz, tam kościół Kanoniczek, te kanoniczki, panny z rodowodem od pokoleń, raczej brzydkie, do dobrego tonu należało brać ślub u Kanoniczek, podążamy za rogatki przy placu Unii, wyścigi na Polu Mokotowskim, obstawimy jakiegoś rumaka, może zdobędziemy wielką nagrodę, najlepiej postawić na „fuksa".

Ciągle w tym obcym, od nowa zbudowanym mieście potrafi odkryć sekretny zakątek, pojedyncze drzewo (przyroda zajmuje go tylko w kontekście miasta, nigdy nie potraktował jej samoistnie), stary pałacyk schowany wśród bloków, od razu kojarzy te pozostałości z dawnym obrazem miasta, wyczarowuje przeszłość ze skąpych zaledwie okruchów.

Ogrody Frascati, ta skarpa na tyłach Wiejskiej (wracaliśmy wtedy z kawiarni Czytelnika) wydobyła natychmiast z jego pamięci dom państwa Balińskich, rodziców ostatniego żyjącego skamandryty, opowiadał, jak to w wojnę podczas bombardowania Londynu poeta schodził nieśpiesznie na dół do schronu, zabierając ze sobą jedynie niewielki, skórzany woreczek zawieszony na piersi, wybucha swoim potężnym śmiechem, płosząc spacerującą z pieskiem staruszkę, w tym woreczku Staś Baliński trzymał swoje diamenty, cały majątek zamienił na kamienie! (skąd o tym wie, przecież nie był z nim w Londynie, słyszał, wymyślił, nieważne!); zaraz recytuje wiersz poety *Powrót do Isphahanu*, rytmiczny, nastrojowy, jakby nasycony wonnościami wschodu, rozkoszuje się tym utworem, widzi w nim obrazy seraju pełnego słodkich hurys, karawan, pustynnych miraży – tęsknotę za czymś dalekim, nieosiągalnym.

M. jest nie lada mistrzem portretu, potrafi to uczynić kilkoma słowami, jak malarz portrecista kreśli podobiznę posłusznym mu węglem czy pędzlem, zajmuje się zarówno cechami fizycznymi, jak też osobowością portretowanej osoby. Takimi słowami wskrzesił posągową piękność Stefanii Sempołowskiej, patronki więźniów politycznych, zaczynając od roku 20., kiedy to następowała wymiana jeńców z dwóch stron, z naszej strony pani Stefania, z drugiej zaś Nadzieja Krupska, jako chłopiec zobaczył ją po raz pierwszy; został uderzony jej urodą, nieruchoma, blada twarz, krucze, granatowe włosy, czarny, żałobny strój, w dwudziestoleciu krążyła legenda o jej wielkim dramacie miłosnym, komuś, kogo straciła, pozostała wierną do końca życia.

– Junona – zakończył – wyglądała jak wykuta z marmuru.

Już ubierając się do wyjścia, wskrzesił jeszcze inną wybitną kobietę tamtych czasów, Werę Koszutską, również bardzo urodziwą, działaczkę KPP, wywodzącą się z ziemiaństwa.

– Mówiono o niej, że od początku miała usposobienie sawantki i lubiła bulwersować... Kiedy znajdowała się na pensji i powóz podwoził ją pod dwór, to ona zawsze wyskakiwała w biegu!

W sztuce portretu rozpiętość palety miał szeroką. Zajmował się także przedstawicielami współczesnej elity rządzącej, właściwie zupełnie mu obcej. Muszę powrócić jeszcze do mieszkania M. Jak zostało powiedziane wyżej, otrzymał kawalerkę w rządowym domu, wzniesionym w przyjemnej dzielnicy, gdzie przedwojenne budownictwo, estetyczne i funkcjonalne, doskonale harmonizowało z nowymi budynkami lat 60. pośród zieleni w pobliżu starego parku. Mieszkając tam, miewał przelotne spotkania z osobistościami zamieszkującymi ten dom. Oni, ci dygnitarze, zapewne też zwrócili uwagę na nowego lokatora. Pojawił się wśród nich osobliwy, staroświecki pan, ubrany biednie, jednak w zachowaniu i postawie arystokratyczny, bardzo odbiegający od przeciętności. Wymieniał z nimi ukłony (jego ukłony to cała rafinada wykwintu i pantomimy), wspólnie korzystał z windy, wdawał się w zdawkowe rozmowy z powodu popsutej lampy nad drzwiami wejściowymi i zapchanego zsypu. Nawet jeden z nich podwiózł go swoim służbowym autem, zwracając się do niego per panie profesorze!

Z tych drobnych spotkań wyniósł wiele równie drobnych spostrzeżeń, opatrując je własnym komentarzem, intuicją. Miał z tego tworzywa serię portretowych miniatur. Późnym wieczorem oczekiwał na windę z malutkiego wzrostu mężczyzną znanym szaremu obywatelowi z gazet i telewizji, dostojnikiem pierwszej kategorii. Długo trwał spór, kto z nich ma wejść pierwszy. No i pojechali. Winda szwankowała.

– Coraz gorzej funkcjonuje – zauważył M.

– Chociaż jeździ – tamten z fatalizmem człowieka przygotowanego na najgorsze. Uśmiechnął się wstydliwie. Podczas jazdy starannie unikał wzroku swego towarzysza podróży.

M. przechodzi do uogólnień. Wywodzi regułę z widocznej niechęci tych ludzi z wyżyn do bezpośrednich kontaktów z nieznanym dla nich żywiołem, czyli społeczeństwem. Korzystając z innych dostępnych mu obserwacji, wnioskował o złych stosunkach rodzinnych w tej sferze. Jedną z córek dygnitarza spotkanego przy windzie zobaczył zapłakaną. Trzaskając drzwiami, wyszła z mieszkania. Dyskretnie odwrócił głowę. Ona zaś chciała z nim porozmawiać. Z jedynym neutralnym mieszkańcem tego domu. Nieładna, bardzo mała.

– Proszę się nie przejmować – powiedział oględnie. Wybuchnęła jeszcze głośniejszym płaczem i zbiegła po schodach. Nigdy nie zauważył jej w aucie ojca. Ostentacyjnie podkreślała swą skromną osobność. M. widział w tym dramat wrażliwej młodej uczciwości reagującej z całą ostrością widzenia w zetknięciu ze światem nieczystym, wynaturzonym. Przewidywał już miejsce tej dziewczyny po stronie opozycji.

Z drugim równie wybitnym przedstawicielem władzy zetknął się przed zamkniętymi drzwiami domu o nocnej porze. Tamten wzdychał ciężko. Natarczywie wzdychał. Tym wymownym wzdychaniem wyrażał wiele, ciężar swych obowiązków, rozterki moralne, niewiarę w skuteczność swego działania itp. Był podpity. Szukał ludzkiej więzi z M.

M. kończy tę scenę tak: – Zacząłem również wzdychać. Z tych studiów domowych wysnuł wniosek o strachu dominującym w życiu wpływowych jego mieszkańców. Jego zdaniem strach obejmował wzajemne stosunki, nietrwałość własnej pozycji, nieufność wobec społeczeństwa oraz obawy przed czymś niechętnie artykułowanym, nigdy głośno niewypowiadanym.

To niewyrażalne M. nazywał ciśnieniem siły wyższej czyniącej z nich małych i bezwolnych wykonawców. Powyższe uogólnienie nasunęła mu krótka wymiana zdań z dygnitarzem małego wzrostu podczas dżdżystego i ponurego dnia. Spotkali się w hallu i M. rzucił banalną uwagę o wyjątkowo podłej pogodzie.

– A jakby tak inwazja mrozów? – zapytał mały. Zawiesił głos, posmutniał. Wtedy M. przypomniał sobie clowna z dzieciństwa. Zobaczył go w cyrku za kulisami. Taki sam smutek i udręka malowały się na tej twarzy. Drobiazgowo analizował zachowanie dygnitarza. Sięgnął do utajonych skojarzeń, wywodzących się z podświadomości, złych doświadczeń i pełnego lęku oczekiwania, którym dygnitarz nasycił swój głos.

– Sybir! – brzmiała konkluzja M. – Sybir jednych ujarzmiał, innych czynił niezłomnymi! (Wiadomo o kim myślał. O Marszałku!) Rządzą nami ci pierwsi przecież! Motorem strachu uzasadnił zachowanie swego sąsiada – na piętrze wyżej, emeryta, niegdyś trzeciego w hierarchii partyjnej tuza. Zakładał M. kraty w swoim oknie. W związku z epidemią kradzieży od dawna już radzono mu to zabezpieczenie. W sprawę wkroczył sąsiad z góry. Oponował zaciekle, gdyż widział w tym prostą drogę do swojego mieszkania.

– Jak po drabinie – powtarzał.

W jego gwałtownym proteście odsłaniała się mania strachu wcale nie przed pospolitymi złodziejami; zapewne prześladują go upiory przeszłości, ciężar nadmiernie obciążonego sumienia.

Podał kilka charakterystycznych cech fizycznych wymienionej osoby.

– Długi tułów, krótkie nogi, niesłychanie mocne uderzenie piętą!

W pierwszej chwili nie pojąłem należycie tego opisu. Wstał i zademonstrował ów nietypowy chód. Była obawa, że uczulona na hałasy sąsiadka z dołu zacznie walić szczotką w sufit.

I tak przybijając karykaturalnie piętą, cieszył się ten Diogenes naszego życia. Czuł się wolny, swobodny, szczególnie w kontraście do mieszkańców rządowego domu. Emerytowany dygnitarz, nazwany przez nas „Piętą", najczęściej kontaktuje się z M. Na przykład dopytywał się, czy ten długi konar lipy z ulicy nie zasłania mu widoku. Może przecież nakazać, żeby ścięli.

– Jeżeli tak... – popatrzył wyczekująco.

M. gwałtownie zaprzeczył.

– Piękne drzewo!

Również namawiał go, żeby przyłączył się do społecznej inicjatywy założenia domofonów przy drzwiach wejściowych. Chciał w ten sposób zabezpieczyć dom, podejrzewa bowiem wartowników pilnujących spokoju tej rządowej ulicy o nierząd z prostytutkami na klatce schodowej.

– Choroba utraconej władzy – kwituje M. inicjatywy Pięty.

Tę serię portretów o sąsiadach traktował jedynie jako igraszki w czasie pauzy, mogły to być przerywniki w trakcie wywodu o encyklice papieskiej Redemptor homini czy tej drugiej o pracy, które analizował z odkrywczością tylko jemu właściwą, wydobywając z nich ważkie treści dla polemiki, nawet, jak powiadał, totalnego unicestwienia tak zubożałej w ostatnich latach filozofii materialistycznej. Tego panującego u nas światopoglądu M. nie cenił zdecydowanie i wykazywał jego jałowość, skostnienie, ubóstwo i bezsilność wobec bogactwa problematyki ludzkiej. Rozprawiał z zapałem o fenomenologii Husserla i Ingardena. Nasz kraj wydawał mu się jałową glebą dla mędrców. Doraźne sprawy przeszkadzają w podjęciu trudu prawdziwego filozofowania. Franc Fiszer miał wspaniałe zadatki, zgubiło go lenistwo i upodobanie do gastronomii, rozmienił się na drobne. Surowo odsądzał od miana filozofa Tatarkiewicza, zaliczając go jedynie do grona historyków, popularyzatorów, a ocena wynikła przy lekturze notatek do autobiografii sędziwego profesora.

– Nuda, płycizna, banalność, przeciętność, przypadek! – zapalał się coraz bardziej. – I co na starość najbardziej lubił? Czemu tyle miejsca poświęca w opisie swego życia? Podróże, wycieczki, zaproszenia na kongresy, wykłady! I jakie stamtąd przywoził wrażenia? Banalne, sztampowe, jak ci, co z Orbisem podróżują w świat! – Oddawał mu sprawiedliwość jako historykowi sztuki. Monografia Łazienek, rzeźby z czarnego marmuru, lubelski typ kościołów. Zatrzymał się nad pewną osobliwością przedwojennego ogrodu Krasińskich, której chyba nikt ze współczesnych znawców miasta nie zanotował. Staw w ogrodzie usytuowany był nieco niżej od pałacu i w jego tafli mimo odległości bez mała stu metrów odbijał się pałac, szczególnie w słoneczny dzień malowniczo kładł się na wodę. Po wojnie teren zniwelowano i nawet mglistych konturów pałacu nie uświadczysz na wodzie.

Ta ciekawostka jak nitka z kłębka rozwinęła dłuższą rozprawę o Warszawie na kanwie książki Stanisława Herbsta *Ulica Marszałkowska.* Swego rodzinnego miasta wiernym był entuzjastą. Innym grodom, choćby tak znacznym i bogatszym w przeszłość jak Wilno i Lwów, nie poświęcał nigdy zbyt wiele uwagi. Reprezentował sobą klasyczny typ warszawianina, przypuszczać należy, że przed wojną wojaże po kraju nie stanowiły jego potrzeby, raczej prosto z Warszawy ruszał tradycyjnym szlakiem do Paryża. Od Herbsta dotarliśmy do Aleksandra Kraushara, pisującego kiedyś wiele przyczynków do dziejów stolicy; widywał go M. w swoim dzieciństwie jako dostojnego starca w stroju z powstania styczniowego, powolnie kroczącego ulicą w towarzystwie córki. Od córki Zuzanny, żony znanego publicysty i redaktora gazety endeckiej Władysława Rabskiego, naturalną drogą skojarzeń przyszła kolej na endeków. Czułem w nim silną niechęć do zwolenników tej orientacji politycznej. Nie znosił wszelkich znamion obskurantyzmu, szowinizmu, nienawiści, całego tego zaślepienia, które pod koniec II Rzeczpospolitej zaczęło przybierać charakter brutalnych pogromów, owego haniebnego numerus clausus itp. Poważniał, jego sąd brzmiał jednoznacznie i surowo, pozbawiony zwykłej migotliwości. Ucieleśniał najlepszy typ przedstawiciela polskiej inteligencji, demokratycznej i tolerancyjnej w swej istocie. Sam wywodząc się w dodatku z obcej nacji, nie mógł pojąć tego zgubnego dążenia do ubóstwa narodowego, jakim jest tak zwana czystość rasowa czy etniczna. Nie tylko poważniał, wyraźne przygnębienie pobrzmiewało w jego głosie, oczy traciły figlarność starego kpiarza. Przyczyną nagłego smutku musiało być przywołane wspomnienie dawnej, kipiącej różnorodnością Warszawy, całej Polski wreszcie. Brutalnym dysonansem dawała znać teraźniejszość. Ale słabością, nie w jego stylu, jest uleganie dłużej nostalgii czy przesyconemu goryczą przygnębieniu.

Wyrzucał z którejś ze swoich rozlicznych skrytek pamięci rozmowę z Marianem Porwitem, autorem monumentalnej historii militarnego przebiegu kampanii wrześniowej. Rozpoczynał wnikliwą charakterystykę sztabowców i dowódców związków taktycznych, grup operacyjnych, korpusów i dywizji.

Jego szkło powiększające zatrzymało się na Rydzu-Śmigłym, zacytował sztabową opinię o nim z dokumentów GISZ-u, w jego mniemaniu napisaną przez Marszałka (cechy stylu świadczą o tym niezbicie) z myślą o sukcesji, poddał także ocenie sukcesy Rydza w kampanii 20. roku; wyobraźnię M. szczególnie pobudzał powrót Rydza do kraju z Rumunii, krótki pobyt w Warszawie, choroba i zgon oraz ten krzyż żołnierski brzozowy, ozdobiony ciągle świeżymi kwiatami na komunalnym cmentarzu Powązkowskim. I już rozhasał się jak zagończyk na Dzikich Polach. Z nagła Kościuszko. Nie darzył sympatią naszego bohatera narodowego. Chwiejny, rozmazany, pozbawiony zdecydowanej indywidualności.

– Przecież wcale jako osobowość niezaznaczony! Bezkrwisty! Mgławica – rzekł.

Wątpił w jego talenty wojenne. Może tylko w dziedzinie fortyfikacji. Tym się zasłużył w Ameryce.

– I taki nos! – Krzywił się z niesmakiem estety. – Czy człowiek z takim krótkim, zadartym nosem może być prawdziwym mężczyzną?

Miał za złe Naczelnikowi późniejsze życie na uboczu wydarzeń, które wstrząsnęły Europą, znowu stawiając na pierwszy plan sprawę polską.

– Boży człowiek z Solury! – kpił niemiłosiernie. – Ptaszki i roślinki!

Biorąc na tapetę kampanię powstańczą, też nie widział
w niej uzasadnienia dla wysokiej rangi Kościuszki jako
dowódcy. Ganił apologetyczną ocenę Tadeusza Korzona,
podzielał zaś pogląd chłodnego wobec Naczelnika Adama
Skałkowskiego. Często powracał do swych ulubionych generałów, Bema, Prądzyńskiego i Chrzanowskiego, pamiętał doskonale plany walk pod Iganiami, Wawrem i Dębem
Wielkim. Przejawiała się w tym wyraźna predyspozycja
do sztuki wojennej, twórczości koncepcyjnej, pracy sztabo-
wej. Z jakim znawstwem stratega udowadniał podstawową
zależność od Wschodu, polegającą na gwarancji zabezpieczenia dróg, komunikacji, transportu i baz militarnych
na terytorium naszego kraju.

– W tym tkwi sedno – wywodził i palcem ciągnął po
stole szlaki strategiczne prowadzące do serca Europy.

Może to jakieś niespełnione jego marzenia? Sztabo-
wiec M., pułkownik, generał! Ta myśl przelotnie w zestawieniu z nim leżącym akurat na tapczanie w pozie powy-
ginanej, z kształtu podobnym do jakiegoś człowieka
z gutaperki, skojarzyła mi się z teatrem Witkacego. Szta-
bowiec ze sztuk Witkacego! Przyjął to porównanie bez
urazy. Sam w swoim błazeństwie, wieloznaczności i tej
niezmordowanej, bulgoczącej jak wrzątek swadzie, przypominał tamtego czarodzieja spod Giewontu. Często rozmawialiśmy o literaturze. Właściwie jego historyczne wywody też były literaturą, fakt stanowił jedynie punkt
wyjścia dla swobodnego rozwijania wokół niego wzorzy-

stej osnowy. M. na pewno nie znosił, pogardzał wręcz literaturą przyziemną, kopiującą mozolnie rzeczywistość. W sztuce słowa pisanego uwielbiał magiczną siłę kreacji, im wyżej się wzbijała, im bardziej impetycznie wyzwalała się z rzeczywistości, stając się suwerenną strefą, gdzie jak w wirówce odbywało się nieustanne żonglowanie regułami, prawdami, całą materią – tym bliższa stawała się dla M. Wychwalał absurd, groteskę, drwinę. Sam w swoich dytyrambach piętrzących się jak niebotyczne budowle (chociaż rozpoczynał zwykle skromnie na fundamencie poematu, powieści, traktatu, eseju czy całej twórczości jakiegoś pisarza, malarza, myśliciela) wnet jednak zaczynał tworzyć własną kreację, oryginalne dokonanie twórcze; powoli i niezauważalnie oddalając się od powodu tej niepohamowanej eksplozji wyobraźni i inwencji.

Bywałem urzeczony i płynąłem na tych falach gdzieś w bezkres, wydawał mi się M. śmiałym odkrywcą na miarę Joyce'a, jednym z prekursorów wytyczających ścieżki w nieznanym. Moja własna literatura w takich chwilach wydawała się marnym, pełzającym po ziemi robakiem. Co z nią uczynić, jak ją poderwać do lotu? Oto mój mistrz tak swobodnie, bez żadnego wysiłku otwiera nieznane obszary, przekracza tyle bram, może śmiało mierzyć się z największymi demiurgami literackiej wizji. Jak to moje pisanie uczynić wielobarwnym, czarodziejskim dywanem?

Tymczasem przychodził czas rozstania. M. odchodził zawsze punktualnie o 10.30 ze względu na ostatni, dzienny autobus, był to już reżim starczego wieku, skończyły się już niepowrotnie te dawne posiedzenia do świtu, czas ostatnich serdeczności, postukuje laską, jego głos wypełnia klatkę schodową dudniącym echem. Pozostawałem sam, jeszcze w tej odurzającej aurze jego niedawnej obecności, nadal jego głos dźwięczał w uszach, obrazy wypełniały wyobraźnię, nadal znajdowałem się w wyczarowanym przez niego świecie. Czar monologu jednak przygasał, tracił swą moc, blakły tęczowe kolory, rozpraszały się i znikały te potężne, sugestywne wizje. Pozostawały jednak poszczególne słowa, zdania, okruchy obrazów, całe partie jego wywodów, nadal jarzyły się dawnym blaskiem, żłobiły wyobraźnię, dostarczały trwałej pożywki. Tak dokładnie pamiętam opis programu artystycznego zorganizowanego przez ojca M. dla więźniów. Ojciec jego miał urzędowy nadzór nad więziennictwem i był twórcą warsztatów pracy dla ludzi pozbawionych wolności. Więc odbyć się miał koncert poezji i muzyki, Tuwim, Jaracz, pianista, ponura sala, ludzie w szarych strojach. Przed występem ojciec M. poinformował artystów, ile w tej sali zgromadzonych jest setek, może tysięcy lat więzienia. Ich miny i jak to M. opowiadał!

Albo pochwała poezji Zuzanny Ginczanki, kiedy to mówił o kunsztownych metaforach jej wierszy, w których tyle powiedziała o sobie, o jej testamencie poetyckim, „…łąki moich obrusów, twierdze szaf niezłomnych", o jej urodzie, jak każda prawdziwa piękność była ciągle inna, szyja i ramiona jak amfora, Gini – rym do bogini, mówił o niej Witold Gombrowicz, o jej tragicznym losie istoty zaszczutej i tropionej za swe pochodzenie podczas oku-

pacji i jej śmierci wreszcie w 1944 roku w Krakowie, ob-
cować z taką poezją to jest egzystencja właśnie! – powtarzał; to prawda, jego egzystencja zaistniała wtedy dzięki
przywołanej z zaświatów poetce.

I jeszcze tyle strzępów, okruchów, fragmentów. Z tych
miesięcy, lat spotkań i rozmów; o jakimś pisarzu – „żył
w tłoku pederastycznym", o stosunku Iwaszkiewicz –
Gombrowicz, gdzieś na przyjęciu Iwaszkiewicz powiada:
– Witamy Gombrowicza! A on na to: – Nie witamy Iwasz-
kiewicza! O rytmie życia i wtedy o szkole jeździectwa, która długi czas polegała na jeździe wbrew zwierzęciu, ściąga-
nie wędzideł, munsztuków, zmuszanie konia do ruchów
przeciwnych jego naturze; o dziwnym dębie, co rośnie
w podwórzu-studni, podwórzu-rurze, jak powiedział, kamienicy w Alejach Ujazdowskich, dębie o pniu tak cienkim
i wiotkim bujną koroną wyrastającym w górze; o myślą-
cych twarzach przedwojennych generałów, tych, co to
w swych początkach z gimnazjów i uniwersytetów podążyli do Legionów; i o tym, jak zanikała dolna szczęka generała Sosnkowskiego z powodu trudności w podejmowaniu
decyzji; o zaściankowości przedwojennej naszej literatury
i czy Nałkowska mogła sobie zdawać sprawę z odkrywczo-
ści i wielkości Gombrowicza, Schulza; o trzech wersjach
popiersia Voltaire'a zrobionych przez pewnego rzeźbiarza
dla Komedii Francuskiej.

Tyle myśli błyszczących jak pięknie szlifowane kamienie jego słów, powiedzeń. Przypominam sobie jego wnikliwe spostrzeżenie o istocie twórczości Gombrowicza.
Wyraził się mniej więcej tak: stworzył model człowieka

pełnego własnych, niepowtarzalnych cech, uczynił ze swego Ja boga wszechświata. To wielkie osiągnięcie przeciw totalizmowi, unifikacji.

Nie wszystko więc było ulotne i doraźne, istniała jeszcze jakaś niezniszczalna trwałość, wartość, ślad. Może to zaowocuje nieoczekiwanie w moim pisaniu? Byłem wdzięczny losowi, przypadkowi, obojętne jak to nazwać, za tę darowaną przyjaźń. W naszych nie najlepszych czasach, żyjąc wśród setek, tysięcy podobnych do siebie ludzi, znękanych i uwikłanych w przykrą codzienność – zdarzyła mi się ta jedyna, niepowtarzalna szansa – zażyłość z M. właśnie.

Miewał M. „jasnowidzenia". Biorę to słowo celowo w cudzysłów, gdyż mogą to być przecież dalekosiężne, wyprzedzające teraźniejszość prognozy, typowe dla trudno uchwytnych skoków jego rozumowania. Wypowiadał swoje objawienia w sposób kategoryczny, logiczne uzasadnienie było co najmniej dziwaczne, często przeto mogło się wydawać jakimś żartem tego wiecznego poszukiwacza wymyślności, dziwaczności i wieloznaczności w dziejach ludzi i świata.

Jednak w dwóch głośnych przypadkach przewidział właściwe rozwiązanie, jakby wiedziony niezwykłym darem wybiegania w przyszłość.

W pierwszym dniu pamiętnego konklawe kardynałów w Rzymie powiedział z niezachwianą pewnością:

– Papieżem zostanie Wojtyła!

Przyjąłem to stwierdzenie dosyć obojętnie. Nawet o nim zapomniałem i dopiero w trakcie długiego uroczystego chóru dzwonów kościelnych całej Warszawy, przypomniałem sobie prorocze słowa M. Pochwałę swojej dalekowzroczności przyjął bardzo spokojnie. Wyraźnie wybór polskiego papieża był dla niego sprawą oczywistą.

– Jak to? – dziwił się nawet. – Przecież nie mogło być inaczej.

Drugi raz natomiast obserwacja uroczystości pogrzebowych zmarłego przywódcy wielkiego mocarstwa, w której brał udział następny przywódca, posłużyła mu do takiego oto wniosku:

– Naznaczony śmiertelną chorobą!

Diagnoza sprawdziła się w ciągu mniej więcej roku. Natarczywie dopytywaliśmy się M., na czym opierał swe przesłanki.

– Koszula – rzekł. Ponieważ patrzyliśmy osłupiałym wzrokiem, dodał – kołnierzyk koszuli opadał mu tak nisko, wisiał wprost na mostku... Z tego ciała wyciekało życie.

Niewiele pojąłem z tego wyjaśnienia. Niezbadane są drogi odkryć M.

Trzecia przepowiednia miała charakter surrealistyczny i dotąd się nie sprawdziła. Zawiera w swej intencji znamiona wielkiej metafory historyczno-religijnej, będąc ostatecznym pojednaniem chrześcijaństwa z judaizmem. Zapowiada erę wspólnej wiary, która połączy wyznawców Starego Testamentu z rzymskim katolicyzmem.

– Tak mało przecież różnic – oświadczył. – Oni czekają na Mesjasza. My mieliśmy już Odkupiciela!

Po tym krótkim uzasadnieniu powiedział równie apodyktycznie jak w dwóch poprzednich rewelacjach, że przyszłym prymasem Polski zostanie Jean-Marie Lustiger. Był podniecony, wzmożona ruchliwość długich nóg, gesty i mimika w ścisłym zespoleniu z jego głosem i blaskiem oczu. – Żyd, neofita, przyjął wiarę w latach chłopięcych, rodem z Będzina, przeżył okupację i męczeństwo swego narodu, stracił matkę w komorze gazowej. Głębia jego wiary, mądrość, doświadczenie, tolerancja. Nie wyrzeka się swych korzeni, judaizmu, przodków. Pomyślcie tylko! – wołał – ostateczne pojednanie nastąpi w Polsce! – Jego głos był u szczytu możliwości. Rozsadzał wprost mieszkanie. Wyraziłem mu uznanie dla siły głosu. Komplement przyjął skromnie i oświadczył, iż stryj jego, ksiądz Jan, ten organ miał jeszcze potężniejszy. Był także wyższy od niego.

I zaraz dowiedzieliśmy się o stryju Janie, jednym z twórców skautingu w Polsce, kapelanie szkoły podchorążych i pierwszym naczelniku Szarych Szeregów

– Kto znał mego stryja – zakończył M. – nie mógł być antyklerykałem.

Ale wracając do trzeciej przepowiedni. Fakty zaprzeczyły jej przecież. Nie zraził się tym jednak.

– Naszego prymasa będzie można powołać do Rzymu... – Choć głos miał już nie tak nabrzmiały pewnością, znacznie słabszy raczej.

Ostatnio znów podjął ten wątek.

– On będzie następcą papieża! – zawołał zwycięsko i powiódł po nas oczyma aż świetlistymi od tego proroczego widzenia.

Ciąg dalszy niespełnionej przepowiedni wywołał obraz mego kolegi S., świetnego malarza, ochrzczony przez

Jolę *Śmiercią w Wenecji*. Przykuł uwagę M. od pierwszego spojrzenia. Od jego kolorystycznej głębi powrócił do Jego Eminencji Jean-Marie Lustigera.

Nic nie wie arcybiskup Paryża, jakich to epokowych rozważań jest przedmiotem.

Przepowiednie, wróżby... Złe losy naszego kraju, burzliwe wstrząsy, które na krótko tylko budzą nadzieję, żeby potem znów pogrążyć nasze życie w mroku.

O tym wszystkim M. wie doskonale i jakby obronnie chowa się głęboko w obszary swoich ulubionych poetów, filozofów i malarzy. Jednocześnie z niezmordowanym uporem powtarza, że nieodwołalnie przyjdą lepsze czasy, muszą przyjść. Czy sam tego doczeka? Hydra starości, którą tak długo i skutecznie zwalczał, dopada go coraz częściej. Już tego nie ukrywa i skarży się, jak na człowieka w podeszłym wieku przystało. Opisać pragnę pewien wypadek, który mu się zdarzył, ze względu na osobliwą inwencję, jaką wykazał w trakcie tego groźnego zdarzenia. Wrócił późno z wizyty u przyjaciół, przygotował sobie łóżko do snu i nagle zatoczył się raz, drugi, tak zatańczył, zupełnie zatracił poczucie równowagi. W ten zdradziecki sposób odezwał się defekt błędnika. Wsparł się dłonią o blat stolika, stolik zakołysał się i spadł z niego szklany puchar, rozbijając się na podłodze. Za chwilę również M. zwalił się na podłogę. Kawał szkła wbił mu się w udo. Rana była głęboka, buchnęła krew, stracił przytomność, na szczęście ocknął się zaraz i przewiązał ręcznikiem udo powyżej rany, upływ krwi zmniejszył się, lecz ból stawał się coraz bardziej dokuczliwy. Umysł miał jasny, skupiony, i już wiedział, co czynić dalej. Poczołgał się do telefonu, wykręcił numer pogotowia i tak mniej więcej wyrecytował.

– Wypadek A.M. lat 74 samotny. Adres taki i taki. Upadek na szkło. Rana cięta uda głębokości około 5 cm, długości 10 cm. Mogą się w niej znajdować okruchy szkła. Upływ krwi znaczny – tym akordem zakończył ten rzeczowy meldunek.

– Wiecie przecież, w jakim żółwim tempie przybywa pogotowie – dorzucił. – A dzięki tak skonstruowanej formie interwencja nastąpiła w przeciągu kwadransa.

Wspaniale nadał SOS w swojej sprawie. Oczyma wyobraźni widziałem scenę, która musiała nastąpić w następstwie telefonicznego komunikatu. Długi, chudy człowiek z olbrzymim nosem na podłodze. Broczy krwią. Szkło wokół niego. Wkracza lekarka i pielęgniarz. Patrzą na to zapełnione książkami i różnymi dziwnymi przedmiotami mieszkanie, choćby te tarki w charakterze lamp. Zagapić się mógł pielęgniarz, młody osiłek. Słuchają tubalnego głosu z podłogi. M. nie omieszkał uraczyć lekarki jakimś wyszukanym komplementem, podziękował z wyszukaną galanterią za szybką pomoc. Ostrożnie układają go na noszach. Nadal konwersuje. Opowiadając, dumny był ze sprawności i przytomności swego umysłu. Sam rozkoszował się treścią i formą nadanego komunikatu. Tego wieczoru nieodparcie przypominał postać ze sztuk Becketta, z *Czekając na Godota*, *Ostatniej taśmy Krappa* czy z miniaturowego filmu niemego z Busterem Keatonem i ptakiem w klatce osłoniętej czarną materią. Takim mi się wydawał. W abnegacji i niedbałości ubioru, wychudzeniu długiego ciała, finezyjnej ruchliwości min i gestów. W tym swoim samotnictwie bez wygórowanych pragnień. W osobliwości opowiadanej przygody wreszcie. W nadaniu temu zwykłemu przecież wypadkowi starca nowych, kreacyjnych treści.

Jaki jest ten M. właściwie?

Jest na pewno starym, samotnym człowiekiem, który spaceruje z coraz większym trudem w coraz bardziej obcym mieście. W ciągłej wędrówce od jednego zaprzyjaźnionego domu do drugiego. Wyobraziłem go sobie jako niezłomnego bohatera pustynnej, jałowej drogi przez życie. Tej drogi od urodzenia do śmierci, która jest krążeniem po obwodzie koła. Samotny i pusty. Nade wszystko pusty, pień wypalony piorunem, tę pustkę swego życia zagłusza rozpaczliwym wysiłkiem wyobraźni, tym swoim ciągnącym się w nieskończoność monologiem. Być może trawi go nigdy niewypowiedziana i najbardziej bolesna przyczyna, dręczący komik niemożności jakiegoś trwałego dokonania i zarazem nieustannie ponawiane próby zaklęcia w ostateczny kształt tego, co myśli i mówi, pogoń niezmordowana za pięknym motylem, już chwyta te aksamitne zdobne w piękny deseń skrzydła, motyl wymyka się jednak, igra nadal w zasięgu oczu i rąk; ciągle nieosiągalny. Niby ten legwan z opowieści Karen Blixen o Afryce, piękny, pulsujący tyloma kolorami cud natury! – taką przecież jest jego mowa, piękna, bogata w wielość odcieni i znaczeń, tak wspaniale pulsująca – uparcie jednak nie daje się ująć w karby liter i słów na papierze, w tej próbie zespolenia dźwięku w zapisanych słowach traci natych-

miast swą tęczowość, staje się bezbarwna i nijaka, tak jak
ten legwan-jaszczur taki piękny przed chwilą, ustrzelony
ze sztucera traci wszystkie swe kolory, staje się brzydki,
szary, nijaki. Może M., próbując pisać, staje się martwym
legwanem? A może po prostu jest fermentem, nade
wszystko, pragnie przekazać komuś coś z siebie, w ten
sposób pozostawić to najcenniejsze ze swojej osobowości
w kimś innym.

Pamiętam naszą wspaniałą rozmowę o pisanym wówczas przeze mnie *Księciu Nocy*, chwytał w lot istotę moich
wysiłków i zamiarów, wiedział, co sprawia mi największy
opór, pomógł bardzo wiele, choć trudno ocenić rodzaj tej
twórczej inspiracji, istniał w niemożliwej do odtworzenia
intensywności naszej rozmowy, był zawarty w trafnym
chwytaniu moich intuicyjnych zamiarów pisarza błądzą-
cego po omacku. M. potrzebuje ludzi jak ryba wody.
W tym zakresie jednak stosuje wybredną selekcję i nie zni-
ża się nigdy do roli kapłana odprawiającego swe misteria
dla prostaków. Cechuje go sympatia lub odraza od pierwszego wejrzenia. Ludzi dla siebie antypatycznych nie do-
strzega w sposób naturalny. Ruguje ich ze swego pola widzenia. Umiejętność tę posiadł w stopniu najwyższym i ci,
co go przejmują niechęcią, odrazą, po prostu przestają dla
niego istnieć. Byt lub niebyt. To zależy wyłącznie od niego
i w tym się przejawia filozofia subiektywizmu w czystej
postaci. Realne jest tylko to, co istnieje w moim wyobraże-
niu. Biskup Berkeley, który objawił światu tę słynną zasadę: Istnieć, to znaczy być postrzeganym – może być w pełni zadowolony z tak godnego rzecznika swego poglądu.

A może M. szykuje niespodziankę dla potomności? Pozostawi nowy, świetny przekład *Boskiej komedii*, pisze również pamiętniki i w nich odniesie triumf największy, przełoży wreszcie swój dar słowa mówionego na papier, tak zaczernia kajet za kajetem, stos tych kajetów z długiego, bujnego życia.

Jednakże ta nieustanna zmienność, migotliwość osobowości M. nie pozwala zbyt długo utrzymać go w ramach jednego portretu. Wciąż się wymyka i zaskakuje niespodziankami.

Podczas zimy roku 1983 M. bywał skupiony, jakby nieobecny na zewnątrz, wsłuchany pilnie w siebie, potrafił milczeć długo, nawet obojętnymi, niewidzącymi oczyma wpatrywał się w ruchome obrazki na ekranie telewizora, czego zawsze dotąd się brzydził i unikał, a jeżeli już zaczynał mówić, to jedynie o swojej pracy, intensywnej pracy, która go pochłania nocami i daje wielką satysfakcję. Czas spędza w nieznanym mu dotąd uniesieniu, eksplozji, jak powiada, pracując nad syntetycznym studium o istocie poezji w jej najgłębszym metafizycznym sensie, o poezji, tej królowej słowa pisanego; pragnie więc napisać o tych olśnieniach zawartych tylko w największych dokonaniach, tam gdzie padają wielkie pytania o sens życia, Boga i Szatana, niebo i ziemię. Rzecz jasna, wymienił Dantego, z polskich poetów Sępa-Szarzyńskiego i Leśmiana, najdłużej zatrzymał się przy Mallarmém. Mówił o nim jako o potężnym swoim przeżyciu, czytywał go w różnych okresach swego życia wiele razy i wreszcie odkrył zawartą w wierszach Francuza wielkość, możliwą do osiągnięcia tylko przez twórców stawiających sobie najwyższe wymagania. Oto M. deklamuje z patosem wiersz poety w swoim przekładzie. Czyta dźwięcznie, dbając o rytmikę, głos moduluje z aktorską umiejętnością. Następnie dokonał analizy utworu, jego zdaniem genialnego osiągnięcia, w którym muzyka, malarstwo, architektura i słowo zespalają się w piękną, wielopiętrową jedność. Poszybował w najwyższe regiony swojej emfazy i wymyślności. Nie bardzo pojmowałem sens tej misternej pajęczyny słów wypowiadanych głosem nasyconym sugestywną mocą, lecz oczarowany jego młodzieńczym entuzjazmem potakiwałem gorliwie. Jeszcze wyciągnął z kieszeni rulon nutowego papieru, pokryty starannym, kaligraficznym pismem. Poczynił zabieg osobliwy, mianowicie przełożył wiersz Miriama Przesmyckiego na francuski, zabawił się tak dla udowodnienia jego naturalnych związków z literaturą francuską.

– Ten wiersz... – oświadczył – jest w swojej esencji, składni, melodii z ducha tamtego języka. Słowo po słowie, sylaba po sylabie, rymy, rytmika – uzasadniał swoje twierdzenie.

Wypiliśmy po dwa kieliszki wódki. Na odchodnym rzucił z niedbałą rozrzutnością kilka łacińskich maksym potrzebnych mi do pracy nad pisanym w tym czasie opowiadaniem.

Obiecał następnym razem przybyć z większym pakietem wierszy Mallarmégo, może coś z *Boskiej komedii* będzie miał również. Uśmiechnął się zagadkowo.

– Żegnam was, kochani! Wspaniały wieczór, dziękuję! I poszedł sobie.

M., ostatni arystokrata ducha w naszym szarym i płaskim świecie.

Wiem: nie można schwytać człowieka jak motyla i przyszpilić go już ostatecznie w szklanej gablocie. O tym wiem doskonale. Chciałem tylko w miarę możliwości choć na chwilę zatrzymać, chwycić za połę czarnej marynarki i zatrzymać tę wymykającą się nieustannie chudą, długą postać M. Czynię to także z przyjaźni.

Niech więc znów zabrzmi nieoczekiwany dzwonek, otworzę drzwi i M. w progu będzie przepraszać za najście, ale tak szedł sobie i zobaczył światło w naszych oknach. Przybył z nową teorią przyszłości ziemskiego globu, odkryciem wspaniałego tekstu historycznego lub filozoficznego, pieśnią z *Boskiej komedii* czy szalonym proroctwem, które wbrew logice i rozsądkowi spełni się jednak.

2000

# Czarna i Mała

Nic niczego nie zapowiadało. Zwykła sprawa w takim mniej eleganckim świecie. Ona była niewysoka, grubokoścista i włosy miała czarne, krótko obcięte, które sterczały jej jak kolce jeża. Nazywali ją po prostu Czarna. Kanciasta w ruchach, zamaszysta jak ruska żołnierka. Kiedy tak siedziała nisko pochylona nad stołem przy szklance gorzały, wyglądała jak chłop i jej szeroka dłoń, którą trzymała szkło, porośnięta była nad grubym przegubem czarnymi włoskami. Szanowali Czarną i była z nimi na prawach wspólniczki. W małym, parterowym domku na przedmieściu, gdzie mieszkała z głuchą babką, oni trzymali towar i spierali się przed robotą i po robocie. Na początku zezowaty Plebaniak czy ten najmłodszy, kiedy byli mocniej nagrzani wódką, próbowali dobierać się do niej natarczywie. Zawsze kończyły się te podejścia w jednakowy sposób. Wpierw cierpliwie odpychała natręta, ale kiedy już grzebać zaczynał pod bluzką lub wędrował łapą niżej pod spódniczkę, wściekała się okropnie i jej pięści rozdzielały całkiem męskie razy.

– Szanuje się – powiadał najstarszy z nich Dziobus.

Tak jakoś niejasno, z ociąganiem wypowiadał te słowa. Sam ani razu nie próbował startować do Czarnej.

Ona opiekowała się wychudzoną smarkulą, z wielkimi jak u lalki niebieskimi oczami. Była to półsierota i jej stary po pijanemu i na trzeźwo katował ją niemiłosiernie. Uważał, że dziecko zrodzone jest nie z jego nasienia. Prawdę mówiąc, jego przed rokiem zmarła kobieta nadźwigała się pod sobą obcych chłopów niemało. Mała przeniosła się do Czarnej. Czarna dbała o nią jak matka albo starsza siostra. Przyodziała dziewczynkę w przyzwoite łachy, posłała do szkoły. Zaczęła nawet gotować obiady, co dotąd prawie nigdy się nie zdarzało, wolała chodzić z chłopakami do knajpy i wcinać golonkę czy flaki. Małej pić nie pozwalała. Specjalnie dla niej kupowała słodkie wino i sączyły powolutku z dużych, kryształowych kielichów. Małej zakwitały rumieńce na bladych policzkach i lubiła prztykać palcem w szkło pucharu, który wydawał głęboki, czysty dźwięk.

– Dzwon w kościele – cieszyła się Mała. Pewnego razu pod nieobecność Czarnej Pepo, ten najmłodszy, elegant w markowych, kolorowych dresach, ze złotą bransoletą na przegubie dłoni i złotym krzyżem na grubym łańcuchu na szyi, napoił dziewczynę słodkim, bananowym likierem z mlekiem. Zasmakowało jej to bardzo i chichotać zaczęła raz po raz. Pepo posadził ją sobie na kolanach i zaczął wiadome manewry. Rozerwał bluzkę i wyłuskał niewinne piersiątka. Malutkie były i twarde jak kauczuk. Sutki sterczały niby koźle różki.

– Pasujemy do siebie, draniarko – gardłowym głosem zaczął Pepo i już naprawdę krew się w nim zagotowała.

Czarna wróciła w samą porę. Zobaczyła, co się dzieje i rozszalała się jak furia. Rzuciła się na Pepa drapieżnym skokiem. Nastąpił prawdziwy ring wolny. Pepo poczuł jej twarde pięści. Obrzuciła go na dodatek obraźliwymi słowy, których żaden charakterniak nie zniesie bez odwetu. Wystartował do niej jak chłop do chłopa. To ona go za kudły, to on ją, choć jemu było znacznie trudniej, bo wystrzyżona była na krótko i umykały jej pióra z jego garści. Lała się krew. Mała popiskiwała z pijanej radości. Miała na co patrzeć. Czarna twarda była i wytrzymała. Trafiła Pepa w bebech. On gnie się i stęka. Rewanżuje się jej ciosem w szczękę. Niezłą odporność miała w sobie Czarna. Nieforemna z figury i takie zwinne robiła uniki. Dopiero stary Dziobus zaczął ich rozdzielać. Oberwał od obojga, nim wreszcie ochłonęli.

– Chciał ją teges! Rozumiesz, teges... – wykrztusiła Czarna głosem przypominającym syk węża.

Dziobus gładził ją pieszczotliwie po tych czarnych sztywnych włosach. Wyglądał jak dobry dziadek.

Wreszcie uspokoiła się jakoś, ale pięści nadal miała zaciśnięte, gotowa walczyć w obronie swego skarbu. Mała zaś siedziała grzecznie, istna trusia, brzydkie kaczątko, dłonie ułożone równo na kościstych kolanach. Jednak strzelała frywolnymi ślepiami w stronę zakrwawionego Pepa, niefortunnego ogierka. Najwyraźniej spodobało się smarkuli, że taką ma wysoką cenę. A potem, kiedy byli sami, Dziobus przyparł do ściany najmłodszego ze swoich wspólników i zaszeptał:

– Nie próbuj drugi raz. Czarna tego nie zniesie, rozumiesz?...

Pepo posłusznie pokiwał głową. Jednak nie bardzo rozumiał, w czym rzecz.

– Może i jest cnotliwa – wymamrotał. – Ale i tak prędzej czy później pójdzie pod nóż.

Tego samego zdania był zezowaty Plebaniak.

– Ktoś przecież musi ją rozprawiczyć – przytaknął.

Dziobusowi ospy na gębie mocno poczerwieniały i wyzywał ich od tępaków i głupoli. Czarna była wtedy w kuchni. Tam obejmowała i tuliła swoją Małą.

– Nic się nie bój – powtarzała śpiewnie. – Nikt ci krzywdy nie zrobi. Ja czuwam… – Tak mówiąc, rozbierała ją powoli.

Mała twarz miała pogodną i spojrzenie dalekie, nieobecne.

Dziobus patrzył ukradkiem przez uchylone drzwi i głową kręcił. Czarna myć zaczęła dziewczynkę w drewnianej balii, której głucha babka używała do prania. Klęcząc, przesuwała namydloną gąbką po pośladkach i nogach Małej. Z góry na dół i z powrotem. Jak w transie. Mała stała w rozkroku i gapiła się przez okno. Chuda jak oskubany kurczak, żebra sterczały pod skórą i piersi malutkie takie, że w jedną męską garść z łatwością można je zmieścić, krzaczek na podbrzuszu już miała wyrośnięty, ruda kępka, wiewiórcze futerko.

Nagle zapiszczała.

– Łachoczesz! Och, jak łachoczesz! – zaczęła przebierać nogami, rozpryskując wodę z balii.

Dziobus raptownie zamknął drzwi.

– Nie dla psa ta kiełbasa – powiedział i odepchnął Pepa.

– Niby dlaczego – zdziwił się ten najmłodszy.

Dziobus nic mu nie odpowiedział. Zapalił papierosa i zaciągnął się zachłannie. Widział oczy Czarnej. Pożera-

ły Małą. Ocknął się z zamyślenia i żartobliwie szturchnął
Pepa między uda.

– A bo to mało masz tego towaru... I to dużo lepszego – dodał po chwili. Pepo wypiął się jak buńczuczny kogut, który skończył pokrywać dziesiątą kurę.

\* \* \*

W tym parterowym drewniaku z zapadniętym dachem,
schowanym wśród krzewów zdziczałego ogrodu, czuli
się jak u Pana Boga za piecem i już z daleka mogli dostrzec każdego przechodnia. Widoczność była na cztery
strony świata i nikt, nawet pies czy kot, nie mógł dojść tutaj niezauważony.

– Wszystko mamy na lipku – cieszył się Dziobus i pomarszczył podziurawioną ospą twarz. W tych grymasach
przypominał starą małpę. Pepo i zezowaty Plebaniak siedzieli z nim przy stole, przykrytym zieloną ceratą w czerwone kwiatki, z czarnymi dziurami wypalonymi od papierosów. Głucha babka postawiła półmisek z pierogami.
Ona bardzo smacznie gotowała i nic jej nie obchodziło poza kuchnią i modłami, które klepała nieustannie pod obrazem Matki Boskiej Częstochowskiej. Wysączyli pierwszą butelkę smirnoffa pod te przyrumienione na brązowo
pierogi, polane tłuszczykiem z żółtymi skwarkami.

Dziobus przymknął oczy i natrętny obraz z nocy znów
mu się wylągł pod powiekami. Wczoraj wieczorem wcześniej położyli się spać. Leżeli na polowych łóżkach w środ-
kowym pokoju. Głucha babka jeszcze modliła się w kuchni. Znała pacierzy od groma! Jeden po drugim mamrotała

bez końca. Pepo i Plebaniak zapadli natychmiast w zdrowy sen młodych byków. Dziobus przewracał się na posłaniu. Twardo było i niewygodnie. Bolały go kości. Z ostatniego pokoju, gdzie spała Czarna z Małą, sączyło się jeszcze światło w szczelinie między drzwiami i podłogą. Posłyszał stamtąd stłumione szepty. Siadł na łóżku, kołysał stopami i czochrał siwe kłaki na piersiach. Cały czas patrzył w wąskie pasmo światła pod drzwiami i nie wiadomo dlaczego podszedł tam. Lekko uchylił drzwi. Na tapczanie spała Mała z głową wtuloną w poduszkę, przytulała pluszowego misia. Nad nią stała Czarna. Była w nocnej, przezroczystej koszuli. Mocne, rozrosłe ciało prześwitywało przez kremową materię. Paliła papierosa i wpatrywała się w dziewczynę, która jęknęła przez sen i podkuliła nogi. Kołdra zsunęła się jej z pleców, odsłaniając chude, sterczące łopatki. Czarna troskliwie podciągnęła kołdrę, otulając Małą. Dziobus ostrożnie przymknął drzwi i pokuśtykał do łóżka. Teraz przy śniadaniu z namysłem obracał w palcach szklaneczkę z wódką.

Mała wierciła się na krześle i wzdychała ciężko.

– Co ci jest? – zaniepokoiła się Czarna.

Była już gotowa do drogi, ubrana w niebiesko-żółty połyskliwy dres i białe adidasy, nacisnęła na głowę baseballową czapeczkę z długim daszkiem. Wyglądała jak ochroniarz.

– Boli mnie głowa – odpowiedziała Mała i jeszcze raz westchnęła

– Może przyłożyć ci kompres?

– To natura daje znać o sobie – odezwał się Plebaniak.
– Pragnie przytulić się do jakiegoś chłopa...
– Nie wtrącaj się! – szczeknęła Czarna i wyraz twarzy miała nie do żartów.

Pepo dokonał ostatnich poprawek przy swej lśniącej, wyżelowanej fryzurze i wyszczerzył zęby do Małej. Odpowiedziała ledwie widocznym uśmieszkiem, oblizała grube, spierzchnięte wargi. Zapiszczała komórka. Dziobus wyciągnął z kieszeni aparat, przycisnął guzik i powiedział:

– Ma się rozumieć, jesteśmy gotowi!
– Idziemy – rzekł i odstawił niedopitą wódkę. Wyszli pospiesznie. Tak jak zostało umówione, furgonetka miała czekać na nich dopiero przy opuszczonej hali fabrycznej. W ten sposób zawsze postępowali i nawet hurtownik, który odbierał towar, nie wiedział, gdzie są zamelinowani. Pepo na ulicy odwrócił się jeszcze i pomachał ręką. Liczył na to, że ona patrzy przez okno.

– Czy tylko to jedno masz we łbie? – zezłościł się Dziobus.

Nie było ich dwa dni. Wszystko poszło jak należy i bardzo byli zadowoleni. Znaczny udział miała w tym Czarna i Dziobus, który choć nie lubił interesów z babami, musiał przyznać, że lepsza jest od niejednego chłopa. Z powodu udanego interesu pozwolili sobie na drinki pod krewetki i łososia w nocnym lokalu „Bal Air" i Dziobus z Czarną odtańczyli uroczyste tango. On tancerzem był marnym i niezgrabnym jak słoń, kilka razy przydeptywał kobiecie stopy i mylił mu się takt. Czarna cierpliwie dawała się wodzić po parkiecie i uśmiechała się łagodnie. Pepo harcował z rosyjską zdzirą Żeńką, wysoką, zgrabną sztuką w kusej spódniczce, co ledwie jej zadek zasłaniała. Poszedł z nią do toalety. Długo stamtąd nie wychodzili. Po powrocie wcisnął jej za dekolt zwitek zielonych i pożegnali się serdecznie. Plebaniaka z nią nie było. Poszedł do swej młodej żonki, która była w ostatnim miesiącu ciąży. Wracali w wesołym nastroju. Czarna się rozgadała o wcześniejszych swoich interesach. Pracowała z chłopakami z wybrzeża. Oni przywozili jej towar, a ona rozprowadzała. Później mieli przypałkę i dali dęba do Niemiec. Przy okazji dowiedział się Dziobus, jak mądrze ona inwestowała swój szmal. Miała udział w firmie transportowej kuzyna i zamierzała wybudować na swojej posesji nową chałupę. Willę według szwajcarskich katalogów ze wszystkimi bajerami. Skalny ogródek, sauna, siłownia, basen. Dziobus tylko cmokał. Rozmarzył się i już miał na końcu języka, żeby jego kapitał połączyć do kupy z jej kapitałem i zacząć żyć we dwoje, ale coś go powstrzymało i nic nie powiedział.

– Ale ja to kupię sobie porsza – odezwał się Pepo. – Sto, dwieście na liczniku i modelki będę zrywał…

Taksówkę zatrzymali przy wiadukcie i resztę drogi przeszli piechotą.

Z daleka już zobaczyli światełko w oknie.

– Ona jeszcze nie śpi – zdziwiła się Czarna. Od furtki słychać było telewizor włączony na cały regulator. Mała lubiła kolorowe obrazki i męczyła Czarną, żeby zainstalować antenę satelitarną. Ale Czarna nie chciała.

– Za dużo poruty – mówiła i miała rację. Rzecz przecież w tym, żeby za bardzo nie zwracać na siebie uwagi.

Ale dopiero jak weszli do wnętrza i zobaczyli Małą, to cała trójka jak na komendę wytrzeszczyła gały. Ta smarkula gibała się przed telewizorem w takt muzyki. Najbardziej zamurowało Czarną. Mała to czy nie Mała? Spódniczkę miała na sobie obcisłą, kusą, koloru czerwonego, przezroczystą bluzkę z czarnych koronek i widać było pod spodem małe cycuszki, pończochy nałożyła siatkowe ze szwem i buciki na wysokich, grubych obcasach ze złotymi klamerkami. Twarz też miała odmienioną: tusz niebieskawy na rzęsach i cienie na powiekach, jaskrawa czerwień szminki na wargach, sztuczny pieprzyk na policzku i szopa włosów w drobnych, nastroszonych strączkach.

Pepo patrzył na dziewczynę i klepał się po udach. Mała rzuciła nań badawcze spojrzenie, sprawdzając, jakie wrażenie sprawiła na nim jej nagła przemiana. Ale długo jego zachwytem nacieszyć się nie zdołała.

– Co to wszystko znaczy!? – wykrztusiła Czarna przez zaciśnięte wargi. Ciemność wściekłym blaskiem wypełniła jej oczy. Szarpnęła dziewczynę za ramię i drugą ręką wymierzyła jej siarczysty policzek. Mała modne fatałaszki sprawiła sobie w butiku za forsę podebraną ze schowka za ruchomym kaflem w piecu. Czarna wyzywała ją od podłych zdzir, najgorszych niewdzięcznic, ale chwilami przyglądała się jej zdumionym wzrokiem. Malunek na twarzy, obcisła spódniczka i buty na wysokim obcasie sprawiły, że z poczwarki wykluł się kolorowy motyl. Wkrótce złość przeszła jej zupełnie i przytuliła Małą.

– Ty głupia suczko – powiedziała czule – przecież wszystko, co mam, jest dla ciebie.

Pogodziły się i zasiadły do stołu razem z mężczyznami. Pepo cały czas nie spuszczał oczu z dziewczyny. Miętosił ją i rozbierał bezczelnymi ślepiami. Potem położyli się spać i Dziobus nie mógł zasnąć. Patrzył w szczelinę pełną światła pod drzwiami do ostatniego pokoju. Żaden głos ani szmer nie dochodził stamtąd.

– Suki – powiedział sam do siebie.

Spali do późna. Czarnej nie było. Mała w szkole. Babka wytyczała zagonki w ogródku. Trochę pograli w oko, potem w numerki. Znudziło im się szybko. Pepo nastawił radio i słuchał wrzaskliwej muzyki. Dziobus krzywił się, jakby rozbolał go ząb. Pepo nałożył skórzaną kurtkę, obcisłe, wyprane farmerki i te swoje kowbojskie skoki z cholewkami na wysokim obcasie. Długo pracował przy fryzurce.

– Stroisz się jak na dyskotekę – zauważył Dziobus.

– Idę po fajki – odpowiedział Pepo.

Jeszcze raz sprawdził się w lustrze i wyszedł, pogwizdując dziarsko. Dziobus przejrzał stare gazety i tak w podkoszulce i granatowych, krótkich gaciach snuł się po mieszkaniu. Suszyło go i raz po raz pociągał duży łyk wody z plastykowej butelki. Szafkowy zegar na ścianie wybił dwunastą. Pepo długo nie wracał. Dziobus skończył golenie, przyciął jeszcze swój siwawy wąsik i spojrzał w okno. Pepo stał przy furtce przed ogródkiem i palił papierosa. Czekał na Małą ten zawzięty ogierek. Ona o tej porze zazwyczaj wracała ze szkoły. Pokazała się w oddali. W ciemnej spódniczce, białej bluzeczce, białych skarpetkach, z włosami ściągniętymi w puszysty kucyk, z plecakiem na chudych ramionkach. Wyglądała jak grzeczna, pilna uczennica. Biegła, podskakując na jednej nodze, to znów wykonywała taneczne piruety. Pepo zastąpił jej drogę. Uśmiechnęła się i od razu z uczennicy przemieniła się w zalotną kobietkę. Spróbował objąć ją wpół. Wywinęła się zręcznie i zacisnęła dłoń w pięść, pokazując mu figę. Pepo wyciągnął zza pazuchy paczuszkę w eleganckim, firmowym papierze, obwiązaną kolorową wstążeczką. Mała wyciągnęła rękę. Pepo w ostatniej chwili schował za plecy pakiecik. Tak się z nią droczył przez chwilę. Aż z błazeńskim ukłonem lowelasa złożył paczuszkę w jej niecierpliwe dłonie. Pocałowała go w policzek. Pepo przycisnął ją do siebie, podgarnął szkolną spódniczkę i przejechał łapą po pośladkach dziewczyny. Mała włożyła paczuszkę do plecaka i wbiegła na schodki. Wtedy Dziobus uchylił lufcik w kuchennym oknie i zawołał swego młodego wspólnika. Pepo wyglądał na bardzo zadowolonego. Przygładził błyszczącą od żelu fryzurę i kocio zmrużył oczy.

– Co takiego dałeś tej gówniarze? – zapytał Dziobus.

– Prezent – odparł Pepo i zaśmiał się chrapliwie – Modne majtki z koronki. Siedem sztuk. Na każdy dzień tygodnia inne.

Dziobus zmarszczył czoło i powiedział zduszonym głosem:

– Uważaj na Czarną. Jej to by się nie spodobało.

– A niby dlaczego tak jej strzeże? – zdziwił się Pepo. – Dla kogo tak ją trzyma?

– Bo tak już jest! – uciął krótko Dziobus.

Z ostatniego pokoju doleciał radosny śpiew Małej. Cieszyła się z prezentu. Zasłuchali się. Czysty, dźwięczny głos.

Po południu wszyscy pracowali w piwnicy przy sortowaniu i pakowaniu towaru. Głucha babka też im pomagała i powykrzywianymi reumatycznymi paluchami ostrożnie wkładała te elektroniczne cacka w ebonitowych oprawkach do kartonów wyścielonych trocinami. Nie mogła się nadziwić, że są tak cenne i wartość każdego trzykrotnie przekracza jej rentę.

– Takie byle co – powtarzała z niedowierzaniem.

– Bo to już, babciu, inne czasy – śmiał się Plebaniak – era elektroniki i innych cudów.

Babka zwierzyła się im, co zamierza zrobić z należną jej działką szmalu. Postanowiła kupić sobie miejsce na cmentarzu i wystawić grobowiec z krzyżem z czarnego granitu.

– Aligancko... – mówiła, ciamkając bezzębnymi ustami. – Dokoła kratka z żelaznych prętów, wazy na kwiatki, ławka... Sama muszę zadbać, bo jak kopyta wyciągnę, od razu rzucą się i rozdrapią to, co po mnie zostanie. Już rozmawiałam z księdzem. Jemu dam na przechowanie.

– A nie lepiej na książeczki albo bony oprocentowane – odezwał się Plebaniak.

– To już ksiądz najlepiej poradzi – odpowiedziała babka.

– A ja... – Pepo znów rozgadał się o samochodach, hotelach, dziwkach. – Do oporu! – podniósł głos. – Przecież młody jestem. Jeszcze się nie nażyłem.

Humor im dopisywał przy tej robocie w piwnicy i pletli różne głupstwa. Plebaniak nawet posunął się do tego, że oświadczył o swoim postanowieniu wycofania się z interesów.

– Zainwestuję w coś spokojnego i pomnożę ten cały kusz. Siedzisz, leżysz, chlasz, śpisz i forsa sama ci się rozmnaża.

– To już lepiej – odezwał się Dziobus – na giełdzie zacznij grać.

– Co to, to nie! – oświadczył Plebaniak. – Tam można do samego spodu się umoczyć.

– A ty… – zwrócił się Pepo do Czarnej – powinnaś Małą zabrać w podróże zagraniczne. Zobaczy kawał świata, nabierze ogłady. Zostanie damą.

Czarna milczała. Robota paliła się jej w rękach. Szybko układała jedno pudełeczko na drugim, takie słupki po dziewięć sztuk, i wkładała do kartonów, okładając trocinami. Napełniony karton podnosiła bez wysiłku i odstawiała na bok. Mięśnie na jej barkach grały jak u chłopa. Seta naprężył prawą dłoń, lewą obmacał swoje przedramię. Było wyschnięte, cienkie postronki mięśni. Przyszło mu na myśl, że gdyby wziął się na zmagi z Czarną, to kto wie, chyba dałaby mu radę. Męską miała figurę, szeroka w ramionach, wąska w biodrach. Ale piersi miała duże, bochny rozsadzały bluzkę. Miękkie czy twarde? Wyglądała na niezużytą. Wieczorem po dzienniku telewizyjnym, jak było umówione, zobaczyli światła ciężarówki; zapalały się i gasły. Przyjechał odbiorca.

– Na koniec transakcji – rzekł Dziobus – kupiec stawia gorzałkę. Przymknął oczy. Widział tę walizkę pełną zielonych. Leżały jak kłęby pomiętego, zużytego papieru, pomieszane z naszymi banknotami. Zawsze ci odbiorcy z Odessy płacili im z walizki.

– Ja tam... – odezwał się Pepo – na chlanie dziś nie mam ochoty. Boli mnie głowa. Zostanę w chałupie.

– Jak chcesz – mruknął Dziobus i spojrzał na niego koso.

\* \* \*

Dziobus jeszcze nie zapalił światła, a już wiedział. Coś bielało na podłodze. Podniósł szybko i Czarna nie zauważyła. Lekki, śliski w dotyku materiał. Babska koszulka. Odrzucił pod stół. Na krześle leżały pończochy. Jeden damski bucik na wysokim obcasie. Przesunął w kąt. Już wiedział na pewno. Ten drań rozbierał ją po drodze. Głośno chrząknął pod drzwiami środkowego pokoju. Rozkoszował się. Dawał sygnały. Ostrzegał. Czarna była napita i zataczała się. Mocowała się z kurtką. Zaciął się jej suwak. Ale zamiast zatrzymać się, poszła za Dziobusem. Nacisnął klamkę i nie pozostało mu nic innego jak cofnąć się natychmiast. Czarna była za jego plecami i też zobaczyła od razu, co się dzieje. Nawet nie zgasili światła. Leżeli na golasa i ten pieprzony Pepo akurat zsunął się z niej, odsłaniając białe ciało Małej w całej okazałości. Bielutkie i chude, ledwie się zaznaczały te kobiece miękkości i rozłożystości. Też ich zobaczyła i wyraz jej twarzy z sytego, błogiego zmienił się natychmiast w przerażenie dzikiego zwierzątka. Jeszcze bardziej wytrzeszczyła niebieskie, szklane oczy lalki i znieruchomiała z szeroko rozwalonymi nogami. Nawet swego rudego, nastroszonego krzaczka na podbrzuszu nie przykryła dłonią. Pepo jeszcze nic nie wiedział, zajęty leniwym pogłaskiwaniem jej malutkich piersi, podobnych do gruszek z brązowymi sterczącymi sutkami. Podpierał się na łokciach i kolorowy tatuaż na jego plecach, przedstawiający pytona pochłaniającego jakieś zwierzątko podobne do kozy, zamienił się w żywy obraz. Poruszały się i falowały zwoje węża i zwierzątko kuliło się i broniło przed ostatecznym unicestwieniem. Czarna wydała chrapliwy świst z głębi płuc i odepchnąwszy Dziobusa, rzuciła się jak wilczyca do łóżka. Mała przywarła do ściany i dłonią przykryła oczy. Dopiero wtedy Pepo odwrócił spoconą, sytą twarz chłopa, który sobie dogodził, i uśmiechnął się po swojemu, draństwo i bezczelnie. Czarna błyskawicznym ruchem zagarnęła długie nożyce z nocnego stolika. Błysnęły złowrogo. Wzięła rozmach, chciała zadać cios w plecy Pepa z kolorowym wizerunkiem żarłocznego pytona. Dziobus w ostatniej chwili wykręcił jej rękę i nożyczki z brzękiem upadły na podłogę. Pepo zeskoczył z tapczanu i Czarna pazurami przeorała mu policzek.

– Zarobaczywiłeś ją ty, cuchnący, zajebany knurze! – zawyła jakimś nieludzkim, wibrującym głosem. – Zepsułeś ją!… Jak my sobie damy z tym radę!… – Straciła napęd i tylko nieartykułowany bełkot wydobywał się z jej ust. Ponownie zatargnęła nią wściekła siła i kopnęła go w krocze. Cios był mocny i Pepo zakwiczał. Jedną ręką odruchowo zasłonił słabiznę, drugą zdołał chwycić Czarną za włosy i przyciągnąwszy ją do siebie, rąbnął czołem w twarz. Rozległ się chrzęst miażdżonego nosa i pod Czarną miękko ugięły się nogi. Zwaliła się na dywanik przy tapczanie. Zaraz znieruchomiała.

– Dostała narkozę! – spróbował uśmiechnąć się Pepo, ale tylko wykrzywił w bolesnym grymasie twarz. Nadal dłonią osłaniał podbrzusze; musiał jeszcze odczuwać tamtego kopa. Mała klęczała na tapczanie i płakała piskliwie jak mysz. Palcami rozmazywała tusz pod oczyma. Farbowane łzy ciekły jej po policzkach. Była przerażonym dzieckiem.

– Popsułeś cały interes – warknął Dziobus. – Musimy pryskać. Ona ci tego nie daruje.

Zapanowała cisza. Słychać było z kuchni mamrot głuchej babki. Zbudziła się i zaczęła klepać pacierze. Pepo zdążył już naciągnąć spodnie i kowbojski but na jedną nogę. Czarna ocknęła się z omdlenia. Palce jej prawej dłoni rozczapierzyły się jak szpony i powoli, centymetr po centymetrze zbliżały się do nożyc leżących obok niej na podłodze. Tym razem Pepo był szybszy i kopniakiem, wymierzonym w pokrzywioną twarz Czarnej, uśpił ją ponownie. Mała, nie przestając pochlipywać, zeskoczyła z tapczanu i przywarła całym ciałem do Pepa.

– Ja też chcę z wami! – załkała, wtulając swoją trójkątną, lisią twarzyczkę pod jego brodę.

– Wyrywa się spod skrzydeł jednego wampira... – powiedział Dziobus. I dostaje w łapy drugiego, pomyślał.

Spojrzał gniewnie na najmłodszego wspólnika, który złapał dziewczynę za pośladki i podniósł do góry.

– Prędzej! – ponaglił. – Spadamy!

2002

# Tych dwoje

Ze szpitala wychodziła zazwyczaj około siedemnastej. Choć nieraz znacznie później. Po dziewiętnastej. Jeszcze z jedną, dwiema kobietami. Chwilę rozmawiały na schodach. Rozchodziły się każda w swoją stronę. Ona przechodziła przez jezdnię i zatrzymywała się na skwerze. Rosło tu kilka wysokich rozłożystych drzew, stały ławki, pośrodku piaskownica i dwie huśtawki. Zajmowała pierwszą ławkę przy alejce pod kasztanami. Chyba że ktoś tam siedział. Wtedy szukała innej wolnej. Alejka otacza skwer łukiem. Zawsze o tej porze jakaś ławka była wolna. Ostrożnie stawiała ciężką, wypchaną torbę i siadała. Niemłoda, dosyć tęga, o szerokiej, grubo ciosanej twarzy, włosy gładko ściągnięte i splecione w gruby warkocz z tyłu, ciemnobrązowe, lśniące z pokazującymi się tu i ówdzie nitkami siwizny. Często zsuwała tenisówki ze stóp. Nogi grube w kostkach, mocne, z sinymi guzami żylaków na łydkach, rozstawiała szeroko. Mościła się wygodnie i widać było, jak paruje z niej zmęczenie. W liściach drzewa nad jej głową odzywały się ptaki, szeleściły, przefruwały z gałęzi na gałąź, wodziła za nimi leniwie oczyma.

Wkrótce pojawiał się mężczyzna. Nadchodził z przeciwnej strony, od ronda. Też niemłody, o pobrużdżonej, ogorzałej twarzy. Dostrzegała go już z daleka, ale nie czyniła żadnych gestów. Czekała. Siadał obok niej, od razu ściągał z głowy niebieską, okrągłą czapeczkę z długim daszkiem: blada wysepka łysiny śmiesznie kontrastowała z ciemną opalenizną twarzy i szyi. Mężczyzna rozpościerał szeroko ramiona, opierając jedną rękę o poręcz ławki. Dopiero po dłuższym czasie drugą ręką obejmował plecy kobiety. Nie broniła się. To była pieszczota. Siedzieli, milczeli. Odpoczywali. Dłonie mężczyzny były szerokie, żylaste; grube, krótkie palce poznaczone wżartymi w skórę smugami smaru czy jakiegoś oleju. Nosił skórzaną, obszerną torbę przewieszoną przez ramię, pobrzękiwały w niej metalowe narzędzia, żelastwo. Z tej torby wyciągał duże flaszki piwa, zdejmował kapsle; uderzane zręcznie o oparcie ławki, spadały na ziemię. Częstował kobietę. Popijali małymi łykami. Rozmawiali niewiele, długie przerwy między słowami. Kobieta więcej miała do powiedzenia, mężczyzna potakiwał lub odzywał się pomrukami. Ostrożnie odstawiali puste butelki pod ławkę.

Obserwowali dzieci baraszkujące w piaskownicy. Pijaczków okupujących najbardziej ustronną ławkę schowaną w krzakach. Taksówkarzy stojących obok swoich aut na ulicy po drugiej stronie skweru. Oboje musieli być ludźmi spokojnymi z natury i nic nie psuło im nastroju przyjemnego wypoczynku. Ani nagły, niepokojący sygnał karetki pogotowia. Ani bijatyka wyrostków, którzy tłukli się z morderczą zawziętością. Oni patrzyli na to widowisko bez szczególnego podniecenia. Tylko mężczyzna zsunął rękę z oparcia ławki i machnął nią leniwie. Ot, biją się. Kobieta przytaknęła niespiesznym ruchem głowy. Przenieśli wzrok wyżej na gawrony kotłujące się w koronach starych, rozłożystych kasztanowców. Najbardziej lubili patrzeć na wróble podskakujące wokół ławki. Liczyły na pożywienie. Nie mieli jednak nic dla nich.

Pierwsza wstawała kobieta. Za nią mężczyzna. Ruszali. Mężczyzna niósł jej wypchaną torbę. Szli powolnym, statecznym krokiem. Podążali w stronę przystanku tramwajowego. Zatrzymywali się czasem przy kiosku z gazetami. Mężczyzna kupował gazetę sportową, kobieta jakiś kolorowy magazyn. Przechodzili przez jezdnię i dochodzili do przystanku. Mężczyzna zostawał nieco w tyle i spoglądał na idącą przed nim kobietę, niemłodą, tęgawą, z tym grubym warkoczem połyskliwych kasztanowych włosów, w którym pokazywały się nitki siwizny. Czekali na tramwaj. Podejmował ją pod łokieć i pomagał wejść do wagonu.

Wiosna przeszła w lato i ławka na skwerze była nadal miejscem ich spotkań. Ona wychodziła ze szpitala i podążała na skwer. Bywało, że już siedział na ławce. Czekał. Albo przychodziła pierwsza i po niedługim czasie pojawiał się ten mężczyzna równie niemłody jak ona, w czapeczce z długim daszkiem, znoszonej, flanelowej koszuli i drelichowych spodniach, ze skórzaną, poprzecieraną torbą przewieszoną przez ramię. Powtarzał się rytuał. Było piwo, zawsze dwie flaszki, nigdy więcej. Po piwie mężczyzna trochę ożywiał się i jego ręka mocniej obejmowała plecy kobiety.

Kiedyś przyszedł podchmielony, śmiał się głośno i jego dłoń stała się niezwykle ruchliwa, obmacywała biodra kobiety, zsuwała się jeszcze niżej. Bez złości i niezbyt stanowczo odsuwała natrętną dłoń mężczyzny. Przestawał i po chwili znów ponawiał próbę. Przekomarzali się i widać było, że jemu i jej jest przyjemnie.

Kobieta była znacznie bardziej powściągliwa od mężczyzny i tylko raz, kiedy pochylił się i coś zaszeptał, jej twarz pojaśniała, zmiękła, od razu stała się młodsza i ładniejsza. Kobieta po raz pierwszy i jedyny położyła dłoń na jego dłoni spoczywającej na oparciu ławki. Pogładziła delikatnie. Zaraz cofnęła i zwyczajem wiejskich kobiet splotła palce i złożyła dłonie na podołku.

Pewnego dnia kobieta wyszła ze szpitala znacznie później, już po dwudziestej. Jeszcze było widno, letni, długi dzień przecież. Zbiegła po schodach i podążyła do ich ławki na skwer. Jego nie było. Siadła i czekała. Bardzo długo. Zapadła ciemność. Jej postać widać było w świetle latarni. Nieruchoma jak bryła. Wreszcie wstała. Nie poszła do przystanku tramwajowego. W przeciwną stronę.

Następnego dnia była na schodach przed szpitalem punktualnie o siedemnastej. Z dwoma kobietami. Rozgadane. Zwróciły się do niej, czekały na odpowiedź. Wcale ich nie słuchała. Spoglądała w stronę skweru. Na tę pierwszą ławkę. Błysk zapalił się w jej oczach. Siedział. Pożegnała się z kobietami i pobiegła. Właśnie! Biegła. W odległości kilkunastu metrów zatrzymała się raptownie. To nie był on. Poszła dalej alejką pod kasztanowcami i siadła na następnej wolnej ławce. Siedziała długo. Też się nie doczekała. Tak powtarzało się przez kilka dni z rzędu. Przeważnie zajmowała pierwszą ławkę naprzeciw szpitala, ich ławkę. Wypchaną torbę stawiała między nogami. Nie rozglądała się. Tylko patrzyła przed siebie na drugą stronę skweru. Żadnych niecierpliwych ruchów czy zainteresowania spacerującymi ludźmi. Może po prostu odpoczywała w tej małej oazie zieleni otoczonej przez nagrzane miasto, dyszące spalinami, pełne hałasu klaksonów, zgrzytu hamujących pojazdów, łoskotu tramwajów.

Pewnego razu upatrzył ją sobie siwy, gładko uczesany mężczyzna o wyglądzie przechodzonego lowelasa. Wpierw zaczepił młodziutką matkę z dzieckiem w wózku. Spotkał się z pogardliwym milczeniem. Doszedł do otyłej damy z mnóstwem tanich pierścionków na palcach. Także dostał kosza. Zawędrował do tej samotnej: kobiety ani ładnej, ani brzydkiej, o surowej, grubo ciosanej twarzy. Nachylił się nad nią i zaczął perorować ze swadą zawodowego zalotnika. Zaraz wstała i poszła sobie.

Codziennie o tej samej późnej, popołudniowej godzinie wychodzi ze szpitala. Z dwiema, trzema innymi kobietami, równie jak ona postarzałymi i korpulentnymi, objuczonymi torbami i siatkami. Dużo mówią. Zapewne dzielą się wrażeniami po dniu pracy. Idą razem ulicą. Niekiedy ona odwraca nieznacznie głowę i spogląda w stronę skweru. Jest tak blisko. Wystarczy przejść przez jezdnię. Rzuca tylko jedno krótkie spojrzenie. Nic więcej.

2002

# Za kordonkową firanką

Kamienicy jeszcze nie dotknął duch przemian. Tynk od-
pada szarymi płatami, odsłaniając gołe, czerwone cegły
podziobane pociskami z wojny i powstania. Pozostało-
ścią po balkonach na trzech jej piętrach są szyny sterczące jak kikuty. Parter po dwóch stronach bramy emanują-
cej wonnościami moczu zajmują sklepiki: spożywczy
i pasmanteria. Trzeci lokal był przez wiele lat warsztatem
szewskim i teraz stoi pusty. Właściwie nie jest pusty – tylko niewiadomego przeznaczenia. Drewniane drzwi pomalowane na zielono kostropatą farbą. Takiego samego
koloru są futryny i okno, które pozostało jak dawniej zasłonięte pożółkłą ze starości firanką.

Ta firanka musiała być rękodziełem sprzed kilkudziesięciu lat. Finezyjna kompozycja węzłów, supełków, mu-
szelek układających się we wzory przypominające liście
czy kwiaty, zakończona frędzlami. Wypieszczona przez
jakąś pracowitą kobiecinę, która nie marnowała ani
chwili czasu i wieczorem po dniu pełnym znoju nakładała naparstek na palec wskazujący i dziergała, haftowała,
obrębiała ze zręcznością, o którą trudno było posądzić jej
sękate, twarde palce. To zapomniana sprawa. Współczes-
ne kobiety nie mają pojęcia o takich zajęciach.

Więc to okno z rozczulającą firanką przykuwało uwagę najbardziej. Poza tym nic się nie zmienił wygląd zewnętrzny lokalu, jedynie zardzewiały szyld z napisem „Usługi szewskie" został usunięty. Jednak na miejscu po nim nie pojawił się żaden inny. Początkowo można było przypuszczać, że niebawem nastąpi gruntowny remont i szewca zastąpi wkrótce jakiś nowy interes w rodzaju sprzedaży kaset wideo, telefonów komórkowych czy choćby punkt Totolotka. Tak się nie stało. Tylko o ile dawniej stary szewc miał niewielu klientów, częściej stał w drzwiach warsztatu i gapił się na ulicę, o tyle teraz panuje tutaj znacznie większy ruch. W różnych porach dnia pojawiają się barczyści, młodzi ludzie o charakterystycznym, zuniformizowanym wyglądzie, ubrani w dresy, skórzane bluzy i podkoszulki z anglojęzycznymi napisami, głowy mają ostrzyżone do gołej skóry, ale zdarzają się też starsi, łysawi; ci pozostałość włosów spinają z tyłu w kucyki-kitki sterczące nad karkiem. Na ogół podjeżdżają pod lokal samochodami dobrej marki: fordy transity, land-rovery, dodge, ople, beemwice, cała paleta aut, niektóre nowiutkie, jakby prosto z fabrycznej taśmy, inne zaniedbane, sterane, z powgniataną blachą, porysowane, oklejone plastrami, nasze i zagraniczne numery. Parada bryk po prostu.

Wchodzą do lokalu i wychodzą. Nigdy nie przebywają tam zbyt długo. Nad drzwiami po dawnemu umocowany jest dzwonek i brzęczy natarczywie, kiedy naciskają klamkę. Kordonkowa firanka w oknie przeważnie szczelnie zasłonięta i nie można zobaczyć, co dzieje się we wnętrzu.

Chociaż zdarza się, że interesanci pozostawiają drzwi
uchylone i przez szczelinę widoczna jest niewielka, niska
izdebka dawnego warsztatu mistrza dratwy, pocięgla i kopyta. Stoi tam kilka krzeseł, pod ścianą kozetka z podartym, zielonym pluszem, nic więcej. Podłoga pokryta szarym, zdeptanym linoleum. Po szewcu pozostał jeszcze
owalny obrazek Matki Boskiej Częstochowskiej w złoconych ramach, wisi na gwoździu nad kozetką. Jedni mężczyźni siedzą na krzesłach i kozetce, inni stoją oparci
o ściany. Wypuszczają kłęby dymy, popiół z papierosów
strząsają na podłogę, niedopałki gaszą w puszkach po piwie. Słychać podniesione głosy, sygnał komórki. Ale widok kończy się raptownie. Drzwi zostają zatrzaśnięte.

Mija już piąty miesiąc i wszystko wygląda tak jak na
początku. Lokal, interes bez nazwy, nie wiadomo co. Może raczej klub. Ale przecież żadnych trunków, muzyki, kobiet. Bywają tu wyłącznie mężczyźni. Nie można też ich
nazwać pedałami. W samochodach, którymi podjeżdżają,
co prawda rzadko, ale czekają na nich dziewuchy, modnie
ubrane, farbowane na rudo, czarno, różowo; krzykliwe
wydry, nastawiają na cały regulator huczącą muzykę i siedzą rozparte bezwstydnie w bardzo kusych spódniczkach.

Również godziny funkcjonowania lokalu trudne do ro-
zeznania. Są takie dni, kiedy ruch panuje od rana, nieustannie brzęczy dzwonek i otwierają się drzwi, a wzdłuż
chodnika parkuje po kilka aut. Czasem znów nasilenie wizyt przypada w godzinach wieczornych i do późnej nocy
przez kordonkową firankę w okienku prześwituje żółte
światełko. Nawet głęboką nocą auta podjeżdżają tutaj, ha-

mują gwałtownie, słychać niecierpliwy klakson i zazwyczaj po niedługim czasie światełko w oknie rozbłyskuje ponownie. Sprawia to wrażenie, że ktoś tam dyżuruje nieustannie. Może lokal ma połączenie z jakimś mieszkaniem.

Natomiast w dzień niejeden człowiek przechodzący tą ulicą przystaje zaskoczony postępującą dewastacją drewnianych, zamalowanych na zielono drzwi i futryn okna w tym samym kolorze, osłoniętych wysłużoną firanką, spod której wystaje kolczasty kaktus w glinianej doniczce. Patrzy na bieda-sklepik z dawnej epoki i nawet nie wyobraża sobie, jakimi wielokonnymi furami podjeżdżają tutaj interesanci. Pewnego ranka zatrzymał się śnieżnobiały jak suknia panny młodej leksus i wysiedli zeń dwaj troglodyci w człowieczym przebraniu.

Naprzeciw kamienicy wybudowany został nowoczesny apartamentowiec z obszernym hallem na parterze podpartym kolumnami i wyłożonym marmurową posadzką, z podziemnymi garażami i dyżurką, w której stale trzyma straż ochroniarz. Zamieszkują tu ludzie zamożni, przeważnie pracownicy zagranicznych firm, i oni wracając ze swoich zajęć i wjeżdżając do podziemnego garażu, mimowolnie, choć na chwilę, odwracają głowy i zatrzymują wzrok na ceglanych murach wiekowej rudery o pozrywanych balkonach i otchłannej bramie, gdzie wystają często osobnicy o sfatygowanych, apatycznych obliczach; widzą jeszcze trzy lokale sklepowe na parterze, z których jeden wyróżnia się szczególnym zaniedbaniem i niemożliwym do rozpoznania przeznaczeniem. Z tym obrazem znikają w swej luksusowej oazie.

Dziś był niedzielny wieczór i przez cały dzień ani jeden samochód nie podjechał pod kamienicę i nikt nie wchodził do wnętrza dawnego zakładu szewskiego. Ale wieczorem zabłysło żółte światło za kordonkową firanką. Ktoś tam był. Ochroniarz apartamentowca, zwanego potocznie „Pogodą dla bogaczy", poziewywał i patrzył na ulicę. Pusto, nudno. A kiedy wrócił z rutynowego obchodu po budynku, zobaczył przed bramą starej kamienicy zaparkowanego forda mondeo. Nie zauważył go przedtem. Musiał podjechać niedawno. Na pewno. Wzrok miał przecież bystry, wyćwiczony i rejestrował wszystko w swoim polu widzenia.

Czas płynął powoli i ochroniarz sączył z butelki wodę „Evita" przeglądał ogłoszenia w gazecie i słuchał szemrzącej łagodnie muzyki z radioodbiornika. Na ekranie monitora widział hall, korytarze, schody, piętra i podziemny garaż budynku, nad którym sprawował pieczę. Nic się nie działo. Sennie opadła mu głowa. Błogostan drzemki przerwany został nagłym hałasem. Poderwał głowę. Drzwi dawnego warsztatu szewskiego w kamienicy po przeciwnej stronie ulicy otworzyły się z rozmachem i wyrzucony został stamtąd człowiek. Padł jak worek na chodnik. Pozostał nieruchomy. Całe zdarzenie rozegrało się błyskawicznie i bez słów. Ochroniarz obserwował leżącego. Może go zatłukli. Jednak po długiej chwili tamten poruszył się i zaczął pełznąć z wysiłkiem. Były to ruchy niezdarnej gąsienicy, jakiegoś robaka. Potem podniósł się na klęczki. Wsparł się rękoma o chodnik i dźwigał z trudem do góry. Wstał. Zataczał się i rzucało go siłą bezwła-

du na wszystkie strony. Postąpił kilka kroków na uginają-
cych się nogach. Przystanął. Znów parę kroków. Trzymał
się oburącz za twarz. Dotarł do forda mondeo. Długo mocował się z zamkiem. Musiał być bardzo pobity. Wreszcie
wtoczył się jakoś do wnętrza samochodu. Ford mondeo
rozbłysnął reflektorami i ostro zerwał się do biegu. Wizg
opon, ryk silnika i już go nie było. Dopiero wtedy za kordonkową firanką zgasło światło.

2002

# Nul

Papiery były już przygotowane. W skórzanych brązowych teczkach z tłoczonym w zielonym kolorze logo firmy. Leżały rozłożone na masywnym, gdańskim stole, otoczonym wysokimi, tronowymi krzesłami o miękkich siedzeniach obitych purpurowym safianem.

Aneta, asystentka po szkole marketingu i zarządzania, reklamowa blondyna, nogi i biust unijnej klasy, pozwalała się obmacywać, a nawet więcej, czyniła ostatnie przygotowania. Ustawiała na stole patery z owocami, wodę, soki, metalowe termosy z kawą, herbatą. Bezszelestnie krzątała się wokół stołu.

– Szefie, pan wie, prawda? – Otarła się o niego biodrem, owionął go jej dobry zapach.

Wskazała szponiastym, srebrzystym pazurem kredens, też w stylu gdańskim. Tam były wiskacze, koniaki, absoluty. Cały monopol szlachetnych trunków. Godnie należy przyjąć kontrahentów z zagranicy. Kiwnął łaskawie głową. Sam o tym wiedział doskonale. Niech poczują silną pozycję firmy. Oni po szczegółach dochodzą do całości. Niedoróbkę, defekt, tandetę nieomylnie rozpoznać potrafią wyćwiczonym okiem. Nic nie powiedzą oczywiście, a swoje wiedzą. Twardnieją, zwlekają, mnożą zastrzeżenia. Tak było z Włochami. Przyjaciele, papież, to, śmo i jednak odstąpili, cwaniacy.

– Powinni gładko przełknąć całą umowę. Jak ostrygę!

Z drugiej strony zbliżył się do niego Robert, doradca i poliglota, prawnik z wykształcenia, po rocznej praktyce w Stanach. Polecony został przez zaufanych ludzi. Młody, ale bardzo bystry. Pokazał mu jeszcze raz sporne pozycje w kontrakcie. Najważniejsze podkreślił na czerwono, mniej ważne na niebiesko, a te, od których można odstąpić bez bólu – na zielono. Od dawna posługiwali się kolorami. Taki szyfr. Tekst był w dwóch językach. W polskim i angielskim. Robert, perfekcjonista, miał jeszcze w zanadrzu po holendersku. Lubił się popisywać. Miał go w tym względzie na oku. Trzeba go krótko trzymać, żeby nie rozpanoszył się za bardzo. Przebiegł wzrokiem po paragrafach, punktach i podpunktach, klauzuli wstępnej i aneksach, całej tej wyszukanej, biznesowej pisaninie, gdzie jedno głupie zdanko mogło spowodować otchłanną wpadkę. Znał już na pamięć całą umowę. Nawet w tekście angielskim wiedział, gdzie trzeba walczyć jak lew, gdzie zaś więcej czy mniej popuścić lub całkiem ustąpić. Przerabiał to z Robertem wiele razy. Męcząca harówka, denerwował się i bluzgał najgorszymi słowy. Zupełnie jak w szkole, kiedy trzeba się było uczyć na pamięć z *Pana Tadeusza*. Przyzwyczaił się już jednak, że takie są reguły gry i nie ma mowy o żadnej drodze na skróty. „Perfekcyjny profesjonalizm", tak lubił powtarzać ten szczeniak Robert.

Wszystko było więc gotowe. Ganc to właściwe słowo. Czyli zapięte na ostatni guzik. A on, szef tego holdingu, którego anglojęzyczna, efektowna nazwa zawsze plątała mu się w głowie, obciągnął marynarkę od Armaniego, podciągnął takie same markowe spodnie i poprawił szykowną muszkę pod szyją – piła, kurwa, nieznośnie w grdykę, uciskała jak szubieniczna pętla.

– Wyglądam jak palant – burknął.

Asystentka Aneta i Robert doradca tłumaczyli mu cierpliwie, że tak trzeba. Koniecznie musi sprawiać nobliwe, zacne wrażenie na oczekiwanych kontrahentach z zagranicy. Tym bardziej dlatego, że ci goście z Holandii to stara firma, egzystuje od pokoleń, patrycjusze, tradycja. Dranie i cynicy, ale wielką wagę przywiązują do formy. Rabusie z wiekowym rodowodem. Kompania Wschodnioindyjska, Archipelag Sundajski, Jawa, Sumatra, Borneo i co tam jeszcze. Popisywał się Robert. Pieprzył i pieprzył. Na pewno miał rację. Też sam o tym wiedział. To już inne czasy. Wyższa faza rozwoju ludzkości. XXI wiek. Najlepiej jednak czuł się ubrany jak dawniej. Luźno, sportowo. Dopiero pół godziny przed zapowiedzianą konferencją ściągnął koszulkę polo, zamszową bluzę z kieszeniami na suwak, jeansy i lekkie włoskie mokasyny.

Przebierając się, stwierdził z pewnym niepokojem, że przybiera na wadze. Baniak, falochrony na biodrach i cycki zaczynają po babsku zwisać. Jeszcze kilka lat temu wszystko było twarde, nabite, wklęsły brzuch, grała muskulatura, że ho, ho! Teraz przede wszystkim trzeba pracować globusem. Od fizyki są inni. Można w głowie nic nie

mieć. Zresztą zawsze tak było. Mocodawcy i wykonawcy.
Chociaż dawniej w mieście liczyło się i to, i to. Globus nie
tylko był do myślenia. Niektórzy tak pięknie strzelali
z główki! Poradzili mu jeszcze, Aneta i Robert, żeby po-
zbył się biżuterii. Tego grubego żółtego łańcucha z krzyżem na szyi, bransolety i innych bajerów. Lubił błyskotki,
taki szpan. Zostawił tylko sygnet z brylantowym oczkiem
na serdecznym palcu prawej dłoni. Fartowny. Herbowy
fingiel, który nosił dla pucu. Ściągnął. „Nic w nadmiarze,
powściągliwy, staranny styl", usłużnie wywodził Robert.
Z szacunkiem, w dwa palce ujął sygnet ze szlacheckim
herbem i wsunął do puzderka wyłożonego miękką, jedwabistą materią.

Jakby błysk rozbawienia w jego oczach. Czyżby kpił
z heraldycznej słabości szefa? Popatrzył na niego ostro.
Twarz Roberta była poważna, skupiona, oczy spuścił.
Nieprzemakalny cwaniaczek. Ciepła dłoń Anety musnęła
go po szyi. Wygładzała kołnierzyk koszuli. Zmysłowy dotyk, suka! Robert niby krawiec na ostatniej przymiarce
obciągnął mu lewą nogawkę. Dbają o niego. On dba
o nich. Taki układ. Premie daje im w kopertach. Nigdy
nie wiedzą, ile to będzie. Biorą delikatnie w palce jak
opłatki i pędzą do kibla, żeby przeliczyć. Pewnie i sobie
nie mówią, ile dostali. Robert oczywiście uważa, że jemu
należy się więcej. To prawda. Ale czasami robi im mania-
nę. Aneta, szczególnie wtedy, kiedy zadba o niego ero-
tycznie, dostaje więcej. Zaśmiał się bulgotliwym, nieprzyjemnym śmiechem, który przypominał charkot złego psa.
Nie miał żadnych złudzeń. O wszystkim decyduje kasa.

Daje im niezłą kasę, służą mu wiernie. Aportują wszystko, czego pan sobie życzy. Takie jest życie. Od początku o tym wiedział. Nic za nic. Najgorszy jest los golasa. Ten drewniany domek z krzywym dachem za wiaduktem, spróchniały płot z garnkami na sztachetach, warzywny ogródek, słonecznik zwiesza żółty łeb, gołębnik. Wokół takie same biedadomki, gołębniki. Teraz więcej bloków niż małego, chałupniczego budownictwa i nie ma gołębników. Ale golasów cała masa. On się wybił.

* * *

Czasu pozostało niewiele. Właśnie dzwonili chłopaki z lotniska. Samolot KLM już przyleciał. Niebawem zaczną się odprawiać. Wysłał po nich kremowe limo z przyciemnionymi szybami. Za kierownicą Chrupawa, najlepszy z chłopaków, bystrzak, umie się zachować i nieźle szprecha po niemiecku, siedział w szwabskim pudle przeszło rok i nie marnował czasu, uczył się języka. Jeszcze dla zabezpieczenia posłał za limo terenowego rovera z dwoma żołnierzykami. Na wszelki wypadek. Konkurencja nie śpi i zawsze mogą wyciąć jakiś numer, świnię podłożyć. Oni jemu, on im.

– Strzeżonego Pan Bóg strzeże – powiedział, obserwując swój dyrektorski wygląd w lustrze.

Aneta i Robert przytaknęli ochoczo. Wczoraj Aneta poradził mu, żeby baki sobie przyciął. No i przyciął. Aneta ma kobiece oko na męską prezencję. To trzeba jej przyznać. Zapalił papierosa. Stara się ograniczyć palenie, cztery, pięć sztuk dziennie. Lekarz radzi, żeby rzucić

zgubny nałóg, szczególnie ze względu na serce, krążenie
i co tam jeszcze! Straszy go raczydłem. Ale to nieżyciowy
palant, sam nigdy nie palił. Robert podsuwa mu cygara.
Napatrzył się w Nowym Jorku na tych z cygarami, ma-
klerów, brokerów, rozmaitych finansistów, giełdziarzy.

– Nie potrzebuje pan się zaciągać, szefie... – nawija.
Jak on to lubi mówić. Aha, image! Z cygarem zyska pański image! Natomiast Aneta jest za fajką, która kojarzy jej
się z nobliwym, flegmatycznym Anglikiem, na pewno
z lordem. Nabył takie długie jak murzyński kutas w metalowej, srebrzystej tulejce kubańskie cygara. Najlepszej
firmy. W specjalnym pudełeczku ze stałą temperaturą.
Nie polubił jak dotąd. Posiada także wrzosową fajkę
i wonny, najlepszy tytoń. Ale najlepiej smakują papierosy, szlugi, mówiło się kiedyś. Ten pierwszy, poranny
sztach. Daje kopa na cały dzień.

Szlugi, powtórzył w myśli i westchnął nostalgicznie.
Ilu z dawnej ferajny wspięło się tak wysoko jak on! Raczej większość zapadła się już pod ziemię. Trawę
od spodu gryzą. Wzdychając, wyjrzał przez okno. Popatrzeć zapragnął po swoich włościach. Plac o powierzchni
dwóch tysięcy metrów. Hale magazynów pastelowo
otynkowane, czerwone, faliste dachy. Fabryka w nowo-
czesnym kształcie. Park samochodowy, dwa tiry akurat
w rozładunku. Rampa, dźwigi, zgrabne cacka niemieckiej techniki. Robotnicy w niebieskich kombinezonach
i żółtych kaskach uwijali się żwawo. Sprawnie robili co
do nich należy. Żadnego bałaganu, zamieszania. Wszystko na swoim miejscu. Funkcjonalna estetyka. Tak to się

mówi. Nawet zielone krzaczki tu i ówdzie posadzone.
Nagle twarz mu się ściągnęła, mięśnie na szczękach
zwarły się w ciasne, gruzłowate zawiasy. W tej chwili
przypominał rottweilera.

* * *

– Co jest, kurwa! – wyrwało mu się przez zaciśnięte zęby.
Tam na lewo od bramy wyjazdowej ciężarówek
przy budce ochroniarza stał Nul. Poznał go od razu mimo odległości bez mała pięćdziesięciometrowej. Łeb lekko przekrzywiony, siwawe, krótkie kudły. Ochroniarz
podawał mu ogień.

Trzeci raz w tym tygodniu Nul pod firmę podchodzi.
Pojawia się jak widmo. Pierwszy raz zobaczył go z wozu.
Człapał od tamtej strony jak dzisiaj, wspierając się o pali-
ki ogrodzenia. Ciężko mu chodzić, przystawał. Postał trochę i dalej ruszał. Lewą nogą jak szczudłem sztywno powłóczył i lewa ręka bezwładnie mu zwisała. Lewostronnie
nieczynny. Tak się prezentował. Zwolnił i wychylił głowę
przez opuszczoną szybę. Patrzył ze zdumieniem na Nula.
Nie widział go dwa lata. Nul go nie zobaczył. Zaprzątnięty bez reszty niezdarnym człapaniem. Ochłonął z zaskoczenia i dodał gazu. Drugi raz po kilku dniach zobaczył
go wieczorem. Wychodził z biurowego budynku. Zasie-
dział się nad papierami, zebrało się ich od groma. Szedł
na parking. Minął gazon z kwiatami na podjeździe. To
pomysł Anety. Dekoracyjna estetyka konieczna w nowo-
czesnym przedsiębiorstwie. Tak powiedziała. Podbiegły
do niego dwa dobermany. Już zostały puszczone na noc-

ne czuwanie. Łasiły się, pragnęły pieszczoty z ręki pana. Krwiożercze bydlaki. Lśniła ich sierść i pobłyskiwały białe zębiska. Latarnia umocowana na wysokim słupie rzucała duży krąg ostrego światła aż na ulicę. Odbijała się w kałuży. Wpierw posłyszał szuranie butów po chodniku. Takie człap, człap. Ktoś ciężko powłóczył stopami. Dziad jakiś, włóczęga. Zdarzają się oni wszędzie. Podniósł głowę. Znikała w ciemności znajoma sylwetka. Tym razem zaszedł firmę od frontu. Nie mógł się mylić. Bezwładne, zniedołężniałe ciało, z trudem wprawiane w ruch. Był to Nul. Nul inwalida. Cień dawnego Nula. Krążył wokół jak ćma. Czego tu szukał?

Teraz znów. Po raz trzeci. Za dnia. W pełnym słońcu. Ochroniarz na tamtej bramie to ten napakowany sterydami zapaśnik, jak mu tam, Dratewka. Wołają na niego Dżon albo Dratewka. Woli być Dżonem. Dlaczego Dratewka? Może jego stary był szewcem i tak go przezwali. Chłopak z miasta. Wyszukany przez Zębola. Niezły w fachu. Torami się zajmował, prochy w dyskotekach rozprowadzał. Zębol nawet do długów go brał. Na razie go przyhamował. Niech postoi na bramie. Niech nie myśli, że tak gładko, posuwiście pójdzie w górę. Taką miał metodę wychowawczą. Pokora, cierpliwość. Ci młodzi z ulicy lubią się bujać. Trzeba ich za pysk trzymać. Niech czują wędzidło, pan czuwa. Sam to znał z własnych doświadczeń. Pazerny był jak nie wiem co, aż go rozsadzało. Niedobrze takim za bardzo popuszczać, mogą wykolegować. Toteż na razie tego cwaniaczka miał pod czujnym okiem na bramie. Ale co Nul ma do Dratewki? Jakie tu mogą być powiązania? Podszedł do niego. Kiepsko się rusza. Ta lewa noga jak balast. Ciągnie ją za sobą. Ale łazi po ziemi. Zażywa ruchu, świat ma przed oczyma. Coś tą jedną, czynną łapą gestykuluje. Podnosi do góry, zaciska w pięść. Ochroniarz zagapił się. Śledzi z uwagą gesty Nula. Nul oparł się o bramę tą lewą, martwą częścią swego ciała.

Przechylił się przez okienny parapet i patrzył tam ze wzrastającą zachłannością. Widział twarz Nula, skamieniałą, martwą, wykrzywione paralitycznym grymasem usta, siwawe, skundlone włosy nad czołem. Czego, kurwa, tu szuka? Za czym węszy? Znów tą jedną, czynną łapą wymachuje. Szczerzy paszczę, krzywi się jedną stroną japy, druga pozostaje nieruchoma jak kamień. Ochroniarz potakuje. Śmieje się. Zrozumiał. Co on mu nadaje? Fala za falą, poczuł dotkliwe uderzenie krwi w potylicę.

– Panie prezesie! – zza pleców melodyjny głosik Anety.

– Szefie! – To mówi ten śliski węgorz Robert, doradca. – Należy parafować ten dokumencik. Dziś mija ostatni termin. – Zaszeleścił jakimiś papierami. – No i przypominam: po Holendrach ma pan spotkanie z przedstawicielami fundacji na rzecz dzieci dotkniętych autyzmem. To ważne. Bardzo ustosunkowani, blisko z samą górą. Same szlachetne damy! Musimy im odpalić, wykazać się hojnym gestem. To zawsze procentuje. A na koniec ten poseł. Wie pan? Zasięgałem informacji. Bardzo przedsiębiorczy. Buduje sobie pałac, potrzebna mu gotówka. Parlamentarnie aktywny, komisje, podkomisje, zabiera głos. Zapraszany chętnie do telewizji. Elastyczny, inteligentny, żaden oszołom… Spotkanie dyskretne w błękitnym barku hotelu Sheraton.

Słuchał tych cennych informacji jak brzęczenia uprzykrzonych much. W tej chwili nic go nie obchodziły. Tylko Nula miał na celowniku. Co prawda w znacznej odległości. Ale jakby patrzył przez lornetkę i sylwetka pokurczonego inwalidy zbliżała się, rosła z sekundy na sekundę. Odwrócił głowę. Stali za nim w wyczekujących pozach. Ładna dziwka i wyszczekany cwaniaczek.

\* \* \*

– Zaraz! – burknął i odepchnął oboje. Katapultował z gabinetu. To był odruch bezwarunkowy. Popędził korytarzem. Po schodach w dół. Na przełaj przez klomb. Długimi susami. Połamał róże. Zdeptał świeżo obsadzoną rabatkę. Był już na tyłach biurowego budynku. Dobiegł do fabrycznej bramy. Znalazł się przed budką. Dratewka spojrzał na niego zdumiony. Tak nagle przecież wyskoczył, dyszał. Jednak ochroniarz, jak przystało na karnego pracownika, wyprostował się sprężyście i skłonił głowę.

Ale jego wcale nie obchodził Dratewka. Wpatrywał się w twarz Nula po drugiej stronie bramy. Przylepioną do stalowych prętów ogrodzenia. Złamany, siodłaty nos z czarną cętką u nasady. Ta cętka od prochu. Wrzucali do ogniska proch z artyleryjskiego pocisku. Długie pręty zapalały się kolorowo. Buszowali wtedy w małpim gaju za cegielnią. Wykopali niewypał z czasu wojny. Szczawiki, mieli po siedem, osiem lat. Całą watahą otoczyli ognisko. Proch strzelał seriami. Nul stał najbliżej. Całą twarz miał we krwi, mnóstwo krwawiących punkcików. Później ropiały, swędziały i proch wyłaził. Zabliźniały się i wyglądały jak dziurki po ospie. Znak na nosie pozostał. Czarna, gruba krocha. Byli z Nulem przez tyle lat. Niemało przeszli, jeden drugiego wspierał. Nie dali się zgnoić. W ciurmie. W mieście. Wszędzie. Zawsze herbatnicy. Doszli do góry. Nie utonęli jak tylu innych.

Nul był tak blisko. Na wyciągnięcie ręki przez szczelinę między prętami ogrodzenia. Patrzyli na siebie. Panisko w kosztownym garniturze, z muchą pod brodą. Naprzeciw niego inwalida, ludzki wrak. Ale żył przecież. Dzięki niemu żył przecież. Oczy Nula błyszczały. Złe to były oczy, harde, zawzięte. Przeszywały go jak sztylety. Czuł to fizycznie wprost. Pragną serca dosięgnąć. Przebić pompkę życiodajną. Pierwszy opuścił głowę. Opanował się jakoś. Otrząsnął jak pływak, który wynurzył się z niebezpiecznej głębiny. Nie dał się wciągnąć w wir. Jest na powierzchni.

Popatrzył na ogłupiałego Dratewkę złym okiem.

– Co tak sterczysz jak kołek! Chujem gruchy obijasz! – Musiał się jakoś wyładować. – Gadasz z kimś tam, fajurki sobie jarzysz zamiast obiektu pilnować, pójść w obchód, zobaczyć, czy wszystko gra… Wczoraj w nocy przy trzeciej hali siatkę rozerwali, włam chcieli zrobić! Psy ich wystraszyły, nie wiesz o tym, gnoju? – Poniosło go i krzyczał coraz głośniej.

Dratewka stał wyprostowany, z rukami po szwam, zupełnie oszołomiony.

– Przecież to było nie na mojej zmianie – próbował się bronić..

Nie mógł pojąć, czego boss od niego chce. Czepiał się chłopaka bez powodu. Sam o tym wiedział.

– Pilnować trzeba obiektu – zakończył już ciszej i jeszcze raz ukradkiem spojrzał na Nula.

Oczy dawnego herbatnika płonęły nadal zimnym blaskiem. Wpijały się zaciekle. Patrzyły. Usta Nul miał lekko rozchylone, pokazywały się gołe dziąsła, wybitych zębów dotąd sobie nie wstawił. Tą jedną czynną ręką wczepiał się w pręt bramy. Rękaw koszuli podwinięty i nad przegubem dłoni odsłonił się wyblakły tatuaż: sztylet w splotach węża z trójkątną główką i rozdwojonym językiem. Miał taki sam. Też powyżej przegubu. Razem sobie wydziergali w pierwszej odsiadce. Głupoty takie. Popisy nabuzowanych małolatów. Kotłowało im się wtedy pod sufitem. Jego tatuaż był równie wyblakły, nędznie wydziergany. Łatwo mógł wywabić i nie zrobił tego dotychczas. Nie ma czego wspominać, głupie wspomnienia! Jak biegiem do bramy zdążał, tak biegiem zawrócił. Żeby nie wyglądać jak świr ostatni przed Dratewką, spojrzał na zegarek; niby pognała go tak sprawa niecierpiąca zwłoki. Dopiero na parkingu za pierwszym tirem przystanął i zapalił papierosa. Próbował uporządkować wirujące myśli. Dojść do spokojnego rozwiązania.

∗ ∗ ∗

Przypomniał sobie tamto spotkanie przed dwoma laty. To było w Holiday Inn. W apartamencie Grubego Lola.

– Tak dłużej być nie może – zagaił twardo Gruby Lolo, stukilowy kloc.

Chodził powoli ze szklaneczką wiskacza w dłoni wzdłuż stołu za ich plecami. Nogi miał krzywe, krótkie i na nich trzymała się tusza niemałego wieprza. Pocił się i sapał. Tak samo z miasta, jak i oni, ale już garniturkowiec, europejski gentleman całą gębą; mieszkał w Hamburgu i lubił wtrącać do swojej mowy szwabskie słowa, całe powiedzenia. Trzymał od dawna nitki różnych przedsięwzięć, szczególnie tych na kierunku Wschód–Zachód. Łeb miał komputerowy i co do tego nigdy nie było dyskusji.

– Tak dłużej być nie może – powtórzył Gruby Lolo i nie było już żartów. – Robi porutę i koniec. My już wchodzimy w normalny biznes, a ten świrus chce nadal po kozacku. Numery w bramie i na szosie już się skończyły, to sobie należy uczciwie powiedzieć. A on...! – Popatrzył na niego wzburzony, sapiący, już nie wieprz, a rozjuszony dzik. – Przyłazi do twojego biura jak do węglarskiej knajpy, interesantów odstrasza. W tych dresach, rękawy zawinięte, cały w sznytach i wzorkach, grypserą spod celi zasuwa. Jak to wygląda! Po prostu strach na wróble. Schweine Hund!

Poparli go inni. W czterech konferowali. Owszem, znali i szanowali Nula. Ale przecież czasy się zmieniły.

– Nul to charakterniak – bronił go najdłużej. – Znamy się od początku. Z tego samego podwórka. No i ciągle przydatny. Wie, gdzie i na czym można zrobić kasę. Tiry tak po gracku podprowadzał, sami wiecie! A ile bryk nam nałowił, pięknych bryk... Merce, beemwice... Zasuwał do Ruskich jak torpeda...

– Muzyka przeszłości – przerwał Gruby Lolo. – Interesy robią się czyste, lokujemy w handlu, wytwórczości,

inwestujemy w real estate. Spokojnie i bez ryzyka po-
mnażamy szmal. Czy tego nie kumasz, zgredzie?

– Czy same legalne! – rozzłościł się. – Wariata ze mnie
robisz, Herr Johann!

– To rzecz jasna! Legalne i nielegalne. – Gruby Lolo
też się rozzłościł. – Tylko do jednego i drugiego inne podejście jest potrzebne. Nowoczesne, Donner-wetter! Sam
powiedz: czy Nul potrafi laptopem się posługiwać, imej-
la wysłać? Za słabą ma głowę. A w jakim normalnym języku gada? Tylko kminą z Gęsiówy! To jest żywe muzeum, kurwa! Z Ruskimi nawet ani be, ani me...

Roześmiali się zgodnie. „Nul wnimanja!" Tak tylko
potrafił powiedzieć.

– Zgadza się – przyznał. – W obcym szwargocie sła-
biutki. Ale nie pamiętacie, jak bywaliśmy w Moskwie...
Czy jak oni do nas przyjeżdżali... Gorzały z nimi pochlał
i od razu powiedzieć potrafił, co trzeba. Rozumieli go lepiej niż nas. Jak to oni mówili? Aha, charoszyj drug Nul.
Tylko z nim chcieli gadać. Wzorki sobie oglądali i uczyli
go bluzgać w tamtej kminie. Jak oni nawijali!

– Było, minęło – machnął niecierpliwie ręką Gruby
Lolo i najważniejszą sprawę jak asa z rękawa wyciągnął. –
Nul kombinuje z tymi z drugiej strony rzeki, rozumiesz!
Ciebie chce sprzedać i nas za tobą pociągnie.

– Z drugiej strony rzeki – powtórzył jak echo; aż go
wtłoczyło w oparcie fotela i nogi szerzej rozstawił.

– Tak jest, ślepaku! Nul dla tamtej ferajny jest na wagę złota. Te tiry, co nie wiadomo, kto nam podprowadzał. Ta wpadka jednej dziupli, drugiej... kto o tym wie-

dział? Pytam się, kto o tym wiedział, powiedz? Nul im nadawał. Dwóch stamtąd nasi przycisnęli. Zawieźli ich do daczy Całki Lutka nad zalewem. Próbowali prądem, żelazkiem prasowali i tak dalej. Wszystko wyśpiewali. Nul tamtym kablował. Dlaczego to robił? Nie podoba mu się nasza strategia. Wie, że to wyższa szkoła jazdy, nie na jego głowę…

Gruby Lolo słów na wiatr nie rzucał. Już nieraz o tym się przekonał w samą porę. Wstał, zdusił papierosa w popielnicy.

– Śmierć! – zaryczał. – Dolał sobie z butelki czarnego wędrowniczka. Nim wypił, zgodził się, żeby zrobić z Nulem, co trzeba. Haustem wypił zawartość szklaneczki i dodał ciszej: – Tylko tak zrobić, żeby nie skasować go do końca. Pamiętajcie! To ma być ostrzeżenie. Tylko ostrzeżenie!

Popatrzyli na niego zdziwieni. Nie mógł postąpić inaczej. Trzydzieści przeszło lat byli razem. W doli niedoli. Jeszcze próbowali go przekonywać. Nie ustąpił. Był jak skała. Nie mógł przecież tak jednym słowem odciąć się od tych wspólnych lat. No, nie mógł! Zrobione zostało tak, jak postanowił. Dopadli Nula. Wylizał się po roku. Ale wylew go zdewastował. Częściowo został sparaliżowany i mowę mu odjęło. Bełkotał. Jedno słowo tylko potrafił wymówić prawidłowo. Nul. Dalej nic: ani rusz.

Popełnił błąd. Zrozumiał wreszcie. Te oczy Nula. To oczy gada przecież. Niedobitego gada.

\* \* \*

„Niedobity zawsze będzie wierzgał, zobaczysz!". Przypomniał sobie prorocze słowa Grubego Lola. Wyobraził sobie

Nula, który jak anioł zagłady wpada do jego gabinetu i robi wielkie bum. Herbatnik do końca. Wzdrygnął się porażony wyrazistością krwawego obrazu. Napatrzył się w telewizji tych relacji o zamachach terrorystycznych na świecie! Tyle poszarpanych na kawałki ciał, kałuże krwi. Już dostojnym, prezesowskim krokiem wszedł do biurowca. Portier otworzył przed nim usłużnie szklane drzwi. Patrzył wiernym wzrokiem na swego chlebodawcę. Ludzie mu się kłaniali. Lubiany powszechnie przez personel. W ogólnej trudnej sytuacji zastoju i rosnącego bezrobocia u niego zwolnień żadnych dotąd nie było i wszyscy dostawali pensje bez opóźnień. Wspinać się zaczął po marmurowych schodach na piętro.

– Błąd! – zapalczywie wyrzucił z siebie jedno jedyne słowo.

Otworzył z rozmachem drzwi sekretariatu. Aneta asystentka i Robert doradca podbiegli do niego. Byli zaniepokojeni.

– Zaraz tu będą, szefie! – odezwał się Robert bardzo podniecony. – Potem, wie pan, te damy z fundacji. Warto dać im czek. No i ten poseł…

– Wiem, wiem – zamruczał; ciągle myślami był gdzie indziej.

– Jeszcze dziennikarz z *Głosu Prawdy* – dodała Aneta. – Umówiony od tygodnia.

– Po co mi pismak! – Skrzywił się z niesmakiem; nie znosił tych wyszczekanych żurnalistów.

– Przygotowałem go odpowiednio – wtrącił Robert. – To mój rówieśnik. Otwarta głowa.

– Pewnie i łapa otwarta – burknął.

– Koszty zwrócą się z nawiązką. Napisze pean pochwalny o panu i firmie. Pięknie przedstawi, jak to z samego dołu dzięki zdolnościom, trafnym decyzjom i ciężkiej pracy zbudował pan swoje imperium. Ma dobre, lekkie pióro. Zamieści w poczytnej gazecie, będzie punkt dla pana. Zaowocuje umocnieniem prestiżu. Naprawdę!

Słuchał z roztargnieniem. Myśli w jego głowie toczyły się innym torem.

Aneta otworzyła drzwi do gabinetu.

– Bezwarunkowo do kasacji! – powiedział stanowczo.

– Co proszę? – nie zrozumiał Robert.

Popatrzył na niego tak wściekle, że ten elokwentny doradca, pieprzony jurysta, elegant śliski jak węgorz, czmychnął w sam kąt sekretariatu pod palmę. Po chwili uspokoił się i rzucił rytualne:

– Żadnych telefonów z domu! Nie łączyć, wiecie!

Kobieta zazwyczaj zawracała mu głowę. A to pies chory. Lub Iwona dostała zły stopień z klasówki, nauczycielka uprzedzona. Takie duperele. Krysia lubi mu zawracać głowę.

– Oczywiście, panie prezesie – potwierdziła Aneta.

Poczuł wyraźną ulgę. Zdecydował ostatecznie. Widmo Nula nie będzie zatruwać mu życia. Wkroczył do gabinetu. Dyskretnie, żeby Robert i Aneta nie spostrzegli, podciągnął rękaw koszuli i zerknął na wyblakły wzorek nad przegubem dłoni. No i koniecznie wywabić to paskudztwo. Nareszcie miał wolną głowę i był gotów spokojnie ponegocjować z Holendrami.

2004

# Piorunek

Od samego rana zaczynała jazgotać. Zrazu cicho, jękliwie, jakby na płacz jej się zbierało.

– Dobry Jezu, najsłodszy Jezuniu! – powtarzała, ziewając szeroko. Tłukła kartofle w szafliku, mieszała z zielonką i wraz z tą czynnością jej głos nabierał mocy. – Czyś ty, chłopie, zdurniał do reszty! Pszenica w sąsieku zalega. Wygnije albo myszy ją wyżrą. Wczoraj jastrząb trzy kurczaki zabrał. Kaczka się zawieruszyła. Dobry Jezu, najsłodszy Jezuniu! – Wypowiadając te święte słowa, syczała jak wąż. Z łoskotem odstawiła szaflik. Świniaki siekaczką po ryjach tłukła.

Patrzył na nią z ukosa. Nadziewał gnój na widły. Przyciskał drzewce, aż trzeszczało. Krowie placki po nocy wywalał. Czuł jej ślepia na swoim karku, kątem oka widział jej wyciągniętą dłoń. Wiadomo, gdzie pokazywała.

– Wypasione, wybłyszczone, zadziaste takie. Lepiej ma niż ludzie… – zaczynała swoją złowrogą litanię.

Żuł w gębie najgorsze klątwy i jak już krew uderzała mu do głowy, mówił zduszonym, drżącym głosem:

– Cichaj, kobieto! Powiadam, cichaj!

Odsuwała się od niego na bezpieczną odległość. Ale jadaczką dalej obracała zawzięcie, te dwa złote zęby pośrodku pobłyskiwały, śliną pryskała.

Dawno temu, kiedy krew miał jeszcze młodą i gorącą, tak jej przyłożył, że dwa zęby na przedzie nie wytrzymały i wprawić sobie złote musiała.

Uciekał ze stajni. Zabierał się do rąbania drzewa na opał. Najgrubsze kloce z łatwością rozszczepiał. Stylisko topora jak w cęgach trzymał i brał naraz sękate pniaki. Narąbał pokaźny stos polan i szukał innej roboty. Stary siewnik naprawiał. Szczerbatą drabinę. Psią budę. Co bądź. Jednak baba jak zły cień za nim łaziła. Zionęła zatrutymi słowami.

– W ruinie jesteśmy. W jeszcze większą nas wpędzasz. Na żebry przyjdzie pójść.

Paskudnie dzionek u nich się zaczynał. Wilkiem na siebie popatrywali i od świtu trwała między nimi wojna.

Nieraz pierwsza cichaczem do stajni zachodziła. Trzy krowy stały najbliżej. Za nimi prosiaki w ogrodzeniu. Właziła w sam kąt, gdzie Gniada z Piorunkiem wyciągały szyje i ściągały siano ze żłoba. Stawała przy nich i coś mamrotała. Zaklęcia jakieś, czary. A razu pewnego słomę na podściółkę pod żywinę rozścielała. Widły oburącz trzymając, do koni podeszła. Wzięła zamach i ogierkowi drzewcem po grzbiecie przyłożyła. Posłyszał z obejścia źrebaczy kwik. Wpadł do stajni. Ponownie się zamierzała. Chwycił ją za ramię. Jęknęła i widły jej z rąk wypadły.

– Nie rób tego! – wychrypiał. – Nie rób tego, kobieto!

Wyglądał strasznie. Bladosiny i oczy mu krwią nabiegły. Z trudem zwolnił uścisk palców na jej ramieniu. Pozostał czerwony ślad. Potem się zrobił siny. Zżółkł. Tydzień się trzymał.

Wsparł się o żłób. Ogierek trącił wilgotnymi chrapami jego dłoń. Ślepia miał ciekawe, dzieciak. Zarżał i lekko szczypnął go w palec. Domagał się pieszczoty. Na grzbiecie pozostał mu ciemniejszy od sierści ślad po widłach. Był to roczniak, kłęby miał krągłe, szeroki w piersiach, maści gniadej, jaśniejszy niż kobyła. Omiatał zad krótko przyciętym ogonem. Taką samą miał grzywę, zbitą i twardą. Pod skórą przebiegały mu drgawki niby prąd. Przednimi kopytami rozrzucał podściółkę. Nie mógł ustać w spokoju. Naładowany, kipiał. To białe znamię na czole wyglądało jak zygzak błyskawicy. Piorunkiem go nazwał. Ciężki poród miała Gniada. Zległa na boku i stękała. Pomagał jej z Józkiem Biedą, który jeszcze dwa lata temu w dwa konie pole obrabiał. Ciągnęli, popuszczali, podciągali. Namęczyli się, już chciał jechać po weterynarza. Aż Piorunek wylazł na świat.

Gniada to na siebie zarabiała. Pod olszyną tylko końmi mógł orać, bronować. Traktor od razu tam się zapadał w glebę bagnistą, wodą nasiąkłą. Zimą robiła przy zrywce i pniaki ścięte ze zbocza ściągała. Sprytna, wprawiona do roboty w lesie. Cokolwiek by powiedzieć. Piorunek darmo żarł siano, owies, mieszankę i żadnych nie było dla niego widoków.

Syn trzymał stronę starej i jak był napity, to krzyczał: „Sam go na spęd pognam, kurwa! Tato to wolą kobyłę od żony, a źrebię od rodzonego syna!".

Dopóki był pegeer, to Franek stróżował tam nocą i chlał. Teraz jest na zasiłku i przepija to, co mu dają, w kilka dni. Potem łazi po obejściu i zagląda, co by wynieść i opylić.

Przewracał się na posłaniu i ciągle tak mu się w głowie kotłowało. Wymykał się z chałupy. Odmykał skobel stajennych wrót i od progu ogarniała go ciemność pełna zwierzęcych zapachów. Dochodził do żłobu i czekał. Gniada trącała go w ramię twardym łbem. Parskała. Za nią przepychał się ogierek. W pewną noc, kiedy tak przy żłobie medytował, baba za nim zakradła się do stajni i nagle jej głos posłyszał:

– Najwyższy czas, żebyś do spędu go pognał. Gniadą możesz jeszcze zostawić, ale on drugi rok już zaczyna i najlepszą cenę zapłacą...

Zęby zacisnął, pięści zacisnął. Jego wzrok przypadkiem pod podwałę padł. Na gwoździu stary sierp wisiał. Zardzewiały, ale po brzegu wyostrzony. Używał go do cięcia zielska dla królików. Zaświeciło ostrze światłem pożyczonym od księżyca. Wisiał na odległość wyciągniętej ręki. Myśl jak ten sierp ostra i szybka przebiegła mu po głowie. Pomodlił się i mu odeszło. Prawdę mówiła. Italiańcy po jarmarkach jeżdżą i konie skupują. Widział ich na placu targowym w Borkach. Z limuzyny wysiedli, paniska eleganckie, nogawki podciągnęli i przez błocko się telepali.

Tatulo trzymał zarodowego ogiera, który oczy miał wściekłe i kopytami kopał doły pod sobą. Dęba stawał, pianę z pyska toczył i szczerzył zębiska. Wszystkie kobyły z okolicy źrebiły się z jego nasienia. Maści był karej. Podczas okupacji zabrali go Niemcy. Tatulo długo był nieswój. Zachodził do stajni i patrzył na puste miejsce. Nastały inne czasy. Gdzie teraz chodzić z ogierem. Mało kto konie trzyma. W tej wsi już ani jeden gospodarz. W dalszych stronach trafiają się pojedyncze. Przeważnie wałachy.

– Wszystko szlachtować! – nagle powiedział.

Podniósł głowę znad miski barszczu i łyżkę wbił na sztorc w dymiącą kopę tłuczonych kartofli. Baba i Franek wytrzeszczali gały.

Za dnia najchętniej chodził na łąkę pod olszyną. Tam Gniada z Piorunkiem brykały. Choć kobyła swoje lata miała, źrebak potrafił ją rozruszać. Kąsał lekko w pęciny i czekał. Za ogon ją ciągnąć zaczynał. Rozpędzał się i raptem przed nią przystawał, kopytkami murawę wyrywał. Zadzierała ogon i za nim pędziła.

Czasem wskakiwał na grzbiet kobyły. Jechał na oklep, trzymał się grzywy. Ruszała lekkim truchtem. Piorunek biegł obok i trącał go łbem w nogę. Przymierzał się do źrebaka. Dosiądzie go w swoim czasie. Popędzi galopem przez łąki na Lisią Górę. Stamtąd duktem do gajówki i wróci zimowym wyrębem.

„Ułan!", wołali za nim wioskowi pijacy.

Pewnie Franek jest wśród nich. Kiedyś ten drań traktorem specjalnie wyjechał na łąkę i Piorunka spłoszył. Źrebak pognał w stronę szosy. Szosą tiry jechały, jeden za drugim. Cała kolumna. Cudem przebiegł na drugą stronę. Nie trąciły go nawet. Tylko podmuch powietrza smagnął od tyłu. Zakołysał się i przysiadł.

– Piorunek! – zawył, dobiegając do źrebaka.

Poklepał go po spotniałej szyi. Przesunął dłoń niżej. Czuł jego serce, które biło bardzo szybko. Stara pochrapywała z poświstem. Szafkowy zegar na kredensie powolnym cykaniem odmierzał czas. Zmęczył się długimi godzinami bez snu. Wyszedł na podwórze. Noc czarna, że oko wykol. Pies przybiegł i zaczął się łasić. – Paszoł! – Kopnął go raz, chciał poprawić. Pies zaskowyczał i uciekł.

Nie zaglądał do stajni. Tylko nasłuchiwał. Brzęk łańcucha. Parsknięcie. Wrócił do chałupy. Przeleżał do świtu. Wstał po cichu, żeby nie zbudzić kobiety. Blaszaną kwartą zaczerpnął wody z kubła i wypił duszkiem. Pomodlił się przed świętym obrazem i wyszedł na podwórze. Niebo przecierało się na niebiesko. Odzywały się pierwsze ptaki. Otworzył szopę. Wóz wymościł słomą, pasiastą derką przykrył deskę do siedzenia. Marudził przy przeglądaniu uprzęży. Wybrał najlepszą, świąteczną, nabijaną mosiężnymi guzami. Przygotował worek z obrokiem. Biczyska były trzy. Odłożył na wóz to z długim, splecionym w warkocz skórzanym rzemieniem. Pchnął wrota stajni. Od razu parskać zaczęły i postukiwać kopytami. Pierwszą wyprowadził Gniadą. Nałożył chomąto, kantar, szleje, okiełznał. Zaprzągł do wozu. Piorunka przywiązał z tyłu na długim powrozie. Ściągnął lejce i „wio!" zacmokał. Spojrzał w okna chałupy. W jednym cień zamajaczył za firanką. Zapiał kogut w kurniku.

Za krzyżem skręcił w polną drogę. Podjechał na swoją łąkę za olszyną. Odwiązał Piorunka i puścił go luzem.

Źrebak wytarzał się w mokrej trawie. Gniada żuła obrok z worka. Zadrzemał i kiedy otworzył oczy, słońce stało już wysoko. Naganiał się za źrebakiem, nim go złapał i przywiązał do wozu. Strzelił z bicza i Gniada ruszyła. Piorunek zapierał się, nie chciał opuszczać łąki. Sznur zaciskał mu się na szyi i musiał się poddać.

Zatrzymał się pod sklepem w Borkach i wypił dwa piwa. Siedzieli tam w kucki ci na zasiłku z dawnego pegeeru.

– Koniki dorodne – pogadywali przymilnie. – Nie postawi gospodarz piwka?

Popatrzył po półkach i kupił flaszkę owocowego wina, dobijacza, jak mówią. Schował za pazuchę i wrócił do wozu. Szarpnął lejcami. Leniła się kobyła i niechętnie ciągnęła pod górę. Zaciął ją kilka razy po spaśnych kłębach, ruszała truchtem. Piorunek obok galopował ochoczo i brykał. Na szczycie wzniesienia chłop zatrzymał wóz i pić zaczął wino.

Posłyszał perkot traktora. Z przeciwnej strony podjeżdżał sąsiad. Józek Bida. Worki jakieś miał na przyczepie. Pewnie nawozy. Przyhamował i przekrzykując hałas silnika, zawołał:

– Te, Ułan, gdzie się wybierasz?! Na spęd…?

Powoli ostatek wina opróżnił, wierzchem dłoni otarł usta, butelkę za siebie odrzucił i popatrzył na sąsiada ciężkim spojrzeniem.

Ruszył z góry i obracać zaczął wściekle biczyskiem. Zacinał Gniadą po zadzie, popierdywała. Wóz toczył się z łoskotem w dół. Kolebał się i trzeszczał na zapadliskach. Kamienie wyskakiwały spod kół. Kopyta kobyły krzesały na nich iskry. Za wozem galopował Piorunek ze sterczącą zawadiacko kitą ogona. Raz po raz stawał dęba i rżał. Rozsadzała go radość życia. Tańczył swój ostatni taniec.

2004

# Suchowiej

Jąkaty to był chłopak wędrowny.

– Rozłazi się jak robactwo! – złościła się Banasiaczka. Patrzyła na jedynaka z wyrzutem. – Wracaj, cholero jedna! – wołała, osłaniając przed słońcem oczy.

Widziała maleńką postać w oddali. Biegł koroną wału. Coraz mniejszy i mniejszy. Gdzie to leci? Jeszcze się utopi. Nieraz wytargała go za uszy, przetrzepała po tyłku. Nawet zamykała w komórce na opał. Ale małe to i chude, potrafił prześlizgnąć się jak wąż przez szczelinę po daszkiem i uciec. Tak rozłaził się i upilnować go było nie sposób. Uparty i nieusłuchany.

Banasiaczka dorabiała do wdowiej renty jako sprzątaczka w ośrodku wczasowym, który pobudowany został po drugiej stronie wody na wysokim brzegu. Teraz to już nie ośrodek, a prywatny motel. Ale posadę zachowała. Toteż bardzo starała się, żeby jej nie stracić. W dzisiejszych czasach stałe zatrudnienie jest jak skarb. Pracuje na całodobowe zmiany.

W wolne dni czasu nie marnuje i pomaga w szklarniach u Chmary. Z tej przyczyny jej dziesięcioletni syn chowa się samopas. Od rówieśników stroni. To łobuzy, ogolone łby.

Tylko dyskoteka im w głowie. Już zaczynają popijać i łażą po letniskowych domkach. Zaglądają, co by tu rąbnąć, a jak nie rąbnąć, to chociaż zniszczyć.

Jąkatego przedrzeźniają. Otaczają go kręgiem i biją znienacka od tyłu po głowie. Stoi bezradnie, odstają mu te jego wielkie uszy nietoperza. „Powiedz, kto!", śmieją się. „Kto ci przywalił?" Chłopak jeszcze bardziej się jąka i żadnego słowa poprawnie wymówić nie potrafi. Mają ubaw. Bić się nie umie, na oślep wymachuje rękami i łatwo mu krew z nosa leci. Krwi się boi, od razu płacze.

Jąkaty nauczył się żyć w samotności. Włóczy się całymi dniami nadrzecznym wałem, który ochrania przed wysoką wodą. Ziemny nasyp ciągnie się kilometrami aż do tamy pod miastem. Chłopak – mokry, brudny i zziajany jak pies – dopiero wieczorem wraca do domu. Szkoły nie lubi i często opuszcza lekcje. Bierze tornister, zawiniątko ze śniadaniem i niby idzie drogą jak należy. Jednak za krzyżem skręca i kieruje się w przeciwną stronę. Wdrapuje się na wał. Im dalej od ludzi, tym jemu lżej. Nikt go nie dręczy, nikomu nie musi odpowiadać na natarczywe pytania. Nauczyciele w szkole ciągle go pytają i trzeba im odpowiadać. To go paraliżuje. Oczy całej klasy wlepione w niego, drwiące miny i chichoty. Wtedy już ani jednego słowa wypowiedzieć nie zdoła.

Idąc wałem, stawał się wolny, lekki jak ptak. Wał został usypany w dawnych czasach, żeby chronić ludzi przed powodzią. Podczas wiosennego przyboru wód rzeka zatapiała łąki i wiklinowe chaszcze, nieraz wierzby ginęły pod wodą po same wierzchołki. Brunatna, mętna woda niosła kłody, gałęzie, psie budy, jakąś rozdętą padlinę. Prąd był wartki, porywisty, kotłowała się i pieniła woda. Ludzie wychodzili na wał i patrzyli ze strachem.

Zeszłego roku podeszła tak wysoko; wydawać się mogło, że zaraz przeleje się na drugą stronę. Jąkaty patrzył jak urzeczony i brała go ochota postąpić krok, dwa, rzucić się w toń i popłynąć z dzikim, nieujarzmionym nurtem. Wyobrażał sobie, jak siedzi okrakiem na pniu, trzyma się za sterczący niby maszt konar i woda go niesie, niesie. Ta rzeka wpada do drugiej rzeki, większej, ta większa płynie podobno do morza i nie wiadomo, jak daleko by go poniosło.

Ale w to lato woda była niska, nurt leniwy, koryto rzeki odsłoniło się miejscami, pokazywały się pasma żółtego piachu, żwir. Łęgi nadrzeczne suche i wypalone. Nawet w głębszych jamach nie było wody i błoto zaschło w popękaną, kostropatą skorupę, która wyglądała jak skóra prawdziwego gada. Jąkaty na początku swoich wędrówek biegł jak źrebak wypuszczony na łąkę, zwalniał dopiero wtedy, kiedy oddalił się znacznie od ludzkich siedzib. Przed nim wydeptany, pokryty rzadką, zrudziałą trawą nasyp. Z jednej jego strony rozległy obszar zarośli, poprzetykany kępami wierzb i topól do samej wody, z drugiej zaś łany niskiego, marnego żyta i sosnowe zagajniki, w oddali zabudowania gospodarstw.

Jąkaty przystawał i się rozglądał. Obserwował rybitwy, które chmarą obsiadły łachę. Bocian na podmokłej łące. Jego dostojny chód na szczudłowatych nogach. Kiedyś miał spotkanie z lisem. Lis szedł od wody do nasypu.

Zatrzymał się. Jąkaty też. Patrzyli na siebie. Lis ruszył pierwszy. Przebiegł wał i zniknął w sosnowym młodniku po drugiej stronie. Na koniec mignęła jego ruda kita w zielonym igliwiu. Pewnego razu koń się spłoszył i galopował wałem. Rozwiana grzywa, podniósł ogon. Ten jego pęd za słońcem. Bo słońce było przed nim. Wyobraził sobie, że siedzi na końskim grzbiecie, obejmuje konia oburącz za szyję i przyśpiesza, bijąc piętami po brzuchu. Z rzadka zdarzało mu się zobaczyć ludzi. Przeważnie byli to rybacy. Widać ich było w oddali, przykucniętych nad wodą w zacisznych zatoczkach. Nieruchomi, wpatrzeni w spławiki. Czasem wałem gnali motocykliści. Jąkaty zsuwał się wtedy do rowu i czekał, aż przejadą. Nie chciał spotkań z ludźmi.

Często zatrzymywał się dla odpoczynku pod dwoma drzewami. Jedno wysokie o grubym pniu, rozłożyste, sękate. Do niego przywierało drugie, niewysokie i znacznie cieńsze, które od dołu splotami swoich korzeni obejmowało olbrzyma. Korzenie wychynęły z ziemi, rozrośnięte, węźlaste i oplątywały w kusicielskim uścisku nasadę pnia wielkiego drzewa.

Siadywał pod dwoma drzewami i wyobrażał sobie, jak on sam, taki cherlak, pokonuje silnego, rozrosłego jak dąb wielkoluda. Był ucieleśnieniem wszystkich jego dręczycieli. Przesuwał dłonią po szorstkiej, guzowatej korze i czuł wzbierającą w sobie moc. Rozmawiał ze sobą. Niektóre słowa, całe zdania wymawiał bez zająknienia. Złorzeczył na chłopaków z osiedla, którzy codziennie pastwili się nad nim. Lżył nauczycieli wywołujących go do tablicy. Wujka, którego czasem wzywała matka, żeby sprawił mu porządne lanie. Przeklinał tych wszystkich, którzy zatruwali mu życie.

Wał był jego światem i tutaj nic mu nie groziło. Droga wędrówki doprowadzała go do rury. Był to srebrzysty rurociąg o średnicy dwumetrowej, który przecinał wał. Biegł w stronę rzeki, podnosił się łukiem, osadzony na potężnych filarach ponad wodą i przechodził na drugą stronę. Jąkaty lubił wysiadywać na rozgrzanym słońcem metalu; kładł się na wznak twarzą do nieba, nad nim sunęły pasiaste obłoki. Wielką rurą płynął gaz. Przyciskał ucho do jej powierzchni. Nic nie słyszał.

Wzdłuż rury ciągnęła się wąska ścieżka, doprowadzała do szarego domku z pustaków, ogrodzonego zieloną siatką. Stamtąd przychodził na wał człowiek w granatowym uniformie i okrągłej czapce z lakierowanym daszkiem. Do jego obowiązków należała piecza nad rurą. Opukiwał ją młotkiem, sprawdzał, czy nie ma pęknięć, dziur, przecieków. Także wieczorem widywał małe światełko w ciemności zbliżające się do rury. Po pewnym czasie wracało do domku.

Za srebrzystą rurą wał ciągnął się jeszcze około dwóch kilometrów. Dalej zaczynała się zabudowa miasta i tama zagradzała w poprzek rzekę. Tam już nie dochodził. Tam było pełno ludzi.

Dziś mimo krzyków matki także nie miał zamiaru iść do szkoły.

– Czy ty naprawdę nie chcesz wyrosnąć na ludzi! Będziesz jak zwierzak! Wolisz tak żyć?

Chciał powiedzieć, że tak, ale zaciął się i nie zdołał już wydać z siebie żadnego artykułowanego dźwięku oprócz przeciągłego „aaa…"

Zatykając uszy, pobiegł krowią ścieżką do wału. Było rześko i przyjemnie. Trawa pobłyskiwała rosą i czarne ślimaki jeszcze się nie pochowały. Grzały się w porannym słońcu. W wiklinach poniżej nasypu trawa była wygnieciona i leżały tam zwęglone polana na grubej warstwie popiołu. Nocą biwakowali rybacy. Zauważył butelkę po winie. Podniósł kamyk i wycelował w poczerniały od pioruna pień wyschniętej wierzby. Nie trafił. Za drugim razem udało się. Głuchy stuk w sam środek pustego pnia. Doszedł do samotnego krzaku głogu. Zadarł głowę i przepatrywał niebo. W tej stronie często kołuje jastrząb. Musi mieć gniazdo w kępie tamtych wysokich drzew.

Potem jak zwykle zatrzymał się przy dwóch drzewach. Na to karłowate popatrzył z uznaniem. Wprost dusiło swoimi wyłażącymi spod ziemi korzeniami duże. Stąd już miał bliski widok na rurę. Błyszczała srebrzyście. Biegła przez wał jak wielki wąż, ginęła w zaroślach nadrzecznych. Po drugiej stronie przecinała prostą krechą pola, znikając w lesie. Jąkaty przykucnął i patrzył. Tajemniczy wielki wąż. W słońcu jakby się ruszał. Nieznacznymi, ale ciągłymi ruchami potężnych splotów. Obok niego wśród trawy prześlizgnęła się jaszczurka. Próbował ją złapać, zostawiła mu w palcach kawałek ogona.

Wtedy posłyszał warkot od pól. Nie był to traktor, który perkocze ciężko i nierówno. To był wysoki dźwięk samochodowego silnika. Jakiś osobowy samochód pędził w stronę wału. Wzbijał tumany kurzu na drodze. Niewidoczny w gęstej chmurze pyłu. Wynurzył się na pochyłości nasypu. Białe auto. Zatrzymało się gwałtownie, że nim zarzuciło. Jąkaty przywarł do ziemi.

Nieraz do rury podjeżdżały. Zatrzymywały się na dłuższy postój. Chłopaki przywozili tu swoje dziewczyny. Nie wychodzili z wozów. To wszystko robili w środku. Dochodziły stamtąd kwiki, zupełnie jak świńskie, charkoty, urywane skowyty. Ale samochody z dziewczynami przeważnie podjeżdżały pod wieczór, kiedy słońce chować się zaczynało za wysoką skarpą po drugiej stronie rzeki.

Tym razem godzina była wczesna, daleko jeszcze do południa. Przednie drzwi auta otworzyły się jednocześnie z dwóch stron. Wyskoczyli dwaj mężczyźni w kolorowych, niebiesko-czerwonych dresach. Szybko otworzyli tylne drzwi i wywlekli stamtąd dwóch pasażerów. Poszturchiwali ich i kopali. Byli to ludzie starsi. Jeden w ciemnym garniturze, tamci ciągnęli go jak psa za krawat. Drugi tylko w podkoszulku, brzuchaty. Popchnięci zostali w stronę rury. Stanęli posłusznie. Zgubieni, zwiesili głowy. Nie słychać było żadnych głosów, okrzyków. Całe zdarzenie odbywało się w zupełnej ciszy.

Ci w niebiesko-czerwonych dresach odsunęli się nieco i dopiero teraz Jąkaty zobaczył w ich dłoniach broń, pistolety maszynowe. Ogień wylotowy z luf był ledwie widoczny, krótkie błyski. Huknęły strzały. W ciszy upalnego przedpołudnia zabrzmiały jak grom z jasnego nieba. Ci dwaj wyprowadzeni z auta obsunęli się bezwładnie na rurę. Opierali się plecami w nienaturalnych pozach. Głowy zwisły im na piersi. Wyglądali jak połamane manekiny. Mężczyźni w dresach wskoczyli z powrotem do samochodu. Trzask zamykanych drzwi. Ryk zapalonego silnika. Wóz szybkim zrywem zjechał z nasypu. Popędził tą samą drogą, którą przyjechał przed chwilą. Wzbijał wokół siebie tuman żółtego pyłu. Schował się w nim. Już go nie było. Wjechał w sosnowy zagajnik, który zaczynał się w odległości kilkuset metrów od nasypu.

Jąkaty długo jeszcze przywierał do ziemi, sparaliżowany zupełnie tym, co zobaczył od początku do końca. Powoli uniósł głowę. Przed sobą miał dwóch martwych ludzi przewieszonych na srebrzystej rurze. Podszedł bliżej. Zobaczył czerwone plamy rozlewające się po białym podkoszulku jednego z nich, sięgały jęzorami owłosionego brzucha. Krwawą miazgę, w którą zmieniła się twarz drugiego. Jeszcze spostrzegł rozbite okulary w trawie. Szkło odbijało słońce.

Widok masakry odrzucił go do tyłu. Popędził wałem. Krzyczał cienkim, urywanym głosem i wymachiwał rękami. Potykał się, padał, wstawał; biegł najszybciej, jak mógł. Zobaczył go rybak z miasta, który wychodził z łęgów nadrzecznych. Jąkaty przypadł kurczowo do niego i nie mógł wykrztusić słowa, zatkało go zupełnie. Wskazywał za siebie i dygotał jak w gorączce. Rybak za pomocą telefonu komórkowego powiadomił policję w mieście.

Jąkaty był jedynym świadkiem mordu i namęczyli się policjanci, nim zdołali się czegoś od niego dowiedzieć. Zawieźli go radiowozem na komendę. Mundurowi i cywile cierpliwie słuchali jego bełkotu. Ciągle zasłaniał oczy, jakby tamten obraz dręczył go nadal. Tak samo każde słowo, nim zdołał je wyrzucić, stawiało zawzięty opór. Częstowali go herbatą, podtykali cukierki i zapisywali mozolnie wszystko, co im powiedział. Późnym wieczorem odwieźli go do domu.

Czekała na niego matka i sąsiedzi. Przyjechał na inwalidzkim wózku stary Suchowiej, teść ogrodnika, gdzie dorywczo zatrudniała się matka chłopaka. Stary był po wylewie, sparaliżowany i niemy, wydawał tylko przeciągłe, niezrozumiałe dla nikogo dźwięki. Ale oczy miał po dawnemu drapieżne i tak jak dawniej bali się go ludzie.

Stary od razu przywołał Jąkatego do siebie i musiał chłopak jeszcze raz opowiadać o tym, co zobaczył przy rurze. Był bardzo zmęczony, słowa grzęzły mu w gardle i zniekształcały się, ale stary rozumiał go doskonale i ponaglał niecierpliwie dźwiękiem podobnym do gulgotu indora. Żądał szczegółów i byle czym nie dawał się zbyć. Tylko to „gul, gul" oznaczające więcej i więcej! Chwilami zaś naprawdę wydawać się mogło, że zaraz dźwignie się z wózka, odzyska nie tylko władzę w bezwładnych kończynach, ale i mowę.

Zła sława otaczała starego Suchowieja. Ludzie w okolicy dotąd pamiętają o tajemniczym zniknięciu kolejarza Wrony. Przepadł jak kamień w wodę, ktoś widział, jak w tamtą noc dźwigał Suchowiej na plecach podłużny kształt owinięty w plandekę. Na pewno puścił kolejarza z nurtem rzeki. Albo jak dał czerwonego kura swemu sąsiadowi. Doszczętnie spłonęło sąsiedzkie gospodarstwo wraz z zarodowym bykiem. O którego poszedł spór. Dawniej, kiedy był młody, to nożem zadźgał człowieka. A jeszcze dawniej z obrzynem pod kapotą chodził po lasach i zostawiał za sobą krwawy ślad. Dużo miał na sumieniu i choć był teraz sparaliżowany i niemy, przeważnie wysiadywał na wózku przed domem i grzał się w słońcu, to jednak oczy miał zaciekłe, niepokonane, ciężko było wytrzymać jego zbójeckie spojrzenie.

Jąkaty, zahipnotyzowany niby małe zwierzątko żarłocznym wzrokiem drapieżnika, stał naprzeciw starego i mówił. A w miarę jak po raz kolejny rozpoczynał swoją opowieść, dodając i zmyślając coraz więcej szczegółów, jąkał się coraz mniej, swobodnie płynęły mu z ust całe słowa i zdania, rzadko już się zacinał. Poczuł idącą od starego Suchowieja moc znacznie silniejszą od tej, która go przenikała, kiedy gładził chropawą powłokę wystających z ziemi korzeni tego cieńszego drzewa, opasujących w kusicielskim uścisku pień drugiego, większego drzewa. Zła to była moc.

I zwidziało mu się nagle, że stary Suchowiej powoli, bardzo powoli wyciąga do niego wyschniętą siną dłoń ze szponiastymi pazurami; chce go dotknąć i coś mu przekazać. Czekał z podnieceniem.

2004

## NOTA EDYTORSKA

Wyboru opowiadań dokonali Jolanta Nowakowska, Wojciech Chmielewski i Krzysztof Masłoń. W tekstach zachowano oryginalną pisownię imion bohaterów, wyrażeń slangowych oraz związków frazeologicznych. Ujednolicono interpunkcję, zapis tytułów oraz wyrazów z przedrostkami eks-, a także pisownię łączną i rozdzielną.

Opowiadania pochodzą z tomów:
*Ten stary złodziej* (1958),
*Benek Kwiaciarz* (1961),
*Silna gorączka* (1963),
*Opowiadania wybrane* (1969),
*Gdzie jest droga na Walne?* (1974),
*Wesele raz jeszcze!* (1974),
*Książę Nocy* (1978),
*Chłopak z gołębiem na głowie* (1979),
*Raport o stanie wojennym* (1982),
*Dwa dni z Aniołem* (1984),
*Rachunek* (1984),
*Grisza, ja tiebie skażu...* (1986),
*Portret artysty z czasu dojrzałości* (1987),
*Karnawał i post* (1988),
*Fortuna liliputa* (1997),
*Powidoki* (1998),
*Prawo prerii* (1999),
*Rajski ptak* (2000),
*Opowiadania uliczne* (2002),
*Nul* (2004)

## SPIS RZECZY

Druk i oprawa:
Drukarnia Wydawnicza im. W.L. Anczyca SA
ul. Nad Drwiną 10, 30-741 Kraków